D1665481

Weiterführend empfehlen wir:

Das gesamte Sozialgesetzbuch SGB I – SGB XII
ISBN 978-3-8029-1974-9

Vermögensverwaltung durch Vormund und Betreuer
ISBN 978-3-8029-7448-9

Das aktuelle Erbrecht
ISBN 978-3-8029-3499-5

Das neue Familiensverfahrensrecht FamFG – FGG
ISBN 978-3-8029-7509-7

Patientenverfügung und andere Vorsorgemöglichkeiten
ISBN 978-3-8029-3774-3

Richtig handeln im Trauerfall
ISBN 978-3-8029-3496-4

Handbuch für Betreuer
Organisations- und Arbeitshilfe für das Betreuungsrecht und Sozialrecht
Mit CD-ROM Arbeitshilfen für Betreuer

Herausgegeben von
Horst Böhm, Horst Marburger und Reinhold Spanl

Begründet von
Horst Böhm, Herbert Lerch, Annemarie Röslmeier, Karl Weiß

Ergänzbare Sammlung, ca. 1.400 Seiten, in 2 DIN A4-Ringordnern
ISBN 978-3-8029-8402-0

Wir freuen uns über Ihr Interesse an diesem Buch. Gerne stellen wir Ihnen zusätzliche Informationen zu diesem Programmsegment zur Verfügung.

Bitte sprechen Sie uns an:

E-Mail: WALHALLA@WALHALLA.de
http://www.WALHALLA.de

Walhalla Fachverlag · Haus an der Eisernen Brücke · 93042 Regensburg
Telefon (0941) 5 68 4-0 · Telefax (0941) 56 84-111

Horst Böhm · Horst Marburger · Reinhold Spanl

Betreuungsrecht Betreuungspraxis Ausgabe 2014

Kommentar und Arbeitshilfen

Bibliografische Information der Deutschen Nationalbibliothek
Die Deutsche Nationalbibliothek verzeichnet diese Publikation in der Deutschen Nationalbibliografie; detaillierte bibliografische Daten sind im Internet über http://dnb.dnb.de abrufbar.

Zitiervorschlag:
Böhm u. a., Betreuungsrecht – Betreuungspraxis
Walhalla Fachverlag, Regensburg 2014

Hinweis: Unsere Werke informieren Sie nach bestem Wissen. Die vorliegende Ausgabe beruht auf dem Stand von Januar 2014. Auskunft im Einzelfall holen Sie gegebenenfalls beim zuständigen Betreuungsgericht ein.

5., neu bearbeitete Auflage

Produktion: Walhalla Fachverlag, 93042 Regensburg
Umschlaggestaltung: grubergrafik, Augsburg
Printed in Germany
ISBN 978-3-8029-8418-1

SBL-CHB-1213-18377-O

Nutzen Sie das Inhaltsmenü:
Die Schnellübersicht führt Sie zu Ihrem Thema.
Die Kapitelübersichten führen Sie zur Lösung.

Schnellübersicht

Schnellübersicht

Schnellübersicht

Das „Handbuch für Betreuer“ umfasst die drei Themenbereiche

- Betreuungsrecht **A**
- Sozialrecht **B**
- Praxishilfen/Formblätter **C**

Die Schnellübersicht ganz vorne umfasst alle im vorliegenden Werk enthaltenen Beiträge. Detailliertere Inhaltsübersichten befinden sich jeweils unmittelbar vor den oben genannten Themenbereichen.

Beiträge, Kapitel, Querverweise

Die einzelnen Themenbereiche, Kapitel sind oben in der Kopfzeile mit großen Buchstaben bzw. arabischen Ziffern versehen und in dieser Reihenfolge in den Inhaltsübersichten aufgeführt, so dass Sie sich die gewünschten Beiträge, Praxishilfen/Formblätter, Rechtsvorschriften auch beim flüchtigen Durchblättern schnell herauspicken können.

Auch die Querverweise innerhalb dieses Handbuchs beruhen auf dieser Einteilung. Innerhalb der Kapitel, Beiträge wurde selbstverständlich die vertraute Seitenzählung gewählt.

Beispiel:

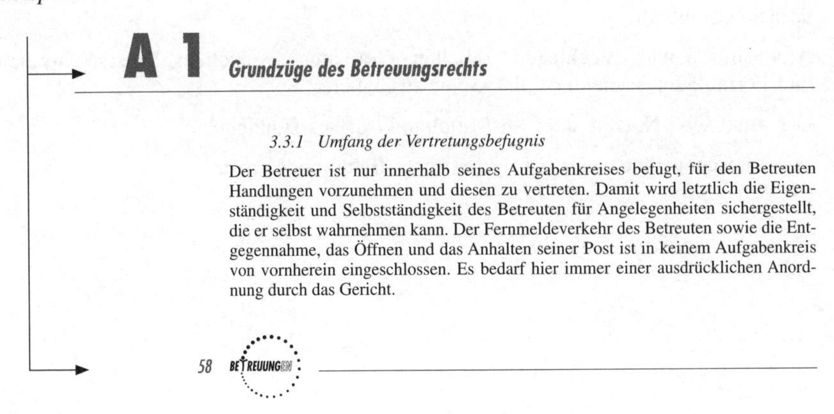

A 1 Grundzüge des Betreuungsrechts

3.3.1 Umfang der Vertretungsbefugnis

Der Betreuer ist nur innerhalb seines Aufgabenkreises befugt, für den Betreuten Handlungen vorzunehmen und diesen zu vertreten. Damit wird letztlich die Eigenständigkeit und Selbstständigkeit des Betreuten für Angelegenheiten sichergestellt, die er selbst wahrnehmen kann. Der Fernmeldeverkehr des Betreuten sowie die Entgegennahme, das Öffnen und das Anhalten seiner Post ist in keinem Aufgabenkreis von vornherein eingeschlossen. Es bedarf hier immer einer ausdrücklichen Anordnung durch das Gericht.

58 BETREUUNGEN

Findex

Schnelles und direktes Nachschlagen per Stichwort gewährleistet der sogenannte „Findex“.

Anregungen, Fragen

Sollten Sie Fragen zum Handbuch haben, Anregungen weitergeben wollen oder ergänzende Informationen wünschen, können Sie uns gerne anrufen unter 0941 5684-0.

So nutzen Sie dieses Handbuch

Personen, die im sozialen Bereich ihre Arbeit erfüllen oder eine Betreuung übernommen haben, sind mit zum Teil schwierigen juristischen Zusammenhängen konfrontiert.

Die Anwendung des Rechts ist nicht allein dem Juristen vorbehalten. Vielmehr beeinflusst und verändert auch der soziale Rechtsanwender Lebenssituationen, indem er Sachverhalte einer konkreten Lösung zuführt. Hierzu benötigt er praxisnahe rechtsübergreifende Fachliteratur.

Das „Handbuch für Betreuer“ erfüllt diese Anforderungen: Insbesondere für ehrenamtliche Betreuer, Angehörige beratender Berufe und interessierte Laien ist es die zuverlässige Arbeitshilfe in allen Betreuungsfragen. Es dient als

- umfassende Einführung in die Betreuungsarbeit,
- tägliches Arbeitsmittel,
- Nachschlagewerk für Einzelprobleme.

Das setzt voraus, dass sowohl das Betreuungsrecht als auch das Sozialrecht kompakt und praxisnah dargestellt werden. Denn der Betreuer ist auf beide ineinandergreifenden Rechtsgebiete angewiesen, um seine Aufgabe sorgfältig und vertrauensvoll gegenüber dem Betreuten zu erfüllen.

Über das Basiswissen hinaus befasst sich das Handbuch auch mit aktuellen Fragestellungen wie „Vorliegen einer Patientenverfügung“, „Probleme der Sterbebegleitung“, „Was hat der Betreuer nach dem Tod des Betreuten zu beachten?“.

Ergänzend abgedruckte Praxishinweise, Formalien, Beschlüsse aus der gerichtlichen Praxis verschaffen einen Eindruck davon, wie das Verfahren in der Praxis tatsächlich abläuft.

Arbeitshilfen wie Checklisten, Tabellen, Grafiken, Übersichten, Musterschreiben und Formblätter erleichtern die Arbeit zusätzlich.

Der praktische Nutzen steht im Mittelpunkt dieses Handbuchs.

Wir wünschen Ihnen viel Erfolg bei Ihrer Betreuungsarbeit.

Autoren und Verlag

Abkürzungen

a. A.	andere Auffassung
Abs.	Absatz
a. F.	alte Fassung
AGG	Allgemeines Gleichbehandlungsgesetz
Alg II-V	Arbeitslosengeld II/Sozialgeldverordnung
ARGE	Arbeitsgemeinschaft
Az.	Aktenzeichen
BAföG	Bundesausbildungsförderungsgesetz
BAG	Bundesarbeitsgericht
BayGVBl.	Gesetz- und Verordnungsblatt für den Freistaat Bayern
BayStMAS	Bayerisches Staatsministerium für Arbeit und Sozialordnung, Familie und Frauen
BayVBl.	Bayerische Verwaltungsblätter
BayVGH	Bayerischer Verwaltungsgerichtshof
BEG	Bundesentschädigungsgesetz
BEEG	Bundeselterngeld- und Elternzeitgesetz
BetrAVG	Betriebsrentengesetz
BeurkG	Beurkundungsgesetz
BfA	Bundesversicherungsanstalt für Angestellte (jetzt Deutsche Rentenversicherung Bund)
BGB	Bürgerliches Gesetzbuch
BGG	Behindertengleichstellungsgesetz
BGH	Bundesgerichtshof
BGHZ	Entscheidungen des Bundesgerichtshof in Zivilsachen
BKGG	Bundeskindergeldgesetz
BMG	Bundesministerium für Gesundheit
BNotO	Bundesnotarordnung
BR-Drucks.	Bundesrat-Drucksache
BSG	Bundessozialgericht
BSHG	Bundessozialhilfegesetz
BtÄndG	Betreuungsrechtsänderungsgesetz
BT-Drucks.	Bundestag-Drucksache
BtG	Betreuungsgesetz
BtMan	Betreuungsmanagement
BtPrax	Zeitschrift für Betreuungsrechtliche Praxis
BVA	Bundesversicherungsamt
BVerfG	Bundesverfassungsgericht
BVerwG	Bundesverwaltungsgericht
BVerwGE	Entscheidungssammlung des Bundesverwaltungsgerichts
BVG	Bundesversorgungsgesetz
bzw.	beziehungsweise
EStG	Einkommensteuergesetz
e.V.	eingetragener Verein
EuGHMR	Europäischer Gerichtshof für Menschenrechte
EWR	Europäischer Wirtschaftsraum
FamRZ	Zeitschrift für das gesamte Familienrecht
FEVS	Fürsorgerechtliche Entscheidungen der Verwaltungs- und Sozialgerichte
FamFG	Gesetz über das Verfahren in Familiensachen und in den Angelegenheiten der freiwilligen Gerichtsbarkeit
FGG	Gesetz über die Angelegenheiten der freiwilligen Gerichtsbarkeit
FGG-RG	Gesetz zur Reform des Verfahrens in Familiensachen und in den Angelegenheiten der freiwilligen Gerichtsbarkeit
GdB	Grad der Behinderung
gem.	gemäß
GG	Grundgesetz

GKG	Gerichtskostengesetz
GVG	Gerichtsverfassungsgesetz
h. M.	herrschende Meinung
ICD-10	Internationale Klassifikation der Krankheiten
IfSG	Infektionsschutzgesetz
i. H. v.	in Höhe von
InsO	Insolvenzordnung
i. S. d.	im Sinne des
i. S. v.	im Sinne von
i. V. m.	in Verbindung mit
JVEG	Justizvergütungs- und -entschädigungsgesetz
KostO	Kostenordnung
LAG	Lastenausgleichsgesetz/Landesarbeitsgericht
LPartG	Lebenspartnerschaftsgesetz
LSG	Landessozialgericht
LVA	Landesversicherungsanstalt (jetzt Deutsche Rentenversicherung Bund)
MdE	Minderung der Erwerbsfähigkeit
MDK	Medizinischer Dienst der Krankenversicherung
MuSchG	Mutterschutzgesetz
m. w. N.	mit weiteren Nachweisen
NDV	Nachrichtendienst des Deutschen Vereins für öffentliche und private Fürsorge
NDV-RD	Rechtsprechungsdienst des NDV
NJW	Neue Juristische Wochenschrift
NZI	Neue Zeitschrift für das Recht der Insolvenz und Sanierung
OEG	Opferentschädigungsgesetz
OLG	Oberlandesgericht
OVG	Oberverwaltungsgericht
OWiG	Gesetz über Ordnungswidrigkeiten
PfleWoqG	Gesetz zur Regelung der Pflege-, Betreuungs- und Wohnqualität im Alter und bei Behinderung (Pflege- und Wohnqualitätsgesetz, bayerisches Landesgesetz, früheres Heimgesetz)
PNG	Pflege-Neuausrichtungsgesetz
QPR	Qualitätsprüfungs-Richtlinien
Rn.	Randnummer
RPflG	Rechtspflegergesetz
RVO	Reichsversicherungsordnung
SchwbG	Schwerbehindertengesetz
SGB	Sozialgesetzbuch
SGB V	Sozialgesetzbuch – Fünftes Buch (Gesetzliche Krankenversicherung)
SGB VIII	Sozialgesetzbuch – Achtes Buch (Kinder- und Jugendhilfe)
SGB IX	Sozialgesetzbuch – Neuntes Buch (Rehabilitation und Teilhabe behinderter Menschen)
SGB XII	Sozialgesetzbuch – Zwölftes Buch (Sozialhilfe)
SGG	Sozialgerichtsgesetz
StGB	Strafgesetzbuch
StVollzG	Strafvollzugsgesetz
SvEV	Sozialversicherungsentgeltverordnung
ThUG	Therapieunterbringungsgesetz
TPG	Transplantationsgesetz
u. a.	unter anderem
UnterbrG	Gesetz über die Unterbringung psychisch Kranker und deren Betreuung (Bayern)

usw.	und so weiter
UVschG	Unterhaltsvorschussgesetz
U. v.	Urteil vom
VBVG	Vormünder- und Betreuervergütungsgesetz
VN-BRK	Übereinkommen über die Rechte von Menschen mit Behinderungen (Vereinte Nationen)
VGH	Verwaltungsgerichtshof
vgl.	vergleiche
v. H.	vom Hundert
VO	Verordnung
VwGO	Verwaltungsgerichtsordnung
VwZG	Verwaltungszustellungsgesetz
WBVG	Wohn- und Betreuungsvertragsgesetz
WoGG	Wohngeldgesetz
WoGV	Wohngeldverordnung
z. B.	zum Beispiel
ZfF	Zeitschrift für Fürsorgewesen
ZPO	Zivilprozessordnung
ZInsO	Zeitschrift für das gesamte Insolvenzrecht

Findex

Findex

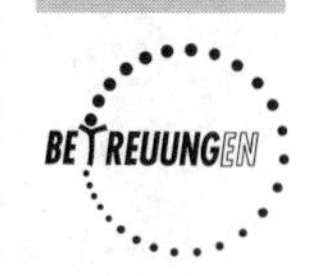
BETREUUNGEN

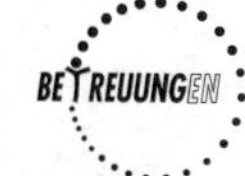
BETREUUNGEN

Findex

Findex

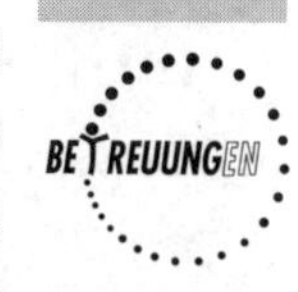
BETREUUNGEN

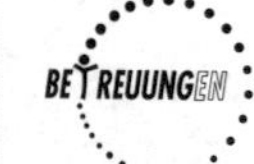
BETREUUNGEN

Findex

Findex

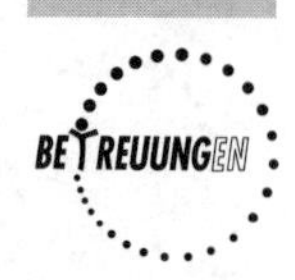
BETREUUNGEN

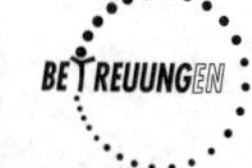
BETREUUNGEN

BETREUUNGEN

BETREUUNGEN

Findex

Findex

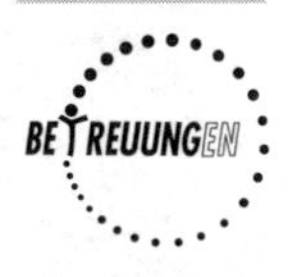
BETREUUNGEN

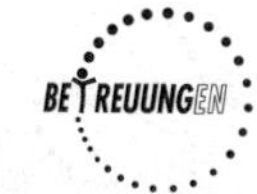
BETREUUNGEN

BETREUUNGEN

Findex

Findex

Findex

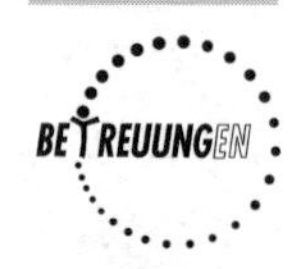
BETREUUNGEN

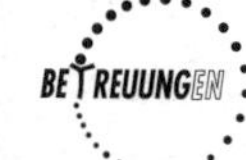
BETREUUNGEN

Betreuungsrecht

A

Betreuungsrecht

A 1 Grundzüge des Betreuungsrechts

A 2 Auswirkungen (Rechtsfolgen) bei Geschäftsfähigkeit, Geschäftsunfähigkeit und Einwilligungsvorbehalt

A 3 Die betreuungsgerichtliche Genehmigung

A 13 Besonderheiten bei Beteiligung von Ausländern

Inhalt

1. Grundsätze des Betreuungsrechts

Bis zum 31. 12. 1991 geltendes Recht

Bis zum 31. 12. 1991 konnte ein volljähriger Mensch entmündigt werden, wobei die Gründe hierfür unterschiedlich waren; Geisteskrankheit, Geistesschwäche, Trunk- oder Rauschgiftsucht sowie Verschwendungssucht wurden zugrunde gelegt. Folge der Entmündigung war die im Gesetz geregelte Geschäftsunfähigkeit oder beschränkte Geschäftsfähigkeit; dem Entmündigten wurde ein Vormund bestellt. Ohne Entmündigungsverfahren konnte einem geistig wie körperlich Gebrechlichen ein Pfleger für bestimmte Aufgabenkreise bestellt werden (sog. Gebrechlichkeitspflegschaft); diese Pflegschaft hatte keinen Einfluss auf die Geschäftsfähigkeit.

Grundsätze des BtG

Das Betreuungsgesetz (BtG) ist am 1. 1. 1992 in Kraft getreten. Als wesentliche Grundzüge wurden verankert:

- Die Entmündigung wird abgeschafft.
- Vormundschaft und Pflegschaft über Volljährige werden durch ein neues Rechtsinstitut der „Betreuung“ ersetzt.
- Die Bestellung eines Betreuers schränkt die Teilnahme eines Betreuten am Rechtsverkehr nicht automatisch ein. Nur dort, wo dies im Einzelfall erforderlich ist, kann das Gericht einen „Einwilligungsvorbehalt“ anordnen.
- An die Stelle anonymer Verwaltung von „Fällen“ soll eine persönliche Betreuung treten.
- Der Betreuer soll Wünschen des Betreuten grundsätzlich entsprechen.
- Die Personensorge wird durch Regelungen über Heilbehandlung, Unterbringung, unterbringungsähnliche Maßnahmen und Wohnungsauflösung gestärkt.
- Die Bestellung eines Betreuers setzt die persönliche Anhörung des Betroffenen und eine genaue Sachaufklärung voraus.
- Über Betreuerbestellungen muss spätestens nach fünf (heute: sieben) Jahren neu entschieden werden.
- In Verfahren, die die Betreuung betreffen, ist der Betroffene ohne Rücksicht auf seine Geschäftsfähigkeit verfahrensfähig.
- Förderung eigenverantwortlicher und vorausschauender Regelungen durch Vorsorgevollmachten und Betreuungsverfügungen.

Information und Fortbildung

Mitarbeit aller

Die bisherige Bilanz des Betreuungsrechts kann sich durchaus sehen lassen, wobei selbstverständlich nicht jedes gesetzgeberische Ziel erreicht werden konnte. Seminare, Informations- und Fortbildungsveranstaltungen, die Herausgabe einer speziellen Fachzeitschrift (BtPrax) und die Gründung überörtlicher Arbeitsgemeinschaften stehen für eine Umsetzung der gesetzlichen Vorgaben und eine stetige Weiterentwicklung. Zur Mitarbeit sind alle Privatpersonen, Vereine, Behörden aufgerufen, die am Betreuungsverfahren beteiligt oder (un-)mittelbar betroffen sind. Die Vielzahl kann man der folgenden Übersicht entnehmen.

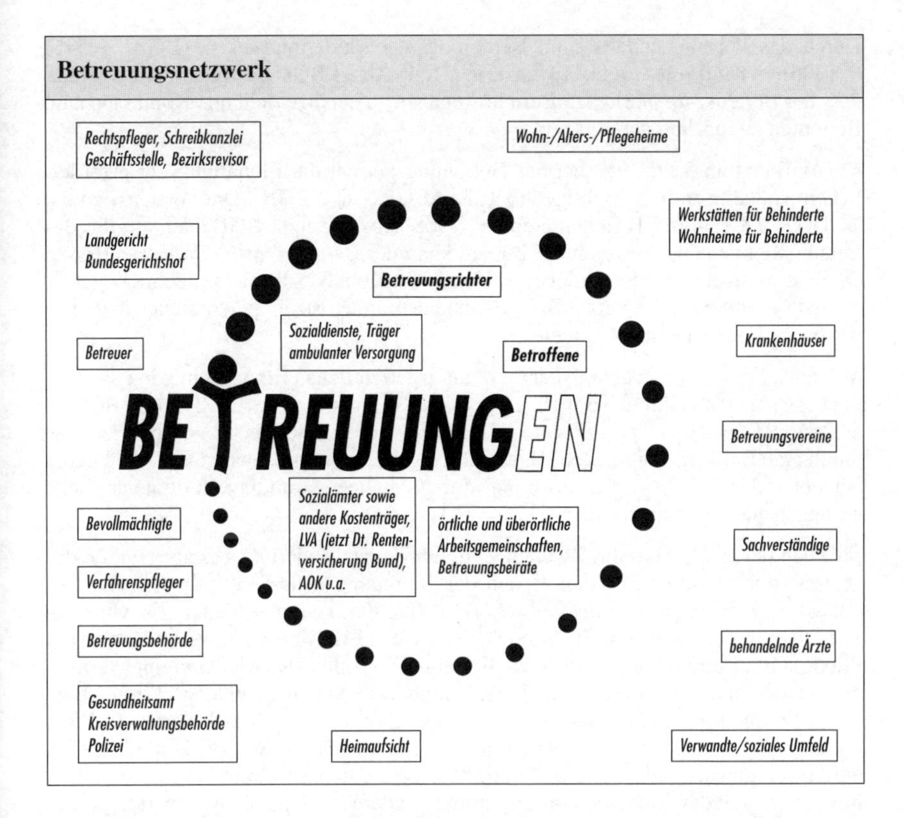

Soziales Engagement ist wichtig

Erfolge im Interesse der Betreuten lassen sich nur durch vertrauensvolle Zusammenarbeit aller Beteiligten erreichen. Wer sich für die Übernahme einer ehrenamtlichen Betreuung interessiert, sollte sich nicht durch eine zum Teil pessimistische Berichterstattung in den Medien abschrecken lassen. Mit einer ehrenamtlichen Tätigkeit können dauerhafte Erfolge erzielt und kann bewiesen werden, dass soziales Engagement wichtiger ist als viele Worte.

2. Veränderungen des Betreuungsrechts

2.1 Betreuungsrechtsänderungsgesetze

Mit dem Ersten Gesetz zur Änderung des Betreuungsrechts (1. BtÄndG) vom 25. 6. 1998, in Kraft getreten zum 1. 1. 1999, wurden insbesondere die Vergütungsvorschriften und der Umfang von Vorsorgevollmachten geändert.

Weitere Reformen ergaben sich aus dem Zweiten Gesetz zur Änderung des Betreuungsrechts (2. BtÄndG) vom 21. 4. 2005, in Kraft getreten zum 1. 7. 2005. Neben Verfahrensvereinfachungen wurden erneut die Vergütungs- und Auslagenerstattungsregelungen für Berufsbetreuer geändert; es wurde das sog. Pauschalsystem eingeführt. Außerdem wurden Beratungs- und Beurkundungsregelungen zur Vorsorgevollmacht neu geschaffen.

Am 1. 9. 2009 ist das Dritte Gesetz zur Änderung des Betreuungsrechts in Kraft getreten. In den §§ 1901a, 1901b und 1904 BGB wird die sog. Patientenverfügung geregelt, das Gespräch zur Feststellung des Patientenwillens und die Genehmigungspflicht bei der Einwilligung, Nichteinwilligung oder dem Widerruf der Einwilligung in bestimmte schwerwiegende ärztliche Maßnahmen. Ergänzend dazu werden die dazugehörigen Verfahrensvorschriften in den §§ 287, 298 FamFG geändert.

Durch das Vormundschafts- und Betreuungsrechtsänderungsgesetz (BGBl. I 2011 S. 1306), in Kraft seit 5. 7. 2011, wurde in § 1840 Abs. 1 BGB die Regelung eingefügt, dass der Betreuer im jährlichen Bericht Angaben zu den persönlichen Kontakten zum Betreuten zu machen hat.

Mit Wirkung ab 5. 7. 2012 hat das Betreuungsgericht die Einhaltung der erforderlichen Kontakte zu beaufsichtigen (§ 1837 Abs. 2 Satz 2 BGB). Die Vorschriften der §§ 1837 und 1840 BGB finden gemäß § 1908i Abs. 1 Satz 1 BGB auch auf die Betreuung sinngemäße Anwendung. Zudem kann der Betreuer aus dem Amt entlassen werden, wenn er den erforderlichen persönlichen Kontakt zum Betreuten nicht gehalten hat (§ 1908b Abs. 1 Satz 3 BGB). Eine bestimmte Anzahl persönlicher Kontakte wurde im Gesetz nicht festgelegt.

Mit dem „Gesetz zur Regelung der betreuungsgerichtlichen Einwilligung in eine ärztliche Zwangsmaßnahme" vom 18. 2. 2013, in Kraft getreten am 26. 2. 2013 (BGBl. I S. 266; *BT-Drucks. 17/12086 und 17/11513*), wurde eine Lücke geschlossen, die durch eine Entscheidung des BGH vom 20. 6. 2012 entstanden war. Der Gesetzgeber versuchte damit, eine verfassungskonforme gesetzliche Grundlage für eine ärztliche Zwangsbehandlung zu schaffen.

Im Zuge der Evaluation des Zweiten Betreuungsrechtsänderungsgesetzes wurde das „Gesetz zur Stärkung der Funktionen der Betreuungsbehörden" vom 28. 8. 2013 (BGBl. I S. 3393; *BT-Drucks. 17/13419; 17/13952*) verabschiedet. Es wird am 1. 7. 2014 in Kraft treten. Offizielles Ziel ist es, den Erforderlichkeitsgrundsatz in der Praxis stärker zur Geltung zu bringen. Betreuungen sollen also wieder einmal vermieden werden und zwar diesmal durch eine intensivere Nutzung „anderer Hilfen". Besser in Stellung gebracht wird die Betreuungsbehörde. Sie soll sich verstärkt durch umfassende Information und Beratung im Allgemeinen sowie im konkreten Fall durch Beratungsangebote und qualifizierte Berichte in das Betreuungsverfahren einbringen. Durch das Aufzeigen und Vermitteln anderer Hilfen sollen vermeidbare Betreuungen verhindert werden.

Das überschaubare Potential geeigneter anderer Hilfen, die bisher nicht genutzt werden, kann sich allerdings ohne konkrete weitere Maßnahmen nicht vermehren. Zusätzlich geht der Gesetzgeber offensichtlich davon aus, dass seine Wohltaten zum Nulltarif erreicht werden können. Da stellt sich die Frage, wie ohne Mehraufwand mehr Qualität (Fachkräfte, qualifizierte Berichte, Vorfeldarbeit) generiert und mehr Pflichtaufgaben erledigt werden können. Sollte den Trägern der Betreuungsbehörden diese Quadratur des Kreises nicht gelingen, wird sich der Hinweis auf eine Entlastung der Justiz als Milchmädchenrechnung erweisen und das hehre Ziel der Vermeidung von Betreuungen nicht erreichen lassen.

2.2 Das FGG-Reformgesetz

Das FGG-Reformgesetz hat das FGG a. F. abgeschafft und in Art. 1 durch das Gesetz über das Verfahren in Familiensachen und in den Angelegenheiten der freiwilligen Gerichtsbarkeit (FamFG) ersetzt. Es trat am 1. 9. 2009 in Kraft und stellt u. a. den Versuch dar, dem modernen materiellen Betreuungsrecht ein gleichwertiges Verfahrensrecht zur Seite zu stellen.

Abgeschafft wurde endlich der negativ besetzte Begriff „Vormundschaftsgericht", der von vielen Betreuten und Betreuern auch heute noch gleichgesetzt wird mit Entmündigung und umfassendem Verlust der persönlichen Rechte. Die zuständigen Abteilungen beim Amtsgericht werden nun als Betreuungsgerichte bezeichnet und die dort tätigen Richter als Betreuungsrichter. Damit wird das unerfreuliche Kapitel der Vormundschaften und Pflegschaften endgültig abgeschlossen.

Auch bei den Rechtsmitteln kam es zu gravierenden Einschnitten. Anfechtbar sind nur noch Endentscheidungen und solche Entscheidungen, die ausdrücklich der sofortigen Beschwerde kraft Gesetzes unterworfen werden. Gegen die Beschwerdeentscheidung der Landgerichte gibt es nunmehr nur noch die Rechtsbeschwerde zum BGH.

Das gesamte Verfahrensrecht wurde zudem übersichtlicher gestaltet, so dass der Zugang zu der schwierigen Materie des Verfahrensrechts erleichtert wurde.

2.3 VN-Behindertenrechtskonvention (VN-BRK)

Ein völlig neues Regelwerk stellt das Übereinkommen über die Rechte von Menschen mit Behinderungen (BGBl. 2008, Teil II Nr. 35, S. 1419) dar. Dieser völkerrechtliche Vertrag ist am 26. 3. 2009 in Kraft getreten und entfaltet zunehmend Wirkung im deutschen Rechtsleben. Aus diesem völkerrechtlichen Vertrag ergibt sich für Deutschland die konkrete Verpflichtung zur Umsetzung der Konvention (vgl. *Lipp* BtPrax 2010, 263).

Einrichtungen zur Umsetzung

Dem Deutschen Institut für Menschenrechte wurde entsprechend Art. 33 Abs. 2 VN-BRK die Aufgabe einer sog. Monitoring-Stelle übertragen für „die Förderung, den Schutz und die Überwachung der Durchführung dieses Übereinkommens.“ Daneben gibt es die staatliche Anlaufstelle (focal point), die staatliche Koordinierungsstelle, den Inklusionsbeirat und die Fachausschüsse (vgl. dazu die Broschüre „Die Staatliche Koordinierungsstelle“ zu beziehen unter http://www.behindertenbeauftragter.de). Es muss ferner gem. Art. 35 VN-BRK über die Umsetzung einem internationalen Ausschuss berichtet werden.

Staatenbericht

Der Erste Staatenbericht vom 3. 8. 2011 zeigt die vielfältigen Umsetzungsversuche auf (vgl. http://www.institut-fuer-menschenrechte.de).

Individualbeschwerde

Einzelpersonen oder Gruppen können sich nach Ausschöpfung aller innerstaatlichen Rechtsbehelfe mit einer Individualbeschwerde an den „VN-Ausschuss für die Rechte behinderter Menschen“ wenden (Art. 1 Fakultativprotokoll). Sie müssen vortragen können, „Opfer einer Verletzung des Übereinkommens durch den betreffenden Vertragsstaat“ zu sein.

Kernaussagen des VN-BRK

Der Kernsatz der VN-BRK findet sich in Art. 12 Abs. 2, wonach die „Vertragsstaaten anerkennen, dass Menschen mit Behinderungen in allen Lebensbereichen gleichberechtigt mit anderen Rechts- und Handlungsfähigkeit genießen.“ Dazu gehört auch der ungehinderte Zugang zur Justiz gem. Art. 13 VN-BRK, der sich nicht auf Rampen für Rollstuhlfahrer beschränken darf, sondern zu Regelungen führen muss, die z. B. eine effektive Vertretung vor Gericht gewährleisten (Verfahrenspfleger, Pflichtverteidiger etc.) oder eine behindertengerechte Kommunikation (Art. 13 Abs. 2 VN-BRK). Wichtig ist auch der Schutz vor rechtswidriger oder willkürlicher Freiheitsentziehung und vor unmenschlicher oder erniedrigender Behandlung nach Art. 14 und 15 VN-BRK. Freiheitsentziehende Maßnahmen wie z. B. Fixieren, Bettgitter oder Bauchgurt sind auch an diesen Maßstäben zu messen. Behinderteneinrichtungen müssen gem. Art. 16 Abs. 3 „wirksam von unabhängigen Behörden überwacht werden.“

Diesen neuen Anforderungen müssen Betreuungsbehörden, Betreuungsrichter und alle im Betreuungsnetzwerk eingebundenen Institutionen und Funktionsträger gerecht werden.

Deswegen betont auch das BVerfG, dass die VN-BRK Gesetzeskraft hat und als „Auslegungshilfe für die Bestimmung von Inhalt und Reichweite der Grundrechte herangezogen werden kann“ (*BVerfG* BtPrax 2011, 112).

Vorrang für „bessere“ Rechte

Der Maßstab der VN-BRK kann hinter bereits bestehenden Rechten von Menschen mit Behinderung zurückbleiben. In Deutschland gelten ja bereits sehr fortschrittliche Gesetze für Menschen mit Behinderungen (*Rosenow* BtPrax 2013, 39), so dass Art. 4 Abs. 4 Satz 2 VN-BRK mit dem Hinweis relevant werden kann, dass die „in einem Vertragsstaat

durch Gesetze, Übereinkommen, Verordnungen oder durch Gewohnheitsrecht anerkannten oder bestehenden Menschenrechte und Grundfreiheiten" nicht unter dem Vorwand beschränkt oder außer Kraft gesetzt werden dürfen, „dass dieses Übereinkommen derartige Rechte oder Freiheiten nicht oder nur in einem geringeren Ausmaß anerkenne".

3. Voraussetzungen, Erforderlichkeit und Nachrang einer Betreuung

3.1 Voraussetzungen

Voraussetzungen (§ 1896 Abs. 1 BGB)

Für einen Volljährigen kann aufgrund einer psychischen Krankheit, einer körperlichen, geistigen oder seelischen Behinderung eine Betreuung angeordnet werden, wenn er vorübergehend oder auf Dauer nicht mehr in der Lage ist, seine Angelegenheiten ganz oder teilweise selbst zu besorgen.

Eine Betreuung kann von Amts wegen oder auf Antrag des Betroffenen angeordnet werden.

Bei der Prüfung der Voraussetzungen für die Anordnung einer Betreuung ist nebeneinander Folgendes zu beachten:

3.1.1 Hat die betroffene Person das 18. Lebensjahr vollendet?

Alter

§ 1908a BGB bildet hier nur scheinbar eine Ausnahme. Die Betreuung für einen Minderjährigen, der das 17. Lebensjahr vollendet hat, kann zwar angeordnet werden, sie wird jedoch erst mit Vollendung des 18. Lebensjahres wirksam.

3.1.2 Liegt eine der bezeichneten Behinderungen oder Krankheiten vor?

Psychische Krankheit

Die Frage, ob und welche der bezeichneten Krankheiten oder Behinderungen vorliegen und welche Auswirkungen sie haben, kann nur unter Beiziehung ärztlichen Sachverstands beurteilt werden. Schon der Begriff „Krankheit" ist schwer zu definieren. Man versteht darunter im Allgemeinen körperliche, geistige und seelische Veränderungen oder Störungen, unter denen der Betroffene selbst oder andere leiden. Für die Einordnung und Abgrenzung sollte man auf die anerkannte Klassifikation ICD-10 abstellen, herausgegeben von der Weltgesundheitsorganisation (WHO). Dort findet sich z. B. unter Kapitel V folgende Übersicht:

Psychische und Verhaltensstörungen (F00-F99)

F00-F09 organische, einschließlich symptomatischer psychischer Störungen

F10-F19 psychische und Verhaltensstörungen durch psychotrope Substanzen

F20-F29 Schizophrenie, schizotype und wahnhafte Störungen

F30-F39 affektive Störungen

F40-F48 neurotische, Belastungs- und somatoforme Störungen

F50-F59 Verhaltensauffälligkeiten mit körperlichen Störungen und Faktoren

F60-F69 Persönlichkeits- und Verhaltensstörungen

F70-F79 Intelligenzstörung

F80-F89 Entwicklungsstörungen

F90-F98 Verhaltens- und emotionale Störungen mit Beginn in der Kindheit und Jugend

F99-F99 nicht näher bezeichnete psychische Störungen

Aktuelle Versionen (derzeit 10. Revision, German Modification Version 2011) können beim Deutschen Institut für Medizinische Dokumentation und Information heruntergeladen werden (www.dimdi.de).

Die betreuungsrechtliche Einordnung ergibt folgende Systematik:

Als psychische Krankheiten sind anzusehen:

- körperlich nicht begründbare (endogene) Psychosen, z. B. affektive Psychosen (manisch-depressive Krankheiten, endogene Depressionen), Psychosen aus dem schizophrenen Formenkreis,
- körperlich begründbare seelische Störungen, als Folge von Krankheiten oder Verletzungen des Gehirns, von Anfallsleiden oder von anderen Krankheiten oder körperlichen Beeinträchtigungen u. a. neurologische Erkrankungen, die zu Bewusstseinsstörungen, Demenz oder Wesensveränderungen führen (z. B. Alterskrankheiten wie Alzheimer Krankheit, Hirninfarkte, Chorea Huntington, Creutzfeld-Jakobsche Krankheit, Wachkoma),
- Abhängigkeitskrankheiten (Alkohol-, Medikamenten-, Drogenabhängigkeiten),
- Neurosen und Persönlichkeitsstörungen (Psychopathien), z. B. Borderline-Störung.

Geistige Behinderung

Unter „geistig Behinderten" versteht man Erwachsene, deren geistige Entwicklung durch angeborene oder erworbene Störungen hinter der altersgemäßen Norm zurückgeblieben ist, so dass sie für ihre Lebensführung besonderer Hilfen bedürfen.

Seelische Behinderung

Als seelische Behinderungen sind bleibende psychische Beeinträchtigungen anzusehen, die Folgen von psychischen Krankheiten sind.

3.1.3 Ist der Betroffene nach Art und Schwere seiner Behinderung oder Krankheit außerstande, seine Angelegenheiten ganz oder teilweise selbst zu besorgen?

Unfähigkeit, seine Angelegenheiten ganz oder teilweise zu besorgen

Der medizinische Befund einer psychischen Krankheit, körperlichen, geistigen oder seelischen Behinderung bei einem Volljährigen rechtfertigt für sich allein keine Betreuung. Vielmehr muss er aus diesem Grund auch außerstande sein, regelungsbedürftige Angelegenheiten ganz oder teilweise selbst zu besorgen.

Rechtlicher Bezug bei den Aufgabenkreisen

Da es nach § 1901 Abs. 1 BGB darum geht, dass die Angelegenheiten des Betroffenen „rechtlich zu besorgen" sind, müssen diese auch einen rechtlichen Bezug aufweisen. Die Unfähigkeit, seine Einkäufe, beruflichen Angelegenheiten oder die Personensorge für seine Kinder zu erledigen, genügt deshalb nicht. Hier wäre es denkbar, dass dem Betreuer nur der Aufgabenbereich übertragen wird, die rechtlichen Konsequenzen zu ziehen und er dann die notwendige Versorgung, die Wahrung der Rechte aus dem Arbeitsvertrag oder aber die Sorge für eine angemessene Vertretung im Verfahren nach § 1666 BGB zu organisieren hat.

Erhebliche Unfähigkeit eine Angelegenheit zu erledigen

Kaum ein Mensch ist in der Lage, alle seine Angelegenheiten optimal zu erledigen. Zu respektieren ist es selbstverständlich auch, wenn Defizite bewusst in Kauf genommen werden. Nicht jede unaufgeräumte Wohnung, nicht jeder unhygienische Zustand und schon gar nicht die Realisierung „normaler" Verhältnisse rechtfertigen den Ruf nach einem Betreuer. Die Rechtsprechung verlangt vielmehr, dass der Betroffene in der Wahrnehmung seines Selbstbestimmungsrechts erheblich beeinträchtigt und deshalb zu eigenverantwortlichen Entscheidungen nicht mehr in der Lage ist.

Mangelnde Schuldentilgung bei bescheidenen Mitteln

So muss etwa die Unfähigkeit, seine finanziellen Angelegenheiten zur Gänze zu überblicken, im Einzelfall toleriert werden, wie z. B. dann, wenn die bescheidenen Mittel nicht so eingeteilt werden, dass Schulden systematisch abgebaut und das Auflaufen

neuer geringfügiger Schulden vermieden wird. Dieses Verhalten ist für sich allein noch kein Nachweis dafür, dass die Normabweichung so gravierend ist, dass ein Betreuer bestellt werden muss (*OLG Köln* FamRZ 2006, 288).

Daran ändert sich auch nichts, wenn der psychisch Kranke ausdrücklich die Betreuung wünscht und beantragt (vgl. unter 3.1.4), die Feststellungen aber ergeben, dass er trotz psychischer Krankheit seine Angelegenheiten selbst oder mit Hilfe eines Bevollmächtigten erledigen kann (*OLG Zweibrücken* BtPrax 2004, 155).

3.1.4 Liegt ein Antrag des Betroffenen vor bzw. kann von Amts wegen eine Betreuung angeordnet werden?

Antragsrecht

Eine Betreuung kann sowohl auf Antrag des Betroffenen als auch von Amts wegen angeordnet werden. Ein Antragsrecht „Dritter“, also weiterer Personen oder von Behörden, sieht das Gesetz nicht vor. Mitteilungen von Angehörigen, Nachbarn, Ärzten, Heimleitern usw. sind als Anregungen auszulegen. Die Anregung an das Betreuungsgericht, tätig zu werden, kann demnach von jedem gegeben werden. Das Betreuungsgericht wird dann im Rahmen seiner Amtsermittlungspflicht selbstständig tätig.

Ausnahme: Für (ausschließlich) körperlich behinderte Menschen, die noch ihren Willen kundtun können, kann nur auf Antrag des Betroffenen ein Betreuer bestellt werden (§ 1896 Abs. 1 Satz 3 BGB).

3.1.5 Ist die Freiheit der Willensbildung eingeschränkt?

Keine Betreuerbestellung gegen den freien Willen des Volljährigen

Nach § 1896 Abs. 1a BGB darf gegen den freien Willen des Volljährigen kein Betreuer bestellt werden.

Das verfassungsrechtlich garantierte Selbstbestimmungsrecht verbietet dem Staat zu weitgehende Eingriffe in die Rechte der Bürger. Die Einschränkung nach § 1896 Abs. 1a BGB stellt daher unmissverständlich fest, dass gegen den Willen des Betroffenen eine Betreuung nur dann angeordnet werden kann, wenn in Folge der psychischen Krankheit, geistigen oder seelischen Behinderung die Freiheit der Willensbildung eingeschränkt ist. Da andererseits nach § 104 Nr. 2 BGB jeder geschäftsunfähig ist, der sich in einem, die freie Willensbildung ausschließenden Zustand krankhafter Störung der Geistestätigkeit befindet, kann eine Betreuung ohne Einverständnis des Betroffenen wohl nur bei geschäftsunfähigen Personen angeordnet werden, zumindest nur in den Bereichen einer partiellen Geschäftsunfähigkeit.

Der BGH (BtPrax 2011, 127) bezieht die Frage nach dem freien Willen darauf, ob die Ablehnung der Betreuung auf seinem freien Willen beruht. Dies ergibt sich aus dem Wortlaut des § 1896 Abs. 1a BGB, wonach die Bestellung eines Betreuers nicht gegen den freien Willen erfolgen darf. Diese Willensfreiheit wiederum ist sowohl im Hinblick auf die Einsichtsfähigkeit zu prüfen, als auch auf die Fähigkeit nach dieser Einsicht zu handeln. Grob gesagt muss der Betroffene in der Lage sein die „für und wider eine Betreuerbestellung sprechenden Gesichtspunkte zu erkennen und gegeneinander abzuwägen“ und entsprechend dieser Erkenntnis zu entscheiden (vgl. BGH BtPrax 2012, 115 und Kapitel A 2, Abschnitt 1).

Unfähigkeit zur freien Willensbestimmung muss konkret festgestellt sein

Nach *OLG München* (FamRZ 2006, 440) setzt die Feststellung, dass der Betroffene zu einer freien Willensbestimmung nicht in der Lage ist, konkrete Ausführungen des Sachverständigen zu den tatsächlichen Auswirkungen der Erkrankung beim Betroffenen voraus. Bloße Feststellungen zu den allgemeinen Folgen einer Krankheit ohne konkreten Bezug zum Betroffenen genügen nicht. Der Sachverständige wird dieses Problem bei der nach § 280 Abs. 3 Nr. 3 FamFG gebotenen Darstellung des „psychiatrischen Zustands des Betroffenen“ abhandeln müssen.

Praxis TIPP

Personenkreis der Betreuten

Die Betreuten lassen sich nicht hinsichtlich Alter, Geschlecht, Religionszugehörigkeit, Abstammung, sozialer Stellung usw. differenzieren.

In Reihenfolge – abgestellt auf die Häufigkeit der Betreuungsanordnungen – wird folgender Personenkreis erfasst:

- **Geronto-psychiatrisch erkrankte Menschen**

Unter den psychischen Alterserkrankungen ist bei den Betreuten die senile Demenz am häufigsten vorzufinden. Senile Demenz ist eine im Alter erworbene Intelligenzminderung, die ihre Ursache in der Alzheimer-Krankheit, in Gehirngefäßerkrankungen oder anderen degenerativen Hirnprozessen haben kann. Dabei ist der Abbau der geistigen Fähigkeiten fortschreitend. Dieser Personenkreis wird in Zukunft, bedingt durch die gestiegene Lebenserwartung, weiter anwachsen.

- **Psychisch erkrankte/behinderte Menschen**

Unter den Betreuten der psychisch Kranken befindet sich ein großer Anteil von Menschen, die an einer endogenen Psychose, meist aus dem schizophrenen Formenkreis, erkrankt sind.

Die Symptome der Schizophrenie reichen von akustischen Halluzinationen (Stimmenhören), Leibhalluzinationen (leibliche Beeinflussungserlebnisse), Ich-Störungen (inhaltliche Denkstörungen, Begriffsverschiebungen) bis hin zum Wahn (wobei der Wahn für den Kranken Wirklichkeit ist und sich nicht wegdiskutieren lässt).

Innerhalb des Klientels der Betreuten gehören psychisch Kranke, insbesondere an Schizophrenie erkrankte Menschen, zu den schwierigeren Klienten. Im Umgang mit diesen Menschen muss der Betreuer wissen, dass sie zwei Wirklichkeiten kennen. Die reale Wirklichkeit, in der jeder von uns lebt, und eine zweite Wirklichkeit, in der ein Kranker Sinneseindrücke wahrnimmt, die ein Gesunder schwer nachvollziehen kann. Dies führt sehr oft zu einem Rückzug, einem „Nicht-Wollen-Können", was dann zu einem Versagen im Erfüllen von sozialen Aufgaben führt. Dieses Versagen bedingt dann häufig das Herausfallen aus dem sozialen Gefüge und dem sozialen Netz.

- **Abhängigkeitserkrankte durch Alkohol, Medikamente und andere Suchtstoffe**

Allen Suchtkranken ist gemeinsam, dass das Suchtmittel die zentrale Bedeutung in ihrem Leben einnimmt. Unzuverlässigkeit, fehlende Krankheitseinsicht, hohe Rückfallgefahr und schneller sozialer Abstieg prägen den Alltag des Betreuten. Die Führung einer Betreuung bei Abhängigkeitserkrankungen stellt sich daher als besonders schwierig dar, sodass häufig ein erfahrener Berufsbetreuer zu bestellen ist. Besonders sorgfältig müssen hier das Vorliegen einer psychischen Krankheit und die Aufhebung der freien Willensbildung geprüft werden. Vgl. dazu die Ausführungen unter A 12, 2.1.6.

- **Geistig behinderte Menschen**

Ursache für die geistige Behinderung sind häufig Schädigungen des Gehirns vor, während und nach der Geburt. Als geistig Behinderte gelten Personen, deren intellektuelle Leistungsfähigkeit hinter der am Lebensalter orientierten Erfahrung liegt.

3.2 Erforderlichkeit und Nachrang

§ 1896 Abs. 2 BGB

Steht fest, dass eine psychische Krankheit, körperliche, geistige oder seelische Behinderung vorliegt und deswegen eigene Angelegenheiten ganz oder teilweise nicht besorgt werden können, ist im zweiten Schritt der Grundsatz der Erforderlichkeit und der Nachrangigkeit zu prüfen. Es bedarf der Feststellung jeweils anhand konkreter Tatsachen und zwar für jeden einzelnen Aufgabenkreis, dass der Betroffene insoweit

seine Angelegenheiten auch künftig nicht regeln kann und welcher Handlungsbedarf für eine gesetzliche Vertretung in einzelnen Bereichen absehbar ist.

Nicht jede Betreuungsbedürftigkeit führt zum Betreuungsbedarf

Maßgeblich ist die gegenwärtige Lebenssituation, so dass die Indizwirkung einzelner Sachverhalte umso schwächer wird, je länger sie zurückliegen (*BGH* BtPrax 2011, 210). Die Aussage eines Sachverständigen, dass die Aufrechterhaltung der Betreuung mit umfassenden Aufgabenkreisen wegen ihrer „wichtigen Schutzfunktion“ für den Betroffenen dringend empfohlen wird, genügt diesen Anforderungen nicht. Bei der Prüfung der Frage, ob eine Betreuung erforderlich ist, muss zwischen (subjektiver) Betreuungsbedürftigkeit und (objektivem) Betreuungsbedarf unterschieden werden: Erstere bezieht sich auf die Unfähigkeit des Volljährigen zur Besorgung seiner Angelegenheiten, Letzterer auf den Kreis der konkret zu besorgenden Angelegenheiten (*BGH* BtPrax 2011, 210; *OLG Zweibrücken* FamRZ 2005, 748). Es müssen demgemäß kumulativ folgende Voraussetzungen vorliegen:

- psychische Krankheit oder körperliche, geistige oder seelische Behinderung (subjektive Betreuungsvoraussetzungen)
- hieraus resultierendes (Kausalität) Unvermögen, seine Angelegenheiten ganz oder teilweise zu besorgen (objektive Betreuungsvoraussetzungen)
- Erforderlichkeit der Betreuerbestellung wegen Nichtvorhandenseins anderer Hilfen (Angehörige, Freunde, Nachbarn, etc.; s. unter 3.2.1) bzw. einer Vollmacht, § 1896 Abs. 2 BGB (Subsidiarität der Betreuungsanordnung).

3.2.1 „Andere Hilfen“

Mit „anderen Hilfen“ sind die private Unterstützung und die öffentlichen Hilfen bezeichnet, die Vorrang vor einem Betreuungsverhältnis für Volljährige haben.

Gerade der Vorrang der Bevollmächtigung gegenüber der Betreuung ist Ausfluss des Selbstbestimmungsrechts der Bürger. Hoheitliche Akte sind überflüssig, soweit die Bürger ihre Probleme selbst regeln (können) und davon in sinnvoller Art und Weise Gebrauch machen. Der Staat kann sich dann darauf beschränken, Missbrauch und ungerechte Benachteiligung im Einzelfall zu verhindern. Deshalb sollte die gesellschaftspolitische Bedeutung der rechtzeitigen Erteilung einer Vorsorgevollmacht oder der Errichtung einer Betreuungsverfügung nicht unterschätzt werden. Durch entsprechende Gestaltung vorsorgender Regelungen könnten in nicht unerheblichem Umfang rechtliche Betreuungen ganz oder teilweise verhindert werden, ohne dass der Betroffene Einbußen erleidet und mit einer Benachteiligung rechnen muss (vgl. hierzu die Ausführungen unter 3.2.2).

Jeder an Vorsorge interessierte Bürger sollte sich deshalb bei den örtlichen Betreuungsvereinen und der Betreuungsstelle informieren und nach seinen Wünschen und Möglichkeiten Vorsorge treffen. Dies sollte an sich so selbstverständlich sein wie die Regelung der Erbfolge durch Errichtung eines Testaments.

3.2.1.1 Private Unterstützung

Pflege, Begleitung und Unterstützung zur Beseitigung einer Hilfsbedürftigkeit oder einer Notlage sind nach allgemeinem Verständnis Angelegenheiten der Familie, im weiteren Sinne der Freunde, Bekannten und Nachbarn. Hilfen sind in mannigfacher Form vorstellbar, z. B.

- Versorgung des Haushalts
- Wart und Pflege
- Mithilfe bei Maßnahmen zur Sicherung des Lebensunterhalts, wie z. B. Antrag auf Leistungen der Grundsicherung im Alter und bei Erwerbsminderung (SGB XII), Antrag auf Leistungen zur Sicherung des Lebensunterhalts nach SGB II, Arbeitslosengeld II, Sozialgeld, Wohngeldantrag, Rentenantrag etc.

- Begleitung zum Arzt oder zu Behördengängen
- Erledigung von oder Begleitung zu Einkäufen
- Organisation von Dritthilfe
- Wohnungssuche, Heimplatzsuche
- Fahrdienste
- Besuch von Freizeitveranstaltungen

Freiwillige Unterstützungsangebote

Ein wesentliches Merkmal der Hilfen durch Angehörige, Freunde, Bekannte und Nachbarn ist die Freiwilligkeit der Unterstützungsangebote – diese lassen sich nicht erzwingen – sowohl auf der Seite des Hilfsbedürftigen als auch des Helfers. Es gilt, die Eigenheiten und Besonderheiten, die Wünsche und Bedürfnisse zu akzeptieren und vorhandene Fähigkeiten zu fördern, nicht zu unterdrücken (Schlagworte: „Hilfe zur Selbsthilfe", aber auch „Gefahr des überbeschützenden Helfers"). Der Hilfsbedürftige und der Helfer müssen lernen, aufeinander zuzugehen und eine partnerschaftliche, vertrauensvolle Beziehung zu pflegen.

Grenzen privater Hilfe

Die Grenzen dieser privaten Hilfe können persönlicher (z. B. Ablehnung, Überforderung, physische und psychische Belastung) oder rechtlicher Natur (z. B. Abgabe oder Entgegennahme rechtsverbindlicher Willenserklärungen) sein.

Private Unterstützung durch Institutionen

Hinzu kommen im Bereich der privaten Unterstützung die vielfältigen Angebote von Verbänden, Vereinen und Initiativgruppen. Eine umfassende Zusammenstellung der angebotenen Hilfen in diesem Bereich zu liefern ist wegen institutioneller und regionaler Unterschiede nicht möglich.

Auszugsweise ist auf Hilfeangebote für die Betroffenen zu verweisen:

Angebote der Behindertenhilfe

- Beratungsstellen (Allgemeiner Sozialdienst bei Städten und Landkreisen, Sozialpsychiatrische Dienste)
- Tagesstätten einschließlich Werkstätten
- Kontaktgruppen (Freizeitgestaltung, Hobbykurse)
- Heime (Wohngemeinschaften, Wohnheime, Übergangseinrichtungen, Pflegeheime) für Behinderte und sonstige Gruppen mit sozialen Auffälligkeiten bzw. Schwierigkeiten
- Fahrdienste
- Angehörigentreffs

Altenhilfe

- Beratungsstellen für ältere Mitbürgerinnen und Mitbürger
- Ambulante sozialpflegerische Dienste und Sozialstationen
- Essen auf Rädern
- Hausnotruf
- Freizeit- und Bildungsmaßnahmen
- Tagespflegeeinrichtungen
- Kurzzeitpflegeeinrichtungen
- Heime (Altenwohnheime, Altenpflegeheime und Seniorenwohnungen)
- Angehörigentreffs (Gesprächskreise für pflegende Angehörige)

Gefährdetenhilfe

- Beratungsstellen für Suchtkranke/Drogenabhängige
- Beratungsstellen für Nichtsesshafte
- Krankenhäuser und Einrichtungen

Die Hilfen von Verbänden, Vereinen und Initiativgruppen werden in der Regel von professionellen Diensten angeboten. Dem einzelnen Hilfesuchenden so umfassend wie nötig und so gut wie möglich zu helfen, kann vor allem im Zusammenwirken des Netzwerks der Hilfsdienste erreicht werden. Aber auch bei professioneller privater Unterstützung gilt der Grundsatz der Freiwilligkeit.

3.2.1.2 Öffentliche Hilfen

Die Kommune ist Träger sozialer Einrichtungen und Dienste aufgrund ihrer Verantwortung für das Wohlergehen ihrer Bürgerinnen und Bürger

- im Rahmen der Daseinsvorsorge
- aufgrund gesetzlicher Bestimmungen

Allgemeiner Sozialdienst

In der Begründung des Gesetzentwurfes wird als wichtiges Hilfeangebot auf den „Allgemeinen Sozialdienst" verwiesen. Ein Grundsatz im Allgemeinen Sozialdienst ist seine Allzuständigkeit. Er bietet neben zahlreichen Hilfeangeboten auch Information, Beratung und Sozialbehandlung sowie Vermittlung und Kooperation von Hilfen an. Der Allgemeine Sozialdienst ist bei den Landkreisen und kreisfreien Städten in der Regel den Jugendämtern zugeordnet.

Sozialdienst der Gesundheitsämter

In Bayern sind bei den Gesundheitsämtern (innerhalb der Landratsämter) nach dem Gesetz über den öffentlichen Gesundheitsdienst und nach anderen Rechtsvorschriften Sozialdienste u. a. auch für Hilfen bei psychischer Krankheit oder körperlicher, geistiger oder seelischer Behinderung zuständig.

Der Auftrag zur gesundheitlichen Aufklärung und Beratung ist umfassend und bezieht sich auf alle Lebensumstände und Lebensgewohnheiten der Menschen. Allerdings orientiert sich die Arbeit der Gesundheitsämter immer am jeweiligen Bedarf einer Region. Das Gesundheitsamt ergänzt die bestehenden Angebote der Freien Träger, deren durch das Subsidiaritätsprinzip begründeter Vorrang nicht angetastet wird.

Es empfiehlt sich, über das Leistungsspektrum des Gesundheitsamtes, wegen der unterschiedlichen örtlichen und regionalen Standards, vor Ort Informationen einzuholen.

Krankenhaussozialdienste

Sozialdienste in Krankenhäusern öffentlicher Träger (z. B. Bezirkskliniken, Universitätskliniken) werden ebenfalls der „öffentlichen Hilfe" zugerechnet. Das dortige Hilfeangebot der Sozialdienste orientiert sich an individuellen Konzepten, die sich allerdings an den Anforderungen des Betreuungsrechts, insbesondere am Grundsatz der Erforderlichkeit und Nachrangigkeit messen sollten.

Im Gegensatz zur privaten Hilfe – Grundposition Hilfeangebot – sind die öffentlichen Träger, bei denen auch Hilfen auf freiwilliger Basis angeboten werden, nach gesetzlichen Bestimmungen im sozialen Bereich zur Beratung und Begleitung verpflichtet.

3.2.1.3 Grenzen professioneller, privater und öffentlicher Hilfe

Öffentliche Hilfen und private Unterstützung stehen nicht konkurrierend zueinander. Bei klientenorientierter Koordination der Hilfen bzw. Hilfeangebote und zweckgerichteter Kooperation der Helfer kann im Einzelfall bei Mitwirkung der Klienten eine umfassende Hilfestellung, Wegbegleitung und Unterstützung bedarfsorientiert gewährt werden. Wenngleich stets versucht wird, den Klienten in die Lage zu versetzen, dass er lernt, mit seinen Konflikten und Krisen umzugehen, kann dieses Ziel doch nicht immer erreicht werden. Diese Aussagen treffen für psychisch Kranke und geistig oder seelisch Behinderte gleichermaßen zu.

Die Grenzen professioneller privater und öffentlicher Hilfe können sein:

- Ablehnung durch den Klienten
- das Krankheitsbild oder die Schwere der Behinderung

- örtliche und regionale Standards
- institutionelle Rahmenbedingungen
- rechtliche Gründe
- Individualität des Helfers
- Kompetenz des Helfers
- gesellschaftliche Bedingungen

Sobald der Helfer die Grenzen seines Klienten und seine eigenen erkennt, befindet er sich regelmäßig im Spannungsfeld „Vorsorge – Fürsorge – Eingriff", denn eine Betreuung kann auch eine massive Einschränkung der gesamten Lebenssphäre bedeuten.

Soweit Angebote im Rahmen der privaten und öffentlichen Hilfen nicht ausreichen, wird der Helfer zu prüfen haben, ob eine Betreuung angeregt werden soll.

Eine Bitte an die professionellen Helfer im Bereich der „anderen Hilfen":

Da eine Betreuung regelmäßig eine Einschränkung in der gesamten Lebensgestaltung des Betroffenen darstellt, müssen private und professionelle Helfer im Bereich der „anderen Hilfen" ihre Maßnahmen/Vorgehensweisen streng am Grundsatz der Nachrangigkeit und der Erforderlichkeit orientieren. Eine Betreuung sollte in der Regel nur angeregt werden, wenn aufgrund der Schwere der Erkrankung und/oder aus rechtlichen Gründen die Kompetenzen der Begleiter ausgeschöpft sind.

3.2.2 Mitgestaltung durch Vorsorgemaßnahmen

Die Sorge für das Wohl des Betreuten unter Berücksichtigung seines Willens und seiner Wünsche ist der wichtigste Maßstab für die Führung einer Betreuung. Häufig ist aber die Beachtung dieses Grundsatzes nicht möglich, weil der Betreute krankheitsbedingt zu einer sachgerechten Willensbildung und -äußerung nicht mehr in der Lage ist. Deshalb ist es besonders wichtig, seine eigenen Wünsche für den Fall, dass infolge altersbedingten Nachlassens der geistigen Fähigkeiten, aufgrund von psychischen Krankheiten oder als Folge altersunabhängiger Hilfsbedürftigkeit, z. B. nach einem schweren Unfall, klar zu formulieren, damit der Betreuer bzw. das Betreuungsgericht darauf Rücksicht nehmen können. Bei ausreichender Vorsorge kann unter Umständen auf eine Betreuung ganz verzichtet werden.

Es ist deshalb zunächst zu prüfen, ob vorsorgende Verfügungen vorliegen. Ist dies nicht der Fall, muss der Betreuer mit dem Betreuten abklären, welche Vorstellungen und Wünsche er hat.

Vollmacht vorrangig

Der Gesetzgeber hat die Bestellung eines Betreuers ermöglicht (§ 1896 Abs. 1 BGB), gleichzeitig aber darauf hingewiesen, dass die Erteilung einer Vollmacht durch den Betroffenen immer Vorrang vor einer Betreuung haben soll, wenn durch sie seine Aufgaben genauso gut besorgt werden können wie durch einen Betreuer (§ 1896 Abs. 2 Satz 2 BGB). Aber selbst dann, wenn es zu einer Betreuung kommt, kann die betroffene Person durch rechtzeitig geäußerte Wünsche und Vorschläge auf die Person des Betreuers und die Gestaltung der Betreuung gezielt Einfluss nehmen (§ 1897 Abs. 4 BGB, § 1901 Abs. 3 BGB).

Wünsche des Betroffenen

Daneben kann zur Bestimmung der medizinischen Behandlung bzw. Nichtbehandlung durch eine Patientenverfügung (§ 1901a Abs. 1 Satz 1 BGB) Vorsorge getroffen werden. In ihr wird die schriftliche Willensäußerung eines entscheidungsfähigen, volljährigen Menschen zur zukünftigen Behandlung für den Fall der Äußerungs- bzw. Einwilligungsunfähigkeit niedergelegt (vgl. dazu Abschnitt 3.2.2.3).

3.2.2.1 Vorsorgevollmacht

Vollmacht für „schlechte" Zeiten

Der Sinn einer Vorsorgevollmacht besteht darin, in Zeiten der geistigen Frische für den Fall einer alters- oder unfallbedingten Gebrechlichkeit durch die Beauftragung einer bestimmten Person den Eintritt einer gerichtlichen Betreuung zu verhindern.

Man spricht deshalb von einer Vorsorgevollmacht, weil der Bevollmächtigte erst dann handeln soll, wenn beim Vollmachtgeber selbst Geschäfts- oder Handlungsunfähigkeit eintritt, die Vollmacht somit „vorsorglich" erteilt wird.

Reichweite der Vollmacht

Der Umfang einer Vorsorgevollmacht wird im Regelfall sehr weit gespannt sein; es handelt sich im Allgemeinen zunächst um eine Generalvollmacht. Diese Vollmacht kann sich unzweifelhaft auf alle Vermögensangelegenheiten erstrecken, wie z. B. Bankgeschäfte, Abschluss eines Heimvertrags, Haus- und Vermögensverwaltung, Ausübung von Gesellschafterrechten usw.

Selbst die Errichtung einer „Generalvollmacht zur Regelung aller denkbaren Angelegenheiten" reicht aber in einigen Fällen nicht aus.

Formvorschriften im Einzelfall

Folgende Bereiche hat der Gesetzgeber zwar grundsätzlich zur Bevollmächtigung zugelassen:

- Einwilligung, Nichteinwilligung oder Widerruf der Einwilligung in ärztliche Eingriffe, soweit die begründete Gefahr besteht, dass der Betreute auf Grund der Maßnahme stirbt oder einen schweren und länger dauernden gesundheitlichen Schaden erleidet,
- freiheitsentziehende oder freiheitsbeschränkende Maßnahmen und
- ärztliche Zwangsmaßnahmen

Allerdings müssen diese Maßnahmen ausdrücklich (d. h. so genau wie möglich) in einer schriftlich erteilten Vollmacht bezeichnet sein (§ 1904 Abs. 2 BGB, § 1906 Abs. 5 Satz 1 BGB).

Besonderes Formerfordernis: „ausdrücklich umfasst"

Die Formulierung muss, um „ausdrücklich" zu sein, die Maßnahme klar und deutlich erkennen lassen. Dem wird der auslegungsbedürftige Begriff „Unterbringungsregelung" für den Bereich der unterbringungsähnlichen Maßnahmen nicht gerecht (a. A. ohne Begründung *BGH* FamRZ 2012, 969 m. Anm. Böhm). Mit der besonderen Formvorschrift soll verhindert werden, dass der Vollmachtgeber voreilig oder unüberlegt handelt.

Die Vorsorgevollmacht sollte aber auch außerhalb der gesetzlich vorgeschriebenen Bereiche zur Vermeidung von Missverständnissen und zum besseren Nachweis immer zumindest schriftlich abgefasst sein, um sie bei Bedarf vorlegen und überprüfen zu können.

Öffentlich beglaubigte Unterschrift

Soll der Bevollmächtigte auch im Grundbuchverkehr tätig werden, muss die Unterschrift des Vollmachtgebers notariell beglaubigt oder die gesamte Vollmacht notariell beurkundet sein; dies gilt auch, wenn später eine Erbschaft für den Vollmachtgeber ausgeschlagen werden soll. Darüber hinaus ist im Verkehr mit Banken besondere Vorsicht geboten. Diese erkennen unter Hinweis auf bestehende Bankbedingungen häufig Vollmachten nur an, wenn sie vor einem Bankmitarbeiter erteilt wurden. Eine Rückfrage bei der kontoführenden Bank ist empfehlenswert.

Betreuungsbehörde darf Unterschriften beglaubigen

Die Urkundsperson bei der Betreuungsbehörde ist neben den Notaren befugt, Unterschriften oder Handzeichen auf Vorsorgevollmachten öffentlich zu beglaubigen, § 6 Abs. 2 BtBG. Ob diese Beglaubigung für den Grundbuchverkehr und eine Erbausschlagungserklärung genügt, ist in der Literatur umstritten; die Ausführungen in den Gesetzesmaterialien (*BT-Drucks. 15/2494, S. 44*) dürften aber den Schluss zulassen. Gerichtliche Entscheidungen zu dieser Problematik gibt es bisher noch nicht. (Siehe hierzu auch Spanl in Rpfleger 2006, 455; Renner/Spanl in Rpfleger 2007, 367.) Für jede Beglaubigung kann eine Gebühr von 10 EUR erhoben werden, § 6 Abs. 5 BtBG.

Beratung von Betreuungsvereinen

Die anerkannten Betreuungsvereine können im Einzelfall Personen bei der Errichtung einer Vorsorgevollmacht beraten, § 1908f Abs. 4 BGB. Dafür darf eine angemessene Gebühr verlangt werden, über deren Höhe noch keine Bestimmungen getroffen sind.

Geschäftsfähigkeit als Voraussetzung

Zu beachten ist, dass nur ein Geschäftsfähiger wirksam eine Vollmacht erteilen kann. Dies bedeutet einmal, dass eine Vollmacht „rechtzeitig" erteilt werden sollte, nicht erst dann, wenn der Vollmachtgeber schon „am Rande der Geschäftsfähigkeit" steht. Außerdem kann es erforderlich sein, dass in Zweifelsfällen die vorhandene

Geschäftsfähigkeit bei Errichtung der Vollmacht nachzuweisen ist. Zu diesem Zweck ist es sinnvoll, wenn bei der Vollmachtserteilung der Haus- oder Heimarzt (besser ein in Psychiatrie erfahrener Arzt oder Neurologe) zugezogen wird, der eine nach seiner Ansicht vorhandene Geschäftsfähigkeit bestätigt. Bei der notariellen Beurkundung der Vollmacht muss sich der Notar nach § 11 des Beurkundungsgesetzes von der Geschäftsfähigkeit überzeugen und Zweifel in der Niederschrift vermerken.

Keine Bedingung in Vollmachtsurkunde

Häufig wird in die Vollmachtsurkunde folgender Hinweis aufgenommen: „Für den Fall, dass ich nicht mehr in der Lage bin, meine Angelegenheiten ganz oder teilweise selbst zu besorgen und zu regeln, insbesondere im Fall meiner Geschäftsunfähigkeit, bevollmächtige ich ...“ Diese Klausel ist juristisch zulässig, birgt jedoch ein gravierendes Problem in sich. Zwar kann damit verhindert werden, dass der Bevollmächtigte bereits zu einer Zeit handeln kann, zu der dies noch nicht erfolgen soll, allerdings kann die Feststellung und der Nachweis des Eintritts dieser Bedingung Schwierigkeiten bereiten. Wie soll man z. B. einem Bankangestellten nachweisen, dass die Bedingung eingetreten ist? Will man der Problematik des Nachweises über den Bedingungseintritt entgehen, sollte man die oben dargestellte Klausel nicht in die Vollmacht aufnehmen, diese also unbedingt erteilen. Die Eintrittsbedingung ist in das sog. Innenverhältnis aufzunehmen. Es handelt sich hierbei um eine Vereinbarung zwischen dem Vollmachtgeber und dem Bevollmächtigten, die zwar mündlich geschlossen werden kann, zum Zwecke des späteren Nachweises aber schriftlich erfolgen sollte. An diese Vereinbarung ist der Bevollmächtigte gebunden; sollte er vor Eintritt der abbedungenen Voraussetzungen tätig werden, ist er schadensersatzpflichtig und könnte sich zudem strafrechtlich schuldig machen.

Der Text der Vorsorgevollmacht muss aber deutlich und sicher zwischen den Regelungen zum Innen- und Außenverhältnis unterscheiden. Schließlich schränken alle Bestimmungen für das Außenverhältnis die Wirksamkeit ein (*OLG Frankfurt* FamRZ 2012, 61).

Vertrauen ist wichtig

Der Bevollmächtigte sollte eine Vertrauensperson sein. Eine Absprache mit ihm dürfte die Regel sein. Auch empfiehlt es sich, die Reaktionen weiterer Familienangehöriger zu bedenken oder die Sachlage mit ihnen zu besprechen.

Als Bevollmächtigte ungeeignet

Befindet sich der Vollmachtgeber in einer Anstalt, einem Heim oder einer sonstigen Einrichtung, und steht der Bevollmächtigte zu diesen Einrichtungen in einem Abhängigkeitsverhältnis oder in einer anderen engen Beziehung, kann die erteilte Vollmacht eine Betreuerbestellung nicht verhindern. Zwar ist die Vollmacht, die einem Mitarbeiter der Einrichtung, dem Heimleiter oder Heimbetreiber oder dessen (nahen) Angehörigen erteilt wurde, wirksam, dennoch muss ein Betreuer bestellt werden, § 1896 Abs. 2 Satz 2 BGB i. V. m. § 1897 Abs. 3 BGB.

Die erteilte Vollmacht ist nach *OLG München* (FamRZ 2006, 441) nicht als nichtig im Sinne von § 134 BGB anzusehen (a. A. Palandt/Diederichsen, BGB, 70. Aufl., § 1897 Rz. 11); sie kann nur eine Betreuung nicht verhindern.

Der Ausschluss dieser Personen gilt aber nicht uneingeschränkt. Bei der Regelung des § 1897 Abs. 3 BGB hat der Gesetzgeber Art. 6 GG zu wenig Beachtung geschenkt, der den Staat verpflichtet, „die aus Eltern und Kindern bestehende Familiengemeinschaft als eigenständig und selbstverantwortlich zu respektieren und zu fördern“. Art. 6 GG schützt aber auch genauso die Ehe und damit das besondere Verhältnis der Ehegatten zueinander. Diese Verfassungsgrundsätze gebieten eine bevorzugte Berücksichtigung der Familienangehörigen bei der Auswahl von Betreuern, die das BGB an anderer Stelle (vgl. § 1897 Abs. 5 BGB) selbst nachhaltig fordert.

Sofern keine konkrete Interessenkollision besteht oder der Zweck der Fürsorgemaßnahme aus anderen Gründen die Bestellung eines Dritten verlangt, können daher Ehegatten, Kinder oder die Eltern auch dann als Betreuer bestellt werden, wenn der Wortlaut des § 1897 Abs. 3 BGB dies an sich ausschließt (vgl. *BVerfG* BtPrax

2006, 228). Einem Konflikt kann dadurch begegnet werden, dass bei einer sich konkret abzeichnenden Gefahr der Interessenkollision ein Ergänzungsbetreuer für diesen Bereich bestellt wird.

Den beschriebenen Interessenskonflikt zwischen Heim- und Betreuteninteressen sollte man bei der Bevollmächtigung von Kindern oder Eltern durchaus bedenken. Im Einzelfall kann es für den bei einer Einrichtung tätigen Vorsorgebevollmächtigten unzumutbar sein, Entscheidungen zum Nachteil des eigenen Arbeitgebers treffen zu müssen. So werden Missstände vielleicht zu lange geduldet und eine Kündigung nicht rechtzeitig in Erwägung gezogen, weil man um seinen eigenen Arbeitsplatz fürchtet. Deshalb sollte man gerade für die kritischen Bereiche einen weiteren, unabhängigen Bevollmächtigten auswählen.

Mehrere Bevollmächtigte

Natürlich kann man auch mehrere Personen bevollmächtigen, und zwar entweder zu einer gemeinschaftlichen Vertretung oder man gibt jedem ein Alleinvertretungsrecht. Auch kann man ein gemeinschaftliches Handeln nur für bestimmte Geschäfte vorschreiben. Unbedingt ist auch zu bedenken, dass man einen Ersatzbevollmächtigten für den Fall bestellt, dass der zunächst Bevollmächtigte ausfällt.

Auftragsverhältnis

Neben der Vollmacht ist im Innenverhältnis zwischen Vollmachtgeber und Bevollmächtigten zu klären, wann von der Vollmacht Gebrauch gemacht werden darf, welche Weisungen und Wünsche des Vollmachtgebers der Bevollmächtigte zu beachten hat, wie seine Auslagen zu erstatten sind. Rechtlich handelt es sich regelmäßig um einen Auftrag zur Geschäftsbesorgung (§ 662 BGB). Dieses Vertragsverhältnis sollte zweckmäßigerweise schriftlich mit dem Bevollmächtigten vereinbart werden, vor allem wenn es um Vermögensangelegenheiten geht. Eine ausdrückliche Regelung des Innenverhältnisses vermeidet auch Streit über die Rechte des Bevollmächtigten und dient damit sowohl dem Schutz des Vollmachtgebers (oder dessen Erben) als auch dem des Bevollmächtigten. So lässt sich z. B. die häufig streitige Frage eindeutig regeln, ob die Vollmacht nur zur Verwaltung oder auch zur Veräußerung von Grundbesitz erteilt worden ist. Soweit ein Auftragsverhältnis nicht ausdrücklich vereinbart wird, sind die gesetzlichen Vorschriften des Auftrags (§ 662 ff. BGB) anzuwenden.

Neben der Vollmacht sollte immer ein Auftragsverhältnis zwischen dem Vollmachtgeber und dem Bevollmächtigten vereinbart werden, damit keine Zweifel über den Zeitpunkt entstehen, ab dem von der Vollmacht Gebrauch gemacht werden kann, und welche Weisungen bzw. Wünsche des Vollmachtgebers bestehen.

Überwachung des Bevollmächtigten

Der Bevollmächtigte wird grundsätzlich nur durch den Vollmachtgeber überwacht. Dies ist bei der Vorsorgevollmacht insoweit schwierig, als dieser dazu unter Umständen nicht mehr in der Lage sein wird. Als gerichtliches Mittel gibt es außerdem die sog. „Überwachungs- oder Vollmachtsbetreuung“ (§ 1896 Abs. 3 BGB). Diese kann das Betreuungsgericht anordnen, wenn es zur Überzeugung gelangt, dass der Bevollmächtigte missbräuchlich nicht im Sinne und zum Wohle des Hilfsbedürftigen handelt oder Umfang und Schwierigkeit der vom Bevollmächtigten zu besorgenden Geschäfte eine Überwachung erfordern.

Angehörige sind oft der Meinung, mit einer Bankvollmacht eine umfassende Vertretungsbefugnis nachweisen zu können. Eine Bankvollmacht ermöglicht dem Vertreter lediglich die Verfügung über die Konten bzw. Anlageverwaltung. Weitere Rechtsgeschäfte, wie der Abschluss eines Heimvertrages, sind von der Bankvollmacht nicht abgedeckt. Bevollmächtigte benötigen zur umfassenden Vertretung eine entsprechend umfassende Vollmacht.

Registrierung im Vorsorgeregister

Man kann seine Vorsorgevollmacht im Zentralen Vorsorgeregister der Bundesnotarkammer registrieren lassen; die Meldung erfolgt über das Internet (www.zvr-online.de) oder per Post. Detaillierte Verfahrenshinweise findet man unter dem Menüpunkt „Privatpersonen/Informationen“ auf der Internetseite (www.zvr-online.de) oder bei der Bundesnotarkammer – Zentrales Vorsorgeregister, Postfach 080151, 10001 Berlin, Tel. 0 18 05/35 50 50. Für die Registrierung werden aufwandsbezogene einmalige Gebühren erhoben, und zwar zwischen 15,50 EUR und 18,50 EUR, je nach Antragsart. Grundsätzlich ist die Registrierung der Vorsorgevollmacht im Zentralen Vorsorgeregister zu empfehlen, damit das Vorhandensein der Vollmacht insbesondere dem Betreuungsgericht bekannt wird.

3.2.2.2 Betreuungsverfügung

Will man für den Fall des Eintritts der eigenen Hilfsbedürftigkeit eine Betreuung nicht verhindern, so kann man durch eine Betreuungsverfügung Einfluss auf die Person des Betreuers und die Führung der Betreuung nehmen.

Wünsche werden beachtet

Möglich sind Wünsche zur Person des Betreuers, § 1897 Abs. 4 Satz 3 BGB. Man kann sich z. B. für und gegen eine Person aussprechen. Aber auch Wünsche zur Führung der Betreuung, § 1901 Abs. 3 Satz 2 BGB, wie etwa die Bestimmung eines Alten-/Pflegeheims, Arztwahl, Anweisungen zur Vermögensverwaltung, zu ärztlichen Maßnahmen sind beachtlich, allerdings kann man gesetzliche Regelungen nicht außer Kraft setzen.

Das Betreuungsgericht bzw. der Betreuer sind allerdings nicht uneingeschränkt an derartige Äußerungen gebunden. Ein vorgeschlagener Betreuer, der völlig ungeeignet ist, wird daher nicht bestellt werden, weil dies dem Wohl des Betroffenen zuwiderlaufen würde; auch kann die vorgeschlagene Person ablehnen. Wünsche, deren Erfüllung für den Betreuer unzumutbar wären oder dem Wohl des Betreuten schaden würden, können unbeachtet bleiben. Das gilt auch für Wünsche, deren Erfüllung unmöglich ist. Der Betreuer hat dann die Aufgabe, Alternativen zu finden, die dem eigentlichen Wunsch möglichst nahe kommen.

Natürlich kann man auch Vorstellungen zu ärztlichen Behandlungen und Eingriffen äußern sowie Einwilligungen in Maßnahmen erteilen und verweigern (siehe hierzu später die Patientenverfügung).

Schriftform und Einsichtsfähigkeit

Eine bestimmte Form ist im Gesetz nicht vorgeschrieben; es empfiehlt sich die Schriftform. Da es in der Betreuungsverfügung um Vorschläge und Wünsche des Betreuten, nicht aber um ein rechtsgeschäftliches Handeln geht, ist das Vorliegen einer Geschäftsfähigkeit nicht erforderlich. Es reicht aus, wenn der Betroffene die Einsichtsfähigkeit in die von ihm geforderten Maßnahmen hat, und zumindest die Folgen seiner Vorstellungen noch klar einschätzen kann.

Beglaubigung von Betreuungsverfügungen

Genauso wie bei der Vorsorgevollmacht ist auch bei der Betreuungsverfügung die Urkundsperson bei der Betreuungsbehörde neben Notaren befugt, Unterschriften oder Handzeichen auf Betreuungsverfügungen öffentlich zu beglaubigen (§ 6 Abs. 2 BtBG). Für diese Beglaubigung kann gem. § 6 Abs. 5 BtBG eine Gebühr von 10 EUR erhoben werden.

Ablieferungspflicht

Jeder, der ein Schriftstück in Händen hat, in dem schriftliche Betreuungswünsche eines anderen enthalten sind, ist verpflichtet, dieses beim Betreuungsgericht abzuliefern, wenn er von der Einleitung eines Betreuungsverfahrens Kenntnis erlangt hat, § 1901c BGB.

Beim Zentralen Vorsorgeregister der Bundesnotarkammer kann man gem. § 78 Abs. 2 Nr. 1 BNotO Betreuungsverfügungen registrieren lassen, damit diese im Bedarfsfall zuverlässig auffindbar sind.

Die Meldung erfolgt über das Internet oder per Post; vgl. Abschnitt 3.2.2.1. Die Gebühr beträgt für Internet-Meldungen in der Regel 15,50 EUR. Bei postalischen Anmeldungen erhöhen sich die Gebühren um 3,00 EUR.

3.2.2.3 Patientenverfügung (§§ 1901a, 1901b BGB)

Legaldefinition

Mit der Patientenverfügung kann ein „einwilligungsfähiger Volljähriger für den Fall seiner Einwilligungsunfähigkeit" in schriftlicher Form festlegen, „ob er in bestimmte, zum Zeitpunkt der Festlegung noch nicht unmittelbar bevorstehende Untersuchungen seines Gesundheitszustandes, Heilbehandlungen oder ärztliche Eingriffe einwilligt oder sie untersagt" (§ 1901a Abs. 1 Satz 1 BGB).

Einfluss auf ärztliche Behandlung

Man kann in einer solchen Verfügung Anweisung an Ärzte geben, bei unumkehrbaren Sterbeprozessen keine künstlichen lebensverlängernden Maßnahmen anzuwenden, auch besteht die Möglichkeit für bestimmte schwere Erkrankungen Behandlungsmethoden zu fordern oder abzulehnen. Man kann auch grundsätzlich Organtransplantationen und Bluttransfusionen zustimmen oder sie ablehnen.

Einwilligung in Körperverletzung

Nach deutschem Recht stellt jede Heilbehandlung einen Eingriff in das Grundrecht der körperlichen Unversehrtheit dar und ist nur zulässig, wenn der Patient oder sein Vertreter eine wirksame Einwilligung erteilt hat. Dies gilt auch für eine apparative Behandlung (z. B. Beatmung). Nimmt der Arzt einen Eingriff vor, begeht er eine Körperverletzung; die Einwilligung schafft allerdings einen Rechtfertigungsgrund.

Der Patientenwille begründet ein Abwehrrecht gegen, aber keinen Anspruch auf ein bestimmtes ärztliches Handeln. Die Handlungspflicht des Arztes wird grundsätzlich allein durch die medizinische Indikation bestimmt; zu medizinisch nicht indizierten Maßnahmen ist ein Arzt nicht verpflichtet. Andererseits hat der Arzt kein eigenes Behandlungsrecht. Jede ärztlich empfohlene Maßnahme bedarf, als Eingriff in die körperliche Integrität, der Einwilligung des Patienten. Auch lebenserhaltende Maßnahmen sind vom Einwilligungserfordernis nicht freigestellt; die Selbstbestimmung des Patienten umfasst auch das Recht zu sterben.

Gesetzliche Regelung der Patientenverfügung

So unbestritten die Verbindlichkeit des Patientenwillens des einwilligungsfähigen Patienten immer war, so umstritten war bis zum Dritten Betreuungsrechtsänderungsgesetz die Frage des Umgangs mit Patientenverfügungen bei Eintritt der Einwilligungsunfähigkeit. Die materiell-rechtlichen Regelungen finden sich nunmehr in den §§ 1901a, 1901b und 1904 BGB, die verfahrensrechtlichen Vorschriften in den §§ 287 Abs. 2, 2 FamFG.

Es ergeben sich folgende Grundstrukturen für den Umgang mit Patientenverfügungen:

Bindende Patientenverfügung (§ 1901a Abs. 1 BGB)

- Der Verfasser der Patientenverfügung muss volljährig und einwilligungsfähig sein.

  Nach der Rechtsprechung kann aber der einwilligungsfähige Minderjährige über die Einwilligung in ärztliche Maßnahmen selbst entscheiden. Für den Fall der Einwilligungsunfähigkeit kann er nunmehr keine vorsorgende Regelung treffen. Einwilligungsfähig ist ein Mensch, wenn er Art, Bedeutung, Tragweite und auch die Risiken der Maßnahme erfassen und seinen Willen hiernach zu bestimmen vermag.
- Die Erklärung muss schriftlich vorliegen. Sie kann aber formlos widerrufen werden.
- Die Regelung muss sich beziehen auf „bestimmte, zum Zeitpunkt der Festlegung noch nicht unmittelbar bevorstehende Untersuchungen seines Gesundheitszustandes, Heilbehandlungen oder ärztliche Eingriffe".
- Es muss eine Entscheidung darüber vorliegen, ob der Betroffene diese Maßnahmen untersagt oder in sie einwilligt.

In diesem Rahmen sind Patientenverfügungen bindend. Der Betreuer hat dann nur noch zu prüfen, ob die Patientenverfügung auf die aktuelle Lebens- und Behandlungssituation zutrifft. Daran kann man zweifeln, wenn sich neue Behandlungs-

methoden ergeben, die der Betreute bei Abfassung der Patientenverfügung nicht gekannt hat oder die Heilungschancen und die Aussicht auf ein menschenwürdiges Leben sich in entscheidungserheblicher Art und Weise verbessert haben. Entspricht aber die Patientenverfügung auch jetzt noch der aktuellen Situation, dann hat der Betreuer dem Patientenwillen „Ausdruck und Geltung" zu verschaffen. Es bleibt dann kein Raum mehr für eine Einwilligung des Betreuers.

Patientenverfügung liegt nicht vor (§ 1901a Abs. 2 BGB)

Kommt der Betreuer zum Ergebnis, dass die Patientenverfügung nicht mehr auf die aktuelle Lebens- und Behandlungssituation zutrifft oder liegt keine Patientenverfügung vor, dann muss der Betreuer wie folgt verfahren:

- Er muss die Behandlungswünsche oder den mutmaßlichen Willen des Betreuten feststellen.
- Er muss dabei konkrete Anhaltspunkte heranziehen wie z. B. schriftliche oder mündliche Äußerungen. Ferner sind dabei ethische oder religiöse Überzeugungen und sonstige persönliche Wertvorstellungen zugrunde zu legen.
- Der behandelnde Arzt prüft, ob eine ärztliche Maßnahme indiziert ist und erörtert sie mit dem Betreuer.
- Der Gesetzgeber definiert den Begriff des behandelnden Arztes nicht (Hausarzt, Notarzt, Chirurg, Anästhesist, Stationsarzt, Chefarzt können sich sehr unterschiedlich äußern). Ferner wird etwas blauäugig das bekanntermaßen enge Zeitmanagement der Ärzte verkannt.
- Nahen Angehörigen und Vertrauenspersonen soll der Betreuer „Gelegenheit zur Äußerung" geben.

Dialogischer Prozess (§ 1901b BGB)

Auf dieser Grundlage basiert dann die Entscheidung des Betreuers, ob er einwilligt. Das Gleiche gilt auch für die Entscheidung des Bevollmächtigten, §§ 1901a Abs. 5, 1901b Abs. 3 BGB.

Zum Problem des Abbruchs lebenserhaltender Maßnahmen und der sog. Sterbehilfe siehe Kapitel A 3, Abschnitt 2.3.

3.2.2.4 Genehmigungspflicht für ärztliche Maßnahmen (§ 1904 BGB)

Genehmigungsfreie Entscheidungen

Im Rahmen einer verbindlichen Patientenverfügung bzw. unter Berücksichtigung der „Behandlungswünsche" oder des „mutmaßlichen Willens" (§ 1901a Abs. 1 und 2 BGB) entscheidet der Betreuer grundsätzlich ohne Genehmigung des Betreuungsgerichts. Das Gleiche gilt, wenn § 1901a BGB nicht greift, weil der Betreute z. B. niemals einwilligungsfähig war und aufgrund seiner Behinderung Wünsche nicht mehr äußern kann. In diesem Fall muss sich der Betreuer mit seiner Entscheidung am Wohl des Betreuten orientieren und soweit möglich dazu beitragen, die „Krankheit oder Behinderung des Betreuten zu beseitigen, zu bessern, ihre Verschlimmerung zu verhüten oder ihre Folgen zu mildern" (§ 1901 Abs. 2 bis 4 BGB).

Genehmigungspflicht gem. § 1904 BGB

Eine Genehmigungspflicht ist nur dann zu prüfen, wenn „die begründete Gefahr besteht, dass der Betreute aufgrund der Maßnahme stirbt oder einen schweren und länger dauernden gesundheitlichen Schaden erleidet". In diesem Fall muss der Betreuer die Einwilligung, Nichteinwilligung oder den Widerruf der Einwilligung genehmigen lassen.

Die Genehmigungspflicht entfällt aber, wenn

- zwischen Betreuer und behandelndem Arzt Einvernehmen darüber besteht, dass die Erteilung, die Nichterteilung oder der Widerruf der Einwilligung dem nach § 1901a festgestellten Willen entspricht (§ 1904 Abs. 4 BGB) oder

- die ärztliche Maßnahme nicht – mehr – medizinisch angezeigt ist. Dies wird dann der Fall sein, wenn sich aufgrund des eingetretenen Sterbevorgangs das Behandlungsziel ändert und es in erster Linie darum geht, ein menschenwürdiges Sterben zu ermöglichen (§ 1904 Abs. 2 BGB).

Näheres dazu unter Kapitel A 3, Abschnitt 2.3.

Genehmigungspflicht gem. § 1906 Abs. 1 Nr. 2 und 3 BGB

Können ärztliche Maßnahmen nur im Rahmen einer Unterbringung bzw. unter Anwendung von freiheitsentziehenden Maßnahmen durchgeführt werden (z. B. sichere Überwachung der Medikamenteneinnahme) oder handelt es sich um eine ärztliche Zwangsmaßnahme im Rahmen einer Unterbringung, müssen die gem. § 1906 BGB erforderlichen Genehmigungen vorliegen (vgl. dazu Kapitel A 12). Auch für diesen Bereich kann ein Vorsorgebevollmächtigter bestellt werden. Seine Vollmacht muss aber schriftlich sein und die freiheitsentziehenden bzw. mit Zwang vorzunehmenden Maßnahmen ausdrücklich umfassen, § 1906 Abs. 5 BGB.

3.2.3 Versagen der Vorsorgemaßnahmen?

Vor- und Nachteile

Vorsorgemaßnahmen sind sinnvoll und ein Ausfluss des Selbstbestimmungsrechts der Menschen. Die Ausgestaltung der Vorsorgemaßnahmen enthält aber eine Prognose in die unsichere Zukunft, wird nicht selten den Anforderungen in der Praxis nicht gerecht oder es bestehen Zweifel an der Wirksamkeit. Häufig wird auch unterschätzt, dass die zahlreichen Schutzmechanismen bei der Betreuung wie Genehmigungspflichten, Überwachung des Betreuers und Berichtspflichten mit wenigen Ausnahmen bei den Vorsorgemaßnahmen nicht greifen. Solange der Betroffene selbst entscheiden kann, ist es seine Aufgabe, die Vorsorgemaßnahmen anzupassen. Aber auch dann, wenn er geschäfts- und einwilligungsunfähig geworden ist, gibt es Möglichkeiten einzugreifen:

Was tun bei Missbrauch oder Unfähigkeit?

- Bestellung eines Kontrollbetreuers gem. § 1896 Abs. 3 BGB (vgl. Kapitel A 1, Abschnitt 11)
- Bestellung eines Betreuers, wenn der Bevollmächtigte die Vollmacht nicht ausüben will oder ungeeignet ist oder wenn erhebliche Bedenken gegen die Redlichkeit des Bevollmächtigten bestehen und die Bestellung eines Kontrollbetreuers nicht ausreicht.

  Zum Widerruf der Vollmacht durch (Kontroll-)Betreuer vgl. Abschnitt 11.4.
- Bestellung eines Betreuers, wenn Bedenken gegen die Rechtswirksamkeit bestehen, die in der Rechtspraxis zu Unsicherheiten führen können (vgl. *BGH* BtPrax 2011, 173).

3.3 Die Aufgabenkreise

Aufgabenkreise

Nachdem ein Betreuer nur für die Aufgabenkreise bestellt werden darf, in denen die Betreuung erforderlich ist, wird die Praxis klare und verständliche Umschreibungen der Aufgabenkreise finden müssen, die einerseits das Prinzip der Erforderlichkeit beachten, andererseits zur Sicherheit des Rechtsverkehrs beitragen.

Beispiele

Im Idealfall sollten die Aufgabenkreise differenziert auf die jeweilige Lebenssituation des Betroffenen zugeschnitten sein. So können die Standardaufgabenkreise, wie Aufenthaltsbestimmung, Vermögensverwaltung und Gesundheitsfürsorge, z. B. in folgende Einzelaufgabenkreise unterteilt werden:

Aufenthaltsangelegenheiten:

- Aufenthaltsbestimmung
- Aufenthaltsbestimmung für nervenärztliche Behandlung

Wohnungsangelegenheiten:

- Durchführung von Maßnahmen zur Sicherung und Erhaltung einer Wohnung
- Betreten der Wohnung einschließlich Sicherung des Zutritts sowie Erteilung der Schlüsselgewalt an Dritte
- Wohnungs- und Haushaltsauflösung
- Entrümpeln und Renovieren der Wohnung
- Beschaffung einer Wohnung mit Mietvertragsabschluss
- Abschluss, Änderung und Kontrolle der Einhaltung des Heim- und Pflegevertrages

Vermögensangelegenheiten:

- Vermögenssorge
- Vermögensverwaltung zur Sicherung der Lebenshaltung
- Verwaltung der Liegenschaften
- Verwaltung des Kapitalvermögens und der Liegenschaften ohne Renteneinkommen (oder Arbeitseinkommen)
- Verwaltung des Kapitalvermögens
- Beitreibung von Forderungen
- Geltendmachung von Unterhaltsansprüchen (gegenüber …)
- Geltendmachung, Sicherung und Überwachung des vertraglichen Anspruchs aus …
- Beantragen von Versicherungs- und Sozialleistungen sowie Vertretung gegenüber dem Träger
- Vertretung gegenüber Behörden, Versicherungen, Renten- und Sozialleistungsträgern
- Vertretung gegenüber Gläubigern, Vereinbarung und Überwachung der Schuldentilgung
- Vertretung bei der Erbauseinandersetzung (zwischen …)
- Kontrolle der Taschengeldverwaltung
- Beantragung und Verwaltung des „Persönlichen Budgets" (§ 17 Abs. 2 SGB IX)

Aufenthalts- und Vermögensangelegenheiten:

- Vertretung der Interessen des Betreuten gegenüber der Einrichtung
- Organisation und Überwachung von Maßnahmen im Bereich der „anderen Hilfen", einschließlich der Abwicklung der daraus resultierenden Forderungen

Gesundheitsangelegenheiten:

- Gesundheitsfürsorge
- Einwilligung, Nichteinwilligung oder Widerruf von Einwilligungen in Untersuchungen des Gesundheitszustands, Heilbehandlungen oder ärztliche Eingriffe
- Einwilligung in ärztliche Zwangsmaßnahmen
- Gesundheitsfürsorge für nervenärztliche Behandlung

Aufenthalts- und Gesundheitsangelegenheiten:

- Antragstellung und Einwilligung in die Genehmigung freiheitsentziehender Maßnahmen und deren Kontrolle
- Antragstellung und Einwilligung in die Genehmigung einer geschlossenen Unterbringung

Sonstige Aufgabenkreise:

- Vertretung in allen Angelegenheiten
- Vertretung im Rechtsstreit (gegen …)
- Entgegennahme, Öffnen und Anhalten der Geschäftspost/Privatpost
- Entscheidung über den Fernmeldeverkehr
- Überwachung des Bevollmächtigten und Geltendmachung der Rechte des Betreuten gegenüber dem Bevollmächtigten

Standardaufgabenkreise

In der Praxis lässt es sich häufig nicht vermeiden, die Aufgabenkreise allgemeiner zu formulieren. Bereits während des Betreuungsverfahrens wird bei einer ganzheitlichen Betrachtung der Lebens- und Bedürfnissituation unter Berücksichtigung des Krankheitsverlaufs ein absehbarer Handlungsbedarf erkennbar, der im Interesse der Betroffenen mit den Standardaufgabenkreisen „Aufenthaltsbestimmung“, „Vermögensverwaltung“ und „Gesundheitsfürsorge“ besser bewältigt werden kann. Diese Vorgehensweise gewährleistet den Betreuern im Bedarfsfall eine schnelle Handlungs- und Eingriffsmöglichkeit. Die vorhersehbare Erweiterung der Aufgabenkreise kann so weitgehend vermieden werden. Die notwendige Einhaltung der umfangreichen Verfahrensgarantien, insbesondere die erforderliche Begutachtung und erneute persönliche Anhörung, kann für den Betroffenen sehr belastend sein. Gesichtspunkte, wie die zusätzliche Belastung der Betreuungsgerichte und der Betreuer, aber auch die kostenrechtlichen Folgen, rechtfertigen in besonderen Fällen die Standardaufgabenkreise.

Aufgabenkreis „alle Angelegenheiten“

Die Bestellung eines Betreuers „zur Besorgung aller Angelegenheiten“ ist vom Gesetz anerkannt und mit besonderen Folgen verbunden. § 276 Abs. 1 Nr. 2 FamFG sieht vor, dass in der Regel ein Verfahrenspfleger bestellt werden muss. Ferner muss das Betreuungsgericht gem. § 309 Abs. 1 Satz 1 FamFG der für die Führung des Wählerverzeichnisses zuständigen Behörde davon Mitteilung machen, da der Betreute in diesem Fall vom Wahlrecht ausgeschlossen ist (vgl. § 13 Nr. 2 Bundeswahlgesetz). Dies betont den Ausnahmecharakter einer Betreuung mit dem Aufgabenkreis „zur Besorgung aller Angelegenheiten“.

Zu prüfen ist auch hier der Erforderlichkeitsgrundsatz. Die umfassende Betreuung kommt insofern nur in Betracht, wenn der Betroffene aufgrund Krankheit oder Behinderung keine seiner Angelegenheiten mehr selbst besorgen kann und ein Bedürfnis zur Besorgung aller Angelegenheiten besteht. Abzustellen ist dabei auf seine konkrete Lebenssituation, d. h. auf seine soziale Stellung und seine bisherige Lebensgestaltung. Voraussetzung ist, dass der Betroffene den seiner Lebenssituation entspre-

chenden Alltag auch nicht teilweise beherrschen und gestalten kann. In diesem Fall liegt es auf der Hand, dass bezüglich sämtlicher Bereiche, welche die konkrete Lebenssituation des Betroffenen ausmachen, auch Handlungsbedarf besteht. Die Aussage, eine deklaratorische Feststellung, dass eine „Betreuung für alle Angelegenheiten" angeordnet sei, sei unzulässig, stellt daher einen unnötigen Versuch dar, den vom Gesetz anerkannten umfassenden Aufgabenkreis einzuengen (vgl. *BayObLG* BtPrax 2002, 216; 1997, 72). Bei einem Wachkomapatienten, der keinen Bevollmächtigten hat, nach einem Bereich ohne Handlungsbedarf zu suchen, ist daher abwegig.

Der BGH sieht dagegen im Rahmen des § 276 Abs. 1 Satz 2 Nr. 2 FamFG die Voraussetzung „alle Angelegenheiten" schon dann als erfüllt an, wenn der „Verfahrensgegenstand die Anordnung einer Betreuung in allen Angelegenheiten als möglich erscheinen lässt." Es muss auch nicht der Wortlaut „alle Angelegenheiten" gewählt werden, vielmehr genügt es, wenn sich die Betreuung „auf Aufgabenkreise erstreckt, die in ihrer Gesamtheit alle wesentlichen Bereiche der Lebensgestaltung des Betroffenen umfassen" (*BGH* BtPrax 2011, 257).

Erforderlicher Aufgabenkreis zum Widerruf einer Vollmacht

Besteht neben der Betreuung eine (Vorsorge-)Vollmacht, so kann es für den Betreuer erforderlich werden, die Vollmacht zu widerrufen, insbesondere dann, wenn der Bevollmächtigte erkennbar zum Nachteil des Vollmachtgebers handelt und nicht bereit ist, dies zu unterlassen (vgl. hierzu Kapitel A 1 Abschnitt 11.4). Da eine wirksame Vollmacht in der Regel eine Betreuung für den von der Vollmacht umfassten Bereich ausschließt (§ 1896 Abs. 2 Satz 2 BGB), wird der vorhandene Aufgabenkreis des Betreuers den Widerruf der Vollmacht nicht erfassen. Der Betreuer hat dann das Betreuungsgericht nach § 1901 Abs. 5 Satz 2 BGB in Kenntnis zu setzen, dass ein Widerruf der Vollmacht angebracht ist, und wird eine Erweiterung des Aufgabenkreises anregen. Selbstverständlich müssen die Gründe für den Widerruf nachvollziehbar dargestellt werden.

Folgende Aufgabenkreise ermöglichen einen Widerruf:

- Wahrnehmung der Rechte des Vollmachtgebers aus der dem XY erteilten Vollmacht und dem zugrunde liegenden Rechtsverhältnis (§ 1896 Abs. 3 BGB)
- alle Aufgabenkreise
- Vermögenssorge, soweit sich die Vollmacht auf Vermögensverwaltung bezieht (streitig vgl. Kapitel A 1, Abschnitt 11.4)

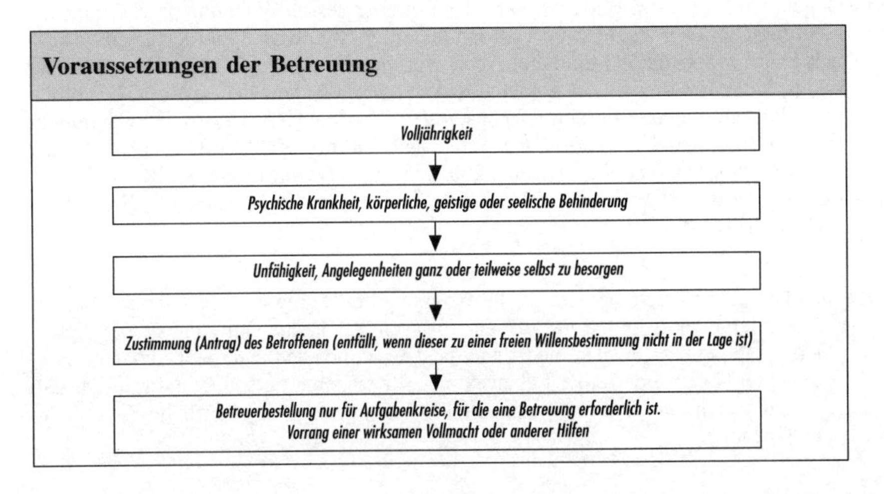

3.3.1 Umfang der Vertretungsbefugnis

Der Betreuer ist nur innerhalb seines Aufgabenkreises befugt, für den Betreuten Handlungen vorzunehmen und diesen zu vertreten. Damit wird letztlich die Eigenständigkeit und Selbstständigkeit des Betreuten für Angelegenheiten sichergestellt, die er selbst wahrnehmen kann. Der Fernmeldeverkehr des Betreuten sowie die Entgegennahme, das Öffnen und das Anhalten seiner Post ist in keinem Aufgabenkreis von vornherein eingeschlossen. Es bedarf hier immer einer ausdrücklichen Anordnung durch das Gericht.

Postverkehr

In Einrichtungen (z. B. Altenheimen) wird die Post von Betreuten häufig an die Angehörigen oder den Betreuer weitergeleitet. Diese Sachbehandlung verletzt das Briefgeheimnis und somit ein Grundrecht und ist eindeutig rechtswidrig. Die Weiterleitung der Post des Betreuten an seinen Betreuer ist nur zulässig, soweit die Entgegennahme, das Öffnen und Anhalten der Post zu seinem Aufgabenkreis zählt. Nach dem Grundsatz der Erforderlichkeit mag dieser Aufgabenkreis nur für sogenannte „Geschäftspost“ (Rechnungen, Behördenpost) in Betracht kommen, für die „Privatpost“ kann der Aufgabenkreis wohl nur in wenigen Ausnahmefällen begründet werden.

Zuordnung einzelner Tätigkeiten

Nicht immer ist die Zuordnung einzelner Tätigkeiten zu dem Aufgabenkreis unproblematisch. So kann ein Betreuer z. B. im Rahmen des Aufgabenkreises „Gesundheitsfürsorge“ gem. § 1902 BGB einen sog. Arztvertrag abschließen, der die Auswahl des Arztes oder Krankenhauses beinhaltet und in notwendige Behandlungen und Eingriffe einwilligt. Abhängig von der Art des Krankenversicherungsschutzes und evtl. Zusatzversicherungen kann jedoch für den Abschluss eines Behandlungsvertrages der Aufgabenkreis „Vermögensverwaltung“ bzw. „Abschluss eines Behandlungsvertrages“ erforderlich werden.

Weiß allerdings der für die Aufgabenkreise Vermögenssorge, Zuführung zur ärztlichen Behandlung und Aufenthaltsbestimmung bestellte Betreuer, dass der Betroffene zur Verwahrlosung neigt, zählt die Überprüfung der Wohnverhältnisse des Betroffenen zur Vermeidung von Vermüllung und Gesundheitsgefahren zu seinen Aufgaben (vgl. *BayObLG* FamRZ 2004, 977).

Betreten der Wohnung

Gegen den Willen des Betreuten darf der Betreuer dessen Wohnung bzw. Wohnhaus nicht betreten oder zwangsweise öffnen lassen. § 1896 BGB gibt hierfür grundsätzlich keine gesetzliche Grundlage. Auch eine betreuungsgerichtliche Genehmigung schafft keine Erlaubnis. Dies gebietet der Grundrechtsschutz des Art. 13 GG. Sollten vom Haus ausgehende Gefahren zu beseitigen sein, kann Art. 13 Abs. 7 GG herangezogen werden. Siehe hierzu *OLG Schleswig* (BtPrax 2008, 36); *OLG Frankfurt* (BtPrax 1996, 71); *BayObLG* (BtPrax 2001, 251); *LG Görlitz* (NJWE-FER 1998, 153); *LG Offenburg* (NJWE-FER 1997, 275). Siehe hierzu ausführlich LG Darmstadt, BtPrax 2012, 129/130.

Der Betreuer ist nicht berechtigt, die Wohnung des Betreuten gegen dessen Willen zu betreten oder zwangsweise öffnen zu lassen. Auch eine betreuungsgerichtliche Genehmigung begründet keine Erlaubnis. Ausnahmen gelten nur zur Abwehr einer gemeinen Gefahr oder einer Lebensgefahr für einzelne Personen, aufgrund eines Gesetzes auch zur Verhütung dringender Gefahren für die öffentliche Sicherheit und Ordnung.

Praxis TIPP

Zuordnung der Aufgabenkreise

Grundsätzlich soll der Betreuer Beratung in Anspruch nehmen, wenn Meinungsverschiedenheiten oder Unsicherheiten bei der genauen Zuordnung konkreter Aufgaben und Handlungen zum Aufgabenkreis bestehen. Dies erscheint geboten, um mögliche Haftungsfälle auszuschließen.

Schlägt der Betreuer die Erweiterung um einen Aufgabenkreis vor, sollte er auch erklären, ob er für diesen Aufgabenkreis die Betreuung führen will, hilfsweise sollte er begründet (z. B. bei einer Interessenkollision) die Bestellung eines weiteren Betreuers für den neuen Aufgabenkreis anregen.

Informationspflicht, gem. § 1901 Abs. 5 BGB

Das Gesetz sieht ohnehin eine Informationspflicht für die Betreuer gegenüber dem Betreuungsgericht vor, soweit Aufgabenkreise eingeschränkt bzw. erweitert werden müssen. Richtschnur bleibt der Grundsatz der Erforderlichkeit.

3.3.2 Vollmacht des Betreuten

Ob sich ein Betreuer von einem zweifelsfrei geschäftsfähigen Betreuten mit einer Vollmacht zur Wahrnehmung bestimmter Angelegenheiten beauftragen lässt, um eine notwendige Erweiterung des Aufgabenkreises zu vermeiden, sollte er im Einzelfall unter Berücksichtigung seiner Kompetenz und seiner Stellung zum Betreuten prüfen. Jedenfalls sollte er immer die Bevollmächtigung im Rahmen seiner Berichtspflicht dem Betreuungsgericht anzeigen. Bedenklich ist dagegen, wenn die Vollmacht für Rechtsgeschäfte erteilt wird, für die eine betreuungsgerichtliche Genehmigung erforderlich ist.

3.3.3 Organisation der notwendigen Hilfen innerhalb des Aufgabenkreises

Rechtliche Betreuung und tatsächliche Fürsorge

Der Betreuer hat in erster Linie die Angelegenheiten des Betreuten „rechtlich zu besorgen“ (vgl. § 1901 BGB). Eine rigorose Trennung dieser rechtlichen Fürsorge von der tatsächlichen ist aber nicht möglich und wäre mit einer persönlichen, dem Wohl der Betroffenen verpflichteten Betreuung nicht zu vereinbaren. Deshalb geht auch der Gesetzgeber davon aus, dass „vertrauensbildende Maßnahmen“, Gespräche und persönliche Zuwendung von der rechtlichen Betreuung umfasst werden.

Der Betreuer soll deshalb die notwendigen Hilfen innerhalb seines Aufgabenkreises nur organisieren und koordinieren, d. h. alle Tätigkeiten erledigen, die erforderlich sind, um die Angelegenheiten des Betreuten rechtlich zu besorgen. Dazu gehören grundsätzlich nicht rein karitative Tätigkeiten. Dabei ist jedoch nochmals zu unterscheiden, ob diese die rechtliche Betreuung fördern und damit dem Wohl des Betreuten zugute kommen. Erfordert die Betreuung insbesondere auch vertrauensbildende und -erhaltende Maßnahmen, wie z. B. Gespräche, um die Zuwendung und das Vertrauen zu festigen und den Betreuten an eine neue Lebenssituation heranzuführen, so sind diese Tätigkeiten vom Betreuer zu verrichten. Dies kann auch so weit gehen, dass dem Betreuer, um dem Wohl des Betreuten gerecht zu werden, ausnahmsweise Tätigkeiten abverlangt werden, die normalerweise delegiert werden.

Das BtÄndG hebt nunmehr besonders hervor, dass Betreuung Rechtsfürsorge bedeutet. Dies wird auch durch die neue Titelüberschrift „Rechtliche Betreuung“ plakativ herausgestellt. Deshalb muss künftig vermehrt darauf geachtet werden, dass im Vordergrund die Organisation der notwendigen Hilfen steht und dabei die vielfältigen Hilfeangebote in Anspruch genommen werden müssen.

Inwieweit ein Betreuer sich darüber hinaus selbst engagiert, um dem Betreuten aus verwandtschaftlicher Verbundenheit oder aus Freundschaft zu helfen, bleibt ihm überlassen. Die beiden Bereiche müssen aber scharf voneinander abgegrenzt werden.

Zur Erledigung ihm unbekannter Tätigkeiten und Aufgaben kann er auf die Beratungsangebote zurückgreifen und ggf. bei schwierigen rechtlichen Angelegenheiten einen Rechtsanwalt beiziehen.

3.4 Das betreuungsgerichtliche Verfahren

Das Verfahren in Betreuungs- und Unterbringungssachen ist im FamFG geregelt. Neben den allgemeinen Vorschriften im „Buch 1“ enthält das FamFG im „Buch 3“ (§§ 271 bis 341) besondere Vorschriften für das „Verfahren in Betreuungs- und Unterbringungssachen.“

3.4.1 Zuständigkeit

Sachliche Zuständigkeit

In der ersten Instanz sind die Amtsgerichte zur Entscheidung berufen. Bei ihnen werden Abteilungen für Betreuungssachen und Unterbringungsverfahren gebildet, die als Betreuungsgerichte bezeichnet werden, § 23c GVG.

Örtliche Zuständigkeit

Ist bei einem Gericht bereits eine Betreuung anhängig und ein Betreuer bestellt, dann ist dieses örtlich zuständig, § 272 Abs. 1 Nr. 1 FamFG. Ansonsten ist in der Regel das Betreuungsgericht bei dem Amtsgericht zuständig, in dessen Bezirk der Betroffene seinen gewöhnlichen Aufenthalt hat, § 272 Abs. 1 Nr. 2 FamFG.

Richter- und Rechtspflegerzuständigkeit

Die Anordnung der Betreuung, die Festlegung der Aufgabenkreise und die Ablehnung einer Betreuung sind dem Betreuungsrichter (§ 23c Abs. 2 Satz 1 GVG) – mit Ausnahme der Kontrollbetreuung – zur Entscheidung vorbehalten. Für Folgeentscheidungen, wie etwa die Bestellung eines neuen Betreuers oder eines Ergänzungsbetreuers, kann je nach landesrechtlicher Bestimmung der Rechtspfleger zuständig sein. In Bayern wurde die Bestellung eines Ergänzungsbetreuers (§ 1899 Abs. 4 BGB) und eines neuen Betreuers nach dem Versterben des bisherigen Betreuers (§ 1908c BGB) dem Rechtspfleger als zusätzliche Aufgabe übertragen.

3.4.2 Anhörung des Betroffenen

Anhörung des Betroffenen

Der Betreuungsrichter muss den Betroffenen möglichst in seiner üblichen Umgebung persönlich anhören und über den möglichen Verlauf des Verfahrens unterrichten, § 278 Abs. 1 FamFG. In geeigneten Fällen weist der Richter dabei auf die Möglichkeit einer Vorsorgevollmacht und deren Inhalt hin, § 278 Abs. 2 Satz 2 FamFG. Eine rechtliche Beratung darf und wird der Richter allerdings nicht erbringen.

„In dessen üblicher Umgebung“

In der Regel dient es der Sachaufklärung, wenn die Anhörung in der üblichen Umgebung des Betroffenen, z. B. in seiner Wohnung, stattfindet. Deshalb „soll“ der Richter ihn auch dort anhören, vor allem, wenn der Betroffene dies wünscht, § 280 Abs. 1 Satz 3 FamFG. Widerspricht er allerdings der Anhörung in seiner Wohnung, muss dieser Wunsch respektiert werden. Der Betroffene darf gegen seinen Willen in seiner Wohnung weder angehört noch begutachtet werden. Verweigert der Betroffene seine Anhörung in der Wohnung oder wirkt er an einer Begutachtung nicht mit, so kann das Gericht (nur) seine Vorführung anordnen und gegebenenfalls die Befugnis aussprechen, die Wohnung des Betroffenen zu betreten. Letztere Maßnahme dient freilich allein dem Ziel, die Person des Betroffenen aufzufinden, um ihn der Untersuchung zuzuführen. Eine trotz Widerspruch in der Wohnung durchgeführte Anhörung ist rechtswidrig, *BGH* BtPrax 2013, 31.

Die persönliche Anhörung kann unterbleiben, wenn – nach ärztlichem Gutachten (§§ 278 Abs. 4, 34 Abs. 2 FamFG) – erhebliche Nachteile für die Gesundheit des Betroffenen zu besorgen sind oder der Betroffene offensichtlich nicht in der Lage ist, seinen Willen kundzutun, § 34 Abs. 2 FamFG. Allerdings muss sich der Richter immer einen persönlichen Eindruck von dem Betroffenen verschaffen, § 278 Abs. 1 Satz 2 FamFG.

Weitere Anhörungspflichten sieht unter bestimmten Voraussetzungen § 279 FamFG vor.

Anhörung anderer

Immer anzuhören sind:

- „eine ihm nahestehende Person", § 279 Abs. 3 FamFG

Eine dem Betroffenen nahestehende Person ist immer anzuhören, wenn der Betroffene dies verlangt und seine Anhörung ohne erhebliche Verzögerung möglich ist.

Vor der **Betreuerbestellung und der Anordnung eines Einwilligungsvorbehalts** hat das Gericht anzuhören:

- „die sonstigen Beteiligten", § 279 Abs. 1 FamFG

  Somit müssen alle angehört werden, die im Verfahren den Status eines Beteiligten eingenommen haben. Dazu können zählen:
  - Verfahrenspfleger, §§ 279 Abs. 1, 274 Abs. 2 FamFG
  - Betreuer, Bevollmächtigte (jeweils in ihrem Aufgabenkreis) und die zuständige Behörde, die beteiligt werden müssen (vgl. § 274 FamFG)
  - Ehegatte, Lebenspartner, soweit nicht dauernd getrennt lebend, Eltern, Pflegeeltern, Großeltern, Abkömmlinge, Geschwister oder eine Person seines Vertrauens, die beteiligt werden können, §§ 279 Abs. 1, 274 Abs. 4 Nr. 1 FamFG
- „gesetzliche Vertreter" eines Minderjährigen im Falle des § 1908a BGB, § 279 Abs. 4 FamFG
- Betreuungsstelle, § 279 Abs. 2 FamFG (n. F.)

Anhörung der Betreuungsbehörde (Gesetzesstand 1. 7. 2014)

Die Betreuungsbehörde muss nunmehr immer angehört werden. Der Gesetzgeber schreibt mit § 279 Abs. 2 Satz 2 FamFG (n. F.) vor, dass sich die Anhörung der Betreuungsbehörde zur Bestellung eines Betreuers – nicht bei Anordnung eines Einwilligungsvorbehalts – insbesondere auf folgende Kriterien beziehen soll:

„1. persönliche, gesundheitliche und soziale Situation des Betroffenen,
2. Erforderlichkeit der Betreuung einschließlich geeigneter anderer Hilfen (§ 1896 Absatz 2 des Bürgerlichen Gesetzbuchs),
3. Betreuerauswahl unter Berücksichtigung des Vorrangs der Ehrenamtlichkeit (§ 1897 des Bürgerlichen Gesetzbuchs) und
4. diesbezügliche Sichtweise des Betroffenen."

Zu den weiteren Aufgaben der Betreuungsbehörde s. auch unten Abschnitt 3.4.4.

3.4.3 Verfahrenspfleger

Verfahrenspfleger

Der Tatsache, dass es um Menschen geht, die ihre eigenen Angelegenheiten nicht mehr erfüllen können, ist es geschuldet, dass ein Verfahrenspfleger vom Gericht bestellt werden kann und häufig auch muss, damit zumindest im gerichtlichen Verfahren die Wahrnehmung der Interessen gesichert ist.

Bestellung in der Regel

Daher ist in der Regel für den Betroffenen ein Verfahrenspfleger zu bestellen, wenn z. B. von der persönlichen Anhörung abgesehen wurde oder wenn der Aufgabenkreis die Besorgung aller Angelegenheiten umfassen soll (§ 276 FamFG).

Die Bestellung eines Verfahrenspflegers für den Betroffenen ist nach § 276 Abs. 1 Satz 2 Nr. 2 FamFG regelmäßig schon dann geboten, wenn der Verfahrensgegenstand die Anordnung einer Betreuung in allen Angelegenheiten als möglich erscheinen lässt. Das gilt grundsätzlich auch dann, wenn die beabsichtigte Entscheidung dem natürlichen Willen des Betroffenen entspricht.

Ausnahmsweise auch zwingend erforderlich

Soweit die Anhörung nach §§ 278 Abs. 4, 34 Abs. 2 FamFG unterbleibt, ist in der Regel ein Verfahrenspfleger zu bestellen, sofern nicht offensichtlich ist, dass kein Inte-

resse des Betroffenen an der Bestellung des Verfahrenspflegers besteht (§ 276 Abs. 1 Satz 2 Nr. 1, Abs. 2 FamFG). Aus der Formulierung „offensichtlich" ergibt sich, dass das Fehlen eines Interesses evident sein muss. Zwingend vorgeschrieben ist die Bestellung eines Verfahrenspflegers, wenn es um eine Sterilisation geht (§ 297 Abs. 5 FamFG) oder um die Genehmigung der Einwilligung in ärztliche Zwangsmaßnahmen (§ 312 Satz 3 FamFG).

Der Verfahrenspfleger muss die verfahrensmäßigen Rechte des Betroffenen wahren (z. B. Anspruch auf rechtliches Gehör). Dabei hat er „den tatsächlichen und mutmaßlichen Willen des Betroffenen zu erkunden und im Interesse des Betroffenen in das Verfahren einzubringen" (BVerfG vom 22. 5. 2013, 1 BvR 372/13). Er handelt dabei im eigenen Namen und nicht als Vertreter des Betroffenen. Rechtsmittel kann er einlegen. Das BVerfG gesteht ihm auch das Recht zur Erhebung der Verfassungsbeschwerde zu, selbst wenn die anzugreifende Entscheidung bereits in Rechtskraft erwachsen ist und die Bestellung des Verfahrenspflegers gem. § 276 Abs. 5 FamFG beendet wäre, BVerfG a. a. O.

3.4.4 Sachverhaltsaufklärung durch Betreuungsstelle, § 8 BtBG (n. F.)

Im Rahmen der gesetzlich vorgesehenen Anhörung der Betreuungsstelle muss diese einen Bericht für das Betreuungsgericht erstellen, der den Anforderungen des § 8 BtBG und des § 279 Abs. 2 FamFG (n. F.) entsprechen muss. Die Behörde unterstützt das Betreuungsgericht ferner durch „Aufklärung und Mitteilung des Sachverhalts, den das Gericht" über den obligatorischen Bericht „hinaus für aufklärungsbedürftig hält", die „Gewinnung geeigneter Betreuer" und auf entsprechende Aufforderung durch Benennung geeigneter Betreuer oder Verfahrenspfleger (vgl. dazu § 8 BtBG (n. F.) und Kapitel A 5, Abschnitt 2.4).

3.4.5 Erholung eines Sachverständigengutachtens

Die §§ 280 bis 284 FamFG regeln die Erholung eines Sachverständigengutachtens über die Notwendigkeit der Betreuung.

Verfahrensvorschriften

Beweisbeschluss Nach §§ 280 Abs. 1 Satz 2, 30 Abs. 1 und 2 FamFG ist eine förmliche Beweisaufnahme entsprechend der Zivilprozessordnung durchzuführen. Ein förmlicher Beweisbeschluss (§ 358 ZPO) wird allerdings nicht für erforderlich gehalten.

Form Das Gutachten muss nicht gesetzlich zwingend schriftlich erstellt werden. Da allerdings Art und Ausmaß der Erkrankung, die Vorgeschichte und die durchgeführten Untersuchungen darzustellen und wissenschaftlich zu begründen sind, erscheint eine mündliche Erstellung eines Gutachtens kaum möglich bzw. sinnvoll. Das mündliche Gutachten müsste zudem in einem Aktenvermerk festgehalten werden, der den Anforderungen an ein schriftliches Gutachten zu entsprechen hätte. Ansonsten wäre es weder den Beteiligten noch den Rechtsmittelgerichten möglich das Gutachten zu bewerten, *BGH* Beschluss vom 14. 8. 2013, XII ZB 614/11.

Qualifikation des Gutachters

Der Sachverständige soll (Fach-)Arzt für Psychiatrie oder ein in der Psychiatrie erfahrener Arzt sein (§ 280 Abs. 1 Satz 2 FamFG). Die Qualifikation ist vom Gericht zu prüfen und in der Entscheidungsbegründung darzulegen, *BGH* Beschluss vom 7. 8. 2013, XII ZB 188/13). Auch der behandelnde Arzt kann grundsätzlich als Gutachter bestellt werden (BGH FamRZ 2010, 1726). Dies ist aber im Hinblick auf das Arzt-Patienten-Verhältnis, die Schweigepflicht und die Strafbarkeit gem. § 203 StGB untunlich, auch wenn die Angaben des Arztes verwertbar wären.

Untersuchung und Befragung des Betroffenen,
§ 280 Abs. 2 FamFG (n. F.)

Der Gutachter muss den Betroffenen persönlich untersuchen und befragen. Er muss schon vor der Untersuchung zum Sachverständigen bestellt worden sein und dem Betroffenen den Zweck der Untersuchung (Gutachtenerstellung) eröffnen, *BGH* Beschluss vom 14. 8. 2013, XII ZB 614/11. Das Ergebnis einer Anhörung der Betreuungsbehörde, die gem. § 279 Abs. 2 FamFG, § 8 Abs.1 Satz 2 Nr. 1 BtBG (n. F.) hohe gesetzliche Standards zu erfüllen hat, muss der Sachverständige berücksichtigen, wenn der Bericht ihm bei Erstellung des Gutachtens vorliegt. Alle Beteiligten sollten daher darauf drängen, dass dieser Bericht möglichst schnell erstellt und dem Gutachter vorgelegt wird. Ein aussagekräftiger Bericht kann die Qualität des Gutachtens erheblich erhöhen.

Notwendiger Inhalt des Gutachtens, § 280 Abs. 3 FamFG

Die Gutachten müssen sich befassen mit dem Krankheitsbild, der Krankheitsentwicklung, den durchgeführten Untersuchungen und den diesen zugrunde gelegten Forschungserkenntnissen, dem körperlichen und psychiatrischen Zustand des Betroffenen und dem Umfang des Aufgabenkreises und der voraussichtlichen Dauer der Maßnahme, § 280 Abs. 3 FamFG.

Neben diesen gesetzlichen Vorgaben muss sich das Gutachten erstrecken auf die Frage der freien Willensbildung und die Erforderlichkeit der Betreuung (vgl. *Prof. Dr. Brosey*, BtPrax 2011, 141; *BGH* FamRZ 2013, 289).

Funktion und Bedeutung des Gutachtens

Die Betreuung kann sich erheblich auf die Persönlichkeitsrechte des Betroffenen auswirken. Deshalb fordert die Rspr. zu Recht eine „sorgfältige Sachverhaltsaufklärung zu den medizinischen Voraussetzungen einer Betreuerbestellung.“ Diese Aufklärung ist ohne Sachverständigengutachten nicht denkbar.

Zu beachten ist daher immer, dass das Gericht aufgrund der Ausführungen des Sachverständigen in der Lage sein muss, die Richtigkeit seiner Schlussfolgerungen auf seine „wissenschaftliche Begründung, seine innere Logik und seine Schlüssigkeit hin zu überprüfen“ (*BGH* BtPrax 2012, 25). Dies ist nur der Fall, wenn die Diagnose vom Gutachter nachvollziehbar begründet wird und deutlich erkennen lässt, welche Feststellungen bzw. Untersuchungsergebnisse die Diagnose rechtfertigen. Die dem Gutachten zugrunde gelegten Sachverhalte müssen auf zutreffenden Tatsachengrundlagen beruhen. Das Betreuungsgericht muss dies auch überprüfen, *BGH* FamRZ 2013, 288.

Ersatz für die Einholung eines Gutachtens

Verwendung vorhandener Gutachten

Das Gericht kann unter den engen Voraussetzungen des § 282 FamFG von der Einholung eines Gutachtens absehen, soweit ein aussagekräftiges ärztliches Gutachten des Medizinischen Dienstes der Krankenversicherung nach § 18 SGB XI vorliegt. In der Praxis wird aufgrund des komplexen Verfahrens davon kaum Gebrauch gemacht.

Das Betreuungsgericht kann ein neues schriftliches Gutachten durch die Verwertung eines von einem Gericht oder einer Staatsanwaltschaft eingeholten Sachverständigengutachtens gem. §§ 280 Abs. 1 Satz 1, 30 Abs. 1 und 2 FamFG, § 411a ZPO ersetzen. Allerdings muss dieses Gutachten zeitnah erstellt sein und die speziellen Voraussetzungen des § 280 Abs. 3 FamFG erfüllen. Die Einführung erfolgt durch eine förmliche Entscheidung nach Anhörung der Beteiligten (*BGH* FamRZ 2012, 293).

Ärztliches Zeugnis

Ein ärztliches Zeugnis kann ein Sachverständigengutachten ersetzen bei

- Einverständnis und Verzicht des Betroffenen auf die Begutachtung und Unverhältnismäßigkeit eines Gutachtens im Hinblick auf den Umfang des Aufgabenkreises des Betreuers (§ 281 Abs. 1 Nr. 1 FamFG)
- der Bestellung eines Kontrollbetreuers (§ 281 Abs. 1 Nr. 2 FamFG).

Bekanntgabe des Gutachtens

Bekanntgabe; Möglichkeit zur Stellungnahme

Dem Betroffenen muss das Gutachten rechtzeitig und vollständig vor der Entscheidung bekanntgegeben werden. Nur so wird ihm ausreichend rechtliches Gehör gewährt. Dies ergibt sich zwingend aus den §§ 30 Abs. 4, 37 Abs. 2 FamFG, die regeln, dass dem Beteiligten Gelegenheit zu geben ist, zum Ergebnis einer förmlichen Beweisaufnahme Stellung zu nehmen. Ferner wird bestimmt, dass sich eine Entscheidung, die die Rechte eines Beteiligten beeinträchtigt, nur auf Tatsachen stützen darf, zu denen sich der Beteiligte äußern konnte (vgl. dazu *BGH* Beschluss vom 7. 8. 2013, XII ZB 691/12).

Absehen von der Bekanntgabe

Das Absehen von der Bekanntgabe wäre eine partielle Einschränkung der persönlichen Anhörung (vgl. oben) und somit nur unter den Voraussetzungen der §§ 34 Abs. 2, 278 Abs. 4 FamFG möglich (a. A. *BGH* BtPrax 2011, 217 ohne Begründung; *BGH*, Beschluss vom 7. 8. 2013, XII ZB 691/12, der den nicht einschlägigen § 288 Abs. 1 FamFG anwendet). Zum Ausgleich dieser Einschränkung der Rechte des Betroffenen ist dem Betroffenen gem. § 276 Abs. 1 Nr. 1 FamFG in der Regel ein Verfahrenspfleger zu bestellen.

Anhörung zur/vor Einholung des Gutachtens

Rechtliches Gehör vor Einholung eines Gutachtens

Das Bundesverfassungsgericht (FamRZ 2011, 272) hat sich mit der Verpflichtung des Betreuungsgerichts zur Anhörung des Betroffenen im Betreuungsverfahren vor der Erstellung eines Gutachtens auseinandergesetzt. Es kommt zu dem Ergebnis, dass das erkennende Gericht dem Anspruch auf rechtliches Gehör (Art. 103 Abs. 1 GG) nur gerecht werde, wenn es die Ausführungen der Verfahrensbeteiligten zur Kenntnis nimmt und in Erwägung zieht. Der Verfahrensbeteiligte muss demnach Gelegenheit haben, die Willensbildung des Gerichts zu beeinflussen.

Die ohne Anhörung des Betroffenen getroffene Entscheidung, ein Sachverständigengutachten einzuholen, verletzt somit diesen in seinem Anspruch auf rechtliches Gehör, auch wenn noch keine zwangsweise Untersuchung und Vorführung des Beschwerdeführers angeordnet worden ist.

Das BVerfG betont, dass die Beauftragung eines Gutachters zur Prüfung einer möglichen Betreuungsbedürftigkeit eine stigmatisierende Wirkung haben könne, wenn Dritte von ihr Kenntnis erlangen. Die vor der Beauftragung zu erfolgende Anhörung des Betroffenen ist auch deshalb von besonderer Bedeutung für den Schutz seiner Rechte, weil nach geltendem Recht ein Rechtsmittel gegen die Beauftragung des Gutachters nicht vorgesehen ist.

Mit dieser Entscheidung hat das BVerfG klargestellt, dass vor Erlass eines Beweisbeschlusses zur Einholung eines Sachverständigengutachtens gemäß §§ 30, 280 Abs. 1 FamFG dem Betroffenen (unmittelbar aus Art. 103 Abs. 1 GG folgend) rechtliches Gehör zu gewähren ist.

Der *BGH* sieht die Betreuungsgerichte dagegen nur in der Pflicht die Ernennung eines Sachverständigen dem Betroffenen zumindest formlos mitzuteilen, damit sich dieser äußern oder z. B. die Befangenheit des Gutachters geltend machen kann, *BGH* Beschluss vom 14. 8. 2013, XII ZB 614/11.

3.4.6 Grundsatz der Einheitsentscheidung

Kommt der Betreuungsrichter zu dem Ergebnis, dass die Voraussetzungen für die Anordnung einer Betreuung vorliegen, ordnet er die Betreuung an, legt einen bestimmten Aufgabenkreis sowie die Dauer der Betreuung fest und bestellt einen

Betreuer (sog. Einheitsentscheidung). Nach dem Grundsatz der Einheitsentscheidung kann also keine Betreuung angeordnet werden, ohne dass gleichzeitig ein Betreuer bestellt wird. Festgestellt wird dabei auch schon, ob die Betreuung ausnahmsweise „berufsmäßig" geführt wird (§§ 1908 Abs. 1, 1836 Abs. 1 Satz 2 BGB).

3.4.7 Entscheidung über die Dauer

Eine Betreuung darf für maximal sieben Jahre angeordnet werden. Nach Fristablauf ist die weitere Erforderlichkeit erneut zu überprüfen (Verlängerung). Damit ist im Gegensatz zum alten Recht, das keine Frist für die Verlängerung enthielt, dem Grundsatz der Erforderlichkeit Rechnung getragen. Will der Richter über die vom Gutachter vorgeschlagene Überprüfungsfrist hinausgehen, muss er die „hierfür tragenden Gründe in dem Beschluss darlegen" (*BGH* BtPrax 2013, 28).

Auch vor Ablauf der Frist muss die Betreuung – ganz oder teilweise – aufgehoben werden, sobald die Voraussetzungen für die Betreuung oder für einzelne Aufgabenkreise nachträglich weggefallen sind.

3.4.8 Verfahrensfähigkeit

Der Betroffene ist ohne Rücksicht auf seine Geschäftsfähigkeit verfahrensfähig (§ 275 FamFG; Kapitel A 2, Abschnitt 7).

3.5 Vorläufige Betreuung

§ 300 ff. FamFG

Das Betreuungsgericht kann in einem selbstständigen Verfahren (§ 51 Abs. 3 FamFG) einen vorläufigen Betreuer bestellen, wenn

- dringende Gründe für die Annahme bestehen, dass die Voraussetzungen für die Bestellung eines Betreuers gegeben sind,
- ein dringendes Bedürfnis für ein sofortiges Tätigwerden besteht,
- ein ärztliches Zeugnis über den Zustand des Betroffenen vorliegt,
- ein Verfahrenspfleger bestellt und angehört wurde, wenn dieser nach den Voraussetzungen des § 276 FamFG zur Wahrnehmung der Interessen des Betroffenen zu bestellen ist,
- der Betroffene persönlich angehört wurde.

Einstweilige Anordnung bei gesteigerter Dringlichkeit

Weitere Einschränkungen der Voraussetzungen ergeben sich gem. § 301 Abs. 1 FamFG bei der sog. „einstweiligen Anordnung bei gesteigerter Dringlichkeit". Demnach kann bei Vorliegen von „Gefahr im Verzug" ein vorläufiger Betreuer ohne Anhörung des Betroffenen und vor der Bestellung bzw. Anhörung eines Verfahrenspflegers bestellt werden. Allerdings müssen diese Verfahrenshandlungen unverzüglich nachgeholt werden.

Dauer der einstweiligen Anordnung

Die einstweilige Anordnung ist befristet. Sie tritt gem. § 302 FamFG nach sechs Monaten außer Kraft, sofern nicht das Gericht einen früheren Zeitpunkt bestimmt hat. Eine Verlängerung bis zu einer Gesamtdauer von einem Jahr kann nach Anhörung eines Sachverständigen durch weitere einstweilige Anordnungen bestimmt werden.

Vorläufige Betreuerbestellung

Bei Gefahr in Verzug wird häufig die Betreuungsbehörde zum vorläufigen Betreuer bestellt. Die Angst der Angehörigen bzw. einer vom Betreuten vorgeschlagenen Person, bei der endgültigen Betreuerbestellung übergangen zu werden, ist unbegründet. In der Regel wird einer von diesen im Rahmen der Sachverhaltsaufklärung durch die Betreuungsstelle zum Betreuer vorgeschlagen.

Beispiel für den Beschluss einer vorläufigen Betreuerbestellung

Amtsgericht
Aburg
– Betreuungsgericht –
Amtsweg 20, 00000 Aburg
Telefon: 000000; Fax: 00000

Geschäftsnummer: XVII 1111/07 Aburg, 30. 12. 2011

Betreuungsverfahren

Helga Muster, geboren am 23. 5. 1921,
Musterweg 1, 00000 Aburg – Betroffene –

RA Herbert Mustermann, Kranichweg 1, 00000 Aburg – Verfahrenspfleger –

Beschluss

Es wird **durch einstweilige Anordnung bestimmt:**

1. Vorläufige Betreuung mit den Aufgabenkreisen:
   Aufenthaltsbestimmung,
   Gesundheitsfürsorge,
   Vermögenssorge,
   Entgegennahme, Öffnen und Anhalten der Post.
2. Als **Betreuer** wird **bestellt:**
   Landratsamt Aburg – Betreuungsstelle –,
   Schnellweg 1, 00000 Aburg
3. Diese einstweilige Anordnung ist **befristet** bis **30. 6. 2011**

Gründe

Es sind dringende Gründe für die Annahme vorhanden, dass die Voraussetzung für die Bestellung eines Betreuers gegeben sind (§ 300 Abs. 1 Nr. 1 FamFG). Die Betroffene leidet an einer der in § 1896 Abs. 1 Satz 1 BGB aufgeführten Krankheit, nämlich einer senilen Demenz vom Alzheimer Typ.

Mit einem Aufschub wäre Gefahr verbunden, weil die Vertretung der Interessen der Betroffenen bereits jetzt dringend erforderlich ist.

Dies folgt aus dem Ergebnis der gerichtlichen Ermittlungen, insbesondere aus dem aktuellen ärztlichen Zeugnis und dem Bericht der Betreuungsbehörde.

Die Anhörung der Betroffenen war wegen der Eilbedürftigkeit vor Erlass der Entscheidung nicht möglich. Sie wird unverzüglich nachgeholt werden (§ 301 Abs. 1 FamFG). Bei der Auswahl des Betreuers hat das Gericht es für erforderlich angesehen, die Betreuungsbehörde zu bestellen, die in der Lage ist, die anstehenden rechtlichen und wirtschaftlichen Entscheidungen mit der notwendigen Sachkunde zu treffen.

Eine abschließende Auswahl nach § 1897 Abs. 4, 5 BGB wurde wegen Gefahr in Verzug zunächst nicht getroffen. Wer endgültiger Betreuer wird und welchen Umfang die gesetzliche Vertretung später umfasst, wird im weiteren Verfahren geprüft.

Rechtsmittelbelehrung

Gegen diese Entscheidung ist das Rechtsmittel der Beschwerde zulässig.

Einlegung der Beschwerde:

Sie ist beim Amtsgericht Aburg in Aburg einzulegen. Die Einlegung erfolgt durch Einreichung einer Beschwerdeschrift oder zur Niederschrift in der Geschäftsstelle. Eine untergebrachte Person kann die Beschwerde auch bei dem Amtsgericht einlegen, in dessen Bezirk sie untergebracht ist.

Notwendiger Inhalt und Form der Beschwerde:

Die Beschwerde muss die Bezeichnung des angefochtenen Beschlusses sowie die Erklärung enthalten, dass Beschwerde gegen diesen Beschluss eingelegt wird. Sie ist von dem Beschwerdeführer oder seinem Bevollmächtigten zu unterzeichnen.

Frist für die Einlegung der Beschwerde:

Die Beschwerde ist binnen einer Frist von zwei Wochen einzulegen. Die Frist beginnt jeweils mit der schriftlichen Bekanntgabe des Beschlusses an die Beteiligten. Kann die schriftliche Bekanntgabe an einen Beteiligten nicht bewirkt werden, beginnt die Frist spätestens mit Ablauf von fünf Monaten nach Erlass des Beschlusses.

Weitere Hinweise:

Die Beschwerde soll begründet werden. Wird die Beschwerde zu Protokoll der Geschäftsstelle eines anderen Amtsgerichts erklärt, wird die Niederschrift unverzüglich an das zuständige Amtsgericht weitergeleitet. Die Beschwerde muss aber innerhalb der Frist von zwei Wochen bei dem Amtsgericht eingehen, dessen Entscheidung angefochten wird.

Dr. Kerscher

Richterin am Amtsgericht

4. Auswahl und Eignung der Betreuer

4.1 Auswahl des Betreuers

§ 1897 Abs. 1 BGB

Das Betreuungsgericht soll grundsätzlich eine natürliche Person zum Betreuer bestellen. Die natürliche Person muss geeignet sein, in dem gerichtlich bestimmten Aufgabenkreis die Angelegenheiten des Betreuten rechtlich zu besorgen und ihn in dem hierfür erforderlichen Umfang persönlich zu betreuen.

4.1.1 Vorschlagsrecht des Betroffenen (§ 1897 Abs. 4 und 5 BGB)

Wunsch ist verpflichtend

Der Betroffene kann eine oder mehrere Personen u.U. auch nur für bestimmte Aufgabenkreise zum Betreuer vorschlagen. Sein Vorschlag für die Betreuerauswahl ist dann bindend, es sei denn, er läuft seinem Wohl zuwider.

Ablehnung ist zu beachten

Trifft der Betroffene nur eine Negativauswahl, dann ist diese zwar nicht bindend, soll aber berücksichtigt werden. Derartige Äußerungen müssen ohne Rücksicht auf eine evtl. vorliegende Geschäfts- oder Einsichtsunfähigkeit beachtet werden (BGH BtPrax 2011, 208).

Äußert sich der Betroffene nicht oder ist er dazu nicht mehr in der Lage, so ist bei der Betreuerauswahl auf seine verwandtschaftlichen und sonstigen persönlichen Bindungen Rücksicht zu nehmen, insbesondere auf die Bindung zu den Eltern, Kindern und zum Ehegatten. Auch die Gefahr von Interessenkonflikten ist zu beachten. Dem verwandtschaftlichen und sozialen Umfeld wird aber damit kein absoluter Vorrang eingeräumt. Sie sollen im Auswahlverfahren lediglich nicht übergangen werden.

Vorschlagsrecht im Verlängerungsverfahren

Das Vorschlagsrecht steht dem Betreuten bei einer Verlängerungsentscheidung erneut zu, weil mit der Verlängerung erneut die Betreuung angeordnet und eine Person als Betreuer bestellt wird. Die vorangegangene Betreuerbestellung wird durch eine neue Einheitsentscheidung über die Bestellung und die Auswahl eines Betreuers ersetzt. Folglich ist auch § 1897 Abs. 4 BGB zu beachten (so *OLG Schleswig* FamRZ 2006, 288).

4.1.2 Interessenkollision von Mitarbeitern einer Einrichtung

§ 1897 Abs. 3 BGB

Eine weitere Einschränkung gilt bei der Betreuerauswahl für Betroffene, die in einer Anstalt, einem Heim oder in einer sonstigen Einrichtung untergebracht sind oder dort wohnen. Als Betreuer scheiden hier regelmäßig die Personen aus, die in einem Abhängigkeitsverhältnis oder in einer anderen engen Beziehung zu dem Träger stehen.

Der Ausschluss als Betreuer wegen einer möglichen Interessenkollision gilt z. B. nicht nur für Mitarbeiter in Heimen der Alten- oder Behindertenhilfe, sondern auch für die Werkstätten und Schulen der Einrichtungen.

Dieser Ausschluss kann auch nicht durch eine Vollmacht umgangen werden.

Die Vorschrift des § 1897 Abs. 3 BGB muss aber zugunsten enger Familienangehöriger, zu denen der Ehegatte, die Eltern und die Kinder zählen, verfassungskonform ausgelegt werden, so dass eine Bestellung trotz einer Bindung des vorgesehenen Betreuers an die Einrichtung erfolgen kann (vgl. die Ausführungen bei 3.2.2.1).

4.1.3 Mehrere Betreuer

§ 1899 Abs. 1 BGB

Soweit die Angelegenheiten eines Betreuten durch mehrere Betreuer besser besorgt werden können, kann das Betreuungsgericht auch mehrere Betreuer bestellen und festlegen, welcher Betreuer mit welchem Aufgabenkreis betraut wird.

Das Modell, „mehrere Betreuer" für einen Betreuten zu bestellen, kann in der Praxis u. a.

- als Kompromiss zur Vermeidung von familiären Spannungen zwischen Verwandten diskutiert werden,
- Bezugspersonen mit unterschiedlichen Kompetenzen berücksichtigen und die Individualität in der Betreuung stärken,
- im Sinne einer langfristigen Perspektive (z. B. bei vorhersehbarem Betreuerwechsel) zur Wahrung der Betreuer-Kontinuität eine weitere helfende Beziehung aufbauen, zwischenmenschliche Kontakte intensivieren und positive Erfahrungen beiderseits einbringen,
- der Überforderung eines Betreuers bei einem komplizierten Aufgabenkreis bzw. bei einem persönlich außerordentlich schwierigen Klienten vorbeugen,
- zur Vermeidung von Interessenkollisionen, z. B. bei der Wahrnehmung von Angelegenheiten, die der Betreuer nicht erledigen kann (Rechtsgeschäft zwischen Betreuer und Betreutem), erforderlich sein.

Vergütung

Mehrere Betreuer, die eine Vergütung erhalten (Berufs- oder Vereinsbetreuer), dürfen nur bestellt werden, wenn es um die Einwilligung in eine Sterilisation geht (§ 1899 Abs. 2 BGB), ein Betreuer tatsächlich oder rechtlich verhindert ist (§ 1899 Abs. 4 BGB) oder wenn neben einem Betreuer ein Gegenbetreuer bestellt werden soll (§ 1908i Abs. 1 Satz 1 BGB i. V. m. § 1792 BGB). In allen anderen Fällen darf nur einer von mehreren Betreuern einen Anspruch auf Vergütung haben.

4.1.4 Vertretungsregelung

§ 1899 Abs. 3 und 4 BGB

Werden mehrere Betreuer mit dem gleichen Aufgabenkreis betraut, so können diese die Angelegenheiten des Betreuten im Aufgabenkreis nur gemeinsam erledigen, es sei denn, das Betreuungsgericht hat etwas anderes bestimmt oder mit einem Aufschub der Entscheidung Gefahr in Verzug verbunden ist.

Das Betreuungsgericht kann mehrere Betreuer auch in der Weise bestellen, dass eine Vertretungsregelung getroffen ist, soweit der erstbestellte Betreuer an der Ausübung seines Amtes verhindert ist.

Vertretungsregelungen finden in der Praxis bereits bei Vereins-, Behörden- und Berufsbetreuern Anwendung, die eine Betreuergemeinschaft gebildet haben.

Zur Sicherung der Betreuungsqualität, zur Vermeidung unnötiger Fluktuation, aber auch aus verwaltungsökonomischen Gründen sollte die Möglichkeit, einen Vertretungsbetreuer einzusetzen, in jedem Einzelfall geprüft werden.

4.1.5 Der ehrenamtliche Betreuer

Das Betreuungsrecht favorisiert eindeutig den ehrenamtlichen Betreuer als Regelbetreuer. Die berufsmäßige Ausübung muss vom Gericht bereits bei der Betreuerbestellung ausdrücklich festgestellt werden gem. § 1908i Abs. 1 BGB i. V. m. § 1836 Abs. 1 BGB. Dies lässt § 1897 Abs. 6 Satz 1 BGB nur zu, wenn kein geeigneter ehrenamtlicher Betreuer zur Verfügung steht. Wird nachträglich ein geeigneter „Ehrenamtlicher" gefunden, soll das Gericht nach § 1908b Abs. 2 BGB den Berufsbetreuer entlassen. Ein bereits bestellter Berufsbetreuer wird durch § 1897 Abs. 6 Satz 2 BGB verpflichtet, nachträglich eingetretene Umstände dem Gericht mitzuteilen, die es ermöglichen, die Betreuung einem geeigneten Laienbetreuer zu übertragen.

Ehrenamtliche Betreuer sind Menschen, die bereit sind, sich unentgeltlich für den Betreuten zu engagieren und Verantwortung innerhalb des zugewiesenen Aufga-

benkreises zu übernehmen. Bei der Auswahl des Betreuers muss sehr genau auf einen Interessenausgleich zwischen den Anforderungen für den Betreuten und den Vorstellungen des ehrenamtlichen Betreuers geachtet werden. Der Ehrenamtliche hat in der Regel klare Vorstellungen, wie viel Zeit er bei überschaubarer Verpflichtung einbringen möchte, so dass auf den Umfang des zu erwartenden Engagements, seine Lebenserfahrung, seine individuellen Kenntnisse und auf seine Interessen Rücksicht genommen werden muss. Nur ein zufriedener ehrenamtlicher Betreuer ist Garant für eine positive Öffentlichkeitsarbeit zur weiteren Gewinnung dringend benötigter Laienbetreuer. Auch wenn von Angehörigen, schon wegen ihrer moralischen Verpflichtung gegenüber dem Betreuten, die Übernahme des Ehrenamtes als Selbstverständlichkeit erwartet wird, muss bei diesem Personenkreis auf eine mögliche Überforderung geachtet werden.

Bei umfangreichen und komplizierten Betreuungen ist dem Vereins-, Behörden- oder Berufsbetreuer der Vorzug gegenüber dem Laienbetreuer einzuräumen, soweit der Laienbetreuer überfordert wäre. Besondere Schwierigkeiten und Fachkenntnisse sind meist nur am Anfang der Betreuung – bei umfangreichem Regelungsbedarf – gegeben. Die professionelle Betreuung sollte aber behutsam in eine ehrenamtliche Betreuung übergeführt werden, sobald sie einem Laien zumutbar ist und zwischen dem Laien und dem Betreuten eine positive Beziehung besteht.

Wer kann Betreuer werden?

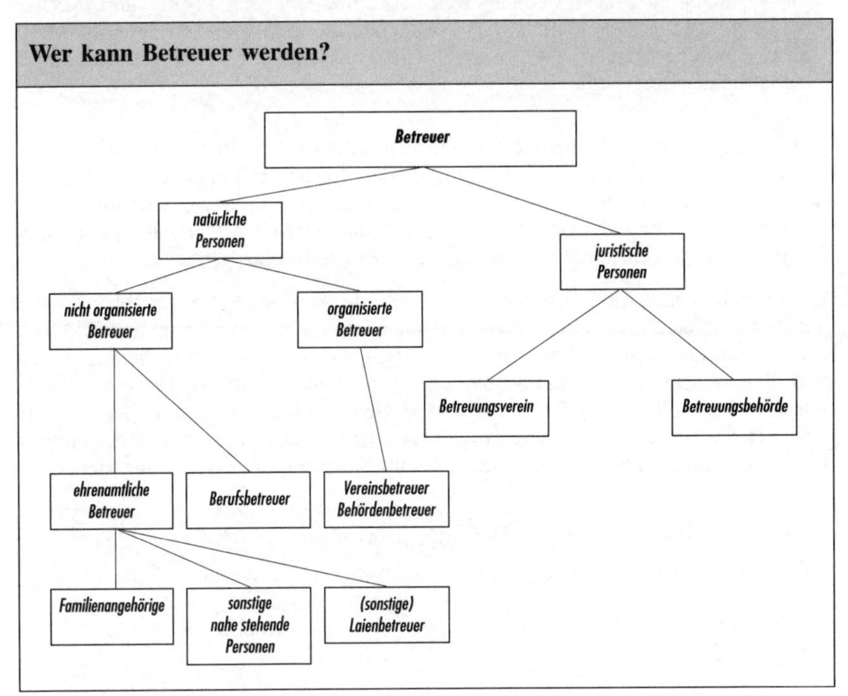

4.2 Eignung des Betreuers

Die Eignung des Betreuers ist abhängig von seiner Kompetenz und Bereitschaft, die Angelegenheiten des Betreuten im gerichtlich bestellten Aufgabenkreis zu besorgen und ihn hierbei im erforderlichen Umfang persönlich zu betreuen.

Der Betreuer soll zu einer individuellen und angemessenen Lösung der Probleme unter Berücksichtigung der Wünsche und Bedürfnisse des Betreuten beitragen können. Zeichnet sich im Betreuungsverfahren eine vielschichtige, einem Laien nicht zumutbare Problematik beim Betroffenen ab, wird man in aller Regel, wie bereits erwähnt, auf Vereins-, Berufs- bzw. Behördenbetreuer zurückgreifen.

Individuelle Kompetenzen und unterschiedliches Erfahrungswissen der einzelnen Menschen werden im Alltag ohne nachzudenken akzeptiert. Bemüht man sich, den Einsatz der Betreuer so zu planen, dass eine Überforderung vermieden wird, die zu Misserfolgen und Frustration führt, ist ein Großteil der Menschen als Betreuer geeignet, die bereit sind, eine ehrenamtliche Aufgabe zu übernehmen.

Freundschaftliche Begleitung

Der Betreuer ist nur zur Organisation notwendiger Hilfen und evtl. zur rechtlichen Abwicklung der erbrachten Hilfen verpflichtet. Ihm obliegt weder die persönliche Pflege des Betreuten noch die hauswirtschaftliche Versorgung. Die Betreuung sollte jedoch nicht dahingehend missverstanden werden, dass die Zuwendung zum Betreuten, die für vertrauensbildende und -erhaltende Maßnahmen erforderlich ist, verlorengeht. Das Betreuungsverhältnis befasst sich mit Menschen und ist sicher mehr als die Übernahme und Erledigung einer Summe von Verwaltungsaufgaben. Fehlt jedoch dieser Bezug zur Organisation notwendiger Hilfen, so befindet sich der Betreuer außerhalb der ihm durch Gesetz zugewiesenen Kompetenz. Leistungen dieser Art sind keine Aufgaben der Betreuung, sondern ggf. Ausdruck einer verwandtschaftlichen oder freundschaftlichen Beziehung.

Zur Einschätzung der Eignung des Betreuers

Abhängig von den Aufgabenkreisen und den individuellen Bedürfnissen eines Betreuten ist der Handlungs- und Regelungsbedarf für den Betreuer sehr unterschiedlich. Die Bandbreite reicht vom Schwerpunkt der persönlichen Betreuung (z. B. bei einem Altenheimbewohner) bis hin zu umfangreichen Verwaltungsaufgaben (etwa mit vermögens- und steuerrechtlichen Problemstellungen).

Grundsätzlich sind Aufgaben und Inhalte der Tätigkeit des Betreuers abhängig von der Persönlichkeit des Betreuten, der Art seiner Probleme, vom Krankheitsbild bzw. der Art und der Schwere seiner Behinderung, seinem gegenwärtigen sozialen Umfeld, den institutionellen Rahmenbedingungen sowie den rechtlichen Erfordernissen. Die Feststellung der Eignung eines Betreuers obliegt einerseits der im Rahmen der Sachverhaltsaufklärung tätigen Betreuungsstelle, andererseits der eigenen Einschätzung des ausgewählten Betreuers und letztlich dem Betreuungsrichter.

Welche Aufgaben kann der Betreuer sich selbst zumuten?

Der Betreuer sollte seine Eignung nur bejahen, wenn er damit Aufgaben übernimmt, die er selbst in seinem Privatbereich mit ausreichender Kompetenz erledigen könnte. Wer diesen Maßstab gewissenhaft beachtet, wird weder sich noch andere Beteiligte enttäuschen.

4.3 Pflicht zur Übernahme der Betreuung?

Pflicht zur Übernahme (§ 1898 BGB)

Der von der Betreuungsstelle dem Betreuungsgericht vorgeschlagene Betreuer ist grundsätzlich verpflichtet, die Betreuung zu übernehmen, wenn er vom Betreuungsgericht ausgewählt wird. Die Verpflichtung zur Übernahme der Betreuung richtet sich an geeignete deutsche und ausländische Mitbürger. Der Ausgewählte muss geeignet und bereit sein, die Betreuung mit den entsprechenden Aufgabenkreisen zu übernehmen, wobei die Übernahme unter Berücksichtigung seiner familiären, beruflichen oder sonstigen Verhältnisse zumutbar sein muss.

Im Interesse eines Betreuten kann also nur derjenige zum Betreuer bestellt werden, der seine Bereitschaft zur Übernahme des Ehrenamtes erklärt hat. Die Übernahme einer Betreuung kann daher im Gegensatz zum alten Recht nicht mehr erzwungen werden. Dies macht auch Sinn, da von einem „erzwungenen Betreuer" nicht unbedingt das notwendige Engagement für die persönliche Betreuung erwartet werden kann.

Ein ehrenamtlicher Betreuer kann auch wieder entlassen werden. Möglichkeiten sind z. B. Wohnungswechsel, Krankheit, Alter, Berufsausübung usw. Ein ehrenamtlicher Betreuer muss deshalb keine Angst haben, dieses Amt auf Lebenszeit ausüben zu müssen.

5. Verpflichtung des Betreuers

Der Betreuer wird vom Rechtspfleger des Betreuungsgerichts gem. § 289 FamFG mündlich verpflichtet und über seine Aufgaben unterrichtet. Dies gilt aber nur für ehrenamtliche Betreuer, die höchstens eine Betreuung führen oder in den letzten zwei Jahren geführt haben. Bei den Vereinsbetreuern, Behördenbetreuern, Vereinen, der zuständigen Behörde, den Berufsbetreuern und ehrenamtlichen Betreuern mit Erfahrungen aus mindestens zwei Betreuungen in den letzten zwei Jahren geht das Gesetz davon aus, dass sie ihre Rechte und Pflichten kennen. Das soll die Betreuer aber nicht davon abhalten, gerade bei Beginn einer neuen Betreuung bei anstehenden Problemen mit dem zuständigen Rechtspfleger Kontakt aufzunehmen.

Verpflichtungsgespräch (§ 289 Abs. 1 FamFG)

Der Rechtspfleger erörtert beim Verpflichtungsgespräch, im Regelfall nach Aktenlage, die wesentlichen Aufgaben, Rechte und Pflichten des Betreuers im konkreten Einzelfall unter Beachtung der Aufgabenkreise.

Ferner wird er auf die Beratungs- und Unterstützungsangebote nach den örtlichen Gegebenheiten hinweisen, insbesondere auf die des Betreuungsgerichts, der Betreuungsvereine, der Betreuungsstelle und der Institutionen im Bereich der „anderen Hilfen".

Einführungsgespräch (§ 289 Abs. 2 FamFG)

Neben dem Verpflichtungsgespräch soll der Rechtspfleger in geeigneten Fällen ein Einführungsgespräch führen, an dem auch der Betroffene teilnimmt.

Von einem geeigneten Fall ist auszugehen, wenn mit dem Betreuten eine sinnvolle Verständigung möglich ist und dieser das Einführungsgespräch wünscht. Durch dieses Gespräch soll die Basis für eine vertrauensvolle Zusammenarbeit der Beteiligten untereinander und mit dem Gericht hergestellt werden. Die durch die Anordnung einer Betreuung veränderte rechtliche Situation soll vom Rechtspfleger mit den Beteiligten besprochen werden. Anlässlich dieser Besprechung können zu erwartende Schwierigkeiten erörtert werden.

Wichtige Gesichtspunkte für das Verpflichtungs- und Einführungsgespräch

Der Betreuer sollte beim Verpflichtungs- oder Einführungsgespräch das grundsätzliche Ergebnis der persönlichen Unterredung mit der Betreuungsstelle (wenn diese ihn zum Betreuer vorgeschlagen hat) einfließen lassen und unabhängig vom Aufgabenkreis mit dem Rechtspfleger folgende Fragen klären:

- Ist der Betreute nach dem vorliegenden fachärztlichen Gutachten zeitweise oder auf Dauer geschäftsunfähig?
- In welchem Umfang ist die persönliche Betreuung des Betreuten notwendig und erforderlich?
- Welcher voraussichtliche Handlungsbedarf ist im Rahmen der Aufgabenkreise erkennbar? Wie sind die Aufgabenkreise im Einzelfall abzugrenzen?
- Wie ist ggf. der Abrechnungsnachweis für die Aufwandsentschädigung/den Aufwendungsersatz zu führen?

- Welche Grundsätze sind für die Erstellung des Vermögensverzeichnisses zu beachten?
- Wie wird die Rechnungslegung erwartet?
- Welche Genehmigungsvorbehalte des Betreuungsgerichts sind absehbar?
- Welche Unterlagen liegen dem Gericht bereits vor, die für die Führung der Betreuung relevant sind (wichtig, soweit Betreuung zur Weiterführung übernommen wird)?

Betreuerausweis (§ 290 FamFG)

Zum Nachweis für den Rechtsverkehr erhält der Betreuer einen Betreuerausweis (Bestellungsurkunde). Diese Urkunde enthält:

1. die Bezeichnung des Betroffenen und des Betreuers,
2. bei Bestellung eines Vereinsbetreuers oder Behördenbetreuers diese Bezeichnung und die Bezeichnung des Vereins oder der Behörde,
3. den Aufgabenkreis des Betreuers,
4. bei Anordnung eines Einwilligungsvorbehalts die Bezeichnung des Kreises der einwilligungsbedürftigen Willenserklärungen,
5. bei der Bestellung eines vorläufigen Betreuers durch einstweilige Anordnung das Ende der einstweiligen Maßnahme.

Muster eines Betreuerausweises

Amtsgericht
Aburg
– Betreuungsgericht –
Amtsweg 20, 00000 Aburg
Telefon: 000000; Fax: 00000

Geschäftsnummer: XVII 1111/09 Aburg, 27. 9. 2011

Betreuerausweis

Herr Peter Muster, geboren am 23. 5. 1950,
Auweg 3, 00000 Aburg

ist für

Frau Helga Muster, geboren am 23. 5. 1921,
Musterweg 1, 00000 Aburg

zum Betreuer bestellt.

Sein Aufgabenkreis umfasst:

Aufenthaltsbestimmung,
Gesundheitsfürsorge,
Vermögensverwaltung,
Entgegennahme, Öffnen und Anhalten der Post.

Der Betreuer vertritt die Betroffene im Rahmen seines Aufgabenkreises gerichtlich und außergerichtlich.

Dieser Ausweis ist nach Beendigung der Betreuung an das Gericht zurückzugeben.

Wolfegger
Rechtspflegerin

Vorlage des sog. Betreuerausweises im Original

Im Verkehr zwischen dem Betreuer und Banken tritt immer wieder die Frage auf, ob die Bestellungsurkunde (der sog. Betreuerausweis) jedes Mal im Original vorzulegen ist, wenn der Betreuer Bankgeschäfte tätigt.

Das *LG Oldenburg* (Az. 13 S 62/09) hat hierzu festgestellt, dass die Bank nicht berechtigt sei, die Entgegennahme und vertragsgerechte Umsetzung rechtsgeschäftlicher Erklärungen des Betreuers von der Vorlage eines Betreuerausweises abhängig zu machen, wenn der Bank dieser Ausweis einmal vorgelegt worden ist.

Gegen diese Entscheidung des LG Oldenburg wurde Nichtzulassungsbeschwerde zum BGH eingelegt; sie wurde als unzulässig abgewiesen (*BGH* vom 30. 3. 2010, Az. XI ZR 184/09).

Der BGH hat in der Begründung seiner Entscheidung u. a. Folgendes ausgeführt:

Die Bank kann durch die Praxis, vor jeder einzelnen Verfügung den Betreuerausweis im Original einzusehen, nicht erreichen, vor Anweisungen eines nicht mehr bevollmächtigten Betreuers im Giroverhältnis geschützt zu sein, da die Bestellungsurkunde eines Betreuers nach § 290 FamFG keine Vollmachtsurkunde i. S. d. § 172 ff. BGB ist.

Beruht die Vertretungsmacht nicht auf der Erteilung einer Vollmacht durch den Vertretenen, sondern auf gesetzlicher Grundlage, so scheidet eine Zurückweisung der Vollmacht gemäß § 174 BGB aus; die mit der Inanspruchnahme gesetzlicher Vertretung verbundene Unsicherheit, ob die Vertretungsmacht wirksam besteht, wird dem Empfänger der Erklärung zugemutet.

Zudem könnte sich die Bank selbst im Falle einer Vorlage des Betreuerausweises nicht nach § 172 BGB auf eine mit der Bestellungsurkunde verknüpfte Rechtsscheinwirkung berufen, da diese einer rechtsgeschäftlichen Vollmachtsurkunde nicht gleichsteht.

6. Pflichten des Betreuers

6.1 Wohl des Betreuten

Wohl des Betreuten (§ 1901 Abs. 2 BGB)

Für den Betreuer ist das Wohl des Betreuten Richtschnur bei der Besorgung der Angelegenheiten.

Zum Wohl des Betreuten gehört auch die Möglichkeit, im Rahmen seiner Fähigkeiten, sein Leben nach seinen eigenen Wünschen und Vorstellungen zu gestalten.

„Das Wohl“ ist zwar ein unbestimmter Begriff; es erschließt dem Betreuer dennoch keine beliebigen Deutungsmöglichkeiten. Die Bereitschaft, den Betreuten in seinem „Anderssein“ anzunehmen, ist Grundvoraussetzung, um eigene Moral- und Wertvorstellungen nicht überzubetonen.

Persönliche Kontakte dienen dem Wohl des Betreuten

Zum Wohl des Betreuten gehört auch der persönliche Kontakt des Betreuers zu ihm. Dies ergibt sich letztlich aus § 1897 Abs. 1 BGB, der dem Betreuer nur dann die Eignung zuspricht, wenn er diesen Kontakt halten kann. Auch hat er nach § 1901 Abs. 3 BGB eine Besprechungspflicht.

Durch das Gesetz zur Änderung des Vormundschafts- und Betreuungsrechts hat der jährliche Bericht des Betreuers auch Angaben zu den persönlichen Kontakten des Betreuers zum Betreuten zu enthalten, §§ 1908i Abs. 1 Satz 1, 1840 Abs. 1 Satz 2 BGB. Aus dem Bericht hat sich die Anzahl der Kontakte, deren Dauer, Art und Weise sowie Ort und Zeitpunkt zu ergeben (Hoffmann, FamRZ 2011, 1187).

Häufigkeit der Kontakte bestimmt der Betreuer

Der Gesetzgeber hat eine bestimmte Anzahl der Kontakte nicht vorgegeben, sondern dem Erforderlichkeitsgrundsatz unterstellt; auch das Betreuungsgericht kann keine verbindlichen Vorgaben machen. Der Betreuer hat von sich aus zu prüfen, wie häufig Kontakte zu erfolgen haben. Die Häufigkeit kann sich aus der Person des Betreuten, seinem Alter, seiner körperlichen Verfassung, aber auch daraus ergeben, ob er noch selbstständig in seiner Wohnung oder in einem Heim lebt. Der Betreuer wird in seinem jährlichen Bericht begründen, warum er seine Kontakte für ausreichend angesehen hat.

Fragen und Überlegungen zum Wohl des Betreuten

- Welche Vorstellungen hat der Betreute bezüglich seiner Lebensführung, -gestaltung?
- Welche Fähigkeiten sind bei ihm vorhanden, und sind diese ausreichend, evtl. Defizite in anderen Bereichen auszugleichen?
- Welche Möglichkeiten bieten sich an, um positive Lebensbedingungen zu schaffen bzw. zu erhalten (Einsatz von „anderen Hilfen", insbesondere ambulante, sozialpflegerische und hauswirtschaftliche Dienste, aber auch Nachbarschaftshilfen)?
- Wie können Benachteiligungen vermieden bzw. abgebaut werden?
- Wie kann zur sozialen und individuellen Entwicklung beigetragen werden? Welche Perspektiven hat der Betreute bzw. welche Möglichkeiten bestehen, diese zu verwirklichen (z. B. berufliche Rehabilitation)?
- Liegt die Kontinuität der Lebensführung oder eine Veränderung der derzeitigen Situation im Interesse des Betreuten (z. B. Verbleib oder räumliche Trennung von Angehörigen und sonstigen Bezugspersonen; Erhalt der Wohnung oder Heimunterbringung)?
- Kann der Betreute seine eigene Situation realistisch einschätzen?
- Wie wirken sich Handeln und Eingriffe des Betreuers auf das Leben des Betreuten aus (Eingriffschwelle nicht zu niedrig ansetzen)?

6.2 Wünsche des Betreuten

Wünsche des Betreuten

In § 1901 Abs. 3 Satz 1 BGB finden wir die strikt gehaltene Anweisung des Gesetzes an den Betreuer, den Wünschen des Betreuten zu entsprechen. Wünsche geben das wieder, was man gerne haben möchte, und sind Ausdruck eines Verlangens des Betreuten. Sie werden durch dessen Äußerungen, bzw. im Einzelfall durch Gesten, erkennbar. Unerheblich ist, ob und inwieweit der Betreute geschäftsfähig ist. Die Vorschrift ist gerade bei Geschäftsunfähigen bedeutsam; denn der Geschäftsfähige kann selbst handeln, bedarf also seines Betreuers zur Verwirklichung eigener Wünsche meist nicht. Die Pflicht des Betreuers, den Wünschen zu entsprechen, besteht grundsätzlich in allen Lebensbereichen, wie Wohnsitz, Art und Auswahl des Pflegeheimes, Lebensstil, Erwerbstätigkeit, Urlaub, Freizeit, Entscheidung zwischen Konsum und Kapitalbildung, Maßnahmen der Vermögensverwaltung. Das *OLG Düsseldorf* (BtPrax 1999, 74) hat festgestellt, dass der Wille des Betroffenen bei Geldausgaben Vorrang hat, auch wenn es um die Alternative Sparen oder Ausgeben geht. Das Gesetz bietet dem Betreuer keine Handhabe, für die Sicherung seines zukünftigen Vergütungsanspruchs, der erst später vom Betreuungsgericht festzusetzen ist, Rücklagen zu bilden.

Fallbeispiele:

Eine Betreute wünscht sich einen Nerzmantel zum Preis von 5.000 EUR. Die Betreuerin ist Anhängerin einer Umweltorganisation und lehnt den Kauf eines Pelzmantels kategorisch ab. Die Betreute verfügt über Vermögen. Mit dem Kauf des Pelzmantels sind weitere geplante Vermögensdispositionen, die der Lebenshaltung und Existenzsicherung dienen, nicht beeinträchtigt.

Bei dieser Fallgestaltung ist der Wunsch der Betreuten zu respektieren. Die Betreuerin muss den Pelzmantel für die Betreute kaufen. Der Kauf ist ihr auch zumutbar, da die individuellen Wünsche und Bedürfnisse der Betreuten und nicht die Lebenseinstellungen der Betreuerin maßgebend sind.

Ein Betreuter wünscht sich den Kauf eines Autos der gehobenen Mittelklasse. Er ist abgebauter Alkoholiker, verfügt über die entsprechenden finanziellen Mittel und einen Führerschein. Der Betreuer lehnt den Erwerb des Autos mit der Begründung ab, dass das Führen eines Kraftfahrzeugs für den Betreuten und die Allgemeinheit eine erhebliche Gefahr darstelle, zumal er nach kurzen Abstinenzphasen immer wieder rückfällig werde.

Bei dieser Fallgestaltung ist der Wunsch des Betreuten nicht maßgebend, da er seinem Wohl zuwiderläuft. Die Erfüllung des Wunsches ist dem Betreuer auch nicht zuzumuten, da strafbare Handlungen durch den Betreuten nicht auszuschließen sind. Außerdem sollte der Betreuer das Betreuungsgericht informieren.

Wohl des Betreuten

Der Betreuer darf solchen Wünschen nicht nachkommen, deren Verwirklichung dem Wohl des Betreuten zuwiderläuft (§ 1901 Abs. 1 Satz 1 BGB). Dies ist vor allem der Fall, wenn Rechtsgüter des Betreuten gefährdet werden, die im Rang über den vom Wunsch verfolgten Interessen stehen (z. B. Leben, Gesundheit). Die Gefährdung der Gesundheit entkräftet auch den Wunsch, in der eigenen von Vermüllung bedrohten Wohnung „in Ruhe gelassen“ zu werden. Die Abwägung zwischen den zu berücksichtigenden Wünschen und den entgegenstehenden objektiven Kriterien des Wohlergehens ist oft schwierig, weil riskantes Tun keineswegs auf psychisch kranke, geistig oder seelisch behinderte Menschen beschränkt ist. Eine Problemlösung orientiert sich im Einzelfall am Grundsatz der Verhältnismäßigkeit. Generell ist es nicht Aufgabe der rechtlichen Betreuung, kranke Menschen im besonderen Maße zu disziplinieren.

Ausgaben oder Substanzerhaltung

Dem Wohl des Betreuten laufen auch solche Wünsche zuwider, deren Erfüllung die gesamte Lebens- und Versorgungssituation des Betreuten erheblich verschlechtern würde (z. B. wirtschaftlich unvertretbarer Umgang mit dem Vermögen, wenn daraus die Gefahr erwächst, dass künftig der angemessene Unterhalt nicht mehr bestritten werden kann). Bei der Frage, ob der Wunsch, für bestimmte Ausgaben die Substanz des Vermögens anzugreifen, dem Wohl des Betreuten widerspricht, ist zu bedenken, dass – je nach Alter und Situation – die Erhaltung und Vermehrung des Vermögens nicht unbedingt im Interesse des Betreuten liegt. Gerade ein älterer Mensch kann den mit seinem Wohl zu vereinbarenden Wunsch nach einem gewissen, aus seinem Vermögen bestreitbaren Luxus haben. Bei Zugriff auf die Vermögenssubstanz ist also konkret zu prüfen, welche Bedeutung das Vermögen nach seiner Größe und nach der Lebenssituation des Betreuten für die künftige Versorgung und soziale Sicherung des Betreuten haben wird.

Ein Wunsch des Betreuten läuft aber nicht bereits dann i. S. d. § 1901 Abs. 3 Satz 1 BGB dessen Wohl zuwider, wenn er dem objektiven Interesse des Betreuten widerspricht. Vielmehr ist ein Wunsch des Betreuten im Grundsatz beachtlich, sofern dessen Erfüllung nicht höherrangige Rechtsgüter des Betreuten gefährden oder seine gesamte Lebens- und Versorgungssituation erheblich verschlechtern

Wunsch des Betreuten ist im Grundsatz beachtlich

würde. Allerdings gilt der Vorrang des Willens des Betreuten nur für solche Wünsche, die Ausfluss des Selbstbestimmungsrechts des Betreuten sind und sich nicht nur als bloße Zweckmäßigkeitserwägungen darstellen. Beachtlich sind weiter nur solche Wünsche, die nicht Ausdruck der Erkrankung des Betreuten sind und auf der Grundlage ausreichender Tatsachenkenntnis gefasst wurden (*BGH* FamRZ 2009, 1656).

Gegensatz zwischen Wohl und Wille

Ein beachtlicher Gegensatz zwischen Wohl und Wille des Betreuten entsteht erst dann, wenn die Erfüllung der Wünsche höherrangige Rechtsgüter des Betreuten gefährden oder seine gesamte Lebens- und Versorgungssituation erheblich verschlechtern würde. Entsprechend erfordert es das verfassungsrechtlich geschützte Selbstbestimmungsrecht des Betreuten, dass der Betreuer einen Wunsch des Betreuten nicht wegen Vermögensgefährdung ablehnen darf, solange dieser sich von seinen Einkünften und aus seinem Vermögen voraussichtlich bis zu seinem Tod wird unterhalten können. Selbst wenn durch die Erfüllung der Wünsche des Betreuten dessen Vermögen – den Interessen seiner Erben zuwider – erheblich geschmälert wird, ist der Wunsch in diesem Fall zu respektieren.

Vorrang der Wünsche vor objektiven Vermögensbelangen

Für diesen grundsätzlichen Vorrang der Wünsche des Betreuten vor dessen objektiven Interessen, insbesondere auch vor seinen objektiven Vermögensbelangen, spricht zunächst, dass der Betreuer nach allgemeiner Auffassung nicht die Aufgabe hat, das Vermögen des Betreuten zugunsten seiner Erben zu erhalten.

Zudem könnte das Ziel des Gesetzes, das Selbstbestimmungsrecht des Betreuten zu stärken und seinem Willen grundsätzlich den Vorrang einzuräumen, nicht erreicht werden, wenn der Betreuer befürchten müsste, nach dem Tod des Betreuten von dessen Erben erfolgreich auf Schadensersatz in Anspruch genommen zu werden, weil er die dem objektiven Wohl des Betreuten zuwiderlaufenden Wünsche erfüllt hat. Diese Sichtweise widerspricht auch nicht dem Anliegen des Gesetzgebers, der Betreuer dürfe dem Betreuten nicht die Hand zur Selbstschädigung reichen (*BT-Drucks. 11/4528*), denn eine Selbstschädigung des Betreuten wird regelmäßig nur dann nicht mehr hingenommen werden können, wenn dessen Unterhalt bis zu seinem Tod infolge einer Maßnahme des Betreuers nicht mehr gesichert ist.

Betreuter kann keine eigenen Wünsche bilden

Ist danach ein Wunsch des Betreuten im Grundsatz beachtlich, sofern dessen Erfüllung nicht die gesamte Lebens- und Versorgungssituation des Betreuten erheblich verschlechtern würde, kann dies freilich nur unter der Voraussetzung gelten, dass der Wunsch nicht Ausdruck der Erkrankung des Betreuten ist. Dies bedeutet allerdings nicht, dass jeder Wunsch unbeachtlich wäre, den der Betreute ohne Erkrankung nicht hätte oder der als irrational zu bewerten ist (*BT-Drucks. 11/4528* Seite 67). Vielmehr ist ein Wunsch lediglich dann unbeachtlich, wenn der Betreute infolge seiner Erkrankung entweder nicht mehr in der Lage ist, eigene Wünsche und Vorstellungen zu bilden und zur Grundlage und Orientierung seiner Lebensgestaltung zu machen, oder wenn er die der Willensbildung zugrunde liegenden Tatsachen infolge seiner Erkrankung verkennt.

Ausfluss des Selbstbestimmungsrechts

Der Vorrang des Willens des Betreuten gilt im Übrigen nur für solche Wünsche, die Ausfluss des Selbstbestimmungsrechts des Betreuten sind; sie dürfen sich nicht nur als bloße Zweckmäßigkeitserwägungen erklären lassen, die der Betreute angestellt hat, um über diese Vorstufe sein eigentliches – weitergehendes – Ziel zu erreichen.

Beispiel:

Das Anliegen, sein Grundstück in Österreich nicht zu verwerten, ist als ein beachtlicher Wunsch des Betreuten aufzufassen, wenn das Grundstück in Österreich sein Lieblingsobjekt ist (auch wenn er es nicht selbst bewohnt), dessen Verkauf er auch mit Rücksicht auf seinen Gesundheitszustand nicht will. Dagegen kann der Wunsch des Betreuten beachtlich sein, sich am ehesten von einem Grundstück in München zu trennen, dessen Mieter ständig Ärger bereiten würden.

Der Betreuer dürfte aber verpflichtet sein, bei einem Geschäft großer Bedeutung fachlichen Rat einzuholen, um den Betreuten umfassend informieren zu können, z. B. in welcher Höhe mögliche Steuerforderungen das Betreutenvermögen beeinträchtigen können. Angesichts der Wichtigkeit des beabsichtigten Rechtsgeschäfts ist eine Aufklärung über die ungefähre Höhe der im ungünstigsten Fall zu erwartenden steuerlichen Belastung erforderlich. Klärt der Betreuer den Betreuten nicht ausreichend auf, bleibt ihm gleichwohl die Möglichkeit darzulegen und zu beweisen, dass der Betreute den (vom Betreuer später umgesetzten) Wunsch auch dann geäußert hätte, wenn der Betreuer ihn zuvor im erforderlichen Umfang aufgeklärt hätte.

Wünsche des Betreuten sind auch beachtlich, wenn diese bereits vor Bestellung des Betreuers geäußert wurden, es sei denn, der Betreute möchte an diesen Wünschen erkennbar nicht mehr festhalten.

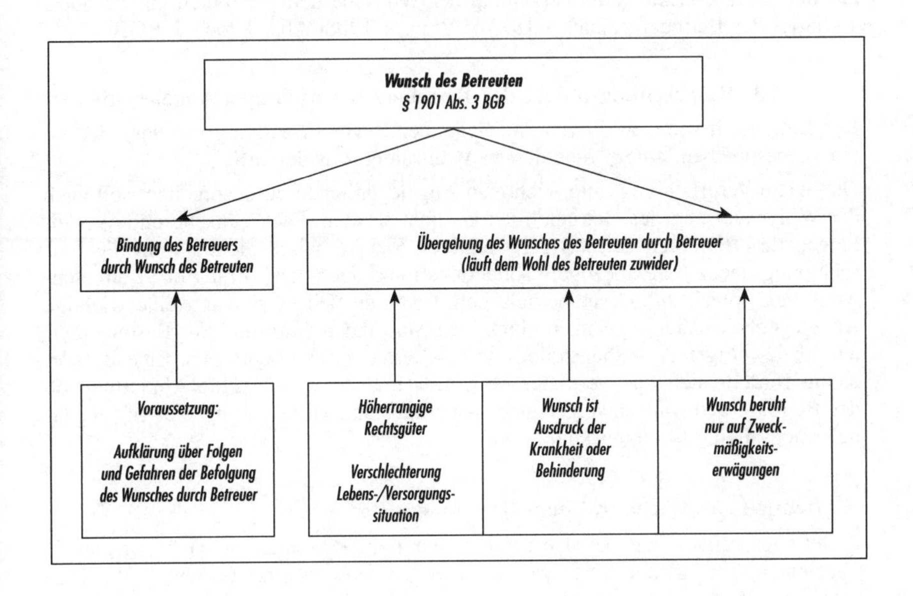

Fallbeispiel:

Nach einer Operation hat Frau A. einen Schlaganfall und wird zusehends verwirrt. Gegenüber ihren Freunden und Nachbarn hat sie immer erklärt, im Pflegefall ins Alten- und Pflegeheim X umziehen zu wollen.

Dieser Wunsch ist für den Betreuer verpflichtend. Er muss die notwendigen Maßnahmen zur Unterbringung von Frau A. im Alten- und Pflegeheim X einleiten.

Gleicher Sachverhalt: Das Alten- und Pflegeheim X verfügt über keinen vom Träger der Sozialhilfe genehmigten Pflegesatz. Frau A. ist hilfebedürftig im Sinne des SGB XII.

Der Betreuer kann aus materiell-rechtlichen Gründen diesem Wunsch nicht entsprechen. Die Umsetzung eines Wunsches, der nach gesetzlichen Bestimmungen nicht realisiert werden kann, ist ihm wohl auch nicht zumutbar.

Berechtigte Wünsche des Betreuten muss der Betreuer nicht unbedingt selbst erfüllen. Er bedient sich, wie in seinem eigenen Alltag, der Hilfe (professioneller) Dritter.

Eine Ausnahme gilt lediglich für den Bereich der Wünsche, die nur im Rahmen der persönlichen Betreuung erbracht werden können.

Übergehung der Wünsche

Die Nichtbeachtung gerechtfertigter Wünsche stellt für den Betreuer eine Pflichtwidrigkeit dar, die Maßnahmen des Betreuungsgerichts (§ 1908i Abs. 1 Satz 1 i. V. m. § 1837 Abs. 2, 3 BGB) auslösen kann. Wiederholte Vernachlässigung der Wünsche des Betreuten kann Zweifel an der Eignung des Betreuers begründen; gemäß § 1908b Abs. 1 BGB kommt u. U. seine Entlassung in Betracht. Entsteht aus der nicht begründeten Übergehung der Wünsche dem Betreuten ein Schaden, so haftet der Betreuer gemäß § 1833 i. V. m. § 1908i Abs. 1 Satz 1 BGB.

6.3 Besprechungspflicht des Betreuers bei wichtigen Angelegenheiten

Besprechungspflicht (§ 1901 Abs. 3 Satz 3 BGB)

Der Betreuer hat alle wichtigen Angelegenheiten vor Erledigung mit dem Betreuten zu besprechen, sofern dies dessen Wohl nicht zuwiderläuft.

Durch die Verpflichtung, alle wichtigen Angelegenheiten zu besprechen, soll auch der Willensvorrang des Betreuten verdeutlicht werden. Die Wünsche und Vorstellungen des Betreuten werden bei wichtigen Sachverhalten nicht nur in die Entscheidungsebene miteinbezogen, sondern es muss auch der Vorrang des Betreutenwunsches, soweit zumutbar, berücksichtigt werden. Ob es sich um eine wichtige Angelegenheit handelt, ist nach objektiven Maßstäben, aufgrund der Besonderheiten der jeweiligen Aufgabenstellung in der Betreuung, zu beurteilen. Eine Besprechung fördert auch das Vertrauensverhältnis und ermöglicht eine Abklärung, ob der Betreute evtl. mit entsprechender Anleitung und Hilfestellung die Angelegenheit auch alleine besorgen kann.

Wichtige Gespräche mit dem Betreuten

Betreuer sollten von den Gesprächen mit dem Betreuten in wichtigen Angelegenheiten grundsätzlich Protokollnotizen fertigen. Der Betreute soll die Protokollnotiz unterschreiben, um so die Verbindlichkeit der Vereinbarung zu dokumentieren.

Einschränkung

Wenn die Erörterung der Angelegenheit dem Wohl des Betreuten zuwiderläuft, kann der Betreuer auf die Besprechung der Angelegenheit ganz verzichten. Dies ist z. B. regelmäßig dann der Fall, wenn dem Betreuten ein gesundheitlicher Schaden droht.

In der Praxis sind nur wenige Gründe denkbar, auf die Besprechungspflicht zu verzichten. In erster Linie trifft dies nur auf Betreute zu, die wegen mangelnder Konzentrations- und Merkfähigkeit nicht mehr in der Lage sind, sinn- und zweckgerichtete Beurteilungen und Aussagen zum Sachverhalt abzugeben. Ebenso sind schwerst geistig behinderte Menschen zu dem Personenkreis zu rechnen, mit dem keine sinnvolle Besprechung möglich ist.

Das Unterlassen gebotener Besprechung stellt eine Pflichtwidrigkeit dar.

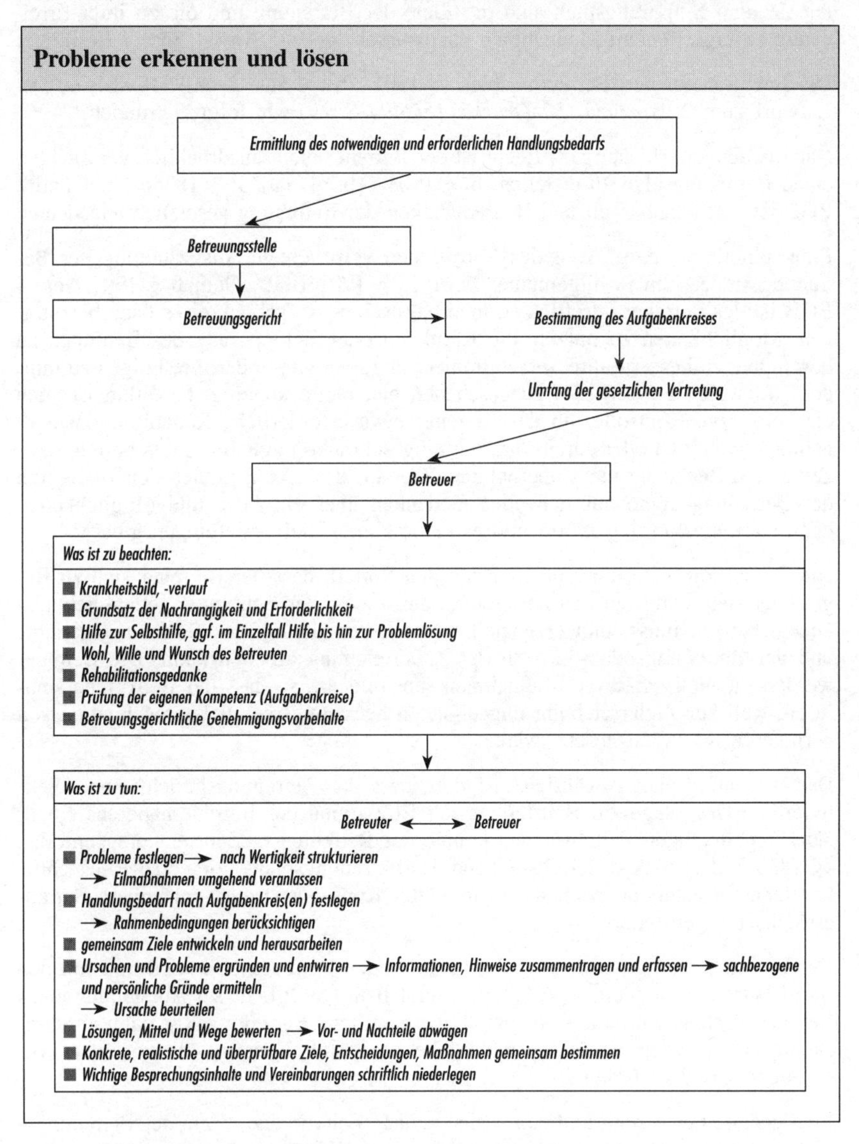

6.4 Der Betreuungsplan

§ 1901 Abs. 4 BGB

Der Grundsatz für den Betreuer, sich am Wohl, Willen und Wunsch des Betreuten zu orientieren, umfasst auch die Verpflichtung, innerhalb seines Aufgabenkreises dazu beizutragen, dass Möglichkeiten genutzt werden, die Krankheit oder Behinderung des Betreuten zu beseitigen, zu bessern, ihre Verschlimmerung zu verhüten oder ihre Folgen zu mildern.

Diese Verpflichtung des Betreuers umfasst medizinische, berufliche und soziale Aspekte einer Rehabilitation. Der Rehabilitationsgedanke bezieht sich also nicht nur auf den Bereich der Gesundheitsfürsorge, sondern auf alle denkbaren Aufgabenkreise.

Betreuungsplan

Wird die Betreuung berufsmäßig geführt, hat der Betreuer in geeigneten Fällen auf Anordnung des Gerichts zu Beginn der Betreuung einen Betreuungsplan zu erstellen. In dem Betreuungsplan sind die Ziele der Betreuung und die zu ihrer Erreichung zu ergreifenden Maßnahmen darzustellen, § 1901 Abs. 4 Satz 2 BGB.

Gesetzesbegründung

Die Intention für den Betreuungsplan (§ 1901 Abs. 4 Satz 2 und 3) wird im BR-Entwurf zum 2. BtÄndG *(BT-Drucks. 15/2494 S. 29)* wie folgt begründet:

Nach geltendem (bisherigen) Recht ist der Betreuer nicht ausdrücklich verpflichtet, einen Betreuungsplan zu erstellen. In § 1908i Abs. 1 Satz 1, § 1836b Nr. 1 und 2 BGB ist eine Planbarkeit und Begrenzbarkeit der Betreuung gesetzlich angedeutet.

Eine inhaltliche, dem Wohl des Betroffenen verpflichtete Ausgestaltung der Betreuung findet sich in allgemeiner Form in § 1901 BGB. Gemäß § 1901 Abs. 4 BGB ist der Betreuer verpflichtet, innerhalb seines Aufgabenkreises dazu beizutragen, Möglichkeiten zu nutzen, die Krankheit oder Behinderung des Betreuten zu beseitigen, zu bessern, ihre Verschlimmerung zu verhüten oder ihre Folgen zu mindern. In welcher Form dies zu geschehen hat, bleibt ungeregelt. Mithin ist auch eine effektive Kontrolle, ob der Betreuer etwa erforderliche Rehabilitationsmaßnahmen veranlasst oder durchführt, nur eingeschränkt möglich. Zudem besteht nach geltendem Recht die nicht unerhebliche Gefahr, dass der Betreuer sich zu Beginn der Betreuung keine hinreichenden Gedanken über die Ziele und Möglichkeiten der Betreuungsführung macht und es keine klaren Zielvorstellungen gibt.

Zielorientiertes Arbeiten möglich

Die Pflicht zur Betreuungsplanung hat den Vorteil, dass der Betreuer sich zu Beginn der Betreuung mit den zu erreichenden Zielen der Betreuung gedanklich auseinandersetzen muss, und er gezielt – mit Unterstützung des Betreuungsgerichts und der Betreuungsbehörde – an der Zielerreichung arbeiten kann. Die Betreuer werden für nicht effektive Maßnahmen sensibilisiert, so dass der Betroffene sinnlosen, weil zur Zielerreichung ungeeigneten betreuungsrechtlichen Maßnahmen in geringerem Maße ausgesetzt wäre.

Der Betreuungsplan gewährleistet ferner, dass das Betreuungsgericht eine objektivierbare Grundlage zur Beurteilung der Effektivität des Betreuerhandelns erhält. Nach regelmäßigen Zeitabständen könnte das Betreuungsgericht entsprechend den §§ 1839 und 1840 Abs. 1 BGB anhand des Betreuungsplans Fort- oder Rückschritte leichter feststellbar machen und in letzter Konsequenz auch mit einem Betreuerwechsel gegensteuern.

Nur Berufsbetreuer sind betroffen

Der Betreuungsplan ist nicht von ehrenamtlichen Betreuern, sondern nur von den Berufsbetreuern in geeigneten Fällen zu erstellen. Die Pflicht zur Aufstellung eines Betreuungsplans würde auf potenziell ehrenamtliche Betreuer selbst dann abschreckend wirken, wenn an dessen inhaltliche Ausgestaltung keine überspannten Forderungen gestellt würden.

Eine genaue Festlegung und damit eine genaue Zeitvorgabe, wann der Betreuungsplan erstellt werden muss, ist angesichts der Vielgestaltigkeit der Lebenssachverhalte nicht zweckmäßig. Regelmäßig wird der Betroffene dem Berufsbetreuer im Zeitpunkt seiner Bestellung unbekannt sein, so dass der Berufsbetreuer zunächst die persönlichen Umstände und die Wünsche des Betroffenen erforschen muss. Die Erstellung des Betreuungsplanes hat daher „zu Beginn" der Betreuung zu erfolgen, wobei das Betreuungsgericht im Einzelfall feststellen muss, in welchen Fällen und wann der Betreuungsplan vorzulegen ist.

Auch hinsichtlich der inhaltlichen Ausgestaltung eines Betreuungsplanes ist die Vielgestaltigkeit der Lebenssachverhalte zu berücksichtigen. Die jeweiligen inhaltlichen Anforderungen müssten daher flexibel gehandhabt werden, abhängig insbesondere von

- den zugewiesenen Aufgabenkreisen,
- der Komplexität der Betreuung,
- den Wünschen und Widerständen des Betroffenen,
- den tatsächlichen Besserungsmöglichkeiten und
- dem Krankheitstyp.

Anknüpfend an § 1901 Abs. 4 BGB ist ein Betreuungsplan vor allem in solchen Aufgabenbereichen wichtig, die in stärkstem Maße mit der Person des Betroffenen verknüpft sind, etwa der Gesundheitssorge oder Aufenthaltsbestimmung. Gerade in derart wichtigen Bereichen ist eine Zielreflexion besonders bedeutsam, soll doch der Betroffene wieder in die Lage versetzt werden, seine Angelegenheiten in stärkerem Maße selbst zu regeln. Hinsichtlich dieser Aufgabenbereiche wird sich eine intensivere Betreuungsplanung aufdrängen. Daher knüpft die Betreuungsplanung konsequent an die Pflicht des Berufsbetreuers zur Förderung der Rehabilitation und Verhinderung der Verschlimmerung des Gesundheitszustandes des Betroffenen gemäß § 1901 Abs. 4 BGB an.

Betreuungsgericht hat Prüfungspflicht

Das Betreuungsgericht ist zur Prüfung und Bewertung des Betreuungsplanes verpflichtet. Dabei hat es enge Grenzen zu beachten:

Der Berufsbetreuer wird mit seiner Bestellung gemäß § 1902 BGB gesetzlicher Vertreter des Betroffenen. Der Betroffene soll durch seinen Berufsbetreuer seine gebrechensbedingt eingeschränkte oder aufgehobene Handlungsfähigkeit in vollem Umfange wieder erlangen. Zu beachten ist jedoch, dass jeder das Recht hat, sein Leben nach seinen Vorstellungen zu gestalten, soweit nicht Rechte Dritter oder andere mit Verfassungsrang ausgestattete Rechtsgüter betroffen sind, Artikel 2 Abs. 1 GG. Ist Letzteres nicht der Fall, hat der Staat nicht das Recht, den Betroffenen zu erziehen, zu bessern oder zu hindern, sich selbst zu schädigen (*vgl. BVerfGE 22, 180, 219 f.; BayObLG* FamRZ 1993, 998, 999; FamRZ 1994, 1551, 1552).

Das Betreuungsgericht darf daher nicht eigene Zweckmäßigkeitserwägungen an Stelle des Berufsbetreuers anstellen. Sind mehrere Lebensgestaltungen des Betroffenen denkbar, so muss es grundsätzlich dem Berufsbetreuer überlassen bleiben, unter diesen eine Wahl zu treffen. Objektive Grenze für diese Wahlfreiheit des Berufsbetreuers ist gemäß § 1901 Abs. 2 Satz 1 BGB das Wohl des Betroffenen. Kommt das Betreuungsgericht zu dem Schluss, dass unter mehreren möglichen Lebensgestaltungen oder Betreuungszielen bestimmte vom Berufsbetreuer bevorzugte Gestaltungen oder Ziele dem Wohl des Betroffenen zuwiderlaufen, soll es den Berufsbetreuer darauf hinweisen. Sofern er an diesen festhält, sich also auch durch eine argumentative Auseinandersetzung nicht hiervon abbringen lässt, kann das Betreuungsgericht gegebenenfalls ein Pflichtversäumnis des Berufsbetreuers annehmen und die erforderlichen Maßnahmen veranlassen.

Die Erstellung eines Betreuungsplans soll die Effektivität und damit die Qualität der Betreuung steigern. Infolge Zeitablaufs können sich Umstände ändern, Ziele des Planes erreicht werden oder sich neue Probleme stellen und damit neue Problemlösungen als Betreuungsziele ergeben. In diesen Fällen muss der Berufsbetreuer das Gericht informieren.

Eine Berichterstattung zu den persönlichen Verhältnissen ist bereits gemäß § 1908i Abs. 1 Satz 1, §§ 1839, 1840 Abs. 1 BGB vorgesehen. Diese Vorschriften sind klarstellend auch auf die Erreichung der Ziele des Betreuungsplans anzuwenden.

Unzureichende Qualitätsdiskussion

Die in der betreuungsrechtlichen Arbeit zu erbringenden Leistungen sind permanentem Veränderungs- und Anpassungsdruck unterworfen. Die Form und das Maß, in der sie erbracht wird, müssen ständig wegen des öffentlichen Kostendrucks im aktuellen gesellschaftlichen Kontext ausgehandelt werden.

Die Akteure der betreuungsrechtlichen Arbeit sind deshalb seit Jahren einem gestiegenen Legitimationsdruck ausgesetzt. Sie waren bzw. sind gegenwärtig immer noch gezwungen, sich stärker zu positionieren und ihre Fachlichkeit zu dokumentieren. Die in diesem Zusammenhang aufgekommene Diskussion zur Qualität betreuungsrechtlicher Arbeit wurde mit dem Betreuungsplan nur unzureichend aufgenommen, so dass in der Praxis schon die Definition von Qualität durch vielfältige subjektive Gesichtspunkte beeinflusst wird.

Prinzipien der Betreuungsplanung

Wenn die Betreuungsplanung als Instrument der Qualifizierung des betreuungsrechtlichen Hilfeprozesses durch den Berufsbetreuer angewendet werden soll, sind aus fachlichen Gründen mindestens folgende Prinzipien zu beachten:

Beteiligung

Die Beteiligung der Betroffenen, aber auch weiterer Institutionen oder relevanter Dritter (z. B. Angehörige) sichert das gemeinsame Finden von geeigneten Maßnahmen, um das Ziel der individuellen Betreuungsarbeit abzusichern. Die Beteiligung setzt jedoch Freiwilligkeit voraus, denn ein erzwungener Kompromiss konterkariert den Betreuungsplan.

Transparenz

Ziele, Inhalt und Vorgehen des Betreuungsplanes müssen für alle Beteiligten durchschaubar sein. Nur gemeinsam erarbeitete, auf Verständigung beruhende Zielstellungen und Maßnahmen haben Aussicht auf Erfolg.

Nachvollziehbarkeit

Nachvollziehbarkeit muss nicht nur für alle am Betreuungsplan Beteiligten bestehen, sondern auch für Nichtbeteiligte, die sich einen Überblick über die vereinbarten Maßnahmen verschaffen wollen. Ebenso wichtig ist die Nachvollziehbarkeit für nachträgliche Vergewisserungsprozesse Beteiligter oder für kontrollierende und erfolgsbewertende Prozesse der Evaluation.

Überprüfbarkeit

Damit die Maßnahmen der Betreuungsplanung überprüfbar sind, ist die Schriftform als Beleg der getroffenen Übereinkunft erforderlich. Der Betreuungsplan sollte neben dem Betreuungsgericht und dem Betreuten z. B. auch der Betreuungsstelle zugänglich gemacht werden, damit nach Ablauf eines festgelegten Zeitraumes eine Evaluation mit der Folge der Fortschreibung oder Modifikation erfolgen kann.

Subjektivierung

Der Betreuungsplan wird für den Hilfeprozess einer ganz bestimmten rechtlich betreuten Person in einer ganz spezifischen Situation erstellt. Eine Problemanalyse, die Bedarfsermittlung an materiellen und immateriellen Hilfen sowie ein Maßnahmenkontinuum werden auf den Willen, die Wünsche und das Wohl der zu betreuenden Person zugeschnitten erarbeitet.

Ressourcenorientierung

Bei der Betreuungsplanung soll nicht an den Defiziten der Person angesetzt werden, sondern vielmehr an den vorhandenen Fähigkeiten bzw. Möglichkeiten. Es geht hier um das Aufspüren, Wecken und Fördern von Potenzialen der zu betreuenden Person, mit dem Ziel, dieser im Sinne des Rehabilitationsgedankens ein weitgehend freies, selbstbestimmtes Leben zu ermöglichen.

Praxis TIPP

Die hier erläuterten Prinzipien der Betreuungsplanung legen lediglich einen Zielkorridor fest. Kritisch bleibt anzumerken, dass sich die Effektivität des Betreuungsplanverfahrens erst durch konkrete, gemeinsam erarbeitete und festgelegte Qualitätsstandards messen lässt. Die örtlichen Arbeitsgemeinschaften sollten sich deshalb gemeinsam des Themas Qualitätssicherung und Qualitätsentwicklung im betreuungsrechtlichen Kontext annehmen. Auch wenn der Rechtspfleger für die Anordnung des Betreuungsplans zuständig und damit in gewisser Weise federführend verantwortlich ist, muss der Schwerpunkt der Betrachtung für den Berufsbetreuer bei der Erfüllung von Wohl, Wille und Wunsch der zu betreuenden Person und damit bei der „Kundenorientierung“ liegen.

Betreuungsbehörde unterstützt

Der Berufs- und Vereinsbetreuer kann sich bei der Erstellung des Betreuungsplans durch die Betreuungsbehörde unterstützen und beraten lassen, § 4 BtBG. Dies ergibt insofern einen Sinn, als die Betreuungsbehörde im Regelfall bereits den Sachverhalt ermittelt und einen Sozialbericht an das Gericht erstellt hat. Sie kann somit zu Beginn der Betreuung Aussagen über erforderliche Schritte machen.

Der erstellungspflichtige Betreuer sollte unverzüglich in das Sachverständigengutachten und den Sozialbericht der Betreuungsbehörde Einsicht nehmen und diese Erkenntnisse mit seinen persönlichen Erhebungen zusammenführen.

Zielvorstellungen und Lösungswege

Im Betreuungsplan ist regelmäßig nicht die Akutplanung aufzunehmen, sondern eine längerfristige Planung unter Berücksichtigung der Wünsche des Betroffenen; es sollen Zielvorstellungen erarbeitet und Lösungswege aufgezeigt werden. Ob Zeitvorgaben durch den Betreuer erforderlich und sinnvoll sind, muss sich im Einzelfall ergeben.

Muster eines Betreuungsplans

Die ARGE-Betreuungsrecht im Landkreis Aichach-Friedberg (Bayern) hat einen Fragebogen zur Betreuungsplanung erarbeitet, der allen Betreuern als Vorlage und Hilfe dienen kann (vgl. CD-ROM Arbeitshilfen für Betreuer, ISBN 978-3-8029-9903-1, erschienen im Walhalla Fachverlag).

Die aktuelle Version eines Fragebogens zur Betreuungsplanung kann man unter der Internetadresse www.lra-aic-fdb.de/formulare, Rubrik „Betreuungsstelle“ herunterladen.

6.5 Mitteilungspflicht des Betreuers bei Veränderung der Umstände

§ 1901 Abs. 5 BGB

Die engen Voraussetzungen für die Anordnung einer Betreuung, insbesondere der Grundsatz der Erforderlichkeit, sind sehr stark mit dem Wohl des Betreuten verknüpft. Die Beachtung des Wohls des Betreuten gebietet auch die Mitteilung von Umständen, die eine Aufhebung der Betreuung ermöglichen, durch den Betreuer an das Betreuungsgericht. Andererseits muss der Betreuer nicht nur seinen Aufgabenkreis überblicken, sondern auch durch eine ganzheitliche Sichtweise erkennen, ob Aufgabenkreise eingeschränkt werden können bzw. erweitert werden müssen oder ob ein Einwilligungsvorbehalt angeordnet werden muss bzw. aufgehoben werden kann.

Umstände, die eine Aufhebung der Betreuung bzw. Einschränkung oder Erweiterung der Aufgabenkreise rechtfertigen, muss der Betreuer unverzüglich dem Betreuungsgericht mitteilen bzw. spätestens beim Jahresbericht anzeigen. Grundsätzlich ist auch bei einer Unsicherheit in der Entscheidungsfindung auf die Beratungsangebote hinzuweisen.

7. Gesetzliche Vertretung des Betreuten

Vertretungsrecht des Betreuers in seinen Aufgabenkreisen (§ 1902 BGB)

Der Betreuer vertritt den Betreuten in seinen Aufgabenkreisen gerichtlich und außergerichtlich.

Der Betreuer ist in seinem Aufgabenkreis gesetzlicher Vertreter des Betreuten. Hierbei ist er als gesetzlicher Vertreter aber nicht uneingeschränkt handlungsfähig. Er muss sich zunächst am Wohl, am Willen und an den Wünschen seines Betreuten orientieren (Willensvorrang des Betreuten) und ggf. betreuungsgerichtliche Genehmigungsvorbehalte beachten. Von entscheidender Bedeutung ist ferner die Geschäftsfähigkeit und bei den höchstpersönlichen Rechten des Betreuten die natürliche Einsichts- und Steuerungsfähigkeit (siehe entsprechende Ausführungen in Kapitel A 2).

Grundsätzlich sollte der Betreuer als gesetzlicher Vertreter nur in Angelegenheiten des Betreuten tätig werden, die dieser nicht selbst zu erledigen vermag. Vorrang hat immer die Selbsthilfe des Betreuten.

Der geschäftsfähige Betreute kann eigene verbindliche Willenserklärungen abgeben, so dass es zu Doppelverpflichtungen kommen kann, wenn in diesem Bereich auch der Betreuer handelt. Dies dürfte aber dann nicht vorkommen, wenn der Betreuer seinen Besprechungspflichten mit dem Betreuten nachkommt.

Bei geschäftsfähigen Betreuten ist die Besprechung aller Angelegenheiten sehr wichtig, damit es nicht zu schadensauslösenden Doppelgeschäften kommen kann (vgl. A 2 Abschnitt 2.7 „Auswirkungen bei Geschäftsfähigkeit").

Der geschäftsfähige Betreute kann Dritte bevollmächtigen, selbst für Aufgaben, die zum Aufgabenkreis des Betreuers gehören. Soweit eine solche Bevollmächtigung erfolgt, ist der Betreuer gehalten, eine Aufhebung der Betreuung, zumindest für diesen Aufgabenkreis, beim Betreuungsgericht anzuregen (§§ 1901 Abs. 5, 1908d Abs. 1 BGB).

7.1 Ausschlüsse und Beschränkungen in der Vertretung

Der Betreuer ist in bestimmten Fällen in seiner Vertretungsmacht beschränkt oder sogar ausgeschlossen.

Ausschlüsse			Beschränkungen
§ 1908i Abs. 1 Satz 1, §§ 1795, 181 BGB	§ 1908i Abs. 1 Satz 1, § 1796 BGB	§ 1908i Abs. 2 Satz 1 § 1804 BGB	Erforderlichkeit einer betreuungsgerichtlichen Genehmigung
Heilung, § 1899 Abs. 4 BGB • Ergänzungsbetreuer handelt im Namen des Betroffenen • Ergänzungsbetreuer schließt das zunächst nicht wirksame Rechtsgeschäft neu ab oder genehmigt einen bereits durch den Betreuer geschlossenen Vertrag		keine Heilung möglich	Heilung durch Erteilung der betreuungsgerichtlichen Genehmigung an Betreuer § 1908i Abs. 1 Satz 1, § 1828 BGB

7.1.1 Vertretungsausschlüsse nach § 1795 und § 181 BGB

Ausschluss nach §§ 1908i Abs. 1 Satz 1, 1795 Abs. 1 Nr. 1 BGB

Geschäfte mit Angehörigen des Betreuers

Der Betreuer ist kraft Gesetzes von der Vertretung ausgeschlossen bei Rechtsgeschäften, welche er in Vertretung des Betreuten mit seinem Ehegatten bzw. (gleichgeschlechtlichen) Lebenspartner (LPartG) oder seinen gradlinig Verwandten vornimmt.

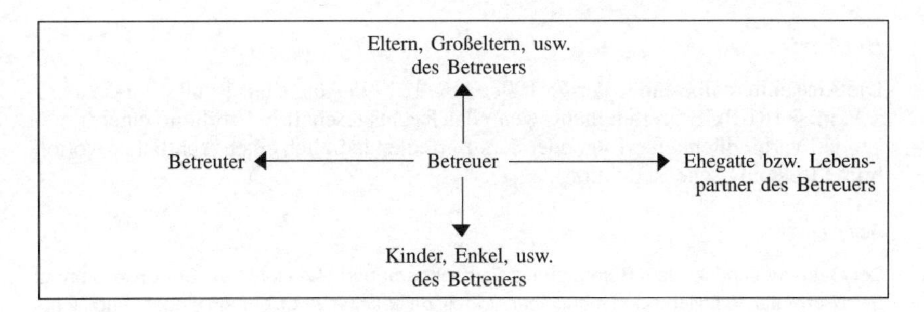

Beispiel:

Der Betreuer möchte seinem Sohn den PKW des Betreuten veräußern, da dieser nicht mehr Auto fahren kann und der Sohn einen guten Preis bezahlen würde.

Der Betreuer kann nicht handeln; ein weiterer Betreuer (sog. Ergänzungsbetreuer) muss bestellt werden.

Ausschluss nach §§ 1908i Abs. 1 Satz 1, 1795 Abs. 1 Nr. 2 BGB

Veränderungen bei gesicherten Betreutenforderungen

Der Betreuer ist kraft Gesetzes von der Vertretung ausgeschlossen, wenn eine gesicherte Forderung des Betreuten gegen den Betreuer besteht, und der Betreuer durch Rechtsgeschäft die Forderung übertragen oder belasten bzw. die Sicherheit aufheben oder mindern will.

Beispiel:

Für den Betreuten besteht am Grundstück des Betreuers (seines Sohnes) eine Reallast auf Lebenszeit, welche eine monatliche Geldzahlung von 300 EUR sichert, die der Sohn (Betreuer) zu erbringen hat. Da der Betreuer ein Darlehen benötigt und dafür als Sicherheit der Bank eine Grundschuld bestellen soll, möchte er im Namen des Betreuten mit dessen Wohnungsrecht im Rang hinter das neu zu bestellende Grundpfandrecht der Bank zurücktreten.

Die Rücktrittserklärung gibt er im Namen des Betreuten der Bank gegenüber ab; dadurch wird die Sicherheit des Betreuten gemindert. Der Betreuer kann nicht handeln; ein weiterer Betreuer (sog. Ergänzungsbetreuer) muss bestellt werden.

Ausschluss nach §§ 1908i Abs. 1 Satz 1, 1795 Abs. 1 Nr. 3 BGB

Ausschluss im Rechtsstreit

Der Betreuer ist kraft Gesetzes von der Vertretung bei einem Rechtsstreit (Prozess) ausgeschlossen, soweit bei einem Rechtsgeschäft die Nummern 1 oder 2 greifen würden.

Ausschluss nach §§ 1908i Abs. 1 Satz 1, 1795 Abs. 2 i. V. m. § 181 BGB

Verbotene Insichgeschäfte

Der Betreuer ist kraft Gesetzes von der Vertretung ausgeschlossen bei einem Rechtsgeschäft, welches er vornimmt in Vertretung des Betreuten mit sich selbst oder mit einem anderen von ihm Vertretenen (sog. Insichgeschäft oder Selbstkontrahieren).

Beispiele:

Der Betreuer möchte dem Betreuten in seinem Haus eine Wohnung vermieten, um ihn besser versorgen zu können. Dazu ist der Abschluss eines Mietvertrags erforderlich. Dieser Mietvertrag muss durch einen weiteren Betreuer (sog. Ergänzungsbetreuer) geschlossen werden.

B ist Betreuer von X und Y. Er möchte dem Y einen Kühlschrank des X verkaufen. Da B beide, Verkäufer und Käufer vertritt, kann er nicht handeln; ein weiterer Betreuer (sog. Ergänzungsbetreuer) muss bestellt werden.

Hinweis:

Die Ausschlusstatbestände der §§ 1908i Abs. 1, 1795 Abs. 1 Nr. 1 und § 1795 Abs. 2 i. V. m. § 181 BGB greifen nicht, wenn das Rechtsgeschäft in Erfüllung einer bestehenden Verbindlichkeit erfolgt oder dem Betreuten lediglich einen rechtlichen Vorteil bringt (teleologische Reduktion).

Beispiel:

Der Betreuer schenkt dem Betreuten ein Fernsehgerät und übereignet es. Der Erwerb bringt dem Betreuten lediglich einen rechtlichen Vorteil, da er keine Verpflichtung eingeht und nichts aufwenden muss.

7.1.2 Ausschluss nach §§ 1908i Abs. 1 Satz 1, 1796 BGB

Entzug des Vertretungsrechts

Falls das Interesse des Betreuten erheblich im Gegensatz steht zum Interesse

- des Betreuers,
- einer der in § 1795 Abs. 1 Nr. 1 BGB genannten Person,
- eines Dritten, den der Betreuer ebenfalls vertritt,

und nicht bereits ein Ausschluss kraft Gesetzes vorhanden ist, kann das Betreuungsgericht dem Betreuer für einen bestimmten Bereich das Vertretungsrecht entziehen. Hierüber ergeht eine gerichtliche Entscheidung.

Beispiel:

Betreuer und Betreuter sind Miterben zu je 1/2 nach dem verstorbenen Vater geworden. Der Betreuer möchte die Erbschaft des kinderlosen Betreuten ausschlagen; dadurch wird er Alleinerbe. Ein gesetzlicher Ausschluss besteht nicht, da die Erklärung gegenüber dem Nachlassgericht erfolgt, allerdings besteht für den Betreuer ein nicht unerhebliches Eigeninteresse.

7.2 Weiterer Betreuer (sog. Ergänzungsbetreuer)

Ergänzungsbetreuer

Wenn der Betreuer aus tatsächlichen oder rechtlichen Gründen verhindert ist, die Angelegenheiten des Betreuten zu besorgen, so ist dem Betreuten ein weiterer Betreuer (§ 1899 Abs. 4 BGB – sog. Ergänzungsbetreuer) zu bestellen. Als rechtliche Gründe sind insbesondere die unter Abschnitt 7.1 behandelten Vertretungsausschlüsse zu beachten.

Der weitere Betreuer (Ergänzungsbetreuer) kann ein geplantes Rechtsgeschäft vornehmen oder ein bereits getätigtes genehmigen. Der Aufgabenkreis dieses zusätzlichen Betreuers reicht nur so weit, wie die Verhinderung des ersten (Haupt-)Betreuers gegeben ist. Siehe hierzu auch Abschnitt 4.1.3 und 4.1.4.

7.3 Schenkungen durch den Betreuer

- siehe die Ausführungen in Kapitel A 4, Abschnitt 3.1

7.4 Betreuungsgerichtliche Genehmigung

- siehe die Ausführungen in Kapitel A 3

8. Erweiterung, Verlängerung und Aufhebung der Betreuung

8.1 Erweiterung der Betreuung

8.1.1 Erforderlichkeit der Erweiterung der Betreuung

Der Umfang der Betreuung ist von der krankheits- oder behinderungsbedingten Betreuungsbedürftigkeit geprägt sowie vom Betreuungsbedarf, den Tätigkeiten, welche der Betroffene nicht mehr erledigen kann, die aber durchzuführen sind.

Veränderungen

Betreuungsbedürftigkeit und Betreuungsbedarf können sich verändern, so dass eine Erweiterung der Aufgabenkreise erforderlich wird. Ist dies der Fall, muss das Betreuungsgericht eine Erweiterung durchführen, wobei die Vorschriften über die Bestellung eines Betreuers entsprechend anzuwenden sind, § 1908d Abs. 3 BGB, § 293 FamFG.

Besteht für den Betreuten durch dessen Handlungen eine erhebliche Gefahr für die Person oder sein Vermögen, kann auch nachträglich ein Einwilligungsvorbehalt oder dessen Erweiterung zur Abwendung dieser Gefahr durch das Betreuungsgericht angeordnet werden, § 1903 Abs. 1 BGB, § 293 FamFG.

Betreuer teilt mit

Die Notwendigkeit für eine Erweiterung der Aufgabenkreise oder der Anordnung eines Einwilligungsvorbehalts wird häufig der Betreuer erkennen und sie dem Betreuungsgericht mitteilen, § 1901 Abs. 5 BGB (vgl. oben Abschnitt 6.5).

8.1.2 Verfahrensrecht, § 293 FamFG

Einwilligungsvorbehalt

Die nachträgliche Anordnung eines Einwilligungsvorbehalts bei bestehender Betreuung erfordert dieselben Verfahrensgarantien wie die Anordnung zugleich mit der Bestellung eines Betreuers. Bei nachträglicher Änderung des Einwilligungsvorbehalts (Aufhebung, Einschränkung oder Erweiterung) gelten die gleichen Vorschriften wie bei nachträglicher Änderung oder Betreuung (§ 1908d Abs. 4 BGB).

Anhörungen, § 293 FamFG (n. F.)

Erforderlich sind auch bei der Erweiterung grundsätzlich die persönliche Anhörung des Betroffenen und die Verschaffung des unmittelbaren Eindrucks durch das Gericht in seiner üblichen Umgebung, § 278 Abs. 1 FamFG. Die Betreuungsbehörde muss dagegen nur angehört werden, wenn „es der Betroffene verlangt oder es zur Sachaufklärung erforderlich ist", § 293 Abs. 1 Satz 2 FamFG (n. F.). Im Übrigen gelten die §§ 278, 279 FamFG (vgl. oben unter 3.4.2).

Verfahrenserleichterungen

Einer persönlichen Anhörung nach § 278 Abs. 1 FamFG sowie der Einholung eines Gutachtens oder ärztlichen Zeugnisses (§§ 280 (n. F.) und 281 FamFG) bedarf es gemäß § 293 Abs. 2 FamFG nicht, wenn diese Verfahrenshandlungen nicht länger als sechs Monate zurückliegen oder die beabsichtigte Erweiterung nach § 293 Abs. 1 FamFG nicht wesentlich ist. Eine wesentliche Erweiterung des Aufgabenkreises des Betreuers liegt insbesondere vor, wenn erstmals ganz oder teilweise die Personensorge, Vermögensverwaltung oder eine der in § 1896 Abs. 4 BGB oder den §§ 1904 bis 1906 BGB genannten Aufgaben einbezogen wird.

8.1.3 Bestellung eines weiteren Betreuers

Die Bestellung eines weiteren Betreuers ist im Gesetz zum Teil vorgesehen oder ermöglicht.

Sterilisationsbetreuer

Für die Entscheidung über die Einwilligung in eine Sterilisation des Betreuten ist stets neben dem (bestehenden Betreuer) ein besonderer Betreuer zu bestellen, § 1899 Abs. 2 BGB. Soweit es sich hierbei um die Erweiterung der bestehenden Aufgabenkreise handelt, sind die oben unter Abschnitt 8.1.2 genannten Verfahrenshandlungen zu beachten, § 293 Abs. 3 i. V. m. Abs. 1 und 2 FamFG.

Ergänzungsbetreuer

Wenn der Betreuer bei einer Angelegenheit rechtlich oder tatsächlich verhindert ist, wird die Bestellung eines weiteren Betreuers nach § 1899 Abs. 4 BGB erforderlich (sog. Ergänzungs- oder Verhinderungsbetreuer). Eine rechtliche Verhinderung kann z. B. bestehen beim Abschluss eines Rechtsgeschäfts zwischen dem Betreuten und dem Betreuer (§§ 1908i Abs. 1, 1795 Abs. 2, 181 BGB) oder einem nahen Angehörigen des Betreuers (§§ 1908i Abs. 1, 1795 Abs. 1 Nr. 1 BGB); eine tatsächliche Verhinderung kann durch Krankheit oder Abwesenheit hervorgerufen werden.

Da in den Fällen des § 1899 Abs. 4 BGB eine Erweiterung der bestehenden Aufgabenkreise regelmäßig nicht erfolgen muss, sind gemäß § 293 Abs. 3 FamFG die Abs. 1 und 2 nicht anzuwenden, so dass weder die Anhörung des Betreuten noch die Einholung eines Sachverständigengutachtens erforderlich wird. Eine Anhörung des Betreuten kann sich jedoch aus § 34 Abs. 1 Nr. 1 FamFG ergeben.

8.2 Verlängerung der Betreuung

8.2.1 Überprüfungserforderlichkeit

Sieben Jahre

Über die Verlängerung der Betreuung oder des Einwilligungsvorbehalts hat das Betreuungsgericht spätestens sieben Jahre nach der Anordnung dieser Maßnahmen zu entscheiden, § 295 Abs. 2 FamFG. Dadurch soll vermieden werden, dass eine einmal angeordnete Maßnahme auf unbestimmte Zeit ohne Überprüfung der (anhaltenden) Erforderlichkeit fortbesteht.

8.2.2 Verfahrensrecht

Für die Verlängerung der Bestellung eines Betreuers oder der Anordnung eines Einwilligungsvorbehalts gelten die Vorschriften über die erstmalige Anordnung dieser Maßnahmen entsprechend, § 295 Abs. 1 Satz 1 FamFG.

Erforderlich sind somit die persönliche Anhörung des Betroffenen und die Verschaffung des unmittelbaren Eindrucks durch das Gericht in dessen üblichen Umgebung, § 278 Abs. 1 FamFG. Soweit die Anhörung nach § 34 Abs. 2 FamFG unterbleibt, wird in der Regel ein Verfahrenspfleger bestellt (§ 276 Abs. 1 Satz 2 Nr. 1 FamFG) und angehört, § 279 Abs. 1 i. V. m. § 274 Abs. 2 FamFG. Die Betreuungsbehörde ist anzuhören, „wenn es der Betroffene verlangt oder es zur Sachaufklärung erforderlich ist", § 295 Abs. 1 Satz 3 FamFG (n. F.) bzw. im Fall einer Beteiligung gem. § 295 Abs. 1 Satz 1 FamFG i. V. m. §§ 279 Abs. 1, 274 Abs. 3 FamFG. Soweit Angehörige an dem Verfahren beteiligt wurden, §§ 295 Abs. 1 Satz 1, 279 Abs. 1 (n. F.), 274 Abs. 4 FamFG, sind auch sie anzuhören.

Die Einholung eines Sachverständigengutachtens gemäß § 280 FamFG im Rahmen einer förmlichen Beweisaufnahme (oder eines ärztlichen Zeugnisses in den genannten Ausnahmefällen des § 281 FamFG) ist grundsätzlich erforderlich.

Gutachten kann unterbleiben

Von der erneuten Einholung eines Gutachtens kann abgesehen werden, wenn sich aus der persönlichen Anhörung des Betroffenen und einem ärztlichen Zeugnis ergibt, dass

sich der Umfang der Betreuungsbedürftigkeit offensichtlich nicht verringert hat, § 295 Abs. 1 Satz 1 FamFG.

Wendet sich das Gericht im Rahmen einer Überprüfung der Voraussetzungen einer Betreuung aus verfahrensökonomischen Gründen an den Betreuer mit der Bitte um die Einholung einer ärztlichen Bescheinigung, so ist für die Erstellung des ärztlichen Attestes eine Vergütung nach dem JVEG festzusetzen, da der Umstand, dass der Betreuer Kontakt mit dem Arzt aufnimmt, nichts daran ändert, dass die Einholung der Bescheinigung auf Veranlassung des Gerichts und im Rahmen seiner eigenen Überprüfungspflicht gemäß § 26 FamFG erfolgt, *OLG Brandenburg* FamRZ 2011, 400.

Wird der Betreuer vor der Entscheidung über die Verlängerung der Betreuung vom Gericht aufgefordert, ein ärztliches Attest vorzulegen, trägt die Kosten für die Errichtung die Landeskasse.

8.3 Aufhebung der Betreuung

8.3.1 Wegfall der Voraussetzungen

Die Betreuung ist aufzuheben, wenn ihre Voraussetzungen wegfallen. Fallen diese Voraussetzungen nur für einen Teil der Aufgaben des Betreuers weg, so ist dessen Aufgabenkreis einzuschränken, § 1908d Abs. 1 BGB. Dies gilt auch für den Einwilligungsvorbehalt, § 1908d Abs. 4 BGB.

Betreuung wird fortgeführt

Ist der Betreuer auf Antrag des Betreuten bestellt (§ 1896 Abs. 1 BGB), so ist die Betreuung auf dessen Antrag aufzuheben, § 1908d Abs. 2 Satz 1 BGB; dies gilt uneingeschränkt für den körperlich behinderten Betroffenen. Liegt eine psychische Krankheit, geistige oder seelische Behinderung vor, und stellt der Betreute den Aufhebungsantrag, müsste zunächst aufgehoben werden, aber bei (weiterem) Vorliegen der Voraussetzungen die Betreuung von Amts wegen erneut angeordnet werden. Für diesen Fall ist vorgesehen, dass dem Aufhebungsantrag nicht entsprochen und das Verfahren fortgeführt wird, § 1908d Abs. 2 Satz 1 BGB. Dies gilt für die Einschränkung des Aufgabenkreises entsprechend, § 1908d Abs. 2 Satz 3 BGB.

Den Aufhebungsantrag kann auch ein Geschäftsunfähiger stellen, § 1908d Abs. 2 Satz 2 BGB.

Für die Durchführung tatsächlicher Ermittlungen bedarf es greifbarer Anhaltspunkte für eine Veränderung der der Betreuerbestellung zugrunde liegenden tatsächlichen Umstände, die, wenn sie dem Gericht nicht bereits auf anderem Wege bekannt gemacht worden sind, namentlich vom Betroffenen vorzubringen sind (*BGH* BtPrax 2011, 130).

8.3.2 Verfahrensrecht

Über die Aufhebung der Betreuung oder des Einwilligungsvorbehalts hat das Gericht, unabhängig von aktuellen Aufhebungsgründen, spätestens sieben Jahre nach der Anordnung dieser Maßnahmen zu entscheiden, § 294 Abs. 3 FamFG.

Keine zwingende Anhörung des Betreuten erforderlich

Im Verfahren über die Aufhebung der Betreuung oder eines Einwilligungsvorbehalts und für die Einschränkung des Aufgabenkreises oder des Kreises der einwilligungsbedürftigen Willenserklärungen sind der Betreute und der Betreuer Verfahrensbeteiligte (§ 274 Abs. 1 FamFG). Eine zwingende persönliche Anhörung des Betreuten ist nicht vorgesehen (keine Verweisung auf § 278 FamFG), damit scheidet auch eine Vorführung nach § 278 Abs. 5 FamFG aus.

Sachverständigengutachten möglich, aber nicht zwingend

Der *BGH* (BtPrax 2011, 130) hat entsprechend entschieden, wenn er ausführt, dass im Aufhebungsverfahren weder die persönliche Anhörung des Betroffenen noch die Einholung eines Sachverständigengutachtens obligatorisch ist. Ob solche Verfahrenshandlungen im Einzelfall geboten sind, richtet sich vielmehr nach den Grundsätzen der Amtsermittlung (§ 26 FamFG). Entscheidet sich das Gericht für die Einholung eines gesetzlich nicht vorgeschriebenen Gutachtens und zieht es zur Begründung seiner Entscheidung heran, dann müssen alle Voraussetzungen des § 280 FamFG erfüllt sein (*BGH* BtPrax 2012, 25).

Verfahrenspfleger

Die Bestellung eines Verfahrenspflegers ist unter den Voraussetzungen der §§ 276, 271 Nr. 1 FamFG geboten. Ergeben sich keine greifbaren Anhaltspunkte dafür, dass sich seit der Betreuerbestellung die tatsächlichen Umstände geändert hätten, so dass keine tatsächlichen Ermittlungen anzustellen sind, dann kann auf die Bestellung des Verfahrenspflegers verzichtet werden (*BGH* NJW-RR 2012, 66). Allerdings darf das Gericht diese Voraussetzungen nicht unbesehen unterstellen oder sich gar auf eine vorweggenommene Beweiswürdigung einlassen.

Kein ärztliches Attest vom Betreuten

Mit dem Amtsermittlungsgrundsatz ist es nicht zu vereinbaren, wenn das Betreuungsgericht dem Betroffenen auferlegt, ärztliche Atteste vorzulegen.

Da § 294 Abs. 1 FamFG auf § 279 Abs. 1, 3 und 4 FamFG (n. F.) verweist, sind die beteiligten Angehörigen und die Betreuungsbehörde für den Fall der Beteiligung, ein bestellter Verfahrenspfleger, auf Verlangen eine nahestehende Person und die gesetzlichen Vertreter bei Minderjährigen anzuhören. Liegt keine Beteiligung vor, ist die Betreuungsbehörde nur anzuhören, „wenn es der Betroffene verlangt oder es zur Sachaufklärung erforderlich ist."

Bekanntgabe

Die Entscheidung ist gemäß § 41 Abs. 1 Satz 1 FamFG den Beteiligten (§ 274 FamFG) und – unabhängig von einer Beteiligung – den Betreuungsbehörden (§ 294 Abs. 1 i. V. m. § 288 Abs. 2 Satz 1 FamFG) bekannt zu geben.

Gutachten erstmalig erforderlich

Hat der Betreute zunächst selbst beantragt, einen Betreuer zu bestellen (§ 1896 Abs. 1 Satz 1 BGB) und begehrt er nunmehr die Aufhebung der Betreuung oder deren Einschränkung im Aufgabenkreis und soll nunmehr geprüft werden, ob die Betreuung aufgehoben oder von Amts wegen fortgeführt werden sollte, § 1908d Abs. 2 BGB, dann muss nach § 294 Abs. 2 FamFG ein Sachverständigengutachten eingeholt werden (§ 280 FamFG), wenn die ursprüngliche Bestellung nur aufgrund eines ärztlichen Zeugnisses vorgenommen worden ist, § 281 Abs. 1 Nr. 1 FamFG.

Wurde bei der Erstanordnung die Erholung eines Gutachtens sogar unter Verstoß gegen § 280 Abs. 1 FamFG unterlassen, dann gebietet die Amtsermittlungspflicht ebenfalls die Nachholung des Gutachtens im Rahmen des Aufhebungsverfahrens (*BGH* Beschluss vom 21. 11. 2012, FamRZ 2013, 285).

9. Neubestellung eines Betreuers

9.1 Erforderlichkeit einer Neubestellung

Betreuung besteht weiter

Mit der Entlassung des Betreuers oder dessen Tod wird die Betreuung nicht beendet, vielmehr ist ein neuer Betreuer zu bestellen, § 1908c BGB.

Zu den Entlassungsgründen und dem durchzuführenden Verfahren siehe Kapitel A 5, Abschnitt 1.3.

9.2 Verfahrensrecht

Vor der Bestellung eines neuen Betreuers hat das Gericht den Betroffenen persönlich anzuhören; das gilt nicht, wenn der Betroffene sein Einverständnis mit dem Betreuer-

wechsel erklärt hat, § 296 Abs. 2 FamFG. Auch die beteiligten Angehörigen (§ 274 Abs. 4 FamFG) und die Betreuungsbehörde sowie ein bestellter Verfahrenspfleger sind anzuhören, § 296 Abs. 2 Satz 2 FamFG i. V. m. § 279 Abs. 1 und 2 FamFG.

10. Tod des Betreuten, Vorsorge und Pflichten des Betreuers

In einer diesseitsorientierten Gesellschaft verliert man ungern Gedanken an den Tod. Der Betreuer wird aber möglicherweise sehr schnell, insbesondere bei Schwerstkranken oder senil dementen Personen, mit dieser Problematik konfrontiert und sollte sich unbefangen mit den damit verbundenen Angelegenheiten beschäftigen. Dies gilt sowohl für die Vorsorge für den Todesfall, wie auch für das Verhalten des Betreuers nach dem Tod des Betreuten.

10.1 Bestattungsvorsorgeverträge

Nur bei eigenem Einkommen sinnvoll

Der Abschluss eines Vorsorgevertrages für die Bestattung durch den Betreuer kann nur bedingt empfohlen werden. Er ist sicher hilfreich, wenn keine Angehörigen oder Bekannten vorhanden sind, die sich um die Bestattung kümmern können. Sinnvoll ist es jedoch nur, wenn der Betreute seinen Lebensunterhalt aus eigenem Einkommen oder Vermögen bestreitet. Der Abschluss eines Bestattungsvertrages muss dann vom Aufgabenkreis der Betreuung (Vermögenssorge) gedeckt sein. Eine betreuungsgerichtliche Genehmigung ist jedoch nicht erforderlich.

Bestattungsvertrag

Gegen den ausdrücklichen Wunsch des Betreuten sollte generell kein derartiger Vertrag abgeschlossen werden.

Wünsche respektieren

Soweit es von dem Betreuten angesprochen, vielleicht sogar gewünscht wird, sollten seine Wünsche für den Todesfall respektiert und im Rahmen des Möglichen realisiert werden. Dass derartige Fragen, wenn überhaupt, nur mit dem notwendigen Fingerspitzengefühl besprochen werden dürfen, ist eine Selbstverständlichkeit. Die Erfahrung lehrt jedoch, dass viele ältere Personen mit diesem Thema gut umgehen können und eine Vorsorge für den Fall des Todes wünschen.

Nachteile für Sozialhilfeempfänger

Bei Beziehern von Sozialhilfe ist die (neue) Finanzierung eines Bestattungsvorsorgevertrages aus Mitteln der Sozialhilfe nicht möglich. Die frühere Auffassung der Sozialhilfeverwaltungen, dass die an den Bestattungsunternehmer abgetretenen Guthaben bzw. Versicherungsansprüche bei der Ermittlung des geschützten Vermögens mit einzubeziehen sind, dürfte überholt sein.

So hat das *VG Hannover* am 18. 5. 2001 (Az. 3 B 1818/01) entschieden, dass bei der sozialhilferechtlichen Bedürftigkeitsprüfung Beträge, die für einen Sterbevorsorgevertrag aufgewendet werden, anrechnungsfrei bleiben. Der Einsatz von Vermögen, das für die Kosten einer sozialhilferechtlich angemessenen Bestattung angespart wurde, stellt eine Härte i. S. d. § 88 Abs. 3 BSHG dar. Das *PfälzOLG Zweibrücken* (Rpfleger 2005, 666), geht davon aus, dass das Recht über die eigene Bestattung zu bestimmen, Teil des grundgesetzlich geschützten Persönlichkeitsrechts (Art. 2 Abs. 1 GG) ist und die Dispositionsfreiheit bereits zu Lebzeiten für eine angemessene Bestattung Vorsorge zu treffen umfasst. Eine Sterbegeldversicherung über 3000 EUR ist nicht unangemessen und dem Schonvermögen nach § 90 SGB XII zuzurechnen. Das *VG Sigmaringen* (BtPrax 1999, 33) stellt fest, dass ein Hilfesuchender auch dann bedürftig im Sinne des Bundessozialhilfegesetzes ist, wenn er ursprünglich vorhandenes Vermögen für die vorsorgliche Regelung seiner Bestattung und der Grabpflege eingesetzt hat und daher über kein einsetzbares Vermögen mehr verfügt. Neuerdings hat das *OLG Schleswig* (BtPrax 2007, 133) festgestellt, dass die dem Betroffenen aus einer Sterbegeldversicherung für eine angemessene Bestattung zustehenden Beträge dem Schonvermögen i. S. d. § 90 SGB XII nicht zuzurechnen sind.

Das dem Betreuten zur Verfügung stehende Vermögen (Schonvermögen) wird daher durch den Abschluss eines solchen Vertrages nicht gebunden und steht deshalb weiterhin für andere evtl. erforderliche Anschaffungen zur Verfügung, die von der öffentlichen Hand nicht finanziert werden.

Zugleich ist darauf hinzuweisen, dass auch ohne Bestattungsvorsorgevertrag die nach Landesrecht zuständige Behörde zur Durchführung der Bestattung verpflichtet ist.

10.2 Aufgaben des Betreuers nach dem Tod des Betreuten

10.2.1 Grundsätzliche Aufgaben

Schlussbericht

Mit dem Tod des Betreuten ist die Betreuung beendet. Je nachdem, ob Angehörige vorhanden oder erreichbar sind, unterscheiden sich die Aufgaben des Betreuers. Allen Fallkonstellationen ist jedoch gemeinsam, dass dem Betreuungsgericht ein Schlussbericht über die persönlichen Verhältnisse vorzulegen und der Betreuerausweis zurückzugeben ist. War der Betreuer auch mit der Vermögenssorge betraut, so hat zudem eine Schlussrechnungslegung zu erfolgen. Betreuer, die als Vereins- oder Behördenbetreuer oder als naher Angehöriger von der Rechnungslegung befreit waren, müssen eine abschließende Vermögensübersicht einreichen.

Ende der Vermögensverwaltung

Mit dem Tod des Betreuten gehen auch automatisch dessen Vermögen und Schulden auf den oder die Erben über. Der Betreuer ist nicht mehr berechtigt, das Vermögen zu verwalten und kann auch nicht über dessen Konten verfügen. Die Konten werden nunmehr als Nachlasskonten geführt, wobei Daueraufträge und Lastschriften bis zum Widerruf durch die Erben ausgeführt werden.

10.2.2 Angehörige können eingebunden werden

Sofort benachrichtigen

Sind Angehörige vorhanden und erreichbar, so sollten diese umgehend vom Tod des Betreuten benachrichtigt werden.

10.2.3 Der Erbe oder die Erbengemeinschaft können nicht eingebunden werden

Sofern die Erben nicht feststehen oder nicht innerhalb kurzer Zeit erreichbar sind, sollte dennoch versucht werden, diese möglichst rasch vom Tode des Betroffenen zu informieren.

Bedingte Handlungsbefugnis

Bis zu dem Zeitpunkt, ab dem die Erben tätig werden können, hat der Betreuer ausnahmsweise gemäß §§ 1908i Abs. 1, 1893, 1698b BGB die vermögensrechtlichen Geschäfte zu besorgen, die nicht ohne Gefahr aufgeschoben werden können, also zur Vermeidung eines Schadens erforderlich sind. Voraussetzung für eine Befugnis und Verpflichtung aus § 1698b BGB ist, dass der Betreuer mit dem Aufgabenkreis Vermögenssorge betraut war.

In Betracht kommen hier die Einlegung von fristgebundenen Rechtsbehelfen und die Erledigung von sonstigen Fristsachen, z. B. Zahlung von Prämien für Sachversicherungen. Auch Tätigkeiten zur Verhinderung einer Terminversäumung, z. B. Zahlung einer Geldschuld, bei der Verzugszinsen drohen, werden erfasst. Unter Umständen kann auch die Kündigung der Wohnung hierunter fallen, um die Erben nicht mit unnötigen Zahlungen zu belasten. Von der Rechtsprechung wurde ebenso die Fortführung der Verwaltung eines Hauses anerkannt, einschließlich der Einziehung der Mieten sowie Bezahlung der anfallenden Unkosten, Abgaben und Handwerkerrechnungen. Auch auszuzahlende Gelder von Lebens-, Unfall-, Kranken- und Sterbegeldversicherung sind noch in Empfang zu nehmen und zinsgünstig anzulegen. Für derartige Tätigkeiten kann der Betreuer Vergütung und Entschädigung nach den §§ 1835, 1836 BGB verlangen.

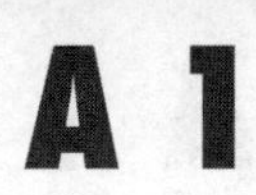

Zuständigkeit des Betreuers

Welche Eilgeschäfte nach dem Ende der Betreuung vom Betreuer noch erledigt werden müssen, ist in der Literatur und Rechtsprechung umstritten. Der Betreuer sollte, soweit dies zeitlich möglich ist, zur Vermeidung von Schadensersatzansprüchen mit dem Betreuungsgericht Rücksprache nehmen. In jedem Fall sollte der Betreuer darauf hinwirken, dass vorrangig ein Nachlasspfleger bestellt wird.

10.2.4 Keine Angehörigen bekannt

Falls keine Angehörigen bzw. Erben vorhanden oder bekannt sind, so ist (falls kein Bestattungsvertrag vorliegt) die nach Landesrecht zuständige Behörde zur Durchführung der Bestattung zu informieren.

Meldung beim Nachlassgericht

Ferner sollte das Nachlassgericht vom Todesfall benachrichtigt werden, damit gegebenenfalls ein Erbe ermittelt werden kann. Das Nachlassgericht ist auch zur Sicherung des Nachlasses verpflichtet, wozu erforderlichenfalls ein Nachlasspfleger bestellt wird. Zum Nachlasspfleger kann auch der ehemalige Betreuer bestellt werden.

10.2.5 Betreuer ist Erbe oder hat Vollmacht

Ist der Betreuer auch gleichzeitig Erbe, so hat er nunmehr als Erbe Sorge für den Nachlass zu tragen.

Ausdrückliche Nachlassvereinbarung

Das Gleiche gilt dann, wenn der Betreuer zu Lebzeiten mit dem geschäftsfähigen Betreuten eine Vereinbarung getroffen hat und wirksam bevollmächtigt wurde. Eine derartige Regelung wird aber nur bei einem besonderen Vertrauensverhältnis zwischen Betreuer und Betreutem in Betracht kommen und sollte nur auf ausdrücklichen Wunsch des Betreuten erfolgen.

10.3 Benachrichtigung dritter Personen

Benachrichtigung wichtiger Einrichtungen

Grundsätzlich sind die Erben für die Abwicklung des Nachlasses zuständig. Nicht selten sind aber keine Erben erreichbar, bzw. wird der Betreuer als gesetzlicher Vertreter des Verstorbenen weiterhin als Ansprechpartner angesehen. Zur Vermeidung ständig eingehender Nachfragen empfiehlt es sich daher, alsbald nach dem Todesfall (evtl. mittels eines Serienbriefes) die wichtigsten Einrichtungen vom Tod des Betreuten und der Beendigung der Betreuung zu benachrichtigen.

Kostenerstattung

Da die Erstattung des hiermit verbundenen Zeitaufwands sowie der Auslagen gesetzlich nicht zwingend vorgeschrieben ist, empfiehlt es sich, diesbezüglich zuvor Rücksprache mit dem Betreuungsgericht zu nehmen.

Als hauptsächlich beteiligte Einrichtungen kommen hierbei in Betracht: Arbeitgeber – Vermieter/Heim/betreute Wohnform – Sozialhilfeträger – Arbeitsagentur – Versorgungsamt – Gläubiger – Gerichte/Staatsanwaltschaften/Anwälte – kirchliche Stellen – Banken/Sparkassen – Ärzte – Rentenversicherungsträger – Krankenkasse – ambulante Dienste – Versicherungsunternehmen – GEZ – Telekom/Postdienst – Versorgungsunternehmen (Gas, Wasser, Strom) – Finanzamt – Vereine – Kommunalbehörde.

Der Ersatz der damit verbundenen Aufwendungen sollte keine Probleme bereiten.

10.4 Einzelfragen

10.4.1 Bestattung

Bestattung

Die Durchführung der Bestattung fällt nicht mehr in den Aufgabenkreis des Betreuers. Liegen keine entsprechenden Abreden mit dem Betreuten bzw. den Totensorgeberechtigten vor, die zur Sicherheit schriftlich festgehalten werden sollten, ist von einem Tätigwerden im Zusammenhang mit der Bestattung abzuraten. Es ist ausreichend, die Angehörigen bzw. die jeweilige Kommunalverwaltungsbehörde zu informieren und die erforderlichen Unterlagen zu übergeben, um ihnen dann die weiteren Schritte zu überlassen. Dem Betreuer steht für die Durchführung der Bestattung kein Vergütungsanspruch zu, da diese Tätigkeit nicht unter die Aufgaben des Betreuers fällt.

Nur Angehörige sind verpflichtet

Die Kommunalverwaltungsbehörden kümmern sich um den Verbleib der Leiche und die Bestattung, falls keine Angehörigen bekannt oder erreichbar sind. Die Ansicht, in Bayern könne der Betreuer, der die Personensorge des Betroffenen innehatte, zur Durchführung der Bestattung verpflichtet werden, ist unzutreffend. Aus der Bayerischen Bestattungsverordnung ergibt sich eindeutig, dass derzeit nur Angehörige, nicht der Betreuer, zur Bestattung verpflichtet sind.

Der Betreuer ist auch nicht zur Übernahme der Bestattungskosten verpflichtet. Um eventuelle Auseinandersetzungen mit Erben zu vermeiden, empfiehlt es sich auch nicht, die Bestattungskosten einstweilen zu verauslagen. Die Bestattungsunternehmen müssen sich hinsichtlich ihrer Kosten an die Erben oder Kommunen wenden. Gemäß § 74 SGB XII haben die Sozialhilfeträger die erforderlichen Kosten einer Bestattung zu übernehmen, soweit dem hierzu Verpflichteten nicht zugemutet werden kann, die Kosten zu tragen.

10.4.2 Fürsorge für die Wohnung

Sorgfaltspflicht

Vor allem wenn keine Erben bekannt oder erreichbar sind, stellt sich die Frage, was mit der angemieteten Wohnung und den Einrichtungsgegenständen geschehen soll. Auf alle Fälle hat der Betreuer noch dafür zu sorgen, dass von der nunmehr unbewohnten Wohnung keine Gefahren ausgehen (Abstellen von Strom, Wasser, Gas; Unterbringung von Haustieren; Verhinderung von Frostschäden; Abschließen der Wohnung und Verwahrung des Schlüssels; Information des Vermieters; Schutz des Bargeldes und der Wertsachen vor dem Zugriff Dritter).

Sorge um Eigentum

Bezüglich der weiteren Maßnahmen ist es grundsätzlich ratsam, mit dem zuständigen Rechtspfleger Rücksprache zu nehmen.

10.4.3 Vergütungsfragen

Aufwendungsersatz, Aufwandsentschädigungen und Vergütungen, die sich auf Tätigkeiten beziehen, die vor dem Tod angefallen sind, sind wie unter Kapitel A 8 erläutert abzurechnen und ggf. gegenüber den Erben oder der Staatskasse geltend zu machen.

Auch Tätigkeiten des Betreuers nach dem Tod des Betreuten können noch zu vergüten sein, zumindest dann, wenn es sich um eilbedürftige Tätigkeiten handelt.

Vergütung bei Tod des Betreuten

Bei der sog. Pauschalvergütung des Berufs- und Vereinsbetreuers nach §§ 4 und 5 VBVG sind die Abwicklungstätigkeiten nach Beendigung der Betreuung mit erfasst; der Vergütungsanspruch endet mit dem Tod. Die Berechnung des letzten Pauschalmo-

nats erfolgt nach § 5 Abs. 4 Satz 2 VBVG. Jedoch können eilbedürftige Tätigkeiten im Sinne von § 1698b BGB stundengenau nach § 3 VBVG zusätzlich vergütet werden (*OLG München* BtPrax 2006, 233).

10.4.4 Organentnahmen

Transplantationsgesetz: Keine Entscheidungsbefugnis

Bei plötzlich und überraschend eintretenden Todesfällen werden Betreuer seitens des Krankenhauses gelegentlich nach einer Einwilligung zu einer Organentnahme gefragt. Spätestens seit Inkrafttreten des Transplantationsgesetzes (TPG) zum 1. 12. 1997 ist jedoch klargestellt, dass der Betreuer bezüglich einer Organentnahme keine Entscheidungsbefugnis hat. Eine Organentnahme bei toten Organspendern ist nur dann zulässig, wenn entweder der einwilligungsfähige Verstorbene schriftlich eingewilligt oder der nächste Angehörige zugestimmt hat und kein schriftlicher Widerspruch des Verstorbenen vorliegt (vgl. §§ 3, 4 TPG). Liegen dem Betreuer Unterlagen (Organspendeausweis, schriftliche Erklärung) vor, hat er diese dem Krankenhaus zur Verfügung zu stellen.

Einwilligungsfähiger Betreuter entscheidet selbst!

Die Entnahme von Organen (u. a.) bei einer lebenden Person zum Zwecke der Übertragung auf andere ist nur zulässig, wenn der Spender volljährig und einwilligungsfähig ist (§ 8 TPG). Daran hat auch das Gesetz zur Regelung der Entscheidungslösung im Transplantationsgesetz nichts geändert.

Übersenden die Krankenkassen gem. § 2 Abs. 1a TPG Aufklärungsunterlagen und Organspendeausweis einem offenkundig einwilligungsunfähigen Betreuten, sollte der Betreuer die Krankenkassen auf diesen Umstand hinweisen. Wenn der einwilligungsfähige Betreute sich für eine Organspende entscheiden oder ihr widersprechen will, sollte der Betreuer eine umfassende Aufklärung evtl. durch einen Arzt anregen.

11. Kontrollbetreuer, Gegenbetreuer, Ergänzungsbetreuer

Begriffsvielfalt

Bei der Bestellung mehrerer Betreuer ist eine verwirrende Begriffsvielfalt zu beobachten. Verwendet werden etwa die Begriffe Kontrollbetreuer, Vollmachtsüberwachungsbetreuer, Überwachungsbetreuer, Vorsorgeüberwachungsbetreuer, Auftragsbetreuer, Mitbetreuer, Gegenbetreuer, Ergänzungsbetreuer, Subsidiarbetreuer, Ersatzbetreuer, Verhinderungsbetreuer. Der Versuch, begriffliche Klarheit zu schaffen, ist daher legitim.

11.1 Definitionen

Kontrollbetreuer

Eine Legaldefinition für den Begriff Kontrollbetreuer gibt es nicht. Vielmehr hat sich in der Praxis dieser Begriff durchgesetzt für einen Betreuer mit dem in § 1896 Abs. 3 BGB genannten Aufgabenkreis. Kontrollbetreuer ist demnach ein Betreuer mit dem Aufgabenkreis „Geltendmachung von Rechten des Betreuten gegenüber seinem Bevollmächtigten". Vereinzelt finden sich in der Rechtsprechung und Literatur synonym die Begriffe Vollmachtsüberwachungsbetreuer, Überwachungsbetreuer, Vorsorgeüberwachungsbetreuer, Auftragsbetreuer.

Gegenbetreuer (Gegenvormund)

Der Begriff „Gegenvormund" ergibt sich direkt aus dem Gesetz. § 1792 BGB, der über § 1908i BGB auch für die Betreuung anwendbar ist, spricht vom sog. Gegenvormund. Bei der gesetzlich angezeigten „sinngemäßen" Anwendung im Betreuungsrecht muss der Begriff Vormund durch Betreuer ersetzt werden. Ein Gegenbetreuer soll gem. § 1792 Abs. 2 BGB bestellt werden, wenn mit der Betreuung eine – nicht unerhebliche – Vermögensverwaltung verbunden ist und nicht bereits mehrere die Betreuung gemeinschaftlich führen. Der Begriff unerheblich bezieht sich übrigens vom Wortlaut her nicht auf das Vermögen, sondern auf die Verwaltung.

Ist ein Gegenbetreuer bestellt, kann er in vielen Fällen erforderliche Genehmigungen nach § 1908i Abs. 1 i. V. m. §§ 1810 und 1812 BGB anstelle des Betreuungsgerichts erteilen. Da seine Entscheidungen nicht dem FamFG unterliegen, bedarf die von ihm erteilte Genehmigung nach § 1812 BGB zur Erlangung der Wirksamkeit nicht der Rechtskraft (§ 40 Abs. 2 FamFG), so dass seine Genehmigung sofort mit Zugang an den Betreuer verwendet werden kann, § 1908i Abs. 1 BGB i. V. m. §§ 1832, 1828 BGB.

Ergänzungsbetreuer

Eine gesetzliche Definition des Ergänzungsbetreuers findet sich weder im BGB noch im FamFG. Allerdings kann man in den Vorschriften zur Zuständigkeit der Richter und Rechtspfleger fündig werden. § 1 Betreuungsverfahrensaufhebungsverordnung (BetrVerfAufV) überträgt dem Rechtspfleger u. a. die Bestellung eines Ergänzungsbetreuers (§ 1899 Abs. 4 BGB). Ergänzungsbetreuer sind daher alle, die tätig werden sollen, wenn der Hauptbetreuer tatsächlich oder rechtlich verhindert ist.

11.2 Zuständigkeit, Verfahren

Für die Bestellung der Kontrollbetreuer und Ergänzungsbetreuer sind die Rechtspfleger zuständig. Mangels ausdrücklichem Richtervorbehalt muss dies grundsätzlich auch für den Gegenbetreuer gelten. Diese Auffassung ist allerdings umstritten.

Ein Sachverständigengutachten muss nicht eingeholt werden. Beim Kontrollbetreuer genügt ein ärztliches Zeugnis gem. § 281 Abs. 1 Nr. 2 FamFG. Werden nachträglich Gegenbetreuer oder Ergänzungsbetreuer bestellt, ist ebenfalls kein Gutachten erforderlich, da beide nur bestellt werden, soweit ein Betreuer bestellt wurde. Die Frage, ob der Betreute psychisch krank, körperlich, geistig oder seelisch behindert ist, muss daher bei der isolierten Bestellung eines Gegen- oder Ergänzungsbetreuers nicht mehr geprüft werden. Etwas anderes gilt nur dann, wenn zugleich eine Erweiterung des Aufgabenkreises erfolgt, siehe auch § 293 Abs. 3 und 1 FamFG.

11.3 Erforderlichkeit

Überwachungsbevollmächtigter, Unterstützungsbevollmächtigter

Die Bestellung eines Kontrollbetreuers scheidet aus, wenn der Vollmachtgeber bereits Vorsorge getroffen und eine Person mit der Aufgabe der Kontrolle des Bevollmächtigten beauftragt hat (Überwachungsbevollmächtigter, Unterstützungsbevollmächtigter).

Erforderlich wird die Kontrollbetreuung nicht schon dadurch, dass der Vollmachtgeber krankheitsbedingt den Bevollmächtigten nicht mehr selbst überwachen kann. Eine Vorsorgevollmacht regelt ja genau diesen Fall.

Es müssen daher weitere Umstände hinzutreten, damit ein konkreter Anlass für eine Kontrollbetreuung bejaht werden kann. Diese Umstände können in der Person des Bevollmächtigten begründet sein, sich aber auch aus der Art der zu erledigenden Geschäfte ergeben. So genügen Zweifel an der Redlichkeit des Bevollmächtigten oder der Verdacht, dass der Bevollmächtigte die Vollmacht für eigene Zwecke missbraucht, aber auch wenn eine ständige Kontrolle schon deshalb geboten ist, weil die zu besorgenden Geschäfte von besonderer Schwierigkeit und/oder besonderem Umfang sind. Zweifel und Verdacht müssen aber ausreichend begründet sein. Eine konkrete, d. h. durch hinreichende tatsächliche Anhaltspunkte untermauerte Feststellung muss diese Gründe belegen (vgl. BGH BtPrax 2011, 175). Können diese Defizite durch eine Kontrolle nicht ausgeglichen werden, etwa bei einem feststehenden Missbrauch der Vollmacht oder völliger Unfähigkeit des Bevollmächtigten, muss eine Betreuung eingerichtet und an einen Widerruf der Vorsorgevollmacht gedacht werden (s. Kap. 11.4 und 3.2.3).

Bestellung des Gegenbetreuers liegt im pflichtgemäßen Ermessen des Gerichts

Der Gegenbetreuer ist nicht gesetzlicher Vertreter des Betroffenen. Dies unterscheidet ihn vom normalen Betreuer. Der Gegenbetreuer ist ein Überwachungsorgan, das dem Betreuungsgericht Kontrollaufgaben abnehmen soll. Die Bestellung liegt also im pflichtgemäßen Ermessen des Betreuungsgerichts, §§ 1908i, 1792 BGB. Aller-

dings ist das Ermessen eingeschränkt durch die Sollvorschrift des § 1792 Abs. 2 BGB. Deshalb muss/soll bei einer Vermögensverwaltung, die eine erhebliche Verwaltung erfordert, ein Gegenbetreuer bestellt werden. Die Erheblichkeit der Verwaltung ist nicht an den Wert des Vermögens gebunden.

Ergänzungsbetreuer überbrückt Verhinderung

Ein Ergänzungsbetreuer muss bestellt werden, wenn der Betreuer verhindert ist (vgl. 7.1 und 7.2). Neben der rechtlichen Verhinderung gibt es noch den Fall der sog. Subsidiarbetreuung. Darunter versteht man die Bestellung eines weiteren Betreuers für den Fall der tatsächlichen Verhinderung. Dies wird z. T. im Hinblick darauf gewünscht, dass der Betreuer wegen Urlaub, Krankheit oder anders begründeter längerer Abwesenheit absehbar verhindert sein wird. Dem Wortlaut des § 1899 Abs. 4 BGB kann nichts entnommen werden, was dem widersprechen würde. Eine Beschränkung auf den Fall der rechtlichen Verhinderung ist nicht begründbar.

Ergänzungsbetreuer für zu erwartende Verhinderungen

In der praktischen Anwendung ist häufig umstritten, ob ein Ergänzungsbetreuer im Rahmen von § 1899 Abs. 4 BGB immer nur für den konkreten Fall einer tatsächlichen Verhinderung (z. B. Urlaub) erneut bestellt werden kann (jeweils wiederkehrend mit einem aufwändigen Bestellungsverfahren), oder ob es sachgerecht ist, einen Ergänzungsbetreuer für alle konkret zu erwartenden Fälle einer tatsächlichen Verhinderung (z. B. kommende Urlaube), zu bestellen (Erforderlichkeit i. S. v. § 1896 Abs. 2 BGB). Das *LG Wuppertal* (NJW-RR 2012, 1355) geht in seiner Entscheidung (unter Bezugnahme auf das *BayObLG*, FamRZ 2004, 1993) davon aus, dass im Fall der Bestellung eines beruflichen Vereinsbetreuers es zwingend geboten ist, für praktisch alle Aufgabenbereiche des Betroffenen einen Ersatzbetreuer für Fälle konkret zu erwartender tatsächlicher Verhinderung wie zum Beispiel die Abwesenheit wegen Jahresurlaubs, zu bestellen. Wenn regelmäßig wiederkehrende Verhinderungen des Betreuers sicher sind, entspricht auch allein diese Handhabung dem Wohle des Betroffenen, um eine dauerhafte und sichere stete Betreuung des Betroffenen sicherzustellen. Es dürfte einer (Vorrats-)Bestellung nichts entgegenstehen, da sich aus § 1899 Abs. 4 BGB deutlich ergibt, dass der weitere Betreuer (Ergänzungsbetreuer) nur vertretungsbefugt ist, soweit beim Betreuer eine Verhinderung vorliegt. Wegen der Vorschrift des § 6 Satz 2 VBVG fallen auch keine höheren Vergütungskosten an.

11.4 Widerruf der Vorsorgevollmacht durch Kontrollbetreuer

Widerruf der Vorsorgevollmacht durch Kontrollbetreuer

Da der Kontrollbetreuer die Rechte des Betreuten gegenüber dem Bevollmächtigten geltend machen darf, kann er auch die Vollmacht widerrufen und zwar durch eine einseitige empfangsbedürftige Willenserklärung.

Welcher Aufgabenkreis ermöglicht den Widerruf?

Fraglich ist, ob auch andere Aufgabenkreise die Befugnis zum Widerruf vermitteln können. Dies kann angenommen werden, wenn der Aufgabenkreis ausdrücklich die Formulierung „Widerruf erteilter Vollmachten“ enthält oder die „Erledigung aller Angelegenheiten“. Umstritten ist dagegen die Frage, ob ein Betreuer mit dem Aufgabenkreis „Vermögensverwaltung“ ebenfalls wirksam widerrufen kann. Das *KG* (FamRZ 2007, 1041; a. A. *OLG Brandenburg* BtPrax 2009, 79) verneint dies, wobei aber nicht begründet wird, warum der umfassende Begriff der Vermögensverwaltung bei einer sich auf vermögensrechtliche Befugnisse beziehenden Vollmacht beschränkt sein soll. Man müsste dann dem Betreuer auch das Recht absprechen, den Widerruf einer Vollmacht zu erklären, die der Betreute einem Rechtsanwalt, Vermögensberater oder Steuerberater erteilt hat, weil er nur die Vermögensverwaltung innehat. Allerdings kann man als Betreuer unter Berufung auf den Aufgabenkreis „Vermögensverwaltung“ selbstverständlich nur Vollmachten im Bereich der Vermögensverwaltung widerrufen. Liegt eine umfassende Vorsorgevollmacht vor, dann kann diese auch nur teilweise und zwar für den vermögensrechtlichen Bereich widerrufen werden. Dies kann auf der Vollmachtsurkunde vermerkt werden (*OLG München* BtPrax 2009, 189).

Zur Klarstellung im Rechtsverkehr wäre es sinnvoll, in den Beschluss über die Betreuerbestellung nicht nur den Text des § 1896 Abs. 3 BGB „Geltendmachung von Rechten des Betreuten gegenüber seinem Bevollmächtigten“ aufzunehmen, sondern auch den Hinweis „einschließlich der Entscheidung über den Widerruf der Vollmacht“.

Wirkung des Widerrufs

Sobald die Vollmacht wirksam widerrufen ist, muss die Kontrollbetreuung aufgehoben werden, da sie sich mangels Vollmacht erledigt hat. Die besondere Qualität erhält der Widerruf dadurch, dass die Vollmacht nicht mehr erteilt werden kann, wenn und solange der Betreute geschäftsunfähig ist. Selbst wenn die Betreuerbestellung später aufgehoben wird, bleibt der Widerruf wirksam (vgl. § 47 FamFG, *KG* NJW 2009, 1425).

Dies hat das *BVerfG* (BtPrax 2009, 27) dazu veranlasst, bei den Fachgerichten einen effektiven Rechtsschutz anzumahnen. Auch wenn sich die Beschwerde des Vollmachtgebers im Verlauf des Verfahrens durch den wirksamen Widerruf der Vollmacht erledigt hat, muss zumindest darüber entschieden werden, ob die Bestellung des Kontrollbetreuers rechtmäßig war.

Das BVerfG geht noch einen Schritt weiter und erklärt in einem „obiter dictum“, dass die „Bestellung eines Kontrollbetreuers für den Beschwerdeführer und die Ermächtigung des Kontrollbetreuers zum Widerruf der erteilten Vollmachten im Hinblick auf das durch Art. 2 Abs. 1 i. V. m. Art. 1 Abs. 1 GG garantierte Selbstbestimmungsrecht des Beschwerdeführers, dessen Ausfluss die von dem Beschwerdeführer erteilten Vorsorgevollmachten sind, erheblichen verfassungsrechtlichen Bedenken“ begegne.

Verfassungsrechtliche Bedenken

Diese klaren Worte des BVerfG geben Anlass, bei der Bestellung des Kontrollbetreuers Vorsicht walten zu lassen. Eine Lösungsmöglichkeit wäre es, wenn man den Aufgabenkreis ausdrücklich auf die „Prüfung eines Widerrufs“ beschränken und den Widerruf ausnehmen würde (so *OLG Köln* BtPrax 2009, 306). Erweist sich dann der Widerruf als unabdingbar, müsste geprüft werden, ob der Aufgabenkreis auf den Widerruf der Vollmacht erweitert werden muss.

Zulässig wäre es auch, dass man bei der Bestellung des Betreuers neben der Geltendmachung von Rechten des Betreuten gegenüber seinem Bevollmächtigten dem Kontrollbetreuer die Möglichkeit des Widerrufs der Vollmacht als Aufgabenkreis einräumt, diese Befugnis aber zeitlich aufschiebend erst ab Rechtskraft des Beschlusses wirksam werden lässt. Bis zur Rechtskraft könnte der Kontrollbetreuer gegenüber dem Bevollmächtigten alle Rechte außer dem Widerruf geltend machen und vorab schon die Notwendigkeit des Widerrufs prüfen. Mit dem Eintritt der Rechtskraft wäre er dann auch befugt, die Vollmacht zu widerrufen. Den Beteiligten wäre ein effektiver Rechtsschutz eingeräumt, weil sie entsprechende Rechtsmittel einlegen können. Wird dem Betreuer ein Rechtskraftzeugnis gem. § 46 FamFG für den Beschluss bzgl. der Bestellung zum Kontrollbetreuer erteilt, könnten auch klare Verhältnisse für den Rechtsverkehr geschaffen werden. Ein Widerspruch zu § 287 Abs. 1 FamFG besteht nicht, weil der Beschluss ja formal wirksam werden kann. Zudem muss man versuchen, den Ausführungen des Bundesverfassungsgerichts gerecht zu werden und wird deshalb einer verfassungskonformen Auslegung den Vorzug einräumen müssen.

Der *BGH* (FamRZ 2013, 1571) übersieht die vom BVerfG klar definierte verfassungsrechtliche Brisanz. Der zugrunde liegende Sachverhalt (Kontrollbetreuer wird eingesetzt, sechs Tage später widerruft er die Vorsorgevollmacht, das Amtsgericht erweitert am gleichen Tag die Betreuung auf nahezu alle Aufgabenbereiche) wäre nach den Grundsätzen des BVerfG als Verstoß gegen das Gebot eines effektiven Rechtsschutzes (Art. 19 Abs. 4 GG) zu würdigen gewesen (*Böhm* FamRZ 2013, 1703).

Inhalt

1. Der freie Wille

Das Thema Willensfreiheit ist immer Gegenstand philosophischer Debatten (siehe *Habermeyer*, BtPrax 2010, 69); die Meinungen gehen polarisierend davon aus, dass entweder gar kein freier Wille vorhanden sei, die Handlungssteuerung nur das Gehirn aus Erfahrungen und Gelerntem übernehme, oder der Mensch sehr wohl frei entscheiden könne.

Für das Betreuungsrecht ist die Tatsache von Bedeutung, dass es Menschen gibt, die in ihrer Willensbildung deutlich unfreier sind als der Durchschnitt der Bevölkerung, das sind z. B. Menschen mit einer schwerwiegenden psychischen Erkrankung, welche die Realitätswahrnehmung beeinträchtigt oder aufhebt, aber auch Menschen mit einem hirnorganischen Abbauprozess, die früher vorhandene Fähigkeiten verlieren oder weniger stark auf Veränderungen reagieren können.

Ausschluss des freien Willens

Von freier Willensbestimmung kann demnach nicht mehr gesprochen werden, wenn eine Erkrankung

- die Umsetzung persönlicher Wertvorstellungen verhindert, indem sie kognitive Voraussetzungen der Entscheidungsfindung, Planung, Reflexion und Zielgerichtetheit stört oder verhindert
- die Persönlichkeit Betroffener so weit verändert, dass der Zugang zu persönlichen Werten verstellt bzw. das Wertgefühl verformt wird.

Mögliche Ausschlussgründe der die freie Willensbestimmung begründende Einwilligungsfähigkeit sind demzufolge kognitive Leistungseinbußen (z. B. Desorientiertheit, Merkfähigkeitsstörungen), affektive Veränderungen, z. B. schwere depressive Episoden oder manische Symptombilder, Ich-Erlebnis-Störungen, Halluzinationen und eine ausgesprochen starke Ambivalenz, die Entscheidungen verhindert.

Erforderlichkeit des freien Willens

Der freie Wille des Betroffenen wird im Gesetz und der Rechtsprechung mehrfach gefordert, nicht immer aber mit ein und derselben Bedeutung.

- § 104 Nr. 2 BGB definiert die Geschäftsunfähigkeit eines volljährigen Menschen damit, dass dieser sich in einem die freie Willensbestimmung ausschließenden Zustande krankhafter Störung der Geistestätigkeit befindet, sofern nicht der Zustand seiner Natur nach ein vorübergehender ist.
- § 1896 Abs. 1a BGB lässt die Bestellung eines Betreuers gegen den freien Willen des Volljährigen nicht zu (vgl. dazu Kapitel A 1, Abschnitt 3.3.1.1).
- Die Anordnung eines Einwilligungsvorbehalts nach § 1903 Abs. 1 BGB setzt voraus, dass der Betroffene wegen einer psychischen Krankheit oder einer geistigen oder seelischen Behinderung in seiner Selbstbestimmung wesentlich eingeschränkt ist. Die Rechtsprechung des *BayObLG* fordert zusätzlich, dass der Betreute auf Grund seiner psychischen Erkrankung außerstande sein muss, in dem betreffenden Bereich seinen Willen frei zu bestimmen; fraglich ist allerdings, ob der Betroffene (insoweit) geschäftsunfähig sein muss.
- In § 1901a Abs. 1 BGB wird für die Errichtung einer Patientenverfügung Einwilligungsfähigkeit für die Gestattung oder Untersagung von Untersuchungen des Gesundheitszustands, Heilbehandlungen oder ärztliche Eingriffen gefordert.
- In § 1906 Abs. 1 Nr. 2 BGB für die Unterbringung zur Heilbehandlung etc. mit der Formulierung „... und der Betreute auf Grund einer psychischen Krankheit oder geistigen oder seelischen Behinderung die Notwendigkeit der Unterbringung nicht erkennen oder nicht nach dieser Einsicht handeln kann".
- In § 1906 Abs. 3 Satz 1 Nr. 1 BGB für die ärztliche Zwangsmaßnahme mit der Formulierung „... der Betreute auf Grund einer psychischen Krankheit oder einer geistigen oder seelischen Behinderung die Notwendigkeit der ärztlichen Maßnahme nicht erkennen oder nicht nach dieser Einsicht handeln kann, ...".

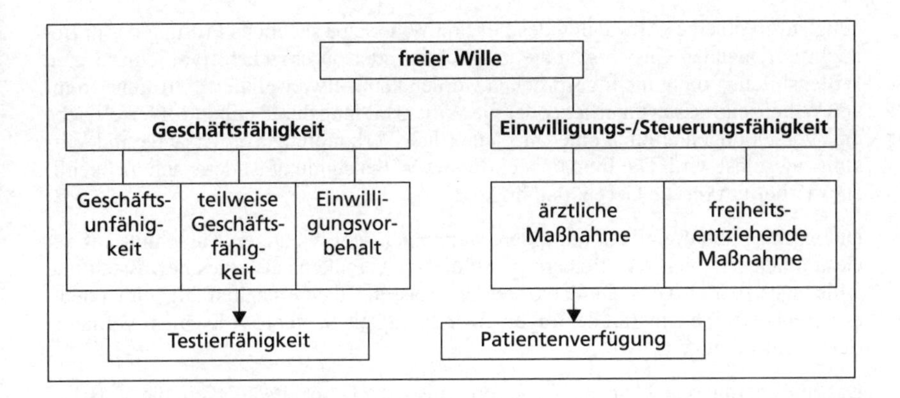

2. Geschäftsfähigkeit

Das Betreuungsrecht hat darauf verzichtet, feststellen zu lassen, ob ein Betreuter geschäftsfähig ist oder nicht. Damit hat der Gesetzgeber offen gelassen, ob der Betreute rechtlich noch selbst handeln kann oder vertreten werden muss. Häufig jedoch wünschen sich Beteiligte ein Regulativ ähnlich der früheren Feststellung der Geschäftsunfähigkeit wie bei der Vormundschaft (des alten Rechts), um Klarheit über die Geschäftsfähigkeit des Betreuten zu haben.

Keine gerichtliche Feststellung

Eine „gerichtliche Feststellung" im Betreuungsverfahren gibt es nicht; medizinische Gutachten, die der Betreuerbestellung vorausgehen, sind hilfreich, aber grundsätzlich nur „Momentaufnahmen". Das Wissen, dass die Betreuerbestellung gegen den Willen des Betreuten erfolgte, kann u. U. Anhaltspunkte für eine Geschäftsunfähigkeit liefern.

Die Voraussetzung für eine Betreuerbestellung sind:

- Vorliegen einer psychischen Krankheit oder einer körperlichen, geistigen bzw. seelischen Behinderung;
- Angelegenheiten, die vom Betroffenen nicht mehr selbst (rechtlich) wahrgenommen werden können;
- diese Angelegenheiten können aufgrund der Krankheit oder Behinderung nicht besorgt werden (Kausalität).

Die gesundheitliche Einschränkung muss aber nicht zum Eintritt der Geschäftsunfähigkeit führen.

Generelle Aussagen, dass bei bestimmten Krankheitsbildern oder Behinderungen der Betreute geschäftsfähig bzw. geschäftsunfähig ist, sind im Rahmen dieser Arbeitshilfe verfehlt und ggf. fachpsychiatrischen Vorträgen bei Einführungs- und Fortbildungsveranstaltungen für Betreuer vorbehalten.

2.1 Grundsatz

Gesetz definiert Geschäftsfähigkeit nicht

Das BGB enthält keine Definition der Geschäftsfähigkeit. Der Begriff lässt sich nach dem Inhalt der gesetzlichen Regelung bestimmen als die Fähigkeit, Rechtsgeschäfte durch Abgabe oder Entgegennahme von Willenserklärungen in eigener Person wirksam vorzunehmen.

Der BGH hat festgestellt, dass nach § 104 Nr. 2 BGB für die Beurteilung der Geschäftsfähigkeit nicht so sehr die Fähigkeiten des Verstandes ausschlaggebend sind, als die Freiheit des Willensentschlusses. Es kommt darauf an, ob eine freie Entscheidung aufgrund einer Abwägung des Für und Wider eine sachliche Prüfung der in Betracht kommenden Gesichtspunkte möglich ist oder ob umgekehrt von einer freien Willensbildung nicht mehr gesprochen werden kann, etwa weil der Betroffene fremden Willenseinflüssen unterliegt oder die Willensbildung durch unkontrollierte Triebe und Vorstellungen ähnlich einer mechanischen Verknüpfung von Ursache und Wirkung ausgelöst wird. Die freie unbeeinflusste Willensbildung ist demnach maßgebliches Kriterium für die Geschäftsfähigkeit.

Freie unbeeinflusste Willensbildung

Die Rechtsgeschäfte bilden nur einen, wenn auch sehr wichtigen Ausschnitt aus der Gesamtheit rechtlich erheblichen menschlichen Verhaltens als eines bewussten und willensgesteuerten Tuns, Duldens oder Unterlassens; die Geschäftsfähigkeit ist dementsprechend eine Unterart der allgemeinen Fähigkeit zu rechtswirksamem Verhalten (Handlungsfähigkeit).

Gesetz definiert Geschäftsunfähigkeit

Das BGB normiert nicht positiv die Erfordernisse der Geschäftsfähigkeit; die §§ 104 ff. BGB sagen vielmehr umgekehrt, unter welchen Voraussetzungen ein Mensch nicht oder nicht voll geschäftsfähig ist. Das Gesetz geht damit von der Geschäftsfähigkeit als der einer natürlichen Person regelmäßig zukommenden Eigenschaft aus und betrachtet das Fehlen oder die Minderung dieser Eigenschaft als Ausnahme von diesem Grundsatz.

Beweislastregel

Dieses Regel-Ausnahme-Verhältnis zwischen Geschäftsfähigkeit und deren Fehlen bestimmt die Verteilung der (subjektiven und objektiven) Beweislast. Wer sich auf die fehlende Geschäftsfähigkeit einer Person beruft (in der Regel um damit die Unwirksamkeit eines von dieser getätigten Rechtsgeschäfts darzutun), muss diesen Umstand als Ausnahmetatbestand von der Regel der Geschäftsfähigkeit beweisen. Gelingt ihm dieser Beweis nicht, ist vom Vorhandensein der Geschäftsfähigkeit auszugehen.

2.2 Geschäftsunfähigkeit

2.2.1 Krankhafte Störung der Geistestätigkeit

Bei der zunächst festzustellenden krankhaften Störung der Geistestätigkeit handelt es sich um diejenige Komponente der Geschäftsunfähigkeit, die einen empirischen, nämlich psychiatrisch-psychologischen Befund zur Grundlage hat.

Als Gegenstand der Störung bezeichnet das Gesetz die Geistestätigkeit. Dieser Begriff ist nicht auf die intellektuelle, verstandesmäßige Seite des menschlichen Seelenlebens, also die bloße Denktätigkeit, zu beschränken, sondern er umfasst die psychischen Vorgänge und Abläufe in ihrer Gesamtheit; für die Frage der zivilrechtlichen Geschäftsfähigkeit kommt insbesondere dem Willenselement eine maßgebliche Bedeutung zu.

Störung ist krankhaft

Die Störung der Geistestätigkeit muss krankhaft sein. Dieser Begriff des Krankhaften ist das eigentlich problematische Merkmal der Geschäftsunfähigkeit nach § 104 Nr. 2 BGB. Als krankhafte Störungen der Geistestätigkeit wollte der historische Gesetzgeber sicher nur solche Störungen verstanden wissen, die als psychische Erkrankungen im medizinisch-psychiatrischen Sinne anzusehen sind, nämlich solche, denen eine (angeborene oder erworbene) organische Ursache zugrunde liegt (Gehirnerkrankung) oder für die eine organische Ursache zwar noch nicht nachgewiesen, aber zu vermuten ist, also vor allem die exogenen und endogenen Psychosen. Dieser streng medizinische oder „biologische“ Krankheitsbegriff hat sich jedoch schon bald als für die Zweckrichtung des § 104 Nr. 2 BGB als zu eng erwiesen. Es hat sich gezeigt, dass auch solche Störungen, die keine (nachgewiesene oder vermutete) organische Grundlage haben und daher nicht als krankhaft im medizinischen Sinne zu bezeichnen sind, sondern etwa auf einer anomalen Persönlichkeitsstruktur (Psychopathien) oder auf abnormen Erlebnisreaktionen (Neurosen) beruhen, in schweren Fällen die freie Willensbestimmung auszuschließen geeignet sind.

2.2.2 *Ausschluss der freien Willensbestimmung*

Eine krankhafte Störung der Geistestätigkeit führt nur dann zur Geschäftsunfähigkeit, wenn die Störung bei dem Gestörten im Zeitpunkt der Abgabe der betreffenden Willenserklärung die freie Willensbestimmung ausgeschlossen hat. Zwischen der krankhaften geistigen Störung und dem Ausschluss der freien Willensbestimmung muss also ein ursächlicher Zusammenhang bestehen. Die Gesetzesverfasser wollten dem Ausdruck „freie Willensbestimmung" im Sinne des gewöhnlichen Sprachgebrauchs aufgefasst sehen.

Ursächlicher Zusammenhang

Ausgeschlossen ist die freie Willensbestimmung dementsprechend bei einem Wegfall der Fähigkeit zum Handlungsentschluss aufgrund vernünftiger, der allgemeinem Verkehrsauffassung entsprechender Würdigung der gegebenen Verhältnisse infolge des übermächtigen, beherrschenden Einflusses der krankheitsbedingten Vorstellungen, Empfindungen oder der Einflüsse dritter Personen, denen der Betreffende widerstandslos ausgeliefert ist.

2.2.3 *Nicht nur vorübergehender Zustand*

Eine Geschäftsunfähigkeit gemäß § 104 Nr. 2 BGB liegt dann nicht vor, wenn der dort bezeichnete Zustand seiner Natur nach nur ein vorübergehender ist. Eine nur vorübergehende Störung soll nicht die Geschäftsunfähigkeit des Betroffenen zur Folge haben, sondern nur eine von ihm in diesem Zustand abgegebene Willenserklärung gemäß § 105 Abs. 2 BGB nichtig werden lassen. Das Erfordernis der Dauer ist keineswegs mit der Unheilbarkeit und damit einem Fortbestehen des Zustandes auf Lebenszeit des Betroffenen zu identifizieren; Geschäftsunfähigkeit kann deshalb auch bei Heilbarkeit der seelischen Störung vorliegen, wenn sich die Heilungsphase über einen längeren Zeitraum erstreckt. Als ihrer Natur nach nur vorübergehende krankhafte Störungen der Geistestätigkeit sind in erster Linie Intoxikationen, insbesondere schwere Alkoholisierung, ferner Entzugssymptome mit Delir sowie die als akute Prozesse ablaufende Störungen mit Krankheitswert (z. B. epileptische Ausnahmezustände, Fieberwahn) anzusehen.

Zustand muss andauern

2.2.4 *Sogenannte lichte Momente*

Von den nur vorübergehenden seelischen Störungen zu unterscheiden ist die Problematik, die mit dem schon im römischen Recht der Antike geprägten Ausdruck „lichte Zwischenräume" bezeichnet wird. Unter diesem Begriff werden Phasen eines zeitweiligen Abklingens einer an sich dauerhaften psychischen Erkrankung verstanden. Nach ganz h. M. in Rechtsprechung und juristischem Schrifttum ist eine unter einem die freie Willensbestimmung ausschließenden Zustand krankhafter Störung der Geistestätigkeit leidende Person während eines lichten Zwischenraums geschäftsfähig, eine von ihr in einer solchen Phase abgegebene Willenserklärung also wirksam. Die Geschäftsfähigkeit eines an sich psychisch Erkrankten ist zu bejahen, wenn die Abschwächungen den Schluss auf eine (zeitweilig) wieder eingetretene Fähigkeit zur freien Willensbestimmung zulassen.

„Lucida intervalla"

2.2.5 *Teilweise Geschäftsunfähigkeit*

Partielle Geschäftsunfähigkeit

Die Frage nach der Möglichkeit einer nicht vollständigen Geschäftsunfähigkeit stellt sich wie in zeitlicher so auch in gegenständlicher Sicht. Die Problematik lässt sich hier dahingehend formulieren, ob einem Menschen, dessen geistige Störungen sich nur auf einzelnen abgrenzbaren Lebensgebieten manifestieren, die Geschäftsfähigkeit nur auf diesen sachlich bestimmten Bereichen abgesprochen werden kann, während sie in übrigen unberührt bleibt. Juristisch ist entscheidend, dass es sich bei der Geschäftsunfähigkeit nicht um einen erfahrungswissenschaftlich bestimmten, sondern um einen Rechtsbegriff handelt, weshalb auch die Frage der Anerkennung einer

partiellen Geschäftsfähigkeit nach spezifisch rechtlichen Gesichtspunkten beantwortet werden muss. An der Zweckrichtung des § 104 Nr. 2 BGB orientierte juristische Erwägungen sprechen aber für die Bejahung einer teilweisen Geschäftsunfähigkeit in den Fällen von nur bestimmte sachliche Bereiche betreffenden psychischen Störungen und darüber hinaus auch in den Fällen, in denen die Störung zwar das gesamte Seelenleben ergriffen hat, sie sich aber lediglich auf bestimmten Gebieten zu äußern pflegt. Der heute in der Rechtsprechung und im ganz überwiegenden Schrifttum vertretenen Ansicht, dass sich unter den genannten Voraussetzungen die Geschäftsunfähigkeit auf die Lebensbereiche beschränkt, in denen aufgrund einer krankhaften psychischen Störung die freie Willensbestimmung allein ausgeschlossen ist, ist zuzustimmen. Eine teilweise Geschäftsunfähigkeit kann vornehmlich gegeben sein bei (themenbezogenen) Wahnkrankheiten, von denen dem Querulantenwahn eine besondere Bedeutung zukommt, aber auch dem Verfolgungs- oder dem Eifersuchtswahn.

Wahnkrankheiten

Fallbeispiel:

Olga Xberg ist schizophren. Sie ist Eigentümerin einer Eigentumswohnung und entwickelt gegenüber Miteigentümern, Hausbewohnern und der Hausverwaltung einen Verfolgungswahn. Schließlich weigert sie sich, die Hausgeldzahlungen zu leisten. Im übrigen Rechtsverkehr ist sie unauffällig und regelt ihre Angelegenheiten eigenverantwortlich und selbstständig.

Objektiv sind ihre Verfolgungsideen nicht haltbar. Olga Xberg ist demnach im Bereich ihrer Wohnungsangelegenheiten partiell geschäftsunfähig.

2.2.6 *Relative Geschäftsunfähigkeit*

Eine Begrenzung der Geschäftsunfähigkeit ist außer in zeitlicher und gegenständlicher Hinsicht auch im Hinblick auf den Schwierigkeitsgrad der Rechtsgeschäfte denkbar. Eine solche relative Geschäftsunfähigkeit würde also (im Gegensatz zur partiellen) eine nicht auf Rechtsgeschäfte bestimmter Art, sondern bestimmter Schwierigkeit eingeschränkte Geschäftsunfähigkeit bedeuten. Eine relative Geschäftsunfähigkeit wird, anders als eine teilweise, in Rechtsprechung und Schrifttum nahezu einhellig abgelehnt. Die Ablehnung wird mit dem Gesichtspunkt der Rechtssicherheit begründet, da sich der Kreis der (besonders) schwierigen Geschäfte von den sonstigen Geschäften kaum eindeutig abgrenzen lasse und ferner bei Anerkennung einer relativen Geschäftsunfähigkeit das Hauptgewicht auf die Einsichts- statt auf die Willensfähigkeit gelegt würde.

Ablehnung der relativen Geschäftsunfähigkeit

2.3 Feststellung der Voraussetzungen der Geschäftsunfähigkeit

Das Vorliegen des für eine Geschäftsunfähigkeit nach § 104 Nr. 2 BGB erforderlichen, seiner Natur nach nicht nur vorübergehenden Zustandes einer krankhaften Störung der Geistestätigkeit und des dadurch bewirkten Ausschlusses der freien Willensbestimmung kann man in Zweifelsfällen wegen der medizinisch-psychiatrisch-psychologischen Grundlage dieses Zustandes meist nur mit sachverständiger Beratung feststellen, jedoch ist zu beachten, dass es sich bei der Geschäftsfähigkeit um einen reinen Rechtsbegriff handelt.

Geschäftsfähigkeit ist ein Rechtsbegriff

2.4 Folgen der Geschäftsunfähigkeit

Nichtig sind zunächst die Willenserklärungen der bei ihrer Abgabe geschäftsunfähigen Personen, § 105 Abs. 1 BGB.

Neuvornahme erforderlich

Als nichtig und damit absolut unwirksam kann die Willenserklärung eines Geschäftsunfähigen auch nicht durch Genehmigung seitens des gesetzlichen Vertreters wirksam werden. Erforderlich ist vielmehr die erneute Vornahme des Geschäfts durch den Ver-

treter mit der Folge einer bloßen ex nunc-Wirkung. Eine Neuvornahme kann gemäß § 141 Abs. 1 BGB auch in einer Bestätigung des Rechtsgeschäfts (durch den Betreuer) zu erblicken sein, die deshalb neben einer Kenntnis der Nichtigkeit und des Willens zur Neuvornahme durch den Bestätigenden alle Erfordernisse des betreffenden Geschäfts erfüllen, insbesondere eine hierfür vorgeschriebene Form wahren muss.

Willenserklärung an Geschäftsunfähigen

Eine gegenüber einem Geschäftsunfähigen abgegebene Willenserklärung geht i. S. v. § 131 Abs. 1 BGB dem gesetzlichen Vertreter nur zu, wenn sie nicht lediglich faktisch in dessen Herrschaftsbereich gelangt ist, sondern auch an ihn gerichtet oder zumindest für ihn bestimmt ist. Zwar brauchen empfangsbedürftige Willenserklärungen nicht unmittelbar an den Erklärungsgegner abgesandt zu werden. Sie können ihm auch über Dritte zugeleitet werden. Dies darf aber nicht mehr oder weniger zufällig, sondern muss zielgerichtet geschehen. Die Zuleitung muss an den von dem Erklärenden bestimmten Empfänger erfolgen (*BAG* BtPrax 2011, 122).

Folgen im Familien- und Erbrecht

Weitere Folgen der Geschäftsunfähigkeit ergeben sich insbesondere im Familien- und Erbrecht (beispielhaft):

- Die elterliche Sorge eines geschäftsunfähigen Elternteils ruht und kann nicht ausgeübt werden, §§ 1673 Abs. 1, 1675 BGB; sie wird durch den anderen Elternteil allein ausgeübt, § 1678 Abs. 1 BGB. Falls ein solcher nicht (vertretungsberechtigt) vorhanden ist, liegen die Voraussetzungen einer Vormundschaft für das Kind vor, § 1773 Abs. 1 BGB.

  Nicht zum Ruhen der Sorge nach § 1673 Abs. 2 BGB führt ein Einwilligungsvorbehalt nach § 1903 BGB; zwar wird der Betreute ähnlich einem beschränkt Geschäftsfähigen behandelt, jedoch hat er nicht diesen Status. Als Möglichkeiten bieten sich das Feststellen des Ruhens nach § 1674 Abs. 1 BGB oder der (teilweise bzw. vollständige) Entzug der Sorge nach § 1666 BGB an.
- Die Anerkennung der Vaterschaft durch einen geschäftsunfähigen Mann erfolgt durch den Betreuer, § 1596 Abs. 1 Satz 3 BGB (mit betreuungsgerichtlicher Genehmigung). Die Zustimmung der geschäftsunfähigen Mutter zur Anerkennungserklärung erfolgt ebenfalls durch den Betreuer, §§ 1595 Abs. 1, 1596 Abs. 1 Satz 4 BGB (mit betreuungsgerichtlicher Genehmigung). Soweit ein Einwilligungsvorbehalt besteht, ist § 1596 Abs. 3 BGB zu beachten.
- Ein geschäftsunfähiger Betreuter kann keine Ehe eingehen, § 1304 BGB (auch nicht mit Zustimmung des Betreuers). Das Bestehen eines Einwilligungsvorbehalts ist unerheblich, § 1903 Abs. 2 BGB.
- Nach § 125 Abs. 2 FamFG wird für einen geschäftsunfähigen Ehegatten das Verfahren auf Ehescheidung durch den gesetzlichen Vertreter geführt. Der Betreuer bedarf für den Antrag auf Scheidung oder Aufhebung der Ehe der Genehmigung des Betreuungsgerichts.
- Beim Erbverzichtsvertrag wird der geschäftsunfähige Erblasser durch den Betreuer vertreten, § 2347 Abs. 2 Satz 2 BGB (mit betreuungsgerichtlicher Genehmigung). Wird der Verzichtende vertreten, ist ebenfalls eine betreuungsgerichtliche Genehmigung erforderlich, § 2347 Abs. 1 Satz 2 BGB.

2.4.1 Alltägliche Bargeschäfte

Die in § 105a Satz 1 BGB normierte Rechtsfolge besteht darin, dass nach der beiderseitigen Leistungserbringung der zugrunde liegende schuldrechtliche Vertrag als wirksam gilt. Die Wirksamkeitsfiktion tritt zum einen erst mit der erfolgten (beiderseitigen) Leistungsbewirkung ein und wirkt lediglich ex nunc, lässt den Vertrag also nicht rückwirkend wirksam werden.

Geschäfte des täglichen Lebens

Die der Vorschrift unterfallenden Rechtsgeschäfte werden mit „Geschäfte des täglichen Lebens“ umschrieben. Dieses Merkmal ist gemäß dem Normzweck zu verstehen, dem Geschäftsunfähigen eine gewisse Betätigungsfreiheit im gewöhnlichen Alltagsverkehr zu eröffnen. Maßgeblich ist daher, ob es sich nach der Verkehrsauffassung um ein typisches Alltagsgeschäft handelt. Dagegen ist für ein Geschäft des „täglichen“ Lebens nicht erforderlich, dass ein solches Geschäft jeden Tag geschlossen wird. Die Geschäfte können entgeltlicher wie unentgeltlicher Natur sein. Im eigentlichen Sinn existenznotwendig brauchen die Geschäfte nicht zu sein. Erfasst werden sowohl Erwerbsgeschäfte über Sachen des täglichen Bedarfs des Geschäftsunfähigen als auch Geschäfte über einfache Dienstleistungen. Als Beispiele für Gegenstände des täglichen Bedarfs nennen die Gesetzesmaterialien einfache, zum alsbaldigen Gebrauch bestimmte Nahrungs- und Genussmittel, die nach Menge und Wert das übliche Maß nicht übersteigen, wie Lebensmittel, kosmetische Artikel (z. B. Zahnpasta), einfache medizinische Produkte (z. B. Halsschmerztabletten), Presseerzeugnisse (z. B. Illustrierte), Versendung von Briefen, Erwerb von Textilien; als einfache Dienstleistungen werden solche des Friseurs, ferner Museumsbesuche, Fahrten im Personennahverkehr bezeichnet. Haustürgeschäfte nach § 312 Abs. 1 BGB und Fernabsatzverträge nach § 312b BGB sind wegen ihres spezifischen Gefährdungspotentials aus dem Anwendungsbereich des § 105a Satz 1 BGB auszunehmen.

Geringwertige Mittel

Die dem § 105a BGB unterfallenden Geschäfte werden nicht nur nach ihrer Art (Alltagsgeschäfte), sondern auch nach ihrem Volumen begrenzt. Es werden daher nur solche Alltagsgeschäfte erfasst, deren Erfüllung mit geringwertigen Mitteln möglich ist. Die Geringwertigkeit ist nicht nach den individuellen wirtschaftlichen Verhältnissen des Geschäftsunfähigen zu bemessen, sondern maßgeblich ist das durchschnittliche Preis- und Einkommensniveau der Bevölkerung.

2.4.2 Wohn- und Betreuungsverträge (Heimverträge)

Heimverträge zeigen Wirkung

Hat der geschäftsunfähige Betreute (Verbraucher, § 13 BGB) mit einem Unternehmer (§ 14 BGB) einen Vertrag abgeschlossen, für den das Wohn- und Betreuungsvertragsgesetz (WBVG) Anwendung findet (vgl. §§ 1, 2 WBVG), hängt die Wirksamkeit des Vertrags von der Genehmigung des Betreuers oder Bevollmächtigten ab, § 4 Abs. 2 Satz 1 und 2 WBVG i. V. m. § 108 Abs. 2 BGB. Der Vertrag ist also schwebend unwirksam. Der Betreuer wird prüfen müssen, ob der von dem geschäftsunfähigen Betreuten abgeschlossene Vertrag seinem Interesse entspricht und deshalb mit der von ihm zu erklärenden Genehmigung Wirksamkeit erlangen soll. Nur bezüglich der bereits erbrachten Leistungen gilt der Vertrag aus Gründen der Rechtssicherheit als wirksam abgeschlossen, § 4 Abs. 2 Satz 3 WBVG. Aus § 4 Abs. 2 Satz 4 WBVG ergibt sich, dass trotz der Geschäftsunfähigkeit bei Abschluss des Vertrages der Unternehmer das Heimverhältnis nur aus wichtigem Grund (§ 12 WBVG) für gelöst erklären kann.

2.5 Überprüfung des Rechtsgeschäfts durch den Betreuer

Rückabwicklung oder Duldung

Soweit ein geschäftsunfähiger Betreuter aus eigenem Willen oder durch Beeinflussung Dritter unsinnige bzw. objektiv unnötige Kaufverträge abschließt oder sonstige Verpflichtungen ohne konkreten Bedarf eingeht, wird der Betreuer sie rückabzuwickeln haben (die Verträge sind unwirksam). Sollten Leistung und Gegenleistung bewirkt sein, und sind die Geschäfte für den Betreuten nicht nachteilig, kann der Betreuer sie im Einzelfall stillschweigend dulden. Jeglicher Nachteil aus der Sicht des Betreuten muss jedoch beachtet werden.

Angesprochen sind hier z. B. Kaufverträge bei Werbefahrten oder Werbevorführungen, Bestellungen im Versandhandel, Zeitungsabonnements, Haustürgeschäfte jeglicher Art, Bestellung von Angeboten aus der TV-Werbung, Beitrittserklärungen zu Vereinen oder Buchgemeinschaften, Versicherungsverträge, Verträge mit Eheanbahnungsinstituten, Kauf von Gegenständen des täglichen Gebrauchs bis hin zum Kauf von Kraftfahrzeugen, Mieten einer Wohnung, Kaufverträge jeglicher Art mit Ratenzahlungsvereinbarungen, neuerdings auch Handy-Verträge, Internet-Auktionen (z. B. Ebay), telefonische Tarifangebote von Telefongesellschaften.

Wünsche sind zu beachten

Der Betreuer befindet sich bei der Prüfung, ob er das Rechtsgeschäft seines Betreuten duldet, regelmäßig in einem Spannungsfeld zwischen „Recht" und einer „humanen Alternative". Er soll seinen Betreuten zur weitgehendsten Selbstständigkeit anhalten, sein Selbstwertgefühl stärken, sein Wohl, seinen Willen und seine Wünsche beachten, also ein Stück weit Raum für seine Selbstentfaltung schaffen. Demgegenüber steht das Recht, wonach Willenserklärungen des Geschäftsunfähigen nichtig sind.

Unter Beachtung von Wohl, Wille, Wunsch des Betreuten, Art und Schwere seiner Krankheit oder Behinderung, seiner finanziellen Grundlagen sowie der gesamten sonstigen Lebensverhältnisse muss der Betreuer eingreifen, wenn der Betreute offensichtlich zu seinem Nachteil handelt, oder zu befürchten ist, dass der Vertragspartner eine Rückabwicklung anstrebt. Diese Einstellung wäre Voraussetzung für ein lebenspraktisches Training des Betreuten, das seine Grenzen und Möglichkeiten aufzeigt, und ein Beitrag zur Stabilisierung seiner Selbstständigkeit. Der Betreuer darf aber nie die Tatsache aus den Augen verlieren, dass das Rechtsgeschäft unwirksam ist.

2.6 Rückabwicklung eines Rechtsgeschäfts

Kein guter Glaube an Geschäftsfähigkeit möglich

Betreuer, die das Rechtsgeschäft des Betreuten rückabwickeln wollen, werden im Rechtsalltag von den Geschäftspartnern geschäftsunfähiger Betreuter nicht selten auf ihren guten Glauben und die Unkenntnis der Geschäftsunfähigkeit verwiesen. Aussagen wie „woher soll ich das wissen", „kann ich doch nicht riechen" oder „man sieht es ihm doch nicht an" sind verständlich und nachvollziehbar, verkennen aber die Rechtslage. Der gute Glaube an die Geschäftsfähigkeit eines Vertragspartners wird vom Gesetz nicht geschützt.

Nichtige Rechtsgeschäfte – was tun?

Kann der Betreuer ein Rechtsgeschäft oder eine sonstige Verpflichtung seines geschäftsunfähigen Betreuten nicht stillschweigend dulden, sollte er

- den Vertragspartner seines Betreuten unverzüglich von der Geschäftsunfähigkeit und somit von der Nichtigkeit des Rechtsgeschäfts unterrichten und zur Rückabwicklung auffordern,
- Rechnungen bzw. Forderungen nicht bezahlen und bereits bezahlte Beträge unter Fristsetzung herausfordern,
- bei Kaufverträgen über den Verbleib der Ware unterrichten und um Abholung bitten – es gilt nur die Sorgfaltspflicht, die man gegenüber eigenen Sachen walten lässt,
- bei bedeutenden Verpflichtungen umgehend Beratungsangebote beanspruchen und ggf. einen Rechtsanwalt mit der Wahrnehmung der Rechte des Betreuten beauftragen.

Nichtige „Altgeschäfte" – was tun?

Erhält der Betreuer von einer nichtigen Willenserklärung erst nach seiner Bestellung zum Betreuer Kenntnis und kann er diesem Rechtsgeschäft weder ausdrücklich noch stillschweigend zustimmen, so trägt er die Beweislast für die Geschäftsunfähigkeit seines Betreuten.

Vermutet der Betreuer die Nichtigkeit von wesentlichen Rechtsgeschäften vor seiner Betreuerbestellung, sollte er zunächst das anlässlich des Betreuungsverfahrens erstellte fachpsychiatrische Gutachten kritisch prüfen und mit dem Betreuungsgericht besprechen.

Soweit das Gutachten keine Auskunft zur Geschäftsfähigkeit zum fraglichen Zeitpunkt ermöglicht, kann in einem etwaigen Zivilrechtsstreit eine nachträgliche Begutachtung des Betreuten zu diesem Sachverhalt beantragt werden.

Zustellung eines Vollstreckungsbescheids an Betreuten

Es kommt vor, dass ein gerichtlicher Mahn- und anschließend der Vollstreckungsbescheid an den Betreuten zugestellt wird, ohne dass der Betreuer davon erfährt, oder die Zustellung erfolgt noch vor Beginn der Betreuung, §§ 693 Abs. 1, 699 Abs. 4 Satz 1 ZPO.

Zustellung an Betreuten

Hat bei der Zustellung an den Betreuten Geschäftsunfähigkeit vorgelegen, oder war in Vermögensangelegenheiten ein Einwilligungsvorbehalt angeordnet, lag Prozessunfähigkeit vor. Nach § 52 ZPO ist eine Person nur insoweit prozessfähig, als sie sich durch Verträge verpflichten kann. Das kann weder der Geschäftsunfähige (§ 105 Abs. 1 BGB), noch der Geschäftsfähige, bei dem ein Einwilligungsvorbehalt besteht (§ 1903 Abs. 1 Satz 1 BGB). Eine Zustellung an eine nicht prozessfähige Person ist unwirksam, § 170 Abs. 1 Satz 2 ZPO. Hier ist jedoch die Rechtsprechung des *BGH* (FamRZ 2008, 295) zu beachten. Die unter Verstoß gegen § 170 Abs. 1 ZPO erfolgte Zustellung eines Vollstreckungsbescheids an eine aus dem zuzustellenden Titel nicht erkennbar prozessunfähige Partei setzt die Einspruchsfrist in Lauf. Wird innerhalb der Frist kein Einspruch eingelegt, tritt Rechtskraft des Vollstreckungsbescheids ein, § 705 ZPO.

Nichtigkeitsklage durchbricht Rechtskraft

Wurde aber der geschäftsunfähige oder mit einem Einwilligungsvorbehalt behaftete Betreute in einem gerichtlichen Verfahren nicht vertreten, wurden ihm die Entscheidungen (z. B. der Vollstreckungsbescheid) persönlich bekannt gegeben, so kann im Wege der Nichtigkeitsklage die Wiederaufnahme des Verfahrens erreicht werden, §§ 578, 579 Abs. 1 Nr. 4 ZPO.

Frist und Erhebung der Klage

Der Betreuer muss die Klage vor Ablauf der Notfrist eines Monats erheben. Die Frist für die Erhebung der Klage läuft von dem Tage, an dem bei mangelnder Prozessfähigkeit (des Betreuten) dem gesetzlichen Vertreter das Urteil zugestellt wird, § 586 Abs. 1, Abs. 3 ZPO. Da eine solche Zustellung (in der Regel) nicht erfolgt ist, wurde die Frist auch noch nicht in Lauf gesetzt. Die Nichtigkeitsklage ist ausschließlich an das Gericht zu richten, das im Prozessverfahren zuständig war; richtet sich die Klage gegen einen Vollstreckungsbescheid, ist das Gericht zuständig, das im Streitverfahren (bei Einlegung des Einspruchs) zuständig gewesen wäre, § 584 ZPO. Das Verfahren richtet sich nach den §§ 585 ff. ZPO.

2.7 Auswirkungen bei Geschäftsfähigkeit

Rechtsgeschäfte sind wirksam

Bei Geschäftsfähigkeit des Betreuten sind alle seine Rechtsgeschäfte – ohne Mitwirkung des Betreuers – wirksam. Es ist theoretisch nicht auszuschließen, dass sowohl der Betreute als auch der Betreuer Rechtsgeschäfte mit gleichlautendem bzw. widersprechendem Inhalt abschließen.

Zur Lösung dieses Problems muss auf die allgemeinen Grundsätze des Vertretungsrechts zurückgegriffen werden.

Überschneidende Verfügungen

Treffen mehrere Verfügungen (Eigentumsübertragungen, Abtretung einer Forderung) mit gleichem Erklärungsinhalt aufeinander (z. B. der Betreuer und der Betreute treten unabhängig voneinander an verschiedene Personen eine Forderung ab), so gilt der Grundsatz des zeitlichen Vorrangs.

Im Ergebnis heißt dies auch, dass Betreuer und Betreuter dieselbe Sache zweimal verkaufen können (schuldrechtlicher Vertrag), aber nur einmal an einen Käufer übertragen können (Verfügung).

Da der Betreuer keinen Willensvorrang geltend machen kann, sind Rechtsgeschäfte, die der Betreute und der Betreuer unabhängig voneinander abgeschlossen haben, nebeneinander wirksam (z. B. Kauf eines Kühlschranks bei verschiedenen Fachhändlern, Vergabe von Renovierungsarbeiten für die Wohnung des Betreuten an verschiedene Schreinereien). Unerheblich bleibt, ob die Rechtsgeschäfte nebeneinander einen wirtschaftlichen Sinn ergeben und ob sie gleichzeitig erfüllt werden können.

Schadensersatz bei Unterlassung der Besprechung

Bei Nichterfüllung von Verträgen durch den Betreuten und den Betreuer können Schadensersatzansprüche für den Geschäftspartner entstehen. Unter Hinweis auf die Besprechungspflicht in wichtigen Angelegenheiten sollte eine derartige Situation gar nicht erst vorkommen. Bei Schadensersatzansprüchen gegen den Betreuten kann dieser Rückgriff auf den Betreuer nach § 1908i Abs. 1 Satz 1 i. V. m. § 1833 BGB nehmen, wenn eine schuldhafte (zumindest fahrlässige) Pflichtverletzung (Verstoß gegen § 1901 Abs. 3 Satz 3 BGB) vorliegt.

3. Einwilligungsvorbehalt

Beschränkung des geschäftsfähigen Betreuten

Im Gegensatz zur früheren „Entmündigung" schränkt die Betreuung die Geschäftsfähigkeit nicht ein. Nur zur Abwehr einer „erheblichen Gefahr für die Person oder das Vermögen des Betreuten" kann mit einem zusätzlich anzuordnenden Einwilligungsvorbehalt ausnahmsweise die Geschäftsfähigkeit beschränkt werden. Liegen die Voraussetzungen für einen Einwilligungsvorbehalt vor, muss eine Betreuung für den relevanten Bereich eingerichtet werden, auch wenn eine umfassende Vorsorgevollmacht vorliegt, da die Vollmacht die Gefährdung nicht beseitigen kann (*BGH* BtPrax 2011, 208).

3.1 Voraussetzungen eines Einwilligungsvorbehalts

Das Betreuungsgericht kann gemäß § 1903 Abs. 1 Satz 1 BGB anordnen, dass der Betreute zu einer den Aufgabenkreis des Betreuers betreffenden Willenserklärung der Einwilligung des Betreuers bedarf, soweit dies zur Abwendung einer erheblichen Gefahr für die Person oder das Vermögen des Betreuten erforderlich ist. Das Gericht darf sich mit „allgemein gehaltenen Angaben" nicht begnügen. Die erhebliche Gefahr muss vielmehr durch „konkrete Anhaltspunkte" belegt sein (*BGH* BtPrax 2011, 208). Die folgende Checkliste soll daher einen strukturierten und aussagekräftigen Vortrag ermöglichen. Zusätzlich ist erforderlich, dass der Betreute aufgrund seiner psychischen Erkrankung außerstande ist, in dem betreffenden Bereich seinen Willen frei zu bestimmen.

Fallbeispiel:

Der psychisch kranke Betreute Otmar Fberg verfügt über eine Rente, bei der ihm nach Abzug aller laufenden Fixkosten mtl. 306 EUR zur Bestreitung seines Lebensunterhalts verbleiben. Er nimmt häufig an Werbeverkaufsfahrten teil, wobei er sich verpflichtet fühlt, für den preisgünstigen Ausflug die „ach so günstigen und nützlichen" Artikel aus der Werbevorführung zu bestellen. Fberg kann zu Vertretern nicht „nein" sagen und schließt daher laufend Haustürgeschäfte jeglicher Art ab. Da Fberg durch sein uneinsichtiges Verhalten die notwendigen Mittel für seinen laufenden Lebensunterhalt gefährdet, liegt eine erhebliche Gefahr für das Vermögen des Betreuten vor. Die Voraussetzungen zur Anordnung eines Einwilligungsvorbehalts sind gegeben, da weniger einschneidende Maßnahmen nicht greifen (Erforderlichkeitsgrundsatz).

Checkliste: Anregung zur Anordnung eines Einwilligungsvorbehalts

Verfahren im Normalfall

Besprechung mit dem behandelnden Arzt.

Evtl. Rücksprache und Beratung mit Betreuungsstelle bzw. Betreuungsgericht, ob nicht andere Maßnahmen die Gefährdung sicher verhindern können.

Gespräch mit dem Betreuten (sofern nicht die Gefahr besteht, dass er sich aus Angst vor der Anordnung des Einwilligungsvorbehalts schädigt).

- Zusammenstellen des relevanten Sachverhalts zur Begründung der erheblichen Gefährdung des Betreuten oder seines Vermögens.
- Angaben aus dem sozialen Umfeld, Freunde, Nachbarn, Arbeitgeber u. a.,
- eigene Beobachtungen,
- Angaben des Betreuten (evtl. Zustimmungserklärung beilegen),
- schriftliche Unterlagen, z. B. Rechnungen, Mahnungen etc.
- Übersendung der Anregung an das Betreuungsgericht mit allen Unterlagen.

Besteht akuter Handlungsbedarf?

Der Betreute verfügt z. B. über eine größere Bargeldsumme und schließt unsinnige und im erheblichen Maße selbstschädigende Verträge ab. Offenkundige Geschäftsunfähigkeit liegt nicht vor. Es muss dann beim Betreuungsgericht unverzüglich die Anordnung eines Einwilligungsvorbehalts durch einstweilige Anordnung angeregt werden.

Dabei bitte Folgendes beachten:

- Schriftliche Feststellung des Sachverhalts, aus dem sich die Gefährdung für das Vermögen des Betreuten ergibt (bitte eigene Wahrnehmungen und Angaben Dritter differenzieren).
- Einholung eines ärztlichen Zeugnisses (genügt für die vorläufige Anordnung).
- Übersendung oder persönliche Abgabe der Anregung auf Anordnung eines Einwilligungsvorbehalts im Wege der einstweiligen Anordnung beim Betreuungsgericht mit sämtlichen verfügbaren Unterlagen (ärztliches Zeugnis, Schilderung des Sachverhalts, Rechnungen etc.). Soweit Unterlagen nicht greifbar sind (z. B. ärztliches Zeugnis kann nicht beigebracht werden), ist dies zu begründen, um unnötige Nachfragen zu vermeiden.

3.2 Folgen des Einwilligungsvorbehalts

Minderung der Geschäftsfähigkeit

Die Stellung des Betreuten mit Einwilligungsvorbehalt ähnelt der einer in der Geschäftsfähigkeit beschränkten Person. Unterschiede ergeben sich daraus, dass der Einwilligungsvorbehalt nur den in der Anordnung bestimmten Bereich erfasst, der Betreute selbst in diesem Bereich Geschäfte über geringfügige Angelegenheiten des täglichen Lebens ohne Einwilligung vornehmen kann und ein Einwilligungsvorbehalt bezüglich der in § 1903 Abs. 2 BGB aufgeführten Willenserklärungen nicht greift. Aus diesen Gründen zählten die Betreuten bei angeordnetem Einwilligungsvorbehalt nicht zum Kreis der in der Geschäftsfähigkeit beschränkten Personen gemäß § 106 BGB, sondern bilden eine dritte Gruppe von Personen, deren Geschäftsfähigkeit gemindert ist, neben den geschäftsunfähigen und den in der Geschäftsfähigkeit beschränkten.

Rechtlich vorteilhafte Geschäfte

Trotz Einwilligungsvorbehalts ist keine Einwilligung erforderlich, wenn die Willenserklärung des (nicht geschäftsunfähigen) Betreuten diesem lediglich einen rechtlichen Vorteil bringt (§ 1903 Abs. 3 Satz 1 BGB), etwa bei einer Schenkung.

Alltägliche Bargeschäfte

Mangels anderweitiger Anordnung des Gerichts gilt Gleiches für die eine geringfügige Angelegenheit des täglichen Lebens betreffende Willenserklärung (§ 1903 Abs. 3 Satz 2 BGB; vgl. dazu auch A 4 Kap 1.4). Für die übrigen Willenserklärungen ordnet § 1903 Abs. 1 Satz 2 BGB die entsprechende Geltung folgender Vorschriften an:

- § 108 BGB – Vertragsabschluss ohne Einwilligung
- § 109 BGB – Widerrufsrecht des anderen Teils
- § 110 BGB – „Taschengeldparagraf“
- § 111 BGB – Einseitige Rechtsgeschäfte
- § 112 BGB – Selbständiger Betrieb eines Erwerbsgeschäfts
- § 113 BGB – Dienst- oder Arbeitsverhältnis
- § 131 Abs. 2 BGB – Zustellung bei Unkenntnis über die Person
- § 210 BGB – Ablaufhemmung (Verjährung) bei nicht voll Geschäftsfähigen

Zustimmung des Betreuers ist erforderlich

Der Betreute benötigt zum Abschluss von Verträgen die Zustimmung seines gesetzlichen Vertreters.

Ohne die erforderliche Einwilligung sind die Verträge des Betreuten schwebend unwirksam. Mit der Verweigerung der Genehmigung wird ein Vertrag endgültig unwirksam. Mit der nachträglichen Genehmigung gilt der Vertrag als von Anfang an wirksam. In der Rechtssprache wird der Begriff „Einwilligung“ bei vorheriger Zustimmung, der Begriff „Genehmigung“ bei nachträglicher Zustimmung verwendet. Verweigert der Betreuer die (nachträgliche) Genehmigung zu einem Vertrag, so muss er den Vertragspartner des Betreuten unterrichten und auf den Einwilligungsvorbehalt hinweisen. Haben beide Vertragsteile Zug um Zug ihre Leistungen bereits erbracht, muss das Rechtsgeschäft von beiden Seiten rückabgewickelt werden.

Vertragspartner kennt den Einwilligungsvorbehalt nicht

Die Anordnung der Betreuung mit Einwilligungsvorbehalt für den Bereich der Vermögenssorge steht der Erfüllungswirkung von Auszahlungen an den Betreuten aus seinem Kontoguthaben nicht entgegen. Einem unter Betreuung stehenden Volljährigen ist die Empfangszuständigkeit für Zahlungen nur dann abzusprechen, wenn der Leistende die Betreuung kennt oder jedenfalls kennen musste, also fahrlässig handelt, *LG Oldenburg*, WM 2013, 1411. Diese Entscheidung ist mit Vorsicht zu betrachten und kann nur unter ganz bestimmten Voraussetzungen angewendet werden. Im entschiedenen Fall hat der Betreute von seinem Tagesgeldkonto Gelder abgehoben (insgesamt 269.300 EUR) und die Bank hatte keine Kenntnis vom Einwilligungsvorbehalt. Zudem hatte der Betreute das Konto noch selbst eröffnet und der Betreuer den Einwilligungsvorbehalt nicht angezeigt.

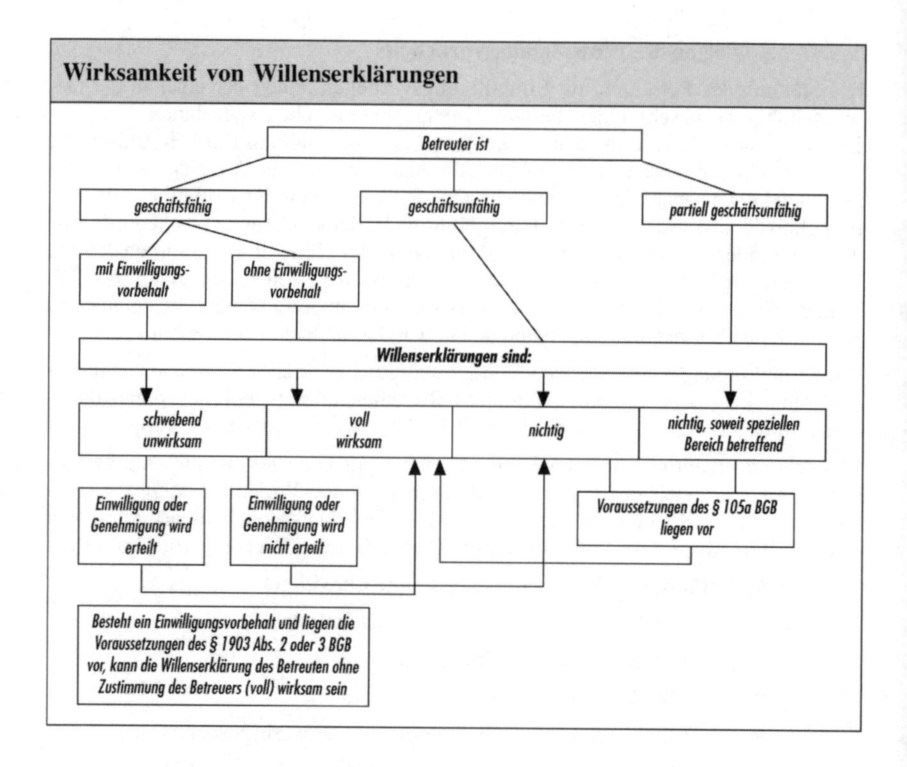

4. Testierfähigkeit

Die Testierfähigkeit ist als spezielle Ausprägung der Geschäftsfähigkeit auf dem Gebiet des Erbrechts geregelt. § 2229 BGB fasst die allgemeinen Grundsätze der §§ 104 Nr. 2, 105 Abs. 1, 2 BGB zusammen und trifft eine unabhängige Regelung. Da die Testamentserrichtung ein höchstpersönliches Rechtsgeschäft ist, kann sie nicht von der Zustimmung des gesetzlichen Vertreters abhängig sein (§ 2064 BGB).

Man versteht unter Testierfähigkeit die Fähigkeit, ein Testament zu errichten, abzuändern oder aufzuheben. Die Testierfähigkeit kann auch bei Personen bestehen, denen die Geschäftsfähigkeit für einen gegenständlich beschränkten Kreis von Angelegenheiten fehlt, sie kann aber nicht als partielle Testierfähigkeit für Testamente bestimmten Inhalts bestehen.

Zur Testierfähigkeit reicht nicht eine nur allgemeine Vorstellung von der Tatsache der Errichtung eines Testaments und von dem Inhalt. Der Erblasser muss eine konkrete Vorstellung seines letzten Willens haben und in der Lage sein, sich über die Tragweite seiner Anordnung und ihre Auswirkungen auf die persönlichen und wirtschaftlichen Verhältnisse der Betroffenen ein klares Urteil zu bilden. Schließlich setzt die Testierfähigkeit voraus, dass der Erblasser imstande ist, den Inhalt des Testaments von sich aus zu bestimmen und auszudrücken. Der Erblasser muss nach eigenem Urteil frei von Einflüssen interessierter Dritter handeln können.

Die Testierfähigkeit deckt sich insofern mit der Geschäftsfähigkeit, als jeder Geschäftsfähige auch testierfähig ist und dem vollständig Geschäftsunfähigen die Testierfähigkeit immer fehlt.

Testierunfähig ist nach § 2229 Abs. 4 BGB, wer wegen krankhafter Störung der Geistestätigkeit, wegen Geistesschwäche oder wegen Bewusstseinsstörung nicht in der

Lage ist, die Bedeutung einer von ihm abgegebenen Willenserklärung einzusehen und nach dieser Einsicht zu handeln. Auch eine nur vorübergehende krankhafte Störung der Geistestätigkeit oder Geistesschwäche führt zur Testierunfähigkeit. Entscheidend ist, ob durch den Geisteszustand des Erblassers seine freie Willensbestimmung im Zeitpunkt der Testamentserrichtung (nur dieser Zeitpunkt ist maßgebend) ausgeschlossen war. Unerheblich ist die Ursache der Testierunfähigkeit.

Nach dem Wortlaut des § 2229 Abs. 4 BGB führen die aufgeführten Störungen der Geistestätigkeit nicht grundsätzlich zur Testierunfähigkeit, sondern nur dann, wenn der Erblasser „nicht in der Lage ist, die Bedeutung einer von ihm abgegebenen Willenserklärung einzusehen und nach dieser Einsicht zu handeln". Fehlende Erkenntnis rechtlicher und wirtschaftlicher Zusammenhänge des Erklärten genügt für Testierunfähigkeit nicht.

Allgemein ist festzuhalten: Testierunfähig infolge krankhafter Störung der Geistestätigkeit oder Geistesschwäche ist derjenige, „dessen Erwägungen und Willensentschlüsse nicht mehr auf einer der allgemeinen Verkehrsauffassung entsprechenden Würdigung der Außendinge und Lebensverhältnisse beruhen, sondern durch krankhaftes Empfinden, krankhafte Vorstellungen und Gedanken oder durch Einflüsse dritter Personen derart beeinflusst werden, dass sie tatsächlich nicht mehr frei sind, vielmehr sich den genannten regelwidrigen Einwirkungen schranken- und hemmungslos hingeben und von ihnen widerstandslos beherrscht werden". Eine geistige Erkrankung steht der Fähigkeit ein Testament zu errichten, dann nicht entgegen, wenn die Erkrankung mit Testamentserrichtungen nicht in Verbindung steht und die Errichtung einer Verfügung nicht beeinflusst.

Testamente Geisteskranker können wirksam sein, wenn sie in einem lichten Augenblick errichtet sind.

Ein Einwilligungsvorbehalt kann sich nie auf die Errichtung von Verfügungen von Todes wegen erstrecken, § 1903 Abs. 2 BGB.

5. Ehefähigkeit

Ehefähigkeit erfordert Geschäftsfähigkeit

Eine Betreuung hat keine Auswirkung auf die Ehefähigkeit eines Betreuten. Maßgebend für die Ehefähigkeit ist ausschließlich seine Geschäftsfähigkeit (§ 1304 BGB).

Die Prüfung der Ehefähigkeitsvoraussetzungen obliegt dem Standesbeamten. Dieser kann, soweit er an der Geschäftsfähigkeit eines Verlobten zweifelt, zweckgerichtete Ermittlungen durchführen und ggf. Akteneinsicht beim Betreuungsgericht nehmen.

Höchstpersönliches Recht

Das Gesetz gesteht dem Betreuer nicht zu, auf die Eheschließung eines geschäftsfähigen Betreuten Einfluss zu nehmen. Das Recht zur Eheschließung des Betreuten ist dessen höchstpersönliches Recht. Der Betreuer muss sich von eigenen Bedürfnissen und Wertvorstellungen lösen und die Eheschließung seines geschäftsfähigen Betreuten akzeptieren. Auch ein Einwilligungsvorbehalt kann sich nie auf die Eheschließung beziehen, § 1903 Abs. 2 BGB.

Eheschließung – Keine Aufgabe des Betreuers

Ist sich der Betreuer über die Geschäftsfähigkeit seines Betreuten im Unklaren und ist er gegen die Eheschließung eingestellt, sollte er grundsätzlich die Beratungsangebote des Betreuungsgerichts in Anspruch nehmen. Das Betreuungsgericht ist ggf. verpflichtet, seine Entscheidungen Behörden unter Wahrung „berechtigter Interessen des Betroffenen" mitzuteilen, „um eine erhebliche Gefahr für das Wohl des Betroffenen, für Dritte oder die öffentliche Sicherheit abzuwenden" (§ 308 FamFG).

Bei bekannter und nachweisbarer Geschäftsunfähigkeit des Betreuten bleibt es dem Betreuer unbenommen, den Standesbeamten zu unterrichten, wenn er von einer bevorstehenden Eheschließung des Betreuten erfährt. Wegen des schwerwiegenden Eingriffs in die Persönlichkeitsrechte des Betreuten, aber auch um die Beziehung zum Betreuten nicht negativ zu beeinflussen, sollte auch hier der Weg über das Beratungsangebot des Betreuungsgerichts nicht unbeachtet bleiben.

6. Einwilligungs- und Einsichtsfähigkeit

Einwilligungsfähigkeit wird in der *Bundestags-Drucksache 11/4528* auf Seite 71 wie folgt definiert:

> *Einwilligungsfähig ist, wer Art, Bedeutung und Tragweite (auch Risiken) der Maßnahme zu erfassen und seinen Willen hiernach zu bestimmen vermag. Aber auch bei Einwilligungsfähigkeit des Betroffenen ist die Einwilligung nicht wirksam, wenn der Betroffene über die Maßnahme (insbesondere über die mit ihr verbundenen Risiken) nicht ausreichend aufgeklärt wurde.*

Selbstverantwortliche Entscheidung einer Person setzt nicht nur die Erkenntnis dessen voraus, was mit ihr geschieht, sondern auch dessen, was es bedeutet und warum es geschieht (Wesen, Bedeutung und Tragweite). Es geht z. B. nicht an, schon denjenigen für einwilligungsfähig zu erklären, der versteht, dass er mit der Unterbringung die Anstalt nicht mehr beliebig verlassen kann, wenn nicht ein Begriff davon hinzukommt, was das für die Lebensführung bedeutet und welcher Anlass für eine derartige Beschneidung der Lebensmöglichkeiten besteht.

Natürliche Fähigkeit

Die Einwilligungsfähigkeit im Sinne einer natürlichen Einsichts- und Steuerungsfähigkeit unterscheidet sich von der Geschäftsfähigkeit zum einen dadurch, dass sie auf den subjektiv individuellen Reifegrad einer Person abstellt. Zum anderen bezieht sie sich auf ein objektiv konkretes „Geschäft" und ist damit auch in Verhältnis zu setzen zu dessen Art und Kompliziertheit. Aus der Relativität der Einwilligungsfähigkeit folgt auch, dass die Anforderungen hieran mit der Komplexität und dem Risiko der ärztlichen Behandlung wachsen. So kann etwa bei der gleichen Person die Einwilligungsfähigkeit hinsichtlich einer schwierigen und umfangreichen Operation zu verneinen sein, während sie z. B. hinsichtlich einer einfachen Wundversorgung zu bejahen sein kann.

6.1 Bereich Heilbehandlung

Betreuter entscheidet maßgeblich

Das geltende Betreuungsrecht geht von einem grundsätzlichen Willensvorrang des Betreuten (auch) im Bereich der Heilbehandlung aus. Ist der Betreute einwilligungsfähig, trifft er selbst die Entscheidung darüber, ob er in eine Behandlung einwilligt oder nicht. Auch wenn ein Betreuer mit dem Aufgabenkreis „Gesundheitssorge" bestellt wurde (zum Beispiel, weil der Betreute nicht mehr in der Lage ist, einen Behandlungsvertrag abzuschließen), ist in diesem Fall allein die Entscheidung des Betreuten maßgebend dafür, ob die Behandlung durchgeführt werden darf oder nicht.

Vertretung ist möglich

Ist der Betreute dagegen nicht einwilligungsfähig, kann der Betreuer als gesetzlicher Vertreter trotz der Höchstpersönlichkeit der Entscheidung grundsätzlich für den Betreuten in eine ärztliche Maßnahme einwilligen. Das ist erforderlich, damit nichteinwilligungsfähige Betreute nicht von einwilligungsbedürftigen ärztlichen Maßnahmen ausgeschlossen werden. In diesen Fällen hat der Betreuer aber den Wünschen des einwilligungsunfähigen Betreuten zu entsprechen, soweit dies dessen subjektivem Wohl nicht widerspricht und dem Betreuer zuzumuten ist. Das hat zur Folge, dass der Betreuer den Wunsch des nicht einwilligungsfähigen Betreuten auch dann zu beachten hat, wenn dieser darauf gerichtet ist, in der letzten Lebensphase nicht sämtliche denkbaren lebens-, aber auch schmerzverlängernden medizinischen Möglichkeiten einzusetzen (*Bundestags-Drucks. 11/4528 S. 142)*.

Ein entscheidendes Anwendungsproblem ist somit die Frage, unter welchen Voraussetzungen der Betreute selbst wirksam in eine medizinische Behandlung einwilligen kann. Bei volljährigen Patienten wird auf die „natürliche Einsichts- und Steuerungsfähigkeit“ (auch „natürliche Einsichts- und Urteilsfähigkeit“) anstatt auf die „Geschäftsfähigkeit“ abgestellt, mit der Folge, dass eine in sonstigen Bereichen geschäftsunfähige Person im konkreten Fall in eine medizinische Behandlung einwilligen kann, ebenso wie es umgekehrt denkbar ist, dass eine sonst geschäftsfähige Person im Einzelfall als „medizinisch“ einwilligungsunfähig erscheint. Diesen Lehren ist im Ergebnis zuzustimmen: Für die Einwilligung in die Beeinträchtigung höchstpersönlicher Rechtsgüter kommt es auf die individuelle Fähigkeit zur selbstverantwortlichen Willensbildung und -steuerung in diesem Bereich an. Nicht zwingend ist es jedoch, „natürliche Einsichtsfähigkeit“ und „Geschäftsfähigkeit“ als Gegensätze zu begreifen; vielmehr ist der Befund, der als „natürliche Einsichtsfähigkeit“ bezeichnet wird, identisch mit der Geschäftsfähigkeit einer Person in diesem Entscheidungsbereich. Das entspricht der anerkannten Lehre von der Möglichkeit partieller Geschäftsfähigkeit.

Natürliche Handlungsfähigkeit genügt nicht

Die somit entscheidende Einsichts- und Steuerungsfähigkeit des Betreuten für den Bereich der Entscheidung über medizinische Behandlungen darf freilich nicht falsch begriffen werden. Zunächst ist sie nicht zu verwechseln mit der „natürlichen Handlungsfähigkeit“ als der Fähigkeit, überhaupt willentlich zu handeln; diese kann auch schon das Kleinkind entwickeln. Ferner ist es unstatthaft, allein auf die Fähigkeit zur Einsicht in die „Tragweite“ der ärztlichen Behandlung abzustellen. Vielmehr bezieht sich die Einsichtsfähigkeit auch auf den Grund und die Dringlichkeit der in Aussicht genommenen Heilbehandlung, also die ärztliche Diagnose, das Begreifen der therapeutischen Möglichkeiten und das Abschätzen der jeweils damit verbundenen Heilungschancen und der Risiken. Grundvoraussetzung ist die Fähigkeit, das vom Arzt geführte Aufklärungsgespräch zu erfassen und auf seiner Grundlage die Entscheidung für oder gegen die Einwilligung selbstverantwortlich treffen zu können. Um die Dimension der „Einwilligungsfähigkeit“ richtig einschätzen zu können, muss folglich die Rechtsprechung zur ärztlichen Aufklärungspflicht herangezogen werden.

Der Umstand, dass der Betreute wegen geistiger oder seelischer Defizite einen Betreuer für Gesundheitsangelegenheiten erhalten hat, begründet für sich gesehen noch nicht seine Einwilligungsunfähigkeit, die stets im Bezug auf konkrete ärztliche Maßnahmen zu beurteilen ist. Doch bildet eine solche Betreuerbestellung ein Indiz; denn Voraussetzung der Betreuung ist das krankheits- oder behinderungsbedingte Unvermögen, die betreffenden Angelegenheiten selbst zu besorgen. Nun kann dieses Unvermögen in Bezug auf Verträge gegeben sein, während die Einwilligung in die medizinische Behandlung vom Betroffenen selbst erteilt werden kann.

Beurteilung durch den Arzt

Ob der Betreute im konkreten Fall einsichts- und steuerungsfähig ist, hat der Arzt vor einer Maßnahme zu beurteilen. Es hängt dies auch von der Schwierigkeit der Einsicht in Grund und Folgen der in Aussicht genommenen Behandlung ab, es gibt also eine „relative“ Einsichtsfähigkeit. Je schwieriger sich die ärztliche Aufklärung gestaltet, desto höhere Anforderungen stellt sie an die Einsichtsfähigkeit des Patienten. Die Einschätzung des Arztes unterliegt der Nachprüfung des Gerichts, der Arzt hat keinen Ermessensspielraum. Ergeben sich unauflösbare Zweifel an der Einwilligungsfähigkeit, so hat sich der Arzt des Konsenses des Betreuers zu versichern.

Kommt es je nach Einsichtsfähigkeit des Betroffenen rechtlich entweder auf dessen Einwilligung oder auf die des Betreuers an, so wirken im Idealfall der Betreute und der Betreuer bei der Entscheidungsfindung zusammen. Auch wenn der Betreuer einwilli-

Besprechungspflicht

gungsbefugt ist, hat er die Angelegenheit mit dem Betreuten zu besprechen (§ 1901 Abs. 3 Satz 3 BGB) und auf seine Wünsche im Rahmen des § 1901 Abs. 2, 3 BGB Rücksicht zu nehmen. Die Sorge für die Gesundheit des Betreuten wird dem Betreuer in § 1901 Abs. 4 BGB besonders auferlegt: Innerhalb seines Aufgabenkreises hat er dazu beizutragen, dass Möglichkeiten einer Heilung, Besserung, Rehabilitation etc. genutzt werden. Geht das Betreuungsrecht im Innenverhältnis somit von dem Idealbild einer Kooperation zwischen Betreuer und Betreutem aus, so bleibt es für das Außenverhältnis bei dem geschilderten Entweder/Oder der Einwilligungsbefugnis.

Ärztliche Zwangsmaßnahmen

Ein generelles Behandlungsverbot gegen den natürlichen Willen nicht einwilligungsfähiger Betreuter sieht das geltende Recht nur bei der Sterilisation vor. Widerspricht eine geplante ärztliche Maßnahme dem natürlichen Willen, dann spricht das Gesetz von einer ärztlichen Zwangsmaßnahme, die nur unter sehr engen Voraussetzungen gem. § 1906 Abs. 3 und 3a BGB möglich ist (vgl. dazu Kapitel A 12, Abschnitt 2.1.5).

6.2 Bereich Freiheitsentziehung

Einwilligung in Freiheitsentziehung

Eine zur Selbstbestimmung fähige Person kann in Maßnahmen ihrer eigenen Freiheitsentziehung einwilligen und damit einen Rechtfertigungsgrund (im strafrechtlichen wie zivilrechtlichen Sinn) schaffen. Dabei ist es völlig gleichgültig, ob man die „Einwilligungsfähigkeit" als eine besondere Fähigkeit zur Selbstverantwortung in persönlichen Angelegenheiten außerhalb des Begriffs der allgemeinen Geschäftsfähigkeit ansiedelt oder in diesen Begriff (als bereichsbezogene Geschäftsfähigkeit) einschließt. Jedenfalls bedarf es bei der Zustimmung der auf diesem Gebiete zur Selbstbestimmung fähigen Person weder eines Betreuers noch eines Gerichts. Zu beachten ist aber dabei, dass es im Rahmen des § 1906 BGB um Personen geht, die in Fragen der Selbstbestimmung über ihren Aufenthalt eines Betreuers bedürfen, insoweit also einer gerichtlich angeordneten Fremdbestimmung unterliegen. Besteht kein Bedürfnis für fremdbestimmte Unterbringung, so darf an sich dem Betreuer nach dem Erforderlichkeitsgrundsatz schon von vornherein keine Befugnis zur Aufenthaltsbestimmung oder Unterbringung eingeräumt werden. Ist aber ein Betreuer mit der Befugnis „Aufenthaltsbestimmung" oder „Unterbringung" nötig, so kann der Betreute in der Regel schwerlich zugleich als fähig angesehen werden, Grund und Tragweite der Freiheitsentziehung einzusehen und selbstverantwortlich zu handeln.

7. Verfahrensfähigkeit

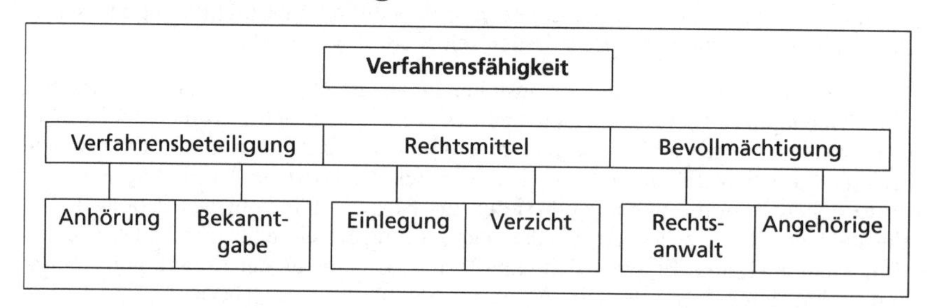

Verfahrensfähig im „eigenen Verfahren"

§ 275 FamFG für Betreuungssachen und § 316 FamFG für Unterbringungssachen erklären den Betroffenen „ohne Rücksicht auf seine Geschäftsfähigkeit" für verfahrensfähig. Eine Sonderregelung, die in § 9 Abs. 1 Nr. 4 FamFG ausdrücklich vorbe-

halten ist. Der Anwendungsbereich der Vorschrift bezieht sich auf sämtliche Betreuungssachen i. S. d. § 271 FamFG und alle Unterbringungssachen des § 312 FamFG.

7.1 Regelungsinhalt

Die Normen stellen sicher, dass der Betroffene in allen betreuungsrechtlichen und Unterbringungsverfahren ohne Rücksicht auf seine Geschäftsfähigkeit als verfahrensfähig zu behandeln ist. Die von der Geschäftsfähigkeit unabhängige Verfahrensfähigkeit stärkt die Rechtsposition des Betroffenen.

7.2 Verfahrensbefugnisse des Betroffenen

Verfahrenspfleger verdrängt nicht

Der Betroffene hat persönlich alle Befugnisse eines Verfahrensbeteiligten. Dies gilt insbesondere auch dann, wenn für ihn im Verfahren gemäß § 276 FamFG ein Verfahrenspfleger bestellt wird. Die Rechtsstellung des Verfahrenspflegers als selbstständiger Verfahrensbeteiligter beeinflusst nicht die verfahrensrechtliche Stellung, die dem Betroffenen aus eigenem Recht zusteht. Dies bedeutet zunächst, dass dem Betroffenen unabhängig von der Pflicht zu seiner persönlichen Anhörung (§ 278 FamFG) uneingeschränkt das rechtliche Gehör zu gewähren ist, insbesondere müssen ihm sämtliche Vorgänge, die Grundlage der gerichtlichen Entscheidung werden sollen, zur Kenntnis gebracht werden. Dies gilt vor allem für ein gemäß § 280 FamFG eingeholtes Sachverständigengutachten, das dem Betroffenen im vollen Wortlaut übermittelt werden muss; es genügt nicht, das Gutachten lediglich einem bestellten Verfahrenspfleger zur Verfügung zu stellen.

Volle Einbindung in das Verfahren

Der Betroffene ist aufgrund seiner Verfahrensfähigkeit befugt, uneingeschränkt durch tatsächliches Vorbringen das Verfahren und das Ergebnis der zu treffenden Entscheidung zu beeinflussen. Er ist zu sämtlichen Verfahrenshandlungen befugt. Betreuungsrechtliche Entscheidungen sind dem Betroffenen persönlich bekannt zu machen (siehe § 41 FamFG). Der Betroffene ist insbesondere auch zur selbständigen Einlegung eines Rechtsmittels befugt. Er ist uneingeschränkt berechtigt, zu seiner Vertretung im Verfahren einen Verfahrensbevollmächtigten zu bestellen, insbesondere also einen Rechtsanwalt mit seiner Vertretung zu beauftragen. Dies schließt als Annex die Teilgeschäftsfähigkeit zum Abschluss eines schuldrechtlichen Geschäftsbesorgungsvertrags mit einem Rechtsanwalt ein, weil nur auf diese Weise eine anwaltliche Vertretung gewährleistet werden kann (streitig). Ein etwa mit dem Aufgabenkreis der Vermögensangelegenheiten bestellter Betreuer muss deshalb den Vergütungsanspruch des bevollmächtigten Rechtsanwalts aus dem Einkommen oder Vermögen des Betroffenen erfüllen. Zur Wirksamkeit einer Bevollmächtigung durch den Betreuten in einem Betreuungsverfahren siehe auch *KG Berlin*, BtPrax 2010, 90.

Bestellung eines Vertreters

7.3 Wirksamkeit von Verfahrenshandlungen des Betroffenen

Bekanntgabe an den Betreuten

Aus seiner Verfahrensfähigkeit folgt zunächst, dass sämtliche Verfahrenshandlungen wirksam gegenüber dem Betroffenen vorgenommen werden können. Dies gilt insbesondere für die Bekanntgabe einer Entscheidung (§ 41 FamFG), durch die die Beschwerdefrist des § 63 Abs. 1 Satz 1 FamFG für die Einlegung eines eigenständigen Rechtsmittels durch den Betroffenen in Lauf gesetzt wird. Wirksam sind aber auch eigene Verfahrenshandlungen, die dem Betroffenen zum Nachteil gereichen können, wie etwa eine Beschwerderücknahme oder ein Rechtsmittelverzicht.

Natürlicher Wille als Voraussetzung ist fraglich

Fraglich ist, ob eine Erklärung des Betreuten im Rahmen seiner Verfahrensfähigkeit von einem „natürlichen Willen" getragen sein muss, so z. B. *OLG Saarbrücken* (FGPrax 1999, 108) oder ob es nach OLG Schleswig (FGPrax 2007, 130) nicht darauf ankommt, dass der Betroffene in Verfahren, die die Betreuung betreffen, noch über einen „natürlichen Willen" verfügt.

Grundsätzlich kann nicht durch eine Auslegung des § 275 FamFG (bzw. § 316 FamFG) gefordert werden, dass als Voraussetzung der Verfahrensfähigkeit das Vorhandensein eines „natürlichen Willens" gegeben ist. Es dürfte dem Sinn der gesetzlichen Vorschriften widersprechen, dass der Betroffene die Befugnis zu eigenen Verfahrenshandlungen durch ein Mindestmaß ihm verbliebener intellektueller Fähigkeiten rechtfertigen muss. Andererseits können Erklärungen des Betroffenen wenig Bedeutung zugemessen werden, wenn er jegliche Fähigkeit eingebüßt hat, sich verständlich zu artikulieren oder Sinn und Folge seiner Erklärungen auch nur ansatzweise zu erkennen (siehe *AG Mannhein*, BtPrax 2012, 219). Richter und Rechtspfleger des Betreuungsgerichts haben in jedem einzelnen Fall zu prüfen, ob verfahrensrechtliche Erklärungen des Betreuten noch zu beachten sind, insbesondere dann, wenn ersichtlich ist, dass Betreute ihren Namen unter ein vorbereitetes Schriftstück setzen, das sie nicht mehr verstehen, manchmal nicht mal mehr lesen können. Hier liegt keine Verfahrensfähigkeit vor, vielmehr sind die Betreuten zum bloßen Objekt der Interessen Dritter geworden.

Wissen und Verständnis müssen vorliegen

7.4 Verfahrenshandlungen Dritter

In der Praxis steht die Problematik im Vordergrund, wie verhindert werden kann, dass dritte Personen, die nicht dem nach § 303 Abs. 2 FamFG privilegierten Kreis beschwerdeberechtigter Angehöriger zuzurechnen sind, auf dem Weg einer Bevollmächtigung durch den fremdbestimmten Betroffenen in dessen Namen Verfahrenshandlungen vornehmen können, die nur der Verfolgung ihrer eigenen Interessen dienen. Nach § 10 Abs. 2 Satz 2 Nr. 2 FamFG kann sich der Betreute (als Beteiligter) durch volljährige Familienangehörige vertreten lassen. Hilfreich kann sein, dass die Vollmacht nicht nur zu behaupten, sondern nach § 11 FamFG schriftlich zu den Gerichtsakten einzureichen ist; das Gericht hat den Mangel der Vollmacht von Amts wegen zu berücksichtigen.

Bevollmächtigung Angehöriger

Das Gericht weist Bevollmächtigte, die nicht (im Sinne des § 10 Abs. 2 FamFG) vertretungsbefugt sind, durch unanfechtbaren Beschluss zurück. Verfahrenshandlungen, die ein nicht vertretungsbefugter Bevollmächtigter bis zu seiner Zurückweisung vorgenommen hat, und Zustellungen oder Mitteilungen an diesen Bevollmächtigten sind allerdings wirksam, § 10 Abs. 3 FamFG.

Nur verfahrensbezogene Bevollmächtigung

Wichtig ist, dass § 275 FamFG nur für eine rein verfahrensbezogene Bevollmächtigung gilt, nicht jedoch für eine inhaltlich umfassende, aus der der Bevollmächtigte auch das Recht herleitet, den Betroffenen außerhalb dem Betreuungsverfahren zu vertreten.

7.5 Anhörungen

Als Ausdruck der Verfahrensfähigkeit sind auch die (persönlichen) Anhörungen des Betreuten anzusehen, die vor gerichtlichen Entscheidungen durchzuführen sind.

Rechtliches Gehör als Grundrecht

Nach § 34 Abs. 1 FamFG hat das Gericht einen Beteiligten persönlich anzuhören, wenn dies zur Gewährleistung dessen rechtlichen Gehörs erforderlich ist oder wenn dies im FamFG vorgeschrieben ist. Darüber hinaus darf das Gericht eine Entscheidung, die die Rechte des Betreuten beeinträchtigt, nur auf Tatsachen stützen, zu denen sich der Betreute äußern konnte, § 38 Abs. 2 FamFG.

Am 30. 4. 2010 hat das *Bundesverfassungsgericht* (BtPrax 2010, 173) in seiner Entscheidung deutlich gemacht, dass für das Gericht aus Art. 103 Abs. 1 GG die Pflicht erwächst,

vor Erlass einer Entscheidung zu prüfen, ob dem Verfahrensbeteiligten rechtliches Gehör gewährt wurde. Maßgebend für diese Pflicht ist der Gedanke, dass der Verfahrensbeteiligte Gelegenheit haben muss, die Willensbildung des Gerichts zu beeinflussen.

Persönliche Anhörung

Insbesondere die §§ 278, 293, 296, 297, 298, 299, 300, 319, 331 FamFG (nicht abschließend) fordern eine persönliche Anhörung des Betroffenen, von der nur unter den Voraussetzungen des § 34 Abs. 2 FamFG abgesehen werden kann; sie kann unterbleiben, wenn hiervon erhebliche Nachteile für seine Gesundheit zu besorgen sind oder der Beteiligte offensichtlich nicht in der Lage ist, seinen Willen kundzutun. Soll eine persönliche Anhörung unterbleiben, weil hiervon erhebliche Nachteile für die Gesundheit des Betroffenen zu besorgen sind, darf diese Entscheidung nur auf Grundlage eines ärztlichen Gutachtens getroffen werden, § 278 Abs. 4 FamFG.

8. Wünsche des Betreuten

8.1 Bindung an den Wunsch

Wunsch bindet

Die Bindung an einen Wunsch des Betreuten bestimmt die Reichweite der Selbstbestimmung des Betreuten innerhalb des Betreuungsverhältnisses.

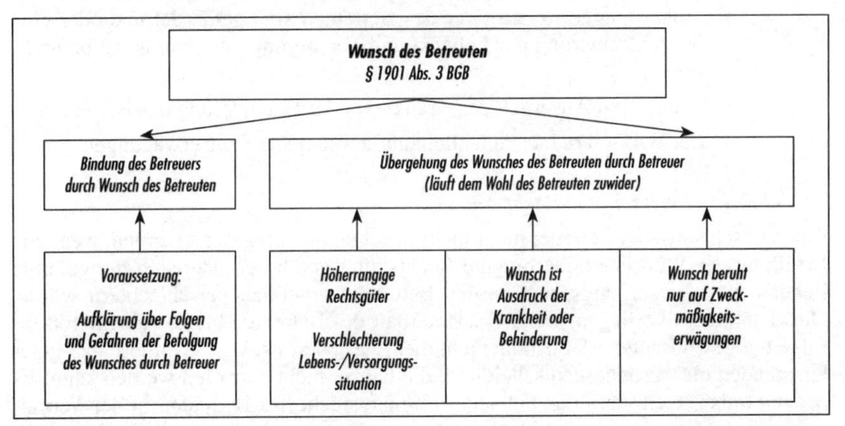

Die Frage, ob ein Wunsch zu beachten ist oder nicht, kann auch haftungsrechtliche Konsequenzen haben. Der Haftungsanspruch basiert auf §§ 1908i BGB, § 1833 BGB. Nach diesen Regelungen ist der Betreuer dem Betreuten (bzw. seinen Erben) für den aus einer Pflichtverletzung entstandenen Schaden verantwortlich, wenn ihm ein Verschulden zu Last fällt. § 1901 Abs. 3 Satz 1 BGB gibt dem Betreuer die Pflicht auf, Wünschen des Betreuten zu entsprechen. Er handelt aber u. U. auch pflichtwidrig, wenn er einem Wunsch entspricht, der dem Wohl des Betreuten zuwiderläuft.

Zum Vorrang der Wünsche des Betreuten unter Beachtung vor dessen objektiven Wohl gibt es eine (nicht unumstrittene) Entscheidung des *BGH* (BtPrax 2009, 290); lesenswert sind hierzu auch die Abhandlungen von *Thar* und *Brosey* in BtPrax 2010, 12 und 16.

Der BGH führt in seiner Entscheidung aus:

> *Ein Wunsch des Betreuten läuft nicht bereits dann im Sinne des § 1901 Abs. 3 Satz 1 BGB dessen Wohl zuwider, wenn er dem objektiven Interesse des Betreuten widerspricht. Vielmehr ist ein Wunsch des Betreuten im Grundsatz beachtlich, sofern dessen Erfüllung nicht höherrangige Rechtsgüter des Betreuten gefährden oder seine gesamte Lebens- und Versorgungssituation erheblich verschlechtern würde. Allerdings gilt der Vorrang des Willens des Betreuten nur für solche Wünsche, die Ausfluss des Selbstbestimmungsrechts des Betreuten sind und sich nicht nur als bloße*

Zweckmäßigkeitserwägungen darstellen. Beachtlich sind weiter nur solche Wünsche, die nicht Ausdruck der Erkrankung des Betreuten sind und auf der Grundlage ausreichender Tatsachenkenntnis gefasst wurden.

Ein Wunsch des Betreuten läuft dem Wohl nicht bereits dann zuwider, wenn er dessen objektiven Interessen widerspricht. Der eindeutige Wortlaut des § 1901 Abs. 2 Satz 2 BGB regelt, dass zum Wohl des Betreuten auch die Möglichkeit gehört, ein Leben nach seinen Wünschen und Vorstellungen zu gestalten; darin liegt ein grundsätzlicher Vorrang der Wünsche vor den objektiven Interessen (auch Vermögensinteressen). Gesetzgeberisches Ziel des Betreuungsrechts war die Stärkung des Selbstbestimmungsrechts betreuter Menschen.

Der BGH wendet sich in der o. g. Entscheidung gegen einen Vorrang des objektiven Wohls. Er tritt damit der teilweise in der Literatur vertretenen Auffassung entgegen, der Betreuer dürfe grundsätzlich keine Hilfe zur Selbstschädigung leisten, weil er die Haftung mit einem bloßen Hinweis auf den Betreutenwunsch leicht unterlaufen könne.

8.2 Unbeachtlichkeit des Wunsches

Übergehung der Wünsche

Der Vorrang eines Wunsches ist jedoch unter bestimmten Voraussetzungen unbeachtlich:

- Höherrangige Rechtsgüter des Betreuten sind gefährdet und/oder eine Verschlechterung der Lebens- und Versorgungssituation ist zu befürchten
- Wunsch ist Ausdruck der Krankheit oder Behinderung des Betreuten
- der Wunsch richtet sich allein auf Zweckmäßigkeitserwägungen

8.2.1 Höherrangige Rechtsgüter

Lebens- und Versorgungssituation

Ein Wunsch soll vom Betreuer nicht mehr beachtet und umgesetzt werden, wenn die Erfüllung der Wünsche höherrangige Rechtsgüter gefährden oder sich die gesamte Lebens- und Versorgungssituation des Betreuten erheblich verschlechtern würde. Dies kann dann vorliegen, wenn der Unterhalt des Betreuten bis zu seinem Tod infolge der gewünschten Maßnahme nicht mehr gesichert ist. Dies erfordert aber unter Umständen eine Prognoseentscheidung, die häufig nicht getroffen werden kann. Es bedeutet aber auch, dass das Selbstbestimmungsrecht des Betreuten in der Vermögenssorge zulasten einer verschlechterten Versorgung beschränkt wird. Die Urteilsfähigkeit des Betreuten und die persönlichen Gründe seines Wunsches spielen in diesen Fällen nach Ansicht des BGH offenbar keine Rolle. Dem unbedingten Folgen der Wünsche des Betreuten im persönlichen Bereich, das § 1901a BGB ausdrückt, die Freiheit zur Krankheit und zum Sterben, läuft diese Vorgehensweise zuwider.

8.2.2 Wunsch ist Ausdruck der Krankheit oder Behinderung des Betreuten

Verkennung der Tatsachen

Ist danach ein Wunsch des Betreuten im Grundsatz beachtlich, sofern dessen Erfüllung nicht die gesamte Lebens- und Versorgungssituation des Betreuten erheblich verschlechtern würde, kann dies nur unter der Voraussetzung gelten, dass der Wunsch nicht Ausdruck der Erkrankung des Betreuten ist. Dies bedeutet allerdings nicht, dass jeder Wunsch unbeachtlich wäre, den der Betreute ohne Erkrankung nicht hätte oder der als irrational zu bewerten ist; vielmehr ist ein Wunsch lediglich dann unbeachtlich, wenn der Betreute infolge seiner Erkrankung entweder nicht mehr in der Lage ist, eigene Wünsche und Vorstellungen zu bilden und zur Grundlage und Orientierung seiner Lebensgestaltung zu machen, oder wenn er die der Willensbildung zugrunde liegenden Tatsachen infolge seiner Erkrankung verkennt.

Der Schutz eines Betreuten, der in seiner Eigenverantwortlichkeit eingeschränkt ist, kann dennoch geboten sein. Aber erst die Feststellung, dass ein Wunsch, der eine uneinsichtige Selbstschädigung und damit eine Beeinträchtigung objektiver Interessen zur Folge haben könnte, eröffnet dem Betreuer die Möglichkeit und zugleich die Pflicht, über das Nichtentsprechen des Wunsches zu entscheiden.

8.2.3 Wunsch stützt sich allein auf Zweckmäßigkeitserwägungen

Zweckmäßigkeitserwägungen sind noch keine Wünsche

Der Vorrang des Willens des Betreuten gilt im Übrigen nur für solche Wünsche, die Ausfluss seines Selbstbestimmungsrechts sind; sie dürfen sich nicht nur als bloße Zweckmäßigkeitserwägungen erklären lassen, die der Betreute angestellt hat, um über diese Vorstufe sein eigentliches (weitergehendes) Ziel zu erreichen. Die Äußerung des Betreuten muss einem bestimmten Erfolg dienen; dies liegt nicht vor, wenn er lediglich überlegt, auf welchem Weg sich sein eigentliches Ziel am zweckmäßigsten erreichen ließe. Über diese (Zweckmäßigkeits-)Vorstellungen des Betreuten kann und muss sich der Betreuer gegebenenfalls hinwegsetzen.

8.3 Betreuer verletzt seine Aufklärungspflicht über die Risiken

Aufklärung ist erforderlich

Der Betreuer kann sich nur dann auf einen, dem objektiven Wohl des Betreuten zuwiderlaufenden Wunsch berufen, wenn dieser Wunsch auf ausreichender tatsächlicher Grundlage gefasst wurde. Der Wunsch des Betreuten entlastet den Betreuer nur, wenn er den Betreuten über die damit verbundenen Risiken belehrt und ihm andere weniger nachteilige oder nicht so riskante Wege zur Erreichung des verfolgten Ziels aufgezeigt hat. Der Grad der erforderlichen Aufklärung richtet sich zum einen nach der Wichtigkeit des Geschäfts und zum anderen danach, was in den Lebenskreisen, denen der Betreuer angehört, billigerweise erwartet werden kann. Indes kann auch ein geschäftsunerfahrener Betreuer verpflichtet sein, bei einem Geschäft großer Bedeutung fachlichen Rat einzuholen, um den Betreuten umfassend informieren zu können. Hat der Betreuer den Betreuten nicht ausreichend aufgeklärt, bleibt dem Betreuer gleichwohl die Möglichkeit darzulegen und zu beweisen, dass der Betreute den – vom Betreuer später umgesetzten – Wunsch auch dann geäußert hätte, wenn der Betreuer ihn zuvor im erforderlichen Umfang aufgeklärt hätte.

9. Wahlrecht

Ausschluss vom Wahlrecht

Nach § 13 Nr. 2 Bundeswahlgesetz und nach Art. 2 Nr. 2 Bayerisches Landeswahlgesetz ist ein Betreuter vom Stimmrecht nur ausgeschlossen, wenn der Betreuer mit dem Aufgabenkreis „Besorgung aller Angelegenheiten“ betraut ist. Weder Geschäftsunfähigkeit noch ein Einwilligungsvorbehalt sind Kriterien für einen Wahlausschluss. Da der Aufgabenkreis „Besorgung aller Angelegenheiten“ schon wegen des Erforderlichkeitsgrundsatzes nur sehr selten angeordnet wird, ist die überwiegende Mehrheit der Betreuten bei Europa-, Bundestags-, Landtags- und Kommunalwahlen wahlberechtigt.

10. Eidesstattliche Versicherung

Im Rahmen einer Zwangsvollstreckung kann gem. §§ 807, 899 ff. ZPO gegen den Betreuten als Schuldner die Abnahme der eidesstattlichen Versicherung beantragt werden. Dabei ergeben sich vor allem für den Fall der Geschäftsunfähigkeit des Betreuten besondere Rechte und Pflichten des Betreuers. Es stellt sich vor allem die Frage, wer zur Abgabe verpflichtet ist.

10.1 Pflicht zur Abgabe der eidesstattlichen Versicherung

10.1.1 Pflicht des Betreuers bei Prozessunfähigkeit des Betreuten

Vertretung durch Betreuer

Geschäftsunfähigkeit, aber auch ein Einwilligungsvorbehalt für Vermögensangelegenheiten führt dazu, dass über die §§ 51, 52 ZPO Prozessunfähigkeit eintritt. In diesem Fall vertritt der Betreuer auch im Verfahren zur Abnahme der eidesstattlichen Versicherung den Betreuten als gesetzlicher Vertreter gem. § 1902 BGB; dies aber nur

im Umfang der angeordneten Aufgabenkreise. Es muss daher z. B. der Aufgabenkreis „Abgabe der eidesstattlichen Versicherung“, „Schuldenverwaltung“, "Vermögensverwaltung“ oder „alle Angelegenheiten“ angeordnet sein.

Für die Frage der Prozessfähigkeit kommt es auf den Zeitpunkt der Abgabe der eidesstattlichen Versicherung an. Zunächst ist es Aufgabe des Gerichtsvollziehers, die Prozessfähigkeit des Schuldners (Betreuten) festzustellen. Bestreitet der Schuldner (Betreuter, Betreuer) die Verpflichtung zur Abgabe der Offenbarungsversicherung, so hat das Gericht zu entscheiden (§ 900 Abs. 4 Satz 1 ZPO).

10.1.2 Pflicht des Betreuten bei Prozessfähigkeit

Abgabe durch den Betreuten

Die eidesstattliche Offenbarungsversicherung kann und muss grundsätzlich durch den Betreuten selbst abgegeben werden, wenn er geschäftsfähig und damit auch prozessfähig ist.

10.1.3 Recht des Betreuers zur Abgabe bei prozessfähigen Betreuten

Betreuer verdrängt Betreuten

Auch bei einem geschäftsfähigen Betreuten hat aber der Betreuer im Rahmen seines Aufgabenkreises das Recht (§ 1902 BGB), den Betreuten zu vertreten. Will der Betreuer dieses Recht wahrnehmen und tritt er im Vollstreckungsverfahren als gesetzlicher Vertreter des Betreuten auf, dann gilt der Betreute gem. § 53 ZPO als nicht prozessfähige Person, so dass nur noch der Betreuer die eidesstattliche Versicherung abgeben kann und muss (vgl. dazu *AG Haßfurt* DGVZ 2003, 46).

10.1.4 Auswahlrecht des Gerichtsvollziehers oder Vollstreckungsgerichts

Der Betreuer kann aber auch vom Gerichtsvollzieher zur Abgabe der eidesstattlichen Versicherung bestimmt werden. Die Regelung des § 1902 BGB begründet somit nicht allein eine Berechtigung, sondern zugleich auch eine Verpflichtung des Betreuers zur Vertretung des Betreuten, die vom Gerichtsvollzieher bzw. dem Vollstreckungsgericht konkretisiert werden kann.

Gerichtsvollzieher bestimmt

Wenn also z. B. für die Vermögenssorge des in seiner Geschäftsfähigkeit nicht beschränkten Schuldners ein Betreuer bestellt wurde, hat das zuständige Vollstreckungsorgan nach pflichtgemäßem Ermessen zu bestimmen, ob der Vertreter oder der Betreute (Schuldner) die eidesstattliche Versicherung abzugeben hat. Bei dieser Ermessensentscheidung werden die Eignung, Sachkenntnis und der Grad der Behinderung des Betreuten zu prüfen sein (vgl. dazu *BGH* BtPrax 2008, 257).

10.2 Anfechtung der Entscheidung des Gerichtsvollziehers

Entscheidung des Vollstreckungsgerichts

Zunächst hat der Gerichtsvollzieher zu entscheiden, wer zur Abgabe der eidesstattlichen Versicherung geladen wird. Geht der zur Abgabe geladene Betreuer davon aus, dass die Voraussetzungen für seine Ladung nicht vorliegen oder glaubt er, dass die Grenzen einer Entscheidung nach pflichtgemäßem Ermessen überschritten wurden (z. B. sachwidrige Erwägungen), kann er seine Verpflichtung bestreiten (Erinnerung) und eine Entscheidung des Vollstreckungsgerichts verlangen (§ 900 Abs. 4 ZPO).

Die Abgabe einer eidesstattlichen Versicherung als gesetzlicher Vertreter für einen anderen ist nicht einfach. Der Betreuer muss schließlich zu Protokoll an Eides Statt versichern, dass er die Angaben nach bestem Wissen und Gewissen richtig und vollständig gemacht hat. Falsche Angaben können zu einer strafrechtlichen Verfolgung führen.

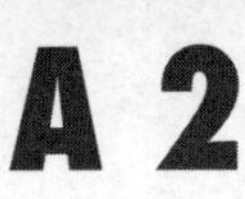

Der Betreuer sollte deshalb deutlich und zu Protokoll erklären, dass sein Wissen begrenzt ist, da es sich nicht um sein eigenes Vermögen handelt.

Da der Gerichtsvollzieher amtliche Formulare verwendet, sollte vor der Unterschrift penibel darauf geachtet werden, dass der Betreuer als „Vertreter" des Schuldners und nicht als „Schuldner" bezeichnet wird.

Bei Zweifel über die Verpflichtung des Betreuers, die Geschäftsunfähigkeit des Betreuten oder über die „Auswahl" durch den Gerichtsvollzieher, wenn Betreuter und Betreuer als Verpflichtete in Betracht kommen, sollte man die Verpflichtung zur Abgabe der eidesstattlichen Versicherung bestreiten (§ 900 Abs. 4 ZPO) und eine Entscheidung des Gerichts verlangen.

11. Meldepflicht

Betreuer obliegt Meldepflicht

Nach den Meldegesetzen der Bundesländer obliegt die Meldepflicht beim Umzug in eine andere Wohnung (oder ein Heim) dem Betreuer, wenn er den Aufenthalt bestimmen kann.

Als Beispiele:

Meldegesetz für Bayern (MeldeG Bayern)

Art. 13 – Allgemeine Meldepflicht

(1) Wer eine Wohnung bezieht, hat sich innerhalb einer Woche bei der Meldebehörde anzumelden.

(2) Wer aus einer Wohnung auszieht und keine neue Wohnung im Inland bezieht, hat sich innerhalb einer Woche bei der Meldebehörde abzumelden.

(3) Die Pflicht zur An- oder Abmeldung obliegt demjenigen, der eine Wohnung bezieht oder aus einer Wohnung auszieht. Für Personen bis zum vollendeten 16. Lebensjahr obliegt die Pflicht den gesetzlichen Vertretern; bei Beziehen der Wohnung eines Personensorgeberechtigten genügt es, wenn dieser die An- oder Abmeldung vornimmt. Für Personen, für die ein Betreuer bestellt ist, der den Aufenthalt bestimmen kann, obliegt die Meldepflicht dem Betreuer. Eine Person kann sich bei der An- oder Abmeldung durch eine hierzu bevollmächtigte Person vertreten lassen; in diesem Fall muss die Vollmacht öffentlich oder nach § 6 Abs. 2 des Betreuungsbehördengesetzes durch die Urkundsperson bei der Betreuungsbehörde beglaubigt sein.

Meldegesetz für Nordrhein-Westfalen (MG NRW)

§ 13 – Allgemeine Meldepflichten

(1) Wer eine Wohnung bezieht, hat sich innerhalb einer Woche bei der Meldebehörde anzumelden.

(2) Wer aus einer Wohnung auszieht und keine neue Wohnung im Inland bezieht, hat sich innerhalb einer Woche bei der Meldebehörde abzumelden.

(3) Die Pflicht zur An- oder Abmeldung obliegt demjenigen, der eine Wohnung bezieht oder aus einer Wohnung auszieht. Für Personen bis zum vollendeten 16. Lebensjahr obliegt diese Pflicht demjenigen, dessen Wohnung die Personen beziehen oder aus dessen Wohnung sie ausziehen. Für Personen, für die ein Pfleger oder Betreuer bestellt ist, dessen Aufgabenbereich die Aufenthaltsbestimmungen umfasst, obliegt die Meldepflicht dem Pfleger oder Betreuer.

Aus den Meldegesetzen der übrigen Bundesländer ergeben sich ähnliche Verpflichtungen für den Betreuer. Nachdem im Rahmen der Föderalismusreform das Meldewesen in die ausschließliche Gesetzgebungskompetenz des Bundes überführt wurde, soll ein Bundesmeldegesetz erlassen werden. Ziel ist ein einheitliches Melderecht.

Inhalt

1. Genehmigungsvorbehalte zur Wahrung der Persönlichkeitsrechte und zum Schutz des Vermögens

Für herausragende Rechtsgeschäfte und Rechtshandlungen des Betreuers hat der Gesetzgeber zur Wahrung der Persönlichkeitsrechte und zum Schutz des Vermögens der Betreuten Genehmigungsvorbehalte durch das Betreuungsgericht als Wirksamkeitsvoraussetzungen geregelt.

Kontroll- und Aufsichtsfunktion

Genehmigungsvorbehalte zeigen eine gewisse Kontroll- und Aufsichtsfunktion des Betreuungsgerichts über den Betreuer an. Die Betreuer soll vordergründig nicht in seinen Rechten beschränkt werden, vielmehr schafft die Genehmigung für ihn und den Betreuten eine zusätzliche Sicherheit. Die Orientierung am Wohl, Willen und Wunsch des Betreuten ist ein selbstverständliches Gebot; deshalb soll er zum entscheidungsrelevanten Sachverhalt ausdrücklich in allen Verfahren angehört werden, siehe insbesondere § 299 FamFG; sollte eine Verständigung mit ihm nicht möglich sein, wird regelmäßig ein Verfahrenspfleger bestellt, der seine Interessen wahrnimmt, § 34 Abs. 2 i. V. m. § 276 Abs. 1 FamFG. Das Wohl und Interesse des Betroffenen ist alleiniger Maßstab der Entscheidung, Drittinteressen und Interessen der Allgemeinheit sind unbeachtlich.

Bestellung eines Verfahrenspflegers

Auch im Genehmigungsverfahren muss die Bestellung eines Verfahrenspflegers grundsätzlich geprüft werden, § 276 Abs. 1 Satz 1 FamFG. Somit hat das Betreuungsgericht festzustellen, ob ein Verfahrenspfleger zur Wahrnehmung der Interessen des Betroffenen erforderlich ist. Dies ist der Fall, wenn ohne Verfahrenspfleger die Gewährung des rechtlichen Gehörs (§ 34 Abs. 1 i. V. m. § 299 FamFG) nicht sichergestellt wäre, weil der Betreute seinen Willen nicht mehr ausreichend kundtun kann, § 34 Abs. 2 FamFG (*BGH* NJW 2009, 2814; FamRZ 2009, 1656). An der Erforderlichkeit kann es fehlen, wenn sich dies aus der allgemeinen Verfahrenssituation ergibt. Die Gesetzesbegründung (BT-Drucks. 11/4528 S. 171) nimmt zwar in der Regel keine Erforderlichkeit an bei der Genehmigung von Rechtsgeschäften. Aus dem Zusammenhang mit den anderen dort genannten Regelbeispielen (Antrag des nur körperlich Behinderten auf Bestellung eines Betreuers oder Bestellung eines Betreuers bei leichter gesundheitlicher Beeinträchtigung) ergibt sich aber, dass eine Wahrnehmung der Interessen nur bei der Genehmigung von alltäglichen Rechtsgeschäften nicht erforderlich sein wird (z. B. bei Kontenentnahmen). Bei einer Wohnungsauflösung oder dem Verkauf von Immobilien (a. A. BGH a. a. O.) etwa wird man dagegen auf einen Verfahrenspfleger nicht verzichten können. Im Genehmigungsverfahren ist der Verfahrenspfleger unabhängig, weder an Weisungen des Gerichts oder des Betroffenen gebunden und hat die objektiven Interessen des Betroffenen wahrzunehmen (BT-Drucks. 11/4528 S. 171).

Aufgaben des Verfahrenspflegers

Der Verfahrenspfleger hat in erster Linie die Pflicht, den Verfahrensgarantien, insbesondere dem Anspruch des Betreuten auf rechtliches Gehör, Geltung zu verschaffen. Außerdem hat er den tatsächlichen oder mutmaßlichen Willen des Betreuten zu erkunden und in das Verfahren einzubringen. Eine darüber hinausgehende Pflicht zur Aufklärung von Umständen, die für die Würdigung des Betreuerhandelns, insbesondere für die Wirtschaftlichkeit des von ihm beabsichtigten Rechtsgeschäfts, von Bedeutung sein könnten, trifft den Verfahrenspfleger hingegen nicht in Verfahren, in denen bereits ein Betreuer bestellt ist, dessen Aufgabenkreis den jeweiligen Verfahrensgegenstand umfasst. Er ist insbesondere nicht verpflichtet, über den dargestellten Rahmen hinaus weitere Umstände zu erforschen, die sich als für die Willensbildung des Betreuten erheblich erweisen könnten; auch hat er nicht zu prüfen, ob sämtliche für das genehmigungsbedürftige Rechtsgeschäft relevanten Umstände in die Willensbildung des Betreuers eingeflossen sind, *BGH* (a. a. O.; Abgrenzung zum Senatsbeschluss des BGH FamRZ 2003, 1275). Der Verfahrenspfleger soll nicht neben dem Gericht und anstelle eines eventuell zu bestellenden Gegenbetreuers die Interessen des Betreuten gegenüber dem Betreuer schützen und über dessen Amtsführung wachen.

Praxis TIPP

Lesenswert ist der o. g. Beschluss des *BGH* vom 22. 7. 2009 (NJW 2009, 2814; FamRZ 2009,1656), der sich mit den Aufgaben eines Verfahrenspflegers und Haftungsfragen im Genehmigungsverfahren beschäftigt.

1.1 Wesen der Genehmigung

Beschränkung der Vertretungsmacht

Grundsätzlich handelt der Betreuer in seinem Aufgabenkreis als gesetzlicher Vertreter für den Betreuten, § 1902 BGB. Das Gesetz schränkt durch das Erfordernis einer betreuungsgerichtlichen Genehmigung diese Vertretungsmacht ein. Soweit er sich ohne die erforderliche Genehmigung betätigt, tut er dies als (eine Art) Vertreter ohne (ausreichende) Vertretungsmacht; die vorgenommenen Rechtsgeschäfte sind zunächst nicht wirksam.

Wirkung der Genehmigung

Die Genehmigung macht die eingeschränkte Vertretungsmacht zu einer uneingeschränkten, komplettiert die bisher fehlende Befugnis, sodass der gesetzliche Vertreter mit ihr das Rechtsgeschäft wirksam schließen oder zur Wirksamkeit bringen kann. Dieser Zustand tritt ein, wenn dem Betreuer die Genehmigung durch das Betreuungsgericht erteilt ist, (§ 1828 BGB, § 41 Abs. 1 Satz 1 i. V. m. § 15 Abs. 2 FamFG).

Erklärung gegenüber Betreuer

Eine betreuungsgerichtliche Genehmigung eines Rechtsgeschäfts bewirkt für sich alleine nicht die Wirksamkeit. Vielmehr ist die Genehmigung nur ein wesentlicher Bestandteil der vorzunehmenden Maßnahme, da es dem Betreuer überlassen bleibt, von ihr Gebrauch zu machen. Deshalb kann das Betreuungsgericht die Genehmigung einer Maßnahme ausnahmslos nur gegenüber dem Betreuer erklären.

Eine betreuungsgerichtliche Genehmigung schafft für den Betreuer die Voraussetzung, ein Rechtsgeschäft wirksam vorzunehmen, sie verpflichtet ihn aber nicht. Der Betreuer hat somit das Recht, soweit dies das Wohl des Betreuten erfordert, von der Genehmigung keinen Gebrauch zu machen, so dass das Rechtsgeschäft nicht wirksam zustande kommt.

1.2 Unterscheidung nach Außen- und Innengenehmigung

Außengenehmigung

Nur die Außengenehmigungen (z. B. § 1908i Abs. 1 i. V. m. §§ 1812, 1819, 1820, 1821, 1822 BGB, sowie §§ 1907, 1908 BGB u. a.) schränken die Vertretungsmacht des Betreuers ein; sie sind Wirksamkeitsvoraussetzungen für ein vom Betreuer namens des Betreuten vorgenommenes Rechtsgeschäft (siehe oben Abschnitt 1.1).

Innengenehmigung

Innengenehmigungen (z. B. § 1908i Abs. 1 BGB i. V. m. §§ 1810, 1811, 1823 BGB betreffen nur das Innenverhältnis zwischen Betreuer und Betreuten; ihr Fehlen ist ohne Einfluss auf die Wirksamkeit des Rechtsgeschäfts. Handelt der Betreuer ohne eine solche Genehmigung, stellt dies eine Pflichtwidrigkeit dar, welche zum Einschreiten des Betreuungsgerichts Anlass gibt (§§ 1908i Abs. 1, 1837 BGB), außerdem kann eine Schadensersatzpflicht des Betreuers entstehen, §§ 1908i Abs. 1, 1833 BGB.

Beispiel:

Der (nichtbefreite) Betreuer verkauft ein kleines Wiesengrundstück des Betreuten für 5000 EUR, zieht den Kaufpreis bar ein und erwirbt davon Aktien, ohne dass er das Betreuungsgericht einschaltet.

Der Verkauf des Grundstücks unterliegt dem Genehmigungstatbestand §§ 1908i Abs. 1, 1821 Abs. 1 Nr. 4 i. V. m. Nr. 1 BGB (Außengenehmigung). Ohne die Genehmigung ist der Kaufvertrag nicht wirksam.

Nimmt der Betreuer den Kaufpreis entgegen, ist die Kaufpreisforderung des Betreuten gegen den Käufer erloschen (Verfügung über eine Forderung des Betreuten). Hierzu ist eine Genehmigung nach §§ 1908i Abs. 1, 1812 Abs. 1 Satz 1, Abs. 3 BGB (Außengenehmigung) erforderlich. Ohne die erforderliche gerichtliche Genehmigung ist die Übereignung des Kaufpreises nicht wirksam.

Der Erwerb der Aktien unterliegt dem Genehmigungstatbestand §§ 1908i Abs. 1, 1811 BGB (Innengenehmigung). Die für den Erwerb erforderlichen Rechtsgeschäfte sind wirksam, auch ohne die Genehmigung. Allerdings hat der Betreuer pflichtwidrig gehandelt. Erleidet der

Betreute durch diese Transaktion einen Vermögensschaden, so muss ihn der Betreuer ersetzen, §§ 1908i Abs. 1, 1833 BGB (Schaden ist entstanden, Pflichtwidrigkeit liegt vor und zumindest von Fahrlässigkeit ist auszugehen).

1.3 Vor- und Nachgenehmigung

Für die Erteilung der Genehmigung ist es wichtig, ob es sich um ein einseitiges Rechtsgeschäft oder um einen Vertrag handelt, soweit es sich um eine Außengenehmigung handelt.

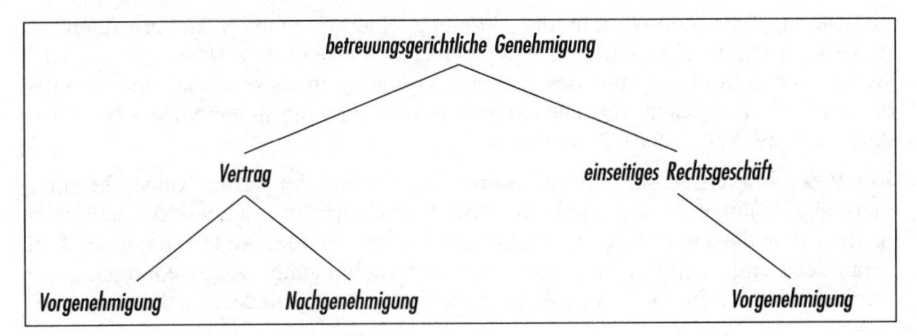

1.3.1 Genehmigung von Verträgen

Verträge

Wann der Betreuer die erforderliche Genehmigung einholt, bestimmt er nach seinem Ermessen; dies kann bei einem Vertrag vor dessen Abschluss oder nachher erfolgen.

Erteilt das Betreuungsgericht die Genehmigung bereits vor endgültigem Abschluss des Vertrags dem Betreuer (§§ 1908i Abs. 1, 1828 BGB), so kann dieser (er besitzt bereits das uneingeschränkte Vertretungsrecht, siehe oben Abschnitt 1.1) den Vertrag sofort wirksam schließen.

Schließt der Betreuer einen Vertrag ohne die erforderliche Genehmigung, so ist dieser schwebend unwirksam, §§ 1908i Abs. 1, 1829 Abs. 1 Satz 1 BGB. Er wird wirksam, wenn

- das Betreuungsgericht die Genehmigung, nach Eintritt der Rechtskraft, dem Betreuer erteilt, §§ 1908i Abs. 1, 1828 BGB (Wirksamkeit der Genehmigung), und
- der Betreuer diese Genehmigung dem anderen Vertragsteil mitteilt, §§ 1908i Abs. 1, 1829 Abs. 1 Satz 2 BGB (Wirksamkeit des Vertrags).

Mitteilung

Solange der Betreuer die ihm erteilte Genehmigung nicht an den Vertragspartner mitteilt oder weitergibt, bleibt der Vertrag (schwebend) unwirksam.

Mitteilung der Genehmigung

Es ist überaus wichtig, dass der Betreuer die ihm durch das Gericht erteilte und rechtskräftig gewordene Genehmigung an den Vertragspartner weitergibt und nicht nur zu seinen Unterlagen nimmt. Die Wirksamkeit des Rechtsgeschäfts hängt von dieser Mitteilung ab, § 1829 Abs. 1 Satz 2 BGB.

Unwirksamkeit des Vertrags

Teilt der Betreuer dem Vertragspartner mit, dass er von der ihm erteilten Genehmigung keinen Gebrauch machen wird, tritt endgültige Unwirksamkeit ein.

Selbstständigkeit des Betreuers

Die bereits erteilte Genehmigung verpflichtet den Betreuer nicht zum Vertragsabschluss, eine Nachgenehmigung nicht zur Mitteilung an den Vertragspartner. Das Gericht hat mit der Genehmigung ihm lediglich das vollständige Vertretungsrecht eingeräumt, beschneidet aber nicht sein selbstständiges Handeln. Es steht im Ermessen des Betreuers, ob er von der Genehmigung Gebrauch machen will; er kann zum Wohle des Betreuten die Vornahme des Rechtsgeschäfts unterlassen bzw. die erhaltende Genehmigung nicht weiterleiten.

Verweigerung der Genehmigung

Soweit das Betreuungsgericht die Erteilung einer Genehmigung verweigert, ist diese Verweigerung dem Betreuer gegenüber zu erklären (§§ 1908i Abs. 1, 1828 BGB); der Schwebezustand des Vertrages ist auch in diesem Fall erst beendet, wenn der Betreuer dem Vertragspartner die Verweigerung mitgeteilt hat (§§ 1908i Abs. 1, 1829 Abs. 1 Satz 2 BGB).

Keine Bindung des Betreuten

Der Betreute (vertreten durch den Betreuer) ist, wenn der Vertrag ohne Genehmigung abgeschlossen wurde, nicht an seine Vertragserklärung gebunden, auch dann nicht, wenn die Genehmigung nachträglich erteilt wurde. Anders liegt der Fall, wenn der Betreuer mit einer bereits erteilten Genehmigung (Vorgenehmigung) den Vertrag schließt; dieser ist von Anfang an wirksam und bindet den Betreuten.

Der Vertragspartner ist immer an seine Vertragserklärung gebunden. Aber ihm steht die Aufforderung nach § 1829 Abs. 2 BGB zu.

Fristsetzung durch Vertragspartner

Wird vom Betreuer ein Vertrag ohne die erforderliche Genehmigung abgeschlossen, so kann der andere Teil ihn zur Mitteilung darüber auffordern, ob die Genehmigung erteilt ist, §§ 1908i Abs. 1, 1829 Abs. 2 BGB. Teilt der Betreuer binnen vier Wochen nach dem Empfang dieser Aufforderung die Genehmigung nicht mit, gilt sie als verweigert (der Vertrag ist endgültig unwirksam). Die Frist beginnt mit dem Zugang der Aufforderung beim Betreuer. Sie kann durch Vereinbarung mit dem Vertragspartner verlängert werden. Wird die gerichtliche Genehmigung nach Fristablauf erteilt, so ist sie wirkungslos.

Frist

Hat der Betreuer einen Vertrag ohne die erforderliche Genehmigung abgeschlossen und wird er vom Vertragspartner aufgefordert, ihm die Genehmigung vorzulegen, muss er handeln. Kann er binnen vier Wochen die Genehmigung nicht mitteilen, ist der Vertrag unwirksam; eine spätere Genehmigung bringt ihn nicht mehr zur Wirksamkeit.

Betreuungsgericht unverzüglich informieren

Der Betreuer sollte das Betreuungsgericht unverzüglich in Kenntnis setzen, dass die Aufforderung nach § 1829 Abs. 2 BGB ihm zugegangen ist und um rasche Bearbeitung bitten. Gleichzeitig kann er versuchen, mit dem Vertragspartner eine Fristverlängerung zu vereinbaren.

Hinweis:

Soweit der Gegenbetreuer eine Genehmigung erteilt (z. B. § 1812 BGB), beträgt die Frist des § 1829 Abs. 2 BGB nur zwei Wochen, siehe § 1908i Abs. 1 i.V.m. § 1832 BGB.

Beendigung der Betreuung

Wird die Betreuung aufgehoben, bevor der Betreuer die Genehmigung zum bereits geschlossenen Vertrag erhalten oder dem Vertragspartner mitgeteilt hat, ist die gerichtliche Genehmigung bedeutungslos. Der ehemalige Betreute genehmigt oder verweigert nun selbst, §§ 1908i Abs. 1, 1829 Abs. 3 BGB. Stirbt der Betreute, bevor Wirksamkeit des Vertrags eingetreten ist, sind die Erben berufen, eine Genehmigung zu erteilen oder zu verweigern.

1.3.2 Genehmigung von einseitigen Rechtsgeschäften

Einseitige Rechtsgeschäfte

Bei einseitigen Rechtsgeschäften (z. B. Kündigung, Aufrechnung) muss die gerichtliche Genehmigung vorher erteilt sein (sog. Vorgenehmigung); fehlt sie, ist das Rechtsgeschäft unwirksam, §§ 1908i Abs. 1, 1831 BGB. Dieses unwirksame einseitige Rechtsgeschäft kann nicht durch eine nachträglich eingeholte gerichtliche Genehmigung geheilt werden, vielmehr ist es neu vorzunehmen.

Beispiel:

Der Betreuer kündigt am 28. 5. das Mietverhältnis über den Wohnraum des Betreuten schriftlich gegenüber dem Vermieter zum nächstmöglichen Zeitpunkt, nachdem eine dauerhafte Pflegeheimaufnahme erfolgt ist. Am 4. 6. bittet er um Erteilung einer betreuungsgerichtlichen Genehmigung, die ihm am 10. 7. (mit Rechtskraft) erteilt wird.

Zur Wirksamkeit der Kündigung ist eine gerichtliche Genehmigung nach § 1907 Abs. 1 Satz 1 BGB erforderlich. Da es sich um ein einseitiges Rechtsgeschäft handelt, ist eine sog. Vorgenehmigung vorgeschrieben (§ 1831 BGB), die laut Sachverhalt nicht vorliegt. Die Kündigung zum 31. 8. (§ 573c Abs. 1 Satz 1 BGB) ist nichtig, § 1831 Abs. 1 Satz 1 BGB.

Der Betreuer muss zur wirksamen Beendigung des Mietverhältnisses mit der am 10. 7. erteilten Genehmigung nochmals kündigen, wobei nunmehr die Kündigungsfrist erst am 31.10. abläuft.

Hätte der Betreuer am 28. 5. mit dem Vermieter einen Auflösungsvertrag über das Mietverhältnis zum 31. 8. geschlossen, wäre dieser zunächst schwebend unwirksam gewesen (§ 1829 Abs. 1 Satz 1 BGB), nach Erteilung der rechtskräftigen gerichtlichen Genehmigung (§ 1907 Abs. 1 Satz 2 BGB) an den Betreuer und Weitergabe durch diesen an den Vermieter, die Beendigung zum 31. 8. aber wirksam geworden.

Kündigung eines Mietverhältnisses des Betreuten

Wird eine Kündigung des Mietverhältnisses des Betreuten erforderlich, muss der Betreuer die erforderliche gerichtliche Genehmigung vorher einholen und kann dann erst die Kündigungsfrist in Lauf setzen.

Möchte der Betreuer das Mietverhältnis alsbald beenden, sollte er mit dem Vermieter einen Auflösungsvertrag aushandeln, der durch eine nachträgliche Genehmigung des Betreuungsgerichts wirksam gemacht werden kann. Dabei kann das Ende der Kündigungsfrist vertraglich als Ende des Mietverhältnisses vereinbart werden.

Hat der Betreuer ohne gerichtliche Genehmigung eine Kündigung ausgesprochen, ist diese unwirksam. Er muss nach Erteilung der Genehmigung die Kündigung wiederholen, da sonst das Mietverhältnis weiter besteht und der Betreute zur Zahlung der Mietzinsen verpflichtet ist.

Sinn und Zweck des § 1831 BGB

Sinn und Zweck des § 1831 BGB ist die Tatsache, dass sich der Geschäftsgegner im Gegensatz zum Vertrag dem einseitigen Rechtsgeschäft nicht entziehen kann, er ist nur passiv beteiligt. Aus diesem Grund muss dafür gesorgt werden, dass er nicht auf unübersehbare Zeit in Ungewissheit über die Rechtslage bleibt.

Schriftform

Legt der Betreuer beim einseitigen Rechtsgeschäft die (ihm bereits erteilte) Genehmigung dem Erklärungsempfänger nicht vor, und weist dieser das Rechtsgeschäft aus diesem Grund unverzüglich zurück, so ist das Rechtsgeschäft ebenfalls unwirksam, § 1831 Satz 2 BGB. Der mangelnde Nachweis der erteilten Genehmigung schafft für den Dritten ebenfalls Unsicherheit.

Bei Vornahme eines einseitigen Rechtsgeschäfts, wie z. B. Kündigung, ist der Genehmigungsbeschluss immer vorzulegen bzw. beizufügen.

Ausnahmen vom Erfordernis der Vorgenehmigung:

Erbausschlagung

a) Die Erbausschlagung ist ein einseitiges Rechtsgeschäft und unterliegt dem Genehmigungstatbestand §§ 1908i Abs. 1, 1822 Nr. 2 BGB. Der Betreuer kann die Ausschlagung ausschließlich dem Nachlassgericht gegenüber erklären (§ 1945 Abs. 1 BGB) und zwar nur innerhalb einer bestimmten Frist, § 1944 Abs. 1, 3 BGB (sechs Wochen bzw. sechs Monate). Durch diese Frist ist das Nachlassgericht als Erklärungsempfänger nicht auf unbestimmte Dauer über die Wirksamkeit der Ausschlagung im Unklaren; liegt die Genehmigung innerhalb der Ausschlagungsfrist nicht vor, ist die Ausschlagung unwirksam. Dies bedeutet, dass der Betreuer die Ausschlagung im Namen des Betreuten zunächst erklären und die erforderliche gerichtliche Genehmigung bis zum Fristablauf dem Nachlassgericht nachreichen kann.

Fristhemmung

In diesem Zusammenhang ist die Hemmung des Fristablaufs nach § 1944 Abs. 2 Satz 3 BGB i. V. m. § 206 BGB für die Zeit vom Eingang des Genehmigungsantrags des Betreuers beim Betreuungsgericht bis zur Erteilung der Genehmigung an ihn von Bedeutung.

Beispiel:

Beispiel zur Fristhemmung

Der geschäftsunfähige Betreute ist Miterbe gemäß Testament geworden. Am 17. 8. 2011 wird das Testament in Anwesenheit des Betreuers eröffnet. Am 20. 9. 2011 zeichnet sich für den Betreuer eine Überschuldung des Nachlasses deutlich ab. Er schlägt am 23. 9. 2011 zur Niederschrift des Nachlassgerichts die Erbschaft für den Betreuten aus (Aufgabenkreise des Betreuers sind u. a. Vermögensverwaltung und Erbangelegenheiten). Die erforderliche Genehmigung beantragt er noch an diesem Tag beim Betreuungsgericht; sie wird ihm am 27. 10. 2011 erteilt. Wann muss die Genehmigung spätestens dem Nachlassgericht vorgelegt werden?

Die Ausschlagungsfrist (§ 1944 Abs. 1 BGB) von sechs Wochen ist am 23. 9. 2011 noch nicht abgelaufen, da die Frist frühestens mit Testamentseröffnung am 19. 8. 2011 begonnen hat, § 1944 Abs. 2 Satz 2 BGB. Die Ausschlagungserklärung ist dem Nachlassgericht am 23. 9. 2011 zugegangen, § 1945 Abs. 1 BGB.

Die erforderliche gerichtliche Genehmigung kann der Ausschlagungserklärung nachfolgen, muss aber vor Fristablauf dem Nachlassgericht vorliegen, wobei die Zeit zwischen Beantragung der Genehmigung beim Betreuungsgericht und Erteilung an den Betreuer die Frist hemmt (verlängert), § 1944 Abs. 2 Satz 3 i. V. m. § 206 BGB.

Fristbeginn (§ 187 Abs. 1 BGB)	18. 8. 2011
Fristende (§ 188 Abs. 2 BGB)	29. 9. 2011
Antrag auf Erteilung der Genehmigung (= Fristhemmung, § 206 BGB)	23. 9. 2011
Erteilung der betreuungsgerichtlichen Genehmigung (= Ende der Hemmung)	27. 10. 2011
Zeitraum der Hemmung (§ 209 BGB) 23. 9. 2011 bis 27. 10. 2011	34 Tage
	29. 9. 2011 + 34 Tage
Fristende	2. 11. 2011, 24 Uhr

Der Betreuer muss die Genehmigung bis spätestens 2. 11. 2011, 24 Uhr dem Nachlassgericht vorlegen.

Erbausschlagungsfrist

Erkennt der Betreuer die Notwendigkeit einer Erbausschlagung, kann er diese dem Nachlassgericht gegenüber erklären, ohne sich zunächst um die erforderliche betreuungsgerichtliche Genehmigung zu kümmern. Im Anschluss beantragt er unverzüglich die Erteilung der Genehmigung beim Betreuungsgericht; die Ausschlagungsfrist ist damit gestoppt. Sobald ihm die Genehmigung zugeht, läuft die Frist weiter; der Betreuer muss sie innerhalb der Restfrist dem Nachlassgericht vorlegen, falls er immer noch an der Erbausschlagung festhält.

Grundbucheintragungen

b) Soweit ein materielles einseitiges Rechtsgeschäft Grundlage einer Grundbucheintragung ist, z. B. die Aufhebung eines Grundstücksrechts, § 875 Abs. 1 BGB (Aufhebung einer Grundschuld, Hypothek, Dienstbarkeit, Wohnungsrecht u. a.), kann die erforderliche Genehmigung noch bis zur Eintragung nachgereicht werden. Das Grundbuchamt, dem gegenüber die Erklärung faktisch abgegeben wird, kann sich durch Setzung einer Zwischenverfügungsfrist von der Ungewissheit lösen; wird innerhalb der Frist die Genehmigung nicht vorgelegt, weist das Grundbuchamt den Eintragungsantrag zurück.

Keine Anwendung finden die §§ 1828 bis 1831 BGB auf sog. Innengenehmigungen (§§ 1810, 1811, 1823 BGB), da diese keinen Einfluss auf die Wirksamkeit des Rechtsgeschäfts haben. Sie können immer auch nachträglich erteilt werden und erlangen Wirksamkeit mit Zugang an den Betreuer, § 40 Abs. 1 FamFG.

1.4 Antrag auf Erteilung der Genehmigung

Das Gesetz schreibt keinen Antrag des Betreuers auf Erteilung der Genehmigung vor. Da aber der Betreuer sein Amt eigenverantwortlich und selbstständig führt, muss es seiner Initiative überlassen bleiben, ob ein von ihm vorgenommenes oder vorzunehmendes Rechtsgeschäft durch Genehmigung des Betreuungsgerichts wirksam werden soll.

Formloser Antrag

Das Betreuungsgericht kann nicht von sich aus dem Betreuer eine Genehmigung erteilen, auch wenn es Kenntnis von einem genehmigungsbedürftigen Sachverhalt erlangt; es muss ihm vielmehr eine Anregung des Betreuers auf Erteilung vorliegen. Eine bestimmte Form hierfür ist nicht erforderlich; der Antrag kann mündlich oder schriftlich gestellt werden.

Gerichtliche Beratung

Es ist schon aus haftungsrechtlichen Überlegungen zweckmäßig, wenn der Betreuer vor Abschluss eines Rechtsgeschäfts mit dem Betreuungsgericht Kontakt aufnimmt und sich über den Inhalt des beabsichtigten Rechtsgeschäfts und die Notwendigkeit einer Genehmigung beraten lässt, §§ 1908i Abs. 1, 1837 Abs. 1 BGB.

Genehmigungspflichtiges Rechtsgeschäft

Der Betreuer nimmt vor Abschluss eines Rechtsgeschäfts mit dem Betreuungsgericht Kontakt auf und bespricht die Sachlage; er lässt sich über die Notwendigkeit einer Genehmigung beraten und regt die Erteilung an. Es erweist sich als für ihn vorteilhaft, wenn das Gericht die Erteilung der Genehmigung „in Aussicht stellt".

Der Betreuer sollte den Vertragspartner auf die Erforderlichkeit der Genehmigung hinweisen. Die Aufnahme einer Klausel in den Vertrag ist nicht erforderlich, kann aber zweckmäßig sein. Sie könnte lauten wie folgt: „Der Vertrag wird erst nach Mitteilung der erforderlichen betreuungsgerichtlichen Genehmigung wirksam“. Unvorteilhaft wäre die Klausel: „Der Vertrag wird nach Erteilung der erforderlichen Genehmigung durch das Betreuungsgericht wirksam.“ Diese Aussage ist zunächst nicht richtig, da § 1829 Abs. 1 Satz 2 BGB die Mitteilung der erteilten Genehmigung durch den Betreuer voraussetzt, und könnte den Betreuer unter Druck setzen, wenn er von der erteilten Genehmigung keinen Gebrauch machen möchte.

1.5 Vertretungsrecht des Betreuers und Handeln des Betreuten

Geschäftsfähiger Betreuter

Die Betreuung als solche nimmt keinen Einfluss auf die Geschäftsfähigkeit des Betreuten; dieser kann für das vorzunehmende Rechtsgeschäft geschäftsfähig oder geschäftsunfähig (§ 104 Nr. 2 BGB) sein. Ist er geschäftsfähig, kann er das Rechtsgeschäft wirksam vornehmen, er unterliegt keiner betreuungsgerichtlichen Genehmigung.

Einwilligungsvorbehalt

Ist der Betreute geschäftsfähig und besteht für das vorzunehmende Rechtsgeschäft ein Einwilligungsvorbehalt (§ 1903 BGB), so ist für die Wirksamkeit der Handlung die Zustimmung des Betreuers erforderlich (soweit nicht die Ausnahmen des § 1903 Abs. 3 BGB gelten). Erteilt dieser seine Zustimmung, so unterliegt er demjenigen Genehmigungstatbestand, der greift, würde er das Rechtsgeschäft selbst vornehmen. Die gerichtliche Genehmigung ist aber für das Rechtsgeschäft selbst, nicht für die Einwilligung oder Genehmigung des Betreuers erforderlich.

Das Vertretungsrecht des Betreuers aus § 1902 BGB wird nicht dadurch eingeschränkt, dass der Betreute geschäftsfähig ist. Die Erforderlichkeit der betreuungsgerichtlichen Genehmigung besteht auch in diesem Fall; sie kann nicht durch eine Genehmigung des Betreuten ersetzt werden. Der Betreuer unterliegt der Aufsicht des Betreuungsgerichts und nicht der des Betreuten. Allerdings hat er Wünschen des Betreuten zu entsprechen und zumindest wichtige Angelegenheiten mit ihm zu besprechen (§ 1901 Abs. 3 BGB).

1.6 Negativzeugnis

Ist ein Genehmigungstatbestand erfüllt, kann das Betreuungsgericht die Genehmigung erteilen oder verweigern.

Negativzeugnis ist subjektive Meinungsäußerung

Soweit das Betreuungsgericht ein Rechtsgeschäft nicht für genehmigungsbedürftig hält, teilt es dies dem Betreuer mit. Dieses sog. Negativzeugnis kann der Betreuer dem Vertragspartner bekannt machen oder bei Grundstücksgeschäften (über den Notar) dem Grundbuchamt vorlegen. Dieses Zeugnis drückt allerdings nur aus, dass das Betreuungsgericht ein Genehmigungsbedürfnis verneint. Genehmigungsbedürftige Verträge bleiben auch nach einem Negativzeugnis schwebend unwirksam; einseitige Rechtsgeschäfte sind nichtig.

1.7 Wirksamkeit der betreuungsgerichtlichen Genehmigung

1.7.1 Bekanntmachung der Genehmigungsentscheidung

Rechtskraft ist erforderlich

Die Wirksamkeit der Genehmigung tritt mit Rechtskraft des Beschlusses ein, § 40 Abs. 2 FamFG; dies ist mit der Entscheidung auszusprechen.

Erklärung an Betreuer

Der Genehmigungsbeschluss ist zunächst dem Betreuer gegenüber zu erklären, §§ 1908i Abs. 1, 1828 BGB. Stellvertretung im Rahmen des § 1828 BGB ist aller-

dings jederzeit möglich, siehe z. B. die sog. Doppelvollmacht des Notars. Die Bekanntmachung an den Betreuer erfolgt nach § 41 Abs. 1 Satz 1 i. V. m. § 15 Abs. 2 FamFG in der Regel durch einfachen Postbrief (keine Zustellung).

Bekanntmachung an Betreuten und Verfahrenspfleger

Die Genehmigung ist auch dem Betreuten bekannt zu machen, § 41 Abs. 3 FamFG.

- Die Bekanntgabe erfolgt an den Betreuten selbst, denn er gilt grundsätzlich als verfahrensfähig, § 275 FamFG.
- Ist ein Verfahrenspfleger nach § 276 Abs. 1 Satz 1 FamFG bestellt, ist an diesen (zumindest auch) bekannt zu machen, § 274 Abs. 2 FamFG i. V. m. § 41 Abs. 1 Satz 1 FamFG.

Mit § 41 Abs. 3 FamFG wird gewährleistet, dass dem Rechtsinhaber (dem Betreuten) rechtliches Gehör gewährt wird und außerdem wird sichergestellt, dass er selbst fristgerecht Rechtsmittel einlegen kann (siehe hierzu § 59 Abs. 1 FamFG). Die Beschwerdefrist beginnt nach § 63 Abs. 3 Satz 1 FamFG mit Bekanntgabe an die Beteiligten; nach § 41 Abs. 3 FamFG ist der Betreute Beteiligter; bei der Bestellung eines Verfahrenspflegers ist auch dieser Beteiligter, § 274 Abs. 2 FamFG, so dass an ihn ebenfalls bekannt zu machen ist, § 41 Abs. 1 Satz 1 FamFG; er ist auch beschwerdeberechtigt, § 303 Abs. 3 FamFG.

Die Bekanntmachung an den Betreuten bzw. Verfahrenspfleger kann nach § 41 Abs. 1 Satz 1 i. V. m. § 15 Abs. 2 FamFG grundsätzlich durch einfachen Postbrief erfolgen. Allerdings ist eine Zustellung des Genehmigungsbeschlusses nach den Regeln der ZPO erforderlich, wenn die Entscheidung nicht dem (erklärten) Willen des Betreuten oder Verfahrenspflegers entspricht, der sich aus einer vorausgegangenen Anhörung ergeben kann, § 41 Abs. 1 Satz 2 FamFG.

1.7.2 Rechtskraft der Genehmigungsentscheidung

Eintritt der Rechtskraft

Rechtskraft tritt gemäß § 45 Satz 1 FamFG nach Ablauf der Rechtsmittelfrist(en) ein.

Beschwerdefrist

Die Genehmigungsentscheidung ist mit Beschwerde nach § 58 FamFG anfechtbar; die Beschwerdefrist beträgt nach § 63 Abs. 2 Nr. 2 FamFG zwei Wochen.

An Stelle der Beschwerde nach § 58 FamFG kann auch die Sprungrechtsbeschwerde nach § 75 Abs. 1 FamFG gegen die Genehmigungsentscheidung eingelegt werden, es sei denn, es handelt sich um eine Vermögensangelegenheit und der Beschwerdewert übersteigt nicht 600 Euro.

Frist für die Sprungrechtsbeschwerde geändert

Die Sprungrechtsbeschwerde ist (seit 1. 1. 2013) ebenfalls in der in § 63 Abs. 2 Nr. 2 FamFG bestimmten Frist von zwei Wochen einzulegen, § 75 Abs. 2 Satz 1 FamFG.

Zur Abkürzung der Rechtsmittelfrist(en) können die beschwerdeberechtigten Beteiligten auf Einlegung der Beschwerde gegenüber dem Betreuungsgericht verzichten, § 67 Abs. 1 FamFG.

Recktskraftzeugnis

Nach § 46 FamFG ist ein Rechtskraftzeugnis von der Geschäftsstelle des Betreuungsgerichts zu erstellen. Soweit nicht durch alle Beteiligten auf Rechtsmittel verzichtet wurde, kann die Bescheinigung der Rechtskraft erst nach Ablauf der zweiwöchigen Beschwerde- bzw. Sprungrechtsbeschwerdefrist erfolgen.

1.7.3 Abänderung der Genehmigungsentscheidung

An sich kann das Betreuungsgericht eine rechtskräftige Entscheidung mit Dauerwirkung ändern, wenn sich die zugrunde liegende Sach- oder Rechtslage ändert, § 48 Abs. 1 FamFG.

Änderungsverbot

Ein rechtskräftiger (§ 40 Abs. 2 FamFG) betreuungsgerichtlicher Beschluss, durch den die Genehmigung für ein Rechtsgeschäft erteilt oder verweigert wird, kann nicht mehr abgeändert werden, wenn die Genehmigung oder deren Verweigerung einem Dritten gegenüber wirksam geworden ist, § 48 Abs. 3 FamFG.

Dies ist bei einseitigen Rechtsgeschäften und einem Vertrag dann der Fall, wenn die Genehmigung bei Vornahme dem Betreuer schon erteilt war (§ 1828 BGB); bei einem Vertrag, zu dem nachträglich die Genehmigung erteilt wird, durch Mitteilung des Betreuers an den Vertragspartner (§ 1829 Abs. 1 Satz 2 BGB).

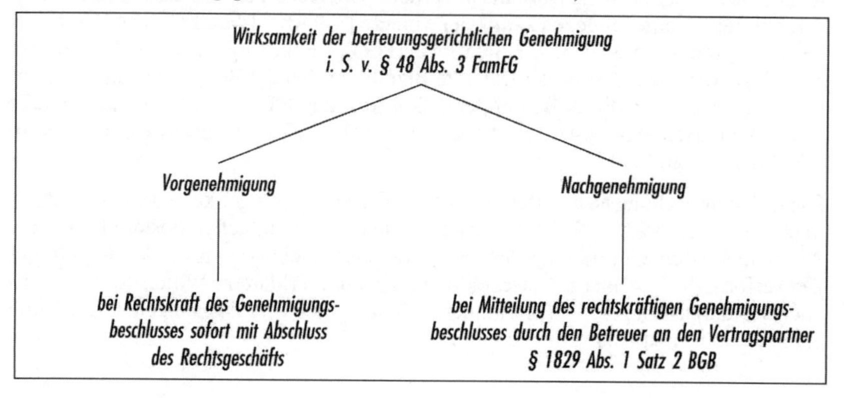

1.8 Rechtsmittel

1.8.1 Beschwerde

Beschwerde

Gegen die Erteilung oder Verweigerung einer betreuungsgerichtlichen Genehmigung ist als Rechtsmittel die Beschwerde möglich, § 58 Abs. 1 FamFG, § 11 Abs. 1 RPflG, unabhängig davon, ob der Richter oder Rechtspfleger entschieden hat.

Kurze Frist von 2 Wochen

Es handelt sich um eine befristete Beschwerde. Die Beschwerdefrist beträgt 2 Wochen, § 63 Abs. 2 Nr. 2 FamFG. Die Frist beginnt jeweils mit schriftlicher Bekanntgabe an die Beteiligten, § 63 Abs. 3 Satz 1 FamFG. Sollte die schriftliche Bekanntgabe an einen Beteiligten nicht erfolgt sein, beginnt die Frist spätestens nach Ablauf von 5 Monaten nach Erlass des Beschlusses, § 63 Abs. 3 Satz 2 FamFG.

Sprungrechtsbeschwerde

An Stelle der Beschwerde nach § 58 FamFG kann die Sprungrechtsbeschwerde zum Bundesgerichtshof nach § 75 FamFG erhoben werden, und zwar in einer Frist von einem Monat nach schriftlicher Bekanntgabe des Beschlusses, § 71 Abs. 1 Satz 1 FamFG. Sie findet unter Übergehung der Beschwerdeinstanz und auf Antrag statt; in sie müssen alle Beteiligten einwilligen und der Bundesgerichtshof muss sie zulassen. Der Antrag auf Zulassung der Sprungrechtsbeschwerde und die Erklärung der Einwilligung gelten als Verzicht auf das Rechtsmittel der Beschwerde, § 75 Abs. 1 Satz 2 FamFG.

1.8.2 Beschwerdeberechtigung

Genehmigung ist erteilt

Beschwerdeberechtigt sind bei Erteilung der Genehmigung der Betreute, § 59 Abs. 1 FamFG; er kann das Rechtsmittel auch selbst einlegen, da er verfahrensfähig ist, § 275 FamFG. Sollte im Genehmigungsverfahren ein Verfahrenspfleger bestellt sein, kann dieser Beschwerde einlegen, § 303 Abs. 3 FamFG.

Genehmigung ist verweigert

Wird die Genehmigung versagt, hat nach herrschender Meinung der Betreuer ein (eigenes) Beschwerderecht gemäß § 59 Abs. 1 FamFG. Ein solches Beschwerderecht, das er selbst ausüben kann, steht auch dem Betreuten zu (§§ 59 Abs. 1, 275 FamFG). Falls ein Verfahrenspfleger bestellt ist, kann auch dieser das Beschwerderecht ausüben, § 303 Abs. 3 FamFG. Der Betreuer kann ebenfalls im Namen des Betreuten das Rechtsmittel wahrnehmen, § 303 Abs. 4 FamFG.

Ein Geschäftspartner hat nie ein Beschwerderecht. Wird z. B. die gerichtliche Genehmigung eines vom Betreuer abgeschlossenen Kaufvertrages über ein Grundstück des Betroffenen abgelehnt, steht dem Käufer regelmäßig kein Beschwerderecht zu, *OLG München* Rpfleger 2009, 679.

Weitere Beschwerdeberechtigung bei Freiheitsentziehung

Gegen die Genehmigung einer freiheitsentziehenden Unterbringung oder freiheitsentziehenden Maßnahme (§ 1906 Abs. 2 und 4 BGB) gibt es weitere Beschwerdeberechtigte aus § 335 FamFG. Das sind nicht dauernd getrennt lebende Ehegatten oder Lebenspartner, Eltern und Kinder, wenn der Betroffene bei diesen lebt oder bei Einleitung des Verfahrens gelebt hat, Pflegeeltern und eine vom Betroffenen benannte Person seines Vertrauens, sowie der Leiter der Einrichtung, in der der Betroffene lebt wenn sie am Verfahren beteiligt wurden, § 315 Abs. 4 FamFG.

Der Betreuungsbehörde steht bei Genehmigungsentscheidungen in Unterbringungssachen und bei freiheitsentziehenden Maßnahmen immer ein Beschwerderecht zu, § 335 Abs. 4 FamFG.

Das Recht der Beschwerde steht in Unterbringungssachen stets dem Verfahrenspfleger zu, § 335 Abs. 2 FamFG. Auch kann der Betreuer gegen eine Entscheidung, die seinen Aufgabenkreis betrifft, im Namen des Betreuten Beschwerde einlegen, § 335 Abs. 3 FamFG.

1.8.3 Einlegung der Beschwerde; Verzicht

Einlegung beim Betreuungsgericht

Die Beschwerde ist (immer) beim Betreuungsgericht einzulegen, § 64 Abs. 1 FamFG. Der Beschwerdeberechtigte kann nach Bekanntgabe des Genehmigungsbeschlusses gegenüber dem Gericht auf Einlegung der Beschwerde verzichten, § 67 Abs. 1 FamFG.

1.8.4 Abhilfe der Beschwerde

Landgericht ist Beschwerdegericht

Hält das Betreuungsgericht die Beschwerde für begründet, hat es ihr abzuhelfen; anderenfalls ist die Beschwerde unverzüglich dem Beschwerdegericht vorzulegen, § 68 Abs. 1 Satz 1 FamFG. Beschwerdegericht ist das Landgericht, § 72 Abs. 1 Satz 2 GVG.

1.8.5 Entscheidung des Beschwerdegerichts

Das Beschwerdegericht prüft die Statthaftigkeit sowie die gesetzliche Form und Frist, § 68 Abs. 2 FamFG; die Entscheidung ergibt sich aus § 69 FamFG.

1.8.6 Rechtsbeschwerde

BGH als letzte Instanz

Die Rechtsbeschwerde gegen eine Entscheidung des Landgerichts in einem Genehmigungsverfahren ist unter Beachtung von § 70 ff. FamFG zum Bundesgerichtshof möglich; dies gilt auch für die Sprungrechtsbeschwerde nach § 75 FamFG (siehe hierzu Kapitel A 6, Abschnitt 3).

2. Genehmigungsvorbehalte zum persönlichen Schutz des Betreuten

2.1 Untersuchung des Gesundheitszustandes, Heilbehandlung und ärztlicher Eingriff (§ 1904 Abs. 1 BGB)

Natürliche Einsichtsfähigkeit

Betreute, für die der Aufgabenkreis Gesundheitsfürsorge angeordnet ist, können grundsätzlich in eine Untersuchung des Gesundheitszustandes, eine Heilbehandlung oder einen ärztlichen Eingriff selbst einwilligen, wenn sie über eine natürliche Einsichtsfähigkeit und Steuerungsfähigkeit verfügen.

Von der Einwilligungsfähigkeit eines Betreuten ist auszugehen, wenn er Art, Bedeutung und Tragweite (auch die Risiken) der Maßnahme erfassen und seinen Willen hiernach zu bestimmen vermag (vgl. *BT-Drucks. 11/4528, S. 71*).

Die Einwilligungsfähigkeit des Betreuten kann nicht im Grundsatz und auf Dauer festgestellt werden; vielmehr ist sie Einzelfallfrage für jede Untersuchung, Heilbehandlung und jeden Eingriff.

Fallbeispiele:

- Der psychisch kranke Betreute Emil Burg leidet an einer schizophrenen Psychose mit der Wahnvorstellung, seine Mutter wolle ihn vergiften. Deshalb nimmt er auch keine Neuroleptika. Sein behandelnder Psychiater diskutiert im Sinne einer Alternativbehandlung die Verabreichung eines Depotpräparats im Rahmen seiner ambulanten Behandlung. Die Behandlung von Burg ist dringend erforderlich, da z. B. nicht ausgeschlossen werden kann, dass er in der Folgezeit Gewaltaktionen gegen seine Mutter richtet. Daneben ist der Sachverhalt auch unter dem Gesichtspunkt der Lebensqualität des Betreuten zu beurteilen.

  Da Burg krankheitsuneinsichtig ist und deshalb seine verordneten Neuroleptika nicht einnimmt, ist er für diese Behandlung als nicht einsichtsfähig anzusehen. Für die Verabreichung des Depotpräparats ist die Einwilligung seines Betreuers notwendig und erforderlich.

- Burg bekommt heftige Zahnschmerzen. Sein Zahnarzt lokalisiert als Ursache einen deformierten Weisheitszahn, der unter örtlicher Betäubung entfernt werden muss. Burg willigt in die Zahnoperation ein, nachdem er von seinem Zahnarzt aufgeklärt und informiert wurde. Er ist in der Lage, die Vor- und Nachteile zu erkennen und sich auch fremden Einflüssen zu entziehen.

  Für die Zahnbehandlung muss von seiner natürlichen Einsichtsfähigkeit ausgegangen werden, da er Art, Bedeutung und Tragweite des Eingriffs zu erfassen vermag. Die Einwilligung seines Betreuers ist nicht erforderlich.

Keine ersatzweise Einwilligung

Ist der Betreute einwilligungsfähig und verweigert die Einwilligung, so kann der Betreuer nicht ersatzweise einwilligen. Ist der Grund für die Verweigerung nicht nachvollziehbar, kann dies Anlass sein, die Einwilligungsfähigkeit anzuzweifeln.

Einwilligung des Betreuers

Die Einwilligung eines Betreuers in eine Untersuchung des Gesundheitszustandes, eine Heilbehandlung oder einen ärztlichen Eingriff ist demnach nur für Betreute erforderlich, die einwilligungsunfähig sind, also Art, Bedeutung und Tragweite des Eingriffs nicht zu erfassen vermögen; als entsprechender Aufgabenkreis muss die Gesundheits(für)sorge gegeben sein.

Fallbeispiel:

- Frau Anna Berg leidet an einem erheblichen geistigen Abbau im Sinne einer senilen Demenz. Die Betreute ist zeitlich und örtlich desorientiert. Sie erzählt meist ohne Bezug zur jeweiligen Situation oder Fragestellung, um Gedächtnis-

lücken zu überspielen. Eine Minderung der Merk- und Konzentrationsfähigkeit in erheblichem Umfang liegt vor. Bei vorliegendem Krankheitsbild kann Frau Berg in keine medizinische, diagnostische und therapeutische Maßnahme selbst einwilligen, weil sie bereits dem vorhergehenden Aufklärungsgespräch aufgrund der erheblichen Minderung der Konzentrations- und Merkfähigkeit nicht folgen und keine Nutzen-Risikoabwägung leisten könnte.

Der Betreuer von Anna Berg muss demnach über die Einwilligung in alle Untersuchungen des Gesundheitszustandes, Heilbehandlungen oder ärztliche Eingriffe entscheiden.

2.1.1 Einflussnahme durch Patientenverfügung

3. BtÄndG zum 1. 9. 2009

Am 1. 9. 2009 ist das Dritte Gesetz zur Änderung des Betreuungsrechts in Kraft getreten. In den §§ 1901a, 1901b und 1904 BGB wird die sog. Patientenverfügung, das Gespräch zur Feststellung des Patientenwillens und die Genehmigungspflicht bei der Einwilligung, Nichteinwilligung oder dem Widerruf der Einwilligung in bestimmte schwerwiegende ärztliche Maßnahmen geregelt.

Patientenverfügung

In einer Patientenverfügung kann ein einwilligungsfähiger Volljähriger für den Fall seiner Einwilligungsunfähigkeit schriftlich festlegen, ob er in bestimmte, zum Zeitpunkt der Festlegung noch nicht unmittelbar bevorstehende Untersuchungen seines Gesundheitszustandes, Heilbehandlungen oder ärztliche Eingriffe einwilligt oder sie untersagt, § 1901a Abs. 1 BGB.

Durch eine Patientenverfügung kann somit im Voraus für den Fall der Einwilligungs- und Entscheidungsunfähigkeit Einfluss auf die ärztliche Behandlung genommen werden. Der Betroffene kann in einer solchen Verfügung Anweisung an Ärzte geben und bereits in (später) vom Arzt angebotene Maßnahmen einwilligen. Diese Einwilligung wirkt fort, auch wenn Einwilligungsunfähigkeit eingetreten ist.

Betreuer setzt durch

Der Betreuer hat im Fall einer Untersuchung, Behandlung oder eines ärztlichen Eingriffs zu prüfen, ob die in der Patientenverfügung erfolgten Festlegungen auf die aktuelle Lebens- und Behandlungssituation zutreffen. Ist dies der Fall, hat der Betreuer dem Willen des Betreuten Ausdruck und Geltung zu verschaffen, ihn somit gegenüber dem Arzt durchzusetzen, § 1901a Abs. 1 Satz 2 BGB.

Mutmaßlicher Wille

Liegt keine Patientenverfügung vor oder treffen die Festlegungen einer Patientenverfügung nicht auf die aktuelle Lebens- und Behandlungssituation zu, hat der Betreuer die Behandlungswünsche oder den mutmaßlichen Willen des Betreuten festzustellen und auf dieser Grundlage zu entscheiden, ob er in eine ärztliche Maßnahme einwilligt oder sie untersagt. Der mutmaßliche Wille ist aufgrund konkreter Anhaltspunkte zu ermitteln. Zu berücksichtigen sind insbesondere frühere mündliche oder schriftliche Äußerungen, ethische oder religiöse Überzeugungen und sonstige persönliche Wertvorstellungen des Betreuten, § 1901a Abs. 2 BGB.

Geht es um die Einwilligung in eine ärztliche Maßnahme, muss der Betreuer bzw. Bevollmächtigte entscheiden, ob sie objektiv dem Wohle des Patienten entspricht und die Behandlungslage mit dem Arzt besprechen.

Kein Wille feststellbar

Es wird sicher auch Fälle geben, in denen ein geäußerter Wille des Patienten nicht vorliegt und ein mutmaßlicher Wille nicht ergründet werden kann. Dies kann z. B. dann der Fall sein, wenn der Patient von Geburt an oder durch eine frühkindliche Behinderung nie in der Lage war, einen entsprechenden Willen zu bilden. Nach einer Entscheidung des Bundesgerichtshofs vom 17. 3. 2003 könnte sich in diesem Fall als Richtschnur möglicherweise ein Verständnis des Wohls des Betroffenen anbieten, das einerseits eine ärztlich für sinnvoll erachtete Behandlung gebietet, andererseits aber nicht jede medizinisch-technisch mögliche Maßnahme verlangt.

Keine Reichweitenbegrenzung Die Berücksichtigung des schriftlich in einer Patientenverfügung geäußerten Willens des Betroffenen, oder seines mutmaßlich festgestellten Willens, gilt unabhängig von Art und Stadium seiner Erkrankung, § 1901a Abs. 3 BGB.

Die Frage, welche Maßnahmen der Betroffene beanspruchen und der Betreuer folglich als sein gesetzlicher Vertreter für ihn einfordern kann, wird allerdings nicht vom Betreuungsrecht beantwortet. Auch dem Selbstbestimmungsrecht des Betroffenen lässt sich eine Antwort nicht entnehmen; denn dieses Recht lässt sich nur als Abwehrrecht gegen, nicht aber als Anspruch auf eine bestimmte Behandlung begreifen. Der Arzt kann, gestützt auf sein Grundrecht der Berufsfreiheit und seine allgemeine Handlungsfreiheit, jedenfalls solche Maßnahmen verweigern, für die keine medizinische Indikation besteht, *BGH* (BtPrax 2003, 123).

Arzt bietet Maßnahme an Der behandelnde Arzt (z. B. Hausarzt, Heimarzt, Notarzt, Stationsarzt im Krankenhaus) prüft, welche ärztliche Maßnahme im Hinblick auf den Gesamtzustand und die Prognose des Patienten indiziert ist. Er und der Betreuer erörtern diese Maßnahme unter Berücksichtigung des Patientenwillens als Grundlage für die zu treffende Entscheidung, § 1901b Abs. 1 BGB. Bei der Feststellung des Patientenwillens oder der Behandlungswünsche oder des mutmaßlichen Willens soll der Betreuer nahen Angehörigen und sonstigen Vertrauenspersonen des Betreuten Gelegenheit zur Äußerung geben, sofern dies ohne erhebliche Verzögerung möglich ist, § 1901b Abs. 2 BGB.

Zusammenfassung:

Der behandelnde Arzt prüft, welche ärztliche Maßnahme im Hinblick auf den Gesamtzustand und die Prognose des Patienten indiziert ist und teilt dies dem Betreuer mit.

- Der einwilligungsfähige Betreute willigt in die Maßnahme ein oder verweigert sie. Die Entscheidung des Betreuten ist allein verbindlich für Arzt und Betreuer.
- Ist der Betreute einwilligungsunfähig, hat er aber in einem einwilligungsfähigen Zustand schriftlich der nunmehr beabsichtigten Maßnahme zugestimmt (Patientenverfügung), muss der Betreuer die Patientenverfügung umsetzen.
- Ist der Betreute einwilligungsunfähig und hat er in einem einwilligungsfähigen Zustand schriftlich der nunmehr beabsichtigten Maßnahme widersprochen, darf der Arzt nicht handeln. Auch der Betreuer ist an den Willen des Betreuten gebunden und kann in die Maßnahme nicht einwilligen.
- Ist der Betreute einwilligungsunfähig und liegt keine Patientenverfügung vor, so hat der Betreuer den mutmaßlichen Willen des Betreuten festzustellen und auf dieser Grundlage zu entscheiden, ob er in die angebotene Maßnahme einwilligt oder sie untersagt.
- Ist der Betreute einwilligungsunfähig und liegt weder eine Patientenverfügung vor, noch kann ein mutmaßlicher Willen des Betreuten festgestellt werden, ist das Wohl des Betroffenen zu beachten, das einerseits eine ärztlich für sinnvoll erachtete Behandlung gebietet, andererseits aber nicht jede medizinisch-technisch mögliche Maßnahme verlangt.

Je älter die Patientenverfügung ist umso intensiver muss der Betreuer sich die Frage stellen, ob der geäußerte Wille sich noch mit der aktuellen Lebens- und Behandlungssituation deckt (§ 1901a Abs. 1 BGB). Neue Behandlungsmethoden, ein völlig atypischer Erkrankungsverlauf oder eine nachhaltige Änderung der Lebensumstände können dazu führen, dass der geäußerte Wille sich mit der aktuellen Situation nicht mehr deckt und deshalb unbeachtlich bleiben kann. Der Betreuer kann dann entscheiden wie beim Fehlen der Patientenverfügung.

Bei der Feststellung, wie sich der mutmaßliche Wille im Falle des Fehlens einer Patientenverfügung darstellt, ist regelmäßig eine Erörterung zwischen Arzt und

Betreuer nützlich; außerdem sollen nahe Angehörige und sonstige Vertrauenspersonen Gelegenheit zur Äußerung erhalten.

Auslegung einer Erklärung

Problematisch kann die Feststellung sein, wie mit dem in der Patientenverfügung niedergelegten (nicht immer eindeutigen) Willen zu verfahren ist. In solchen Fällen dürfte eine Auslegung des Willens erforderlich werden. Diese könnte eventuell nach § 133 BGB erfolgen, es dürfte nicht nach dem Wortlaut zu entscheiden sein, sondern das vom Verfasser wirklich Gewollte wäre zu erforschen.

Vorsorge-(Bevollmächtigter)

Geltung für Bevollmächtigten

Soweit eine Einwilligung oder Handlung des Betreuers erforderlich ist, gilt dies entsprechend für einen Bevollmächtigten (insbesondere Vorsorgebevollmächtigten, § 1896 Abs. 2 Satz 2 BGB), wenn sein Aufgabenkreis die Maßnahmen umfasst, §§ 1901a Abs. 5 und 1901b Abs. 3 BGB.

Widerruf der Patientenverfügung

Eine Patientenverfügung kann jederzeit formlos widerrufen werden, § 1901a Abs. 1 Satz 3 BGB.

Formloser Widerruf

Dieser formlose Widerruf kann für den Betreuer/Bevollmächtigten ein Problem bedeuten. Er kann letztlich nie ganz sicher sein, ob die ihm schriftlich vorliegende Patientenverfügung nicht zwischenzeitlich mündlich widerrufen wurde. Es dürfte somit immer unerlässlich sein, dass sich der Betreuer/Bevollmächtigte im Behandlungsfall mit den Angehörigen und Vertrauenspersonen in Verbindung setzt, um einen möglichen Widerruf in Erfahrung zu bringen.

Verpflichtungsverbot

Verpflichtungsverbot

Niemand kann zur Errichtung einer Patientenverfügung verpflichtet werden. Die Errichtung oder Vorlage einer Patientenverfügung darf nicht zur Bedingung eines Vertragsschlusses gemacht werden, § 1901a Abs. 4 BGB.

Es wird verdeutlicht, dass es keinen wie auch immer gearteten Zwang zur Abfassung einer Patientenverfügung gibt. Außerdem wird ein allgemeines zivilrechtliches Koppelungsverbot statuiert. Die Errichtung oder Vorlage einer Patientenverfügung darf nicht zur Bedingung eines Vertragschlusses (§ 158 BGB) gemacht werden, z. B. beim Abschluss eines Heim- oder Versicherungsvertrages. Individuellem und gesellschaftlichem Druck zur Errichtung einer (bestimmten) Patientenverfügung soll entgegengewirkt werden.

2.1.2 Gerichtliche Genehmigung bei Einwilligung des Betreuers

Betreuungsgerichtliche Genehmigung

Willigt der Betreuer in eine Untersuchung des Gesundheitszustandes, eine Heilbehandlung oder einen ärztlichen Eingriff für seinen einwilligungsunfähigen Betreuten ein, ist in § 1904 Abs. 1 Satz 1 BGB ein Genehmigungsvorbehalt des Betreuungsgerichts vorgesehen,

- wenn die begründete Gefahr besteht, dass der Betreute
- aufgrund der Maßnahme stirbt
- oder einen schweren und länger dauernden gesundheitlichen Schaden erleidet.

Einvernehmen macht Genehmigung entbehrlich

Eine Ausnahme von der Genehmigungspflicht gilt nur, wenn mit einem Aufschub der Maßnahme Gefahr verbunden ist, § 1904 Abs. 1 Satz 2 BGB.

Die Genehmigung ist außerdem nicht erforderlich, wenn zwischen dem Betreuer und dem behandelnden Arzt Einvernehmen darüber besteht, dass die Erteilung der Einwilligung dem in einer Patientenverfügung geäußerten oder mutmaßlich festgestellten Willen des Betreuten entspricht, § 1904 Abs. 4 BGB. In den Fällen, in denen ein geäußerter Wille des Patienten nicht vorliegt und ein mutmaßlicher Wille nicht ergründet werden kann, greift diese Befreiungsvorschrift nicht und es ist die betreuungsgerichtliche Genehmigung nach § 1904 Abs. 1 Satz 1 BGB einzuholen.

Wille des Patienten bindet Gericht

Soweit eine betreuungsgerichtliche Genehmigung nach § 1904 Abs. 1 Satz 1 BGB erforderlich wird, ist sie durch den Richter zu erteilen, wenn die Einwilligung dem Willen des Betreuten entspricht, § 1904 Abs. 3 BGB. Im Genehmigungsverfahren ist somit der Wille des Betreuten dahingehend zu ergründen, ob er sich mit der aktuellen Maßnahme deckt, und der Entscheidung zugrunde zu legen.

Zusammenfassung

- Verfügt der Betreute über eine natürliche Einsichts- und Steuerungsfähigkeit im Einzelfall für die Einwilligung in die Untersuchung des Gesundheitszustands, die Heilbehandlung oder den ärztlichen Eingriff, entfallen die Einwilligung des Betreuers und der Genehmigungsvorbehalt des Betreuungsgerichts.
- Fehlt dem Betreuten die natürliche Einsichts- und Steuerungsfähigkeit für die vorzunehmende Maßnahme, sind folgende Fälle zu unterscheiden:
  - Der Betreuer willigt in die Maßnahme ein, soweit sie dem in einer Patientenverfügung geäußerten Willen entspricht oder dem mutmaßlichen Willen des Betreuten nicht widerspricht; eine betreuungsgerichtliche Genehmigung ist nicht erforderlich.
  - Handelt es sich um einen lebensbedrohlichen Eingriff oder sind mit der Maßnahme schwere und länger dauernde gesundheitliche Schäden zu erwarten, so muss vor der Maßnahme die betreuungsgerichtliche Genehmigung für die Einwilligung des Betreuers eingeholt werden.

    Besteht zwischen dem Betreuer und dem behandelndem Arzt Einvernehmen darüber, dass die Erteilung der Einwilligung dem in einer Patientenverfügung geäußerten oder mutmaßlich festgestellten Willen des Betreuten entspricht, ist eine betreuungsgerichtliche Genehmigung nicht erforderlich; diese Befreiung kann nicht gelten, wenn ein Wille nicht feststellbar ist.

    Eine Genehmigung ist außerdem nicht erforderlich, wenn mit einem Aufschub der Maßnahme Gefahr verbunden wäre.

Die Vorschrift des § 1904 Abs. 1 Satz 1 BGB stellt eine Außengenehmigung dar, *OLG Frankfurt* (NJW 1998, 2747); ohne sie ist die Zustimmung des Betreuers nicht wirksam und für den Arzt unbeachtlich.

Verweigert das Betreuungsgericht die Genehmigung, kann die ärztliche Maßnahme nicht durchgeführt werden, da eine wirksame Einwilligung des Betreuers nicht vorliegt.

Geltung für Bevollmächtigte

Diese Ausführungen gelten auch für einen (Vorsorge-)Bevollmächtigten. Er kann in eine Maßnahme nur einwilligen, nicht einwilligen oder die Einwilligung widerrufen, wenn die Vollmacht diese Maßnahmen ausdrücklich umfasst und schriftlich erteilt ist, § 1904 Abs. 5 BGB.

Es wird auch von behandelnden Ärzten häufig übersehen, dass einige Medikamente im Rahmen der Heilbehandlung schwere und länger dauernde gesundheitliche Schäden verursachen können. In der Fachliteratur wurde eine Liste von *Schreiber* (FamRZ 1991, S. 1014 ff.) über die genehmigungsbedürftige Heilbehandlung mit Arzneimitteln veröffentlicht, die allerdings bei Ärzten und Richtern sehr umstritten ist. Der Betreuer sollte deshalb die Medikation seines Betreuten mit dem behandelnden Arzt unter dem Gesichtspunkt des möglichen betreuungsgerichtlichen Genehmigungsvorbehalts klären.

Die zur Einwilligung des Betreuers/Bevollmächtigten in einen ärztlichen Eingriff erforderliche betreuungsgerichtliche Genehmigung setzt keinen (echten) Antrag des Betreuers voraus; jedoch muss der Betreuer die Genehmigung beim Gericht anregen, eine Erteilung gegen seinen Willen ist ausgeschlossen. Der Betreuer/Bevollmächtigte sollte die ärztliche Maßnahme und die zu erwartenden Folgen möglichst genau bezeichnen.

Es wird nicht verkannt, dass eine Einwilligung des Betreuers/Bevollmächtigten in eine lebensbedrohliche oder gesundheitsschädliche Maßnahme eine psychische Belastung für ihn darstellen kann. Unter diesem Gesichtspunkt ist der Genehmigungsvorbehalt durch das Betreuungsgericht mit den entsprechenden Verfahrensgarantien wichtig. Wenn der Betreuer in seiner Entscheidung über die Notwendigkeit und Erforderlichkeit der Maßnahme, auch nach ärztlicher Rücksprache und unter Beachtung von Wohl, Wille und Wunsch des Betreuten, unsicher ist, wird er die Beratung durch das Betreuungsgericht (§§ 1908i Abs. 1, 1837 Abs. 1 BGB) oder durch die Betreuungsstelle (§ 4 BtBG) in Anspruch nehmen. Sollte Unklarheit über die Erforderlichkeit einer Genehmigung beim Betreuer/Bevollmächtigten bestehen, wird er im Zweifel die Erteilung einer betreuungsgerichtlichen Genehmigung anregen.

Beratungsanspruch wahrnehmen

2.1.3 Gerichtliche Genehmigung bei Verweigerung der Einwilligung

Nichteinwilligung durch Betreuer

Die Nichteinwilligung oder der Widerruf der Einwilligung des Betreuers/Bevollmächtigten in eine Untersuchung des Gesundheitszustands, eine Heilbehandlung oder einen ärztlichen Eingriff bedarf der Genehmigung des Betreuungsgerichts, wenn die Maßnahme medizinisch angezeigt ist und die begründete Gefahr besteht, dass der Betreute aufgrund des Unterbleibens oder des Abbruchs der Maßnahme stirbt oder einen schweren und länger dauernden gesundheitlichen Schaden erleidet, § 1904 Abs. 2, Abs. 5 BGB.

Zusammenfassung

- Bietet der Arzt eine Maßnahme nicht an, weil sie medizinisch nicht angezeigt ist, kann auch eine Verweigerung der Einwilligung seitens des Betreuers/Bevollmächtigten nicht stattfinden.
- Bietet der Arzt eine Maßnahme an, und willigt der Betreuer/Bevollmächtigte ein, kann allenfalls eine betreuungsgerichtliche Genehmigung nach § 1904 Abs. 1 Satz 1 BGB in Betracht kommen, wenn es sich um einen lebensbedrohlichen Eingriff handelt oder durch die Maßnahme schwere und länger dauernde gesundheitliche Schäden zu erwarten sind. Sie ist auch in diesen Fällen nicht erforderlich, wenn zwischen Betreuer/ Bevollmächtigten und behandelndem Arzt Einvernehmen darüber besteht, dass die Erteilung der Einwilligung dem festgestellten Willen des Betreuten entspricht, § 1904 Abs. 4 BGB; diese Befreiung kann aber nicht gelten, wenn ein Wille nicht feststellbar ist.
- Bietet der Arzt eine Maßnahme an und verweigert der Betreuer/Bevollmächtigte seine Einwilligung, weil seiner Ansicht nach die Maßnahme nicht dem Willen des Betreuten/Vollmachtgebers entspricht,
  - ist keine betreuungsgerichtliche Genehmigung erforderlich, wenn keine begründete Gefahr besteht, dass der Betreute/Vollmachtgeber aufgrund des Unterbleibens der Maßnahme stirbt oder einen schweren und länger dauernden gesundheitlichen Schaden erleidet (Umkehrschluss aus § 1904 Abs. 2 BGB).

- ist eine betreuungsgerichtliche Genehmigung erforderlich, wenn die begründete Gefahr besteht, dass der Betreute/Vollmachtgeber aufgrund des Unterbleibens der Maßnahme stirbt oder einen schweren und länger dauernden gesundheitlichen Schaden erleidet, § 1904 Abs. 2 BGB.

Verweigert das Betreuungsgericht eine zur Nichteinwilligung durch den Betreuer erforderliche Genehmigung, ist fraglich, wie sich die Sachlage darstellt; aus dem Gesetz ergibt sich hierzu kein Anhaltspunkt.

Legt man die Entscheidung des *Bundesgerichtshofs vom 17. 3. 2003* als Maßstab zugrunde, kann man in der Nichtgenehmigung durch das Betreuungsgericht die Ersetzung der Zustimmung des Betreuers/Bevollmächtigten sehen, damit der Arzt behandeln kann. Denkbar wäre auch, dass der Richter die Einwilligung zur Behandlung/Weiterbehandlung erteilt (wohl eher unwahrscheinlich). Möglich wäre auch eine richterliche Anweisung an den Betreuer nach §§ 1908i Abs. 1, 1837 Abs. 2 BGB, die Einwilligung zu erteilen; damit ist aber nicht geklärt, wie bei einem Bevollmächtigten zu verfahren ist.

Als praktisch anwendbare Regelung dürfte sich wohl erweisen, dass in der Verweigerung der Genehmigungserteilung durch das Gericht zugleich die Ersetzung der Zustimmung des Betreuers/Bevollmächtigten zur Behandlung liegt.

2.1.4 Das Genehmigungsverfahren bei ärztlichen Maßnahmen

Verfahrensgarantien

Für alle nach § 1904 BGB erforderlichen Genehmigungen, also für die Einwilligung, Nichteinwilligung oder den Widerruf einer Einwilligung des Betreuers bzw. Bevollmächtigten in bestimmte Untersuchungen des Gesundheitszustandes, Heilbehandlungen oder ärztliche Eingriffe, regelt § 15 Abs. 1 Satz 1 Nr. 4 RpflG die funktionelle Zuständigkeit. Somit ist immer der Betreuungsrichter für die Erteilung einer Genehmigung zuständig.

Die zu beachtenden Sonderbestimmungen zum Verfahren ergeben sich aus § 298 FamFG.

- Der Betreute muss immer persönlich angehört werden, § 298 Abs. 1 Satz 1 FamFG.

- Auf Verlangen des Betroffenen ist eine ihm nahestehende Person anzuhören, wenn dies ohne erhebliche Verzögerung möglich ist, § 298 Abs. 1 Satz 3 FamFG.

- Die sonstigen Verfahrensbeteiligten sollen angehört werden, § 298 Abs. 1 Satz 2 FamFG. Dies dürfte im Genehmigungsverfahren in der Regel nur der Verfahrenspfleger sein, § 274 Abs. 2 FamFG, da weder die Betreuungsbehörde noch die Angehörigen i. S. v. § 274 Abs. 3 und 4 FamFG im Genehmigungsverfahren eine Beteiligtenstellung erlangen können. Fraglich ist allerdings, ob die nahen Angehörigen und sonstigen Vertrauenspersonen durch ihre Äußerungsmöglichkeit nach § 1901b Abs. 2 BGB entgegen § 7 Abs. 6 FamFG nicht doch zu Beteiligten werden.

- Für die Nichteinwilligung oder den Widerruf der Einwilligung des Betreuers gem. § 1904 Abs. 2 BGB ist immer ein Verfahrenspfleger zu bestellen und anzuhören, § 298 Abs. 2 FamFG.

- Vor der Entscheidung ist ein Sachverständigengutachten einzuholen. Der Sachverständige soll nicht auch der behandelnde Arzt sein, § 298 Abs. 3 FamFG.

Zum Ablauf des Genehmigungsverfahrens beim Abbruch lebenserhaltender Maßnahmen (§ 1904 Abs. 2 BGB) s. u. 2.3.4.

Die betreuungsgerichtliche Genehmigung ergeht durch Beschluss, § 38 Abs. 1 FamFG, der zu begründen ist, § 38 Abs. 3 Satz 1 FamFG.

Wirksamwerden der gerichtlichen Entscheidung

- Der Genehmigungsbeschluss wird im Falle der Einwilligung des Betreuers/Bevollmächtigten in die ärztliche Maßnahme mit Bekanntgabe an den Betreuer/Bevollmächtigten wirksam, § 40 Abs. 1 i. V. m. § 287 Abs. 1 FamFG; keine Anwendung findet § 40 Abs. 2 FamFG, da es sich nicht um die Genehmigung eines Rechtsgeschäfts handelt.
- Ein Beschluss, der die Genehmigung zur Nichteinwilligung des Betreuers/Bevollmächtigten zum Gegenstand hat, wird erst zwei Wochen nach Bekanntgabe an den Betreuer oder Bevollmächtigten sowie an den Verfahrenspfleger wirksam, § 287 Abs. 3 FamFG.
- Ergeht ein Beschluss, in dem die Erteilung der Genehmigung verweigert wird, wird dieser mit Bekanntgabe an den Betreuer/Bevollmächtigten wirksam, § 40 Abs. 1 i. V. m. § 287 Abs. 1 FamFG.

Der Beschluss ist durch den Betreuer/Bevollmächtigten mit Beschwerde in der Frist von 1 Monat anfechtbar, zumindest im Namen des Betroffenen, §§ 58 Abs. 1, 63 Abs. 1, 59 Abs. 1 i. V. m. § 303 Abs. 4 Satz 1 FamFG (die Frist nach § 63 Abs. 2 Nr. 2 FamFG findet keine Anwendung, da es sich nicht um die Genehmigung zu einem Rechtsgeschäft handelt).

2.1.5 Genehmigung ärztlicher Zwangsmaßnahmen im Rahmen einer Unterbringung (§ 1906 Abs. 3 BGB)

Gesetzliche Regelung ärztlicher Zwangsmaßnahmen

Eine gesonderte Regelung für den Einsatz physischer Gewalt zur Vollziehung ärztlicher Maßnahmen wurde im Betreuungsrecht ursprünglich nicht für erforderlich gehalten, da man in § 1906 Abs. 1 Nr. 2 BGB eine ausreichende Ermächtigung sah. Der BGH hat jedoch mit Beschluss vom 20. 6. 2012 seine Ansicht, dass § 1906 Abs. 1 Nr. 2 BGB eine Zwangsbehandlung ermögliche (vgl. dazu Kapitel A 12, Abschnitt 2.1.5), revidiert.

Mit dem „Gesetz zur Regelung der betreuungsrechtlichen Einwilligung in eine ärztliche Zwangsmaßnahme“ hat der Gesetzgeber versucht, den verfassungsrechtlichen Vorgaben gerecht zu werden, unter denen eine ärztliche Zwangsmaßnahme möglich sein soll. Die nunmehr gem. § 1906 Abs. 3a BGB erforderliche Genehmigung soll nur unter „strengen materiellen und verfahrensrechtlichen Anforderungen“ erteilt werden unter Achtung der „Selbstbestimmung der Betreuten“ *(BT-Drucks. 17/12086)*. Zu den Einzelheiten vgl. Kapitel A 12, Abschnitt 2.1.5.

Unzulässigkeit ambulanter Zwangsbehandlung

Die zwangsweise Zuführung durch den Betreuer zu einer ambulanten Behandlung oder die Behandlung gegen den natürlichen Willen des Betreuten außerhalb einer freiheitsentziehenden Unterbringung etwa im häuslichen Bereich sind dagegen weiterhin mangels gesetzlicher Regelung unzulässig.

Zwangsmaßnahmen im Pflegeheim

Die Rspr. hat, soweit ersichtlich, zum alten Recht nicht entschieden, ob im Rahmen einer zivilrechtlichen Unterbringung in einem Alten- oder Pflegeheim eine Zwangsmedikation möglich ist oder nur in der geschlossenen Abteilung eines Krankenhauses. Dies dürfte zumindest dann problematisch sein, wenn die Freiheitsentziehung ausschließlich auf § 1906 Abs. 1 Nr. 1 BGB gestützt wird, weil bei dem Betreuten die Gefahr besteht, dass er sich selbst tötet oder einen gesundheitlichen Schaden zufügt. Liegen dagegen nur oder auch die Voraussetzungen des § 1906 Abs. 1 Nr. 2 BGB vor, weil eine medikamentöse Behandlung (z. B. mit Neuroleptika, Antidementiva, Insulinspritzen usw.) nur im Rahmen einer geschlossenen (freiheitsentziehenden) Unterbringung gesichert werden kann, dann dürfte eine Genehmigung nach § 1906 Abs. 3a BGB zulässig sein, da § 1906 Abs. 3 Satz 1 Nr. 3 nur generell von einer „ärztlichen Zwangsmaßnahme im Rahmen der Unterbringung nach Absatz 1" spricht.

2.2 Sterilisation (§ 1905 BGB) und Kastration

Sterilisation

Eine Sterilisation (operative Unfruchtbarmachung durch Unterbrechung der Ei- oder Samenleiter) ist als schwerer Eingriff in die körperliche Unversehrtheit eines Betreuten zu bezeichnen und hat erhebliche Auswirkungen auf die gesamte Lebensführung, Lebensperspektive und Lebensqualität sowohl für Frauen als auch für Männer.

Voraussetzungen der Einwilligung (§ 1905 BGB)

In die Sterilisation einwilligungsunfähiger Betreuter kann der Betreuer nur einwilligen, wenn

1. die Sterilisation dem Willen des Betreuten nicht widerspricht,
2. der Betreute auf Dauer einwilligungsunfähig bleiben wird,
3. anzunehmen ist, dass es ohne die Sterilisation zu einer Schwangerschaft kommen würde,
4. infolge dieser Schwangerschaft eine Gefahr für das Leben oder die Gefahr einer schwerwiegenden Beeinträchtigung des körperlichen oder seelischen Gesundheitszustandes der Schwangeren zu erwarten wäre, die nicht auf zumutbare Weise abgewendet werden könnte, und
5. die Schwangerschaft nicht durch andere zumutbare Mittel abgewendet werden kann.

Diese fünf Voraussetzungen müssen nebeneinander erfüllt sein.

Als schwerwiegende Gefahr für den seelischen Gesundheitszustand der Schwangeren gilt auch die Gefahr eines schweren und nachhaltigen Leidens, das ihr drohen würde, weil familiengerichtliche Maßnahmen, die mit ihrer Trennung vom Kind verbunden wären (§§ 1666, 1666a BGB), gegen sie ergriffen werden müssten.

Einsichtsfähigkeit des/der Betreuten

Bei der Sterilisation muss aber auch, wie bei der Heilbehandlung, auf die natürliche Einsichts- und Steuerungsfähigkeit abgestellt werden. Allerdings ist hier die Frage, ob die/der Betreute die Art, Bedeutung und Tragweite – auch die Risiken – der Maßnahme zu erfassen und seinen Willen hiernach zu bestimmen vermag, unter sehr engen Grenzen und Gesichtspunkten zu beurteilen.

Schmerzen zu empfinden und die Ursachen für den Schmerz abzustellen, ist anders zu beurteilen als eine Sterilisation, die ethische, moralische, medizinische, psychologische und soziale Gesichtspunkte umfasst und von daher schon für gesunde Menschen eine schwerwiegende und problembehaftete Entscheidung bedeutet.

Praxis TIPP

Einsichts- und Steuerungsfähigkeit bei Sterilisation

Eine Sterilisation orientiert sich nicht am Interesse der Allgemeinheit, von Verwandten oder des ungezeugten Kindes (*BT-Drucks. 11/4528 S. 75, 76*), sondern ausschließlich am Wohl und Willen der/des Betreuten. Die Abwägung des Für und Wider und eine sachliche Prüfung der in Betracht kommenden Gesichtspunkte dürfte, schon wegen des schwierigen Aufklärungsgesprächs des ausführenden Arztes, den meisten Betreuten nicht möglich sein. Betreuer sollten deshalb grundsätzlich, wenn sie mit dem Thema Sterilisation konfrontiert werden, das Betreuungsgericht informieren, um eine objektive, überprüfbare Aussage zur Einsichts- und Steuerungsfähigkeit des Betreuten zu ermöglichen. Diese Vorgehensweise verhindert auch, eigene subjektive Wertvorstellungen überzugewichten.

Der besondere Betreuer

Um Interessenkollisionen des bestellten Betreuers zu vermeiden, muss für die Einwilligung in eine Sterilisation stets ein besonderer Betreuer (§ 1899 Abs. 2 BGB) vom Betreuungsgericht bestellt werden. Ein Betreuungsverein oder die Betreuungsbehörde darf nicht zum besonderen Betreuer für die Entscheidung über die Einwilligung in eine Sterilisation bestellt werden (§ 1900 Abs. 5 BGB).

Für die Einwilligung in eine Sterilisation benötigt der besondere Betreuer eine betreuungsgerichtliche Genehmigung, § 1905 Abs. 2 Satz 1 BGB.

Verfahren

Für das Genehmigungsverfahren zur Einwilligung in eine Sterilisation gelten die weitreichendsten Verfahrensvorschriften im gesamten Betreuungsrecht:

- Die Bestellung eines Pflegers für das Verfahren ist zwingend vorgeschrieben, soweit der/die Betroffene nicht von einem Rechtsanwalt oder von einem anderen geeigneten Verfahrensbevollmächtigten vertreten wird, § 297 Abs. 5 FamFG.

- Verfahrenshandlungen durch den ersuchten Richter sind ausgeschlossen, § 297 Abs. 4 FamFG.

- Verpflichtung des Betreuungsgerichts, den/die Betroffene/n persönlich anzuhören und sich einen unmittelbaren Eindruck von ihm/ihr zu verschaffen; darüberhinaus muss die/der Betroffene über den möglichen Verlauf des Verfahrens unterrichtet werden, § 297 Abs. 1 FamFG.

- Das Gericht hat die Betreuungsbehörde anzuhören, wenn es der/die Betroffene verlangt oder es der Sachaufklärung dient, § 297 Abs. 2 FamFG. Soweit im Interesse des/der Betroffenen dessen nicht dauernd getrennt lebender Ehegatte oder Lebenspartner, die Eltern, Pflegeeltern, Großeltern, Abkömmlinge oder Geschwister am Verfahren beteiligt wurden (§ 274 Abs. 4 Nr. 1 i. V. m. § 7 Abs. 3 FamFG), sind diese anzuhören, § 297 Abs. 3 Satz 1 FamFG. Auf Verlangen des/der Betreuten hat das Gericht eine ihm/ihr nahestehende Person ebenfalls anzuhören, § 297 Abs. 3 Satz 2 FamFG.

- Die Genehmigung darf erst erteilt werden, nachdem Gutachten von Sachverständigen eingeholt sind, die sich auf die medizinischen, psychologischen, sozialen, sonderpädagogischen und sexualpädagogischen Gesichtspunkte erstrecken. Die Sachverständigen haben den/die Betreute/n vor Erstattung des Gutachtens persönlich zu untersuchen oder zu befragen. Der die Sterilisation ausführende Arzt darf nicht zum Sachverständigen bestellt werden, § 297 Abs. 6 FamFG.

Die Entscheidung über die Genehmigung zur Einwilligung in eine Sterilisation ist dem Betreuungsrichter vorbehalten, § 15 Nr. 1 RPflG. Er entscheidet durch Beschluss, § 38 Abs. 1 Satz 1 FamFG.

Wirksamkeit der Genehmigung

Die Genehmigung wird wirksam mit Bekanntgabe an den für die Entscheidung über die Einwilligung in die Sterilisation bestellten Betreuer (weiterer Betreuer nach § 1899 Abs. 2 BGB) und an den Verfahrenspfleger oder den Verfahrensbevollmächtigten, wenn ein Verfahrenspfleger nicht bestellt wurde, § 297 Abs. 7 FamFG.

Bekanntmachung an Betreuten und Behörde

Die Entscheidung über die Genehmigung ist dem/der Betroffenen stets selbst bekannt zu machen; von der Bekanntgabe der Gründe kann nicht abgesehen werden. Der Betreuungsbehörde ist die Entscheidung stets bekannt zu geben, § 297 Abs. 8 FamFG.

Zweiwochenfrist

Ob die Sterilisation nach dem Vorliegen der wirksamen Genehmigung ausgeführt wird, entscheidet der besondere Betreuer und letztlich der/die Betreute. Die Sterilisation darf jedenfalls erst zwei Wochen nach Wirksamkeit der Genehmigung durchgeführt werden (§ 1905 Abs. 2 Satz 2 BGB).

Gibt der/die Betreute vor Durchführung der Sterilisation zu erkennen, dass er/sie mit dem Eingriff nicht mehr einverstanden ist, dieser somit nicht mehr seinem Willen entspricht, kann von der betreuungsgerichtlichen Genehmigung kein Gebrauch gemacht werden (siehe § 1905 Abs. 1 Nr. 1 BGB).

Refertilisierung

Der besondere Betreuer, aber auch der ausführende Arzt, hat darauf zu achten, dass bei der Sterilisation die Methode gewählt wird, die eine Refertilisierung (Rückgängigmachung) durch eine Operation zulässt (§ 1905 Abs. 2 Satz 3 BGB).

Stellung des (normalen) Betreuers

Der (normale) Betreuer muss das Betreuungsgericht nur über den beabsichtigten Eingriff (Sterilisation) unterrichten; eine Antragstellung ist nicht erforderlich. Im Gegensatz zum besonderen Betreuer (sog. Sterilisationsbetreuer) besteht keine Verpflichtung, den Betreuer am Verfahren zu beteiligen, da sein Aufgabenkreis die Maßnahme nicht umfasst (§ 274 Abs. 1 Nr. 2 FamFG). In der Regel kann er allerdings zur Sachverhaltsaufklärung beitragen, sodass er im Rahmen der Amtsermittlungspflicht vom Betreuungsrichter angehört werden wird, § 26 FamFG.

Kastration

Von einer Kastration spricht man im medizinischen Sinne, wenn die Keimdrüsen (Hoden, Eierstöcke) operativ entfernt oder durch andere Behandlungen dauernd funktionsunfähig gemacht werden. Die Zulässigkeit der Kastration eines Mannes richtet sich nach dem „Gesetz über die freiwillige Kastration und andere Behandlungsmethoden". Diese ärztliche Maßnahme richtet sich gegen die Auswirkungen eines abnormen Geschlechtstriebs und ist wie die Sterilisation nur unter sehr engen Voraussetzungen zulässig. Kann der Betroffene Grund und Bedeutung der Kastration nicht voll einsehen und seinen Willen hiernach bestimmen, muss ein Betreuer für diesen Aufgabenkreis bestellt werden, der dann über die Einwilligung entscheidet. Die Einwilligung muss betreuungsgerichtlich genehmigt werden, außerdem muss vor jeder Kastration eine Gutachterstelle eingeschaltet werden. Eine Kastration gegen den Willen des Betreuten ist nur dann möglich, wenn die Behandlung angezeigt ist, um eine lebensbedrohende Krankheit zu verhüten, zu heilen oder zu lindern.

Wenn der Betreuer mit dem Problem einer Kastration konfrontiert wird, sollte er auf jeden Fall beim Betreuungsgericht Beratung einholen, §§ 1908i Abs. 1, 1837 Abs. 1 BGB.

2.3 Abbruch lebenserhaltender Maßnahmen

Jeder Mensch hat das Recht, für sich zu entscheiden, ob und welche medizinischen Maßnahmen für ihn ergriffen werden.

Zustimmung des Patienten zur Behandlung

Ärzte brauchen für jede Behandlung die Zustimmung des Betroffenen. Das gilt für die Einleitung wie für die Fortführung einer Therapie. Solange der kranke Mensch noch entscheidungsfähig ist, kann er selbst dem Arzt diese Zustimmung geben oder verweigern. Problematisch ist aber die Feststellung des Willens eines Menschen, der nicht mehr in der Lage ist, seinen Willen zu äußern. Seit dem 1. September 2009 schafft das 3. Betreuungsrechtsänderungsgesetz hierfür Regeln in den §§ 1901a und b, 1904 BGB.

Patientenverfügung

In einer Patientenverfügung kann ein einwilligungsfähiger Volljähriger für den Fall seiner Einwilligungsunfähigkeit schriftlich festlegen, ob er in bestimmte, zum Zeitpunkt der Festlegung noch nicht unmittelbar bevorstehende Untersuchungen seines Gesundheitszustandes, Heilbehandlungen oder ärztliche Eingriffe einwilligt oder sie untersagt, § 1901a Abs. 1 BGB.

Selbstbestimmungsrecht

Man kann somit festlegen, ob man bei einem konkret beschriebenen Krankheitszustand bestimmte medizinische Maßnahmen wünscht oder ob sie unterlassen werden sollen. Auf diese Weise kann trotz aktueller Entscheidungsunfähigkeit Einfluss auf die ärztliche Behandlung genommen und damit das Selbstbestimmungsrecht gewahrt werden.

2.3.1 Medizinische Voraussetzungen für ein Unterlassen

Das Selbstbestimmungsrecht gilt unabhängig von Art und Stadium einer Erkrankung des Patienten, § 1901a Abs. 3 BGB.

Der *Bundesgerichtshof* hatte in seiner *Entscheidung vom 17. 3. 2003* (BtPrax 2003, 123) noch festgelegt, dass lebenserhaltende oder lebensverlängernde Maßnahmen zu unterbleiben haben, wenn der Patient nunmehr einwilligungsunfähig ist, sein Grundleiden einen irreversiblen tödlichen Verlauf angenommen hat, und er zuvor, etwa in Form einer sog. Patientenverfügung, einen entsprechenden Willen geäußert hat. Diese Einschränkung auf den unumkehrbaren tödlichen Verlauf des Grundleidens wurde durch die neue Gesetzesregelung beseitigt.

Unabhängigkeit von Art und Stadium der Erkrankung

Nach § 1901a Abs. 3 BGB spielt es keine Rolle, ob das Grundleiden des Kranken nach ärztlicher Überzeugung unumkehrbar (irreversibel) ist und einen tödlichen Verlauf angenommen hat, ob nach menschlichem Ermessen und kompetenter ärztlicher Beurteilung keine Besserung des Gesundheitszustandes mit Hinblick auf den dauerhaften Ausfall körperlicher vitaler Funktionen zu erwarten ist.

Daraus folgt, dass für das Verlangen des Patienten, eine Behandlung einzustellen, keine medizinischen Voraussetzungen vorliegen müssen; lediglich der in einer Patientenverfügung geäußerte oder mutmaßliche Wille zählt, § 1901a Abs. 1 und 2 BGB.

2.3.2 Feststellbarer und mutmaßlicher Wille

Der Betreuer/Bevollmächtigte hat im Fall einer Untersuchung, Behandlung oder eines ärztlichen Eingriffs zu prüfen, ob die in der Patientenverfügung erfolgten Festlegungen auf die aktuelle Lebens- und Behandlungssituation zutreffen. Ist dies der Fall, hat der Betreuer/Bevollmächtigte dem Willen des Patienten Ausdruck und Geltung zu verschaffen, diesen somit gegenüber dem Arzt durchzusetzen, § 1901a Abs. 1 Satz 2, Abs. 5 BGB.

Liegt keine Patientenverfügung vor oder treffen die Festlegungen einer Patientenverfügung nicht auf die aktuelle Lebens- und Behandlungssituation zu, hat der Betreuer die Behandlungswünsche oder den mutmaßlichen Willen des Betreuten festzustellen und auf dieser Grundlage zu entscheiden, ob er in eine ärztliche Maßnahme einwilligt oder sie untersagt. Der mutmaßliche Wille ist aufgrund konkreter Anhaltspunkte zu ermitteln. Zu berücksichtigen sind insbesondere frühere mündliche oder schriftliche Äußerungen, ethische oder religiöse Überzeugungen und sonstige persönliche Wertvorstellungen des Betreuten, § 1901a Abs. 2 BGB.

Betreuer/Bevollmächtigter verschafft Willen Geltung

Bei der Feststellung, ob der in der Patientenverfügung geäußerte Wille sich mit der aktuellen Lebens- und Behandlungssituation deckt, oder wie sich der mutmaßliche Willen im Falle des Fehlens einer Patientenverfügung darstellt, ist eine Erörterung zwischen dem Arzt und dem Betreuer/Bevollmächtigten erforderlich; außerdem sollen nahe Angehörige und sonstige Vertrauenspersonen Gelegenheit zur Äußerung erhalten, § 1901b BGB.

Liegt ein geäußerter Wille des Patienten nicht vor und kann ein mutmaßlicher Wille nicht ergründet werden, dürfte sich nach der *Entscheidung des Bundesgerichtshofs* vom 17. 3. 2003 in diesem Fall als Richtschnur möglicherweise ein Verständnis des Wohls des Betroffenen anbieten, das einerseits eine ärztlich für sinnvoll erachtete Behandlung gebietet, andererseits aber nicht jede medizinisch-technisch mögliche Maßnahme verlangt.

2.3.3 Betreuungsgerichtliche Genehmigung

Betreuungsgerichtliche Genehmigung

Die Nichteinwilligung oder der Widerruf der Einwilligung des Betreuers in eine Untersuchung des Gesundheitszustands, eine Heilbehandlung oder einen ärztlichen Eingriff bedarf der Genehmigung des Betreuungsgerichts, wenn die Maßnahme medizinisch angezeigt ist und die begründete Gefahr besteht, dass der Betreute aufgrund des Unterbleibens oder des Abbruchs der Maßnahme stirbt oder einen schweren und länger dauernden gesundheitlichen Schaden erleidet, § 1904 Abs. 2 BGB.

Für eine Einwilligung des Betreuers und eine Genehmigung des Betreuungsgerichts ist kein Raum, wenn ärztlicherseits eine Behandlung oder Weiterbehandlung nicht angeboten wird, sei es, dass sie von vornherein medizinisch nicht indiziert, sinnlos geworden oder aus sonstigen Gründen nicht möglich ist. Nur soweit ärztlicherseits eine lebensverlängernde oder lebenserhaltende Behandlung angeboten wird, ist eine Einwilligung des Betreuers überhaupt erforderlich oder eine Verweigerung möglich.

Einigkeit beseitigt Genehmigungsbedürftigkeit

Sind sich Betreuer und behandelnder Arzt einig, dass die Voraussetzungen der Lebensbeendigung vorliegen und ergibt es eine beachtenswerte Meinungsäußerung des Betreuten aus einer Patientenverfügung oder aus seinem mutmaßlichen Willen, ist die Beteiligung des Gerichts nicht erforderlich, § 1904 Abs. 4 BGB; die Freistellung greift nicht, wenn ein Wille des Patienten nicht feststellbar ist.

Wird ärztlicherseits eine lebensverlängernde oder lebenserhaltende Behandlung angeboten und verweigert der Betreuer/Bevollmächtigte seine Einwilligung bei Einwilligungsunfähigkeit des Patienten, ist zunächst, bis zu einer Entscheidung des Betreuungsgerichts, die Maßnahme weiterhin durchzuführen oder fortzusetzen.

Prüfungsumfang des Gerichts

Das Betreuungsgericht hat das Verhalten des Betreuers auf seine Rechtmäßigkeit hin zu überprüfen; es trifft also keine eigene Entscheidung gegen lebensverlängernde oder lebenserhaltende Maßnahmen. Das Betreuungsgericht muss der Entscheidung des Betreuers/Bevollmächtigten gegen eine solche Behandlung zustimmen, wenn feststeht, dass die Nichteinwilligung oder der Abbruch dem früher erklärten und fortgeltenden Willen des Betroffenen oder dessen mutmaßlichen Willen entspricht, § 1904 Abs. 3 BGB.

Genehmigt das Betreuungsgericht die eine Behandlung oder Weiterbehandlung ablehnende Entscheidung des Vertreters, ist dessen Nichterteilung der Einwilligung wirksam, die Behandlung darf ärztlicherseits nicht begonnen werden bzw. ist einzustellen.

Gericht ersetzt Einwilligung des Betreuers/Bevollmächtigten

Verweigert das Betreuungsgericht dagegen seine Genehmigung, siehe die Ausführungen in Abschnitt 2.1.3 am Ende. Als praktische Lösung könnte sich ergeben, dass mit Verweigerung der Genehmigungserteilung zugleich die Einwilligung des Vertreters in die angebotene Behandlung oder Weiterbehandlung des Betroffenen als ersetzt gelten könnte; eine (Weiter-)Behandlung durch den Arzt hätte zu erfolgen. Dieses Ergebnis ergibt sich allerdings nicht unmittelbar aus dem Gesetz.

<table>
<tr><th colspan="2">Unterlassung bzw. Beendigung lebenserhaltender oder lebensverlängernder Maßnahmen bei einem einwilligungsunfähigen Patienten</th></tr>
<tr><td colspan="2">Patientenverfügung liegt vor und deckt die aktuelle Maßnahme
Keine Patientenverfügung aber eindeutiger mutmaßlicher Wille des Patienten</td></tr>
<tr><td colspan="2">Betreuer/Bevollmächtigter hat dem Willen des Betreuten Ausdruck und Geltung zu verschaffen</td></tr>
<tr><td>Arzt bietet keine lebenserhaltende oder lebensverlängernde Maßnahme an.
→ Der Betreuer/Bevollmächtigte kann seine Zustimmung nicht verweigern.
Arzt bietet zunächst eine lebenserhaltende oder lebensverlängernde Maßnahme an, ist sich aber mit dem Betreuer/Bevollmächtigen einig, dass diese nicht dem Willen des Patienten entspricht, § 1904 Abs. 4 BGB.
→ Die Maßnahme unterbleibt ohne gerichtliche Genehmigung.</td><td>Arzt bietet eine lebenserhaltende oder lebensverlängernde Maßnahme an.
→ Der Betreuer/Bevollmächtigte willigt in die Maßnahme ein, da sie sich mit dem vorliegenden Patientenwillen deckt. Eine gerichtliche Genehmigung ist nicht erforderlich, § 1904 Abs. 4 BGB.
Arzt bietet eine lebenserhaltende oder lebensverlängernde Maßnahme an.
→ Der Betreuer/Bevollmächtigte willigt in die Maßnahme nicht ein, da sie sich nach seiner Ansicht nicht mit dem vorliegenden Patientenwillen deckt. Eine gerichtliche Genehmigung ist erforderlich, da die begründete Gefahr besteht, dass der Patient aufgrund des Unterbleibens oder des Abbruchs der Maßnahme stirbt, § 1904 Abs. 2 BGB.
Stimmt das Betreuungsgericht der ablehnenden Entscheidung des Vertreters zu, darf ärztlicherseits die Behandlung nicht begonnen werden bzw. ist einzustellen. Verweigert das Betreuungsgericht seine Genehmigung, so gilt damit zugleich die Einwilligung des Vertreters in die angebotene Behandlung oder Weiterbehandlung des Betroffenen als ersetzt.</td></tr>
</table>

2.3.4 Ablauf des Genehmigungsverfahrens

Bei der Erteilung einer Genehmigung zur Nichteinwilligung des Betreuers in eine Untersuchung des Gesundheitszustandes, eine Heilbehandlung oder einen ärztlichen Eingriff, bzw. zu einem Abbruch der Maßnahmen, hat der Betreuungsrichter verfahrensrechtlich § 298 FamFG (vgl. oben 2.1.4) zu beachten.

Die betreuungsgerichtliche Genehmigung ergeht durch Beschluss (§ 38 Abs. 1 FamFG), der zu begründen ist, § 38 Abs. 3 Satz 1 FamFG.

Der Beschluss, der die Genehmigung zur Nichteinwilligung des Betreuers/Bevollmächtigten zum Gegenstand hat, wird erst zwei Wochen nach Bekanntgabe an den Betreuer oder Bevollmächtigten sowie an den Verfahrenspfleger wirksam, § 287 Abs. 3 FamFG.

Ergeht ein Beschluss, in dem die Erteilung der Genehmigung verweigert wird, wird dieser mit Bekanntgabe an den Betreuer/Bevollmächtigten wirksam, § 40 Abs. 1 i. V. m. § 287 Abs. 1 FamFG. Er ist durch den Betreuer/Bevollmächtigten mit Beschwerde in der Frist von 1 Monat anfechtbar, zumindest im Namen des Betroffenen, §§ 58 Abs. 1, 63 Abs. 1, 59 Abs. 1 i. V. m. 303 Abs. 4 Satz 1 FamFG (die Frist nach § 63 Abs. 2 Nr. 2 FamFG findet keine Anwendung, da es sich nicht um die Genehmigung zu einem Rechtsgeschäft handelt).

2.3.5 Erforderlicher Aufgabenkreis für den Betreuer

Aufgabenkreis

Fraglich ist, ob mit dem Aufgabenkreis „Sorge für die Gesundheit des Betroffenen" auch die Entscheidung über lebenserhaltende Maßnahmen durch das Betreuungsgericht übertragen ist. Dies wird man bejahen müssen; hat das Gericht die Bestellung des Betreuers nicht eingeschränkt, kann von einer umfassenden Zuständigkeit des Beteiligten für die medizinischen Belange des Betroffenen ausgegangen werden.

2.3.6 Erlaubte und verbotene Maßnahmen

Liegt ein entsprechender Wille des Patienten vor, sind folgende Maßnahmen grundsätzlich erlaubt:

Arten der Sterbehilfe

→ Passive Sterbehilfe

Maßnahmen, die das Sterben erleichtern, ohne den Zeitpunkt des Todes zu beeinflussen, wie das Unterlassen künstlicher Nahrungs- oder Sauerstoffzufuhr, Bluttransfusion oder operativer Eingriffe. Das Unterlassen muss dem erklärten oder mutmaßlichen Willen des Patienten entsprechen.

→ Indirekte Sterbehilfe

Maßnahmen, die ungewollt den Todeseintritt beschleunigen. Wenn z. B. eine ärztlich gebotene schmerzlindernde Medikation die unbeabsichtigte, aber unvermeidbare Nebenfolge hat, dass sie den Todeseintritt beschleunigt. Der Betreuer hat nur zu prüfen, ob der Einsatz des Medikaments dem erklärten oder mutmaßlichen Patientenwillen entspricht.

Erlaubt und nicht strafbar ist auch die Beihilfe zum eigenverantwortlichen Suizid.

Selbst wenn ein entsprechender Wille des Patienten vorliegen sollte, ist die aktive Sterbehilfe (gezielte Tötung – Euthanasie im eigentlichen Sinn) nicht erlaubt und steht unter Strafe.

<table>
<tr><th colspan="3">Übersicht zur Sterbehilfe</th></tr>
<tr><td>passive Sterbehilfe</td><td>indirekte Sterbehilfe</td><td>aktive Sterbehilfe</td></tr>
<tr><td>Maßnahmen, die das Sterben erleichtern, ohne den Zeitpunkt des Todes zu beeinflussen</td><td>Maßnahmen, die ungewollt den Todeseintritt beschleunigen</td><td>Maßnahmen zur direkten Lebensbeendigung mit beabsichtigter Lebensverkürzung</td></tr>
<tr><td colspan="2">grundsätzlich erlaubt,
wenn eine beachtenswerte Äußerung des Patienten vorliegt
→ Wunsch bei vollem Bewusstsein
→ verbindliche schriftliche Patientenverfügung
→ eindeutiger mutmaßlicher Wille</td><td>nicht erlaubt</td></tr>
</table>

3. Aufgabe von Wohnraum

Herausragende Bedeutung der Wohnung

Eine Wohnungsauflösung ist ein massiver Eingriff in die Persönlichkeitsrechte eines Betreuten. In der Literatur bzw. in vielen Untersuchungen wird die herausragende Bedeutung der Wohnung für die Erhaltung der Selbstständigkeit der älteren Menschen – diese sind in der Betreuungspraxis am häufigsten von Wohnungsauflösungen betroffen – hervorgehoben. Ältere pflegebedürftige Betreute sind in einem besonderen Maße auf eine angemessene und ihren Bedürfnissen entsprechende Wohnung angewiesen. Unzulänglichkeiten der Wohnung sind nicht selten die Ursache einer Heimunterbringung. Möglichkeiten der Wohnungsanpassung durch kleinere bauliche Veränderungen bzw. durch eine zweckgerichtete Ausstattung sind weitgehend unbekannt, obwohl Beratungsstellen speziell für dieses Anliegen eingerichtet sind. Eine alters- und behindertengerechte Wohnraumgestaltung ist eine Grundbedingung für den effektiven Einsatz ambulanter sozialpflegerischer Dienste.

Prüfung von Wohnalternativen für die Zukunft

Die vorübergehende stationäre Behandlung eines älteren Betreuten bedingt immer die Prüfung der Wohn- und Versorgungsalternativen für die Zukunft. Wegen Unkenntnis der Möglichkeiten der Wohnungsanpassung und der vielfältigen Angebote im Bereich der „anderen Hilfen" wird in der Perspektivendiskussion sehr schnell die für den Betreuer und alle übrigen Beteiligten unkomplizierte Lösung, die Heimunterbringung zum Wohle des Betreuten, als einzige Lösung zugelassen.

Wohl, Wille und Wunsch des Betreuten, Art und Umfang der notwendigen Hilfestellungen sind nach Absprache mit dem Betreuten und nach Rücksprache mit dem behandelnden Arzt genau abzuwägen, bevor eine Wohnungsauflösung voreilig veranlasst wird. Interessen Dritter bleiben grundsätzlich unbeachtet. Dem Betreuten ein Verbleiben in der eigenen Wohnung sicherzustellen, gebietet der Erforderlichkeitsgrundsatz. Andererseits wird nicht verkannt, dass bei einer ungünstigen Prognose des Krankheitsverlaufs eine frühzeitige Unterbringung in einem Alten- und Pflegeheim für den Betreuten eine humanere Lösung sein kann.

Bei einer Entscheidung über die Genehmigung zur Beendigung eines Mietverhältnisses nach § 1907 Abs. 1 BGB ist die Anhörung des Betroffenen (§ 299 Satz 2 FamFG) zwingend vorgesehen, *OLG Köln* BtPrax 2009, 80.

Eine Heimunterbringung ist niemals die einzige Lösung. Grundsätzlich muss der Wunsch der meisten älteren Menschen möglichst lange zu Hause wohnen zu bleiben immer respektiert werden. Der Betreuer sollte sich deshalb über Wohnangebote im Alter informieren. Viele wegweisende und zukunftsträchtige Projekte werden zum Thema „Wohnen zu Hause" initiiert und realisiert. „Betreutes Wohnen" in der eigenen Wohnung kann durchaus auch bei Durchführung kleinerer Wohnungsanpassungsmaßnahmen ein Verbleiben von betreuungsbedürftigen älteren Menschen ermöglichen. Die Inanspruchnahme professioneller Beratung ist hier zu empfehlen.

3.1 Beendigung eines Mietverhältnisses über Wohnraum

Genehmigung erforderlich

Der Betreuer bedarf einer betreuungsgerichtlichen Genehmigung zur Aufgabe eines Mietverhältnisses über Wohnraum, der von oder für den Betreuten angemietet wurde, § 1907 Abs. 1 BGB. Ob der Mietvertrag in schriftlicher Form vorliegt, es sich um einen Haupt- oder Untermietvertrag handelt, ist grundsätzlich ohne Bedeutung.

Unter diesen Genehmigungstatbestand fällt nur „angemieteter" Wohnraum, nicht aber z. B. die Aufgabe eines im Rahmen einer Übergabe erlangten Wohnungsrechts oder der Verkauf einer durch den Betreuten selbstbewohnten Eigentumswohnung.

Aufgabe eines Heimplatzes

Soweit der Betreuer den bestehenden Vertrag über einen (Pflege-)Heimplatz kündigt, kann eine Genehmigung nach § 1907 Abs. 1 BGB erforderlich sein, zumindest dann, wenn der Betreute einen „bestimmten" Raum im Vertrag zugesprochen erhalten hat (Mietraum). Schuldet der Heimbetreiber nicht einen bestimmten, sondern einen „geeigneten" Raum, und steht die Versorgung des Heimbewohners im Vordergrund, greift dieses Genehmigungserfordernis nicht (fehlende Aufgabe des Lebensmittelpunktes), siehe hierzu *LG Münster* BtPrax 2001, 81. In diesem Fall muss allerdings der „nichtbefreite" Betreuer (Betreuer ist weder Ehegatte, Lebenspartner, Elternteil noch Abkömmling des Betreuten, auch nicht Vereins- oder Behördenbetreuer, § 1908i Abs. 2 Satz 2 BGB) den Genehmigungstatbestand des § 1812 Abs. 1 Satz 1, Abs. 3 BGB beachten. Durch die Beendigung des Heimvertrags verliert der Betreute Ansprüche aus diesem; der Betreuer verfügt somit über Betreutenforderungen.

3.1.1 Kündigung des Mietverhältnisses durch den Betreuer

Ablauf der Kündigung und Fristen

Kündigungserklärung und Fristen

Die Kündigung ist dem Vermieter gegenüber zu erklären und bedarf der schriftlichen Form, § 568 Abs. 1 BGB. Dabei ist die Kündigungsfrist zu beachten, § 573c Abs. 1 Satz 1 BGB. Eine Kündigung ist nach dieser Vorschrift spätestens am dritten Werktag eines Kalendermonats zum Ablauf des übernächsten Monats zulässig. Im Mietvertrag abweichend vereinbarte längere Kündigungsfristen (zum Nachteil des Mieters) sind unwirksam, § 573c Abs. 4 BGB.

Beispiel:

Kündigt der Betreuer am 2. 4., so läuft die Frist bis zum 30. 6.; kündigt er am 5. 4., so endet sie erst am 31. 7.

Besonderheiten bei Altmietverträgen

Bis zum 1. 9. 2001 verlängerte sich die Kündigungsfrist auch für den Mieter nach § 565 Abs. 2 Satz 2 BGB (alte Fassung) nach fünf, acht und zehn Jahren jeweils um drei Monate. Grundsätzlich gilt nunmehr für vor dem 1. 9. 2001 abgeschlossene Mietverträge die Kündigungsfrist des § 573c Abs. 1 Satz 1 BGB.

Hierzu ist aber Übergangsrecht zu beachten. Nach Art. 229 § 3 Abs. 10 Satz 1 EGBGB gilt § 573c Abs. 4 BGB nicht, wenn im Mietvertrag vor dem 1. 9. 2001 vertraglich (ausdrücklich) eine Verlängerung der Kündigungsfrist vereinbart wurde; in diesem Fall ist die verlängerte Frist zu beachten. Für Kündigungen ab dem 1. 6. 2005 gelten diese Fristverlängerungen aber nicht, wenn sie durch Allgemeine Geschäftsbedingungen vereinbart worden sind, Art. 229 § 3 Abs. 10 Satz 2 EGBGB.

Allgemeine Geschäftsbedingungen sind alle für eine Vielzahl von Verträgen vorformulierten Vertragsbedingungen, die eine Vertragspartei (in der Regel der Vermieter) der anderen Vertragspartei (dem Mieter) bei Abschluss des Mietvertrags stellt. Sie liegen nicht vor, soweit die Vertragsbedingungen zwischen den Vertragsparteien im Einzelnen besprochen und ausgehandelt sind.

Wurden vor dem 1. 9. 2001 längere Kündigungsfristen (ausdrücklich) „vereinbart“, so müssen sie bei einer aktuellen Kündigung beachtet und eingehalten werden.

Betreuungsgerichtliche Genehmigung

Gerichtliche Genehmigung erforderlich

Zur Kündigung eines Mietverhältnisses über Wohnraum, den der Betreute gemietet hat, bedarf der Betreuer der Genehmigung des Betreuungsgerichts (Rechtspflegers) nach § 1907 Abs. 1 Satz 1 BGB.

Kündigung vorher genehmigen lassen

Dabei ist zu beachten, dass es sich bei der Kündigung um ein einseitiges Rechtsgeschäft handelt, das der vorherigen Genehmigung bedarf, §§ 1908i Abs. 1, 1831 BGB; ohne die Genehmigung ist die Kündigung nichtig.

Der Betreuer muss zwingend vor Abgabe der Kündigungserklärung die gerichtliche Genehmigung einholen, da sonst die Kündigung nichtig ist und die Kündigungsfrist nicht in Lauf setzt. Eine spätere „Nachreichung“ der Genehmigung ist ohne Wirkung. Die Kündigungserklärung muss nach Erhalt der gerichtlichen Genehmigung nochmals erfolgen, um Wirkung zu zeigen.

Kein Beschwerderecht von Angehörigen

Kündigt der Betreuer mit Genehmigung des Betreuungsgerichts das allein mit dem Betroffenen bestehende Mietverhältnis, ist ein ebenfalls in der Wohnung lebender Angehöriger des Betroffenen zur Beschwerde gegen die Genehmigung nicht befugt, *KG* FamRZ 2010, 494. Daran würde sich auch nichts ändern, wenn der Betroffene zwischenzeitlich verstorben ist und der Angehörige eine Erbenstellung erlangt hat.

3.1.2 *Auflösungsvertrag über das Mietverhältnis*

Abschluss des Vertrags

Vertragliche Auflösung eines Mietverhältnisses

Jedes Vertragsverhältnis kann durch eine andere vertragliche Vereinbarung wieder aufgehoben werden. Der Betreuer kann das Mietverhältnis des Betreuten durch einen sog. Auflösungsvertrag beenden, den er mit dem Vermieter schließt. Für diesen Vertrag ist weder eine bestimmte Form, noch eine Frist vorgegeben; er sollte jedoch zu Beweiszwecken schriftlich geschlossen werden.

Ein solcher Vertrag sollte zumindest dann angestrebt werden, wenn noch „lange" Kündigungsfristen bestehen und eine kurzfristige Aufgabe der Mietwohnung, z. B. nach Heimunterbringung, erforderlich wird.

Betreuungsgerichtliche Genehmigung

Gerichtliche Genehmigung erforderlich

Die vertragliche Auflösung eines Mietverhältnisses über Wohnraum, den der Betreute gemietet hat, unterliegt ebenfalls der Genehmigung des Betreuungsgerichts (Rechtspflegers) nach § 1907 Abs. 1 Satz 2 BGB.

Genehmigung kann dem Vertrag nachfolgen

Da es sich nunmehr um einen Vertrag handelt, kann der Betreuer zunächst die Auflösungsvereinbarung mit dem Vermieter treffen, und nachträglich um Genehmigung beim Betreuungsgericht nachsuchen, §§ 1908i Abs. 1, 1829 Abs. 1 BGB. Mit Erteilung der Genehmigung an den Betreuer und Mitteilung des rechtskräftigen Beschlusses durch diesen an den Vermieter ist der Auflösungsvertrag (von Anfang an) wirksam.

3.2 Aufgabe von Wohnraum durch Vermietung

Der Wohnraum des Betreuten als dessen Lebensmittelpunkt kann nicht nur durch Beendigung eines bestehenden Mietverhältnisses aufgegeben werden, sondern auch durch Vermietung.

3.2.1 *Vermietung von Eigentum*

Abschluss eines Mietvertrags

Vermietung von Wohnraum

Ist der Betreute Eigentümer eines Wohnhauses oder einer Eigentumswohnung, und hat er bisher den Wohnraum selbst bewohnt, so wird der Betreuer häufig zu entscheiden haben, ob nach einer Heimunterbringung dieser Wohnraum fremdvermietet werden soll. Dabei kann er zwischen einer unbefristeten oder befristeten Vermietung wählen. Die Letztere wird sich dann anbieten, wenn eine Rückkehr des Betreuten in die Wohnung in absehbarer Zeit nicht ausgeschlossen werden kann, dabei sind die §§ 575 und 575a BGB zu beachten.

Der befristete Mietvertrag für längere Zeit als ein Jahr muss schriftlich geschlossen werden, § 550 BGB. Der unbefristete Mietvertrag bedarf keiner Form, sollte aber zu Beweiszwecken immer schriftlich abgefasst sein. Beim unbefristeten Vertrag sind die Kündigungsvoraussetzungen und Fristen sowie das Widerspruchsrecht des Mieters zu beachten, §§ 573 bis 574c BGB, falls eine Beendigung des Mietverhältnisses erforderlich wird.

Betreuungsgerichtliche Genehmigung

Selbstgenutzter Wohnraum

Vermietet der Betreuer vom Betreuten bisher selbst genutzten Wohnraum, so ist eine gerichtliche Genehmigung nach § 1907 Abs. 3 BGB erforderlich, unabhängig davon, ob das Mietverhältnis unbefristet oder befristet und auf welchen Zeitraum geschlossen wird.

Die Genehmigung kann dem Vertragsschluss nachfolgen, §§ 1908i Abs. 1, 1829 Abs. 1 BGB. Der Betreuer kann zunächst den Mietvertrag schließen und dann die erforderliche Genehmigung beantragen. In einem solchen Fall ist es aber sinnvoll, den Mieter darauf hinzuweisen, dass die Wirksamkeit des Vertrags von der Erteilung einer gerichtlichen Genehmigung abhängt.

Nicht selbstgenutzter Wohnraum

Vermietet der Betreuer eine im Eigentum des Betreuten stehende Wohnung, die dieser vorher nicht selbst genutzt hat (nicht Lebensmittelpunkt), so bedarf der Betreuer nach § 1907 Abs. 3 BGB an sich nur dann einer gerichtlichen Genehmigung, wenn das Mietverhältnis befristet und auf einen längeren Zeitraum als vier Jahre geschlossen wird. Nach herrschender Rechtsprechung ist aber immer eine Genehmigung erforderlich, auch bei unbefristeten Mietverträgen, die zwar regelmäßig vor Ablauf der Vierjahresfrist gekündigt werden können, bei denen aber durch die gesetzlichen Kündigungs- und Räumungsschutzbestimmungen nicht gewährleistet ist, dass das Mietverhältnis vor Ablauf der vier Jahre tatsächlich beendet werden kann.

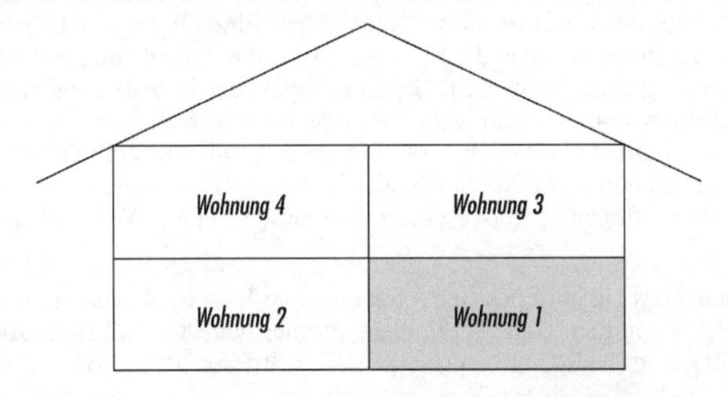

Wird die vom Betreuten eigengenutzte Wohnung 1 vermietet, ist eine gerichtliche Genehmigung nach § 1907 Abs. 3 BGB erforderlich, unabhängig von der vereinbarten Mietdauer.
Werden die Wohnungen 2 bis 4 vermietet, ist ebenfalls eine Genehmigung nach § 1907 Abs. 3 BGB erforderlich, unabhängig davon, ob ein befristeter oder unbefristeter Mietvertrag vorliegt, da nicht gewährleistet ist, dass das Mietverhältnis vor Ablauf von vier Jahren ordentlich gelöst werden kann.

3.2.2 Untervermietung von Wohnraum

Untervermietung

Möchte der Betreuer gemieteten Wohnraum des Betreuten (befristet) untervermieten, damit bei dessen Rückkehr der Lebensmittelpunkt noch zur Verfügung steht, kann er dies nicht ohne Erlaubnis des Vermieters durchführen, §§ 549 Abs. 1, 540 BGB.

Für den Untermietvertrag ist eine gerichtliche Genehmigung nach § 1907 Abs. 3 BGB erforderlich, unabhängig von der vereinbarten Mietdauer, da Wohnraum des Betreuten vermietet wird. Die Wirksamkeit des Vertrags hängt somit von der gerichtlichen Genehmigung ab; darauf sollte der Untermieter hingewiesen werden.

3.3 Im Eigentum des Betreuten stehender Wohnraum

Veräußerung von Grundeigentum

Nachdem der Betreute in einem Heim dauerhaft aufgenommen wurde, stellt sich für den Betreuer die Frage, ob er die Eigentumswohnung oder das Einfamilienhaus des Betreuten veräußern soll. In der Regel sind finanzielle Gründe die Ursache.

Zum Verkauf der Eigentumswohnung oder des Hausgrundstücks ist eine betreuungsgerichtliche Genehmigung nach §§ 1908i Abs. 1, 1821 Abs. 1 Nr. 4 i. V. m. Nr. 1 BGB erforderlich. Die dingliche Übertragung des Eigentums (sog. Auflassung) unterliegt dem Genehmigungstatbestand §§ 1908i Abs. 1, 1821 Abs. 1 Nr. 1 BGB. Da ein notarieller Vertrag erforderlich ist, kann der Betreuer den Urkundsnotar mit der Einholung der Genehmigung beauftragen.

Gemeinsame Nutzung einer Wohnung durch nichteheliche Lebenspartner

Nicht unproblematisch kann sich in der Praxis der Fall darstellen, wenn der Betreute mit einer anderen Person in einer nichtehelichen Lebensgemeinschaft gemeinsam eine Wohnung nutzt, die in seinem Alleineigentum steht. Im Zweifel wird die Mitbenutzung durch den anderen Partner nicht auf vertraglicher, sondern auf tatsächlicher Grundlage beruhen. Zwar wäre grundsätzlich der Abschluss eines Leihvertrags möglich, in der Regel wird aber eine unentgeltliche Gebrauchsüberlassung aus tatsächlichem Leistungsgefüge vorliegen.

Betreuer kann Wohnung herausverlangen

Wird für den Wohnungseigentümer ein Dritter zum Betreuer mit den Aufgabenkreisen Vermögenssorge und/oder Wohnungsangelegenheiten bestellt und ist der Betreute geschäftsunfähig oder wird für diese Bereiche ein Einwilligungsvorbehalt angeordnet, so kann der Betreuer, wenn der Betreute z. B. in ein Pflegeheim umzieht, von dem anderen Partner gemäß § 985 BGB die Herausgabe der im Alleineigentum des Betreuten stehenden, und bis dahin gemeinsam genutzten, Wohnung verlangen (insbesondere dann, wenn die Wohnung veräußert werden soll). Dies gilt dann nicht, wenn die Partner generell oder für diesen Fall eine anderweitige und auch den Betreuer bindende rechtliche Regelung (etwa durch Einräumung eines Wohnrechts) getroffen haben.

Verlangen einer Nutzungsentschädigung

Vom Zeitpunkt des Umzugs des Betreuten und dem Herausgabeverlangen seines Betreuers an ist der in dem Haus verbliebene Partner gemäß § 987 BGB zur Zahlung einer Nutzungsentschädigung verpflichtet (BGH, BtPrax 2011, 261).

3.4 Begründetheit der Aufgabe von Wohnraum

Gründe für eine Aufgabe der Wohnung

Für die Aufgabe des Wohnraums sind neben den persönlichen Folgen des Wohnungsverlustes natürlich auch wirtschaftliche Gesichtspunkte zu beachten, insbesondere wenn eine Aufrechterhaltung der Wohnung die wirtschaftliche Leistungsfähigkeit des Betreuten übersteigt.

Das Betreuungsgericht wird vor Erteilung der erforderlichen Genehmigung prüfen, welches Interesse der Betreute an der Wohnung hat, wie lange das Mietverhältnis bereits besteht (Lebensmittelpunkt) und ob der Betreute überhaupt in die Wohnung zurückkehren kann, gegebenenfalls auch wann. Daneben sind das Einkommen und Vermögen des Betroffenen sowie die Höhe der Miete samt notwendiger Nebenkosten zu beachten.

Wohnungsbeibehaltung aus Selbstbestimmungsrecht des Betreuten

Maßgebend für die Genehmigung einer Kündigung des Mietverhältnisses über Wohnraum des Betreuten sind auch gemäß § 1901 Abs. 2 BGB das Wohl und die Wünsche des Betreuten. Insoweit ist wegen des Selbstbestimmungsrechtes und des Schutzes der Wohnung des Betreuten selbst irrationalen Wünschen wie objektiv unsinnigen Mietausgaben zu folgen, solange nicht höherrangige Rechtsgüter gefährdet sind. Allerdings ist der Betreuer nicht verpflichtet und berechtigt, Wünschen nachzukommen, deren Verwirklichung z. B. die gesamte Lebens- und Versorgungssituation des Be-

treuten merklich verschlechtert, weil die Gefahr droht, künftig ohne die Hilfe Dritter einen angemessenen Unterhalt nicht mehr bestreiten zu können. Eine Genehmigung kommt schließlich erst dann in Betracht, wenn endgültig feststeht, dass eine Rückkehr in die eigene Wohnung auf Dauer ausgeschlossen ist, *OLG Oldenburg* (NJW-RR 2003, 587).

Positives Auswirken auf Befindlichkeit des Betreuten

Die Aufrechterhaltung einer Mietwohnung des Betroffenen ist trotz dessen Unterbringung nicht zwingend pflichtwidrig, wenn sich die Fortexistenz der Wohnung positiv auf die Befindlichkeit des Betroffenen auswirken kann und die dadurch bewirkte Vermögensbelastung im Ergebnis nicht von Gewicht ist, *BayObLG* (BtPrax 2004, 69). Auch wenn nicht davon ausgegangen werden kann, dass der Betreute jemals wieder auf Dauer in die bereitgehaltene Wohnung zurückkehren wird, kann u. U. nicht ausgeschlossen werden, dass allein schon die bloße (Fort-)Existenz des eigenen Haushalts für den Betroffenen ein psychologisch wirksamer Faktor ist, der sich positiv auf seine Befindlichkeit auswirkt.

Mietkosten neben Pflegeheimkosten

Ob überhaupt, und gegebenenfalls für welchen Zeitraum der Sozialhilfeträger neben den Heimkosten auch noch die Kosten der bisherigen Mietwohnung trägt, ist umstritten. Hierzu gibt es eine Entscheidung des *VG München vom 25. 8. 1993 (Az. M18 K 93.1301)*, welche den Sozialhilfeträger verpflichtet, für den Übergangszeitraum neben der Übernahme der Pflegekosten auch noch die Mietkosten der nicht mehr benötigten Unterkunft zu zahlen, wenn sich die betreuungsgerichtliche Genehmigung zur Wohnungskündigung verzögert.

Kosten gering halten

In diesem Zusammenhang gibt es noch eine Entscheidung des *Landessozialgerichts Nordrhein-Westfalen vom 10. 2. 2010 (Az. L 9 SO 6/08)*, in dem festgestellt wird, dass doppelte Mietaufwendungen dann als sozialhilferechtlicher Bedarf zu übernehmen sind, wenn der Auszug aus der bisherigen Wohnung notwendig war und deswegen die Mietzeiträume wegen der Kündigungsfrist nicht nahtlos aufeinander abgestimmt werden konnten. Allerdings muss der Hilfeempfänger alles ihm Mögliche getan haben, die Aufwendungen für die frühere Wohnung so gering wie möglich zu halten, wozu auch die Suche nach einem Nachmieter gehört.

Betreuer muss Nachmieter suchen

War der Hilfebedürftige infolge fehlender privater Betreuungsalternativen gezwungen, in ein Pflegeheim zu ziehen und konnte er seine bisherige Wohnung bis zur dortigen Aufnahme nicht nahtlos kündigen, so steht einer Tragung der entstandenen doppelten Mietaufwendungen der Grundsatz „keine Sozialhilfe für die Vergangenheit" nicht entgegen, wenn trotz intensiver Bemühungen ein Nachmieter nicht rechtzeitig gefunden werden konnte.

Wohnungsbeschaffungs- und Umzugskosten

Bereits in seiner *Entscheidung vom 21. 1. 2009 (Az. L 19 B 243/08 AS)* hat das *Landessozialgericht Nordrhein-Westfalen* klar gemacht, dass u. U. nach § 22 Abs. 3 Satz 1 SGB II Wohnungsbeschaffungs- und Umzugskosten bei vorheriger Zusicherung durch den örtlich zuständigen kommunalen Träger übernommen werden können, zu denen auch unvermeidbare doppelte Mietaufwendungen zu zählen sind.

Verzögerung der Wohnungsaufgabe durch gerichtliche Genehmigung

Auch das *BVerwG* (FEVS 48, 241) hat festgestellt, dass Mietzinsverpflichtungen, die durch die Verzögerung der Wohnungsaufgabe durch das nach § 1907 BGB erforderliche betreuungsgerichtliche Genehmigungsverfahren entstehen, besondere Belastungen des in stationäre Pflege genommenen Hilfebedürftigen sind. Sie entstehen gleichsam aus Anlass des Hilfefalles, ohne dass der Hilfebedürftige sich ihnen entziehen könnte. Werden Einkommensteile desjenigen, dem stationäre Hilfe zur Pflege gewährt wird, freigelassen, um diese Verpflichtungen erfüllen zu können, erwächst dem Hilfeempfänger hieraus auch kein wirtschaftlicher Vorteil. Denn er muss die freizulassenden Geldmittel an den Vermieter abführen, um seine mietvertraglichen Verpflichtungen zu erfüllen.

Weitere Entscheidungen für eine Doppelmietzahlung: *LSG Nordrhein-Westfalen* vom 10. 2. 2010, Az. L 9 SO 6/08 und vom 23. 9. 2009, Az. L 19 B 39/09 AS; *LSG Baden-Württemberg* vom 23. 11. 2006, Az. L 7 SO 4415/05; *LSG Berlin-Brandenburg* vom 10. 1. 2007, Az. L 5 B 1221/06 AS ER.

3.5 Vorübergehendes Verlassen der Wohnung

Halten sich unvermögende (sozialhilfebedürftige) Betreute vorübergehend in einem Krankenhaus oder einer sonstigen Einrichtung auf, sind Meinungsverschiedenheiten mit dem Sozialhilfeträger denkbar, soweit keine klare Aussage zur Zukunftsperspektive des Betreuten vorliegt. Zweck des Genehmigungsvorbehalts ist die Sicherung der Wohnung und damit der Lebensqualität des Betroffenen, um voreilige Wohnungsauflösungen zu vermeiden. Aufgabe der Sozialhilfe ist, dem Betroffenen ein menschenwürdiges Leben und eine Mindestexistenzgrundlage zu ermöglichen. Nach den sozialhilferechtlichen Bestimmungen umfasst die Hilfegewährung zur Pflege in einer Einrichtung nur die Weiterzahlung der Miete, wenn eine Besserung des Krankheitsbildes oder, durch geeignete Rehabilitationsmaßnahmen, eine Rückkehr in die gewohnte Umgebung auf absehbare Zeit erwartet werden kann. Die Beurteilung obliegt in diesem Fall dem Sozialhilfeträger und kann der Auffassung des Betreuers und des Betreuungsgerichts widersprechen.

Sozialhilfe für Wohnraum bei krankheitsbedingter Abwesenheit

Um Meinungsverschiedenheiten mit dem Sozialhilfeträger vorzubeugen, sollte der Betreuer nach einer Krankenhauseinweisung bzw. vorübergehenden Unterbringung in einer sonstigen Einrichtung bereits bei der Klärung der Kostenübernahme für vorstehenden Hilfebedarf die reale Wohn- und Versorgungssituation ansprechen. Hilfreich erscheint zusätzlich ein ärztliches Attest, das eine konkrete Aussage zur voraussichtlichen Behandlungs- oder Rehabilitationsdauer und zur Wahrscheinlichkeit trifft, dass der Betroffene in seine Wohnung zurückkehren kann.

Tritt tatsächlich eine Verschlechterung des Gesundheitszustandes ein, der eine dauernde Unterbringung in einer Einrichtung erfordert, oder ist der Gesundheitszustand schwankend, sollte der Betreuer sofort mit dem Betreuungsgericht und dem Sozialhilfeträger sein weiteres Vorgehen abstimmen.

3.6 Ansprüche des Vermieters

Der Vermieter hat Anspruch auf die Mietzahlung bis zum Ablauf der Kündigungsfrist, § 535 Abs. 2 BGB. Dies ist regelmäßig unproblematisch, wenn der Betreute über ausreichendes Einkommen und Vermögen verfügt. Probleme treten dann auf, wenn der Betreute mittellos ist und der Sozialhilfeträger bisher die Miete übernommen hat. Zieht der Betreute in ein Alten- oder Pflegeheim um, will der Sozialhilfeträger häufig nach der Bedarfstheorie nur die Kosten der Einrichtung übernehmen und die Zahlungen der Miete einstellen. Die zwischenzeitlich überwiegende Rechtsprechung geht allerdings davon aus, dass ein Anspruch auf Übernahme doppelter Mietkosten für den Grundsicherungsempfänger nach § 29 SGB XII i. V. m. §§ 41, 42 Satz 1 Nr. 2 SGB XII in Betracht kommt (*LSG Berlin-Brandenburg*, BtPrax 2011, 272). Siehe hierzu weitere Entscheidungen unter Ziffer 3.4.

Doppelte Mietzahlungen

Grundsätzlich kein Vermieterrisiko

Ist man bisher häufig davon ausgegangen, dass der Vermieter den Mietausfall bis zum Ablauf der Kündigungsfrist hinnehmen muss (sog. Vermieterrisiko), stellt das LSG Berlin-Brandenburg in seiner Entscheidung (BtPrax 2011, 272) klar, dass unter dem Gesichtspunkt der Einheit der Rechtsordnung anzuerkennen ist, dass die zum Schutz eines Betreuten vom Gesetzgeber getroffene Regelung in § 1907 BGB nicht dem Ver-

mieter angelastet wird. Dem Sozialhilferecht ist kein Strukturprinzip zu entnehmen, das es rechtfertigen könnte, das wirtschaftliche Risiko für die aus einer staatlichen Schutzmaßnahme resultierenden Mietbelastungen auf den Vermieter abzuwälzen.

Entrümpelung, Grundreinigung und Renovierung

Bei einer Mittellosigkeit des Betreuten kann der Vermieter eine eventuell erforderliche Wohnungsrenovierung nicht mehr durchsetzen. Selbst die Kosten, welche ihm dadurch entstehen, dass er das Inventar und den Hausrat des Betreuten entfernen muss, werden ihm u. U. nicht erstattet. Klagt er diese Kosten ein, erhält er einen Vollstreckungstitel, der ihm 30 Jahre lang einen Zugriff ermöglicht. Hier ist für den Betreuer Vorsicht geboten, denn in der Zwangsvollstreckung gilt die Vermögensfreigrenze (Regelsatz 2600 EUR) des § 90 SGB XII nicht. Evtl. kann man die Entscheidung des *LSG Niedersachsen-Bremen* vom 8. 3. 2012, Az. L 13 AS 22/12 B ER heranziehen, die feststellt, dass eine notwendige Grundreinigung und Renovierung einer Messie-Wohnung zwar nicht auf der Grundlage von §§ 24 Abs. 1 Satz 1, 21 Abs. 6 Satz 1 SGB II zu regeln ist, als Anspruchsgrundlage für das Aufräumen der Wohnung aber § 67 SGB XII i. V. m. § 4 VO zu § 69 SGB XII in Betracht kommen kann.

Kosten der Auszugsrenovierung im Rahmen der Grundsicherung

Das *LSG Baden-Württemberg* hat am 23. 11. 2006, Az. L 7 SO 4415/05 entschieden, dass für die Entscheidung über die Kosten einer Auszugsrenovierung der Träger der Sozialhilfe zuständig bleibt, in dessen Bezirk sich die bisherige Wohnung des Hilfeempfängers befindet, auch wenn dieser aus diesem Bezirk fortzieht, bevor der Hilfefall tatsächlich geregelt ist. Die Kosten für Schönheitsreparaturen in der gemieteten Wohnung sind nicht im Regelsatz enthalten. Kosten der Unterkunft i. S. v. SGB XII sind nicht nur laufende Kosten, sondern auch einmalige Aufwendungen, die mit Bezug, Unterhaltung und Wechsel der Unterkunft zusammenhängen. Die Kosten einer Auszugsrenovierung sind im Rahmen der Grundsicherung jedenfalls dann zu erstatten, wenn der Hilfeempfänger hierzu mietvertraglich verpflichtet ist und der Wechsel in eine andere Wohnung unter dem Gesichtspunkt der Angemessenheit der Kosten notwendig war. Dieser Anspruch steht unter dem Vorbehalt des Nachrangs der Sozialhilfe (§ 2 SGB XII), wenn und soweit der Hilfeempfänger in der Lage ist, die Renovierung selber durchzuführen. Zu den tatsächlichen Aufwendungen i. S. d. § 29 Abs. 1 Satz 1 SGB XII gehören neben den Kosten der Schönheitsreparaturen auch vertragliche Schadensersatzansprüche des Vermieters, die wegen der verspäteten Ausführung der Schönheitsreparaturen entstanden sind.

Kosten der Entsorgung vorhandener Möbel

Das *LSG Niedersachsen-Bremen*, Az. L 13 SO 26/07, hat am 16. 7. 2007 entschieden, dass zu den Unterkunftskosten nach § 29 Abs. 1 SGB XII auch notwendige Auszugsrenovierungskosten gehören. Kosten der Unterkunft i. S. d. § 29 Abs. 1 SGB XII sind nicht nur laufende Kosten, sondern auch einmalige Aufwendungen, die mit Bezug, Unterhaltung und Wechsel der Unterkunft zusammenhängen. Die Kosten einer Auszugsrenovierung sind im Rahmen der Grundsicherung gem. §§ 41 ff. SGB XII dann zu erstatten, wenn der Sozialhilfeempfänger hierzu mietvertraglich verpflichtet ist und der Wechsel in eine andere Wohnung unter dem Gesichtspunkt der Angemessenheit der Kosten notwendig war. Auch Kosten einer Auszugsrenovierung, die wegen der verspäteten Ausführung der Schönheitsreparaturen entstanden sind, gehören zu den Unterkunftskosten i. S. d. § 29 Abs. 1 Satz 1 SGB XII. Wohnungsräumungskosten sind nicht vom Regelsatz erfasst, sondern den Unterkunftskosten i. S. d. § 29 Abs. 1 Satz 1 SGB XII zuzuordnen. Ebenso wie die Kosten der Auszugsrenovierung stellen auch Räumungskosten einmalige Aufwendungen dar, die mit dem Wechsel der Unterkunft zusammenhängen. Zwar gilt auch insoweit der Nachranggrundsatz des § 2 SGB XII, wonach grundsätzlich der Sozialhilfeempfänger gehalten ist, die Räumung der Wohnung selbst bzw. mit Hilfe von Freunden und Bekannten durchzuführen. U. U. sind „Umzugskosten" auch Kosten der Räumung und Entsorgung in der alten Wohnung vorhandener Möbel und Geräte bei Aufnahme ins Pflegeheim.

Praxis TIPP

Der Betreuer sollte den Vermieter rechtzeitig auf eine Wohnungsaufgabe sowie die Mittellosigkeit des Betreuten hinweisen. Nach Rücksprache mit dem Betreuungsgericht kann eine vertragliche Aufhebung des Mietverhältnisses mit sofortiger Wirkung angestrebt werden, damit der Vermieter bereits vor Ablauf der an sich für ihn bindenden Kündigungsfrist eine Neuvermietung herbeiführen kann.

Der Betreuer ist nicht verpflichtet, Renovierungs- oder Entrümpelungsmaßnahmen selbst durchzuführen. Sollte er diese Tätigkeiten im „Verwandtenkreis" des Betreuten organisieren können, wäre dies sicherlich von Vorteil. Ob der Sozialhilfeträger die Kosten übernimmt, ist im Einzelfall zu klären. Im Übrigen sollte der Betreuer immer zunächst prüfen, ob Schönheitsreparaturen überhaupt durchzuführen sind.

3.7 Kündigung durch Betreuten oder dessen Verwandte

3.7.1 Kündigung durch Betreuten selbst

Betreuter kündigt selbst

Kündigt der geschäftsfähige Betreute seinen Wohnraum selbst, bedarf er weder der Zustimmung des Betreuers noch einer gerichtlichen Genehmigung. Sollte eine solche Maßnahme im Raum stehen und würde sich der Betreute durch die beabsichtigte Kündigung objektiv schädigen, muss der Betreuer einen Einwilligungsvorbehalt (§ 1903 Abs. 1 BGB) anregen und eventuell seinen Aufgabenkreis erweitern lassen.

3.7.2 Kündigung durch Angehörige

Angehörige kündigen

Nach Umzug des Betroffenen in ein Pflegeheim, aber noch vor Bestellung eines Betreuers kündigen häufig nahe Angehörige das Mietverhältnis über den Wohnraum des Betreuten. Diese Kündigung ist nicht wirksam, denn die Angehörigen handeln als Vertreter ohne Vertretungsmacht. Da ein einseitiges Rechtsgeschäft vorliegt, ist eine Heilung der Kündigung durch den Betreuer grundsätzlich nicht möglich, § 180 Satz 1 BGB. Soweit allerdings der Vermieter die behauptete Vertretungsmacht nicht beanstandet oder mit ihr einverstanden ist, kann die Kündigung durch eine Genehmigung des Betreuers mit vorher eingeholter betreuungsgerichtlicher Genehmigung nachträglich zur Wirksamkeit gebracht werden, §§ 180 Satz 2, 184 Abs. 1 BGB.

3.8 Kündigung des Mietverhältnisses durch den Vermieter

Vermieter kündigt das Mietverhältnis

Kündigt der Vermieter das Mietverhältnis oder wird Räumungsklage erhoben, so hat der Betreuer mit entsprechendem Aufgabenkreis zu prüfen, ob die Kündigung oder Räumung rechtmäßig ist. Außerdem ist er verpflichtet, die Maßnahme des Vermieters unverzüglich dem Betreuungsgericht mitzuteilen, soweit sein Aufgabenkreis das Mietverhältnis oder die Aufenthaltsbestimmung umfasst, § 1907 Abs. 2 Satz 1 BGB.

Überwachungstätigkeit des Betreuungsgerichts

Das Betreuungsgericht wird auf diese Weise in die Lage versetzt, die Rechtmäßigkeit der Vermietermaßnahme zu prüfen und dem Betreuer bei Bedarf aufzugeben, entsprechende Kündigungs- und Räumungsschutzmaßnahmen zu ergreifen, §§ 1908i Abs. 1, 1837 Abs. 2 BGB. Solche Maßnahmen sind aber nur zulässig, wenn der Betreuer pflichtwidrig handelt, etwa einer unberechtigten Kündigung des Vermieters nicht nach Kräften entgegentritt. Dies wird insbesondere dann erforderlich sein, wenn dem Betreuer die Kündigung gelegen kommt, um die lange beabsichtigte Heimunterbringung herbeizuführen, die aber nicht zwingend im Interesse des Betreuten liegt.

Das Unterlassen der Mitteilung bildet eine Pflichtwidrigkeit des Betreuers, so dass eine Haftung nach §§ 1908i Abs. 1, 1833 BGB in Betracht kommen kann.

Praxis TIPP

Der Betreuer sollte die Mitteilung über die Vermieterkündigung möglichst im Rahmen eines Beratungsgesprächs dem Betreuungsgericht gegenüber machen und das weitere Vorgehen mit dem Rechtspfleger besprechen.

3.9 Faktische Aufgabe des Wohnraums

Wohnraum des Betreuten wird aufgegeben

Will der Betreuer nach Umzug des Betreuten in ein Heim dessen Wohnraum aufgeben, ohne ein Mietverhältnis zu beenden, so hat er diesen Sachverhalt unverzüglich dem Betreuungsgericht mitzuteilen, soweit sein Aufgabenkreis das Mietverhältnis oder die Aufenthaltsbestimmung umfasst, § 1907 Abs. 2 Satz 2 BGB. Dies betrifft insbesondere Fälle, in denen ein dingliches Wohnungsrecht nicht mehr genutzt werden soll, ein Mietverhältnis zwar nicht aufgegeben, aber durch Kündigung von Wasser-, Strom- und Gasbezug oder Veräußerung des Hausrats die Unbewohnbarkeit hergestellt wird. Ebenfalls unter die Meldepflicht fällt das Leerstehenlassen einer Eigentumswohnung des Betreuten oder dessen Wohnung im eigenen Haus.

Zusammenfassung	
Kündigung eines Mietverhältnisses über eigengenutzten Wohnraum des Betreuten durch den Betreuer	gerichtliche Genehmigung nach § 1907 Abs. 1 Satz 1 BGB
Auflösungsvertrag zu einem Mietverhältnis über eigengenutzten Wohnraum des Betreuten	gerichtliche Genehmigung nach § 1907 Abs. 1 Satz 2 BGB
Untervermietung von eigengenutztem gemieteten Wohnraum des Betreuten	gerichtliche Genehmigung nach § 1907 Abs. 3 BGB
Vermietung von Wohnraum, der im Eigentum des Betreuten steht	gerichtliche Genehmigung nach § 1907 Abs. 3 BGB
Veräußerung von Wohnungs- oder Grundstückseigentum des Betreuten	gerichtliche Genehmigung nach §§ 1908i Abs. 1, 1821 Abs. 1 Nr. 1 und 4 BGB
Kündigung des Mietverhältnisses oder Räumungsklage durch den Vermieter	Mitteilungspflicht nach § 1907 Abs. 2 Satz 1 BGB
Beabsichtigte faktische Aufgabe von eigengenutztem Wohnraum des Betreuten durch den Betreuer	Mitteilungspflicht nach § 1907 Abs. 2 Satz 2 BGB

3.10 Aufgabe eines auf Lebenszeit bestehenden Wohnungsrechts

Aufgabe des Wohnungsrechts

Besteht für den Betreuten ein Wohnungsrecht, das im Grundbuch eingetragen ist, § 1093 BGB, und wird die Ausübung durch einen Umzug in ein Pflegeheim beendet, ergibt sich die Frage, ob für den Betreuten eine weitergehende Nutzung erzielt werden kann.

Besteht das Wohnungsrecht als Bestandteil eines Leibgedings (Altenteils), sehen die meisten Ausführungsgesetze zum BGB (in Verbindung mit § 96 EGBGB) die Zahlung einer Geldrente durch den Verpflichteten vor, so z. B. Art. 18 Bayer. AGBGB, welches ausführt: „Muss der Berechtigte aus besonderen Gründen das Grundstück auf Dauer verlassen, so hat der Verpflichtete ihm für die Befreiung von der Pflicht zur Gewährung der Wohnung und zu Dienstleistungen eine Geldrente zu zahlen, die dem Wert der Befreiung nach billigem Ermessen entspricht."

Eintritt der Pflegebedürftigkeit führt nicht zum Erlöschen des Wohnungsrechts

Anders verhält es sich, wenn ein Wohnungsrecht außerhalb eines Leibgedings besteht. Hier führt allein der Eintritt der Pflegebedürftigkeit des Wohnungsberechtigten und der damit einhergehende Umzug in ein Pflegeheim nicht zum Erlöschen des Rechts; allerdings ist der Verpflichtete (Grundstückseigentümer) auch nicht berechtigt, das

Wohnungsrecht in eigener Person auszuüben. Fraglich könnte sein, ob der Berechtigte seinerseits die Wohnung weitervermieten und die erzielbaren Beträge einziehen kann. Dies verneint jedoch § 1093 Abs. 2 BGB, der dem Berechtigten lediglich die Aufnahme seiner Familie sowie die zur standesgemäßen Bedienung und Pflege erforderlichen Personen zulässt.

Zu diesem Problem sind im Jahr 2007 zwei Entscheidungen ergangen, die einer Verwertung u. U. Raum geben.

Ausübungshindernis führt generell nicht zum Erlöschen

Der *Bundesgerichtshof* (NJW 2007, 439) hat zunächst festgestellt, dass ein in der Person des Berechtigten liegendes Ausübungshindernis generell nicht zum Erlöschen des Wohnungsrechts führt, selbst wenn das Hindernis auf Dauer besteht. Das Recht erlischt nur, wenn seine Ausübung aus tatsächlichen oder rechtlichen Gründen dauernd unmöglich wird. Das ist u. a. der Fall, wenn das Recht niemandem mehr einen Vorteil bietet. An diesen Voraussetzungen fehlt es, wenn das Wohnungsrecht auf Grund der Aufnahme des Berechtigten in ein Pflegeheim nicht ausgeübt werden kann. Denn ihm bleibt nach § 1092 Abs. 1 Satz 2 BGB die Möglichkeit, mit Gestattung des Grundstückseigentümers die Ausübung seines Rechts anderen zu überlassen und dadurch z. B. für sich einen Mietanspruch gegen den Besitzer der dem Recht unterliegenden Räume zu begründen.

Problemlos kann sich der Berechtigte des Rechts (Betreuter) mit dem Verpflichteten (Grundstückseigentümer) dahingehend einigen, dass er die Wohnung vermieten und die Mietzinsen einziehen darf.

Zahlung der Mieteinnahmen an Berechtigten

Vermietet aber der Verpflichtete (Grundstückseigentümer) mit Zustimmung des Berechtigten (Betreuten) die Wohnung, enthält die Vereinbarung nicht nur die Gestattung zur Vermietung der Wohnung durch den Verpflichteten an Dritte, sondern geht darüber hinaus. Die Vermietung erfolgt hier nicht durch den Berechtigten des Wohnungsrechts, sodass ihm nicht als Vermieter die Mieten zustehen; vielmehr vermietet der Verpflichtete die Wohnung im eigenen Namen. Falls es sich bei der erfolgten Vermietung um eine Auftragsgeschäftsbesorgung (§ 662 BGB) des Verpflichteten handelt, hat er nach § 667 BGB an den Berechtigten die vereinnahmten Mieten herauszugeben.

Dieselbe Verpflichtung trifft den Verpflichteten auch, wenn man kein Auftragsverhältnis zwischen ihm und dem Berechtigten im Hinblick auf die Vermietung der Wohnung annimmt, sondern z. B. von einem bloßen Gefälligkeitsverhältnis ausgeht. Dann ist die Vermietungsvereinbarung unvollständig, denn es fehlt die Einigung darüber, wem die Mieteinnahmen zustehen. Das macht die Ermittlung des vollständigen Inhalts der Vereinbarung unter dem Gesichtspunkt der ergänzenden Vertragsauslegung notwendig, also die Ermittlung dessen, was die Beteiligten (bei angemessener Abwägung ihrer Interessen und als redliche Vertragspartner) zur Schließung der Lücke selbst unternommen hätten. Sie führt dazu, dass der Berechtigte (Betreuter) vom Verpflichteten (Grundstückseigentümer) die vereinnahmten Mieten herausverlangen kann. Nur dieses Auslegungsergebnis berücksichtigt ausreichend Sinn und Zweck des dem Berechtigten eingeräumten Wohnungsrechts und die Interessenlage der Parteien.

Zahlungsausgleich wegen Wegfalls der Geschäftsgrundlage

Offen gelassen hat der Bundesgerichtshof, ob ein Zahlungsausgleich aus dem Rechtsgrund des Wegfalls der Geschäftsgrundlage in Betracht kommt. Bedenken dagegen können sich aus der Überlegung ergeben, dass bei der Vereinbarung eines lebenslangen Wohnungsrechts jeder Vertragsteil damit rechnen muss, dass der Berechtigte sein Recht wegen Krankheit und Pflegebedürftigkeit nicht bis zu seinem Tod ausüben kann; tritt dieser Fall ein, fehlt es an der für eine gerichtliche Vertragsanpassung notwendigen Voraussetzung der unvorhergesehenen Änderung der

Umstände, die Geschäftsgrundlage geworden sind. Eine Vertragsanpassung kommt im Übrigen nur in Frage, wenn das dauerhafte Unvermögen des Berechtigten zur Ausübung seines Wohnungsrechts feststeht.

Im Nachgang zu dieser Entscheidung des Bundesgerichtshofs hat das *OLG Celle* (NJW-RR 2008, 397) festgestellt, dass der Umzug des Wohnberechtigten in ein Pflegeheim ein subjektives Ausübungshindernis darstellt, das den Grundeigentümer nicht automatisch zur Zahlung einer Geldrente in Höhe des Mietwertes verpflichtet; vielmehr kommt ein solcher Anspruch allenfalls nach den Grundsätzen einer Änderung der Geschäftsgrundlage dann in Betracht, wenn der Eigentümer durch den endgültigen Wegfall wirtschaftliche Vorteile erlangt (z. B. durch Vermietung oder Eigennutzung).

Gibt der Berechtigte das Wohnrecht auf, weil er aufgrund seiner gesundheitlichen Entwicklung pflegebedürftig wird, geht die Anpassung nach den Grundsätzen der Änderung der Geschäftsgrundlage je nach den Umständen des Einzelfalls dahin, dass der Eigentümer jedenfalls die durch den Wegfall des Wohnrechts erlangten wirtschaftlichen Vorteile oder ersparte Aufwendungen zu entgelten hat; es kann auch die Vermietung der dem Wohnrecht unterliegenden Räume und Abführung des Erlöses an den Wohnberechtigten in Betracht kommen, wenn dem Eigentümer eine Vermietung zumutbar ist, was z. B. bei einer nicht abgeschlossenen Wohnung wegen der damit verbundenen Aufnahme eines „fremden" Mieters in die Wohnsphäre des Eigentümers zweifelhaft wäre. Denkbar wäre auch eine Geldrente nach Maßgabe des Mietwerts, wenn der Eigentümer nicht vermietet, sondern selbst nutzt, obwohl ihm eine Vermietung zumutbar wäre.

Das setzt aber voraus, dass der Berechtigte das Wohnrecht endgültig aufgibt und somit der Eigentümer die dem Wohnrecht unterliegenden Räume selbst wirtschaftlich verwerten kann. Die bloße Nichtausübung des Wohnrechts durch Umzug in ein Pflegeheim führt noch nicht dazu, dass dem Eigentümer die Vorteile des Wohnrechts eo ipso zufließen. Zieht der Berechtigte aus gesundheitlichen Gründen in ein Pflegeheim, wird ihm die Ausübung des Wohnrechts lediglich subjektiv unmöglich, ohne dass allein deswegen das Wohnrecht erlischt. Die endgültige Aufgabe des Wohnrechts erfordert neben einer ausdrücklichen oder schlüssigen Erklärung, endgültig auf die Ausübung des Wohnrechts zu verzichten, die vollständige Räumung und bei dinglicher Absicherung des Wohnrechts eine Löschungsbewilligung in grundbuchfähiger Form.

Eine gütliche Einigung zwischen dem Berechtigten und dem Verpflichteten dahingehend, dass der Berechtigte verbindlich auf das Wohnrecht in vollem Umfang verzichtet, dem Verpflichteten hinsichtlich der dinglichen Absicherung eine Löschungsbewilligung erteilt und dieser im Gegenzug dafür eine Abfindung zahlt, deren Höhe sich nach dem Wert des Wohnrechts unter Berücksichtigung der gegenwärtigen Lebenserwartung des Berechtigten richtet, ist anzustreben. Einen Rechtsanspruch darauf hat der Berechtigte nicht, denn er kann vom Verpflichteten nur verlangen, dass dieser die Wohnung für ihn bereithält.

Verzicht auf ein Wohnungsrecht

Zum Verzicht des Betreuers auf ein zu Gunsten des Betreuten bestelltes Wohnungsrecht hat der *BGH* (FamRZ 2012, 967) Stellung genommen und ist zu einem, für die Praxis bedeutenden, Ergebnis gekommen.

Besteht zugunsten des Betreuten ein (unentgeltliches) Wohnungsrecht nach § 1093 BGB, das er einem Dritten nicht zur Ausübung überlassen darf (keine Bestimmung nach § 1092 Abs. 1 Satz 2 BGB), und besteht nach Übersiedelung des Betreuten in ein Pflegeheim keine Aussicht auf eine Rückkehr und Nutzung des Rechts, so stellt

Ohne Vermögenswert

das Recht keinen Vermögenswert mehr dar. Das vom Betreuten innegehaltene Wohnungsrecht stellt nur insoweit einen aktiven Wert dar, als es ihm persönlich die Wohnnutzung ermöglicht. Daher läge in dem Verzicht auf das Wohnungsrecht nur dann eine dem § 1804 BGB unterfallende Vermögenszuwendung, solange eine Wiederaufnahme der Wohnnutzung durch den Betreuten in Betracht kommt. Besteht jedoch das Interesse an der Wohnnutzung endgültig nicht mehr, verliert das Wohnungsrecht seinen Nutzwert und, da es auch durch Vermietung nicht fruchtbar gemacht werden kann, seinen Vermögenswert insgesamt. Der Verzicht auf ein wertlos gewordenes Wohnungsrecht erfüllt aber nicht den Begriff der Schenkung i. S. d. § 1804 BGB. Da damit eine Weggabe des Rechts dem Betreuten keinen Nachteil zufügt, ist das Schenkungsverbot nach §§ 1908i Abs. 2 Satz 1, 1804 Satz 1 BGB nicht anwendbar. Sollte der Betreute noch zur Leistung von Hausgeld und Nebenkosten verpflichtet sein, bestünde zudem ein finanzieller Nachteil.

Keine Schenkung

Betreuungsgerichtliche Genehmigung erforderlich

Zur Aufhebung und Löschung des Wohnungsrechts (§ 875 BGB) ist jedoch eine betreuungsgerichtliche Genehmigung nach §§ 1908i Abs. 1, 1821 Abs. 1 Nr. 1 BGB erforderlich. Ob daneben, wie der BGH ausführt, auch der Genehmigungstatbestand des § 1907 Abs. 1 BGB in entsprechender Anwendung erfüllt ist, ist fraglich, da sich diese Vorschrift ausdrücklich auf ein Mietverhältnis bezieht und der Schutz des Betreuten durch § 1821 Abs. 1 Nr. 1 BGB ausreichend gewährleistet ist.

Da das Wohnungsrecht keinen Vermögenswert mehr darstellt, kann der Verzicht auf das Recht nicht von einer Abfindungszahlung durch den Grundstückseigentümer abhängig gemacht werden.

Wille des Betreuten

Aufzuklären ist der Wille des Betreuten, ob er endgültig nicht mehr in seine frühere Wohnung zurückkehren möchte. Das Betreuungsgericht muss insoweit den Betreuten vor seiner Entscheidung persönlich anhören, § 299 Satz 1 FamFG.

4. Miet- und Pachtverträge sowie andere Verträge, die zu wiederkehrenden Leistungen verpflichten

Verträge über wiederkehrende Leistungen

Zum Abschluss eines Miet- oder Pachtvertrags, oder eines anderen Vertrags, der den Betreuten zu wiederkehrenden Leistungen verpflichtet, bedarf der Betreuer einer betreuungsgerichtlichen Genehmigung, § 1907 Abs. 3 BGB, unabhängig davon, auf welcher Seite des Vertrags der Betreute steht.

Unter andere Verträge, die zu wiederkehrenden Leistungen verpflichten, fallen z. B. Versicherungsverträge (Lebens-, Unfall- oder Krankenversicherungsverträge), Ratensparverträge, Bausparverträge oder Abzahlungsverträge, sofern die zeitliche Bindung gegeben ist.

4.1 Dauer über vier Jahre hinaus

Befristete Verträge mit über vier Jahren Dauer

Allerdings ist die Genehmigung nur dann erforderlich, wenn das Vertragsverhältnis länger als vier Jahre andauern soll, oder vom Betreuer Wohnraum des Betreuten vermietet wird.

4.2 Verträge mit unbestimmter Dauer

Grundsatz: keine Genehmigung erforderlich

Verträge, die auf unbestimmte Zeit geschlossen sind, und vor Ablauf von vier Jahren vom Betreuten beendet werden können, unterliegen grundsätzlich nicht dem Genehmigungstatbestand.

Genehmigungsbedürftig sind diese auf unbestimmte Zeit geschlossenen Verträge, wenn eine Lösung vom Vertrag (z. B. durch Kündigung) mit Wirkung vor Ablauf von

vier Jahren entweder überhaupt nicht möglich oder mit Einbußen verbunden ist. Zum Beispiel kann ein Lebensversicherungsvertrag zwar jederzeit beendet werden, aber nur mit finanzieller Einbuße (Rückkaufswert). Ein weiterer Fall für die Genehmigungsbedürftigkeit eines Vertrags mit unbestimmter Dauer ist der Mietvertrag mit dem Betreuten auf Vermieterseite, da durch bestehende Sozialklauseln nicht sichergestellt werden kann, dass das Mietverhältnis tatsächlich vor Ablauf von vier Jahren beendet ist.

Heimverträge sind genehmigungsfrei

Nicht genehmigungsbedürftig nach § 1907 Abs. 3 BGB ist der Abschluss eines Heimvertrags. Nach § 4 Abs. 1 WBVG (Wohn- und Betreuungsvertragsgesetz) wird der Vertrag auf unbestimmte Zeit geschlossen und kann nach § 11 Abs. 1 Satz 1 WBVG durch den Betreuten (spätestens) innerhalb eines Kalendermonats gekündigt werden. Hiervon abweichende Vereinbarungen im Heimvertrag sind unwirksam, § 16 WBVG. Finanzielle Nachteile sind durch die Kündigung des Vertragsverhältnisses nicht gegeben.

Hinweis:

Seit 1. 9. 2006 war das Heimrecht Ländersache; der Bundesgesetzgeber ist nur für die bürgerlich-rechtlichen Vorschriften zuständig geblieben. Einige Bundesländer haben zwischenzeitlich eigene Heimgesetze geschaffen und in deren Bereich das HeimG außer Kraft gesetzt. Zur Ausgestaltung der bürgerlich-rechtlichen Vorschriften hat der Bundesgesetzgeber nunmehr neue Vorschriften geschaffen, das Wohn- und Betreuungsvertragsgesetz (WBVG), welches am 1. 10. 2009 in Kraft getreten ist. Es ersetzt die §§ 5 bis 9 und 14 Abs. 2 Nr. 4, Abs. 4, 7 und 8 HeimG, welche seit 30. 9. 2009 nicht mehr gelten; soweit das WBVG in Konkurrenz zu den Ländergesetzen steht, geht es diesen vor.

Auch wenn keine Genehmigungspflicht vorliegt, sollten Miet-, Pachtverträge und sonstige Verträge, die zu wiederkehrenden Leistungen verpflichten, mit dem Betreuungsrechtspfleger besprochen werden, da sie in der Regel weitreichende finanzielle Folgen haben.

5. Ausstattungsgewährung durch den Betreuer

Schenkungen

Der Betreuer kann grundsätzlich keine Schenkungen aus dem Betreutenvermögen machen, §§ 1908i Abs. 2 Satz 1, 1804 Satz 1 BGB.

Ausgenommen sind Gelegenheitsgeschenke, die dem Wunsch des Betreuten entsprechen und die nach seinen Lebensverhältnissen, insbesondere Vermögensverhältnissen üblich sind. Außerdem kann er Anstandsgeschenke und Schenkungen aus einer sittlichen Verpflichtung erbringen.

Ausstattungsbegriff

Um keine Schenkung handelt es sich, wenn Eltern ihrem Kind mit Rücksicht auf dessen Verheiratung (sog. Aussteuer) oder zur Erlangung einer selbstständigen Lebensstellung, zur Begründung oder zur Erhaltung der Wirtschaft oder der Lebensstellung, etwas zuwenden, soweit das nach den Lebensverhältnissen des Elternteils übliche Maß nicht überschritten wird, § 1624 Abs. 1 BGB. Insoweit handelt es sich um eine Ausstattung, die nicht dem Schenkungsverbot des § 1804 BGB unterliegt. Eine gesetzliche Verpflichtung zur Gewährung einer Ausstattung besteht allerdings nicht.

Gegenstand der Ausstattung kann jede Vermögensmehrung sein, die zu den oben bezeichneten Zwecken vorgenommen wird; z. B. Geldzahlungen, Übertragung von Eigentum an beweglichen Gegenständen oder Grundstücken bzw. Grundstücksrechten, Einrichtung eines Betriebes, Zuschüsse zur Ausbildung, Renten, Gewährung freier Wohnung, Einräumung einer stillen Teilhaberschaft an einer Gesellschaft.

Übergabeverträge können Ausstattungen sein

Ob Übergabeverträge im Rahmen von Ausstattungen erfolgen können, hängt vom Einzelfall ab. Zu den Kriterien der Genehmigungsfähigkeit einer Ausstattung mit Abgrenzung zur gemischten Schenkung siehe *OLG Stuttgart* (FamRZ 2005, 62). Nur dann, wenn die zugesagte Gegenleistung des Übernehmers deutlich hinter den absehbaren Bedürfnissen des Übergebers und dessen unterhaltsberechtigten Ehegatten zurückbleibt, wenn also das Maß der Angemessenheit i. S. v. § 1624 Abs. 1 BGB überschritten wird, kann das Verbot des § 1804 BGB zur Anwendung kommen. Es ist rechtlich verfehlt, wegen des Schenkungsverbots nach §§ 1908i Abs. 1, 1804 BGB an Übergabeverträge so hohe Anforderungen zu stellen, dass für die Anwendung der §§ 1908, 1624 BGB kein Raum bleibt und im Ergebnis ein Betreuer von ihrem Abschluss generell ausgeschlossen ist.

Ob das nach den Lebensverhältnissen des Elternteils übliche Maß überschritten wird (sog. Übermaß), ist in jedem Einzelfall zu prüfen.

Angemessenheit der Ausstattung

Die Frage der Angemessenheit einer Ausstattung lässt sich nicht unmittelbar anhand des Übermaßverbotes nach § 1624 BGB feststellen, wenn die Ausstattung eines Kindes aus dem Vermögen eines betreuten Elternteils erfolgen soll, denn die Interessenlage des Betreuten erfordert andere Maßstäbe als die Ausstattung eines Kindes durch die Eltern im Falle des § 1624 BGB. Insbesondere gilt es, langfristige Vermögensbedürfnisse sorgsam zu prüfen. Sowohl im Falle des § 1908 BGB als auch im Falle des § 1624 BGB handelt es sich jeweils um Einzelfallentscheidungen, die sich einer verallgemeinernden Beurteilung entziehen. Daher bestehen auch Bedenken, die Übermaßgrenze in unmittelbaren Zusammenhang mit dem fiktiven gesetzlichen Erbteil oder einem festen Bruchteil dieses Erbteils zu bringen. Bei einem oder wenigen Erben kann schon die Hälfte des Erbteils unverhältnismäßig hoch sein und in anderen Konstellationen mag auch der ganze fiktive Erbteil noch nicht das Übermaßverbot verletzen, *OLG Stuttgart* (BWNotZ 1997, 147).

Überlassung eines Hausanteils

Wenn der Betreuer über Grundvermögen des Betroffenen zugunsten eines erwachsenen Kindes des Betroffenen verfügen will, um der Familie des Betroffenen das Anwesen zu erhalten, liegt darin grundsätzlich keine Ausstattung des Kindes i. S. v. § 1624 BGB. Zum Beispiel ist ein im Übrigen vermögensloser, pflegebedürftiger Betreuter sittlich nicht verpflichtet, seiner vermögenden Tochter einen Teil des von beiden gemeinsam bewohnten Hauses in Form einer Eigentumswohnung zu überlassen, um einen Ausbau der Wohnung herbeizuführen, der die beengte Wohnungssituation der Tochter zu verbessern geeignet ist, *BayObLG* (Rpfleger 2003, 649).

Übergabevertrag mit Alterssicherung

Ein Übergabevertrag, durch den das dem Betreuten gehörende landwirtschaftliche Unternehmen gegen Zusage eines Altenteils auf den Sohn übertragen werden soll, ist nicht generell genehmigungsunfähig, *OLG Stuttgart* (Rpfleger 2004, 695). Wenn z. B. der aufgrund eines erlittenen Schlaganfalls nicht mehr geschäftsfähige und schwerstpflegebedürftig Betreute, mit dem eine Verständigung nicht mehr möglich ist, von seiner Ehefrau, die als Betreuerin bestellt ist, zu Hause gepflegt und nach Kräften durch die Familienangehörigen unterstützt wird, durch einen Übergabevertrag den Hof einschließlich des zum Betrieb gehörenden Zubehörs an den auf dem Hof lebenden Sohn überträgt, und als Gegenleistung des Übernehmers ein im Grundbuch an vorderster Rangstelle einzutragendes Altenteil (Leibgeding) vereinbart wird, kann dies genehmigungsfähig sein. Schenkungen aus dem Vermögen des Betreuten, die über die in § 1908i Abs. 2 Satz 1 BGB genannten Gelegenheitsgeschenke hinausgehen, sind grundsätzlich nicht genehmigungsfähig. Der Rahmen eines „Gelegenheitsgeschenks" ist im vorliegenden Fall weit überschritten, auch einer „sittlichen Pflicht" des Betroffenen wird nicht entsprochen. Hier kann aber eine Ausstattung i. S. v. §§ 1908, 1624 Abs. 1 BGB vorliegen. Derartige Übergabeverträge, die seit langem sowohl in der Landwirtschaft als auch in anderen Wirtschaftsbereichen verbreitet und auch punktuell gesetzlich geregelt sind (vgl. Art. 96

EGBGB; §§ 593a, 2049, 2312 BGB), sind nach § 1624 BGB dann keine Schenkungen i. S. v. §§ 516 ff., 1804 BGB, wenn sie dem Kind von seinen Eltern zur Erlangung einer selbstständigen Lebensstellung zugewendet werden. Der Gesetzgeber hat dem durch Einfügung des § 1908 BGB in der Betreuung auch Rechnung getragen. Es ist auch anerkannt, dass die in Übergabeverträgen vom Übernehmer zugesagten „Gegenleistungen" in Gestalt von Wohnrecht sowie Versorgung und Pflege im Alter dem Vertrag im Ansatz den Charakter der Unentgeltlichkeit nehmen (*BGH*, NJW 1995, 1349; *BayObLG*, DNotZ 1996, 647). Nur dann, wenn die zugesagte Gegenleistung des Übernehmers deutlich hinter den absehbaren Bedürfnissen des Übergebers (und seiner unterhaltsberechtigten Ehefrau) zurückbleibt, wenn also das Maß der Angemessenheit i. S. v. § 1624 Abs. 1 BGB überschritten wird, kann Schenkungsrecht und damit das Verbot des § 1804 BGB zur Anwendung kommen.

Genehmigung erforderlich

Will der Betreuer aus dem Vermögen des Betreuten eine Ausstattung versprechen und gewähren, bedarf er einer betreuungsgerichtlichen Genehmigung nach § 1908 BGB.

Der Rechtspfleger hat zu prüfen, ob die Ausstattung das den Umständen, insbesondere den Vermögensverhältnissen des Betreuten entsprechende Maß übersteigt, und die Genehmigung entsprechend eingeschränkt zu erteilen.

Einhalten des üblichen Maßes

Soweit das übliche Maß überschritten wird, ist die Zuwendung als Schenkung anzusehen und unterliegt dann dem Schenkungsverbot nach § 1908i Abs. 2 Satz 1 BGB i. V. m. § 1804 Satz 1 BGB. In diesem Fall liegt Nichtigkeit vor und kann auch nicht durch eine betreuungsgerichtliche Genehmigung geheilt werden.

Beispiel:

Der Betreuer möchte aus dem Vermögen des verwitweten Betreuten dessen Tochter eine Zuwendung in Höhe von 10.000 EUR zur Hochzeit machen. Das Vermögen des im Heim lebenden Betreuten beträgt 18.000 EUR; die Heimkosten sind durch Renteneinkünfte gedeckt. Der Betreute hat noch zwei Töchter, die schon verheiratet sind.

Der Rechtspfleger erteilt eine Genehmigung beschränkt auf 6.000 EUR mit der Begründung, diese Summe entspricht dem Betrag, den die Tochter im Falle der gesetzlichen Erbfolge nach dem derzeitigen Vermögensstand beanspruchen könnte. Außerdem würden im Wege der Ausgleichungspflicht nach §§ 2050 Abs. 1, 2055 BGB die beiden anderen Töchter nicht benachteiligt werden.

6. Grundstücksgeschäfte

Erwerb, Veräußerung und Belastungen von Grundstücken

Soweit der Betreuer für den Betreuten den Erwerb oder die Veräußerung eines Grundstücks oder einer Eigentumswohnung, die Bestellung, Veränderung oder Aufhebung eines Grundstücksrechts vornehmen will, sind betreuungsgerichtliche Genehmigungen erforderlich.

Auch wenn regelmäßig für diese Rechtsgeschäfte die Mitwirkung eines Notars erforderlich ist, sollte der Betreuer erforderliche Genehmigungspflichten erkennen.

Praxis TIPP

Bevor ein Grundstücksgeschäft durch den Betreuer vorgenommen wird, sollte mit dem Betreuungsrechtspfleger Rücksprache und dessen Beratung nach §§ 1908i Abs. 1, 1837 Abs. 1 Satz 1 BGB in Anspruch genommen werden. Unterlagen zur Sachverhaltsaufklärung und Wertgutachten sind, soweit vorhanden, vorzulegen.

Soweit im Folgenden von Grundstück gesprochen wird, gilt dies entsprechend auch für Wohnungs- und Teileigentum.

6.1 Erwerb von Grundstücken

6.1.1 Entgeltlicher Erwerb

Betreuer kauft ein Grundstück

Kauft der Betreuer ein Grundstück im Namen des Betreuten, so ist eine betreuungsgerichtliche Genehmigung nach §§ 1908i Abs. 1 Satz 1, 1821 Abs. 1 Nr. 5 BGB erforderlich. Entgeltlich ist auch ein Tauschvertrag, die Ausübung eines Vorkaufsrechts, Wiederkaufs- oder Optionsrechts.

6.1.2 Unentgeltlicher Erwerb

Dem Betreuten wird ein Grundstück geschenkt

Erwirbt der Betreute ein Grundstück unentgeltlich durch Schenkung, so bedarf der Betreuer für seine Handlung als gesetzlicher Vertreter keiner betreuungsgerichtlichen Genehmigung.

Gemischte Schenkungen

Gemischte Schenkungen, bei denen die Gegenleistung bewusst niedriger angesetzt wird, als sie dem Grundstückswert entspricht, sind genehmigungsbedürftig. Die Schenkung unter einer Auflage ist dann genehmigungsbedürftig, wenn diese nicht lediglich in der Bestellung eines Rechts zu Gunsten des Schenkers liegt, und das Recht nicht zu persönlichen Leistungen verpflichtet (keine Genehmigung z. B. bei Wohnrecht oder Nießbrauch; allerdings doch Genehmigung bei Reallast wegen § 1108 BGB).

Schenkung unter Rücküberlassungsverpflichtung

Erwirbt der Betreute ein Grundstück oder einen Miteigentumsanteil an einem Grundstück unentgeltlich (z. B. im Wege der vorweggenommenen Erbfolge), und verpflichtet er sich hierbei vertraglich zur Rücküberlassung an den Schenker unter bestimmten Voraussetzungen, so begründet die Rückforderungsklausel eine aufschiebend bedingte Verpflichtung zur Verfügung über ein Grundstück, sodass eine betreuungsgerichtliche Genehmigung gemäß §§ 1908i Abs. 1 Satz 1 BGB, 1821 Abs. 1 Nr. 4 i. V. m. Nr. 1 BGB erforderlich ist, *OLG Köln* (Rpfleger 2003, 570).

Rücküberlassungsverpflichtung über gesetzliche Regelung hinaus

Zwar steht jede Schenkung unter dem nicht abdingbaren Vorbehalt der Rückforderung wegen Verarmung des Schenkers nach § 528 BGB oder wegen Widerrufs bei grobem Undank nach § 530 BGB. In beiden Fällen ist das Zugewandte indes nach bereicherungsrechtlichen Grundsätzen zurückzugeben, § 528 Abs. 1 Satz 2, § 531 Abs. 2 BGB. Der Betreute ist gemäß § 818 Abs. 3 BGB dann nur verpflichtet, soweit er noch bereichert ist. Dagegen ist eine vertragliche Erweiterung des Rückforderungsrechts dann als nachteilig einzustufen, wenn dem Betreuten über die bereicherungsrechtliche Rückabwicklung hinaus zusätzliche Pflichten auferlegt werden. Dies gilt insbesondere für die Verpflichtung des Beschenkten zur selbstständigen Rückübertragung, wenn dem Schenker ein Rückforderungsrecht eingeräumt ist. Diese Pflicht ist nachteilig, weil hier der Betreute für die Übertragung nach dem Recht der Leistungsstörungen (§ 280 ff. BGB) und daher nicht nur mit dem übertragenen Gegenstand, sondern gegebenenfalls auch mit seinem weiteren Vermögen haftet. Aus diesen genannten Gründen handelt es sich bei einer solchen Rückübertragungsklausel nicht lediglich um eine Beschränkung der unentgeltlichen Zuwendung seitens des Schenkers, sondern um eine eigenständige, wenn auch bedingte Verpflichtung des Beschenkten, sodass die Voraussetzungen des § 1821 Abs. 1 Nr. 4 BGB erfüllt sind.

6.2 Veräußerung eines Grundstücks

Abstraktionsprinzip

Veräußert der Betreuer im Namen des Betreuten ein Grundstück, so ist zunächst das schuldrechtliche vom dinglichen Geschäft zu trennen.

6.2.1 Verkauf eines Grundstücks

Durch den Kaufvertrag wird der Verkäufer verpflichtet, das Grundstück auf den Käufer zu übereignen, § 433 Abs. 1 BGB, somit über das Grundstück zu verfügen.

Jede Eingehung einer Verpflichtung zu einer Verfügung über das Betreutengrundstück bedarf einer Genehmigung nach § 1821 Abs. 1 Nr. 4 i. V. m. Nr. 1 BGB. Dabei spielt es keine Rolle, ob das Rechtsgeschäft entgeltlich oder unentgeltlich vorgenommen wird.

Schenkungsverbot beachten

Allerdings kann der gesetzliche Vertreter ein Grundstück nicht verschenken, §§ 1908i Abs. 2 Satz 1, 1804 Satz 1 BGB, soweit es sich nicht um ein Gelegenheits-, Anstandsgeschenk oder Geschenk aus einer sittlichen Verpflichtung handelt, §§ 1908i Abs. 2 Satz 1, 1804 Satz 2 BGB. Diese dürften bei einem Grundstück regelmäßig ausscheiden. Denkbar wäre das Versprechen einer Ausstattung gemäß § 1908 BGB.

Verkauf eines Grundstücks

Der Verkauf oder ein Vertauschen eines Betreutengrundstücks ist genehmigungsbedürftig. Es ist unerheblich, ob das Grundstück im Alleineigentum des Betreuten steht oder ob er nur Miteigentümer ist.

6.2.2 Auflassung eines Grundstücks

Die dingliche Auflassung des Grundstücks (Übertragung des Eigentums) stellt eine Verfügung über dieses dar. Der Betreuer unterliegt dem Genehmigungstatbestand des § 1821 Abs. 1 Nr. 1 BGB.

Hat das Betreuungsgericht den Kaufvertrag genehmigt, wird vermutet, dass diese Genehmigung auch die dingliche Auflassung erfassen soll, soweit sich aus der Genehmigung nichts anderes ergibt, sowie Verfügungs- und Verpflichtungsgeschäft sich decken.

Beispiel:

Der Betreuer mit dem Aufgabenkreis der Vermögensverwaltung verkauft die Eigentumswohnung des Betreuten und lässt sie an den Erwerber auf. Die entsprechende Urkunde wird vor einem Notar errichtet, der Betreuer handelt im Namen des Betreuten.

Der Kaufvertrag und die Auflassung erfordern betreuungsgerichtliche Genehmigungen nach §§ 1908i Abs. 1 Satz 1, 1821 Abs. 1 Nr. 4 und Nr. 1 BGB.

Zahlt der Wohnungskäufer den Kaufpreis an den Betreuer, so erlischt die Kaufpreisforderung des Betreuten durch die Annahme, § 362 Abs. 1 BGB; der Betreuer verfügt über eine Forderung des Betreuten, was zu einer Genehmigung des Gegenbetreuers nach §§ 1908i Abs. 1 Satz 1, 1812 Abs. 1 Satz 1 BGB führt. Ist ein solcher nicht vorhanden, genehmigt das Betreuungsgericht, § 1812 Abs. 3 BGB. Diese Genehmigung entfällt, wenn es sich um einen befreiten Betreuer handelt (§ 1908i Abs. 2 Satz 2 BGB).

Der Genehmigungsbeschluss des Betreuungsgerichts könnte in etwa lauten: „Der Verkauf der Eigentumswohnung, eingetragen im Grundbuch von Starnberg Blatt 1000, durch den Betreuer Benno Beil an Erwin Eigen zum Kaufpreis von 300.000 EUR wird betreuungsgerichtlich genehmigt. Die Genehmigung erfasst auch die Auflassung der Wohnung und die Entgegennahme des Kaufpreises durch den Betreuer."

Zwangsweises Öffnen des Hauses

Möchte der Betreuer zu Verkaufszwecken das noch nicht geräumte Wohnhaus des im Pflegeheim lebenden Betreuten gegen dessen Willen zwangsweise öffnen lassen, um es zu betreten, gibt es hierfür keine Gesetzesgrundlage, *OLG Schleswig* (BtPrax 2008, 36).

Unbewohnbares Hausgrundstück

Die Erteilung der betreuungsgerichtlichen Genehmigung zur Veräußerung eines Hausgrundstückes durch den Betreuer gegen den erklärten Willen des Betreuten ist

rechtlich nicht zu beanstanden, wenn das Gebäude bereits so erhebliche Schäden aufweist, dass es nicht mehr bewohnbar ist, ein weiterer Verfall sowie Schadensersatz- und Instandsetzungsforderungen der unmittelbaren Nachbarn drohen und weder der Betreute noch ein Miteigentümer in der Lage sind, die hohen Kosten der Sanierung zu tragen, *OLG Frankfurt* (OLGR Frankfurt 2004, 380).

Sittenwidrige Übertragung von Wohneigentum

Ein Vertrag, mit dem ein Betreuter ein Grundstück auf einen Angehörigen überträgt, um diesen Vermögensgegenstand bei einer absehbaren späteren Inanspruchnahme staatlicher Unterstützung dem Zugriff des Sozialhilfeträgers zu entziehen, ist sittenwidrig und darf vom Betreuungsgericht nicht genehmigt werden, *OLG Frankfurt* (BtPrax 2004, 200).

Veräußerung zu Lasten der Sozialhilfe

Maßstab für die Erteilung oder Versagung der betreuungsgerichtlichen Genehmigung für Grundstücksgeschäfte sind das Interesse und das Wohl des Betreuten. Daneben hat das Betreuungsgericht das Geschäft aber auch einer rechtlichen Prüfung zu unterziehen und dessen Genehmigung insbesondere dann zu versagen, wenn es wegen Gesetzes- oder Sittenwidrigkeit nach §§ 134, 135 BGB nichtig ist. Es ist allgemein anerkannt, dass Rechtsgeschäfte, die nach Inhalt, Zweck und Beweggrund darauf abzielen, trotz eigenen Vermögens oder eigener Einkunftsmöglichkeiten zu Ansprüchen auf Sozialhilfe zu gelangen, grundsätzlich als sittenwidrig einzustufen und deshalb nach § 138 Abs. 1 BGB nichtig sind. Denn nach dem gesetzlich verankerten Grundsatz des Nachrangs staatlicher Hilfeleistungen besteht Anspruch auf Sozialhilfe nur für solche Personen, die sich selbst nicht helfen können und auch keinen Anspruch auf vorrangige Hilfe von anderen Personen, insbesondere Angehörigen, haben. Deshalb muss nach dem Sozialstaatsprinzip derjenige mit seinem Wunsch nach staatlicher Hilfe zurücktreten, der sich aus eigener Kraft zu helfen in der Lage ist. Somit ist in Rechtsprechung und Literatur anerkannt, dass die rechtsgeschäftliche Gestaltungsfreiheit dort ihre Grenzen findet, wo Rechtsgeschäfte zu Lasten der Sozialhilfe abgeschlossen werden, weil diese grundsätzlich als sittenwidrig anzusehen sind, sofern nicht besondere Umstände des Einzelfalls eine andere Beurteilung rechtfertigen. Dies gilt auch, wenn der Betroffene derzeit noch keine Sozialhilfe bezieht, es jedoch absehbar ist, dass er zukünftig auf staatliche Unterstützung angewiesen sein wird, wenn er das Eigentum an dem Hausgrundstück auf einen Dritten überträgt, ohne hierfür eine Gegenleistung zu erhalten, die zur Bestreitung seines Lebensunterhaltes verwendet werden kann.

6.3 Belastung eines Grundstücks

Rechte an einem Grundstück

Wird ein Grundstück mit einem dinglichen Recht belastet, egal ob es sich um eine Hypothek oder Grundschuld, Reallast, Dienstbarkeit oder einen Nießbrauch handelt, so liegt immer eine Verfügung über das Grundstück vor. Soweit ein Betreuer die Belastung herbeiführt, ist der Genehmigungstatbestand der §§ 1908i Abs. 1 Satz 1, 1821 Abs. 1 Nr. 1 BGB erfüllt.

Beispiel:

Darlehen und Grundschuld

Der Betreuer mit dem Aufgabenkreis Vermögensverwaltung benötigt zur Renovierung des Betreutenhauses ein Darlehen über 30.000 EUR, welches die Kreissparkasse gewährt. Zur Sicherung der Darlehensrückzahlungsforderung vereinbaren die Bank und der Betreuer die Bestellung einer Grundschuld am Grundstück des Betreuten.

Zur Wirksamkeit des Darlehensvertrags ist eine betreuungsgerichtliche Genehmigung nach §§ 1908i Abs. 1 Satz 1, 1822 Nr. 8 BGB erforderlich. Soweit die Zins- und Tilgungsleistungen über vier Jahre hinaus andauern, wäre noch der Genehmigungstatbestand § 1907 Abs. 3 BGB erfüllt.

Die Bestellung der Grundschuld erfordert eine Genehmigung nach §§ 1908i Abs. 1 Satz 1, 1821 Abs. 1 Nr. 1 BGB.

Der Genehmigungsbeschluss wird in etwa lauten: „Der durch den Betreuer Benno Beil mit der Kreissparkasse Starnberg geschlossene Darlehensvertrag über 30.000 EUR bei 6 % Jahreszinsen und 2 % Tilgung jährlich sowie die Bestellung einer Grundschuld über 30.000 EUR am Grundstück des Betreuten, Gemarkung Starnberg Blatt 1000 Fl. Nr. 10, wird betreuungsgerichtlich genehmigt."

Belastungen im Zusammenhang mit dem Erwerb eines Grundstücks

Werden Grundstücksbelastungen im Zusammenhang mit dem Erwerb eines Grundstücks durchgeführt, so ist die Bestellung des Rechts in der Regel nicht gesondert genehmigungsbedürftig. Es soll nur das dem Betreuten bereits gehörende Grundvermögen geschützt werden, sodass Genehmigungsvorschriften auf Belastungen, die im Zusammenhang mit dem Erwerb des Grundstücks erfolgen, keine Anwendung finden. Es kann sich um Grundpfandrechte zur Finanzierung des Kaufpreises handeln, aber auch um andere im Zusammenhang mit dem Grundstückserwerb vorgenommene Belastungen, wie z. B. einem Nießbrauch. Dies gilt dann nicht, wenn der Erwerber des Grundstücks auch zu Leistungen aus seinem bereits vorhandenen Vermögen verpflichtet wird, wie z. B. bei einer Reallast.

Beispiel:

Der Betreuer kauft in einem notariellen Vertrag für den Betreuten ein Grundstück; zu dieser Urkunde wird auch die Auflassung erklärt und vereinbart, dass die Zahlung der Hälfte des Kaufpreises in Höhe von 200.000 EUR auf zwei Jahre gestundet wird. Zur Sicherung des Kaufpreises bestellt der Betreuer eine Hypothek zugunsten des Verkäufers am neu erworbenen Grundstück.

Der Kaufvertrag unterliegt der betreuungsgerichtlichen Genehmigung gemäß § 1821 Abs. 1 Nr. 5 BGB; die Auflassung des Grundstücks an den Betreuten ist genehmigungsfrei.

Die Bestellung der Hypothek stellt eine Belastung des Grundstücks dar, somit eine Verfügung, die an sich § 1821 Abs. 1 Nr. 1 BGB auslösen würde. Allerdings erfolgt die Belastung im Zusammenhang mit dem Grundstückserwerb, sodass nicht bereits vorhandenes Betreutenvermögen, sondern lediglich das erworbene belastet werden soll; ein besonderer Schutz des Betreutenvermögens ist nicht erforderlich. Das Ganze ist so zu betrachten, als ob das Grundstück bereits mit dem Recht belastet erworben worden wäre. Eine zusätzliche Genehmigung für die Bestellung des Rechts ist nicht erforderlich.

6.4 Veränderungen an Belastungen

Veränderungen von Grundstücksrechten können vielfältig sein. Es wird nur auf in der Praxis häufiger auftretende Beispiele eingegangen.

6.4.1 Rangrücktritt eines Rechts

Verschlechterung des Rangs

Ist der Betreute Inhaber eines dinglichen Rechts, und möchte der Betreuer mit diesem Recht hinter die Belastung eines Dritten zurücktreten, so unterliegt er einer betreuungsgerichtlichen Genehmigung, bei der allerdings zu unterscheiden ist, mit welchem Recht er den Rücktritt vornehmen will.

Rechte der Abt. II des Grundbuchs (nicht Grundpfandrechte)

Rechte mit Ausnahme von Grundpfandrechten

Möchte der Betreuer mit einem Erbbaurecht, einer Dienstbarkeit, Reallast, einem Nießbrauch oder Wohnungsrecht zurücktreten, so liegt eine Verfügung über das Recht an einem Grundstück vor, und er benötigt die betreuungsgerichtliche Genehmigung nach §§ 1908i Abs. 1, 1821 Abs. 1 Nr. 1 (2. Alternative) BGB. Der Rücktritt mit einer Auflassungsvormerkung fällt ebenfalls unter den Genehmigungstatbestand, wenn auch die Vormerkung kein dingliches Recht darstellt, verleiht sie dem geschützten schuldrechtlichen Anspruch doch gewisse dingliche Wirkungen.

Beispiel:

Für den Betreuten besteht am Hausgrundstück seines Bruders ein Wohnungsrecht auf Lebenszeit, welches auch wahrgenommen wird. Zur Renovierung des Hauses benötigt der Bruder ein Darlehen, das ihm von der Bank gewährt wird, wenn die zur Sicherung zu bestellende Grundschuld Rang vor dem eingetragenen Wohnungsrecht des Betreuten erhält. Der Betreuer möchte im Namen des Betreuten den Rangrücktritt vornehmen, da durch die Renovierung auch die Wohnqualität für den Betreuten verbessert werden kann.

Der Rangrücktritt erfordert eine Genehmigung des Betreuungsgerichts nach §§ 1908i Abs. 1 Satz 1, 1821 Abs. 1 Nr. 1 BGB.

Grundpfandrechte

Grundpfandrechte bieten Besonderheit

Tritt der gesetzliche Vertreter mit einer Hypothek oder Grundschuld im Rang hinter ein anderes Recht zurück, so findet § 1821 Abs. 1 Nr. 1 BGB keine Anwendung, da § 1821 Abs. 2 BGB diese Rechte ausnimmt.

Eine Hypothek sichert kraft Gesetzes eine Forderung; auch eine Grundschuld wird regelmäßig eine Forderung sichern (sogenannte Sicherungsgrundschuld), allerdings nicht kraft Gesetzes, sondern aufgrund einer schuldrechtlichen Vereinbarung, der sogenannten Zweckerklärung oder dem Sicherungsvertrag.

Besteht für den Betreuten eine Forderung, gesichert durch Hypothek oder Grundschuld, und tritt der Betreuer mit diesem Recht im Rang hinter ein anderes Recht zurück, so ist eine betreuungsgerichtliche Genehmigung nach §§ 1908i Abs. 1, 1822 Nr. 13 BGB erforderlich; er mindert die für eine Forderung bestehende Sicherheit.

Interesse des Betreuten

Beim Rangrücktritt mit einem Recht, insbesondere einem Grundpfandrecht muss immer geprüft werden, ob dies im Interesse des Betreuten liegt. Da dies regelmäßig nicht der Fall sein wird, kann dem Ansinnen des Grundstückseigentümers nur nachgekommen werden, wenn dieser zumindest andere Sicherheiten bieten kann.

6.4.2 Aufhebung eines Rechts

Rechte können aufgehoben werden

Bei der Aufhebung eines Grundstücksrechts des Betreuten gelten grundsätzlich die zum Rangrücktritt gemachten Ausführungen. Soll ein Recht gelöscht werden, handelt es sich um eine Verfügung über das Recht, und es greift §§ 1908i Abs. 1, 1821 Abs. 1 Nr. 1 BGB. Ausgenommen sind nach § 1821 Abs. 2 BGB wieder Grundpfandrechte, für die § 1822 Nr. 13 BGB gilt, wenn eine Betreutenforderung zugrunde liegt.

Beispiel:

Betreuter kommt ins Pflegeheim

Bei der Übergabe des Hausgrundstücks an den Sohn wurde dem Übergeber (Vater) im Rahmen eines Leibgedings ein Wohnungsrecht sowie eine „Wart und Pflege" eingeräumt und im Grundbuch eingetragen. Für den Übergeber besteht nun Betreuung mit den Aufgabenkreisen Aufenthaltsbestimmung, Wohnungs- und Heimangelegenheiten, Vermögensverwaltung. Der Betreuer, ein Bruder des Betreuten, musste diesen in einem Pflegeheim unterbringen, da die angeschlagene Gesundheit eine Versorgung in den vorbehaltenen Räumen nicht mehr möglich war. Der Betreuer möchte auf Bitten des Grundstückseigentümers (Sohn des Betreuten) die Löschung des Leibgedings erreichen; er legt ein ärztliches Gutachten vor, nach dem eine Rückkehr völlig ausgeschlossen erscheint, und beantragt eine erforderliche Genehmigung.

Rechte sind bedeutungslos

Für den aus dem Leibgeding berechtigten Betreuten sind das Wohnungsrecht und die in der Wohnung zu erbringenden Wart- und Pflegeleistungen ohne Bedeutung,

wenn er sich dauerhaft in einem Pflegeheim aufhalten muss. Die Aufhebung und Löschung des Rechts erscheint sinnvoll.

Fraglich ist nun, ob der Betreuer eine Ausgleichszahlung verlangen kann.

Leibgedingsvertrag

Handelt es sich um einen vertragsmäßig zugewendeten Inbegriff von Rechten verschiedener Art, die durch ihre Zweckbestimmung dem Berechtigten ganz oder teilweise Versorgung gewähren und zu einer Einheit verbunden sind, kann man von einem Leibgedingsvertrag (Altenteil) ausgehen (z. B. i. S. v. Art. 7 BayAGBGB). Muss der Betreute als Berechtigter des Leibgedings das Grundstück aus besonderen Gründen auf Dauer verlassen, kann man die hierfür geltenden Vorschriften anwenden, so z. B. Art. 18 Satz 1 BayAGBGB. In diesem Fall hat der verpflichtete Grundstückseigentümer dem Betreuten für die Befreiung von der Pflicht zur Gewährung der Wohnung und zu Dienstleistungen eine Geldrente zu zahlen, die dem Wert der Befreiung nach billigem Ermessen entspricht. Die Aufhebung des Rechts sollte der Betreuer von einer Sicherstellung des Geldrentenanspruchs abhängig machen, *BayObLG* (NJW-RR 1993, 984) und *OLG Hamm* (NJW-RR 1996, 1360).

Geldrente

Auszug aus dem bayerischen AGBGB:

Art. 7 Anzuwendende Vorschriften

Steht mit der Überlassung eines Grundstücks ein Leibgedingsvertrag (Leibzuchts-, Altenteils- oder Auszugsvertrag) in Verbindung, so gelten für das sich aus dem Vertrag ergebende Schuldverhältnis, soweit nicht besondere Vereinbarungen getroffen sind, neben den Vorschriften des Bürgerlichen Gesetzbuchs über die Leibrente die besonderen Vorschriften der Art. 8 bis 23.

Art. 18 Geldrente

Muss der Berechtigte aus besonderen Gründen das Grundstück auf Dauer verlassen, so hat der Verpflichtete ihm für die Befreiung von der Pflicht zur Gewährung der Wohnung und zu Dienstleistungen eine Geldrente zu zahlen, die dem Wert der Befreiung nach billigem Ermessen entspricht. Für andere Leistungen, die für den Berechtigten wegen seiner Abwesenheit von dem Grundstück ohne Interesse sind, hat der Verpflichtete den Wert zu vergüten, den sie für den Berechtigten auf dem Grundstück haben.

→ Siehe zur Aufgabe eines Wohnungsrechts auch oben Abschnitt 3.10.

Aufgabe Wohnungsrecht

Genehmigungstatbestände im Überblick

Genehmigungstatbestände im Zusammenhang mit Grundstücken	
Kauf eines Grundstücks	§ 1821 Abs. 1 Nr. 5 BGB
• Falls Kaufpreis in Raten zu zahlen ist, und diese über 4 Jahre hinaus andauern	§ 1907 Abs. 3 BGB
• Falls beim Kauf eines ideellen Miteigentumsanteils an einem Grundstück gesamtschuldnerische Kaufpreishaftung vereinbart wird	§ 1822 Nr. 10 BGB
Abtretung oder Verpfändung des Auflassungsanspruchs des Betreuten	§ 1821 Abs. 1 Nr. 2 BGB

Genehmigungstatbestände im Zusammenhang mit Grundstücken	
Verkauf und Auflassung eines Betreutengrundstücks	§ 1821 Abs. 1 Nr. 4 und Nr. 1 BGB
Belastung des Betreutengrundstücks mit einem Recht (z. B. Grundschuld, Hypothek, Dienstbarkeit, Reallast, Nießbrauch, auch Auflassungsvormerkung)	§ 1821 Abs. 1 Nr. 1 BGB
Verfügung über ein Grundstücksrecht (nicht Grundschuld oder Hypothek wegen Abs. 2), z. B. durch Aufhebung, Abtretung, Rangrücktritt	§ 1821 Abs. 1 Nr. 1
Verfügung über Grundschuld oder Hypothek, wenn das Recht eine bestehenbleibende Forderung des Betreuten sichert, z. B. Aufhebung, Pfandfreigabe, Rangrücktritt	§ 1822 Nr. 13 BGB
Verfügung über eine Grundschuld oder Hypothek, wenn das Recht keine Forderung des Betreuten sichert (z. B. Eigentümergrundschuld), durch Aufhebung, Pfandfreigabe, Rangrücktritt	§ 1812 Abs. 1 Satz 1 (Alternative 2) BGB

7. Erbschaftsangelegenheiten

Aufgabenkreis beachten

Wichtig ist in allen Erbschaftsangelegenheiten, dass der Betreuer für einen ausreichenden Aufgabenkreis bestellt ist.

7.1 Erbvertrag

7.1.1 Aufhebung eines Erbvertrags

Erblasser kann nur selbst aufheben

Besteht für den Erblasser eine Betreuung, kann er den Aufhebungsvertrag nur selbst schließen, was aber Geschäftsfähigkeit voraussetzt. Eine Vertretung durch den Betreuer ist ausgeschlossen, § 2290 Abs. 2 BGB. Ein bestehender Einwilligungsvorbehalt erfordert keine Zustimmung des Betreuers, § 1903 Abs. 2 BGB in Verbindung mit § 2290 Abs. 2 BGB, da Verfügungen von Todes wegen vom Einwilligungsvorbehalt nicht erfasst werden.

Vertragspartner

Steht der Vertragspartner unter Betreuung, kann der Betreuer beim Aufhebungsvertrag vertreten, § 1902 BGB, allerdings benötigt er eine betreuungsgerichtliche Genehmigung nach § 2290 Abs. 3 BGB.

7.1.2 Anfechtung des Erbvertrags

Ein Erbvertrag kann angefochten werden, und zwar aus den Gründen, die für eine Testamentsanfechtung gelten, § 2279 Abs. 1 BGB. Als Besonderheit gilt, dass der Erblasser selbst zur Anfechtung des Erbvertrags berechtigt ist, § 2281 Abs. 1 BGB. Die Anfechtung erfolgt durch notariell beurkundete Erklärung des Erblassers an den Vertragspartner, § 2282 BGB; nach dem Tod des Vertragspartners dem Nachlassgericht gegenüber, § 2281 Abs. 2 BGB. Die Anfechtung führt zur Nichtigkeit der angefochtenen vertragsmäßigen Verfügung, § 142 Abs. 1 BGB.

Betreuer ficht an

Der Erbvertrag kann durch den geschäftsfähigen Erblasser nur selbst angefochten werden; ein bestehender Einwilligungsvorbehalt erfordert keine Zustimmung des Betreuers, § 1903 Abs. 2 BGB in Verbindung mit § 2282 Abs. 1 Satz 2 BGB. Für einen geschäftsunfähigen Betreuten muss der Betreuer anfechten, § 2282 Abs. 2 BGB; hierfür ist eine betreuungsgerichtliche Genehmigung erforderlich.

7.2 Erbverzicht

Ausschluss vom Erb- und Pflichtteilsrecht

Zu Lebzeiten des Erblassers können Verwandte und Ehegatten durch einen Vertrag auf ihr Erbrecht dem Erblasser gegenüber verzichten. Zweck des Erbverzichts ist der sichere Ausschluss des Verzichtenden vom Erbrecht und dem Pflichtteilsrecht, § 2346 Abs. 1 Satz 2 BGB. Praktische Bedeutung hat der Erbverzicht im Zusammenhang mit einem Abfindungsvertrag.

7.2.1 Abschluss des Erbverzichtsvertrags

Verzichtender kann vertreten werden

Der Erbverzichtsvertrag muss zwischen dem Erblasser und dem Verzichtenden geschlossen werden, § 2346 Abs. 1 Satz 1 BGB. Steht der Verzichtende unter Betreuung, kann der Betreuer vertreten, § 1902 BGB, falls er einen entsprechenden Aufgabenkreis inne hat; er bedarf einer betreuungsgerichtlichen Genehmigung, § 2347 Abs. 1 Satz 2 BGB.

Auch der Erblasser kann vertreten werden

Der geschäftsfähige Erblasser kann den Vertrag nur persönlich schließen; steht er unter Einwilligungsvorbehalt, ist keine Zustimmung des Betreuers erforderlich, § 1903 Abs. 2 BGB i. V. m. § 2347 Abs. 2 Satz 1 Halbsatz 2 BGB. Der geschäftsunfähige Betreute wird durch den Betreuer vertreten, dieser bedarf einer betreuungsgerichtlichen Genehmigung, § 2347 Abs. 2 Satz 2 BGB.

Beispiel:

Der vermögende Vater des geschäftsunfähigen 25-jährigen Betreuten bietet dem Betreuer den Abschluss eines Erbverzichtsvertrags an unter gleichzeitiger Schenkung und Übertragung eines Geldbetrags von 200.000 EUR sowie Verpflichtung zur lebenslangen Übernahme der Wohn- bzw. Pflegeheimkosten. Der Betreute hat noch drei Geschwister.

7.2.2 Aufhebung des Erbverzichts

Der Erbverzicht kann wieder aufgehoben werden, § 2351 BGB.

Betreuer vertritt

Der geschäftsfähige, unter Betreuung stehende Erblasser handelt selbst, § 2351 i. V. m. § 2347 Abs. 2 Satz 1 Halbsatz 1 BGB; besteht ein Einwilligungsvorbehalt, bedarf er der Zustimmung des Betreuers, da nicht lediglich ein rechtlicher Vorteil gegeben ist, aber kein gerichtliches Genehmigungserfordernis. Für den geschäftsunfähigen Erblasser handelt der Betreuer; der Bedarf in diesem Fall einer betreuungsgerichtlichen Genehmigung nach § 2351 i. V. m. § 2347 Abs. 2 Satz 2 BGB.

Der geschäftsfähige, unter Betreuung stehende Verzichtende kann selbst handeln; besteht ein Einwilligungsvorbehalt, bedarf er nicht der Zustimmung des Betreuers, da lediglich ein rechtlicher Vorteil vorliegt, § 1903 Abs. 3 Satz 1 BGB. Ist der Verzichtende geschäftsunfähig und steht unter Betreuung, handelt der Betreuer; eine betreuungsgerichtliche Genehmigung ist nicht erforderlich.

7.3 Anfechtung eines Testaments

Nach dem Tod des Erblassers kann ein von ihm errichtetes Testament angefochten werden. Als Anfechtungsgründe kommen die §§ 2078, 2079 BGB in Betracht, eine besondere Bedeutung hat insbesondere § 2079 Abs. 1 BGB.

Anfechtungsmöglichkeiten

Wenn ein zur Zeit des Erbfalls vorhandener Pflichtteilsberechtigter im Testament übergangen wird, ist eine Anfechtung möglich. Hat z. B. der Erblasser ein Testament errichtet und einen Verwandten als Erben bestimmt und heiratet er nach der

Testierung, ändert aber die Verfügung vor seinem Tod nicht mehr, so könnte angefochten werden, da der Ehegatte erst nach Testamentserrichtung pflichtteilsberechtigt geworden ist. Allerdings ist § 2079 Abs. 2 BGB zu beachten, der eine Anfechtung ausschließt, wenn anzunehmen ist, dass der Erblasser auch bei Kenntnis der Sachlage die Verfügung getroffen hätte. Anfechtungsberechtigt ist der Pflichtteilsberechtigte (§ 2080 Abs. 3 BGB). Auch nach der Testierung geborene Abkömmlinge des Erblassers können anfechten, wenn sie im Testament übergangen wurden.

Jede Anfechtungserklärung hat dem Nachlassgericht gegenüber zu erfolgen, § 2081 Abs. 1 BGB.

Die Anfechtung ist kein höchstpersönliches Geschäft, so dass der Betreuer die Erklärung im Namen des Betreuten abgeben kann; der nichtbefreite Betreuer unterliegt der betreuungsgerichtlichen Genehmigung nach §§ 1908i Abs. 1, 1812 Abs. 1, 3 BGB.

Frist beachten

Die Anfechtungsfrist beträgt 1 Jahr ab dem Zeitpunkt, in welchem der Anfechtungsberechtigte vom Anfechtungsgrund Kenntnis erlangt, § 2082 BGB. Die Anfechtung ist ausgeschlossen, wenn seit dem Erbfall 30 Jahre verstrichen sind, § 2082 Abs. 3 BGB. § 210 BGB beachten.

Durch die Anfechtung wird die angefochtene Verfügung rückwirkend nichtig, § 142 Abs. 1 BGB (Anfechtungswirkung). Die Wirkung erstreckt sich aber nur auf den Teil der Verfügung, der vom Anfechtungsgrund erfasst wird. Die übrigen Bestimmungen bleiben im Zweifel wirksam (§ 2085 BGB). Die Anfechtung nach § 2079 BGB vernichtet die Verfügung (mindestens) insoweit, als sie dem Erbrecht des Pflichtteilsberechtigten entgegensteht.

Die Beweislast für die Tatsachen, die eine Anfechtung begründen, trägt der Anfechtungsberechtigte (dem der Wegfall der Verfügung zustatten kommen würde).

7.4 Annahme und Ausschlagung einer Erbschaft

7.4.1 Annahme der Erbschaft

Für den Betreuten kann der Betreuer die Annahme erklären. Eine betreuungsgerichtliche Genehmigung ist nicht erforderlich.

7.4.2 Ausschlagung der Erbschaft

Genehmigung innerhalb der Ausschlagungsfrist

Der Betreuer kann für den Betreuten die Ausschlagung erklären, er bedarf hierzu einer betreuungsgerichtlichen Genehmigung, §§ 1908i Abs. 1, 1822 Nr. 2 BGB.

Diese kann, obwohl die Ausschlagung ein einseitiges Rechtsgeschäft darstellt, auch noch der Erklärung nachfolgen; § 1831 BGB wird auf diesen Fall nicht angewandt, da der Sinn der Vorschrift es nicht erfordert. Erklärt der gesetzliche Vertreter die Ausschlagung ohne die erforderliche gerichtliche Genehmigung, so muss er diese innerhalb der Ausschlagungsfrist dem Nachlassgericht nachreichen. Der Fristablauf wird nach § 1944 Abs. 2 Satz 3 BGB i. V. m. §§ 206, 209 BGB für die Zeit vom Eingang des Genehmigungsantrags des Betreuers beim Betreuungsgericht bis zur Erteilung der rechtskräftigen Genehmigung an unterbrochen (zur Fristhemmung siehe oben Abschnitt 1.3.2).

Das *OLG Hamm, BtPrax 2009, 302* hat entschieden, dass die Ausschlagung einer werthaltigen Erbschaft, die dazu führt, dass die Sozialhilfebedürftigkeit des vorläufigen Erben fortbesteht, gegen die guten Sitten verstößt, es sei denn, die Ausschlagung kann ausnahmsweise durch ein überwiegendes Interesse des Erben motiviert werden. Wenn die Ausschlagung durch den Betreuer des Sozialhilfeempfängers erfolgt, kann diesem die nach § 1822 Nr. 2 BGB notwendige betreuungsgerichtliche Genehmigung nicht erteilt werden.

Diese vom OLG Hamm vertretene Ansicht ist nicht unumstritten, wird aber wie folgt begründet: Die Ausschlagung einer werthaltigen Erbschaft, die dazu führt, dass ein ansonsten für eine nicht unerhebliche Zeit ausgeschlossener Sozialleistungsanspruch (§§ 2, 90 Abs. 1 SGB XII) fortbesteht, verstößt gegen die guten Sitten, wenn nicht ausnahmsweise legitime Interessen des Erben geeignet sind, die Ausschlagung nachvollziehbar zu motivieren. Derjenige, der sich in der Situation befindet, dass er auf Sozialleistungen angewiesen ist, nimmt für sich die durch das Sozialstaatsprinzip verbürgte Solidarität der staatlichen Gemeinschaft in Anspruch. Nimmt er in dieser Situation einen ihm angetragenen Vermögenserwerb nicht wahr, so verweigert er umgekehrt der Gemeinschaft eben diese Solidarität, indem er rechtlich eine Bedürftigkeit vorschützt, die wirtschaftlich nicht besteht bzw. nicht bestehen müsste. Denn auch der Nachranggrundsatz des § 2 SGB XII ist Ausdruck einer umfassend verstandenen Solidarität, die praktisch nur funktionieren kann, wenn der Leistungsfähige nicht auf Sozialleistungen zurückgreift. Ein derart widersprüchliches Verhalten ist mit den guten Sitten ersichtlich nicht zu vereinbaren, es sei denn, es kann im Einzelfall auf Gründe gestützt werden, die die Rechtsordnung auch bei voller Würdigung der Allgemeininteressen akzeptieren muss.

7.4.3 Ausschlagung eines Vermächtnisses oder Pflichtteils

Schlägt der Betreuer ein dem Betreuten angefallenes Vermächtnis (§ 2180 BGB) aus oder verzichtet er nach Eintritt des Erbfalls auf einen Pflichtteilsanspruch des Betreuten (§ 397 BGB), ist jeweils eine Genehmigung nach §§ 1908i Abs. 1, 1822 Nr. 2 BGB erforderlich.

7.4.4 Anfechtung von Annahme und Ausschlagung

Beispiel:

Irrtum über Nachlasszusammensetzung

Der geschäftsunfähige Betreute ist Alleinerbe geworden und hat nicht ausgeschlagen. Auch der Betreuer hat nichts unternommen, da er nach entsprechenden Recherchen von einem schuldenfreien Nachlass ausgehen konnte. Acht Monate später werden erhebliche Nachlassforderungen gegenüber dem Betreuten geltend gemacht, von denen der Betreuer vorher nichts wusste; der Nachlass stellt sich nunmehr als völlig überschuldet dar.

Anfechtungsgründe

Das Erbrecht enthält keine speziellen Anfechtungsgründe. Bei der Anfechtung einer Annahme oder Ausschlagung gelten die Vorschriften über Anfechtungen von Willenserklärungen. Insbesondere sind Anfechtungsgründe aus § 119 BGB (Irrtum) denkbar. Die Überschuldung des Nachlasses wird überwiegend als eine verkehrswesentliche Eigenschaft i. S. v. § 119 Abs. 2 BGB angesehen, sodass eine Anfechtung möglich ist. Dabei wird die Erbschaft als eine Sache im Sinne dieser Vorschrift verstanden, wobei zu den Eigenschaften der Erbschaft auch die Nachlasszusammensetzung gehört, die Zugehörigkeit bestimmter Rechte zum Nachlass.

An sich ist nur eine Willenserklärung (ausdrückliche Annahmeerklärung) anfechtbar. Hat der Erbe nur die Ausschlagungsfrist verstreichen lassen (somit keine Willenserklärung abgegeben), hilft § 1956 BGB, der die Versäumung der Ausschlagungsfrist einer Willenserklärung gleichstellt.

Nach § 142 Abs. 1 BGB vernichtet die Anfechtung die angefochtene Willenserklärung. Allerdings wird nunmehr kein neuerlicher Schwebezustand geschaffen, vielmehr schafft § 1957 Abs. 1 BGB eine gesetzliche Rechtsfolge, die unabhängig vom Willen des Anfechtenden eintritt: Anfechtung der Annahme gilt als Ausschlagung und Anfechtung der Ausschlagung gilt als Annahme.

Gerichtliche Genehmigung

Da in der Anfechtung der Annahme eine Ausschlagung liegt, §§ 142 Abs. 1, 1957 Abs. 1 BGB, bedarf die Anfechtungserklärung des Betreuers einer betreuungsgerichtlichen Genehmigung, §§ 1908i Abs. 1, 1822 Nr. 2 BGB; die Anfechtung der Ausschlagung ist genehmigungsfrei.

7.5 Erbauseinandersetzung

Erbengemeinschaft

Hinterlässt der Erblasser mehrere Erben, so wird der Nachlass gemeinschaftliches Vermögen der Erben, sie bilden eine Erbengemeinschaft, die auseinandergesetzt werden muss, damit die einzelnen Miterben Zugriff auf die Nachlassgegenstände erhalten, §§ 2042, 2047 BGB.

Vertrag

Die Miterben können eine schuldrechtliche Vereinbarung über die Zuteilung der einzelnen Nachlassgegenstände treffen, den sog. Erbauseinandersetzungs- oder Erbteilungsvertrag.

Genehmigung

Beim Abschluss dieses Erbauseinandersetzungsvertrags kann der Betreuer vertreten, allerdings benötigt er eine betreuungsgerichtliche Genehmigung nach §§ 1908i Abs. 1, 1822 Nr. 2 BGB.

Übertragung des Miterbenanteils

Sofern vertraglich die vollständige Übertragung des Miterbenanteils des Betreuten an einen anderen Miterben (oder Dritten) gegen Zahlung einer Geldsumme vereinbart wird, liegt eine sog. Erbanteilsübertragung vor. Handelt hierbei der Betreuer für den Betreuten, so greift der Genehmigungstatbestand §§ 1908i Abs. 1, 1822 Nr. 1 (letzte Alternative) BGB. Scheidet der Miterbe aus der Gemeinschaft gegen Abfindung aus, spricht man von einer Abschichtung; hierfür ist ebenfalls eine Genehmigung erforderlich.

Genehmigungstatbestände in Erbschaftsangelegenheiten

Zusammenfassung (§ 1908i Abs. 1 BGB i. V. m. …)	
Ausschlagung einer Erbschaft	§ 1822 Nr. 2 BGB
Anfechtung der Annahme einer Erbschaft	§ 1822 Nr. 2 BGB
Ausschlagung eines Vermächtnisses	§ 1822 Nr. 2 BGB
Verzicht auf einen Pflichtteilsanspruch (Erlass des Anspruchs nach Anfall)	§ 1822 Nr. 2 BGB
Verzicht auf Erb- und Pflichtteilsrecht zu Lebzeiten des Erblassers • für Erblasser • für Verzichtenden	 § 2347 Abs. 2 BGB § 2347 Abs. 1 BGB
Erbauseinandersetzungsvertrag	§ 1822 Nr. 2 BGB
Übertragung des Anteils an einer Erbengemeinschaft	§ 1822 Nr. 1 BGB
Verpfändung des Anteils an einer Erbengemeinschaft	§ 1822 Nr. 1 BGB

8. Beteiligung an einem Erwerbsgeschäft

Betreuter betätigt sich als Unternehmer

Bei der Überlegung, ob der Betreute ein neues Erwerbsgeschäft (mit) beginnen, oder ob er in ein bestehendes Geschäft eintreten soll, müssen vor allem die wirtschaftlichen Vorteile und Risiken beachtet werden. Bei der Mitwirkung in einer Gesellschaft müssen auch die charakterliche und fachliche Eignung der Mitgesellschafter zur Führung eines Erwerbsgeschäfts und deren Vermögensverhältnisse berücksichtigt werden. Es sind alle erheblichen materiellen und ideellen Kriterien abzuwägen, so z. B. Stimmrecht, Gewinnbeteiligung, Entnahmerecht, Kapitalbeteiligung, Austrittsrecht, Abfindungsguthaben, persönliche Beziehungen zum Unternehmen und den Mitgesellschaftern.

Die Definition eines Erwerbsgeschäfts lautet wie folgt: „Jede berufsmäßig ausgeübte, auf selbstständigen Erwerb gerichtete Tätigkeit, bei der die Absicht der Gewinnerzielung besteht.“

Erwerbsgeschäft

Beim Betreiben des Erwerbsgeschäfts ist immer zu unterscheiden, ob der Betreuer als gesetzlicher Vertreter mit entsprechendem Aufgabenkreis betreibt, § 1902 BGB, oder der Betreute selbst. Letzteres setzt bei ihm Geschäftsfähigkeit voraus. Soweit der Betreuer im Namen des Betreuten handelt, unterliegt er unter Umständen betreuungsgerichtlichen Genehmigungstatbeständen.

Geschäftsführung

8.1 Betreuter als Einzelunternehmer

Die Gründung eines Erwerbsgeschäfts durch den Betreuer, sei es unter Anlage eigener vorhandener Mittel des Betreuten oder auch geschenkter Mittel, bedarf der Innengenehmigung nach §§ 1908i Abs. 1, 1823 BGB.

Genehmigung erforderlich

Der entgeltliche Erwerb eines bestehenden Erwerbsgeschäfts unterliegt der Genehmigung nach §§ 1908i Abs. 1, 1822 Nr. 3 BGB. Der schenkungsweise Erwerb, der Erwerb durch Erbfolge oder Vermächtnis, ist genehmigungsfrei.

Die Veräußerung (auch Teilveräußerung) des Erwerbsgeschäfts unterliegt der Außengenehmigung der §§ 1908i Abs. 1, 1822 Nr. 3 BGB. Wird allerdings der Betrieb ohne Veräußerung eingestellt (beendet), so unterliegt der Betreuer nur der Innengenehmigung nach §§ 1908i Abs. 1, 1823 BGB.

8.2 Betreuter als Mitglied einer Personengesellschaft

8.2.1 Gründung einer Personengesellschaft

Erforderlich ist ein Gesellschaftsvertrag, § 105 HGB, § 705 BGB. Der Betreuer bedarf einer gerichtlichen Genehmigung nach §§ 1908i Abs. 1, 1822 Nr. 3 Alternative 2 BGB. Umstritten ist, ob durch die gesamtschuldnerische Haftung des Betreuten als Gesellschafter nach § 128 HGB, § 421 ff. BGB auch noch der Genehmigungstatbestand des § 1822 Nr. 10 BGB erfüllt ist. Dies wird überwiegend bejaht.

Gesellschafter einer OHG oder KG

Bei einem Gesellschaftsgründungsvertrag finden auch noch §§ 1908i Abs. 1, 1823 BGB Anwendung; diese Innengenehmigung fällt allerdings mit § 1822 Nr. 3 BGB zusammen.

Betreuter als OHG-Gesellschafter oder Komplementär einer KG

In dieser Stellung haftet der Betreute unbeschränkt persönlich. Er wird u. U. durch Handlungen jedes vertretungsberechtigten Gesellschafters verpflichtet, sodass dieser ihn überschulden kann.

Die erteilte gerichtliche (Start-)Genehmigung ermöglicht verfassungskonform die handelsrechtliche Haftung. Somit kann der Betreute, ohne dass weitere gerichtliche Genehmigungen zu beachten sind, sein gesamtes Vermögen verlieren (ein Mitgesellschafter unterliegt keinem Genehmigungstatbestand).

Gesellschafter können Betreuten verschulden

Betreuter als Kommanditist

Die Beteiligung des Betreuten als Kommanditist ist nach §§ 1908i Abs. 1, 1822 Nr. 3 BGB genehmigungsbedürftig. Auch die bloße kapitalistische Beteiligung fällt unter diese Norm.

Stellung eines Kommanditisten

8.2.2 Erwerb eines Gesellschaftsanteils

Der Anteil an einer Personengesellschaft ist übertragbar (Übertragung der Mitgliedschaft). Sie erfolgt durch Vereinbarung zwischen dem bisherigen Gesellschafter und dem Erwerber. Dazu ist die Zustimmung der übrigen Gesellschafter erforderlich, entweder zur einzelnen Abtretung oder sie ist generell im Gesellschaftsvertrag erklärt.

Erforderlich für den Eintritt des Betreuten in eine bestehende Gesellschaft (Erwerb eines Gesellschaftsanteils) ist die Genehmigung nach §§ 1908i Abs. 1, 1822 Nr. 3 BGB. Daneben ist auch der Genehmigungstatbestand des § 1822 Nr. 10 BGB erfüllt, da jeder Gesellschafter gesamtschuldnerisch für Verbindlichkeiten der Gesellschaft haftet, und dies beim Betreuer zu Fehleinschätzungen führen kann (Übernahme fremder Verbindlichkeiten).

Unentgeltlicher Erwerb eines Kommanditanteils

Auch die unentgeltliche Übertragung eines Kommanditanteils auf einen Betreuten bedarf der betreuungsgerichtlichen Genehmigung gemäß §§ 1908i Abs. 1, 1822 Nr. 3 BGB, *OLG Frankfurt* Rpfleger 2008, 646. Die Schutzbedürftigkeit des Betreuten im Falle der späteren Übertragung eines Kommanditanteils ist nicht anders zu beurteilen als dessen originäre Beteiligung bei der Gründung der Gesellschaft, so dass auch im Falle der unentgeltlichen Übertragung eines Kommanditanteils an einer Gesellschaft, die ein Erwerbsgeschäft betreibt, an der Genehmigungsbedürftigkeit gemäß § 1822 Nr. 3 BGB festzuhalten ist. Durch die Übernahme eines voll eingezahlten Kommanditanteils erwirbt der Betreute eine Gesellschafterstellung, die zu einer längerfristigen Bindung in einer Personenhandelsgesellschaft führt und mit einem Bündel von Rechten und Pflichten verbunden ist. Insoweit kommt neben den gesellschaftsrechtlichen Treuepflichten auch das Wiederaufleben der beschränkten Haftung gemäß § 172 Abs. 4 HGB in Betracht.

8.2.3 Erwerb eines Anteils an einer Personengesellschaft von Todes wegen

Gesellschaftsanteile sind vererblich

Beim Tod eines Kommanditisten wird die Gesellschaft (mangels einer abweichenden Bestimmung im Gesellschaftsvertrag) mit den Erben weitergeführt (§ 177 HGB).

Soweit nichts anderes im Gesellschaftsvertrag bestimmt ist, wird die Personengesellschaft beim Tod des persönlich haftenden Gesellschafters fortgeführt. Der Gesellschafter scheidet mit dem Tod aus, § 131 Abs. 3 Nr. 1 HGB; grundsätzlich tritt der Erbe des verstorbenen Gesellschafters nicht ein. Der Anteil des verstorbenen Gesellschafters wächst den Mitgesellschaftern an; der Erbe hat regelmäßig ein Abfindungsrecht. Der Gesellschaftsvertrag kann aber vorsehen, dass die Gesellschaft mit dem oder den (sämtlichen) Erben fortgesetzt wird (Nachfolgeklausel). Die Nachfolge im Gesellschaftsanteil bestimmt sich allein nach Erbrecht; der Anteil geht auf den oder die Erben kraft Gesetzes über.

Eine gerichtliche Genehmigung ist nicht erforderlich, wenn der Betreute als Erbe nachfolgt, da dies im Wege der Erbfolge geschieht.

Umwandlung in Kommanditistenstellung

Tritt der Betreute im Wege der Erbfolge als Gesellschafter der OHG (offene Handelsgesellschaft) oder als persönlich haftender Gesellschafter (Komplementär) in die KG (Kommanditgesellschaft) ein, kann er wählen, ob er mit voller Haftung in der Gesellschaft verbleiben oder sein Verbleiben von der Einräumung des Kommanditistenstatus durch alle Mitgesellschafter abhängig machen will, § 139 Abs. 1 HGB. Dies bringt den Vorteil, dass er nicht mit seinem gesamten Vermögen, sondern nur mit der Einlage haftet, § 172 HGB. Der Betreuer muss in Vertretung des Betreuten (Aufgabenkreis: Vermögenssorge) mit den übrigen Mitgesellschaftern eine entsprechende Vereinbarung schließen. Allerdings kann der Betreute (als Erbe) nur innerhalb einer Frist von drei Monaten sein Recht geltend machen, wobei die Frist in dem Zeitpunkt beginnt, in welchem er (oder der Betreuer) von dem Anfall der Erbschaft Kenntnis erlangt hat, § 139 Abs. 3 HGB. Nehmen die übrigen Gesellschafter den Antrag des Betreuten (Erben) nicht an, so kann dieser ohne Einhaltung einer Kündigungsfrist aus der Gesellschaft ausscheiden, § 139 Abs. 2 HGB und in der Regel ein Auseinandersetzungsguthaben geltend machen (soweit kein Ausschluss im Gesellschaftsvertrag enthalten ist). Auch das Ausscheiden muss innerhalb der Dreimonatsfrist des § 139 Abs. 3 HGB erklärt werden. Eine betreuungsgerichtliche Genehmigung ist hierfür nicht erforderlich.

Soweit der Gesellschaftsvertrag keine erbrechtliche Nachfolgeklausel enthält, kann nach Eintritt des Erbfalls zwischen den verbleibenden Gesellschaftern und dem Erben eine Eintrittsvereinbarung getroffen werden (Eintrittsklausel). Diese begründet für einen Erben ein rechtsgeschäftliches Eintrittsrecht; in der Regel tritt der Begünstigte durch einen Aufnahmevertrag (mit den vorhandenen Gesellschaftern) in die Gesellschaft ein. Handelt es sich bei dem Eintretenden um einen Betreuten, ist eine gerichtliche Genehmigung nach §§ 1908i Abs. 1, 1822 Nr. 3 Alternative 2 BGB erforderlich (Abschluss eines Gesellschaftsvertrags).

8.2.4 Ausscheiden aus der Gesellschaft

Betreuter verlässt Gesellschaft

Die Veräußerung eines Anteils an einer Personengesellschaft ist genehmigungspflichtig nach §§ 1908i Abs. 1, 1822 Nr. 3 Alternative 1 BGB. Sie wird behandelt wie eine (Teil-)Veräußerung des Erwerbsgeschäfts. Die Auflösung der Erwerbsgesellschaft durch Beschluss der Gesellschafter erfordert für den Betreuer die Genehmigung nach §§ 1908i Abs. 1, 1823 BGB.

8.3 Betreuter als Gesellschafter einer BGB-Gesellschaft

BGB-Gesellschafter

Wenn die BGB-Gesellschaft zum Betrieb eines Erwerbsgeschäfts eingegangen wird, was zulässig ist, unterliegt die Gründung der Genehmigungspflicht aus §§ 1908i Abs. 1, 1822 Nr. 3 Alternative 2 BGB (Gründungsvertrag) sowie der Innengenehmigung nach § 1823 BGB.

Der entgeltliche Erwerb eines Gesellschaftsanteils bedarf der betreuungsgerichtlichen Genehmigung nach §§ 1908i Abs. 1, 1822 Nr. 3 Alternative 1 BGB.

Haftungsrisiko ist groß

Durch den Mangel an organschaftlicher Struktur wird zwar der Betreute als Gesellschafter beim Betrieb des Geschäfts durch den Betreuer vertreten, und nicht die Gesellschaft, aber die erwerbsgeschäftlich betriebene BGB-Gesellschaft wird einer Personengesellschaft insoweit gleichgestellt. Der Gesellschafter haftet nach §§ 714, 164 BGB unmittelbar persönlich als Gesamtschuldner (§ 421 ff. BGB) den Gläubigern, was ein erhebliches Haftungsrisiko darstellt und eine Genehmigungsfähigkeit grundsätzlich in Frage stellt.

Auf die Frage, ob wegen der gesamtschuldnerischen Haftung auch der Genehmigungstatbestand des § 1822 Nr. 10 BGB greift, kann auf die Überlegungen bei der OHG (siehe oben Abschnitte 8.2.1 und 8.2.2) zurückgegriffen werden.

8.4 Betreuter als Gesellschafter einer GmbH

8.4.1 Gesellschaftsgründung

Zum Abschluss des Gesellschaftsgründungsvertrags i. S. v. § 2 GmbHG ist die betreuungsgerichtliche Genehmigung nach §§ 1908i Abs. 1, 1822 Nr. 3 Alternative 2 BGB erforderlich. Daneben greift auch noch die Innengenehmigung nach § 1823 BGB.

8.4.2 Erwerb eines GmbH-Anteils

Erwerb eines GmbH-Anteils

Zu unterscheiden ist der entgeltliche und unentgeltliche Erwerb. Der unentgeltliche Erwerb ist grundsätzlich genehmigungsfrei. Nicht jeder entgeltliche Erwerb fällt aber unter den Genehmigungstatbestand §§ 1908i Abs. 1, 1822 Nr. 3 BGB, sondern nur der Erwerb, der zur Vereinigung aller Anteile in der Person des Betreuten führt, oder zumindest eines erheblichen Geschäftsanteils, der wirtschaftlich keine Kapitalanlegung mehr darstellt. Unter Beachtung des *BGH* (DNotZ 2004, 152) dürfte dies gegeben sein, wenn mehr als 50 % der GmbH-Anteile erworben werden. Jedenfalls ist immer zum Erwerb von GmbH-Anteilen als Geldanlage eine Innengenehmigung nach §§ 1908i Abs. 1, 1811 BGB erforderlich.

Innengenehmigung erforderlich

Haftung für Verbindlichkeiten

Außerdem sind noch §§ 1908i Abs. 1, 1822 Nr. 10 BGB zu prüfen. Den Anteilserwerber trifft nach § 16 Abs. 3 GmbHG die Haftung für rückständige Leistungen des Veräußerers und nach §§ 24, 31 Abs. 3 GmbHG die Ausfallhaftung für Einlage- und Erstattungsforderungen der Gesellschaft gegen die übrigen Gesellschafter. Nach der Rechtsprechung des Bundesgerichtshofs fordert die Anwendung des § 1822 Nr. 10 BGB das Vorhandensein einer konkreten Verbindlichkeit und die rechtliche Möglichkeit des Betreuten, bei Inanspruchnahme ErSatz zu verlangen. Es müssen also zum Zeitpunkt der Anmeldung des Erwerbs bei der Gesellschaft dieser (konkret) Einlage- oder Erstattungsforderungen zustehen und Regressmöglichkeiten des Betreuten bestehen (Innenverhältnis der GmbH).

8.4.3 Veräußerung eines GmbH-Anteils

Der Genehmigungstatbestand des § 1822 Nr. 3 BGB greift unzweifelhaft, wenn der Betreute als alleiniger Gesellschafter durch die Veräußerung seine Stellung aufgibt; es genügt bereits die Veräußerung eines Anteils.

Betreuer als Mitgesellschafter

Ist er nur Mitgesellschafter und veräußert seinen Anteil, so ist die Genehmigung nach § 1822 Nr. 3 BGB nur anzuwenden, wenn die Veräußerung bei wirtschaftlicher Betrachtungsweise der Veräußerung des Geschäfts nahe kommt; dies ist dann der Fall, wenn die Beteiligung an einer GmbH 50 % übersteigt, *BGH* (DNotZ 2004, 152). Die Veräußerung einer untergeordneten GmbH-Beteiligung ist keine Veräußerung eines Erwerbsgeschäfts i. S. d. § 1822 Nr. 3 BGB. Bei der Beteiligung am Gesellschaftskapital der GmbH in Höhe von 1/8, handelt es sich bei wirtschaftlicher Betrachtung z. B. um eine bloße Kapitalbeteiligung und nicht um eine unternehmerische Beteiligung. Die Veräußerung einer Kapitalbeteiligung an einer GmbH wird aber nicht als Veräußerung eines Erwerbsgeschäfts angesehen, *OLG München* (FamRZ 2003, 392). Greift § 1822 Nr. 3 BGB nicht, so ist die Genehmigung des Gegenbetreuers nach §§ 1908i Abs. 1, 1812 Abs. 1 Satz 1 Alternative 2 BGB zu beachten, und falls ein solcher nicht bestellt ist, die Genehmigung des Betreuungsgerichts, § 1812 Abs. 3 BGB. Dieser Genehmigungstatbestand entfällt beim befreiten Betreuer.

8.5 Betreuter als Gesellschafter einer AG

8.5.1 Gründung

Die Gründung der Aktiengesellschaft unterliegt §§ 1908i Abs. 1, 1822 Nr. 3 BGB.

8.5.2 Erwerb von Aktien

Genehmigung notwendig

Der Erwerb (nahezu) aller Aktien (des Erwerbsgeschäfts) erfordert die betreuungsgerichtliche Genehmigung nach §§ 1908i Abs. 1, 1822 Nr. 3 BGB. Der Erwerb einzelner Aktien ist Kapitalanlage; der Betreuer bedarf in diesem Fall einer Innengenehmigung nach §§ 1908i Abs. 1, 1811 BGB.

8.5.3 Veräußerung von Aktien

Veräußerung

§ 1822 Nr. 3 BGB greift unzweifelhaft, wenn der Betreute als (nahezu) alleiniger Gesellschafter durch die Veräußerung seine Stellung aufgibt; es genügt bereits die Veräußerung einer Aktie.

Ist der Betreute nur Mitgesellschafter und veräußert seine Aktien, so ist die Genehmigung nach § 1822 Nr. 3 BGB nur anzuwenden, wenn die Veräußerung bei wirtschaftlicher Betrachtungsweise der Veräußerung des Geschäfts nahe kommt, er also mehr als 50 % des Aktienbestandes besitzt (siehe GmbH).

Hinterlegte Aktien

Veräußert der Betreuer Aktien, welche er ordnungsgemäß nach §§ 1908i Abs. 1, 1814 BGB hinterlegt hat, so greift der Genehmigungstatbestand §§ 1908i Abs. 1, 1819 BGB. Wurde nicht hinterlegt, so ist die Genehmigung des Gegenbetreuers nach §§ 1908i Abs. 1, 1812 Abs. 1 Satz 1 Alternative 2 BGB zu beachten, und falls ein solcher nicht bestellt ist, die Genehmigung des Betreuungsgerichts, § 1812 Abs. 3 BGB. Diese Genehmigungstatbestände entfallen beim befreiten Betreuer.

8.6 Stille Gesellschaft und Unterbeteiligung

Geldanlage in stiller Gesellschaft

Die stille Gesellschaft wirkt nur im Innenverhältnis (Innengesellschaft), an der Trägerschaft des Unternehmens ändert sie nichts (§ 230 Abs. 2 HGB). Da das Innenverhältnis beliebig gestaltet werden kann, gibt es unterschiedliche Formen der Innengesellschaft.

Bei der typischen stillen Gesellschaft nimmt der Gesellschafter am Gewinn und Verlust des Unternehmens teil, am Verlust jedoch nur bis zur Höhe seiner Einlage (§§ 231 Abs. 1, 232 Abs. 1 und 2 HGB). Bei der atypischen stillen Gesellschaft wird von den Vorschriften des HGB abgewichen, so kann z. B. vereinbart werden, dass der stille Gesellschafter nicht am Verlust teilnimmt oder über seine Einlage hinaus den Verlust zu tragen hat; auch kann er in die Betriebsführung eingebunden werden.

Ausgestaltung des Vertrags

Ob ein Genehmigungstatbestand nach §§ 1908i Abs. 1, 1822 Nr. 3 BGB zur Anwendung kommt, ist von der Ausgestaltung des Vertrags abhängig. Der Tatbestand ist nicht erfüllt, wenn durch den Betreuten eine einmalige Kapitalleistung erbracht wird, er am Verlust und der Betriebsführung aber nicht beteiligt ist. In diesem Fall muss die Innengenehmigung nach §§ 1908i Abs. 1, 1811 BGB beachtet werden (Geldanlage).

Praxis TIPP

Der finanzielle Gewinn bei einer stillen Gesellschaftsbeteiligung ist als sehr unsicher zu bewerten (Anteil am erzielten Gewinn des Unternehmens?). Sicherer ist die Hingabe der „Einlage"als Darlehensbetrag, wenn hierfür ausreichende Sicherung nach § 1807 Abs. 1 Nr. 1 BGB geboten wird.

8.7 Prokuraerteilung

Erteilt der Betreuer im Namen des Betreuten im Rahmen der Führung eines Erwerbsgeschäfts eine Prokura, so ist die Genehmigung nach §§ 1908i Abs. 1, 1822 Nr. 11 BGB erforderlich. Zu beachten ist hierbei § 1831 BGB; da es sich um ein einseitiges Rechtsgeschäft handelt, muss die Genehmigung vor Erteilung erlangt werden.

Vorsicht bei Prokuraerteilung

Bei der Erteilung ist Vorsicht geboten, da der Prokurist bei späteren Handlungen keinen betreuungsgerichtlichen Genehmigungen unterliegt, dadurch erfolgt seine Überwachung allein durch den Betreuer.

Genehmigungstatbestände in Zusammenhang mit einem Erwerbsgeschäft

Zusammenfassung (§ 1908i Abs. 1 i. V. m. …)	
Entgeltlicher Erwerb eines Erwerbsgeschäfts	§ 1822 Nr. 3 BGB
Eröffnung eines Erwerbsgeschäfts	§ 1823 BGB
Entgeltliche Veräußerung eines Erwerbsgeschäfts	§ 1822 Nr. 3 BGB
Auflösung eines Erwerbsgeschäfts	§ 1823 BGB
Gesellschaftsvertrag zum Betrieb eines Erwerbsgeschäfts	§ 1822 Nr. 3 BGB
Ausscheiden aus einer Gesellschaft (ist Veräußerung eines Erwerbsgeschäfts)	§ 1822 Nr. 3 BGB
Erteilung einer Prokura	§ 1822 Nr. 11 BGB

Der unentgeltliche Erwerb eines Erwerbsgeschäfts ist genehmigungsfrei; die unentgeltliche Veräußerung verstößt gegen §§ 1908i Abs. 2 Satz 1, 1804 Satz 1 BGB.

9. Arbeit und Ausbildung

Möchte der Betreuer für den Betreuten ein Dienst- bzw. Arbeitsverhältnis begründen oder einen Ausbildungsvertrag abschließen, ist u. U. eine gerichtliche Genehmigung erforderlich.

9.1 Dienst- oder Arbeitsverhältnis

Längerfristiges Arbeits- oder Dienstverhältnis

Eine betreuungsgerichtliche Genehmigung nach §§ 1908i Abs. 1, 1822 Nr. 7 BGB ist dann erforderlich, wenn der Betreute zu persönlichen Leistungen (Leistung von Diensten) für längere Zeit als ein Jahr verpflichtet wird. Soll der Vertrag auf unbestimmte Zeit geschlossen werden und kann er nicht vor Ablauf eines Jahres durch ordentliche Kündigung beendet werden, gilt ebenfalls dieser Genehmigungstatbestand.

Es ist insbesondere zu prüfen, ob die zu erbringende Leistung den Betreuten nicht überfordert und ob das zu erzielende Entgelt angemessen ist. Auch erscheint es nicht sinnvoll, den Betreuten langfristig zu binden.

Keiner Genehmigung bedarf die Kündigung oder vertragliche Aufhebung eines Dienst- oder Arbeitsvertrags.

9.2 Berufsausbildungsvertrag

Längerfristige Berufsausbildung

Zum Abschluss eines Berufsausbildungsvertrags ist eine betreuungsgerichtliche Genehmigung nach §§ 1908i Abs. 1, 1822 Nr. 6 BGB erforderlich, wenn der Vertrag auf bestimmte Zeit von mehr als einem Jahr oder auf unbestimmte Zeit geschlossen wird und nicht vor Ablauf eines Jahres durch ordentliche Kündigung beendet werden kann.

Bei einem solchen Vertrag ist nicht nur die vermögensrechtliche Seite zu prüfen, sondern auch, ob das geistige und leibliche Wohl gewährleistet ist und die Ausbildung den Betreuten nicht überfordert.

10. Geld-, Bank- und Kreditgeschäfte

Vorlage des Betreuerausweises im Original

Unabhängig von der Frage, ob für ein Bankgeschäft eine betreuungsgerichtliche Genehmigung erforderlich ist, tritt im Verkehr zwischen dem Betreuer und Banken häufig die Frage auf, ob die Bestellungsurkunde (der sog. Betreuerausweis) jedes Mal im Original vorzulegen ist, wenn der Betreuer tätig wird.

Das *LG Oldenburg* (Az. 13 S 62/09) hat hierzu festgestellt, dass die Bank nicht berechtigt sei, die Entgegennahme und vertragsgerechte Umsetzung rechtsgeschäftlicher Erklärungen des Betreuers von der Vorlage eines Betreuerausweises abhängig zu machen, wenn der Bank dieser Ausweis einmal vorgelegt worden ist. Gegen diese Entscheidung wurde Nichtzulassungsbeschwerde zum BGH eingelegt; sie wurde als unzulässig abgewiesen, *BGH* vom 30. 3. 2010, Az. XI ZR 184/09.

Der BGH hat in der Begründung seiner Entscheidung u. a. Folgendes ausgeführt:

Die Bank kann durch die Praxis, vor jeder einzelnen Verfügung den Betreuerausweis im Original einzusehen, nicht erreichen, vor Anweisungen eines nicht mehr bevollmächtigten Betreuers im Giroverhältnis geschützt zu sein, da die Bestellungsurkunde eines Betreuers nach § 290 FamFG keine Vollmachtsurkunde i. S. d. § 172 ff. BGB ist.

Beruht die Vertretungsvollmacht nicht auf Erteilung einer Vollmacht durch den Vertretenen, sondern auf gesetzlicher Grundlage, so scheidet eine Zurückweisung der Vollmacht nach § 174 BGB aus; die mit der Inanspruchnahme gesetzlicher Vertretung verbundene Unsicherheit, ob die Vertretungsmacht wirksam besteht, wird dem Empfänger der Erklärung zugemutet.

Zudem könnte sich die Bank selbst im Falle einer Vorlage des Betreuerausweises nicht nach § 172 BGB auf eine mit der Bestellungsurkunde verknüpfte Rechtsscheinwirkung berufen, da diese einer rechtsgeschäftlichen Vollmachtsurkunde nicht gleichsteht.

Kontoverfügungen durch Betreuten

Betreuter verfügt selbst

Der Betreute selbst kann über seine Konten verfügen, soweit er geschäftsfähig ist und insoweit (z. B. Vermögenssorge, Kontenverwaltung, Verfügung über ein bestimmtes Konto) kein Einwilligungsvorbehalt besteht. Er kann abheben, überweisen oder die Kontoverbindung beenden.

Geschäftsunfähige können nicht verfügen

Ist der Betreute geschäftsunfähig, sind seine Willenserklärungen nichtig, § 105 Abs. 1 BGB, so dass er keine Verfügungen vornehmen kann, auch nicht mit Einwilligung des Betreuers.

Gestattung durch Betreuer

Ist er geschäftsfähig und wurde ein Einwilligungsvorbehalt im Aufgabenkreis Vermögensverwaltung (oder in Bezug auf ein Konto) angeordnet, kann der Betreuer im Rahmen von § 1903 Abs. 1 Satz 2 i. V. m. § 110 BGB ihm Abhebungen (in einem begrenzten Umfang) gestatten.

Probleme beim Einwilligungsvorbehalt

Problematisch in der Praxis sind Verfügungen durch den Betreuten, wenn z. B. ein Einwilligungsvorbehalt in Bezug auf ein Konto angeordnet ist, jedoch ein bestimmter Betrag (z. B. wöchentlich 60 EUR) durch das Betreuungsgericht vom Vorbehalt freigestellt ist. Möchte der geschäftsfähige Betreute dann wöchentlich seinen (freien) Betrag selbst entnehmen, verweigert dies häufig die Bank mit dem Hinweis, dass sie die Einhaltung der gesetzten Grenzen nicht überprüfen könne. Hierzu ist festzustellen, dass der Betreute geschäftsfähig ist und somit durch die Bank grundsätzlich nicht von Verfügungen über sein Konto ausgeschlossen werden kann, soweit nicht der Einwilligungsvorbehalt greift. In welchem Umfang dies gegeben ist, hat die Bank selbstständig zu prüfen. § 675f Abs. 2 Satz 1 BGB verpflichtet sie, für den Kontoinhaber Zahlungsvorgänge vorzunehmen; die Abhebung eines Geldbetrags ist so ein Vorgang, § 675f Abs. 3 Satz 1 BGB. Ob es für die Bank technisch möglich ist, die Ausschöpfung des „Freibetrags“ zu kontrollieren, ist grundsätzlich unerheblich. Der Betreuer hat die Ansprüche des Betreuten gegen die Bank durchzusetzen.

Zweitkonto als sog. „Taschengeldkonto“

Ein ebenfalls in der Praxis häufig anzutreffender Fall ist die Einrichtung eines „Zweitgirokontos“ durch den Betreuer, von dem der Betreute Abhebungen tätigen kann. Der Betreuer überweist auf dieses Konto monatlich nur Beträge in der Höhe, die der Betreute für sich verwenden darf. Zunächst steht diesem Vorhaben nichts entgegen, außer dass evtl. doppelte Kontogebühren anfallen. Nicht außer Acht bleiben darf die Tatsache, dass dieses Konto nicht dem Pfändungsschutz unterliegt, da für den Betreuten nur ein P-Konto bestehen darf. Zudem muss klar gestellt werden, dass ein geschäftsunfähiger Betreuter auch von diesem Konto grundsätzlich keine Abhebungen vornehmen kann, da seine Willenserklärungen nichtig sind. Soweit die Bank dies hinnimmt, liegt das Risiko bei ihr, so dass aus der Sicht des Betreuten kein Nachteil entstehen kann.

Anzeige der Geschäftsunfähigkeit des Betreuten an die Bank

Fraglich ist, ob der Betreuer der Bank anzeigen muss, dass der Betreute geschäftsunfähig ist. Hierzu liegt eine Entscheidung des *OLG Koblenz* vom 30. 1. 2012 Az. 3 W 40/12 vor, in der das Gericht darauf hinweist, dass der Kontoinhaber die Pflicht hat zu helfen, fehlerhafte Zahlungsvorgänge zu vermeiden; diese Pflicht trifft bei einem geschäftsunfähigen Betreuten den Betreuer.

Diese Pflicht könnte sich aus Nr. 20 Abs. 1 Buchst. a AGB-Sparkassen (ähnlich die AGB anderer Kreditinstitute) ergeben, nach der der Kontoinhaber alle für die Geschäftsbeziehung wesentlichen Tatsachen der Bank mitzuteilen hat (z. B. auch das Bestehen der Verfügungs- oder Verpflichtungsfähigkeit des Kunden).

10.1 Girokonto

10.1.1 Abhebung von einem Girokonto

Zu Entnahmen vom Girokonto bedarf der Betreuer an sich einer Genehmigung des Gegenbetreuers und, wenn ein solcher nicht bestellt ist, des Betreuungsgerichts nach §§ 1908i Abs. 1, 1812 Abs. 1 Satz 1 BGB, da er über den Rückzahlungsanspruch des Betreuten gegen die Bank verfügt. Allerdings stellt § 1813 Abs. 1 Nr. 3 BGB die Annahme einer Leistung durch den Betreuer vom Genehmigungserfordernis frei, wenn es sich um Guthaben auf einem Giro- oder Kontokorrentkonto handelt. Der Betreuer kann somit Kontoabhebungen durchführen, unabhängig vom Kontostand.

Abhebungen sind genehmigungsfrei

Hinweis:

Termingeld ist Anlage

Legt der Betreuer das für Ausgaben benötigte Geld vorübergehend auf einem Termingeldkonto an, stellt dies eine Geldanlage i. S. v. § 1806 BGB dar, so dass die generelle Freistellung vom Genehmigungserfordernis nicht gilt. Es verbleibt hier bei der 3.000 EUR-Regelung des § 1813 Abs. 1 Nr. 2 BGB und der Ausnahmeregelung des § 1813 Abs. 1 Nr. 3 BGB, dass der Betreuer Geld genehmigungsfrei zurücknehmen kann, das er selbst angelegt hat.

10.1.2 Überweisung vom Girokonto des Betreuten

Zu Überweisungen vom Girokonto bedarf der Betreuer grundsätzlich einer Genehmigung nach §§ 1908i Abs. 1, 1812 Abs. 1 Satz 1 BGB, da er über den Rückzahlungsanspruch des Betreuten gegen die Bank verfügt.

Überweisungen sind genehmigungsfrei

Zwar stellt § 1813 Abs. 1 Nr. 3 BGB an sich nur die Entnahme vom Girokonto (Annahme einer geschuldeten Leistung) genehmigungsfrei, jedoch muss dies auch für eine Überweisung gelten. Es kann nicht sein, dass eine Barabhebung und Barzahlung durch den Betreuer genehmigungsfrei ist, während die Überweisung zwar zum selben Erfolg führt, jedoch einem Genehmigungstatbestand unterliegen würde. Dieses Ergebnis entspricht auch den Ausführungen in der BT-Drucks. 16/10798 S. 24.

10.1.3 Überweisung auf das Girokonto des Betreuten

Annahme einer Überweisung

Erst die Verfügung über den auf dem Konto gutgeschriebenen Geldbetrag durch den Betreuer (Abhebung oder Überweisung) löst einen Genehmigungstatbestand aus. Das bedeutet, dass die Annahme einer Überweisung durch den Betreuer nicht genehmigungsbedürftig ist.

In der *BT-Drucks. 16/10798, Seite 24* wird hierzu ausgeführt, dass soweit auf einem Giro- oder Kontokorrentkonto Zahlungen Dritter eingehen, der Betreuer zur Annahme der den Zahlungen zugrundeliegenden, dem Betreuten geschuldeten Leistungen (z. B. einem Kaufpreisanspruch), ebenfalls der Genehmigung gemäß § 1812 BGB bedürfe. Diese Genehmigungsbedürftigkeit entfalle nicht dadurch, dass der Betreuer die Leistung über ein Verrechnungskonto des Betreuten entgegennimmt.

Dieser Aussage in der BT-Drucks. kann nicht problemlos gefolgt werden. Mit der Gutschrift auf dem Betreutenkonto gemäß § 675t BGB ist ohne besonderes Mitwirken des Betreuers Erfüllung der Betreutenforderung eingetreten (§ 362 Abs. 1 BGB). Insbesondere ist eine Annahme der Überweisung durch den gesetzlichen Vertreter nicht erforderlich. Eine Genehmigungsbedürftigkeit nach §§ 1908i Abs. 1, 1812 Abs. 1 Satz 1 BGB (unter Beachtung von §§ 1908i Abs. 1, 1813 Abs. 1 Nr. 2 BGB) liegt aber nur dann vor, wenn der Betreuer durch seine Verfügung eine Betreutenforderung zum Erlöschen bringt.

Keine Genehmigung zur Gutschrift eines Überweisungsbetrags

Diese Verfügung könnte man in der für die Überweisung erforderlichen Gestattung erblicken. Geht man aber davon aus, dass diese Gestattung, welche auch in der widerspruchslosen Hinnahme von Überweisungen in der Vergangenheit liegen kann, nicht die Handlung darstellt, welche zur Erfüllung führt, sondern lediglich für den Schuldner die Möglichkeit der Erfüllung durch Überweisung schafft, so liegt kein rechtsgeschäftliches Handeln des Betreuers vor, das zu genehmigen wäre.

10.1.4 Auflösung des Girokontos

Auflösung eines Girokontos

Wird das Girokonto aufgelöst durch Kündigung des Zahlungsdiensterahmenvertrags (Girovertrags) nach § 675h Abs. 1 BGB, erfordert dies regelmäßig eine Genehmigung nach §§ 1908i Abs. 1, 1812 Abs. 1 Satz 1 BGB, da der Betreuer über Ansprüche des Betreuten gegen die Bank aus § 675f BGB verfügt (indem die Ansprüche erlöschen); das Genehmigungsbedürfnis entfällt für den befreiten Betreuer (§ 1908i Abs. 2 BGB). Da es sich bei der Kündigung um ein einseitiges Rechtsgeschäft handelt, muss die gerichtliche Genehmigung vorher eingeholt werden, §§ 1908i Abs. 1 Satz 1, 1831 BGB.

10.1.5 Pfändungsschutz

Kontenguthaben ist pfändbar

Häufig versuchen Gläubiger das Guthaben auf dem Girokonto des Betreuten zu pfänden. Um den erforderlichen Lebensunterhalt des Betreuten zu erhalten, hat der Betreuer geeignete Schutzmaßnahmen zu ergreifen.

Musste bis zum 31. 6. 2010 der Betreuer beim Vollstreckungsgericht einen Antrag auf Gewährung von Pfändungsschutz nach § 850k ZPO a. F. stellen, um die Aufhebung der Pfändung im Umfang des unpfändbaren Freibetrags nach § 850c ZPO für die Zeit bis zum nächsten Zahlungstermin zu erreichen, hat sich der Pfändungsschutz seit dem 1. 7. 2010 durch die Neugestaltung des § 850k ZPO vereinfacht. Jeder Bürger kann auf Antrag bei einem Kreditinstitut ein Girokonto in ein Pfändungsschutzkonto umwandeln lassen.

Pfändungsschutzkonto

Pfändungsschutzkonto:

- Das Kreditinstitut berücksichtigt automatisch den pfandfreien Grundbetrag (derzeit in Höhe von 1.028,89 EUR).
- Unterhaltspflichten werden vom Kreditinstitut gegen Vorlage von Bescheinigungen des Arbeitgebers, der Familienkasse oder eines Sozialleistungsträgers bei der Bestimmung des pfändungsfreien Betrags berücksichtigt.
- Eine gerichtliche Entscheidung ist hierzu nicht mehr erforderlich.
- Der Schuldner wird in die Lage versetzt, seine lebensnotwendigen Zahlungen weiterhin abwickeln zu können.
- Kontenpfändungsschutz besteht für Einkommen von Arbeitnehmern und Arbeitgebern in gleichem Maße.
- Es kommt zu keiner Sperrung des Kontos.
- Weiterhin bleibt möglich, dass auf Antrag des Schuldners das Vollstreckungsgericht einen individuellen Kontenpfändungsschutz gewähren kann.

Weitere Ausführungen zum Pfändungsschutzkonto ergeben sich aus Kapitel A 4, Abschnitt 6.

10.2 Sparkonto

10.2.1 Abhebung vom Sparkonto

Rückzahlungen müssen fällig sein

Um von einem Sparkonto eine Abhebung vorzunehmen, muss zuvor geprüft werden, ob der Betrag fällig ist. Bei Sparkonten mit gesetzlicher Kündigungsfrist ist nach den „Sonderbedingungen der Banken und Sparkassen für den Sparverkehr" ein Betrag bis zu 2.000 EUR innerhalb eines Kalendermonats zur Rückzahlung fällig. Höhere Beträge müssen unter Einhaltung der vereinbarten Kündigungsfrist gekündigt (fällig gestellt) werden; die gesetzliche Kündigungsfrist beträgt 3 Monate.

Abhebungen vom Sparkonto

Zur Abhebung vom Sparkonto ist eine Genehmigung des Gegenbetreuers nach §§ 1908i Abs. 1, 1812 Abs. 1 Satz 1 BGB und, soweit ein solcher nicht vorhanden ist, des Betreuungsgerichts erforderlich, § 1812 Abs. 3 BGB.

Der Freibetrag von 3.000 EUR gemäß § 1813 Abs. 1 Nr. 2 BGB beseitigt beim Sparkonto das Genehmigungserfordernis nicht, da durch die Sperrvereinbarung nach § 1809 BGB immer ein Genehmigungserfordernis vereinbart wird, § 1813 Abs. 2 Satz 1 BGB.

Zinsen kann der Betreuer in unbeschränkter Höhe genehmigungsfrei entnehmen, solange sie dem Guthaben noch nicht zugeschlagen wurden, was nach den „Sonderbedingungen der Banken und Sparkassen für den Sparverkehr" regelmäßig nach Ablauf von zwei Monaten nach Zinsgutschrift erfolgt, § 1813 Abs. 1 Nr. 4 BGB.

Zinsen können genehmigungsfrei entnommen werden

Befreite Betreuer (§ 1908i Abs. 2 BGB) können genehmigungsfrei von Sparkonten Beträge in unbegrenzter Höhe abheben.

Praxis TIPP

Um dem nichtbefreiten Betreuer die Möglichkeit zu geben, über versperrte Sparkonten zur Deckung von laufenden Ausgaben wiederkehrend verfügen zu können, kann ihm eine allgemeine Ermächtigung nach §§ 1908i Abs. 1, 1825 BGB insgesamt oder auf einen bestimmten monatlichen Betrag begrenzt erteilt werden; diese Ermächtigung ist als „allgemeine Genehmigung" beim Betreuungsgericht anzuregen. Auch kann auf Antrag des Betreuers ein bestimmtes Konto nach §§ 1908i Abs. 1, 1817 Abs. 1 Satz 1 BGB vom Genehmigungserfordernis ausgenommen werden, wenn das Vermögen des Betreuten 6.000 EUR nicht übersteigt, § 1817 Abs. 1 Satz 2 BGB.

10.2.2 Eröffnung und Auflösung eines Sparkontos

Die Eröffnung des Sparkontos ist genehmigungsfrei; Einzahlungen unterliegen als Geldanlagen gemäß §§ 1908i Abs. 1, 1807 Abs. 1 Nr. 5 BGB der Genehmigung des Gegenbetreuers oder Betreuungsgerichts nach § 1810 BGB, soweit der Betreuer nicht befreit ist.

Einzahlungen auf das Sparkonto

Die Auflösung eines Sparkontos ist genehmigungsfrei, da im Gegensatz zum Girokonto nicht über Forderungen des Betreuten auf besondere Kontenleistungen verfügt wird.

10.3 Scheckausstellung

Fraglich ist, ob zur Scheckausstellung eine betreuungsgerichtliche Genehmigung nach §§ 1908i Abs. 1, 1822 Nr. 9 BGB erforderlich ist. Diese Vorschrift gilt dem Wortlaut nach nur für den Orderscheck, da nur der durch Indossament übertragen wird.

Scheck als Zahlungsmittel

Ob man den Inhaberscheck unter § 1822 Nr. 9 BGB einordnen kann, ist umstritten. Verneint man § 1822 Nr. 9 BGB, muss man §§ 1908i Abs. 1, 1812 Abs. 1 Satz 1 BGB anwenden. Diese Genehmigung erteilt der Gegenbetreuer, und soweit ein solcher nicht vorhanden ist, das Betreuungsgericht, § 1812 Abs. 3 BGB.

10.4 Erlangung einer Kreditkarte durch Betreuer

Die Ausgabe einer Bank- oder Kreditkarte mit persönlicher Geheimnummer bedarf nach §§ 1908i Abs. 1, 1822 Nr. 8 BGB der Genehmigung durch das Betreuungsgericht. Mit einer solchen Karte können Abhebungen an Geldautomaten sowie Zahlungen an automatisierten Kassen im In- und Ausland vorgenommen werden. Da nur bei Abhebungen an institutseigenen Geldautomaten eine Online-Autorisierung möglich ist, eröffnet die Aushändigung einer Kreditkarte die Möglichkeit der Kreditaufnahme. Dies gilt für alle Karten, die als Zahlungsinstrument eingesetzt werden können. Diese Zahlungsverfahren werden als kartengestützt oder kartengesteuert bezeichnet. Hierzu zählen insbesondere Bankkarten, Chipkarten und Kreditkarten, so beispielsweise auch die VR-BankCard der Volks- und Raiffeisenbanken, die SparkassenCard der Sparkassenorganisation und die MaestroCard.

Mit Kreditkarten kann man das Konto „überziehen"

10.5 Eingehung einer Wechselverbindlichkeit

Wechselverbindlichkeiten können vielfältig entstehen

Geht der Betreuer eine Wechselverbindlichkeit jeglicher Art im Namen des Betreuten ein, so ist hierfür eine betreuungsgerichtliche Genehmigung erforderlich, §§ 1908i Abs. 1, 1822 Nr. 9 BGB. Ohne Genehmigung kann keinerlei wechselmäßige Haftung begründet werden, weder durch Ausstellung noch durch Wechselakzept oder Indossament. Bei der Ausstellung an eigene Order ist erst die Begebung, also die Indossierung genehmigungspflichtig, da erst zu diesem Zeitpunkt eine Verbindlichkeit entsteht.

Mitschuldnerische Haftung

Daneben greift §§ 1908i Abs. 1, 1822 Nr. 10 BGB bei Ausstellung und Indossierung, weil dadurch eine mitschuldnerische Haftung entsteht, Art. 47 WG. Dieser Tatbestand greift nicht bei der Wechselannahme, da erkennbar eine eigene wirtschaftliche Verbindlichkeit begründet wird (Hauptschuldner).

§ 1822 Nr. 9 BGB und § 1822 Nr. 10 BGB sind in § 1825 BGB genannt, sodass dem Betreuer auf Antrag und in Verweisung des § 1980i Abs. 1 BGB eine allgemeine Ermächtigung erteilt werden kann.

Eine praktische Bedeutung zur Eingehung einer Wechselverbindlichkeit kann entstehen, wenn der Betreuer im Namen des Betreuten ein Handelsgeschäft führt.

10.6 Darlehensaufnahme

Kreditaufnahmen in jeglicher Form

Jede Art von Kreditaufnahme, in welcher Rechtsform auch immer, fällt unter den Genehmigungstatbestand nach §§ 1908i Abs. 1, 1822 Nr. 8 BGB. Genehmigungsbedürftig ist der Verpflichtungsvertrag, nicht erst die Darlehensauszahlung. Ob es sich um einen Realkredit, Ratenkredit oder den sog. „Überziehungskredit“ handelt, ist unerheblich. Bei Letzterem wird der Vertrag zu einer wiederkehrenden Ausnutzung eines gesetzten Kreditrahmens genehmigt; die einzelnen „Überziehungen“ innerhalb des Rahmens sind dann nicht mehr genehmigungsbedürftig.

Geringfügiger Überziehungskredit

Der Betreuer bedarf zum Abschluss eines Überziehungskredits („Dispositionskredits“) der Genehmigung des Betreuungsgerichts, § 1908i Abs. 1 Satz 1 i. V. m. § 1822 Nr. 8 BGB. Beruht der Antrag des Betreuers auf Genehmigung auf einem entsprechenden Wunsch des Betroffenen, kann die Genehmigung nur versagt werden, wenn der Wunsch dem Wohl des Betroffenen zuwiderläuft. Hiervon kann bei einem angestrebten Kreditrahmen bis zu 500 EUR und regelmäßigen, diesen Betrag deutlich übersteigenden Einnahmen des Betroffenen nicht ohne nähere Prüfung der vertraglichen Grundlagen ausgegangen werden.

Versorgung der gerichtlichen Genehmigung ist eingeschätzt

Bindung des Rechtspflegers

Der Betreuer ist grundsätzlich an Wünsche des Betroffenen gebunden, § 1901 Abs. 3 Satz 1 BGB. Diese sind auch von dem Betreuungsgericht im Rahmen des Genehmigungsverfahrens zu berücksichtigen. Bedarf der Betreuer, um einem Wunsch des Betroffenen zu entsprechen, der gerichtlichen Genehmigung, kann diese deshalb nur versagt werden, wenn der Wunsch dem Wohl des Betroffenen zuwiderläuft, § 1901 Abs. 3 Satz 1 BGB. Das ist nicht bereits dann der Fall, wenn der Wunsch dem objektiven Interesse des Betroffenen widerspricht. Vielmehr entsteht ein beachtlicher Gegensatz zwischen Wohl und Wille des Betroffenen erst dann, wenn die Erfüllung der Wünsche höherrangige Rechtsgüter des Betroffenen gefährden oder seine gesamte Lebens- und Versorgungssituation erheblich verschlechtern würde. Der Rechtspfleger des Betreuungsgerichts ist bei seiner Ermessensentscheidung insoweit gebunden, *KG Berlin* (Az. 1 W 161/08).

Wird dem Betreuer auf Antrag eine allgemeine Ermächtigung nach §§ 1908i Abs. 1, 1825 BGB erteilt, kann dieser innerhalb einer gesetzten Obergrenze Kredite ohne weitere Genehmigungen vereinbaren. Dies könnte u. U. erforderlich sein, wenn der Betreuer im Namen des Betreuten eine Hausverwaltung oder ein Unternehmen betreibt.

Laufzeit des Kredits beachten

Soweit der Betreute durch den Kredit zu wiederkehrenden Zins- und Tilgungsleistungen verpflichtet wird (nicht beim sog. „Überziehungskredit"), ist außerdem der Genehmigungstatbestand des § 1907 Abs. 3 BGB erfüllt, wenn die Zahlungen über vier Jahre hinaus andauern.

10.7 Verfügungen über Wertpapiere und Buchrechte

Man spricht von einem Wertpapier, wenn eine Forderung oder ein Recht derart verbrieft wird, dass ohne das Papier die Ausübung des Rechts nicht möglich ist. Nicht das Recht selbst „hängt" am Papier, sondern nur die Geltendmachung.

10.7.1 Verfügung über Wertpapiere

Unterschiedliche Wertpapiere

Bei der Verfügung über Wertpapiere ist zunächst zwischen Inhaber-, Order- und Rektapapieren zu unterscheiden. Im Einzelnen wird nur auf Inhaber- und Rektapapiere eingegangen, da sie in der Praxis des Betreuers eine Rolle spielen.

Inhaberpapier

Aktien, Pfandbriefe

Sie bezeichnen als Berechtigten den jeweiligen Inhaber des Papiers. Sie können in unterschiedlicher Form im Betreutenvermögen vorhanden sein, so z. B. als Pfandbriefe, Inhaberbankschuldverschreibungen, Aktien. Sie werden wie bewegliche Sachen übertragen, wobei die vorhandene Forderung in das Papier „projiziert" wird und „mit dem Papier" übergeht.

Veräußerung ist genehmigungsbedürftig

Sind die Aktien als Inhaberpapiere ordnungsgemäß hinterlegt, §§ 1908i Abs. 1, 1814 BGB, so bedarf der Betreuer zur Veräußerung einer betreuungsgerichtlichen Genehmigung nach §§ 1908i Abs. 1, 1819 BGB. Ist keine Sperrvereinbarung nach § 1814 BGB getroffen, so ist eine Genehmigung des Gegenbetreuers nach § 1812 Abs. 1 Alternative 3 BGB erforderlich, falls ein solcher nicht vorhanden ist, die Genehmigung des Betreuungsgerichts, § 1812 Abs. 3 BGB.

Rektapapier

Rektapapiere lauten auf den Namen des Berechtigten, es handelt sich insbesondere um Sparbücher und Sparbriefe, aber auch Versicherungsscheine.

Sparbriefe und Sparbücher folgen der Forderung

Bei diesem Papier erfolgt eine Verfügung durch Abtretung der Forderung, während das Eigentum am Papier (z. B. Sparbrief) auf den Forderungserwerber kraft Gesetzes übergeht.

Zur Abtretung der Forderung ist eine Genehmigung des Gegenbetreuers nach §§ 1908i Abs. 1, 1812 Abs. 1 Satz 1 Alternative 1 BGB erforderlich, falls ein solcher nicht vorhanden ist, die Genehmigung des Betreuungsgerichts, § 1812 Abs. 3 BGB.

10.7.2 Schuldbuchrechte

Schuldverschreibungen ohne Papiernachweis

Schuldbuchforderungen sind Inhaberschuldverschreibungen, für die kein Papier ausgegeben wird; die Berechtigung wird in einem Schuldbuch (z. B. Bundesschuldbuch bei der Finanzagentur des Bundes) vermerkt, bzw. die erworbenen Anteile werden auf einem Depotkonto gebucht. Sie kommen insbesondere als Bundesanleihen, Bundesobligationen, Bundesschatzbriefe oder Anleihen der Länder auf den Markt.

Schuldbuchforderungen werden regelmäßig wie Inhaberpapiere im Eigentum übertragen, durch Einigung gemäß § 929 BGB und Umbuchung im Schuldbuch oder Abbuchung vom Depotkonto des Veräußerers auf das Konto des Erwerbers.

Veräußerung erfordert Genehmigung

Zur Veräußerung von Schuldbuchforderungen ist eine betreuungsgerichtliche Genehmigung erforderlich, wenn die erforderliche Sperrvereinbarung gemäß §§ 1908i Abs. 1, 1816 BGB zum Schuldbuch oder Depotkonto getroffen wurde (Verpflichtungsgeschäft erfordert § 1820 Abs. 2 BGB). Falls nicht, ergibt sich eine Genehmigung des Gegenbetreuers nach §§ 1908i Abs. 1, 1812 Abs. 1 BGB, oder beim Nichtvorhandensein eines solchen, die Genehmigung des Betreuungsgerichts, § 1812 Abs. 3 BGB.

Befreite Betreuer (§ 1908i Abs. 2 Satz 1 i. V. m. §§ 1857a, 1853 BGB) können genehmigungsfrei Wertpapiere und Schuldbuchforderungen veräußern, für sie sind §§ 1814, 1816 BGB und somit auch §§ 1919 und 1820 BGB nicht anwendbar, auch unterliegen sie nicht § 1812 BGB.

11. Übernahme fremder Verbindlichkeiten

Betreuer kann Fehleinschätzung unterliegen

Beim Genehmigungstatbestand nach §§ 1908i Abs. 1, 1822 Nr. 10 BGB, der Übernahme einer fremden Verbindlichkeit, ist nur an Fälle gedacht, in denen die Verbindlichkeit eines Dritten *nicht* als „wirtschaftliche eigene“ übernommen wird. Die Übernahme muss also dazu führen, dass der Dritte weiterhin die Leistung schuldet, der übernehmende Betreute nur „neben oder hinter“ ihm haftet und bei Inanspruchnahme von ihm ErSatz verlangen kann. Hauptanwendungsfälle sind (die im Gesetz genannte) Bürgschaft und die gesamtschuldnerische Haftungsübernahme. Der Betreute soll vor Verlusten geschützt werden, mit denen der Betreuer nicht rechnet, weil er z. B. an die Tilgung durch den Dritten oder einen erfolgreichen Rückgriff auf diesen glaubt.

Möchte z. B. bei einem Grundstückskauf, an dem der Betreute mit anderen als Käufer beteiligt ist, der Verkäufer eine gesamtschuldnerische Haftung für den Kaufpreis erreichen, sollte der Betreuer zumindest dann Vorsicht walten lassen, wenn der Betreute der finanziell „Starke“ ist.

Die „echte“ befreiende Schuldübernahme nach §§ 414, 415 BGB, die dazu führt, dass der übernehmende Betreute alleiniger Schuldner wird, fällt nicht unter einen Genehmigungstatbestand.

12. Abschluss eines Vergleichs

Genehmigungsbedürftige Vergleiche

Schließt der Betreuer im Namen des Betreuten einen Vergleich, § 779 BGB (auch Prozessvergleich) oder einen Schiedsvertrag, § 1029 ff. ZPO, ist grundsätzlich eine betreuungsgerichtliche Genehmigung nach §§ 1908i Abs. 1, 1822 Nr. 12 BGB erforderlich.

Dies gilt nicht, wenn der Wert des Streits oder der Ungewissheit in Geld schätzbar ist und den Wert von 3.000 EUR nicht übersteigt. Wird dieser Betrag überschritten oder ist eine betragsmäßige Bezifferung nicht möglich, ist Genehmigung erforderlich.

Streitwert bis zu 3.000 EUR

Beispiel:

Der Betreuer fordert im Namen des Betreuten eine Kaufpreiszahlung über 18.000 EUR; der Schuldner ist der Ansicht, dass er nur 16.000 EUR zu zahlen habe. Einigt man sich auf einen Betrag von 17.000 EUR, ist keine Genehmigung erforderlich, denn der Wert des Streites ist bezifferbar und beträgt 2.000 EUR.

Ein Gericht war schon befasst

Soweit der Vergleich einem schriftlichen oder protokollierten gerichtlichen Vergleichsvorschlag entspricht (mit ihm übereinstimmt), ist eine Genehmigung nicht erforderlich, unabhängig vom Wert des Streites. Der Vergleich muss dabei nicht vor einem Gericht geschlossen werden.

13. Verfügung über Forderungen und Rechte des Betreuten

Zu beachten ist § 1812 BGB, der durch die Verweisung des § 1908i Abs. 1 Satz 1 BGB auch in der Betreuung Anwendung findet.

Gegenstand des § 1812 Abs. 1 Satz 1 BGB sind alle Verfügungen über

- Forderungen des Betreuten,
- andere Rechte, kraft dessen der Betreute eine Leistung fordern kann,
- Wertpapiere des Betreuten,

ohne Rücksicht darauf, ob der Betreute an dem Gegenstand allein oder gemeinschaftlich mit anderen berechtigt ist.

Begriff einer Verfügung

Verfügungen sind Rechtsgeschäfte, die unmittelbar darauf gerichtet sind, auf ein bestehendes Recht einzuwirken, es zu verändern, zu übertragen oder aufzuheben. Zu den Verfügungen gehören insbesondere: Veräußerung, Abtretung, Erlass, Belastung, Aufrechnung seitens des Betreuers, Kündigung, Annahme einer Leistung (Forderung erlischt durch Erfüllung, § 362 Abs. 1 BGB). Gestaltungsrechte wie Kündigung aber nur, wenn sie zur Verfügung über eine Forderung oder ein Recht führen.

Eingehung einer Verpflichtung

Nach § 1812 Abs. 1 Satz 2 BGB unterliegt auch die Eingehung der Verpflichtung zu einer solchen Verfügung dem Genehmigungserfordernis. Allerdings erstreckt sich das Genehmigungserfordernis nach § 1812 Abs. 1 Satz 2 BGB nicht allgemein auf die Begründung von Verpflichtungen zu Lasten des Betreuten, sondern nur auf die zu einer Verfügung im Sinne von § 1812 Abs. 1 Satz 1 BGB, (siehe *BGH* Rpfleger 2010, 136). Schließt z. B. der Betreuer im Namen des Betreuten einen Vertrag mit einem Dritten (z. B. Pflegevertrag), so wird der Betreute zu einer Vergütung verpflichtet (§ 611 Abs. 1 BGB). Zwar geht der Betreute eine Verpflichtung ein, die letztlich zu einer Verfügung über seinen Kontenbestand (Forderung gegen die Bank) führen kann, jedoch wird diese Verpflichtung nicht von § 1812 Abs. 1 Satz 2 BGB erfasst. Es ist nicht Ziel des § 1812 BGB, einen umfassenden Schutz des Betreuten dergestalt zu erreichen, dass nach § 1812 Abs. 1 Satz 2 BGB alle Verpflichtungen des Betreuten einer umfassenden Genehmigungspflicht zu unterstellen sind.

Subsidiarität

§ 1812 BGB gilt subsidiär, d. h., diese Vorschrift kommt nur dann zur Anwendung, wenn nicht bereits eine Genehmigung nach §§ 1819 bis 1822 BGB erforderlich ist.

Die Genehmigung erteilt der Gegenbetreuer, § 1218 Abs. 1 Satz 1 BGB, und sofern ein solcher nicht vorhanden ist, das Betreuungsgericht, § 1812 Abs. 3 BGB, aber nur

Gegenbetreuer
Betreuungsgericht

dann, wenn nicht die Betreuung von mehreren Betreuern gemeinschaftlich geführt wird (siehe § 1899 Abs. 3 BGB). Falls ein vorhandener Gegenbetreuer verhindert ist oder die Genehmigung verweigert, entscheidet ebenfalls das Betreuungsgericht, § 1812 Abs. 2 BGB. Der Betreuer kann sich auch unter Umgehung des Gegenbetreuers immer unmittelbar an das Betreuungsgericht wenden, welches dann direkt entscheiden kann.

13.1 Verfügung über eine Forderung des Betreuten

Ansprüche aus Schuldverhältnissen

Forderungen sind Ansprüche aller Art aus Schuldverhältnissen (§ 241 BGB).

Verfügungen über Forderung können mannigfaltig sein. Steht z. B. dem Betreuten eine Forderung zu (Kaufpreisforderung, Darlehensforderung), so kann der Betreuer diese Forderung nur dann wirksam an einen Dritten abtreten, wenn er die erforderliche Genehmigung nach § 1812 Abs. 1 Satz 1 BGB erhält. Auch kann er nur mit einer solchen Genehmigung mit einer Betreutenforderung gegen eine Drittforderung aufrechnen.

Erlöschen durch Erfüllung

Eine besondere Art der Verfügung über eine Forderung ergibt sich, wenn der Betreuer eine dem Betreuten geschuldete Leistung annimmt. Hat z. B. der Betreuer den PKW des Betreuten für 5.000 EUR an einen Dritten verkauft, wird der Käufer u. U. den Kaufpreis in bar bezahlen. Als Folge der Übereignung des Kaufpreises erlischt die Kaufpreisforderung des Betreuten durch Erfüllung (§ 362 Abs. 1 BGB) – aber erst, wenn der Betreuer die erforderliche Genehmigung nach § 1812 Abs. 1 Satz 1 BGB eingeholt hat.

§ 1813 BGB schafft Erleichterung

Allerdings ist dann, wenn die Forderung durch Annahme einer (geschuldeten) Leistung erlischt, § 1813 Abs. 1 BGB zu beachten.

- Kauft z. B. der Betreuer im Namen des Betreuten ein Fernsehgerät, so hat der Betreute eine Forderung aus § 433 Abs. 1 BGB auf Übereignung des Geräts; kommt es zur Übereignung, so erlischt die Forderung des Betreuten durch Erfüllung (§ 362 Abs. 1 BGB), jedoch wird eine Leistung angenommen, die nicht in Geld oder Wertpapieren besteht. Eine Genehmigung ist nicht erforderlich, § 1813 Abs. 1 Nr. 1 BGB.
- Hat der Betreute eine Kaufpreisforderung in Höhe von 1.000 EUR, und wird dieser Betrag an den Betreuer übereignet, erlischt die Forderung des Betreuten durch Erfüllung (§ 362 Abs. 1 BGB), jedoch wird eine Leistung angenommen, und der Anspruch des Betreuten übersteigt nicht 3.000 EUR. Eine Genehmigung ist nicht erforderlich, § 1813 Abs. 1 Nr. 2 BGB.
- Ist der Betreute Eigentümer eines Bürohauses und entrichtet der Mieter monatlich seine Mietzahlung in Höhe von 4.000 EUR, so erlischt die Forderung des Betreuten aus dem Mietvertrag durch Erfüllung (§ 362 Abs. 1 BGB). Jedoch wird eine Leistung angenommen, und der Anspruch des Betreuten gehört zu den Nutzungen seines Vermögens (§ 100 BGB). Eine Genehmigung ist nicht erforderlich, § 1813 Abs. 1 Nr. 4 BGB.

Hinweis:

Eine große Rolle spielen die §§ 1812 und 1813 BGB im Bereich von Konto- und Bankgeschäften. *Siehe hierzu Abschnitt 10.*

13.2 Verfügung über ein Recht des Betreuten

Grundpfandrechte

Es muss sich um ein Recht handeln, kraft dessen der Betreute eine Leistung verlangen kann. Hierunter fallen insbesondere Verfügungen über Grundpfandrechte, auf die § 1821 Abs. 1 Nr. 1 BGB wegen § 1821 Abs. 2 BGB nicht angewendet werden kann.

Möchte z. B. der Betreuer eine Grundschuld des Betreuten aufheben (§ 875 Abs. 1 BGB) und im Grundbuch löschen lassen, ist hierfür eine Genehmigung nach § 1812

Abs. 1 Satz 1 BGB erforderlich. Dabei muss jedoch beachtet werden, dass eine Genehmigung nach § 1822 Nr. 13 BGB anfällt, wenn das Grundpfandrecht (Hypothek oder Grundschuld) eine Forderung des Betreuten sichert. Da § 1812 BGB subsidiär ist.

Weitere Anwendungsmöglichkeiten ergeben sich u. a. beim Rangrücktritt mit einem Grundpfandrecht (soweit nicht § 1822 Nr. 13 BGB greift) und bei der Zustimmung des Betreuten als Eigentümer eines Grundstücks nach § 1183 BGB, wenn der Grundpfandrechtsgläubiger die Aufhebung und Löschung des Rechts herbeiführen möchte.

13.3 Verfügung über ein Wertpapier des Betreuten

Wertpapier und Buchforderung

Wertpapiere sind Urkunden, in denen ein verbrieftes Recht derart verkörpert ist, dass es nicht ohne das Papier geltend gemacht werden kann. Daneben gibt es noch die sog. Buchforderungen, bei denen für das Recht kein Papier ausgegeben wird, sondern eine Eintragung in ein Schuldbuch (z. B. Bundesschuldbuch) erfolgt, die aber wie Wertpapiere behandelt werden.

Sofern allerdings Inhaberpapiere ordnungsgemäß nach § 1814 BGB hinterlegt sind, greift § 1819 BGB und § 1812 BGB entfällt; ist die Buchforderung gemäß § 1816 BGB versperrt, greift § 1820 BGB. *Siehe hierzu die Ausführungen unter Abschnitt 10.7.*

13.4 Befreiung vom Genehmigungserfordernis des § 1812 BGB

Bestimmte Betreuer unterliegen nicht dem § 1812 BGB

Eine Befreiung von der Genehmigungsbedürftigkeit nach § 1812 BGB kann auf Anforderung des Betreuungsgerichts und kraft Gesetzes stattfinden.

Das Betreuungsgericht kann auf Antrag den Betreuer nach §§ 1908i Abs. 1 Satz 1, 1817 Abs. 1 BGB befreien.

Betreuungsbehörde und Betreuungsverein als Betreuer (§ 1900 Abs. 1 und 4 BGB) sind kraft Gesetzes befreit, §§ 1908i Abs. 1 Satz 1, 1857a, 1852 BGB.

Ehegatten, Lebenspartner (LPartG), Eltern, Abkömmlinge des Betreuten als Betreuer, Vereins- und Behördenbetreuer (§ 1897 Abs. 2 BGB) sind ebenfalls kraft Gesetzes befreit, §§ 1908i Abs. 2 Satz 2, 1857a, 1852 BGB.

Ein befreiter Betreuer unterliegt nicht dem Genehmigungstatbestand des § 1812 BGB. Er kann ohne Genehmigung Verfügungen über Forderung, Rechte und Wertpapiere vornehmen, soweit nicht andere Genehmigungstatbestände greifen.

14. Genehmigungsvorbehalte im Familienrecht

14.1 Ehevertrag und Güterstand

14.1.1 Abschluss eines Ehevertrags

Ehevertrag

Beim Abschluss eines Ehevertrags kann der Betreuer mit einem entsprechenden Aufgabenkreis den geschäftsunfähigen Betreuten vertreten. Er bedarf allerdings einer betreuungsgerichtlichen Genehmigung nach § 1411 Abs. 2 Satz 2 BGB.

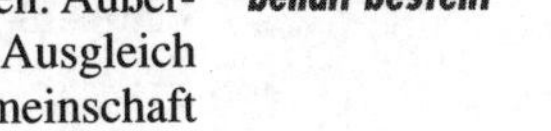

Einwilligungsvorbehalt besteht

Ist der Betreute beim Abschluss des Vertrags geschäftsfähig, besteht aber für diese Angelegenheit ein Einwilligungsvorbehalt, so muss der Betreuer zustimmen. Außerdem ist eine betreuungsgerichtliche Genehmigung erforderlich, wenn der Ausgleich des Zugewinns ausgeschlossen oder eingeschränkt oder wenn Gütergemeinschaft vereinbart oder aufgehoben wird, § 1411 Abs. 1 Satz 2 und 3 BGB.

14.1.2 Ablehnung der fortgesetzten Gütergemeinschaft

Fortgesetzte Gütergemeinschaft

Haben die Ehegatten durch Ehevertrag vereinbart, dass die Gütergemeinschaft nach dem Tod eines Ehegatten zwischen dem überlebenden Ehegatten und den gemeinschaftlichen Abkömmlingen fortgesetzt wird, so kann der überlebende Ehegatte die Fortsetzung der Gütergemeinschaft ablehnen.

Steht der überlebende Ehegatte unter Betreuung und lehnt der Betreuer im Namen des betreuten Ehegatten ab, so ist die Genehmigung des Betreuungsgerichts erforderlich, § 1484 Abs. 2 Satz 2 und 3 BGB.

14.1.3 Verzicht auf Anteil am Gesamtgut

Verzicht auf Anteil am Gesamtgut

Tritt beim Tod eines Ehegatten vereinbarungsgemäß fortgesetzte Gütergemeinschaft ein, so kann ein anteilsberechtigter Abkömmling auf seinen Anteil am Gesamtgut verzichten. Besteht Betreuung und erklärt der Betreuer den Verzicht im Namen des Betreuten, so ist eine betreuungsgerichtliche Genehmigung erforderlich, § 1491 Abs. 3 BGB.

14.1.4 Aufhebung der fortgesetzten Gütergemeinschaft

Beendigung einer fortgesetzten Gütergemeinschaft

Der überlebende Ehegatte kann die fortgesetzte Gütergemeinschaft jederzeit durch Erklärung gegenüber dem Nachlassgericht oder durch Vertrag mit den Abkömmlingen aufheben. Besteht Betreuung und gibt der Betreuer im Namen des Betreuten eine entsprechende Erklärung ab, so ist eine betreuungsgerichtliche Genehmigung erforderlich, § 1492 Abs. 3 Satz 2 BGB.

14.2 Zustimmungsregelungen im ehelichen Güterrecht

Zustimmung eines Ehegatten

Im ehelichen Güterrecht gibt es mehrere Vorschriften, die das Mitwirken eines Ehegatten zu Rechtshandlungen des anderen Ehegatten erfordern. Dies ist dann problematisch, wenn beim zustimmenden Ehegatten Geschäftsunfähigkeit vorliegt. Ist ein Betreuer bestellt, muss zunächst der ausreichende Aufgabenkreis überprüft werden; dieser liegt vor, wenn alle Aufgabenkreise erfasst sind oder explizit Ehe- oder Güterstandsangelegenheiten.

14.2.1 Zugewinngemeinschaft (gesetzlicher Güterstand)

Verfügungen über einen Großteil des Vermögens

Es sind die Zustimmungsvorschriften der §§ 1365 Abs. 1, 1366 Abs. 1, 1367 BGB zu beachten. Verpflichtet sich ein Ehegatte, über sein Vermögen im Ganzen zu verfügen, bedarf er der Zustimmung des anderen Ehegatten. Nach gängiger Rechtsprechung genügt es, wenn über einzelne Vermögensgegenstände verfügt werden soll, die mehr als 85 bis 90 % des Gesamtvermögens ausmachen.

Fraglich ist, ob in diesem Fall das Familiengericht nach § 1365 Abs. 2 BGB die Zustimmung ersetzen muss oder diese ein vorhandener Betreuer in Vertretung erteilt.

Betreuer stimmt für Betreuten zu

Nach h. M. stimmt der Betreuer im Namen des Betreuten zu, wenn ein deckender Aufgabenkreis vorliegt. Ist der Betreuer zugleich der verfügende Ehegatte, wird die Bestellung eines weiteren Betreuers (§ 1899 Abs. 4 BGB) erforderlich. Eine betreuungsgerichtliche Genehmigung für das Rechtsgeschäft selbst ist nicht erforderlich.

14.2.2 Gütergemeinschaft

Aus der Gütergemeinschaft ergeben sich mehrere Zustimmungserfordernisse eines Ehegatten.

- Verwaltet ein Ehegatte das Gesamtgut allein, bedarf er zu einer Verfügung über das Gesamtgut im Ganzen oder über ein zum Gesamtgut gehörendes Grundstück die Zustimmung des anderen Ehegatten, §§ 1423, 1424 BGB. Dies gilt auch für Schenkungen aus dem Gesamtgut, § 1325 BGB.

  Zustimmung des nichtverwaltenden Ehegatten

  Ist der zustimmungspflichtige Ehegatte geschäftsunfähig, kann ein Betreuer mit ausreichendem Aufgabenkreis zustimmen, nicht jedoch zu Schenkungen, da ihm die Vertretungsmacht fehlt, § 1908i Abs. 2 Satz 1 BGB, soweit es sich nicht um erlaubte Anstands-, sittliche Pflicht- oder Gelegenheitsgeschenke handelt. Werden durch die Zustimmung Rechte des zustimmenden Ehegatten betroffen, bedarf der Betreuer betreuungsgerichtlicher Genehmigungen nach §§ 1821, 1822 BGB, so z. B. bei der Veräußerung eines im Gesamtgut stehenden Grundstücks (§ 1821 Abs. 1 Nr. 1 BGB).

- **Alleinverwaltender Ehegatte**

  Steht der alleinverwaltende Ehegatte unter Betreuung mit entsprechendem Aufgabenkreis, vertritt der Betreuer, § 1436 Satz 1 BGB. Dies gilt auch, wenn der andere Ehegatte zum Betreuer bestellt ist. Soweit für Rechtsgeschäfte betreuungsgerichtliche Genehmigungen nach §§ 1821, 1822 BGB erforderlich sind, muss sie der Betreuer einholen, § 1908i Abs. 1 BGB.

- **Zustimmung bei gemeinsamer Verwaltung**

  Verwalten die Ehegatten das Gesamtgut gemeinsam, ist jeder von ihnen dem anderen zur Mitwirkung an ordnungsgemäßen Verwaltungsmaßnahmen verpflichtet, § 1451 BGB. Soweit ein Ehegatte geschäftsunfähig ist, nimmt seine Aufgaben der Betreuer mit ausreichendem Aufgabenkreis wahr, §§ 1458, 1436 BGB. Soweit für Rechtsgeschäfte betreuungsgerichtliche Genehmigungen nach §§ 1821, 1822 BGB erforderlich sind, muss sie der Betreuer einholen, § 1908i Abs. 1 BGB.

14.3 Vertretung durch den Betreuer in Eheverfahren

Scheidungsantrag durch Betreuer

Für einen geschäftsunfähigen Ehegatten kann der Betreuer mit entsprechendem Aufgabenkreis Antrag auf Scheidung oder Aufhebung der Ehe stellen. Er bedarf hierzu einer betreuungsgerichtliche Genehmigung, § 125 Abs. 2 FamFG.

14.4 Anerkennung der Vaterschaft, wenn die Eltern nicht miteinander verheiratet sind

14.4.1 Anerkennung durch den Vater

Genehmigung bei Vaterschaftsanerkennung

Ist der Vater geschäftsunfähig, so kann der Betreuer mit einem entsprechenden Aufgabenkreis die Vaterschaft in seinem Namen anerkennen; er benötigt eine gerichtliche Genehmigung, § 1596 Abs. 1 Satz 3 BGB.

Ist der Vater geschäftsfähig, besteht aber in diesem Bereich Betreuung und ist ein Einwilligungsvorbehalt angeordnet, so erkennt der Vater selbst an, bedarf jedoch der Zustimmung des Betreuers, § 1596 Abs. 3 BGB. Eine gerichtliche Genehmigung ist nicht erforderlich.

14.4.2 Zustimmung der Mutter

Zur Wirksamkeit der Anerkennung einer Vaterschaft ist die Zustimmung der Mutter erforderlich, § 1595 Abs. 1 BGB.

Betreuer stimmt für die Mutter der Anerkennung zu

Ist die Mutter geschäftsunfähig, so kann der Betreuer mit einem entsprechenden Aufgabenkreis die Zustimmung in ihrem Namen erklären; er benötigt eine betreuungsgerichtliche Genehmigung, § 1596 Abs. 1 Satz 4 und Abs. 3 BGB.

Ist die Mutter geschäftsfähig, besteht aber in diesem Bereich Betreuung und ist ein Einwilligungsvorbehalt angeordnet, so erkennt sie selbst an, bedarf jedoch der Zustimmung des Betreuers, § 1596 Abs. 3 BGB. Eine gerichtliche Genehmigung ist nicht erforderlich.

14.5 Gemeinsame Sorgeerklärung

Abgabe einer gemeinsamen Sorgeerklärung

Sind die Eltern eines Kindes nicht miteinander verheiratet, können sie durch formgerechte Erklärung (vor einem Notar oder einem Jugendamt) eine gemeinsame Sorge für das Kind erreichen, §§ 1626a Abs. 1 Nr. 1, 1626d Abs. 1 BGB.

Die Eltern können die Sorgeerklärungen nur selbst (persönlich) abgeben, § 1626c Abs. 1 BGB. Ist einer der beiden geschäftsunfähig, scheitert die gemeinsame Sorge; eine Vertretung durch einen Betreuer ist nicht möglich.

Soweit ein Elternteil zwar geschäftsfähig ist, aber in diesem Bereich ein Einwilligungsvorbehalt besteht (persönliche Angelegenheiten oder alle Angelegenheiten), muss er die Erklärung ebenfalls persönlich abgeben. Er bedarf nach h. M. nicht der Zustimmung des Betreuers; eine Verweisung auf § 1903 BGB besteht nicht.

Inhalt

1. Betreuer als Fremdverwalter

Rechtliche Betreuung

Der Betreuer hat in dem ihm übertragenen Aufgabenkreis die Angelegenheiten des Betreuten rechtlich zu besorgen, § 1901 Abs. 1 i. V. m. § 1896 Abs. 1 Satz 1, Abs. 2 Satz 1 BGB; er ist in diesem Bereich gesetzlicher Vertreter, § 1902 BGB.

Bei der Führung seines Amtes handelt der Betreuer eigenverantwortlich und selbstständig. Er ist nur durch gesetzliche Regelungen beschränkt; Anordnungen des Betreuungsgerichts müssen sich im gesetzlichen Rahmen bewegen. Wünschen des Betreuten hat der Betreuer grundsätzlich zu entsprechen, auch wenn sie bereits vor seiner Bestellung (z. B. in einer Betreuungsverfügung) geäußert wurden, § 1901 Abs. 3 BGB.

Betreute in ihrem Anderssein hinsichtlich ihrer Wünsche zu akzeptieren, erfordert sicher eine gewisse Toleranz beim Betreuer. Intention des Betreuungsrechts war es aber gerade, diesen Wünschen einen Vorrang einzuräumen und nicht auf Vermögenssicherung (z. B. für die Erben) abzustellen.

1.1 Individualität in der Vermögensverwaltung

Der Aufgabenkreis „Vermögensverwaltung" umfasst die geldwerten Güter, das Einkommen und gegebenenfalls die Verbindlichkeiten (Schulden) des Betreuten. Die Aufgabenstellung des Betreuers in der Vermögensverwaltung ist individuell unter Betrachtung der gesamten Lebensverhältnisse und möglicher Perspektiven des Betreuten zu erörtern.

Die Vermögensverwaltung orientiert sich ausschließlich am Wohl des Betreuten unter Beachtung seines Willens und seiner Wünsche. Hauptziel kann daher nicht ausschließlich die Sicherung des Vermögens oder die Mehrung des Vermögens durch eine weitere Vermögensbildung sein. Vorrang hat immer die Gewährleistung der individuellen Lebensqualität des Betreuten.

Bei Vermögensverwaltungen bedeutender Vermögen ist es selbstverständlich, dass der Betreuer die Hilfe eines Steuerberaters sowie eines Hausverwalters (bei Immobilienvermögen) beanspruchen kann, soweit er nicht selbst über die notwendige Fachkompetenz verfügt.

Stellt der Betreuer nach den Einkommens- und Vermögensverhältnissen seines Betreuten eine Überschuldung fest, so sollte er rechtlichen Rat einholen, um die Rechtmäßigkeit der Verbindlichkeiten (zu beachten sind hier insbesondere Verjährungsfristen und eine mögliche Geschäftsunfähigkeit) zu überprüfen und um eine Strategie zur Schuldenregulierung zu entwickeln. Wichtig erscheint der Hinweis, dass der Betreuer die Schuldenregulierung nicht alleine vereinbaren soll. Vielmehr ist es notwendig, den Betreuten aktiv in die Schuldenregulierung einzubeziehen. Aus pädagogischen Gründen kann z. B. der gemeinsame Besuch einer Schuldnerberatungsstelle sinnvoll sein.

Im Falle der Zahlungsunfähigkeit des Betreuten sollte auch die Möglichkeit in Betracht gezogen werden, ein Verbraucherinsolvenzverfahren mit nachfolgender Restschuldbefreiung zu beantragen.

Steuerliche Pflichten des Betreuers

Besonders zu beachten ist, dass der Betreuer die steuerlichen Pflichten des Betreuten zu erfüllen hat, § 34 AO. Dazu gehört u. a. die Pflicht zur Abgabe einer Einkommensteuererklärung. Diese Pflicht erstreckt sich auch auf die vor seinem Eintritt in die Funktion als Betreuer liegende Veranlagungszeiträume. Verletzt er die ihm obliegenden steuerlichen Erklärungspflichten, kann der Tatbestand einer Steuerhinterziehung vorliegen (siehe hierzu Kap. A 7 Ziff. 1.2.3.)

1.2 Aufgaben der Vermögensverwaltung

Vermögensverwaltung

Soweit ihm Aufgaben der Vermögenssorge übertragen sind, hat der Betreuer detaillierte gesetzliche Regeln zu beachten, so z. B. § 1908i Abs. 1 Satz 1 i. V. m. §§ 1802, 1803, 1805 bis 1821, 1822 Nr. 1 bis 4, 6 bis 13, 1823 bis 1825, 1828 bis 1831 BGB, daneben noch §§ 1907, 1908 und 1908i Abs. 2 Satz 1 BGB. Das „Sorgen" bedeutet ein Verwalten vorhandenen sowie die Anschaffung weiteren Vermögens und die Verbesserung einer überschuldeten Vermögenslage. Der Betreuer soll Betreutenvermögen erhalten und vermehren, wobei die Substanzerhaltung im Vordergrund steht. Einkünfte verwendet er für den Unterhalt des Betreuten; es ist ihm aber nicht verwehrt, den Vermögensstamm anzugreifen, wenn die Erträgnisse nicht ausreichen.

Aufgabenkreise

Problematisch erweisen sich in der Praxis die ungenau oder unvollständig formulierten Aufgabenkreise. Wird beispielsweise „Durchsetzung eines Renten- oder Sozialhilfeanspruchs" angeordnet, so endet der Wirkungskreis mit dem Eingang von Zahlungen auf dem Konto des Betreuten; Auskünfte zum Vermögensstand wird die Bank nicht erteilen. Auch bremst das „Postgeheimnis" des § 1896 Abs. 4 BGB häufig einen willigen Betreuer aus, der zwar Vermögen verwalten soll, eventuell Schulden abbauen, aber Mahnungen und Kontoauszüge, die an den Betreuten selbst adressiert sind, nicht öffnen darf; eine Anordnung des Gerichts für diesen Aufgabenkreis ist regelmäßig erforderlich.

Der „vermögensverwaltende" Betreuer sollte sich das „Anhalten und Öffnen" der an den Betreuten gerichteten Post durch das Betreuungsgericht als Wirkungskreis gestatten lassen, um einen Einblick in dessen Vermögenswerte und Verbindlichkeiten zu erlangen.

1.3 Gesetzliche Vertretung

Gesetzliche Vertretung

Die gesetzliche Vertretung des Betreuers ergibt sich aus § 1902 BGB (in Verbindung mit § 1896 Abs. 2 Satz 2 BGB); sie ist immer auf den zugeordneten Aufgabenkreis begrenzt. Der Betreuer ist befugt, im Namen des Betreuten zu handeln, Rechtsgeschäfte vorzunehmen, insbesondere Willenserklärungen abzugeben und in Empfang zu nehmen, §§ 164 Abs. 1, 131 BGB. Auch kann er für den Betreuten Prozesse führen, § 51 ZPO, sowie sonstige gerichtliche und verwaltungsrechtliche Verfahren betreiben.

Das Vertretungsrecht des Betreuers kann ausgeschlossen sein, auch kann es beschränkt sein, so z. B. durch das Erfordernis betreuungsgerichtlicher Genehmigungen.

Wichtig:

Im angeordneten Aufgabenkreis ist der Betreuer gesetzlicher Vertreter des Betreuten, § 1902 BGB. Dabei spielt es keine Rolle, ob dieser geschäftsfähig oder geschäftsunfähig ist. Die Pflichten des Betreuers gegenüber dem Betreuten aus § 1901 BGB betreffen nur das Innenverhältnis; sie schränken das Vertretungsrecht nicht ein.

1.4 Einwilligungsvorbehalt

Die Bestellung eines Betreuers hat keine Auswirkungen auf die Geschäftsfähigkeit des Betreuten; er soll grundsätzlich weiter am Rechtsverkehr teilnehmen können. Eine mögliche Geschäftsunfähigkeit kann sich allenfalls aus § 104 Nr. 2 BGB ergeben.

Zustimmung des Betreuers

Die Teilnahme am Rechtsverkehr kann aber im erforderlichen Umfang durch eine Entscheidung des Betreuungsgerichts, den Einwilligungsvorbehalt gemäß § 1903 BGB eingeschränkt werden. Ist ein solcher angeordnet, bedarf der Betreute im festgelegten Umfang zu einer Willenserklärung der Zustimmung des Betreuers. § 1903 Abs. 1 Satz 1 BGB lässt einen Einwilligungsvorbehalt nur zu, soweit er zur Abwendung einer erheblichen Gefahr für die Person oder das Vermögen des Betreuten erforderlich ist. Eine „Gefahr für Dritte" reicht als Voraussetzung nicht aus, da keine Erforderlichkeit besteht, deren Rechte durch den Einwilligungsvorbehalt zu schützen. Zusätzlich muss der Betreute auf Grund einer psychischen Erkrankung, geistigen oder seelischen Behinderung seinen Willen nicht frei bestimmen können.

Voraussetzung für einen Einwilligungsvorbehalt kann die Gefährdung des Betreutenvermögens sein, soweit er es für seinen weiteren Lebensunterhalt und die Erfüllung seiner Verpflichtungen benötigt. Die Gefahr bloß geringfügiger Vermögensschäden genügt nicht; auch nicht Drittinteressen, z. B. Gefährdung des Familienvermögens. Auch muss der Einwilligungsvorbehalt zum Erfolg führen können und weniger gravierende Maßnahmen ausscheiden.

Ist ein Einwilligungsvorbehalt angeordnet, so gelten nach § 1903 Abs. 1 Satz 2 die §§ 108 bis 113 und § 131 Abs. 2 BGB sowie § 210 BGB entsprechend. Zwar unterscheidet sich der Einwilligungsvorbehalt erheblich von der beschränkten Geschäftsfähigkeit, Probleme lassen sich jedoch teilweise in gleicher Weise lösen:

- Ein ohne Einwilligung des Betreuers geschlossener Vertrag ist schwebend unwirksam; seine Wirksamkeit hängt von der Genehmigung des Betreuers ab, § 108 BGB. Einseitige Rechtsgeschäfte, die der Betreute ohne Einwilligung des Betreuers abgeschlossen hat, sind unwirksam, § 111 BGB.
- Willenserklärungen, die gegenüber dem Betreuten abgegeben werden, werden erst wirksam, wenn sie dem Betreuer zugegangen sind, § 131 Abs. 2 BGB.

Mittel zur freien Verfügung

- Durch den Betreuer können dem Betreuten Mittel zu einem bestimmten Zweck oder zur freien Verfügung überlassen werden, § 110 BGB. Der Betreuer kann den Betreuten mit betreuungsgerichtlicher Genehmigung zum selbständigen Betrieb eines Erwerbsgeschäfts ermächtigen, § 112 BGB, sowie in Dienst oder Arbeit zu treten, § 113 BGB.

Rechtlicher Vorteil

Nach § 1903 Abs. 3 Satz 1 BGB bedarf der Betreute bei angeordnetem Einwilligungsvorbehalt keiner Einwilligung des Betreuers, wenn die Willenserklärung ihm lediglich einen rechtlichen Vorteil bringt.

Beispiel:

Besteht Betreuung mit dem Aufgabenkreis „Vermögensverwaltung“ und wurde für diesen Bereich ein Einwilligungsvorbehalt angeordnet, so kann der geschäftsfähige Betreute bei einem Vertrag mitwirken, durch den ihm ein Gegenstand geschenkt wird, da dieser zu keiner Gegenleistung verpflichtet, somit lediglich rechtlich vorteilhaft wirkt.

Alltägliche Bargeschäfte

Ebenfalls einwilligungsfrei sind nach § 1903 Absatz 3 Satz 2 BGB Willenserklärungen, die eine geringfügige Angelegenheit des täglichen Lebens betreffen, es sei denn, das Gericht hat etwas anderes angeordnet. Unter geringfügige Angelegenheiten des täglichen Lebens fallen überwiegend alltägliche Bargeschäfte über geringwertige Gegenstände (z. B. Kauf von zum alsbaldigen Verbrauch bestimmter Lebensmittel). Eine Abgrenzung lässt sich nicht generell bestimmen. Das Gericht kann etwas anderes anordnen, wenn im Einzelfall ein Bedürfnis dafür besteht.

Die in § 104 Nr. 2, § 105 Abs. 1 BGB enthaltene Regelung, wonach die Willenserklärung eines im natürlichen Sinn Geschäftsunfähigen nichtig ist, bleibt von der Anordnung eines Einwilligungsvorbehalts unberührt. Dies bedeutet, dass die Willenserklärung eines Betreuten auch dann nichtig sein kann, wenn ein Einwilligungsvorbehalt angeordnet ist und der Betreuer in die Erklärung eingewilligt hat. Die Einwilligung des Betreuers in eine Willenserklärung des Betreuten oder seine Genehmigung wird allerdings bei vorhandener Geschäftsunfähigkeit des Betreuten in der Regel als Eigenvornahme durch den Betreuer umgedeutet werden können (§ 140 BGB).

Welcher Zustand liegt beim Betreuten vor?

Betreuter ist

geschäftsfähig		nicht geschäftsfähig
Einwilligungsvorbehalt besteht nicht	Einwilligungsvorbehalt besteht	§ 104 Nr. 2 BGB
Betreuter kann Rechtsgeschäfte uneingeschränkt selbst tätigen	Betreuter kann Rechtsgeschäfte nur mit Zustimmung des Betreuers tätigen § 1903 Abs. 1 BGB	Rechtsgeschäfte des Betreuten sind nichtig § 105 Abs. 1 BGB

Wird bei einem geschäftsfähigen Betreuten ein Einwilligungsvorbehalt angeordnet, kann er im angeordneten Bereich ohne Zustimmung des Betreuers wirksam keine Rechtsgeschäfte mehr vornehmen, § 1903 Abs. 1 i. V. m. §§ 108, 109, 111 BGB; Ausnahmen ergeben sich aus § 1903 Abs. 3 BGB. Besteht der Einwilligungsvorbehalt bei einem geschäftsunfähigen Betreuten, sind seine Willenserklärungen nichtig, §§ 104 Nr. 2, 105 Abs. 1 BGB; daran ändert auch die Zustimmung des Betreuers nichts.

2. Aufsicht durch das Betreuungsgericht

Der Betreuer wird bei der Führung seines Amtes durch das Betreuungsgericht beaufsichtigt, §§ 1908i Abs. 1, 1837 Abs. 2 Satz 1 BGB. Es hat darüber zu wachen, dass die gesetzlichen Vorgaben eingehalten werden.

2.1 Vermögensverzeichnis

Zur Transparenz und Nachvollziehbarkeit der Vermögensverwaltung muss der Betreuer bei Anordnung einer Betreuung mit dem Aufgabenkreis „Vermögensverwaltung" ein Vermögensverzeichnis erstellen. Es ist nach einem vom Betreuungsgericht überlassenen Vordruck zum geforderten Stichtag vollständig und richtig auszufüllen.

Bei der Erstellung des Vermögensverzeichnisses sollte der Betreuer auf die Mithilfe des Betreuten, einer Vertrauensperson des Betreuten oder von Angehörigen zurückgreifen. Sehen sich diese nicht in der Lage, sachdienliche Hinweise zu geben, wird bei schwierigen Sachverhalten (Vermögensverwaltungen) zur möglichen Klärung der weiteren Vorgehensweise eine Beratung durch den Rechtspfleger oder der mit der Sachverhaltsaufklärung befassten Betreuungsstelle empfohlen. Hilfreich kann auch ein Gespräch mit dem Geldberater der Hausbank und die Überprüfung der Girokontoauszüge des Betreuten sein.

Der Betreuer versichert die Richtigkeit und Vollständigkeit des Verzeichnisses. Belege sind grundsätzlich nicht vorzulegen. In der Praxis werden durch die Betreuungsgerichte allerdings häufig Unterlagen gefordert, so z. B. Konto- und Depotauszüge sowie Grundbuchblattabschriften. Dies erscheint gerechtfertigt, da der Betreuer zur Angabe der Daten im Vermögensverzeichnis diese Unterlagen einholen muss.

Soweit ein Gegenbetreuer (§§ 1908i Abs. 1, 1792 BGB) vorhanden ist, muss dieser bei der Erstellung des Verzeichnisses zugezogen werden; auch er hat die Versicherung über Richtigkeit und Vollständigkeit abzugeben, §§ 1908i Abs. 1, 1802 Abs. 1 Satz 2 BGB.

Fremdverwaltetes Vermögen

Das Vermögen ist vollständig zu verzeichnen, mit Aktiva, Passiva, Forderungen und Ansprüchen des Vertretenen, jeweils unter Angabe ihrer tatsächlichen Werte. Das Verzeichnis muss eine größtmögliche Klarheit über das zu verwaltende Vermögen geben.

- Zu verzeichnen ist auch das Vermögen, das nicht dem Zugriff des Betreuers unterliegt (z. B. bei Testamentsvollstreckung). Insoweit steht ihm ein Auskunftsanspruch gegen den jeweiligen Verwalter zu (z. B. §§ 2218 Abs. 1, 666 BGB).
- Wenn ein Betreuter an einer Vermögensgemeinschaft (z. B. Erbengemeinschaft, BGB-Gesellschaft) beteiligt ist, muss das gesamte Vermögen der Gemeinschaft angegeben sein, unter Angabe seines Beteiligungsverhältnisses.

Bestehende Ansprüche

Ein Betreuer im Aufgabenkreis Vermögensverwaltung hat die Pflicht, Bereicherungsansprüche gegen Dritte auch dann geltend zu machen, wenn diese schon vor der Betreuerbestellung entstanden sind (*OLG München* BtPrax 2005, 199). Diese Ansprüche sind in das Vermögensverzeichnis aufzunehmen.

Zeitpunkt der Erstellung

Als Zeitpunkt für die Erstellung des Vermögensverzeichnisses (Stichtag) ist der Zugang des Bestellungsbeschlusses an den Betreuer zu werten, § 287 Abs. 1 FamFG; bei

Anordnung der sofortigen Wirksamkeit bereits mit Übergabe des Bestellungsbeschlusses durch den Richter an die Geschäftsstelle des Betreuungsgerichts zum Zwecke der Bekanntmachung, § 287 Abs. 2 FamFG.

Vom Erfordernis des Vermögensverzeichnisses gibt es grundsätzlich keine Befreiung. Lediglich die Betreuungsstelle als Betreuer (Fall des § 1900 Abs. 4 BGB) ist nach Ländergesetzen freigestellt (für Bayern nach Art. 1 Abs. 3 BayAGBtG – GVBl. 1991, 496).

Hat der Betreute keinerlei Vermögen, genügt eine entsprechende Versicherung des Betreuers.

Hausrat und Kleidung

Bei Hausrat und Kleidung ist der tatsächliche Wert anzugeben, das heißt der Betrag, welcher bei einer aktuellen Veräußerung erzielt werden könnte. Häufig sind diese Gegenstände „abgewohnt oder abgetragen", so dass sie ohne Wert sind. Falsch ist es, den sog. Wiederbeschaffungswert anzugeben, welcher einer Hausratversicherung zugrunde liegt.

Hausrat, Bücher und Wäsche können zusammenfassend angegeben werden, wenn der Wert verhältnismäßig gering ist (*OLG Schleswig* BtPrax 2004, 202).

Grundstücke

Grundstücke sind mit dem tatsächlichen Wert anzugeben (sog. Verkehrswert). Dieser kann der Kaufurkunde entnommen werden, falls der Erwerb zeitnah erfolgt ist. Möglich ist auch die Berechnung nach der „Richtwert-Kartei", welche bei den Landratsämtern und kreisfreien Städten geführt wird. Eventuell ist ein Schätzgutachten einzuholen.

Der Wert eines Gebäudes ist unter Berücksichtigung von Baujahr und Zustand zu ermitteln. Für die Wertberechnung ist die Brandversicherungsurkunde über das Gebäude hilfreich.

Vermögen zugunsten Dritter auf den Todesfall

Bestehen aus dem Vermögen des Betreuten Verträge zugunsten Dritter auf den Todesfall, so sind diese in das Vermögensverzeichnis aufzunehmen, da der Betreute bis zu seinem Tod über dieses Vermögen verfügen kann, es ihm somit zuzurechnen ist. Siehe hierzu auch *LG Regensburg* vom 15. 3. 2000 (Az. 7 T 202/00).

Gehört ein Grundstück zum Betreutenvermögen, legt der Betreuer einen Grundbuchauszug dem Betreuungsgericht vor. Außerdem gibt er das Baujahr des Gebäudes und dessen Zustand an; daneben fügt er eine Kopie der Brandversicherungsurkunde bei. Eine Wertangabe durch den Betreuer ist nicht zwingend erforderlich; das Betreuungsgericht berechnet diesen selbst.

Der Betreuer kann sich bei der Aufnahme des Verzeichnisses eines Notars oder Sachverständigen bedienen, §§ 1908i Abs. 1, 1802 Abs. 2 BGB. Die Kosten dieser Zuziehung trägt das Betreutenvermögen. Diese Maßnahme ist aber nur gerechtfertigt, wenn es in Anbetracht des Vermögens und/oder der geringen Erfahrung des Betreuers in Vermögensfragen vertretbar erscheint.

Zwang

Legt der Betreuer ein unvollständiges oder gar kein Verzeichnis vor, wird das Betreuungsgericht zunächst den Betreuer unter Fristsetzung auffordern, ein vollständiges Verzeichnis vorzulegen, §§ 1908i Abs. 1, 1837 Abs. 2 Satz 1 BGB und für den Fall der Nichtvorlage Zwangsgeld androhen, § 1837 Abs. 3 Satz 1 BGB i. V. m. § 35 Abs. 1, 2 FamFG. Reagiert der Betreuer nicht, wird das Zwangsgeld (wiederholt) festgesetzt und eingezogen (Rahmen jeweils bis 25.000 EUR, § 35 Abs. 3 Satz 1 FamFG). Schafft auch dies keine Abhilfe, kann eine Entlassung des Betreuers nach § 1908b Abs. 1 Satz 1 BGB in Betracht kommen.

So könnte ein ausgefülltes Vermögensverzeichnis aussehen:

Beispiel für ein ausgefülltes Verzeichnis über das Vermögen

Geschäftszeichen: __________ XVII *111/10*

Verzeichnis über das Vermögen

d. Betreuten *Hans Weiss*, geb. am *23. 5. 1921*

Hinweis: Zutreffendes bitte ☒ ankreuzen bzw. deutlich ausfüllen. **Bei Platzmangel für weitere Angaben bitte Beiblatt verwenden.** Soweit Unterlagen beizufügen sind, genügen **Kopien.**

Stichtag: *2. 7. 2010*

1.	**Vermögenswerte**	EUR
1.1	**Immobilien** (Grundbesitz) *entfällt* ☐ Ein- ☐ Zwei- oder ☐ Mehrfamilienhaus ☐ Eigentumswohnung ☐ mit Garage ☐ mit Stellplatz ☐ Erbbaurecht ☐ unbebaute(s) Grundstück(e) ☐ Betriebsgrundstück ☐ Land- oder Forstwirtschaftlicher Grundbesitz (Hofstelle) Lage (Str., HsNr., Ort): ______ Gemarkung ______ Flurstücks-Nr.: ______ eingetragen im Grundbuch Band ______ Blatt ______ Größe des Grundstückes: ______ qm Größe der Eigentumswohnung: ______ qm **bei Gebäuden:** Brandversicherungs-Su. 1914: ______ EUR Baujahr: ______ Wohnfläche d. Gebäude: ______ m² ggf. Wohnfläche d. eigengenutzten Whng.: ______ m² **bei Eigentumswohnung** (EW): Baujahr des Gebäudes: ______ EW erworben am ______ zum Preis von ______ EUR **nur bei Hofstelle:** Einheitswert: ______ EUR **Verkehrswert** (= Verkaufswert)① des oben aufgeführten Grundbesitzes – soweit bekannt –: ______ EUR Anteil d. Betreuten: ______ **Wertansatz somit:** →	/
	Besteht für das Gebäude eine Haftpflichtversicherung? ☐ ja (Bitte Kopie des Versicherungsscheines beilegen) ☐ nein **Beizufügen sind:** – unbeglaubigter Grundbuchauszug – Brandversicherungsurkunde (nur bei Gebäuden) – Einheitswertbescheid (nur bei Hofstelle) Weitere Immobilien bitte auf Beiblatt aufführen und vorstehende Unterlagen beifügen. **Bei Eigennutzung:** Bezeichnung der Immobilie, die v. d. Betreuten und/oder Ehegatten bzw. Verwandten (bitte genaues Verwandtschaftsverhältnis angeben, bei Kindern bitte Alter und Familienstand angeben) bewohnt wird: ______ ______	/

Verzeichnis über das Vermögen d. Betreuten – Seite 1

① Der Verkehrswert wird vom Betreuungsgericht auf der Basis des Verkehrsrichtwerts (Grundlage: Brandversicherungsurkunde) und des Grundstücksrichtwertes ermittelt. Die Beifügung der Brandversicherungsurkunde ist unbedingt erforderlich!

<table>
<tr><td>1.2</td><td>Erwerbsgeschäfte:
Firma: entfällt
Anschrift: ______
Ist die Firma im Handelsregister eingetragen? ☐ Nein ☐ Ja:
Amtsgericht ______ Gesch.zeichen HR ______
Beteiligungsverhältnis d. Betreuten:
☐ Inhaber ☐ Gesellschafter ☐ Pächter ☐ ______
Gesamtreinvermögen: ______ EUR Anteil d. Betr. ______
Durchschnittl. Gewinn in den letzten 3 Jahren: ______ EUR</td><td>EUR

/</td></tr>
<tr><td>1.3</td><td>sonstige Beteiligungen (z. B. an Genossenschaften)
______</td><td></td></tr>
<tr><td>1.4</td><td>Bargeld</td><td></td></tr>
<tr><td>1.5</td><td>Bankguthaben:
– vollständige Bezeichnung des Kontos und der Bank
– Nachweis über die Höhe des Guthabens zum Stichtag beifügen
(z. B. Bankbestätigung, Tagesauszug, Sparbuch)
– Konten mit Sollstand unter Nr. 2.2 eintragen
Girokonto-Nr. 9999 bei X-Bank Aburg
Sparkonto-Nr. 88888 bei X-Bank Aburg
Konto-Nr. ______ bei ______
Konto-Nr. ______ bei ______</td><td>

2800,–
7500,–</td></tr>
<tr><td>1.6</td><td>Wertpapiere:
– vollständige Bezeichnung des Depots und der Bank
– Depotauszug mit Kurswerten zum Stichtag beifügen
– Auszug aus dem Schuldbuch
(bei Bundesanleihen – Obligationen, Länderanleihen)
Depot-Nr. 77777 bei X-Bank Aburg
Bundesschatzbriefe Typ A, Ausg. 06/1, fällig 31.12.2012</td><td>

40000,–</td></tr>
<tr><td>1.7</td><td>Forderungen:
z. B. im Grundbuch eingetragene Hypotheken, Grundschulden, Wohnrecht, Reallast, Nießbrauch, Forderungen aus Kauf- und Darlehensverträgen, aus Versicherungsverträgen, rückständige Gehalts-, Lohn-, Rentenforderungen, bzw. Forderungen aus Pacht- u. Mietverträgen, Ansprüche aus Unfallgeschehen incl. Schmerzensgeldansprüchen:
– vollständige Bezeichnung der Forderung und des Zahlungspflichtigen
– gegebenenfalls Grundbuchstelle eintragen
– bei Lebensversicherungen: Rückkaufswert zum Stichtag eintragen und Bestätigung hierüber von der Versicherung beifügen.
entfällt</td><td>/</td></tr>
<tr><td>1.8</td><td>Einrichtungsgegenstände, Hausrat, Gegenstände des persönlichen Gebrauchs (z. B. Fernseher, Videogerät, Kamera), grobe Schätzung des Gesamtwerts genügt:
☒ ohne Verkaufswert, deshalb kein Wertansatz</td><td></td></tr>
<tr><td>1.9</td><td>Antiquitäten, Kunstgegenstände, Schmuck, wertvolle Teppiche, Briefmarkensammlung, Münzen etc.:
– ggf. auf Beiblatt auflisten und Aufbewahrungsort eintragen
– grobe Schätzung genügt vorerst</td><td>/</td></tr>
<tr><td>1.10</td><td>Kraftfahrzeuge:
– Typ: ______ Baujahr ______ Km-Stand: ______
– grobe Schätzung genügt</td><td>/</td></tr>
</table>

Verzeichnis über das Vermögen d. Betreuten – Seite 2 **Summe Nr. 1.1.–1.10** *50300,–*

2.	**Schulden**	EUR
2.1	Hypotheken, Grundschulden, Reallasten, Wohnrecht, Nießbrauch, die auf einer Immobilie des/der Betreuten eingetragen sind: – Bezeichnung des Rechts, des Gläubigers/Berechtigten und der Grundbuchstelle eintragen – bitte Bestätigung über die Höhe (Valuta) der Verbindlichkeit zum Stichtag beifügen *entfällt*	/
2.2	sonstige Verbindlichkeiten: – Gläubiger und Schuldgrund eintragen – bei Sollbestand auf Girokonto vollständige Bezeichnung des Kontos und der Bank eintragen – bitte Bestätigung über die Höhe (Valuta) der Verbindlichkeit zum Stichtag beifügen *entfällt*	/
	Summe Nr. 2.1–2.2:	/

3.	**Berechnung des Reinvermögens** (= Vermögen b. Betreuungs-Beginn)	EUR
3.1	Vermögensgegenstände – Summe 1.1–1.10	*50300,–*
3.2	abzüglich Schulden – Summe 2.1–2.2 ./.	–
	Reinvermögen:	*50300,–*

4.	**Einkommen**	EUR
	Regelmäßiges monatliches Einkommen, z. B. Renten, Pensionen, Arbeitseinkommen, Miet- und Pachteinnahmen, Leibrenten, Arbeitslosenunterstützung, Wohngeld, Pflegegeld, Blindengeld, Krankengeld – bitte letzten Bescheid über das jew. Einkommen, Miet-/Pacht-/Leibrentenvertrag in Kopie vorlegen: – bei Miet-/Pachtvertrag bitte Größe der Wohn-/Gewerbefläche in qm angeben	
	☒ Altersrente von *Deutsche Rentenversicherung*	*720,–*
	☒ Ehegattenrente von *Deutsche Rentenversicherung*	*380,–*
	☐ ______	
	☐ Pflegegeld (Stufe ______) ______	
	☐ ______	
	Summe Nr. 4:	*1100,–*
☐	D. Betreute bezieht Sozialhilfe. Die Kosten der Heimunterbringung werden vom Kostenträger */* getragen.	
☐	Die Einkünfte sind bereits auf den Kostenträger übergeleitet.	

Die vorstehende Aufstellung über das Vermögen d. Betreuten habe ich nach bestem Wissen erstellt. Ich versichere, dass meine Angaben richtig und vollständig sind.

Ort und Datum:
Aburg, 22. 7. 2010
Michael Mertens
Unterschrift d. Betreuer(s)in

Verzeichnis über das Vermögen d. Betreuten – Seite 3 –

2.2 Jährliche Rechnungslegung

Jahresabrechnung

Der Betreuer hat über das durch ihn verwaltete Vermögen dem Betreuungsgericht Rechnung zu legen, §§ 1908i Abs. 1, 1840 Abs. 2 BGB. Die Rechnungslegungspflicht umfasst das gesamte Vermögen; unterliegen Teile der Verwaltung eines Dritten, insbesondere eines Testamentsvollstreckers, so ist dessen Abrechnung mit vorzulegen. Der Betreuer macht den Anspruch des Vertretenen gegen den Testamentsvollstrecker gemäß §§ 2218 Abs. 2, 259 BGB geltend.

Die Rechnungslegung entfällt, wenn kein Vermögen verwaltet wird; sind keine Einnahmen und Ausgaben angefallen, genügt die Vorlage eines Vermögensverzeichnisses.

2.2.1 Befreiungen von der Rechnungslegung

Befreiung von der Rechnungslegung

Von der jährlichen Rechnungslegung sind der Ehegatte oder Lebenspartner (nach LPartG) des Betreuten, seine Eltern oder Abkömmlinge (Kinder, Enkel usw.) als Betreuer befreit; ebenfalls der Vereins- und Behördenbetreuer, §§ 1908i Abs. 2 Satz 2, 1857a, 1854 BGB. Verein und Betreuungsbehörde als solche unterliegen ebenfalls der Befreiung, §§ 1908i Abs. 1 Satz 1, 1857a, 1854 BGB.

Vermögensübersicht

Diese Betreuer haben anstelle der jährlichen Rechnungslegung lediglich alle 2 Jahre ein Vermögensverzeichnis vorzulegen; Einnahmen und Ausgaben sind nicht darzulegen. Der Zeitraum der Vorlage kann auf Antrag bis zu 5 Jahre durch das Betreuungsgericht verlängert werden, § 1854 Abs. 2 BGB.

Wichtig:

Keine Befreiung von der Schlussabrechnung

Die Befreiung aus § 1854 BGB erstreckt sich nicht auf die sog. Schlussabrechnung nach §§ 1908i Abs. 1, 1890, 1892 BGB. Am Ende seines Amtes (Entlassung aus dem Amt, Aufhebung der Betreuung oder Tod des Betreuten) hat der Betreuer über die gesamte Dauer seiner Tätigkeit Rechenschaft abzulegen. Da nun der befreite Betreuer nicht auf die jährlich dem Betreuungsgericht gelegten Rechnungen Bezug nehmen kann (§ 1890 Abs. 1 Satz 2 BGB), muss er den ganzen Zeitraum abdecken, soweit er nicht von seinem Nachfolger im Amt, dem Betreuten (nach Aufhebung der Betreuung) oder dessen Erben (beim Tod des Betreuten) einen Verzicht erlangen kann.

Auch der befreite Betreuer sollte intern eine Abrechnung erstellen und die Belege sammeln, da die Gefahr besteht, dass er am Ende seines Amtes für die gesamte Dauer der Betreuung Rechnung legen muss.

Das Betreuungsgericht kann über den o. g. Personenkreis hinaus keine weiteren Befreiungen erteilen, insbesondere auch nicht den Geschwistern des Betreuten. Siehe hierzu *BayObLG* (Rpfleger 2003, 188).

Selbst ein geschäftsfähiger Betreuter kann seinen Betreuer, der nicht zum Kreis der privilegierten Betreuer im Sinne von § 1908i Abs. 2 Satz 2 BGB gehört, nicht von der Rechnungslegung befreien, *OLG München* (BtPrax 2006, 80).

Befreiung kann aufgehoben werden

Die Befreiungen des Ehegatten, Lebenspartners, der Eltern und Abkömmlinge sowie der Vereins- und Behördenbetreuer können durch das Betreuungsgericht aufgehoben werden, wenn sie dem Wohle des Betreuten zuwiderlaufen, § 1908i Abs. 2 Satz 2 BGB. Auch kann das Betreuungsgericht bestimmen, dass die Befreiung von Anfang an nicht wirkt. Von der Möglichkeit, die Befreiung aufzuheben, soll das Betreuungsgericht nur Gebrauch machen, wenn eine engere Kontrolle angezeigt erscheint, und durch die Aufhebung der Befreiung eine etwaige Gefährdung des Wohls des Betreuten

Der Jahresbericht bei einem befreiten Betreuer könnte wie folgt aussehen:

Beispiel für einen Jahresbericht

Michael Mertens
Vorname/Name d. Betreuer(s)in

Auweg 3 01101-447
Straße/Nr. Telefon-Nr.

00000 Aburg
PLZ Ort

22. 1. 2011
Datum

Amtsgericht
– Betreuungsgericht –
00000 Aburg

Name und Vorname d. Betreuten
Hans Weiss
geb. am: 23. 5. 21
Geschäftsnummer:
XVII 111/10

Bericht über die Führung der Betreuung

A) Angaben über die persönlichen Verhältnisse (Nr. 1–7):

1. Ständiger Aufenthalt d. Betreuten:
   Musterweg 1 (Straße) 00000 (PLZ) Aburg (Ort)
   Heimunterbringung ☐ ja ☒ nein geschlossene Abteilung ☐ ja ☐ nein

2. Wer versorgt d. Betreute/n?
   ☒ versorgt sich selbst ☐ Personal d. Alten-/Pflegeheimes/Einrichtg.
   ☐ ich, d. Betreuer/in ☐ ambulante Pflegedienste
   ☐

3. Wie war die gesundheitliche Entwicklung seit dem letzten Bericht?
   Der Zustand d. Betreuten hat sich
   ☐ gebessert ☒ nicht verändert ☐ verschlechtert
   ☐ weil ________
   Hausarzt: Dr. Alfred Mustermann Tel.: 01101-333
   Straße Musterweg 9 PLZ 00000 Ort Aburg

4. Welche Änderungen im Umfang Ihres Aufgabenkreises halten Sie für erforderlich?
   ☒ keine ☐ ________

5. Die Betreuung ☒ ist weiter erforderlich
   ☐ kann aufgehoben werden, da d. Betreute seine/ihre Angelegenheiten wieder selbst regeln kann.

6. Wann haben Sie d. Betreute/n zuletzt persönlich gesehen? 27. 12. 2010
   In welchen zeitlichen Abständen sehen/besuchen Sie d. Betreute/n?
   ☒ wöchentlich ☐ monatlich ☐ täglich (gemeins. Hausstand)
   ☐ ________

7. **Sofern die Vermögensverwaltung nicht zu Ihrem Aufgabenkreis gehört:**
   Der Stand des Vermögens beträgt ca. ________ EUR.

– bitte wenden –

B) Angaben über die wirtschaftlichen Verhältnisse (Nr. 8–13):

8. **Einkünfte** d. Betreuten — **auszahlende Stelle:** — **Betrag:**

☒ Rente/n mtl. *Altersrente u. Witwenrente* *1130,–* EUR
☐ Krankengeld mtl. *Altersrente Deutsche Rentenvers. 15 2305 21 W002 11* EUR
☐ ~~Lohn~~/Gehalt ~~mtl.~~ *EUR 720,–* EUR
☐ ~~Mieteinnahmen~~ mtl. *Witw. Rente Deutsche Rentenvers. 55 090220 M007 21* EUR
☐ ~~Sozialhilfe mtl.~~ *EUR 380,–* EUR
☐ Pflegegeld (Stufe: ______) EUR
☐ ______ EUR

An wen werden die Einkünfte ausgezahlt?
☒ auf ein Konto d. Betreuten
☐ ______
☐ die Rente ist auf den Kostenträger (Bezirk ______) übergeleitet.

9. Heim-/Unterbringungskosten werden getragen durch (Träger u. Geschäftszeichen angeben):
entfällt

☐ Daneben erhält d. Betr. ein mtl. Taschengeld in Höhe von ______ EUR, das ☐ auf ein Kto. d. Betreuten ☐ an d. Einrichtung gezahlt wird.
Das Taschengeldkonto hatte am ______ einen Stand von ______ EUR.
Die Verwendung des Taschengeldes kontrolliere ich ☐ nicht.
☐ durch regelmäßige Einsicht in d. Verwendungsnachweis d. Einrichtung.
☐ durch Vorlage von Kopien d. Verwendungsnachweise d. Einrichtung.
Das Taschengeld wird – ☐ nicht – bestimmungsgemäß verwendet.

10. Die laufenden mtl. Einnahmen werden verwendet für (falls keine Heimunterbringung):
☒ Bestreitung des Lebensunterhaltes
☐ ______

11. Im Berichtszeitraum hat d. Betreute folgende Sachen (Gegenstände, Grundstücke) und Rechte (z. B. Forderungen, Wohnungsrecht) erworben oder geerbt (bei Erbschaft bitte Kopie d. Nachlassverz. u. d. Erbscheines oder der letztwilligen Verfügung mit Eröffnungsniederschrift beilegen).
☒ keine
☐ ______

12. Der Betreute besitzt folgendes **Vermögen**:
☐ Grundbesitz:
Gemarkung: *—* Bd. ______ Bl. ______ Wert: *—* EUR
☒ Girokonto Nr. *9999* bei *X-Bank Aburg* *5450,–* EUR
☒ Sparkonto Nr. *88888* bei *X-Bank Aburg* *7650,–* EUR
☐ Kto-Nr. ______ bei ______ EUR
☐ Kto-Nr. ______ bei ______ EUR
☒ *Depot-Nr. 77777 Bundesschatzbriefe* *41600,–* EUR
(bitte Kopien der Sparbücher etc. beilegen) *bei X-Bank Aburg* Summe *54700,–* EUR

– Für größere Aufstellung bitte gesondertes Blatt verwenden –

13. Folgende Tätigkeiten/Rechtshandlungen habe ich als gesetzlicher Vertreter vorgenommen:
☐ Kündigung oder Aufhebung eines Mietverhältnisses über Wohnraum
☐ sonstige genehmigungspflichtige Rechtsgeschäfte (z. B. Darlehensaufnahme, Abschluss eines Vergleiches etc.)

!Für weitere Mitteilungen bitte Beiblatt verwenden!

Ich versichere die Richtigkeit und Vollständigkeit meiner Angaben.

Verfügung:
1. Bewerten ☐ Ohne Kosten
☐ Sollstellung s. Bl. ______
2. ☐ ______
3. WV.m.E. sp. ☐ BB ☐
Rechtspfleger

Michael Mertens
Unterschrift des Betreuers/der Betreuerin

verhindert werden kann. Dies kann insbesondere bei mangelnder Erfahrung und Sachkompetenz des Betreuers der Fall sein. Insoweit kann jedenfalls bei erstmaliger Bestellung eines solchen Betreuers die Anordnung jährlicher Rechnungslegung vorgesehen werden, um zu prüfen, ob der Betreuer sein Amt ordnungsgemäß versieht, *BayObLG München* (FamRZ 2003, 475).

Rechnungslegung so einfach wie möglich – so genau wie nötig

Die Rechnungslegung umfasst nur die vom Betreuer verwalteten Vermögenswerte. Ein Verwendungsnachweis, z. B. für den von einer Einrichtung verwalteten Barbetrag zur persönlichen Verfügung oder ein dem Betreuten zur ausschließlichen Verfügung überlassenes Girokonto, muss dem Betreuungsgericht gegenüber nicht erbracht werden. Allerdings hat die Einrichtung die Verwendung der überlassenen Beträge zu dokumentieren und dem Betreuer nachzuweisen.

Betreuer sollten in der Regel bemüht sein, kein Bargeld des Betreuten zu verwalten, also Einnahmen und Ausgaben über ein Girokonto bargeldlos abzuwickeln. Damit wird nicht nur die größtmögliche Transparenz in der Vermögensverwaltung erreicht, sondern auch die Rechnungslegung erleichtert. Oftmals ersetzt die Ablichtung der Girokontoauszüge mit einem kurzen Verwendungshinweis bzw. mit einer Begründung versehen, unter Beifügung der Belege, die Aufstellung der Einnahmen und Ausgaben nach Formblatt. Für die ordnungsgemäße Rechnungslegung reichen dann das Abrechnungsdeckblatt und die Abgleichung aus. Dies gilt allerdings nur bei einer einfachen Abrechnung (von geringem Vermögen), die trotz der beschriebenen Vorgehensweise noch aus sich heraus verständlich ist (z. B. bei wenigen überwiegend wiederkehrenden Einnahmen und Ausgaben). Bei einer umfangreichen Vermögensverwaltung sollten mit dem Rechtspfleger die Form und der Umfang der Rechnungslegung abgestimmt werden.

2.2.2 Zeitraum und Form der Rechnungslegung

Kalenderjahr Die Rechnung ist grundsätzlich jährlich zu legen, §§ 1908i Abs. 1, 1840 Abs. 3 Satz 1 BGB; dies bedeutet jedoch nicht, dass der erste Abrechnungszeitraum nicht geringfügig kürzer oder länger sein kann. Dies ergibt sich aus dem Zusammenhang mit § 1840 Abs. 3 Satz 2 BGB, welcher ausführt, dass der Abrechnungszeitraum (das Rechnungsjahr) durch das Betreuungsgericht bestimmt wird. Hierbei wird häufig das Kalenderjahr gewählt, um dem Betreuer die Möglichkeit zu geben, Jahresabschlüsse z. B. der Konten und Erwerbsgeschäfte zu verwenden, welche er bei abweichenden Zeiträumen kostenpflichtig erstellen lassen müsste.

Vorlagezeitraum Soweit als Abrechnungszeitraum das Kalenderjahr bestimmt wird, kann die Vorlage der Abrechnungen variiert werden; z. B. wird das Betreuungsgericht umfangreiche Vermögensverwaltungen erst im Sommer oder Herbst des darauf folgenden Jahres vorlegen lassen, um die Erstellung von Jahresabschlüssen zu ermöglichen.

Ist die Vermögensverwaltung von geringem Umfang, liegt z. B. nur ein Sparkonto mit geringer Einlage und wenigen Veränderungen vor, so kann das Betreuungsgericht anordnen, dass die Rechnung für längere Abschnitte, höchstens drei Jahre zu legen ist, §§ 1908i Abs. 1, 1840 Abs. 4 BGB; allerdings erst, wenn die Abrechnung für das erste Jahr gelegt wurde. Diese Bestimmung wird in der Praxis kaum beachtet, da der persönliche Bericht gemäß §§ 1908i Abs. 1, 1840 Abs. 1 BGB immer jährlich vorzulegen ist und dabei der „Vermögensbericht" mit einbezogen wird.

Belege Die Rechnung umfasst eine geordnete Zusammenstellung aller Einnahmen und Ausgaben während des Abrechnungszeitraums, §§ 1908i Abs. 1, 1841 Abs. 1 BGB. Grundlage ist bei der ersten Abrechnung das Vermögensverzeichnis, für die späte-

Rechnungslegung über die Verwaltung des Vermögens

Betreuung für: Hans Weiss, geb. am: 23. 5. 1921

wohnhaft: Aburg

Aktenzeichen: XVII 111/10

für den Zeitraum vom 2. 7. 2010 bis 31. 12. 2010

Der Vermögensstand setzt sich wie folgt zusammen:

	Anfangsbestand	Endbestand
Grundbesitz: entfällt	EUR	EUR
Konto-Nr.: Bank:		
Girokonto Nr. 9999, X-Bank Aburg	2800,– EUR	5450,– EUR
Sparbuch Nr. 88888, X-Bank Aburg	7500,– EUR	7650,– EUR
Depotkonto Nr. 77777, X-Bank Aburg	40000,– EUR	41600,– EUR
(Bundesschatzbriefe Typ A, Ausgabe 07/1, Rückzahlungsfähigkeit 31. 12. 2013)	EUR	EUR
	EUR	EUR
	EUR	EUR
	EUR	EUR
	EUR	EUR
Zwischensumme:	EUR	EUR
Verbindlichkeiten:	EUR	EUR
	EUR	EUR
Bestand am Anfang des Abrechnungszeitraumes	50300,– EUR	EUR
Mehreinnahmen/-ausgaben im Abrechnungszeitraum	4400,– EUR	EUR
Bestand am Ende des Abrechnungszeitraumes	→	54700,– EUR

Angaben über die persönlichen Verhältnisse

1. Ständiger Aufenthalt der/des Betreuten:

   Musterweg 1 — 00000 — Aburg
   Straße — PLZ — Ort

   Heimunterbringung ( ) ja (X) nein — geschlossene Abteilung ( ) ja ( ) nein

2. Wer versorgt die/den Betreute/n?

   (X) versorgt sich selbst
   ( ) Personal des Alten-/Pflegeheimes/Einrichtung
   ( ) ich, die/der Betreuer/in
   ( ) ambulante Pflegedienste
   ( ) [ ]

3. Wie war die gesundheitliche Entwicklung seit dem letzten Bericht?

   Der Zustand der/des Betreuten hat sich

   ( ) gebessert (X) nicht verändert ( ) verschlechtert

   ( ) weil [ ]

   Hausarzt: Dr. Alfred Mustermann Tel.: 01101-333
   Straße Musterweg 9 PLZ 00000 Ort Aburg

4. Welche Änderungen im Umfang Ihres Aufgabenkreises halten Sie für erforderlich?

   (X) keine ( ) folgende (z. B. Erweiterung d. Aufgabenkreises):
   [ ]

5. Die Betreuung (X) ist weiter erforderlich

   ( ) kann aufgehoben werden, da die/der Betreute ihre/seine Angelegenheiten wieder selbst regeln kann.

6. Wann haben Sie die/den Betreute/n zuletzt persönlich gesehen? 23. 12. 2010

   In welchen zeitlichen Abständen sehen/besuchen Sie die/den Betreute/n?

   ( ) wöchentlich (X) monatlich ( ) täglich (gemeinsamer Hausstand)

7. Folgende Tätigkeiten/Rechtshandlungen habe ich als gesetzlicher Vertreter vorgenommen:

   ( ) Kündigung oder Aufhebung eines Mietverhältnisses über Wohnraum
   ( ) sonstige genehmigungspflichtige Rechtsgeschäfte (z. B. Grundstücksgeschäfte, Erbausschlagung, Darlehensaufnahme etc.)

   [keine]

8. Hat die/der Betreute im Berichtszeitraum Sachen oder Rechte erhalten, erworben oder geerbt?

   (X) nein ( ) ja, folgende
   [ ]

Die Angaben beruhen auf eigenen Ermittlungen. Die Richtigkeit und Vollständigkeit wird versichert.

Aburg, den 22. 1. 2011 — Michael Mertens
Ort — Datum — Unterschrift d. Betreuers

Seite: 1

Konto Nr.: 9999 Bank: X-Bank Aburg

lfd. Nr.	Datum	Bezeichnung der Einnahme/Ausgabe	Einnahmen EUR	Ausgaben EUR
		( ) Übertrag:		
1	13.07.10	Barbetrag an Betreuten		190,–
2	29.07.10	Renten	1100,–	
3	02.08.10	Miete		650,–
4	28.08.10	Renten	1100,–	
5	02.09.10	Miete		650,–
6	03.09.10	Barbetrag an Betreuten		190,–
7	15.09.10	Friseur		70,–
8	29.09.10	Renten	1100,–	
9	02.10.10	Miete		650,–
10	04.10.10	Barbetrag an Betreuten		190,–
11	16.10.10	2 Hosen und 1 Pullover		210,–
12	28.10.10	Renten	1100,–	
13	02.11.10	Miete		650,–
14	05.11.10	Barbetrag an Betreuten		190,–
15	10.11.10	Kosmetikartikel		45,–
16	29.11.10	Renten	1100,–	
17	29.11.10	Sonderzuwendung	430,–	
18	02.12.10	Miete		650,–
19	04.12.10	Barbetrag an Betreuten		250,–
20	10.12.10	Winterstiefel		130,–
21	18.12.10	Renten (Januar)	1100,–	
		Summe/~~Übertrag~~:	7365,–	4715,–

Seite: 2

Konto Nr.: 88888 Bank: X-Bank Aburg

lfd. Nr.	Datum	Bezeichnung der Einnahme/Ausgabe	Einnahmen EUR	Ausgaben EUR
		( ) Übertrag:		
1	31.12.10	Zinsen für das Kalenderjahr 2010	150,–	
		Depotkonto 77777 bei X-Bank Aburg		
1	31.12.10	Zinszahlungen für 2010	1600,–	
		Summe/Übertrag:	1750,–	

Gesamteinnahmen im Abrechnungszeitraum:	9115,– EUR
– Gesamtausgaben im Abrechnungszeitraum:	4715,– EUR
= Mehreinnahmen im Abrechnungszeitraum:	+ 4400,– EUR

ren die jeweils vorhergehende Jahresabrechnung. Ab- und Zugänge des Vermögens müssen sich unzweifelhaft überprüfen lassen. Belege sind den einzelnen Positionen zuzuordnen und beizufügen. Zum Nachweis der Zu- und Abgänge bei Konten ist eine Bescheinigung der Bank vorzulegen; Kopien der Sparbücher und Depotscheine genügen in der Regel nicht.

Vorlage der Kontoauszüge

Wenn die Abrechnung nur für einen kürzeren Zeitraum zu legen ist, die entsprechenden Vorgänge auf einem einzigen Konto verbucht wurden und hierbei im Monat wenige Buchungsvorgänge angefallen sind, teilweise von sich wiederholender Art, ist das Einreichen übersichtlich geordneter Kopien der Kontoauszüge, welche zum Verbleib am Betreuungsgericht bestimmt sind, ausreichend. Das bloße Abschreiben der einzelnen Positionen der Kontoauszüge würde in diesem Fall für das zur Abrechnungskontrolle berufene Betreuungsgericht keinen zusätzlichen Erkenntnisgewinn und auch keine wesentliche Arbeitserleichterung bedeuten. Siehe *BayObLG* (BayObLGR 2003, 382; FamRZ 2004, 220).

Sind Belege nicht vorhanden, genügt ein entsprechender Hinweis. Ob bei Ausgaben für den Lebensunterhalt des Vertretenen die Angabe von Pauschbeträgen ohne Belegnachweis genügt, sollte zwischen Betreuer und Betreuungsgericht abgeklärt werden.

Erwerbsgeschäft

Erstreckt sich die Vermögensverwaltung auf ein Erwerbsgeschäft mit kaufmännischer Buchführung, genügt die Vorlage der Jahresbilanz; das Gericht kann allerdings die Vorlegung der Bücher und sonstigen Belege fordern, §§ 1908i Abs. 1, 1841 Abs. 2 BGB.

Heimkonto

Ein Betreuer ist nicht verpflichtet, über ein bei einer Einrichtung (z. B. Pflegeheim) geführtes Taschengeldkonto des Betreuten Rechnung zu legen. Es genügt, wenn der Betreuer bei seiner Rechnungslegung die Einzahlungen auf das Taschengeldkonto aufführt, *LG Mönchengladbach vom 17. 2. 2010, Az.: 5 T 529/09.*

2.2.3 Gerichtliche Überprüfung der Jahresabrechnung

Überprüfung durch Gericht

Das Betreuungsgericht überprüft die Abrechnung rechnungsmäßig und sachlich, §§ 1908i Abs. 1, 1843 Abs. 1 BGB. Soweit ein Gegenbetreuer bestellt ist, hat dieser zunächst die Rechnung zu prüfen und mit entsprechenden Bemerkungen zu versehen, §§ 1908i Abs. 1, 1842 BGB; der Betreuer leitet in diesem Fall die Abrechnung nicht direkt an das Gericht, sondern legt sie zunächst dem Gegenbetreuer vor, der sie weiterleitet.

Die rechnerische Prüfung hat sich auf Rechenfehler und die Übereinstimmung der Abrechnungsbeträge mit den Belegen zu erstrecken. Bei der sachlichen Prüfung wird ermittelt, ob gesetzliche Bestimmungen, z. B. bei Geldanlagen eingehalten wurden und ob alle Einnahmen, z. B. Zinsen aufgeführt sind. Daneben hat das Gericht festzustellen, ob alle erforderlichen Genehmigungen eingeholt und die getätigten Rechtsgeschäfte wirksam geworden sind.

Soweit bei der Prüfung Fehler festgestellt werden, lässt das Gericht die Abrechnung durch den Betreuer berichtigen oder ergänzen, §§ 1908i Abs. 1, 1843 Abs. 1 Halbsatz 2 BGB. Eine Berichtigung durch das Betreuungsgericht scheidet wegen der Selbständigkeit des Betreuers aus.

Bleiben Ansprüche zwischen Betreuer und Betreuten streitig, so können diese Unstimmigkeiten nach Beendigung des Betreuungsverfahrens endgültig geklärt werden. Eine Verjährung der Ansprüche des Betreuten gegen den Betreuer tritt während des laufenden Verfahrens nicht ein, § 207 Abs. 1 Satz 2 Nr. 4 BGB. Erscheint es allerdings zweckmäßig, Ansprüche des Betreuten noch während des laufenden Verfahrens im Rechtsweg geltend zu machen, lassen dies §§ 1908i Abs. 1, 1843 Abs. 2 BGB zu. Der geschäftsfähige Betreute kann die Ansprüche selbst einklagen; besteht in diesem Aufgabenkreis ein Einwilligungsvorbehalt (§ 1903 Abs. 1 BGB) oder liegt bei ihm Geschäftsunfähigkeit vor, bedarf es der Bestellung eines weiteren

Betreuers gemäß § 1899 Abs. 4 BGB (Ergänzungsbetreuer), da der Betreute selbst nicht prozessfähig ist, § 52 ZPO.

Ansprüche des Betreuten gegen den Betreuer

Die Verpflichtung zur Rechnungslegung betrifft nur das Verhältnis des Betreuers zum Betreuungsgericht, nicht jedoch sein zivilrechtliches Verhältnis zum Betreuten, *OLG Karlsruhe* (FamRZ 2004, 1601). Erklärt der zuständige Rechtspfleger des Betreuungsgerichts sein Einverständnis mit der Abrechnung des Betreuers, ergeben sich dadurch keine Auswirkungen auf die Ansprüche des Betreuten gegen den Betreuer. Die Aufgabe des Betreuungsgerichts besteht in einer staatlichen Aufsicht gegenüber dem Betreuer. Aus dem Gesetz ergibt sich jedoch keinerlei Vertretungsmacht des Gerichts für den Betreuten. Dementsprechend können Handlungen oder Genehmigungserklärungen des Betreuungsgerichts, die sich auf die Tätigkeit des Betreuers beziehen, auch keine Rechtswirkungen im zivilrechtlichen Verhältnis zwischen dem Betreuten und dem Betreuer entfalten.

Gesichtspunkte von Treu und Glauben (§ 242 BGB) führen nicht zu einer anderen Bewertung. Der Betreuer kann sich nicht darauf berufen, aufgrund des Einverständnisses des Betreuungsgerichts mit seiner Tätigkeit habe er darauf vertrauen dürfen, sich auch später gegenüber dem Betreuten nicht mehr wegen der nicht genauer abgerechneten und nicht näher dokumentierten Aufwendungen rechtfertigen zu müssen.

Jahresabrechnung

Aus dem Anfangsvermögen zuzüglich aller Einnahmen und abzüglich aller Ausgaben muss sich das Endvermögen ergeben. Die Zuordnung der Belege zu den einzelnen Abrechnungsposten sollte durch Nummerierung erfolgen.

Bei Konten dürfte die Vorlage der Kontoauszüge genügen. Allerdings müssen die einzelnen Buchungsposten eindeutig identifizierbar sein und auf vorgelegte Belege verweisen.

Vernachlässigung der Rechnungslegung

Legt der Betreuer die periodische Abrechnung (§§ 1908i Abs. 1, 1840 Abs. 2 BGB) oder eine Zwischenabrechnung (§ 1839 BGB) nicht vor, begeht er eine Pflichtwidrigkeit und kann mit Zwangsgeld angehalten werden, §§ 1908i Abs. 1, 1837 Abs. 2 Satz 1, Abs. 3 Satz 1 BGB i. V. m. § 35 FamFG. Kommt der Betreuer trotz mehrmaliger Aufforderungen sowie einer Fristsetzung der Abrechnungspflicht nicht nach, kann dies ein wichtiger Grund für seine Entlassung sein, § 1908b Abs. 1 Satz 1 BGB. Das gilt jedenfalls dann, wenn das Betreuungsgericht infolge des Verhaltens des Betreuers seine Aufsichts- und Kontrollfunktion nicht mehr sachgerecht wahrnehmen kann, *OLG Schleswig* (FamRZ 2006, 577).

2.2.4 Auskunftspflicht des Betreuers

Zwischenabrechnung

Unabhängig von der periodischen Abrechnung kann das Betreuungsgericht jederzeit eine Zwischenabrechnung oder einen Vermögensbericht anfordern, wenn zum Zwecke der Aufsichtsführung eine Aufklärung für erforderlich gehalten wird, §§ 1908i Abs. 1, 1839 BGB. Auf Verlangen hat der Betreuer auch Belege und Bescheinigungen beizufügen.

2.2.5 Schlussabrechnung

Am Ende der Betreuung hat der Betreuer an den Betreuten, wenn das Verfahren aufgehoben wurde, oder an den Erben, falls es mit dem Tod des Betreuten endet, das Vermögen herauszugeben, §§ 1908i Abs. 1, 1890 BGB. Sollte der Betreuer aus dem Amt entlassen werden, erfolgt die Herausgabe an seinen Nachfolger. Daneben muss er für die gesamte Dauer seiner Verwaltung Rechnung legen. Es handelt sich um einen privatrechtlichen Anspruch, der durch Klage beim Prozessgericht durchgesetzt werden kann.

Der Anspruch des Betreuten auf Auskunftserteilung und Herausgabe von Kontoauszügen beruht auf § 1908i Abs. 1 Satz 1 BGB in Verbindung mit § 1890 Satz 1 BGB. Danach hat ein Betreuer nach Beendigung seines Amtes dem Betreuten das verwaltete Vermögen herauszugeben und über die Verwaltung des Vermögens Rechenschaft abzulegen. Die Rechenschaftspflicht nach § 1890 BGB ist weitreichender als die Rechenschaftspflicht nach § 1892 BGB gegenüber dem Betreuungsgericht und richtet sich nach § 259 BGB. Sie verpflichtet den Betreuer dazu, seine Amtsführung vom Beginn der Betreuung an dem Betreuten gegenüber zu rechtfertigen und alle Einnahmen und Ausgaben während der Betreuungszeit einzeln aufzuzeichnen, zu belegen und zu erläutern. Dabei müssen die Angaben so detailliert und verständlich sein, dass der Betreute ohne fremde Hilfe in der Lage ist, seine Ansprüche zu überprüfen. Die Pflicht zur Rechenschaftslegung umfasst somit auch die Herausgabe der Kontoauszüge über den gesamten Betreuungszeitraum, da nur so für den Betreuten nachvollziehbar ist, welche Einnahmen er hatte und welche Ausgaben von seinem Vermögen getätigt wurden, *OLG Jena*, BtPrax 2013, 123; *OLG Schleswig*, FamRZ 2006, 574.

Betreuer muss belegen und erläutern

Die Durchsetzung des Anspruchs auf Rechnungslegung erfolgt über § 260 BGB. Der bisherige Betreuer hat ein Verzeichnis über den Vermögensbestand zum Zeitpunkt der Beendigung seines Amtes vorzulegen, das sich an das (Anfangs-)Vermögensverzeichnis gemäß §§ 1908i Abs. 1, 1802 BGB anschließt. Für die Dauer seines Amtes hat der ehemalige Betreuer Rechenschaft zu legen, d. h. er hat Einnahmen und Ausgaben darzustellen und gegebenenfalls zu belegen, § 259 Abs. 1 BGB. Dabei kann er auf die Jahresabrechnungen (§§ 1908i Abs. 1, 1840 BGB), welche er dem Betreuungsgericht periodisch gelegt hat und die sich in dessen Akten befinden, Bezug nehmen, §§ 1908i Abs. 1, 1890 Satz 2 BGB.

Rechenschaft

Die jährliche Rechnungslegung durch den Betreuer sowie deren Prüfung durch das Betreuungsgericht gemäß §§ 1840 ff., 1843 BGB i. V. m. § 1908i Abs. 1 Satz 1 BGB betreffen jedoch allein die Rechtsbeziehungen zwischen Betreuer und Betreuungsgericht, nicht jedoch das Rechtsverhältnis zwischen Betreuer und Betreutem, so dass selbst die vom Betreuungsgericht anerkannte Richtigkeit einer Abrechnung, wie sich auch aus § 1843 Abs. 2 BGB i. V. m. § 1908i Abs. 1 Satz 1 BGB, ergibt, ohne Einfluss auf mögliche Ansprüche des Betreuten gegen den Betreuer ist (*OLG Karlsruhe* FamRZ 2004, 1601; *OLG Saarbrücken* FamRZ 2011, 1170).

Die Befreiung aus §§ 1908i Abs. 2 Satz 2, 1857a, 1854 BGB erstreckt sich nicht auf die sog. Schlussabrechnung nach §§ 1908i Abs. 1, 1890, 1892 BGB (siehe Abschnitt 2.2.1).

Soweit ein Gegenbetreuer vorhanden ist, legt der ehemalige Betreuer ihm die Schlussabrechnung vor. Dieser prüft die Abrechnung und versieht sie gegebenenfalls mit Prüfungsbemerkungen, §§ 1908i Abs. 1, 1891 Abs. 1 BGB. Er hat nach § 1891 Abs. 2 BGB außerdem über die Führung der Gegenbetreuung zu berichten und auf Verlangen über das durch den Betreuer verwaltete Vermögen Auskunft zu erteilen, soweit er dazu imstande ist. Diese Verpflichtungen bestehen zunächst gegenüber dem ehemaligen Betreuten bzw. dessen Rechtsnachfolger.

Ob ein Betreuer seine Pflicht zur Rechenschaftslegung materiell erfüllt hat, kann allein das Prozessgericht im Rahmen eines Klageverfahrens entscheiden. Das Betreuungsgericht kann lediglich die Einreichung einer formell ordnungsgemäßen Schlussrechnung verlangen und den Betreuer hinzu mit Zwangsmitteln anhalten. Hat der Betreuer zwecks Erfüllung des Rechenschaftsanspruchs auf die Betreuungsakte Bezug genommen, so hindert dies den Betreuten nicht, ergänzend Auskunft zur sachlichen Rechtfertigung von bestimmten Vermögensdispositionen zu verlangen, *OLG Schleswig* (FamRZ 2006, 574).

Betreuter kann Auskunft verlangen

Soweit für den ehemaligen Betreuten oder dessen Rechtsnachfolger Grund zur Annahme besteht, dass das abschließende Vermögensverzeichnis oder die in der Rechnung enthaltenen Angaben nicht mit der erforderlichen Sorgfalt erstellt oder

Versicherung an Eides statt

gemacht worden sind, hat der ehemalige Betreuer auf Verlangen an Eides statt zu versichern, dass er nach bestem Wissen den Bestand bzw. die Angaben so vollständig angegeben habe, als er dazu imstande sei, §§ 259 Abs. 2, 260 Abs. 2 BGB. Diese Versicherung ist nach § 889 ZPO vor dem Wohnsitzamtsgericht des ehemaligen Betreuers abzugeben.

Besteht nach Beendigung der Betreuung zwischen dem Betreuten und dem Betreuer über die bestimmungsgemäße Verwendung des Betreutenvermögens, z. B. zu Ausgaben, ist der (ehemalige) Betreuer ohne Rücksicht auf ein Verschulden verpflichtet, die ihm zur Verfügung gestellten Gelder an den (ehemaligen) Betreuten herauszugeben, soweit sie nicht bis zur Entlassung des Betreuers bestimmungsgemäß verwendet worden sind. Für die bestimmungsgemäße Verwendung der Gelder trägt der (ehemalige) Betreuer die Darlegungs- und Beweislast. Der Betreuer ist zwar nicht Beauftragter im Sinne des § 667 BGB, vielmehr leitet er seine Befugnisse aus der ihm vom Betreuungsgericht übertragenen Amtsstellung ab, jedoch hat er einem Beauftragten vergleichbare Rechte und Pflichten, *OLG Naumburg* (BtPrax 2007, 262).

Empfangsquittung eines geschäftsunfähigen Betreuten

Hat sich der Betreuer für angebliche Geldübergaben an den Betreuten Quittungen durch diesen erteilen lassen, ist hinsichtlich der inhaltlichen Richtigkeit der Quittung, also für die Frage, ob der Schuldner die Leistung tatsächlich erbracht hat, nach § 286 ZPO der Grundsatz der freien Beweiswürdigung zu beachten. Die materielle Beweiskraft einer Quittung hängt von den Umständen des Einzelfalls ab. Sie kann durch jeden Gegenbeweis entkräftet werden, wobei der Gegenbeweis bereits dann geführt ist, wenn die Überzeugung des Gerichts von der zu beweisenden Tatsache, also dem Empfang der Leistung, erschüttert wird; dass sie als unwahr erwiesen wird oder sich nur eine zwingende Schlussfolgerung gegen sie ergibt, ist nicht nötig. Zur Erschütterung der Überzeugung vom Empfang der Leistung kann es bereits genügen, wenn die Quittung von einem Geschäftsunfähigen stammt (*OLG Saarbrücken* FamRZ 2011, 1170).

Herausgabe von Geldern, wenn Übergabe an Betreuten nicht bewiesen werden kann

Ein Berufsbetreuer, der im Rahmen der ihm übertragenen Betreuung Gelder bar von Betreutenkonten abgehoben hat, ist ebenso wie ein Bevollmächtigter zur Herausgabe der Gelder verpflichtet, sofern er nicht nachweist, dass er die Gelder bestimmungsgemäß verwendet hat. Hinsichtlich der bestimmungsgemäßen Verwendung der Gelder trägt er die Darlegungs- und Beweislast. Er muss darlegen und, wenn vom ehemaligen Betreuten (bzw. dessen Rechtsnachfolgern) bestritten, beweisen, dass er die Bargeldbeträge, die er von dem Konto des Betreuten abgehoben hat, bestimmungsgemäß für dessen Zwecke verwendet hat. Soweit der ehemalige Betreuer durch Quittungen nachweist, dass er die Beträge dem Betreuten persönlich übergeben habe, erbringen diese gem. § 416 ZPO zunächst lediglich den vollen Beweis dafür, dass der Betreute den Empfang der Leistung bestätigt hat. Hinsichtlich der inhaltlichen Richtigkeit der Quittungen, d. h. für die Frage, ob die Aushändigung tatsächlich erfolgt ist, gilt nach § 286 ZPO der Grundsatz der freien Beweiswürdigung. Zur Erschütterung der Überzeugung vom Empfang der Leistung kann bereits genügen, wenn die Quittung von einem Geschäftsunfähigen stammt (*LG Mainz*, FamRZ 2012, 1325).

2.2.6 Verzicht auf Schlussabrechnung

Verzicht auf Schlussabrechnung

Der ehemalige Betreute sowie dessen Rechtsnachfolger (Erben) können durch Vertrag mit dem ehemaligen Vertreter auf die Rechnungslegung verzichten, § 397 BGB. Dieser Vertrag kann formlos geschlossen, sollte jedoch aus Gründen der Nachweisbarkeit schriftlich abgefasst werden. Will ein nachfolgender Betreuer bei Entlassung des bisherigen den Verzicht vornehmen, ist zu beachten, dass er hierzu nicht die erforderliche Vertretungsmacht hat. Durch den Verzicht würde er über eine Forderung des Betreuten unentgeltlich verfügen, was ihm gemäß §§ 1908i Abs. 2 Satz 1, 1804 Satz 1 BGB untersagt ist.

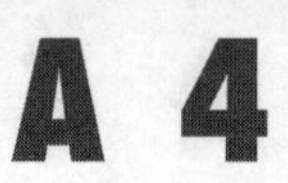

Praxis TIPP

Verzicht auf Schlussabrechnung

Soweit der ehemalige Betreute bzw. dessen Erben mit der vermögensrechtlichen Führung des Amtes durch den Betreuer einverstanden sind, können sie auf eine Schlussabrechnung durch vertragliche Vereinbarung verzichten, § 397 BGB. Dieser Verzicht bedarf keiner Form, sollte aber aus Gründen der Nachweisbarkeit schriftlich erfolgen. Er ist nicht mit einer Entlastungserklärung gleichzusetzen, kann aber mit dieser verbunden sein. Die Vereinbarung könnte lauten: „Es wird vereinbart, dass durch den ehemaligen Betreuer keine (förmliche) Schlussabrechnung zu erbringen ist."

2.2.7 Herausgabe des Vermögens und der Unterlagen

Herauszugeben ist das gesamte Vermögen und die zur Geltendmachung von Forderungen oder hinterlegten Gegenständen erforderlichen Urkunden (z. B. Sparbücher, Wertpapiere, Versicherungsscheine, Konto- und Kreditkarten). Bestehende Sperrvermerke auf Konten hat nicht der Betreuer zu löschen, sondern der Betreute oder dessen Rechtsnachfolger. Der ehemalige Betreuer kann sich eine Quittung über die herausgegebenen Vermögenswerte erteilen lassen, § 368 BGB.

Wird die Betreuung durch den Tod des Betreuten beendet, treffen den ehemaligen Betreuer unter Umständen steuerrechtliche Verpflichtungen nach § 20 Abs. 6 ErbStG. Nach dieser Vorschrift haften Personen, in deren Gewahrsam sich Vermögen des Erblassers befindet, in Höhe des ausgezahlten Betrags für die Steuer, soweit sie das Vermögen vorsätzlich oder fahrlässig vor Entrichtung oder Sicherstellung der (Erbschafts-)Steuer in ein Gebiet außerhalb des Geltungsbereichs dieses Gesetzes bringen oder außerhalb des Geltungsbereichs dieses Gesetzes wohnhaften Berechtigten zur Verfügung stellen. Dies bedeutet, dass dann, wenn der Erbe Wohnsitz im Ausland hat (oder sich dauerhaft dort aufhält), der Betreuer verpflichtet sein dürfte, einen entsprechenden Betrag für die Steuerschuld sicherzustellen (zurückzuhalten). Praktisch ist dieses Problem damit zu lösen, dass sich der Erbe beim zuständigen Finanzamt (für Erbschaftssteuererhebung) eine sog. Unbedenklichkeitsbescheinigung einholt, und diese dem ehemaligen Betreuer vorlegt. In diesem Fall kann problemlos das gesamte verwaltete Vermögen ins Ausland herausgegeben werden.

Nachweis der Erbfolge

Der Betreuer lässt sich das Erbrecht in der Regel durch einen Erbschein nachweisen. Ausnahmsweise kann auch die Abschrift eines (notariellen) Testaments mit Abschrift der nachlassgerichtlichen Eröffnungsniederschrift genügen; in diesem Fall empfiehlt sich eine Rückfrage beim Nachlassgericht, ob eventuell weitere Verfügungen von Todes wegen vorliegen. Sollte sich aus dem Erbschein ergeben, dass Testamentsvollstreckung besteht, darf das Vermögen in der Regel nur an den Testamentsvollstrecker herausgegeben werden, der sich durch ein „Testamentsvollstreckerzeugnis" ausweist. Bei bestehender Testamentsvollstreckung fehlt dem Erben das Verfügungsrecht über den Nachlass, § 2211 BGB, das Verwaltungsrecht steht nur dem Testamentsvollstrecker zu, § 2205 BGB.

Zurückbehaltungsrecht

Soweit der Betreuer noch eigene, aus der Betreuung herrührende Ansprüche hat, insbesondere Vergütungs- oder Aufwendungsersatzansprüche gemäß §§ 1908i Abs. 1 Satz 1, 1835, 1836 BGB, kann er ein Zurückbehaltungsrecht geltend machen, §§ 273, 274 BGB. Dieses Recht darf aber nicht überdehnt werden; zurückbehalten werden kann nur ein verhältnismäßiger Teil, nicht das gesamte Vermögen.

Dem Anspruch des Erben gegen den ehemaligen Betreuer auf Herausgabe von Vermögensgegenständen kann ein Zurückbehaltungsrecht des ehemaligen Betreuers auf der Grundlage der §§ 273, 274, 670, 677, 683 BGB zustehen, wenn dieser eigene Ansprüche aus dem Betreuungsverfahren hat. Der Anspruch des Erben besteht nur Zug-um-Zug (§ 274 BGB) gegen Zahlung der dem Betreuer zustehenden Forderung, *OLG Zweibrücken* BtPrax 2010, 38.

Im Verhältnis zwischen Betreuer und Betreutem sind die Vorschriften des Auftragsrechts entsprechend anzuwenden, *OLG Karlsruhe* (FamRZ 2004, 1601). Herauszugeben hat der ehemalige Betreuer somit auch alle Unterlagen, die während der Dauer des Amtes und zur Wahrnehmung der Aufgaben angefallen sind, § 667 BGB. Das sind zum Einen alle Urkunden, Ausweise und Schriftstücke, die dem Betreuten selbst zuzuordnen sind, wie Personalpapiere, Gesundheitszeugnisse, Gutachten, ärztliche Zeugnisse, Verordnungen, Röntgenaufnahmen, Versicherungsnachweise, Arbeitspapiere, Personenstandsurkunden, Erbscheine, Rentenbescheide, Urteile und Gutachten. Aber auch Schriftgut, das die Tätigkeit des Betreuers dokumentiert und das während der Betreuung angefallen ist, z. B. Schriftverkehr mit Gericht, Behörden, Heim und Krankenanstalten, gehört dazu. Ob sich der ehemalige Betreuer von den wichtigsten Unterlagen Kopien auf eigene Rechnung fertigt, um später Nachweise erbringen zu können, kann sich durchaus als sinnvoll erweisen.

Quittung

Eine Quittierung über den Empfang der herausgegebenen Unterlagen ist anzustreben, § 368 BGB. Dazu sollte der ehemalige Betreuer die Unterlagen mit einem wasserunlöslichen Stift lückenlos nummerieren und sich den vollständigen Erhalt der Unterlagen von Seite 1 bis Seite xy quittieren lassen.

2.2.8 Mitwirkung des Betreuungsgerichts

Rechnungsprüfung des Gerichts

Obwohl die §§ 1908i Abs. 1, 1890, 1891 BGB nur Verpflichtungen des ehemaligen Betreuers gegenüber dem Betreuten bzw. dessen Rechtsnachfolgern regeln, hat das Betreuungsgericht noch eine Rechnungsprüfung vorzunehmen und deren Abnahme zu vermitteln, §§ 1908i Abs. 1, 1892 BGB. Es handelt sich um eine Restaufsicht des Gerichts und soll der leichteren Abwicklung des Verfahrens dienen. § 1892 BGB ist anzuwenden, wenn die Betreuung vollständig endet, aber auch dann, wenn Betreuer aus dem Amt entlassen wurden.

Zwang

Die Vorlage einer Schlussabrechnung kann das Betreuungsgericht nach §§ 1908i Abs. 1, 1837 Abs. 2 Satz 1, Abs. 3 BGB erzwingen, gegebenenfalls durch Zwangsgeld, § 35 FamFG. Der Betreuer ist aber nur zu einer formell ordnungsgemäßen Rechnung verpflichtet; soweit materielle Fragen unklar bleiben, stellt dies das Betreuungsgericht lediglich fest. Der ehemalige Betreute oder seine Erben können die Gerichtsakten einsehen (§ 13 FamFG), was insbesondere dann erforderlich sein könnte, wenn auf die periodischen Jahresabrechnungen Bezug genommen wurde.

Hat der Betreute bzw. sein Rechtsnachfolger auf Rechnungslegung verzichtet, § 397 BGB (siehe oben), entfällt auch die Vorlage einer Schlussabrechnung an das Betreuungsgericht.

Vermittlung durch Gericht

Nach §§ 1908i Abs. 1, 1892 Abs. 2 Satz 1 BGB soll das Betreuungsgericht die Abnahme der Rechnungslegung durch Verhandlungen mit den Beteiligten vermitteln; ein vorhandener Gegenbetreuer ist zuzuziehen. In der Praxis kann das Gericht diese Verhandlungen nur anbieten und auf Anregung eines Beteiligten durchführen; das persönliche Erscheinen kann nicht erzwungen werden. Regelmäßig übersendet das Betreuungsgericht dem ehemaligen Betreuten (oder seinen Erben) die Schlussabrechnung samt Prüfungsbericht, bietet Akteneinsicht an und weist auf die Möglichkeit der Vermittlung hin.

Das Betreuungsgericht kann die Anerkennung der Richtigkeit der Rechnung durch den ehemaligen Betreuten beurkunden, falls dieser es möchte, §§ 1908i Abs. 1, 1892 Abs. 2 Satz 2 BGB. Dies kann im Rahmen einer Vermittlungsverhandlung erfolgen, aber auch, wenn eine solche nicht stattgefunden hat.

Entlastung

Soweit der ehemalige Betreute die Richtigkeit der Abrechnung anerkennt, ob zur Urkunde des Betreuungsgerichts oder durch formloses Schreiben, spricht man allgemein von einer „Entlastung“. Der ehemalige Betreuer hat hierauf keinen Anspruch. Entlastung bedeutet ein negatives Schuldanerkenntnis; stellt sich später heraus, dass der Entlastende gegen den ehemaligen Vertreter noch Ansprüche hat, kann er diese in der Regel dennoch geltend machen. Durch die Entlastung gehen somit Ansprüche des Entlastenden regelmäßig nicht verloren.

Entlastungserklärung

Die Erklärung des Betreuten (oder seiner Erben) könnte lauten:

> „Der Betreuer hat über seine Vermögensverwaltung Rechnung gelegt und mir das Vermögen und alle Unterlagen ausgehändigt. Die Abrechnung erkenne ich als richtig und vollständig an. Für die Führung seines Amtes erteile ich Entlastung.“

Diese Erklärung ist dem Betreuungsgericht vorzulegen, damit dieses keine Maßnahmen nach §§ 1908i Abs. 1, 1892 BGB ergreift und das Verfahren abschließen kann.

3. Vertretungsausschlüsse und Beschränkungen

3.1 Schenkungsverbot

Unwirksamkeit einer Schenkung

Durch die in § 1908i Abs. 2 Satz 1 BGB dargestellte sinngemäße Anwendung des § 1804 BGB für die Betreuung unterliegt der Betreuer grundsätzlich dem Schenkungsverbot, § 1804 Satz 1 BGB mit den Ausnahmen nach § 1804 Satz 2 BGB (Anstandsschenkungen und Schenkungen aus einer sittlichen Pflicht). Der Betreuer kann darüber hinaus in Vertretung des Betreuten auch noch „Gelegenheitsgeschenke“ machen, wenn diese dem Wunsch des Betreuten entsprechen und nach dessen Lebensverhältnissen üblich sind. Der Begriff „Wunsch“ kann in diesem Zusammenhang nicht mit Geschäftsfähigkeit verbunden werden, sondern stellt lediglich auf eine natürliche Willensäußerung ab.

Soweit der Betreuer zu Schenkungen aus dem Vermögen des Betroffenen nicht befugt ist, wird nicht allein das Verpflichtungs-, sondern auch das dingliche Vollzugsgeschäft erfasst (*KG* BtPrax 2012, 123).

3.1.1 Vertrag zugunsten Dritter

Vertrag zugunsten Dritter

Legt der Betreuer Geld des Betreuten in der Weise an, dass der Rückzahlungsbetrag im Falle des Todes des Betreuten einem Drittbegünstigten zufließen soll (§ 331 BGB), so unterliegt diese Vereinbarung selbst nicht dem Schenkungsverbot aus §§ 1908i Abs. 2 Satz 1, 1804 BGB. Betroffen von dem Schenkungsverbot sind allenfalls Absprachen im Valutaverhältnis zwischen dem Betreuten und dem Drittbegünstigten, *BayObLG* (Rpfleger 2002, 622).

Bei einem Vertrag zugunsten Dritter auf den Todesfall i. S. v. § 331 BGB geht es darum, dass der Begünstigte im Falle des Todes des Betreuten das Recht erwerben soll, die Leistung aus dem Vertrag, den dieser mit der Bank geschlossen hat, zu fordern (§ 328 Abs. 1 BGB). Damit stellt sich der „Zuwendungsvertrag“ im Regelfall als Bestandteil des Darlehensvertrages im Deckungsverhältnis zwischen Versprechendem (Bank) und Versprechensempfänger (Betreuten) dar. Speziell im Falle des Vertrages nach § 331 BGB gehört der dem Dritten zugewandte Leistungsanspruch aus dem Deckungsverhältnis bis zum Eintritt des Todesfalles zum Vermögen des Versprechensempfängers (Betreuten). Erst nach Eintritt des Todesfalles erwirbt der Dritte den Leistungsanspruch gegen den Versprechenden (Bank).

Eine davon zu unterscheidende Frage ist das Rechtsverhältnis zwischen dem zuwendenden Versprechensempfänger und dem Begünstigten (sog. Valutaverhältnis).

Aus dieser Rechtsbeziehung ergibt sich der Rechtsgrund für die Zuwendung an den Dritten, wobei es sich z. B. auch um eine Schenkung handeln kann. Ein solches Rechtsverhältnis bedarf, wie jeder Vertrag, der Einigung der Beteiligten, also eines Angebots und einer Annahme. Ein Rechtsgrund kann im Übrigen im Falle des § 331 BGB auch noch nach dem Tode des Versprechensempfängers zustande kommen. Der Betreuer jedoch ist wegen §§ 1908i Abs. 2 Satz 1, 1804 BGB insoweit an einer Vertretung des Betroffenen gehindert. Fehlt ein Rechtsgrund oder ist eine entsprechende Vereinbarung, etwa wegen Verstoßes gegen §§ 1908i Abs. 2 Satz 1, 1804 BGB, nichtig, so kann der Begünstigte die Zuwendung grundsätzlich nicht behalten. Dies alles aber lässt das Deckungsverhältnis unberührt.

3.1.2 Erlaubte Schenkungen

Anstandsschenkung

Der Begriff „Anstandsschenkung" kann in etwa wie folgt umschrieben werden: Kleine Geschenke sind üblich und die Unterlassung hätte einen beleidigenden Charakter. Die Unterlassung des Geschenks müsste somit zu einer Einbuße an Achtung in dem Personenkreis führen, dem Schenker und Beschenkter angehören. Zu den Anstandsgeschenken gehören u. a. Geburtstags-, Weihnachts- und Hochzeitsgeschenke.

Befreiung aus einer finanziellen Notlage als Anstandsschenkung

Das *LG Kassel* (BtPrax 2012, 259) sieht eine Anstandsschenkung u. U. auch dann als gegeben, wenn der Betreuer aus dem Vermögen des Betreuten dessen Abkömmling einen größeren Geldbetrag schenkt, damit dieser sich aus einer anhaltenden finanziellen Notlage befreien kann. Voraussetzung ist, dass der Betreute in gesicherten wirtschaftlichen Verhältnissen lebt und die Schenkung seinem Willen entspricht. Es würde den durchschnittlichen Moralvorstellungen entsprechen, dass in einer intakten Familie Eltern ihren Kindern finanziell beistehen, wenn diese unverschuldet in eine finanzielle Notlage geraten sind und die Eltern diese finanzielle Notlage ohne drohende Gefährdung des eigenen Lebensstandards beheben können.

Sittliche Pflicht

Bei der „Schenkung aus einer sittlichen Pflicht" sind immer die Umstände des Einzelfalls, das Vermögen und die Lebensstellung der Beteiligten sowie die persönlichen Beziehungen zu beachten. Namentlich kann die Unterstützung naher Angehöriger, die keinen rechtlichen (Unterhalts-)Anspruch gegen den Leistenden haben, als Erfüllung einer sittlichen Pflicht angesehen werden.

Beispiel:

Der Betreuer des vermögenden Betreuten finanziert dessen Bruder die Kosten eines gerichtlichen Verfahrens, nach dem dieser unverschuldet in eine erhebliche finanzielle Notlage geraten ist und im Wege eines Prozesses seine Ansprüche durchsetzen muss.

Das *BayObLG* (Rpfleger 2003, 649) hat festgestellt, dass für die Annahme einer Schenkung aus sittlicher Verpflichtung maßgeblich ist, ob das Unterlassen der Schenkung dem Betroffenen als Verletzung einer für ihn bestehenden sittlichen Pflicht zur Last zu legen ist. Es kommt darauf an, ob der Betroffene gewissermaßen moralisch verpflichtet sei, die Schenkung zu tätigen. Dies kann sich nur aus objektiven Umständen, insbesondere auch im Hinblick auf den Empfänger der Schenkung ergeben und nicht allein aus dem Interesse des Betroffenen. Eine sittliche Verpflichtung des Betreuten ergibt sich nicht unter dem Gesichtspunkt einer vorweggenommenen Erbfolge.

Schenkung durch Betreuten

Unabhängig davon kann der Betreute selbst beliebige Schenkungen machen, soweit er geschäftsfähig ist. Die Eigenschenkung des Betroffenen wird unmöglich, wenn für den betreffenden Vermögensbereich ein Einwilligungsvorbehalt angeordnet ist, und es sich nicht um „Ausnahmegeschenke" handelt, denen der Betreuer zustimmen kann.

Möglich sind grundsätzlich auch Schenkungen des geschäftsfähigen Betreuten an den Betreuer, da dieser nur Schenkungsempfänger ist und somit keinem Ausschlusstatbestand unterliegt. Eventuell könnte aber an § 138 Abs. 1 BGB gedacht werden: Ausnutzung eines persönlichen Vertrauensverhältnisses.

Schenkung durch den Betreuer	
Regel	**Ausnahmen**
§ 1908i Abs. 2 Satz 1 BGB i. V. m. § 1804 Satz 1 BGB	§ 1908i Abs. 2 Satz 1 BGB i. V. m. § 1804 Satz 2 BGB
Schenkung ist nichtig	Schenkung ist wirksam (erlaubte Schenkung), wenn es sich handelt um: • Anstandsschenkung • Schenkung aus sittlicher Pflicht • Gelegenheitsgeschenk

Schenkung durch Betreuten selbst		
Betreuter ist geschäftsfähig		**Betreuter ist nicht geschäftsfähig**
kein Einwilligungsvorbehalt	Einwilligungsvorbehalt	§ 105 Abs. 1 BGB
Betreuter kann wirksam schenken	Schenkung ist schwebend unwirksam; Genehmigung der Schenkung durch Betreuer ist erforderlich, die aber nur erteilt werden kann, wenn es sich um eine „erlaubte" Schenkung handelt; „verbotene" Schenkungen sind nichtig und können nicht zur Wirksamkeit gebracht werden.	Schenkung ist nichtig

3.2 Ausstattung

Ausstattung ist keine Schenkung

Der Betreuer kann aus dem Vermögen des Betreuten eine Ausstattung versprechen und gewähren. Der Ausstattungsbegriff ist § 1624 BGB zu entnehmen, es handelt sich um eine Zuwendung durch einen Elternteil an ein Kind mit Rücksicht auf seine Verheiratung oder auf die Erlangung einer selbständigen Lebensstellung zur Begründung oder zur Erhaltung der Wirtschaft oder der Lebensstellung. Die Ausstattung ist keine Schenkung und fällt deshalb nicht unter § 1804 BGB. Wünsche des Betreuten sind wegen des familiären Bezugs in besonderem Maß zu berücksichtigen; erbrechtliche und ideelle Überlegungen sowie die Erhaltung des Familienfriedens sind einzubeziehen.

Zum Ausstattungsversprechen wie auch zur Gewährung bedarf der Betreuer einer betreuungsgerichtlichen Genehmigung, § 1908 BGB. Soweit die Ausstattung das den Umständen, insbesondere den Vermögensverhältnissen des Betreuten, entsprechende Maß übersteigt, ist sie als Schenkung anzusehen und unterliegt dann allerdings dem Schenkungsverbot nach § 1908i Abs. 2 Satz 1 BGB i. V. m. § 1804 Satz 1 BGB. In diesem Fall liegt Nichtigkeit der Schenkung vor, die auch nicht durch eine gerichtliche Genehmigung beseitigt werden kann. Zur Höhe der Ausstattung gibt es unterschiedliche Ansichten, unter anderem wird die Ansicht vertreten, dass die Höhe des Pflichtteils nicht überschritten werden darf. Hintergrund dafür ist die Anrechnung einer Ausstattung auf den Pflichtteil des Begünstigten gemäß §§ 2316, 2050 Abs. 1 BGB.

Beispiel:

Die einzige Tochter des Betreuten heiratet. Da dieser über erhebliches Vermögen verfügt, gewährt der Betreuer eine Ausstattung in Höhe von 10.000 EUR. Das Betreuungsgericht genehmigt dies, § 1908 BGB.

Auch hier gilt wieder, dass der geschäftsfähige Betreute ohne Einwilligungsvorbehalt eine Ausstattung ohne Mitwirkung des Betreuers und ohne betreuungsgerichtliche Genehmigung vornehmen kann.

3.3 (Hof-)Übergabeverträge

Übergabeverträge

Hofübergabeverträge fallen grundsätzlich nicht unter den Ausstattungsbegriff. Bei der Annahme, es handle sich um eine (gemischte) Schenkung, ist Zurückhaltung geboten, insbesondere dann, wenn der Übergabevertrag ein Leibgeding zugunsten des Übergebers enthält (BayObLGZ 1996, 20; BayObLGZ 1995, 186). Das BayObLG hat in diesem Zusammenhang unter anderem festgestellt, dass bei einem aus bäuerlichen Verhältnissen erwachsenen typischen Hofübergabevertrag mit der Annahme einer Schenkung Zurückhaltung geboten sei, sofern die Parteien den Charakter der Zuwendung an den Übernehmer nicht ausdrücklich festgelegt haben. In einem solchen Fall wird der Hof in aller Regel auf einen Familienangehörigen übertragen, der bis zur Übergabe auf dem Anwesen mitgearbeitet hat. Hierbei steht für die Vertragsparteien nicht die Möglichkeit der freien wirtschaftlichen Verwertung des übergebenen Anwesens im Vordergrund; vielmehr kommt es ihnen darauf an, dass der oft über Generationen im Familienbesitz befindliche Hof an die folgenden Generationen weitergegeben und als Wirtschaftseinheit fortgeführt wird, welche (wenigstens teilweise) als Existenzgrundlage dienen soll. Dieses unausgesprochene Ziel der Parteien muss sich bei der Bewertung der vertraglichen Leistungen ebenso auswirken wie bei der Frage, ob der Wille der Parteien auf eine schenkweise Zuwendung gerichtet ist.

Übergabeverträge sind bei bestehender Betreuung nicht grundsätzlich ausgeschlossen, wenn der Betreuer die vom BayObLG dargelegten Grundsätze beachtet. Erforderlich sind aber vertragliche Leistungen des Übernehmers, die vor allem in der Versorgung und Absicherung des übergebenden Betreuten bestehen müssen und ein objektives Missverhältnis von Leistung und Gegenleistung ausschließen.

Auch das *OLG Stuttgart* (FamRZ 2005, 62) hat eine Hofübergabe im Rahmen einer Ausstattung als möglich angesehen. In diesem Fall waren die Gegenleistungen des Übernehmers so weitgehend, dass eine gravierende Lücke zum Nachteil des Übergebers nicht ersichtlich war. Der Übernehmer erbrachte als Gegenleistungen ein Wohnungsrecht, Verköstigung und Pflegeleistungen bis zum Tod des Betreuten und verpflichtete sich, die Kosten einer Heimunterbringung ohne Einschränkungen zu übernehmen. Er sicherte das Leibgeding im Grundbuch und unterwarf sich hinsichtlich der Ansprüche des Übergebers der sofortigen Zwangsvollstreckung in sein gesamtes Vermögen.

Überträgt der Betreuer Grundbesitz des Betreuten unentgeltlich auf dessen künftige Erben (vorweggenommene Erbfolge), so ist dieser Vertrag grundsätzlich nichtig. Eine sittliche Pflicht, künftigen Erben zu Lebzeiten unentgeltlich Vermögen zu übertragen, besteht auch dann nicht, wenn mit dieser Übertragung für die künftigen Erben eine Steuerersparnis erreicht werden kann (*BayObLG* BtPrax 1996, 183).

Erhaltung des Familienanwesens

Überträgt der Betreuer Grundvermögen des Betreuten an dessen erwachsenes Kind, um der Familie des Betroffenen das Anwesen zu erhalten, handelt es sich grundsätzlich um keine Ausstattung, *BayObLG* (Rpfleger 2003, 649).

3.4 Interessenskollision

In gesetzlich vorgeschriebenen Fällen ist der Betreuer von der Vertretung des Betreuten ausgeschlossen.

a) Insichgeschäfte §§ 1908i Abs. 1, 1795 Abs. 2 i. V. m. § 181 BGB

Sog. Insichgeschäft

Beispiel:

Der Betreuer mit dem Aufgabenkreis „Vermögensverwaltung" betreibt einen Computerhandel. Er verkauft seinem Betreuten eine komplette Anlage für 1.000 EUR bei einem Listenpreis von 1.500 EUR.

Den Kaufvertrag gemäß § 433 BGB schließt der Betreuer als Verkäufer und zugleich als Vertreter des Betreuten; sein Vertretungsrecht ergibt sich aus § 1902 BGB.

Der Betreuer ist im vorliegenden Fall jedoch von der Vertretung kraft Gesetzes ausgeschlossen, §§ 1908i Abs. 1, 1795 Abs. 2, 181 BGB. Dabei reicht dem Gesetzgeber die Möglichkeit einer Interessenskollision, gleichgültig ob eine solche tatsächlich besteht. Das durch den Betreuer geschlossene Rechtsgeschäft ist schwebend unwirksam, § 177 Abs. 1 BGB, da er als Vertreter ohne Vertretungsmacht gehandelt hat.

Ergänzungsbetreuer

Erforderlich wird die Bestellung eines weiteren Betreuers (sog. Ergänzungsbetreuers), § 1899 Abs. 4 BGB mit dem Wirkungskreis: „Vertretung des Betreuten beim Kaufvertrag zwischen Betreuer und Betreuten bezüglich einer Computeranlage der Marke ...". Genehmigt der Ergänzungsbetreuer den Kaufvertrag, § 182 Abs. 1 BGB, ist dieser von Anfang an wirksam, § 184 Abs. 1 BGB.

b) Rechtsgeschäfte mit Verwandten und dem Ehegatten des Betreuers, §§ 1908i Abs. 1, 1795 Abs. 1 Nr. 1 BGB

Rechtsgeschäfte mit Verwandten

Beispiel:

Der Betreute hat ein Auto geerbt. Da er nicht mehr fahren kann, verkauft der Betreuer (mit dem Aufgabenkreis „Vermögensverwaltung") den PKW im Namen des Betreuten an seine Ehefrau zum Listenpreis von 20.000 EUR.

Den Kaufvertrag gemäß § 433 BGB schließt der Betreuer als Vertreter des Betreuten mit seiner Ehefrau; sein Vertretungsrecht ergibt sich aus § 1902 BGB.

Der Betreuer ist im vorliegenden Fall von der Vertretung kraft Gesetzes ausgeschlossen, §§ 1908i Abs. 1, 1795 Abs. 1 Nr. 1 BGB. Das von ihm geschlossene Rechtsgeschäft ist schwebend unwirksam, § 177 Abs. 1 BGB, da er als Vertreter ohne Vertretungsmacht gehandelt hat.

Erforderlich wird die Bestellung eines Ergänzungsbetreuers, § 1899 Abs. 4 BGB mit dem Wirkungskreis: „Vertretung des Betreuten beim Kaufvertrag zwischen dem Betreuer und dessen Ehefrau bezüglich des PKW der Marke ...". Genehmigt der Ergänzungsbetreuer den Kaufvertrag, § 182 Abs. 1 BGB, ist dieser von Anfang an wirksam, § 184 Abs. 1 BGB.

Der Ausschluss besteht, wenn Vertragspartner des Betreuers sind:

- Ehegatte des Betreuers
- Eltern, Voreltern des Betreuers (gradlinige Verwandte)
- Abkömmlinge des Betreuers (gradlinige Verwandte)

c) Erfüllungsgeschäfte

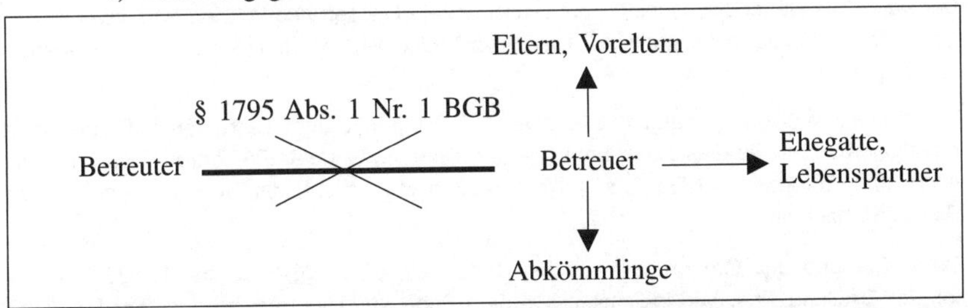

Erfüllung ist möglich

Die vorstehend genannten Ausschlüsse betreffen das Verpflichtungsgeschäft; in den o. g. Beispielen den Kaufvertrag. Wurde dieses durch den Ergänzungsbetreuer wirksam genehmigt oder neu vorgenommen, sind die Vertragspartner verpflichtet, Ware und Kaufpreis zu übereignen, § 433 Abs. 1 Satz 1 bzw. Abs. 2 BGB.

Beispiele s. o.:

Bei der Übereignung der Computeranlage und des Kaufpreises, jeweils gemäß § 929 BGB, ist der Betreuer nicht mehr ausgeschlossen, da es sich um die Erfüllung von (wirksamen) Verbindlichkeiten aus dem Kaufvertrag handelt; § 181 BGB. Dies gilt auch bei der Übereignung des PKW und der Übereignung des Kaufpreises; § 1795 Abs. 1 Nr. 1 BGB.

d) Lediglich rechtlich vorteilhafte Rechtsgeschäfte

Lediglicher Vorteil

Rechtsgeschäfte, welche dem Betreuten lediglich einen rechtlichen Vorteil bringen, fallen nicht unter den Vertretungsausschluss, da ein Interessenwiderstreit ausgeschlossen ist. Der Schutzzweck der Ausschlussnormen ist nicht erforderlich, da eine Schädigung des Betreuten nicht eintreten kann.

Es ist allein auf die rechtlichen Folgen des Geschäfts abzustellen, wirtschaftliche Betrachtungen sind unbeachtlich. Ein rechtlicher Nachteil liegt vor, wenn das Rechtsgeschäft persönliche Verpflichtungen des Betreuten begründet oder ein Recht des Betreuten aufgehoben wird. Dabei spielt es keine Rolle, wenn sich dabei wirtschaftliche Vorteile ergeben. Unerheblich sind nur mittelbar durch das Geschäft ausgelöste Nachteile, wie z. B. eine Steuerpflicht.

Beispiel a:

Der Betreuer verkauft dem Betreuten einen Computer für 200 EUR, obwohl der tatsächliche Wert bei 2.000 EUR liegt. Es liegt kein rechtlicher Vorteil vor, da durch den Kaufvertrag gemäß § 433 Abs. 2 BGB für den Betreuten eine Kaufpreisverbindlichkeit begründet wird. Der wirtschaftliche Vorteil des Geschäfts ist unerheblich. Es besteht Ausschluss nach §§ 1908i Abs. 1, 1795 Abs. 2, 181 BGB; Ergänzungsbetreuung ist erforderlich.

Beispiel b:

Der Vater des Betreuers schenkt dem Betreuten ein unbebautes Grundstück zu Urkunde eines Notars. Der Schenkungsvertrag nach § 516 Abs. 1 BGB bringt dem Betreuten lediglich einen rechtlichen Vorteil, da dieser keine Verpflichtung eingeht. Ein Vertretungsausschluss nach §§ 1908i Abs. 1, 1795 Abs. 1 Nr. 1 BGB besteht nicht; der Betreuer kann für den Betreuten handeln.

Problematisch sind die Geschäfte, welche sich für den Betreuten rechtlich vorteilhaft darstellen, bei denen aber das Erfüllungsgeschäft rechtliche Nachteile mit sich bringt.

Beispiel c:

Der Vater des Betreuers schenkt dem Betreuten ein Hausgrundstück, an dem zwei Wohneinheiten langfristig vermietet sind. Das Grundstück wird an den Betreuten im Eigentum übertragen.

Der Schenkungsvertrag nach § 516 Abs. 1 BGB bringt dem Betreuten lediglich einen rechtlichen Vorteil, da dieser aus ihm keine Verpflichtung eingeht. Ein Vertretungsausschluss nach §§ 1908i Abs. 1, 1795 Abs. 1 Nr. 1 BGB besteht nicht; der Betreuer kann für den Betreuten handeln.

Erfüllung von Verbindlichkeiten

Die Auflassung des Grundstücks an den Betreuten gemäß §§ 873 Abs. 1, 925 BGB erfolgt in Erfüllung einer Verbindlichkeit aus dem Schenkungsvertrag, so dass wiederum ein Ausschluss entfällt, §§ 1908i Abs. 1, 1795 Abs. 1 Nr. 1 BGB. Allerdings ist klar, dass der Eigentumserwerb des Grundstücks für den Betreuten Verbindlichkeiten aus den vorhandenen Mietverträgen auslöst, §§ 566 Abs. 1, 535 Abs. 1 Satz 1 BGB, somit rechtlich nicht nur vorteilhaft ist.

In solchen Fällen geht das in Erfüllung der Verbindlichkeit bestehende Rechtsgeschäft über den reinen Erfüllungserfolg hinaus und führt zu rechtlichen Nachteilen für den Vertretenen, damit trifft die § 1795 Abs. 1 Nr. 1 letzter Halbsatz BGB zugrunde liegende Annahme, dass es bei der bloßen Erfüllung einer bestehenden Verbindlichkeit zu keiner Interessenkollision kommen kann, nicht zu. Es verbleibt bei dem grundsätzlichen Vertretungsverbot; um das Rechtsgeschäft zur Wirksamkeit zu bringen, ist die Bestellung eines weiteren Betreuers (Ergänzungsbetreuers) erforderlich, der den Vertrag genehmigt.

e) Vertretungsausschluss bei einem Rechtsstreit

Vertretung im Prozess

Soweit der Betreuer nach §§ 1908i Abs. 1, 1795 Abs. 1 Nr. 1 BGB von der Vertretung bei Rechtsgeschäften ausgeschlossen ist, kann er auch in einem Rechtsstreit den Betreuten nicht vertreten, §§ 1908i Abs. 1, 1795 Abs. 1 Nr. 3 BGB.

f) Entziehung der Vertretungsmacht

Gericht entzieht Vertretungsmacht

Es gibt Fälle, in denen ein Vertretungsausschluss nach §§ 1908i Abs. 1, 1795 oder § 181 BGB nicht greift, das Interesse des Betreuten zum Interesse des Betreuers, eines von diesem vertretenen Dritten oder einer in § 1795 Abs. 1 Nr. 1 BGB bezeichneten Person in erheblichem Gegensatz steht. In diesen Fällen kann das Betreuungsgericht dem Betreuer die Vertretungsmacht für eine einzelne Angelegenheit oder einem bestimmten Kreis von Angelegenheiten entziehen, §§ 1908i Abs. 1, 1796 BGB.

Hier tritt der Ausschluss nicht kraft Gesetzes ein, vielmehr muss das Gericht eine entsprechende Entscheidung treffen, die mit Zugang an den Betreuer wirksam wird, §§ 40 Abs. 1, 287 Abs. 1 FamFG. Dem Betreuten ist für den entzogenen Bereich, soweit erforderlich, ein Ergänzungsbetreuer zu bestellen, § 1899 Abs. 4 BGB.

Ein erheblicher Interessensgegensatz liegt vor, wenn die Gefahr besteht, dass der Betreuer bei einer bestimmten Aufgabe das Betreutenwohl nicht mit der gebotenen Zielstrebigkeit verfolgen werde. Nach anderer Auslegung besteht ein erheblicher Interessensgegensatz, wenn die Förderung des einen Interesses nur auf Kosten des anderen erfolgen kann.

Beispiel:

Der Betreute ist neben dem Betreuer Miterbe nach seinem Onkel geworden. Der Betreuer, ein Bruder des Betreuten möchte im Namen des Betreuten die Erbschaft ausschlagen. Als Folge dieser Ausschlagung ergäbe sich ein erweitertes Erbrecht des Betreuers.

Es besteht kein Ausschluss nach §§ 1908i Abs. 1, 1795 Abs. 2, 181 BGB, da die Ausschlagung gegenüber dem Nachlassgericht erfolgt, § 1945 Abs. 1 BGB. Hier liegt aber ein erheblicher Interessensgegensatz vor, da die Förderung der Interessen des Betreuers nur auf Kosten der Betreuteninteressen erfolgen kann. Dem Betreuer ist durch das Betreuungsgericht gemäß §§ 1908i Abs. 1, 1796 BGB die Vertretungsmacht für den Bereich der Erbschaftsannahme und Ausschlagung im Erbverfahren nach dem Onkel zu entziehen.

3.5 Eigenverwendungsverbot

Vermögenstrennung

Der Betreuer darf Betreutenvermögen nicht für sich verwenden. Er muss sein Amt uneigennützig führen und darf aus der Verwaltung des Betreutenvermögens weder unmittelbar noch mittelbar für sich Vorteile ziehen, §§ 1908i Abs. 1, 1805 Satz 1 BGB. Die Vorschrift fordert strikte Trennung von Betreutenvermögen vom Vermögen des Betreuers. Verwendung bedeutet jede rechtliche oder faktische Überführung von Gegenständen des Betreutenvermögens in das Vermögen des Betreuers, das heißt,

Verbrauch und Gebrauch von Betreutensachen für Eigenzwecke des Betreuers. Es spielt keine Rolle, ob eine Gegenleistung vorgesehen ist oder die Verwendung dem Betreuten einen Vorteil bringt. Verboten ist z. B. die verzinsliche Inanspruchnahme von Betreutenvermögen durch den Betreuer oder die Nutzung des Hausgrundstücks des Betreuten durch den Betreuer, auch bei entsprechender Mietzahlung. Im letzteren Fall wird man aber anders zu entscheiden haben, wenn der Betreuer in das Haus des Betreuten einzieht, um diesen zu versorgen und ihm einen Pflegeheimaufenthalt zu ersparen.

Die unter Verstoß gegen §§ 1908i Abs. 1, 1805 Satz 1 BGB vorgenommenen Rechtsgeschäfte sind wirksam (soweit sich nicht bereits eine Unwirksamkeit aus einem Vertretungsausschluss ergibt). Nicht das Rechtsgeschäft als solches verstößt gegen ein gesetzliches Verbot gemäß § 134 BGB, sondern der Betreuer verletzt lediglich seine Pflicht gegenüber dem Betreuten.

Zinsanspruch

Verwendet der Betreuer Geld des Betreuten für sich, so hat er die Verwendungszeit zu verzinsen, §§ 1908i Abs. 1, 1834 BGB. Der Zinsanspruch beträgt mindestens 4 % jährlich gemäß § 246 BGB. Im Übrigen haftet der Betreuer für durch die Verwendung entstandene Schäden nach §§ 1908i Abs. 1, 1833 BGB. Das Betreuungsgericht muss nach §§ 1908i Abs. 1, 1837 Abs. 2 BGB einschreiten, wenn es von einer verbotenen Eigenverwendung erfährt.

Ausnahmen von § 1805 Satz 1 BGB sind nicht vorgesehen; auch das Betreuungsgericht kann grundsätzlich keine Befreiung erteilen.

Keine Bereithaltung von Geldern auf Ander- oder Treuhandkonten

Der Grundsatz der Vermögenstrennung gilt auch für Geld, das zur Bestreitung von Ausgaben bereitzuhalten ist. Dieses Geld darf der Betreuer in Ausübung des ihm zustehenden pflichtgemäßen Ermessens durchaus auf ein Konto bei einem Kreditinstitut einzahlen und dort verwalten. Inhaber des Kontos muss aber der Betreute sein, es darf nicht auf den Namen des Betreuers oder eines Dritten lauten und insoweit auch nicht als Ander- oder Treuhandkonto geführt werden. Die im Schrifttum teilweise vertretene Auffassung, die Errichtung eines solchen Kontos könne im Interesse einer effektiven Vermögensverwaltung im Einzelfall hingenommen werden, ist mit dem Wohl des Betreuten nicht vereinbar (siehe hierzu *OLG Köln*, FamRZ 1997, 899).

Vereinskonto für mehrere Betreute

Wenn das Konto für eine Vielzahl von Betreuten und deren Gelder z. B. auf den Namen eines Betreuungsvereins angelegt ist, ergibt sich nur aus der internen Buchführung, welcher Geldbetrag welchem Betreuten zuzuordnen ist, eine Aufsicht und Kontrolle durch das Betreuungsgericht ist zumindest stark erschwert. Darüber hinaus können Gläubiger des Vereins in das Vermögen des Betreuten vollstrecken, weil es als solches nicht hinreichend erkennbar ist. Dies gilt für den Fall, dass z. B. cin Berufsbetreuer Kontoinhaber ist.

Der Betreute ist bei Führung eines Treuhand- oder Anderkontos nicht ausreichend geschützt. Der Treuhänder wird zwar im Interesse des Betreuten tätig, ist aber im Verhältnis zu Dritten alleiniger Rechtsinhaber. Nur im Innenverhältnis ist er dem Betreuten (= Treugeber) schuldrechtlich verpflichtet, in dessen Interesse über das bereitgehaltene Geld zu verfügen. Die Zwangsvollstreckung eines Gläubigers des Betreuers oder sonstigen Kontoinhabers in das für den Betreuten oder gar für eine Vielzahl von Betreuten eingerichtete Treuhandkonto kann nur schwerlich verhindert werden. Ebenso wenig Schutz genießt der Betreute im Fall einer Insolvenz des treuhänderisch tätigen Kontoinhabers.

Treuhandkonto ist pflichtwidrig

Die Anlage von Geldern des Betreuten auf einem Treuhandkonto, dessen Inhaber der Betreuer ist, stellt eine Pflichtwidrigkeit i. S. d. §§ 1908i Abs. 1, 1837 BGB dar, weil sie gegen das sich aus § 1805 BGB ergebende Gebot der getrennten Vermögensverwaltung verstößt (*LG Münster*, BtPrax 2012, 219).

Mehraufwand ist in Kauf zu nehmen

Hinter die Interessen des Betreuten müssen diejenigen der Betreuers an effektiver Verwaltung der Betreutengelder zurücktreten, auch wenn damit Mehraufwand verbunden ist.

3.6 Betreuungsgerichtliche Genehmigungen

Das Erfordernis einer betreuungsgerichtlichen Genehmigung schränkt das Vertretungsrecht des Betreuers auch in Vermögensangelegenheiten ein. Zu den Voraussetzungen und Wirkungen einer betreuungsgerichtlichen Genehmigung siehe Kapitel A 3.

4. Anlage von Betreutenvermögen

4.1 Anlage und Bereithaltung

Vermögen ist anzulegen

Der Gesetzgeber unterscheidet zwischen Anlage und Bereithaltung von Betreutengeld, wenn er in §§ 1908i Abs. 1, 1806 BGB ausführt: „Das zum Vermögen des Betreuten gehörende Geld hat der Betreuer verzinslich anzulegen, soweit es nicht zur Bestreitung von Ausgaben bereitzuhalten ist."

4.1.1 Verzinsliche Anlage

Für den Betreuer bilden §§ 1908i Abs. 1, 1806 BGB die Grundnormen für die Behandlung von Betreutengeld. Bares Geld, Geldforderungen aus einem Girokonto, Scheckforderungen, aber auch (unverzinsliche) fällige Forderungen gegen Dritte sind, unter Umständen nach Einlösung oder Geldmachung, verzinslich anzulegen. Dabei spielt es keine Rolle, wo das Geld herkommt; auch Arbeits- und Renteneinkünfte sowie fällige Versicherungssummen sind anzulegen. Geld, welches sich in den Händen des Betreuten befindet, unterliegt ebenfalls § 1806 BGB; dies bedeutet verzinsliche Anlage durch den Betreuer, soweit der Betreute nicht demnächst eine Verwendung plant. Wann das Geld dem Betreutenvermögen zugeflossen ist, spielt keine Rolle.

Wünsche des Betreuten

Problematisch ist die Vermögensverwaltung des Betreuers bei einem „aktiven" Betreuten. Grundsätzlich muss auch hier der Betreuer verzinslich anlegen, hat aber andererseits die Wünsche und Handlungen des Betreuten zu beachten, § 1901 Abs. 3 Satz 1 BGB; dieser kann, sofern bei ihm Geschäftsfähigkeit gegeben ist, Handlungen des Betreuers jederzeit rückgängig machen. Soweit wegen der unverzinslichen Behandlung von Geld durch den Betreuten selbst diesem ein Schaden entsteht, ist jedoch dessen Wohl gefährdet, und der Betreuer kann die Wünsche übergehen.

Beispiel:

Hat der Betreute von sich aus den Wunsch geäußert, einen Geldbetrag von ca. 15.000 EUR nicht anlegen zu wollen, ist dies nicht ausschlaggebend. Zwar hat ein Betreuer den Wünschen des Betreuten zu entsprechen, doch gilt dies nur insoweit, als ein solcher Wunsch dessen Wohl nicht zuwiderläuft, § 1901 Abs. 3 BGB. Es liegt auf der Hand, dass das Verwahren eines solchen Geldbetrages zu Hause, also ohne jeden Zinsertrag, grundsätzlich dem Wohl des Betreuten nicht entsprechen kann, BayObLG (FamRZ 2005, 389).

Einwilligungsvorbehalt

Sollte der Betreute Anlegungen des Betreuers rückgängig machen und unverhältnismäßig hohe Beträge grundlos unverzinslich halten, eventuell als Bargeld in der Wohnung, könnte an einen Einwilligungsvorbehalt nach § 1903 Abs. 1 Satz 1 BGB gedacht werden. Ist ein solcher angeordnet, kann der Betreute die Anlegungen des Betreuers nicht mehr rückgängig machen.

Die verzinsliche Anlegung hat unverzüglich zu erfolgen und zwar nach den §§ 1908i Abs. 1, 1807, 1811 BGB. Verzinslich im Sinne der Vorschrift bedeutet nicht „höchstverzinslich"; ein bestimmter Mindestzinssatz ist nicht vorgeschrieben. Die Rechtsprechung sieht jedoch beispielsweise den Zinssatz für Sparguthaben mit gesetzlicher Kündigungsfrist nicht immer als ausreichend an (*LG Bremen* Rpfleger 1993, 338). Die Bereithaltung auf einem Girokonto, auch wenn (minimale) Zinsen gezahlt werden, reicht nicht aus.

In der Literatur wird überwiegend die Meinung vertreten, dem Betreuer stehe es frei, statt einer verzinslichen Anlage auch eine andere „nutzbringende" oder „ertragreiche"

Geldverwendung zu wählen; gestützt wird diese Ansicht auf die Motive IV 1110 zum BGB. Dem kann durchaus gefolgt werden, allerdings ist das Regel-/Ausnahmesystem der §§ 1807 und 1811 BGB zu beachten. Während die „regelmäßige" Anlage nach § 1807 BGB ausnahmslos verzinsliche Formen umfasst, muss jede „andersartige" Anlage gemäß § 1811 BGB die Ausnahme bilden und betreuungsgerichtlich genehmigt werden, unabhängig davon, ob sie verzinslich ist oder nicht.

4.1.2 Befreiung

Befreiung

Das Betreuungsgericht kann auf Antrag des Betreuers von der verzinslichen Anlegungspflicht nach §§ 1908i Abs. 1, 1817 Abs. 1 BGB befreien. Eine solche Anordnung wird praktisch kaum von großer Bedeutung sein. Sie könnte den Betreuer bei Kleinvermögen lediglich von der verzinslichen „Regelanlegungsform" der §§ 1806, 1807 BGB freistellen, was aber nur Sinn macht, wenn gleichzeitig von der Genehmigung einer andersartigen Anlegung nach § 1811 BGB befreit wird.

4.1.3 Bereithaltung

Für Ausgaben bereithalten

Geld, welches der Betreuer zur Bestreitung von Ausgaben benötigt, muss er nicht verzinslich anlegen, er kann es „bereithalten", §§ 1908i Abs. 1, 1806 BGB. Bereithaltung bedeutet, als Bargeldbestand oder auf Girokonten bei einer Bank führen. Soweit es sich einrichten lässt, sollte der gesetzliche Vertreter eine „verzinsliche" Bereithaltung (vorübergehende Anlegung) wählen, z. B. in der Form eines Termingeldes oder Tagesgeldes.

Unter Ausgaben im Sinne der Vorschrift sind unstreitig Gelder für Unterhalt, Taschengeld, Verwaltungskosten, Mieten usw. zu sehen. Ein gewisser Spielraum bezüglich der Mittel ist dem Betreuer zuzubilligen, da die genauen Ausgaben nichtimmer exakt abgeschätzt werden können; die Höhe der bereitgehaltenen Geldmittel bemisst sich nach den konkreten Umständen. Der Betreuer hält aber auch dann Geld für Ausgaben bereit, wenn er beabsichtigt, für den Betreuten alsbald Einrichtungs- oder Gebrauchsgegenstände zu beschaffen, unabhängig von der Höhe der Mittel. Soweit er beabsichtigt, eine „nichtverzinsliche" Anlage vorzunehmen, muss er zunächst ebenfalls Geldmittel bereithalten. Ob es sich dabei um den Erwerb eines Grundstücks, einer Eigentumswohnung, Beteiligungen an einer Gesellschaft oder Aktien handelt, spielt keine Rolle. Für diese Anlagen selbst benötigt er eine betreuungsgerichtliche Genehmigung nach §§ 1908i Abs. 1, 1811 BGB und u. U. zusätzlich gemäß §§ 1908i Abs. 1, 1821, 1822 BGB.

Bereitgehaltene Gelder auf einem Girokonto sind keine Anlagen i. S. v. § 1807 Abs. 1 Nr. 5 BGB und unterliegen somit auch nicht den Beschränkungen der §§ 1908i Abs. 1, 1809, 1810 BGB; weder ist eine Genehmigung für die Bereithaltung erforderlich, noch sind die Konten zu versperren.

Pfändungsschutz beachten

Girokonten unterliegen der Pfändung durch Gläubiger. Der Betreuer hat darauf zu achten, dass ein Pfändungsschutz besteht. Die Einrichtung eines Pfändungsschutzkontos (sog. P-Konto) sollte dann in Erwägung gezogen werden, wenn Pfändungen zu erwarten sind. Siehe hierzu die Ausführungen in Abschnitt 6.

Die Bereithaltung von Betreutengeld auf Treuhand-, Ander- oder Sammelkonten, lautend auf den Betreuer, ist unzulässig. Siehe hierzu die Ausführungen unter Abschnitt 3.5.

Girokonto

Es kommt immer wieder vor, dass ein bestehender Zahlungsdiensterahmenvertrag (§ 675f Abs. 2 BGB) des Betreuten durch die Bank oder den Betreuer gekündigt wird, was den Verlust des Girokontos bedeutet. In diesen Fällen ist es oft schwer, für den Betreuten ein neues Konto zu erlangen. Hier könnte die Verpflichtung der deutschen

Sparkassen zum sog. Bürgerkonto helfen. Die Sparkassen erklären in dieser Verpflichtung Folgendes:

Bürgerkonto bei einer Sparkasse

1. Die Sparkassen führen für jede in ihrem Geschäftsgebiet ansässige Privatperson unabhängig von ihrer Staatsangehörigkeit oder Nationalität auf Wunsch zumindest ein Guthabenkonto – „Bürgerkonto".

2. Diese Verpflichtung greift nur dann nicht, wenn die Kontoführung für die jeweilige Sparkasse aus wichtigen Gründen unzumutbar ist, z. B. weil der Kontoinhaber Dienstleistungen bei Kreditinstituten missbraucht hat oder die vereinbarten Kontoführungsentgelte nicht entrichtet.

3. Das Bürgerkonto, das die Teilnahme am bargeldlosen Zahlungsverkehr – auch mittels einer Sparkassen Card – ermöglicht, kostet nicht mehr als ein vergleichbares von der jeweiligen Sparkasse angebotenes Kontomodell mit Überziehungsmöglichkeit.

4. Die Sparkasse wird die Ablehnung oder Kündigung eines Bürgerkontos im Einzelfall schriftlich begründen. Im Falle von Streitigkeiten um das Bürgerkonto erkennt die Sparkasse den durch einen Ombudsmann/eine Schlichtungsstelle der Sparkassen-Finanzgruppe ergangenen Schlichtungsspruch als verbindlich an.

Anlageformen prüfen und auswählen

Der Betreuer wird häufig den Kundenberater einer Sparkasse oder Bank des Betreuten bitten, eine spezielle „mündelsichere" Anlage anzubieten. Maßgeschneiderte Anlagen bzw. Anlageformen sind abhängig von der Gesamtvermögenssituation sowie den Wünschen des Betreuten. Größere Vermögen sollten in kurz-, mittel- und langfristige Anlagen gesplittet werden. Also keine Spareinlage mit geringfügiger Verzinsung bei einer Anlage von 150.000 EUR; dies kommt in der Praxis immer wieder vor und kann ggf. zu einer Schadensersatzpflicht führen.

Selbstverständlich sollten bei größeren Anlagen Vergleichsangebote anderer Geldinstitute eingeholt und bei der Hausbank Sonderkonditionen offen angesprochen werden.

4.2 Regelmäßige Anlageformen

Die in § 1806 BGB vorgeschriebene verzinsliche Anlegung von Betreutengeld soll nach der Vorschrift des § 1807 BGB erfolgen.

§ 1807 Abs. 1 BGB gibt in den Ziffern 1 bis 4 bestimmte Anlageformen vor, während die Ziffer 5 alle möglichen Anlegungen bei öffentlichen Sparkassen und bestimmten Kreditanstalten zulässt. An eine Reihenfolge der Anlegungsformen ist der Betreuer nicht gebunden; er handelt nach pflichtgemäßem Ermessen.

Sog. „mündelsichere" Anlegung

Nimmt der Betreuer eine Anlegung gemäß § 1807 Abs. 1 BGB vor, bedarf er der Genehmigung des Gegenbetreuers, §§ 1908i Abs. 1, 1810 Satz 1 BGB. Ist ein solcher nicht bestellt, unterliegt er der Genehmigung des Betreuungsgerichts, soweit die Betreuung nicht von mehreren Betreuern (§ 1899 Abs. 3 BGB) gemeinschaftlich geführt wird, § 1810 Satz 2 BGB. Da es sich hierbei um eine sog. „Innengenehmigung" handelt, ist die Anlegung auch ohne die erforderliche Genehmigung wirksam, allerdings hat der Vertreter in diesem Fall eine Pflichtwidrigkeit begangen, die u. U. zum Schadensersatz nach §§ 1908i Abs. 1, 1833 BGB führen kann.

Regelmäßige Anlage von Geld

Legt der Betreuer Geld des Betreuten gemäß §§ 1908i Abs. 1, 1807 BGB an, bedarf er einer Genehmigung des Gegenbetreuers; fehlt ein solcher, ist regelmäßig die Genehmigung des Betreuungsgerichts einzuholen.

4.2.1 Anlage in durch Grundpfandrecht gesicherte Forderung

Sicher durch Grundpfandrecht

Der Betreuer kann gemäß § 1807 Abs. 1 Nr. 1 BGB Betreutengeld in einer Forderung anlegen, wenn für diese eine Hypothek oder als Sicherung eine Grundschuld oder Rentenschuld bestellt wird. Die Grundpfandrechte müssen an einem inländischen Grundstück lasten, gleich stehen Erbbaurechte, Wohnungs- und Teileigentum, Reichsheimstätten und landesrechtlich den Grundstücken gleichgestellte Rechte wie z. B. Stockwerkseigentum usw.

Die Grundpfandrechte müssen sicher sein. Die Sicherheit bestimmt sich gemäß § 1807 Abs. 2 BGB nach Landesrecht. In Bayern muss nach Art. 67 BayAGBGB das Grundpfandrecht sich vollständig innerhalb der 1. Hälfte des Grundstückswertes befinden.

Beispiel:

Der Betreuer gewährt aus dem Betreutenvermögen einem Dritten ein Darlehen zu 50.000 EUR bei 7 % Jahreszinsen und einer Laufzeit von 4 Jahren. Am Grundstück des Darlehensnehmers wird an 3. Rangstelle eine Hypothek über 50.000 EUR eingetragen. Dem Recht geht eine Grundschuld mit 100.000 EUR und ein Rentenrecht mit einem kapitalisierten Wert von 20.000 EUR im Rang vor. Das in München gelegene Grundstück hat ein realen Schätzwert von 350.000 EUR.

Zur Sicherung der Darlehensrückzahlungsforderung wird eine Hypothek an einem inländischen Grundstück bestellt. Die Hypothek ist auch sicher, § 1807 Abs. 2 BGB i. V. m. Art. 67 BayAGBGB, denn sie liegt wertmäßig vollständig in der 1. Hälfte des Grundstückswertes.

- 100.000 EUR + 20.000 EUR + 50.000 EUR = 170.000 EUR
- Hälfte des Grundstückswertes: 350.000 EUR : 2 = 175.000 EUR

Würde der Grundstückswert nur 300.000 EUR betragen, wäre die Hypothek nicht mehr sicher.

Soweit ein Landesrecht keine Vorschriften zur Sicherheit kennt, kann man sich an den bestehenden orientieren, die überwiegend von der 1. Hälfte des Grundstückswertes ausgehen.

Bei Erbbaurechten sind die §§ 18 bis 20 ErbbauRG zu beachten. Es muss sich um eine Tilgungshypothek handeln, welche die Hälfte des Erbbaurechts nicht übersteigen darf. Dieses wird zunächst mit der halben Summe des Bauwerks und des kapitalisierten jährlichen Mietreinertrags berechnet.

4.2.2 Anlage in verbriefter Forderung oder Schuldbuchforderung

Es handelt sich in § 1807 Abs. 1 Nr. 2 BGB um Forderungen gegen den Bund oder ein Land.

Verbriefte Forderungen gegen Bund oder Länder

Schuldverschreibungen des Bundes und der Länder, soweit sie in einer Urkunde „verbrieft“ sind.

Schuldbuchforderungen gegen Bund oder Länder

Es handelt sich um Schuldverschreibungen und Anleihen des Bundes und der Länder, die in der Regel als sog. Buchforderungen ausgegeben werden. Grundlage für eine Gleichstellung der Buchforderungen mit Wertpapieren ist das Bundeswertpapierverwaltungsgesetz (BwPVerwG).

Schuldbuchforderungen (sog. Wertrechte) werden in das Bundesschuldbuch bei der Finanzagentur GmbH in Frankfurt (bzw. in die Landesschuldbücher) eingetragen; anwendbar ist das Bundesschuldenwesengesetz (BSchuWG).

Der Vertrieb von Privatkundenprodukten über die Finanzagentur GmbH in Frankfurt wurde zum Jahresende 2012 eingestellt. Für Bestandskunden werden alle bestehenden Einzelschuldbuchkonten bis zur Fälligkeit der darin verwalteten Bundeswertpapiere fortgeführt.

Keine kostenfreie Buchung bei der Finanzagentur mehr möglich

Alle für Privatanleger ab dem 22. August 2012 begebenen, börsennotierten Bundeswertpapiere sowie unverzinslichen Schatzanweisungen können nicht mehr in einem Schuldbuchkonto bei der Finanzagentur verwahrt werden, sondern lassen sich nur noch über eine Hausbank erwerben und dort in einem Depot verwahren.

Die Neueröffnung von Einzelschuldbuchkonten ist seit dem Jahresende 2012 nur noch für Übertragungen von börsennotierten Bundeswertpapieren und unverzinslichen Schatzanweisungen mit Emissionsdatum vor dem 22. August 2012 sowie von Bundesschatzbriefen und Finanzierungsschätzen möglich.

Keine neue Ausgabe von Bundesschatzbriefen

Seit dem Jahresende 2012 legt der Bund keine neuen Ausgaben von Bundesschatzbriefen und Finanzierungsschätzen mehr auf.

Die wichtigsten, für den Betreuer derzeit in Betracht kommenden Anlageformen sind Bundesanleihen und Bundesobligationen.

Umfassende Informationen sind im Internet erhältlich unter www.deutsche-finanzagentur.de/private-anleger/bundeswertpapiere

4.2.3 Anlage in Forderungen, deren Verzinsung staatlich gewährleistet ist

Sog. Industrieanleihen

Es handelt sich um Schuldverschreibungen und Anleihen, die in einer Urkunde „verbrieft“ sind, für die somit ein Papier ausgegeben wird. Voraussetzung für die nach § 1807 Abs. 1 Nr. 3 BGB ist, dass die Verzinsung der Forderung durch den Bund oder ein Land gewährleistet wird. Dies bedeutet jede Art der Haftung im Einzelfall, sei es z. B. durch Schuldbeitritt, Garantievertrag oder Bürgschaft.

Nur die Verzinsung ist zu gewährleisten, nicht die Rückzahlung der Kapitalforderung selbst. Dies ist jedoch unproblematisch, da eine Gewährleistung des Bundes oder der Länder nur für Forderungen gegen Unternehmen erfolgt, die öffentliche Aufgaben wahrnehmen oder überwiegend in Bundes- oder Länderhand sind. Als Beispiele dienen die Teilschuldverschreibungen der Rhein-Main-Donau AG oder Schuldverschreibungen der Landeskreditbank Baden-Württemberg.

Schuldverschreibungen von Post und Bahn standen bis zur Privatisierung den Verschreibungen des Bundes gleich (§ 22 PostVG, § 31 BBahnG in der früheren Fassung). Nun sind sie unter § 1807 Abs. 1 Nr. 3 BGB einzuordnen, § 17 Abs. 4 Satz 1 ENeuOG und § 2 Abs. 4 PostNeuOG.

4.2.4 Anlage in Pfandbriefen und Verschreibungen der Kommunen

Die in § 1807 Abs. 1 Nr. 4 BGB genannten Anlegungsformen erscheinen zunächst vielfältig:

- Wertpapiere (allgemein), insbesondere Pfandbriefe
- verbriefte Forderungen jeder Art gegen eine inländische kommunale Körperschaft oder die Kreditanstalt einer solchen Körperschaft

Wertpapiere (1. Alternative)

An sich jede denkbare Art von Wertpapieren, somit grundsätzlich auch Aktien oder ausländische Wertpapiere. Allerdings nur, sofern sie von der Bundesregierung mit Zustimmung des Bundesrats zur Anlage von Betreutengeld geeignet erklärt sind.

Die Bundesregierung selbst hat bisher keine Eignungserklärung zu Wertpapieren abgegeben. Somit gilt weiterhin die VO über die Mündelsicherheit der Pfandbriefe und verwandten Schuldverschreibungen vom 7. 5. 1940, BGBl. III 404-12 (MündelPfandBrV), zuletzt geändert gemäß Art. 15 des Gesetzes zur Neuordnung des Pfandbriefrechts vom 22. 5. 2005 (BGBl. I S. 1373) und Art. 35 des Gesetzes über die weitere Bereinigung von Bundesrecht vom 8. 12. 2010 (BGBl. I S. 1864). Nach dieser VO sind Pfandbriefe und Kommunalobligationen betreutensichere Anlegungen, wenn sie nach den Vorschriften des Hypothekenbankgesetzes und des Pfandbriefgesetzes ausgegeben werden, außerdem generell Schuldverschreibungen der Schiffspfandbriefbanken. Die VO über die Mündelsicherheit der Schiffspfandbriefe vom 18. 3. 1941 (BGBl. III 404-13) wurde aufgehoben durch Art. 18 Nr. 1 des Gesetzes zur Neuordnung des Pfandbriefrechts vom 22. 5. 2005 (BGBl. I S. 1373).

Pfandbrief, Kommunalobligation

Es handelt sich um Pfandbriefe und Kommunalobligationen privater Hypothekenbanken (z. B. HypoVereinsbank) und öffentlich-rechtlicher Grundkreditanstalten (z. B. Bayerische Landesbank Girozentrale).

Verbriefte Forderungen jeder Art (2. Alternative)

gegen eine

- inländische kommunale Körperschaft
- Kreditanstalt einer solchen Körperschaft

Kommunen

Der Begriff „kommunale Körperschaft" ist gesetzlich nicht eindeutig definiert (weite Auslegung ist erforderlich). Unter anderem fallen darunter Gemeinden, Gemeindeverbände, Verwaltungsgemeinschaften, Landkreise, kreisfreie Städte, Regierungsbezirke, Zweckverbände und Körperschaften, an denen kommunale Körperschaften mittelbar beteiligt sind, z. B. Sparkassen- und Giroverbände.

Kreditanstalten der genannten kommunalen Körperschaften sind die von ihnen errichteten bzw. getragenen Kreditinstitute, somit die öffentlichen Sparkassen (Kreis- und Stadtsparkassen). Anlagen bei diesen Sparkassen fallen aber immer unter die Vorschrift des § 1807 Abs. 1 Nr. 5 BGB.

Unter Umständen fallen aber die Landesbanken und Girozentralen unter die Kreditanstalten der kommunalen Körperschaften. In Bayern ist dies so. Träger der Bayerischen Landesbank Girozentrale ist gem. Art. 3 Abs. 1 Gesetz über die Errichtung der Bay. Landesbank auch der Bay. Sparkassen- und Giroverband (als kommunale Einrichtung). Sparkonten bei der Bay. Landesbank Girozentrale (Sparbuch als Verbriefung der Forderung) fallen somit unter § 1807 Abs. 1 Nr. 4 BGB.

Landesbausparkassen

Die Bayerische Landesbausparkasse ist ein nichtselbständiger Teil der Bayerischen Landesbank. Bei einer Bauspareinlage handelt es sich um eine verbriefte Forderung (Versicherungsschein, § 808 BGB), so dass ein Bausparkonto bei der Bayerischen Landesbausparkasse eine regelmäßige Anlegung nach § 1804 Abs. 1 Nr. 4 BGB darstellt.

Die Bekanntmachung zur Mündelsicherheit vom 7. 7. 1901, BGBl. III 404-10 (MündelGeldBek) wurde gemäß Art. 34 des Gesetzes über die weitere Bereinigung von Bundesrecht vom 8. 12. 2010 (BGBl. I S. 1864) mit Wirkung vom 15. 12. 2010 aufgehoben. Somit liegt derzeit keine anwendbare Eignungserklärung vor.

Betreutensicherheit

Nach dieser Bekanntmachung ist Voraussetzung der Mündelsicherheit, dass die Forderung seitens des Gläubigers (Betreuten) kündbar ist, oder die Forderung einer regelmäßigen Tilgung unterliegt. Die heute allgemein übliche Auslosung ist ebenfalls eine regelmäßige Tilgung. Auslosung bedeutet, dass die Reihenfolge der jeweils zu

tilgenden Papiere, welche der ratenweisen Rückzahlung unterliegen, durch Auslosung bestimmt werden kann.

Zur Anlage nach dieser Alternative eignen sich insbesondere Städteanleihen.

Städteanleihen

4.2.5 Anlage bei öffentlichen Sparkassen und Kreditanstalten

§ 1807 Abs. 1 Nr. 5 BGB behandelt nicht die Anlageform, sondern die Anlagestelle. Dies bedeutet, dass der Betreuer Geld in jeder möglichen Form anlegen kann, sofern sie verzinslich ist, bei

- einer inländischen öffentlichen Sparkasse,
- einem anderen Kreditinstitut, das einer für die Anlage(form) ausreichenden Sicherungseinrichtung angehört.

Inländische öffentliche Sparkasse

Sparkassen

Der Begriff einer öffentlichen Sparkasse ergibt sich grundsätzlich aus Landesrecht, Art. 99 EGBGB, allerdings unter Beachtung von § 40 KWG. Sparkassen können auf öffentlich-rechtlicher oder privatrechtlicher Grundlage errichtet sein, soweit sie unter staatlicher Aufsicht stehen; Bausparkassen gehören nicht dazu.

Die Eignungserklärungen zur Betreutengeldanlage richten sich nach Landesrecht. Zum Beispiel sind nach Art. 2 Abs. 2 (bayerisches) SpkG alle öffentlichen Sparkassen (Kreis- und Stadtsparkassen) zur Anlegung von Mündelgeld geeignet (gilt entsprechend auch für Betreutengeld).

Andere Kreditinstitute

Banken

Die Anlage von Betreutengeld ist auch bei anderen Kreditinstituten möglich. Das Kreditinstitut muss aber einer für die Anlageform ausreichenden Sicherungseinrichtung angehören. Darunter fallen praktisch alle deutschen Geschäfts- und Genossenschaftsbanken sowie die deutschen Zweigstellen ausländischer Banken. Diese Kreditanstalten gehören einem oder mehreren Einlagensicherungsfonds an, mit wenigen Ausnahmen.

Einlagensicherung

Problematisch ist nicht die generelle Zugehörigkeit zu einem Sicherungsfonds, sondern die Frage, ob dieser die Einlagenart und Einlagenhöhe deckt. Unter Umständen deckt der Fonds nicht alle Anlageformen, so werden z. B. nach § 6 des Statuts der Geschäftsbanken vom Kreditinstitut selbst ausgegebene Inhaberpapiere nicht erfasst. Auch ist nicht sicher, ob hohe Einlagen in voller Höhe abgesichert sind. Fehlt die Sicherheit nur in Bezug auf bestimmte Anlageformen, so fallen diese nicht unter § 1807 Abs. 1 Nr. 5 BGB, sondern unter § 1811 BGB.

Hinweis:

Es muss stets genau geprüft werden, ob die jeweilige Bank nur der Grundeinlagensicherung angehört, die in der Regel nur 90 % der Einlage abdeckt, begrenzt auf 20.000 EUR, oder ob die geplante Einlage vollständig durch eine zusätzliche Einlagensicherung geschützt wird. Fällt die Bank in Insolvenz und kann der Betreute aus der Insolvenzmasse und der Einlagensicherung nicht vollständig befriedigt werden, haftet der Betreuer aus §§ 1908i Abs. 1, 1833 BGB für den Verlust.

Auskünfte zur Angehörigkeit zu einem Sicherheitsfonds und dessen Absicherung erteilen z. B.

Auskunft

- Bundesverband Deutscher Banken, Burgstraße 28, 10178 Berlin; Telefon (030) 16 63-0
- Bundesverband der deutschen Volksbanken und Raiffeisenbanken, Hauptgeschäftsstelle Schellingstraße 4, 10785 Berlin; Telefon: (030) 2021-0 und Heussallee 5, 53113 Bonn; Telefon: (0228) 509-0
- jeweilige Landeszentralbanken

Sind Bausparkassen abgesichert?

Fraglich ist, ob eine Bausparkasse eine Kreditanstalt i. S. v. § 1807 Abs. 1 Nr. 5 BGB ist; sie ist keine öffentliche Sparkasse. Nach § 1 Abs. 1 Satz 1 BausparkG sind Bausparkassen Kreditinstitute. Auch gehören sie automatisch der seit 1. 8. 1998 bestehenden Entschädigungseinrichtung deutscher Banken (EdB) an, die zusätzlich zum bestehenden Einlagensicherungsfonds Einlagen bis zu 90 % ihres Wertes, maximal jeweils 20.000 EUR pro Einlage, schützt. Soweit keine hundertprozentige Sicherheit gegeben ist, liegt eine Anlegung nach § 1807 Abs. 1 Nr. 5 BGB nicht vor.

Anlegungsformen

Es können alle Anlegungsformen in Anspruch genommen werden, die häufigsten sind Spareinlagen, Sparbriefe (Namensschuldverschreibungen), Sparobligationen (Inhaber- oder Orderschuldverschreibungen), Termingeld (soweit es nicht zur Bereithaltung verwendet wird). Nicht hierher gehören Genossenschaftsanteile der Genossenschaftsbanken, z. B. Volks- und Raiffeisenbanken; diese fallen unter § 1811 BGB.

4.2.6 *Befreiung*

Befreiungen

Eine Befreiung von der Anlagegenehmigung nach § 1810 BGB findet auf Anordnung des Betreuungsgerichts und kraft Gesetzes statt.

- Das Betreuungsgericht kann auf Antrag den Betreuer nach § 1817 Abs. 1 BGB befreien. Eine solche Anordnung wird praktisch kaum von großer Bedeutung sein.
- Betreuungsbehörde und Betreuungsverein als Betreuer (§ 1900 Abs. 1 und 4 BGB) sind kraft Gesetzes befreit, §§ 1908i Abs. 1 Satz 1, 1857a, 1852 BGB.
- Ehegatten, Lebenspartner, Eltern, Abkömmlinge des Betreuten als Betreuer, Vereins- und Behördenbetreuer (§ 1897 Abs. 2 BGB) sind kraft Gesetzes befreit, §§ 1908i Abs. 2 Satz 2, 1857a, 1852 BGB.

4.2.7 *Problematik der Anlageformen nach § 1807 BGB*

Bei Geldanlagen sind grundsätzlich drei Bedürfnisse zu beachten:

- Rentabilität (die Anlage soll einen hohen Ertrag abwerfen)
- Sicherheit (die Anlage soll größtmögliche Sicherheit bieten)
- Liquidität (die Anlage soll im Bedarfsfall rasch aufgelöst werden können)

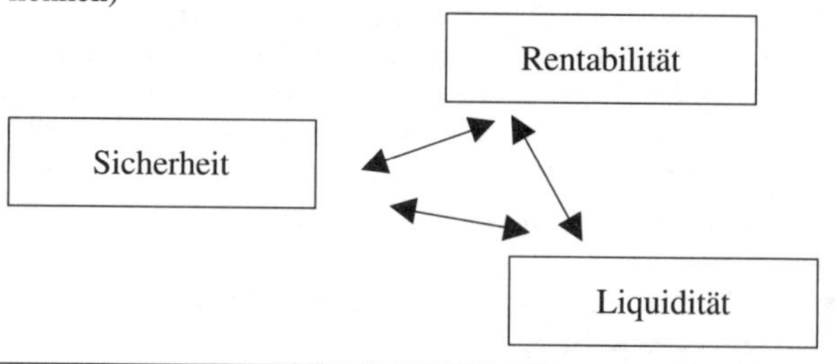

Zwischen diesen drei Komponenten besteht ein Spannungsverhältnis:

- Große Sicherheit bringt tendenziell niedrige Rendite
- Liquide Anlage schafft ebenfalls Renditenachteil

Sicherheit im Vordergrund

Alle Anlegungsformen nach § 1807 Abs. 1 BGB legen großen Wert auf Sicherheit. Die Rendite von Spareinlagen, Festgeld und kurzfristigen Inhaberpapieren ist relativ gering; allerdings besteht regelmäßig der Vorteil eines schnellen Zugriffs.

Höhere Renditen werfen oft mittel- und langfristige Anlegungsformen ab, wie Pfandbriefe, Kommunalobligationen, Städteanleihen, Bundesanleihen, Bundesobligationen, Bundesschatzbriefe, Finanzierungschätze des Bundes und Länderanleihen. Dabei ist allerdings zu beachten, dass sie den Betreuten langfristig, eventuell über das Ende der Betreuung hinaus binden.

Feste Zinsen

Alle in § 1807 Abs. 1 BGB aufgeführten Anlegungsformen erbringen grundsätzlich eine feste, von vornherein vereinbarte Verzinsung während der Anlagedauer. Dies kann vorteilhaft sein, wenn das allgemeine Zinsniveau während der gesamten Laufzeit gleich bleibt oder sinkt; sie erweist sich als nachteilig, wenn das Zinsniveau ansteigt (Zinsänderungsrisiko).

Börsenhandel

Die meisten in den Absätzen 2 bis 4 genannten Anlegungsformen werden an der Börse gehandelt, können somit auch vorzeitig veräußert werden. Prominente Ausnahmen sind die Finanzierungsschätze des Bundes, welche aber nur eine Laufzeit von 1 bis 2 Jahren haben und in abgezinster Form ausgegeben werden, sowie die Bundesschatzbriefe mit einer Laufzeit von 6 bzw. 7 Jahren. Die Letzteren werden mit steigenden Zinssätzen aufgelegt und kommen mit jährlicher Zinsausschüttung oder Zinsansammlung auf die gesamte Laufzeit vor; eine vorzeitige Rückgabe frühestens ein Jahr nach Ausgabe ist wertbeschränkt möglich.

Gewinn durch Zinsen

Der Gewinn einer festverzinslichen Anlegung ist der Zinsertrag, der während der Laufzeit erlangt wird, und welcher von vornherein feststeht. Zur Berechnung der tatsächlichen Rendite sind aber mehrere Faktoren einzubeziehen, und zwar der Nominalzinssatz, der Erwerbspreis und die (Rest-)Laufzeit. Diese Rendite wird im „Börsenfahrplan" der Tageszeitungen meist angegeben. Man kann sie mit einer vereinfachten Formel (ohne Berücksichtigung von Gebühren) berechnen:

$$\frac{\left(\text{Nominalzins} +/- \dfrac{(\text{Rückzahlungskurs} - \text{Anschaffungskurs})}{\text{Restlaufzeit}} \times 100\right)}{\text{Anschaffungskurs (= Kaufpreis)}}$$

Beispiel:

Erwirbt man eine Bundesanleihe im Nennwert von 100 EUR mit 6 % Nominaljahresverzinsung der Ausgabe 2008 und einer Laufzeit bis Ende 2018 am 2. 1. 2008 für 106,50 EUR, so ergibt sich nach der o. g. Faustrechenformel eine Rendite von ca. 4,60 %, während die Tageszeitung 4,50 % ausweisen wird.

In die Berechnung sind Gebühren und Steuern mit einzurechnen. So ist der Kauf von Neu-Emissionen regelmäßig spesenfrei, während für umlaufende Werte z. B. Bankprovisionen und Maklergebühren entstehen können; daneben fallen in der Regel noch Depotgebühren an. Nicht unerheblich ist, dass bei den Gebühren regelmäßig Mindestbeträge zu beachten sind.

Praxis TIPP

Anlage in festverzinslichen Werten

Die in § 1807 BGB genannten Anlageformen sind relativ sicher. Bei der Laufzeit und der Rendite ergeben sich Unterschiede; je kürzer die Laufzeit, umso geringer ist in der Regel der Ertrag. Der Betreuer sollte sich gut beraten lassen und die Laufzeit am Alter des Betreuten ausrichten.

4.3 Andersartige Anlage

Von der Regel abweichende Anlage

Jede von der „Regelmäßigkeit" nach §§ 1908i Abs. 1, 1807 BGB abweichende Anlegung erfordert eine Erlaubnis (Genehmigung) des Betreuungsgerichts nach §§ 1908i Abs. 1, 1811 BGB.

Unter die Ausnahmevorschrift des § 1811 BGB ist jede Abweichung vom Grundsatz der §§ 1806, 1807 BGB einzuordnen, somit auch eine unverzinsliche Anlegung.

Die nunmehr bestehende Fassung des § 1811 BGB beruht auf dem Gesetz über die Anlegung von Mündelgeld vom 23. 6. 1923 (RGBl. I S. 411). Der Wortlaut des § 1811 BGB in der jetzigen Fassung lässt eine andersartige Anlegung neben den Anlegungen des § 1807 BGB jederzeit zu, wenn diese „nicht schlechter ist", also den Grundsätzen einer wirtschaftlichen Vermögensverwaltung nicht zuwiderläuft. Die obergerichtliche Rechtsprechung wendet aber überwiegend das Regel-/Ausnahmeverhältnis des § 1811 BGB zu § 1807 BGB an und lässt die andersartige Anlage nur ausnahmsweise zu, wenn bei gleicher Sicherheit wirtschaftliche Vorteile bestehen (*OLG Frankfurt* Rpfleger 1984, 147).

Vermögensmehrung oder Erhaltung

Im Vordergrund muss die Betreutensicherheit stehen; nur zum Zwecke der höheren Gewinnerzielung darf diese nicht aufs Spiel gesetzt werden. Der Betreuer als vorübergehender Verwalter fremden Vermögens hat dieses zunächst zu erhalten und erst in zweiter Linie größtmöglichst zu vermehren. Dies schließt aber nicht aus, dass in konkreten Einzelfällen eine andersartige Anlageform genehmigt werden kann, sofern der Kompromiss zwischen Sicherheit und Ertragserzielung nicht eindeutig zu Lasten der ersteren geht. Die gerichtliche Gestattung darf nur erteilt werden, wenn die Anlage hinreichend sicher ist, andererseits ist es aber nicht Sinn der Vorschrift, vom Betreuten jegliches Risiko fernzuhalten. Gegebenenfalls kann zur Ermittlung des Haftungsrisikos ein Gutachten eines Sachverständigen, eines Bankenverbands oder des Bankenaufsichtsamtes eingeholt werden (*Schleswig-Holsteinisches OLG* BtPrax 2000, 87). Dies dürfte aber nur bei größeren Anlagen in Frage kommen, denn das Betreutenvermögen wird mit den Gutachterkosten belastet.

Keine generelle Ausschließung einer Anlage nach § 1811 BGB

Nach *OLG Frankfurt* (BtPrax 2002, 266; FamRZ 2003, 59) hätte eine zu enge Auslegung in Bezug auf das Erfordernis der Sicherheit und das alleinige Abstellen auf diese Umstände zur Folge, dass anderweitige Geldanlagen als diejenigen des § 1807 BGB im Ergebnis generell ausgeschlossen wären, ohne dass es auf eine Prüfung der am Einzelfall orientierten Vor- und Nachteile der vom Betreuer beabsichtigten Geldanlage nach den Grundsätzen einer wirtschaftlichen Vermögensverwaltung ankäme. Eine anderweitige Geldanlage i. S. d. § 1811 BGB erfordert eine umfassende Prüfung der Vor- und Nachteile, ausgerichtet an den jeweiligen Umständen des Einzelfalles. Dabei darf zwar dem in § 1807 BGB herausgestellten gesetzlichen Ziel der Erhaltung des Vermögens des Betreuten besonderes Gewicht in Relation zur Erzielung einer höheren Rendite eingeräumt werden, daneben sind jedoch stets auch die individuellen Umstände des Betroffenen zu berücksichtigen. Des Weiteren ist zu berücksichtigen, dass es bei größeren Vermögen den Grundsätzen einer

Streuung auf unterschiedliche Anlageformen

wirtschaftlichen Vermögensverwaltung entspricht, eine Streuung auf unterschiedliche Anlagearten vorzunehmen. Eine vom Betreuer beabsichtigte Investition des ganz überwiegenden Teils des Vermögens (deutlich über 75 %) in einer einzelnen Anlageform (z. B. in einem Immobilienfonds), entspricht jedoch bereits deshalb nicht den Grundsätzen einer wirtschaftlichen Vermögensverwaltung, weil sie die gebotene Streuung auf mehrere Anlageformen vermissen lässt.

Der Erwerb von Aktien sowie von Beteiligungen an Aktien- und Rentenfonds scheidet nicht von vornherein wegen des allgemeinen Risikos von Kurs- und Wertschwankungen als betreuungsgerichtlich genehmigungsfähige „andere Anlage" aus, *OLG München* Rpfleger 2009, 617.

Keinesfalls den überwiegenden Teil des Betreutenvermögens in einer Anlegung nach § 1811 BGB einbringen.

Gericht muss genehmigen

Die Gestattung des Betreuungsgerichts nach § 1811 BGB ist eine sog. Innengenehmigung. Wird sie durch den Betreuer nicht eingeholt, ist die Anlage wirksam, allerdings hat er eine Pflichtwidrigkeit begangen, welche nach §§ 1908i Abs. 1, 1833 BGB zum Schadensersatz führen kann. Dabei darf nicht verkannt werden, dass bei risikoreichen Anlageformen durchaus eine Schadensentstehung für den Betreuten denkbar ist.

4.3.1 Vorhandene Anlagen

Vorhandene Anlagen haben Bestand

Die §§ 1806, 1807 BGB behandeln nur Anlegungen, die der Betreuer selbst vornimmt, sagen jedoch nichts dazu aus, was mit bereits angelegtem Geld, welches der Betreuer bei Beginn seines Amtes vorgefunden hat, geschehen soll. Die Motive zum BGB führen hierzu aus: „... dass es richtiger sei, es dem Vormund (jetzt auch dem Betreuer) zu überlassen, wie er nach den Umständen des einzelnen Falles als guter Hausvater glaubt, handeln zu müssen“. Der Betreuer kann somit grundsätzlich unter § 1811 BGB fallende Anlagen beibehalten, ohne dass er hierzu einer Genehmigung nach dieser Vorschrift bedarf.

4.3.2 Befreiung

Befreiungen

Das Betreuungsgericht kann auf Antrag des Betreuers von der Notwendigkeit einer Genehmigung nach § 1811 BGB befreien, § 1817 Abs. 1 BGB. Eine solche Anordnung wird praktisch nicht von großer Bedeutung sein, denn sie kann nur bei geringem Vermögen (regelmäßig außer Grundbesitz nicht mehr als 6.000 EUR) erlassen werden, so dass eine Anlegung in andersartiger Form kaum in Betracht kommen wird.

Die Betreuungsbehörde als Betreuerin (§ 1900 Abs. 4 BGB) ist in Bayern nach Art. 1 Abs. 3 BayAGBtG kraft Gesetzes befreit. Weitere Länder haben Befreiungen erteilt: Baden-Württemberg § 16 AGKJHG, Berlin Art. 1 § 2 AGBtG, Bremen Art. 1 § 3 AGBtG, Hessen Art. 1 § 2 AGBtG, Sachsen-Anhalt Art. 1 § 5 AGBtG.

Die Befreiung vom Genehmigungserfordernis bedeutet nicht, dass der Betreuer willkürlich andersartig anlegen kann. Missachtet er ein gegebenes Risiko und entsteht dadurch dem Betreuten ein Schaden, so haftet er nach §§ 1908i Abs. 1, 1833 BGB, weil er die ihm obliegende ordnungsgemäße Vermögensverwaltung außer Acht gelassen hat.

4.3.3 Einzelne Anlageformen nach § 1811 BGB

Lebensversicherungsverträge

Lebensversicherungsverträge dienen der Geldanlegung, wenn es sich nicht um reinen Todesfallschutz handelt. Fraglich ist bei dieser Anlageart, ob sie gegenüber regelmäßigen Anlageformen wirtschaftliche Vorteile bietet. Dies kann durchaus bejaht werden. Zum einen werden Gewinnanteile gezahlt, die regelmäßig ein hohes Ablaufguthaben erwirtschaften, zum anderen ergeben sich zumindest derzeit steuerliche Vorteile. Eine Sicherheit, wie sie regelmäßige Anlagen bieten, dürfte zwar nicht gegeben sein, das Risiko hält sich aber in Grenzen. Die Genehmigung kann, zumindest in konkreten Fällen, erteilt werden.

Lebensversicherung erfordert Genehmigung

Unabhängig von der Innengenehmigung nach § 1811 BGB erfordert der Abschluss eines Lebensversicherungsvertrags noch eine betreuungsgerichtliche Genehmigung nach § 1907 Abs. 3 BGB.

- Durch den Vertrag wird der Betreute zu wiederkehrenden Leistungen verpflichtet.
- Wenn die Leistungen länger als vier Jahre andauern. Dabei spielt es keine Rolle, dass das Vertragsverhältnis jederzeit durch Kündigung beendet werden kann. Entscheidend ist hier nach herrschender Rechtsprechung, dass durch die vorzeitige Kündigung ein u. U. erheblicher Vermögensverlust erlitten wird, zumindest in den ersten Jahren der Laufzeit durch die Risikorücklagen.

Kapitallebensversicherungsverträge ohne betreuungsgerichtliche Genehmigung sind schwebend (un)wirksam. Sie eignen sich durchaus als Geldanlage i.S.v. § 1811 BGB, müssen aber hinsichtlich ihrer langen Bindungswirkung gerichtlich geprüft werden.

Bausparverträge

Vorteile eines Bausparvertrags

Die Anlage von Betreutengeld in einem Bausparvertrag könnte immer dann genehmigungsfähig sein, wenn der Betreuer den Erwerb eines Grundstücks oder einer Eigentumswohnung (vor allem zur Eigennutzung) beabsichtigt, oder ein bereits bestehendes Objekt umbauen bzw. renovieren möchte. Wegen der günstigen Darlehensgewährung kann dem Bausparvertrag gegenüber einer regelmäßigen Anlage nach § 1807 BGB der Vorzug gegeben werden. Allerdings fällt die Bauspareinlage nur dann unter § 1811 BGB, wenn die Bausparkasse nicht unter § 1807 Abs. 1 Nr. 4 oder Nr. 5 BGB einzuordnen ist.

Eine betreuungsgerichtliche Genehmigung nach § 1907 Abs. 3 BGB fällt bei Bauspareinlagen nicht an. Zwar wird der Betreute regelmäßig zu wiederkehrenden Leistungen verpflichtet, die je nach Vertragsdauer über vier Jahre hinaus andauern können, allerdings kann der Vertrag jederzeit durch Kündigung beendet werden und erhebliche finanzielle Einbußen entstehen dadurch nicht.

Aktien, Gesellschafts- und Genossenschaftsanteile

Aktien

Der Aktieninhaber ist Miteigentümer eines Unternehmens; er ist am geschäftlichen Risiko beteiligt, haftet allerdings nur mit seiner Aktieneinlage. Der Aktionär als Mitinhaber des Unternehmens wird am Gewinn des Unternehmens beteiligt, soweit ein solcher erzielt wird. Der Gewinn wird als Ausschüttung an die Aktionäre (Dividende) oder als Rücklage der Gesellschaft verwendet. Eine gezahlte Dividende bildet für den Aktionär seinen Anteil am Geschäftsgewinn. Allerdings ergibt nicht die Höhe der Dividende allein den Ertrag einer Aktie, wichtig ist vielmehr die tatsächliche Rendite, die sich ergibt, wenn man die Dividende in Verhältnis zum Kaufpreis der Aktie setzt. Die Dividendenzahlung an sich erbringt regelmäßig eine zu geringe Rendite, um von den regelmäßigen Anlageformen abzuweichen.

Eine weitere Ertragsquelle, auf die der Aktionär spekuliert, ist ein Gewinn aus steigenden Aktienkursen. Da ein solcher aber nicht mit Sicherheit vorausgesagt werden kann, eignet sich diese Einnahmequelle nicht für eine Betreutengeldanlegung.

Der Erwerb von Aktien sowie von Beteiligungen an Aktien- und Rentenfonds scheidet nicht von vornherein wegen des allgemeinen Risikos von Kurs- und Wert-

schwankungen als betreuungsgerichtlich genehmigungsfähige „andere Anlage" aus. Eine von § 1807 BGB abweichende Anlegung kann das Betreuungsgericht dem Betreuer gestatten. Die Erlaubnis soll nur verweigert werden, wenn die beabsichtigte Art der Anlegung nach Lage des Falles den Grundsätzen einer wirtschaftlichen Vermögensverwaltung zuwiderlaufen würde.

Wirtschaftliche Vermögensverwaltung

Ob die anderweitige Anlageform den Grundsätzen einer wirtschaftlichen Vermögensverwaltung entspricht, ist mithilfe einer umfassenden Prüfung der Vor- und Nachteile, ausgerichtet an den Umständen des Einzelfalls, zu beurteilen. Dabei ist auf ein angemessenes Verhältnis von Anlagesicherheit zum Zweck der Vermögenserhaltung und Rentabilität im Sinne einer optimalen Renditeerzielung zu achten. Von Bedeutung sind auch Art und Umfang des Vermögens sowie die in der Vergangenheit vom Betroffenen eigenverantwortlich getroffenen Anlageentscheidungen. Daneben ist zu berücksichtigen, ob und inwieweit der Betroffene seinen laufenden Lebensunterhalt aus anderen Einkünften bestreiten kann oder hierzu auf die Erträge aus der beabsichtigten Geldanlage oder auch auf die längerfristige Verwertung von deren Substanz angewiesen ist. Bei größerem Vermögen entspricht es den Grundsätzen einer wirtschaftlichen Vermögensverwaltung, eine Streuung auf verschiedene Anlagearten vorzunehmen. Zur Beurteilung der Wertsicherheit, Rendite und der steuerlichen Auswirkungen der beabsichtigten Geldanlage wird im konkreten Einzelfall im Hinblick auf die notwendige Sachkunde und nach dem Amtsermittlungsgrundsatz die Einholung amtlicher Auskünfte oder eines Sachverständigengutachtens in Betracht kommen, *OLG München* (FamRZ 2009, 1860; Rpfleger 2009, 617).

Verhältnis von Anlagensicherheit und Rentabilität

Vermögensstreuung

Gutachten einholen

Risikogeschäft

Aktien werden grundsätzlich in der Rechtsprechung nicht zur Betreutengeldanlegung als geeignet betrachtet. Dies muss auch gelten, wenn neue Aktien zu einem günstigen Ausgabekurs angeboten werden.

Belegschaftsaktie

Betriebliche Zuwendung

Belegschaftsaktien werden durch einige Aktiengesellschaften den eigenen Beschäftigten angeboten. Es handelt sich an sich um völlig „normale" Papiere, bei denen der Preis allerdings erheblich unter dem Börsenkurs liegen kann; sie können daneben u. U. sparzulagebegünstigt erworben werden. Ihr Erwerb kann ausnahmsweise genehmigt werden, da es sich zu einem erheblichen Teil um eine betriebliche Zuwendung handelt. Der große finanzielle Vorteil verdrängt hier in der Regel das Sicherheitsrisiko.

Neue (junge) Aktie und Zusatzaktie (Kapitalberichtigungsaktie)

Wird das Kapital einer Aktiengesellschaft durch Fremdmittel erhöht, werden neue (weitere) Aktien ausgegeben, die bedingt durch die höhere Anzahl der Gesamtaktien einen niedrigeren Kurswert haben. Die bisherigen Aktionäre haben einen rechtlichen Anspruch auf den Bezug dieser Aktien. Ihnen wird ein sog. Bezugsrecht in einem Verhältnis zur Zahl ihrer alten Aktien überlassen. Auch dieses Bezugsrecht hat einen Wert und ist veräußerbar.

Anpassung der Aktien

Wird das Grundkapital der Aktiengesellschaft aus eigenen Rücklagen erhöht, so werden Zusatzaktien ausgegeben. Jeder Aktionär bekommt in einem Verhältnis zu seinen alten Aktien zusätzliche Aktien, ohne dass er dafür etwas aufwenden muss. Allerdings vermindert sich durch die größere Anzahl der Aktien der Kurs aller Aktien. Den Aktionären wird wieder ein Bezugsrecht in einem Verhältnis zur Zahl ihrer alten Aktien überlassen. Auch dieses Bezugsrecht hat einen Wert und ist veräußerbar.

Verwaltet der Betreuer bereits einen Aktienbestand, so ist zu prüfen, ob er die Bezugsrechte auf neue Aktien oder Zusatzaktien ausüben kann.

Behandlung von Bezugsrechten

- Der Erwerb von Zusatzaktien mit ausreichenden Bezugsrechten ist unproblematisch möglich, da hier kein Betreutengeld anzulegen ist. Muss der Vertreter erst weitere Bezugsrechte hinzuerwerben, da die dem Betreuten zustehenden nicht ausreichen, ist die Genehmigung des § 1811 BGB zu beachten. Grundsätzlich handelt es sich um die Anlage in Aktien, und die Genehmigung ist mangels ausreichender Sicherheit zu versagen.
- Der Erwerb von neuen Aktien ist immer an § 1811 BGB zu messen und regelmäßig zu verneinen.
- Veräußert der Betreuer Bezugsrechte des Betreuten, verfügt er über eine Forderung des Vertretenen und bedarf der Genehmigung des Gegenbetreuers nach §§ 1908i Abs. 1, 1812 Abs. 1 Satz 1 BGB; falls ein solcher nicht vorhanden ist, der Genehmigung des Betreuungsgerichts, § 1812 Abs. 3 BGB. Die Genehmigung ist regelmäßig zu erteilen.

Gesellschaftsanteile

Neben dem Aktienerwerb als Gesellschaftsbeteiligung sind weitere Betreutengeldanlegungen in Gesellschaftsanteilen denkbar. Allerdings ist hier zu unterscheiden, ob die Beteiligung an einer Personen- oder Kapitalgesellschaft erfolgt.

GmbH

Der entgeltliche Erwerb eines GmbH-Anteils zum Zwecke der Geldanlage ist grundsätzlich einem Aktienerwerb gleichzusetzen, auch hier besteht ein hohes Risiko in Bezug auf Gewinnerzielung und Sicherheit der Anlage.

Anlage in GmbH-Beteiligung

Der Erwerb einzelner Anteile (weniger als 50 % der Gesamtanteile) fällt nicht unter den Genehmigungstatbestand des §§ 1908i Abs. 1, 1822 Nr. 3 Alt. 1 BGB, sondern stellt lediglich eine Kapitalanlage dar, mit der Genehmigung nach §§ 1908i Abs. 1, 1811 BGB. Daneben ist allerdings noch §§ 1908i Abs. 1, 1822 Nr. 10 BGB zu prüfen, da den Anteilserwerber nach § 16 Abs. 3 GmbHG die Haftung für rückständige Leistungen des Veräußerers und nach §§ 24, 31 Abs. 3 GmbHG die Ausfallhaftung für Einlage- und Erstattungsforderungen der Gesellschaft gegen die übrigen Gesellschafter trifft. Nach einer Entscheidung des *BGH* (Rpfleger 1989, 281) erfordert die Anwendung des § 1822 Nr. 10 BGB eine konkrete fremde Verbindlichkeit und die rechtliche Möglichkeit des Betreuten, bei Inanspruchnahme Ersatz zu verlangen. Es müssen also zum Zeitpunkt der Anmeldung des Erwerbs bei der Gesellschaft dieser (konkret) Einlage- oder Erstattungsforderungen zustehen, und Regressmöglichkeiten des Eintretenden bestehen (Innenverhältnis der GmbH).

OHG und KG

Anlage in Personengesellschaften

Der Anteil an einer Personengesellschaft ist übertragbar (Übertragung der Mitgliedschaft). Sie erfolgt durch Verfügungsgeschäft zwischen dem bisherigen Gesellschafter und dem Erwerber. Dazu ist die Zustimmung der übrigen Gesellschafter erforderlich, entweder zur einzelnen Abtretung oder sie ist generell im Gesellschaftsvertrag erklärt.

Soweit der Betreuer den Erwerb für den Betreuten als Geldanlage betreibt, unterliegt er der betreuungsgerichtlichen Genehmigung nach § 1811 BGB. Außerdem ist die

Genehmigung nach §§ 1908i Abs. 1, 1822 Nr. 3 Fall 1 BGB erforderlich, da es sich um den Erwerb eines Gesellschaftsanteils (Erwerbsgeschäfts) handelt. Dabei spielt es keine Rolle, ob der Anteil eines OHG-Gesellschafters oder eines Komplementärs der KG erworben wird. Auch die rein kapitalistische Beteiligung als Kommanditist fällt aus Gründen der Rechtssicherheit unter § 1822 Nr. 3 BGB.

Die Beitrittsphase als Kommanditist ist mit erheblichen Haftungsrisiken verbunden. Durch Übernahme eines bestehenden oder Neubildung eines Kommanditanteils haftet der Kommanditist bis zur Eintragung ins Handelsregister unbeschränkt, § 176 Abs. 2 HGB. Dies gilt auch dann, wenn der voll bezahlte Anteil eines eingetragenen Kommanditisten übernommen wird. Die Genehmigungsfähigkeit beim Beitritt oder einer Anteilsübernahme kann nur dann gegeben sein, wenn die bezeichneten Risiken ausgeschlossen sind, so z. B. durch einen Beitritt unter der aufschiebenden Bedingung der Handelsregistereintragung.

Risiko bei Anlage

Die unbeschränkte Haftung eines OHG-Gesellschafters oder Komplementärs einer KG lässt den Erwerb einer Beteilung zum Zwecke der „Geldanlegung" für Betreute ausscheiden. Selbst die Kommanditbeteiligung sollte auf Fälle beschränkt werden, in denen z. B. ein Eintritt in ein „Familienunternehmen" erfolgen soll.

Stille Gesellschaft und Unterbeteiligung

Unternehmer im Hintergrund

Der stille Gesellschafter nach § 230 ff. HGB beteiligt sich mit einer Vermögenseinlage an einem Unternehmen. Dabei kann es sich um ein Einzelunternehmen, eine Personen- oder Kapitalgesellschaft handeln. Die stille Gesellschaft wirkt nur im Innenverhältnis (sog. Innengesellschaft), an der Trägerschaft des Unternehmens ändert sie nichts, § 230 Abs. 2 HGB. Da das Innenverhältnis beliebig gestaltet werden kann, gibt es unterschiedliche Formen der Innengesellschaft.

- Typische stille Gesellschaft: Sie richtet sich weitgehend nach den Vorschriften des HGB; bei ihr nimmt der Gesellschafter am Gewinn und Verlust des Unternehmens teil, am Verlust jedoch nur bis zur Höhe seiner Einlage, §§ 231 Abs. 1, 232 Abs. 1, Abs. 2 HGB.

- Eine atypische stille Gesellschaft liegt vor, wenn im Gesellschaftsvertrag von den Vorschriften des HGB abgewichen wird, wenn z. B. der stille Gesellschafter nicht am Verlust teilnimmt, § 231 Abs. 2 HGB, oder über seine Einlage hinaus den Verlust zu tragen hat. Daneben kann er auch an der Betriebsführung beteiligt werden.

Umstritten ist in Rechtsprechung und Literatur die Anwendung von §§ 1908i Abs. 1, 1822 Nr. 3 Fall 2 BGB bei der Gründung der stillen Gesellschaft für den Betreuten. Zweifellos wird ein Gesellschaftsvertrag geschlossen, fraglich ist aber, ob er zum Betrieb eines Erwerbsgeschäfts eingegangen wird. Hier kommt es auf die Ausgestaltung des Vertrags an. Zwar betreibt der stille Gesellschafter regelmäßig nicht das Unternehmen, aber es kommt natürlich auch auf sein unternehmerisches Risiko an. Der *BGH* (FamRZ 1957, 121) hat entschieden, dass insoweit keine Genehmigung erforderlich ist, wenn nur eine einmalige Kapitalleistung erbracht wird, und der stille Gesellschafter am Verlust und der Betriebsführung nicht beteiligt ist (gilt auch entsprechend für den Betreuten).

Die Unterbeteiligung ist ebenfalls eine Form der mittelbaren Unternehmensbeteiligung. Allerdings beschränkt sie sich auf Anteile eines Gesellschafters an einer Personen- oder Kapitalgesellschaft. Die Unterbeteiligung ist wie die stille Gesellschaft eine Innengesellschaft und kann wie diese behandelt werden.

Wirtschaftliche Vorteile

Legt der Betreuer Geld in einer stillen Gesellschaft oder Unterbeteiligung an, ist zunächst zu prüfen, ob sich zur regelmäßigen Anlegung wirtschaftliche Vorteile ergeben. Diese können aus einem, wenn auch ungewissen, Unternehmensgewinn resultieren; in jedem Fall muss der Gesellschaftsvertrag insoweit für den Betreuten positiv ausfallen.

Sicherheit

Problematisch ist auch hier die Sicherheit. Zum einen ist nicht klar, ob ein Unternehmensgewinn erzielt werden kann; daneben hat der stille Beteiligte regelmäßig Verluste bis zum Betrag seiner Einlage zu tragen. Der Betreuer kann im Namen des Betreuten die Vorlage des Jahresabschlusses verlangen und die Richtigkeit überprüfen (lassen), § 233 HGB, weitere Mitwirkungsrechte am Erfolg des Unternehmens wird er in der Regel nicht haben.

Es sollte die Person des Unternehmers und das Unternehmen selbst gut geprüft werden, bevor der Betreuer die stille Gesellschaft als Geldanlage in Betracht zieht; daneben ist die betreuungsgerichtliche Genehmigung nach § 1811 BGB erforderlich.

Genossenschaftsanteile

Genossenschaftsbanken

Tritt der Betreuer im Namen des Betreuten einer Genossenschaft als Mitglied bei, erwirbt der Vertretene einen Genossenschaftsanteil, § 15 GenG; gleichzeitig hat er die nach der Satzung der Genossenschaft geforderte Einzahlung zu leisten, § 15a GenG. Der Vertreter legt Geld des Vertretenen in einer Genossenschaftsmitgliedschaft an. § 19 Abs. 1 GenG bestimmt, dass der bei Feststellung des Jahresabschlusses für die Genossen sich ergebende Gewinn oder Verlust des Geschäftsjahres auf diese zu verteilen ist. Nach der Satzung wird regelmäßig eine Verwendung des Jahresüberschusses zum Teil als Ausschüttung bestimmt sein; diese ergibt den Gewinn der Anlage. Zumindest bei den Genossenschaftsbanken errechnet sich in der Regel eine gute Rendite.

Keine Sicherungseinrichtung

Nicht unproblematisch ist die Sicherheitsfrage, denn die Genossenschaftsanteile werden nicht durch die Einlagensicherung der Banken erfasst. Abzuwägen ist die Bonität der einzelnen Bank und die Höhe der Anlage.

Ebenfalls zu beachten ist die sog. Nachschusspflicht gemäß § 105 GenG:

> *Soweit die Ansprüche der Massegläubiger oder die bei der Schlussverteilung (§ 196 der Insolvenzordnung) berücksichtigten Forderungen der Insolvenzgläubiger aus dem vorhandenen Vermögen der Genossenschaft nicht berichtigt werden, sind die Genossen verpflichtet, Nachschüsse zur Insolvenzmasse zu leisten, es sei denn, dass das Statut die Nachschusspflicht ausschließt. Im Falle eines rechtskräftig bestätigten Insolvenzplans besteht die Nachschusspflicht insoweit, als sie im gestaltenden Teil des Plans vorgesehen ist. Die Nachschüsse sind von den Genossen, wenn nicht das Statut ein anderes Beitragsverhältnis festsetzt, nach Köpfen zu leisten. Beiträge, zu deren Leistung einzelne Genossen unvermögend sind, werden auf die übrigen verteilt.*

Nachzahlung bei Insolvenz

Ist eine Nachschusspflicht nicht ausgeschlossen, wird regelmäßig eine Haftsumme bestimmt sein, die im Falle der Insolvenz noch zu erbringen ist. Der Genosse verliert somit nicht nur seine Einlage, sondern muss noch eine weitere Leistung erbringen.

Die Genossenschaft ist ihrer gesetzlichen Struktur nach keine Erwerbsgesellschaft im Sinne von §§ 1908i Abs. 1, 1822 Nr. 3 BGB; sie ist eine vom Mitgliederbestand

unabhängige Körperschaft, aber keine Kapitalgesellschaft, denn die Mitgliedschaft ist nicht durch eine Kapitaleinlage, sondern durch die persönliche Beteiligung geprägt, ähnlich einem Verein. Die mit der Genossenstellung verbundene Nachschusspflicht im Insolvenzfall ist eine eigene Verbindlichkeit der Genossen und fällt somit nicht unter § 1822 Nr. 10 BGB.

Anlagegenehmigung

Der Erwerb von Genossenschaftsanteilen unterliegt somit der betreuungsgerichtlichen Genehmigung nach §§ 1908i Abs. 1, 1811 BGB. Die Genehmigungsfähigkeit muss am Einzelfall geprüft werden.

Investment- und Immobilienfonds

Investmentfonds

Eine Investmentgesellschaft legt die Einlagen in bestimmten Werten an. Je nach Zusammensetzung des Fondsvermögens ergeben sich:

Anteil an vielen Werten

- Aktienfonds (überwiegend Aktien verschiedener Gesellschaften)
- Rentenfonds (überwiegend festverzinsliche Wertpapiere)
- gemischten Fonds (Aktien und festverzinsliche Wertpapiere)

Als weitere Unterscheidung dient der geographische Anlagehorizont. So unterscheidet man Länderfonds (z. B. nur deutsche Werte), Regionenfonds (z. B. nur europäische Werte) und internationale Fonds (weltweite Werte).

Risikoverminderung

Dies bedeutet eine Risikoverringerung durch die Mischung der Papiere verschiedener Unternehmen und eventuell Regionen. Der Käufer eines Investmentzertifikats erwirbt einen Anteil am Vermögen des Fonds, er erhält einen Anteilsschein (Zertifikat). Die Dividendeneinnahmen und Gewinne der gesamten Werte werden teilweise auf die einzelnen Anteilsscheine ausgeschüttet (Ausschüttungsfonds). Ob eine Ausschüttung erfolgt, muss sich aus den Vertragsbedingungen ergeben.

Der Wert eines Investmentanteils wird täglich aufgrund der Börsenkurse errechnet. Zertifikate können zum Tagesrücknahmepreis an die Investmentgesellschaft zurückgegeben werden.

Zu beachten ist, dass der Ausgabe- und Rücknahmekurs differiert. Bei der Ausgabe werden regelmäßig Aufschläge zwischen 3 % und 6 % des Anteilswertes erhoben; die Rücknahme erfolgt zum Inventurwert (= Wert des gesamten Fondsbestandes geteilt durch die Anzahl der Anteile).

Beschränkte Eignung

Investmentanteile sind beschränkt zur Anlage von Betreutengeld geeignet, da regelmäßig die Risiken durch Streuung der zusammengefassten Werte nach Branchen und Gesellschaften minimiert werden. Bei der Erteilung der Genehmigung nach §§ 1908i Abs. 1, 1811 BGB entscheiden die Betreuungsgerichte uneinheitlich. Häufig wird wie folgt verfahren: reine Rentenfonds ja; reine Aktienfonds nein; gemischte Fonds ja, wenn überwiegend Rentenwerte enthalten sind. Vorsicht ist bei ausländischen Investmentgesellschaften geboten.

Bei größerem Vermögen können für längerfristige Anlagen von Geld auch Renten- und Aktienfonds in Betracht zu ziehen sein. Bei Zweifeln an der Wirtschaftlichkeit einer Anlageform ist gegebenenfalls ein Sachverständigengutachten einzuholen.

Nützliche Anschriften Im Zusammenhang mit Investmentanteilen sind folgende Anschriften hilfreich:

- Bundesverband Investment und Asset Management e. V. (BVI)
  Bockenheimer Anlage 15, 60322 Frankfurt am Main
  Tel. 069/15 40 90-0, Fax 069/5 97 14 06

  Der Verband gibt das Jahrbuch „Investment – Daten, Fakten, Entwicklungen" heraus, in dem die Anschriften und Telefonnummern der Fondsgesellschaften verzeichnet sind; das Buch kann kostenlos bezogen werden.

- Bundesanstalt für Finanzdienstleistungsaufsicht (BaFin)
  Abteilung Wertpapieraufsicht/Asset Management
  Lurgiallee 12, 60439 Frankfurt am Main
  Tel. 0228/41 08-0,[1] Fax 0228/41 08-1 23[1]

  Aufsichtsbehörde für Investmentfonds in Deutschland; erteilt Auskunft, ob ein Fonds zum Vertrieb in Deutschland berechtigt ist.

Bei der Anlage von Betreutengeld in Investmentfonds ist besondere Vorsicht geboten. Häufig ist die geforderte Sicherheit der Anlage, insbesondere bei Aktienfonds, nicht gegeben.

Immobilienfonds

Durch eine Immobiliengesellschaft werden Grundstücke in den Fonds eingebracht und hierüber Anteilsscheine ausgegeben (Zertifikate). Man unterscheidet „offene" und „geschlossene" Immobilienfonds.

Offene Fonds Die offenen Fonds können fortlaufend neue Zertifikate verkaufen und so neue Objekte hinzuerwerben, wodurch sich eine Risikostreuung ergibt. Die Fonds unterliegen der Aufsicht des deutschen Investmentgesetzes (InvG).

Geschlossene Fonds Die geschlossenen Fonds unterliegen nicht dem deutschen Investmentgesetz; eine Rücknahme der Zertifikate ist meist ausgeschlossen; eine freie Veräußerung mangels Markt problematisch. Auch werden die Fondsmittel in der Regel nur in ein oder wenige Objekte angelegt, was wenig zu einer Risikostreuung beiträgt. Das Zertifikatskapital richtet sich nach der Höhe des für den Erwerb bzw. die Bebauung des Fondsobjekts benötigten Eigenkapitals. Wenn alle Zertifikate gezeichnet sind, wird der Fonds geschlossen.

Gewinne Offene Fonds erbringen in der Regel durch Barausschüttungen und Wertsteigerungen der Grundstücke ansehnliche Gewinne bei an sich geringem Risiko, wobei aber nicht außer Acht bleiben darf, dass es wegen mangelnder Vermietbarkeit der Objekte zu marktgerechten Preisen keine Ertragsgarantie geben kann. Auch kann der Anleger sein Zertifikat jederzeit an den Fonds zurückgeben, wobei allerdings zu beachten ist, dass Ausgabe- und Rücknahmekurs differieren; üblicherweise werden ca. 5 % Ausgabekosten berechnet.

Relative Sicherheit Immobilienzertifikate offener Fonds bringen wegen der regelmäßig gezahlten Barausschüttungen und des Wertzuwachses von Grundstücken wirtschaftliche Vorteile zu einer regelmäßigen Anlegung. Wegen der besonderen Überwachung durch das InvG und der jederzeitigen Rückgabemöglichkeit der Anteilsscheine besteht auch eine relative Sicherheit. Sie sind grundsätzlich zur Anlegung von Betreutengeld

[1] (identisch mit der in Bonn verbliebenen Abteilung für Banken- und Versicherungsaufsicht)

geeignet, allerdings sollten immer die im Fonds vorhandenen Grundstücke mit Blick auf mögliche Unvermietbarkeit betrachtet werden (Verkaufsprospekt!).

Risiko

Immobilienzertifikate geschlossener Fonds scheiden regelmäßig für die Betreutengeldanlage aus. Obwohl auch hier Gewinne erzielt werden können, scheitert die Anlegung meist an der mangelnden Sicherheit.

Anlage des Betreutenvermögens in einem einzigen Immobilienfonds

Die Geldanlage in einem offenen Immobilienfonds kann nach *OLG Frankfurt* (BtPrax 2002, 266) nicht für generell ausgeschlossen erachtet werden. Die Investition des ganz überwiegenden Teils eines Vermögens (hier: deutlich über 75 %) in einem einzelnen ausgewählten Immobilienfonds entspricht jedoch nicht den Grundsätzen einer wirtschaftlichen Vermögensverwaltung, weil sie die gebotene Streuung auf mehrere Anlageformen vermissen lässt.

Bestattungsvorsorgevertrag

Häufig schließen Betreuer Bestattungsvorsorgeverträge im Namen ihres Betreuten ab. Unklar, ob es sich hierbei um eine Geldanlegung handelt, die nach §§ 1908i Abs. 1, 1811 BGB einer Genehmigung des Betreuungsgerichts bedarf.

Bestattungsvorsorge kann Geldanlegung sein

Zu klären ist, ob hierbei die Elemente eines Werkvertrags (spätere Durchführung der Bestattung) mit denen eines Verwahrungs- oder Darlehensvertrags (verzinsliche oder unverzinsliche Verwahrung der Geldsumme) verbunden sind. Bejaht man die Verwahrung, so liegt eine Geldanlegung mit der Genehmigungspflicht nach § 1811 BGB vor. Dabei ist zu beachten, dass es sich hierbei um eine sog. Innengenehmigung handelt; der Vertrag auch ohne sie wirksam geschlossen werden kann, allerdings eine Pflichtwidrigkeit des Betreuers vorliegt, die zu einem Schadensersatz führen kann. Verneint man die Verwahrung, sondern geht man lediglich vom Werkvertrag mit einer (eventuell langfristigen) Vorleistungspflicht des Betreuten aus, könnte, falls allgemeine Geschäftsbedingungen zugrunde liegen, § 307 Abs. 1 BGB zur Unwirksamkeit führen, da der Betreute unangemessen benachteiligt wird.

Es wird den Betreuern angeraten, Bestattungsvorsorgeverträge vor ihrem Abschluss dem Betreuungsgericht anzuzeigen und um Erteilung einer entsprechenden Gestattung (Genehmigung) nach § 1811 BGB nachzusuchen.

Sachwertanlagen

Werte ohne Zinsen

Beim Erwerb von Sachwerten ist zu unterscheiden zwischen solchen, die der reinen Geldanlegung dienen sollen, und denen, die für den Betreuten noch andere Zwecke erfüllen.

Spekulation auf Wertsteigerung

Erwirbt der Betreuer z. B. Goldbarren, Goldmünzen, Diamanten, Gemälde oder Sammlungen zur reinen Geldanlage, so handelt es sich um Spekulationsobjekte. Diese Anlegungsformen bringen weder Zinsen noch anderweitige regelmäßige Erträgnisse, man hofft auf Wertzuwachs oder zumindest Werterhaltung. Im Übrigen ist zum Erwerb großer Sachverstand erforderlich und zudem macht ein Wiederverkauf zum erhofften Preis oft Schwierigkeiten.

Sachwertanlagen eignen sich grundsätzlich nicht zur Anlegung von Betreutengeld; Ausnahmen mögen sich in Einzelfällen bei sehr großen Vermögen ergeben. Allerdings sollte die Anlage nicht ohne ausreichende Sachverständigenbegutachtung erfolgen. Eine betreuungsgerichtliche Genehmigung nach § 1811 BGB ist erforderlich.

Grundstücke sind sicher

Anders verhält es sich bei Grundstücken und Wohnungs- bzw. Sondereigentum. Ist eine Vermietung des Objekts geplant, so ist die Rendite berechenbar; die Sicherheit und die Werterhaltung ist bei Grundvermögen gegeben. Wird eine Eigennutzung durch den Betreuten angestrebt, so fällt zwar der Gewinn aus den Mieteinnahmen weg, jedoch wird hier nicht allein eine Geldanlegung betrieben, vielmehr sollen das

Hausgrundstück bzw. die Eigentumswohnung dem Betreuten unmittelbar dienen. Im Übrigen werden dadurch wieder Kosten einer Mietwohnung eingespart.

Der Kauf von Grundeigentum kann als andersartige Geldanlage gemäß §§ 1908i Abs. 1, 1811 BGB genehmigt werden. Daneben ist aber noch die betreuungsgerichtliche Genehmigung nach §§ 1908i Abs. 1, 1821 Abs. 1 Nr. 5 BGB erforderlich.

5. Behandlung der angelegten Vermögenswerte

Der Betreuer verwaltet Vermögenswerte des Betreuten, somit Fremdvermögen als Vertreter. Gesetz und Betreuungsgericht übernehmen die Überwachung und sichern das Vermögen im Interesse des Vertretenen.

In der Regel reicht es aus, wenn betreuungsgerichtliche Genehmigungen eine Verfügung des Betreuers über Vermögenswerte verhindern.

Beispiel:

Hat der Betreuer Betreutenvermögen in einer Eigentumswohnung angelegt und möchte er diese Wohnung wieder veräußern, so sind Kaufvertrag und Auflassungserklärung ohne die Genehmigungen nach § 1821 Abs. 1 Nr. 4 und Nr. 1 BGB nicht wirksam; das Grundbuchamt nimmt die Eintragung des Käufers als neuen Eigentümer ohne Vorlage der Genehmigung nicht vor.

Sicherungsbedarf

Bei bestimmten Anlegungsformen reicht jedoch die Notwendigkeit einer betreuungsgerichtlichen Genehmigung nicht aus. Wurde z. B. Betreutenvermögen in Pfandbriefen angelegt oder gehören zum übernommenen Vermögensbestand Aktien, so handelt es sich in der Regel um sog. Inhaberpapiere. Werden sie dem Betreuer gestohlen, so könnte der Dieb diese an einen gutgläubigen Dritten zum Nachteil des Betreuten veräußern, §§ 932, 935 Abs. 2 BGB; auch könnte er aus dem Pfandbrief die Leistung vom Ausgeber erlangen, § 792 Abs. 1 Satz 2 BGB.

5.1 Gesetzliche Vorgaben

Beispiel:

Der Betreuer findet nach seiner Bestellung mit dem Aufgabenkreis der Vermögensverwaltung in der Wohnung des Betreuten Bargeld in Höhe von 5.000 EUR, einen Sparbrief zu 8.000 EUR der HypoVereinsbank, lautend auf den Namen des Betreuten, und 10 BMW-Aktien in effektiven Stücken vor. Bei seinem ersten Besuch bei der HypoVereinsbank bringt er in Erfahrung, dass auf einem Depotkonto des Betreuten Bundesanleihen im Wert von 10.000 EUR gebucht sind und ein Girokonto über 2.000 EUR besteht. Die vorgefundenen 5.000 EUR Bargeld zahlt er auf ein Sparkonto des Betreuten ein, welches er neu eröffnet.

5.1.1 Sparkonten, Termingeldkonten, Sparbriefe, Sparobligationen

Legt der Betreuer Geld nach §§ 1908i Abs. 1, 1807 Abs. 1 Nr. 5 BGB bei einer öffentlichen Sparkasse oder sicheren Bank an, hat er dies mit der Bestimmung zu tun, dass zur Abhebung des Geldes die Genehmigung des Gegenbetreuers oder des Betreuungsgerichts erforderlich ist, §§ 1908i Abs. 1, 1809 BGB.

Versperrung von Konten

Die Sperrung setzt eine entsprechende Vereinbarung zwischen dem Kontoinhaber (Betreuten), vertreten durch den Betreuer, und der Bank voraus. Die Sperre ist von der Bank auf dem Papier (z. B. Sparbuch, Sparbrief) zu vermerken. Wichtig für die Sperrwirkung ist aber zunächst die Vereinbarung, nicht der Vermerk, er ist z. B. wir-

kungslos, wenn der Vertreter oder das Betreuungsgericht ihn im Sparbuch anbringen, ohne dass eine Vereinbarung mit der Bank besteht.

Praxis TIPP

Sperrvereinbarung nach § 1809 BGB

Die Sperrvereinbarung mit der Sparkasse oder Bank sollte wie folgt lauten: „Zur Abhebung von Geld ist die Genehmigung des Gegenbetreuers oder des Betreuungsgerichts erforderlich." Für den am Sparbuch, Sparbrief usw. angebrachten Sperrvermerk genügt ein Schlagwort, wie z. B. „Betreutensperre", „Betreutenkonto" oder „Sperre gemäß 1809 BGB".

Im obigen Beispiel hat der Betreuer das vorgefundene Bargeld auf einem Sparkonto bei der HypoVereinsbank angelegt, somit nach §§ 1908i Abs. 1, 1807 Abs. 1 Nr. 5 BGB. Eine Sperrvereinbarung nach §§ 1908i Abs. 1, 1809 BGB ist bei der Anlegung mit der Bank zu treffen; ein entsprechender Sperrvermerk durch die Bank am Sparbuch anzubringen.

Girokonten bleiben unversperrt

Zu versperren sind alle Anlegungsformen bei Sparkassen und Banken, ausgenommen deren eigene Inhaberpapiere, z. B. Inhaberschuldverschreibungen in Form von Sparbriefen oder Sparobligationen. Diese unterliegen der besonderen Sperrvorschrift des § 1814 BGB. Nicht zu versperren sind Girokonten, da sie keine Anlegung von Geld darstellen, sondern der Bereithaltung dienen.

Das *im obigen Beispiel* vorgefundene Girokonto ist nicht zu versperren.

Sperre schafft Genehmigung

Die Versperrung soll zunächst verhindern, dass der Betreuer angelegtes Geld ohne Überwachung durch den Gegenbetreuer oder das Betreuungsgericht wieder abheben kann. Zwar benötigt er hierzu grundsätzlich eine Genehmigung nach §§ 1908i Abs. 1, 1812 Abs. 1 Satz 1 bzw. Abs. 3 BGB, jedoch wird er von dieser Genehmigung freigestellt, wenn an ihn Geld zurückgezahlt wird, welches er selbst angelegt hat, §§ 1908i Abs. 1, 1813 Abs. 1 Nr. 3 BGB. Ist aber die Sperrvereinbarung getroffen, so greift § 1813 Abs. 2 Satz 1 BGB, die Erleichterung ist aufgehoben und er bedarf zu jeder Entnahme der Genehmigung.

Findet der Betreuer bei Amtsantritt bereits Anlagen gemäß § 1807 Abs. 1 Nr. 5 BGB vor, so ist nach dem Wortlaut des § 1809 BGB an sich keine Versperrung erforderlich, da er nicht selbst anlegt. Eine solche scheint zunächst auch entbehrlich zu sein, da er zu einer Abhebung der Genehmigung nach § 1812 BGB (siehe oben) bedarf und die Erleichterung des § 1813 Abs. 1 Nr. 3 BGB nicht greift; er hat das Geld nicht selbst angelegt, das er nun zurückhaben will.

Allerdings ist in diesem Fall noch § 1813 Abs. 1 Nr. 2 BGB zu beachten. Der Betreuer kann bei Konten bis zu einem Einlagengesamtbetrag von 3.000 EUR genehmigungsfrei abheben, auch wenn er nicht selbst angelegt hat. Diese Freistellung verhindert aber wieder § 1813 Abs. 2 Satz 1 BGB i. V. m. einer Sperrvereinbarung nach § 1809 BGB.

Ein weiterer Grund liegt im § 808 BGB. Ein Sparbuch oder Sparbrief auf den Namen des Berechtigten ist ein sog. qualifiziertes Legitimationspapier. Das heißt, die Bank kann gegen Vorlage des Papiers (z. B. Sparbuchs) an den jeweiligen Inhaber befreiend leisten, auch wenn dieser nicht der Berechtigte der Forderung ist. Die Sperrvereinbarung setzt nun § 808 Abs. 1 Satz 1 BGB außer Kraft. Die im Papier vermerkte Sperre lässt die Bank erkennen, dass der Inhaber zur Verfügung über die Forderung nicht ohne Genehmigung berechtigt ist; sie würde an ihn nicht mehr befreiend zum Nachteil des Betreuten leisten.

§ 1809 BGB ist analog auf Anlegungen nach § 1807 Abs. 1 Nr. 5 BGB anzuwenden, welche der Betreuer bei Amtsübernahme vorfindet.

> *Im obigen Beispiel* ist der Sparbrief, welcher auf den Namen des Betreuten lautet, zu versperren.

Bei andersartigen Anlegungen nach § 1811 BGB, welche einer solchen nach § 1807 Abs. 1 Nr. 5 BGB entsprechen, z. B. Bausparanlagen, ist ebenfalls die Versperrung nach § 1809 BGB analog herbeizuführen, egal ob der Vertreter selbst anlegt oder die Anlage vorgefunden hat. Das Betreuungsgericht könnte die Gestattung nach § 1811 BGB eventuell nur unter der Auflage erteilen, dass eine Versperrung erfolgt.

Das Betreuungsgericht muss dafür sorgen, dass der Betreuer die Sperre nach § 1809 BGB unverzüglich herbeiführt, insoweit besteht Aufsichtspflicht nach §§ 1908i Abs. 1, 1837 Abs. 2 BGB.

Sperrvereinbarung erlischt bei Beendigung der Betreuung

Die Sperrvereinbarungen erlöschen mit Beendigung der Betreuung ohne weiteres Zutun des Gerichts oder des Betreuers. Der Sparkasse oder Bank ist durch den ehemaligen Betreuten oder dessen Rechtsnachfolger lediglich die Beendigung nachzuweisen.

Eine Befreiung von der Versperrung nach § 1809 BGB findet auf Anordnung und kraft Gesetzes statt.

Befreiungen

- Das Betreuungsgericht kann auf Antrag den Betreuer nach §§ 1908i Abs. 1, 1817 Abs. 1 BGB befreien; dies dürfte aber in der Praxis kaum erfolgen.
- Betreuungsbehörde und Betreuungsverein als Betreuer (§ 1900 Abs. 1 und 4 BGB) sind kraft Gesetzes befreit, §§ 1908i Abs. 1 Satz 1, 1857a, 1852 BGB.
- Ehegatten, Lebenspartner, Eltern, Abkömmlinge des Betreuten als Betreuer, Vereins- und Behördenbetreuer (§ 1897 Abs. 2 BGB) sind kraft Gesetzes befreit, §§ 1908i Abs. 2 Satz 2, 1857a, 1852 BGB.

5.1.2 Inhaberpapiere

Verfügungen über Wertpapiere unterliegen grundsätzlich der Genehmigungspflicht des §§ 1908i Abs. 1, 1812 Abs. 1 Satz 1 Alt. 3 BGB. Wegen ihrer leichten Verwertbarkeit, insbesondere wegen der befreienden Leistung des Ausstellers bei Inhaberpapieren nach § 793 Abs. 1 Satz 2 BGB und den Gutglaubensvorschriften §§ 932, 935 Abs. 2 BGB, ist ein weitergehender Schutz geboten, die Papiere sind bei einem Kreditinstitut oder einer Hinterlegungsstelle zu hinterlegen, §§ 1908i Abs. 1, 1814 BGB.

Hinterlegung von Inhaberpapieren

§ 1814 BGB fordert die Hinterlegung von Inhaberpapieren, dies können z. B. sein:

- Inhaberschuldverschreibungen gegen Bund oder Länder sowie gegen private Unternehmen nach § 1807 Abs. 1 Nr. 2 u. 3 BGB, soweit es sich nicht um Schuldbuchforderungen handelt.
- Pfandbriefe, Kommunalobligationen und Inhaberpapiere kommunaler Körperschaften und deren Kreditanstalten, § 1807 Abs. 1 Nr. 4 BGB.

- Inhaberpapiere öffentlicher Sparkassen und sicherer Kreditinstitute, § 1807 Abs. 1 Nr. 5 BGB (jedoch sind Sparbriefe meist Namenspapiere, Sparobligationen häufig Orderpapiere).
- Aktien.

Zu hinterlegen ist das Papier selbst und, soweit ausgegeben, der Erneuerungsschein (Talon), § 1814 Satz 1 BGB; nicht zu hinterlegen sind die Zins- bzw. Gewinnanteilsscheine (Kupons), § 1814 Satz 2 BGB.

Nicht hinterlegungspflichtig sind Inhaberpapiere, die nach § 92 BGB zu den verbrauchbaren Sachen gehören, insbesondere solche, die zu den Betriebsmitteln eines Erwerbsgeschäfts gehören, § 1814 Satz 2 BGB.

Die Hinterlegungspflicht umfasst nur solche Papiere, die im Alleineigentum des Betreuten stehen. Ist er nur Miteigentümer (Bruchteil, Gesamthand) bräuchte er zur Hinterlegung die Mitwirkung der übrigen Miteigentümer, auf die er keinen Anspruch hat. Sind die Papiere mit einem Nießbrauch oder Pfandrecht eines Dritten belastet, entfällt die Hinterlegung.

Hinterlegungsstellen

Der Betreuer kann hinterlegen bei:

- allen in § 1807 Abs. 1 Nr. 5 BGB genannten Sparkassen und Kreditinstituten,
- Hinterlegungsstellen der Amtsgerichts, § 1 Abs. 2 HinterlO,
- Staatsbanken der Länder, § 27 Abs. 1 HinterlO.

Hinterlegung durch Verwahrung

Die Hinterlegung der Papiere erfolgt durch Verwahrung. Verwahrung i. S. d. § 688 ff. BGB und des § 1 Abs. 1 Nr. 5 KWG setzt Raumgewährung und Obhut voraus. Bloße Raumgewährung ohne Obhut ist Raummiete. Das Bankrecht kennt als Beispiel der bloßen Raumgewährung den Safevertrag. Bei diesem stellt die Bank nur den sicheren Raum zur Verfügung, nimmt jedoch die eingelegten Gegenstände nicht in Obhut. Zur Hinterlegung nach § 1814 BGB ist ein Banksafe nicht geeignet.

Zur Hinterlegung von Betreutenpapieren bieten sich zwei verschiedene Arten der Verwahrung an:

- Sonderverwahrung, § 2 DepotG;
- Sammelverwahrung, §§ 5–9a DepotG.

Sperrvereinbarung

Die Hinterlegung hat mit der Bestimmung zu erfolgen, dass die Herausgabe der Papiere nur mit betreuungsgerichtlicher Genehmigung erfolgen darf (Sperrvereinbarung), § 1814 Satz 1 BGB.

> *Im obigen Beispiel* hat der Betreuer die vorgefundenen Aktien nach §§ 1908i Abs. 1, 1814 BGB zu hinterlegen; er wird dabei die Girosammelverwahrung bei der Hypovereinsbank wählen, bei welcher der Betreute bereits ein Depotkonto unterhält. Mit der Bank muss er die Vereinbarung treffen, dass zur Herausgabe der Papiere eine betreuungsgerichtliche Genehmigung erforderlich ist.

Eine Befreiung von der Hinterlegung nach § 1814 BGB findet auf Anordnung und kraft Gesetzes statt.

Befreiungen

- Das Betreuungsgericht kann auf Antrag den Betreuer nach §§ 1908i Abs. 1, 1817 Abs. 1 BGB befreien; praktisch von Bedeutung, wenn das Vermögen des Betreuten 6.000 EUR nicht übersteigt und nur einzelne Inhaberpapiere ohne großen Wert vorhanden sind, um die unverhältnismäßigen (Mindest-)Depotgebühren einzusparen, jedoch unter dem Vorbehalt, dass eine anderweitig sichere Aufbewahrung gewährleistet ist.
- Das Betreuungsgericht kann aus besonderen Gründen nach § 1817 Abs. 2 BGB befreien; eine solche Befreiung ist praktisch nur denkbar bei Vorliegen der Voraussetzungen wie bei Abs. 1 dargestellt; jedoch auch dann, wenn ein 6.000 EUR übersteigendes Vermögen vorhanden ist.
- Betreuungsbehörde und Betreuungsverein als Betreuer (§ 1900 Abs. 1 und 4 BGB) sind kraft Gesetzes befreit, §§ 1908i Abs. 1 Satz 1, 1857a, 1853 BGB.
- Ehegatten, Lebenspartner, Eltern, Abkömmlinge des Betreuten als Betreuer, Vereins- und Behördenbetreuer (§ 1897 Abs. 2 BGB) sind kraft Gesetzes befreit, §§ 1908i Abs. 2 Satz 2, 1857a, 1853 BGB.

Gerichtliche Genehmigungen

Zur Herausgabe des hinterlegten Papiers aus der Verwahrung ist die Genehmigung des Betreuungsgerichts erforderlich. Das Genehmigungsbedürfnis ergibt sich aus der getroffenen Vereinbarung des Betreuers mit der Hinterlegungsstelle.

Die Verfügung über ein Wertpapier bedarf der betreuungsgerichtlichen Genehmigung nach §§ 1908i Abs. 1, 1819 Satz 1 BGB, solange das Papier unter den Voraussetzungen des § 1814 BGB hinterlegt ist. Die (schuldrechtliche) Verpflichtung zu einer Verfügung (z. B. der Verkauf) bedarf der Genehmigung nach §§ 1908i Abs. 1, 1819 Satz 2 BGB.

Ist eine Hinterlegung durch den Betreuer freiwillig erfolgt, ohne dass die Voraussetzungen des § 1814 BGB vorlagen oder eine Anordnung nach § 1818 BGB ergangen ist, z. B. freiwillige Hinterlegung eines Hypothekenbriefs, bedarf weder die Entnahme aus der Verwahrung der Genehmigung aus § 1814 BGB, noch eine Verfügung (Verpflichtung) einer Genehmigung nach § 1819 BGB.

Ist das Papier bereits wieder aus der Hinterlegung entnommen, zu Recht oder Unrecht, schuldhaft oder nicht, mit oder ohne betreuungsgerichtlicher Genehmigung, entfällt die Genehmigung nach § 1819 BGB (solange … nicht zurückgenommen!).

Bei freiwilliger Hinterlegung oder nach Rücknahme aus der Verwahrung unterliegt eine Verfügung lediglich dem Genehmigungstatbestand der §§ 1908i Abs. 1, 1812 BGB, mit den Ausnahmen nach § 1813 BGB und den möglichen Befreiungen.

5.1.3 Schuldbuchforderungen

§§ 1908i Abs. 1, 1816 BGB fordert, dass Schuldbuchforderungen gegen Bund oder Länder, die bereits zum Betreutenvermögen gehören oder durch Betreuer neu erworben werden, durch eine Vereinbarung beschränkt werden, nach welcher Verfügungen über sie nur mit betreuungsgerichtlicher Genehmigung möglich sind.

Sperrvermerk im Schuldbuch

Gefordert ist aber nicht lediglich ein formaler Vermerk im Schuldbuch bei einer Einzeleintragung, oder wie in der Praxis üblich bei Sammeleintragungen der Vermerk am Depotkonto des Betreuten bei der Bank, sondern eine Vereinbarung der Verfügungssperre, zu deren Ersichtlichmachung der Vermerk lediglich dient.

Der Betreuer ist zur Versperrung verpflichtet. Eine Anordnung durch das Betreuungsgericht ist nicht erforderlich, wohl aber Überwachung und eventuell Erzwingung nach §§ 1908i Abs. 1, 1837 Abs. 2 BGB.

Gerichtliche Genehmigung

Ist die Sperrvereinbarung getroffen, kann der Betreuer ohne Genehmigung des Betreuungsgerichts nicht mehr über die Schuldbuchforderung verfügen; das Genehmigungserfordernis ergibt sich aus der getroffenen Vereinbarung selbst. Auch zu Verpflichtungsgeschäften in Bezug auf die Buchforderungen (z. B. Verkauf) bedarf er einer Genehmigung nach §§ 1908i Abs. 1, 1820 Abs. 2 BGB.

Verfügung über Zinsen ist möglich

Der Versperrung unterliegen allerdings nicht die Zinsen, da nur die Stammforderungen gesichert werden sollen, was sich aus § 1820 Abs. 1 BGB wie auch aus § 1814 Satz 2 BGB grundsätzlich ergibt. Der Betreuer kann somit ohne Genehmigung über die anfallenden Erträge verfügen; § 1812 Abs. 1 Satz 1 bzw. Abs. 3 BGB entfällt wegen § 1813 Abs. 1 Nr. 4 BGB. Dies gilt nicht mehr, wenn die Erträge der Stammforderung zugeschlagen wurden.

> *Im obigen Beispiel* sind die Bundesanleihen als Schuldbuchforderungen nach §§ 1908i Abs. 1, 1816 BGB zu versperren. Dies erfolgt durch eine Vereinbarung mit der depotführenden HypoVereinsbank, die wie folgt zu lauten hat: „Verfügungen über auf dem Depot gebuchte Schuldbuchforderungen sind nur mit betreuungsgerichtlicher Genehmigung möglich."

Praxis TIPP

Sind auf einem Depot des Betreuten Inhaberpapiere gebucht, so hat die Sperrvereinbarung zu lauten: „Eine Herausgabe von Inhaberpapieren bedarf der betreuungsgerichtlichen Genehmigung." Sind Schuldbuchforderungen gebucht, so lautet die Vereinbarung: „Verfügungen über gebuchte Schuldbuchforderungen sind nur mit betreuungsgerichtlicher Genehmigung möglich." Sind sowohl Inhaberpapiere und Schuldbuchforderung gebucht, so hat die Vereinbarung zu lauten: „Eine Herausgabe von Inhaberpapieren und Verfügungen über gebuchte Schuldbuchforderungen bedürfen der betreuungsgerichtlichen Genehmigung."

Eine Befreiung von der Hinterlegung nach § 1816 BGB findet auf Anordnung und kraft Gesetzes statt.

Befreiungen

- Das Betreuungsgericht kann auf Antrag den Betreuer nach §§ 1908i Abs. 1, 1817 Abs. 1 BGB befreien; praktisch kaum Bedeutung.
- Das Betreuungsgericht befreit aus besonderen Gründen nach §§ 1908i Abs. 1, 1817 Abs. 2 BGB; praktisch kaum Bedeutung.
- Betreuungsbehörde und Betreuungsverein als Betreuer (§ 1900 Abs. 1 und 4 BGB) sind kraft Gesetzes befreit, §§ 1908i Abs. 1 Satz 1, 1857a, 1853 BGB.
- Ehegatten, Lebenspartner, Eltern, Abkömmlinge des Betreuten als Betreuer, Vereins- und Behördenbetreuer (§ 1897 Abs. 2 BGB) sind kraft Gesetzes befreit, §§ 1908i Abs. 2 Satz 2, 1857a, 1853 BGB.

5.2 Eigene Sicherungsmaßnahmen des Betreuers

Der Betreuer hat die Pflicht, für das Vermögen des Betreuten zu sorgen, soweit ihm die Vermögensverwaltung übertragen ist, § 1901 Abs. 2 Satz 1 BGB. Er hat aus einer ordnungsgemäßen Verwaltung insbesondere die Pflicht, Vermögensgegenstände in Besitz zu nehmen und zu sichern. Allerdings ist er in seinen Maßnahmen grundsätzlich selbständig.

Schadensvermeidung

Soweit der Betreuer Vermögenswerte des Betreuten unsicher aufbewahrt, weder gegen Diebstahl, Brand oder Wertverlust sichert, begeht er eine Pflichtwidrigkeit und muss mit Schadensersatzforderungen nach §§ 1908i Abs. 1, 1833 BGB rechnen, falls ein Schaden entsteht. Dies ist insbesondere bei stark verwirrten Betreuten zu bedenken, die noch selbständig in ihrer Wohnung leben und denen Wertgegenstände belassen werden, obwohl erkennbar ist, dass sie diese nicht beaufsichtigen oder selbst sichern können. Problematisch kann sich allerdings auswirken, wenn die betroffenen Personen noch deutlich das Überlassen eines bestimmten Gegenstandes wünschen, § 1901 Abs. 3 Satz 1 BGB.

Schließfach

Dem Betreuer steht es bei Wertgegenständen frei, ein Schließfach für den Betreuten bei einer Bank zu mieten oder diese freiwillig zu hinterlegen. Abzulehnen ist grundsätzlich die Einbringung von Wertgegenständen des Betreuten in den Tresor des Betreuers. Dies widerspricht der sich aus §§ 1908i Abs. 1, 1805 Satz 1 BGB ergebenden strikten Trennung der Vermögen; eine Vermischung der Vermögenssphären bedeutet bereits einen Verstoß gegen diese Vorschrift.

5.3 Gerichtliche Anordnung

Anordnung einer Hinterlegung durch das Gericht

Aus besonderen Gründen kann nach §§ 1908i Abs. 1, 1818 Halbsatz 1 BGB durch das Betreuungsgericht eine gegenständlich erweiterte Hinterlegungspflicht angeordnet werden. Die Entscheidung erfolgt von Amts wegen nach pflichtgemäßem Ermessen.

Ein besonderer Grund ist nicht die Unzuverlässigkeit des Betreuers, welche zu einer Gefährdung des Betreuteninteresses führt; in diesem Fall müsste er ganz oder teilweise aus dem Amt entlassen werden, § 1908b Abs. 1 Satz 1 BGB. Ob bei zunächst bloßen Zweifeln an der Zuverlässigkeit des Betreuers Maßnahmen nach § 1818 BGB ergriffen werden können, ist in der Literatur umstritten.

Erforderlich für die Anordnung ist jedenfalls eine mangelhafte, insbesondere nicht sichere Aufbewahrung durch den Betreuer; beispielsweise wenn eine Brillantenhalskette im Kleiderschrank oder ein Hypothekenbrief im Nachtkästchen verwahrt wird.

Gegenstände der Hinterlegung

Zur Hinterlegung angeordnet werden können Wertpapiere, die nicht unter § 1814 BGB fallen, z. B. Sparbücher, Sparbriefe, Grundpfandrechtsbriefe, außerdem Kostbarkeiten, z. B. Schmuck, Kunstgegenstände, Briefmarken, Münzen, Antiquitäten; maßgebend ist die allgemeine Verkehrsanschauung.

Hinterlegungsstellen

Die Hinterlegung nach §§ 1908i Abs. 1, 1818 BGB hat nach der in § 1814 BGB bestimmten Weise zu erfolgen (Hinterlegungsstellen, Herausgabevereinbarung); die Wirkungen bestimmen sich nach §§ 1814, 1819 BGB.

Keine Befreiung

§ 1818 BGB findet grundsätzlich auch beim befreiten Betreuer Anwendung; ausgenommen ist allerdings die Betreuungsbehörde als Betreuer nach § 1900 Abs. 4 BGB gemäß Landesrecht.

6. Girokonto und Pfändung

6.1 Pfändung von Kontenansprüchen

Pfändbarkeit von Guthabensalden

Der Zahlungsanspruch eines Kontoinhabers gegen die kontoführende Bank oder Sparkasse, gerichtet auf das Guthaben auf einem eingerichteten Giro- oder Sparkonto, unterliegt der Pfändung. Die Pfändung erstreckt sich auf das bei Zustellung des Pfändungsbeschlusses bestehende Guthaben sowie auf die sich nach der Pfändung ergebenden Guthabensalden (§ 833a ZPO). Geht nach der Pfändung etwa eine Gutschrift auf dem gepfändeten Girokonto ein und ergibt sich unter Berücksichtigung eventueller Sollposten ein Guthaben zugunsten des Kontoinhabers, so hat das Kreditinstitut dieses an den Pfändungsgläubiger auszuzahlen.

Banken sperren Konto

Infolge der Pfändung eines Girokontos lassen die Banken regelmäßig keine Verfügung über ein vorhandenes Guthaben oder einen eingeräumten Dispositionskredit mehr zu. Lastschriften werden nicht mehr eingelöst und Überweisungsaufträge nicht mehr ausgeführt. Häufig beenden die Banken die Geschäftsbeziehung insgesamt, sodass der Schuldner letztlich über kein Girokonto mehr verfügt. Hier sei angemerkt, dass die Einführung des nachfolgend beschriebenen Pfändungsschutzkontos keine Garantie für den Fortbestand einer Kontoverbindung bietet. Den Banken und Sparkassen bleibt es unbenommen, Geschäftsverbindungen aufzukündigen. Der Anspruch jedes Bürgers auf ein Girokonto wird zwar politisch diskutiert, ist aber bei weitem noch nicht umgesetzt.

Die Pfändbarkeit eines Kontoguthabens ist grundsätzlich unabhängig davon, aus welcher Art von eingehenden Leistungen sich das Guthaben ergibt. Das vom Arbeitgeber überwiesene Einkommen ist ebenso betroffen, wie etwa die vom Finanzamt angewiesene Steuererstattung. Hinsichtlich des Arbeitseinkommens ist dabei sogar unbeachtlich, dass es sich bei dem überwiesenen Betrag gegebenenfalls nur um den unpfändbaren Einkommensteil handelt, weil der pfändbare Teil bereits vom Arbeitgeber an einen Gläubiger abgeführt wurde, der den Anspruch des Schuldners auf Lohnzahlung gepfändet hat (Pfändung „an der Quelle"). Mit Wirkung zum 1. 1. 2012 wurden die bisherigen Sonderregelungen für wiederkehrende Sozialleistungen und Kindergeld (§ 55 SGB I und § 76a EStG) aufgehoben, sodass ab diesem Zeitpunkt auch für überwiesene Sozialleistungen und Kindergeld nur noch über das Pfändungsschutzkonto Vollstreckungsschutz gewährt wird.

Unbillige Härte

Aufgehoben wurde mit Wirkung zum 1. 1. 2012 auch die bisher in § 850l ZPO geregelte Möglichkeit, Pfändungsschutz für Guthaben zu erlangen, die sich auf einem nicht als P-Konto geführten Konto ergeben. Damit kann ab diesem Zeitpunkt Pfändungsschutz für Kontoguthaben nur noch über die Führung eines P-Kontos erlangt werden. Wenn die Kontopfändung ausnahmsweise eine „unbillige Härte" gegenüber dem Schuldner darstellt, kann auf die allgemeine Schutznorm des § 765a ZPO zurückgegriffen werden.

6.2 Pfändungsschutzkonto

6.2.1 Kontoerrichtung

Girokonto als Pfändungsschutzkonto

Kreditinstitute können mit ihren Kunden eine Vereinbarung dahingehend treffen, dass ein Girokonto als sog. Pfändungsschutzkonto geführt wird. Voraussetzung hierfür ist nur, dass der Kunde eine natürliche Person ist und nicht bereits über ein Pfändungsschutzkonto verfügt. Mit der Einführung des Pfändungsschutzkontos ist kein allgemeiner Anspruch auf Einrichtung eines Girokontos verbunden.

Umwandlung bestehender Konten

Kontenumwandlung

Ein bestehendes Girokonto kann jederzeit in ein Pfändungsschutzkonto (nachfolgend: P-Konto) umgewandelt werden. Liegt bereits eine „Kontopfändung" vor, kann die Umwandlung mit Wirkung ab dem vierten der Erklärung folgenden Geschäftstag vereinbart werden (§ 850k Abs. 7 ZPO). Das Kreditinstitut trifft gegenüber seinen Kunden eine entsprechende Hinweispflicht. Die Umstellung eines gepfändeten Girokontos auf das Pfändungsschutzkonto innerhalb von vier Wochen seit der Zustellung des Überweisungsbeschlusses an den Drittschuldner entfaltet in gleicher Weise Pfändungsschutz, wie ihn auf einem bereits vorhandenen P-Konto gepfändetes Guthaben genießt (§ 850k Abs. 1 Satz 4 ZPO).

Kontoführungsgebühr

Keine Sondergebühr für ein P-Konto

Der *BGH* (WM 2012, 2381) hat entschieden, dass die Kontoführungsgebühr für ein P-Konto nicht höher sein darf, als das Entgelt für ein (normales) Girokonto. Das Gericht führt u. a. aus, dass die im Preis- und Leistungsverzeichnis eines Kreditinstituts enthaltene Bestimmung über die Kontoführungsgebühr für ein Pfändungsschutzkonto im Verkehr mit Verbrauchern gemäß § 307 Abs. 1 Satz 1, Abs. 2 Nr. 1 BGB unwirksam ist, wenn hiernach der Kunde bei Umwandlung seines schon bestehenden Girokontos in ein Pfändungsschutzkonto ein über der für das Girokonto zuvor vereinbarten Kontoführungsgebühr liegendes Entgelt zu zahlen hat oder das Kreditinstitut bei der Neueinrichtung eines Pfändungsschutzkontos ein Entgelt verlangt, das über der Kontoführungsgebühr für ein Neukunden üblicherweise als Gehaltskonto angebotenes Standardkonto mit vergleichbarem Leistungsinhalt liegt.

Auszahlungssperre

Vierwochenfrist

Um dem Schuldner die Möglichkeit zu geben, auch noch nach einer bereits erfolgten Pfändung das gepfändete Konto in ein P-Konto umzuwandeln, darf das Kreditinstitut erst vier Wochen nach Zustellung des Pfändungs- und Überweisungsbeschlusses Zahlungen an den Gläubiger leisten (§ 835 Abs. 3 Satz 2 Halbsatz 1 ZPO).

Ein zeitlich begrenztes Auszahlungsverbot besteht auch für den Fall der Pfändung von Gutschriften, die sich auf einem P-Konto ergeben. Aus Gutschriften, die auf einem gepfändeten P-Konto eingehen, darf das Kreditinstitut grundsätzlich erst nach Ablauf des der Gutschrift folgenden Monats Zahlungen an den Gläubiger leisten (§ 835 Abs. 4 ZPO). Diese Sperrfrist greift also nicht nur einmalig wie bei der Pfändung eines Kontos, das kein P-Konto ist. Sie ist vielmehr bei jeder Gutschrift zu beachten, die auf ein gepfändetes P-Konto eingeht. Nach den Vorstellungen des Gesetzgebers (BT-Drucks. 17/4776 vom 14. 2. 2011) soll damit das sogenannte „Monatsanfangsproblem" gelöst werden. Dieses ergibt sich immer dann, wenn die für einen Kalendermonat bestimmte Lohn- oder Lohnersatzleistung bereits im Vormonat gutgeschrieben wird. Mit der eingeräumten Sperrfrist wird dem Schuldner die Möglichkeit gegeben, dem Kreditinstitut nachzuweisen, dass eine eingegangene Gutschrift für den Folgemonat bestimmt ist.

Beispiel:

Dem kontoführenden Kreditinstitut wird hinsichtlich des Kontos des Schuldners am 23. 3. ein Pfändungs- und Überweisungsbeschluss zugestellt. Zu diesem Zeitpunkt weist das Konto kein Guthaben aus. Der Schuldner wandelt daraufhin das Konto in ein P-Konto um, welches am 28. 3. wirksam wird. Am 1. 4. geht das Arbeitseinkommen des Schuldners i. H. v. 1.400 EUR auf dem Konto ein. Der sich i. H. v. 354,96 EUR (1.400 ./. 1.045,04) am 1. 4. ergebende pfändbare Betrag darf erst nach Ablauf von vier Wochen seit der Zustellung, also frühestens am 21. 4. (der Tag der Zustellung wird nicht mitgerechnet) an den Gläubiger ausbezahlt werden. Am 30. 4. geht das Arbeitseinkommen für den Monat Mai auf das gepfändete P-Konto ein. Dieses ist in Höhe des Freibetrags von 1.045,04 EUR (Stand: 1. 7. 2013) nicht von der Pfändung umfasst (vgl. *BGH, Beschluss vom 28. 7. 2011, Az. VII ZB 94/10*) – ungeachtet der Tatsache, dass der Freibetrag für den Monat April bereits berücksichtigt wurde. Der pfändbare Teil der Gutschrift darf erst nach Ablauf des Monats Mai an den Gläubiger ausbezahlt werden.

6.2.2 Umfang des Pfändungsschutzes

Alle Kontoguthaben sind erfasst

Umfassender Schutz

Die Vorschriften über das P-Konto sind unabhängig davon anzuwenden, dass das Guthaben aus überwiesenen wiederkehrenden Einkünften, Sozialleistungen oder einmaligen Leistungen besteht. Damit wird auch selbstständig tätigen Schuldnern der Pfändungsschutz eröffnet. Ebenso werden einmalige Eingänge, wie etwa Steuererstattungen, einbezogen.

Sockelfreibetrag

Pfändungsfreier Grundbetrag

Das auf einem P-Konto bestehende Guthaben wird im Umfang des jeweils geltenden pfändungsfreien Grundbetrags nach § 850c Abs. 1 Satz 1 ZPO von einer „Kontopfändung“ nicht erfasst (§ 850k Abs. 1 Satz 1 ZPO). Derzeit bedeutet dies, dass der Schuldner pro Kalendermonat über einen Betrag von 1.045,04 EUR (Stand: 01. 07. 2013) ungeachtet einer erfolgten Pfändung verfügen kann („Sockelfreibetrag“). Der Freibetrag gilt ab dem Zeitpunkt, zu dem eine Pfändung des Kontos erfolgte. Es kommt demnach nicht darauf an, ob und in welchem Umfang das Kontoguthaben durch Verfügungen über die Gutschrift bereits vor der Pfändung reduziert wurde.

Beispiel:

Am 1. 4. wird dem P-Konto des Schuldners dessen Arbeitseinkommen i. H. v. 1.800 EUR gutgeschrieben. Unter Abzug des aktuellen Sollstandes von 300 EUR ergibt sich ein Guthabensaldo von 1.500 EUR. Am 2. 4. werden Lastschriften eingelöst und Daueraufträge ausgeführt, was zu einer Reduzierung des Guthabens auf 1.100 EUR führt. Am 3. 4. wird der kontoführenden Bank ein Pfändungs- und Überweisungsbeschluss zugestellt, mittels dem ein Gläubiger das Kontoguthaben des Schuldners pfändet. Von dem am 3. 4. vorhandenen Guthaben i. H. v. 1.100 EUR hat die Bank dem Gläubiger aufgrund der Pfändung 54,96 EUR (1.100 ./. 1.045,04) auszuzahlen. Hinsichtlich der in den Folgemonaten eingehenden Gutschriften gilt, dass hiervon jeweils 1.045,04 EUR monatlich unpfändbar sind und demzufolge dem Schuldner verbleiben müssen.

Nicht verbrauchtes Guthaben

Übertragbares Guthaben

Das in einem vorangegangenen Kalendermonat nicht verbrauchte unpfändbare Guthaben ist auch in dem Folgemonat geschützt. Übertragenes Guthaben, das auch im Folgemonat nicht verbraucht wird, steht dem Gläubiger zur Verfügung (§ 850k Abs. 1 Satz 2 ZPO).

Beispiel:

Am 15. 4. wird dem Kreditinstitut der Pfändungs- und Überweisungsbeschluss zugestellt, mittels dem das Guthaben des Schuldners, das sich gegenwärtig und zukünftig auf dessen P-Konto ergibt, gepfändet und dem Gläubiger zur Einziehung überwiesen wird. Zu diesem Zeitpunkt weist das Konto ein Guthaben von 300 EUR aus, das von der Pfändung nicht umfasst wird, da der Sockelfreibetrag nicht überschritten ist. Weitere Kontobewegungen ergeben sich nicht. Am 1. 5. geht die Gutschrift des Arbeitseinkommens des Schuldners i. H. v. 1.500 EUR ein; es ergibt sich ein Habensaldo von 1.800 EUR. Hiervon sind dem Schuldner 1.045,04 EUR sowie der Übertrag i. H. v. 300 EUR, insgesamt 1.345,04 EUR zu belassen. An den Gläubiger sind 454,96 EUR abzuführen. Als am 1. 6. wiederum 1.500 EUR eingehen, befindet sich das Konto mit 400 EUR im Haben, sodass sich ein Guthaben von 1.900 EUR ergibt. Hiervon sind dem Schuldner 1.445,04 EUR (1.045,04 + 400 EUR) zu belassen. Der am 1. 6. vorhandene Guthabensbetrag von 400 EUR wird nicht etwa um 300 EUR gekürzt. Maximal kann der Schuldner auf diese Weise ein geschütztes Guthaben i. H. des doppelten Freibetrags unterhalten, was in Fällen eines nicht erhöhten Sockelbetrags 2.090,08 EUR entspricht.

Zu beachten ist, dass nur solche Guthaben übertragen werden können, die nach einer Pfändung entstanden sind.

Beispiel:

Am 1. 4. wird auf dem P-Konto des Schuldners dessen überwiesenes Arbeitseinkommen i. H. v. 1.500 EUR gutgeschrieben. Zu diesem Zeitpunkt wies das Konto ein Guthaben von 300 EUR aus, sodass sich ein Habensaldo von 1.800 EUR ergibt. Am 2. 4. wird die Guthabensforderung gepfändet. Von dieser Pfändung ist ein Betrag von 754,96 EUR (1.800 ./. 1.045,04 EUR umfasst. Das aus dem Vormonat stammende Guthaben i. H. v. 300 EUR wird nicht freigestellt. Wäre dagegen die Pfändung bereits am 31. 3. erfolgt, könnte dieses Guthaben pfandfrei auf den April übertragen werden. Dem Inhaber eines P-Kontos ist deshalb zu raten, eventuelle Guthaben spätestens zum Monatsende abzuheben oder anderweitig darüber zu verfügen.

Erhöhung des Sockelfreibetrags

Freibetragserhöhung

Gemäß § 850k Abs. 2 ZPO gilt die Pfändung des Guthabens im Übrigen als mit der Maßgabe ausgesprochen, dass in Erhöhung des Sockelfreibetrags nach § 850k Abs. 1 ZPO folgende Beträge nicht von der Pfändung erfasst sind:

- die jeweiligen pfändungsfreien Grundbeträge nach § 850c Abs. 1 Satz 2 ZPO (derzeit 393,30 EUR für den ersten und jeweils 219,12 EUR für den zweiten bis fünften Unterhaltsberechtigten, Stand: 1. 7. 2013), wenn
  - der Schuldner einer oder mehreren Personen aufgrund gesetzlicher Verpflichtung Unterhalt gewährt oder
  - der Schuldner Geldleistungen nach dem Zweiten oder Zwölften Buch Sozialgesetzbuch für mit ihm in einer Gemeinschaft i. S. d. § 7 Abs. 3 SGB II oder der §§ 19, 20, 36 Satz 1 oder 43 SGB XII lebende Personen, denen er nicht aufgrund gesetzlicher Vorschriften zum Unterhalt verpflichtet ist, entgegennimmt (§ 850k Abs. 2 Satz 1 Nr. 1 ZPO);

- einmalige Geldleistungen i. S. d. § 54 Abs. 2 SGB I und Geldleistungen zum Ausgleich des durch einen Körper- oder Gesundheitsschaden bedingten Mehraufwands i. S. d. § 54 Abs. 3 Nr. 3 SGB I (§ 850k Abs. 2 Satz 1 Nr. 2 ZPO);
- das Kindergeld oder andere Geldleistungen für Kinder, es sei denn, dass wegen einer Unterhaltsforderung eines Kindes, für das die Leistungen gewährt oder bei dem es berücksichtigt wird, gepfändet wird (§ 850k Abs. 2 Satz 1 Nr. 3 ZPO).

Nachweispflicht des Schuldners

Nachweise erforderlich

Um die Erhöhung des Sockelfreibetrags um die genannten Beträge und Leistungen zu erreichen, muss der Schuldner dem Kreditinstitut Nachweise vorlegen, aus denen sich das Vorliegen der Voraussetzungen des § 850k Abs. 2 ZPO ergibt. Dazu dienen gemäß § 850k Abs. 5 Satz 2 ZPO entsprechende Bescheinigungen des Arbeitgebers, der Familienkasse, des Sozialleistungsträgers oder einer geeigneten Person oder Stelle i. S. d. § 305 Abs. 1 Nr. 1 InsO (z. B. Schuldnerberatungsstellen). Kann der Schuldner den Nachweis nicht führen oder wird der erbrachte Nachweis vom Kreditinstitut nicht akzeptiert, bestimmt auf Antrag das Vollstreckungsgericht den maßgebenden Erhöhungsbetrag (§ 850k Abs. 5 Satz 4 ZPO).

Beispiel:

Schuldner S ist verheiratet und einem Kind zum Unterhalt verpflichtet. Am 25. 5. wird das gegenwärtige und künftige Guthaben, das sich jeweils auf dem P-Konto des S ergibt, durch Gläubiger G gepfändet. Zu diesem Zeitpunkt weist das Konto ein Guthaben von 100 EUR aus. Am 1. 6. wird dem Konto das Arbeitseinkommen des S i. H. v. 1.500 EUR gutgeschrieben. Von der Pfändung nicht umfasst sind neben dem Sockelfreibetrag i. H. v. 1.045,04 EUR die pfandfreien Grundbeträge i. S. v. § 850c Abs. 1 Satz 2 ZPO für die Ehefrau i. H. v. derzeit 393,30 EUR sowie für das Kind i. H. v. derzeit 219,12 EUR, insgesamt also 1.657,46 EUR. Von dem am 1. 6. sich ergebenden Guthaben ist demnach nichts an den Gläubiger abzuführen. Allerdings muss S der kontoführenden Bank – möglichst vor Ablauf der Auszahlungssperre – mittels entsprechender Nachweise belegen, dass er verheiratet und einem Kind zum Unterhalt verpflichtet ist. Darüber hinaus kann S durch einen Antrag gemäß § 850k Abs. 4 ZPO die pfandfreien Beträge noch erhöhen *(siehe nachfolgend).*

Weitere Erhöhung der Freibeträge

Erhöhung um unpfändbaren Mehrbetrag

Das Vollstreckungsgericht kann auf Antrag u. a. in Anwendung des § 850c ZPO einen abweichenden pfändungsfreien Betrag festsetzen (§ 850k Abs. 4 ZPO). Damit kann z. B. für den Fall, dass auf das P-Konto wiederkehrende Arbeitseinkünfte oder Lohnersatzleistungen eingehen, der sogenannte pfandfreie Mehrbetrag i. S. d. § 850c Abs. 2 ZPO, also letztlich der sich aus der Pfändungstabelle zu § 850c ZPO ergebende Freibetrag, Berücksichtigung finden.

Beispiel:

Schuldner S ist verheiratet und einem Kind zum Unterhalt verpflichtet. Auf das von Gläubiger G am 23. 4. gepfändete P-Konto geht am 1. 5. das Arbeitseinkommen des S i. H. v. 1.800 EUR ein. Von diesem Betrag ist zunächst der Sockelfreibetrag i. H. v. 1.045,04 EUR abzuziehen. Weist S dem Kreditinstitut nach, dass er verheiratet und einem Kind zum Unterhalt verpflichtet ist, wird ein weiterer Freibetrag von 612,42 EUR (393,30 + 219,12 EUR) berücksichtigt. Mit einem Antrag nach § 850k Abs. 4 ZPO i. V. m. § 850c Abs. 2 ZPO kann S erreichen, dass darüber hinaus nur noch der sich aus der Pfändungstabelle bei einem Nettoeinkommen von 1.800 EUR und zwei Unterhaltsverpflichtungen sich ergebende pfändbare Betrag, also 57,02 EUR (Stand: 1. 7. 2013) von der Kontopfändung umfasst ist. Die Anordnung ist an keine weiteren Voraussetzungen gebunden.

Konkrete Pfändungsmaßnahme

Eine Beschlussfassung nach § 850k Abs. 4 ZPO gilt grundsätzlich nur in Bezug auf die konkrete Pfändungsmaßnahme eines bestimmten Gläubigers. Wird ein P-Konto von mehreren Gläubigern unabhängig voneinander gepfändet, so müssen Anordnungen nach § 850k Abs. 4 ZPO in jedem einzelnen Verfahren beantragt und getroffen werden.

Pfändung „an der Quelle"

Pfändung beim Arbeitgeber

Für den Fall, dass auf das P-Konto nur noch das unpfändbare Einkommen des Schuldners überwiesen wird, weil das Arbeitseinkommen bereits beim Arbeitgeber gepfändet worden ist, sah der Regierungsentwurf vor, dass der überwiesene Betrag insgesamt pfandfrei ist (§ 850k Abs. 3 Nr. 1 ZPO-E; *BT-Drucks. 16/7615*). Um dies zu erreichen, sollte es genügen, dass der Kontoinhaber dem Kreditinstitut die Pfändung an der Quelle durch Vorlage des Pfändungs- und Überweisungsbeschlusses nachweist. Diese Regelung wurde vom Rechtsausschuss mit der Begründung gestrichen, dass dem Schuldner ohnehin der Betrag zur Verfügung steht, der den für die Pfändung von Arbeitseinkommen geltenden Pfändungsfreigrenzen entspricht *(BT-Drucks. 16/12714, S. 20)*. Diese Annahme trifft jedoch nicht zu, da der Berechnung der Freibeträge gemäß § 850k Abs. 1 bis 4 ZPO grundsätzlich der Betrag zugrunde liegt, der dem P-Konto gutgeschrieben wird. Und das ist im Fall der Pfändung an der Quelle der unpfändbare Teil des Einkommens oder der Lohnersatzleistung. Nach einer entsprechenden Entscheidung des BGH kann das Vollstreckungsgericht auf Antrag des Schuldners anordnen, dass diejenigen Beträge, die von dem Arbeitgeber überwiesen werden, bei dem das Einkommen des Schuldners bereits an der Quelle gepfändet ist, insgesamt von der Kontopfändung unberührt bleiben. Dies zumindest dann, wenn es sich um ständig wechselnde Beträge handelt, weil der Schuldner z. B. stets unterschiedliche Überstundenvergütungen erhält *(BGH,* Beschluss vom 10. 11. 2011, Az. VII ZB 74/10).

Beispiel:

Schuldner S ist verheiratet und einem Kind zum Unterhalt verpflichtet. Das Arbeitseinkommen, das S bei Arbeitgeber A erzielt, ist von Gläubiger G 1 gepfändet. S arbeitet im Schichtbetrieb; sein Einkommen schwankt von Monat zu Monat. A überweist auf das von G 2 gepfändete P-Konto monatlich den nach der Pfändungstabelle jeweils unpfändbaren Betrag. In Anwendung des § 850k Abs. 4 ZPO kann das Vollstreckungsgericht auf Antrag des Schuldners anordnen, dass der gesamte Betrag des gutgeschriebenen Einkommens nicht von der Pfändung des P-Kontos umfasst ist.

Erhöhung des Freibetrags bei Mehrbedarf

Entscheidung des Vollstreckungsgerichts bei Mehrbedarf

In Anwendung des § 850f Abs. 1 Buchst. b) ZPO kann das Vollstreckungsgericht dem Schuldner auf Antrag nach § 850k Abs. 4 ZPO über die sogenannten Freibeträge hinaus weitere Guthaben pfandfrei belassen, wenn nachgewiesen wird, dass der Schuldner z. B. krankheitsbedingt zusätzliche Aufwendungen zu erbringen hat, die von einer Krankenkasse oder sonstigen Versicherung nicht erstattet werden.

Die Möglichkeit, pfandfreie Beträge in den Folgemonat zu übernehmen, gilt auch für die erhöhten Freibeträge (§ 850k Abs. 2 Satz 2 ZPO).

Reduzierung der Freibeträge auf Antrag des Gläubigers

Gläubiger beantragt Reduzierung

Auf Antrag des Gläubigers kann das Vollstreckungsgericht u. a. in Anwendung des § 850c Abs. 4 ZPO anordnen, dass die Ehefrau oder ein unterhaltsberechtigtes Kind bei der Bestimmung des Freibetrags unberücksichtigt bleibt (§ 850k Abs. 4 ZPO).

Über § 850k Abs. 4 ZPO findet auch die Vorschrift des § 850f Abs. 2 ZPO Anwendung. Wird das P-Konto wegen einer Forderung aus einer vorsätzlich begangenen unerlaubten Handlung gepfändet, bestimmt das Vollstreckungsgericht auf Antrag des Gläubigers den zu berücksichtigenden Freibetrag, der nur noch den notwendigen Unterhalt des Schuldners und seiner Unterhaltsberechtigten abdecken muss.

Beispiel:

Der Schuldner S ist verheiratet und einem Kind zum Unterhalt verpflichtet. Das Arbeitseinkommen des S i. H. v. 1.500 EUR wird am 1. 4. auf dessen vom Gläubiger G gepfändetes P-Konto überwiesen. Unter Vorlage entsprechender Bescheinigungen könnte S erreichen, dass zusätzlich zum Sockelfreibetrag i. H. v. 1.045,04 EUR für die Ehefrau 393,30 EUR sowie für das Kind 219,12 EUR von der Pfändung nicht umfasst sind. Insgesamt wäre damit die gesamte Gutschrift pfandfrei. Stellt nun aber G einen Antrag nach § 850k Abs. 4 ZPO und macht glaubhaft, dass die Ehefrau des Schuldners über eigenes Einkommen von ca. 600 EUR verfügt, ordnet das Vollstreckungsgericht an, dass die Ehefrau unberücksichtigt bleibt. Damit kann neben dem Sockelfreibetrag nur noch der weitere Freibetrag für das Kind, das dann aber als erster Unterhaltsberechtigter gilt, i. H. v. 393,30 EUR berücksichtigt werden. An den G sind 61,66 EUR zu überweisen. Auf Antrag des Schuldners nach § 850k Abs. 4 ZPO hätte das Vollstreckungsgericht zusätzlich den unpfändbaren Mehrbetrag nach § 850c Abs. 2 ZPO festzusetzen, so dass unter Berücksichtigung des Kindes als ersten Unterhaltsberechtigten nur 30,83 EUR (Stand: 1. 7. 2013) pfändbar wären und an den G abgeführt werden müssten.

Bestimmung der Freibeträge bei Unterhaltspfändung

Unterhaltspfändung erfordert Bestimmung

Wird das Guthaben auf einem P-Konto wegen Unterhaltsansprüchen gepfändet, so hat das Vollstreckungsgericht den Betrag zu bestimmen, der dem Schuldner zu verbleiben hat (§ 850k Abs. 4 ZPO i. V. m. § 850d ZPO). Dieser Betrag darf die Summe nicht übersteigen, die dem Schuldner bei einer nicht vorrangigen Pfändung verbliebe. Da dem Vollstreckungsgericht regelmäßig nicht bekannt ist, ob von einer Pfändung wegen Unterhaltsansprüchen ein P-Konto betroffen ist, wird es seinen Beschluss auf einen entsprechenden Antrag des Gläubigers hin so fassen müssen, dass die Bestimmung des pfandfreien Betrags nur für den Fall gelten soll, dass es sich um ein P-Konto handelt.

Außerdem ist in dem gerichtlichen Beschluss klarzustellen, dass die in § 850k Abs. 2 Satz 1 Nr. 2 und Nr. 3 ZPO genannten pfandfreien Beträge von der Pfändung nicht umfasst werden, demnach gutgeschriebenes Kindergeld etwa dem Schuldner grundsätzlich in voller Höhe verbleibt. Wird das pfändende Kind allerdings bei der Berechnung des dem Kontoinhaber zu zahlenden Kindergelds berücksichtigt und ergibt sich hieraus gemäß § 76 EStG ein sogenannter Zählkindervorteil, so hat das Vollstreckungsgericht auf Antrag des Gläubigers gemäß § 850k Abs. 4 ZPO anzuordnen, dass von einem gutgeschriebenen Kindergeld der auf das pfändende Kind kopfteilig entfallende Zählkindervorteil entgegen § 850k Abs. 2 Satz 1 Nr. 3 ZPO von der Pfändung umfasst ist.

Beispiel:

Der Schuldner S ist verheiratet und einem minderjährigen Kind zum Unterhalt verpflichtet. Das Kind pfändet am 25. 3. wegen seiner Unterhaltsansprüche i. H. v. 2.000 EUR Rückstand und 230 EUR laufendem monatlichem Anspruch das jeweilige Guthaben auf dem P-Konto des S. In dem Pfändungs- und Überweisungsbeschluss, der auf Antrag des Kindes erlassen wird, bestimmt das Vollstreckungsgericht, dass dem S von gutgeschriebenen Arbeitseinkünften oder Lohnersatzleistungen 800 EUR zu belassen sind. Am 1. 4. wird dem Konto das überwiesene Arbeitseinkommen des S i. H. v. 1.600 EUR gutgeschrieben. Am 2. 4. werden 184 EUR Kindergeld gutgeschrieben, sodass sich ein Guthaben von 1.784 EUR ergibt. Weist der Schuldner dem Kreditinstitut nach, dass es sich bei dem Betrag von 184 EUR um Kindergeld handelt, so kann er über diesen Betrag – jedenfalls innerhalb von vierzehn Tagen seit der Gutschrift – frei verfügen. Von den verbleibenden 1.600 EUR sind dem pfändenden Kind nach Ablauf der vierwöchigen Sperrfrist 800 EUR (1.600 ./. 800) auszuzahlen. Sobald der Rückstand von 2.000 EUR getilgt ist, steht dem Kind nur der laufende monatliche Unterhalt i. H. v. 230 EUR zu.

Wurden das Arbeitseinkommen oder die Lohnersatzleistungen bereits an der Quelle, d. h. bei dem Arbeitgeber oder dem Sozialleistungsträger wegen eines Unterhaltsanspruchs gepfändet, so stellt der dabei durch das Vollstreckungsgericht bestimmte pfandfreie Betrag gleichzeitig den Freibetrag dar, der dem Schuldner im Rahmen einer Pfändung des P-Kontos zu verbleiben hat (§ 850k Abs. 3 ZPO).

Keine Besonderheiten bei Sozialleistungen

a) Pfändungsschutz nach allgemeinen Regeln

Sozialleistungen schaffen Sonderregelung

Wird eine Sozialleistung, wie etwa die Altersrente oder SGB II-Leistungen, auf ein P-Konto überwiesen, ist diese nur noch im Rahmen der allgemein geltenden Freibeträge vor einer Pfändung geschützt. Geht auf dem P-Konto des Schuldners z. B. dessen Altersrente i. H. v. 1.200 EUR ein, so ist, soweit keine Unterhaltspflichten nachgewiesen werden können oder ein Antrag nach § 850k Abs. 4 ZPO gestellt werden kann, nur der Sockelfreibetrag i. H. v. 1.045,04 EUR von der Pfändung nicht umfasst. Ausnahmen gibt es nur für die in § 850k Abs. 1 Satz 1 Nr. 2 und Nr. 3 ZPO genannten Geldleistungen. Um diese Beträge wird der ansonsten geltende Freibetrag erhöht, wenn der Schuldner dem Kreditinstitut etwa nachweisen kann, dass eine eingegangene Gutschrift Kindergeld oder eine einmalige Sozialleistung darstellt.

b) Verrechnungssperre

Beschränkte Verrechnung durch Kreditinstitut

Gemäß § 850k Abs. 6 ZPO darf das Kreditinstitut die Forderung, die durch die Gutschrift von Geldleistungen nach dem Sozialgesetzbuch oder Kindergeld entsteht, für die Dauer von vierzehn Tagen seit der Gutschrift nur mit solchen Forderungen verrechnen und hiergegen nur mit solchen Forderungen aufrechnen, die ihm als Entgelt für die Kontoführung oder aufgrund von Kontoverfügungen des Berechtigten innerhalb dieses Zeitraums zustehen (§ 850k Abs. 6 Satz 1 ZPO). Bis zur Höhe des danach verbleibenden Betrags der Gutschrift ist das Kreditinstitut innerhalb von vierzehn Tagen seit der Gutschrift nicht berechtigt, die Ausführung von Zahlungsvorgängen wegen fehlender Deckung abzulehnen, wenn der Berechtigte nachweist, dass es sich um die Gutschrift einer Geldleistung nach dem Sozialgesetzbuch oder von Kindergeld handelt (§ 850k Abs. 6 Satz 2 ZPO).

Die Vorschrift gilt grundsätzlich unabhängig von einer Pfändung des Guthabens. Dass von dem Kreditinstitut nicht erwartet werden kann, einen Überweisungsauftrag auszuführen ohne den aufgewandten Betrag dem Schuldner in Rechnung zu stellen, ist eigentlich selbstverständlich. Dass umgekehrt das Kreditinstitut nicht berechtigt ist, mit Sollsalden aufzurechnen, die vor dem Eingang der Sozialleistung begründet wurden, soll Gewähr dafür bieten, dass die Sozialleistung ihren Zweck der Existenzsicherung des Berechtigten auch erfüllen kann. Mit der normierten Aufrechnungsmöglichkeit mit Kontoführungsgebühren wird das Kostenrisiko der Kreditinstitute vermindert und die Akzeptanz des P-Kontos wohl erhöht.

Die in § 850k Abs. 6 Satz 2 ZPO enthaltende Aussage führt nicht dazu, dass der Berechtigte eine Sozialleistung innerhalb von vierzehn Tagen seit deren Gutschrift ungeachtet einer Pfändung von seinem P-Konto abheben kann. Vielmehr kommt damit nur zum Ausdruck, dass der Schuldner über eine gutgeschriebene Sozialleistung innerhalb einer zweiwöchigen Frist und außerhalb einer erfolgten Pfändung grundsätzlich frei verfügen kann. Nach erfolgter Pfändung des Guthabens auf einem P-Konto bestimmt sich der dem Konto-Inhaber zu belassende Betrag allein nach § 850k Abs. 1 bis 4 ZPO.

Beispiel:

Auf das P-Konto des Schuldners S wird am 1. 4. seine Altersrente i. H. v. 1.300 EUR überwiesen. Zu diesem Zeitpunkt weist das Konto einen Sollstand von 200 EUR aus. Diesen Sollstand darf das Kreditinstitut innerhalb der zweiwöchigen Sperrfrist nicht mit der Gutschrift aus der eingegangenen Altersrente verrechnen. Dem Verlangen des S auf Auszahlung der vollen Altersrente i. H. v. 1.300 EUR kann das Kreditinstitut innerhalb der genannten Frist auch nicht mit dem Hinweis darauf entgegentreten, dass das Konto nur i. H. v. 1.100 EUR Deckung aufweist. Wurde das Konto jedoch am 23. 3. vom Gläubiger G gepfändet, so ist dem S von der überwiesenen Altersrente nur ein Betrag von 1.045,04 EUR auszuzahlen. Der verbleibende Betrag i. H. v. 254,96 EUR ist nicht pfandfrei. Deshalb steht insoweit auch die Regelung des § 394 BGB einer Verrechnung mit dem Sollstand von 200 EUR nicht entgegen. Nach Ablauf der vierwöchigen Sperrfrist wird das Kreditinstitut dem G 54,96 EUR (254,96 ./. 200 EUR) überweisen. Würde der Sollstand allerdings z. B. 400 EUR betragen, so dürfte das Kreditinstitut nur so weit aufrechnen, als dem Schuldner der Sockelfreibetrag von 1.045,04 EUR verbleibt. Der Gläubiger würde in diesem Fall keine Zahlung erhalten.

Verrechnungsverbot bei sonstigen Gutschriften

Zu klären ist die Frage, ob vergleichbar der Regelung des § 850k Abs. 6 ZPO auch hinsichtlich sonstiger, also nicht aus Sozialleistungen herrührender Gutschriften ein Verrechnungsverbot seitens des Kreditinstituts besteht.

Die Begründung zum Regierungsentwurf enthält die Aussage, dass der monatlich unpfändbare Sockelbetrag nicht einer Verrechnungsmöglichkeit seitens des Kreditinstituts unterliegt, da gemäß § 394 BGB gegen unpfändbare Forderungen nicht aufgerechnet werden kann *(BT-Drucks. 16/7615,* S. 19). Soweit der *BGH* (BGHZ 162, 349 ff.) zur bisherigen Fassung von § 850k ZPO die kontokorrentmäßige Verrechnung des auf das Girokonto des Kunden überwiesenen pfändungsfreien Arbeitseinkommens zugelassen hat, könne diese Rechtsprechung für die neue Fassung, bezogen auf den Sockelfreibetrag keine Geltung beanspruchen.

Die Begründung des Rechtsausschusses *(BT-Drucks. 16/12714,* S. 20) hält mit folgender Aussage dagegen: „Keinen Regelungsbedarf sieht der Ausschuss im Hinblick auf die Aufrechnung von Aufwendungsersatzansprüchen des Kreditinstituts aus Kontoverfügungen des Berechtigten mit geschützten Beträgen nach den Absätzen 1 bis 4. § 394 BGB greift insoweit nicht (siehe dazu *Erman/Wagner*, BGB, 11. Auflage, § 394 Rn. 11). Der Schuldner, der Verfügungen über den pfändungsfreien Betrag gegenüber dem Kreditinstitut trifft, verhält sich widersprüchlich, wenn er sich anschließend gegen die Verrechnung des Aufwendungsersatzanspruchs mit dem pfändungsfreien Betrag im Kontokorrent wendet.“

Es wird in § 850k Abs. 1 bis 4 ZPO das auf einem P-Konto befindliche Guthaben vor einer Pfändung geschützt. Dieses Guthaben wird in einem gewissen Umfang „von einer Pfändung nicht erfasst“. Als Guthaben ist der Saldo anzusehen, der sich nach

Gutschrift eines Zahlungseingangs und dessen Verrechnung mit bestehenden Sollpositionen ergibt. Nicht geschützt wird die einzelne Gutschrift, also die auf der Aktiv-Seite zu buchende Überweisung oder Einzahlung und die sich daraus ergebende Forderung des Kontoinhabers gegen die Bank. Zum Vergleich: § 850k Abs. 6 ZPO spricht genau die einzelne, durch Eingang einer Sozialleistung begründete Gutschrift an und verbietet dem Kreditinstitut, gegen diese Gutschrift mit bestehenden debetorischen Salden innerhalb einer Zwei-Wochen-Frist aufzurechnen.

Die Regelung des § 394 BGB kann demnach nicht auf andere Gutschriften als Sozialleistungen angewandt werden. Es fehlt an der Voraussetzung der Unpfändbarkeit des gutgeschriebenen Zahlungseingangs. Auszuscheiden ist auch eine analoge Anwendung des § 850k Abs. 6 ZPO auf sonstige Gutschriften. Eine ungewollte Gesetzeslücke ist nicht gegeben.

Keine Abtretung des Guthabens möglich

Dagegen führt die Unpfändbarkeit des Guthabens dazu, dass dieses gemäß § 400 BGB nicht abgetreten werden kann.

6.2.3 *Einrichtung des Pfändungsschutzkontos*

Vereinbarung mit dem Kreditinstitut

Umwandlung des Girokontos in ein P-Konto

In einem der Führung des Girokontos zugrunde liegenden Vertrag können der Kunde, der eine natürliche Person ist, oder dessen gesetzlicher Vertreter und das Kreditinstitut vereinbaren, dass das Girokonto als P-Konto geführt wird (§ 850k Abs. 7 Satz 1 ZPO). Der Kunde kann jederzeit verlangen, dass das Kreditinstitut sein Girokonto als P-Konto führt (§ 850k Abs. 7 Satz 2 ZPO). Ist das Guthaben des Girokontos bereits gepfändet worden, so kann der Schuldner die Führung als P-Konto zum Beginn des vierten auf seine Erklärung folgenden Geschäftstages verlangen (§ 850k Abs. 7 Satz 3 ZPO). Ist die vierwöchige Sperrfrist des § 835 Abs. 3 Satz 2 ZPO zu diesem Zeitpunkt noch nicht abgelaufen, kann der Schuldner auf diese Weise die Freistellung bereits gepfändeter Guthaben erreichen.

Allerdings ist der Regelung nicht zu entnehmen, ob die Umstellung noch innerhalb der Sperrfrist erfolgen muss oder ob es genügt, wenn der Schuldner die Umstellung innerhalb der Frist verlangt bzw. beantragt.

Gemeinschaftskonten

Gemeinschaftskonten eignen sich nicht als P-Konto

Ein Gemeinschaftskonto kann nicht als P-Konto geführt werden. Bei einem Konto, das von mehreren natürlichen Personen als „Oder-Konto" oder als „Und-Konto" geführt wird, hat jeder der Kontoinhaber einen Anspruch auf ein eigenes P-Konto (*BT-Drucks. 16/7615,* S. 20).

Ist das auf einem Gemeinschaftskonto befindliche Guthaben gepfändet worden, so ist die anschließende Einrichtung einzelner Pfändungsschutzkonten wohl nicht mit der in § 850k Abs. 7 Satz 3 ZPO geregelten Rückwirkung verbunden. Es fehlt die Möglichkeit, das auf einem Gesamtkonto befindliche Guthaben den einzelnen Teilhabern zuzuordnen, um es einem einzurichtenden Einzelkonto gutschreiben zu können.

Verhinderung von Rechtsmissbrauch

Nur ein P-Konto pro natürlicher Person

Jede Person darf nur ein Pfändungsschutzkonto unterhalten. Bei der Abrede hat der Kunde gegenüber dem Kreditinstitut zu versichern, dass er kein weiteres Pfändungs-

schutzkonto unterhält. Das Kreditinstitut darf Auskunfteien (z. B. der Schufa) mitteilen, dass es für den Kunden ein Pfändungsschutzkonto führt. Die Auskunfteien dürfen diese Angabe nur verwenden, um Kreditinstituten auf Anfrage zum Zwecke der Überprüfung der Richtigkeit der Versicherung nach Satz 2 Auskunft darüber zu erteilen, ob die betroffene Person ein Pfändungsschutzkonto unterhält. Die Erhebung, Verarbeitung und Nutzung zu einem anderen als dem in Satz 4 genannten Zweck ist auch mit Einwilligung der betroffenen Person unzulässig, § 850k Abs. 8 ZPO.

Mitteilung an Auskunfteien ist zulässig

Kreditinstitute sind aber nicht verpflichtet, eine solche Mitteilung an Auskunfteien zu erstellen. Auch besteht keine Pflicht, bei der Einrichtung eines P-Kontos ein eventuell bereits bestehendes P-Konto nachzufragen.

Führt ein Schuldner entgegen § 850k Abs. 8 ZPO mehrere Girokonten als P-Konten, ordnet das Vollstreckungsgericht auf Antrag eines Gläubigers an, dass nur das von dem Gläubiger in dem Antrag bezeichnete Girokonto dem Schuldner als P-Konto verbleibt. Der Gläubiger hat die Voraussetzungen durch Vorlage entsprechender Erklärungen der Drittschuldner glaubhaft zu machen. Mit der Zustellung der Entscheidung an diejenigen Kreditinstitute, deren Girokonten nicht zum P-Konto bestimmt werden, entfallen die Wirkungen nach § 850k Abs. 1 bis 6 ZPO (§ 850k Abs. 9 ZPO). Führt der Schuldner entgegen seiner Versicherung mehrere P-Konten, kann dies auch strafrechtliche Konsequenzen nach sich ziehen und zu einer Verurteilung wegen Vereitelung der Zwangsvollstreckung (§ 288 StGB) oder wegen Betrugs (§ 263 StGB) führen *(BT-Drucks. 16/7615, S. 21)*.

Reduzierung mehrerer P-Konten durch Vollstreckungsgericht

Pflichten des Kreditinstituts

Die vom Kreditinstitut abzugebende Drittschuldnererklärung hat auch Aussagen darüber zu enthalten, ob

Drittschuldnererklärung durch Kreditinstitut

- innerhalb der letzten zwölf Monate im Hinblick auf das gepfändete Konto nach § 850l ZPO die Unpfändbarkeit des Guthabens angeordnet worden ist und
- es sich bei dem gepfändeten Konto um ein Pfändungsschutzkonto handelt

(§ 840 Abs. 1 Nr. 4 und Nr. 5 ZPO).

6.2.4 Aufhebung einer Kontopfändung

Auf Antrag des Schuldners kann das Vollstreckungsgericht anordnen, dass das Guthaben auf dem Pfändungsschutzkonto für die Dauer von bis zu zwölf Monaten der Pfändung nicht unterworfen ist, wenn der Schuldner nachweist, dass dem Konto in den letzten sechs Monaten vor Antragstellung ganz überwiegend nur unpfändbare Beträge gutgeschrieben worden sind, und er glaubhaft macht, dass auch innerhalb der nächsten zwölf Monate nur ganz überwiegend nicht pfändbare Beträge zu erwarten sind. Die Anordnung kann versagt werden, wenn überwiegende Belange des Gläubigers entgegenstehen. Sie ist auf Antrag eines Gläubigers aufzuheben, wenn ihre Voraussetzungen nicht mehr vorliegen oder die Anordnung den überwiegenden Belangen dieses Gläubigers entgegensteht (§ 850l ZPO).

7. Verbraucherinsolvenz und Restschuldbefreiung

7.1 Allgemeines

7.1.1 Sinn und Zweck des Verfahrens

Wirtschaftlicher Neuanfang

Das Verbraucherinsolvenzverfahren, also das Insolvenzverfahren über das Vermögen einer nicht selbstständig tätigen natürlichen Person, bietet im Rahmen der sogenannten Restschuldbefreiung dem Schuldner die Möglichkeit, nach Ablauf der sechsjährigen Wohlverhaltensperiode (vgl. nachfolgend Abschnitt 7.8.1) einen wirtschaftlichen Neuanfang zu unternehmen.

Mit Gesetz vom 15. 7. 2013 (BGBl. I S. 2379) wurde das Verbraucherinsolvenzverfahren sowie das Restschuldbefreiungsverfahren für diejenigen Verfahren abweichend geregelt, deren Eröffnung nach dem 30. 6. 2014 beantragt wird. Danach beträgt z. B. die Wohlverhaltensphase nur noch drei Jahre, wenn der Schuldner 35 % seiner Verbindlichkeiten begleichen kann. Fünf Jahre umfasst die Wohlverhaltensphase dann für diejenigen Schuldner, die die Kosten des Verfahrens aus eigenen Mitteln aufbringen können. Ansonsten verbleibt es bei den genannten sechs Jahren. Das Verbraucherinsolvenzverfahren wird nur geringfügige Änderungen erfahren. Es verbleibt beim Antragserfordernis ebenso wie bei der Notwendigkeit eines außergerichtlichen Einigungsversuchs.

Überlegungen vor Antragstellung

Es steht im freien Ermessen des Schuldners, sich dem Verfahren zu unterziehen. Dabei ist Folgendes zu bedenken:

- Bis zum Ablauf der Wohlverhaltensperiode ist das Einkommen an den vom Insolvenzgericht bestellten Treuhänder (vgl. nachfolgend Abschnitt 7.6.2) abzutreten. Das vorhandene, pfändbare Vermögen wird während des eröffneten Verbraucherinsolvenzverfahrens vom Treuhänder zugunsten der Gläubiger verwertet. Mit einem Verbraucherinsolvenzverfahren kann demnach nicht erreicht werden, dass dem Schuldner pfändbares Vermögen oder pfändbares Einkommen erhalten bleibt und er damit ggf. nicht mehr auf Unterstützung von dritter Seite angewiesen ist. Dieser Effekt ist frühestens nach Ablauf der Wohlverhaltensperiode zu erzielen und dann auch nur, wenn der Schuldner über eigenes Einkommen verfügt oder z. B. durch Erbschaft Vermögen erwirbt.
- Verbindlichkeiten, die nach der Eröffnung des Verbraucherinsolvenzverfahrens entstehen, werden von der Restschuldbefreiung nicht erfasst (vgl. nachfolgend Abschnitt 7.9.2). Wer demnach nicht in der Lage ist, seine laufenden Ausgaben aus dem pfandfreien Vermögen zu bestreiten, ist nach Ablauf der Wohlverhaltensperiode zwar von seinen „Altschulden" befreit, den hinzugekommenen Verbindlichkeiten sieht er sich aber uneingeschränkt ausgesetzt.

Diese Überlegung hat auch der Betreuer anzustellen, wenn er vor der Entscheidung steht, ein Verbraucherinsolvenzverfahren für den Betreuten einzuleiten.

7.1.2 Pflicht des Betreuers zur Antragstellung

Betreuung mit Vermögenssorge

Im Gegensatz zu den juristischen Personen ist eine natürliche Person nicht gesetzlich verpflichtet, im Fall der Zahlungsunfähigkeit das Insolvenzverfahren zu beantragen. Für einen Betreuer mit dem Aufgabenkreis „Vermögenssorge" besteht gleichwohl die Verpflichtung, für den Betreuten einen entsprechenden Antrag zu stellen, wenn damit erreicht werden kann, dass der Betreute von seinen Schulden befreit wird und in der Folge einen wirtschaftlichen Neuanfang unternehmen kann.

Eine dahin gehende Verpflichtung des Betreuers wird man aber nur in den Fällen annehmen können, in denen auch ein nicht unter Betreuung stehender Schuldner nach objektiven Kriterien von der Möglichkeit einer Restschuldbefreiung Gebrauch machen würde.

Eingeschränkte Pflicht des Betreuers

Ist der Schuldner bereits im hohen Alter und besteht keine Aussicht darauf, dass er nach Ablauf der sechsjährigen Wohlverhaltensperiode einen wirtschaftlichen Neuanfang unternehmen kann, besteht wohl keine Verpflichtung des Betreuers, ein Insolvenzverfahren für den Betreuten zu beantragen. Auch im Falle einer zur Arbeitsunfähigkeit führenden Krankheit, die auf absehbare Zeit nicht geheilt werden kann, ist ein Insolvenzverfahren im Hinblick auf eine mögliche Restschuldbefreiung wenig sinnvoll.

Keine Aussicht auf wirtschaftlichen Neuanfang

Sinn macht ein Insolvenzverfahren in solchen und ähnlichen Situationen allenfalls dann, wenn damit erreicht werden soll, dass Vollstreckungsmaßnahmen gegen den Betreuten unterbleiben (vgl. § 89 InsO und § 294 InsO). Verfügt der Betreute jedoch über kein pfändbares Vermögen oder Einkommen, kann dies auch damit erreicht werden, dass der Betreuer den Gläubigern des Betreuten dessen Vermögenssituation darstellt oder auf Verlangen der Gläubiger die eidesstattliche Vermögensauskunft abgegeben wird, die nach Ablauf von zwei Jahren zu wiederholen ist (§ 802d ZPO). Daneben ist dem Betreuer anzuraten, die bestehenden Verbindlichkeiten des Betreuten auch im Hinblick auf eine eventuelle Unwirksamkeit aufgrund mangelnder Geschäftsfähigkeit des Betreuten zu überprüfen.

Verhinderung von Vollstreckungsmaßnahmen

Bestehen Zweifel darüber, ob es im Einzelfall sinnvoll ist, einen Insolvenzantrag für den Betreuten zu stellen, kann der Betreuer dies mit dem Rechtspfleger beim Betreuungsgericht abklären. Soweit dies möglich ist, sollte natürlich auch der Betreute selbst mit in die Entscheidungsfindung einbezogen werden. Auch die Schuldnerberatungsstellen der Kommunen oder karitativer Einrichtungen können zu Rate gezogen werden. Vom Insolvenzgericht wird dagegen eine entsprechende Beratung nicht zu erwarten sein, da dort die Beweggründe für oder gegen eine Antragstellung keine Rolle spielen.

Rücksprache mit dem Betreuungsgericht

7.1.3 Verfahrensgrundsätze

Der Antrag auf Verfahrenseröffnung ist beim Insolvenzgericht zu stellen, in dessen Bezirk der Schuldner, also der Betreute, seinen Wohnsitz hat. Die Einschaltung eines Anwalts ist nicht erforderlich.

Antragsempfänger

Eine Antragstellung durch den Betreuer ist auch dann möglich, wenn kein Einwilligungsvorbehalt besteht; es genügt die Übertragung des Wirkungskreises „Vermögenssorge“. Im Verhältnis zum ansonsten geschäftsfähigen Betreuten kommt § 53 ZPO zur Anwendung, d. h. es gelten gegenüber dem Insolvenzgericht ausschließlich diejenigen Erklärungen, die der Betreuer abgibt.

Antragstellung durch den Betreuer

Für den Antrag des Schuldners auf Eröffnung des Verbraucherinsolvenzverfahrens herrscht Formblattzwang, d. h. der Schuldner bzw. sein Betreuer muss das bundeseinheitliche Formblatt verwenden. Dieses kann im Internet unter http://www.bmj.de → Service → Broschüren abgerufen und auch am Bildschirm mit dem Word-Programm ausgefüllt werden (siehe nachfolgend Abschnitt 7.3.5).

Formblattzwang

Soweit entstehende Kosten aus dem Vermögen des Betreuten nicht bestritten werden können, besteht die Möglichkeit, eine sogenannte Kostenstundung zu beantragen (§ 4a InsO; siehe nachfolgend Abschnitt 7.4).

Kostenstundung

Verheirateter Schuldner Ein gemeinsames Verbraucherinsolvenzverfahren über das Vermögen von Eheleuten ist nicht vorgesehen. Sind Eheleute zahlungsunfähig, hat jeder Ehegatte für sich den Antrag auf Eröffnung des Verbraucherinsolvenzverfahrens und auf Erteilung der Restschuldbefreiung zu stellen. Besonderheiten gelten für den Fall, dass die Eheleute in Gütergemeinschaft leben (vgl. § 333 InsO).

7.2 Übersicht: Verfahrensablauf

	Eröffnungsantrag	Eröffnungs-beschluss	Aufhebungs-beschluss	Entscheidung über die Erteilung der Restschuldbefreiung
Außergericht-liches Schul-denberei-nigungs-verfahren	Eröffnungsverfahren; gerichtliches Schulden-bereinigungsverfahren (fakultativ); Sicherungs-maßnahmen können angeordnet werden	Eröffnetes Verfahren	Wohlverhaltens-phase, die rech-nerisch aber bereits mit der Verfahrenseröff-nung beginnt	Möglichkeit des Widerrufs der erteilten Restschuld-befreiung
Innerhalb von sechs Monaten vor Antrag-stellung	Soll eine Dauer von drei Monaten nicht überschreiten	Dauer: ca. sechs Monate	Sechs Jahre ab Eröffnungsbe-schluss	Innerhalb eines Jahres nach Er-teilung der Rest-schuldbefreiung

7.3 Eröffnungsantrag

7.3.1 Außergerichtliche Schuldenbereinigung

Inhalt der Bescheinigung Seinem Eigenantrag auf Eröffnung des Verbraucherinsolvenzverfahrens (siehe Blatt 1 des bundeseinheitlichen Vordrucks) hat der Schuldner gemäß § 305 Abs. 1 Nr. 1 InsO eine Bescheinigung beizufügen, die von einer geeigneten Person oder Stelle ausgestellt ist und aus der sich ergibt, dass eine außergerichtliche Einigung mit den Gläubigern über die Schuldenbereinigung auf der Grundlage eines Plans innerhalb der letzten sechs Monate vor dem Eröffnungsantrag erfolglos versucht worden ist (siehe Anlage 2 des bundeseinheitlichen Vordrucks). Der Plan selbst ist ebenfalls beizufügen. Daneben sind die wesentlichen Gründe für sein Scheitern darzulegen. Als gescheitert gilt der außergerichtliche Einigungsversuch zum einen dann, wenn nicht alle beteiligten Gläubiger dem Plan zustimmen und zum anderen dann, wenn einer der Gläubiger die Einzelzwangsvollstreckung gegen den Schuldner betreibt, nachdem dieser dem Gläubiger den Vorschlag über eine außergerichtliche Schuldenbereinigung übersandt hat (§ 305a InsO). Daraus wird überdies deutlich, dass das eingeleitete außergerichtliche Schuldenbereinigungsverfahren einen Gläubiger nicht daran hindert, Zwangsvollstreckungsmaßnahmen zu ergreifen.

Zuständige Stellen Welche Stelle bzw. Person als geeignet im o. g. Sinne anzusehen ist, wird durch entsprechende Ausführungsgesetze der Länder bestimmt. Als geeignete Stellen sind dabei insbesondere die kommunalen bzw. karitativen Schuldnerberatungseinrichtungen genannt. Darüber hinaus gelten regelmäßig die rechts- und steuerberatenden Berufe als geeignete Personen i. S. d. § 305 Abs. 1 Nr. 1 InsO. Entsprechende Auskünfte können auch beim örtlichen Insolvenzgericht erfragt werden.

Planersteller Den außergerichtlichen Schuldenbereinigungsplan kann der Schuldner bzw. sein Betreuer entweder selbst erstellen oder sich der Mithilfe einer o. g. Schuldnerberatungsstelle oder – gegen Entgelt – eines Anwalts oder einer sonstigen geeigneten Person im o. g. Sinne bedienen. Nach a. A. (z. B. *AG Hamburg* ZVI 2008, 211) ist die Einschaltung einer geeigneten Stelle zwingend erforderlich, was jedoch mit dem Wortlaut der Vorschrift nicht im Einklang steht.

Soweit dem Schuldner, etwa aufgrund überlanger Wartezeiten (ab ca. 6 Monate), die Einschaltung einer kostenfreien Schuldnerberatungsstelle nicht zugemutet werden kann, ist ihm auf Antrag durch das Amtsgericht Beratungshilfe zu gewähren. Das durch einen Anwalt geführte außergerichtliche Schuldenbereinigungsverfahren ist damit für den Schuldner kostenfrei.

Beratungshilfe

Wird der Schuldner oder sein Betreuer selbst tätig, so muss die notwendige Bescheinigung unter Vorlage des entworfenen Plans und des dazu geführten Schriftwechsels bei einer der o. g. Stellen beantragt werden.

Erstellung durch den Schuldner bzw. Betreuer

Grundsätzlich bestehen für den außergerichtlichen Schuldenbereinigungsplan keine gesetzlichen Vorgaben; weder was die Form, noch was den Inhalt betrifft. Gleichwohl ist es ratsam, sich der Anlage 7 des bundeseinheitlichen Vordrucks „Vordrucke für das Verbraucherinsolvenzverfahren und das Restschuldbefreiungsverfahren" (http://www.bmj.de → Service → Broschüren) zu bedienen.

Planinhalt

Dies vor folgendem Hintergrund: Die genannte Anlage 7 beinhaltet den sogenannten gerichtlichen Schuldenbereinigungsplan. Diesen hat der Schuldner zusammen mit den weiteren, dem Formblattzwang unterliegenden Angaben dem Insolvenzgericht vorzulegen (vgl. nachfolgend Abschnitt 7.3.4). Nachdem der außergerichtliche Schuldenbereinigungsplan mit dem gerichtlichen Schuldenbereinigungsplan identisch sein darf, stellt es eine bedeutende Arbeitserleichterung dar, wenn auch für den außergerichtlichen Plan das für den gerichtlichen Plan geltende Formblatt verwandt wird.

Das beschriebene Formblatt eröffnet dem Schuldner die Möglichkeit, seinen Gläubigern gegen – teilweisen – Schuldenerlass eine ratenweise oder eine einmalige Zahlung anzubieten (siehe Anlage 7A des bundeseinheitlichen Formblatts). Die Ratenzahlung kann mit flexiblen oder festen Raten dargestellt werden. Auch die Aussage „es können keine Zahlungen geleistet werden" ist möglich.

Erfüllungsmodalitäten

Um alle in Betracht kommenden Gläubiger und deren Forderungen in den außergerichtlichen Plan einbeziehen zu können, hat der Schuldner das Recht, von jedem Gläubiger eine Forderungsaufstellung zu verlangen, ohne dass die Gläubiger hierfür eine Kostenerstattung beanspruchen können (§ 305 Abs. 2 Satz 2 InsO). Gläubiger, die der Schuldner wissentlich oder unwissentlich nicht in seinen Plan aufnimmt, sind von den dort getroffenen Modalitäten nicht betroffen; sie können ihre Forderungen weiterhin uneingeschränkt gegen den Schuldner geltend machen.

Ermittlung der Gläubiger

Bestehen Zweifel, dass alle Gläubiger erfasst sind, kann der Schuldner bzw. Betreuer eigentlich nur hoffen, dass der Plan von den einbezogenen Gläubigern nicht angenommen wird und es demzufolge zum gerichtlichen Verfahren kommt, von dem auch die nicht benannten Gläubiger betroffen sind (vgl. nachfolgend Abschnitt 7.9.2).

Unbekannte Gläubiger

Der erstellte außergerichtliche Plan ist den Gläubigern mit der Aufforderung zur Stellungnahme innerhalb einer vom Ersteller zu bestimmenden Frist (z. B. drei Wochen) zu übersenden. Der Plan kommt nur zustande, wenn alle Gläubiger ausdrücklich zustimmen. Eine unterlassene Äußerung ist als Ablehnung zu werten.

Übermittlung des Plans an die Gläubiger

Stimmen alle einbezogenen Gläubiger dem Plan zu, kann kein Antrag auf Eröffnung des gerichtlichen Verfahrens gestellt werden. Ein solches hat sich erledigt.

Planannahme

Die Erstellung eines außergerichtlichen Schuldenbereinigungsplans durch den Betreuer ist ungeachtet der Möglichkeit, sich des o. g. Formblattes zu bedienen, doch mit einigen, nicht unbedeutenden Problemen verbunden. Der Plan sollte deshalb nur von einem solchen Betreuer selbst erstellt werden, der in der Lage ist, diese Probleme zu bewältigen.

Überlegungen des Betreuers

7.3.2 Erklärung zur Restschuldbefreiung/Abtretungserklärung

Erklärung zur Restschuldbefreiung

Der Verbraucher-Schuldner hat seinem Eröffnungsantrag den Antrag auf Erteilung der Restschuldbefreiung bzw. die Erklärung beizufügen, dass er eine solche nicht beantragt (§ 305 Abs. 1 Nr. 2 InsO; siehe Blatt 1 Punkt 4 des bundeseinheitlichen Formblatts). Wird die Erklärung nicht binnen eines Monats nach Zustellung einer entsprechenden gerichtlichen Aufforderung nachgereicht, gilt der Eröffnungsantrag des Verbraucher-Schuldners als zurückgenommen (§ 305 Abs. 3 Satz 2 InsO).

Abtretung der pfändbaren Einkommensteile

Dem Antrag auf Restschuldbefreiung ist darüber hinaus die Erklärung über die Abtretung der pfändbaren Teile des Arbeitseinkommens bzw. entsprechender Lohnersatzleistungen an den vom Gericht zu bestimmenden Treuhänder beizufügen (§ 287 InsO; siehe Anlage 3 des bundeseinheitlichen Vordrucks). Einkünfte aus selbstständiger Tätigkeit sind von der Abtretungserklärung regelmäßig nicht umfasst.[1] Allerdings muss der selbstständig tätige Schuldner während der Wohlverhaltensphase denjenigen Betrag an den Treuhänder leisten, der sich bei einer entsprechenden abhängigen Beschäftigung als pfändbarer Einkommensteil ergäbe (§ 295 Abs. 2 InsO). In der Abtretungserklärung ist auf eine anderweitig erfolgte Abtretung oder Verpfändung des Einkommens an einen Dritten hinzuweisen (§ 287 Abs. 2 Satz 2 InsO). Dies ist regelmäßig der Fall, wenn ein Ratenkredit aufgenommen oder ein Ratenkaufvertrag abgeschlossen wurde. Wird die Abtretungserklärung nicht spätestens innerhalb der Frist des § 305 Abs. 3 InsO nachgereicht, gilt der Eröffnungsantrag des Schuldners ebenfalls als zurückgenommen. Es verbleibt die Möglichkeit, einen neuen Eröffnungsantrag zu stellen. Allerdings ist dabei darauf zu achten, dass der außergerichtliche Schuldenbereinigungsversuch noch innerhalb der Sechs-Monats-Frist des § 305 Abs. 1 Nr. 1 InsO liegt.

Zeitlicher Umfang der Wohlverhaltensphase

Die Abtretung bezieht sich auf eine Zeitdauer von sechs Jahren, beginnend mit der Verfahrenseröffnung (§ 287 Abs. 2 InsO; „Wohlverhaltensphase").

7.3.3 Verzeichnisse und Vermögensübersicht

Vermögensverzeichnis

Nach § 305 Abs. 1 Nr. 3 InsO hat der Schuldner seinem Eröffnungsantrag des Weiteren ein Verzeichnis des vorhandenen Vermögens und des Einkommens (siehe Anlage 5 des bundeseinheitlichen Formblatts), eine Zusammenfassung des wesentlichen Inhalts dieses Verzeichnisses (siehe Anlage 4 des bundeseinheitlichen Formblatts), ein Verzeichnis der Gläubiger sowie ein Verzeichnis der gegen ihn gerichteten Forderungen (siehe Anlage 6 des bundeseinheitlichen Formblatts) zusammen mit einer Erklärung beizufügen, dass die enthaltenen Angaben richtig und vollständig sind.

Vermögensübersicht

In der Zusammenfassung des wesentlichen Inhalts des Vermögensverzeichnisses (Vermögensübersicht) sind nur die Einkommensverhältnisse und solche Vermögensgegenstände zu nennen, die von nicht unbedeutendem Wert sind. Dabei genügt es, Sachgesamtheiten, wie etwa die Wohnungseinrichtung oder ausstehende Forderungen, mit ihrem Gesamtwert unter Abzug eventueller Drittrechte anzugeben.

Macht der Schuldner in den genannten Unterlagen grob fahrlässig oder gar vorsätzlich falsche Angaben, kann dies zu einer Versagung der Restschuldbefreiung führen (§ 290 Abs. 1 Nr. 6 InsO).

[1] *BGH* vom 15. 10. 2009 – IX ZR 234/08.

7.3.4 Schuldenbereinigungsplan

Planinhalt

Dem Eigenantrag des Schuldners ist ein Schuldenbereinigungsplan (siehe Anlage 7 des bundeseinheitlichen Vordrucks) beizufügen. In diesen ist nach § 305 Abs. 1 Nr. 4 InsO aufzunehmen, ob und inwieweit Bürgschaften, Pfandrechte und andere Sicherheiten der Gläubiger vom Plan berührt werden sollen. Der Inhalt des vorgelegten Schuldenbereinigungsplans ist vom Insolvenzgericht grundsätzlich nicht zu prüfen[1]. Weder muss der Plan einen vollstreckbaren Inhalt aufweisen, noch muss er eine Wiederauflebungsklausel beinhalten. Eine vorgesehene Einmalzahlung bleibt ebenso unbeanstandet[2] wie ein sogenannter Nullplan[3]. Eine eindeutige Aussage ist nur hinsichtlich des Schicksals von Bürgschaften, Pfandrechten und anderer Sicherheiten erforderlich. Soweit solche Rechte nicht bestehen, ist dies ebenfalls anzugeben. Daneben bedarf es der Angabe der zustellungsfähigen Anschriften der einbezogenen Gläubiger. Forderungsbeträge sind auch dann in EUR aufzuführen, wenn sie in DM tituliert wurden.

Identität mit dem außergerichtlichen Plan

Der vorzulegende Schuldenbereinigungsplan kann dem Plan entsprechen, der im außergerichtlichen Verfahren den Gläubigern übermittelt und von diesen abgelehnt wurde.

Gerichtliches Schuldenbereinigungsverfahren

Der vorzulegende Plan wird nur dann von Bedeutung, wenn das Insolvenzgericht das sogenannte gerichtliche Schuldenbereinigungsverfahren durchführt, was regelmäßig nur dann geschieht, wenn dem entsprechenden außergerichtlichen Plan mehr als die Hälfte der einbezogenen Gläubiger zugestimmt haben (vgl. nachfolgend Abschnitt 7.5). Ist dies der Fall, bestehen aber z. B. bei dem Betreuer Zweifel, dass alle Gläubiger benannt werden konnten, so sollte das Insolvenzgericht auf diese Zweifel unbedingt hingewiesen werden.

7.3.5 Vordruckzwang

Verbraucherinsolvenzvordruckverordnung

Die auf der Grundlage des § 305 Abs. 5 Satz 1 InsO mit der Verbraucherinsolvenzvordruckverordnung (VbrInsVV) eingeführten bundeseinheitlichen Vordrucke muss der Schuldner benutzen. Ein davon abweichender Schuldnerantrag gilt nach § 305 Abs. 3 InsO als zurückgenommen, wenn auch nach gerichtlicher Aufforderung keine Nachbesserung erfolgt. Die erforderlichen Formulare können unter → Service → Broschüren auch im Word-Format aus dem Internet entnommen werden.

7.4 Kostenstundung

7.4.1 Allgemeines

Mittelloser Schuldner

Auch völlig mittellosen Schuldnern soll die Möglichkeit eröffnet werden, die Restschuldbefreiung zu erlangen (§ 4a InsO). Andererseits darf der Schuldner keine Anstrengung unterlassen, um aus eigener Kraft dieses Ziel zu erreichen. Der Schuldner ist aber grundsätzlich nicht verpflichtet, Rücklagen für die zu erwartenden Kosten eines Insolvenzverfahrens über sein Vermögen zu bilden[4].

Überlegungen des Betreuers

Die Tatsache, dass der Betreute nicht über ausreichende Mittel verfügt, um die Kosten des Verbraucherinsolvenzverfahrens zu bestreiten, sollte den Betreuer demnach nicht davon abhalten, für den Betreuten einen Eröffnungsantrag zu stellen. Ist allerdings nicht zu erwarten, dass der Betreute nach Ablauf der Wohlverhaltensperiode einen

[1] *OLG Schleswig* vom 1. 2. 2000 – 1 W 51/99, NZI 2000, 165.

[2] *OLG Köln* vom 9. 2. 2001 – 2 W 19/01, NZI 2001, 211.

[3] *BayObLG* vom 2. 12. 1999 – 4 Z BR 8/99, NZI 2000, 129 m. w. N.; *OLG Karlsruhe* vom 20. 12. 1999 – 9 W 82/99, NZI 2000, 163.

[4] *BGH* vom 21. 9. 2006 – IX ZB 24/06.

wirtschaftlichen Neuanfang unternehmen kann, so sollte nicht allein die Tatsache, dass der Schuldner keine Kosten zu tragen hat, Veranlassung geben, ein Verbraucherinsolvenzverfahren zu betreiben (vgl. oben Abschnitt 7.1).

Folgen der Kostenstundung

Die Kostenstundung eröffnet die Möglichkeit, ein Insolvenzverfahren mit dem Ziel der Restschuldbefreiung auch dann durchzuführen, wenn der Schuldner nicht in der Lage ist, die Kosten des Verfahrens aufzubringen, zu denen auch die Vergütung des Treuhänders gehört. Dagegen sind solche Kosten, die ggf. im Rahmen eines außergerichtlichen Einigungsversuchs (vgl. oben Abschnitt 7.3.1) entstehen, nicht von der Kostenstundung umfasst.

Begleichung der Kosten

Die gestundeten Kosten sind vorweg aus den Erlösen zu begleichen, die während des eröffneten Verfahrens oder während der Wohlverhaltensphase vom Treuhänder erzielt werden. Werden solche Erlöse mangels Vermögen oder laufenden Einkünften des Schuldners nicht erzielt, ist der Schuldner noch vier Jahre nach Beendigung der Wohlverhaltensphase verpflichtet, die gestundeten Kosten zu berichtigen, soweit er in dieser Zeit zu Vermögen bzw. Einkünften gelangt, dessen Höhe eine Ratenzahlung i. S. d. § 115 ZPO auslösen würde (§ 4b InsO).

7.4.2 Voraussetzungen

Hinweispflicht des Gerichts

Die Kostenstundung setzt einen Antrag des Schuldners voraus, für den es keinen Formblattzwang gibt. Zur Benutzung eines vom Insolvenzgericht ggf. ausgegebenen Formulars ist der Schuldner nicht verpflichtet[1]. Im Rahmen der dem Gericht gegenüber dem Schuldner obliegenden Fürsorgepflicht ist es angezeigt, den Schuldner auf die Möglichkeit der Kostenstundung hinzuweisen.

Erklärung des Betreuers

Die Voraussetzungen für das Vorliegen der Stundungsvoraussetzungen sind grundsätzlich vom Schuldner persönlich zu erklären. Ist der Schuldner dazu krankheitsbedingt nicht mehr in der Lage, können diese Erklärungen auch durch einen bestellten Betreuer abgegeben werden[2].

Mögliche nachträgliche Antragstellung

Der Antrag auf Kostenstundung kann frühestens zusammen mit dem Antrag auf Restschuldbefreiung gestellt werden (§ 4a Abs. 1 Satz 1 InsO). Der Antrag auf Restschuldbefreiung soll seinerseits mit dem Eröffnungsantrag verbunden werden (§ 287 Abs. 1 Satz 1 InsO). Wurde der Antrag auf Restschuldbefreiung und auch der Eigenantrag rechtzeitig gestellt, kann der Stundungsantrag auch noch im eröffneten Verfahren oder im Rahmen des Restschuldbefreiungsverfahrens eingereicht werden.

Stellt sich die fehlende Kostendeckung im eröffneten Verfahren oder im Restschuldbefreiungsverfahren heraus, kann der Antrag z. B. zur Vermeidung der Verfahrenseinstellung mangels Masse (§ 207 Abs. 1 Satz 2 InsO) oder zur Verhinderung der Versagung der Restschuldbefreiung mangels die Vergütung des Treuhänders deckender Einnahmen gestellt werden.

Darstellung der Vermögensverhältnisse

Der Schuldner hat in seinem Antrag darzulegen, dass sein Vermögen nicht ausreicht, um die Kosten des Verfahrens zu decken. Soweit es sich bei dem Schuldner um einen Verbraucher handelt, ergeben sich die maßgebenden Vermögensverhältnisse bereits aus dem nach § 305 Abs. 1 Nr. 3 InsO vorzulegenden Vermögensverzeichnis (vgl. oben Abschnitt 7.3).

---

[1] *BGH* vom 24. 7. 2003 – IX ZB 539/02, NJW 2003, 556.

[2] *LG Bochum* vom 27. 12. 2002 – 10 T 24/02, NZI 2003, 164.

Nach § 4a Abs. 1 Satz 3 InsO hat der Schuldner seinem Antrag eine Erklärung beizufügen, aus der sich ergibt, dass keiner der Versagungsgründe des § 290 Abs. 1 Nr. 1 und Nr. 3 InsO vorliegt. Der Schuldner muss demnach erklären, dass er weder wegen einer Straftat nach den §§ 283 bis 283c StGB rechtskräftig verurteilt worden ist, noch in den letzten zehn Jahren vor dem Antrag auf Verfahrenseröffnung oder nach diesem Antrag Restschuldbefreiung erteilt bekam oder eine solche ihm nach § 296 oder § 297 InsO versagt wurde. Macht der Schuldner insoweit vorsätzlich oder grob fahrlässig unrichtige Angaben, führt dies zur Aufhebung einer bewilligten Kostenstundung (§ 4c InsO).

Erklärung zu Versagungsgründen

7.4.3 Beiordnung eines Anwalts

Werden dem Schuldner die Verfahrenskosten gestundet, wird ihm auf Antrag ein zur Vertretung bereiter Rechtsanwalt seiner Wahl beigeordnet, wenn die Vertretung durch einen Rechtsanwalt trotz der dem Gericht obliegenden Fürsorgepflicht erforderlich erscheint (§ 4a Abs. 2 InsO). Da die Anwaltsbeiordnung die Stundung der Verfahrenskosten voraussetzt, kommt eine Beiordnung für das Stundungsverfahren selbst nicht in Betracht[1]. Allein die Tatsache, dass z. B. ein Gläubiger bei der Forderungsanmeldung anwaltlich vertreten ist, macht eine Anwaltsbeiordnung seitens des Schuldners noch nicht erforderlich. Ebenso ist die Beiordnung eines Rechtsanwalts nicht allein deshalb gerechtfertigt, weil dem Schuldner ein Betreuer bestellt ist. Maßgeblich ist vielmehr, ob die Beiordnung eines Rechtsanwalts trotz der bestehenden Betreuung erforderlich ist. Entwickelt sich z. B. die Frage der Restschuldbefreiung zu einem kontradiktorischen Verfahren und ist dabei ein Gläubiger, der die Versagung der Restschuldbefreiung beantragt, anwaltlich vertreten, ist die Beiordnung eines Anwalts angezeigt.

Notwendigkeit einer Beiordnung

7.5 Gerichtliches Schuldenbereinigungsverfahren

Neben einem vollständigen Eigenantrag des Schuldners setzt die Einleitung des gerichtlichen Schuldenbereinigungsverfahrens voraus, dass der vom Schuldner eingereichte Plan nach der freien Überzeugung des Gerichts Aussicht darauf hat, zumindest von der Mehrheit der Gläubiger angenommen zu werden (vgl. § 306 Abs. 1 Satz 3 InsO). Hat sich etwa die Mehrheit der Gläubiger für die Annahme des außergerichtlichen Schuldenbereinigungsplans ausgesprochen, kann das Insolvenzgericht davon ausgehen, dass mittels der möglichen Ersetzung der Zustimmung einzelner Gläubiger der gerichtliche Schuldenbereinigungsplan angenommen werden wird.

Fakultatives Verfahren

Ist der außergerichtliche Schuldenbereinigungsplan dagegen von der Mehrheit der Gläubiger abgelehnt worden und liegt dieser Plan unverändert dem gerichtlichen Schuldenbereinigungsverfahren zugrunde, so ist wohl mit dem Scheitern des gerichtlichen Verfahrens zu rechnen.

In der Praxis wird ein gerichtliches Schuldenbereinigungsverfahren allenfalls in zehn von hundert Fällen durchgeführt.

7.6 Verfahrenseröffnung

7.6.1 Voraussetzungen

Wird der gerichtliche Schuldenbereinigungsplan nicht angenommen oder hat das Gericht von der Durchführung des Verfahrens abgesehen, so ist das Insolvenzverfahren zu eröffnen, wenn das Vermögen des Schuldners ausreicht, um die Kosten des Ver-

[1] *BGH* vom 5. 12. 2002 – IX ZR 20/02, NZI 2003, 270.

fahrens zu decken. Ansonsten ist die Eröffnung mangels Masse abzulehnen (§ 26 InsO). Das Verfahren ist auch ohne ausreichende Masse zu eröffnen, wenn dem Schuldner gemäß § 4a InsO die Kosten des Verfahrens gestundet werden.

7.6.2 Wirkungen der Verfahrenseröffnung

Unwirksamkeit der Verfügungen des Schuldners

Mit Eröffnung des Verfahrens geht die Verwaltungs- und Verfügungsbefugnis über das Vermögen des Schuldners auf den Treuhänder über (§ 80 InsO), der die Aufgabe hat, dieses Vermögen zugunsten der Gläubiger zu verwerten. Verfügt der Schuldner über Gegenstände, die Bestandteile der Insolvenzmasse sind, so ist diese Verfügung absolut unwirksam (§ 81 Abs. 1 Satz 1 InsO).

Person des Treuhänders

Von den Insolvenzgerichten werden als Treuhänder regelmäßig dieselben Rechtsanwälte, Steuerberater oder ähnliche Berufsgruppen bestellt, die auch bei Regelinsolvenzverfahren eingesetzt werden. Gegen die Bestellung des Betreuers als Treuhänder bestehen im Hinblick auf dessen Objektivität Bedenken.

Umfang der Insolvenzmasse

Zur Insolvenzmasse gehört das (pfändbare) Vermögen, das der Schuldner zum Zeitpunkt der Verfahrenseröffnung hatte oder danach erwirbt (§ 35 InsO). Nach § 811 ZPO unpfändbare Gegenstände, wie etwa das Kraftfahrzeug, das der Schuldner benötigt, um zu seiner Arbeitsstelle zu gelangen, fallen nicht in die Insolvenzmasse. Ebenso wenn der Schuldner aus gesundheitlichen Gründen auf das Fahrzeug angewiesen ist. Das laufende Arbeitseinkommen oder entsprechende Lohnersatzleistungen des Schuldners zählen zur Insolvenzmasse, soweit die Ansprüche nach den Vorschriften der ZPO (§ 850 ff. ZPO) bzw. des SGB I (§ 54 SGB I) der Pfändung unterliegen. Einkommensteile, die erst aufgrund entsprechender Anordnungen des Insolvenzgerichts pfändbar sind (z. B. § 850c Abs. 4 ZPO: Außerachtlassung von Unterhaltsberechtigten, die über kein eigenes Einkommen verfügen[1]), gehören dann zur Masse, wenn das Insolvenzgericht eine entsprechende Anordnung trifft (§ 36 Abs. 4 InsO). Eine solche Anordnung kann der Treuhänder beantragen. Umgekehrt kann der Schuldner beantragen, dass ihm von seinem pfändbaren Einkommen weitere Teile verbleiben, wenn er z. B. gesundheitsbedingte Aufwendungen zu machen hat, die nicht von der Krankenkasse übernommen werden. Als Arbeitseinkommen gelten alle Zahlungen und sonstigen Gegenleistungen, die dem Schuldner als Entgelt für die von ihm geleistete Arbeit gewährt werden. Hierzu zählen u. a. auch einmalige Leistungen, wie etwa Abfindungen oder Prämien. In Anwendung des § 850i ZPO kann dem Schuldner auf Antrag ein Teil solcher Leistungen belassen werden. Steuerrückerstattungen zählen dagegen nicht als Arbeitseinkommen, fallen aber gleichwohl als sonstige Vermögenszuwächse in die Masse, ohne dass dem Schuldner ein unpfändbarer Teilbetrag zu belassen ist. Eine Rentennachzahlung, die zweieinhalb Jahre nach dem Antrag auf Erwerbsunfähigkeitsrente erfolgt, ist keine einmalige Geldleistung i. S. v. § 850i ZPO, sondern nach ihrer Anspruchsgrundlage eine wiederkehrende Leistung, die nur in einem Betrag zur Auszahlung ansteht. Die Rentenzahlung ist somit in Höhe der Summe aller monatlichen Freibeträge unpfändbar und fällt in dieser Höhe nicht in die Insolvenzmasse[2]. Ansprüche aus Lebensversicherungsverträgen gehören nicht zur Insolvenzmasse, wenn der Vertrag den Vorgaben des § 851c ZPO entspricht. Sog. Sterbegeldversicherungen sind dem Zugriff des Treuhänders bis zu einem Betrag von 3.579 EUR entzogen (§ 850b ZPO). Die Leistungen aus einer privaten Berufsunfähigkeitsversicherung gehören im Umfang des § 850c ZPO zur Insolvenzmasse.[3] Kontoguthaben fallen grundsätzlich in die Insolvenzmasse. Mit dem seit 1. 7. 2010

---

[1] *BGH* vom 5. 11. 2009 – IX ZB 101/09, ZInsO 2009, 2351.

[2] *LG Bielefeld* vom 21. 10. 2004 – 23 T 705/04, ZVI 2005, 138.

[3] *BGH* vom 3. 12. 2009 – IX ZR 189/08.

möglichen Pfändungsschutzkonto ist dem Schuldner auch ohne gerichtliche Anordnung zumindest der sog. Sockelfreibetrag (derzeit 1.045,04 EUR, Stand: 1. 7. 2013) zu belassen.

Vollstreckungsverbot

Während des eröffneten Verfahrens ist es den Insolvenzgläubigern verboten, gegen den Schuldner zu vollstrecken (§ 89 InsO). Sollte ein Gläubiger hiergegen verstoßen, muss sich der Schuldner bzw. der Betreuer mit der Erinnerung zur Wehr setzen. Die Erinnerung ist beim Insolvenzgericht einzulegen.

7.7 Beendigung des Insolvenzverfahrens

7.7.1 Voraussetzungen

Verwertung der Masse

Das Insolvenzverfahren ist abzuschließen, sobald die Verwertung der Insolvenzmasse beendet ist (§ 196 Abs. 1 InsO) bzw. der Schuldner den gemäß § 314 InsO vom Gericht bestimmten Betrag an den Treuhänder geleistet hat. Die Tatsache, dass der Schuldner über ein laufendes Einkommen verfügt, hindert die Aufhebung des Verfahrens nicht.

7.7.2 Entscheidung über den Antrag auf Restschuldbefreiung

Versagung der Restschuldbefreiung

Die Entscheidung des Gerichts hinsichtlich des gestellten Antrags auf Restschuldbefreiung besteht entweder in der Ankündigung der Restschuldbefreiung oder in deren Versagung (§ 291 Abs. 1 InsO). Eine Versagung der Restschuldbefreiung kommt dabei nur in Betracht, wenn dies ein Insolvenzgläubiger im Schlusstermin beantragt hat und das Bestehen eines Versagungsgrundes i. S. d. § 290 InsO glaubhaft machen konnte. Ein solcher Versagungsgrund ist etwa dann gegeben, wenn der Schuldner in den vorzulegenden Verzeichnissen grob fahrlässig oder vorsätzlich falsche Angaben gemacht hat (§ 290 Abs. 1 Nr. 6 InsO). Hierzu zählen aber nicht die Fälle, in denen z. B. die Forderungshöhe mangels Kenntnis des Schuldners unrichtig angegeben wurde.[1]

Ankündigung der Restschuldbefreiung

Ansonsten, d. h. wenn kein zulässiger und begründeter Versagungsantrag gestellt wird, ist die Restschuldbefreiung durch das Insolvenzgericht anzukündigen, indem dem Schuldner unterbreitet wird, dass er von denjenigen Verbindlichkeiten, die zum Zeitpunkt der Verfahrenseröffnung bestanden, befreit wird, wenn er während der Wohlverhaltensperiode seine Obliegenheiten erfüllt.

Begründung von Neuschulden

Von nach dem Eröffnungszeitpunkt begründeten Verbindlichkeiten wird der Schuldner dagegen nicht befreit (vgl. nachfolgend Abschnitt 7.9.2). Jedoch führt die Begründung neuer Schulden nicht zur Versagung der Restschuldbefreiung. Es handelt sich insoweit nicht um einen Verstoß gegen bestehende Obliegenheiten.

7.7.3 Erlösverteilung und Verfahrensaufhebung

Voraussetzungen

Das Insolvenzverfahren ist aufzuheben, wenn der Verwertungserlös entsprechend des Schlussverzeichnisses verteilt ist (§ 200 Abs. 1 InsO). Dies hat der Treuhänder dem Insolvenzgericht nachzuweisen. Die Verfahrensaufhebung erfolgt durch Beschluss, der zu veröffentlichen ist (§ 200 Abs. 2 InsO). Soweit eine Entscheidung über die Ankündigung oder Versagung der Restschuldbefreiung getroffen wurde, darf das Verfahren erst nach Rechtskraft dieser Entscheidung aufgehoben werden (§ 289 Abs. 2 Satz 2 InsO).

---

[1] *BGH* vom 12. 6. 2008 – IX ZB 205/07, ZVI 2008, 515.

Beginn der Wohlverhaltensperiode

Mit der Verfahrensaufhebung beginnt ggf. die Wohlverhaltensperiode (§ 287 Abs. 2 Satz 1 InsO).

Wirkungen

Hat der Schuldner keinen Antrag auf Restschuldbefreiung gestellt oder wurde ihm eine solche rechtskräftig versagt, so können die Gläubiger nach Aufhebung des Insolvenzverfahrens aus der Insolvenztabelle die Zwangsvollstreckung gegen den Schuldner betreiben (§ 201 InsO). Umgekehrt hat die Verfahrensaufhebung zur Folge, dass der Schuldner nunmehr wieder über sein Vermögen frei verfügen kann, soweit ein solches noch vorhanden ist.

7.8 Wohlverhaltensperiode

7.8.1 Dauer

Sechs Jahre

Das eigentliche Verfahren der Restschuldbefreiung erstreckt sich nach §§ 287 Abs. 2, 300 Abs. 1 InsO über die Dauer der Abtretungserklärung des Schuldners. Man spricht insoweit auch von der Wohlverhaltensperiode oder Treuhandphase. Diese beträgt grundsätzlich sechs Jahre und beginnt rechnerisch mit der Eröffnung des Insolvenzverfahrens. Davon abweichend treten die Wirkungen, die mit der Wohlverhaltensphase verbunden sind, also insbesondere die Verpflichtungen des Schuldners, erst mit der Aufhebung des Insolvenzverfahrens ein.

Vollstreckungsverbot

Während der Dauer der Wohlverhaltensperiode ist es den Insolvenzgläubigern verboten, gegen den Schuldner Maßnahmen der Zwangsvollstreckung auszubringen (§ 294 InsO). Sollte ein Gläubiger hiergegen verstoßen, muss sich der Schuldner bzw. Betreuer gegen die jeweilige Maßnahme mit der Vollstreckungserinnerung zur Wehr setzen. Diese ist bei dem zuständigen Vollstreckungsgericht einzulegen.

7.8.2 Obliegenheiten des Schuldners

Während der Wohlverhaltensperiode muss der Schuldner die ihm gemäß § 295 InsO obliegenden Verpflichtungen erfüllen. Danach muss er

- eine angemessene Erwerbstätigkeit ausüben bzw. sich um eine zumutbare Beschäftigung bemühen;
- die Hälfte eines ererbten Vermögens an den Treuhänder herausgeben;
- jeden Wechsel des Wohnsitzes oder des Arbeitsplatzes unverzüglich dem Insolvenzgericht und dem Treuhänder anzeigen;
- auf Verlangen dem Gericht und dem Treuhänder Auskunft geben über seine Erwerbstätigkeit bzw. seine Bemühungen um eine solche Tätigkeit sowie über seine Bezüge und sein Vermögen.

Darüber hinaus darf der Schuldner keine Einkünfte und kein Vermögen verheimlichen. Und schließlich darf der Schuldner Zahlungen nur an den Treuhänder und nicht an die Insolvenzgläubiger leisten; dies gilt auch für eine eventuelle Geldstrafe, die der Schuldner leistet, um den Vollzug einer Ersatzfreiheitsstrafe zu verhindern. Zahlungen mit seinen pfandfreien Einkünften sind dem Schuldner dagegen nicht verboten.

Erfüllt der Schuldner seine Verpflichtungen nicht, so ist ihm auf Antrag eines Gläubigers die Restschuldbefreiung bereits vor Ablauf der Wohlverhaltensperiode zu versagen. Dies allerdings nur, wenn die Pflichtverletzung zu einer Benachteiligung der Gläubiger führt (§ 296 InsO). Dies ist z. B. dann nicht der Fall, wenn sich der Schuldner nicht um eine Arbeitsstelle bemüht, er aber auch mit entsprechenden Bemühun-

gen voraussichtlich nicht in der Lage ist, Einkünfte über den Pfändungsfreigrenzen zu erzielen.[1]

Werden Obliegenheiten durch den Betreuer verletzt, so wirkt dies unmittelbar für und gegen den Betreuten. Dies kann zu Schadensersatzverpflichtungen des Betreuers führen. Der Betreuer hat deshalb stets darauf zu achten, dass den gesetzlichen Vorgaben entsprochen wird.

7.8.3 Verteilung der dem Treuhänder zufließenden Beträge

Erlösverteilung

Der Treuhänder hat die Beträge, die er durch die Abtretung erlangt, und sonstige Leistungen des Schuldners oder Dritter mindestens einmal jährlich auf der Grundlage des Schlussverzeichnisses an die Insolvenzgläubiger verhältnismäßig zu verteilen (§ 292 Abs. 1 InsO). Soweit es im Einzelfall angezeigt ist, hat der Treuhänder auch eine vorzeitige Ausschüttung vorzunehmen. Hierzu kann das Gericht den Treuhänder auffordern. Vorab sind aus den eingenommenen Beträgen evtl. nach § 4a InsO gestundete Verfahrenskosten zu berichtigen. An die Gläubiger sind demnach erst dann Auszahlungen vorzunehmen, wenn die Kosten des Verfahrens, soweit sie dem Schuldner gemäß § 4a InsO gestundet wurden, gedeckt sind.

Änderung der abgetretenen Einkommensbeträge

Die Abtretung an den Treuhänder umfasst die nach § 850 ff. ZPO pfändbaren Einkommensteile. Einkommensteile, die erst aufgrund einer entsprechenden Anordnung des Vollstreckungsgerichts pfändbar sind, kann das Insolvenzgericht für pfändbar erklären (§ 292 Abs. 1 Satz 3 InsO i. V. m. § 36 Abs. 1 Satz 2, Abs. 4 InsO), womit sie dem Treuhänder zufallen. Dies gilt z. B. für den Freibetrag zugunsten des Ehegatten eines Schuldners, wenn der Treuhänder dem Insolvenzgericht darstellt, dass dieser Ehegatte über eigenes Einkommen oder eigene Lohnersatzleistungen verfügt.

7.9 Entscheidung nach Ablauf der Wohlverhaltensperiode

7.9.1 Anhörung der Insolvenzgläubiger

Nach dem Ende der Laufzeit der Abtretungserklärung von sechs Jahren entscheidet das Insolvenzgericht nach Anhörung aller Beteiligten über die Erteilung der Restschuldbefreiung, § 300 Abs. 1 InsO; sie ist nur dann zu verweigern, wenn ein Insolvenzgläubiger oder, im Falle des § 298 InsO, der Treuhänder dies beantragt und der Schuldner während der Wohlverhaltensphase gegen eine seiner Obliegenheiten verstoßen hat. Ist nach Ablauf der Laufzeit der Abtretungserklärung das Insolvenzverfahren noch nicht beendet, muss gleichwohl über die Restschuldbefreiung entschieden werden. Ggf. ist dem Schuldner demnach die Restschuldbefreiung zu erteilen, obwohl das Insolvenzverfahren noch fortdauert.[2]

7.9.2 Erteilung der Restschuldbefreiung

Voraussetzungen

Wurde kein Antrag auf Versagung der Restschuldbefreiung gestellt oder ist ein gestellter Antrag unzulässig oder unbegründet, ist dem Schuldner die Restschuldbefreiung zu erteilen. Der Beschluss ist öffentlich bekannt zu machen und dem Schuldner sowie den Gläubigern zuzustellen, die die Versagung der Restschuldbefreiung beantragt haben.

[1] *BGH* vom 22. 10. 2009 – IX ZB 160/09, ZInsO 2009, 2210.

[2] *BGH* vom 3. 12. 2009 – IX ZB 247/08.

Wirkungen Die Restschuldbefreiung wirkt gegen alle Insolvenzgläubiger i. S. d. § 38 InsO, auch wenn sie ihre Forderungen im Insolvenzverfahren verspätet oder nicht angemeldet haben, § 301 Abs. 1 InsO. Die Forderungen der Gläubiger werden zu unvollkommenen Verbindlichkeiten[1]. Der Schuldner kann die Forderungen weiterhin erfüllen, der jeweilige Gläubiger kann sie aber nicht mehr fordern; gegen eine Zwangsvollstreckung steht dem Schuldner die Vollstreckungsgegenklage nach § 767 ZPO zu.

Unterhaltsrückstände Befreit wird der Schuldner im Übrigen auch von Unterhaltsansprüchen, soweit diese zum Zeitpunkt der Eröffnung des Insolvenzverfahrens bereits fällig waren und damit Insolvenzforderungen darstellten. Für nachträglich entstandene Unterhaltsverpflichtungen haftet der Schuldner dagegen in voller Höhe.

Bürgschaft Pfandrechte und Sicherungsrechte der Gläubiger wie auch die Schuld eines Bürgen bleiben von einer erteilten Restschuldbefreiung unberührt, § 301 Abs. 2 InsO. Der Gläubiger kann auf diese Rechte ungehindert Zugriff nehmen. Der Schuldner wird durch die Restschuldbefreiung aber gegenüber dem Bürgen oder einem anderen Rückgriffsberechtigten befreit, § 301 Abs. 2 Satz 2 InsO. Der Bürge kann damit seinen Anspruch nach § 774 Abs. 1 Satz 1 BGB nicht mehr geltend machen. Die Rechtsfolge des § 301 Abs. 2 InsO entspricht der Regelung im Insolvenzplanverfahren nach § 254 Abs. 2 InsO.

Fortbestehende Forderungen Nach § 302 InsO werden von der Restschuldbefreiung nicht beeinträchtigt:

- Ansprüche gegen den Schuldner aus vorsätzlich begangenen unerlaubten Handlungen, sofern der Gläubiger die entsprechende Forderung unter Angabe dieses Rechtsgrundes nach § 174 Abs. 2 InsO angemeldet hatte. Der Gläubiger muss demnach bei der Anmeldung der Forderung diejenigen Tatsachen angegeben haben, aus denen sich seiner Meinung nach der Anspruch aus einer vorsätzlich begangenen unerlaubten Handlung ergibt. Versäumt der Gläubiger diese Anmeldung, wird sein Anspruch von einer Restschuldbefreiung auch dann betroffen, wenn tatsächlich ein Anspruch aus einer vorsätzlich begangenen unerlaubten Handlung vorliegt.
- Geldstrafen, Ordnungsgelder und Geldbußen, die gemäß § 39 Abs. 1 Nr. 3 InsO nachrangige Verbindlichkeiten sind; hier steht der persönliche Charakter der Forderungen im Vordergrund, sie sollen nicht durch Restschuldbefreiung zur Naturalobligation werden, sondern in jedem Fall vom Schuldner zu erfüllen sein.
- Verbindlichkeiten aus zinslosen Darlehen, die dem Schuldner zur Begleichung der Kosten des Insolvenzverfahrens gewährt wurden. Solche Darlehen, die von Verwandten des Schuldners oder von karitativen Einrichtungen mitunter gewährt werden, sollen trotz erteilter Restschuldbefreiung durch den Schuldner getilgt werden. Angesichts der Möglichkeit der Kostenstundung dürfte die Gewährung eines Darlehens zur Bestreitung der Verfahrenskosten jedoch kaum von praktischer Relevanz sein.

Neuverbindlichkeiten Weiterhin bleiben auch diejenigen Ansprüche von einer Restschuldbefreiung unberührt, die nach Eröffnung des Insolvenzverfahrens entstanden sind, da es sich nicht um Insolvenzforderungen handelt. Solche sogenannten Neuforderungen muss der Schuldner ohne Einschränkung erfüllen. Eine Restschuldbefreiung gegenüber diesen Verbindlichkeiten kommt erst nach Ablauf von zehn Jahren wieder in Betracht.

[1] *BT-Drucks.* 12/2443, S. 194.

Inhalt

1. Beratung, Aufsicht und Kontrolle der Betreuer

1.1 Beratung der Betreuer

Beratungsanspruch

Der Betreuer kann eine Beratung durch das Betreuungsgericht, die Betreuungsbehörde oder den Betreuungsverein in Anspruch nehmen.

Die Beratungspflicht aller Betreuer durch das Betreuungsgericht (§§ 1908i Abs. 1 Satz 1, 1837 Abs. 1 BGB) und zusätzlich aller Bevollmächtigten durch die Betreuungsbehörde (§ 4 BtBG) ist unmittelbar gesetzlich geregelt. Der Betreuungsverein muss dagegen nur die Beratung und Unterstützung ehrenamtlicher Betreuer sowie Bevollmächtigter im Rahmen seiner Anerkennungsvoraussetzungen gewährleisten, § 1908f Abs. 1 Nr. 2 BGB (n. F.).

Betreuern und Bevollmächtigten bleibt es überlassen, bei welcher Institution sie um Rat und Hilfe nachsuchen. Die Beratungsangebote stehen jedenfalls nicht konkurrierend zueinander.

Das Beratungsverständnis

Das Betreuungsgericht, die Betreuungsbehörde und der Betreuungsverein werden nur auf Wunsch des Betreuers als Berater tätig. Die professionellen Berater der Institutionen verstehen sich nicht als überlegene Sachkenner, sondern als partnerschaftliche

Helfer des Betreuers. Dieses Grundverständnis resultiert aus der Tatsache, dass es sich bei einer Beratung nicht um einen einseitigen Kommunikationsprozess handelt. Die Berater sind grundsätzlich für sachgemäße Auskünfte verantwortlich, nicht aber für die Entscheidung des Betreuers, die dieser nach dem Beratungsgespräch trifft.

Die Verantwortlichkeit des Betreuers für seine Entscheidung bedingt allerdings eine Verbindlichkeit der Beratung durch die Institutionen. Erforderlich ist eine klare Sachverhaltsaufklärung hinsichtlich des Beratungsgegenstands, das Aufzeigen der Folgen eines möglichen Tuns oder Unterlassens, orientiert am Wohl, Willen und Wunsch des Betreuten.

Da Beratungsprozesse sowohl Rechts- als auch Lebensberatung (aus der Sicht des Betreuers für den Betreuten) umfassen können, muss auch eine interdisziplinäre Zusammenarbeit von Beratern in Erwägung gezogen werden. Ein sach- und zweckgerichteter Beratungsprozess ist abhängig vom Gegenstand der Beratung und nicht unbedingt schon mit einer Weitervermittlung an eine sonstige Beratungsinstitution abgeschlossen.

Die Beratung des Betreuungsgerichts, der Betreuungsbehörde oder des Betreuungsvereins richtet sich nur an den Betreuer, nicht an den Betreuten. Grundlage dafür ist das Prinzip der Selbstständigkeit des Betreuers. Ob der Betreute in einen Beratungsprozess einbezogen werden soll, liegt in der Entscheidung des Betreuers. Ausgehend von seiner Besprechungspflicht mit dem Betreuten in wichtigen Angelegenheiten § 1901 Abs. 3 Satz 3 BGB kann dies im Einzelfall durchaus sinnvoll und sachgerecht sein.

Kompetenz der Berater, Beratungsschwerpunkte

Die notwendige Kompetenz zur Beratung der Betreuer ist bei allen Institutionen vorhanden. § 9 BtBG (n. F.) stellt klar, dass bei der Betreuungsbehörde Personen tätig sein müssen, „die sich hierfür nach ihrer Persönlichkeit eignen und die in der Regel entweder eine ihren Aufgaben entsprechende Ausbildung erhalten haben (Fachkräfte) oder über vergleichbare Erfahrungen verfügen." Für die Betreuungsvereine verlangt § 1908f Abs. 1 Nr. 1 BGB, dass eine „ausreichende Zahl geeigneter Mitarbeiter" beschäftigt werden, die auch zu beaufsichtigen und weiterzubilden sind.

Allerdings ergeben sich nach den Aufgabenschwerpunkten des Betreuungsgerichts, der Betreuungsbehörde und des Betreuungsvereins auch Beratungsschwerpunkte, an denen sich der Betreuer bei der Auswahl seines Beraters orientieren kann.

1.1.1 Beratung durch das Betreuungsgericht

Das Betreuungsgericht ist verpflichtet, alle Betreuer zu beraten, §§ 1908i Abs. 1 i. V. m. 1837 Abs. 1 Satz 1 BGB; funktionell zuständig ist der Rechtspfleger. Es handelt sich um ein subjektiv-öffentliches Recht des Betreuers; er hat darauf einen Anspruch. Dieser Beratungsanspruch darf aber nicht überdehnt werden; er beschränkt sich im Allgemeinen auf Grundfragen der Amtsführung und wichtige Entscheidungen im Verfahren. Er wird bei allen mit Genehmigungsvorbehalt versehenen Angelegenheiten sowie bei schwierigen privatrechtlichen Fragen in Erwägung gezogen werden.

Für Konflikte zwischen Betreuer und Betreuten sieht das Gesetz an sich keine Aufgabe des Betreuungsgerichts vor, allerdings kann auf die Bereinigung solcher Auseinandersetzungen hingewirkt werden.

Gemäß §§ 1908i Abs. 1 i. V. m. 1837 Abs. 1 Satz 2 BGB wirkt das Betreuungsgericht mit, Betreuer in ihr Amt einzuführen. Hierbei spielt die mündliche Verpflichtung des Betreuers durch den Rechtspfleger nach § 289 Abs. 1 FamFG eine besondere Rolle. Allerdings entfällt die mündliche Verpflichtung bei Vereins- und Behördenbetreuern, Vereinen, Betreuungsbehörden und Personen, die die Betreuung im Rahmen ihrer Berufsausübung führen, sowie ehrenamtlichen Betreuern, die mehr als eine Betreuung führen oder in den letzten zwei Jahren geführt haben, § 289 Abs. 1 Satz 2 FamFG.

Verpflichtung des Betreuers

Eine nicht zu unterschätzende Bedeutung kann auch das Einführungsgespräch nach § 289 Abs. 2 FamFG haben. Nach den Erwartungen des Gesetzgebers *(BT-Drucks. 11/4528, 176)* soll durch dieses Gespräch die Basis für eine vertrauensvolle Zusammenarbeit der Beteiligten untereinander und mit dem Gericht hergestellt werden. Die durch die getroffene Entscheidung der Betreuerbestellung veränderte rechtliche Situation wird vom Gericht mit den Beteiligten besprochen. Das Gericht führt mit dem Betreuer und dem Betroffenen das Einführungsgespräch, wenn ein geeigneter Fall vorliegt. Geeignet ist ein solches Gespräch dann, wenn der Betroffene in der Lage ist, dem Gespräch zu folgen. Eine Teilnahmepflicht besteht für ihn nicht, wohl aber für den Betreuer. Das Gericht bietet das Einführungsgespräch von Amts wegen an; eine Anregung durch den Betreuten oder Betreuer ist möglich.

Einführungsgespräch

1.1.2 Beratung durch die Betreuungsbehörde (Betreuungsstelle)

Mit dem „Gesetz zur Stärkung der Funktionen der Betreuungsbehörde“ werden die Informations- und Beratungspflichten verstärkt und erweitert. Generell muss die Behörde auch über allgemeine betreuungsrechtliche Fragen, Vorsorgevollmachten und andere Hilfen beraten und informieren, § 4 Abs. 1 BtBG (n. F).

Allgemeine Beratung

Zeichnet sich ein Betreuungsbedarf ab, soll der betroffenen Person ein Beratungsangebot unterbreitet werden. Über die reine Beratung hinaus sind auch konkrete andere Hilfen, bei denen kein Betreuer bestellt wird, zu vermitteln, § 4 Abs. 2 Satz 2 BtBG (n. F.).

Beratung bei Betreuungsbedarf

Die Betreuungsbehörde ist neben der Beratung auch zur Unterstützung der Betreuer und (Vorsorge-)Bevollmächtigten verpflichtet. Im Einzelfall berät sie den Betreuer und Bevollmächtigten nicht nur im Sinne der „Hilfe zur Selbsthilfe“, sondern sie muss auch problemlösend unterstützen, soweit der Betreuer bzw. Bevollmächtigte nach seiner Entscheidungsfindung mit der Erledigung einer Angelegenheit überfordert ist, § 4 Abs. 3 BtBG (n. F.).

Beratung und Unterstützung der Betreuer und Bevollmächtigten

Die Unterstützung kann z. B. in der Abfassung von Schriftstücken, dem Ausfüllen von Anträgen, der Vermittlung von ambulanten sozialpflegerischen Diensten und in der Vermittlung eines Heimplatzes bestehen. Diesen umfassenden Auftrag werden die Betreuungsbehörden wegen der nicht selten mangelnden personellen Ausstattung nicht immer zeitgerecht erfüllen können. Eine vorherige telefonische Terminvereinbarung mit dem Berater der Betreuungsbehörde ist schon deshalb dringend zu empfehlen. In der Praxis zeichnet sich bei den Betreuungsbehörden ein Beratungsschwerpunkt bei der Vermittlung „anderer Hilfen“, zum Sozialrecht, zu allgemeinen Fragen des Betreuungsrechts und zu Fragen des Umgangs mit dem Betreuten ab. Die Betreuungsbehörde berät und unterstützt zudem die Berufs- und Vereinsbetreuer bei der Erstellung des nach § 1901 Abs. 4 Satz 2 BGB geforderten Betreuungsplans, § 4 Abs. 3 BtBG (n. F.).

1.1.3 Beratung durch den Betreuungsverein

Die Betreuungsvereine sollen gemäß § 1908f Abs. 1 Nr. 2 BGB (n. F.) die ehrenamtlichen Betreuer in ihre Aufgaben einführen, fortbilden und sie wie auch die Bevollmächtigten beraten und unterstützen. Regional haben sich sehr unterschiedliche Beratungskonzepte entwickelt, die inhaltlich in Faltblättern dargelegt sind. Ehrenamtliche Betreuer sollten sich das Informationsmaterial über die örtlichen Betreuungsvereine von der Betreuungsbehörde oder vom Betreuungsgericht aushändigen lassen bzw. sich selbst an den Betreuungsverein wenden. Häufig kann auch eine Recherche im Internet die Existenz der Vereine und deren Angebote ermitteln.

In der Regel werden von einem Betreuungsverein, neben der Beratung in rechtlichen, medizinischen, psychologischen und organisatorischen Fragen, Gesprächskreise angeboten, die einen Erfahrungsaustausch der Betreuer untereinander und somit Kontakte fördern.

1.2 Aufsicht durch das Betreuungsgericht

Das Betreuungsgericht hat die Aufgabe, über die Tätigkeit des Betreuers die Aufsicht zu führen und gegen Pflichtwidrigkeiten durch geeignete Gebote und Verbote einzuschreiten.

1.2.1 Aufsichtsführung

Kontrollfunktion

Mit der Aufsichtsführung ist eine gewisse Kontrollfunktion gegenüber dem Betreuer durch das Betreuungsgericht verbunden. Zunächst erfordert die bereits angesprochene Beratungspflicht als vorrangiges Ziel eine individuelle Praxisanleitung für den Betreuer, um Fehler und somit notwendige Aufsichtsmaßnahmen zu vermeiden.

Die Aufsicht durch das Betreuungsgericht umfasst die gesamte Tätigkeit des Betreuers, §§ 1908i Abs. 1, 1837 Abs. 2 Satz 1 BGB. Neben dieser generellen Bestimmung dient eine Anzahl von weiteren Vorschriften der Aufsichtsführung, so z. B.:

- Vorlage des Vermögensverzeichnisses, §§ 1908i Abs. 1 i. V. m. 1802 BGB;
- jährlicher Bericht und Rechnungslegung, §§ 1908i Abs. 1 i. V. m. 1840 BGB;
- Einholung von Genehmigungen durch den Betreuer
  - über Vermögensanlegungen, §§ 1908i Abs. 1 i. V. m. 1810, 1811 BGB;
  - zu Rechtsgeschäften, §§ 1907, 1908, §§ 1908i Abs. 1 i. V. m. 1821, 1822 BGB;
  - nach §§ 1904, 1905 und 1906 BGB.

Der jährliche Bericht des Betreuers hat auch Angaben zu den persönlichen Kontakten des Betreuers zum Betreuten zu enthalten, §§ 1908i Abs. 1 Satz 1, 1840 Abs. 1 Satz 2 BGB. Aus dem Bericht hat sich die Anzahl der Kontakte, deren Dauer, Art und Weise, sowie Ort und Zeitpunkt zu ergeben (*Hoffmann*, FamRZ 2011, 1187).

Auskunftspflicht

Zur Gewährleistung einer effektiven Aufsicht besteht eine Auskunftspflicht des Betreuers gegenüber dem Betreuungsgericht, und zwar jederzeit auf dessen Verlangen. Die Auskunftspflicht erstreckt sich auf die Führung der Betreuung und die persönlichen Verhältnisse des Betreuten, dem Grunde nach also auf alle Angelegenheiten, mit denen der Betreuer in seinem Aufgabenkreis mit der Betreuung befasst wird, §§ 1908i Abs. 1 i. V. m. 1839 BGB.

Ein vorhandener Gegenbetreuer (§§ 1908i Abs. 1 i. V. m. 1792 BGB) hat dem Betreuungsgericht Pflichtwidrigkeiten des Betreuers mitzuteilen, §§ 1908i Abs. 1 i. V. m. 1799 Abs. 1 Satz 2 BGB. Die Betreuungsbehörde kann nach § 7 BtBG dem Gericht Mitteilung machen, wenn ein Betreuer Pflichtwidrigkeiten begeht und der Betreute dadurch Schaden erleiden könnte. Auch diese Mitteilungen dienen der Aufsichtsführung durch das Betreuungsgericht.

Gegenbetreuer überwacht

Häufig werden (vermeintliche) Pflichtwidrigkeiten dem Betreuungsgericht durch Angehörige des Betreuten angezeigt. Hier ist in jedem Fall zunächst zu prüfen, ob Anhaltspunkte für ein Fehlverhalten vorliegen, bevor Maßnahmen ergriffen werden.

1.2.2 Aufsichtsmaßnahmen des Gerichts

Das Betreuungsgericht schreitet gegen Pflichtwidrigkeiten des Betreuers durch geeignete Gebote und Verbote ein, §§ 1908i Abs. 1, 1837 Abs. 2 Satz 1 BGB. Es kann den Betreuer durch Zwangsgeld zur Befolgung seiner Anordnungen anhalten, §§ 1908i Abs. 1, 1837 Abs. 3 3 Satz 1 BGB i. V. m. § 35 Abs. 1 bis 3 FamFG.

Pflichtwidrigkeiten

Ein gerichtliches Gebot oder Verbot schafft für den Betreuer eine Verpflichtung; missachtet er die Anordnung, begeht er eine Pflichtwidrigkeit im Sinne von §§ 1908i Abs. 1, 1837 Abs. 2 Satz 1 BGB.

Voraussetzung für ein Einschreiten ist eine objektive Pflichtwidrigkeit, z. B. ein Gesetzesverstoß; keinesfalls darf eine Meinungsverschiedenheit über Zweckmäßigkeitsfragen, die in der Individualität der Betreuungsführung bzw. in der Lebensanschauung begründet ist, zu einem Einschreiten führen. Das selbstständige Handeln des Betreuers darf grundsätzlich nicht angetastet werden.

Wird der Betreuer z. B. mehrfach zur Vorlage der Jahresabrechnung aufgefordert, ohne dass er hierauf reagiert, kann Zwangsgeld gegen ihn festgesetzt werden, *LG Paderborn* vom 8. 4. 2013, 5 T 124/13.

Das Betreuungsgericht ist in der Erteilung von Weisungen, die ein Gebot oder ein Verbot enthalten, auf die Fälle pflichtwidrigen Verhaltens des Betreuers beschränkt. Für den Fall einer präventiven Weisung ist eine solche nur berechtigt, wenn die auf Tatsachen begründete Besorgnis besteht, der Betreuer wird pflichtwidrig handeln *OLG Karlsruhe* (Rpfleger 2005, 535).

Weisungen und Gebote

Das Betreuungsgericht hat insbesondere die Einhaltung der erforderlichen persönlichen Kontakte des Betreuers zum Betreuten zu beaufsichtigen (§§ 1908i Abs. 1 Satz 1, 1837 Abs. 2 Satz 2 BGB). Sollten diese Vorschriften nicht eingehalten werden, kann das Gericht durch entsprechende Gebote (Anweisungen) an den Betreuer herantreten (§§ 1908i Abs. 1 Satz 1, 1837 Abs. 2 Satz 1 BGB).

Ein betreuungsgerichtliches Verbot an Betreuer, Betroffene ohne gerichtliche Zustimmung in ein anderes Heim zu verlegen, ist regelmäßig unzulässig.

Unzulässigkeit eines Verbots der Heimverlegung

Die bei tatsächlicher Gefährdung des Betreutenwohls im Fall eines Aufenthaltswechsels gegebenenfalls gebotene (teilweise) Entlassung des bisherigen Betreuers und die Bestellung eines neuen Betreuers kann nicht dadurch umgangen werden, dass dem Betreuer die eigenverantwortliche Ausübung des Aufenthaltsbestimmungsrechts untersagt und seine diesbezüglichen Maßnahmen der Entscheidung des Gerichts unterstellt werden, *OLG München* FamRZ 2010, 493.

Akteneinsicht durch Angehörige des Betreuten

Die Tätigkeit des Betreuers wird häufig durch Angehörige des Betreuten beobachtet; Ungereimtheiten im Verhalten des Betreuers führen dann zu einer Mitteilung an das Betreuungsgericht mit der Aufforderung zum Einschreiten.

Akteneinsicht durch Angehörige

Um Pflichtwidrigkeit des Betreuers zu erkennen, verlangen Angehörige häufig Einsicht in die Betreuungsakten. Diese kann jedoch nur gewährt werden, wenn ein be-

rechtigtes Interesse glaubhaft gemacht wird, § 13 Abs. 2 FamFG. Ohne konkrete Anhaltspunkte geäußerte Verdächtigungen, ein Betreuer missbrauche seine Stellung zur Verschiebung von Vermögenswerten des Betreuten in sein eigenes Vermögen und schmälere dadurch Erbansprüche, kann ein Recht auf Einsicht in die Betreuungsakten aber nicht begründen, *OLG München* (FamRZ 2006, 64).

Sofern ein Angehöriger im Betreuungsverfahren (§ 274 Abs. 4 Nr. 1 FamFG) oder im Unterbringungsverfahren (§ 315 Abs. 4 Nr. 1 und 2 FamFG) förmlich beteiligt worden ist, § 7 Abs. 3 FamFG, steht ihm jedoch generell ein Akteneinsichtsrecht zu, soweit nicht schwerwiegende Interessen eines anderen Beteiligten oder eines Dritten entgegenstehen, § 13 Abs. 1 FamFG.

Auch haben Angehörige eines Betreuten, denen keine Beschwerdebefugnis gegen eine Sachentscheidung des Gerichts zusteht, kein Akteneinsichtsrecht, wenn sie lediglich ein Interesse an der Meinungsbildung des Betreuungsgerichts vor der Genehmigung eines Rechtsgeschäfts behaupten, *OLG München* (FamRZ 2006, 156). Das Recht der Beschwerde gegen eine von Amts wegen ergangenen Entscheidung steht im Interesse des Betreuten den Angehörigen nur zu, wenn sie im ersten Rechtszug beteiligt worden sind, § 303 Abs. 2 FamFG.

Lehnt der Betreute eine Akteneinsicht durch eines seiner Kinder ab, so steht dem Interesse des Kindes, den Vermögensstatus des Betroffenen zu kontrollieren, dessen höher zu bewertendes Recht auf informationelle Selbstbestimmung aus Art. 1 Abs. 1, Art. 2 Abs. 1 GG entgegen. Dieses umfasst auch das Recht eines Betreuten, die Einsichtnahme Dritter, zu denen auch leibliche Verwandte zählen, in seine Vermögensverhältnisse zu unterbinden (*BayObLG* FamRZ 2005, 1278; *OLG München* BtPrax 2008, 173).

Über die Gewährung der Akteneinsicht ist unter Abwägung der widerstreitenden Interessen der Beteiligten zu entscheiden. Dabei ist auf Seiten des Betroffenen insbesondere dessen informationelles Selbstbestimmungsrecht zu beachten, das als Ausfluss des allgemeinen Persönlichkeitsrechts durch Art. 1 Abs. 1, Art. 2 Abs. 1 GG geschützt ist. Die Ablehnung der Akteneinsicht durch den geschäftsfähigen Betroffenen führt grundsätzlich dazu, dass selbst einem beschwerdeberechtigten nahen Angehörigen die zum Zwecke der Begründung der Beschwerde beantragte Akteneinsicht zu verweigern ist (*LG Saarbrücken* BtPrax 2009, 90).

Auch ein Abkömmling des Betroffenen hat grundsätzlich kein berechtigtes Interesse an einer Einsicht in die Betreuungsakte, wenn diese allein dem Zweck dienen soll, die Erfüllung der Rechnungslegungspflicht des Betreuers zu überwachen. Auch die Position als künftiger Alleinerbe aufgrund eines Erbvertrages gibt keinen Rechtsanspruch auf Einsichtnahme in die Abrechnungen und Vermögensaufstellungen des Betreuers in den Betreuungsakten, wenn dies dem ausdrücklichen natürlichen, wenn auch nicht mehr rechtsgeschäftlich relevanten Willen des Betreuten widerspricht (*OLG München* BtPrax 2007, 219).

Das Amt des Verfahrenspflegers endet mit dem Tod des Betroffenen, so dass dieser nicht mehr berechtigt ist, Beschwerde gegen die Bewilligung der Einsicht in die Betreuungsakten an einen Erben des Betroffenen einzulegen (*OLG Frankfurt* BtPrax 2010, 40).

Akteneinsicht durch nicht am Verfahren beteiligte Behörden

Akteneinsicht wird z. B. von Behörden in Rentenangelegenheiten, Verfahren auf Ausstellung von Schwerbehindertenausweisen oder zur Prüfung der Fahrtauglichkeit gefordert. Diese Behörden sind am Betreuungsverfahren nicht beteiligt, wollen aber u. U. im Interesse des Betreuten, ev. auch zur Einsparung der Kosten zur Erstellung eines eigenen Gutachtens, zumindest die Übersendung einer Kopie des Betreuungsgutachtens erlangen.

Fraglich ist in diesem Zusammenhang, ob die Gewährung der Akteneinsicht oder Übersendung von Aktenbestandteilen dem § 13 Abs. 2 FamFG unterliegt, oder ob es sich um allgemeine Amtshilfe nach Art. 35 Abs. 1 GG handelt.

Das berechtigte Interesse ist glaubhaft zu machen

Geht man von § 13 Abs. 2 FamFG aus, muss als berechtigtes Interesse jedes vernünftigerweise gerechtfertigte Interesse auch nur tatsächlicher, wirtschaftlicher oder wissenschaftlicher Art vorliegen, das sich nicht auf vorhandene Rechte zu gründen oder auf das Verfahren zu beziehen braucht (*BayObLG* FamRZ 2005, 237; *KG* NJW-RR 2006, 1292). Anderweitige Informationsmöglichkeit steht an sich nicht entgegen (*BayObLG* FGPrax 1997, 32). Ausreichend ist, dass ein künftiges Verhalten durch die Akteneinsicht beeinflusst werden kann (*KG* NJW-RR 2006, 1292) oder ein Bedürfnis nach Rechtsinformation wegen ähnlich gelagerter Fälle vorliegt (*OLG München* OLGZ 1984, 477). So kann auch den Trägern der Sozialhilfe ein rechtliches Interesse zustehen (siehe auch Keidel/FamFG, 16. Aufl., § 13 Rn. 31). Das Betreuungsgericht entscheidet nach pflichtgemäßem Ermessen, ob die Voraussetzungen vorliegen. Es hat dabei zu prüfen, ob dem Interesse an der Einsicht ein gleich oder höher zu bewertendes Interesse z. B. des Betreuten an der Geheimhaltung der gesamten Akten oder einzelner Aktenteile entgegensteht. Das berechtigte Interesse der Behörde ist durch diese glaubhaft zu machen. Eine Weiterleitung des Akteninhalts durch das Gericht bedarf grundsätzlich nicht der Einwilligung des Betreuten oder des Betreuers.

Einwilligung erforderlich

Folgt man der Ansicht, dass die Akteneinsicht im Rahmen der Amtshilfe erfolgt, muss sie gewährt werden, wenn keine grundrechtlichen geschützten Positionen entgegenstehen. Es müssen daher dem Gericht Einwilligungen derer vorliegen, deren Persönlichkeitsrechte vom Auskunftsersuchen betroffen sind. Die Einwilligung erteilt grundsätzlich der Betreute selbst, bei fehlender Einwilligungsfähigkeit der Betreuer als gesetzlicher Vertreter, wenn der ihm zugewiesene Aufgabenkreis dies ausdrücklich abdeckt (siehe hierzu *Schulte-Bunert* in BtPrax 2010, 7).

1.3 Entlassung des Betreuers

1.3.1 Mangelnde Eignung und andere wichtige Gründe (§ 1908b Abs. 1 BGB)

Wichtiger Grund für die Entlassung

Das Betreuungsgericht muss als Ausfluss seiner Aufsichts- und Fürsorgepflicht den Betreuer entlassen, wenn ein wichtiger Grund für die Entlassung vorliegt. Das Gesetz benennt als wichtige Gründe:

- die Eignung des Betreuers, die Angelegenheiten des Betreuten zu besorgen, ist nicht mehr gewährleistet (§ 1908b Abs. 1 Satz 1 BGB) oder
- der Betreuer erteilt eine erforderliche Abrechnung vorsätzlich falsch (§ 1908b Abs. 1 Satz 2 BGB) oder
- der Betreuer hat den erforderlichen persönlichen Kontakt zum Betreuten nicht eingehalten (§ 1908b Abs. 1 Satz 2 BGB) oder
- ein anderer wichtiger Grund liegt vor (§ 1908b Abs. 1 Satz 1 BGB).

Ein wichtiger Grund kann auch in der Person sowie in den Verhältnissen des Betreuten liegen. Beispielhaft können die Voraussetzungen für eine Entlassung des Betreuers gegeben sein, wenn

- er eine Vermögensverwaltung infolge mangelnder Sachkenntnis nur unzulänglich und unter Gefährdung der Interessen des Betreuten bewältigen kann,
- er ein unzureichendes Engagement zeigt und dadurch die Interessen des Betreuten beeinträchtigt,

- er wiederholt und über einen längeren Zeitraum gegen seine Berichtspflichten verstößt,
- er wegen eines Ortswechsels infolge der räumlichen Entfernung nicht mehr die erforderliche persönliche Betreuung gewährleisten kann,
- zwischen dem Betreuer und dem Betreuten das notwendige Vertrauensverhältnis irreparabel gestört ist.

Die Tatsache, dass der Betreuer wegen einer Straftat rechtskräftig verurteilt wurde, muss nicht zwingend zu einer Entlassung führen. Aus der begangenen und abgeurteilten Tat muss sich die begründete Erkenntnis ergeben, dass ein schädigendes Verhalten gegenüber dem Betreuten nicht ausgeschlossen sein kann. Wurde der Betreuer wegen (mehrfacher) Unterschlagung verurteilt, muss sorgfältig geprüft werden, ob er weiterhin eine (nicht unerhebliche) Vermögensverwaltung für den Betreuer ausüben soll. Ein Betreuer darf nicht entlassen werden, wenn dem Betreuten von Seiten des Betreuers lediglich abstrakte Gefahren drohen; vielmehr müssen sich konkrete Gefahren für das Wohl des Betreuten (§ 1897 Abs. 4 Satz 1 BGB) feststellen lassen. So reicht nach *OLG Naumburg* (BtPrax 2007, 265) es nicht aus, wenn der Betreuer nach § 184 StGB wegen Verbreitung pornographischer Schriften an Jugendliche verurteilt wurde, da ein Schaden für den Betreuten nicht erwartet werden kann.

Zu wenige persönliche Kontakte

Ein wichtiger Grund für die Entlassung eines Betreuers gemäß § 1908b Abs. 1 BGB liegt in der Regel vor, wenn der Betreuer im Einzelfall die erforderlichen Kontakte zu seinem Betreuten nicht einhält. Ein erstmaliger Verstoß wird aber in der Regel mit einem Hinweis (§ 1837 Abs. 2 Satz 1 BGB) geahndet werden. Ergänzend stärken die §§ 1908i Abs. 1 Satz 1, 1840 Abs. 1 Satz 2 BGB die gerichtliche Kontrolle, da der Betreuer im Bericht auch Angaben zu den persönlichen Kontakten machen muss.

Die Entlassung eines Betreuers, dem die Vermögenssorge obliegt, kann aber darauf gestützt werden, dass er nicht in der Lage ist, die Differenz von mehreren tausend Euro zwischen nachgewiesenen Fahrtkosten und tatsächlich dem Vermögen des Betreuten entnommenen Beträgen nachvollziehbar zu erläutern (*OLG München* Rpfleger 2005, 533).

Wichtiger Entlassungsgrund

Ein wichtiger Grund für die Entlassung eines Betreuers kann darin liegen, dass dieser trotz mehrerer Aufforderungen sowie einer Fristsetzung mit Entlassungsandrohung seiner Berichts- und Rechnungslegungspflicht nicht nachgekommen ist. Das gilt jedenfalls dann, wenn das Betreuungsgericht infolge des Verhaltens des Betreuers seine Aufsichts- und Kontrollfunktion nicht mehr sachgerecht wahrnehmen kann (*OLG Schleswig* BtPrax 2006, 79).

Auch der Umstand, dass der Betreuer über einen langen Zeitraum jedwede Kooperation mit dem Betreuungsgericht verweigert, kann einen wichtigen Grund für die Entlassung abgeben.

Verhältnismäßigkeit

Das Gericht hat in allen Fällen nach dem Verhältnismäßigkeitsgrundsatz zunächst die ihm zu Gebote stehenden Mittel der Aufsicht und des Weisungsrechts über die Tätigkeit des Betreuers zu nutzen (§ 1908i Abs. 1 i. V. m. § 1837 BGB), bevor es den Betreuer entlässt.

Allein die ablehnende Haltung des Betreuers zu lebensverlängernden Maßnahmen führt nicht notwendig zu seiner Ungeeignetheit. Es kommt vielmehr auf die näheren Umstände, insbesondere die medizinische Indikation für derartige Maßnahmen und gegebenenfalls den wirklichen oder mutmaßlichen Willen der Betroffenen an (*OLG Düsseldorf* FamRZ 2010, 669).

Eine Entlassung ist auch in den Fällen möglich, in denen der bisherige Betreuer zwar keine Eignungsmängel aufweist, ein Betreuerwechsel aber im Interesse des Betreuten liegt (wichtiger Grund). Ein solcher Fall kann dann vorliegen, wenn ein Ehegatte oder naher Verwandter, der zuvor aus irgendwelchen Gründen die Betreuung nicht übernehmen konnte, nunmehr zur Verfügung steht. Im Hinblick auf § 1897 Abs. 5 BGB und der besseren persönlichen Betreuung durch Familienangehörige, wird der bereits zum Betreuer bestellte Dritte zu entlassen sein. Zu beachten ist aber jedenfalls ein mögliches Festhalten des Betreuten am bisherigen Betreuer (§ 1897 Abs. 4 Satz 1 BGB).

1.3.2 Entlassung auf eigenen Wunsch des Betreuers

Betreuer will seine Entlassung

Der Betreuer kann auch selbst beim Betreuungsgericht seine Entlassung verlangen. Es müssen allerdings nach seiner Bestellung Umstände eingetreten sein, nach denen ihm die Weiterführung der Betreuung begründet nicht mehr zuzumuten ist, § 1908b Abs. 2 BGB.

Der Betreuer kann sich auf seine eigenen familiären, beruflichen oder sonstigen Verhältnisse berufen (Verschlechterung des eigenen Gesundheitszustandes, fortgeschrittenes Alter, Pflege einer nahestehenden Person aus dem Familienkreis), Verschlechterung der Verkehrsverbindungen. Unter Umständen kann auch eine tief greifende, vom Betroffenen ausgehende Störung des Vertrauensverhältnisses zwischen ihm und dem Betreuten ein Grund sein.

Jede Unstimmigkeit oder Schwierigkeit mit dem Betreuten, seinem Umfeld oder bei der Erledigung verwaltungsmäßiger Aufgaben sollte aber zunächst in einem Beratungsgespräch relativiert, wenn nicht gar bereinigt werden. Für dieses Gespräch bietet sich ein Mitarbeiter der Betreuungsbehörde an.

Die Gründe für den Entlassungsantrag des Betreuers sollten objektiv nachvollziehbar sein und unter Umständen bereits einen neuen Betreuervorschlag enthalten.

1.3.3 Entlassung eines Berufsbetreuers

Nachrang der Berufsbetreuung

Wurde für den Betreuten ein Berufsbetreuer nach § 1897 Abs. 6 BGB bestellt, so soll dieser vom Betreuungsgericht entlassen werden, wenn seine Aufgaben von einem oder mehreren ehrenamtlichen Betreuern erfüllt werden können. § 1908b Abs. 1 Satz 3 BGB zwingt allerdings nicht dazu, einen berufsmäßigen Betreuer zu entlassen, wenn eine ehrenamtlich tätige Person zur Übernahme der Betreuung bereit ist. Auch im Rahmen dieser Vorschrift ist Maßstab für die zu treffende Entscheidung über die Entlassung des Betreuers, ob sie dem Wohl des Betroffenen entspricht (*BayObLG* FamRZ 2005, 1777).

1.3.4 Entlassung des Betreuers auf Antrag des Betreuten

Betreuter will Betreuerwechsel

Nach § 1908b Abs. 3 BGB kann das Gericht den Betreuer entlassen, wenn der Betreute eine in gleicher Weise geeignete übernahmebereite Person als Betreuer vorschlägt. Der Wunsch des Betreuten hinsichtlich der Person des Betreuers soll nicht nur bei der erstmaligen Auswahl, sondern auch bei einer etwaigen Entlassung zu berücksichtigen sein. Allerdings wird dem Betreuten die Pflicht auferlegt, selbstständig eine gleich geeignete und übernahmebereite Person zu suchen. Er hat zusammen mit dem Entlassungsantrag bezüglich des bisherigen Betreuers diese Person zu benennen.

Da es sich um eine Kannvorschrift handelt, hat das Gericht einen Ermessensspielraum. Obwohl der Wunsch des Betroffenen nach einem bestimmten Betreuer grundsätzlich zu berücksichtigen ist, wenn dieser die Eignungsvoraussetzungen erfüllt, ist die Vornahme eines Betreuerwechsels nicht zwingend. Das Gericht hat im Rahmen seines pflichtgemäßen Ermessens zu prüfen, ob ein solcher Betreuerwechsel nicht dem Wohl des Betreuten zuwiderläuft. Dies kann z. B. dann der Fall sein, wenn der Betreuerwechsel in Wahrheit nicht dem eigenen Wunsch des Betroffenen entspringt, sondern auf die Beeinflussung durch einen mit Erbaussichten rechnenden Verwandten zurückzuführen ist.

1.3.5 Wirksamwerden der Entlassung

Wirksamkeit der Entlassung

Die Betreuertätigkeit endet erst mit der Entlassung durch das Betreuungsgericht. Wirksam wird die Entlassung im Regefall mit Zugang des gerichtlichen Beschlusses an den Betreuer, § 40 Abs. 1 i. V. m. § 287 Abs. 1 FamFG. In eiligen Fällen kann das Betreuungsgericht die sofortige Wirksamkeit anordnen; in diesem Fall tritt Wirksamkeit entweder mit Bekanntgabe an den Betreuten, den Verfahrenspfleger oder Übergabe des Beschlusses an die Geschäftsstelle zum Zwecke der Bekanntmachung ein, § 287 Abs. 2 FamFG.

Die Entlassung kann auch durch einstweilige Anordnung erfolgen, wenn dringende Gründe für die Annahme bestehen, dass die Voraussetzungen für die Entlassung vorliegen und ein dringendes Bedürfnis für ein sofortiges Tätigwerden besteht, § 300 Abs. 2 FamFG.

1.3.6 Anhörung des Betreuten und anderer zur Entlassung des Betreuers

Das Gericht hat den Betroffenen und den Betreuer persönlich anzuhören, wenn der Betroffene einer Entlassung des Betreuers nach § 1908b BGB widerspricht, § 296 Abs. 1 FamFG.

Vor der Bestellung eines neuen Betreuers (§ 1908c BGB) hat das Gericht den Betroffenen persönlich anzuhören. Das gilt nicht, wenn der Betroffene sein Einverständnis mit dem Betreuerwechsel erklärt hat, § 296 Abs. 2 Satz 1 FamFG.

Daneben hat das Gericht gem. §§ 296 Abs. 2 Satz 2, § 279 FamFG weitere Personen und zwar die sonstigen Beteiligten, die Betreuungsbehörde, auf Verlangen des Betroffenen eine ihm nahestehende Person anzuhören (vgl. zu den Voraussetzungen des § 279 FamFG Kap. A 1 zu 3.4.2).

1.3.7 Rechtsmittel gegen die Entlassung

Gegen Entscheidungen des Betreuungsgerichts, durch die ein Betreuer entlassen wurde, kann Beschwerde eingelegt werden, § 58 ff. FamFG (siehe Kapitel A 6).

Beschwerdeberechtigt sind:

Beschwerdeberechtigung

- der gegen seinen Willen (entlassene) Betreuer, § 59 Abs. 1 FamFG;
- der Betreute, wenn die Entlassung gegen seinen Willen erfolgt ist, § 59 Abs. 1 FamFG;
- der Betreuer im Namen des Betreuten, § 303 Abs. 4 Satz 1 FamFG;
- der Verfahrenspfleger, § 303 Abs. 3 FamFG;
- die Angehörigen und eine Vertrauensperson, wenn sie im ersten Rechtszug beteiligt worden sind, § 303 Abs. 2 i. V. m. § 274 Abs. 4 FamFG;
- die Betreuungsbehörde, § 303 Abs. 1 Nr. 2 FamFG.

Die Beschwerdefrist beträgt einen Monat ab schriftlicher Bekanntgabe des Beschlusses an den jeweiligen Beteiligten, § 63 Abs. 2 und 3 FamFG.

Das Recht der Beschwerde steht dem Vertreter der Staatskasse zu, soweit die Interessen der Staatskasse durch den Beschluss betroffen sind. Hat der Vertreter der Staatskasse geltend gemacht, der Betreuer habe eine Abrechnung falsch erteilt oder der Betreute könne anstelle eines Berufs-/Vereinsbetreuers durch eine oder mehrere ehrenamtliche Personen betreut werden, steht ihm gegen einen die Entlassung des Betreuers ablehnenden Beschluss die Beschwerde zu. Die Frist zur Einlegung der Beschwerde beträgt drei Monate und beginnt mit der formlosen Mitteilung (§ 15 Abs. 3 FamFG) an den Vertreter der Staatskasse, § 304 FamFG.

Ein Betreuungsverein ist berechtigt, gegen die Entlassung eines Vereinsbetreuers selbst Beschwerde einzulegen, *BayObLG* (BtPrax 2005, 71).

1.4 Einstweilige Anordnungen und Maßregeln

Im Wege der Fürsorge kann das Betreuungsgericht einstweilige Anordnungen oder Maßregeln erlassen. Es handelt sich um Beschlüsse, die im Eilverfahren ergehen.

1.4.1 Einstweilige Anordnungen

Das Gericht kann durch einstweilige Anordnung eine vorläufige Maßnahme treffen, soweit dies nach den für das Rechtsverhältnis maßgebenden Vorschriften gerechtfertigt ist und ein dringendes Bedürfnis für ein sofortiges Tätigwerden besteht. Die Maßnahme kann einen bestehenden Zustand sichern oder vorläufig regeln. Einem Beteiligten kann eine Handlung geboten oder verboten, insbesondere die Verfügung über einen Gegenstand untersagt werden. Das Gericht kann mit der einstweiligen Anordnung auch die zu ihrer Durchführung erforderlichen Anordnungen treffen, § 49 FamFG.

Sofortiges Tätigwerden

In Betreuungssachen findet die einstweilige Anordnung in den §§ 300 bis 302 FamFG ihre Anwendung. So kann ein vorläufiger Betreuer bestellt werden, wenn ein dringendes Bedürfnis für ein sofortiges Tätigwerden besteht, auch kann ein vorläufiger Einwilligungsvorbehalt bei Eilbedürftigkeit angeordnet oder ein Betreuer durch einstweilige Anordnung entlassen werden, § 300 FamFG. Bei Gefahr in Verzug können bestimmte Verfahrenshandlungen zunächst unterbleiben, § 301 FamFG; in diesem Fall ist das Gericht bei der Bestellung des Betreuers nicht an die Vorgabe des § 1897 Abs. 4 und 5 BGB gebunden. Diese einstweiligen Anordnungen sind immer zeitlich begrenzt, § 302 FamFG (sechs Monate, ausnahmsweise ein Jahr).

In Unterbringungssachen kann das Betreuungsgericht nach den §§ 331 bis 333 FamFG im Wege der einstweiligen Anordnung vorläufige Unterbringungsmaßnahmen anordnen oder dem (vorläufigen) Betreuer eine Unterbringung, freiheitsentziehende Maßnahme (§ 1906 Abs. 4 BGB) oder ärztliche Zwangsmaßnahme (§ 1906 Abs. 3 BGB) genehmigen. Auch hier ist eine zeitliche Begrenzung vorgesehen, § 333 FamFG und zwar auf sechs Wochen (ausnahmsweise Verlängerung auf maximal drei Monate) und bei ärztlichen Zwangsmaßnahmen eine Begrenzung auf zwei Wochen (ausnahmsweise Verlängerung auf maximal sechs Wochen).

1.4.2 Einstweilige Maßregeln

Gericht trifft eilige Maßregel

Ist noch kein Betreuer bestellt oder ist der Betreuer an der Erfüllung seiner Pflichten verhindert, so hat das Betreuungsgericht die im Interesse des Betroffenen erforderlichen Maßregeln zu treffen, §§ 1908i Abs. 1 i. V. m. 1846 BGB.

Zunächst muss das Gericht immer versuchen, durch Bestellung eines vorläufigen Betreuers (§§ 300, 301 FamFG) oder bei Verhinderung des Betreuers durch Bestellung eines weiteren Betreuers (Ergänzungsbetreuers) nach § 1899 Abs. 4 FamFG den

Mangel zu beseitigen. Würden diese Maßnahmen jedoch zu einer Verzögerung führen, die dem Wohle oder Interesse der betroffenen Person nicht entsprechen, muss das Betreuungsgericht die Maßnahme selbst anordnen.

Praktisch denkbar ist die dringende Anordnung einer vorläufigen Unterbringung oder freiheitsentziehenden Maßnahme, wenn ein Betreuer noch nicht bestellt oder durch Krankheit bzw. Urlaub verhindert ist, § 334 FamFG i. V. m. § 1846 BGB.

Ein weiterer Fall kann die Einwilligung des Gerichts in einen notwendigen, unaufschiebbaren ärztlichen Eingriff sein, wenn der Betroffene nicht mehr einwilligungsfähig ist und ein Betreuer noch nicht bestellt oder verhindert ist.

Bei ärztlichen Zwangsmaßnahmen beschränkt § 1906 Abs. 3 Satz 2 BGB die Anwendbarkeit des § 1846 BGB auf die Alternative, dass der Betreuer an der Erfüllung seiner Pflichten verhindert ist.

2. Aufgaben und Stellung der Betreuungsbehörde

2.1 Betreuungsstelle

Welche Behörde auf örtlicher Ebene in Betreuungsangelegenheiten zuständig ist, bestimmt sich nach Landesrecht, § 1 BtBG. In Bayern sind z. B. nach dem Gesetz zur Ausführung des Betreuungsgesetzes AGBtG vom 27. 12. 1991 (BayGVBl. S. 496 ff.) für die Wahrnehmung der behördlichen Aufgaben bei der Betreuung Volljähriger die Landkreise und kreisfreien Städte zuständig.

Das Ausführungsgesetz legt ferner fest, dass die zuständige Behörde die Bezeichnung „Betreuungsstelle" führt, und dass die Erfüllung der behördlichen Aufgaben bei der Betreuung Volljähriger auf örtlicher Ebene eine Angelegenheit des eigenen Wirkungskreises ist.

Die Landkreise und kreisfreien Städte weisen die Aufgabenerfüllung im Rahmen ihrer Organisationshoheit nach dem Verwaltungsgliederungsplan bestimmten Ämtern zu.

2.2 Örtliche Zuständigkeit

Welche Betreuungsstelle im Einzelfall zuständig ist, richtet sich gemäß § 3 BtBG nach dem gewöhnlichen Aufenthalt des Betroffenen, also dem Ort des Mittelpunkts seiner Lebensbeziehungen. Ist kein gewöhnlicher Aufenthalt feststellbar oder ist mit dem Aufschub einer Maßnahme Gefahr verbunden, so ist die Betreuungsstelle zuständig, in deren Bezirk das Bedürfnis für die Maßnahme eintritt.

2.3 Örtliche Arbeitsgemeinschaft

Zur Förderung der Zusammenarbeit in Betreuungsangelegenheiten können nach Landesrecht bei den Landkreisen und kreisfreien Städten örtliche Arbeitsgemeinschaften eingerichtet werden, § 2 BtBG. Die geschäftsführende Stelle der jeweiligen Arbeitsgemeinschaft ist die Betreuungsstelle. Nach den Ausführungsgesetzen der Länder zum Betreuungsgesetz kommt in der Regel der örtlichen Arbeitsgemeinschaft zur Zusammenarbeit in Betreuungsangelegenheiten eine empfehlende Lenkungs- und Steuerungsfunktion in der Betreuungsarbeit zu. Faktisch obliegt die Lenkungs- und Steuerungsfunktion dem Betreuungsgericht, hier insbesondere dem für die Betreuerbestellung zuständigen Betreuungsrichter, sowie der für den Vorschlag einer als Betreuer geeigneten Person (§ 8 Satz 2 BtBG) verantwortlichen Betreuungsstelle.

Anregungen und Beschwerden im Zusammenhang mit der Führung einer ehrenamtlichen Betreuung können auch, soweit es sich nicht um eine einzelfallbezogene Angelegenheit handelt, über die Betreuungsstelle an die örtliche Arbeitsgemeinschaft herangetragen werden.

2.4 Aufgabenfelder der Betreuungsbehörde

gegenüber dem Betreuungsgericht

- Mitteilung über die Notwendigkeit einer Betreuerbestellung oder anderer Maßnahmen in Betreuungssachen, § 7 BtBG;
- Allgemeine Unterstützungspflicht gegenüber dem Betreuungsgericht;
- Erstellung eines Berichts, § 8 Abs. 1 Satz 2 Nr. 1 BtBG (n. F.), § 279 Abs. 2 FamFG (n. F.);
- Sachverhaltsaufklärung, § 8 Abs. 1 Satz 2 Nr. 2 BtBG (n. F.);
- Gewinnung geeigneter Betreuer, § 8 Abs. 1 Satz 2 Nr. 3 BtBG (n. F.);
- Vorschlag einer im Einzelfall als Betreuer oder Verfahrenspfleger geeigneten Person, § 8 Abs. 2 Satz 1 BtBG (n. F.).

Vollzugshilfe

- Vorführung:
  - zur gerichtlichen Anhörung, § 278 Abs. 5, § 319 Abs. 5 FamFG;
  - zur Vorbereitung eines Sachverständigengutachtens, §§ 283, 322 FamFG;
- Unterstützung der Betreuer und Bevollmächtigten bei Unterbringungsmaßnahmen, § 326 FamFG.

Beratung, Information, Förderung, Unterstützung und Fortbildung für Betreuer und Bevollmächtigte

- Beratung und Unterstützung der Betreuer und Bevollmächtigten (z. B. Betreuer bei der Erstellung eines Betreuungsplans), § 4 Abs. 3 BtBG (n. F.);
- Anregung und Förderung der Tätigkeit von Personen und gemeinnützigen Organisationen zugunsten Betreuungsbedürftiger, § 6 Abs. 1 Satz 1 BtBG (z. B. Förderung von Betreuungsvereinen);
- Einführungs- und Fortbildungsmaßnahmen für ehrenamtliche Betreuer, § 5 BtBG.

Allgemeine Beratung

- Information und Beratung über allgemeine betreuungsrechtliche Fragen, Vorsorgevollmacht und andere Hilfen, bei denen kein Betreuer bestellt wird, § 4 Abs. 1 BtBG (n. F.).
- Bei erkennbarem Betreuungsbedarf soll der betroffenen Person ein „Beratungsangebot" unterbreitet werden. Dabei erfolgt auch die Vermittlung anderer Hilfen in Zusammenarbeit mit den zuständigen Sozialleistungsträgern, § 4 Abs. 2 BtBG (n. F.).
- Förderung der Aufklärung und Beratung über Vollmachten und Betreuungsverfügungen, § 6 Abs. 1 Satz 2 BtBG;

- öffentliche Beglaubigung von Unterschriften und Handzeichen auf Vorsorgevollmachten und Betreuungsverfügungen, § 6 Abs. 2 Satz 1 BtBG.

Behördliche Betreuungen

- Übernahme von Betreuungen durch die Behörde, § 1900 Abs. 4 BGB;
- Führung von Betreuungen durch Behördenbetreuer; § 1897 Abs. 2 BGB.

2.5 Akteneinsicht bei der Betreuungsbehörde (Betreuungsstelle)

Das Verfahren der Behörde nach dem Betreuungsbehördengesetz (BtBG) stellt zunächst eine Unterstützung des Gerichts im laufenden gerichtlichen Verfahren dar, § 8 BtBG. Es bleibt von seiner Verfahrensart jedoch grundsätzlich ein Verwaltungsverfahren, das in eigener Zuständigkeit und nicht als „Unterbehörde"des Gerichts durchgeführt wird.

Akteneinsicht durch den Betreuten

Die Problematik einer uneingeschränkten Akteneinsicht im Betreuungsverfahren für den Betroffenen besteht darin, dass sich sowohl in den gerichtlichen als auch behördlichen Akten Unterlagen befinden können, deren unbeschränkte Einsichtnahme dem Wohl des Betroffenen widersprechen könnte, z. B. umfassende psychiatrische Gutachten.

Die Akteneinsicht ist grundsätzlich Teil des rechtlichen Gehörs des Betroffenen. Sofern eine Gefährdung des Wohls des Betroffenen erkennbar ist, ist es gerechtfertigt, in Anwendung des § 29 Abs. 2 VwVfG wegen Beeinträchtigung der ordnungsgemäßen Erfüllung der Aufgaben der Behörde ein Akteneinsichtsrecht an den Betroffenen unmittelbar zu verweigern, bzw. dahingehend zu gewähren, dass die Akteneinsicht nur an einen bevollmächtigten Rechtsanwalt erfolgt. Nachdem die Akteneinsicht in diesen Verfahren regelmäßig durch Einsichtnahme in der Behörde erfolgen dürfte (§ 29 Abs. 3 VwVfG), kann hier im Rahmen der Beratung der bevollmächtigte Rechtsanwalt auf die Problematik der unmittelbaren Kenntnis des Akteninhaltes für seinen Mandanten hingewiesen werden.

Akteneinsicht durch Dritte

Verfahrensbeteiligte (§§ 7, 274, 315 FamFG) oder nicht am Verfahren beteiligte Dritte, sind auf die Akteneinsicht beim Betreuungsgericht zu verweisen, § 13 FamFG.

2.6 Gewaltanwendung, Betreten der Wohnung gegen den Willen des Betroffenen

In Betreuungs- und Unterbringungsverfahren weist das FamFG der Betreuungsbehörde zahlreiche Aufgaben zu (s. o.). Dabei werden der Behörde aber auch gravierende und vor allem grundrechtsrelevante Eingriffsbefugnisse zugewiesen, die zur Erfüllung der Aufgaben erforderlich sind. Mit dem Gesetz zur Einführung einer Rechtsbehelfsbelehrung im Zivilprozess und zur Änderung anderer Vorschriften, in Kraft getreten am 1. 1. 2013, wurde die Frage der Gewaltanwendung, der Hinzuziehung der polizeilichen Vollzugsorgane und schließlich die Möglichkeit, die Wohnung des Betroffenen ohne dessen Einwilligung gewaltsam zu öffnen, zu betreten und zu durchsuchen, einheitlich für verschiedene Sachverhalte geregelt. Es handelt sich um folgende Maßnahmen:

Aufgabe	Gesetzliche Zuweisung der Aufgabe durch:	Mögliche Befugnisse nach ausdrücklicher Anordnung des Gerichts	Gesetzliche Grundlage für Eingriffsmaßnahmen
Vorführung zur richterlichen Anhörung vor Betreuerbestellung u. a.	§ 278 Abs. 5 FamFG	**a) Gewaltanwendung** **b) Unterstützung durch polizeiliche Vollzugsorgane** **c) Öffnen, Betreten und Durchsuchen der Wohnung des Betroffenen** **d) Anordnung bei Gefahr im Verzug durch die Behörde**	a) § 278 Abs. 6 Satz 1 FamFG b) § 278 Abs. 6 Satz 2 FamFG c) § 278 Abs. 7 Satz 1 FamFG d) § 278 Abs. 7 Satz 2 FamFG
Vorführung zur Untersuchung zur Vorbereitung eines Gutachtens	§ 283 Abs. 1 Satz 1 FamFG	**a) dito** **b) dito** **c) dito** **d) dito**	a) § 283 Abs. 2 Satz 1 FamFG b) § 283 Abs. 2 Satz 2 FamFG c) § 283 Abs. 3 Satz 1 FamFG d) § 283 Abs. 3 Satz 3 FamFG
Vorführung/Zuführung zur Unterbringung zur Begutachtung zur Vorbereitung eines Gutachtens	§§ 284 Abs. 1 und 3, 283 Abs. 2 und 3 FamFG	**a) dito** **b) dito** **c) dito** **d) dito**	a) § 284 Abs. 3 Satz 1 i. V. m. § 283 Abs. 2 Satz 1 FamFG b) § 284 Abs. 3 Satz 1 i. V. m. § 283 Abs. 2 Satz 2 FamFG c) § 284 Abs. 3 Satz 1 i. V. m. § 283 Abs. 3 Satz 1 FamFG d) § 284 Abs. 3 Satz 1 i. V. m. § 283 Abs. 3 Satz 3 FamFG
Vorführung zur richterlichen Anhörung vor Unterbringungsmaßnahme	§ 319 Abs. 5 FamFG	**a) dito** **b) dito** **c) dito** **d) dito**	a) § 319 Abs. 6 Satz 1 FamFG b) § 319 Abs. 6 Satz 2 FamFG c) § 319 Abs. 7 Satz 1 FamFG d) § 319 Abs. 7 Satz 2 FamFG
Zuführung zur Unterbringung	§ 326 Abs. 1 FamFG	**a) dito** **b) dito** **c) dito** **d) dito**	a) § 326 Abs. 2 Satz 1 FamFG b) § 326 Abs. 2 Satz 2 FamFG c) § 326 Abs. 3 Satz 1 FamFG d) § 326 Abs. 3 Satz 3 FamFG
Vorführung zur Vorbereitung eines Gutachtens für das Unterbringungsverfahren (Untersuchung oder Unterbringung zur Begutachtung)	§§ 322, 283 Abs. 1 Satz 1, 284 Abs. 1 Satz 1 FamFG	**dito**	§ 322 FamFG verweist auf die §§ 283, 284 FamFG (s. o.)

Die Unterstützung des Betreuers durch die Betreuungsbehörde bei der Zuführung zur genehmigten Unterbringung gemäß § 326 Abs. 1 FamFG stellt eine eigene, originäre Aufgabe der Behörde dar. Ein Anspruch der Betreuungsbehörde gegen die Staatskasse auf Erstattung von Kosten für die Zuführung eines Betroffenen zur Unterbringung besteht mithin nicht, *LG Karlsruhe*, FamRZ 2011, 1688.

3. Aufgaben und Stellung des Betreuungsvereins

3.1 Anerkennungsvoraussetzungen für den Betreuungsverein

Als Betreuungsverein kann gemäß § 1908f Abs. 1 BGB ein rechtsfähiger Verein anerkannt werden, wenn er gewährleistet, dass er

- eine ausreichende Zahl geeigneter Mitarbeiter beschäftigt und diese beaufsichtigen, weiterbilden und gegen Schäden, die diese anderen im Rahmen ihrer Tätigkeit zufügen können, angemessen versichern wird,
- sich planmäßig um die Gewinnung ehrenamtlicher Betreuer bemüht, diese in ihre Aufgaben einführt, sie fortbildet und sie sowie Bevollmächtigte bei der Wahrnehmung ihrer Aufgaben berät und unterstützt,
- planmäßig über Vorsorgevollmachten und Betreuungsverfügungen informiert,
- einen Erfahrungsaustausch zwischen den Mitarbeitern ermöglicht.

Diese nach Bundesrecht normierten Anforderungen sind z. B. in Bayern nach Art. 3 AGBtG um nachfolgende Voraussetzungen erweitert:

- Die Leitung der Betreuungsarbeit muss einer oder mehreren nach Ausbildung oder Berufserfahrung geeigneten Fachkräften übertragen werden, die nicht in einem Abhängigkeitsverhältnis oder einer anderen engen Beziehung zu Einrichtungen stehen, in denen Personen, für die ein Mitarbeiter des Vereins als Betreuer bestellt ist, untergebracht sind oder wohnen.
- Der Betreuungsverein muss sich verpflichten, der Anerkennungsbehörde jährlich einen Tätigkeitsbericht vorzulegen, der insbesondere Auskunft über Zahl und Art der übernommenen Betreuungen sowie die Zahl der vom Verein in ihre Aufgaben eingeführten, fortgebildeten und beratenen Einzelbetreuer gibt und Kosten sowie Finanzierung der Verwaltungs- und Betreuungsarbeit darstellt.

3.2 Anerkennung als Betreuungsverein

Fehlverhalten eines Vereinsmitarbeiters

Wenn ein rechtsfähiger Verein die bundes- und landesrechtlichen Anforderungen erfüllt, ist er auf seinen Antrag hin als Betreuungsverein anzuerkennen.

Für die Anerkennung der Betreuungsvereine sind z. B. in Bayern die Regierungen zuständig. Die Anerkennung ist ein widerruflicher Verwaltungsakt, der unter Nebenbestimmungen erteilt werden kann. Sie wird in der Regel auf einzelne Landkreise und kreisfreie Städte räumlich beschränkt werden.

Zum Widerruf der Anerkennung als Betreuungsverein hat der *VGH München* (BtPrax 2010, 182) folgende Feststellung getroffen:

Ein Fehlverhalten eines Mitarbeiters eines Betreuungsvereins führt nicht generell zu dessen Ungeeignetheit. Wenn der Mitarbeiter fortwährend von den Betreuungsgerichten als Betreuer eingesetzt wird, belegt dies, dass er keineswegs allgemein als ungeeignet angesehen wird. Daran ändert nichts, dass in einem Fall durch rechtskräftigen Gerichtsbeschluss die Ungeeignetheit des Mitarbeiters für die Betreuung in einem bestimmten Einzelfall gerichtlich festgestellt worden ist.

Von einer generellen Ungeeignetheit dieses Mitarbeiters kann unter diesen Umständen nicht ausgegangen werden.

Eine bestimmte Quantität der Bemühungen wird von § 1908f Abs. 1 Nr. 2 und 2a BGB nicht vorgeschrieben. Die entsprechenden Bemühungen hängen somit ersichtlich von der Größe des Vereins, der Anzahl seiner Mitarbeiter und den ihm zur Verfügung stehenden Fördermitteln ab.

Beaufsichtigung der Mitarbeiter

Dem § 1908f Abs. 1 BGB ist im Einzelnen nicht zu entnehmen, wie und unter welchen Umständen und mit welcher Organisationsstruktur Vereinsmitarbeiter zu beaufsichtigen sind. Auch der Landesgesetzgeber hat hierzu, obwohl ihm in § 1908f Abs. 3 Satz 2 BGB die Kompetenz hierfür eingeräumt ist, in seinem Gesetz zur Ausführung des Betreuungsgesetzes (AGBtG) keine konkreteren Anforderungen geregelt.

3.3 Aufgaben des Betreuungsvereins

Der Betreuungsverein muss entsprechend den Anerkennungsvoraussetzungen die Erfüllung nachfolgender Aufgaben gewährleisten:

- Führung von Betreuungen durch Vereinsbetreuer
- Führung von Betreuungen durch den Verein
- Planmäßige Gewinnung ehrenamtlicher Betreuer
- Einführung der ehrenamtlichen Betreuer in ihre Aufgaben
- Fortbildungsangebote für ehrenamtliche Betreuer
- Beratung und Unterstützung ehrenamtlicher Betreuer
- Beratung und Unterstützung Bevollmächtigter
- Planmäßige Information über Vorsorgevollmacht und Betreuungsverfügung
- Mitwirkung in der örtlichen Arbeitsgemeinschaft zur Zusammenarbeit in Betreuungsangelegenheiten

Daneben können im Einzelfall Personen bei der Errichtung einer Vorsorgevollmacht beraten werden.

Als Betreuer wird in der Regel ein Mitarbeiter des Vereins, der dort ausschließlich oder teilweise tätig ist (persönlich) bestellt (Vereinsbetreuer), § 1897 Abs. 2 Satz 1 BGB.

Der Verein als solcher (als juristische Person) kann nur zum Betreuer bestellt werden, wenn der Betreute durch eine oder mehrere natürliche Personen nicht hinreichend betreut werden kann, § 1900 Abs. 1 BGB. Nach der Intention des Betreuungsrechts, die der natürlichen Person als Betreuer einen Vorrang einräumt, muss die Bestellung des Vereins zum Betreuer als absolute Ausnahme gesehen werden.

3.4 Der ehrenamtliche Betreuer beim Betreuungsverein

Aufgabe des Betreuungsvereins ist es u. a., planmäßig ehrenamtliche Betreuer zu gewinnen und diese in ihre Aufgaben einzuführen, fortzubilden, zu beraten und zu unterstützen.

Ehrenamtliche Betreuer, die mit der Ausübung ihrer Tätigkeit ein Stück weit Gemeinschaft erleben wollen und eine qualifizierte Anleitung und Hilfestellung wünschen, sollten sich einem Betreuungsverein anschließen. Die Mitgliedschaft beim Verein ist nicht verpflichtend und notwendig.

3.5 Wie findet man einen Betreuungsverein?

Die Adressen der örtlichen Betreuungsvereine kann man bei den Betreuungsstellen oder den Betreuungsgerichten erfahren. Eine nach Ländern geordnete Aufstellung sowie die Adressen aller Betreuungsvereine nach Bundesländern sortiert findet sich im Internet unter der Adresse http://wiki.btprax.de → Betreuungsverein → Weblinks → Landesbestimmungen.

4. Stärkung des Ehrenamtes in der Betreuung

4.1 Grundsätzliche Gedanken

Ehrenamtliche Betreuer leisten nicht nur gegenüber den Betreuten, sondern auch für die Gesellschaft einen herausragenden Beitrag zur Kultur der Mitmenschlichkeit.

Die Versorgungsstruktur in der Betreuung setzt in unserem sich wandelnden Sozialstaat mehr denn je auf die Ehrenamtlichkeit. Zur Stärkung des sozialen Ehrenamtes „der Betreuung" sind neben den gesellschaftlichen Kräften in erster Linie die Betreuungsgerichte, die Betreuungsbehörden und die Betreuungsvereine verpflichtet.

Das Ehrenamt ist eine tragende Säule unserer sozialen Gemeinschaft. Vor allem im Betreuungsrecht ist ehrenamtliches Engagement unverzichtbar; in Deutschland gibt es derzeit über 800.000 ehrenamtliche Betreuerinnen und Betreuer. Die Betreuung von Menschen, die dringend auf die Hilfe anderer angewiesen sind, ist eine anspruchsvolle Aufgabe. Das Anforderungsprofil für Betreuerinnen und Betreuer unterscheidet sich kaum von Stellenanzeigen hochdotierter Jobs. Gefragt sind Kommunikationsfähigkeit, Einfühlungsvermögen, Organisationstalent sowie die Bereitschaft, sich mit rechtlichen und medizinischen Fragen auseinanderzusetzen. *(Auszug aus der Rede von Justizministerin Zypries zum Tag der Betreuung am 19. März 2009)*

4.2 Verpflichtung gegenüber ehrenamtlichen Betreuern

Die Verpflichtung gegenüber den ehrenamtlichen Helfern und ihren Rechten wird beispielhaft an der Charta für ehrenamtliche Mitarbeiter in Schottland aufgezeigt:

VOLUNTEER DEVELOPMENT SCOTLAND: Charta des Ehrenamtes

Merkmale der ehrenamtlichen Tätigkeiten:

- Sie werden nicht gegen Bezahlung ausgeführt.
- Sie werden nach eigener Wahl übernommen.
- Sie kommen dem ehrenamtlichen Helfer selbst, der Organisation, der Gemeinde und dem größeren sozialen Umfeld zugute.
- Sie erfolgen durch Vermittlung eines Dritten oder einer Organisation.

Status und Anerkennung: Die ehrenamtlichen Mitarbeiter haben ein Anrecht darauf, von den Organisationen, die sie heranziehen, anerkannt zu werden und einen Status zu erhalten. Die Organisationen sollten daher ihren eigenen Verhaltenskodex gegenüber ehrenamtlichen Mitarbeitern entwickeln.

Ehrenamtliche und bezahlte Mitarbeiter: Wenn Organisationen ehrenamtliche Mitarbeiter heranziehen, ist das kein Ersatz für bezahlte Mitarbeiter. Was die ehrenamtlichen Helfer einbringen, ist ganz speziell und andersartig und hat seinen eigenen Wert. Die Organisationen, die ehrenamtliche Mitarbeiter heranziehen, sind dafür verantwortlich, eine gute Arbeitsbeziehung zwischen den ehrenamtlichen und den bezahlten Mitarbeitern sicherzustellen.

Chancengleichheit: Organisationen, die ehrenamtliche Mitarbeiter beschäftigen, sollten danach trachten, eine Politik der Chancengleichheit zu betreiben, die auch die ehrenamtlichen Mitarbeiter umfasst.

Führung von ehrenamtlichen Mitarbeitern: Ehrenamtliche Mitarbeiter sind kosteneffizient. Sie sind aber nicht völlig kostenlos. Sie brauchen eine angemessene Unterstützung entsprechend ihren individuellen Bedürfnissen, sie brauchen eine richtige Anleitung und finanzielle Ressourcen. Am besten wird dies durch eine vertragliche Vereinbarung zwischen dem ehrenamtlichen Mitarbeiter und der Organisation unterstützt.

Informationen und Verantwortung: Die ehrenamtlichen Mitarbeiter sollten über den von ihnen gewählten Arbeitsbereich gut unterrichtet werden, beispielsweise durch eine Arbeitsplatzbeschreibung und eine klare Vorstellung ihrer Verantwortung gegenüber der Organisation bekommen.

Beratung: Ehrenamtliche Mitarbeiter sollten in allen größeren Entscheidungen, die ihre Arbeit beeinflussen, befragt werden.

Vertraulichkeit: Ehrenamtliche Mitarbeiter sollten nur um Informationen über die geplante Arbeit gebeten werden und erfahren, wozu diese Auskunft benötigt wird. Alle schriftlich vorgelegten Informationen sind vertraulich zu behandeln.

Kontaktpersonen und Beschwerdeverfahren: Den ehrenamtlichen Mitarbeitern soll eine Kontaktperson innerhalb der Organisation zugewiesen werden, um Unterstützung, Verbindung und Koordinierung zu gewährleisten. Ein Beschwerdeverfahren für ehrenamtliche Mitarbeiter würde sowohl der Organisation als auch dem Mitarbeiter und dem Leistungsempfänger helfen.

Ausbildung: Den ehrenamtlichen Mitarbeitern sollte die Möglichkeit gegeben werden, in den für ihre Arbeit erforderlichen Fähigkeiten angemessen ausgebildet zu werden, und wenn möglich sollte diese Ausbildung auch bescheinigt werden.

Sicherheit und Gesundheit: Die ehrenamtlichen Mitarbeiter dürfen nicht unter unsicheren oder ungesunden Umständen arbeiten. Jede Organisation, die ehrenamtliche Mitarbeiter heranzieht, soll danach trachten, eine Politik der Sicherheit und Gesundheit entsprechend den gesetzlichen Anforderungen zu betreiben.

Versicherung: Die Organisationen sollen ihren ehrenamtlichen Mitarbeitern einen angemessenen Versicherungsschutz bieten.

Arbeitsunterbrechung: Ehrenamtliche Mitarbeiter sollten Pausen in ihren ehrenamtlichen Tätigkeiten erhalten.

Spesenzahlungen: Den ehrenamtlichen Mitarbeitern sind Spesen zu bezahlen, die als grundsätzlicher Teil der Finanzplanung der Organisation zu betrachten sind.

Arbeitszeugnisse: Den ehrenamtlichen Mitarbeitern ist aufgrund ihrer ehrenamtlichen Tätigkeit ein Arbeitszeugnis auszustellen.

Ausdruck der Staatsbürgerschaft: Ehrenamtliche Tätigkeiten sind ein wesentlicher Bestandteil einer freien und demokratischen Gesellschaft und ein wichtiger Ausdruck der Staatsbürgerschaft. Es ist unerlässlich, dass die Rechte der Mitbürger, an ehrenamtlichen Aktionen beteiligt zu sein, gewahrt werden.

Mit freundlicher Genehmigung aus „Blätter der Wohlfahrtspflege" – Deutsche Zeitschrift für Sozialarbeit 9/95.

Inhalt

1. Überblick

1.1 Entscheidungshilfen

Irren ist menschlich. Dieser Grundsatz gilt selbstverständlich auch für gerichtliche Entscheidungen, so dass logischerweise auch die Rechtsbehelfe im Betreuungsverfahren vorzustellen sind. Damit soll niemand aufgefordert werden, jede Entscheidung anzufechten, die als falsch empfunden wird. Andererseits soll keiner, der sich ungerecht behandelt fühlt, davor zurückschrecken, einen Rechtsbehelf einzulegen.

Rechtsbehelfe nicht aus Rechthaberei einlegen!

Bei der Entscheidung, ob ein Rechtsbehelf in Anspruch genommen wird, muss man verantwortungsvoll, kostenbewusst und erfolgsorientiert denken und darf nicht aus brotloser Rechthaberei die Gerichte beanspruchen, deren Belastung schon hoch genug ist. Rechtsbehelfe, die häufig das Verfahren nicht unerheblich verzögern, sollten daher nur in Anspruch genommen werden zum Wohl des Betreuten bzw. bei erheblichen Beeinträchtigungen der Rechte eines Beteiligten.

Im Zweifel kann man bei der Betreuungsstelle Rat einholen oder bei der Rechtsantragsstelle der Gerichte nachfragen. Nicht selten können dadurch Missverständnisse ausgeräumt und die Einlegung eines überflüssigen Rechtsbehelfs vermieden werden. In der Praxis wenden sich Betroffene und Verwandte z. B. häufig gegen die Bestellung der Betreuungsbehörde oder eines Betreuungsvereins als vorläufigen Betreuer und übersehen, dass bei Gericht ein Betreuerwechsel beantragt werden kann, der i. d. R. auch von der Betreuungsbehörde bzw. dem Betreuungsverein unterstützt wird. Ebenso beruhen – unzulässige – Beschwerden gegen die Bestellung eines Verfahrenspflegers oftmals auf dem Irrtum, dass dieser nun die Funktion eines Betreuers übernimmt und nahe Angehörige auf Dauer verdrängt.

1.2 Kostenbewusst handeln!

Rechtsmittelkosten bei erfolglosem Rechtsmittel

Das mit einem Rechtsmittel verbundene Kostenrisiko sollte wie im gesamten Verfahren besonders sorgfältig geprüft werden. Bleibt ein Rechtsmittel ohne Erfolg, „*soll*" das Gericht dem Beteiligten die Kosten auferlegen, der es eingelegt hat (§ 84 FamFG). Die Kostenauferlegung ist bei Erfolglosigkeit daher die Regel. Eine Abweichung kommt nur bei besonderen Umständen in Betracht. In diesem Fall und bei erfolgreichem Rechtsmittel erfolgt die Kostenverteilung nach den üblichen Grundsätzen (vgl. unter 1.3).

Rechtsanwälte kosten Geld!

Wenn ein Rechtsanwalt im Betreuungs- oder Unterbringungsverfahren beauftragt wird, müssen daher zusätzlich auch noch die anfallenden Anwaltskosten in der Regel selbst bezahlt werden. Dies gilt auch für andere Auslagen des Beschwerdeführers (Reisekosten, Verdienstausfall etc.).

1.3 Wer trägt die Kosten des Verfahrens?

Wer trägt die Gerichtskosten (Gebühren, Auslagen) und von wem kann der Beteiligte unter Umständen seine notwendigen Aufwendungen verlangen?

1.3.1 Kostentragungdurch Beteiligte

Verteilung nach „billigem Ermessen"

Das Gericht „*kann*" einheitlich über die Kosten (Gerichtskosten und Aufwendungen) entscheiden. Die Verteilung der Kosten auf die Beteiligten – ganz oder teilweise – erfolgt nach „billigem Ermessen" (§ 81 Abs. 1 FamFG). Es kann auch von der „Erhebung der Kosten" absehen, so dass die Kostentragungspflicht nach der KostO

entfällt. Bei dieser Ermessensentscheidung kann das Gericht Wertungen aus anderen Verfahrensordnungen, wie etwa den Rechtsgedanken, der § 97 Abs. 2 ZPO zugrunde liegt, heranziehen. Verstößt etwa ein Beteiligter gegen seine Mitwirkungspflicht (§ 27 FamFG), können ihm die Kosten der ersten Instanz auferlegt werden, wenn er erst in der Beschwerde aufgrund neuen Vorbringens mit seinem Anliegen Erfolg hat.

Absehen von einer Kostenentscheidung

Die Entscheidung über die Kosten muss aber nicht zwingend ergehen. Sieht das Gericht von einer Entscheidung ab, dann regelt sich die Pflicht zur Tragung der Gerichtskosten nach der KostO und die eigenen Aufwendungen hat jeder selbst zu tragen.

Verteilung bei Verschulden eines Beteiligten

Allerdings bestimmt § 81 Abs. 2 FamFG, dass in bestimmten Fällen die Kosten einem Beteiligten ganz oder zum Teil auferlegt werden *„sollen"*. Es sind dies Fälle, in denen der Beteiligte „schuldhaft" gehandelt hat (grobes Verschulden, Erfolglosigkeit von vornherein erkennbar, schuldhaft unwahre Behauptungen, schuldhaftes Verletzen der Mitwirkungspflichten).

1.3.2 Kostentragung durch Dritte

Kostentragung durch Dritte

Auch einer am Verfahren nicht beteiligten Person können die Kosten des Verfahrens auferlegt werden, wenn und soweit sie die Tätigkeit des Gerichts veranlasst hat und ihr ein grobes Verschulden anzulasten ist (§ 81 Abs. 4 FamFG).

1.3.3 Staatskasse, Unterbringungsbehörde

Sondervorschriften für Betreuungs- und Unterbringungsentscheidungen

Nur in wenigen Fällen *„kann"* das Gericht die Auslagen der Staatskasse auferlegen (vgl. §§ 307, 337 FamFG). Voraussetzung ist, dass eine Betreuungs- oder Unterbringungsmaßnahme abgelehnt, als ungerechtfertigt aufgehoben, eingeschränkt oder das Verfahren ohne Entscheidung über eine Maßnahme beendet wurde. Das Betreuungsgericht trifft diese Entscheidung nach pflichtgemäßem Ermessen.

Bei öffentlich-rechtlichen Unterbringungen wird dem Gericht unter bestimmten Voraussetzungen kein Ermessen eingeräumt (vgl. § 337 Abs. 2 FamFG). Die Auslagen des Betroffenen sind daher der Behörde aufzuerlegen, wenn ein begründeter Anlass, den Unterbringungsantrag zu stellen, nicht vorgelegen hat.

1.4 Kosten des Gerichts im Rechtsmittelverfahren

Ein Rechtsmittel verursacht oft einen nicht unerheblichen Aufwand (Gutachter, Verfahrenspfleger, Anhörungen etc.), so dass bei einem erfolglosen Rechtsmittel von dem Beschwerdeführer auch Gerichtskosten (Gebühren und Auslagen gem. § 80 Satz 1 FamFG) verlangt werden können. Die Kostentragungspflicht ergibt sich unmittelbar aus dem Gesetz und zwar der Kostenordnung, sofern das Gericht keine Kostenentscheidung getroffen hat.

Hier einige Grundsätze zur Kostentragung und zur Höhe:

- In Unterbringungssachen werden keine Gebühren und Auslagen erhoben (§ 128b Satz 1 KostO) Ausnahme: an Verfahrenspfleger gezahlte Beträge.
- Die erfolgreiche Beschwerde im Betreuungsverfahren ist kostenfrei (§ 131 Abs. 3, Abs. 7 KostO).
- Bei einer Verwerfung oder Zurückweisung der Beschwerde (Rechtsbeschwerde) ist eine volle (bei Rechtsbeschwerde: eineinhalbfache) Gebühr(höchstens jedoch 800 EUR (bei Rechtsbeschwerde: 1.200 EUR) zu bezahlen (§ 131 Abs. 1 Nr. 1, Abs. 2 Nr. 1 KostO). Deren Höhe richtet sich nach der Tabelle des § 32 KostO.

Gem. § 32 Abs. 1 Satz 1 KostO beträgt die volle Gebühr 10 EUR. Diese erhöht sich bei einem

Geschäftswert bis ... EUR	für jeden angefangenen Betrag von weiteren ... EUR	um ... EUR
5.000	1.000	8
50.000	3.000	6
5.000.000	10.000	15
25.000.000	25.000	16
50.000.000	50.000	11
über 50.000.000	250.000	7

Wird der Geschäftswert z. B. auf 3.000 EUR festgesetzt, beträgt die Gebühr 26 EUR.

- Bei Rücknahme der Beschwerde (Rechtsbeschwerde) wird gem. § 131 Abs. 1 Nr. 2, Abs. 2 2 Nr. 2 KostO nur die Hälfte (bei Rechtsbeschwerde: drei Viertel) der Gebühr verlangt und maximal 500 EUR (bei Rechtsbeschwerde: 750 EUR).
- Richtet sich die Beschwerde gegen eine Entscheidung des Betreuungsgerichts und ist sie von dem Betreuten oder im Interesse dieser Person eingelegt, so ist sie in jedem Fall gebührenfrei (§ 131 Abs. 5 KostO). Die Kostenfreiheit gilt auch für das Rechtsbeschwerdeverfahren.
- Der Geschäftswert ist in allen Fällen nach § 30 KostO zu bestimmen (§ 131 Abs. 4 KostO) und beträgt deshalb in nichtvermögensrechtlichen Angelegenheiten regelmäßig 3.000 EUR. Dies gilt mangels genügender tatsächlicher Anhaltspunkte auch für vermögensrechtliche Angelegenheiten.

1.5 Rechtsbehelf gegen den Ansatz der Kosten gem. § 14 KostO

Rechtsbehelf gegen den Kostenansatz

Die Kosten des Betreuungs- bzw. Rechtsmittelverfahrens werden zunächst vom Kostenbeamten festgesetzt. Wer sich damit nicht abfinden will, kann Erinnerung einlegen mit der Folge, dass nunmehr das Gericht (Rechtspfleger) entscheidet. Gegen seine Entscheidung kann dann Beschwerde eingelegt werden. Das Gericht kann abhelfen. Ansonsten entscheidet das Beschwerdegericht (Landgericht). Allerdings muss der Wert des Beschwerdegegenstandes 200 EUR übersteigen oder das Gericht, das die angefochtene Entscheidung erlassen hat, lässt „wegen der grundsätzlichen Bedeutung der zur Entscheidung stehenden Frage" die Beschwerde in seinem Beschluss zu. Das Beschwerdegericht wiederum kann sogar die weitere Beschwerde zum Oberlandesgericht zulassen, wenn es dem Fall grundsätzliche Bedeutung beimisst. Gebühren werden in diesem Verfahren nicht erhoben.

1.6 Verfahrenskostenhilfe (§§ 76 bis 78 FamFG) prüfen

Die Verfahrenskostenhilfe unterstützt sozial Schwache bei der Rechtsverfolgung. Schließlich kann sowohl im Betreuungs- als auch im Rechtsmittelverfahren nach Vorlage einer Erklärung über die persönlichen und wirtschaftlichen Verhältnisse (Familienverhältnisse, Beruf, Vermögen, Einkommen und Lasten) sowie entsprechender Belege Verfahrenskostenhilfe beantragt werden. Die Einzelheiten kann man einem Hinweisblatt entnehmen, das von der Rechtsantragsstelle des Amtsgerichts ausgehändigt wird. Das Gericht prüft dann zum einen die Einkommens- und Vermögensverhältnisse und zum anderen die Erfolgsaussichten. Genügt beides den gesetzlichen Voraussetzungen und wird daher die Verfahrenskostenhilfe gewährt, entfällt auch die Pflicht zur Zahlung der Gerichtskosten ganz, oder aber es wird Ratenzahlung angeordnet. Es können aber Nachforderungen erhoben werden, wenn sich die Einkommens- und Vermögensverhältnisse ändern. Gleiches gilt für die Kosten des Rechtsanwalts, sofern dieser ausdrücklich vom Gericht beigeordnet wurde.

Verfahrenskostenhilfe im Rechtsmittelverfahren

Wer vor dem Betreuungsgericht bereits Verfahrenskostenhilfe erhalten hat, muss in der nächsten Instanz erneut einen Antrag stellen. Der Antrag auf Bewilligung von Prozesskostenhilfe für das Rechtsmittelverfahren ist bei dem „Prozessgericht" zu stellen, d. h. bei dem Beschwerdegericht (§ 117 Abs. 1 Satz 1 ZPO, § 76 Abs. 1 FamFG). Anträge auf Bewilligung von Verfahrenskostenhilfe für eine *beabsichtigte* Beschwerde sind dagegen bei dem Gericht einzulegen, dessen Beschluss angefochten werden soll (§ 64 Abs. 1 Satz 2 FamFG).

Hat ein anderer Beteiligter das Rechtsmittel eingelegt und beantragt der in der ersten Instanz erfolgreiche Beteiligte Verfahrenskostenhilfe, muss das Rechtsmittelgericht weder die Erfolgsaussichten noch Mutwilligkeit prüfen (§ 76 Abs. 1 FamFG, § 119 Abs. 1 ZPO).

Beiordnung eines Rechtsanwalts

Bei Anwaltszwang, wie etwa im Verfahren der Rechtsbeschwerde vor dem BGH gem. § 10 Abs. 4 FamFG, wird ein zur Vertretung des Beteiligten bereiter Rechtsanwalt seiner Wahl beigeordnet (§ 78 FamFG).

Erscheint die Vertretung durch einen Rechtsanwalt wegen Schwierigkeit der Sach- und Rechtslage erforderlich, erfolgt die Beiordnung auf Antrag des Beteiligten auch in Verfahren ohne Anwaltszwang.

Notanwalt beim BGH

Findet sich kein zur Vertretung bereiter Anwalt, kann der Betreuungsrichter oder der Vorsitzende am Landgericht einen Rechtsanwalt auf Antrag beiordnen (§ 78 Abs. 5 FamFG). Vor dem BGH kann über § 10 Abs. 5 Satz 3 FamFG, §§ 78b, 78c ZPO auch ein sog. Notanwalt bestellt werden.

Die Beschlüsse, die im Verfahrenskostenhilfeverfahren ergehen, sind mit der sofortigen Beschwerde anfechtbar (§ 76 Abs. 2 FamFG).

Zu den Einzelheiten der Beratungshilfe und der Verfahrenskostenhilfe vgl. Kapitel A 10, Abschnitte 3 und 4.

1.7 Rechtsbehelfe und Rechtsmittel im Überblick

Wichtige Rechtsbehelfe

Übersicht über die wichtigsten Rechtsbehelfe

- **Beschwerde**
- **Sofortige Beschwerde**
- **Rechtspflegererinnerung**
- **Rechtsbeschwerde**
- **Sprungrechtsbeschwerde**
- **Gehörsrüge**
- **Antrag auf gerichtliche Entscheidung**
- **Erinnerung**
- **Widerspruch**
- **Einspruch**

Keine Angst vor juristischer Terminologie!

Lassen Sie sich durch die oft kompliziert anmutende juristische Terminologie der Rechtsbehelfe nicht verunsichern. Eine falsche Bezeichnung schadet nicht, wenn Sie nur deutlich zum Ausdruck bringen, dass Sie mit einer bestimmten Entscheidung des Gerichts nicht einverstanden sind und eine erneute Überprüfung wünschen.

Obligatorische Rechtsbehelfsbelehrung gem. § 39 FamFG

Im Übrigen muss jeder Beschluss eine Belehrung über das statthafte Rechtsmittel, das für die Einlegung zuständige Gericht, dessen Sitz und die einzuhaltende Form und Frist enthalten. Auf die Richtigkeit der Belehrung kann man sich verlassen und im Zweifelsfall berufen. Über die komplizierten Voraussetzungen der Sprungrechtsbeschwerde muss allerdings nicht mehr belehrt werden (§ 39 Satz 2 FamFG n. F.). Fehlt die Rechtsbehelfsbelehrung oder ist sie fehlerhaft, kann dies einen Wiedereinsetzungsantrag begründen (vgl. oben unter 2.7).

2. Beschwerde

2.1 Ablauf des Beschwerdeverfahrens

Das FGG-Reformgesetz hat zu einer grundlegenden Änderung des Rechts der Beschwerde geführt. Am auffälligsten sind dabei die generelle Befristung aller Beschwerden und die direkte Einbindung des Bundesgerichtshofs in den Instanzenzug als Rechtsbeschwerdegericht. In weiten Bereichen des Betreuungs- und Unterbringungsrechts hat der Bundesgerichtshof nunmehr über zulassungsfreie Rechtsbeschwerden zu entscheiden. Der Gesetzgeber hat bewusst auf die über Jahrzehnte gewachsene Kompetenz der 24 Oberlandesgerichte verzichtet. Der BGH wird sich mit den neuen Zuständigkeiten, die mit den Strukturen dieses Elitegerichts nicht unbedingt kompatibel sind, erst zurechtfinden müssen.

Zur besseren Verständlichkeit soll die nachfolgende Übersicht den Weg einer Beschwerde bis zum BGH aufzeigen.

Vom Betreuungsgericht zum Bundesgerichtshof

Abhilfeentscheidung durch das Betreuungsgericht

Übersicht zum Gang der Beschwerde	
Endentscheidung des Amtsgerichts (Betreuungsgerichts)	Endentscheidungen sind alle Beschlüsse, die den Verfahrensgegenstand ganz oder teilweise erledigen (§ 38 Abs. 1 Satz 1 FamFG).
↓ Sprungrechtsbeschwerde zum Bundesgerichtshof im Ausnahmefall	Nur, wenn alle Beteiligten einwilligen und der Bundesgerichtshof die Sprungrechtsbeschwerde zulässt (§ 75 Abs. 1 FamFG) Achtung: Antrag auf Zulassung der Sprungrechtsbeschwerde und Erklärung der Einwilligung gelten als Verzicht auf die normale Beschwerde
→ Beschwerde	Rechtsmittel gegen Endentscheidungen der Betreuungsgerichte (§ 58 Abs. 1 FamFG) Ausnahme: Sofortige Beschwerde, soweit vom Gesetz ausdrücklich vorgesehen (vgl. dazu die Übersicht unter 2.2.4 und 4)
↓ Abhilfeentscheidung durch das Betreuungsgericht	Zunächst prüft das Betreuungsgericht, ob der Beschwerde abgeholfen werden muss, weil sie begründet ist. Andernfalls legt es die Beschwerde dem zuständigen Landgericht vor (§ 68 Abs. 1 Satz 1 FamFG).

Übersicht zum Gang der Beschwerde		
Prüfung der Zulässigkeit durch das Landgericht; gegebenenfalls wird die Beschwerde als unzulässig verworfen	Prüfungsgegenstand sind die Statthaftigkeit, Form und Frist (§ 68 Abs. 2 FamFG) Zuständig wäre in FamFG-Sachen grundsätzlich das Oberlandesgericht, für die Entscheidungen des Betreuungsgerichts und in Freiheitsentziehungssachen ist jedoch das Landgericht zuständig (§§ 72 Abs. 1 Satz 2, 119 Abs. 1 Nr. 1b GVG).	
Beschluss des Landgerichts	Eigene Entscheidung in der Sache (§ 69 Abs. 1 Satz 1 FamFG) oder Aufhebung und Zurückverweisung (§ 69 Abs. 1 Satz 2 FamFG), wenn • das Betreuungsgericht noch nicht entschieden hat oder • ein wesentlicher Verfahrensmangel vorliegt, eine umfangreiche oder aufwändige Beweiserhebung notwendig wäre und ein Beteiligter die Zurückverweisung beantragt.	*Entscheidung durch das Landgericht*
Rechtsbeschwerde zum Bundesgerichtshof	Zuständig ist der Bundesgerichtshof gem. § 133 GVG. Die Rechtsbeschwerde ist ohne Zulassung und Beschränkung gem. § 70 Abs. 3 FamFG statthaft gegen Beschlüsse des Beschwerdegerichts in • Betreuungssachen zur Bestellung eines Betreuers, zur Aufhebung einer Betreuung, zur Anordnung oder Aufhebung eines Einwilligungsvorbehalts, • Unterbringungssachen auch bei Genehmigungen und Anordnungen für Minderjährige gem. § 151 Nr. 6 und 7 FamFG sowie in Freiheitsentziehungssachen Allerdings nur bei Entscheidungen, die eine Unterbringung oder freiheitsentziehende Maßnahme „anordnen“ (§ 70 Abs. 3 Satz 2 FamFG). Entgegen des Wortlauts sind damit auch Genehmigungsbeschlüsse erfasst. Ansonsten mit bindender Zulassung des Beschwerdegerichts, die erfolgt, wenn • die Sache grundsätzliche Bedeutung hat oder • die Fortbildung des Rechts oder die Sicherung einer einheitlichen Rechtsprechung eine Entscheidung des Rechtsbeschwerdegerichts erfordert. Gem. § 70 Abs. 4 FamFG ist die Rechtsbeschwerde nicht statthaft gegen einstweilige Anordnung (Anordnung, Abänderung, Aufhebung).	*Rechtsbeschwerde ohne Zulassung* *Rechtsbeschwerde mit Zulassung*

Übersicht zum Gang der Beschwerde	
1. Prüfung der Zulässigkeit durch den Bundesgerichtshof. Gegebenenfalls wird die Rechtsbeschwerde als unzulässig verworfen	Prüfungsgegenstand sind die Statthaftigkeit, Form, Frist und das Vorliegen einer Begründung (§ 74 Abs. 1 FamFG)
2. Prüfung, ob Zurückweisungsbeschluss ergehen kann	Der Bundesgerichtshof ist einstimmig der Überzeugung, dass • Zulassungsgründe nicht vorliegen und die • Rechtsbeschwerde keine Aussicht auf Erfolg hätte § 74a FamFG gilt also nicht für die zulassungsfreie Rechtsbeschwerde.
Beschluss des Bundesgerichtshofs	§ 74 Abs. 2, 5 und 6 FamFG eröffnen dem Bundesgerichtshof folgende Entscheidungsmöglichkeiten: • Eigene Entscheidung bei Entscheidungsreife (Aufhebung, Zurückweisung) ansonsten • Aufhebung und Zurückverweisung zur anderweitigen Behandlung und Entscheidung an das – Beschwerdegericht oder – Ausgangsgericht (besondere Gründe) • Zurückweisung der Rechtsbeschwerde trotz Vorliegens einer Rechtsverletzung, wenn sich die Entscheidung aus anderen Gründen als richtig darstellt (§ 74 Abs. 2 FamFG)

Verwerfung wegen Unzulässigkeit

Zurückweisungsbeschluss (§ 74a FamFG)

Statthaftigkeit

2.2 Statthaftigkeit

2.2.1 Die Beschwerde ist nur statthaft gegen Endentscheidungen (§§ 58 Abs. 1, 38 Abs. 1 Satz 1 FamFG)

Endentscheidungen

Das Gericht entscheidet in der Regel durch Beschluss. Dieser kann mit einer Beschwerde angefochten werden, wenn er den Verfahrensgegenstand ganz oder teilweise erledigt (Endentscheidung). Dies gilt ohne Unterschied für Entscheidungen des Richters wie auch des Rechtspflegers (§ 11 Abs. 1 RPflG).

Neben den Beschwerden gegen „Endentscheidungen" gibt es noch, sofern vom Gesetz ausdrücklich zugelassen, die sofortige Beschwerde gegen sonstige Entscheidungen. Somit sind alle anderen Entscheidungen und Anordnungen des Gerichts im Grundsatz unanfechtbar.

2.2.2 *Beispiele für „unanfechtbare Entscheidungen"*

Unanfechtbare Entscheidungen

Mangels Zulassung ausgeschlossen ist daher die Anfechtung der Anordnung und der Vorführung des Betroffenen zur Untersuchung durch den Sachverständigen gem. § 283 Abs. 1 FamFG, da es sich um eine Anordnung und nicht um eine Endentscheidung durch Beschluss handelt (vgl. Stellungnahme des Bundesrates, *BR-Drucks. 309/07, S. 64*).

Dagegen wird für die Unterbringung zum Zweck der Vorbereitung eines Gutachtens nach § 284 FamFG durch Beschluss ausdrücklich bestimmt, dass diese Entscheidung mit der sofortigen Beschwerde anfechtbar ist. Bei einer Begutachtung zur Prüfung der Voraussetzungen einer Unterbringung ergibt sich dies aus § 322 FamFG.

Wie schon in der Rechtsprechung zum FGG (a. F.) ausgesprochen, ergibt sich nunmehr zwanglos auch die Unanfechtbarkeit für die Einleitung des Verfahrens oder die Entscheidung, ein Sachverständigengutachten einzuholen.

2.2.3 *Beschwerdegericht beurteilt zum Teil auch vorausgegangene Entscheidungen*

Umfang der Beurteilung

Das Beschwerdegericht ist aber bei der Beurteilung nicht auf die angefochtene „Endentscheidung" beschränkt. Wird eine Endentscheidung mit der Beschwerde angegriffen, dann unterliegen gem. § 58 Abs. 2 FamFG die der Endentscheidung vorausgegangenen Entscheidungen der Beurteilung durch das Beschwerdegericht. Dazu gehören nicht die selbstständig anfechtbaren Entscheidungen, also alle, die mit der sofortigen Beschwerde angefochten wurden oder hätten angefochten werden können. Ferner unterliegen der Beurteilung nicht die Entscheidungen, die uneingeschränkt für unanfechtbar erklärt werden.

Unanfechtbarkeit kraft Gesetzes

Für unanfechtbar werden z. B. folgende Entscheidungen erklärt:

§ 3 Abs. 3 FamFG	Verweisung bei Unzuständigkeit
§ 5 Abs. 3 FamFG	Gerichtliche Bestimmung der Zuständigkeit
§ 6 Abs. 1 Satz 1 FamFG, § 46 Abs. 2 ZPO	Ablehnungsgesuch wird für begründet erklärt
§ 10 Abs. 3 Satz 1 FamFG	Zurückweisung nicht vertretungsbefugter Bevollmächtigter
§ 10 Abs. 3 Satz 3 FamFG	Zurückweisung unfähiger Bevollmächtigter
§§ 12 Abs. 1 Satz 3, 10 Abs. 3 Satz 1 und 3 FamFG	Zurückweisung nicht vertretungsbefugter oder unfähiger Beistände
§ 13 Abs. 4 Satz 1 und 3 FamFG	Überlassung der Akten in den Amts- oder Geschäftsräumen eines Rechtsanwalts, Notars oder einer Behörde zur Akteneinsicht
§ 19 Abs. 2 FamFG	Wiedereinsetzung
§ 22 Abs. 2 Satz 3 FamFG	Erklärung der Wirkungslosigkeit einer noch nicht rechtskräftigen Endentscheidung durch Beschluss nach Antragsrücknahme
§ 32 Abs. 1 Satz 2 FamFG, 227 Abs. 4 Satz 2 ZPO	Verlegung eines Termins oder Vertagung
§ 32 Abs. 3 FamFG, § 128a Abs. 3 Satz 2 ZPO	Entscheidungen über die Verhandlung im Wege der Bild- und Tonübertragung

§ 42 Abs. 3 Satz 1 FamFG	Zurückweisung des Antrags auf Berichtigung
§ 44 Abs. 4 Satz 3 FamFG	Zurückweisung der Gehörsrüge als unzulässig oder unbegründet
§ 55 Abs. 1 Satz 2 FamFG	Aussetzung der Vollstreckung einer einstweiligen Anordnung
§ 93 Abs. 1 Satz 3 FamFG	Einstellung der Vollstreckung

„nicht selbstständig anfechtbare Entscheidungen"

Wird dagegen im Gesetz nur ausgesprochen, dass die Entscheidung nicht selbstständig anfechtbar ist und ist sie der Endentscheidung vorausgegangen, dann unterliegt sie auch der Beurteilung durch das Beschwerdegericht. So etwa die Bestellung, Aufhebung oder Ablehnung der Bestellung eines Verfahrenspflegers (§§ 276 Abs. 6, 317 Abs. 6 FamFG).

Sonderfall: sofortige Beschwerde

2.2.4 *Sofortige Beschwerde bei bestimmten Zwischen- und Nebenentscheidungen*

Bei einigen Zwischen- oder Nebenentscheidungen wird ausdrücklich die Anfechtung durch die sofortige Beschwerde zugelassen (vgl. Abschnitt 4).

Fälle der sofortigen Beschwerde

Übersicht der gesetzlich vorgesehenen Fälle der „sofortigen Beschwerde"

§ 6 Abs. 2 FamFG	Ablehnungsgesuch wurde für unbegründet erklärt
§ 7 Abs. 5 FamFG	Einem Antrag auf Hinzuziehung als Beteiligter wird nicht entsprochen
§ 10 Abs. 4 Satz 3 FamFG, § 78b Abs. 2 ZPO	Ablehnung der Bestellung eines Notanwalts
§ 10 Abs. 4 Satz 3 FamFG, § 78c Abs. 3 ZPO	Entscheidungen zur Auswahl des Notanwalts
§ 21 Abs. 2 FamFG	Aussetzung des Verfahrens
§ 33 Abs. 3 Satz 5 FamFG	Ordnungsmittel bei Ausbleiben eines Beteiligten, dessen persönliches Erscheinen angeordnet war
§ 35 Abs. 5 FamFG	Zwangsgeld, Zwangshaft
§ 42 Abs. 3 Satz 2 FamFG	Berichtigung eines Beschlusses
§ 76 Abs. 2 FamFG	Beschlüsse im Verfahrenskostenhilfeverfahren
§ 87 Abs. 4 FamFG	Beschlüsse im Vollstreckungsverfahren
§ 284 Abs. 3 Satz 2 FamFG	Beschlüsse über die Unterbringung zur Vorbereitung eines Gutachtens bzw. Verlängerung eines derartigen Beschlusses
§§ 322, 284 Abs. 3 Satz 2 FamFG	Beschlüsse über die Unterbringung zur Vorbereitung eines Gutachtens über die Notwendigkeit einer Unterbringung

Anfechtbarkeit von End- und Nebenentscheidungen

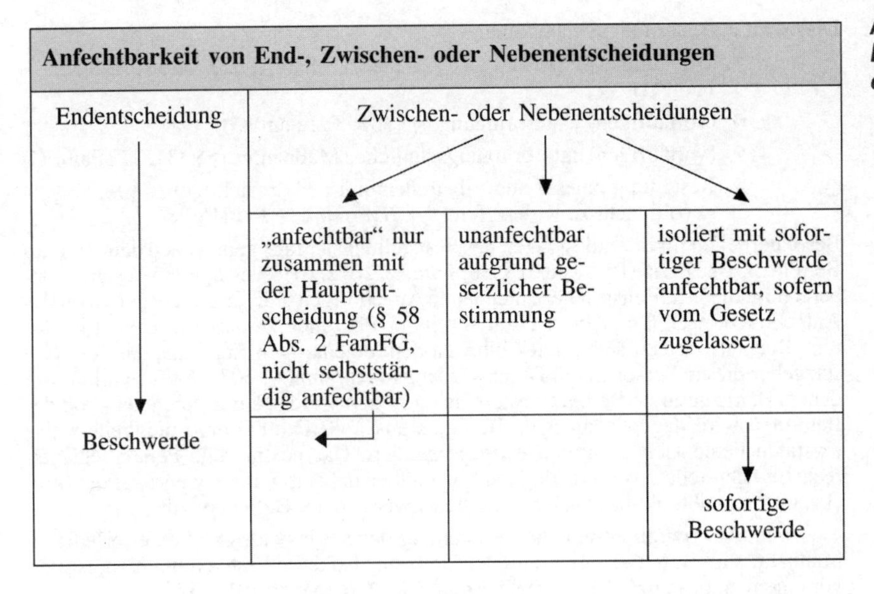

2.2.5 Statthaftigkeit nach Erledigung

Die Beschwerde dient nur dazu, bestehende Rechtsbeeinträchtigungen zu beseitigen. Sobald die angefochtene Entscheidung hinfällig oder durch eine andere ersetzt wird, kann eine Entscheidung in der Sache nicht mehr ergehen. Auf entsprechenden Antrag hin wird nur noch über die Kosten entschieden.

Beispiele für Erledigungsfälle

Beispiele für Erledigungsfälle:

- Entlassung des Betroffenen aus einem psychiatrischen Krankenhaus bei Anfechtung der betreuungsgerichtlichen Genehmigung der Unterbringung
- Bestellung des endgültigen Betreuers nach Beschwerde gegen die Bestellung eines vorläufigen Betreuers
- Genehmigung der endgültigen Unterbringung nach einer vorläufigen Maßnahme
- Aufhebung der Betreuung nach Beschwerde gegen die Bestellung eines bestimmten Betreuers
- Tod des Betreuten

Beschwerde u. U. auch nach Erledigung

Mit der Erledigung entfällt die Beschwer des Beschwerdeführers und sein Rechtschutzbedürfnis. § 62 Abs. 1 FamFG geht daher davon aus, dass die Beschwerde dann auch unstatthaft ist. Nur bei einem „berechtigtem Interesse an der Feststellung", dass die Entscheidung des Gerichts des ersten Rechtszugs seine Rechte verletzt habe, kann man die Beschwerde mit diesem eingeschränkten Ziel weiter verfolgen.

Beispiele für ein „berechtigtes Interesse"

Ein derartiges „berechtigtes Interesse" liegt in der Regel gem. § 62 Abs. 2 FamFG vor, wenn ein schwerwiegender Grundrechtseingriff behauptet wird oder eine Wiederholung konkret zu erwarten ist.

Unter diesen Voraussetzungen kann eine Beschwerde zulässig bleiben, wenn der Antrag gestellt wird, festzustellen, dass die angefochtene und erledigte Entscheidung den Beschwerdeführer in seinen Rechten verletzt hat.

In Betracht kommen Fälle, in denen sich der belastende Hoheitsakt auf eine kurze Zeitspanne beschränkt und der Betroffene eine gerichtliche Entscheidung kaum erlangen kann.

„schwerwiegende Grundrechtseingriffe"

Dies wird z. B. der Fall sein bei einer

- Wohnungsdurchsuchung (§§ 283 Abs. 3 Satz 1, 323, 326 Abs. 3 Satz 1 FamFG)
- (vorläufigen) Unterbringung (§§ 331, 332 FamFG)
- (vorläufigen) unterbringungsähnlichen Maßnahme (§§ 331, 332 FamFG)
- Bestellung eines Kontrollbetreuers mit der Ermächtigung, eine Vorsorgevollmacht zu widerrufen (vgl. *BVerfG*, 1 BvR 1415/08)

Tod des Betreuten

Besonderheiten für die Zulässigkeit des Feststellungsantrags gelten nach dem Tod des Betreuten. Der *BGH* (BtPrax 2013, 30; FamRZ 2012, 619) versagt den beschwerdeberechtigten Verfahrenspflegern, aber auch Angehörigen und Vertrauenspersonen das Antragsrecht nach § 62 Abs. 1 FamFG mit der Begründung, dass diese nicht in „ihren" Rechten verletzt seien. Dies führt zu dem eigenartigen Ergebnis, dass der Gesetzgeber diesen Personen ein Beschwerderecht einräumt (§ 303 Abs. 2 FamFG) mit dem z. B. die gesamte Betreuerbestellung eliminiert werden kann. Nach dem Tod des Betreuten wird dagegen mangels Befugnis aus § 62 FamFG eine möglicherweise eklatante Fehlentscheidung auf ewig perpetuiert. Das postmortale Persönlichkeitsrecht und der Schutz von Ehe und Familie bleiben dabei möglicherweise auf der Strecke. Offen bleibt, ob dies auch für die Beschwerde eines Betreuers gilt.

§ 62 FamFG ermöglicht nur die Feststellung der Rechtswidrigkeit einer erledigten Maßnahme im Beschwerdeverfahren. Man kann also diese Feststellung nicht isoliert vor einem erstinstanzlichen Gericht erreichen, *BGH* BtPrax 2013, 32.

2.3 Zuständigkeit für die Beschwerdeentscheidung

Landgerichte als Beschwerdegerichte

Die Frage, wer über eine Beschwerde zu entscheiden hat, regeln die §§ 72, 119 Abs. 1 Nr. 1b GVG. In den Angelegenheiten der freiwilligen Gerichtsbarkeit sind grundsätzlich die bundesweit 24 Oberlandesgerichte zuständig. Mit den Beschwerden gegen Entscheidungen der Betreuungsgerichte und in Freiheitsentziehungssachen sind jedoch die Landgerichte betraut. Aufgrund der weitaus größeren Zahl (116) wird damit eine effektivere und ortsnähere Erledigung erreicht.

2.4 Beschwerdeberechtigung

2.4.1 Allgemeine Regelung des § 59 FamFG

Allgemeine Regelung

Nicht jeder kann eine Entscheidung anfechten, wenn sie ihm nicht gefällt. Voraussetzung ist, dass ein konkretes Recht des Beschwerdeführers beeinträchtigt wurde. Ein bloß wirtschaftliches oder ideelles Interesse allein genügt dagegen nicht. Als beeinträchtigtes Recht des Beschwerdeführers kommt jede durch Gesetz verliehene oder durch die Rechtsordnung anerkannte, von der Staatsgewalt geschützte Rechtsposition in Betracht (vgl. *BayObLG*, BtPrax 2004, 111).

2.4.2 Erweiterung in Betreuungsverfahren gem. § 303 FamFG

Erweiterung für Betreuungsverfahren

Darüber hinaus erweitert die Sondervorschrift des § 303 FamFG den Kreis der Beschwerdeberechtigten für die Betreuungsverfahren.

2.4.2.1 Betreuungsbehörde, Verfahrenspfleger, Betreuer, Vorsorgebevollmächtigte

Die Beschwerdeberechtigung für die Betreuungsbehörde ergibt sich aus § 303 Abs. 1 FamFG, soweit Entscheidungen über die Bestellung eines Betreuers oder die Anordnung eines Einwilligungsvorbehalts sowie über Umfang, Inhalt oder Bestand dieser Maßnahmen ergangen sind.

Für den Verfahrenspfleger, der gem. § 276 FamFG die Interessen des Betroffenen wahrnehmen muss, ergibt sich die Beschwerdeberechtigung aus § 303 Abs. 3 FamFG.

Betreuer und Vorsorgebevollmächtigte können, wenn ihre Aufgabenkreise betroffen sind, auch im Namen des Betreuten bzw. Vollmachtgebers Beschwerde einlegen gem. § 303 Abs. 4 FamFG.

2.4.2.2 Ehegatte, Lebenspartner, Eltern, Großeltern, Pflegeeltern, Abkömmlinge, Geschwister, Person des Vertrauens

Eingeschränktes Beschwerderecht

Ein eingeschränktes Beschwerderecht wird den Ehegatten oder Lebenspartnern (vgl. § 1 Lebenspartnerschaftsgesetz), sofern sie nicht dauernd getrennt leben, sowie Eltern, Großeltern, Pflegeeltern, Abkömmlingen und Geschwistern des Betroffenen bzw. einer Person seines Vertrauens eingeräumt (§ 303 Abs. 2 FamFG). Es besteht für sie in folgenden Fällen:

- gegen Entscheidungen, die von Amts wegen ergangen sind

Beschwerderecht bei „Antrag" des Betroffenen

Eine Entscheidung „von Amts wegen" liegt nur vor, solange der Betroffene keinen „Antrag" gem. § 1896 Abs. 1 Satz 1 und 2 BGB gestellt hat. Mit dem Antrag entfällt das erweiterte Beschwerderecht. Dies gilt wohl auch, wenn die Verlängerung einer Betreuung auf „Wunsch" des Betreuten erfolgt ist (vgl. *OLG München*, BtPrax 2008, 173).

Ist ein Antrag des Betroffenen sogar zwingend erforderlich, wie etwa bei der Betreuungsbedürftigkeit aufgrund körperlicher Beeinträchtigung gem. § 1896 Abs. 1 Satz 3 BGB, kann gegen die Ablehnung des Antrags nur der Betroffene Beschwerde einlegen (§ 59 Abs. 2 FamFG). Diese Einschränkung gilt allerdings nicht für die Betreuungsbehörde, deren Beschwerdeberechtigung sich nach den §§ 59 Abs. 3, 303 Abs. 1 FamFG bestimmt. Insoweit wird der Behörde die Möglichkeit eingeräumt, auch gegen den Willen des Betroffenen die Beschwerde einzulegen. Der Gesetzgeber wollte damit eine Kontrollmöglichkeit schaffen, um etwa kostenintensive Betreuungen oder Fehler bei der Auswahl des Betreuers zu verhindern.

- im Interesse des Betroffenen

Beschwerderecht im Interesse des Betroffenen

Besonders nachhaltig betont das Gesetz nunmehr, dass für die privilegierten Angehörigen und die Person des Vertrauens die Beschwerde nur in Betracht kommt, wenn sie im „Interesse des Betroffenen" erfolgt.

- soweit diese Personen im ersten Rechtszug beteiligt worden sind.

Beteiligung im ersten Rechtszug

Die genannten Personen sind aber nur dann beschwerdeberechtigt, wenn sie vom Betreuungsgericht gemäß §§ 7, 274 Abs. 4 Nr. 1 FamFG beteiligt wurden. Eine Beteiligung erfolgt aber auch nur im „Interesse des Betroffenen". Das Betreuungsgericht muss also die Wünsche und Belange des Betroffenen bei der Entscheidung über die Beteiligung prüfen. Das Beschwerdegericht prüft dann erneut die Wünsche und Belange des Betroffenen bezüglich der Beschwerdeberechtigung der privilegierten Angehörigen. Dabei orientiert sich das Interesse des Betroffenen nicht nur an seinen subjektiven Vorstellungen, sondern auch an seinen objektiven Interessen, die er selbst vielleicht krankheitsbedingt nicht erkennen kann.

Der BGH geht davon aus, dass die Beschwerdebefugnis versagt werden muss unabhängig davon, „aus welchen Gründen eine Beteiligung am erstinstanzlichen Verfahren nicht erfolgte" (*BGH* BtPrax 2011, 176).

Dies erscheint im Hinblick auf den verfassungsrechtlich garantierten effektiven Rechtsschutz (vgl. *BVerfG* BtPrax 2009, 27) bedenklich, v. a. dann, wenn das Betreuungsgericht seiner Benachrichtigungs- und Belehrungspflicht gem. § 7 Abs. 4 FamFG nicht nachgekommen ist und der Verwandte von dem Verfahren erster Instanz vor dem Beschluss keine Kenntnis hatte.

Den Angehörigen aus dem privilegierten Personenkreis des § 303 Abs. 2 FamFG ist daher anzuraten, im Verfahren vor dem Betreuungsgericht unverzüglich zu beantragen, als Beteiligte zugelassen zu werden und im Fall der Ablehnung sofortige Beschwerde gem. § 7 Abs. 5 Satz 2 FamFG einzulegen. Ansonsten verlieren sie jede Chance, eine möglicherweise falsche Entscheidung anzufechten.

Lebensgefährte, verschwägerte Personen

Dem Lebensgefährten (nicht zu verwechseln mit dem Lebenspartner) steht dagegen kein eigenes Beschwerderecht zu, weil sich diese Beziehung wegen der bewusst gewählten rechtlichen Unverbindlichkeit nicht sicher bestimmen lässt. Der Lebensgefährte kann aber als „Person des Vertrauens" beteiligt werden (vgl. *BayObLG* NJW 1998, 1567).

Ebenso bleiben Personen unberücksichtigt, die mit dem Betroffenen nicht verwandt, sondern nur verschwägert sind.

Wichtig ist in diesem Zusammenhang, dass klargestellt wird, ob die Beschwerde im eigenen Namen (Betreuer, Verwandter etc.) oder im Rahmen einer gesetzlichen oder rechtsgeschäftlichen Vertretung für den Betreuten eingelegt wird.

2.4.2.3 Vertreter der Staatskasse

Beschwerde der Staatskasse

Soweit die Interessen der Staatskasse betroffen sind, eröffnet § 304 FamFG die Möglichkeit der Beschwerde. Dem Vertreter der Staatskasse wird zudem eine längere Beschwerdefrist eingeräumt, damit die Beschwerde noch als Folge der regelmäßigen Revisionen der Bezirksrevisoren eingelegt werden kann.

2.4.3 Erweiterung in Unterbringungsverfahren gem. § 335 FamFG

Erweiterung für Unterbringungsverfahren

Ähnliche Erweiterungen der Beschwerdeberechtigung regelt § 335 FamFG für die Beschwerden gegen Unterbringungsmaßnahmen.

2.4.3.1 Ehegatte, Lebenspartner, Eltern, Kind, Pflegeeltern, Leiter der Einrichtung, in der der Betroffene lebt

Das Recht der Beschwerde steht zu

- dem Ehegatten, Lebenspartner, soweit sie nicht getrennt leben,
- Eltern oder Kind, wenn der Betroffene bei ihnen zumindest bei Einleitung des Verfahrens gelebt hat,
- den Pflegeeltern,
- einer Person seines Vertrauens,

allerdings wiederum nur „im Interesse des Betroffenen". Ferner müssen auch sie gem. § 315 Abs. 4 FamFG vom Betreuungsgericht beteiligt worden sein.

2.4.3.2 Betreuungsbehörde, Verfahrenspfleger, Betreuer, Vorsorgebevollmächtigter

Das Beschwerderecht der Betreuungsbehörde und des Verfahrenspflegers ergibt sich aus § 335 Abs. 2 und 4 FamFG. Betreuer und Vorsorgebevollmächtigter haben neben dem eigenen Beschwerderecht auch die Möglichkeit, im Namen des Betroffenen Beschwerde einzulegen, wenn ihr Aufgabenkreis betroffen ist (§ 335 Abs. 3 FamFG).

2.5 Beschwerdewert

2.5.1 Vermögensrechtliche Streitigkeiten

Vermögensrechtliche Streitigkeiten führen i. d. R. nicht zu gravierenden und häufig sogar grundrechtsrelevanten Eingriffen wie Unterbringungen oder die Einrichtung einer Betreuung. Deshalb geht § 61 FamFG davon aus, dass eine Instanz genügt, wenn der Wert des Beschwerdegegenstandes 600 EUR nicht übersteigt.

2.5.2 *Kosten- und Auslagenentscheidungen*

Das FamFG verzichtet auf eine eigenständige Regelung der Anfechtbarkeit der Kosten- und Auslagenentscheidungen. Das Gericht hat über die Kosten in der Endentscheidung zu befinden (§ 82 FamFG). Dies hat zur Folge, dass auch diese Entscheidungen nur beschwerdefähig sind, wenn der Beschwerdegegenstand die 600 EUR-Grenze überschreitet.

2.5.3 *Zulassung der Beschwerde bei Nichterreichen des Beschwerdewerts*

Zulassungsbeschwerde

Bei grundsätzlicher Bedeutung oder wenn die Fortbildung des Rechts oder die Sicherung einer einheitlichen Rechtsprechung eine Beschwerde erfordert, kann das Gericht die Beschwerde – bindend – zulassen.

2.6 Formvorschriften

Wie und wo kann man die Beschwerde einlegen?

Die Beschwerde kann durch Einreichen einer Beschwerdeschrift oder zur Niederschrift der Geschäftsstelle bei dem Gericht eingelegt werden, dessen Entscheidung aufgehoben werden soll (§ 64 Abs. 1 und 2 FamFG). Ferner muss Folgendes enthalten sein:

- Bezeichnung des angefochtenen Beschlusses
- Erklärung, dass Beschwerde gegen diesen Beschluss eingelegt wird
- Unterschrift des Beschwerdeführers oder seines Bevollmächtigten

Da ein Untergebrachter in der Wahrnehmung seiner Rechte beschränkt ist, kann er die Beschwerde nach § 305 FamFG und in Unterbringungssachen nach § 336 FamFG auch bei dem Amtsgericht einlegen, in dessen Bezirk sich die Einrichtung befindet.

2.7 Frist

Generell muss man die Beschwerde binnen eines Monats einlegen. Bei einer Beschwerde gegen Endentscheidungen im Verfahren der einstweiligen Anordnung oder Entscheidungen über Anträge auf Genehmigung eines Rechtsgeschäfts beträgt die Frist zwei Wochen, § 63 Abs. 2 FamFG.

Für die Beschwerde des Vertreters der Staatskasse beträgt die Frist drei Monate (§ 304 Abs. 2 FamFG).

Wiedereinsetzung gem. §§ 17 bis 19 FamFG

War jemand ohne Verschulden verhindert, die Frist einzuhalten, kann er binnen zwei Wochen nach Wegfall des Hindernisses die Wiedereinsetzung beantragen. Ist der Beteiligte verhindert, die Frist zur Begründung der Rechtsbeschwerde einzuhalten, beträgt die Frist einen Monat, § 18 Abs. 1 Satz 2 FamFG. Die Tatsachen zur Begründung des Antrags sind glaubhaft zu machen, §§ 18 Abs. 3 Satz 1, 31 FamFG. Fehlendes Verschulden wird unterstellt, wenn eine Rechtsbehelfsbelehrung unterblieben oder fehlerhaft ist, § 17 Abs. 2 FamFG. Nur bei einer offenkundig falschen Belehrung, die nicht einmal den Anschein der Richtigkeit zu erwecken vermag, soll dies nach der Rspr. nicht gelten, v. a., wenn sich ein Rechtsanwalt, der für seinen Mandanten die Frist hätte einhalten müssen, sich auf die falsche Belehrung beruft (*OLG Saarbrücken*, FamRZ 2013, 1155).

Die Tatsachen zur Begründung des Antrags sind glaubhaft zu machen (dazu § 31 FamFG). Fehlendes Verschulden wird unterstellt, wenn eine Belehrung unterblieben oder fehlerhaft ist (§ 17 Abs. 2 FamFG). Der Antrag ist in der gleichen Form einzulegen wie die Beschwerde. Innerhalb der Frist für die Wiedereinsetzung muss auch die Beschwerde selbst eingelegt werden, § 18 FamFG.

Praxisbeispiel:

Bei der Postzustellung an den Betroffenen durch Ersatzzustellung an die Klinik als Gemeinschaftseinrichtung gem. § 15 Abs. 2 FamFG, § 178 Abs. 1 Nr. 3 ZPO können innerhalb der Klinik nicht unerhebliche Verzögerungen auftreten, die dem Patienten nicht zugerechnet werden dürfen. Hat dieser dadurch die Frist zur Einlegung einer Beschwerde versäumt, ist ihm Wiedereinsetzung in den vorigen Stand zu gewähren (vgl. *OLG Köln* BtPrax 2008, 35).

Fristberechnung

Die Fristberechnung erfolgt nach § 16 FamFG i. V. m. §§ 222, 224 Abs. 2 und 3 und 225 ZPO, § 186 ff. BGB.

Fristbeginn

Der Lauf der Frist beginnt mit der schriftlichen Bekanntgabe an die Beteiligten (§ 63 Abs. 3 FamFG). Die Bekanntgabe erfolgt wahlweise durch förmliche Zustellung (§§ 166 bis 195 ZPO) oder durch Aufgabe zur Post nach § 15 Abs. 2 FamFG. Widerspricht der Beschluss dem erklärten Willen eines Beteiligten, ist die förmliche Zustellung bei dem erforderlich, dessen Willen dem Erklärtem nicht entspricht.

Kann die Bekanntgabe an einen Beteiligten nicht erfolgen, beginnt die Frist spätestens mit Ablauf von fünf Monaten nach Erlass zu laufen.

Fristbeginn bei fehlender Rechtsmittelbelehrung

Man kann wohl nicht mehr davon ausgehen, dass der Lauf der Beschwerdefrist nicht beginnt, wenn das Gericht die gemäß § 39 FamFG gebotene Rechtsmittelbelehrung nicht erteilt hat (so *OLG Rostock* FamRZ 2005, 1278 zu § 69 Abs. 1 Nr. 6 FGG a. F.). Das FamFG will diese Fälle vielmehr über die Wiedereinsetzung lösen (vgl. § 17 Abs. 2 FamFG).

Fristende

Die Monatsfrist endet mit Ablauf des Tages, der zahlenmäßig dem Tag entspricht, an dem die schriftliche Bekanntgabe erfolgte.

Beispiele:

- War die Bekanntgabe am 15. 12. 2008, dann endet die Frist mit Ablauf des 15. 1.2009.
- Wird eine Entscheidung, die mit der Beschwerde binnen zwei Wochen anzufechten ist, an einem Dienstag schriftlich bekannt gemacht, endet die Frist mit Ablauf des Dienstags der zweiten Woche nach der Bekanntmachung.

Endet die Frist an einem Samstag, Sonntag oder einem allgemeinen Feiertag, verlängert sich die Frist gem. § 222 Abs. 2 ZPO bis zum Ablauf des nächsten Werktages.

Was kann man noch zuwege bringen, wenn die Entscheidung nicht mehr anfechtbar ist?

Die Befristung dient dazu, sichere Rechtsverhältnisse zu schaffen. Nach Ablauf der Frist kann aber in einem neuen Verfahren eine Aufhebung der Entscheidung beantragt werden, wenn nach der unanfechtbaren Entscheidung Umstände eingetreten sind, die ein abweichendes Ergebnis begründen können (§§ 294, 330, 48 FamFG).

2.8 Beschwerdebegründung

2.8.1 Pflicht zur Begründung der Beschwerde (§ 65 Abs. 1 und 2 FamFG)

Wer mit einer Entscheidung unzufrieden ist, darf sich in der Beschwerdeinstanz nicht aus taktischen Motiven mit seiner Begründung hinter dem Berg halten und das Verfahren verzögern. Deshalb soll er die Beschwerde begründen und kann dazu vom Beschwerdegericht oder dem/r Vorsitzenden der Kammer unter Fristsetzung aufgefordert werden. Kommt der Beschwerdeführer der Begründungspflicht nicht nach, führt dies nicht zu einer Zurückweisung, da es sich bei § 65 FamFG nur um eine „Sollvorschrift" handelt.

2.8.2 Inhalt der Begründung (§ 65 Abs. 2 und 3 FamFG)

Die Beschwerde kann auf die bereits vorgetragenen, aber auch auf neue Tatsachen und Beweismittel gestützt werden. Nicht gerügt werden kann die fehlende Zuständigkeit des erstinstanzlichen Gerichts.

2.9 Wirkung der Beschwerde

Keine aufschiebende Wirkung

Eine wirksame Endentscheidung des Gerichts wird durch das Einlegen einer Beschwerde nicht hinfällig. Allerdings kann das Beschwerdegericht eine einstweilige Anordnung erlassen und die Vollziehung aussetzen (§ 64 Abs. 3 FamFG).

Häufig werden aber Entscheidungen des Betreuungsgerichts erst mit Rechtskraft wirksam, so dass mit der Beschwerde der Eintritt der Rechtskraft und damit die Wirksamkeit hinausgezögert werden, sofern nicht die sofortige Wirksamkeit angeordnet wurde (Beispiel: Unterbringungsentscheidungen gem. § 324 FamFG).

2.10 Anschlussbeschwerde

Ein Beschwerdeberechtigter, der selbst keine Beschwerde eingelegt hat, kann sich einer Beschwerde durch Einreichen einer „Beschwerdeanschlussschrift" anschließen, auch wenn die Frist verstrichen ist oder er sogar auf die Beschwerde wirksam verzichtet hat.

Wird allerdings die Beschwerde zurückgenommen oder als unzulässig verworfen, verliert auch die Anschließung ihre Wirkung (§ 66 FamFG).

2.11 Gang des Beschwerdeverfahrens, Beschwerdeentscheidung

2.11.1 Abänderungs- und Abhilfebefugnis des Ausgangsgerichts

Zunächst kann und muss das Betreuungsgericht prüfen, ob es die Beschwerde für begründet hält. In diesem Fall hat es die Endentscheidung aufzuheben oder abzuändern (§ 68 Abs. 1 Satz 1 FamFG).

Wird die Beschwerde auf neue Tatsachen und Beweismittel (vgl. § 65 Abs. 3 FamFG) gestützt, dann kann der Betreuungsrichter dies zum Anlass nehmen, ein Verfahren nach §§ 294, 330, 48 FamFG einzuleiten. Dies wiederum kann dazu führen, dass die angefochtene Entscheidung in der Hauptsache erledigt ist und sich das weitere Vorgehen nach § 62 FamFG bestimmt.

2.11.2 Unverzügliche Vorlage an das Beschwerdegericht (§ 68 Abs. 1 Satz 1 2. Halbsatz FamFG)

Mit der Forderung nach unverzüglicher Vorlage räumt das Gesetz der Verfahrensbeschleunigung einen Vorrang ein. Trotzdem wird man dem Ausgangsgericht eine „angemessene Überprüfungsfrist" einräumen müssen.

2.11.3 Verwerfung der Beschwerde als unzulässig (§ 68 Abs. 2 FamFG)

Das Beschwerdegericht prüft zunächst Statthaftigkeit, Form und Frist der Beschwerde. Bei Verstößen muss die Beschwerde als unzulässig verworfen werden.

2.11.4 Beschwerdeverfahren und -entscheidung

Verfahren vor dem Beschwerdegericht (§ 68 FamFG)

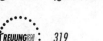

Grundsätzlich gelten für das Beschwerdegericht die gleichen Vorschriften über das Verfahren wie im ersten Rechtszug. Die Wiederholung von Verfahrenshandlungen wie z. B. eine persönliche Anhörung des Betroffenen, die im ersten Rechtszug bereits durchgeführt wurden, kann unterbleiben, wenn „keine zusätzlichen Erkenntnisse zu erwarten sind", § 68 Abs. 3 FamFG. Letzteres ist z. B. der Fall, wenn die Verfahrenshandlung in erster Instanz nicht lange zurückliegt, Anhaltspunkte für neue entscheidungserhebliche Tatsachen oder rechtliche Gesichtspunkte fehlen, keine Abweichung vom Ergebnis der erstinstanzlichen Verfahrenshandlung in Betracht kommt und der persönliche Eindruck nicht entscheidend ist, *BGH* BtPrax 2013, 24. Eine völlig andere Situation liegt jedoch vor, „wenn der Betroffene an seinem in der amtsgerichtlichen Anhörung erklärten Einverständnis mit einer Betreuung im Beschwerdeverfahren nicht mehr festhält." In diesem Fall ist eine erneute Anhörung wohl unabdingbar, *BGH* FamRZ 2012, 1207). Im Zweifel sollte das Beschwerdegericht sich für eine erneute Vornahme der Verfahrenshandlung entscheiden, um sich ein authentisches Bild von der Sachlage zu verschaffen.

Beschwerdeentscheidung (§ 69 FamFG)

Das Beschwerdegericht soll in der Sache selbst entscheiden. Nur im Ausnahmefall lässt das Gesetz die Zurückverweisung an das Ausgangsgericht zu, weil dadurch das Verfahren bis zur neuen Entscheidung, die ja noch einmal der Anfechtung unterliegt, unzumutbar verzögert wird. Eine Zurückverweisung erfolgt daher nur, wenn

- das Gericht in der Sache noch nicht entschieden hat oder
- ein wesentlicher Verfahrensmangel vorliegt und eine umfangreiche oder aufwändige Beweiserhebung notwendig wäre und ein Beteiligter die Zurückverweisung beantragt.

Rechtliches Gehör

Das Beschwerdegericht muss dem Beschwerdeführer rechtliches Gehör gewähren. Dies folgt nicht nur unmittelbar aus Art. 103 GG (so *BGH* MDR 2013, 1115), sondern primär aus §§ 68 Abs. 3 Satz 1, 37 Abs. 2 FamFG. So darf eine Beschwerde nicht als verfristet verworfen werden, wenn der Beschwerdeführer sich zur Frage der fristgerechten Einreichung nicht äußern konnte (*BGH* a. a. O.).

3. Rechtsbeschwerde

3.1 Zuständigkeit für die Entscheidung über die Rechtsbeschwerde

BGH als Rechtsbeschwerdegericht

Über eine Rechtsbeschwerde bzw. Sprungrechtsbeschwerde entscheidet gem. § 133 GVG der Bundesgerichtshof.

Die Rechtsbeschwerde zum BGH hat die „weitere Beschwerde" zu den Oberlandesgerichten abgelöst. Da praktische Erfahrungen und eine fundierte Rechtsprechung noch nicht vorliegen, soll dieses Rechtsmittel nur kursorisch dargestellt werden.

Soweit das Gesetz die sofortige Beschwerde (vgl. Abschnitt 4) unter Verweis auf die §§ 567 bis 572 ZPO zulässt, bestimmt sich die Rechtsbeschwerde nicht nach § 70 FamFG, sondern nach §§ 574 ff. ZPO (vgl. *BGH* MDR 2012, 361; BGHZ 184, 323).

3.2 Statthaftigkeit

Zulassungs-(freie) Rechtsbeschwerde

Die Konzentration auf ein Rechtsbeschwerdegericht zwingt dazu, dieses Rechtsmittel nur unter sehr engen Voraussetzungen zuzulassen. Deshalb muss das Beschwerdegericht über die Zulassungsgründe gem. § 70 Abs. 2 Nrn. 1 und 2 FamFG entscheiden. Allerdings gibt es Ausnahmen vom Zulassungserfordernis für bestimmte Betreuungssachen (Bestellung eines Betreuers, Aufhebung einer Betreuung, Anordnung oder Aufhebung eines Einwilligungsvorbehalts), ferner für Unterbringungssachen sowie in Freiheitsentziehungssachen, wobei der erleichterte Zugang gem. § 70 Abs. 3 Satz 2 FamFG nur für Entscheidungen gilt, die eine Unterbringung oder freiheitsentziehende Maßnahme „anordnen". Entgegen dem Wortlaut sind davon auch Genehmigungsbeschlüsse erfasst.

Es ergeben sich folgende Unterschiede:

<table>
<tr><th colspan="2">Allgemeine Voraussetzungen der Statthaftigkeit der Rechtsbeschwerde</th></tr>
<tr><td colspan="2">Entscheidung des Beschwerdegerichts (bzw. Sprungrechtsbeschwerde)</td></tr>
<tr><td>Vorliegen folgender Zulassungsgründe:</td><td>Keine Zulassung/Zulassungsgründe in</td></tr>
<tr><td>• grundsätzliche Bedeutung der Rechtssache
oder sie ist erforderlich für die
• Fortbildung des Rechts oder
• Sicherung einer einheitlichen Rechtsprechung</td><td>• Betreuungssachen zur Bestellung eines Betreuers, zur Aufhebung einer Betreuung, zur Anordnung oder Aufhebung eines Einwilligungsvorbehalts (§ 70 Abs. 3 Nr. 1 FamFG entspricht § 271 Nrn. 1 und 2 FamFG),
• Unterbringungssachen und Verfahren nach § 151 Nrn. 6 und 7 (§ 70 Abs. 3 Nr. 2 FamFG)
• Freiheitsentziehungssachen (§ 70 Abs. 3 Nr. 3 FamFG).</td></tr>
<tr><td>Zulassung durch das Beschwerdegericht</td><td>Zulassung ist nicht erforderlich</td></tr>
<tr><td>Zurückweisung der Rechtsbeschwerde durch einstimmigen Beschluss ohne mündliche Verhandlung möglich (§ 74a FamFG)</td><td>Zurückweisungsbeschluss ist nicht vorgesehen</td></tr>
<tr><td colspan="2">Keine Rechtsbeschwerde gegen Beschlüsse im Verfahren über die Anordnung, Abänderung oder Aufhebung einer einstweiligen Anordnung (§ 70 Abs. 4 FamFG).</td></tr>
</table>

Die zulassungsabhängige Rechtsbeschwerde dient nicht mehr der Einzelfallgerechtigkeit und verwehrt in wichtigen Bereichen dem Betroffenen seinen „Kampf ums Recht" mit rechtsstaatlichen Mitteln. Auch in Betreuungsverfahren werden wichtige Bereiche den BGH nur noch sehr eingeschränkt erreichen. Der BGH verschärft diese Entwicklung zusätzlich, indem er die Voraussetzungen für eine zulassungsfreie Rechtsbeschwerde eng auslegt. Unter „Betreuungssachen zur Bestellung eines Betreuers" fallen demnach nicht die Bestellung eines Ergänzungsbetreuers oder die Entlassung des bisherigen Betreuers nach § 1908b Abs. 1 BGB (*BGH* BtPrax 2011, 168 und 212).

Gänzlich fehlen schon nach dem Gesetz genehmigungspflichtige ärztliche Maßnahmen, die Entlassung eines Betreuers, die Bestellung eines weiteren Betreuers und die Genehmigung einer Sterilisation. Es steht deshalb zu befürchten, dass die Rechtsprechung der 116 Landgerichte eine ebenso bunte wie unübersichtliche Vielfalt verursachen wird.

Erledigung der Hauptsache

Hat sich die mit der Rechtsbeschwerde angefochtene Entscheidung erledigt, kann auf Antrag festgestellt werden, dass die Beschwerdeentscheidung den Rechtsmittelführer in seinen Rechten verletzt hat. § 62 FamFG ist im Rechtsbeschwerdeverfahren entsprechend anwendbar (*BGH* BtPrax 2011, 214; s. a. oben unter 2.2.5).

Form und Frist (§ 71 FamFG)

3.3 Form und Frist

- Frist: 1 Monat
- Einzulegen beim Rechtsbeschwerdegericht
- Rechtsbeschwerdeschrift
  - Bezeichnung des angefochtenen Beschlusses
  - Erklärung, dass gegen diesen Beschluss Rechtsbeschwerde eingelegt wird
  - Unterschrift
  - Ausfertigung oder beglaubigte Abschrift des Beschlusses (Soll-Vorschrift)
- Begründung
  - Frist: 1 Monat nach schriftlicher Bekanntgabe des Beschlusses; Verlängerung möglich
  - Rechtsbeschwerdeanträge (§ 71 Abs. 3 Nr. 1)
  - Rechtsbeschwerdegründe (§ 71 Abs. 3 Nr. 2)

3.4 Vertretung durch einen beim BGH zugelassenen Rechtsanwalt

Anwaltszwang (§ 10 Abs. 4 FamFG)

Der Beschwerdeführer muss alle Handlungen gegenüber dem Rechtsbeschwerdegericht über einen bei diesem Gericht zugelassenen Rechtsanwalt vornehmen. Allerdings kann man die Beiordnung eines Rechtsanwalts zur Wahrnehmung seiner Rechte beantragen, wenn man keinen zu seiner Vertretung bereiten Rechtsanwalt findet und die Rechtsverfolgung oder Rechtsverteidigung nicht mutwillig oder aussichtslos erscheint (§ 10 Abs. 4 Satz 3 FamFG, §§ 78a und 78b ZPO).

Rechtsbeschwerden oder andere Rechtsbehelfe zum BGH können in Betreuungs- und Unterbringungssachen von einem Beteiligten formgerecht nur durch einen bei dem BGH zugelassenen Rechtsanwalt eingelegt werden (§ 10 Abs. 4 FamFG). Dies gilt seit dem 1. 9. 2009 ohne Ausnahme. Entspricht eine als Rechtsmittel bezeichnete oder als solches auszulegende Eingabe, die beim BGH eingereicht oder ihm von der unteren Instanz zuständigkeitshalber vorgelegt wird, dieser formellen Anforderung nicht, ist sie als unzulässig zu verwerfen, *BGH* FamRZ 2010, 544.

3.5 Prüfungsmaßstab der Rechtsbeschwerde

Die Rechtsbeschwerde dient nicht mehr der Feststellung des Sachverhalts. Der BGH ist grundsätzlich an die Feststellungen des Beschwerdegerichts gebunden, so dass keine Beweisaufnahme erfolgt. Lediglich die Tatsachen können frei festgestellt werden, die eine allgemeine Verfahrensvoraussetzung der weiteren Beschwerde betreffen.

Geprüft wird daher nur, ob die Entscheidung des Beschwerdegerichts auf einer Rechtsverletzung beruht. Dies ist der Fall, wenn eine Rechtsnorm nicht richtig angewendet wurde (§ 72 FamFG, §§ 547, 556, 560 ZPO).

3.6 Sprungrechtsbeschwerde (§ 75 FamFG)

Mit der Sprungrechtsbeschwerde hat das FGG-RG ein für den Bereich der freiwilligen Gerichtsbarkeit völlig neues Rechtsmittel eingeführt. Sie soll der Beschleunigung dienen und zwar bevorzugt dann, wenn es dem Beschwerdeführer nur um die Klärung von Rechtsfragen geht. Dies wird dadurch erreicht, dass man mit der Sprungrechtsbeschwerde direkt vom Amtsgericht zum BGH gelangen und die Beschwerdeinstanz umgehen kann.

Voraussetzungen

Abweichend von § 71 FamFG muss die Sprungrechtsbeschwerde in der in § 63 FamFG bestimmten Frist eingelegt werden, § 75 Abs. 2 Satz 1 FamFG. Neben der Regelfrist von einem Monat kommt daher bei einstweiligen Anordnungen oder Genehmigung eines Rechtsgeschäfts auch eine auf zwei Wochen verkürzte Frist in Betracht. Zusätzlich zu den bereits besprochenen Voraussetzungen für das Rechtsbeschwerdeverfahren muss neben dem Antrag auf Zulassung der Sprungrechtsbeschwerde die Zustimmung aller Beteiligten vorliegen. Schon die Zustimmung aller Beteiligten (vgl. dazu §§ 7, 8, 274, 315 FamFG) wird nur schwer zu erlangen sein, zumal sich jeder darüber klar sein muss, dass nicht nur der Beschwerdeführer, sondern jeder Beteiligte mit seiner Zustimmung auf sein normales Recht auf Beschwerde verzichtet (§ 75 Abs. 1 Satz 2 FamFG).

Beschränkte Zulassung durch den BGH

Schlussendlich muss das Rechtsbeschwerdegericht (BGH) die Sprungrechtsbeschwerde auch noch zulassen (§ 75 Abs. 1 Satz 1 Nr. 2 FamFG). Diese Vorschrift überträgt aber dem Rechtsbeschwerdegericht nur die Zuständigkeit im Rahmen der nach § 70 Abs. 1 FamFG erforderlichen Zulassung. Da im Rechtsbeschwerdeverfahren über eine notwendige Zulassung das Beschwerdegericht entscheidet und dieses bei der Sprungrechtsbeschwerde umgangen wird, muss der BGH selbst entscheiden. Die Zulassung der Rechtsbeschwerde nach § 75 Abs. 1 Satz 1 Nr. 2 FamFG begründet daher kein eigenständiges Zulassungserfordernis, das über § 70 Abs. 1 und 2 FamFG hinausgehen würde.

Demnach ist die Zulassung der Sprungrechtsbeschwerde für bestimmte Betreuungssachen (Bestellung eines Betreuers, Aufhebung einer Betreuung, Anordnung oder Aufhebung eines Einwilligungsvorbehalts) und für alle Unterbringungssachen zulassungsfrei (vgl. dazu § 70 Abs. 3 FamFG und die Ausführungen unter Abschnitt 3.2).

Im Hinblick auf diese Gefahren und Risiken sollte man nur nach anwaltlicher Beratung in besonderen Einzelfällen die Sprungrechtsbeschwerde anstelle der Beschwerde einlegen.

4. Sofortige Beschwerde

Grundsätzlich gibt es die Unterscheidung einfache (nicht fristgebundene) und sofortige Beschwerde nicht mehr, da § 63 FamFG eine generelle Befristung eingeführt hat.

Eine Ausnahme ergibt sich für die Beschwerden gegen Beschlüsse, die keine Endentscheidung darstellen, aber aufgrund ausdrücklicher Bestimmung mit der sofortigen

Beschwerde der ZPO anfechtbar sind (vgl. die Übersicht unter 2.2.4). Anwendbar sind dann durch besondere Verweisung die Vorschriften der ZPO zur sofortigen Beschwerde (§§ 567 bis 572 ZPO).

Kennzeichnend für die sofortige Beschwerde ist die kurze Frist von zwei Wochen (§ 569 Abs. 1 Satz 1 ZPO) und die Entscheidung durch den sog. originären Einzelrichter (§ 568 ZPO). Ziel ist es, möglichst schnell Rechtsklarheit zu schaffen, damit das Verfahren nicht behindert wird.

Gegen die Entscheidung des Beschwerdegerichts über die sofortige Beschwerde kann grundsätzlich die Rechtsbeschwerde eingelegt werden. Sie richtet sich allerdings nicht nach § 70 ff. FamFG, sondern nach § 574 ff. ZPO (vgl. oben 3.1). Deshalb ist auch generell eine Zulassung durch das Beschwerdegericht erforderlich, § 574 Abs. 1 Satz 1 Nr. 2 ZPO (*BGH* MDR 2012, 361).

5. Verzögerungsrüge, Untätigkeitsbeschwerde

5.1 Entstehungsgeschichte

Dienstaufsichtsbeschwerde, Untätigkeitsbeschwerde

Was ist zu tun, wenn ein Beteiligter glaubt, in seinen Rechten beeinträchtigt zu sein, weil Gericht oder Staatsanwaltschaft nicht schnell genug oder überhaupt nicht entscheiden? Im Betreuungsverfahren würde man mit einer Beschwerde nach § 58 FamFG schon kläglich an der Statthaftigkeit scheitern, da gerade das Fehlen einer Endentscheidung oder sogar die Vornahme verfahrensfördernder Handlungen moniert wird. Lange Zeit war es daher einhellige Meinung, dass man den Betroffenen auf die Einlegung einer Dienstaufsichtsbeschwerde bzw. Gegenvorstellung verweisen könne. Der EuGHMR und das BVerfG haben jedoch immer deutlicher das Recht auf eine angemessene Verfahrensdauer betont, so dass die Gerichte auch im Bereich der freiwilligen Gerichtsbarkeit die Untätigkeitsbeschwerde zugelassen haben, um den verfassungsrechtlichen Vorgaben gerecht zu werden (OLG München FamRZ 2008, 704).

Mit Gesetz vom 24. 11. 2011 (BGBl. I S. 2302) wurde der Rechtsschutz bei überlangen Gerichtsverfahren nunmehr in den §§ 198 bis 201 GVG geregelt. Dabei hat sich der Gesetzgeber für eine Entschädigungslösung entschieden, so dass der außerordentliche Rechtsbehelf der Untätigkeitsbeschwerde nicht mehr zulässig ist (OLG Düsseldorf NJW 2012, 1455). Der Weg zur gerichtlichen Entscheidung über die Entschädigung ist zweiaktig, er beginnt mit der Verzögerungsrüge beim Ausgangsgericht und wird fortgeführt mit der Entschädigungsklage beim OLG bzw. BGH.

5.2 Die Verzögerungsrüge (§ 198 Abs. 3 GVG)

Verzögerungsrüge

Vor einer Klage zur Durchsetzung einer Entschädigung muss die sog. Verzögerungsrüge bei dem mit der Sache befassten Gericht erhoben werden. Mit der Verzögerungsrüge soll das Gericht auf die drohende Entschädigungsklage hingewiesen werden und die Möglichkeit erhalten, den Verfahrensfortgang so zügig zu gestalten, dass Nachteile vermieden werden.

Eine Verzögerungsrüge setzt aber voraus, dass ein „Anlass zur Besorgnis besteht, dass das Verfahren nicht in einer angemessenen Zeit abgeschlossen wird". Eine Rüge auf Vorrat oder ins Blaue hinein bzw. bevor ein konkreter Anlass zur Besorgnis der Verfahrensverzögerung besteht, ist daher unzulässig und ermöglicht nicht die nachfolgende Entschädigungsklage.

Eine weitere Verzögerungsrüge ist erst nach Ablauf von sechs Monaten zulässig.

5.3 Entschädigungsklage

Voraussetzungen des Entschädigungsanspruchs gem. § 198 GVG

Die Entschädigungsklage, die frühestens sechs Monate nach Erhebung der Verzögerungsrüge und nur vor Ablauf von sechs Monaten nach Rechtskraft (Erledigung) des Verfahrens zulässig ist, muss bei dem Oberlandesgericht erhoben werden, in dessen Bezirk das „streitgegenständliche Verfahren" durchgeführt wurde. Bei Verzögerungen vor einem Bundesgericht ist dagegen der BGH zuständig.

„Nachteil"

Begründet ist die Entschädigungsklage, wenn die unangemessene Dauer des Verfahrens zu einem Nachteil geführt hat. Kann der Betroffene keinen materiellen Vermögensnachteil nachweisen, wird ein Nachteil vermutet und es kann ein Betrag in Höhe von 1.200 EUR für jedes Jahr der Verzögerung verlangt werden.

Wiedergutmachung auf andere Weise

Im Einzelfall kann auch dieser Anspruch entfallen, wenn Wiedergutmachung auf andere Weise ausreichend ist. Dies kann dann der Fall sein, wenn das Entschädigungsgericht feststellt, dass die Verfahrensdauer unangemessen war.

5.4 Übersicht der Voraussetzungen für eine Entschädigungsklage

Verzögerungsrüge beim Ausgangsgericht (§ 198 Abs. 3 GVG)

- Laufendes Gerichtsverfahren einschließlich Prozess- oder Verfahrenskostenhilfe und einstweiligem Rechtsschutz bei der
  - ordentlichen Gerichtsbarkeit (§§ 12, 13 GVG),
  - Arbeitsgerichtsbarkeit (§ 9 Abs. 2 ArbGG),
  - Sozialgerichtsbarkeit (§ 202 Satz 2 SGG),
  - Finanzgerichtsbarkeit (§ 155 Satz 2 FGO),
  - Verwaltungsgerichtsbarkeit (§ 173 VwGO)

  ferner im
  - Ordnungswidrigkeitenverfahren (§ 46 Abs. 1 OWiG) und
  - staatsanwaltschaftlichen Verfahren zur Vorbereitung der öffentlichen Klage (§ 199 Abs. 2 GVG)
- Anlass zur Besorgnis, dass das Verfahren nicht in angemessener Zeit abgeschlossen wird.

Entschädigungsverfahren

Formelle Voraussetzungen

- Klage steht nur Verfahrensbeteiligten zu § 198 Abs. 1 und 3 GVG
- Klage richtet sich gegen Bundesland oder Bund § 200 GVG
- Klageerhebung beim zuständigen Gericht § 201 GVG)
- erhobene Verzögerungsrüge § 198 Abs. 3 GVG
- Einhaltung der Fristen § 198 Abs. 5 GVG

Materielle Voraussetzungen

- unangemessene Dauer des Verfahrens (§ 198 Abs. 1 Satz 2 GVG)
- Nachteil

6. Rechtspflegererinnerung

In Betreuungssachen entscheidet in erster Instanz in zahlreichen Fällen der Rechtspfleger. Ihm überträgt § 3 Nr. 2b RPflG sogar generell alle Verfahren, die nicht ausdrücklich dem Richter vorbehalten sind (§ 15 RPflG). Seine Entscheidungen sind, soweit es sich um Endentscheidungen handelt, gem. § 11 Abs. 1 RPflG ebenfalls mit der Beschwerde anfechtbar.

Soweit allerdings gegen die Entscheidung des Rechtspflegers kein Rechtsmittel gegeben wäre, kann binnen der für die Beschwerde geltenden Frist die sogenannte Rechtspflegererinnerung eingelegt werden. Dies ist z. B. der Fall, wenn der Beschwerdewert gem. § 61 FamFG nicht erreicht und die Beschwerde nicht zugelassen wurde. Der Rechtspfleger kann dann der Erinnerung selbst sofort abhelfen oder sie dem Richter zur Entscheidung vorlegen. Dieser entscheidet dann abschließend über die Erinnerung.

7. Gehörsrüge gem. § 44 FamFG

Das Bundesverfassungsgericht hat nachhaltig erklärt, dass es gegen rechtsstaatliche Grundsätze und den Justizgewährungsanspruch verstoße, wenn die Verfahrensgesetze keine Abhilfemöglichkeiten für den Fall gewähren, dass ein Richter den Anspruch auf rechtliches Gehör verletze. Deshalb wurde am 1. 1. 2005 durch das Anhörungsrügegesetz für den Bereich der freiwilligen Gerichtsbarkeit die Möglichkeit der Gehörsrüge eingeführt. Die Beachtung des Anspruchs auf rechtliches Gehör ist ein wichtiger verfassungsrechtlicher Grundsatz (vgl. Art. 103 Abs. 1 GG, Art. 6 Abs. 1 der Konvention zum Schutze der Menschenrechte). Die Verletzung dieses Anspruchs muss in erster Linie im Rahmen der oben beschriebenen Rechtsbehelfe gerügt werden. Steht aber eine reguläre Abänderungsmöglichkeit nicht zur Verfügung, kann mit der sog. Gehörsrüge die Fortführung des Verfahrens beantragt werden. Allerdings muss diese Rüge innerhalb von zwei Wochen nach Kenntnis von der Verletzung des rechtlichen Gehörs und spätestens innerhalb eines Jahres seit Bekanntgabe der angegriffenen Entscheidung eingelegt werden. Die Rüge ist schriftlich oder zu Protokoll der Geschäftsstelle bei dem Gericht zu erheben, dessen Entscheidung angegriffen wird.

Ist die Rüge begründet, so hilft ihr das Gericht ab und führt das Verfahren fort. Die unbegründete Rüge wird dagegen durch unanfechtbaren Beschluss zurückgewiesen (§ 44 Abs. 4 Satz 3 FamFG).

8. Antrag auf gerichtliche Entscheidung

Dieser Rechtsbehelf setzt zunächst die Entscheidung einer anderen Stelle voraus, deren Rechtmäßigkeit auf Antrag gerichtlich überprüft werden kann. Es handelt sich daher eigentlich nicht um einen „Rechtsbehelf", sondern um die Entscheidung des Gerichts in erster Instanz.

Der Antrag ist z. B. zulässig gegen die Übertragung der Wahrnehmung der Betreuung auf einen Mitarbeiter der Betreuungsbehörde bzw. des Betreuungsvereins gem. § 291 FamFG i. V. m. § 1900 Abs. 2 BGB oder gegen Maßnahmen im Vollzug der öffentlich-rechtlichen Unterbringung gem. § 327 FamFG. Demgegenüber kann sich ein zivilrechtlich Untergebrachter gegen die gleichen Maßnahmen im psychiatrischen Krankenhaus oder einem Altenheim gerichtlich nicht zur Wehr setzen. Aus der Sicht des Betroffenen ist dieses Defizit wohl nicht zu rechtfertigen.

9. Gegenvorstellung/Dienstaufsichtsbeschwerde

Neben den ordentlichen Rechtsbehelfen gibt es noch die Möglichkeit der gesetzlich nicht geregelten Gegenvorstellung. Eine Dienstpflichtverletzung kann schließlich mit einer Aufsichtsbeschwerde beim Dienstvorgesetzten gerügt werden.

Gegenvorstellung

Die Gegenvorstellung ist anerkannt als formloser Rechtsbehelf ohne „Devolutiveffekt“, d. h. nur das entscheidende Gericht prüft, ob es seine Entscheidung abändern muss. Soweit Abhilfe oder Abänderbarkeit möglich ist, kann das Gericht der Gegenvorstellung stattgeben, bei Unabänderbarkeit grundsätzlich nicht. Vor der Einführung der sog. Gehörsrüge (§ 44 FamFG) wurden im Wege der Gegenvorstellung häufig Verstöße gegen das Recht auf rechtliches Gehör gerügt und durch Fortführung des Verfahrens verbeschieden. Dabei wurde auch die Unanfechtbarkeit durchbrochen, wenn ein „grobes Verfahrensunrecht“ anders nicht zu beseitigen gewesen wäre (*BayObLG*, B. v. 24. 4. 2002, Az. 3Z BR 5/02).

Nach Einführung der Gehörsrüge (vgl. § 44 FamFG) stellt sich die Frage, ob es noch einen Anwendungsbereich für die Gegenvorstellung gibt. Dies ist z. B. für den Fall vorstellbar, dass nicht der „gesetzliche Richter“ i. S. d. Art. 101 GG entschieden hat und diese Grundrechtsverletzung auf andere Weise nicht gerügt werden kann.

In jedem Fall sollte aus Gründen der Rechtssicherheit die zweiwöchige Rügefrist des § 44 Abs. 2 FamFG analog angewendet werden. Es geht nicht an, dass man einen gesetzlich nicht geregelten, außerordentlichen Rechtsbehelf zeitlich unbeschränkt zulässt, während alle anderen Entscheidungen nur befristet angefochten werden können (vgl. *OLG Koblenz*, FamRZ 2008, 1359 und 1967).

Was kann man mit der Dienstaufsichtsbeschwerde erreichen?

Wegen der verfassungsrechtlich garantierten Unabhängigkeit der Richter und Rechtspfleger bei der Verfahrensgestaltung und Entscheidungsfindung kann mit einer Dienstaufsichtsbeschwerde niemals eine andere gerichtliche Entscheidung erwirkt werden! Dies ist nur im Rahmen der ordentlichen Rechtsbehelfe bzw. mit einer Gegenvorstellung möglich. Erreicht werden kann die Durchführung eines Disziplinarverfahrens, wenn etwa der Richter einen Beteiligten beleidigt oder Kosten verursacht, weil er schuldhaft zu spät zu einem Termin kommt.

Hinweis:

Der Betreuer sollte nach Prüfung der Sach- und Rechtslage das Rechtsmittel oder den Rechtsbehelf einlegen und auch möglichst schnell begründen. Die Begründung kann nachgereicht oder ergänzt werden, und zwar auch nach Ablauf der Frist für die Einlegung der Beschwerde. Das Beschwerdegericht wird gegebenenfalls eine Frist setzen (§ 65 Abs. 2 FamFG). Er sollte das Rechtsmittel zurücknehmen (§ 67 Abs. 4 FamFG), wenn er nach weiterer Beratung und Information die Entscheidung akzeptieren kann.

Checkliste: Rechtsbehelfe – was zu beachten ist

- Abklärung der Frage, ob eine Anfechtung der Entscheidung sinnvoll ist und welches Ziel erreicht werden soll.
- Bei nachträglicher Änderung der Sach- oder Rechtslage kann es genügen, wenn eine neue Entscheidung beantragt wird.
- Soll ein Rechtsmittel im eigenen Namen eingelegt werden oder als gesetzlicher Vertreter des Betreuten?
- Ist die professionelle Hilfe eines Rechtsanwalts erforderlich?
- Welches Rechtsmittel oder welcher Rechtsbehelf ist möglich?
- Welches Kostenrisiko besteht?
- Kann man Verfahrenskostenhilfe beantragen?
- Einreichen einer Beschwerdeschrift oder Angaben zu Protokoll der Geschäftsstelle beim Ausgangsgericht.
- Welche Form- und Fristvorschriften sind zu beachten?

Zum Inhalt des Beschwerdevorbringens:

- Aktenzeichen des Verfahrens und Personalien des Betreuten möglichst genau angeben.
- Genaue Bezeichnung der Entscheidung, die angefochten wird (z. B. … Beschwerde gegen die Ablehnung der Aufhebung der Betreuung durch Beschluss des Amtsgerichts Aburg vom 3. 12. 2009).
- Ausdrücklich erklären, dass gegen diesen Beschluss Beschwerde eingelegt wird.
- Darlegung, welche Entscheidung gewünscht wird.
- Gründe, die dafür sprechen, dass die erste Entscheidung falsch war.
- Beweismittel angeben (Zeugen, Urkunden, ärztliche Zeugnisse) oder die Erhebung von Beweisen anregen (z. B. Einholung eines Sachverständigengutachtens).
- Unterschrift.

Inhalt

1. Haftung des Betreuers

Der Betreuer kann einerseits dem Betreuten einen Schaden zufügen, andererseits aus seiner Tätigkeit heraus auch Dritte schädigen und diesen zum Schadensersatz verpflichtet sein.

Hinweis:

Die folgenden Ausführungen sollen auf Gefahren hinweisen, die im Rahmen einer Betreuung zu beachten sind. Sie sind keinesfalls so zu verstehen, dass der Betreuer ständig Schadensersatzansprüchen gegenüberstehen würde. Bei pflichtgemäßer Führung des Betreueramtes dürften keinerlei Probleme entstehen.

1.1 Haftung dem Betreuten gegenüber

Es sind an sich zwei Fallgruppen denkbar, nach denen der Betreuer dem Betreuten gegenüber schadensersatzpflichtig sein kann. Die wichtigste Vorschrift ist § 1833 BGB, die über § 1908i Abs. 1 Satz 1 BGB auch für die Betreuung gilt. Hierbei handelt es sich um Schäden, welche aus einer Pflichtverletzung des Betreuers heraus entstehen. Daneben ist noch § 823 BGB zu beachten, der einen Schadensersatz auslöst, wenn der Betreuer sich dem Betreuten gegenüber einer Rechtsgutverletzung schuldig macht.

1.1.1 Ansprüche aus Pflichtverletzungen

Betreuer verletzt schuldhaft seine Pflichten

Der Betreuer haftet gegenüber dem Betreuten aus einer Pflichtverletzung für Schäden aus einer schuldhaften Pflichtverletzung bei der Amtsführung, §§ 1908i Abs. 1 Satz 1, 1833 Abs. 1 BGB.

Es müssen folgende Voraussetzungen vorliegen:

- Pflichtverletzung des Betreuers
- schuldhafte Amtsführung
- Entstehung eines Schadens
- Kausalität zwischen Schadensentstehung und Betreuerhandlung

Pflichtverletzung

Eine Pflichtverletzung liegt vor, wenn der Betreuer

- die Angelegenheiten des Betreuten gemäß § 1901 Abs. 2 BGB nicht so besorgt, wie es dessen Wohl entspricht,

Gesetzliche Pflichten

- gegen gesetzliche Vorschriften verstößt, z. B. gegen die Verpflichtung, Betreutengeld gemäß §§ 1908i Abs. 1, 1806, 1807, 1809 BGB anzulegen,

Anordnungen des Betreuungsgerichts

- Anordnungen und Weisungen des Betreuungsgerichts nach §§ 1908i Abs. 1, 1837 Abs. 2 BGB nicht befolgt.

Dem Betreuer obliegen gegenüber dem Betreuten mannigfaltige Verpflichtungen, welche zum Teil ausdrücklich im Gesetz beschrieben sind oder sich aus der „Generalregel“ des § 1901 BGB ergeben.

Pflichtwidriges Handeln

Der Betreuer führt die Betreuung an sich selbstständig und eigenverantwortlich. Pflichtwidrig handelt der Betreuer, wenn er gegen gesetzliche Regelungen verstößt, gegen gerichtliche Anordnungen handelt, seinen Ermessensspielraum überschreitet und/oder sich zum Nachteil des Betreuten von unsachgemäßen Erwägungen leiten lässt und ungerechtfertigt Wünsche des Betreuten nicht erfüllt (*BayObLG* FamRZ 2000, 565).

Pflichten des Betreuers

Die Pflichten des Betreuers sind bereits in Kapitel A 1 Abschnitt 6 angesprochen und werden hier nur noch vertieft.

Wohl des Betreuten

Das Gesetz fordert in § 1901 Abs. 2 BGB, dass der Betreuer die Angelegenheiten des Betreuten so zu besorgen hat, wie es dessen Wohl entspricht.

Wohl des Betreuten

„Wohl des Betreuten" umschreibt als unbestimmter Rechtsbegriff die Gesamtheit der persönlichen wie der wirtschaftlichen Interessen des Betreuten. Besonders erwähnt wird in § 1901 Abs. 4 BGB das Interesse des kranken und behinderten Menschen an der Wiederherstellung seiner Gesundheit und Beseitigung seiner Behinderung.

Wünsche des Betreuten

Die Wünsche des Betreuten sind Teil des „Betreutenwohls" und werden in § 1901 Abs. 2 Satz 2 BGB besonders hervorgehoben. Der Betreute hat das Recht, im Rahmen seiner Fähigkeiten sein Leben nach eigenen Wünschen und Vorstellungen zu gestalten. Zum Begriff „Wünsche" siehe Kapitel A 1 Abschnitt 6.2.

Wohl und Wille (eigene Wünsche und Vorstellungen) bilden zunächst keine Gegensätze. Wünsche des Betreuten entsprechen jedoch dann nicht mehr seinem Wohl, wenn sie objektiv diesem zuwiderlaufen, das heißt, seine Rechtsgüter gefährden oder seine Lebenslage insgesamt erheblich verschlechtern würden, § 1901 Abs. 3 Satz 1 BGB.

Beispiele:

Der sehr vermögende Betreute A möchte sein Sparkonto mit einer Einlage von 3.000 EUR und einer Jahresverzinsung von 1% unbedingt beibehalten.

Der Betreute B hat außer seinem Sparkonto mit einer Einlage von 30.000 EUR und einer Jahresverzinsung von 1% nahezu kein Vermögen und ein eher geringes Einkommen. Er möchte unbedingt die Geldanlage beibehalten.

Während im ersten Beispiel das Rechtsgut Vermögen des A nicht gefährdet ist und seine Lebenslage insgesamt keine Verschlechterung erfährt, muss dies im zweiten Beispiel bezweifelt werden. Hier wird der Betreuer gehalten sein, eine besser verzinsliche Anlegung herbeizuführen, auch wenn dies nicht dem Wunsch des Betreuten B entspricht.

Dem Wohl des Betreuten laufen insbesondere solche Wünsche zuwider, deren Erfüllung die gesamte Lebens- und Versorgungssituation des Betreuten erheblich verschlechtern würden (z. B. wirtschaftlich unvertretbarer Umgang mit dem Vermögen, wenn daraus die Gefahr erwächst, dass künftig der angemessene Unterhalt nicht mehr bestritten werden kann).

Vorrang der Betreutenwünsche

Die Einordnung des Vorrangs der Wünsche des Betreuten betont auch die Entscheidung des *OLG Schleswig* (BtPrax 2001, 211), das feststellt, dass das Wohl des Betreuten i. S. v. § 1901 Abs. 2 BGB subjektiv zu bestimmen ist. Auch irrationale Wünsche des Betreuten, die objektiv betrachtet nicht seinen Interessen entsprechen, sind vom Betreuer zu beachten, solange deren Verwirklichung nicht dem Betreutenwohl zuwiderlaufen. Ist z. B. der in einem Pflegeheim lebende Betreute aus irrationalen Erwägungen gegen die Vermietung seines Einfamilienhauses, ist dieser Wunsch beachtlich, solange er in der Lage ist, seine Lebenshaltungskosten und die mit dem Leerstand des Hauses verbundenen Kosten aus eigenen Einkünften zu decken.

Ein Betreuer haftet z. B. nicht für vermögensrechtliche Nachteile (Steuerbelastungen) aus dem Verkauf von Grundstücken des Betreuten, wenn der Verkauf auf dessen ausdrücklichen Wunsch erfolgt und der Betreuer nach Einholung fachkundigen

Beachtlicher Wunsch des Betreuten verhindert Haftung

Rates den Betreuten umfassend über die Nachteile informiert, *BGH* (FamRZ 2009, 1656). Der Wunsch wäre lediglich dann unbeachtlich, wenn der Betreute infolge seiner Erkrankung entweder nicht mehr in der Lage ist, eigene Wünsche und Vorstellungen zu bilden und zur Grundlage und Orientierung seiner Lebensgestaltung zu machen, oder wenn er die der Willensbildung zugrunde liegenden Tatsachen infolge seiner Erkrankung verkennt.

Die Nichtbeachtung gerechtfertigter Wünsche stellt für den Betreuer eine Pflichtwidrigkeit dar. Entsteht aus der nicht begründeten Übergehung der Wünsche dem Betreuten ein Schaden, haftet der Betreuer gemäß § 1833 i. V. m. § 1908i Abs. 1 Satz 1 BGB.

Besprechungspflicht

Der Betreuer ist außerdem gehalten, wichtige Angelegenheiten vor ihrer Erledigung mit dem Betreuten zu besprechen, § 1901 Abs. 3 Satz 3 BGB. Siehe hierzu Kapitel A 1 Abschnitt 6.3.

Gesetzliche Pflichten

Die Betreuung umfasst die Pflicht, in dem angeordneten Aufgabenkreis alle Obliegenheiten zu erfüllen, die erforderlich sind, um die Angelegenheiten des Betreuten rechtlich zu besorgen, § 1901 Abs. 1 BGB. Der Betreuer hat somit die Aufgabe, gesetzliche Vorgaben einzuhalten; diese Verpflichtung besteht vorrangig gegenüber dem Betreuten. Ähnlich dem Vormund bei Minderjährigen (vgl. § 1789 BGB) ist er zu treuer und gewissenhafter Führung der Betreuung verpflichtet.

Als gesetzliche Pflichten ergeben sich beispielhaft (§ 1908i Abs. 1 Satz 1 BGB):

- Erstellung eines Vermögensverzeichnisses zu Beginn der Betreuung, § 1802 BGB
- Abgabe eines jährlichen Berichts und einer Einnahme/Ausgabenabrechnung, § 1840 BGB
- Anlegung von Betreutengeld in bestimmter Art und Weise, §§ 1806, 1807, 1809, 1810 BGB
- Sicherung von Wertpapieren und Wertrechten, §§ 1814, 1816 BGB
- Erstellung einer Rechenschaft am Ende der Betreuung, § 1890 BGB

Gerade in Vermögensangelegenheiten können durch Missachtung von gesetzlichen Pflichten Schäden entstehen.

Beispiele für haftungsrelevante Tätigkeiten:

- Rechtzeitige Geltendmachung von Grundsicherung für Arbeitsuchende, Sozialhilfe und Rentenansprüchen (z. B. Erwerbsunfähigkeitsrente)
- Abwehr unberechtigter Forderungen Dritter
- Durchsetzung von Unterhalts-, Erb- und Pflichtteilsansprüchen
- Rechtzeitige Auflösung der Wohnung des Betreuten, wenn die Umstände dies gebieten
- Überprüfung der Wohnverhältnisse zur Vermeidung von Vermüllung
- Maßnahmen zum Erhalt des Krankenversicherungsschutzes
- Vermeidung einer schlecht verzinslichen Geldanlage (z. B. Sparbuch statt Festgeld)
- Geldanlage bei einer Bank mit nur ausreichender Sicherungseinrichtung

Erledigt der Betreuer diese Aufgaben nicht sorgfältig genug und

- übersieht er Fristen zur Geltendmachung berechtigter Ansprüche,
- stellt er Anträge zu spät, so dass auch die Leistungen erst nachträglich erbracht werden oder
- unterlässt er die Durchsetzung von Ansprüchen aus früheren im Zustand der Geschäftsunfähigkeit abgeschlossenen und erfüllten Verträge,

ist der Betreuer zum Schadensersatz verpflichtet.

Anordnungen und Weisungen des Betreuungsgerichts

Gericht erlässt Ge- und Verbote

Das Betreuungsgericht hat gemäß §§ 1908i Abs. 1 Satz 1, 1837 Abs. 2 Satz 1 BGB diejenigen Gebote und Verbote gegen den Betreuer zu erlassen, die geeignet sind, die Beeinträchtigung der Interessen des Betreuten abzuwehren und die zu diesem Zweck als erforderlich erscheinen (*OLG Hamm* FamRZ 1998, 570). Die Gebote und Verbote müssen das konkrete Handeln des Betreuers betreffen. Er kann z. B. im Rahmen der Genehmigung einer Grundstücksveräußerung angewiesen werden, den Kauferlös zu einem Teil wieder in Grundvermögen anzulegen (sog. Auflage in einer betreuungsgerichtlichen Genehmigung). Ein Verstoß gegen derartige gerichtliche Verbote und Gebote führt zu einer Pflichtwidrigkeit.

Schuldhafte Pflichtverletzung bei der Amtsführung

Die Haftung setzt ein Verschulden des Betreuers voraus, nur dann kann sich ein Schadensersatzanspruch aus § 1833 Abs. 1 BGB ergeben. Verschulden i. S. v. § 276 BGB liegt vor, wenn der Betreuer handelt mit:

Vorsatz und Fahrlässigkeit

- Vorsatz (Wissen und Wollen des rechtswidrigen Erfolgs);
- grober Fahrlässigkeit (Außerachtlassen der verkehrserforderlichen Sorgfalt in einem besonders schweren Maße, also das Unterlassen von einfachen, ganz nahe liegenden Überlegungen und das Außerachtlassen dessen, was im gegebenen Fall jedem hätte einleuchten müssen);
- einfacher Fahrlässigkeit (Außerachtlassen der im Verkehr erforderlichen Sorgfalt, ohne dass die besonderen Merkmale grober Fahrlässigkeit gegeben sind).

Lebenskreis, Rechts- und Geschäftserfahrung sind beachtlich

Der Betreuer haftet grundsätzlich für jeden Verschuldensgrad, also auch für einfache Fahrlässigkeit. Er kann sich grundsätzlich nicht mit dem Hinweis entlasten, er habe so sorgfältig gehandelt, wie er auch in eigenen Angelegenheiten handeln würde.

Allerdings werden nach allgemeiner Ansicht bei dem Betreuer die besonderen Lebensverhältnisse seines Lebenskreises berücksichtigt. Es ist daher darauf Rücksicht zu nehmen, welche Sorgfalt in den Lebenskreisen, denen er angehört, geübt wird und billigerweise in diesen Kreisen auch erwartet werden kann (vgl. *BGH* FamRZ 1964, 199). Bei einem Berufsbetreuer wird man ausreichende rechtliche und wirtschaftliche Kenntnisse und somit professionelles Handeln erwarten können. Den gleichen Maßstab kann man jedoch bei einem ehrenamtlich tätigen Betreuer, der häufig mit „Herz und Verstand" handelt, nicht heranziehen.

Betreuungsgerichtliche Genehmigung schließt Betreuerhaftung nicht aus

Wurde zu einer Rechtshandlung die erforderliche Genehmigung durch das Betreuungsgericht erteilt, schließt dies eine Haftung des Betreuers nicht grundsätzlich aus. Da die Genehmigungspflicht dem Schutz des Betreuten dient, kann auch die Genehmigung nur im Ausnahmefall zu einer Entlastung des Betreuers führen. Auf die erteilte Genehmigung kann sich vor allem der juristisch nicht gebildete Betreuer dann verlassen, wenn es im Wesentlichen um Rechtsfragen geht und dem Betreuungsgericht alle relevanten Tatsachen bekannt sind. Im Übrigen kann und muss der Betreuer bis zur Vornahme des genehmigten Geschäfts selbst prüfen, ob es dem Wohl des Betreuten dient. Dies gilt vor allem, wenn sich nach der Genehmigung die Umstände ändern (vgl. *BGH* BtPrax 2004, 31).

Ein Mitverschulden des Betreuten kann schadensmindernd zu berücksichtigen sein, § 254 BGB (wer von Schaden bedroht ist, ist verpflichtet, jede ihm zumutbare Maßnahme zur Abwendung, Minderung oder Verhütung zu ergreifen). Dabei sind allerdings die eingeschränkten persönlichen Fähigkeiten der Betreuten (wegen psychischer Krankheit oder geistiger Behinderung) zu beachten.

Um keinen Schaden entstehen zu lassen, sollte sich insbesondere der ehrenamtliche Betreuer an die zuständigen Stellen wenden, um Rat und Unterstützung einzuholen. Dabei kann er primär den Rechtspfleger des Betreuungsgerichts in Anspruch nehmen, §§ 1908i Abs. 1, 1837 Abs. 1 BGB, aber auch die Betreuungsbehörde, § 4 BtBG oder einen Betreuungsverein, § 1908f Abs. 1 Nr. 2 BGB.

Häufig wird auch der Rechtspfleger im Rahmen seiner Aufsichtsführung Fehler so rechtzeitig erkennen, dass ein Schaden nicht entsteht.

Entstehung eines Schadens

Was ist ein Schaden?

Schaden stellt eine Einbuße dar, die jemand infolge eines bestimmten Ereignisses an seinen Lebensgütern, insbesondere Gesundheit oder Eigentum erleidet. Der Schadensbegriff des BGB umfasst den Vermögens- und Nichtvermögensschaden.

Nur wenn dem Betreuten ein Schaden entstanden ist, kann ein Schadensersatz geltend gemacht werden.

Beispiel:

Entgangener Zinsgewinn

Der (befreite) Betreuer belässt ein Betreutenvermögen von 200.000 EUR auf dem Sparkonto bei einer jährlichen Verzinsung von 1% über einen Zeitraum von 5 Jahren; in dieser Zeit wäre bei besserer Anlage problemlos eine Verzinsung von 4% möglich gewesen. Da eine jährliche Rechnungslegung beim befreiten Betreuer entfällt (§§ 1908i Abs. 2 Satz 2, 1857a, 1854 BGB), hat der Rechtspfleger diesen Umstand nicht erkannt.

Dem Betreuten ist ein zu ersetzender Vermögensschaden von ca. 30.000 EUR entstanden.

Beispiel:

Heilkosten und Schmerzensgeld

Der schwer psychotische Betreute vernachlässigt eine regelmäßige Nahrungsaufnahme und gerät dadurch in einen lebensbedrohlichen Unterernährungszustand. Der Betreuer, dem auch die Gesundheitssorge obliegt, verkennt die Situation und unternimmt nichts. Infolge der Mangelernährung erleidet der Betreute einen schwerwiegenden Nierenschaden.

Dem Betreuten könnte ein Anspruch auf die Heilkosten und darüber hinaus ein Schmerzensgeldanspruch wegen der Funktionseinbuße der Niere zustehen (nichtvermögensrechtlicher Schaden).

Kausalität zwischen Schadensentstehung und Betreuerhandlung

Der dem Betreuten erwachsene Schaden muss auf der Pflichtverletzung des Betreuers beruhen.

Schaden beruht auf Pflichtverletzung

Zwischen dem pflichtwidrigen Verhalten des Betreuers und dem Verletzungserfolg muss ein ursächlicher Zusammenhang bestehen. Es muss eine dem Betreuer zurechenbare (und willensgesteuerte) Handlung bzw. ein entsprechendes Unterlassen vorliegen, welche den Schaden auslöst.

Beispiel:

Der Betreuer hält grundlos einen hohen Bestand auf dem Girokonto des Betreuten. Durch die Pflichtverletzung (Verstoß gegen § 1806 BGB) entgehen dem Betreuten Zinsgewinne (Schaden).

Ist dem Betreuten ein Schaden durch das Handeln oder Unterlassen des Betreuers entstanden, muss für den Schadensersatz im Rahmen von § 1833 Abs. 1 BGB geprüft werden:

Pflichtverletzung	Schuldhaftigkeit	Kausalität
Hat der Betreuer eine Pflichtverletzung begangen? • Missachtung des § 1901 Abs. 2 Satz 1 BGB • Verstoß gegen gesetzliche Vorschriften • Nichtbeachtung betreuungsgerichtlicher Anordnungen	Hat der Betreuer schuldhaft gehandelt? • Vorsatz • grobe Fahrlässigkeit • einfache Fahrlässigkeit	Besteht zwischen der Pflichtverletzung und dem Schaden ein ursächlicher Zusammenhang? • Der Schadenseintritt beruht auf der Pflichtverletzung.

Eine erteilte betreuungsgerichtliche Genehmigung schließt die Haftung nicht generell aus.

Praktischer Fall

Verfügt der Betreuer ohne Zustimmung des Gegenbetreuers oder Betreuungsgerichts über ein Wertpapierdepot mit einem Kurswert von über 200.000 EUR, händigt er ferner dem Betreuten zu dessen Lebzeiten Geldbeträge von über 2.000 EUR monatlich zur freien Verfügung aus und überlässt er eine EC-Karte mit PIN-Nummer einer dritten Person, mit der Geld bei einem Automaten abgehoben wurde, handelt er pflichtwidrig und hat (gegebenenfalls gegenüber dem Erben) einzustehen, *LG Berlin* FamRZ 2010, 492.

Diese Entscheidung muss jedoch hinterfragt werden. Wichtig wäre zu wissen, welche Mittel insgesamt vorhanden waren, denn bei einem großen Vermögen ist ein monatlicher Taschengeldbetrag von 2.000 EUR durchaus vertretbar, insbesondere dann, wenn der Betreute sich damit Wünsche erfüllen wollte und konnte. Die Verfügung über das Wertpapierdepot unterlag dem Genehmigungstatbestand nach §§ 1908i Abs. 1, 1819, 1814 BGB. Ein Schadensersatz durch die Nichteinholung der Genehmigung kann aber nur entstehen, wenn durch die Verfügung auch ein Schaden entstanden ist. Problematisch kann sich die Überlassung der EC-Karte erweisen, wenn die entnommenen Beträge nicht zum Wohle des Betreuten verwendet wurden.

Beispiel:

Der Betreuer entnimmt vom Girokonto des Betreuten wiederholt größere Geldbeträge und händigt sie dem Betreuten wunschgemäß gegen Quittierung aus. Nach einem Betreuerwechsel macht der neue Betreuer gegen seinen Vorgänger im Namen des Betreuten Herausgabeansprüche geltend, in dem er die Übergabe der Gelder an den Betreuten bezweifelt.

Übergibt der Betreuer große Bargeldbeträge dem Betreuten, hat er die Verwendung zu kontrollieren

Das *LG Mainz* (FamRZ 2012, 1325) stellt zu einem ähnlichen Sachverhalt fest, dass ein Berufsbetreuer, der im Rahmen der ihm übertragenen Betreuung Gelder bar von Betreutenkonten abgehoben hat, ebenso wie ein Bevollmächtigter zur Herausgabe der Gelder verpflichtet ist, sofern er nicht nachweist, dass er die Gelder bestimmungsgemäß verwendet hat (siehe hierzu Kap. A 4 Ziff. 2.2.5). Darüber hinaus ist das Gericht der Ansicht, dass dem Betreuten im Übrigen auch ein Schadensersatzanspruch aus §§ 1908i Abs. 1, 1833 BGB zusteht, denn der Beklagte hat durch die Abhebung der Bargeldbeträge seine Pflicht aus dem Betreuungsverhältnis, das Vermögen des Betreuten in dessen Interesse zu verwenden, verletzt, indem er hohe Geldbeträge abgehoben und (nach seinem Bekunden) ausgehändigt hat, ohne eine Kontrolle über deren Verwendung zu haben, was zumindest fahrlässig erfolgt ist. Ohne die Pflichtverletzung wäre das Geld noch im Vermögen der Betreuten vorhanden.

Beispiel:

Der Betreute ist unstreitig geschäftsunfähig, was auch der Betreuer weiß. Nach Eingang eines größeren Geldbetrags auf dem Girokonto hebt der Betreute selbst diesen ab und verbraucht ihn.

Da die Willenserklärung des Betreuten nichtig war (§ 105 Abs. 1 BGB), ist sein Anspruch gegen die Bank durch die Entnahme nicht erloschen; die Bank muss den Betrag wieder gutschreiben. Allerdings macht die Bank gegen den Betreuten einen aufrechenbaren Gegenanspruch aus §§ 280 Abs. 1, 281 Abs. 2 Satz 1 BGB geltend, da der Betreute seine Pflichten gegenüber der Bank verletzt habe. Der Betreute als Kontoinhaber hat seine Pflicht verletzt, fehlerhafte Zahlungsvorgänge zu vermeiden. Er hätte der Bank anzeigen müssen, dass er geschäftsunfähig ist. Diese Pflicht dürfte sich aus Nr. 20 Abs. 1 Buchst. a AGB-Sparkassen (ähnlich die AGB anderer Kreditinstitute) ergeben, nach der der Kontoinhaber alle für die Geschäftsbeziehung wesentlichen Tatsachen der Bank mitzuteilen hat (z. B. auch das Bestehen der Verfügungs- oder Verpflichtungsfähigkeit des Kunden).

Betreuer teilt die Geschäftsunfähigkeit des Betreuten der Bank mit

Die Pflicht trifft bei einem geschäftsunfähigen Betreuten den Betreuer. Verletzt er diese Pflicht, hat er nach §§ 1908i Abs. 1, 1833 BGB dem Betreuten den Schaden zu ersetzen, der diesem entstanden ist. (Siehe hierzu *OLG Koblenz* vom 30. 1. 2012, Az. 3 W 40/12.)

Beispiel:

Der Betreuer mit dem Aufgabenkreis „Gesundheitsfürsorge“ versäumt die rechtzeitige Beantragung der freiwilligen Versicherung in der gesetzlichen Krankenversicherung seines Betreuten.

Krankenversicherungsschutz ist herzustellen

Der Betreuungstatbestand der Gesundheitsfürsorge fordert von dem Betreuer, dass er die Angelegenheiten des Betreuten so zu besorgen hat, wie es dessen Wohl entspricht (§ 1901 Abs. 2 BGB). Hierzu gehört auch, dass die betreute Person selbst über eine entsprechende Krankenversicherung verfügt, da anderenfalls für die in diesem Zusammenhang mit der Inanspruchnahme der ärztlichen Versorgung entstehenden Kosten der Betreute selbst einzustehen hat. Demgemäß trifft den Betreuer im Rahmen des ihm übertragenen Aufgabenkreises der Gesundheitsfürsorge eine eigene Pflicht, sich um den Krankenversicherungsschutz des Betreuten zu kümmern und diesen durch den fristgerechten Beitritt zur freiwilligen Krankenversicherung abzusichern. Dabei ist die Versäumung der gesetzlichen Dreimonatsfrist nach § 9 Abs. 2 Nr. 1 SGB V auch verschuldet, wobei leichte Fahrlässigkeit genügt, *OLG Nürnberg*, BtPrax 2013, 70.

1.1.2 Ansprüche aus unerlaubten Handlungen

Eine über § 1833 BGB hinausgehende Haftung des Betreuers kann sich aus unerlaubten Handlungen (Deliktsrecht) ergeben. Insbesondere ist § 823 BGB zu beachten.

Bei der Anwendung von § 823 Abs. 1 BGB müssen folgende Tatbestandsvoraussetzungen (kumulativ) erfüllt sein:

- Rechtsgutverletzung
  (z. B. Körper/Gesundheit, Freiheit, Eigentum, sonstiges Recht)
- Ursächlichkeit
- Rechtswidrigkeit
- Verschulden
- Schaden.

Rechtsgutverletzung

Körperverletzung

Beispiele für Rechtsgutverletzungen

Herkömmlich wird unter einer Körperverletzung die Verletzung der äußeren Integrität des Körpers verstanden, die allerdings auch „von Innen“ angegriffen werden kann, etwa durch Verabreichung aggressiver Substanzen (Säure).

Gesundheitsverletzung

Die Gesundheitsverletzung bezieht sich auf das Funktionieren der inneren Lebensvorgänge ohne Rücksicht auf die Integrität der Organe und Körperteile. Es ist grundsätzlich an dem Krankheitsbegriff der Medizin festzuhalten. Auch somatische Beeinträchtigungen, die nicht auf einer Verletzung der körperlichen Integrität beruhen, sowie psychische Störungen aller Art fallen darunter.

Freiheit

Das Rechtsgut Freiheit wird überwiegend auf die körperliche Fortbewegungsfreiheit beschränkt. Es wird die Freiheit sowohl vor Beschränkungen als auch vor ihrem völligen Entzug, etwa durch Einsperren oder durch das sog. Fixieren eines psychisch Kranken, geschützt.

Eigentum

Das Eigentum ist ein umfassendes Herrschaftsrecht über eine Sache, kraft dessen der Rechtsinhaber nach Belieben mit ihr verfahren und andere von jeder Einwirkung ausschließen kann. Daraus ergeben sich die drei Verletzungsmodalitäten, die geeignet sind, Schadensersatzansprüche auszulösen, nämlich: Entziehung oder Belastung des Eigentumsrechts; nachteilige Einwirkung auf den jeweiligen körperlichen Gegenstand, insbesondere durch Substanzverletzung und durch Vorenthaltung des Besitzes, sowie sonstige Störungen der Nutzbarkeit der Sache.

Beispiel:

Der Betreuer nimmt dem an sich fahrtüchtigen Betreuten die Kfz-Papiere und Schlüssel weg und hindert ihn so an der Benutzung des PKW.

Ursächlichkeit

Zwischen dem Verhalten (pflichtwidriges Tun oder Unterlassen) des Betreuers und der eingetretenen Rechtsgutverletzung muss ein ursächlicher Zusammenhang bestehen.

Beispiel:

Der Betreute ist Eigentümer eines Hausgrundstücks. Der Betreuer mit dem Aufgabenkreis „Verwaltung des Hausgrundstücks" vernachlässigt im Winter die Organisation der Streupflicht des Zugangs zum Haus (Verkehrssicherungspflicht). Auf dem Glatteis stürzt der Betreute und bricht sich den Arm.

Ursache für den Sturz und die Schädigung war, dass der Betreuer es unterlassen hatte, einen Winterdienst zu beauftragen (ausgehend davon, dass der Betreute selbst nicht in der Lage war, seiner Streupflicht nachzukommen).

Rechtswidrigkeit

Notwehr oder Nothilfe

Grundsätzlich ist jedes Verhalten, das einen anderen schädigt, rechtswidrig. Allerdings könnten Rechtfertigungsgründe wie Notwehr, Notstand und Nothilfe vorliegen.

Beispiel:

Die pflegende Ehefrau als Betreuerin schließt ihren Ehemann ab und zu kurzfristig in der Wohnung ein, wenn sie einkaufen geht. Grund hierfür ist aus ihrer Sicht die Gefahr, dass der Betreute unkontrolliert das Haus verlässt und sich im Straßenverkehr verletzt.

An sich besteht eine Freiheitsverletzung mittels Entziehung der körperlichen Bewegungsfreiheit durch Zwang. Hier kann ein rechtfertigender Notstand i. S. v. § 34 StGB vorliegen, wenn die gegenwärtige Gefahr für Leib und Leben des Betreuten nicht anders abgewendet werden kann und die Einschließung ein angemessenes Mittel darstellt. Auch wenn es sich um einen „Akt familiärer Fürsorge" handelt, darf dies nicht als Rechtfertigung für jede unkontrollierte häusliche Gewalt herangezogen werden (a. A. BGHSt 13, 197).

Verschulden

Für das Verschulden gilt der gleiche Maßstab wie bei einem Anspruch aus §§ 1908i, 1833 BGB. Auch die Haftung nach § 823 Abs. 1 BGB setzt ein vorsätzliches oder fahrlässiges Verhalten voraus (vgl. dazu die Ausführungen im Abschnitt 1.1.1 unter *„Ansprüche aus Pflichtverletzungen"*).

Schaden

Ein Schaden (Personen- oder Sachschaden) muss entstanden sein.

Beispiel:

Hat der Betreuer u. a. mit dem Aufgabenkreis „Verwaltung des Hausgrundstücks" im Winter die Streupflicht des Zugangs zum Haus des Betreuten vernachlässigt, stürzt der Betreute und bricht sich den Arm, so ist eine Körperverletzung als Schaden entstanden.

Ist dem Betreuten ein Schaden durch das Handeln oder Unterlassen des Betreuers entstanden, muss für den Schadensersatz im Rahmen von § 823 Abs. 1 BGB geprüft werden:

Rechtsgut-verletzung	**Ursächlichkeit**	**Rechtswidrigkeit**	**Verschulden**
Verletzung des Körpers, der Gesundheit, der Freiheit, des Eigentums	Besteht zwischen dem Verhalten des Betreuers und der Rechtsgut-verletzung ein ursächlicher Zusammenhang?	Ist das schädigende Verhalten rechtswidrig oder liegt ein Rechtfertigungsgrund vor?	Hat der Betreuer schuldhaft gehandelt, mit Vorsatz, grober oder einfacher Fahrlässigkeit?

1.2 Haftung gegenüber Dritten

1.2.1 Haftung aus Rechtsgeschäften

Grundsatz: Betreuter haftet für abgeschlossene Rechtsgeschäfte (§ 278 BGB)

Schließt der Betreuer als gesetzlicher Vertreter des Betreuten (§ 1902 BGB) innerhalb des zugewiesenen Aufgabenkreises für diesen Rechtsgeschäfte ab, so haftet grundsätzlich der Betreute für ein Verschulden des Betreuers, § 278 BGB. Der geschädigte Dritte hat sich an den Betreuten zu halten. Wichtig ist dabei, dass der Betreuer erkennbar in seiner Funktion als gesetzlicher Vertreter für den Betreuten aufgetreten ist. Bei den sog. Alltagsgeschäften (Bargeschäfte des täglichen Lebens) muss dieser Wille, für einen anderen handeln zu wollen, nicht nach außen in Erscheinung treten, da in diesen Fällen der Vertragspartner kein Interesse daran hat, ob der andere Teil im eigenen oder fremden Namen handelt. Dies wäre etwa der Fall, wenn der Betreuer Lebensmittel im Namen des Betreuten einkauft.

Beispiel:

Der Betreuer schließt erkennbar in seiner Betreuereigenschaft für den Betreuten einen Pflegevertrag ab. Rechte, Pflichten und Ansprüche aus dem Vertrag werden dann nur zwischen dem Betreuten (Vertretenen) und dem Dienstleister begründet. Dies gilt auch dann, wenn der Betreuer Rechtsanwalt ist und er es im Verhältnis zum Betreuten pflichtwidrig unterlassen hat, dessen Sozialhilfeansprüche geltend zu machen (vgl. *OLG Schleswig* SchlHA 2003, 74).

Das *LG Duisburg* (BtPrax 2012, 86) hat entschieden, dass ein Betreuer für das von dem Betreuten geschuldete Heimentgelt gegenüber dem Heimträger nur unter den Voraussetzungen des § 311 Abs. 3 BGB haftet. Die Betreuertätigkeit hat keine drittschützende Zielrichtung zugunsten eines Heimträgers. Ein Rentenversicherungsträger hat aufgrund der unterlassenen Verwendung von an den Betreuten geleisteten Rentenzahlungen zur Deckung von Heimkosten keinen Bereicherungsanspruch gegen den Betreuer.

Grundsätzlich gilt, dass die rechtsgeschäftliche Tätigkeit des Betreuers in Wahrnehmung der Vermögensverwaltung nicht zu „einer allgemeinen Einstandspflicht gegenüber Dritten" führt. Auch kann sich nicht jeder ohne weiteres auf die Pflichten berufen, die der Betreuer gegenüber dem Betreuten zu erfüllen hat („Drittwirkung").

Es haftet also nach § 278 BGB grundsätzlich der Betreute mit seinem Vermögen Dritten gegenüber für einen Schaden, den der Betreuer bei der Anbahnung oder im Rahmen eines für den Betreuten begründeten Vertragsverhältnisses verschuldet hat. Der Betreute hat aber u. U. einen Regressanspruch gegen den Betreuer, falls dieser pflichtwidrig und schuldhaft den Schaden verursacht hat.

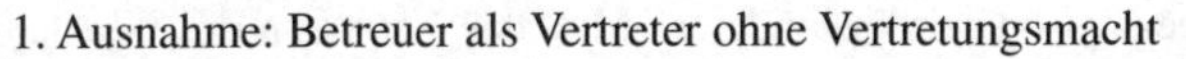
1. Ausnahme: Betreuer als Vertreter ohne Vertretungsmacht

Der Grundsatz, dass der Betreute haftet, gilt nur, wenn die Handlung des Betreuers von seiner Vertretungsmacht gedeckt war. Dies ist etwa dann nicht der Fall, wenn

- der Aufgabenkreis des Betreuers ein bestimmtes Rechtsgeschäft nicht umfasst (z. B. der Betreuer ist lediglich für den Aufgabenkreis „ärztliche Behandlung" bestellt und kündigt den bestehenden Mietvertrag des Betreuten)
- er kraft Gesetzes gemäß §§ 1908i Abs. 1, 1795 BGB von der Vertretung ausgeschlossen ist (z. B. der Betreuer schließt mit seiner Ehefrau einen Vertrag im Namen des Betreuten)
- er unbefugt nach dem Tod des Betreuten handelt.

In diesen Fällen sind die einseitigen Rechtsgeschäfte (z. B. Kündigung) nichtig, § 180 BGB (Ausnahme § 180 Satz 2 BGB); Verträge sind dagegen schwebend unwirksam, § 177 Abs. 1 BGB.

Verträge könnten durch den geschäftsfähigen Betreuten, durch einen weiteren Betreuer (§ 1899 Abs. 4 BGB) oder die Erben genehmigt (§§ 182 Abs. 1, 184 Abs. 1 BGB) und dadurch rückwirkend wirksam werden. Wird jedoch die Zustimmung zu dem Rechtsgeschäft verweigert, so kann der Vertragspartner vom Betreuer Vertragserfüllung oder Schadensersatz verlangen, § 179 BGB. Es gilt der sog. Erfüllungsschaden, z. B. ein möglicher entgangener Gewinn des Vertragspartners ist zu ersetzen (der Vertragspartner ist so zu stellen, als ob der Vertrag zustande gekommen wäre). Diese Haftung des Betreuers entsteht allerdings nicht, wenn der andere Teil den Mangel in der Vertretungsmacht kannte oder kennen musste, § 179 Abs. 3 BGB.

Im Laufe einer Betreuung kann es dazu kommen, dass der genaue Umfang der Aufgabenkreise etwas in Vergessenheit gerät. Man sollte sich daher bei jedem Vertragsabschluss für den Betreuten darüber vergewissern, dass der Aufgabenkreis ausreicht und keine Ausschlusstatbestände vorliegen. Der Betreuer gerät ansonsten in die Gefahr, als Vertreter ohne Vertretungsmacht nach § 179 BGB unmittelbar von einem Dritten in Anspruch genommen zu werden.

Genehmigung

Schließt der Betreuer einen Vertrag ohne die erforderliche Genehmigung des Betreuungsgerichts so handelt er letztlich als Vertreter ohne (ausreichende) Vertretungsmacht. Sollte eine erforderliche Genehmigung nicht erteilt werden, ist das Rechtsgeschäft von Anfang an unwirksam. Eine Haftung für den Betreuer entsteht allerdings nicht, da der Vertragspartner den Mangel kennen musste (soweit der Betreuer als Vertreter aufgetreten ist), so dass immer § 179 Abs. 3 BGB greift.

Vertrauensschaden

Der Schadensersatz ist nach § 179 Abs. 2 BGB auf den sog. Vertrauensschaden begrenzt, wenn der Betreuer den Mangel seiner Vertretungsmacht (fahrlässigerweise) nicht kannte. Als Vertrauensschaden sind z. B. die Porto-, Telefon- und Fahrtkosten zu ersetzen. Der Geschädigte ist so zu stellen, als ob das Rechtsgeschäft nie zustande gekommen wäre.

2. Ausnahme: Sachwalterhaftung des Betreuers

Betreuer als wirtschaftlicher Herr des Geschäfts

Es kann für den Geschädigten ein Schadensersatzanspruch gegen den Betreuer auch dann begründet sein, wenn der Betreuer auf der Basis eines besonderen persönlichen Vertrauens mit dem Vertragspartner des Betreuten verhandelt hat. Eine solche Eigenhaftung wurde von der Rechtsprechung bejaht, wenn der Betreuer als der „wirtschaftliche Herr des Geschäftes“ aufgetreten ist, ein unmittelbar eigenes wirtschaftliches Interesse gezeigt oder in besonderem Maß das Vertrauen des Geschäftspartners in Anspruch genommen hat und dadurch die Verhandlungen beeinflusst wurden, das Geschäft also nur wegen der Person des Betreuers so zustande kam (vgl. § 311 Abs. 3 BGB).

Beispiele aus der Rechtsprechung:

Der *BGH* (FamRZ 1987, 904) hat noch vor dem Betreuungsrecht zur Haftung eines „Amtsvormunds“ ausgeführt: Verhandelt der Amtsvormund eines wegen Geisteskrankheit entmündigten Mündels über einen Arbeitsvertrag für sein Mündel, so können ihm ausnahmsweise Amtspflichten auch gegenüber dem Vertragspartner obliegen. Der Amtsvormund hatte bei den Vertragsverhandlungen trotz Nachfrage nach „Vorstrafen“ nicht auf die krankhafte Neigung des Mündels zum Feuerlegen hingewiesen. Diese Offenbarungspflicht wollte der BGH auch auf den „privaten Vormund“ angewendet wissen. Konsequenterweise ist diese Entscheidung auch auf die Betreuung und den Betreuer anzuwenden (*BGH* BtPrax 1995, 103), so dass eine Haftung wegen Verschuldens bei Vertragsverhandlungen (vgl. § 311 Abs. 2 BGB) für diese Fälle in Betracht kommt.

Besondere Vertrauensstellung des Betreuers

Der *BGH* (BtPrax 1995, 103) hat sich zur Frage der Eigenhaftung eines Betreuers wegen der Inanspruchnahme besonderen persönlichen Vertrauens gegenüber dem Vertragspartner des Betreuten geäußert und ein solches im folgenden Fall verneint.

Ein Krankenhaus verlangt von dem Betreuer Zahlung noch offener Krankenhausrechnungen in Höhe von ca. 18.000 EUR nebst Zinsen. Es ist der Auffassung, dass der Betreuer – diesem hatte das Krankenhaus schriftlich mitgeteilt, dass die Krankenkasse die Kostenübernahme eingestellt habe – für die vermögenslose Betreute noch zu deren Lebzeiten Sozialhilfeleistungen hätte beantragen müssen, um auf diese Weise die Begleichung der Krankenhausrechnungen sicherzustellen. Wegen dieses Versäumnisses sei der Betreuer, da er in besonderem Maße persönliches Vertrauen in Anspruch genommen habe, auch dem Krankenhaus gegenüber zum Schadensersatz verpflichtet. Hätte dieses gewusst, dass der Betreute vermögenslos sei und der Betreuer keinen Sozialhilfeantrag gestellt habe, hätte das Krankenhaus nicht mehr weiterversorgt.

Nach BGH kommt bei der Frage, ob der Betreuer dem Krankenhaus gegenüber als Sachwalter haftet, weder seine Funktion als Betreuer noch der beruflichen Stellung als Rechtsanwalt eine besondere Bedeutung zu. Entscheidungserheblich ist vielmehr allein, ob er durch sein Verhalten auf die Entscheidung des Krankenhauses, weiter zu pflegen, Einfluss genommen hat und zwar so, dass er ihm gegenüber über das allgemeine Vertrauen hinaus eine zusätzliche, von ihm persönlich ausgehende Gewähr für die Seriosität und Erfüllung des Geschäfts geboten hat.

Bei Anlegung dieser Maßstäbe kann vorliegend ein besonderes Vertrauen im Sinne der Rechtsprechung nicht angenommen werden. Der Betreuer hat lediglich darum gebeten, ihm die Pflegekostenrechnungen persönlich zuzusenden, und die erste Rechnung beglichen. Daraus lässt sich allenfalls schließen, dass sich der Betreuer um einen Ausgleich der Rechnungen bemühen werde. Er hat aber unter Zugrundelegung dieser Feststellungen kein besonderes Vertrauen dahin erweckt, dass die Begleichung der Rechnungen „ohne weiteres sichergestellt" sei oder dass er alle rechtlich möglichen Schritte ergreifen werde, um die Bezahlung der Rechnungen zu gewährleisten. Vielmehr hat er lediglich das getan, was als Betreuer Aufgabe seines Amtes war, und mithin auch nur das normale Verhandlungsvertrauen in Anspruch genommen, das bei der Anbahnung oder Fortsetzung von Geschäftsbeziehungen immer vorauszusetzen ist.

Einer Entscheidung des *AG Essen* (NJWE-FER 2000, 257) ist zu entnehmen, dass der Abschluss eines Altenheimvertrages zu Gunsten des Betreuten in der Regel keine persönliche Haftung des Betreuers für Verbindlichkeiten aus diesem Vertrag begründet. Die von der Rechtsprechung entwickelten Grundsätze für die Eigenhaftung des Vertreters aus der Inanspruchnahme persönlichen Vertrauens können nur dann eingreifen, wenn der Betreuer durch sein Verhalten gegenüber dem Heimträger über das allgemeine Vertrauen hinaus eine zusätzliche, von ihm persönlich ausgehende Gewähr für die Seriosität und Erfüllung des Vertrages geboten hat.

1.2.2 Haftung aus unerlaubter Handlung und Pflichtverletzung

Haftung aus unerlaubter Handlung

Es könnte an § 823 Abs. 2 BGB zu denken sein. Eine Haftung kann dann entstehen, wenn der Betreuer gegen ein Schutzgesetz verstößt und kausal daraus ein Schaden entsteht.

Unterlässt z. B. der Betreuer eine Mitteilung nach dem Waffengesetz (§ 37 Abs. 1 Nr. 2 WaffG) an die zuständige Behörde darüber, dass der Betreute eine erlaubnispflichtige Waffe besitzt, und verletzt der Betreute mit dieser Waffe einen Dritten, könnte eine Schadensersatzpflicht durch den Betreuer entstehen, wenn durch eine Meldung die Schädigung vermieden worden wäre.

Vorsicht bei Waffen und Munition!

Findet der Betreuer Waffen, die der Betreute legal oder illegal in Besitz hatte, ist es seine vorrangige Aufgabe, die Sicherheit zu gewährleisten. Bei einem illegalen Waffenbesitz des Betreuten sollte die Polizei informiert werden, auch wenn dadurch ein Ermittlungsverfahren in Gang gesetzt wird. Im Übrigen muss der Betreuer für eine sichere Aufbewahrung sorgen bis der Betreute selbst wieder diese Aufgabe wahrnehmen kann. In jedem Fall muss es der Betreuer vermeiden, dass er die Waffe unerlaubt „führt" (z. B. Transport zur Polizeidienststelle) oder die tatsächliche Sachherrschaft übernimmt. Näheres über den ordnungsgemäßen Umgang erfährt man bei der zuständigen Behörde oder Polizeidienststelle (vgl. dazu Thar, Waffenfund in der Wohnung des Betreuten BtPrax 2008, 67).

Spiegelt der Betreuer dem Vermieter einer Wohnung beim Abschluss des Mietvertrags eine bestehende Zahlungsfähigkeit des Betreuten vor, obwohl es ihm bewusst ist, dass dieser völlig überschuldet ist und die Einkünfte den Mietzins nicht decken, könnte eine Schadenersatzpflicht nach § 823 Abs. 2 BGB in Verbindung mit § 263 StGB (Betrug) entstehen.

Aufsichtspflichtverletzung (§ 832 BGB)

Aufsichtspflicht des Betreuers

Eine Haftung des Betreuers gegenüber Dritten, denen der Betreute einen Schaden zugefügt hat, wird auch unter dem Gesichtspunkt der Verletzung der Aufsichtspflicht diskutiert. Zu einer Schadensersatzpflicht des Betreuers kann es aber nach § 832 Abs. 1 Satz 1 BGB nur kommen, wenn der Betreuer „kraft Gesetzes zur Führung der Aufsicht über eine Person verpflichtet" wäre, die „wegen ihres geistigen oder körperlichen Zustandes der Beaufsichtigung bedarf". Die Eigenhaftung des Betreuers würde dann eingreifen, wenn er den Betreuten nicht genügend beaufsichtigt und er deshalb einem anderen widerrechtlich einen Schaden zufügt.

Strafrechtliche Konsequenzen

Dies führt auch dazu, dass der Betreuer strafrechtlich zur Verantwortung gezogen werden kann, wenn der Betreute eine Straftat begeht, die der zur Aufsicht verpflichtete Betreuer bei gehöriger Aufsicht hätte vermeiden können. Eine Aufsichtspflicht würde den Betreuer in eine „Garantenstellung" bringen, die ihn zum Handeln zwingt. Ein Unterlassen wäre dann strafrechtlich relevant (§ 13 StGB).

Bedenken gegen die Annahme einer Aufsichtspflicht des Betreuers

Bedenken gegen die aktuelle Rechtsprechung

Gerade wegen dieser ungewöhnlich weitreichenden Folgen ist die Frage, ob dem Betreuer überhaupt eine Aufsichtspflicht obliegen kann, umstritten. Während die Rechtsprechung grundsätzlich eine Aufsichtspflicht bejaht (vgl. unten), wird in der wissenschaftlichen Diskussion darauf hingewiesen, dass dem Betreuer nur solche Aufgaben übertragen werden können, die der Betreute selbst nicht mehr wahrnehmen kann. Die Aufsicht richtet sich aber gegen den Betreuten und kann daher wohl keinen übertragbaren Aufgabenkreis darstellen.

Für diese Auffassung spricht auch das Gesetz. Ansonsten hätte der Gesetzgeber die Regelungen aus dem Eltern/Kind-Verhältnis übernehmen können. Den Eltern wird ja ausdrücklich durch § 1631 Abs. 1 BGB die Pflicht auferlegt, das Kind im Rahmen der Personensorge zu beaufsichtigen. Auf diese Vorschrift verweist jedoch § 1908i Abs. 1 BGB nicht. Diese gesetzliche Entscheidung ist auch sachgerecht, da der Betreuer weitaus weniger Eingriffsmöglichkeiten hat wie die Eltern. So kann ja der Betreuer nach h. M. nicht einmal die Wohnung des Betreuten ohne dessen Zustimmung betreten. Wie soll sich der Betreuer dann kundig machen, ob von dem Betreuten eine Gefahr für Dritte ausgeht? Ferner erweist sich die Begründung einer Aufsichtspflicht auch im Hinblick auf § 1901 Abs. 1 BGB als systemwidrig, weil er ja die „Angelegenheiten des Betreuten" besorgen soll. Die Aufsicht über den Betreuten kann aber keine Angelegenheit des Betreuten sein. Ferner erscheint es auch problematisch, die Aufsichtspflicht mit der gesetzlichen Formulierung des § 1901 Abs. 1 BGB in Einklang zu bringen, wonach der Betreuer die Angelegenheiten des Betreuten „rechtlich zu besorgen" hat. Aufsicht scheint ja primär eine tatsächliche Maßnahme zu sein (vgl. dazu *Bernau, Rau* NJW 2008, 3756).

Die vorschnelle Annahme einer Aufsichtspflicht des Betreuers durch Zivil- oder Strafgerichte beruht häufig auf einer Unkenntnis des neuen Betreuungsrechts. Im Gegensatz zum früheren Recht (§§ 1793, 1897, 1915 BGB a. F.) ist die Aufsicht über den Betreuten nicht mehr per Gesetz als Aufgabenkreis ausgewiesen. Das Betreuungsrecht hat sich auch schon längst von dem Sicherheitsrecht gelöst und dient in erster Linie dem Schutz der Betroffenen.

Grundsätze der Rechtsprechung zur Haftung wegen Aufsichtspflichtverletzung

Rechtsprechungsgrundsätze zur Aufsichtspflicht

Auch wenn die kritiklose Bejahung einer Aufsichtspflicht dem paternalistischen Denken der alten Vormundschaft bzw. Gebrechlichkeitspflegschaft nachhängt, muss sich der Betreuer mit der z. T. gegenteiligen Rechtsprechung vertraut machen.

Aufgabenkreis muss Aufsichtspflicht erfassen

Die Rechtsprechung versucht ebenfalls, die Eigenhaftung des Betreuers zu begrenzen. Sie geht von einer gesetzlichen Aufsichtspflicht nur dann aus, wenn zu seinem Aufgabenkreis die „gesamte Personensorge" zählt oder wenn die „Beaufsichtigung" des Betreuten ausdrücklich vom Gericht angeordnet wurde. Konsequenterweise wird eine Aufsichtspflicht auch dann angenommen, wenn der Aufgabenkreis ausnahmsweise „alle Angelegenheiten" erfasst.

Eine Aufsichtspflicht ergibt sich also nicht generell aus der Stellung als Betreuer, solange der vom Betreuungsgericht festgelegte Aufgabenkreis die Beaufsichtigung nicht umfasst. Die Übertragung der Vermögenssorge vermag also eine Aufsichtspflicht ebenso wenig zu begründen, wie die Wahrnehmung einzelner, konkret genannter Aufgaben der Personensorge. Eine Aufsichtspflicht ergibt sich auch nicht aus der Zuweisung des Aufenthaltsbestimmungsrechtes (vgl. *LG Bielefeld* BtPrax 1999, 111).

Auch das *OLG Düsseldorf* geht in seiner Entscheidung (BtPrax 2010, 138) ausführlich auf die Haftung wegen Pflichtverletzung nach § 832 BGB ein. So führt es u. a. aus, dass dem Betreuer eine Aufsichtspflicht i. S. d. § 832 Abs. 1 BGB nicht kraft Gesetzes bzw. aufgrund eines Hoheitsaktes übertragen ist.

Ein erwachsener Mensch unterliegt einer gesetzlichen Aufsicht nur dann, wenn einem Betreuer entweder die gesamte Personensorge oder speziell die Beaufsichtigung des Betreuten durch Gerichtsbeschluss übertragen worden ist; allein die Stellung als Betreuer i. S. d. § 1986 ff. BGB begründet noch keine gesetzliche Aufsichtspflicht i. S. d. § 832 Abs. 1 BGB. Gegen eine allgemeine Aufsichtspflicht spricht bereits formal die fehlende Aufnahme der Beaufsichtigung in den Pflichtenkatalog des Betreuers in § 1896 ff. BGB. Zudem besteht auch in sachlicher Hinsicht kein Anlass dafür, von dem Betreuer eine Beaufsichtigung des Betreuten zu verlangen.

Die Rechtsposition des Betreuers unterscheidet sich signifikant von derjenigen der Eltern oder von Vormündern, für die das Gesetz als Teil der Personensorge (§§ 1631 Abs. 1, 1800 BGB) ausdrücklich eine Aufsichtspflicht anordnet und eine persönliche Obhut verlangt. Demgegenüber verweist die Regelung im Betreuungsrecht (§ 1908i Abs. 1 BGB) gerade nicht auf § 1631 BGB, so dass das Schweigen des Gesetzes den Schluss zulässt, dass der Gesetzgeber dem Betreuer gerade keine vergleichbare Aufsichtspflicht auferlegen wollte. Hinzu kommt, dass die Möglichkeiten der Durchsetzung einer Aufsichtspflicht, wenn man eine solche annehmen wollte, sehr beschränkt wären. Etwaige Handlungen des Betreuers im Rahmen einer Aufsicht sind zwangsläufig mit Eingriffen in die Freiheitsrechte des Betreuten verbunden, die deshalb der rechtlichen Legitimation bedürfen. Infolgedessen müsste dem Betreuer eine entsprechende rechtliche Handhabe zur Durchsetzung (drittschützender) Aufsichtsmaßnahmen oder Anordnungen zur Verfügung stehen. Gerade in Angelegenheiten des Aufenthalts des Betreuten und seiner Wohnung sind freiheitsbeschränkende Maßnahmen (z. B. eine Unterbringung des Betreuten gegen seinen Willen) wie auch Beschränkungen des Rechts an der Unverletzlichkeit der Wohnung (z. B. das Betreten der Wohnung gegen den Willen des Inhabers) nur im Zuge gerichtlicher Anordnungen möglich (§ 1906 BGB für eine Unterbringung und Art. 13 Abs. 2, Abs. 7 GG für das Betreten der Wohnung), wobei in der Rechtsprechung und Literatur sogar umstritten ist, ob überhaupt eine gesetzliche Grundlage dafür besteht, dem Betreuer ein Recht zum Betreten der Wohnung gegen den Willen des Betreuten zu gewähren. Demgegenüber hat der Betreuer keine eigene rechtliche Handhabe, im Wege des unmittelbaren Zwangs auf den Betreuten einzuwirken. Im Übrigen würde die Annahme einer allgemeinen Aufsichtspflicht des Betreuers zu einer Systemwidrigkeit führen.

Grundanliegen jeder Betreuungsanordnung ist nach der Systematik des Gesetzes das Anliegen, den Betreuten so lange wie möglich eine eigenständige Lebensführung in seinem vertrauten Umfeld zu ermöglichen. Liefe der Betreuer zu schnell Gefahr, für Schäden, die der Betreute anrichtet, zu haften, würde dieses dazu führen, dass er von Anfang an eine Heimunterbringung (jedenfalls auch) zum Zwecke der Haftungsreduzierung forciert. Eine solche nicht fernliegende Vorgehensweise würde jedoch in diametralem Gegensatz zu den Prinzipien und Vorgaben der § 1896 ff. BGB stehen. Letztlich ist zu berücksichtigen, dass das Betreuungsrecht allein auf den Schutz des Betreuten und nicht auf den Schutz etwaiger Dritter abstellt, so dass eine im Drittinteresse liegende umfassende Betreuerbestellung nur in extremen Ausnahmefällen zulässig ist.

Für eine Aufsichtspflicht sind als Aufgabenkreise (wenigstens) die allgemeine Personensorge bzw. spezielle Aufsicht über den Betreuten zu übertragen.

Die Aufgabenkreise „Personensorge" oder „Beaufsichtigung des Betreuten" werden in dieser Form kaum angeordnet werden. Sollte es dennoch der Fall sein oder werden „alle Angelegenheiten" bestimmt, wird der Betreuer mit dem Betreuungsgericht abzuklären haben, welche Pflichten unter dem Gesichtspunkt der „Aufsichtsführung" damit verbunden sein können. Bei einem Betreuten, der zu Straftaten, insbesondere zu unüberlegten Gewalttaten oder Sachbeschädigungen neigt, wird sich der Betreuer auf den Standpunkt stellen können, dass er nicht bereit ist, die „Aufsichtspflicht" zu übernehmen und eine klarstellende Formulierung bei der Bezeichnung des Aufgabenkreises in der Beschlussformel (§ 286 Abs. 1 Nr. 1 FamFG) verlangen können. Diese könnte lauten „... mit Ausnahme der Aufsichtspflicht". Zur Not muss der Betreuer im Wege der Beschwerde eine Klärung herbeiführen.

Inhalt einer Aufsichtspflicht

Wie weit eine Aufsichtspflicht reicht, soll nach den Umständen des Einzelfalles beurteilt werden, wobei vor allem die Vorhersehbarkeit eines schädigenden Verhaltens geprüft werden muss. Eine allumfassende Aufsicht über den Betreuten muss die Ausnahme sein. Bei einer geistigen Behinderung seien erhöhte Anforderungen bei der Aufsicht gerechtfertigt. Aggressionen und greifbare Anhaltspunkte für eine Drittgefährdung sind bei Behinderten beachtenswert (*OLG Hamm* NJW-RR 94, 863).

Beispiel für eine Aufsichtspflicht

Einen etwas atypischen Fall hatte das *OLG Celle* (BtPrax 2008, 86) zu behandeln. Der Aufgabenkreis umfasste u. a. die Tierhaltung und einen Einwilligungsvorbehalt hinsichtlich der Tierhaltung. Die Betreute war aufgrund einer psychischen Erkrankung nicht davon abzuhalten, eine „überbordende Kaninchenhaltung" zu betreiben, die für die Tiere mit erheblichen Leiden verbunden war.

Aufgrund dieses Sachverhalts kam das Gericht zu der Auffassung, dass dieser zusätzlichen Aufgabenzuweisung nur der Sinn zukommen könne, die Betreute im Hinblick auf die Tierhaltung zu beaufsichtigen. Dies hat zur Folge, dass der Betreuer nicht nur zivilrechtlich für Schäden Dritter aus der Kaninchenhaltung einstehen müsste, sondern sogar strafrechtlich wegen eines Vergehens gegen das Tierschutzgesetz zur Verantwortung gezogen werden könnte. Allerdings beschränkte das OLG Celle den Umfang der Aufsichtspflicht entsprechend den tatsächlichen Möglichkeiten des Betreuers auf eine Mitteilungspflicht gegenüber der zuständigen Behörde.

Delegieren der Aufsicht

Die gesetzliche Aufsichtspflicht kann auch vertraglich delegiert werden, z. B. an Pflegepersonen, ambulante Dienste oder an das Heimpersonal, wobei der Betreuer dann nur noch für die sorgfältige Auswahl der Aufsichtspersonen haftet. Diese Übertragung kann auch stillschweigend erfolgen, insbesondere bei betreuungsrelevanten Einrichtungen (Heimen, Krankenhäusern, Pflegeeinrichtungen).

Eltern führen die Aufsicht

Befindet sich der (junge) Betreute noch im Elternhaus und wird er von den Eltern betreut, könnte der Betreuer mit diesen eine Vereinbarung zur Übernahme der Aufsicht vertraglich treffen.

Akzeptiert man grundsätzlich eine Aufsichtspflicht, dann wird man wohl auch die vom BGH zur Haftung der Alten- und Pflegeheime bei Unfällen der behinderten Heimbewohner entwickelten Grundsätze heranziehen müssen.

Der BGH hebt dort hervor, dass die Würde sowie die Interessen und Bedürfnisse der Bewohnerinnen und Bewohner von Heimen vor Beeinträchtigungen zu schützen sind und die Selbstständigkeit, die Selbstbestimmung und die Selbstverantwortung der Bewohnerinnen und Bewohner zu wahren und zu fördern sind. Deshalb ist kein einseitiges Sicherheitsdenken angesagt, sondern eine sorgfältige Güterabwägung zwischen Menschenwürde und Freiheitsrecht einerseits und Fürsorgepflicht andererseits. Die damit verbundene Prognoseentscheidung eröffnet einen Beurteilungsspielraum und die Möglichkeit – haftungsfrei – ein gewisses Risiko einzugehen.

Bei diesen schwierigen Entscheidungen verbleibt immer ein erheblicher Beurteilungsspielraum. Solange die Entscheidung abwägend getroffen wurde, hält sie sich im Rahmen des Vertretbaren und kann nicht nachträglich, wegen eines von niemandem gewollten Unfalls, „mit dem Stempel der Pflichtwidrigkeit versehen werden".

Damit nicht genug. Der BGH hat darüber hinaus auch den Umfang der Pflichten reduziert. Geschuldet sind nur Maßnahmen, die in Pflegeheimen üblich, mit vernünftigem finanziellen und personellen Aufwand realisierbar und schließlich für Heimbewohner und Pflegepersonal zumutbar sind (vgl. *BGH* BGHZ 163, 53 und NJW 2005, 1937).

Wenn schon die Rechtsprechung dem fachkundigen Pflegepersonal bei der Haftung so weit entgegenkommt, dann muss dies auch für den Betreuer gelten, der die Angelegenheiten des Betreuten ja nur rechtlich und eigentlich nicht tatsächlich zu besorgen hat.

1.2.3 Haftung aus gesetzlichen Vorschriften

Haftung gegenüber Sozialhilfeträger

Verpflichtung zum Kostenersatz

Nach § 103 Abs. 1 Satz 2 SGB XII ist zum Ersatz der Kosten zu Unrecht erbrachter Leistungen verpflichtet, wer sie durch vorsätzliches oder grob fahrlässiges Verhalten herbeigeführt hat. Als Verursacher im Sinne dieser Vorschrift kommen insbesondere auch Betreuer in Betracht. Dies ergibt sich aus der Klarstellung: „*Zum Kostenersatz ist auch verpflichtet, wer als leistungsberechtigte Person oder als deren Vertreter die Rechtswidrigkeit des der Leistung zu Grunde liegenden Verwaltungsaktes kannte oder infolge grober Fahrlässigkeit nicht kannte*."

Grobe Fahrlässigkeit liegt dann vor, wenn die im Verkehr erforderliche Sorgfalt in ungewöhnlich hohem Maße verletzt wird, wenn also Sorgfaltsregeln verletzt werden, die eigentlich jedem ohne weiteres einleuchten müssten. Wenn der Betreuer also ihm bekannte Mitteilungspflichten an den Bezirk (z. B. über zugeflossenes Vermögen) ignoriert, handelt er unter Umständen grob fahrlässig und kann persönlich auf Rückzahlung von deshalb zu Unrecht an den Betreuten gezahlter Sozialhilfe in Anspruch genommen werden.

Handelt der Betreuer in solchen Fällen vorsätzlich (z. B. um dem Betreuten Vorteile zu verschaffen), muss er daneben auch mit einer strafrechtlichen Verfolgung wegen Betrugs nach § 263 StGB rechnen.

Haftung für eine Steuerschuld

Steuerliche Verpflichtungen

Der Betreuer mit dem Aufgabenkreis der Vermögenssorge hat die steuerlichen Verpflichtungen des Betreuten zu erledigen. Der Betreuer ist gesetzlicher Vertreter im Sinne von § 34 AO (Abgabenordnung). Nach dieser Vorschrift muss der Betreuer so handeln, wie der Steuerpflichtige handeln müsste, wenn er handlungsfähig wäre. Dem Betreuer obliegen die Erstellung von Steuererklärungen und die Vertretung des Betreuten gegenüber dem Finanzamt; er hat insbesondere dafür zu sorgen, dass die Steuern aus den Mitteln entrichtet werden, die er verwaltet. Ferner hat er alle Pflichten (des Betreuten) zu erfüllen, die in der AO und den einzelnen Steuergesetzen normiert sind.

Nach § 69 AO haftet der Betreuer, soweit Ansprüche der Finanzbehörden infolge vorsätzlicher oder grob fahrlässiger Verletzung der ihm auferlegten Pflichten nicht oder nicht rechtzeitig festgesetzt oder erfüllt oder soweit infolgedessen Steuervergünstigungen oder Steuererstattungen ohne rechtlichen Grund gezahlt werden. Die Haftung umfasst auch die infolge der Pflichtverletzung zu zahlenden Säumniszuschläge.

Steuerliche Pflichten beachten

Zu den steuerlichen Pflichten eines Betreuers gehört die Pflicht zur Abgabe einer Einkommensteuererklärung für die von ihm betreute Person. Diese Pflicht erstreckt sich auch auf die vor seinem Eintritt in die Funktion als Betreuer liegende Veranlagungszeiträume. Der Betreuer hat sich daher über die Einkommens- und Vermögensverhältnisse der betreuten Person zu informieren, sich bei dem Finanzamt über den Stand der Veranlagung zu erkundigen und sich die für die Steuererklärungen erforderlichen Unterlagen zu beschaffen. Zu einer Verletzung der ihm obliegenden steuerlichen Erklärungspflichten kann der Tatbestand einer Steuerhinterziehung vorliegen, der dem Steuerpflichtigen zuzurechnen ist (*FG Rheinland-Pfalz*, BtPrax 2012, 263).

1.3 Haftung für Hilfskräfte

Delegation einzelner Aufgaben

Aus dem Grundsatz der persönlichen Betreuung folgt, dass Betreuertätigkeiten vom Betreuer in eigener Person wahrgenommen werden müssen und dass die Übertragung von Aufgaben des Betreuers an Dritte grundsätzlich unzulässig ist. Die Bevollmächtigung Dritter zur Wahrnehmung von Betreuungsaufgaben kann sich nur auf einzelne Tätigkeiten beziehen (*BayObLG* FamRZ 2001, 374). Der Betreuer darf die persönliche Betreuung nicht delegieren; er kann einen Dritten nur für untergeordnete, überschaubare einzelne Verwaltungsaufgaben einsetzen (*BayObLG* FamRZ 2003, 405). Auch in Fällen vorübergehender, etwa urlaubs- und krankheitsbedingter Abwesenheit, darf der Betreuer die Tätigkeit nicht insgesamt auf einen Dritten übertragen (*BayObLG* BtPrax 2000, 214).

Verschulden des Beauftragten

Delegiert der Betreuer zulässigerweise Aufgaben auf einen Dritten, und liegt ein Geschäft vor, das er auch selbst hätte vornehmen können, haftet er analog § 278

BGB für ein Verschulden des Dritten, wie wenn es sein eigenes Verschulden wäre. Handelt es sich dagegen um ein Geschäft, bei dem die Heranziehung des (qualifizierten) Dritten notwendig war (z. B. Steuerberater für Bilanz, Anwalt im Anwaltsprozess), haftet der Betreuer nur dann, wenn ihm bezüglich der Auswahl, Unterweisung oder Beaufsichtigung ein Verschulden nachgewiesen werden kann. Soweit der Dritte einen Schaden in Ausübung seiner Tätigkeit verursacht, ist er selbst schadensersatzpflichtig.

Verschulden bei Auswahl und Beaufsichtigung

Bei unzulässiger Heranziehung Dritter haftet der Betreuer auch ohne ein Verschulden des Dritten, weil die Aufgabe von ihm selber hätte wahrgenommen werden müssen. Das Verschulden bezüglich des Schadens wird in der unzulässigen Heranziehung des Dritten gesehen.

1.4 Geltendmachung eines Schadensersatzanspruchs

1.4.1 Anspruch des Betreuten gegen den Betreuer

Der Betreute selbst kann Ansprüche gegen seinen Betreuer geltend machen und durchsetzen. Meist wird er dazu aber nicht in der Lage sein, sodass ein weiterer Betreuer zu bestellen ist.

Geltendmachung durch Betreuten selbst

Durchsetzung der Ansprüche

Der Betreute ist aus rechtlichen Gründen nicht gehindert, gegen den Betreuer wegen der Leistung von Schadensersatz vorzugehen, soweit nicht natürliche Geschäftsunfähigkeit i. S. v. § 104 Nr. 2 BGB vorliegt. Der Betreuer kann nicht gegen sich selbst als Vertreter des Betreuten tätig werden (Grundgedanke aus § 181 BGB); er kann in einem Prozess nicht Beklagter und Vertreter des Klägers sein.

Beauftragung eines Bevollmächtigten

Die Beauftragung eines Bevollmächtigten (anwaltlich oder nichtanwaltlich) zum Zwecke der Geltendmachung eines Schadensersatzanspruches durch den Betreuten ist bei bestehender Geschäftsfähigkeit jederzeit möglich. Zur Begleitung des Betreuten im Zivilprozess vergleiche Kapitel A 10, Abschnitt 1.

Bestellung eins weiteren Betreuers

Das Betreuungsgericht kann für den Betreuten die Bestellung eines weiteren Betreuers (§ 1899 Abs. 1 oder Abs. 4 BGB) mit dem Aufgabenkreis der Prüfung von Pflichtwidrigkeiten und Geltendmachung von Schadensersatzansprüchen des Betreuten gegen den Betreuer vornehmen. Dies bietet sich insbesondere dann an, wenn die Durchsetzung der Ansprüche aktuell erfolgen soll und nicht erst zum Ende des Betreueramtes.

Gegenbetreuer

Wenig bringt die Bestellung eines Gegenbetreuers (§§ 1908i Abs. 1, 1792 BGB), da dieser reine Überwachungsfunktionen innehat und zur Vertretung des Betreuten nicht ermächtigt ist. Er kann lediglich eine Schädigung feststellen, nicht aber Schadensersatz im Namen des Betreuten geltend machen.

Geltendmachung durch nachfolgenden Betreuer

Ist ein Betreuer entlassen worden, zählt die Geltendmachung von Schadensersatzansprüchen durch einen nachfolgend bestellten Betreuer zu dessen Pflichten im Rahmen des Aufgabenkreises Vermögenssorge, ein eigener spezifischer Aufgabenkreis ist nicht erforderlich.

Geltendmachung durch die Erben des Betreuten

Erbe verfolgt Schadensersatzansprüche

Schadensersatzansprüche des verstorbenen Betreuten gehen auf den Erben über, § 1922 Abs. 1 BGB. Der Erbe kann somit als Rechtsnachfolger diese Ansprüche verfolgen. Bei mehreren Erben (in ungeteilter Erbengemeinschaft) ist § 2039 BGB zu beachten. Jeder Miterbe kann allein die Leistung an alle Erben fordern; der Verpflichtete kann aber nur an alle Miterben gemeinschaftlich leisten.

Kein Schadensersatzanspruch des Erben wird durch Handlungen oder Unterlassungen des Betreuers begründet, durch die der Betreute selbst nicht geschädigt wurde, aber die Erbenstellung sich verschlechterte. Dies kann z. B. gegeben sein, wenn der Erbe der Ansicht ist, der Betreuer habe für den Betreuten zu viel aus dessen Mitteln für überflüssige Hilfestellungen aufgewendet und den Nachlass dadurch geschmälert. Auch dann, wenn der Betreuer die Weiterzahlung einer Lebensversicherung eingestellt hat und deshalb dem Erben ein geringerer Versicherungsbeitrag gezahlt wurde, fehlt es an einem Schaden des Betreuten (*AG Hamburg-Harburg* NJW-RR 2002, 511).

1.4.2 Anspruch des Erben gegen den Betreuer

Bei der Notgeschäftsführungsbefugnis des Betreuers nach dem Tod des Betreuten (§§ 1908i Abs. 1, 1893, 1698b BGB) hat der Betreuer die unaufschiebbaren Maßnahmen im Interesse des Erben getroffen. Entsteht durch eine schuldhafte Handlung des Betreuers dem Erben ein Schaden, kann er vom ehemaligen Betreuer Schadensersatz fordern.

1.4.3 Durchsetzung des Schadensersatzanspruchs

Prozessverfahren

Die Ansprüche werden nicht im FamFG-Verfahren vor dem Betreuungsgericht, sondern im Prozessverfahren vor dem Zivilgericht geltend gemacht. Der Haftungsprozess kann bereits während der laufenden Betreuung durch Klageerhebung begonnen werden; dabei benötigt der geschäftsunfähige Betreute einen Vertreter (weiteren Betreuer), soweit er Ansprüche gegen den Betreuer durchsetzen will.

Die Beweislast für Pflichtverletzung, Verschulden, Kausalität und Schadenseintritt trägt der Kläger. Dies ist der Betreute, wenn er den Betreuer in Anspruch nimmt, oder der geschädigte Dritte.

1.4.4 Verjährung von Schadensersatzansprüchen

Die regelmäßige Verjährungsfrist beträgt drei Jahre, § 195 BGB. Sie gilt für sämtliche Ansprüche, soweit nicht besondere Verjährungsvorschriften greifen. Die Verjährungsfrist beginnt gemäß § 199 Abs. 1 BGB mit dem Schluss des Jahres, in dem der Anspruch entstanden ist und der Gläubiger Kenntnis davon erlangt hat oder er zumindest ohne grobe Fahrlässigkeit Kenntnis davon hätte erlangen können. Entstanden ist ein Anspruch dann, wenn er fällig geworden ist, also klageweise geltend gemacht werden kann.

Nach § 199 Abs. 2 BGB verjähren Schadensersatzansprüche wegen der Verletzung des Lebens, des Körpers, der Gesundheit und der Freiheit erst nach 30 Jahren. Die Frist beginnt mit der Begehung der Handlung, der Pflichtverletzung oder dem sonstigen den Schaden auslösenden Ereignis. Sonstige Schadensersatzansprüche verjähren gemäß § 199 Abs. 3 BGB zehn Jahre nach ihrer Entstehung, spätestens 30 Jahre nach der den Schaden auslösenden Handlung oder Pflichtverletzung bzw. dem sonstigen auslösenden Ereignis. Der Schadensersatzanspruch entsteht nämlich erst mit Eintritt des Schadens, die (schädigende) Handlung kann aber viel früher begangen worden sein.

Einige Ansprüche verjähren nach §§ 197, 201 BGB erst nach 30 Jahren, dazu zählen unter anderem Herausgabeansprüche aus Eigentum und anderen dinglichen Rechten (§ 197 Abs. 1 Nr. 1 BGB), rechtskräftig festgestellte Ansprüche (§ 197 Abs. 1 Nr. 3 BGB), Ansprüche aus vollstreckbaren Vergleichen oder vollstreckbaren Urkunden (§ 197 Abs. 1 Nr. 4 BGB) sowie vollstreckbare Ansprüche aus Insolvenzverfahren und Ansprüche aus einer Kostenerstattung der Zwangsvollstreckung (§ 197 Abs. 1 Nr. 5 und 6 BGB).

Nach dem Gesetz zur Änderung des Erb- und Verjährungsrechts, welches am 1. 1. 2010 in Kraft trat, wurde § 197 Abs. 1 Nr. 2 BGB aufgehoben, sodass für die Ansprüche zwischen dem Betreuten und dem Betreuer grundsätzlich die regelmäßige Dreijahresfrist des § 195 BGB gilt; die Fristhemmung nach § 207 Abs. 1 Satz 2 Nr. 4 BGB bleibt bestehen. Dies gilt aber nicht für Ansprüche, soweit § 199 Abs. 2 bis 4 BGB Anwendung findet.

Verjährungsablauf kann gehemmt sein

Gemäß § 203 ff. BGB wird der Ablauf der Verjährung durch bestimmte Ereignisse gehemmt, dazu zählen z. B. die Verhandlungen über einen Anspruch oder die klageweise Geltendmachung.

Der Ablauf der Verjährung z. B. von Ansprüchen zwischen Betreuer und Betreutem ist gemäß § 207 Abs. 1 Nr. 4 BGB bis zum Ablauf dieses Betreuungsverhältnisses gehemmt.

Nach § 210 BGB tritt die Verjährung von Ansprüchen für oder gegen einen nicht voll Geschäftsfähigen nicht vor Ablauf von sechs Monaten nach Eintritt der vollen Geschäftsfähigkeit oder dem Ende des Mangels der Vertretung (also z. B. der Bestellung eines Betreuers) ein.

Altansprüche

Die Verjährungsvorschriften haben sich zum 1. 1. 2002 verändert; es gelten besondere Überleitungsvorschriften, in Art. 229 § 6 EGBGB. Grundsätzlich gilt, dass auf alle am 1. 1. 2002 bestehenden, aber noch nicht verjährten Ansprüche das neue Verjährungsrecht anzuwenden ist.

2. Person des Haftenden

2.1 Einzelbetreuer

Haftpflichtversicherung

Der Einzelbetreuer haftet für alle Schäden selbst. In den meisten Bundesländern sind die ehrenamtlichen Betreuer in eine Sammelhaftpflichtversicherung aufgenommen. Soweit sie sich darüber hinaus versichern, können sie sich die Kosten für eine angemessene Haftpflichtversicherung gemäß § 1835 Abs. 2 Satz 1 BGB vom Betreuten ersetzen lassen; bei Mittellosigkeit des Betreuten werden die Haftpflichtversicherungskosten aus der Staatskasse getragen (§ 1835 Abs. 4 BGB). Nimmt der ehrenamtliche Betreuer jedoch die Aufwandspauschale (§ 1835a BGB) in Anspruch, ist eine separate Geltendmachung von Versicherungskosten nicht möglich. Das Betreuungsgericht kann nach § 1837 Abs. 2 Satz 2 BGB den Abschluss einer Haftpflichtversicherung anordnen.

Der beruflich tätige Betreuer muss eine Haftpflichtversicherung auf eigene Kosten abschließen, um sich zu schützen. Diese Kosten bekommt er nicht erstattet, § 1835 Abs. 2 Satz 2 BGB.

2.2 Vereinsbetreuer

Verein versichert seine Mitarbeiter

§ 1908f Abs. 1 Nr. 1 BGB verlangt als Anerkennungsvoraussetzung für einen Betreuungsverein, dass dieser eine ausreichende Zahl Mitarbeiter beschäftigt, die für die Betreuungsarbeit geeignet sind. Es handelt sich hierbei um Arbeitnehmer, da sie sich aufgrund eines privatrechtlichen Vertrages zu Leistung von Arbeit im Dienste eines anderen gegen Zahlung von Arbeitsentgelt verpflichten.

Ist dieser Mitarbeiter als Vereinsbetreuer tätig (§ 1897 Abs. 2 BGB), haftet er als natürliche Person für Pflichtverletzungen gemäß §§ 1908i Abs. 1, 1833 BGB. Da er seine Arbeit auch als Arbeitnehmer (des Vereins) ausübt, hat der Verein als Arbeitgeber die Aufsicht zu führen.

Das *LG Chemnitz* (FamRZ 2000, 1311) hat festgestellt, dass es sich bei Mitarbeitern eines Betreuungsvereins, die gemäß § 1897 Abs. 2 BGB zu Betreuern bestellt werden, im Gegensatz zu der Bestellung eines Betreuungsvereins gemäß § 1900 Abs. 1 BGB um eine echte Einzelbetreuung gemäß § 1897 Abs. 1 BGB handelt. Rechte und Pflichten aus dem Betreuungsverhältnis bestehen danach nur zwischen dem jeweiligen bestellten Betreuer, dem Betreuten und dem Betreuungsgericht.

Keine Haftung des Vereins für seinen als Vereinsbetreuer tätigen Mitarbeiter

Ob im Schadensfall eine direkte Haftung des Vereins gegenüber dem Geschädigten besteht, ist in Rechtsprechung und Literatur umstritten. Da § 1908i Abs. 1 Satz 1 BGB auf § 1791a Abs. 3 Satz 2 BGB verweist, dürfte der Verein für ein Verschulden des Mitarbeiters verantwortlich sein (so Palandt-Diederichsen, 70. Auflage, Einf. v. § 1896 Rz. 18). Im Übrigen besteht aus § 1908f Abs. 1 Nr. 1 BGB für den Verein die Verpflichtung, seinen Mitarbeiter gegen Schäden ausreichend zu versichern.

Der Betreute hat gegen den Verein keinen Anspruch auf Ersatz des durch die Pflichtverletzung des dort beschäftigten Vereinsbetreuers verursachten Schadens. § 1791a Abs. 3 Satz 2 BGB begründet keine Haftung des Betreuten.

Wird ein Verein als Vereinsvormund oder -pfleger tätig, so ist er gemäß § 1791a Abs. 3 Satz 2 BGB für ein Verschulden des Mitglieds, dessen er sich bei der Vormundschaft oder Pflegschaft bedient, dem Mündel oder Pflegling in gleicher Weise verantwortlich wie für ein Verschulden eines verfassungsmäßig berufenen Vertreters. Entsprechend § 31 BGB haftet er also für Schäden, die der Mitarbeiter bei der Wahrnehmung seiner Aufgaben dem Mündel oder Pflegling zufügt. Zwar verweist § 1908i Abs. 1 Satz 1 BGB auf die sinngemäße Anwendung dieser Vorschrift für das Betreuungsrecht. § 1791a Abs. 1 BGB setzt jedoch voraus, dass der Verein selbst zum Betreuer bestellt worden ist (Vereinsbetreuung).

Ob § 1791a Abs. 3 Satz 2 BGB in den Fällen, in denen ein Mitarbeiter eines Betreuungsvereins gemäß § 1897 Abs. 2 Satz 1 BGB als Vereinsbetreuer bestellt wird, im Verhältnis des Betreuten zum Betreuungsverein entsprechend und damit haftungsbegründend anzuwenden ist, wird im Schrifttum unterschiedlich gesehen. Dem steht jedoch die Gesetzesbegründung zu § 1908f Abs. 1 BGB entgegen, wonach die Haftung des Vereins nicht zum Zuge kommen soll, wenn im Einzelfall nicht der Verein als solcher, sondern der einzelne Vereinsmitarbeiter zum Betreuer bestellt wird. Um das wirtschaftliche Risiko für die Betroffenen, denen nur der einzelne Vereinsbetreuer persönlich haftet, auszugleichen, ist Voraussetzung einer Anerkennung als Betreuungsverein gemäß § 1908f Abs. 1 Nr. 1 BGB, dass der Verein seine Mitarbeiter angemessen versichert (vgl. *BT-Drucks. 11/4528, S. 158*). Für eine Analogie fehlt es darüber hinaus auch an einer vergleichbaren Sachlage.

Ist der Verein selbst Betreuer, hat er jederzeit die Möglichkeit, in die Betreuung einzugreifen, während der Vereinsbetreuer bei der eigentlichen Betreuertätigkeit nur einer begrenzten Aufsicht des Vereins untersteht. Die §§ 1908i Abs. 1, 1791a

Abs. 3 Satz 2 BGB können daher keine Haftung des Betreuungsvereins begründen, wenn ein einzelner Vereinsbetreuer als persönlicher Betreuer bestellt ist.

Keine vertragliche Haftung des Vereins

Auch eine vertragliche Haftung des Vereins nach den Vorschriften der §§ 241, 280 Abs. 1, 278 Satz 1 BGB ist nicht gegeben. Im Schrifttum wird insoweit zwar die Auffassung vertreten, dass im Falle der Bestellung eines Vereinsbetreuers zwischen dem Betreuten und dem Betreuungsverein ein familienrechtliches Dauerrechtsverhältnis eigener Art mit entsprechenden Fürsorge- und Rücksichtnahmepflichten begründet werde. Dies wird damit begründet, dass gemäß § 7 VBVG die Aufwendungsersatz- und Vergütungsansprüche dem Verein aus eigenem Recht zustehen und dieser faktisch über den Bestand der Vereinsbetreuung entscheide, gemäß § 1897 Abs. 2 Satz 1 BGB ein Vereinsbetreuer nur mit Zustimmung des Vereins bestellt werden könne sowie auf seinen Antrag gemäß § 1908b Abs. 4 Satz 1 BGB auch wieder zu entlassen sei. Der Vereinsbetreuer selbst sei zur Übernahme verpflichtet, soweit dies für ihn nicht unzumutbar sei. Der Verein hafte daher dafür, dass seine innere Organisation den Anforderungen an die verkehrsübliche Sorgfalt entspreche; die Organisation des Vereins müsse insoweit geeignet sein, das Risiko eines Fehlverhaltens der Mitarbeiter auf ein unvermeidbares Maß einzugrenzen. Dem Betreuten steht auch aus § 823 Abs. 2 BGB i. V. m. § 1908f Abs. 1 BGB kein Schadensersatzanspruch zu. Die zuletzt genannte Vorschrift kann nicht als Schutzgesetz i. S. v. § 823 Abs. 2 BGB angesehen werden, weil die Norm die Anerkennungsvoraussetzungen als Betreuungsverein regelt, nicht jedoch konkrete, im Interesse des Betreuten angeordnete Rechtspflichten enthält. Auch § 31 BGB begründet vorliegend keine Haftung des Vereins, da der Vereinsbetreuer kein verfassungsmäßig berufener Vertreter des Betreuungsvereins war, *OLG Koblenz* (Az. 8 U 1274/08).

Verkehrsübliche Sorgfalt

§ 1908f Abs. 1 BGB ist kein Schutzgesetz i. S. v. § 823 Abs. 2 BGB

Vereinsbetreuer ist kein Vertreter des Vereins

Unabhängig davon ist eine Haftung des Betreuungsvereins aus seiner arbeitsrechtlichen Stellung gegenüber dem Vereinsbetreuer möglich. Bei geringer Schuld gehört ein Schaden, den ein Arbeitnehmer bei einer betrieblich veranlassten Tätigkeit verursacht, zum Betriebsrisiko des Arbeitgebers und ist von ihm allein zu tragen. Die aus der betrieblichen Arbeitsteilung herrührenden fast unvermeidbaren, durch gelegentliches leicht fahrlässiges Fehlverhalten verursachten Schäden sind daher von ihm und nicht von dem handelnden Arbeitnehmer zu tragen. Bei mittlerer oder bei grober Fahrlässigkeit hat der Arbeitnehmer jedenfalls einen Teil des von ihm verursachten Schadens zu tragen. Für grobe Fahrlässigkeit muss die Pflichtverletzung auch subjektiv schlechthin unentschuldbar sein und das gewöhnliche Maß der Fahrlässigkeit des § 276 Abs. 1 BGB erheblich übersteigen. Das wird dann bejaht, wenn ganz nahe liegende Überlegungen, die sich jedem aufgedrängt hätten, nicht angestellt oder beiseite geschoben worden sind (vgl. dazu *Fröschle* BtPrax 2008, 192).

Keine Beschränkung der Arbeitnehmerhaftung besteht bei Schadensersatzansprüchen Außenstehender gegenüber dem schädigenden Arbeitnehmer. Betriebsfremden Personen haftet der Arbeitnehmer bei von ihm vorsätzlich oder fahrlässig herbeigeführten Körper- oder Sachschäden. Er kann die Geschädigten auch nicht auf die eventuell außerdem noch bestehenden Ansprüche gegen den Arbeitgeber verweisen, sondern muss Schadensersatz leisten, wenn er in Anspruch genommen wird.

2.3 Behördenbetreuer

Es geht um den bestellten Mitarbeiter der Betreuungsbehörde, den Behördenbetreuer gemäß § 1897 Abs. 2 BGB. Dieser Mitarbeiter wird persönlich vom Betreuungsgericht (mit Zustimmung der Betreuungsbehörde) bestellt.

Amtshaftung der Betreuungsbehörde ist umstritten

Von der Konstruktion des Betreuungsgesetzes her gesehen ist der persönlich bestellte Behördenbetreuer hinsichtlich seiner Tätigkeit Einzelbetreuer. Dadurch dürfte er persönlich als Einzelperson gegenüber dem Betreuten gemäß §§ 1908i Abs. 1, 1833

BGB unmittelbar verantwortlich sein. Ob eine Haftungsübernahme im Rahmen einer Amtshaftung gemäß § 839 BGB i. V. m. Art. 34 GG durch die Betreuungsbehörde besteht, ist sehr fraglich.

Der Abschluss einer Haftpflichtversicherung durch die Betreuungsbehörde für den Behördenbetreuer ist gesetzlich nicht vorgeschrieben. Weder der Behördenbetreuer kann die Kosten einer privat abgeschlossenen Amtshaftpflichtversicherung geltend machen, da er selbst keinen Aufwendungsersatz fordern kann, § 8 Abs. 3 i. V. m. § 7 Abs. 3 VBVG, noch die Behörde, § 8 Abs. 2 VBVG i. V. m. § 1835 Abs. 5 Satz 2 BGB.

In der Literatur wird zum Teil vertreten, dass sich der Staat nicht durch Zweckkonstruktionen seiner Haftung für das Handeln öffentlich Bediensteter entziehen darf (Münchener Kommentar-Schwab, § 1897 Rz. 16; *Schwab* in FamRZ 1992, 493). Nach den Begründungen in der *BT-Drucks. 11/4528 S. 158 ff.* dürfte der Gesetzgeber davon ausgegangen sein, dass Betreute vor Schäden, die auf pflichtwidrigem und schuldhaftem Verhalten von Einzelbetreuern nach § 1897 Abs. 2 BGB beruhen, ausreichend wirtschaftlich gesichert sind. Dass der Gesetzgeber es unterlassen hat, eine Haftpflichtversicherungspflicht auch für Betreuungsbehörden einzuführen, zeigt, dass er die von Behördenbetreuern Betreuten auch ohne eine derartige Regelung als wirtschaftlich ausreichend gesichert angesehen hat. Diese Sicherung liegt, zumal nach der amtlichen Begründung zum Regierungsentwurf Behördenbetreuer eine öffentliche Aufgabe wahrnehmen, in der Möglichkeit der Amtshaftung nach Art. 34 GG i. V. m. § 839 BGB. Siehe hierzu *Fröschle* BtPrax 2008, 194.

Soweit die Behörde haftet, ist ein Rückgriff gegen den Mitarbeiter nach Art. 34 Satz 2 GG i. V. m. den jeweiligen Landesbeamtengesetzen bzw. mit den Angestelltentarifen auf Vorsatz und grobe Fahrlässigkeit beschränkt. Es empfiehlt sich für Behördenmitarbeiter auf jeden Fall der Abschluss einer Amts- und Vermögensschadenshaftpflichtversicherung, welche die Regressansprüche des Dienstherrn beinhaltet. Dabei ist zu beachten, dass die „normale" Amtshaftpflichtversicherung gegen Personen- und Sachschäden nicht immer Vermögensschäden abdeckt.

2.4 Betreuungsverein und Betreuungsbehörde als Betreuer

Betreuungsverein, § 1900 Abs. 1 BGB

Haftung des Vereins

Wird ein Arbeitnehmer des Vereins nicht als Vereinsbetreuer (§ 1897 Abs. 2 BGB), sondern im Rahmen einer auf ihn delegierten Vereinsbetreuung (§ 1900 Abs. 2 BGB) tätig, fungiert der Verein selbst als Betreuer und hat lediglich die konkrete Betreuungsführung übertragen. Der Verein haftet in diesem Fall stets unmittelbar aus §§ 1908i Abs. 1, 1833 BGB für das Verschulden jedes Mitgliedes oder Mitarbeiters ebenso wie für das Verschulden des Vorstandes, dessen Mitglieder und anderer verfassungsmäßig berufener Vertreter (§§ 1908i Abs. 1, 1791a Abs. 3 Satz 2 und § 31 BGB) gegenüber dem Geschädigten. Eine direkte Haftung des Mitarbeiters scheidet aus.

In § 1908f BGB ist eine Haftpflichtversicherung des Vereins selbst nicht vorgeschrieben, er hat nur seine Mitglieder zu versichern, § 1908f Abs. 1 Nr. 1 BGB. Allerdings ist es sinnvoll, dass der Verein nicht nur seine Mitarbeiter, sondern auch sich selbst haftpflichtversichert. Die Angemessenheit der versicherungsrechtlichen Absicherung ist weder bundes- noch landesrechtlich näher geregelt. Üblicherweise werden Versicherungssummen von 1.000.000 EUR für Personen- und Sachschäden und ab 25.000 EUR für Vermögensschäden angeboten; das Vermögensschadensrisiko scheint aber etwas gering zu sein.

Der Rückgriff des in Anspruch genommenen Vereins regelt sich bei Vereinsmitgliedern nach der Satzung, bei Vorstandsmitgliedern nach §§ 27 Abs. 3, 664 bis 670 BGB, bei angestellten Mitarbeitern nach dem Inhalt des Arbeitsverhältnisses. Soweit Angestelltentarife Anwendung finden, ist ein Rückgriff möglich, wenn Vorsatz oder grobe Fahrlässigkeit gegeben ist.

Betreuungsbehörde gemäß § 1900 Abs. 4 BGB

Auch die Betreuungsbehörde selbst (als Bestandteil der Trägerkörperschaft Stadt oder Landkreis, einer juristischen Person des öffentlichen Rechtes) kann zum Betreuer bestellt werden. Gemäß § 1900 Abs. 4 Satz 2 i. V. m. Abs. 2 BGB werden Bedienstete mit der Ausführung der Betreuungsaufgaben bestellt.

Amtshaftung

Die Anstellungskörperschaft des die Pflichtwidrigkeit verursachenden Beamten oder Angestellten trifft die Haftung nach §§ 1908i Abs. 1, 1833 BGB oder wahlweise nach § 839 BGB i. V. m. Art. 34 GG. Der Rückgriff der Körperschaft gegen den einzelnen Mitarbeiter ist nach Art. 34 Satz 2 GG i. V. m. den jeweiligen Landesbeamtengesetzen bzw. Angestelltentarifen auf Vorsatz und grobe Fahrlässigkeit beschränkt.

3. Haftpflichtversicherung

3.1 Schäden, welche aus der Amtsführung entstehen

Es handelt sich um Schäden, die dem Betreuten durch den Betreuer zugefügt werden können oder die dem Betreuer dadurch entstehen, dass er einem Dritten zum Ersatz eines durch die Führung der Betreuung verursachten Schaden verpflichtet ist.

Die Haftpflichtversicherung gewährt dem Betreuer Versicherungsschutz für den Fall, dass er wegen eines während der Wirksamkeit der Versicherung eingetretenen Schadensereignisses auf Schadensersatz in Anspruch genommen wird.

3.1.1 Pflicht zum Versicherungsschutz

Haftpflichtversicherung kann angeordnet werden

Nach §§ 1908i Abs. 1, 1837 Abs. 2 BGB kann das Gericht den Betreuer verpflichten, eine angemessene Haftpflichtversicherung abzuschließen. Im Rahmen der Eignungsprüfung für neue Berufsbetreuer fordern Betreuungsbehörden in der Regel das Vorhandensein einer Haftpflichtversicherung als eine Grundvoraussetzung für den Vorschlag an das Gericht. Betreuungsvereine können als solche nur anerkannt werden, wenn sie für ihre Mitarbeiter eine angemessene Haftpflichtversicherung abgeschlossen haben (§ 1908f Abs. 1 Nr. 1 BGB).

3.1.2 Sammelhaftpflichtversicherungen für ehrenamtliche Betreuer

Ehrenamtliche Betreuer sind im Rahmen der jeweils von den Bundesländern abgeschlossenen Sammelhaftpflichtversicherungen versichert.

Mit Bestellung zum Betreuer werden sie in den Versicherungsschutz der Sammelversicherung einbezogen, ohne dass es einer weiteren Erklärung bedarf. Die Versicherungssummen betragen bei Personen- und Sachschäden bis 2.000.000 EUR (in Bayern und Hamburg 2.000.000 EUR, in Brandenburg 1.023.000 EUR, in Bremen 1.500.000 EUR und in Thüringen 1.100.000 EUR). Die Vermögensschäden sind mit unterschiedlichen Beträgen abgedeckt (in Bayern, Hamburg und NRW 100.000 EUR,

Baden-Württemberg, Mecklenburg-Vorpommern mit 52.000 EUR, in Bremen mit 30.000 EUR und in Brandenburg mit 26.000 EUR). In den Betreuungsgerichten liegen jeweils Merkblätter zur Haftpflichtversicherung für ehrenamtliche Betreuer mit weiterführenden Nachweisen auf.

Höherversicherung

Soweit die Sammelversicherungssummen im Einzelfall nicht ausreichend sind, insbesondere im Bereich der Vermögensschäden, kann durch den Betreuer eine Höherversicherung vorgenommen werden. Vermögensschäden sind z. B. auch Ersatzansprüche wegen finanzieller Verluste auf Grund einer fehlerhaften Anlage des Betreutenvermögens. Diese Beträge kann der Betreuer nach § 1835 Abs. 2 Satz 1 BGB als Auslagenersatz aus dem Betreutenvermögen entnehmen; dies gilt nicht für Betreuer, die eine Vergütung erhalten (Berufs- oder Vereinsbetreuer). Wählt der ehrenamtliche Betreuer die pauschale Aufwandsentschädigung nach § 1835a BGB (jährlich 323 EUR), so bekommt er die Versicherungsleistungen nicht zusätzlich erstattet.

Haftpflichtversicherung – Deckungssumme prüfen

Der ehrenamtliche Betreuer mit dem Aufgabenkreis „Vermögensverwaltung" sollte nach der Erstellung des Vermögensverzeichnisses, sobald er sein Handlungsfeld überblickt, grundsätzlich prüfen, ob die Deckungssummen der Sammelversicherung ausreichen. Die Deckungssummen gelten je geführte Betreuung, allerdings nicht für den sogenannten Berufsbetreuer, der eine Vergütung aus der Staatskasse oder aus dem Betreutenvermögen abrechnet.

Bei den Versicherungen kann jeweils ein höheres Risiko abgedeckt werden. Die Justizministerien haben darüber z. T. auch Rahmenversicherungsverträge abgeschlossen.

Die Wahl des Versicherers für den Abschluss einer Haftpflichtversicherung bleibt selbstverständlich dem Betreuer überlassen. Er sollte dann auf jeden Fall mehrere Vergleichsangebote einholen.

Den Beitrag für die einzelvertragliche Regelung kann der ehrenamtliche Betreuer als Aufwendungsersatz nach § 1835 Abs. 2 BGB aus dem Vermögen des Betreuten geltend machen, nicht jedoch der Berufsbetreuer.

Der Versicherungsschutz umfasst die Befriedigung begründeter und die Abwehr unbegründeter Schadensersatzansprüche, die dem Betreuer gegenüber aus seiner Tätigkeit als Betreuer geltend gemacht werden.

Versicherungsschutz für Angehörige des Betreuers

Der Versicherungsschutz bezieht sich auch auf Haftpflichtansprüche eines Betreuten, soweit dieser Angehöriger des Betreuers ist oder mit ihm in häuslicher Gemeinschaft lebt; dies gilt bei Haftpflichtansprüchen wegen Vermögensschäden allerdings nur, sofern der Betreuer mit dem Aufgabenkreis der Vermögenssorge betraut ist.

Kein Schutz für Schäden des Betreuers

Dieser Versicherungsschutz bezieht sich nicht auf Schäden, die der Betreuer selbst bei der Führung der Betreuung erleidet (vgl. Abschnitt 3.2). Nicht im Rahmen dieses Vertrags versichert ist ferner die Haftpflicht des Betreuers als Eigentümer, Besitzer, Halter oder Führer eines Kraftfahrzeugs wegen Schäden, die durch den Gebrauch des Kraftfahrzeugs verursacht werden, auch wenn er das Fahrzeug aus Anlass der Betreuung genutzt hat.

Sollte der Betreuer von seinem Betreuten oder von Dritten wegen der Führung der Betreuung auf Schadensersatz in Anspruch genommen werden, muss er dies, um

den Versicherungsschutz nicht zu gefährden, unverzüglich der jeweiligen Versicherungsanstalt formlos melden. Beizufügen ist eine Bestätigung, dass der Betreuer zum Personenkreis der ehrenamtlichen Betreuer gehört; sie wird vom zuständigen Betreuungsgericht erteilt.

Die Anschriften der Versicherungsanstalten, über welche die Sammelversicherungen abgewickelt werden, können bei den Betreuungsgerichten erfragt werden. Dort liegen in der Regel auch Merkblätter aus, die über die Details der in den jeweiligen Ländern geltenden Bestimmungen Auskunft geben.

3.1.3 Berufsbetreuer

Versicherung für Berufsbetreuer

Freiberufliche Betreuer (Berufsbetreuer) sind nicht über das Justizministerium sammelversichert; sie sollten sich gegen Personen- und Sachschäden versichern. Auskunft über ausreichende Versicherungssummen erteilen die Berufsverbände der Betreuer.

3.2 Eigenschäden des Betreuers

Betreuter schädigt Betreuer

Erleidet der Betreuer Eigenschäden durch das Verhalten des Betreuten, so sind die allgemeinen Schadensersatzbestimmungen (§ 823 ff. BGB) anwendbar; problematisch könnte sein, dass der Betreute wegen Deliktunfähigkeit (§ 827 BGB) nicht für den Schaden aufzukommen hat.

Eine Haftpflichtversicherung, die auf den Namen des Betreuten abgeschlossen ist, deckt nach den Ausschlüssen in den Allgemeinen Versicherungsbedingungen keine Schäden, die der Versicherte seinem gesetzlichen Vertreter zufügt.

Gesetzliche Unfallversicherung

Personenschäden, die der Betreuer im Rahmen seiner ehrenamtlichen Tätigkeit erleidet, sind im Regelfall durch die gesetzliche Unfallversicherung abgesichert. Er ist kraft Gesetzes über die Eigenunfallversicherung der einzelnen Bundesländer, und zwar als selbständig Tätiger in der Wohlfahrtspflege nach § 2 Abs. 1 Nr. 9 SGB VII, pflichtversichert.

Der Versicherungsschutz des ehrenamtlichen Betreuers hat in Bayern mit der Einführung der „Bayerischen Ehrenamtsversicherung“ eine wichtige Ergänzung gefunden. Die Ehrenamtsversicherung stellt eine Unfallversicherung zur Verfügung. Diese begründet Ansprüche des Betreuers für Schäden, die er bei der ehrenamtlichen Tätigkeit erlitten hat. Versicherte Leistungen:

- 175.000 EUR maximal bei 100 % Invalidität
- 10.000 EUR im Todesfall
- 2.000 EUR für Zusatz-Heilkosten
- 1.000 EUR für Bergungskosten

Beispiel:

Der Betreuer will in der Bank des Betreuten Überweisungen tätigen. Vor der Bank stürzt er und zieht sich eine Hüftfraktur zu, die zu einer dauernden Bewegungseinschränkung führt.

Die Schadensmeldung kann der Betreuer über den Rechtspfleger beim Betreuungsgericht oder, wie in der Praxis üblich, nach der Erstversorgung über die eigene Krankenkasse abwickeln.

3.3 Haftpflichtversicherungsschutz der betreuten Person

Keine generelle Pflicht zur Haftpflichtversicherung für den Betreuten

Eine generelle Pflicht des Betreuers zum Abschluss einer Haftpflichtversicherung für den Betreuten gibt es nicht. Der Abschluss einer Haftpflichtversicherung wird jedoch von der Rechtsprechung in den Fällen für erforderlich gehalten, in denen aufgrund der besonderen Umstände eine erhöhte Gefahr der haftpflichtrechtlichen Inanspruchnahme des Betreuten besteht. Pflichtwidrig ist das Unterlassen der Haftpflichtversicherung daher nur dann, wenn der Betreute aufgrund seiner krankheits- oder behinderungsbedingten persönlichen Eigenschaften und Lebensverhältnisse zu drittschädigendem Verhalten neigt und dem Betreuer dies bekannt ist.

Nach der *Entscheidung des BGH* (FamRZ 1980, 874) ist ein Betreuer (damals Vormund) nicht grundsätzlich verpflichtet, seinen Betreuten gegen gesetzliche Haftpflicht zu versichern. Jedoch können besondere Eigenschaften und Lebensverhältnisse des Betreuten den Abschluss einer Haftpflichtversicherung erfordern, wenn sie ihn in besonderem Maße der Gefahr aussetzen, sich durch Schädigung Dritter haftpflichtig zu machen.

Sozialhilfeträger zahlen keine Haftpflichtversicherungsbeiträge

Daneben müssen aus dem Vermögen oder Einkommen des Betreuten die Versicherungsbeiträge gezahlt werden können. Bei Sozialhilfeempfängern wird der Beitrag zu einer Haftpflichtversicherung regelmäßig nicht zum notwendigen Lebensunterhalt gezählt, so dass Leistungen nicht erfolgen, zumindest dann, wenn die Versicherung erst während des Sozialhilfebezugs abgeschlossen werden soll. Das *VG Düsseldorf* (NJW 1990, 531) hat dargelegt, dass ein Sozialhilfeträger nicht verpflichtet ist, im Rahmen der Hilfe zum Lebensunterhalt die Kosten für eine private Haftpflichtversicherung zu übernehmen; dies würde einem Grundprinzip der Sozialhilfe widersprechen, nämlich Mittel nur zur Überwindung einer gegenwärtigen Notlage bereitzustellen.

Risikomeldung

Eine bestehende Krankheit muss bei Vertragsabschluss gemeldet werden, da sonst ein Bestehen des Versicherungsschutzes in Frage steht. Bei laufenden Verträgen sollten Erkrankungen, die zur Folge haben, dass der Betroffene versicherungsrechtlich ein erhöhtes Risiko schafft (z. B. Alzheimer-Krankheit) nach der Diagnose gemeldet werden; zumindest dann, wenn die Versicherungsbedingungen es vorschreiben.

Es sei aber nochmals darauf hingewiesen, dass die Haftpflichtversicherung nur für fahrlässig verursachte Schäden aufkommt.

- Handelt der Betreute bei der Schadensverursachung vorsätzlich, entfällt eine Leistung.
- Ist der Betreute deliktunfähig, fehlt es bei jeder Art der Schadensverursachung am Merkmal des Verschuldens, das aber Voraussetzung des Schadensersatzanspruches ist.

Bestehende Haftpflichtversicherungsverträge

Ein einmal bestehender Haftpflichtversicherungsvertrag sollte nicht gekündigt werden. Es muss nämlich für jeden Schadensfall neu ermittelt werden, ob jeweils zum Zeitpunkt einer schädigenden Handlung Deliktunfähigkeit besteht; bei psychisch Kranken (wechselnde Bewusstseinszustände) muss das nicht immer so sein. Da auch die Deliktfähigkeit als Vorfrage für die Übernahme des Schadens durch die Versicherung Gegenstand eines gerichtlichen Verfahrens sein kann, ist der Rechtsschutz, den die Versicherung gewährt, auf jeden Fall nützlich.

Neuabschlüsse

Einige Versicherungsunternehmen bieten Haftpflichtversicherungen für Betreute an. Die Angebote können im Internet verglichen werden, z. B. findet man bei www.gl-versicherungsmakler.de/104/ eine ausführliche Übersicht zu den Konditionen.

4. Strafrechtliche Folgen einer Betreuerhandlung

Strafrechtliche Handlung

Nach der Begehungsform kann eine Handlung des Täters in einem aktiven Tun (Begehungsdelikt) oder Unterlassen (Unterlassungsdelikt) bestehen; ein Unterlassen (Abwenden eines Erfolges) ist nur strafbar, wenn für den Täter eine besondere Verpflichtung zum Tätigwerden, eine sog. Garantenstellung besteht (§ 13 StGB). Eine Garantenstellung kann sich aus der Betreuerbestellung ergeben, soweit der Aufgabenkreis reicht. Hat der Betreuer z. B. die Gesundheitsfürsorge inne, muss er, soweit möglich, gesundheitliche Schäden vom Betreuten abwenden. Unterlässt er die Abwendung, und erleidet dadurch der Betreute einen körperlichen Schaden, könnte er sich wegen Körperverletzung (§ 223 StGB) durch Unterlassen strafbar gemacht haben. Obliegt dem Betreuer nur die Vermögenssorge und unternimmt er bei einer plötzlich auftretenden Herzattacke des Betreuten nichts, kommt u. U. unterlassene Hilfeleistung zum Zuge, § 323c StGB, da er in diesem Fall keine Garantenstellung hat.

Garantenstellung

Es gibt im Übrigen keinen allgemeinen Garantenbegriff, sondern nur einen, der auf den jeweiligen Tatbestand bezogen ist. Zum Teil wird der sog. „Beschützergarant" (er hat rechtlich dafür einzustehen, dass ein bestimmtes Rechtsgut, für das er Verantwortung trägt, nicht beschädigt wird) und der sog. „Aufpassergarant" (er hat rechtlich dafür einzustehen, dass von einer bestimmten Gefahrenquelle, für die er Verantwortung trägt, keine Schädigung ausgeht) genannt.

Schutz der Rechtsgüter des Betreuten

Der Betreuer ist „Beschützergarant" für die Rechtsgüter des Betreuten, so weit sein Aufgabenkreis reicht. Hat er nur die Vermögenssorge, kann er auch nur Vermögensdelikte durch Unterlassen begehen. Ist er für die Gesundheit des Betreuten verantwortlich, kann er dagegen wegen Unterlassung aus §§ 223, 229 StGB (Körperverletzung) oder auch §§ 211, 212, 222 StGB (Tötungsdelikte) bestraft werden, wenn er vorsätzlich oder fahrlässig eine Beschädigung der Gesundheit oder den Tod des Betreuten nicht abgewendet hat.

Schädigung eines Dritten

Als „Aufpassergarant" ist der Betreuer nur dann dafür verantwortlich, dass der Betreute keinen Dritten schädigt, wenn ihm die Aufsicht über den Betreuten übertragen ist, d. h., wenn sein Aufgabenkreis entweder explizit auf die Aufsicht über den Betreuten oder allgemein auf die gesamte Personensorge lautet. Dann kann er eventuell auch bestraft werden, wenn der Betreute einen Dritten vorsätzlich oder fahrlässig tötet oder verletzt sowie sonstigen Schaden herbeiführt (vgl. die Ausführungen zu 1.2.2 Aufsichtspflichtverletzung).

Im Strafrecht gilt grundsätzlich das Prinzip der Eigenverantwortung, wonach es ausgeschlossen ist, für das rechtswidrige Verhalten eines Menschen einen anderen zur Verantwortung zu ziehen. Grundsätzlich besteht auch keine Überwachungspflicht hinsichtlich des Verhaltens anderer erwachsener Personen. Wird ein Betreuer z. B. für die Aufgabenkreise Aufenthaltsbestimmung, Vermögenssorge und Behördenangelegenheiten bestellt, obliegt ihm nicht die strafrechtlich relevante Verpflichtung, Sorge dafür zu tragen, dass der Betreute wegen seiner körperlichen Einschränkungen nicht mehr am Straßenverkehr teilnimmt. Werden dem Betreuer jedoch alle Aufgabenkreise übertragen, ergibt sich aus seiner Fürsorgeverpflichtung gegenüber dem Betreuten auch eine allgemeine Aufsichtspflicht, bei deren Verletzung der Betreuer unter Umständen im Falle eines durch den Betreuten verursachten Verkehrsunfalles mit Personenschäden wegen fahrlässiger Körperverletzung nach § 229 StGB strafrechtlich belangt werden kann.

Strafbarkeit des Betreuers bei Verletzung der Aufsichtspflicht

Weitere Voraussetzung der Strafbarkeit ist jedoch, dass der Betreuer die Möglichkeit besessen hat, den durch den Betreuten verursachten Erfolgseintritt, z. B. einen Verkehrsunfall, auch faktisch abzuwenden und ob ihm dies auch zumutbar gewesen ist. Der Betreuer als Unterlassender muss nämlich die Möglichkeit zur Verhinderung der Tat gehabt haben, weil Unmögliches nicht verlangt werden kann oder nicht auszuschließen ist, dass der Unfall auch bei pflichtgemäßem Handeln eingetreten wäre. Erwartet werden können daher von einem Betreuer mit Garantenstellung sicherlich regelmäßige Kontrollen des Betreuten. Tatsächlich möglich und zumutbar ist eine Mitteilung an die Zulassungsbehörde oder die zuständige Polizeidienststelle. Zu denken wäre auch an die Sicherstellung des Autoschlüssels oder das Abmelden des Fahrzeugs. Kommt der Betreuer diesen Vorgaben nach, braucht er strafrechtliche Konsequenzen nicht zu fürchten. (Hierzu Windisch, www.projekt-geben.de/downloads/btg/btg34.pdf.)

Regelmäßige Kontrollen

Im Folgenden wird auf einige Tatbestände hingewiesen, die für den Betreuer eine Rolle spielen könnten.

Zur strafrechtlichen Verantwortung für das Unterlassen des Schutzes einwilligungs(un-)fähiger Erwachsener siehe die Ausführungen von *Hoffmann* in BtPrax 2010, 151.

4.1 Straftaten gegen die körperliche Unversehrtheit

4.1.1 Körperverletzung (§ 223 ff. StGB)

Unterlassen

Sie kann durch Unterlassen in Betracht kommen, wenn der Betreuer nichts unternimmt, um eine Besserung des Gesundheitszustandes des Betreuten zu erreichen oder zumindest eine Verschlechterung zu verhindern (§ 1901 Abs. 4 BGB).

Von dem Betreuer können aber nur solche Aktivitäten gefordert werden, die ihm auch möglich sind. Wenn der Betreute jeden Kontakt zu dem Betreuer verweigert, ihn nicht in die Wohnung lässt, keine Telefonanrufe entgegennimmt und die Einrichtung eines mobilen Hilfsdienstes abgelehnt hat, bleibt dem Betreuer letztlich nur eine geschlossene Unterbringung, zu der er eine Genehmigung des Betreuungsrichters benötigt. Liegt eine bindende Patientenverfügung vor, dann muss der Betreuer dem Willen des Betreuten Ausdruck und Geltung verschaffen, auch wenn sich dadurch der Gesundheitszustand verschlechtern sollte (§ 1901a Abs. 1 BGB).

4.1.2 Misshandlung Schutzbefohlener (§ 225 StGB)

Vernachlässigung der Pflichten

Wer eine wegen Gebrechlichkeit oder Krankheit wehrlose Person, die seiner Fürsorge oder Obhut untersteht, quält, roh misshandelt oder sie durch böswillige Vernachlässigung seiner Pflicht, für sie zu sorgen, an der Gesundheit schädigt, macht sich strafbar. Böswilligkeit liegt insbesondere vor, wenn der Täter aus verwerflichen Beweggründen, z. B. aus Hass oder Eigennutz, handelt. Der Betreute untersteht der „Fürsorge" des Betreuers, da es sich bei einem entsprechenden Aufgabenkreis um ein auf längere Dauer angelegtes Abhängigkeitsverhältnis handelt.

4.1.3 Aussetzung (§ 221 StGB)

Wer einen Menschen in eine hilflose Lage versetzt oder in einer hilflosen Lage im Stich lässt, obwohl er ihn in seiner Obhut hat oder ihm sonst beizustehen verpflichtet ist, und ihn dadurch der Gefahr des Todes oder einer schweren Gesundheitsschädigung aussetzt, macht sich strafbar.

4.2 Tötungsdelikte

4.2.1 Tötung auf Verlangen, § 216 StGB (aktive Sterbehilfe)

Mitleidstötung

Die bewusste und zielgerichtete Tötung eines anderen Menschen ist auch im Falle der sogenannten „Mitleidstötung" eines unheilbar erkrankten Patienten selbst dann strafbar, wenn sie auf den ausdrücklichen Wunsch des Betroffenen hin erfolgt und lediglich eine geringe Lebensverkürzung zur Folge hat.

4.2.2 Beihilfe zur Selbsttötung

Im Gegensatz zur Tötung auf Verlangen ist die Beihilfe zur Selbsttötung straflos, sofern es sich um eine wirklich freiverantwortliche Selbsttötung handelt. Das ergibt sich daraus, dass eine strafbare Beihilfe nur im Fall einer strafbaren Haupttat möglich ist, eine Selbsttötung ist aber nicht strafbar. Erforderlich ist, dass der Selbstmörder den lebensbeendenden Akt selbst ausführt, der Gehilfe ihm also z. B. lediglich eine tödlich wirkende Dosis eines Schlafmittels besorgt, das der Selbstmordwillige dann selbst einnimmt. Es würde sich aber bereits dann um eine strafbare Tötung auf Verlangen handeln, wenn der Helfer das Gift dem Suizidenten auf dessen ausdrücklichen Wunsch hin einflößt, weil die Tatherrschaft in diesen Fällen nicht mehr beim Selbstmörder liegt.

Untätigkeit bei nicht freiverantwortlichem Suizid

Ist die Selbsttötung nicht freiverantwortlich, kann schon im Fall reiner Untätigkeit eines Dritten eine Strafbarkeit in Betracht kommen.

- Sofern der Dritte eine Garantenstellung (z. B. als Angehöriger, Lebensgefährte oder Betreuer) innehat, wäre er aufgrund eines Tötungsdelikts durch Unterlassen strafbar.
- Da es sich bei einem nicht freiverantwortlichen (also krankheitsbedingten) Suizidversuch nach h. M. um einen Unglücksfall handelt, wäre selbst ein Dritter, der zu dem Suizidenten in keinem Garantenverhältnis steht, im Fall des Unterlassens von Rettungsmaßnahmen wegen unterlassener Hilfeleistung zu bestrafen.

Gerät der Selbstmörder in einen hilflosen Zustand, dann liegt in der Regel ein Unglücksfall vor, so dass Hilfe geleistet werden muss. Ansonsten droht eine Bestrafung wegen unterlassener Hilfeleistung gem. § 323c StGB (vgl. unter Abschnitt 4.3). Das Beschaffen von Betäubungsmitteln oder einer Waffe durch den Betreuer zum Zweck der Selbsttötung durch den Betreuten kann nach dem Betäubungsmittelgesetz oder nach dem Waffengesetz strafbar sein; hier liegt kein Rechtfertigungsgrund vor.

4.2.3 Indirekte Sterbehilfe

Indirekte oder passive Sterbehilfe

Von indirekter Sterbehilfe spricht man, wenn eine ärztlich gebotene schmerzlindernde Medikation die unbeabsichtigte, aber unvermeidbare Nebenfolge hat, dass sie den Todeseintritt beschleunigt. Der Betreuer hat hier nur zu prüfen, ob der Einsatz des Medikaments dem erklärten oder mutmaßlichen Patientenwillen entspricht. Da in diesen Fällen dem Betreuten ein menschenwürdiges Sterben ermöglicht werden soll und es sich somit nur um „Hilfe beim Sterben" handelt, wird auch die Feststellung des mutmaßlichen Willens nicht schwerfallen. In zahlreichen Kliniken gibt es bereits sog. Palliativ-Stationen mit erfahrenen Ärzten, deren Rat und Hilfe vom Betreuer eingeholt werden sollte. Speziell in Bayern finden Sie im Internet Hinweise und Adressen beim Bayerischen Staatsministerium für Umwelt und Gesundheit (Internet: www.stmugv.bayern.de, dort unter der Rubrik „Gesundheit" → „Krankenhaus" → „Palliativmedizin").

4.2.4 Passive Sterbehilfe

Darunter versteht man die Nichteinwilligung oder den Widerruf der Einwilligung in eine lebensverlängernde ärztliche Maßnahme unter Bezugnahme auf den erklärten oder mutmaßlichen Willen des Patienten. Die damit verbundenen Fragen hat der Gesetzgeber im „Dritten Gesetz zur Änderung des Betreuungsrechts“ geregelt. Nähere Ausführungen dazu unter Kapitel A 3, Abschnitt 2.3.

4.3 Unterlassene Hilfeleistung

Für alle Bürger besteht nach § 323c StGB die Verpflichtung, bei Unglücksfällen oder gemeiner Gefahr die erforderliche und zumutbare Hilfe zu leisten. Als Unglücksfall kommen z. B. Verletzungen und auch die plötzliche Verschlimmerung einer Krankheit in Betracht.

Die Hilfeleistung muss dem Betreuer ohne erhebliche eigene Gefahr möglich sein; es wird in solchen Fällen immer zumutbar sein, per Telefon einen Arzt, die Polizei oder Feuerwehr zu informieren. Für den Betreuer bedeutet dies, dass er im Fall einer schweren Erkrankung des Betreuten auch dann zur Hilfeleistung verpflichtet ist, wenn ihm nicht die Gesundheitssorge übertragen wurde.

4.4 Vermögensdelikte

4.4.1 Unterschlagung, § 246 StGB

Rechtswidrige Zueignung einer beweglichen Sache des Betreuten

Wer eine fremde bewegliche Sache sich oder einem Dritten rechtswidrig zueignet, wird bestraft. Anders als bei einem Diebstahl ist es hier nicht notwendig, dass die fremde Sache aus dem Herrschaftsbereich eines anderen entfernt wird, die Sache kann sich bereits im Herrschaftsbereich des Täters befinden, dieser eignet sich die Sache dann unberechtigt zu (Betreuer nimmt z. B. den Pfandbrief des Betreuten in seinen Safe, um ihn bei Fälligkeit für sich einzulösen).

4.4.2 Betrug, § 263 StGB

Wer in der Absicht, sich oder einem Dritten einen rechtswidrigen Vermögensvorteil zu verschaffen, das Vermögen eines anderen dadurch beschädigt, dass er durch Vorspiegelung falscher oder durch Entstellung oder Unterdrückung wahrer Tatsachen einen Irrtum erregt oder unterhält, wird bestraft.

Vermögensverfügung aufgrund einer Täuschung

Dies bedeutet, dass der Täter einen anderen täuschen muss, durch diese Täuschung muss bei dem Opfer ein Irrtum hervorgerufen werden, aufgrund dieses Irrtums nimmt das Opfer dann eine Vermögensverfügung vor. Das Opfer wird also getäuscht und schädigt sich aufgrund dieser Täuschung selbst.

Betrug kann es z. B. sein, wenn ein Betreuer unter Verletzung der Mitwirkungspflicht (§ 60 ff. SGB I) gegenüber dem Bezirk verschweigt, dass der Betreute noch über erhebliche Ersparnisse verfügt, der zuständige Sachbearbeiter deswegen unzutreffend annimmt, dass der Betreute Ansprüche auf Leistungen nach dem SGB II bzw. SGB XII hat und eine entsprechende Auszahlung vorgenommen wird.

4.4.3 Untreue, § 266 StGB

Wer die ihm durch behördlichen Auftrag obliegende Pflicht, fremde Vermögensinteressen wahrzunehmen, verletzt und dadurch dem, dessen Vermögensinteressen er zu betreuen hat, Nachteil zufügt, wird bestraft.

Ein Missbrauch der Befugnis liegt vor, wenn die Grenze des Könnens im Außenverhältnis (Vertretungsrecht des Betreuers) zwar eingehalten wird, die Grenze des rechtlichen Dürfens im Innenverhältnis (Handeln zum Wohle des Betreuten) aber überschritten wird. Wenn der Betreuer ein Grundstück des Betreuten an seinen Bruder zu einem niedrigen Preis veräußert und dabei dem Betreuungsgericht im Genehmigungsverfahren verschweigt, dass mehrere Angebote zu einem weit höheren Preis vorliegen, liegt Untreue vor.

Daneben ist noch der sogenannte Treubruchtatbestand zu beachten. Dieser könnte zum Beispiel gegeben sein, wenn ein Betreuer Bargeld des Betreuten, das er in Verwahrung hat, für eigene Zwecke verwendet und versucht, den Fehlbetrag durch falsche Angaben bei der Rechnungslegung zu verschleiern. Auch eine unordentliche Buchführung oder das Beiseiteschaffen von Belegen, wenn sich daraus die Gefahr ergibt, dass begründete und durchsetzbare Ansprüche nicht mehr geltend gemacht werden können, dürfte diesen Tatbestand auslösen.

Wird die Tat durch fehlende Kontrolle oder Aufsicht erleichtert oder sogar möglich gemacht, entlastet dies den Täter nicht.

Veranlasst ein Betreuer einen Testierunfähigen, durch eine letztwillige Verfügung sich selbst oder einen Dritten als Begünstigten einzusetzen, kann hierin – durch Benutzen des Testierenden als undoloses Werkzeug gegen sich selbst – eine Untreue bzw. eine Teilnahme hieran begründet sein, *OLG Celle* BtPrax 2013, 114.

4.5 Freiheitsberaubung und Nötigung

Freiheitsentziehende Maßnahmen sind nur mit gerichtlicher Genehmigung zulässig (Art. 104 GG, § 1906 BGB). Wird diese Genehmigung nicht eingeholt, handelt es sich um eine strafbare Freiheitsberaubung, § 239 StGB. Soweit die betroffene Person einsichtsfähig ist und in die Freiheitsentziehung einwilligt, liegt keine strafbare Handlung vor.

Als Tathandlungen kommen außer dem Einsperren des Betreuten alle Maßnahmen in Betracht, die geeignet sind, die Freiheit des Betreuten einzuschränken. Darunter fällt auch das Verabreichen von Medikamenten, wenn sie gezielt eingesetzt werden, um einen nicht untergebrachten Betreuten am Verlassen seines Aufenthaltsorts zu hindern, das Anlegen von Hand-, Fuß- oder Körperfesseln, das Anlegen von Bauchgurten, sofern für den Betroffenen keine Möglichkeit besteht, diese selbst zu lösen oder lösen zu lassen, das Aufstellen von Bettgittern, das Abschließen des Zimmers oder einer Station, Verriegeln der dem Betreuten bekannten und für ihn benutzbaren Ausgänge einer Einrichtung, die Verwendung sogenannter Trickschlösser, die Ausübung psychischen Drucks oder auch die Wegnahme von Schuhen oder Kleidung. Steht nicht die Fortbewegungsfreiheit im Raum, sondern die Nötigung zu einer Handlung, Duldung oder Unterlassung, kommt eine Bestrafung wegen Nötigung (§ 240 StGB) in Betracht.

Rechtfertigungsgrund

Sofern eine kurzfristige Maßnahme erforderlich ist, um drohende schwere gesundheitliche Schäden abzuwenden, liegt ein Rechtfertigungsgrund (§ 34 StGB) vor; keinesfalls darf die freiheitsbeschränkende Maßnahme aber regelmäßig oder über einen längeren Zeitraum ohne richterliche Genehmigung erfolgen.

4.6 Hausfriedensbruch

Nach § 123 StGB ist das widerrechtliche Eindringen in die Wohnung eines anderen strafbar. Für den Betreuer ist zu beachten, dass die Betreuung an sich, selbst der Aufgabenkreis „Wohnungsangelegenheiten“, noch nicht dazu berechtigt, gegen den Willen des Betreuten in die Wohnung einzudringen.

Ob das Betreuungsgericht dem Betreuer die Befugnis zum Eindringen in die Wohnung erteilen kann, ist umstritten. Nach überwiegender Meinung wird dies verneint. Dieser Rechtsansicht folgt wohl auch das FamFG, das eine Befugnis zum Betreten der Wohnung des Betroffenen durch die Betreuungsbehörde nur in bestimmten Fällen und nur nach ausdrücklichem richterlichen Beschluss zulässt (vgl. §§ 278 Abs. 7, 283 Abs. 3, 319 Abs. 7, 322 FamFG bei der Vorführung zum Betreuungsgericht oder zur Untersuchung zum Zwecke der Erstellung eines Gutachtens, sowie § 326 Abs. 3 FamFG bei der Zuführung zur Unterbringung). Lediglich bei Gefahr im Verzug ist in den genannten Fällen kein richterlicher Beschluss erforderlich; die Anordnung kann dann durch die Betreuungsbehörde erfolgen.

Bei einer gegenwärtig nicht anders abwendbaren Gefahr, insbesondere für Leib und Leben, rechtfertigt zudem § 34 StGB einen Hausfriedensbruch

4.7 Verletzung des Briefgeheimnisses

Falsch verstandene Hilfestellung durch Betreuer ist gefährlich

Es ist nach § 202 StGB strafbar, ein verschlossenes Schriftstück, welches an einen Dritten gerichtet ist, zu öffnen oder sich von dessen Inhalt Kenntnis zu verschaffen.

Soweit dem Betreuer der Aufgabenkreis zur Entscheidung über das Entgegennehmen, das Öffnen und das Anhalten der Post gemäß § 1896 Abs. 4 BGB übertragen ist, handelt er nicht rechtswidrig. Erkennbar private Post oder Briefe, die ausdrücklich an den Betreuten persönlich gerichtet sind, darf der Betreuer nicht öffnen. Unabhängig von der Aufgabenkreiszuteilung nach § 1896 Abs. 4 BGB kann der Betreuer behördliche oder gerichtliche Schriftstücke öffnen, die ihm direkt übersandt werden.

4.8 Vollstreckungsvereitelung

Nach § 288 Abs. 1 StGB macht sich strafbar, wer bei einer ihm drohenden Zwangsvollstreckung in der Absicht, die Befriedigung des Gläubigers zu vereiteln, Bestandteile seines Vermögens veräußert oder beiseite schafft. Gemäß § 14 StGB macht sich auch strafbar, wer als gesetzlicher Vertreter eines anderen handelt und die Merkmale zwar nicht bei ihm, aber beim Vertretenen vorliegen.

4.9 Strafvereitelung

Betreuer hat steuerliche Pflichten des Betreuten zu erfüllen

In § 258 StGB ist die Strafvereitelung unter Strafe gestellt. Gemeint sind Handlungen, die ganz oder zum Teil verhindern, dass ein anderer wegen einer rechtswidrigen Tat bestraft wird. Der Betreuer ist zwar grundsätzlich nicht zur Mitarbeit an der Strafverfolgung verpflichtet, er darf sie aber auch nicht behindern. Als Tathandlung kommen z. B. in Betracht, das Verbergen des Täters, Fluchthilfe, begünstigende Falschaussagen und auch eine wahrheitswidrige Aussage gegenüber der Polizei.

4.10 Aussagedelikte

Ein Betreuer darf nicht aus falsch verstandener Solidarität mit dem Betreuten in gerichtlichen Verfahren falsch aussagen, um den Betreuten zu schützen. Die falsche uneidliche Aussage und die falsche Aussage unter Eid sind unter Strafe gestellt. Auch unzutreffende Angaben im Rahmen der Abgabe einer Versicherung an Eides statt stehen unter Strafe. In allen Fällen ist auch fahrlässiges Verhalten strafbar.

Unterlassene Berichtigungen

Dem Betreuer steht im Rahmen einer Zeugenvernehmung auch kein Zeugnisverweigerungsrecht im Strafverfahren zu.

4.11 Steuerhinterziehung

§ 34 AO legt eigene Pflichten des Betreuers fest, Verstöße stellen deshalb eigene Straftaten des Betreuers dar.

Als Beispiel für eine Steuerhinterziehung kann das Verschweigen von verwahrten Wertpapieren oder Kapitalguthaben im Ausland gesehen werden.

Bereits dann, wenn z. B. eine Einkommensteuererklärung nicht abgegeben und deshalb die eigentlich geschuldeten Steuern nicht gezahlt werden, ist der objektive Tatbestand des § 370 Abs. 1 AO erfüllt.

> *Bestraft wird, wer den Finanzbehörden oder anderen Behörden über steuerlich erhebliche Tatsachen unrichtige oder unvollständige Angaben macht oder die Finanzbehörden pflichtwidrig über steuerlich erhebliche Tatsachen in Unkenntnis lässt und dadurch Steuern verkürzt oder für sich oder einen anderen nicht gerechtfertigte Steuervorteile erlangt.*

Ebenso kann eine unterlassene Berichtigung unzutreffender Angaben i. S. v. § 153 AO unter Umständen eine eigenständige Steuerhinterziehung darstellen.

> *Erkennt ein Steuerpflichtiger nachträglich vor Ablauf der Festsetzungsfrist, dass eine von ihm oder für ihn abgegebene Erklärung unrichtig oder unvollständig ist und dass es dadurch zu einer Verkürzung von Steuern kommen kann oder bereits gekommen ist, so ist er verpflichtet, dies unverzüglich anzuzeigen und die erforderliche Richtigstellung vorzunehmen.*

Daraus kann sich eine Konfliktsituation für den Betreuer ergeben, weil die Korrektur der Angaben des Betreuten zu einem gegen den Betreuten gerichteten Strafverfahren (wegen der unzutreffenden Angaben in der ursprünglichen Steuererklärung) führen kann. Andererseits setzt sich der Betreuer selbst der Gefahr einer Strafverfolgung aus, falls er die Korrektur unterlässt.

4.12 Verletzung von Privatgeheimnissen

§ 203 StGB sieht es als strafbare Handlung an, wenn man als Angehöriger einer bestimmten Berufsgruppe ein fremdes Geheimnis, namentlich ein zum persönlichen Lebensbereich gehörendes Geheimnis offenbart, das einem z. B. als Rechtsanwalt oder staatlich anerkanntem Sozialarbeiter bzw. Sozialpädagogen anvertraut worden oder sonst bekannt geworden ist.

Fraglich ist nun, ob dies auch dann gilt, wenn dieser Personenkreis als Betreuer oder Verfahrenspfleger tätig wird. In der Literatur wird teilweise unterschieden, ob der Angehörige der betroffenen Berufsgruppe nur dann unter § 203 StGB fällt, wenn er für seinen Beruf „spezifische" Tätigkeiten erbringt, oder ob es sich lediglich um „berufsübliche" Tätigkeiten handelt, die nicht nur diesem Berufsstand vorbehalten sind. Sieht man die Tätigkeit als Betreuer oder Verfahrenspfleger nur als berufsübliche, aber nicht spezifische an, findet § 203 StGB keine Anwendung, anders wäre es nur, wenn die Bestellung ausdrücklich auf den Berufsstand bezogen erfolgt (… Frau/Herr xy wird in ihrer/seiner Eigenschaft als Rechtsanwältin/Rechtsanwalt bestellt.)

Das *OLG Dresden* (FamRZ 2004, 1390) vertritt die Auffassung, dass die Schweigepflicht von Sozialarbeitern/Sozialpädagogen auch dem Schutz der Individualsphäre des Klienten i. S. v. § 203 Abs. 1 Nr. 5 StGB dient. Daran würde sich auch nichts ändern, wenn der Sozialpädagoge als Verfahrenspfleger nicht aufgrund eines zwischen ihm und der von ihm im Rahmen des gerichtlichen Verfahrens unterstützten Person geschlossenen Vertrages tätig wurde, sondern auf Beiordnung des Gerichtes.

Inhalt

1. Erforderlichkeit von Aufwendungen und Ansprüche des Betreuers

Art und Umfang der Tätigkeiten des Betreuers, insbesondere sein Zeitaufwand, sind abhängig von der Gesamtsituation des Einzelfalles. Der Aufwand orientiert sich aber immer nach den Aufgabenkreisen, unter Beachtung des Grundsatzes der Erforderlichkeit. Wichtig erscheint der Hinweis, dass die persönliche Betreuung nach dem Betreuungsrecht von der freundschaftlichen Begleitung und Hilfe in der Lebensgestaltung – diese Hilfe soll durch andere Hilfsdienste geleistet werden – abgegrenzt werden muss. Grundsätzlich hat insoweit der individuelle Wunsch des Betreuers, in eigener Person zu helfen, gegenüber den anderen Hilfen zurückzutreten. Aufgabe des Betreuers ist es, ggf. andere Hilfen zu organisieren und nicht eigentätig Hilfe zur tatsächlichen Lebensgestaltung des Betreuten (z. B. Umzug, Hilfe bei der Haushaltsführung, Besorgungen) zu leisten.

Ist der Betreuer Angehöriger oder fühlt sich der (sonstige) ehrenamtliche Betreuer wegen seiner positiven Beziehung zum Betreuten unter Umständen aus moralischen Gründen zur Eigentätigkeit verpflichtet, ist dies nach humanen Gesichtspunkten mehr als begrüßenswert. Ersatz für seine Aufwendungen oder gar eine Vergütung im Rahmen der freundschaftlichen Begleitung kann der ehrenamtliche Betreuer für derartige Hilfen keinesfalls in Anspruch nehmen.

Ansprüche des Betreuers

Der Betreuer möchte die Aufwendungen erstattet erhalten, welche er zum Zwecke der Führung der Betreuung macht, den sog. Aufwendungsersatz. Daneben möchte er die Zeit, welche er für die Betreuung aufwendet, als Vergütung geltend machen, dies gilt insbesondere für denjenigen, der Betreuungen im Rahmen seiner Berufsausübung führt, der sog. Berufsbetreuer.

Die Vorschriften über Vergütung, Auslagenersatz und Aufwandsentschädigung sind zunächst in den §§ 1835 bis 1836e BGB geregelt. Durch die Verweisung in § 1908i Abs. 1 Satz 1 BGB gelten die Vorschriften auch für den Betreuer. Daneben ist das Vormünder- und Betreuervergütungsgesetz (VBVG) von Bedeutung, das allerdings nur die berufsmäßig tätigen Betreuer (Berufsbetreuer, Vereins- und Behördenbetreuer, Vereine und Behörden) betrifft und nicht die ehrenamtlichen Betreuer. Für diese gelten nur die BGB-Vorschriften.

Ersatz von Aufwendungen

Aufwendungsersatz:

§§ 1908i Abs. 1, 1835 BGB

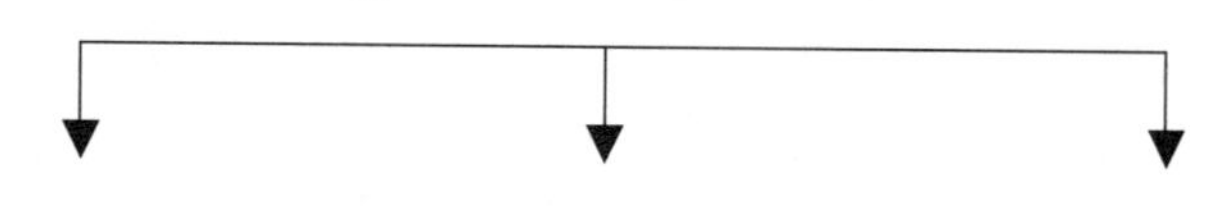

§ 1835 Abs. 1 BGB	§ 1835 Abs. 2 BGB	§ 1835 Abs. 3 BGB
Ersatz der (baren) Aufwendungen des Betreuers, welche einer bestimmten Betreuung zuzuordnen sind (insbesondere Fahrt-, Porto- und Telefonkosten)	Ersatz der Kosten einer Haftpflichtversicherung gegen Schäden, welche der Betreuer dem Betreuten zufügen könnte, oder die durch die Führung des Amtes einem Dritten zugefügt werden könnten	Ersatz von Aufwendungen, welche der Betreuer erbringt, und die an sich zu seinem Gewerbe oder Beruf gehören

Vergütung

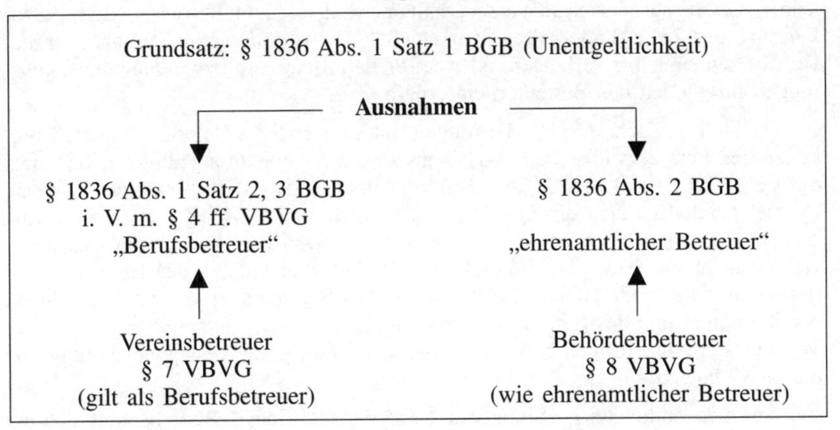

Vergütung für die aufgewendete Zeit

Ansprüche auf Ersatz der Aufwendungen und auf Vergütung richten sich grundsätzlich gegen den Betreuten (das Betreutenvermögen), bei Mittellosigkeit gegen die Staatskasse.

Die Ansprüche für den Vereins- oder Behördenbetreuer werden an Verein oder Behörde gezahlt, nicht an den Mitarbeiter, § 7 Abs. 3 und § 8 Abs. 2 VBVG.

Betreuungsverein und Betreuungsbehörde (§ 1900 Abs. 1 bzw. 4 BGB) als Betreuer erlangen keine Vergütung, §§ 1908 i Abs. 1 Satz1, 1836 Abs. 3 BGB.

2. Ansprüche des ehrenamtlichen Betreuers

2.1 Aufwendungsersatz

2.1.1 Aufwendungen im Sinne von § 1835 Abs. 1 BGB

Soweit der Betreuer Aufwendungen zum Zwecke der Führung der Betreuung macht, hat er einen gesetzlichen Anspruch auf Ersatz, § 1835 Abs. 1 Satz 1 Halbsatz 1 BGB in Verbindung mit § 670 BGB. Der Betreuer soll davor bewahrt werden, durch seine Tätigkeit eine Minderung seines eigenen Vermögens zu erleiden, also ein Vermögensopfer zu erbringen. Er kann Ersatz für solche Aufwendungen geltend machen, die er zum Zwecke der Führung der Betreuung den Umständen nach für erforderlich hält oder die er auf Weisung des Betreuungsgerichts erbringt (§ 1837 BGB).

Erforderlichkeit der Auslagen

Ob Aufwendungen erforderlich sind, richtet sich grundsätzlich nach der Sicht des Betreuers (Wortlaut des § 670 BGB), nicht nach dem Blickwinkel eines unbeteiligten Dritten (*BayObLG* BtPrax 1998, 146). Der Betreuer muss die Aufwendung unter Beachtung der ihm obliegenden Sorgfalt den Umständen nach für erforderlich halten, auch wenn sich dies nachträglich als Fehleinschätzung erweist (*BayObLG* FGPrax 2002, 31).

Wichtigste Voraussetzung für den Ersatz ist immer, dass die Aufwendung zum Zweck der Führung der Betreuung erbracht wird. Mit ihr muss die Wahrnehmung der Aufgaben des Betreuers ermöglicht oder erleichtert werden.

Nicht erstattungsfähig sind Aufwendungen, die außerhalb des Aufgabenkreises der Betreuung gemacht werden oder die nicht unmittelbar der Führung der Betreuung dienen, sondern der Privatsphäre des Betreuers oder Betreuten zuzurechnen sind

(z. B. Geschenk des Betreuers an den Betreuten). Insbesondere kann der Betreuer keinen Ersatz aus der Staatskasse erhalten, wenn er dem Betreuten Beträge zur Führung des Lebensunterhaltes „vorschießt". Diese Aufwendungen kann er nur vom Betreuten selbst verlangen, oder bei Sozialhilfeträgern bzw. Krankenversicherungen im Namen des Betreuten einfordern.

Aufwendungen nach dem Tod des Betreuten

Zu beachten ist auch, dass die Betreuung mit dem Tod des Betreuten endet. Tätigkeiten des Betreuers über den Tod hinaus sind nicht erstattungsfähig, soweit nicht die §§ 1908i Abs. 1, 1893 Abs. 1, 1698a und 1698b BGB Anwendung finden. Hierbei handelt es sich um Geschäfte, die der Betreuer erledigt, solange er vom Tod des Betreuten noch keine Kenntnis hat (§ 1698a BGB), oder um Geschäfte, welche nicht ohne Gefahr aufgeschoben werden können, bis der Erbe Fürsorge treffen kann (§ 1698b BGB). Die Bestattung des Betreuten ist keine Angelegenheit der Betreuung und des Betreuers; somit handelt der ehemalige Betreuer immer als Vertreter der Angehörigen bzw. des Erben und muss seine Auslagenerstattung von diesen verlangen.

Bei den Aufwendungen im Sinne von § 1835 Abs. 1 Satz 1 BGB handelt sich um sog. Barauslagen des Betreuers. Im Einzelnen sind dies unter anderem:

- ***Porto, Telefon-/Faxkosten:***

  Porto und Telefon

  Erstattungsfähig in tatsächlich angefallener Höhe im Einzelfall. Die Gebühren eines Funktelefons (Handy) sind dann erstattungsfähig, wenn eine besondere Dringlichkeit vorliegt, z. B. eilige Unterbringungsmaßnahme, Verständigung eines Notarztes.

- ***Kosten der Büroorganisation***

  Erstattungsfähig, wenn im Einzelfall eine Zuordnung zu einer konkreten Betreuung erfolgen kann (*LG Koblenz* BtPrax 1997, 247).

- ***Fotokopien***

  Soweit der Betreuer die Kopien an einem Fremdgerät fertigt, kann er die Kosten ansetzen, die er tatsächlich entrichten musste. Unklar ist, welchen Betrag er erstattet erhält, wenn er die Kopie auf seinem eigenen Gerät erstellt. Die Rechtsprechung stellt sich hierzu nicht einheitlich dar; 0,15 EUR pro Seite dürften aber allgemein anerkannt werden.

- ***Fahrt- und Reisekosten***

  Reisekosten

  Diese Kosten sind notwendig und erstattungsfähig, wenn sie durch Besuche beim Betreuten, einem gemeinsamen Arztbesuch oder durch die Wahrnehmung von Gerichts- oder Behördenterminen im Rahmen der Amtsführung entstehen. Dient die Fahrt dem Besuch mehrerer Betreuter (Heim, Bezirkskrankenhaus), sind die Kosten anteilsmäßig zu verteilen.

  Für den Ersatz von Fahrtkosten sind die in § 5 Justizvergütungs- und -entschädigungsgesetz (JVEG) für Sachverständige getroffenen Regelungen entsprechend anzuwenden.

  Öffentliche Verkehrsmittel

  Erstattet werden die tatsächlich angefallenen Kosten (gezahlter Fahrpreis), § 5 Abs. 1 JVEG.

  Kraftfahrzeug

  PKW-Nutzung

  Verwendet der Betreuer einen eigenen (oder von einem Dritten unentgeltlich zur Verfügung gestellten) PKW, kann er für jeden angefangenen Kilometer des Hin- und Rückwegs 0,30 EUR verlangen (§ 1835

Abs. 1 Satz 1 Halbsatz 2 BGB i. V. m. § 5 Abs. 2 Nr. 2 JVEG). Neben der Kilometerpauschale können insbesondere noch Parkgebühren in tatsächlich entstandener Höhe geltend gemacht werden, § 5 Abs. 2 Satz 1 JVEG.

Höhere Fahrtkosten

Taxi, Flugzeug

Höhere Fahrtkosten (z. B. Flugzeug, Taxi) werden dann ersetzt, wenn dadurch Mehrbeträge an Vergütung erspart werden können oder wenn sie wegen besonderer Umstände notwendig sind, § 5 Abs. 3 JVEG.

- ***Verpflegungsaufwendungen***

Tagegeld

Soweit der Betreuer eine Reise durchführt, gehören zu den Auslagen auch Verpflegungsmehraufwendungen. Eine Orientierung an § 6 JVEG und die dort in Bezug genommenen Sätze des § 4 Abs. 5 Satz 1 Nr. 5 Satz 2 EStG ist sinnvoll. Abwesenheit bis 8 Stunden: 3 EUR; 8 bis 14 Stunden: 6 EUR; 14 bis 24 Stunden: 12 EUR; über 24 Stunden: 24 EUR. Anders sieht dies teilweise das *BayObLG* (FamRZ 2004, 565), das bei eintägigen Reisen an Werktagen keine Pauschale für Verpflegungsaufwand zubilligt, soweit diese die Kosten selbst beschaffter Verpflegung übersteigt.

- ***Verdienstausfall***

Nachgewiesener Verdienstausfall

Der ehrenamtliche Betreuer führt grundsätzlich sein Amt unentgeltlich. Dies kann jedoch nicht so weit gehen, dass er einen Verdienstausfall erleidet, weil er z. B. während seiner Arbeitszeit zu einem Termin beim Betreuungsgericht geladen wird oder eine unaufschiebbare Unterbringung zu erledigen hat. Der Zweck des § 1835 BGB geht dahin, den Betreuer vor Vermögenseinbußen zu bewahren, eine solche tritt aber ein, wenn der Arbeitgeber einen Lohnabzug vornimmt oder der Selbstständige eine Vertretung bezahlen muss. Die Literatur ist hier unterschiedlicher Ansicht; Erstattungsfähigkeit dürfte aber gegeben sein, wenn der Betreuer einen (nachweisbaren) Ausfall hat und die Tätigkeit aus Gründen, die nicht seiner Beeinflussung unterliegen, nicht außerhalb seiner Arbeitszeit erledigt werden kann.

- ***Fortbildung des Betreuers, Fachliteratur***

Soweit der Betreuer an Fortbildungsveranstaltungen teilnimmt, wobei es nicht darauf ankommt, wer diese anbietet, kann er weder die Seminargebühren noch Fahrtkosten im Rahmen des § 1835 BGB zur Erstattung verlangen (dies ergibt sich eindeutig aus der Gesetzgebungsgeschichte zum BtG). Auch der Erwerb von Fachliteratur kann regelmäßig nicht einer Betreuung zugeordnet und damit erstattet werden.

2.1.2 Aufwendungen im Sinne von § 1835 Abs. 2 BGB

Angemessene Versicherung

Die Kosten einer angemessenen Versicherung sind erstattungsfähig, wenn die Versicherung folgende Risiken umfasst:

- Schäden, welche der Betreuer dem Betreuten zufügt;
- Schäden, die dem Betreuer dadurch entstehen, dass er bei der Führung seines Amtes einem Dritten gegenüber schadensersatzpflichtig wird.

Nicht erstattungsfähig sind Versicherungsbeiträge, die entstehen, wenn sich der Betreuer gegen Schäden versichert, die er selbst bei der Führung der Betreuung erleiden könnte. Ebenfalls nicht erstattungsfähig sind die Kosten der Kfz-Haftpflichtversicherung des Betreuers, § 1835 Abs. 2 Satz 1 Halbsatz 2 BGB.

Gesetzliche Sammelhaftpflichtversicherung

Sammelversicherung

Der überwiegende Teil der Bundesländer hat für ehrenamtliche Betreuer eine Sammelhaftpflichtversicherung abgeschlossen. In diesen Versicherungsschutz ist jeder ehrenamtliche Privatbetreuer eingeschlossen, ohne dass es eines ausdrücklichen Beitritts bedarf; siehe Kapitel A 7, Abschnitt 3.1.2.

In Bayern bestehen z. B. drei gesonderte Versicherungsverträge:

Deckungssummen

Eine Sammelhaftpflichtversicherung für Personen- und Sachschäden (Deckungssumme 2.000.000 EUR), eine Sammelunfallversicherung (u. a. maximale Versicherungsleistung in Höhe von 175.000 EUR bei 100 % Invalidität sowie 10.000 EUR im Todesfall) sowie eine Sammelhaftpflichtversicherung für Vermögensschäden (Deckungssumme: 100.000 EUR).

Soweit die Sammelversicherungssummen im Einzelfall nicht ausreichend sind, insbesondere im Bereich der Vermögensschäden, kann durch den Betreuer eine Höherversicherung vorgenommen werden. Vermögensschäden sind z. B. auch Ersatzansprüche wegen finanzieller Verluste aufgrund einer fehlerhaften Anlage des Betreutenvermögens. Allerdings sind nur die Kosten einer angemessenen Versicherung erstattungsfähig; dies bedeutet, dass der Umfang des Versicherungsschutzes dem zu deckenden Risiko entsprechen muss.

Ehrenamtliche Betreuer, welche ausnahmsweise eine Vergütung nach § 1836 Abs. 2 BGB erhalten, sind nach dem Wortlaut des § 1835 Abs. 2 Satz 2 BGB nicht ausgeschlossen; sie können neben der Vergütung auch Versicherungsleistungen erstattet erhalten, wenn sie sich über die Sammelhaftpflicht hinaus versichern (müssen).

2.1.3 Aufwendungen im Sinne von § 1835 Abs. 3 BGB

Berufsspezifische Dienste

Nach dieser Vorschrift erlangt der Betreuer für seinen Zeitaufwand eine Erstattung, wenn er seine berufseinschlägige Arbeitskraft einsetzt. Erstattungsfähig sind solche gewerbe- und berufsspezifischen Dienste des Betreuers, für die ein anderer Betreuer, der nicht diese Qualifikationen besitzt, berechtigterweise einen entsprechend qualifizierten Dritten hinzugezogen hätte. Die vom Betreuer insoweit erledigten Tätigkeiten müssen durch den ihm erteilten Aufgabenkreis gedeckt sein und zum Zwecke der Führung der Betreuung erfolgen. Die Vorschrift des § 1835 Abs. 3 BGB hat Ausnahmecharakter und ist deshalb eng auszulegen.

Es erweist sich als zweckmäßig, die vergütungsrelevante Tätigkeit vor ihrer Ausführung mit dem Rechtspfleger des Betreuungsgerichts abzusprechen.

2.1.4 Inhalt und Erfüllung des Aufwendungsersatzanspruchs

Der Betreuer hat einen Anspruch auf Ersatz seiner Aufwendungen nach § 670 BGB; dieser entsteht kraft Gesetzes. Der Anspruch richtet sich grundsätzlich gegen den Betreuten und ist aus dessen Vermögen zu erfüllen. Für vorhersehbare Aufwendungen kann gegebenenfalls auch ein Vorschuss beantragt werden, § 669 BGB.

Vermögender Betreuter

Ersatz und Vorschuss

Soweit der Betreuer durch seinen Aufgabenkreis Zugang zum Vermögen hat, kann er seinen Ersatz oder Vorschuss direkt entnehmen; dabei ist er nicht ausgeschlossen oder eingeschränkt nach §§ 1908i Abs. 1, 1795 Abs. 2, 181 BGB, da es sich um die Erfüllung einer Verbindlichkeit handelt. Wenn der Betreuer auf versperrte Anlagen zurückgreifen muss, bedarf er allerdings der betreuungsgerichtlichen Genehmigung nach § 1908i Abs. 1 BGB i. V. m. § 1812 Abs. 1 und 3 BGB, soweit er nicht nach § 1908i Abs. 2 Satz 2 BGB i. V. m. §§ 1857a, 1852 BGB als befreiter Betreuer anzusehen ist. Wenn der Betreuer den Betrag dem Girokonto des Betreuten entnehmen will, ist unabhängig vom Kontostand (nunmehr) keine Genehmigung erforderlich; § 1813 Abs. 1 Nr. 3 BGB (in der Fassung des Gesetzes zu Änderung des Zugewinnausgleichs- und Vormundschaftsrechts).

Entnahme aus dem Betreutenvermögen

Das Betreuungsgericht kann, auch wenn es den Auslagenersatz nicht festzusetzen hat, auf Art und Höhe Einfluss nehmen. Stellt es bei der jährlichen Abrechnung des Betreuers (§§ 1840, 1843 BGB) fest, dass Aufwendungen überflüssig oder überhöht als Ersatz entnommen oder als Vorschuss gewährt wurden, kann es den Betreuer zur Rückerstattung anhalten.

Ist dem Betreuer als Anspruchsinhaber ein Zugang zum Vermögen des Betreuten verwehrt, da ihm die Vermögenssorge nicht zusteht, muss er seinen Anspruch beim Betreuten selbst oder demjenigen Betreuer geltend machen, der die Vermögenssorge führt. Auch kann er sich seinen Anspruch durch das Betreuungsgericht auf Antrag festsetzen lassen, §§ 292, 168 Abs. 1 Satz 1 Nr. 1 FamFG.

Mittelloser Betreuter

Zahlung aus Staatskasse

Ist der Betreute mittellos i. S. v. §§ 1836c und d BGB, richtet sich der Ersatzanspruch gegen die Staatskasse, §§ 1980i Abs. 1, 1835 Abs. 4 BGB.

Die Geltendmachung gegen die Staatskasse kann auf unterschiedliche Art erfolgen. Entweder beantragt der Betreuer die Zahlung im Verwaltungsweg oder die Festsetzung durch das Betreuungsgericht nach §§ 292, 168 Abs. 1 Satz 1 Nr. 1, Satz 4 FamFG.

Obliegt dem Betreuer die Vermögenssorge und hat der Betreute ausreichendes Vermögen (oberhalb der Schongrenze), so entnimmt der Betreuer seine Auslagen nach Anfall unmittelbar, eine Festsetzung durch das Betreuungsgericht erfolgt nicht. Die Entnahmen werden in die jährliche Abrechnung als Ausgaben aufgenommen und sind zu belegen. Muss der Betreuer die Entnahme von einem Sparkonto vornehmen, bedarf er einer betreuungsgerichtlichen Genehmigung nach §§ 1908i Abs. 1, 1812 Abs. 1, 3 BGB.

Steht dem Betreuer die Vermögens- oder Kontensorge nicht zu, muss vor der Entnahme sein Aufwendungsersatz durch das Betreuungsgericht festgesetzt werden, §§ 292, 168 Abs. 1 Satz 1 Nr. 1 FamFG. Hierzu ist ein entsprechender Antrag erforderlich. Den festgesetzten Betrag macht er gegen den Betreuten selbst oder dessen Betreuer mit dem Aufgabenkreis der Vermögenssorge geltend.

Ist der Betreute mittellos i. S. v. §§ 1836c und 1836d BGB, wird der Aufwendungsersatz aus der Staatskasse erbracht, § 1835 Abs. 4 BGB. Es erfolgt eine Festsetzung oder Zahlbarmachung durch das Betreuungsgericht auf Antrag des Betreuers, §§ 292, 168 Abs. 1 Satz 1 Nr. 1 oder Satz 4 FamFG. Der festgestellte Betrag wird auf das Konto des Betreuers überwiesen.

2.1.5 Erlöschen des Aufwendungsersatzanspruchs

Rechtzeitig beantragen

Die Ansprüche des Betreuers auf Erstattung seiner Aufwendungen erlöschen, wenn sie nicht binnen 15 Monaten nach ihrer Entstehung gerichtlich geltend gemacht werden, § 1835 Abs. 1 Satz 3, Abs. 4 Satz 2 BGB. Sofern sich die Ansprüche gegen das Vermögen des Betreuten richten, genügt ebenfalls Geltendmachung gegenüber dem Betreuungsgericht (§ 1835 Abs. 1 Satz 3 Halbsatz 2 BGB), obwohl eine gerichtliche Festsetzung unter Umständen nicht in Betracht kommt.

Geltendmachung bedeutet, dass der Anspruch gegenüber dem Betreuungsgericht verbunden mit einer Erstattungsforderung beziffert wird; Belege können dabei nachgereicht werden. Es genügt jedoch nicht die Angabe eines „Phantombetrags" ohne jegliche Aufschlüsselung (*OLG Frankfurt* BtPrax 2001, 261).

Für die Entstehung des Anspruchs ist der Zeitpunkt maßgebend, zu dem der Betreuer die zu erstattende Tätigkeit vornimmt.

2.2 Aufwandsentschädigung des Betreuers

2.2.1 Wesen der Aufwandsentschädigung

Jährliche Pauschale

Die Aufwandsentschädigung des § 1835a BGB ist dem Grunde nach ein pauschalierter Aufwendungsersatz für Betreuer. Sie umfasst seit 1. 8. 2013 einen Betrag von 399 EUR jährlich. Mit diesem Betrag werden alle Aufwendungen (i. S. d. § 1835 BGB) abgegolten, welche der Betreuer während eines Jahres hat; einen Nachweis über die angefallenen Aufwendungen hat der Betreuer nicht zu führen.

Der Betreuer kann wählen, ob er die Aufwandsentschädigung nach § 1835a BGB geltend macht, ohne Nachweis der tatsächlich angefallenen Auslagen, oder ob er diese Aufwendungen einzeln nachweist und sich erstatten lässt, § 1835 BGB.

2.2.2 Anspruchsberechtigte

Vergütung verhindert Pauschale

Berechtigt sind Betreuer, welche keinen Anspruch auf Vergütung haben, § 1835a Abs. 1 Satz 1 BGB, dies sind letztlich ehrenamtliche Betreuer, die zudem keine Vergütung nach § 1836 Abs. 2 BGB erhalten.

Der Anspruch gilt für jede Betreuung getrennt. Führt ein Betreuer mehrere Verfahren, kann er für jede Betreuung (für die er keine Vergütung erhält) den Pauschalbetrag geltend machen.

Mehrere Betreuer erlangen jeweils volle Pauschale

Sind für einen Betreuten mehrere Betreuer bestellt (§ 1899 BGB), steht jedem von ihnen die volle Aufwendungspauschale zu, auch dann, wenn die übertragenen Aufgabenkreise identisch und mehrere Betreuer zur gemeinsamen Führung bestellt sind (u. a. *BayObLG* BtPrax 2002, 36).

Auch das *LG Koblenz* (BtPrax 2010, 191) hat entschieden, dass nach § 1835 BGB, welcher auch für die Betreuung anwendbar ist, jeder einzelne für eine Person tätige Betreuer selbst einen Anspruch auf Ersatz der von ihm zu Recht im Rahmen der Führung der Betreuung erbrachten Aufwendungen hat. Es findet nach dieser Vorschrift keine Differenzierung dahingehend statt, ob ein Betreuer nun alleiniger Betreuer eines Betroffenen ist oder ob es noch weitere Betreuer gibt. Dem kann auch nicht entgegengehalten werden, dass beide Betreuer denselben Wohnsitz haben und es daher „unglaubhaft" sei, dass ihnen separate Aufwendungen entstanden sein könnten. § 1835a BGB soll es den Betreuern gerade möglich machen, eine Pauschale ohne konkrete Darlegung und Glaubhaftmachung der ihnen selbst entstandenen Aufwendungen geltend zu machen.

2.2.3 Umfang der Aufwandsentschädigung

399 EUR pro Jahr

Dem Betreuer steht derzeit pro Jahr ein Betrag von 399 EUR zu (19-facher Satz des Höchstbetrags von 21 EUR, den ein Zeuge pro Stunde erlangen kann, § 22 JVEG).

Mit dem Zweiten Gesetz zur Modernisierung des Kostenrechts (2. Kostenrechtsmodernisierungsgesetz) vom 23. 7. 2013, BGBl. I S. 2586). wurde mit Wirkung vom 1. 8. 2013 der Höchstbetrag nach § 22 JVEG von 17 EUR auf 21 EUR angehoben.

Der Betrag umfasst ein Jahr. Dies verlangt eine entsprechende Kürzung der Erstattungssumme, wenn der Betreuer weniger als ein Jahr im Amt war.

Hat der Betreuer für seine Aufwendungen bereits Vorschuss oder Ersatz nach § 1835 BGB erlangt, verringert sich die Aufwandsentschädigung um diesen Betrag, § 1835a Abs. 1 Satz 2 BGB.

Beispiel:

Der Betreuer wird am 9. 4. 2013 bestellt. Bis zum 31. 7. 2013 sind ihm Aufwendungen zum Zwecke der Führung der Betreuung in Höhe von 150 EUR entstanden. Er entnimmt am 3. 8. 2013 dem Betreutenvermögen diesen Betrag (§ 1835 Abs. 1 Satz 1 BGB). Da im weiteren Verlauf der Betreuung keine nennenswerten Auslagen mehr angefallen sind, macht er am 15. 5. 2014 die Aufwandsentschädigung für die Zeit vom 9. 4. 2013 bis 8. 4. 2014 gemäß § 1835a Abs. 2 BGB geltend und entnimmt weitere 249 EUR dem Betreutenvermögen (unter Beachtung von § 1835a Abs. 1 Satz 2 BGB), ohne dass er den Anfall zu belegen hat.

2.2.4 *Fälligkeit der Aufwandsentschädigung*

Jährliche Fälligkeit

Die Aufwandsentschädigung ist jährlich zu zahlen, erstmals ein Jahr nach Bestellung des Betreuers, § 1835a Abs. 2 BGB. Dies bedeutet, dass für den Betreuer erst nach Ablauf des ersten Jahres der Anspruch entsteht, nach Ablauf jeweils eines weiteren Jahres wird erneut ein Anspruch fällig. Damit scheidet auch ein Vorschuss aus.

Endet das Amt des Betreuers vor Ablauf eines Jahres, so wird eine entsprechend gekürzte Aufwandsentschädigung zum Zeitpunkt der Amtsbeendigung fällig.

2.2.5 *Anspruchsgegner*

Vermögender Betreuter

Der Anspruch richtet sich gegen das Vermögen des Betreuten, denn es handelt sich um den Ersatz von Aufwendungen des Betreuers (§ 1835a Abs. 1 Satz 1 BGB), welchen der Betreute zu erbringen hat, § 1835 Abs. 1 BGB. Soweit der Betreuer durch seinen Aufgabenkreis Zugang zum Vermögen hat, kann er die Aufwandsentschädigung direkt entnehmen; dabei ist er nicht ausgeschlossen nach §§ 1908i Abs. 1, 1795 Abs. 2, 181 BGB, da es sich um die Erfüllung einer Verbindlichkeit handelt. Wenn der Betreuer auf versperrte Anlagen zurückgreifen muss, bedarf er der betreuungsgerichtlichen Genehmigung nach § 1908i Abs. 1 BGB i. V. m. § 1812 Abs. 1 und 3 BGB, soweit er nicht als befreiter Betreuer anzusehen ist.

Ist der Betreute verstorben, richtet sich der Anspruch des Betreuers gegen die Erben. Ein selbstständiges Entnahmerecht hat der Betreuer nicht mehr, da sein Amt durch den Tod des Betreuten beendet ist. Eine Festsetzung der Aufwandsentschädigung gemäß §§ 292, 168 Abs. 1 Satz 1 Nr. 1 FamFG analog gegen die Erben durch das Betreuungsgericht wird grundsätzlich für zulässig erklärt.

Mittelloser Betreuter

Staatskasse zahlt

Ist der Betreute mittellos im Sinne von §§ 1836c und 1836d BGB, richtet sich der Anspruch auf Zahlung der Aufwandsentschädigung gegen die Staatskasse, § 1835a Abs. 3 Halbsatz 1 BGB.

Soweit Unterhaltsansprüche des Betreuten gegen den Betreuer bestehen, werden diese bei der Bestimmung des Einkommens nach § 1836c Nr. 1 BGB nicht berücksichtigt, § 1835a Abs. 3 Halbsatz 2 BGB. Damit erhalten auch Familienangehörige als Betreuer, die dem Betreuten konkret unterhaltspflichtig und auch leistungsfähig sind, dennoch die Aufwandsentschädigung aus der Staatskasse (*OLG Düsseldorf* FamRZ 2002, 1590).

Die Geltendmachung gegen die Staatskasse kann auf unterschiedliche Art erfolgen. Entweder beantragt der Betreuer die Zahlung im Verwaltungsweg oder die Festsetzung durch das Betreuungsgericht nach §§ 292, 168 Abs. 1 Satz 1 Nr. 1 oder Satz 4 FamFG.

2.2.6 *Erlöschen des Anspruchs*

Erlöschen des Anspruchs beachten

Der Anspruch auf Aufwandsentschädigung erlischt, wenn er nicht binnen drei Monaten nach Ablauf des Jahres, in dem der Anspruch entsteht, geltend gemacht wird, § 1835a Abs. 4 BGB; gemeint ist hier das Kalenderjahr.

Beispiele:

- Bestellung des Betreuers am 19. 2. 2013; Fälligkeit des Anspruchs am 19. 2. 2014. Somit hat er Zeit bis zum 31. 3. 2015, um den Anspruch geltend zu machen.
- Wird der Betreuer am 20. 12. 2013 bestellt, tritt die Fälligkeit des Anspruchs am 20. 12. 2014 ein; die Frist zur Geltendmachung läuft aber ebenfalls am 31. 3. 2015 ab.

Die Geltendmachung des Anspruchs beim Betreuungsgericht gilt auch als Geltendmachung gegenüber dem Betreuten, § 1835a Abs. 4 Halbsatz 2 BGB. Es spielt somit keine Rolle, ob der Anspruch sich gegen die Staatskasse oder den Betreuten richtet, die Geltendmachung gegenüber dem Betreuungsgericht wahrt immer die Frist, auch wenn das Betreuungsgericht beim vermögenden Betreuten unter Umständen gar keine Festsetzung zu betreiben hat.

Die Ausschlussfrist nach § 1835a Abs. 1 und 4 BGB ist verschuldensunabhängig, eine Wiedereinsetzung in den vorigen Stand aus Rechtsgründen ausgeschlossen.

Unbedingt die Ausschlussfrist für die Geltendmachung der Aufwandsentschädigung beachten. Der Anspruch entsteht 1 Jahr nach Bestellung des Betreuers, und dann jeweils wieder nach einem Jahr. Die Frist zur Geltendmachung der Aufwandsentschädigung kann unterschiedlich lang sein, denn die 3-Monatsfrist beginnt nach Ablauf des Kalenderjahres, in dem der Anspruch entstanden ist.

2.2.7 *Verhältnis der Aufwandsentschädigung zu § 1835 BGB*

Der Betreuer hat ein Wahlrecht, ob er zur Abdeckung seiner Aufwendungen die Pauschale nach § 1835a BGB in Anspruch nimmt ohne Nachweise erbringen zu müssen, oder ob er seine Auslagen nachweist und Erstattung nach § 1835 BGB begehrt. Hat er nach § 1835 BGB bereits Aufwendungsersatz erlangt, kann er die Pauschale noch geltend machen, allerdings unter Anrechnung des Erlangten, § 1835a Abs. 1 Satz 2 BGB.

Wahlrecht

Hat der Betreuer Aufwendungsersatz für berufsbezogene Leistungen nach § 1835 Abs. 3 BGB erlangt, schließt dieser die Pauschale nach § 1835a BGB nicht aus; allerdings kommt auch hier die Anrechnung des Erlangten zum Zug, § 1835a Abs. 1 Satz 2 BGB.

2.2.8 *Verhältnis der Aufwandsentschädigung zu § 1836 Abs. 2 BGB*

Problematisch stellt sich der Fall dar, wenn einem ehrenamtlichen Betreuer eine Vergütung nach § 1836 Abs. 2 BGB gewährt wird. Nach dem Wortlaut des § 1835a Abs. 1 Satz 1 BGB verbietet sich damit die Zahlung einer Aufwandsentschädigung; der Betreuer hat seine Auslagen nachzuweisen und gemäß § 1835 BGB geltend zu machen.

2.2.9 *Steuerliche Behandlung*

Einnahmen aus selbstständiger Tätigkeit, § 18 Abs. 1 Nr. 3 EStG

Bei der Aufwandspauschale für ehrenamtliche Betreuer nach § 1835a BGB handelt es sich nach der Entscheidung des *BFH* (BtPrax 2013, 33) um Einnahmen aus selbstständiger Tätigkeit i. S. d. § 18 Abs. 1 Nr. 3 EStG.

Steuerfreibetrag nach § 3 Nr. 26b EStG

Steuerfreibetrag

§ 3 Nr. 26b EStG erfasst Aufwandsentschädigungen nach § 1835a BGB (derzeit 399 EUR jährlich) und stellt sie steuerfrei, soweit sie zusammen mit den steuerfreien Einnahmen nach § 3 Nr. 26 EStG (sog. Übungsleiterpauschale) den Freibetrag von 2.400 EUR pro Jahr nicht überschreiten (§ 3 Nr. 26 Satz 1 EStG).

Steuerliche Berechnung

Unter Berücksichtigung des geltenden Steuerfreibetrags nach § 3 Nr. 26b Satz 1 EStG auf die Aufwandspauschalen können die Einkünfte der ehrenamtlichen Betreuer steuerlich berechnet werden.

6 Pauschalbeträge pro Kalenderjahr sind steuerfrei

Von den erzielten Einnahmen (den gezahlten Aufwandspauschalen) ist der Freibetrag von 2.400 EUR gemäß § 3 Nr. 26b EStG abzuziehen. Die so ermittelten Einkünfte bleiben steuerfrei, wenn sie unterhalb des Freibetrags von 2.400 EUR liegen. Der ehrenamtliche Betreuer (sofern keine anderen steuerfreien Einkünfte im Rahmen von § 3 Nr. 26 EStG vorliegen) kann jährlich bis zu sechsmal die Pauschale von 399 EUR steuerfrei erhalten. Die Gesamtsumme liegt dann bei 2.394 EUR; erst ab der siebten Pauschale wird der Freibetrag überschritten.

Erhält der Betreuer die Aufwandspauschale nach § 1835a BGB mehr als sechsmal innerhalb eines Kalenderjahres, ist diese im Rahmen der Einkommensteuererklärung zu deklarieren.

Aufwendungen abziehen

Überschreiten die Einnahmen den steuerfreien Betrag von 2.400 EUR (z. B. ab der siebten Pauschale), können die mit den Tätigkeiten in unmittelbarem wirtschaftlichen Zusammenhang stehenden Ausgaben als Betriebsausgaben oder Werbungskosten abgezogen werden. Diese Ausgaben müssen sich aber auf die Tätigkeiten beziehen, für die nicht bereits der Steuerfreibetrag von 2.400 EUR in Anspruch genommen wurde, § 3 Nr. 26b Satz 2 i. V. m. § 3 Nr. 26 Satz 2 EStG.

Aufwendungsersatz nach § 1835 BGB

Nachgewiesene Aufwendungen sind steuerfrei

Erhält der (ehrenamtliche) Betreuer nur seine tatsächlich angefallenen Aufwendungen im Rahmen des § 1835 Abs. 1 BGB (also nicht die Aufwandspauschale nach § 1835a BGB) erstattet, handelt es sich in der Regel nicht um einkommensteuerrelevante Einkünfte, da kein Gewinn bzw. Überschuss erzielt wird.

2.3 Vergütung des ehrenamtlichen Betreuers

Grundsatz der unentgeltlichen Führung

Nach § 1836 Abs. 1 Satz 1 BGB ist eine Betreuung grundsätzlich unentgeltlich zu führen. Der ehrenamtliche Betreuer (keine Feststellung nach § 1836 Abs. 1 Satz 2 BGB) kann allerdings eine angemessene Vergütung erhalten, wenn der Betreute nicht mittellos ist und der Umfang oder die Schwierigkeit der Betreuungsgeschäfte es rechtfertigen, § 1836 Abs. 2 BGB.

2.3.1 Voraussetzungen einer Vergütungsgewährung

Angemessene Vergütung

§ 1836 Abs. 2 BGB

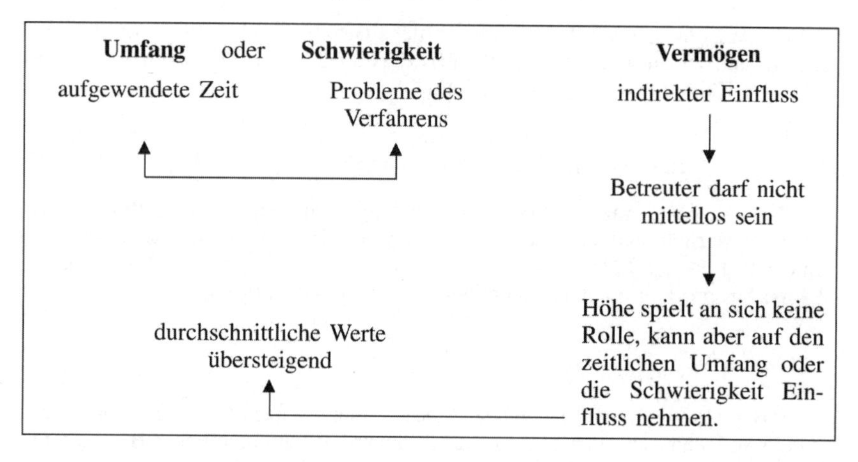

Vermögen

Die Höhe des Vermögens spielt keine Rolle, allerdings darf der Betreute nicht mittellos sein, § 1836 Abs. 2 BGB. Dem Vermögen kommt nur negative Bedeutung zu. Es entfällt jeder Vergütungsanspruch des nicht berufsmäßig tätigen Betreuers, wenn der Betreute mittellos ist. Begründen kann das Vermögen des Betreuten den Vergütungsanspruch aber indirekt, wenn es nämlich Umfang und Schwierigkeit der Betreuungsgeschäfte beeinflusst.

Umfang und Schwierigkeit der Betreuungsgeschäfte

Hoher Zeitaufwand

Die aufgewendete Zeit des Betreuers bestimmt den Umfang. Wann ein überdurchschnittlicher Zeitaufwand vorliegt, ist nicht definiert; zum Teil werden durchschnittlich ein bis zwei Wochenstunden je Betreuung angesetzt. Nur wenn über einen längeren Zeitpunkt und regelmäßig dieses Maß überschritten wird, rechtfertigt der Umfang eine Vergütungsgewährung. Der Zeitaufwand kann in seiner ungefähren Größenordnung festgestellt und gegebenenfalls geschätzt werden (*BayObLG* BtPrax 1998, 148).

Besondere Schwierigkeiten

Besonders schwierig kann die Betreuungstätigkeit durch unterschiedlichste Gründe sein. So zum Beispiel durch die Verwaltung eines umfangreichen Vermögens, insbesondere dann, wenn dessen Zusammensetzung besonderes Wissen erfordert. Unterbringungsmaßnahmen, besonders wiederholte, können erhöhte Schwierigkeiten hervorrufen. Auch die Person des Betreuten selbst kann die Ursache sein; aber auch dieses Kriterium führt nur zu einer Vergütung, wenn das „normale Maß“ überschritten ist.

Umfang oder Schwierigkeit sind unabhängige Voraussetzungen; jeder einzelne Tatbestand für sich reicht aus. Eine besondere fachliche Qualifikation des ehrenamtlichen Betreuers spielt grundsätzlich keine Rolle.

2.3.2 Höhe der Vergütung

Die Höhe der Vergütung kann sich nur aus dem Umfang und der Schwierigkeit der Betreuungsgeschäfte ergeben; Stundensätze oder Prozentsätze des Vermögens sind nicht vorgesehen.

Umfang und Schwierigkeit bestimmen nicht nur das „Ob" einer Vergütung, sondern sind auch für deren Bemessung maßgebend, während das Vermögen kein eigenständiges Bemessungskriterium darstellt. Einer besonderen fachlichen Qualifikation des ehrenamtlichen Betreuers wird dabei, anders als bei berufsmäßig tätigen Betreuern, keine für Vergütungsgrund und -höhe entscheidende Bedeutung beigemessen. Die Vergütung soll dem Betreuer als Entschädigung für seine in einem Ehrenamt aufgewandte Zeit dienen, darf jedoch nicht als Einkommen oder Einkommensersatz gesehen werden (*BayObLG* BtPrax 2004, 151).

Kein Vergleich mit Pauschalvergütung

Die Vergütungshöhe ist einer (auch vergleichenden) Pauschalierung nach den Stundenansätzen eines Berufsbetreuers gemäß § 5 Abs. 1 und 2 VBVG entzogen. Die nach §§ 4 und 5 VBVG ermittelte Vergütung eines Berufsbetreuers kann somit auch nicht als Maßstab für die Angemessenheit herangezogen werden. Denn während ein Berufsbetreuer eine Vielzahl von Betreuungen führt, die nach Ansicht des Gesetzgebers im Wege einer Mischkalkulation zwischen aufwändigen und weniger aufwändigen Fällen insgesamt zu einer angemessenen Vergütung führen sollen, führt der ehrenamtliche Betreuer typischerweise nur diese eine Betreuung (u. a. *OLG Karlsruhe*, FamRZ 2007, 1270). Die Vergütung des ehrenamtlichen Betreuers kann in der Höhe nicht durch die pauschalierten Stundenansätze des berufsmäßigen Betreuers begrenzt werden, vielmehr sind die Regelungen nach § 3 VBVG heranzuziehen (*OLG München* BtPrax 2009, 32).

Das Betreuungsgericht hat vor der Festsetzung einer Vergütung den Zeitaufwand, den der ehrenamtliche Betreuer erbracht hat, zu ermitteln (siehe hierzu *LG Mainz* BtPrax 2013, 119).

Bei der Beantragung einer Vergütung des ehrenamtlichen Betreuers muss dargestellt werden, welcher Zeitaufwand betrieben (in Stunden darstellen) und dass dadurch das Normalmaß überstiegen wurde. Daneben ist anzugeben, welche besondere Schwierigkeit mit den getätigten Geschäften verbunden war und welches positive Ergebnis für den Betreuten erzielt werden konnte. Auch sollte erläutert werden, dass die Höhe des Betreutenvermögens die beantragte Vergütung rechtfertigt.

Liegen die Voraussetzungen für eine Vergütungsgewährung im Sinne des § 1836 Abs. 2 BGB vor, kann der ehrenamtliche Betreuer die Höhe nach dem Zeitaufwand (Stundenanzahl) und einem angemessenen Stundensatz berechnen.

Auftretende Schwierigkeiten werden häufig durch einen erhöhten Zeitaufwand abzudecken sein.

2.3.3 Antrag, Anspruchsgegner, Ausschlussfrist, Verjährung

Antrag

Die Festsetzung der Vergütung durch das Betreuungsgericht erfolgt regelmäßig auf Antrag des Betreuers durch das Gericht, §§ 292, 168 Abs. 1 Satz 1 Nr. 2 FamFG.

Anspruchsgegner

Der Anspruch richtet sich gegen den Betreuten, nach dessen Tod gegen seine Erben. Eine Vergütung aus der Staatskasse scheidet aus, § 1836 Abs. 2 Halbsatz 2 BGB.

Ausschlussfrist, Verjährung

Eine Geltendmachung innerhalb einer bestimmten Frist nach Entstehung beim Betreuungsgericht ist nicht vorgesehen; ein Erlöschen des Anspruchs durch Fristablauf tritt somit nicht ein.

Der Vergütungsanspruch verjährt allerdings in drei Jahren nach dem Ende des Jahres, in dem die Betreuung beendet ist, §§ 195, 199 Abs. 1 Nr. 1, 207 Abs. 1 Satz 2 Nr. 4 BGB.

2.3.4 Vergütung bei mehreren Betreuern

Wird ein ehrenamtlicher Betreuer neben einem Berufsbetreuer bestellt, was § 1899 Abs. 1 Satz 3 BGB zulässt, so kann dem ehrenamtlichen Betreuer keine Vergütung gewährt werden, auch wenn die Voraussetzungen des § 1836 Abs. 2 BGB vorliegen. Diese würde dem Sinn und Zweck des § 1899 Abs. 1 Satz 3 BGB zuwiderlaufen. Werden mehrere ehrenamtliche Betreuer nebeneinander bestellt, so kann unter der Voraussetzung des § 1836 Abs. 2 BGB an sich jedem eine Vergütung gewährt werden, wenn nur die Vergütung eines Betreuers nicht überschritten wird.

3. Mittellosigkeit

3.1 Begriff der Mittellosigkeit

Das Vorliegen der Mittellosigkeit wird in § 1836d BGB definiert. Der Betreute gilt als mittellos, wenn er die Vergütung, einen Aufwendungsersatz oder eine Aufwandsentschädigung aus seinem einzusetzenden Einkommen oder Vermögen nicht in einem Betrag, genauer gesagt gar nicht oder nur zum Teil in Raten oder nur im Wege gerichtlicher Geltendmachung von Unterhaltsansprüchen, aufbringen kann.

3.1.1 Einsatz des Einkommens

Während § 1836d BGB die Mittellosigkeit definiert und dabei darauf abstellt, ob der Betreute die Ansprüche des Betreuers aus seinem Einkommen oder Vermögen aufbringen kann, legt § 1836c BGB fest, inwieweit Einkommen und Vermögen des Betreuten einzusetzen sind.

Durch die Verweisung in § 1836c Nr. 1 BGB auf § 87 SGB XII wird ausgedrückt, dass das zu berücksichtigende Einkommen, soweit es die maßgebende Einkommensgrenze übersteigt, nur im angemessenen Umfang heranzuziehen ist.

Einkommensarten

Welche Einkünfte zum Einkommen zählen, ist in §§ 82, 85 Abs. 1 und 86 SGB XII sowie in der Durchführungsverordnung zu § 82 SGB XII geregelt.

Zum Einkommen zählen danach alle Einkünfte in Geld oder Geldeswert, ohne Rücksicht auf ihre Herkunft und Rechtsnatur sowie ohne Rücksicht darauf, ob sie zu den Einkunftsarten im Sinne des Einkommensteuergesetzes gehören und ob sie der Steuerpflicht unterliegen, § 82 Abs. 1 SGB XII, § 1 DVO zu § 82 SGB XII.

Die häufigsten Einkommensarten sind in der DVO zu § 82 SGB XII beschrieben. Hierzu zählen insbesondere Einkünfte aus nichtselbstständiger Arbeit, aus Land- und Forstwirtschaft, Gewerbebetrieb und selbstständiger Arbeit, aus Kapitalvermögen, aus Vermietung und Verpachtung, sowie andere Einkünfte wie z. B. Renten, Pensionen, Unterhaltszahlungen, Kindergeld, Wohngeld, Wartegelder, Ruhegelder, Witwen- und Waisengelder. Zahlungen der Pflegeversicherung an den Betreuten gehören nicht zu dessen Einkommen.

Allerdings ist Einkommen nicht nur ein Zufluss an Geld, sondern auch Geldeswert (sog. Sachbezüge) wie z. B. Kost, Wohnung, Kleidung, Heizung, Pflege durch eine andere Person; allerdings nur dann, wenn sie einen Marktwert haben, also üblicherweise gegen Geld getauscht werden. Für die Bewertung der Sachbezüge ist § 2 DVO zu § 82 SGB XII zu beachten.

Ausgenommenes Einkommen

In § 82 Abs. 1 SGB XII werden bestimmte Einkünfte vom sozialhilferechtlichen Einkommensbegriff ausgenommen. So zum Beispiel Leistungen nach dem SGB XII selbst, Grundrenten nach dem Bundesversorgungsgesetz (BVG) und Renten oder Beihilfen, die nach dem Bundesentschädigungsgesetz (BEG) für Schaden an Leben sowie am Körper oder Gesundheit gewährt werden, bis zur Höhe der vergleichbaren Grundrente nach dem BVG.

Aus dem vorhandenen Einkommen ist nach Abzug bestimmter Beträge das „bereinigte Einkommen" zu berechnen und der maßgeblichen Einkommensgrenze gegenüber zu stellen. Der darüber hinausgehende Einkommensbetrag kann für die Vergütung und den Auslagenersatz herangezogen werden.

3.1.2 Einsatz des Vermögens

Nach § 1836c Nr. 2 BGB hat der Betreute sein Vermögen nach Maßgabe des § 90 SGB XII einzusetzen.

Vermögenseinsatz

Zum Vermögen nach § 90 Abs. 1 SGB XII gehört grundsätzlich das gesamte verwertbare Vermögen. Hierbei handelt es sich um Gegenstände und vermögenswerte Rechte, die einen wirtschaftlichen Wert darstellen (z. B. Immobilien, Geld, Wertpapiere, Kontenforderungen, Rechte, Kapitallebensversicherungsansprüche, Nutzungsrechte, Kostbarkeiten wie Schmuck, Gemälde, Sammlungen).

Verfügbares Aktivvermögen

Bei der Prüfung der Mittellosigkeit ist hinsichtlich des einzusetzenden Vermögens des Betroffenen nur das verfügbare Aktivvermögen zu berücksichtigen, Verbindlichkeiten bleiben selbst dann außer Betracht, wenn sie bereits tituliert sind.

Dingliche Belastungen übersteigen Grundstückswert

Soweit der Betreute Erbe wird, kann bei der Prüfung, ob der Nachlass mittellos i. S. von § 1836d BGB ist, nur das verfügbare Aktivvermögen berücksichtigt werden; Nachlassverbindlichkeiten – auch in Höhe einer Überschuldung des Nachlasses – bleiben außer Betracht. Gehört zum Aktivvermögen des Nachlasses ein Grundstück, und ist dieses wegen wertübersteigender dinglicher Belastung nicht geeignet, hieraus Einnahmen zu erzielen, so steht es der Feststellung der Mittellosigkeit des Nachlasses nicht entgegen, *OLG Naumburg* vom 10. 7. 2013, Az. 2 Wx 44/13.

Das Vermögen des Betreuten darf nicht herangezogen werden, wenn § 90 Abs. 2 SGB XII greift. Von besonderer Bedeutung dürften die Nr. 8 und 9 sein. Ein angemes-

senes Hausgrundstück, das vom Betreuten oder einer anderen in § 19 Abs. 1 bis 3 SGB XII genannten Person allein oder zusammen mit Angehörigen ganz oder teilweise bewohnt wird und nach seinem Tod bewohnt werden soll.

Kleinere Barbeträge oder sonstige Geldwerte; dabei ist eine besondere Notlage des Betreuten zu berücksichtigen. Die Höhe der kleineren Barbeträge und sonstigen Geldwerte wird in der DVO zu § 90 Abs. 2 Nr. 9 SGB XII näher bestimmt. Hier müssen die Beträge beachtet werden, welche für die Hilfe nach dem 5. bis 9. Kapitel des SGB XII gelten. Zwar wird nur in § 1836c Nr. 1 BGB auf diese Kapitel verwiesen, jedoch wendet man sie auch auf § 1836c Nr. 2 BGB an.

2.600 EUR

Der geschützte Betrag ergibt sich nach § 1 Abs. 1 Nr. 1b DVO zu § 90 Abs. 2 Nr. 9 SGB XII in Höhe von 2.600 EUR. Auch eine schwerstpflegebedürftige (Pflegestufe 3) betreute Person ist hinsichtlich des 2.600 EUR übersteigenden Teils des Barvermögens als vermögend anzusehen.

Wenn die Sozialhilfe vom Vermögen des Betreuten und seines nicht getrenntlebenden Ehegatten oder Lebenspartners abhängig ist, ergibt sich ein Betrag von 3.214 EUR (§ 1 Abs. 1 Nr. 2 DVO zu § 90 Abs. 2 Nr. 9 SGB XII). Wenn beide Ehepartner oder Lebenspartner die Voraussetzungen der Blindenhilfe (§ 72 SGB XII) erfüllen oder schwerstbehindert (§ 64 Abs. 3 SGB XII) sind, ergibt sich ein geschützter Betrag von 4.134 EUR, § 1 Abs. 1 Satz 2 DVO zu § 90 Abs. 2 Nr. 9 SGB XII.

Zu diesen Beträgen wird ein weiterer Betrag von 256 EUR für jede Person hinzugerechnet, die vom Betreuten oder seinem Ehegatten überwiegend unterhalten wird (dies ist dann der Fall, wenn der Betreute oder sein nicht getrennt lebender Ehegatte mehr als 50 % des Unterhalts dieser Person aufbringt), § 1 Abs. 1 Nr. 1b und Nr. 2 DVO zu § 90 Abs. 2 Nr. 9 SGB XII.

Diese Beträge können bei besonderer Notlage des Betreuten im Einzelfall angemessen erhöht werden, § 2 DVO zu § 90 Abs. 2 Nr. 9 SGB XII. Bei der Beurteilung, ob eine Härte vorliegt, können auch persönliche, aus dem Krankheitsbild des Betroffenen folgende Umstände berücksichtigt werden (*BayObLG* FamRZ 2004, 566).

Altersversorgung ist zu beachten

Der Rückkaufswert einer sog. Riesterrente scheidet bei der Beurteilung der Mittellosigkeit als Vermögenseinsatz gemäß § 1836c Nr. 2 BGB in Verbindung mit § 90 Abs. 2 Nr. 2 SGB XII von vornherein aus. Der Einsatz weiterer Vermögenswerte aus Rückkaufswerten anderer Versicherungen scheidet dann aus, wenn dieser für den Betroffenen und für seine unterhaltsberechtigten Angehörigen eine Härte bedeuten, insbesondere eine angemessene Altersversorgung wesentlich erschweren würde. Dies ist dann der Fall, wenn die zu erwartende Altersversorgung unterhalb des aktuellen Sozialhilfebedarfs liegt, *OLG Köln* Betreuungsmanagement 2009, 162.

Nach der entsprechend geltenden sozialhilferechtlichen Härteregelung ist Vermögen des Betroffenen zur Entschädigung des Betreuers nicht heranzuziehen, wenn hierdurch die Aufrechterhaltung einer angemessenen Alterssicherung wesentlich erschwert würde. Zur Prüfung der Angemessenheit kann die aktuelle Höhe des Sozialhilfebedarfs als Ausgangspunkt gewählt werden. Ein Zuschlag von 100 EUR monatlich hierauf ist aber nicht unvertretbar, zumal wenn der finanzielle Abstand zwischen der vom Betroffenen bezogenen geringen Rente und dem Sozialhilfeniveau langfristig voraussichtlich eher abnehmen wird. Bezieht z. B. ein 58-jähriger Betroffener nur eine Rente von derzeit 733 EUR, wäre die Heranziehung eines nicht allgemein geschonten Vermögens (hier: nach Auszahlung eines Lebensversicherungskapitals) von ca. 13.288 EUR zur Erstattung von aus der Staatskasse gezahlter Betreuervergütung nach diesen Grundsätzen eine Härte, *OLG München* BtPrax 2009, 72.

Sterbegeld- und Bestattungsvorsorgeversicherung

Inwieweit Sterbegeldversicherungsverträge und Bestattungsvorsorgeguthaben als Vermögenseinsatz zu berücksichtigen sind, wird nicht einheitlich betrachtet. Derzeit kann man davon ausgehen, dass Aufwendungen für eine Sterbegeldversicherung oder einen Bestattungsvorsorgevertrag, welche vor Eintritt der Mittellosigkeit erbracht wurden, nicht dem Schonvermögen zuzurechnen sind, soweit Angemessenheit besteht. Solche Verträge sind auch nicht aufzulösen.

Ein mit entsprechender Zweckbindung für eine angemessene Bestattungsvorsorge angespartes Vermögen des Betroffenen ist nicht für die Vergütung und den Aufwendungsersatz des Betreuers einzusetzen. Es kann von einem Betreuten nicht gefordert werden, auf eine angemessene Bestattungsvorsorge zu verzichten, um in größtmöglichem Umfang sein Vermögen für die Bestreitung zukünftiger Betreuerkosten anzusparen und sich für den Todesfall auf eine eventuelle Übernahme der Kosten eines häufig sogenannten „Armenbegräbnisses" durch den Sozialhilfeträger nach § 74 SGB XII verweisen zu lassen. Dem kann auch nicht entgegengehalten werden, dass bei Anwendung der Härtevorschrift möglicherweise Angehörige oder Erben geschont würden. Die Auffassung, dass sich ein Betrag in der Größenordnung von unter 3.000 EUR noch in einem angemessenen Rahmen bewege, ist nicht zu beanstanden (*OLG München* BtPrax 2007, 130).

Vermögen aus einem angemessenen Bestattungsvorsorgevertrag ist nicht zu berücksichtigen; seine Verwertung stellt eine Härte dar, es sei denn, durch den Abschluss des Bestattungsvorsorgevertrags wurde das Vermögen in der Absicht gemindert, die Voraussetzungen für die Gewährung oder Erhöhung der Leistung herbeizuführen. Soweit es einen vertraglichen Hauptleistungsanspruch gegen den Bestattungsunternehmer aus dem Bestattungsvorsorgevertrag betrifft, dürfte davon auszugehen sein, dass dieser Anspruch, selbst wenn darüber verfügt werden darf, jedenfalls faktisch nicht verwertbar ist. In Betracht käme ohnedies allenfalls ein Verkauf dieses Rechts an einen Dritten. Allerdings dürfte dieser Verkauf daran scheitern, dass Bestattungsvorsorgeverträge üblicherweise so individuell gestaltet sind, dass ein anderer an der Übernahme eines solchen Rechts keinerlei Interesse haben dürfte. Unterstellt man, dass das hinterlegte Geld oder Teile des hinterlegten Geldes nach einer Kündigung des Bestattungsvorsorgevertrages ohne Weiteres herausverlangt werden kann, ist fraglich, ob überhaupt Berechtigung besteht, den Bestattungsvorsorgevertrag zu kündigen. Fraglich ist außerdem, welcher Betrag im Falle einer Kündigung des Vertrags tatsächlich zur Verfügung stünde (*BSG* ZEV 2008, 539).

Sterbegeldversicherungs- und Bestattungsvorsorgeverträge sind nicht dem Schonvermögen hinzuzurechnen, wenn sie in der Höhe angemessen sind und nicht in der Absicht abgeschlossen wurden, das Vermögen zu mindern (zeitlicher Zusammenhang).

Beispiel:

Der Betreute (oder sein Betreuer) hat vor 3 Jahren einen Bestattungsvorsorgevertrag über einen Betrag von 3.000 EUR abgeschlossen und den Betrag bar entrichtet. Nunmehr hat der Betreute noch ein Vermögen von 2.500 EUR. Macht der Betreuer den Ersatz von Auslagen in Höhe von 300 EUR geltend, richtet sich der Anspruch gegen die Staatskasse, §§ 1908i Abs. 1, 1835 Abs. 4 BGB i. V. m. §§ 1836d Nr. 1, 1836c Nr. 2 BGB. Der Schonbetrag nach der VO zu § 90 Abs. 2 Nr. 9 SGB XII in Höhe von 2.600 EUR ist nicht überschritten, da das gebundene Vermögen aus dem Bestattungsvorsorgevertrag nicht dem vorhandenen Vermögen von 2.500 EUR hinzugerechnet werden darf; auch kann eine Auflösung des Vertrags nicht verlangt werden.

Anspruch gegen Nachlass bei Testamentsvollstreckung

Die durch ein Behindertentestament auf den Betroffenen übertragene (Vor-)Erbschaft führt auch bei gleichzeitiger Anordnung der Testamentsvollstreckung nicht zwingend zur Mittellosigkeit des Betroffenen. Vielmehr ist durch Auslegung der an den Testamentsvollstrecker adressierten Verwaltungsanordnungen zu ermitteln, ob der Erblasser auch Vergütungsansprüche des Betreuers ausschließen wollte, *BGH* BtPrax 2013, 106. Aus der Entscheidung ergibt sich, dass der Betroffene einen Anspruch auf Freigabe der zu entrichtenden Betreuervergütung aus dem Nachlass haben kann. Die Entscheidung spricht zugleich aus, dass dieser Anspruch zum Vermögen des Betroffenen i. S. v. § 90 SGB XII gehört. Entschieden wurde ein Fall, bei dem zum Zweck der Erbauseinandersetzung ein Ergänzungsbetreuer bestellt wurde.

4. Aufwendungsersatz und Vergütung des ehrenamtlichen Verfahrenspflegers

Verfahrenspflegschaft

Aufwendungsersatz und Vergütung des Verfahrenspflegers werden in §§ 277, 318 FamFG geregelt. Durch Verweisung auf §§ 1835 und 1836 BGB wird eine betreuungsähnliche Berechnung durchgeführt, wobei aber Besonderheiten zu beachten sind.

4.1 Aufwendungsersatz

Der ehrenamtliche Verfahrenspfleger kann seine (baren) Aufwendungen, insbesondere Fahrt-, Telefon- und Portokosten geltend machen, § 1835 Abs. 1 Satz 1 BGB. Auch Haftpflichtversicherungsbeiträge sind ihm zu erstatten, § 1835 Abs. 2 Satz 1 BGB, soweit er nicht in eine bestehende Sammelhaftpflichtversicherung einbezogen ist (grundsätzlich gilt die sog. „Ehrenamtsversicherung“ auch für Verfahrenspfleger).

Keine Pauschalierung

Eine pauschalierte Aufwandsentschädigung gemäß § 1835a BGB scheidet mangels Verweisung für den ehrenamtlichen Pfleger aus; der ehrenamtliche Verfahrenspfleger hat seine Auslagen zu beziffern und nachzuweisen.

Vorschuss auf anstehende Aufwendungen kann nicht verlangt werden, § 277 Abs. 1 Satz 1 FamFG.

Die Ansprüche des Verfahrenspflegers auf Erstattung seiner Aufwendungen erlöschen, wenn sie nicht binnen 15 Monaten nach ihrer Entstehung gerichtlich geltend gemacht werden, § 277 Abs. 1 Satz 1 FamFG i. V. m. § 1835 Abs. 1 Satz 3 BGB.

Staatskasse zahlt

Aufwendungsersatz wird immer aus der Staatskasse gezahlt, unabhängig davon, ob der Betreute vermögend oder mittellos ist, § 277 Abs. 5 Satz 1 FamFG.

Regress durch die Staatskasse

Soweit die Staatskasse Zahlungen an den Verfahrenspfleger erbringt, handelt es sich um Auslagen nach dem KV 31015 zum GNotKG, die gemäß Teil 3 Vorbemerkung 3.1 Abs. 2 zur Anlage 1 (zu § 3 Absatz 2 GNotKG) vom Betreuten wieder erhoben werden können, soweit § 1836c BGB eine Inanspruchnahme zulässt (z. B. Vermögen über 2.600 EUR). Die Wertgrenze gemäß Teil 1 Vorbemerkung 1.1 Abs. 1 zur Anlage 1 (zu § 3 Absatz 2 GNotKG), nach der das Betreutenvermögen erst in Anspruch genommen werden kann, wenn 25.000 EUR überschritten sind, ist nicht anwendbar.

Hinweis:

Das Gesetz über Kosten der freiwilligen Gerichtsbarkeit für Gerichte und Notare (GNotKG) ist am 1. 8. 2013 in Kraft getreten und ersetzt die Kostenordnung (KostO). Siehe hierzu auch Kap. A 9.

Nach § 277 Abs. 5 Satz 2 FamFG findet auf das Erstattungsverfahren § 168 Abs. 1 FamFG entsprechende Anwendung. Der Auslagenersatz wird auf Antrag des Verfahrenspflegers gegen die Staatskasse festgesetzt oder zahlbar gemacht.

4.2 Vergütung

Kein Vergütungsanspruch

Eine Vergütung wird dem ehrenamtlichen Verfahrenspfleger nicht gewährt. Eine Verweisung in § 277 Abs. 2 Satz 1 FamFG auf § 1836 Abs. 2 BGB liegt nicht vor; auch andere Vorschriften gewähren keine Vergütung.

5. Verfahren zur Geltendmachung der Ansprüche des Betreuers

5.1 Festsetzung von Ansprüchen des Betreuers

Fehlende Vermögenssorge

Eine Festsetzung durch das Gericht erfolgt grundsätzlich auf Antrag des Betreuers, §§ 292 Abs. 1, 168 Abs. 1 FamFG.

Aufwendungsersatz und Aufwandsentschädigung

Zahlbarmachung gegen Staatskasse

Die Festsetzung erfolgt, wenn sich die Erstattungsansprüche des Betreuers nach § 1835 BGB oder § 1835a BGB gegen die Staatskasse richten (Mittellosigkeit des Betreuten) oder zwar gegen den Betreuten selbst richten, der Betreuer aber insoweit nicht die Vermögenssorge hat, um den Erstattungsbetrag selbst dem Betreutenvermögen zu entnehmen.

Gegenstand des betreuungsgerichtlichen Festsetzungsverfahrens kann der Ersatz von Aufwendungen auch dann sein, wenn der Aufgabenkreis der Betreuung zwar die Vermögenssorge umfasst hat, der Festsetzungsantrag sich jedoch nach Beendigung der Betreuung durch den Tod des Betroffenen gegen seine Erben richtet.

Sind die Ansprüche aus der Staatskasse zu erfüllen, weil der Betreute mittellos ist, §§ 1835 Abs. 4, 1835a Abs. 3 BGB, so kann der Betreuer nach §§ 292 Abs. 1, 168 Abs. 1 Satz 4 FamFG vorgehen. Die Leistungen können im Verwaltungsweg (ohne gerichtliche Festsetzung) ausgezahlt werden; hierbei sind die Vorschriften über das Verfahren bei der Entschädigung von Zeugen hinsichtlich ihrer baren Auslagen sinngemäß anzuwenden, somit das JVEG. Der Urkundsbeamte der Geschäftsstelle am Betreuungsgericht berechnet den Erstattungsbetrag und weist die Justizkasse an, die beantragten Zahlungen zu leisten.

Vergütung bedarf immer der Festsetzung

Dieses Verfahren sollte gewählt werden, wenn der Anspruch des Betreuers unstreitig ist, insbesondere bietet sich die Pauschale des § 1835a BGB hierfür an. Aus der Formulierung des Antrags muss sich ergeben, ob eine Zahlung im Verwaltungsweg oder die Festsetzung gewollt ist.

Beispielsweise könnte man wie folgt formulieren:

Festsetzung (§ 168 Abs. 1 Satz 1 Nr. 1 FamFG):

Ich beantrage meine Aufwendungen gemäß folgender Aufstellung gegen die Staatskasse festzusetzen.

Zahlung im Verwaltungsweg (§ 168 Abs. 1 Satz 4 FamFG i. V. m. § 4 JVEG): Ich beantrage meine Aufwendungen gemäß folgender Aufstellung aus der Staatskasse zu zahlen.

Vergütung

Eine gerichtliche Festsetzung gemäß §§ 292 Abs. 1, 168 Abs. 1 Satz 1 Nr. 2 FamFG erfolgt, wenn der ehrenamtliche Betreuer eine Vergütung gemäß § 1836 Abs. 2 BGB erlangen will.

Der Vergütungsanspruch bedarf immer einer Festsetzung, da erst die Entscheidung des Betreuungsgerichts die Rechtsgrundlage für eine Vergütung schafft.

5.2 Inhalt des Festsetzungsantrags

Ob sich der Anspruch gegen den (vermögenden) Betreuten, seinen Erben oder (bei Mittellosigkeit) gegen die Staatskasse richtet, muss sich aus dem Antrag ergeben.

Soweit für den Betreuer nicht eindeutig erkennbar ist, ob Mittellosigkeit gegeben ist, sollte er vorsorglich seine Forderungen gegen die Staatskasse richten; beim Aufwendungsersatz und bei der Aufwandsentschädigung schon wegen der Fristwahrung nach § 1835 Abs. 1 Satz 3 Halbsatz 2 und § 1835a Abs. 4 Halbsatz 2 BGB.

Festsetzung gegen Erben

Wird der Vergütungsantrag des Betreuers gegen die Staatskasse abgewiesen und später sein Anspruch gegen den Betroffenen bzw. dessen Erben festgesetzt, kann er trotz Eintritts der materiellen Rechtskraft dieses Beschlusses einen erneuten Festsetzungsantrag gegen die Staatskasse stellen, soweit feststeht, dass der Anspruch des Betreuers aus dem Vermögen des Betroffenen bzw. dem Nachlass nicht mehr befriedigt werden kann. Voraussetzung ist aber, dass die fehlende Durchsetzbarkeit des Anspruchs gegen das vorrangig haftende private Vermögen nicht auf Gründen beruht, die der Betreuer zu vertreten hat (*BayObLG* FamRZ 2004, 305).

Nach dem Tod des Betreuten kann der ehemalige Betreuer seine ausstehenden Forderungen gegen den Erben geltend machen. Erkennt dieser die Forderungen an und bezahlt sie, ist die Sache erledigt. Bestreitet der Erbe Bestehen und/oder Höhe der Forderungen oder erfolgt keine Zahlung, wird der Betreuer Festsetzung beantragen.

Unabhängig davon kann der ehemalige Betreuer sofort Antrag auf Festsetzung seiner offenen Forderungen gegen den Erben stellen. Wendet dieser Mittellosigkeit des Nachlasses ein oder ergibt sich diese bereits aus den Unterlagen, richtet sich der Antrag gegen die Staatskasse.

Wirtschaftliche Verhältnisse sind anzugeben

Im Antrag sind die persönlichen und wirtschaftlichen Verhältnisse des Betreuten darzustellen, § 168 Abs. 2 Satz 1 FamFG. Nur so ist es dem Gericht möglich, eine Mittellosigkeit des Betreuten zu erkennen. Das Gericht kann verlangen, dass der Antragsteller seine Angaben hierzu glaubhaft macht, es kann Erhebungen anstellen, insbesondere die Vorlegung von Urkunden anordnen und Auskünfte einholen, § 168 Abs. 2 Satz 2 FamFG i. V. m. § 118 Abs. 2 Satz 1 und 2 ZPO.

5.3 Anhörungspflichten

Anhörung des Betreuten

Betreuter ist zu hören

Nach §§ 292 Abs. 1, 168 Abs. 4 Satz 1 FamFG muss der Betreute gehört werden, bevor eine von ihm zu leistende Zahlung festgesetzt wird. Dabei kann es sich um Vergütungsansprüche des Betreuers, Aufwendungsersatz und Aufwandsentschädigung handeln, aber auch um Regresszahlungen des Betreuten an die Staatskasse, § 1836e BGB.

Die Anhörung des Betreuten kann unterbleiben, wenn eine Verständigung mit ihm nicht möglich ist oder bei ihm erhebliche gesundheitliche Nachteile zu besorgen sind, § 34 Abs. 2 FamFG (z. B. Verarmungsangst im Zusammenhang mit einer Depression).

Wird von der Anhörung abgesehen, ist dem Betreuten grundsätzlich ein Verfahrenspfleger zu bestellen, § 276 Abs. 1 Satz 1 FamFG.

Anhörung des Erben

Erben anhören

Will die Staatskasse nach dem Tod des Betreuten dessen Erben gemäß § 1836e Abs. 1 Satz 3 BGB, § 168 Abs. 3 FamFG in Anspruch nehmen, sind diese zu hören, § 168 Abs. 4 Satz 2 FamFG.

Bei der Festsetzung der Vergütung, des Aufwendungsersatzes oder einer Aufwandsentschädigung gegen den Erben nach dem Tod des Betreuten muss man § 168 Abs. 4 FamFG entsprechend anwenden.

Nachlasspflegschaft

Sollten die Erben nicht bekannt sein, die Erbschaft noch nicht angenommen worden sein oder ist ungewiss, ob die Erben angenommen haben, kann auf Antrag des ehemaligen Betreuers durch das Nachlassgericht zum Zwecke der gerichtlichen Geltendmachung (Festsetzung) seines Anspruchs gegen den Nachlass ein Nachlasspfleger gemäß § 1961 i. V. m. § 1960 Abs. 1 BGB bestellt werden. Diesem kann das Betreuungsgericht nunmehr rechtliches Gehör gewähren und anschließend die Vergütung festsetzen. Für den Nachlasspfleger besteht darüber hinaus die Möglichkeit, dem ehemaligen Betreuer den festgesetzten Betrag aus dem Nachlass zu zahlen.

Anhörung des Vertreters der Staatskasse

Bezirksrevisor

Richten sich die Ansprüche des Betreuers gegen die Staatskasse, ist deren Vertreter, der zuständige Bezirksrevisor (als Partei) zu hören. Dies ergibt sich nicht aus § 168 FamFG, ist aber gemäß Art. 103 Abs. 1 GG geboten.

5.4 Rechtsbehelfe

Beschwerde

Alle gerichtlichen Entscheidungen nach § 168 Abs. 1 Satz 1 bis 3, Abs. 2 und 3 FamFG unterliegen als Endentscheidungen der Beschwerde, § 58 Abs. 1 FamFG. Sie muss binnen einer Frist von einem Monat nach schriftlicher Bekanntgabe des Beschlusses beim Betreuungsgericht eingelegt werden (§ 63 FamFG), unter grundsätzlicher Beachtung der Beschwerdesumme von 600 EUR, § 61 Abs. 1 FamFG. Soweit diese Summe nicht erreicht wird, kann (ausnahmsweise) eine Zulassung durch das Betreuungsgericht erfolgen, § 61 Abs. 2 und 3 FamFG.

Beispiel:

Der Betreuer beantragt eine Vergütung nach § 1836 Abs. 2 BGB in Höhe von 1.800 EUR; das Gericht setzt 1.400 EUR fest. Dagegen legt der Betreuer Beschwerde ein. Der Beschwerdewert beträgt nur 400 EUR, sodass der Rechtsbehelf unzulässig ist, § 61 Abs. 1 FamFG, sofern nicht eine Zulassung durch das Betreuungsgericht erfolgt, § 61 Abs. 2 FamFG.

5.5 Festsetzungsbeschluss als Vollstreckungstitel

Vollstreckungstitel

Gemäß § 86 Abs. 1 Nr. 1 FamFG kann aus einem ergangenen Festsetzungsbeschluss nach § 95 Abs. 1 Nr. 1 FamG gemäß den Vorschriften der ZPO vollstreckt werden; der gerichtliche Beschluss ist der Vollstreckungstitel, § 95 Abs. 2 FamFG.

Vollstreckungsklausel

Um die Zwangsvollstreckung betreiben zu können, bedarf der Betreuer einer vollstreckbaren Ausfertigung des Festsetzungsbeschlusses, die mit einer Vollstreckungsklausel versehen ist und die Zustellung an den Betreuten (oder Erben) ausweist (Umkehrschluss aus § 86 Abs. 3 FamFG). Die erforderliche Klausel erteilt der Urkundsbeamte der Geschäftsstelle des Betreuungsgerichts.

6. Ansprüche des berufsmäßig tätigen Betreuers

Für die berufsmäßig tätigen Betreuer, die Vereins- und Behördenbetreuer findet das Gesetz über die Vergütung von Vormündern und Betreuern (Vormünder- und Betreuervergütungsgesetz – VBVG) Anwendung, §§ 1908i Abs. 1, 1836 Abs. 1 Satz 3 BGB.

6.1 Vergütungsanspruch

Feststellung der berufsmäßigen Führung

Dem Berufsbetreuer wird nur dann eine Vergütung gewährt, wenn bei seiner Bestellung die berufsmäßige Führung festgestellt wurde, § 1836 Abs. 1 Satz 2 BGB.

6.1.1 Berufsmäßige Betreuung

Das Gericht hat diese Feststellung zu treffen, wenn dem Betreuer in einem solchen Umfang Betreuungen übertragen sind, dass er sie nur im Rahmen seiner Berufsausübung führen kann, oder wenn zu erwarten ist, dass dem Betreuer in absehbarer Zeit Betreuungen in diesem Umfang übertragen sein werden, § 1 Abs. 1 Satz 1 VBVG.

Regelfall

Im Regelfall liegt Berufsmäßigkeit vor und gibt dem Betreuer einen Anspruch auf die Feststellung nach § 1836 Abs. 1 Satz 2 BGB, wenn er mehr als 10 Betreuungen, Vormundschaften, Pflegschaften oder Verfahrenspflegschaften führt, somit mindestens 11 Verfahren, § 1 Abs. 1 Satz 2 Nr. 1 VBVG.

Ein Berufsbetreuer verliert diese den Vergütungsanspruch begründende Eigenschaft grundsätzlich nicht dadurch, dass die Anzahl der Betreuungen und die damit verbundene Tätigkeit so weit zurückgehen, dass sie für sich betrachtet die Anerkennung als Berufsbetreuer nicht mehr rechtfertigen könnten.

Berufsanfänger

Gute Prognose

Es genügt für die Feststellung der Berufsmäßigkeit, wenn zu erwarten ist, dass der Betreuer in absehbarer Zeit die in den Regelbeispielen genannten Fallzahlen erreichen wird, § 1 Abs. 1 Satz 1 Alternative 2 VBVG. Damit kann ein Berufsanfänger sofort eine Vergütung erlangen, aber auch der Betreuer, der (vorübergehend) unter die Normzahlen fällt, behält für Neuverfahren seinen Vergütungsanspruch, wenn zu erwarten ist, dass er die Mindestkriterien wieder erfüllen wird. Beim Berufsanfänger ist dabei die Prognose der Betreuungsbehörde gemäß § 1897 Abs. 7 BGB von erheblicher Bedeutung.

Die Feststellung der Berufsmäßigkeit ist Voraussetzung eines Vergütungsanspruchs, § 1 Abs. 2 Satz 1 VBVG. Sie wird durch das Betreuungsgericht (Richter oder Rechtspfleger, je nach funktioneller Zuständigkeit) getroffen und in den Bestellungsbeschluss aufgenommen, § 286 Abs. 1 Nr. 4 FamFG.

Nachträgliche Feststellung

Eine nachträgliche Feststellung kann dann in Betracht kommen, wenn ein Betreuer, der bisher ehrenamtlich die Verfahren geführt hat, nunmehr für ein neues Verfahren als Berufsbetreuer bestellt wird. In diesem Fall kann auch hinsichtlich der anderen Fälle die Feststellung der Berufsmäßigkeit getroffen werden.

6.1.2 Vergütungsanspruch

Wird die Feststellung nach § 1836 Abs. 1 Satz 2 BGB getroffen, so hat das Betreuungsgericht dem Betreuer eine Vergütung zu bewilligen, § 1 Abs. 2 Satz 1 VBVG. Somit erlangt ein Berufsbetreuer immer eine Vergütung, unabhängig von Umfang und Schwierigkeit seiner Aufgabe. Der Vergütungsanspruch richtet sich grundsätzlich gegen den Betreuten (das Betreutenvermögen); soweit dieser mittellos ist i. S. v. § 1836d BGB, kann die Vergütung gegen die Staatskasse geltend gemacht werden, § 1 Abs. 2 Satz 2 VBVG.

6.2 Höhe der Vergütung

Pauschalsystem

Die Höhe der Vergütung eines berufsmäßig tätigen Betreuers richtet sich nach dem sog. Pauschalsystem. Das heißt, der Betreuer bekommt nicht seine tatsächlich aufgewendete Zeit vergütet, sondern je nach Dauer der Betreuung und dem Aufenthalt des Betreuten einen bestimmten Stundenansatz je Monat zugebilligt, § 5 VBVG. Dieser Stundenansatz unterscheidet nochmals, ob der Betreute vermögend oder mittellos ist.

Pauschalierter Zeitaufwand pro Monat gemäß § 5 Abs. 1 und 2 VBVG:

Zeitraum	**gewöhnlicher Aufenthalt im Heim**		**gewöhnlicher Aufenthalt nicht im Heim**	
	vermögend	mittellos	vermögend	mittellos
1. bis 3. Monat	5,5 Std.	4,5 Std.	8,5 Std.	7,0 Std.
4. bis 6. Monat	4,5 Std.	3,5 Std.	7,0 Std.	5,5 Std.
7. bis 12. Monat	4,0 Std.	3,0 Std.	6,0 Std.	5,0 Std.
ab dem 13. Monat	2,5 Std.	2,0 Std.	4,5 Std.	3,5 Std.

Gewöhnlicher Aufenthalt

Den gewöhnlichen Aufenthalt hat jemand dort, wo er sich unter Umständen aufhält, die erkennen lassen, dass er an diesem Ort oder in diesem Gebiet nicht nur vorübergehend verweilt.

Heim

Nach § 5 Abs. 3 VBVG sind Heime Einrichtungen, die dem Zweck dienen, Volljährige aufzunehmen, ihnen Wohnraum zu überlassen sowie tatsächliche Betreuung und Verpflegung zur Verfügung zu stellen oder vorzuhalten, und die in ihrem Bestand von Wechsel und Zahl der Bewohner unabhängig sind und entgeltlich betrieben werden.

Muss der Betreuer erkennen, dass künftig eine Festsetzung gegen den Betroffenen, wegen dessen allmählichen Vermögensverfalls nicht möglich sein wird, und stellt er gleichwohl schuldhaft den Vergütungsantrag im Rahmen des ihm Möglichen und Zumutbaren nicht so zeitig, dass er die Vergütung noch aus dem Vermögen

des Betroffenen erhalten kann, so kann seine Vergütung nach den allgemeinen Grundsätzen von Treu und Glauben auf die Vergütung gekürzt werden, die für die Betreuung eines mittellosen Betroffenen anzusetzen wäre. Tritt die Mittellosigkeit binnen eines Monats nach Ende des Betreuungsquartals ein, wird man regelmäßig nicht davon ausgehen können, dass die Geltendmachung der Vergütung unmittelbar nach Quartalsende es noch ermöglicht hätte, die Vergütung aus dem Vermögen des Betroffenen zu entnehmen, *OLG München* BtPrax 2009, 191.

6.2.1 Stundensatzhöhe

Stundensatz

Die zu bewilligende Vergütung beträgt für jede nach § 5 VBVG anzusetzende Stunde einen vorgegebenen Pauschbetrag, § 4 Abs. 1 VBVG. Dabei ist es unerheblich, ob die Vergütung der vermögende Betreute selbst oder die Staatskasse bei Mittellosigkeit zu zahlen hat (siehe Verweisung von § 4 Abs. 1 auf § 1 Abs. 2 VBVG).

Vorgesehen sind drei Vergütungsstufen in § 4 Abs. 1 VBVG:

Stundensatz	Besondere Kenntnisse des Betreuers, die für die Führung der Betreuung nutzbar sind
27,00 EUR	allgemeine Eignung (§ 1897 Abs. 1 BGB)
33,50 EUR	besondere Kenntnisse wurden durch eine abgeschlossene Lehre oder eine vergleichbare abgeschlossene Ausbildung erworben
44,00 EUR	Kenntnisse wurden durch eine abgeschlossene Ausbildung an einer Hochschule oder durch eine vergleichbare abgeschlossene Ausbildung erworben

6.2.2 Besondere Fachkenntnisse

Fachkenntnisse erhöhen den Stundensatz

Fachkenntnisse sind nur solche Kenntnisse oder Fertigkeiten, die über das jedermann zu Gebote stehende Wissen hinausgehen, die regelmäßig nicht nur durch Lebenserfahrung erworben werden und die für die Führung von Betreuungen generell oder hinsichtlich bestimmter Aufgabenkreise hilfreich sind. Solche, durch eine abgeschlossene Ausbildung vermittelten Fachkenntnisse wirken allerdings nur dann vergütungssteigernd, wenn sie auch für die konkrete Betreuung nutzbar sind.

Nutzbarkeit ist Voraussetzung

Nutzbarkeit bedeutet dabei nicht, dass die Fachkenntnisse zur sachgerechten Führung der Betreuung erforderlich sind. Vielmehr reicht aus, dass sie geeignet sind, die Geschäftsführung des Betreuers im konkreten Fall zu erleichtern.

Damit ein höherer Stundensatz gemäß § 4 Abs. 1 Satz 2 Nr. 2 VBVG erlangt werden kann, muss ein Studium an einer (Fach-)Hochschule bzw. eine vergleichbare abgeschlossene Ausbildung vorliegen. Abgeschlossen ist eine Ausbildung mit der erfolgreichen Ablegung der hierfür vor einer staatlichen oder staatlich anerkannten Stelle vorgesehenen Prüfung. Eine Qualifikation, die auf Berufserfahrung oder Fortbildungsmaßnahmen zurückzuführen ist, wirkt sich nicht vergütungserhöhend aus (z. B. die an einer Sparkassenakademie absolvierte Ausbildung zum Sparkassenbetriebswirt ist mit einer abgeschlossenen Ausbildung an einer (Fach-)Hochschule nicht vergleichbar). Siehe hierzu *BGH*, u. a. BtPrax 2012, 185; FamRZ 2013, 781; 2013, 1029).

Der *BGH* hat zudem mehrfach entschieden, dass es keinen Vertrauensschutz gibt, wenn in vorausgegangenen Jahren unter Verkennung der Voraussetzungen, ein höherer Stundensatz festgesetzt wurde (u. a. *BGH*, FamRZ 2013, 781; 2013, 693).

Kein Vertrauensschutz

6.2.3 Besondere Schwierigkeiten

Eine Erhöhung der Stundensätze bei besonderen Schwierigkeiten der Betreuungsgeschäfte ist nicht vorgesehen. In § 4 VBVG ist eine Verweisung auf § 3 Abs. 3 VBVG nicht enthalten. Eine in das Ermessen des Gerichtes gestellte Erhöhung des Stundensatzes für Betreuer bei nicht mittellosen Betreuten bei besonderer Schwierigkeit sieht das Vergütungsrecht (anders als beim Berufsvormund) nicht vor. Die Voraussetzungen der analogen Anwendung des § 3 Abs. 3 VBVG sind nicht gegeben, da weder eine planwidrige Gesetzeslücke besteht noch die Sachverhalte vergleichbar sind.

6.2.4 Aufwendungsersatz

Die pauschalen Vergütungssätze nach § 4 Abs. 1 VBVG gelten gemäß § 4 Abs. 2 VBVG auch den Ersatz von Aufwendungen nach § 1835 Abs. 1 BGB und eine anfallende Umsatzsteuer mit ab.

6.3 Abrechnungszeitraum und Erlöschen des Anspruchs

6.3.1 Abrechnungszeitraum

Die Vergütung kann nach Ablauf von jeweils drei Monaten für diesen Zeitraum geltend gemacht werden, § 9 Satz 1 VBVG.

Das bedeutet zunächst, dass der Vergütungsanspruch erst nach drei Monaten fällig wird, und außerdem, dass in kürzeren als einem Dreimonatszeitraum nicht abgerechnet werden kann. Der Berufsbetreuer rechnet immer im Dreimonatsrhythmus ab, somit kann er Zeiträume von 3, 6, 9 und 12 Monaten wählen, wobei er bei längeren Intervallen § 2 VBVG nicht übersehen darf.

Fälligkeit

6.3.2 Erlöschen des Anspruchs

Anspruch erlischt

Die Ausschlussfrist des § 2 VBVG zur Geltendmachung der Betreuervergütung beginnt für den Anspruch auf pauschale Vergütung (§ 4 VBVG) zu dem Zeitpunkt, in dem der Anspruch gemäß § 9 VBVG erstmals geltend gemacht werden kann, somit am Ende des Betreuungsquartals. Siehe hierzu *BGH* BtPrax 2013, 109.

Anmeldung dem Grunde nach genügt nicht

Zwar enthält § 2 VBVG keine Vorgaben dafür, in welcher Form die Vergütungsansprüche angemeldet werden müssen, um die Frist zu wahren, jedoch genügt eine pauschale Anmeldung dem Grunde nach nicht als ordnungsgemäße Geltendmachung, *BGH* BtPrax 2013, 152.

Wegen der unterschiedlichen Auffassungen sollte jeder Berufsbetreuer die zum Erlöschen seines Anspruchs führende Fristberechnung mit dem Rechtspfleger seines Betreuungsgerichts absprechen.

6.4 Berechnung der Vergütung

Für die Berechnung der Monate nach § 5 Abs. 1 und 2 VBVG gelten § 187 Abs. 1 und § 188 Abs. 2 Alternative 1 BGB entsprechend, § 5 Abs. 4 Satz 1 VBVG.

Beginn des Vergütungszeitraums

Die erstmalige Bestellung eines Betreuers (ob endgültig oder durch eine einstweilige Anordnung) erfolgt durch ein Ereignis, das in den Lauf des Anordnungstages fällt (z. B. durch Zugang des Bestellungsbeschlusses an den Betreuer, § 287 Abs. 1 FamFG), somit ist dieser Tag nicht mit in die Frist einzurechnen, § 187 Abs. 1 BGB. Damit endet der erste Monat der Betreuung mit dem Ablauf des Tages, der durch seine Zahl dem Tag der Anordnung der Betreuung entspricht. Für die folgenden Monate gilt Entsprechendes, § 188 Abs. 2 Alternative 1 BGB.

Beispiel:

Wird der erstmalige Bestellungsbeschluss am 10. August 2011 wirksam, beginnt der erste Monat am 11. August 2011 und endet mit Ablauf des 10. September 2011; der zweite Monat läuft dann vom 11. September 2011 bis zum Ablauf des 10. Oktober 2011.

Ändern sich Umstände, die sich auf die Vergütung auswirken, vor Ablauf eines vollen Monats, so ist der Stundenansatz zeitanteilig nach Tagen zu berechnen; § 187 Abs. 1 und § 188 Abs. 1 BGB gelten entsprechend. Die sich dabei ergebenden Vergütungsbeträge sind auf volle Zehntel aufzurunden, § 5 Abs. 4 Sätze 2 und 3 VBVG.

6.4.1 Betreuerwechsel

Betreuerwechsel schafft keinen Neubeginn

Im Fall eines Betreuerwechsels gibt es grundsätzlich keine Ausnahme von dem Pauschalierungsmodell. Der mit einem Betreuerwechsel regelmäßig einhergehende Mehrbedarf ist in den festgelegten Stundenzahlen enthalten. Maßgebend für die Anwendung der Pauschalen ist daher die erstmalige Bestellung eines Betreuers. Dies gilt auch dann, wenn es sich hierbei um einen ehrenamtlichen Betreuer handelt und später ein Berufsbetreuer bestellt wird.

Eine Besonderheit ergibt sich aus § 5 Abs. 5 VBVG. Findet ein Wechsel von einem beruflichen zu einem ehrenamtlichen Betreuer statt, sind dem beruflichen Betreuer der Monat, in den der Wechsel fällt, und der Folgemonat mit dem vollen Zeitaufwand zu vergüten. Dies gilt auch dann, wenn zunächst neben dem beruflichen Betreuer ein ehrenamtlicher Betreuer bestellt war und dieser die Betreuung allein fortführt. § 5 Abs. 4 Satz 2 und 3 VBVG ist nicht anwendbar.

Die Übergangsvergütung nach § 5 Abs. 5 VBVG fällt auch an, wenn ohne Wechsel in der Person des Betreuers ein Wechsel von einer berufsmäßig zu einer ehrenamtlich geführten Betreuung stattfindet (OLG *Hamm* FamRZ 2008, 92).

Neuer Abrechnungsrhythmus

Nach einem Betreuerwechsel beginnt nach Ansicht des *BGH* (FamRZ 2011, 1221) der Abrechnungszeitraum für die Betreuervergütung des § 9 Satz 1 VBVG mit der Wirksamkeit der Bestellung des neuen Betreuers; die laufende Abrechnungsfrist des Vorgängers wird nicht fortgeführt. Der ausscheidende Betreuer kann seine Vergütung bereits vor dem Erreichen der Dreimonatsfrist geltend machen.

Beispiel:

Wurde der Berufsbetreuer A am 10. 5. 2010 bestellt, dann am 12. 8. 2013 aus dem Amt entlassen, und wird am 14. 8. 2013 der Berufsbetreuer B bestellt, so kann B ab dem 15. 8. 2011 eine Vergütung beanspruchen. Bei deren Berechnung ist allerdings zu beachten, dass er durch die Erstbestellung eines Betreuers im Jahr 2010 nunmehr nur noch den niedrigsten Stundenansatz geltend machen kann, § 5 Abs. 1 Satz 1 Nr. 4 bzw. Satz 2 Nr. 4 VBVG. Während B einen neuen dreimonatigen Abrechnungsrhythmus begründet (§ 9 Satz 1 VBVG), kann A sofort nach seiner Entlassung die restliche ihm zustehende Vergütung beanspruchen.

6.4.2 Ende der Betreuung

Mit der Beendigung der Betreuung endet auch der Vergütungsanspruch des Berufsbetreuers. Die Betreuung endet entweder mit dem Tod des Betreuten oder durch gerichtliche Aufhebung, § 1908d Abs. 1 BGB.

Vergütung nach dem Ende der Betreuung

Mit dem Tod des Betreuten bzw. mit Bekanntmachung der Aufhebungsentscheidung an den Betreuer oder mit deren Übergabe an die Geschäftsstelle (bei Anordnung der sofortigen Wirksamkeit) endet auch der Vergütungsanspruch. Nach der Beendigung anfallende Tätigkeiten des Betreuers, z. B. Schlussabrechnung und Vermögensherausgabe, werden grundsätzlich nicht mehr gesondert vergütet. Anders verhält es sich mit Tätigkeiten nach §§ 1908i Abs. 1, 1893 Abs. 1, 1698a und 1698b BGB.

Einzeltätigkeiten nach dem Tod des Betreuten

Soweit der Betreuer nach dem Tod des Betroffenen (über die Abwicklung hinaus) Geschäfte besorgt, die nicht ohne Gefahr aufgeschoben werden können, bis der Erbe anderweitig Fürsorge treffen kann (§§ 1908i Abs. 1, 1893 Abs. 1, 1698b BGB), sind diese Tätigkeiten auf der Basis einer Einzelaufstellung nach Zeitaufwand konkret zu vergüten (*OLG München* Rpfleger 2006, S. 650).

Kenntnis vom Tod des Betreuten

Zwischenzeitlich gehen einige Gerichte davon aus, dass der beruflich tätige Betreuer auch nach Eintritt des Todes des Betreuten noch einen Anspruch auf die Vergütung nach § 5 VBVG (Pauschalvergütung) hat, bis er vom Tod Kenntnis erlangt hat oder die Kenntnis bei zeitnaher Einholung der erforderlichen Information hätte erlangen müssen, *LG Traunstein* FamRZ 2010, 329; AG Gelnhausen vom 26. 10. 2012, Az. 76 XVII 440/12. Da hierzu noch keine obergerichtliche Entscheidung vorliegt, ist Vorsicht geboten.

6.5 Sonderfälle

6.5.1 Sterilisationsbetreuer

Nach § 1899 Abs. 2 BGB wird für die Entscheidung über die Einwilligung in eine Sterilisation ein besonderer Betreuer bestellt. Vergütung und Aufwendungsersatz sind nach § 6 Satz 1 VBVG zu berechnen.

6.5.2 Verhinderungsbetreuer wegen rechtlicher Verhinderung

Rechtliche Verhinderung

Wird neben dem „Hauptbetreuer" ein „Ergänzungs- oder Verhinderungsbetreuer" gemäß § 1899 Abs. 4 BGB bestellt, so sind zwei Fallgruppen zu unterscheiden. Die Verhinderung des Betreuers kann auf Rechtsgründen beruhen, z. B. bei einem Vertretungsausschluss nach § 1908i Abs. 1 Satz 1, §§ 1795, 1796 BGB. Der Verhinderungsbetreuer wird in diesem Fall nur für die Vornahme eines bestimmten, punktuellen Geschäfts bestellt. Für ihn passt daher die Gewährung einer Zeitpauschale nicht. Vergütung und Aufwendungsersatz sind nach § 6 Satz 1 VBVG zu berechnen.

Nach § 6 Satz 1 Halbsatz 1 VBVG erhalten der „Sterilisationsbetreuer" und der „Verhinderungsbetreuer wegen rechtlicher Verhinderung" eine Vergütung nach § 3 VBVG, soweit sie im Rahmen ihrer Berufsausübung tätig werden, § 1 Abs. 2 VBVG; bei Mittellosigkeit aus der Staatskasse.

Aus § 3 Abs. 1 VBVG ergeben sich drei Vergütungsstufen:

Stundensatz	Besondere Kenntnisse des Betreuers, die für die Führung der Betreuung nutzbar sind
19,50 EUR	allgemeine Eignung (§ 1897 Abs. 1 BGB)
25,00 EUR	besondere Kenntnisse wurden durch eine abgeschlossene Lehre oder eine vergleichbare abgeschlossene Ausbildung erworben
33,50 EUR	Kenntnisse wurden durch eine abgeschlossene Ausbildung an einer Hochschule oder durch eine vergleichbare abgeschlossene Ausbildung erworben

Keine analoge Anwendung

Die Vergütungsregelung des § 6 VBVG kann über die dort genannten Sonderfälle des Verhinderungsbetreuers aus Rechtsgründen und des Sterilisationsbetreuers hinaus nicht analog auf Betreuer angewandt werden, die nur für eine Angelegenheit bestellt worden sind, *BGH*, BtPrax 2013, 107.

Neben der Vergütung kann nach § 6 Satz 1 Halbsatz 2 VBVG der weitere Betreuer für seine Aufwendungen Vorschuss und Ersatz nach § 1835 BGB verlangen.

Betreuer zahlen keine Umsatzsteuer

Soweit § 3 Abs. 1 Satz 3 VBVG eine zusätzliche Erstattung einer auf die Vergütung anfallende Umsatzsteuer vorsieht, ist dies nunmehr unerheblich, da nach § 4 Nr. 16 Buchst. k UStG (i. d. Fassung des AmtshilfeRLUmsG) seit 1. 7. 2013 der Betreuer keine Umsatzsteuer mehr zu entrichten hat.

6.5.3 Verhinderungsbetreuer wegen tatsächlicher Verhinderung

Tatsächliche Verhinderung

Die Verhinderung des Betreuers kann auch auf tatsächlichen Gründen beruhen, z. B. Krankheit oder Urlaub. In diesem Fall ist zur gleichen Zeit immer nur entweder der Betreuer oder der Verhinderungsbetreuer tätig. Insgesamt steigt der Betreuungsaufwand nicht. § 6 Satz 2 VBVG sieht daher vor, in diesem Fall die nach der Pauschale bemessene Vergütung zwischen Haupt- und Verhinderungsbetreuer nach Tagen zu teilen; für die Berechnung gelten § 5 Abs. 4 Satz 3 VBVG (Aufrundung von Bruchteilen auf volle Zehntel) sowie § 187 Abs. 1 und § 188 Abs. 1 BGB entsprechend.

6.6 Vereinsbetreuer

Ist ein Mitarbeiter eines Betreuungsvereins gemäß § 1897 Abs. 2 Satz 1 BGB als Vereinsbetreuer bestellt, so ist dem Verein eine Vergütung und Aufwendungsersatz nach § 1 Abs. 2 VBVG i. V. m. den §§ 4 und 5 VBVG zu bewilligen, § 7 Abs. 1 Satz 1 VBVG.

Der Vereinsbetreuer wird wie ein berufsmäßig tätiger Einzelbetreuer behandelt, er erlangt die pauschalen Zeitansätze nach § 5 Abs. 1 und 2 VBVG und kann die entsprechenden Stundensätze gemäß § 4 Abs. 1 VBVG berechnen. Der Vereinsbetreuer selbst kann keine Vergütung und keinen Aufwendungsersatz beanspruchen, § 7 Abs. 3 VBVG; die Leistungen sind an den Verein zu erbringen, § 7 Abs. 1 Satz 1 VBVG.

Gemäß § 7 Abs. 2 Satz 1 Halbsatz 1 VBVG ist § 6 VBVG zu beachten.

6.7 Behördenbetreuer

Ist ein Behördenbetreuer bestellt, so kann der zuständigen Behörde eine Vergütung nach § 1836 Abs. 2 BGB bewilligt werden, soweit der Umfang oder die Schwierigkeit der Betreuungsgeschäfte dies rechtfertigen, § 8 Abs. 1 Satz 1 VBVG.

Die Vergütungsbewilligung ist nur möglich, soweit eine Inanspruchnahme des Betreuten nach § 1836c BGB zulässig ist, sein einzusetzendes Einkommen und Vermögen ausreicht, § 8 Abs. 1 Satz 2 VBVG. Eine Festsetzung gegen die Staatskasse scheidet aus.

Durch die Verweisung von § 8 Abs. 3 auf § 7 Abs. 3 VBVG wird festgestellt, dass der Behördenbetreuer selbst keine Vergütung und keinen Aufwendungsersatz erlangen kann; die Leistungen sind an die Behörde zu erbringen.

Nach § 8 Abs. 2 VBVG kann die Betreuungsbehörde unabhängig davon, ob Umfang und Schwierigkeit der Betreuungsgeschäfte eine Vergütung ermöglichen, Aufwendungsersatz nach § 1835 Abs. 1 Satz 1 und 2 BGB verlangen; allgemei-

ne Verwaltungskosten einschließlich der Kosten für eine Haftpflichtversicherung werden nicht ersetzt, § 1835 Abs. 5 Satz 2 BGB. Voraussetzung für den Ersatz von Aufwendungen ist, dass eine Inanspruchnahme des Betreuten nach § 1836c BGB zulässig ist, das einzusetzende Einkommen und Vermögen des Betreuten ausreicht, § 8 Abs. 2 VBVG. Eine Festsetzung gegen die Staatskasse scheidet aus.

7. Vergütung und Aufwendungsersatz des beruflichen Verfahrenspflegers

7.1 Aufwendungsersatz

Aufwendungsersatz

Der Verfahrenspfleger kann Ersatz seiner Aufwendungen unter Beachtung von § 1835 Abs. 1, 1a und 2 BGB geltend machen, § 277 Abs. 1 FamFG. Nicht erfasst von § 277 Abs. 1 FamFG wird § 1835 Abs. 3 BGB. Somit erlangt der Verfahrenspfleger keine Erstattung, soweit er seine gewerbe- und berufsspezifischen Dienste einsetzt, für die ein anderer Pfleger, der nicht diese Qualifikationen besitzt, berechtigterweise einen entsprechend qualifizierten Dritten hinzugezogen hätte.

7.1.1 Berufsmäßig tätiger Verfahrenspfleger

Der berufliche Verfahrenspfleger macht gemäß § 277 Abs. 1 Satz 1 FamFG seine Aufwendungen nach § 1835 Abs. 1 Satz 1 BGB geltend; Vorschuss scheidet aus, § 277 Abs. 1 Satz 2 FamFG.

7.1.2 Mitarbeiter eines Betreuungsvereins als Verfahrenspfleger

Der Verein kann nach § 277 Abs. 4 Satz 1 FamFG für seinen Mitarbeiter gemäß § 277 Abs. 1 Satz 1 FamFG durch diesen erbrachte Aufwendungen nach § 1835 Abs. 1 Satz 1 BGB geltend machen; nicht erstattungsfähig sind allgemeine Verwaltungskosten, § 277 Abs. 4 Satz 2 FamFG i. V. m. § 1835 Abs. 5 Satz 2 BGB. Der Vereinsmitarbeiter selbst kann keinen Aufwendungsersatz geltend machen, § 277 Abs. 4 Satz 2 FamFG i. V. m. § 7 Abs. 3 VBVG.

7.1.3 Bediensteter einer Betreuungsbehörde als Verfahrenspfleger

Aufwendungsersatz wird an die Betreuungsbehörde nicht geleistet, unabhängig davon, ob der Betreute vermögend oder mittellos ist, § 277 Abs. 4 Satz 3 FamFG.

7.1.4 Verein oder Betreuungsbehörde als Verfahrenspfleger

Aufwendungsersatz wird nicht geleistet, § 277 Abs. 1 Satz 3 FamFG.

7.2 Vergütung des berufsmäßig tätigen Verfahrenspflegers

Vergütungsanspruch

Durch die Verweisung in § 277 Abs. 2 Satz 1 FamFG auf § 1836 Abs. 1 Satz 2 BGB wird klargestellt, dass eine Verfahrenspflegschaft entgeltlich geführt werden kann, wenn das Gericht bei der Bestellung des Pflegers dies feststellt.

Wird diese Feststellung getroffen, erhält der Pfleger neben dem Aufwendungsersatz eine Vergütung in entsprechender Anwendung der §§ 1 bis 3 Abs. 1 und 2 VBVG. Das Betreuungsgericht trifft die Feststellung der Berufsmäßigkeit bei der Bestellung.

7.2.1 Stundenvergütung nach Zeitaufwand

Aufgewendete Zeit

Die Vergütung berechnet sich nach der aufgewendeten und erforderlichen Zeit, § 3 Abs. 1 Satz 1 VBVG.

Aus § 3 Abs. 1 VBVG ergeben sich drei Vergütungsstufen:

Stundensatz	Besondere Kenntnisse des Betreuers, die für die Führung der Betreuung nutzbar sind
19,50 EUR	allgemeine Eignung (§ 1897 Abs. 1 BGB)
25,00 EUR	besondere Kenntnisse wurden durch eine abgeschlossene Lehre oder eine vergleichbare abgeschlossene Ausbildung erworben
33,50 EUR	Kenntnisse wurden durch eine abgeschlossene Ausbildung an einer Hochschule oder durch eine vergleichbare abgeschlossene Ausbildung erworben

Eine auf die Vergütung anfallende Umsatzsteuer wird zusätzlich ersetzt, § 3 Abs. 1 Satz 3 VBVG.

Verfahrenspfleger unterliegen der Umsatzsteuerpflicht

Hinweis:

Die Umsatzsteuerbefreiung des Betreuers (§ 4 Nr. 16 Buchst. k UStG) erstreckt sich nicht auf den Verfahrenspfleger. Dieser ist weiterhin umsatzsteuerpflichtig.

Einen höheren, als den in § 3 Abs. 1 VBVG vorgesehenen Stundensatz, kann das Betreuungsgericht nicht bewilligen, auch wenn besondere Schwierigkeiten vorliegen und der Betreute vermögend ist, da in § 277 Abs. 2 Satz 2 FamFG eine Verweisung auf § 3 Abs. 3 VBVG nicht erfolgt.

7.2.2 Pauschalvergütung als fester Geldbetrag

Pauschalbetrag

Anstelle des Aufwendungsersatzes und der Vergütung nach § 277 Abs. 1 und 2 FamFG kann das Betreuungsgericht dem Pfleger einen festen Geldbetrag zubilligen, wenn die für die Führung der Pflegschaftsgeschäfte erforderliche Zeit vorhersehbar und ihre Ausschöpfung durch den Pfleger gewährleistet ist, § 277 Abs. 3 Satz 1 FamFG. Bei der Bemessung des pauschalen Geldbetrags ist die voraussichtlich erforderliche Zeit mit den in § 3 Abs. 1 VBVG bestimmten Stundensätzen zuzüglich einer Aufwandspauschale von 3 EUR je veranschlagter Stunde zu vergüten, § 277 Abs. 3 Satz 2 FamFG. Dies ergibt einen Stundensatz von 22,50 EUR, 28,00 EUR oder 36,50 EUR.

Nach Hinzurechnung der Umsatzsteuer erhöhen sich die Stundensätze bei einem Steuersatz von 19 % auf 26,78 EUR, 33,32 EUR und 43,44 EUR.

Einer Nachweisung der vom Pfleger aufgewandten Zeit und der tatsächlichen Aufwendungen bedarf es nicht; weitergehende Aufwendungsersatz- und Vergütungsansprüche des Pflegers sind allerdings ausgeschlossen, § 277 Abs. 3 Satz 3 FamFG.

7.2.3 Rechtsanwalt als Verfahrenspfleger

Wird ein Rechtsanwalt als Verfahrenspfleger bestellt, so wird seine Vergütung nach § 277 Abs. 5 Satz 1 FamFG stets aus der Staatskasse gezahlt und bemisst sich gemäß § 277 Abs. 2 FamFG i. V. m. § 3 Abs. 1 Satz 2 Nr. 2, Satz 3 VBVG nach einem Stundensatz von 33,50 EUR zuzüglich Mehrwertsteuer; die Pauschalierung nach § 277 Abs. 3 FamFG ist möglich.

§ 1 Abs. 2 Satz 1 RVG verdeutlicht, dass ein Rechtsanwalt seine Tätigkeit als Verfahrenspfleger nicht nach den Bestimmungen des RVG abrechnen kann; durch

die Ausklammerung des § 1835 Abs. 3 BGB in § 277 Abs. 1 Satz 1 FamFG wird dies zusätzlich klargestellt.

Erbringung anwaltschaftlicher Dienste

Allerdings wird die Anwendung des § 1835 Abs. 3 BGB auf die Tätigkeit des Verfahrenspflegers, das heißt Abrechnung seines Zeitaufwandes nach der RVG zugelassen, wenn ein anderer Verfahrenspfleger für seine Aufgabenbewältigung einen Rechtsanwalt hinzugezogen hätte (*BVerfG* FamRZ 2000, 1284).

Die Führung einer Verfahrenspflegschaft an sich kann noch nicht als Erbringung anwaltschaftlicher Dienste angesehen werden, mit der Folge einer Gebührenberechnung nach RVG.

Berufsmäßige Führung heißt nicht Vergütung nach RVG

Zu folgen ist in diesem Zusammenhang dem *LG Saarbrücken*, das in seiner Entscheidung vom 15. 7. 2013 (Az. 5 T 231/13), deutlich macht, dass die in dem Beschluss über die Bestellung eines Verfahrenspflegers in Unterbringungssachen getroffene Anordnung, dass die Verfahrenspflegschaft berufsmäßig ausgeübt werde, nur zur Folge hat, dass der Verfahrenspfleger, in Abweichung von dem gesetzlichen Leitbild der unentgeltlichen Führung des Amtes (vgl. § 277 Abs. 2 FamFG, § 1836 Abs. 1 und 3 BGB), überhaupt eine Vergütung beanspruchen kann. Eine Aussage darüber, nach welchen Vorschriften sich die Vergütung bemisst, nach VBVG oder nach RVG, ist mit dem Zusatz „berufsmäßig" nicht verbunden. Soweit nicht in dem Bestellungsbeschluss die richterliche Feststellung getroffen wurde, dass eine anwaltsspezifische Tätigkeit erforderlich ist, kann der als Verfahrenspfleger bestellte Rechtsanwalt nicht generell seine Vergütung nach dem RVG berechnen. Die Vergütung hängt vielmehr von den jeweiligen Umständen des Einzelfalles ab. Dies bedeutet, dass nur dann, wenn sich der Vorgang als rechtlich schwierig erweist, eine Liquidation nach dem RVG zugestanden werden kann.

Auch der *BGH* hat wiederholt entschieden (siehe z. B. BtPrax 2011, 85; 2012, 205), dass der anwaltliche Verfahrenspfleger dann gemäß § 1835 Abs. 3 BGB eine Vergütung nach dem RVG beanspruchen kann, wenn er im Rahmen seiner Bestellung solche Tätigkeiten zu erbringen hat, für die ein Laie in gleicher Lage vernünftigerweise einen Rechtsanwalt zuziehen würde.

Feststellung der anwaltsspezifischen Tätigkeit bindet Festsetzung

Gleichzeitig hat er festgestellt, dass die gerichtliche Feststellung, dass eine anwaltsspezifische Tätigkeit erforderlich ist, für die anschließende Vergütungsfestsetzung bindend ist. Auf die Frage, wie bzw. ob die Erforderlichkeit im Einzelnen durch das Gericht begründet ist, kommt es in der Festsetzung nicht mehr an.

Inhalt

Gebühren und Auslagen

Nach § 80 FamFG sind Kosten des Verfahrens die Gerichtskosten (Gebühren und Auslagen) und die zur Durchführung des Verfahrens notwendigen Aufwendungen der Beteiligten.

Seit 1. 8. 2013: GNotKG

Kosten (Gebühren und Auslagen) in Betreuungs-, Pflegschafts- und Unterbringungssachen werden seit 1. 8. 2013 nach dem „Gesetz über Kosten der freiwilligen Gerichtsbarkeit für Gerichte und Notare“ (GNotKG) erhoben. Dies gilt auch für Verfahren über eine Beschwerde. Die bisher geltende Kostenordnung (KostO) ist außer Kraft getreten.

Das GNotKG ist eingeteilt in einen Vorschriftenteil (§§ 1 bis 136), in dem u.a. Bestimmungen zum Wert und zur Fälligkeit enthalten sind. Außerdem gibt es 2 Anlagen.

Kostenverzeichnis

In der Anlage 1 (zu § 3 Abs. 2 GNotKG), dem sog. Kostenverzeichnis (KV) wird beschrieben, welche Gerichtsgebühren und Auslagen für welche gerichtlichen Tätigkeiten anfallen. Für Betreuungen und Pflegschaften ist Teil I Hauptabschnitt 1 mit den Nr. 11100 bis 11400 anzuwenden, soweit es um Gebühren geht; Teil III Hauptabschnitt 1 befasst sich in den Nr. 31000 bis 31015 mit den Auslagen.

Gebührentabellen

In der Anlage 2 (zu § 34 Abs. 3 GNotKG) sind die Gebührentabellen A und B enthalten. Welche Tabelle anzuwenden ist, ergibt sich aus dem Kostenverzeichnis.

1. Unterscheidung zwischen Gebühren und Auslagen

Kosten der Betreuung

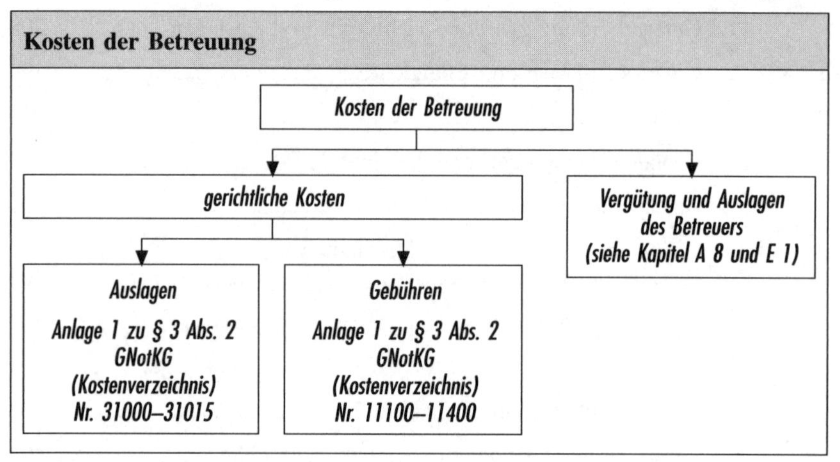

Betreuungsverfahren verursachen einen nicht unerheblichen finanziellen Aufwand. Für die Inanspruchnahme des Gerichts werden Gebühren verlangt, zudem fallen Auslagen z. B. für Sachverständigengutachten, ärztliche Atteste, Verfahrenspfleger, Reisekosten und Auslagen für Zeugen an.

Grundsatz

Da das GNotKG unmittelbar die Erhebung der Gebühren und Auslagen regelt, ist eine Kostenentscheidung des Betreuungsgerichts grundsätzlich nicht erforderlich. Es ergibt sich direkt aus dem GNotKG, wer die Gerichtskosten zu tragen hat und wann diese fällig werden.

Kostentragungsentscheidung

Das Betreuungsgericht kann allerdings die Kosten des Verfahrens nach billigem Ermessen einem oder mehreren Beteiligten ganz oder zum Teil auferlegen; es kann auch anordnen, dass von der Erhebung der Kosten abzusehen ist, § 81 Abs. 1 FamFG.

Einem Dritten können Kosten des Verfahrens nur auferlegt werden, soweit die Tätigkeit des Gerichts durch ihn veranlasst wurde und ihn ein grobes Verschulden trifft, § 81 Abs. 4 FamFG.

In Betreuungssachen kann das Gericht die Auslagen des Betroffenen, soweit sie zur zweckentsprechenden Rechtsverfolgung notwendig waren, ganz oder teilweise der Staatskasse auferlegen, wenn eine Betreuungsmaßnahme nach den §§ 1896 bis 1908i BGB abgelehnt, als ungerechtfertigt aufgehoben, eingeschränkt oder das Verfahren ohne Entscheidung über eine solche Maßnahme beendet wird, § 307 FamFG.

In Unterbringungssachen kann das Gericht die Auslagen des Betroffenen, soweit sie zur zweckentsprechenden Rechtsverfolgung notwendig waren, ganz oder teilweise der Staatskasse auferlegen, wenn eine Unterbringungsmaßnahme nach § 312 Nr. 1 und 2 FamFG abgelehnt, als ungerechtfertigt aufgehoben, eingeschränkt oder das Verfahren ohne Entscheidung über eine Maßnahme beendet wird, § 337 Abs. 1 FamFG.

Wird ein Antrag auf eine Unterbringungsmaßnahme nach den Landesgesetzen über die Unterbringung psychisch Kranker nach § 312 Nr. 3 FamFG abgelehnt oder zurückgenommen und hat das Verfahren ergeben, dass für die zuständige Verwaltungsbehörde ein begründeter Anlass, den Unterbringungsantrag zu stellen, nicht vorgelegen hat, hat das Gericht die Auslagen des Betroffenen der Körperschaft aufzuerlegen, der die Verwaltungsbehörde angehört, § 337 Abs. 2 FamFG.

2. Kostenschuldner und Fälligkeit

Der Betreute ist Kostenschuldner

In Betreuungssachen ist grundsätzlich der Betreute in den in KV 11101 bis 11105 des Kostenverzeichnisses genannten Verfahren Kostenschuldner, § 23 Nr. 1 GNotKG. Dies gilt jedoch nicht für Kosten, die das Gericht einem anderen auferlegt hat, § 27 Nr. 1 GNotKG.

Anträge Dritter oder des Betreuers sind in der Regel nur Anregungen zum Amtsverfahren, so dass § 22 Abs. 1 GNotKG keine Anwendung findet.

Kostentragung im Beschwerdeverfahren

Kosten werden auch im Beschwerdeverfahren erhoben, § 1 Abs. 4 GNotKG. Richtet sich eine Beschwerde gegen eine Entscheidung des Betreuungsgerichts und ist sie von dem Betreuten oder dem Pflegling oder im Interesse dieser Personen eingelegt, so schuldet gemäß § 25 Abs. 2 GNotKG die Kosten nur derjenige, dem sie das Gericht auferlegt hat. Entsprechendes gilt für ein sich anschließendes Rechtsbeschwerdeverfahren und für das Verfahren über die Rüge wegen Verletzung des Anspruchs auf rechtliches Gehör. § 23 GNotKG gilt nicht im Rechtsmittelverfahren (Kostenschuldner ist somit nicht automatisch der Betreute).

Fälligkeit der Jahresgebühr

Gemäß § 8 GNotKG werden in Betreuungssachen und betreuungsgerichtlichen Zuweisungssachen die Jahresgebühren KV 11101, 11102 und 11104 des Kostenverzeichnisses erstmals bei Anordnung und später jeweils zu Beginn eines Kalenderjahres fällig. Die Auslagen werden sofort nach ihrer Entstehung fällig.

Fälligkeit anderer Gebühren

Alle anderen gerichtlichen Gebühren und Auslagen (die nicht Jahresgebühren sind) werden gemäß § 9 GNotKG fällig, wenn

- eine unbedingte Entscheidung über die Kosten ergangen ist,
- das Verfahren oder der Rechtszug durch Vergleich oder Zurücknahme beendet ist,
- das Verfahren sechs Monate ruht oder sechs Monate nicht betrieben worden ist,
- das Verfahren sechs Monate unterbrochen oder sechs Monate ausgesetzt war oder
- das Verfahren durch anderweitige Erledigung beendet ist.

Die Dokumentenpauschale sowie die Auslagen für die Versendung von Akten werden sofort nach ihrer Entstehung fällig.

3. Gebühren

GNotKG bestimmt die Gebühren

Gebühren werden nur erhoben, soweit dies im GNotKG und dessen Kostenverzeichnis (KV) bestimmt wird; dort nicht genannte Tätigkeiten sind gebührenfrei.

3.1 Gebühr für eine (Dauer-)Betreuung

Jahresgebühr bei Dauerbetreuung

Für eine Betreuung, die nicht auf einzelne Rechtshandlungen beschränkt ist, wird die sog. Jahresgebühr erhoben, KV 11101 zum GNotKG. Erfasst werden von dieser Gebühr regelmäßig alle Betreuungen, die nicht nur für eine bestimmte Rechtshandlung (z. B. Durchführung eines bestimmten Rechtsgeschäfts) angeordnet sind.

Freigrenze von 25.000 EUR

Nach KV 11101 Abs. 1 Satz 1 Halbs. 1 wird für die Berechnung der Gebühr das Vermögen des von der Maßnahme Betroffenen nur berücksichtigt, soweit es nach Abzug der Verbindlichkeiten (sog. Reinvermögen) mehr als 25 000 EUR beträgt.

Angemessenes Hausgrundstück

In KV 11101 Abs. 1 Satz 1 Halbs. 2 wird bestimmt, dass der in § 90 Abs. 2 Nr. 8 SGB XII genannte Vermögenswert (Hausgrundstück oder Eigentumswohnung, soweit angemessen) nicht mitgerechnet wird.

Ist Gegenstand der Betreuung ein Teil des Vermögens, ist höchstens dieser Teil des Vermögens zu berücksichtigen, KV 11101 Abs. 1 Satz 2.

Berechnung der Jahresgebühr

Für jedes angefangene Kalenderjahr wird eine Gebühr von 10 EUR pro angefangene 5.000 EUR erhoben, um die das reine Vermögen 25.000 EUR übersteigt; die Gebühr beträgt mindestens 200 EUR (KV 11101).

Beispiele:

Betreuung umfasst den Aufgabenkreis Vermögenssorge. Das Vermögen des Betreuten beträgt nach Abzug aller Verbindlichkeiten:

a. 20.000 EUR

Zieht man gemäß Vorbemerkung 1.1 Abs. 1 zur Anlage 1 zu § 3 Abs. 2 GNotKG die dort genannten 25.000 EUR ab, so entsteht keine Jahresgebühr.

b. 35.000 EUR

Zieht man die 25.000 EUR ab, so sind für die Jahresgebühr 10.000 EUR zu berücksichtigen. Da je 5.000 EUR ein Betrag von 10 EUR anzusetzen ist, würde sich nach KV 11101 Abs. 1 Satz 1 Halbs. 1 zum GNotKG eine Gebühr von 20 EUR ergeben. Allerdings ist eine Mindestgebühr pro Jahr von 200 EUR anzusetzen.

c. 2.000.000 EUR; enthalten ist ein vom Betreuten und Angehörigen bewohntes Hausgrundstück im Wert von 400.000 EUR i. S. v. § 90 Abs. 2 Nr. 8 SGB XII.

Zunächst wird vom Gesamtwert der Wert des angemessenen Hausgrundstücks abgezogen (KV 11101 Abs. 1 Satz 1 Halbs. 2 zum GNotKG), so dass 1.600.000 EUR verbleiben. Davon ist der Freibetrag von 25.000 EUR abzuziehen, so dass noch 1.575.000 EUR für die Jahresgebühr herangezogen werden können. Je 5.000 EUR sind 10 EUR zu berechnen, das ergibt eine Gebühr von 3.150 EUR.

Betreuung erfasst nicht das Vermögen

Ist vom Aufgabenkreis nicht unmittelbar das Vermögen erfasst (z. B. nur Gesundheitsfürsorge und/oder Aufenthaltsbestimmung), wird die Gebühr ebenfalls aus dem sich nach Abzug der Verbindlichkeiten, des Schonvermögens (§ 90 Abs. 2 Nr. 8 SGB XII) und des Freibetrages von 25.000 EUR ergebenden Reinvermögens berechnet, KV 11102 Abs. 1, allerdings höchstens 300 EUR pro angefangenem Kalenderjahr.

Beispiel:

Es bestehen die Aufgabenkreise Aufenthaltsbestimmung und Gesundheitssorge.

- Das reine Vermögen des Betreuten beträgt 52.000 EUR. Für die Jahresgebühr ist ein Wert von 27.000 EUR (52.000–25.000 EUR) zugrunde zu legen. Dies ergibt eine Gebühr in Höhe von 60 EUR.

- Beträgt das Vermögen 500.000 EUR, ergäbe sich grundsätzlich eine Jahresgebühr aus einem Wert von 475.000 EUR (500.000–25.000 EUR) in Höhe von 950 EUR; jetzt allerdings begrenzt auf 300 EUR.

Die ersten beiden Jahre begründen nur eine Gebühr

Gemäß KV 11101 Abs. 2 wird für das bei der ersten Bestellung eines Betreuers laufende und das folgende Kalenderjahr nur eine Jahresgebühr erhoben. Dies gilt auch bei KV 11102 Abs. 2.

Reinvermögen ist maßgebend

Der Gegenstandswert bestimmt sich nach dem Vermögen zum Zeitpunkt der Fälligkeit der Gebühr. Im Lauf des Jahres eintretende Vermögensveränderungen nach oben und unten bleiben dabei unberücksichtigt; sie sind erst für die nächste Jahresgebühr von Bedeutung. Dies gilt sowohl, wenn im Lauf des Jahres die Kostentragungspflicht wegen Unterschreitung der Freigrenze wegfällt, als auch umgekehrt, wenn in einem bisher kostenbefreiten Verfahren z. B. aufgrund einer Erbschaft die Freigrenze überschritten wird und deshalb künftig Kosten zu erheben sind. Anders verhält es sich, wenn der Betreuer z. B. erst nach Jahren von einem bisher unbekannten Vermögen Kenntnis erlangt. Wegen eines unrichtigen Ansatzes dürfen Gerichtskosten nur nachgefordert werden, wenn der berichtigte Ansatz dem Zahlungspflichtigen nach Absendung der Jahresrechnung mitgeteilt worden ist, § 20 Abs. 1 Satz 1 GNotKG.

Verjährung der Gebühren

Ansprüche auf Zahlung von Gerichtskosten verjähren in vier Jahren. Bei Dauerbetreuungen oder Dauerpflegschaften beginnt die Verjährung hinsichtlich der Jahresgebühren am Tag vor deren Fälligkeit, hinsichtlich der Auslagen mit deren Fälligkeit, § 6 Abs. 1 GNotKG. Auf die Verjährung sind die Vorschriften des BGB anzuwenden; die Verjährung wird nicht von Amts wegen berücksichtigt, § 6 Abs. 3 GNotKG.

Beispiel:

Der Betreuer wird erstmals am 6. 9. 2013 mit dem Aufgabenkreis Gesundheits- und Vermögenssorge bestellt. Der Betreute wohnt in seiner angemessenen Eigentumswohnung, welche einen Verkehrswert von 200.000 EUR ausweist. Die Wohnung ist mit einer Grundschuld zugunsten einer Bank in Höhe von 100.000 EUR belastet; diese sichert eine Restdarlehenssumme von 20.000 EUR, welche erst in sechs Monaten zur Zahlung fällig ist. Außerdem bestehen Konten mit einer Einlage von insgesamt 92.000 EUR.

Der Wert der Eigentumswohnung bleibt außer Ansatz, KV 11101 Abs. 1 Satz 1 Halbs. 2 zum GNotKG i. V. m. § 90 Abs. 2 Nr. 8 SGB XII. Das gesamte sonstige Aktivvermögen beträgt 92.000 EUR, davon kann die Darlehensschuld in Höhe von 20.000 EUR abgerechnet werden.

Für die erste Jahresgebühr wird von einem Vermögen von 72.000 EUR ausgegangen; die Gebühr beträgt:

72.000 EUR – 25.000 EUR = 47.000 EUR.
47.000 EUR : 5.000 EUR = 9,4 = 10 x 10 EUR = 100 EUR.
Allerdings ist eine Mindestgebühr pro Jahr von 200 EUR anzusetzen.

Die erste Jahresgebühr in Höhe von 200 EUR ist am 6. 9. 2013 fällig und deckt den Zeitraum bis 31. 12. 2014 ab, § 8 GNotKG. Die nächste Jahresgebühr wird am 1. 1. 2015 fällig und berechnet sich aus dem dann vorhandenen Reinvermögen des Betreuten.

3.2 Gebühr für eine (Dauer-)Pflegschaft

Aufenthaltspflegschaft

Im Rahmen einer betreuungsgerichtlichen Zuweisungssache (§ 340 FamFG) kann ein Angehöriger oder Berufsbetreuer durch das Betreuungsgericht als Pfleger bestellt werden. Hierbei wird es sich insbesondere um Abwesenheitspflegschaften für Volljährige handeln, deren Aufenthalt unbekannt ist, oder die an der Rückkehr und Besorgung ihrer Angelegenheiten gehindert werden, § 1911 BGB. Für diese sog. Dauerpflegschaft fällt ebenfalls eine Jahresgebühr an, KV 11104. Ist Gegenstand der Pflegschaft ein Teil des Vermögens, ist höchstens dieser Teil des Vermögens zu berücksichtigen. Für das bei der ersten Bestellung eines Pflegers laufende und das folgende Kalenderjahr wird nur eine Jahresgebühr erhoben. Erstreckt sich die Pflegschaft auf mehrere Betroffene, wird die Gebühr für jeden Betroffenen gesondert erhoben.

Die Jahresgebühr beträgt 10,00 EUR je angefangene 5.000,00 EUR des reinen Vermögens, mindestens 200,00 EUR.

3.3 Gebühr für auf einzelne Rechtshandlungen beschränkte Betreuung

Betreuer erledigt Einzelgeschäft

Es handelt sich um den Fall, dass ein Betreuer nur für die Durchführung eines bestimmten Rechtsgeschäfts bestellt wird.

Beispiel:

Der Volljährige hat rechtzeitig eine wirksame schriftliche Vorsorgevollmacht errichtet; die Unterschrift wurde jedoch nicht öffentlich beglaubigt, weder durch einen Notar noch vor einer Urkundsperson der Betreuungsbehörde. Zum Vermögen des Volljährigen gehört ein Grundstück, das veräußert werden soll, allerdings erweist sich die Vollmacht insoweit als unbrauchbar, da sie zwar umfassend erteilt ist, die erforderliche Form des § 29 GBO zur Herbeiführung der Grundbucheintragung aber fehlt.

In diesem Fall kann ein Betreuer mit dem Aufgabenkreis der Veräußerung des Grundstücks bestellt werden. Weitere Aufgaben sind nicht erforderlich.

Halbe Gebühr fällt an

Bei einer Betreuung für einzelne Rechtshandlungen wird eine 0,5 Gebühr nach dem Wert des Gegenstands erhoben, auf den sich die Rechtshandlung bezieht, KV 11103. Diese Gebühr deckt die gesamte Tätigkeit des Betreuungsgerichts ab, somit auch eine eventuell erforderliche Genehmigung des Rechtsgeschäfts. Die Gebühr wird in der Regel durch eine Kostenentscheidung oder mit Aufhebung der Betreuung fällig, § 9 Abs. 1 Nr. 1 oder 5 GNotKG.

Vergleich mit Jahresgebühr

Begrenzt wird die Gebühr durch die Verweisung auf KV 11101. Eine Gebühr wird nur erhoben, wenn das Reinvermögen des Betreuten 25.000 EUR übersteigt. Wäre die errechnete Jahresgebühr niedriger als die 0,5 Gebühr nach KV 11103, wird sie herangezogen.

Dauerbetreuung beseitigt Einzelgebühr

Die Gebühr nach KV 11103 wird nie neben einer Gebühr nach KV 11101 oder 11102 erhoben. Soweit für den Fürsorgebedürftigen eine Dauerbetreuung bereits bei der Anordnung der entsprechenden Einzelfallmaßnahmen besteht oder gleichzeitig notwendig ist, fällt keine gesonderte Gebühr zusätzlich an.

Zum o. g. Beispiel:

Hat das Grundstück einen Verkehrswert von 400.000 EUR, ergibt sich eine 0,5 Gebühr nach § 34 GNotKG i. V. m. Anlage 2 Tabelle A in Höhe von 1.499,50 EUR. Die Berechnung nach KV 11101 ergibt dagegen nur einen Betrag von 750 EUR (400.000 EUR – 25.000 EUR = 375.000 EUR : 5.000 EUR = 75 x 10 EUR). Somit ist lediglich eine Gebühr von 750 EUR angefallen.

3.4 Einstweilige Anordnungen

Das einstweilige Anordnungsverfahren stellt ein selbstständiges (von einem Hauptverfahren unabhängiges) Verfahren dar, § 51 Abs. 3 Satz 1 FamFG. Für die Kosten des Verfahrens gelten die allgemeinen Vorschriften, § 51 Abs. 4 FamFG, somit auch das GNotKG.

Einstweilige Anordnung löst Gebühr aus

Für das Verfahren der einstweiligen Anordnung wird eine 0,3 Gebühr erhoben, KV 16110. Gemäß Vorbemerkung 1.6 zum KV werden im Verfahren über den Erlass einer einstweiligen Anordnung und über deren Aufhebung oder Änderung die Gebühren nur einmal erhoben.

Keine Gebühr, wenn endgültige Betreuung folgt

Im Verfahren über den Erlass einer einstweiligen Anordnung und über deren Aufhebung oder Änderung werden allerdings keine Gebühren erhoben, soweit das Verfahren in den Rahmen einer bestehenden Betreuung oder Pflegschaft fällt. Eine Gebühr entsteht ferner nicht für die Bestellung eines vorläufigen Betreuers, wenn in der Hauptsache ein Betreuer bestellt wird (Anlage 1 zu § 3 Absatz 2 GNotKG, Vorbemerkung 1.6 und KV 16110).

Beispiel:

Bestellt das Betreuungsgericht gemäß §§ 300, 301 FamFG durch einstweilige Anordnung einen vorläufigen Betreuer und geht dieses Verfahren in eine endgültige Betreuung über, so fällt nur eine Jahresgebühr nach KV 11101 an; fällig wird sie bereits mit Bestellung des vorläufigen Betreuers.

3.5 Unterbringungssachen

Gerichtliche Genehmigung der Unterbringung eines Betroffenen durch den Betreuer oder Bevollmächtigten (§ 1906 Abs. 2, 5 BGB), die Genehmigung einer freiheitsentziehenden Maßnahme (§ 1906 Abs. 4, 5 BGB) sowie die Anordnung einer freiheitsentziehenden Unterbringung nach Landesrecht (öffentlich-rechtliche Unterbringung) sind grundsätzlich kostenfrei. Der Betroffene schuldet allerdings Auslagen nach Nummer 31015 des Kostenverzeichnisses (Verfahrenspflegerkosten), aber nur, wenn sie nicht einem anderen auferlegt worden sind, § 26 Abs. 3 GNotKG.

Unterbringungssachen sind grundsätzlich kostenfrei

Ausnahme: Verfahrenspflegerkosten

3.6 Verfahrenspflegschaft

In einem Verfahren, für das sich die Kosten nach dem GNotKG bestimmen, sind die Bestellung eines Verfahrenspflegers und deren Aufhebung Teil des Verfahrens, für das der Pfleger bestellt worden ist.

Bestellung und Aufhebung sind gebührenfrei (Anlage 1 zu § 3 Absatz 2 GNotKG, Vorbemerkung 1 Abs. 3). Die Befreiung gilt aber nur für die Gerichtsgebühren und nicht für Auslagen, die für den Verfahrenspfleger angefallen sind (KV 31015). Diese werden vom Betreuten erhoben, wenn er ausreichendes Einkommen oder Vermögen i. S. v. § 1908i Abs. 1 i. V. m. § 1836c BGB hat.

Keine Gebühren, aber u. U. Auslagenerstattung

3.7 Sonstige Entscheidungen des Betreuungsgerichts

Eine 0,5 Gebühr wird erhoben für (End-)Entscheidungen des Betreuungsgerichts, die sich nicht auf Betreute oder Pfleglinge beziehen, KV 11101. In Ermangelung genügender tatsächlicher Anhaltspunkte für eine Schätzung ist der Wert regelmäßig auf 5.000 EUR anzunehmen; er kann nach Lage des Falles niedriger oder höher, jedoch nicht über 1.000.000 EUR angenommen werden, § 36 GNotKG.

Die Gebühr entsteht gemäß KV 11101 nicht für Verfahren, die in den Rahmen einer bestehenden Betreuung oder Pflegschaft fallen, für die die Gebühr nach KV 11103 oder 11105 entsteht oder die mit der Bestellung eines Betreuers oder der Anordnung einer Pflegschaft enden.

Es handelt sich hierbei insbesondere um die Genehmigung der Einwilligung eines Bevollmächtigten in eine Untersuchung des Gesundheitszustands, in eine Heilbehandlung oder einen ärztlichen Eingriff (§ 1904 Abs. 1, 5 BGB), der Nichteinwilligung in eine ärztliche Maßnahme (§ 1904 Abs. 2, 5 BGB) oder in eine Zwangsbehandlung (§ 1906 Abs. 3, 5 BGB).

Tätigkeiten eines Bevollmächtigten

4. Auslagen

Auslagen sind Teil der gerichtlichen Kosten. Die in einem Betreuungsverfahren anfallenden Auslagen ergeben sich aus KV 31000 bis 31015. Die häufigsten Auslagen sind die Kosten einer Zustellung, Gutachterkosten, Fahrt- und Reisekosten des Gerichts und die an Verfahrenspfleger gezahlten Beträge (§§ 277, 318 FamFG).

4.1 Vermögensgrenze

Die Freigrenze von 25.000 EUR beachten

Gemäß der Vorbemerkung 3.1 Abs. 2 werden in Betreuungssachen von dem Betroffenen Auslagen nur unter den in Vorbemerkung 1.1 Abs. 1 genannten Voraussetzungen erhoben.

Hier nur 2.600 EUR

Dies gilt nicht für die Auslagen KV 31015. An Verfahrenspfleger gezahlte Beträge werden erhoben, wenn die Einkommens- und Vermögensgrenzen i. S. v. § 1836c BGB überschritten sind.

4.2 Nichterhebung von Auslagen

Gemäß Vorbemerkung 3.1 werden Auslagen, die durch eine für begründet befundene Beschwerde entstanden sind, nicht erhoben, soweit das Beschwerdeverfahren gebührenfrei ist; dies gilt jedoch nicht, soweit das Beschwerdegericht die Kosten dem Gegner des Beschwerdeführers auferlegt hat.

4.3 Verfahrenspflegschaft

§ 1836c BGB beachten

Nach § 277 Abs. 5 und § 318 FamFG werden Aufwendungsersatz und Vergütung des Verfahrenspflegers stets aus der Staatskasse gezahlt. Dies gilt unabhängig davon, ob der Betreute mittellos oder vermögend ist. Die Staatskasse erhebt diese Auslagen nach KV 31015 beim Betreuten (durch Kostenrechnung), soweit die Einkommens- und Vermögensgrenzen i. S. v. § 1836c BGB überschritten sind.

4.4 Unterbringungssachen

Nur Verfahrenspflegerkosten

Gemäß § 26 Abs. 3 GNotKG schuldet der Betroffene in Unterbringungssachen nur Auslagen nach KV 31015 (Verfahrenspflegerkosten) und nur, wenn die Gerichtskosten nicht einem anderen auferlegt worden sind und soweit die Einkommens- und Vermögensgrenzen i. S. v. § 1836c BGB überschritten sind.

4.5 Kosten eines Sachverständigen

Gutachterkosten sind Auslagen

Die Kosten eines vom Gericht im Betreuungsverfahren beauftragten Sachverständigen zur Erstattung eines ärztlichen Gutachtens sind Auslagen i. S. v. KV 31005 und werden vom Betreuten erhoben, soweit die Voraussetzungen nach Vorbemerkung 1.1 zum KV vorliegen (Reinvermögen über 25.000 EUR).

Die Vergütung des Sachverständigen für die Erstellung eines Gutachtens richtet sich in der Regel nach § 9 Abs. 1 Satz 1 Honorargruppe M2 JVEG und beträgt pro Stunde 75 EUR.

4.6 Vorführungskosten

Betreuungsbehörde erbringt Leistungen

Führt die Betreuungsbehörde den Betroffenen in einem Betreuungsverfahren mit gerichtlicher Anordnung gemäß § 278 Abs. 5 FamFG zum Gericht, bzw. nach § 283 Abs. 1 FamFG zum Sachverständigen vor, handelt es sich um Auslagen nach KV 31013, die zunächst der Betreuungsbehörde aus der Staatskasse zu erstatten sind. Sie können unter den Voraussetzungen der Vorbemerkung 1.1 zum KV (Reinvermögen über 25.000 EUR), vom Betreuten eingehoben werden.

5. Rechtsmittelkosten

Im Beschwerde- und Rechtsbeschwerdeverfahren fallen grundsätzlich Gebühren nach KV 11200 bis 11400 an.

Kostenentscheidung

Das Gericht soll die Kosten eines ohne Erfolg eingelegten Rechtsmittels dem Beteiligten auferlegen, der es eingelegt hat, § 84 FamFG. Dies gilt nicht, wenn ein Verfahrenspfleger das Rechtsmittel eingelegt hat, § 276 Abs. 7 und § 317 Abs. 7 FamFG.

Die nach § 22 Abs. 1 GNotKG begründete Haftung für die Kosten eines Rechtsmittelverfahrens erlischt, wenn das Rechtsmittel ganz oder teilweise mit Erfolg eingelegt worden ist und das Gericht nicht über die Kosten entschieden hat oder die Kosten nicht von einem anderen Beteiligten übernommen worden sind, § 25 Abs. 1 GNotKG.

Richtet sich eine Beschwerde gegen eine Entscheidung des Betreuungsgerichts und ist sie von dem Betreuten oder dem Pflegling oder im Interesse dieser Personen eingelegt, so schuldet die Kosten nur derjenige, dem das Gericht die Kosten auferlegt hat. Entsprechendes gilt für ein sich anschließendes Rechtsbeschwerdeverfahren und für das Verfahren über die Rüge wegen Verletzung des Anspruchs auf rechtliches Gehör, § 25 Abs. 2 GNotKG. § 23 Nr. 1 GNotKG gilt nicht im Rechtsmittelverfahren, § 25 Abs. 3 GNotKG.

Im Interesse des Betreuten

Eine Beschwerde ist allerdings nur dann „im Interesse" des Betreuten oder Pfleglings eingelegt, wenn sie dem wahren, objektiven Interesse unter einer Berücksichtigung der gesamten Einzelumstände entspricht (*BayObLG* Rpfleger 1983, 181).

Will der Betreuer gegen eine gerichtliche Entscheidung Rechtsmittel einlegen, sollte er stets überlegen, ob er dies im eigenen Namen oder im Interesse des Betreuten tut (§ 303 Abs. 4, § 335 Abs. 3 FamFG).

6. Kostenerhebung

Kostenansatz

Die Kosten des Betreuungsverfahrens werden bei dem Betreuungsgericht angesetzt, bei dem das Verfahren anhängig ist, § 18 Abs. 1 GNotKG. Die Justizkasse zieht die Kosten mittels Kostenrechnung ein.

Nachforderung von Kosten

Wegen eines unrichtigen Ansatzes dürfen Gerichtskosten nur nachgefordert werden, wenn der berichtigte Ansatz dem Zahlungspflichtigen vor Ablauf des nächsten Kalenderjahres nach Absendung der den Rechtszug abschließenden Kostenrechnung (Schlusskostenrechnung), bei Verfahren, in denen Jahresgebühren erhoben werden, nach Absendung der Jahresrechnung, mitgeteilt worden ist. Dies gilt nicht, wenn die Nachforderung auf vorsätzlich oder grob fahrlässig falschen Angaben des Kostenschuldners beruht oder wenn der ursprüngliche Kostenansatz unter einem bestimmten Vorbehalt erfolgt ist, § 20 Abs. 1 GNotKG.

Verjährung

Ansprüche auf Zahlung von Gerichtskosten verjähren in vier Jahren. Bei Dauerbetreuungen oder Dauerpflegschaften beginnt die Verjährung hinsichtlich der Jahresgebühren am Tag vor deren Fälligkeit, hinsichtlich der Auslagen mit deren Fälligkeit, § 6 Abs. 1 GNotKG. Auf die Verjährung sind die Vorschriften des BGB anzuwenden; die Verjährung wird nicht von Amts wegen berücksichtigt, § 6 Abs. 3 GNotKG; sie ist im Wege der Einrede durch den Kostenpflichtigen geltend zu machen, § 214 Abs. 1 BGB.

Inhalt

1. Zivil-, Arbeitsgerichts-, Sozialgerichts-, Verwaltungsprozess, Verwaltungsverfahren

§ 1902 BGB

Der Betreuer ist gesetzlicher Vertreter des Betreuten und muss diesen im Rahmen der Aufgabenkreise auch gerichtlich vertreten. Der Gesetzgeber hat diesen Aspekt der gesetzlichen Vertretung in § 1902 BGB ausdrücklich hervorgehoben, obwohl in der Praxis eine Vertretung vor Gericht relativ selten vorkommt.

Die Frage, inwieweit ein Betreuer für den Betreuten in einem Gerichtsverfahren auftreten kann oder muss, ist in den Verfahrensgesetzen unterschiedlich geregelt. Die Möglichkeiten und Pflichten des Betreuers in den Gerichtsverfahren können im Hinblick auf die Vielzahl denkbarer Lebenssachverhalte nur kursorisch dargestellt werden. Zur Vermeidung von Rechtsnachteilen sollten deshalb die Beratungsmöglichkeiten der Betreuungsgerichte und Betreuungsstellen und evtl. die professionelle Hilfe von Rechtsanwälten in Anspruch genommen werden.

1.1 Zivilprozess und Familiensachen

Stehen zivilrechtliche Ansprüche im Raum, die dem Betreuten zustehen oder gegen ihn geltend gemacht werden, stellt sich zunächst die Frage, welche Rolle dem Betreuer bzw. dem Betreuten in einem Zivilprozess zugeordnet ist. Zu unterscheiden ist zwischen Parteifähigkeit, Prozessfähigkeit und Vertretungsbefugnis.

1.1.1 Parteifähigkeit

Parteifähigkeit (§ 50 ZPO)

Darunter versteht man die Fähigkeit, Kläger oder Beklagter (Partei) im Rechtsstreit zu sein. Parteifähig ist nach § 50 ZPO jeder, der rechtsfähig ist. Die Rechtsfähigkeit natürlicher Personen beginnt grundsätzlich mit der Vollendung der Geburt (§ 1 BGB) und endet mit dem Tod. Eine körperliche oder geistige Beeinträchtigung, egal welchen Ausmaßes, spielt bei der Rechts- und damit der Parteifähigkeit keine Rolle. Wer in einem Verfahren Partei sein soll, bestimmt derjenige, der ein gerichtliches Verfahren (z. B. Klage, Antrag auf Erlass eines Mahnbescheids, Auf-

trag zur Zwangsvollstreckung) in Gang setzt. Auch ein völlig handlungsunfähiger Komapatient kann demnach als Partei klagen oder verklagt werden.

1.1.2 Prozessfähigkeit

Prozessfähigkeit (§§ 51, 52 ZPO)

Nicht jede Partei kann selbst wirksam Prozesshandlungen vornehmen oder einen Vertreter für deren Vornahme bestimmen. Die ZPO verknüpft die Fähigkeit, sich durch Verträge zu verpflichten, mit der Prozessfähigkeit, so dass jede geschäftsfähige Person auch selbst Anträge und verbindliche Erklärungen gegenüber dem Gericht abgeben oder entgegennehmen kann.

Zum Verständnis: Im betreuungsgerichtlichen Verfahren spricht man nicht von Prozessfähigkeit, sondern von Verfahrensfähigkeit, die dem Betroffenen ohne Rücksicht auf seine Geschäftsfähigkeit gem. den §§ 275 und 316 FamFG eingeräumt wird.

Prozessfähigkeit bei Betreuung (§ 53 ZPO)

Bei angeordneter Betreuung gilt für die Prozessfähigkeit Folgendes:

- Der nicht geschäftsfähige Betreute ist prozessunfähig und auf den Betreuer als gesetzlichen Vertreter angewiesen. Zwar wird er als Kläger oder Beklagter geführt, allerdings mit dem Zusatz, gesetzlich vertreten durch den Betreuer.
- Im Rahmen eines angeordneten Einwilligungsvorbehalts gilt das Gleiche, da die Geschäftsfähigkeit des Betreuten aufgrund der Betreuungsanordnung, verbunden mit dem Einwilligungsvorbehalt, eingeschränkt ist und somit auch seine Prozessfähigkeit.
- Tritt der Betreuer als gesetzlicher Vertreter in einem Zivilprozess für einen geschäftsfähigen Betreuten auf, führt dies zu seiner Prozessunfähigkeit für dieses konkrete Verfahren gem. § 53 ZPO. Der Betreuer kann also in geeigneten Fällen die Prozessführung dem geschäftsfähigen Betreuten überlassen oder aber selbst als gesetzlicher Vertreter agieren. § 53 ZPO führt dann dazu, dass nur die Prozesshandlungen des Betreuers wirksam sind.

Verfahrensfähigkeit in Ehesachen (§ 125 FamFG)

- Bei einem Verfahren in Ehesachen (§ 121 FamFG, z. B. Scheidung) gilt die Sondervorschrift des § 125 FamFG. Für einen geschäftsunfähigen Ehegatten führt demnach der Betreuer das Verfahren. Klage auf Herstellung des ehelichen Lebens kann er jedoch nicht erheben.

  Genehmigungspflicht für Scheidungsantrag

  Für den Antrag auf Scheidung oder Aufhebung der Ehe muss der Betreuer die Genehmigung des Familien- oder Betreuungsgerichts gem. § 125 Abs. 2 Satz 2 FamFG einholen. Die Genehmigung erteilt der Richter. Zur Vorbereitung der Entscheidung sollte der Betreuer vortragen, ob der Betreute sich zu seiner Ehe geäußert hat und ob sich aus seiner Lebensgeschichte Anhaltspunkte ergeben, die einen Rückschluss darauf zulassen, wie er sich bei erhaltener Geschäftsfähigkeit entschieden hätte. Hat der Ehegatte des Betreuten einen Scheidungsantrag gestellt, kann der Betreuer – ohne Genehmigung – der beantragten Scheidung zustimmen. Dies führt zur Vermutung für das Scheitern der Ehe gem. § 1566 Abs. 1 BGB. Außerdem verliert ab diesem Zeitpunkt der überlebende Ehegatte sein gesetzliches Erbrecht gem. § 1933 BGB (vgl. dazu *OLG Celle* NJW 2013, 2912).

- Im Übrigen kann der geschäftsfähige Betreute den Prozess selbst führen. Liegt eine wirksame Vorsorgevollmacht vor, dann kann der Vorsorgebevollmächtigte wie ein Betreuer für die nicht prozessfähige Partei handeln (§ 51 Abs. 3 ZPO).

Praxis TIPP

Prüfungspunkte vor einem Zivilprozess

Steht ein Zivilprozess im Raum, der von dem Betreuer als gesetzlichem Vertreter geführt werden muss, ist zunächst zu prüfen, ob der Streitgegenstand von einem der angeordneten Aufgabenkreise abgedeckt ist. Falls nicht, muss eine Erweiterung beim Betreuungsgericht unter Hinweis auf den anstehenden Zivilprozess angeregt werden (§ 1908d Abs. 3 BGB). Sodann muss der Betreuer im Rahmen seiner persönlichen Kompetenz das Prozessrisiko abwägen. Häufig wird der Betreuer nicht in der Lage sein, die Sach- und Rechtslage richtig einzuschätzen und daher die professionelle Hilfe eines Rechtsanwalts in Anspruch nehmen müssen. Dabei wird auch die Frage der Beratungshilfe oder Prozess-/Verfahrenskostenhilfe zu erörtern sein (vgl. dazu Abschnitt 3 und 4).

Schlichtungsverfahren

In Bayern muss in bestimmten Fällen vor Klageerhebung zum Amtsgericht ein obligatorisches Schlichtungsverfahren durchgeführt werden. Nach § 15a EGZPO i. V. m. Art. 1 des Bayerischen Schlichtungsgesetzes gilt dies für bestimmte nachbarrechtliche Streitigkeiten, Ansprüche wegen Verletzung der persönlichen Ehre, die nicht in Presse oder Rundfunk begangen wurden und Streitigkeiten über Ansprüche nach Abschnitt 3 des Allgemeinen Gleichbehandlungsgesetzes (AGG). Unter bestimmten Voraussetzungen ermöglichen es die §§ 19, 21 AGG dem Betreuten z. B. bei einer Benachteiligung „aus Gründen einer Behinderung" oder „des Alters" Beseitigung oder Schadensersatz zu verlangen. Bisher wurde das am 18. 8. 2006 in Kraft getretene Gesetz allerdings kaum in Anspruch genommen (vgl. z. B. auch Schlichtungsgesetze der Länder Baden-Württemberg, Brandenburg, Hessen).

Das obligatorische Schlichtungsverfahren gilt nicht, wenn ein Mahnverfahren durchgeführt wurde oder wenn die Parteien nicht im gleichen Landgerichtsbezirk ihren Wohnsitz/Niederlassung haben. Alternativ können die Parteien einvernehmlich eine Schlichtungsstelle in Anspruch nehmen (Kammern, Innungen, Berufsverbände etc.). Nähere Informationen erhält man bei den Rechtsantragsstellen der Amtsgerichte, beim Bayerischen Notarverein (www.notare.bayern.de unter der Rubrik Schlichtung) und beim Bayerischen Staatsministerium der Justiz und für Verbraucherschutz (www.justiz.bayern.de unter der Rubrik Service, Broschüren).

Neben der obligatorischen Streitschlichtung besteht die Möglichkeit, ein Schlichtungsverfahren auch dann durchzuführen, wenn es gesetzlich nicht vorgeschrieben ist. Zivilprozesse kosten Zeit, Geld und Nerven. Der Versuch einer Schlichtung lohnt sich daher in vielen Fällen!

1.1.3 Anwaltszwang, Postulationsfähigkeit

Anwaltszwang

Auch der prozessfähige Betreuer oder Betreute muss sich in bestimmten Verfahren durch einen Rechtsanwalt vertreten lassen. Dies bestimmt § 78 Abs. 1 ZPO für Zivilverfahren vor den Landgerichten und Oberlandesgerichten und für die Ehesachen und Folgesachen vor dem Familiengericht und dem Oberlandesgericht, § 114 Abs. 1 FamFG. Vor dem Bundesgerichtshof müssen sich die Parteien durch einen bei dem BGH zugelassenen Anwalt vertreten lassen (§ 78 Abs. 1 Satz 3 ZPO, § 114 Abs. 2 FamFG).

1.1.4 Abschluss eines Vergleichs

Vergleich (§ 1822 Nr. 12 BGB)

Im Laufe eines Zivilprozesses oder im Rahmen einer sog. Güteverhandlung wird das Gericht, rechtliche und tatsächliche Hinweise geben und eine vergleichsweise Erledigung vorschlagen (§ 278 ZPO). Dabei wird es Aufgabe des Betreuers sein, den Vorschlag zu überprüfen und über den Abschluss des Vergleichs zu entscheiden. Da ein Zivilprozess über mehrere Instanzen sehr kostspielig und eine Beweisaufnahme häufig von Unsicherheiten geprägt ist, stellt der Vergleich in der Regel eine kostengünstige Alternative zur streitigen Entscheidung dar. Eine betreuungsgerichtliche Genehmigung des Vergleichs ist im Hinblick auf § 1822 Nr. 12 BGB nicht erforderlich, wenn der Gegenstand des Streits 3.000 EUR nicht übersteigt bzw. der Vergleich einem schriftlichen oder protokollierten Vergleichsvorschlag des Gerichts entspricht (vgl. Kapitel A 3, Abschnitt 12). Der Betreuer sollte daher darauf bestehen, dass ein Vergleichsvorschlag des Gerichts schriftlich erfolgt oder protokolliert wird. Vergleiche können auch widerruflich abgeschlossen werden, wenn sich der Betreuer noch nicht schlüssig ist und in Ruhe beraten lassen will.

1.1.5 Weitere betreuungsrelevante Vorschriften im Zivilprozess:

- § 56 ZPO
  Die Frage der Prozessfähigkeit und die Legitimation des gesetzlichen Vertreters (z. B. Identität des Streitgegenstands und des Aufgabenkreises) prüft das Gericht von Amts wegen.

Zustellung

- § 170 Abs. 1 ZPO
  Zustellung an eine nicht prozessfähige Partei ist unwirksam. Die Zustellung muss deshalb an den gesetzlichen Vertreter (Betreuer) erfolgen.
- § 241 ZPO
  Solange eine prozessunfähige Partei keinen gesetzlichen Vertreter hat (z. B. bis zur Betreuerbestellung oder Erweiterung des Aufgabenkreises), wird das Verfahren unterbrochen.

Zeuge, Parteivernehmung

- § 373 ff., § 455 Abs. 2 Satz 2 ZPO
  Führt der Betreuer als gesetzlicher Vertreter das Verfahren, kann er nicht als Zeuge vernommen werden, wohl aber die prozessunfähige Partei. Vertritt der Betreuer eine prozessfähige Person (vgl. § 53 ZPO), kann das Gericht den Betreuten als Partei vernehmen. Der Betreuer kann dann als Zeuge vernommen werden.

Eidesstattliche Versicherung

- § 807 ZPO
  Die eidesstattliche Versicherung hat der Betreuer abzugeben, wenn der betroffene Betreute prozessunfähig ist oder der Betreuer für den prozessfähigen Betreuten auftritt (§ 53 ZPO) Einzelheiten in Kapitel A 2, Abschnitt 10.

1.2 Begleitung im Verfahren vor den Arbeitsgerichten

Verfahren vor dem Arbeitsgericht

Die Vorschriften über Partei- und Prozessfähigkeit gelten im Verfahren vor dem Arbeitsgericht entsprechend gemäß § 46 Abs. 2 ArbGG. Die Besonderheiten des arbeitsgerichtlichen Verfahrens sollen hier nicht dargestellt werden. Erlaubt sei jedoch der Hinweis auf § 12a ArbGG, wonach auch der obsiegenden Partei im Urteilsverfahren des ersten Rechtszuges kein Anspruch auf Ersatz der Kosten für die Zuziehung eines Prozessbevollmächtigten zusteht.

1.3 Begleitung im Verwaltungsverfahren und vor den Sozial- bzw. Verwaltungsgerichten

Zu den Aufgaben eines Betreuers kann im Rahmen seiner Aufgabenkreise auch die Geltendmachung oder Verteidigung der Rechte des Betreuten vor den Gerichten der Verwaltungs- und Sozialgerichtsbarkeit gehören. Dies erfordert vom Betreuer Kenntnisse unter anderem über das Abfassen von Klageschriften und Klageerwiderungen, über das Formulieren und Stellen von Anträgen und die Vertretung in der mündlichen Verhandlung. Daneben muss er sachgerecht auftreten und auf Hinweise des Gerichts oder der Behörden angemessen reagieren können.

1.3.1 Mögliche „Rollen" in einem gerichtlichen Verfahren

Rolle im Verfahren

Kläger

Diese prozessuale Position kommt am häufigsten vor. Grund hierfür ist, dass Behörden gegenüber dem Bürger hauptsächlich durch Verwaltungsakte verbindlich ein Rechtsverhältnis feststellen oder gestalten.

Beklagter

Diese Rolle fällt einer Privatperson in Verfahren vor den Sozial- bzw. Verwaltungsgerichten nur in seltenen Fällen zu. Hauptgrund hierfür ist, dass einem Sozialleistungsträger regelmäßig das Rechtsschutzbedürfnis für eine Klage fehlt, da er den angestrebten Erfolg (z. B. Rückforderung von Leistungen) auf einfacherem Weg mittels Leistungsbescheid erreichen kann, ohne dass es hierzu einer Klage bedarf.

Beigeladener

Die Beiladung hat den Zweck, Dritte – also weder Kläger noch Beklagten – zu Verfahrensbeteiligten zu machen (§ 63 Nr. 3 VwGO, § 69 Nr. 3 SGG). Grund hierfür ist, dass die Entscheidung ihnen gegenüber zweckmäßig erscheint (sog. einfache Beiladung) oder eine einheitlich bindende Wirkung haben soll (sog. notwendige Beiladung, § 65 Abs. 2 VwGO, § 75 Abs. 2 SGG). Mit dem Beiladungsbeschluss erhalten sie als Verfahrensbeteiligte die Möglichkeit, sich zur Sach- und Rechtslage zu äußern. Nach § 66 VwGO bzw. § 75 Abs. 4 SGG kann ein Beigeladener innerhalb der Anträge eines Beteiligten selbstständig Angriffs- und Verteidigungsmittel geltend machen und alle Verfahrenshandlungen wirksam vornehmen. Abweichende Sachanträge kann er aber nur im Falle der notwendigen Beiladung stellen. Ergeht ein Sachurteil, ist der Beigeladene daran nach § 121 VwGO bzw. § 141 SGG gebunden.

Zeuge/Auskunftsperson

Erfolgt keine Beiladung, kann ein Betreuter oder sein Betreuer im gerichtlichen Verfahren auch noch als Zeuge vernommen oder zur Verhandlung geladen werden, um zur Aufklärung des Sachverhalts beizutragen (§ 180 VwGO, § 111 Abs. 2 SGG). Daneben sind Behörden zur Erteilung von Auskünften und/oder Vorlage von Akten und Urkunden verpflichtet (§ 99 VwGO, § 119 SGG). Das Gericht kann Behördenmitarbeiter, die mit der Angelegenheit befasst waren, zur mündlichen Verhandlung laden, damit sie der Auskunftspflicht nachkommen (§ 95 Abs. 3, § 99 Abs. 1 VwGO, § 111 Abs. 1 SGG).

1.3.2 Vertretung des Betreuten im Verfahren

Vertretung durch Betreuer hat Vorrang!

Die Regelung des § 53 ZPO gilt gem. § 11 Abs. 3 SGB X auch im Sozialverwaltungsverfahren und über § 12 Abs. 3 VwVfG/BayVwVfG auch für das Verwaltungsverfahren. § 71 Abs. 6 SGG und § 62 Abs. 4 VwGO erklären § 53 ZPO im Sozialgerichtsverfahren und im Verwaltungsgerichtsverfahren ebenfalls für anwendbar. Tritt demnach der Betreuer innerhalb seines Aufgabenkreises als gesetzlicher Vertreter in diesen Verfahren für einen geschäftsfähigen Betreuten auf, bewirkt dies die Prozessunfähigkeit des Betreuten bzw. seine Unfähigkeit, Verfahrenshandlungen vorzunehmen. Dies gilt aber nur für diese konkreten Verfahren.

1.3.3 Grenzen erkennen, professionelle Hilfe organisieren!

Grenzen für den Betreuer

Die gesetzliche Vertretung in den sozial- und verwaltungsgerichtlichen Verfahren wie auch im Verwaltungsverfahren kann den Betreuer im Einzelfall überfordern, so dass er auf professionelle Hilfe zurückgreifen muss. Dabei ist aber das Kostenrisiko zu beachten. Beratungs- oder Prozesskostenhilfe (vgl. Abschnitte 3 und 4) können dabei weiterhelfen, wenn die finanziellen Mittel nicht ausreichen.

2. Begleitung in Ermittlungs- und Strafverfahren

2.1 Straf- und Ermittlungsverfahren gegen den Betreuten

2.1.1 Erstmaßnahmen des Betreuers

Ermittlungs- und Strafverfahren

Erfährt ein Betreuer, dass ein Ermittlungsverfahren gegen den Betreuten durchgeführt wird, sollte er der Polizei und nach Abgabe des Verfahrens der Staatsanwaltschaft sofort mitteilen, dass eine Betreuung angeordnet wurde, welche Aufgabenkreise festgelegt wurden und bei welchem Betreuungsgericht unter welchem Aktenzeichen das Betreuungsverfahren geführt wird.

Außerdem wird der Betreuer sich mit dem Betreuten besprechen und in geeigneten Fällen die Bestellung eines Verteidigers veranlassen.

2.1.2 Betreuungsrechtlich relevante Besonderheiten des Strafverfahrens

Schuldfähigkeit

Die geistigen Beeinträchtigungen, die zur Anordnung einer Betreuung geführt haben, sind regelmäßig auch für die Frage der Schuldfähigkeit von Bedeutung. Schuldunfähig ist gem. § 20 StGB, wer bei Begehung der Tat wegen einer krankhaften seelischen Störung, einer tiefgreifenden Bewusstseinsstörung oder wegen Schwachsinns oder einer schweren anderen seelischen Abartigkeit unfähig ist, das Unrecht der Tat einzusehen oder nach dieser Einsicht zu handeln. In der Regel werden die Ermittlungsbehörden auf die Betreuungsakten und die darin enthaltenen Gutachten zurückgreifen, um ein möglichst umfassendes Bild des Beschuldigten zu bekommen.

Folgen der Schuldunfähigkeit

Unterbringung

Steht fest, dass eine Straftat im Zustand der Schuldunfähigkeit (§ 20 StGB) oder der verminderten Schuldfähigkeit (§ 21 StGB) begangen wurde, ordnet das Gericht die Unterbringung in einem psychiatrischen Krankenhaus an, wenn von dem Täter infolge seines Zustandes erhebliche rechtswidrige Taten zu erwarten sind und er deshalb für die Allgemeinheit gefährlich ist. Bei Suchtkranken kommt darüber hinaus eine Unterbringung in einer Entziehungsanstalt in Betracht gem. § 64 StGB. In schwerwiegenden Fällen kann auch vor der rechtskräftigen Verurteilung eine einstweilige Unterbringung angeordnet werden (§ 126a StPO). Der anordnende Beschluss muss nach § 126a Abs. 4 StPO auch dem Betreuer oder einem mit einer Vorsorgevollmacht (§ 1906 Abs. 5 BGB ausgestatteten Vertreter) bekannt gegeben werden.

Verfahrensablauf

Die Voraussetzungen einer Unterbringung nach den §§ 63, 64 StGB liegen insbesondere im Bereich der einfachen und mittleren Kriminalität häufig nicht vor, da das Gesetz die Erwartung erheblicher rechtswidriger Taten verlangt. Das Verfahren wird dann bei Schuldunfähigkeit gem. § 170 Abs. 2 StPO eingestellt.

Einstellung gem. §§ 153, 153a StPO

Ist die Schuldfähigkeit nur vermindert i. S. v. § 21 StGB oder nicht eingeschränkt, kann bei geringer Schuld von einer Erhebung der öffentlichen Klage gem. § 153 StPO abgesehen oder gegen Zahlung einer Geldauflage, Erbringung gemeinnütziger Leistungen oder nach einem Täter-Opfer-Ausgleich das Verfahren gem. § 153a StPO eingestellt werden.

Scheiden diese Möglichkeiten aus, wird der Staatsanwalt einen Strafbefehl beantragen oder Anklage erheben. Wird der Strafbefehl vom Amtsgericht erlassen, kann der Betreute binnen zwei Wochen ab Zustellung Einspruch einlegen mit der Folge, dass eine Hauptverhandlung durchgeführt wird. Nach Ablauf der Einspruchsfrist wird die im Strafbefehl ausgesprochene Verurteilung rechtskräftig.

Anklage, Strafbefehl

Eine vom Staatsanwalt erhobene Anklage wird nach Prüfung vom Gericht zugelassen und es wird dann eine Hauptverhandlung durchgeführt.

2.1.3 Beteiligung des Betreuers im Ermittlungs- und Strafverfahren

Der Betreuer als gesetzlicher Vertreter

Im Strafprozess werden dem gesetzlichen Vertreter umfangreiche Möglichkeiten eingeräumt. Der Betreuer kann bei entsprechendem Aufgabenkreis als gesetzlicher Vertreter im Straf- bzw. Ermittlungsverfahren gemäß …

Rechte des gesetzlichen Vertreters im Strafprozess

- § 137 Abs. 2 StPO
  selbstständig einen bis maximal drei Verteidiger für den Betreuten wählen und zwar unabhängig von dessen Willen
- § 149 Abs. 2 StPO
  als Beistand zugelassen werden
- § 149 Abs. 2 StPO
  verlangen, dass er angehört wird
- § 149 Abs. 2 StPO
  Zeit und Ort der Hauptverhandlung rechtzeitig erfahren
- §§ 298, 330 StPO
  selbstständig Rechtsmittel einlegen
- §§ 410 Abs. 1 Satz 2, 298 StPO
  Einspruch gegen einen Strafbefehl einlegen unabhängig davon, ob er ihm gem. § 409 Abs. 2 StPO mitgeteilt wurde

Eine gesetzliche Vertretung durch den Betreuer im Strafverfahren wird aber in der Regel schon am fehlenden Aufgabenkreis scheitern (vgl. *Kay Lütgens*, BdB Verbandszeitung 36/2001, 28). Es müsste entweder der Betreuer zur Erledigung aller Angelegenheiten bestellt worden sein oder aber speziell der Aufgabenkreis Vertretung in Straf- und Ermittlungsverfahren bestimmt sein. Letzteres dürfte aber sehr selten vorkommen. Im Einzelfall mag es genügen, wenn der „Tatvorwurf oder die zu erwartende Sanktion einen Bezug zum Aufgabenkreis des Betreuers hat" (vgl. *Münchner Kommentar* BGB § 1896 Rn. 101).

Tätigwerden im Strafverfahren?

Dabei ist zu berücksichtigen, dass gerade im Strafprozess andere Hilfen greifen. Es kann nämlich bzw. muss sogar ein Wahl- oder Pflichtverteidiger für den Betreuten tätig werden. In dem umfangreichen Katalog der Fälle notwendiger Verteidigung (§ 140 StPO) steht in Abs. 2 Satz 1, dass ein Pflichtverteidiger erforderlich ist, wenn ersichtlich ist, dass sich der Beschuldigte nicht selbst verteidigen kann. Kann er sich aber selbst verteidigen, dann steht auch fest, dass er insoweit seine Angelegenheiten selbst besorgen kann und somit dieser Aufgabenkreis wegen § 1896 Abs. 2 BGB nicht angeordnet werden dürfte. Eine ausreichende Wahrnehmung der Rechte des Betreuten ergibt sich also entweder aus seiner eigenen Kompetenz oder aber aus der Verpflichtung des Gerichts, ihm einen Pflichtverteidiger zu bestellen (vgl. dazu *BGH* BtPrax 2013, 78 LS).

Pflichtverteidigung

Bei einem umfassenden Aufgabenkreis kann sich der Betreuer auf § 1901 Abs. 1 BGB berufen, da die Vertretung im Straf- und Ermittlungsverfahren im Hinblick auf die Pflichtverteidigung nicht erforderlich ist und bei fehlendem Aufgabenkreis kann sich der Betreuer gegen eine geplante Erweiterung wenden unter Hinweis auf § 1896 Abs. 2 BGB.

In der Regel keine Vertretung in Straf- und Ermittlungsverfahren

Soweit die StPO dem Betreuer als gesetzlichen Vertreter Verfahrensrechte nicht ausdrücklich zuweist, stehen ihm keine Möglichkeiten zu, auf das Strafverfahren Einfluss zu nehmen. Der BGH weist zu Recht darauf hin, dass sich das „Strafverfahrensrecht" von der im sachlichen Geltungsbereich der Zivilprozessordnung gemäß §§ 51 Abs. 1, 53 i. V. m. §§ 1902, 1903 BGB geltenden Rechtslage, wonach der Betreuer in seinem gerichtlich festgelegten Aufgabenkreis der gesetzliche Vertreter des Betreuten auch vor Gericht ist, unterscheide. Die Wahrnehmung der Interessen des Angeklagten im Strafverfahren liege somit allein in den Händen des – notwendigen (§ 140 StPO) – Verteidigers.

Wenn dagegen der 4. Strafsenat des *BGH* (NStZ 2008, 524) eine Anwendung z. B. des § 149 Abs. 2 StPO generell ablehnen will, weil eine Betreuung nicht zu einer Geschäftsunfähigkeit des Betreuten führe und der Betreuer daher auch kein gesetzlicher Vertreter sei, wird die Regelung des § 1902 BGB verkannt. Schließlich vertritt der Betreuer in seinem Aufgabenkreis den Betreuten gerichtlich und außergerichtlich und zwar unabhängig davon, ob der Betreute geschäftsfähig ist. Diese gesetzliche Vertretung ist zwingend und gilt auch gegenüber Gerichten aller Art (*Schwab,* Münchner Kommentar § 1902 BGB Rn. 2).

Der Betreuer sollte sich darauf beschränken, Polizei, Staatsanwaltschaft und Gericht umfassend über die krankheitsbedingten Defizite des Betreuten zu informieren. Im Einzelfall (z. B. schwierige Beweislage, Gefährlichkeit des Betreuten oder bei einem besonders schweren Tatvorwurf) sollte der Betreuer die Dienste eines Rechtsanwalts in Anspruch nehmen, der die aus seiner Sicht notwendigen Informationen im Interesse des Betreuten aufbereiten und dem Gericht bzw. den Ermittlungsbehörden übermitteln kann.

2.1.4 Der Betreuer als Zeuge

Zeugnisverweigerungsrecht des Betreuers

Allein aufgrund der Bestellung als Betreuer ergeben sich keine Möglichkeiten, die Aussage zu verweigern und es besteht auch kein legitimes Bedürfnis, das Vertrauensverhältnis zu schützen, wenn es um die Verfolgung von Straftaten geht. Zur Verweigerung des Zeugnisses sind aber gem. § 52 StPO diejenigen Betreuer berechtigt, die in einem bestimmten Verhältnis zum Betreuten stehen und zwar:

- der Verlobte oder die Person, mit der der Betreute ein Versprechen eingegangen ist, eine Lebenspartnerschaft zu begründen;
- der Ehegatte, auch wenn die Ehe nicht mehr besteht;
- der Lebenspartner, auch wenn die Lebenspartnerschaft nicht mehr besteht;
- wer mit dem Betreuten in gerader Linie verwandt oder verschwägert, in der Seitenlinie bis zum dritten Grad verwandt oder bis zum zweiten Grad verschwägert ist oder war.

2.1.5 Zulassung als Verteidiger gem. § 138 Abs. 2 StPO

Zulassung als Verteidiger?

Grundsätzlich könnte der Betreuer mit Genehmigung des Gerichts als Verteidiger zugelassen werden, wobei dies im Fall notwendiger Verteidigung nur zusammen mit einem Rechtsanwalt erfolgen kann. Davon ist jedoch abzuraten. Der Betreuer hat in der Regel nicht die fachliche Kompetenz, um den Betreuten richtig zu beraten etwa im Hinblick auf sein Aussageverhalten oder die Stellung von Beweisanträgen.

Ist der Betreute mit dem Ergebnis der Verteidigung nicht zufrieden, wird es häufig zu Vorwürfen kommen und die für eine erfolgreiche Betreuung erforderliche Vertrauensbasis kann dabei sehr schnell verloren gehen.

2.1.6 Zulassung als Beistand gem. § 149 StPO

Die Zulassung als Beistand führt zu wichtigen Rechten im Strafverfahren (vgl. oben Abschnitt 2.1.3). Ist der Betreuer zugleich Ehegatte oder Lebenspartner des angeklagten Betreuten, muss er ohne Wenn und Aber als Beistand zugelassen werden. Ansonsten schlüpft der Betreuer in dieselbe Rolle nur, wenn er aufgrund seines Aufgabenkreises für dieses Verfahren „gesetzlicher Vertreter" ist (s. o. und *Elzer* BtPrax 2000, 139). Sieht sich der Angeklagte im Strafverfahren einem „Adhäsionsverfahren" (s. Abschnitt 2.2.4) ausgesetzt, dann dürfte der Aufgabenkreis „Vermögensverwaltung" genügen, da es um eine Forderung gegen den Betreuten geht. Den Betreuten auf seinen „Verteidiger" zu verweisen dürfte hier wohl nicht zielführend sein, da dieser in der Regel nicht den erforderlichen Überblick über die Vermögensverhältnisse des Angeklagten haben kann (a. A. *BGH*, BtPrax 2013, 78 LS).

2.2 Straf- und Ermittlungsverfahren gegen Dritte

2.2.1 Der Betreute als Zeuge

Der Betreute kann mit dem Problem konfrontiert werden, dass er Opfer einer Straftat wird und/oder als Zeuge auftreten muss.

Kann der Betreute aufgrund seiner Behinderung zeugnisunfähig sein?

Zeugenpflicht des Betreuten

Jeder, der über seine Wahrnehmungen vor Gericht berichten kann, unterliegt der Pflicht, vor Gericht als Zeuge zu erscheinen und auszusagen. Eine generelle Zeugnisunfähigkeit gibt es daher nicht. Ergeben sich Anhaltspunkte für eine Einschränkung der Wahrnehmungs-, Erinnerungs- und Wiedergabefähigkeit, kann das Gericht einen Sachverständigen beiziehen, der die Glaubwürdigkeit des Zeugen begutachten kann.

Kann sich der Betreute auf Zeugnisverweigerungsrechte berufen?

Entscheidung über eine Zeugnisverweigerung

Die unter Abschnitt 2.1.3 für den Betreuer dargestellten Zeugnisverweigerungsrechte gelten auch für den Betreuten. Hat der Betreute wegen einer psychischen Krankheit oder einer geistigen oder seelischen Behinderung von der Bedeutung des Zeugnisverweigerungsrechts keine genügende Vorstellung, so darf er nur vernommen werden, wenn er zur Aussage bereit ist und auch der Betreuer als gesetzlicher Vertreter der Vernehmung zustimmt (§ 52 Abs. 2 Satz 1 StPO). In der Regel muss aber zunächst der Aufgabenkreis erweitert werden, damit der Betreuer entscheiden kann.

Besteht ein Zeugnisverweigerungsrecht, dürfen auch Untersuchungen und Entnahmen von Blutproben verweigert werden. Auch hier entscheidet der gesetzliche Vertreter, wenn der Betreute von der Bedeutung des Zeugnisverweigerungsrechts keine genügende Vorstellung hat (vgl. § 81c Abs. 3 StPO).

Im Vordergrund steht bei diesen Entscheidungen selbstverständlich das Wohl des Betreuten. Das Interesse an der Wahrheitsfindung kann aber gerade dann eine wichtige Rolle spielen, wenn der Betreute Opfer einer Straftat war.

2.2.2 Strafanträge für den Betreuten

Strafanträge In zahlreichen Fällen findet eine Strafverfolgung nur statt, wenn der Geschädigte Strafantrag stellt. Bei einigen dieser Tatbestände kann aber der Staatsanwalt das besondere öffentliche Interesse an der Strafverfolgung bejahen, so dass kein Strafantrag gestellt werden muss. Antragsdelikte sind z. B. die vorsätzliche und fahrlässige Körperverletzung, Diebstahl, Betrug und Unterschlagung geringwertiger Sachen, der Hausfriedensbruch und die Beleidigungstatbestände.

Der sog. Haus- und Familiendiebstahl Gem. § 247 StGB wird eine Straftat nur auf Antrag verfolgt, wenn durch einen Diebstahl, Betrug oder eine Unterschlagung ein Angehöriger, der Vormund oder der Betreuer verletzt wurde oder der Verletzte mit dem Täter in häuslicher Gemeinschaft lebt. Angehörige sind Verwandte und Verschwägerte in gerader Linie, der Ehegatte, der Lebenspartner, der Verlobte, auch im Sinne des Lebenspartnerschaftsgesetzes, Geschwister, Ehegatten oder Lebenspartner der Geschwister, Geschwister der Ehegatten oder Lebenspartner, und zwar auch dann, wenn die Ehe oder die Lebenspartnerschaft, welche die Beziehung begründet hat, nicht mehr besteht oder wenn die Verwandtschaft oder Schwägerschaft erloschen ist, Pflegeeltern und Pflegekinder (§ 11 Nr. 1 StGB).

Antragsfrist Die Antragsfrist beträgt drei Monate. Für den geschäftsunfähigen bzw. in der Geschäftsfähigkeit beschränkten Verletzten kann der Betreuer als gesetzlicher Vertreter (§ 1902 BGB) den Strafantrag stellen (§§ 77 Abs. 3, 77b StGB).

Aufgabenkreis Dabei muss geprüft werden, ob der Aufgabenkreis diesen Bereich umfasst. Die „Vermögenssorge“ beinhaltet dieses höchstpersönliche Recht nicht. Ebenso wenig genügt „Vertretung gegenüber Behörden“, da sich aus dieser allgemein gehaltenen Formulierung nicht herleiten lässt, dass das Betreuungsgericht eine Vertretung auch für diesen sensiblen Bereich anordnen wollte. Deshalb sollte die „Stellung von Strafanträgen“ evtl. sogar in Bezug auf ein ganz bestimmtes Strafverfahren als Aufgabenkreis benannt sein oder die „Vertretung in allen Angelegenheiten“ bzw. die „Personensorge“ (vgl. *OLG* Celle BtPrax. 2012, 121).

Ausschluss des Betreuers Ist der Betreuer selbst Beschuldigter, ist er ausgeschlossen und es muss ein neuer Betreuer bestellt werden (*OLG* Celle a. a. O.).

Die Frist beginnt mit Ablauf des Tages, an dem der Berechtigte von der Tat und der Person des Täters Kenntnis erlangt. Für den Antrag des Betreuers als gesetzlicher Vertreter, kommt es auf den Zeitpunkt der Kenntnis des Betreuers an (§ 77b Abs. 2 Satz 3 StGB).

Die Entscheidung, ob für den Betreuten Strafantrag gestellt wird, ist gerade bei nahen Angehörigen sehr schwierig zu treffen. Bei der notwendigen Abwägung muss berücksichtigt werden, dass der künftige Kontakt zu den Angehörigen und die Integration in die Familie wichtige Faktoren sind, die sich auf die Lebensqualität des Betreuten auswirken können. Auf der anderen Seite darf der Betreute insbesondere im Hinblick auf seine Behinderung nicht zum Freiwild und zum Objekt der Ausbeutung werden. Der Betreuer muss daher zum einen dem Betreuten den nötigen Respekt verschaffen, sollte aber auch nicht alle Brücken abbrechen.

Täter-Opfer-Ausgleich Im Bereich der einfachen Kriminalität kann das Institut des Täter-Opfer-Ausgleichs (vgl. § 46a StGB, § 155a StPO) wertvolle Dienste leisten. Diese Möglichkeit sollte mit dem Staatsanwalt oder vor Gericht besprochen werden.

2.2.3 Nebenklage des Betreuten

Nebenklage War der Betreute Opfer einer Straftat, die in dem Katalog des § 395 Abs. 1 StPO aufgeführt ist, insbesondere einer Sexualstraftat oder eines Körperverletzungsdelikts, kann er sich der Anklage als Nebenkläger anschließen. Für den nicht prozessfähigen Betreuten muss der Betreuer die Zulassung der Nebenklage beantragen und zwar schriftlich bei Gericht.

Bestellung eines Beistands gem. § 397a StPO

In den Fällen des § 395 Abs. 1 Nr. 1 und Nr. 2 StPO (Sexualstraftaten und versuchte vorsätzliche Tötungsdelikte, die als Verbrechen einzustufen sind) oder der §§ 232–233 StGB (Menschenhandel) wird dem Nebenkläger auf Antrag ein Rechtsanwalt als Beistand bestellt. Kann er seine Interessen ersichtlich nicht selbst ausreichend wahrnehmen, gilt dies auch für Vergehenstatbestände und bei einem Missbrauch von Schutzbefohlenen (§ 225 StGB). Die Auswahl des Rechtsanwalts regelt § 142 StPO.

Prozesskostenhilfe für Rechtsanwalt gem. § 397a Abs. 2 StPO

Auch wenn diese Voraussetzungen nicht vorliegen, die Sach- oder Rechtslage schwierig ist oder der Betreute seine Interessen selbst nicht ausreichend wahrnehmen kann oder dies ihm nicht zuzumuten ist, kann ihm für die Zuziehung eines Rechtsanwalts Prozesskostenhilfe gewährt werden.

2.2.4 Rechte des Verletzten außerhalb der Nebenklage

Liegen die Voraussetzungen der Nebenklage vor, kann sich der Verletzte bereits im Vorverfahren des Beistands eines Rechtsanwalts bedienen. Der Verletzte kann dann auch ohne Zulassung als Nebenkläger seine Rechte über einen Rechtsanwalt wahrnehmen, wobei über § 397a Abs. 2 StPO die Regeln für die Bestellung und Prozesskostenhilfe entsprechende Anwendung finden.

Im Übrigen kann ein nicht zur Nebenklage berechtigter Verletzter auf eigene Kosten einen Rechtsanwalt beauftragen, der seine Rechte wahrnehmen kann (§ 406f StPO). Als Verletzter kann der Betreute gegen den Beschuldigten „einen aus der Straftat erwachsenen vermögensrechtlichen Anspruch" im Strafverfahren geltend machen. Auf diese Weise kann z. B. ein Schmerzensgeldanspruch wie in einem Zivilprozess durchgesetzt werden. Die Einzelheiten ergeben sich aus den §§ 403–406c StPO. Der Betreuer sollte sich je nach Fallgestaltung vom bestellten Verteidiger oder einem Rechtsanwalt beraten lassen, wenn er sich nicht selbst als Beistand einbringen will.

Diese Erläuterungen stellen nur die Grundzüge einer sehr komplexen Regelung dar, so dass sich der Betreuer bei der Rechtsantragsstelle beraten lassen sollte.

2.2.5 Hinweispflichten der Ermittlungsbehörden nutzen!

Umfassende Hinweispflichten der Ermittlungsbehörden

Verletzte sind gem. § 406h StPO „möglichst frühzeitig, regelmäßig schriftlich und soweit möglich in einer für sie verständlichen Sprache auf ihre aus den §§ 406d–406g folgenden Befugnisse" und insbesondere auf folgende Möglichkeiten hinzuweisen:

- Nebenklageanschluss
- Antrag nach § 397a StPO (Bestellung eines anwaltlichen Beistands oder Prozesskostenhilfe für dessen Hinzuziehung)
- Geltendmachung eines aus der Straftat erwachsenen vermögensrechtlichen Anspruchs im Strafverfahren (sog. Adhäsionsverfahren)
- Geltendmachung eines Versorgungsanspruchs nach Maßgabe des Opferentschädigungsgesetzes
- Antrag auf Erlass von Anordnungen gegen den Beschuldigten nach Maßgabe des Gewaltschutzgesetzes
- Unterstützung und Hilfe durch Opferhilfeeinrichtungen etwa in Form einer Beratung oder einer psychosozialen Prozessbegleitung.

In der Regel wird den Geschädigten bei der Vernehmung durch die Polizei ein entsprechendes Formblatt ausgehändigt. Der Betreuer sollte anhand dieses Formblatts zusammen mit dem geschädigten Betreuten alle Möglichkeiten erörtern, um seine Rechte im Strafprozess optimal zu gestalten.

2.3 Straf- und Ermittlungsverfahren gegen den Betreuer

Querulatorische, krankheitsbedingte Anzeigen

Auch ein Betreuer, der rechtschaffen und redlich seine Tätigkeit für den Betreuten ausübt, gerät in die Gefahr, von dem Betreuten angezeigt zu werden. Krankheitsbedingte Wahnvorstellungen führen manchmal zu abenteuerlichen Vorwürfen, die von den Ermittlungsbehörden bearbeitet werden müssen. Häufig sind diese Anzeigen so sehr vom Krankheitsbild geprägt, dass das Verfahren ohne weitere Ermittlungen von der Staatsanwaltschaft eingestellt werden kann. Werden aufgrund derartiger Anzeigen Ermittlungen geführt, sollte der Betreuer auf keinen Fall emotional reagieren und die Vorwürfe empört und pauschal zurückweisen. Vielmehr sollte er ruhig und sachlich die Fakten darstellen und auf das Krankheitsbild hinweisen.

Auch von dritter Seite werden oft Vorwürfe erhoben. Verwandte, die bei der Betreuerbestellung übergangen werden mussten und nunmehr um ihr künftiges Erbe fürchten, greifen häufig zu dem Mittel einer Strafanzeige.

Ein Betreuer sollte sich nicht in die passive Rolle des Angegriffenen drängen lassen. Auch hier gilt es, ruhig und sachlich die Vorwürfe zu entkräften. Fehler oder Säumnisse sollten ohne Bagatellisierung eingeräumt werden. Wer die Fakten vollständig und ehrlich auf den Tisch legt, wird bei redlichem Verhalten nichts zu befürchten haben.

In besonders gravierenden Fällen sollte auch an einen Betreuerwechsel gedacht werden. Ein ehrenamtlicher Betreuer, der sich den ständigen Vorwürfen des Betreuten nicht mehr gewachsen fühlt, sollte sich bei der Betreuungsbehörde oder beim Betreuungsgericht beraten lassen. Häufig bleibt dann nur noch die Möglichkeit, einen erfahrenen Berufsbetreuer zu bestellen.

3. Beratungshilfe

Beratungshilfe

Das Gesetz über Rechtsberatung und Vertretung für Bürger mit geringem Einkommen (Beratungshilfegesetz – BerHG) sieht vor, dass sich Bürger, die finanziell weniger gut gestellt sind, kostenlos in außergerichtlichen Angelegenheiten beraten und – soweit erforderlich – vertreten lassen können. Beratungshilfe erhält,

Voraussetzungen der Beratungshilfe

- wer die für eine Beratung oder Vertretung erforderlichen Mittel nach seinen persönlichen und wirtschaftlichen Verhältnissen nicht aufbringen kann,

  Die mangelnde Leistungsfähigkeit bemisst sich nach den Vorschriften über die Prozess-/Verfahrenskostenhilfe. Sie ist erfüllt, wenn der Ratsuchende danach keine monatliche Rate zu leisten hätte (vgl. Abschnitt 4)

- wem nicht andere Möglichkeiten für eine solche Hilfe zur Verfügung stehen, deren Inanspruchnahme zumutbar ist,

  Hierunter fällt z. B. die Inanspruchnahme von Leistungen einer Rechtsschutzversicherung oder eine kostenlose Beratung durch einen Verband oder eine Organisation, bei der der Ratsuchende Mitglied ist (Mieterverein, Gewerkschaft, VdK etc.). Gleiches gilt, wenn der Arbeitgeber sich zur Übernahme der Kosten bereit erklärt hat.

- wessen beabsichtigte Wahrnehmung seiner Rechte nicht mutwillig ist.

  Mutwillig bedeutet, jemand beharrt wider besseres Wissen auf seiner (vermeintlichen) Rechtsposition, obwohl die Rechtslage hinreichend geklärt ist („Querulanz“). Mutwilligkeit liegt dagegen nicht vor, wenn eine verständige Person auch ohne Beratungshilfe ihr Recht in gleicher Weise verfolgen würde.

Anwendungsbereich

Beratungshilfe wird für Angelegenheiten in folgenden Rechtsbereichen gewährt:

- Zivilrecht
- Arbeitsrecht
- Verwaltungsrecht
- Verfassungsrecht
- Sozialrecht
- Strafrecht, Ordnungswidrigkeitenrecht (nur Beratung)

Sie erstreckt sich auch auf die evtl. damit im Zusammenhang stehenden Rechtsgebiete. Die Beratung und Vertretung wird im Regelfall durch Rechtsanwälte und durch Rechtsbeistände, die Mitglied einer Rechtsanwaltskammer sind, wahrgenommen, die hierzu grundsätzlich verpflichtet sind. Auch das Amtsgericht selbst kann die Beratungshilfe gewähren, soweit dem Anliegen durch eine sofortige Auskunft, einen Hinweis auf andere Möglichkeiten für Hilfe oder durch Aufnahme eines Antrags oder einer Erklärung entsprochen werden kann. Dies erfolgt durch die Rechtsauskunftsstellen bei den Amtsgerichten.

Antrag

Um Beratungshilfe zu erhalten, ist ein Antrag erforderlich. Dieser kann schriftlich oder mündlich beim Amtsgericht gestellt werden. Örtlich zuständig ist das Amtsgericht, in dessen Bezirk der Rechtssuchende seinen Gerichtsstand (= Wohnort bei Privatpersonen) hat oder bei Rechtssuchenden ohne allgemeinen Gerichtsstand das Amtsgericht, in dessen Bezirk das Bedürfnis für Beratungshilfe auftritt. Es ist auch möglich, sich unmittelbar an einen Rechtsanwalt seiner Wahl zu wenden; dieser wird den Antrag an das zuständige Amtsgericht weiterleiten. Dem Antrag sind Belege zur Überprüfung der persönlichen und wirtschaftlichen Verhältnisse beizufügen. Die Antragsvordrucke sind zur Vereinfachung des Verfahrens einheitlich gestaltet und enthalten in einem Beiblatt die wichtigsten Ausfüllhinweise. Sie sind bei jedem Amtsgericht (Rechtsantragsstelle) erhältlich oder im „Justizportal des Bundes und der Länder“ (www.justiz.de unter der Rubrik „Formulare“) herunterzuladen. Ihre Verwendung ist nach der Beratungshilfevordruckverordnung vorgeschrieben. Liegen die Voraussetzungen für die Gewährung von Beratungshilfe vor, stellt das Amtsgericht – sofern es nicht selbst die Beratung vornimmt – dem Ratsuchenden für die genau bezeichnete Angelegenheit einen sogenannten Berechtigungsschein für Beratungshilfe durch einen Rechtsanwalt seiner Wahl aus.

Landesgesetze

Durch Landesgesetze können sich Besonderheiten ergeben, wenn die Voraussetzungen der Beratungshilfe im Übrigen gegeben sind. Eine Partei, die die Voraussetzungen für die Gewährung von Beratungshilfe nach den Vorschriften des Beratungshilfegesetzes erfüllt, ist z. B. nach dem Bayerischen Schlichtungsgesetz von der Verpflichtung zur Zahlung der Vergütung für die Schlichtung befreit. Beratungshilfe kann in Bayern nach Art. 51 AGGVG auch in Rechtsangelegenheiten gewährt werden, die in § 2 Abs. 2 Sätze 1 und 2 des Beratungshilfegesetzes (s. o.) nicht aufgeführt sind.

4. Prozesskostenhilfe, Verfahrenskostenhilfe

Prozesskostenhilfe

Die mitunter geäußerte Ansicht „das Recht stehe auf der Seite der Reichen" sollte in einem freiheitlichen Rechtsstaat fehl am Platz sein. Jeder Rechtsstreit vor einem Gericht kostet Geld und birgt das Risiko des Unterliegens in sich. Dies gilt sowohl hinsichtlich der Gerichtskosten als auch der eigenen und der gegnerischen Anwaltskosten. Wenn auch z. B. in Sozialrechtsverfahren grundsätzlich keine Verwaltungs- und Gerichtskosten (Gebühren und Auslagen) anfallen, ist im Klageverfahren oft eine Vertretung durch einen Rechtsanwalt oder sonstigen Bevollmächtigten sinnvoll oder (z. B. in Berufungsverfahren) gesetzlich vorgeschrieben.

In einem sozialen Rechtsstaat muss es auch dem Bedürftigen möglich sein, mit rechtsstaatlichen Mitteln seine Rechte zu erstreiten. Im Falle einer gerichtlichen Auseinandersetzung kann daher Prozess-/Verfahrenskostenhilfe in Anspruch genommen werden (§§ 114 bis 127 der Zivilprozessordnung – ZPO, §§ 76 bis 78 FamFG). Sie will Personen, die diese Kosten nicht aufbringen können, die Verfolgung oder Verteidigung ihrer Rechte ermöglichen und sorgt damit für eine Waffengleichheit der Parteien vor Gericht. Prozesskostenhilfe kommt bei Streitigkeiten in folgenden Rechtsbereichen in Betracht:

- Zivilrecht, einschließlich Arbeitsrecht
- In Familiensachen und in den Angelegenheiten der freiwilligen Gerichtsbarkeit als Verfahrenskostenhilfe gem. §§ 76 bis 78 FamFG
- Verwaltungsrecht
- Sozialrecht
- Finanzrecht
- Strafrecht

Grenzüberschreitende Prozesskostenhilfe

Für die grenzüberschreitende Prozesskostenhilfe innerhalb der Europäischen Union nach der Richtlinie 2003/8/EG gelten gem. § 114 Satz 2 ZPO ergänzend die §§ 1076 bis 1078 ZPO. Somit wird auch die Geltendmachung von Ansprüchen im europäischen Ausland erheblich erleichtert, was in Zeiten der Globalisierung und des Geschäftsverkehrs über das Internet immer häufiger erforderlich wird.

Voraussetzungen der Prozesskostenhilfe

Prozesskostenhilfe nach § 114 ZPO erhält,

- wem nicht andere Möglichkeiten für eine solche Hilfe zur Verfügung stehen, deren Inanspruchnahme zumutbar ist,

Zumutbare andere Hilfen

Hierunter fallen z. B. die Leistungen einer Rechtsschutzversicherung (Ausnahme: Ablehnung der Deckungszusage bzw. negative Schiedsgutachterentscheidung nach § 18 Abs. 2 ARB). Gleiches gilt für die Leistungen eines Verbands oder Organisation (Mieterverein, Gewerkschaft, VdK etc.), wenn der Ratsuchende als Mitglied Anspruch auf Rechtsschutz hat, oder wenn der Arbeitgeber sich zur Übernahme der Kosten bereit erklärt hat. Prozesskostenhilfe entfällt aber auch, wenn der Ehegatte oder, bei einem unverheirateten Kind, die Eltern oder ein Elternteil aufgrund gesetzlicher Unterhaltspflicht für die Kosten aufkommen müssen.

Erfolgsaussicht

- wessen beabsichtigte Rechtsverfolgung oder -verteidigung hinreichende Aussicht auf Erfolg bietet,

Nach Einschätzung des Gerichts dürfen nicht nur geringe Aussichten bestehen, den Prozess zu gewinnen.

Anhaltspunkte für diese summarische Prüfung sind im tatsächlichen Bereich vor allem die vorgebrachten Belege und Beweismittel, Auskünfte, eventuelle Zeugen und Sachverständige sowie die Stellungnahme des

Prozessgegners. So muss ein arbeitsloser Unterhaltspflichtiger seine Erwerbsbemühungen durch die Vorlage hinreichender Bewerbungsunterlagen glaubhaft machen; unterlässt er dies, ist die zur Rechtsverteidigung beantragte Prozesskostenhilfe mangels Erfolgsaussicht abzulehnen.

Die Voraussetzungen dürfen unter dem grundrechtlichen Gesichtspunkt der Rechtsschutzgleichheit für Bemittelte und Unbemittelte aber nicht überspannt werden (vgl. *BVerfG* NJW 1992, 889; 1997, 2102 und 2745). Der Standpunkt des Antragstellers muss in rechtlicher Hinsicht zumindest vertretbar sein; Prozess-/Verfahrenskostenhilfe darf nicht aus Rechtsgründen versagt werden, wenn die entscheidungserhebliche Rechtsfrage schwierig und in der Rechtsprechung noch nicht eindeutig geklärt ist. Zweifelhafte Rechtsfragen dürfen nicht in das Prozesskosten-/Verfahrenskostenhilfeverfahren verschoben werden (*BGH* FamRZ 2013, 369).

Ist eine Einigung im Wege eines Vergleichs zu erwarten, kann das Gericht die Parteien zur mündlichen Erörterung laden (§ 118 Abs. 1 Satz 3 ZPO).

Keine Mutwilligkeit

- wessen beabsichtigte Rechtsverfolgung oder -verteidigung nicht mutwillig erscheint,

  Von Mutwilligkeit spricht man, wenn jemand wider besseres Wissen auf seiner (vermeintlichen) Rechtsposition beharrt, obwohl die Rechtslage hinreichend geklärt ist („Querulanz"). Mutwilligkeit ist gegeben, wenn ein Kläger mit seiner Klage missbilligende Zwecke verfolgt (z. B. missbräuchliche Inanspruchnahme der Gerichte ohne Nutzen für den Kläger, aber zur Schädigung des Gegners) oder keine Veranlassung zur Klage besteht, weil das Ziel auf einfacherem Wege zu erreichen ist (z. B. Klage bei unbestrittener Forderung, weil das Mahnverfahren genügt; Einklagen der vollen Summe, obwohl ein Teilbetrag bereits freiwillig geleistet wird). Mutwilligkeit liegt nicht vor, wenn eine verständige Partei auch ohne Prozesskostenhilfe ihr Recht in gleicher Weise verfolgen würde. Es kommt also darauf an, ob eine Partei das Verfahren vernünftigerweise auch betreiben würde, wenn sie es selbst bezahlen müsste.

Fehlende Leistungsfähigkeit

- wer die für eine Prozessführung erforderlichen Mittel nach seinen persönlichen und wirtschaftlichen Verhältnissen nicht, nur zum Teil oder nur in Raten aufbringen kann.

Für die Feststellung der fehlenden Leistungsfähigkeit können nur Richtschnüre dargestellt werden, da das Gesetz mit unbestimmten Rechtsbegriffen wie „angemessen" und „zumutbar" eine bunte Palette unterschiedlicher Entscheidungen provoziert hat. Es muss daher von Gericht zu Gericht mit abweichender Rechtsprechung gerechnet werden.

Einkommen

Die Leistungsfähigkeit nach § 115 ZPO bemisst sich im Wesentlichen nach den Vorschriften des SGB XII zum Einkommen und Vermögen. Zum Einkommen gehören nach § 115 Abs. 1 Satz 2 ZPO alle Einkünfte in Geld oder Geldeswert. Nicht zum Einkommen zählen nach überwiegender Rechtsprechung jedoch freiwillige Leistungen Dritter, wenn sie sozialhilferechtlich unberücksichtigt geblieben sind, sowie freiwillige Unterstützungszahlungen. Steuererstattungsbeträge gehören genauso zum Einkommen wie Sonderzahlungen (Urlaubsgeld, Weihnachtsgeld etc.). Streitig ist der Umfang der Berücksichtigung des Kindergeldes. Geklärt ist, dass Kindergeld, das die Prozesspartei bezieht, als deren

Einkommen im Sinne des § 115 Abs. 1 Satz 2 ZPO zu berücksichtigen ist; allerdings nur soweit es nicht zur Bestreitung des notwendigen Lebensunterhalts des minderjährigen Kindes zu verwenden ist. Dabei sollte man wiederum auf die Höhe des Freibetrages gem. § 115 Abs. 1 Satz 3 Nr. 2b ZPO abstellen. Kein Einkommen ist das Elterngeld bis zu 300 EUR monatlich (vgl. § 10 BEEG).

Abzugsfähige Beträge

Von dem zu berücksichtigenden „Einkommen" werden nach § 115 Abs. 1 Satz 3 ZPO abgesetzt,

- die in § 82 Abs. 2 SGB XII bezeichneten Beträge (Steuern auf Einkommen, Pflichtbeiträge zur Sozialversicherung, Altersvorsorgebeiträge, Versicherungsbeiträge, soweit sie gesetzlich vorgeschrieben oder nach Grund und Höhe angemessen sind, Werbungskosten etc.),

Abzugsfähige Beträge gem. § 115 Abs. 1 Satz 3 Nrn. 1b, 2

- bei Parteien, die ein Einkommen aus Erwerbstätigkeit erzielen, ein Betrag in Höhe von derzeit 201 EUR,
- für die Partei und ihren Ehegatten oder ihren Lebenspartner jeweils ein Betrag in Höhe von derzeit 442 EUR,
- bei weiteren Unterhaltsleistungen auf Grund gesetzlicher Unterhaltspflicht für jede unterhaltsberechtigte Person jeweils ein Betrag in Höhe von 354 EUR (Erwachsene), 338 EUR (Jugendliche Beginn 15. bis Vollendung 18. Lebensjahr), 296 EUR (Kinder Beginn 7. bis Vollendung 14. Lebensjahr) und 257 EUR (Kinder bis Vollendung 6. Lebensjahr).

  All diese Beträge werden angepasst und in einer Bekanntmachung zu § 115 ZPO veröffentlicht, zuletzt durch die Prozesskostenhilfebekanntmachung 2013 v. 9. 1. 2013.

Unterkunft, Heizung

- die angemessenen Kosten der Unterkunft, einschließlich der Heizkosten,

Besondere Belastungen

- weitere Beträge, soweit dies mit Rücksicht auf besondere Belastungen angemessen ist.

  Hierunter fallen insbesondere Zahlungsverpflichtungen/Abzahlungsverpflichtungen, die vor dem Eintritt des Bedarfs eingegangen wurden und anerkennenswert sind bzw. die unabweisbar wurden (z. B. auch betriebliche Kredite). Außen vor bleiben unangemessene Aufwendungen für Luxusanschaffungen und Ausgaben, die in krassem Missverhältnis zu den Einkommens- und Vermögensverhältnissen stehen. Weitere Abzugspositionen im Rahmen dieser Vorschrift können Anwaltskosten aus früheren Prozessen, Kostenerstattungsverpflichtungen, Prozesskostenhilferaten aus früheren Bewilligungsverfahren, angemessene Aufwendungen für Familienereignisse (z. B. Geburt, Heirat und Tod), Besuchsfahrten zu nahen Angehörigen in Einrichtungen, notwendige Aufwendungen für Krankheit, Behinderung oder altersbedingte Belastungen sowie angemessene Aufwendungen für die Ausbildung, Fortbildung und Umschulung sein. Steuerrechtliche Abschreibungen sind jedoch nicht berücksichtigungsfähig. Dasselbe gilt bei Tilgungsraten im Lauf eines Prozesskostenhilfeverfahrens für ein nicht fälliges Darlehen. Da § 1610a BGB entsprechend gilt, werden Zuschüsse, die infolge eines Körper- oder Gesundheitsschadens bezahlt werden, nicht berücksichtigt. Hier wird vermutet, dass die Kosten der Aufwendungen nicht geringer sind als die Höhe der Sozialleistungen.

Wichtig:

Maßgeblicher Zeitpunkt für die Leistungsfähigkeit

Maßgeblich sind die Beträge, die zum Zeitpunkt der Bewilligung der Prozesskostenhilfe gelten. Das Bundesjustizministerium gibt jährlich die vom 1. 7. bis zum 30. 6. des Folgejahres maßgebenden Beträge im Wege der Prozesskostenhilfebekanntmachung im Bundesgesetzblatt bekannt. Die Unterhaltsfreibeträge nach § 115 Abs. 1 Satz 3 Nr. 2 ZPO vermindern sich um eigenes Einkommen der unterhaltsberechtigten Person. Hierzu zählt nicht das Kindergeld, da eine entsprechende Verweisung in § 115 Abs. 1 Sätze 1, 2 ZPO auf § 82 Abs. 1 Satz 2 SGB XII fehlt. Insoweit verbleibt es bei den Regelungen des EStG bzw. BKGG, wonach Kindergeld Einkommen des Bezugsberechtigten darstellt (s. o.).

Wird eine Geldrente gezahlt, so ist sie anstelle des Freibetrags abzusetzen, soweit dies angemessen ist (vgl. § 115 Abs. 1 Sätze 4 bis 8 ZPO). Der so verbleibende Teil des Einkommens wird auf volle EUR abgerundet (= einzusetzendes Einkommen). Von diesem Einkommen sind entsprechend seiner Höhe monatliche Raten aufzubringen (§ 115 Abs. 2 ZPO). Die Höhe der monatlichen Raten ergibt sich aus der folgenden Tabelle.

Prozesskostenhilfetabelle nach § 115 ZPO

einzusetzendes Einkommen (EUR)		eine Monatsrate von (EUR)
bis	15	0
	50	15
	100	30
	150	45
	200	60
	250	75
	300	95
	350	115
	400	135
	450	155
	500	175
	550	200
	600	225
	650	250
	700	275
	750	300
über	750	300 zuzüglich des 750 übersteigenden Teils des einzusetzenden Einkommens

Unabhängig von der Zahl der Rechtszüge muss die antragstellende Partei höchstens 48 Monatsraten aufbringen (§ 115 Abs. 2 ZPO).

Vermögen

Neben dem Einkommen ist auch eventuell vorhandenes Vermögen einzusetzen (§ 115 Abs. 3 ZPO). Vermögensbegriff und -einsatz bemessen sich dabei im Wesentlichen nach den Vorschriften des § 90 SGB XII.

Zumutbarer Einsatz Da § 115 Abs. 3 ZPO von der „Zumutbarkeit" des Vermögenseinsatzes ausgeht, können sich im Vergleich zu den sozialhilferechtlichen Bestimmungen mitunter abweichende Betrachtungsweisen zum Vermögenseinsatz im Rahmen der Prozesskostenhilfe ergeben, die sich aber meistens zugunsten des Antragstellers auswirken. So braucht der Antragsteller „wirtschaftlich zweckgebundenes Vermögen" nicht anzugreifen.

Beispiele:

Sparguthaben, das durch Prämiensparvertrag festgelegt und vor Fristablauf nicht gekündigt oder gepfändet werden kann.

Der Antragsteller darf regelmäßig nicht darauf verwiesen werden, Lebensversicherungsverträge zu kündigen und den Rückkaufswert für die Prozesskosten zu verwenden.

Die Erzielung eines Verkaufserlöses aus dem Austausch von Vermögensgegenständen (Wechsel von einem teuren PKW zu einem kleineren, preisgünstigeren Wagen) kann allerdings zumutbar sein.

Die Rechtsprechung zu den Grenzen der Zumutbarkeit ist unübersichtlich und kann daher nicht umfassend dargestellt werden (vgl. Praxis-Tipp am Ende).

Kosten höher als vier Monatsraten Prozesskostenhilfe wird nicht bewilligt, wenn die Kosten der Prozessführung der Partei vier Monatsraten und die aus dem Vermögen aufzubringenden Teilbeträge voraussichtlich nicht übersteigen (§ 115 Abs. 4 ZPO).

Antrag Um Prozess-/Verfahrenskostenhilfe zu erhalten, ist ein Antrag erforderlich (§ 117 ZPO). Dieser kann schriftlich oder mündlich beim jeweiligen Gericht gestellt werden. In dem Antrag ist das Streitverhältnis ausführlich und vollständig darzustellen.

Für das Gericht muss sich hieraus die oben beschriebene Aussicht auf Erfolg der Streitsache ergeben. Auch sind dem Antrag Belege zur Überprüfung der persönlichen und wirtschaftlichen Verhältnisse beizufügen und/oder Beweismittel zu bezeichnen. Dies bedeutet, dass das Formular nicht nur sorgfältig und vollständig ausgefüllt werden, sondern auch aus sich selbst heraus verständlich sein muss. Der Richter muss es grundsätzlich nicht hinnehmen, dass ihm statt einer verständlichen Erklärung ein Konvolut von Unterlagen mit dem Ansinnen präsentiert wird, sich daraus die notwendigen Informationen selbst zusammenzusuchen. Zu den besonderen Mitwirkungspflichten einer Partei im Prozess-/Verfahrenskostenhilfeverfahren gehört es auch, Veränderungen (z. B. des Wohnsitzes) zwischen Antragstellung und Entscheidung mitzuteilen. Ferner ist zu beachten, dass der Antrag rechtzeitig gestellt wird, da eine rückwirkende Bewilligung nur ausnahmsweise unter engen Voraussetzungen in Betracht kommt.

Antragsformular Die Antragsformulare sind zur Vereinfachung des Verfahrens einheitlich gestaltet und enthalten in einem Beiblatt die wichtigsten Ausfüllhinweise. Sie sind bei jedem Gericht und den Rechtsantragsstellen der Amtsgerichte erhältlich oder im „Justizportal des Bundes und der Länder" (www.justiz.de) unter der Rubrik „Formulare" herunterzuladen. Die Verwendung des Formulars ist zwingend vorgeschrieben (§ 117 Abs. 4 ZPO). Im Zuge der Anpassung der Formvorschriften an den modernen Rechtsgeschäftsverkehr ist es zum Teil möglich, Anträge an das Gericht auch in elektronischer Form zu übermitteln (vgl. § 130a ZPO). Voraussetzung hierfür ist aber, dass eine entsprechende Rechtsverordnung der Bundes- oder Landesregierung vorliegt, die den Zeitpunkt, von dem an elektronische Dokumente bei den Gerichten wirksam eingereicht werden können, sowie deren geeignete Form (Datenformate und Signaturverfahren) bestimmt.

Beiordnung eines Rechtsanwalts

Auf die Rechtsanwaltskosten erstreckt sich die Prozesskostenhilfe nur, wenn das Gericht der antragstellenden Partei einen Rechtsanwalt beiordnet (§ 121 ZPO). Ist eine Vertretung durch Anwälte nicht vorgeschrieben (sog. „Parteiprozess"; § 121 Abs. 2, § 79 ZPO), muss die Beiordnung zusätzlich beantragt werden. Die Beiordnung eines zur Vertretung bereiten Rechtsanwalts nach Wahl der antragstellenden Partei erfolgt, wenn die Vertretung durch einen Rechtsanwalt dem Gericht erforderlich erscheint oder der Prozessgegner durch einen Rechtsanwalt vertreten wird.

Bei Vertretungszwang vor Gericht erfolgt die Beiordnung eines vertretungsbereiten Rechtsanwalts freier Wahl von „Amts wegen" (sog. „Anwaltsprozess"; § 121 Abs. 1, § 78 ZPO). Der Rechtsanwalt muss grundsätzlich in dem Bezirk des Gerichts, an dem der Rechtsstreit geführt wird, zugelassen sein. Ist dies nicht der Fall, kann das Gericht dem Beiordnungsantrag nur entsprechen, wenn der Rechtsanwalt bereit ist, auf die Vergütung von eventuellen Mehrkosten zu verzichten. Findet die Partei keinen zur Vertretung bereiten Anwalt, ordnet der Vorsitzende des Gerichts ihr auf Antrag einen Rechtsanwalt bei (sog. „Notanwalt"; § 121 Abs. 5 ZPO). Die Beiordnung im Rahmen der Bewilligung von Prozesskostenhilfe bewirkt, dass die beigeordneten Rechtsanwälte Ansprüche auf Vergütung gegen die Partei nicht geltend machen können (§ 122 Abs. 1 Nr. 3 ZPO).

Das Gericht kann verlangen, dass der Antragsteller seine tatsächlichen Angaben glaubhaft macht. Es kann Erhebungen anstellen, insbesondere die Vorlage von Urkunden anordnen und Auskünfte einholen. Zeugen und Sachverständige werden grundsätzlich nicht vernommen, es sei denn, dass auf andere Weise nicht geklärt werden kann, ob die Rechtsverfolgung oder Rechtsverteidigung hinreichende Aussicht auf Erfolg bietet und nicht mutwillig erscheint.

Wichtig:

Hat der Antragsteller innerhalb einer vom Gericht gesetzten Frist seine Angaben über seine persönlichen und wirtschaftlichen Verhältnisse nicht glaubhaft gemacht oder bestimmte Fragen nicht oder ungenügend beantwortet, so lehnt das Gericht die Bewilligung von Prozesskostenhilfe insoweit ab (§ 118 Abs. 2 Satz 4 ZPO).

Das je nach Rechtszug (Instanz) zuständige Gericht entscheidet über den Antrag ohne mündliche Verhandlung durch Beschluss (§ 127 Abs. 1 ZPO). Die Bewilligung erfolgt für jeden Rechtszug gesondert (§ 119 ZPO). Mit der Bewilligung von Prozess-/Verfahrenskostenhilfe setzt das Gericht die Höhe der sich eventuell ergebenden Monatsraten und/oder die aus dem Vermögen zu zahlenden Beträge fest (§ 120 Abs. 1 ZPO).

Die Bewilligung der Prozess-/Verfahrenskostenhilfe bewirkt nach § 122 Abs. 1 ZPO, dass

- die Bundes- oder Landeskasse die rückständigen und die entstehenden Gerichtskosten und Gerichtsvollzieherkosten, die auf sie übergegangenen Ansprüche der beigeordneten Rechtsanwälte gegen die Partei nur nach den Bestimmungen, die das Gericht trifft, gegen die Partei geltend machen kann,
- die Partei von der Verpflichtung zur Sicherheitsleistung für die Prozesskosten befreit ist,
- die beigeordneten Rechtsanwälte Ansprüche auf Vergütung gegen die Partei nicht geltend machen können.

Ist dem Kläger, dem Berufungskläger oder dem Revisionskläger Prozess-/Verfahrenskostenhilfe bewilligt und ist nicht bestimmt worden, dass Zahlungen an die Bundes- oder Landeskasse zu leisten sind, so hat dies für den Gegner die einstweilige Befreiung von den rückständigen und entstehenden Gerichtskosten und Gerichtsvollzieherkosten zur Folge (§ 122 Abs. 2 ZPO).

Das Gericht soll nach § 120 Abs. 3 ZPO die vorläufige Einstellung der Zahlungen bestimmen, wenn

- abzusehen ist, dass die Zahlungen der Partei die Kosten decken,
- die Partei, ein ihr beigeordneter Rechtsanwalt oder die Bundes- oder Landeskasse die Kosten gegen einen anderen am Verfahren Beteiligten geltend machen kann.

Wichtig:

Das Gericht kann die Entscheidung über die zu leistenden Zahlungen ändern, wenn sich die für die Prozesskostenhilfe maßgebenden persönlichen oder wirtschaftlichen Verhältnisse wesentlich geändert haben; eine Änderung der nach § 115 Abs. 1 Satz 3 Nr. 1b, 2 ZPO maßgebenden Beträge ist nur auf Antrag und nur dann zu berücksichtigen, wenn sie dazu führt, dass keine Monatsrate zu zahlen ist. Auf Verlangen des Gerichts hat sich die Partei darüber zu erklären, ob eine Änderung der Verhältnisse eingetreten ist. Eine Änderung zum Nachteil der Partei ist ausgeschlossen, wenn seit der rechtskräftigen Entscheidung oder sonstigen Beendigung des Verfahrens vier Jahre vergangen sind (§ 120 Abs. 4 ZPO).

Aufhebung der Bewilligung

Das Gericht kann nach § 124 ZPO die Bewilligung der Prozesskostenhilfe aufheben, wenn

- der Antragsteller durch unrichtige Darstellung des Streitverhältnisses die für die Bewilligung der Prozesskostenhilfe maßgebenden Voraussetzungen vorgetäuscht hat,
- er absichtlich oder aus grober Nachlässigkeit unrichtige Angaben über die persönlichen und wirtschaftlichen Verhältnisse gemacht oder eine Erklärung nach § 120 Abs. 4 Satz 2 ZPO, ob eine Änderung der Verhältnisse eingetreten ist, nicht abgegeben hat,
- die persönlichen und wirtschaftlichen Voraussetzungen für die Prozesskostenhilfe nicht vorgelegen haben; in diesem Fall ist die Aufhebung ausgeschlossen, wenn seit der rechtskräftigen Entscheidung oder sonstigen Beendigung des Verfahrens vier Jahre vergangen sind,
- die antragstellende Partei länger als drei Monate mit der Zahlung einer Monatsrate oder mit der Zahlung eines sonstigen Betrages im Rückstand ist.

Die Vorschrift des § 124 ZPO hat unbestritten Sanktionscharakter. Ihre Anwendung steht aber im Ermessen des Gerichts, das heißt, die Aufhebungsentscheidung ist nicht zwingende Rechtsfolge der beschriebenen Fälle. Das Gericht muss vielmehr im Rahmen des pflichtgemäßen Ermessens für und gegen den Antragsteller sprechende Gesichtspunkte abwägen. Erst bei einer Abwägung zuungunsten des Antragstellers ist eine Aufhebung möglich. Hierbei ist zu berücksichtigen, dass Prozesskostenhilfe eine Form der Sozialhilfe darstellt. Es ist aber so, dass nach dem Sozialhilferecht sogar derjenige, der sich öffentliche Leistungen erschleicht, Anspruch auf das behält, was ihm tatsächlich zusteht und ihm zugekommen wäre, wenn er richtige Angaben gemacht hätte. Gegebenenfalls kommt dann lediglich eine Änderung nach § 120 Abs. 4 ZPO in Betracht.

Rechtsbehelfe

Gegen Entscheidungen über die Bewilligung oder Versagung von Prozess-/Verfahrenskostenhilfe kann das Rechtsmittel der „sofortigen Beschwerde" durch den Antragsteller eingelegt werden (§ 127 Abs. 2 Satz 2 Halbsatz 1 ZPO). Dies gilt nach § 127 Abs. 2 Satz 2 Halbsatz 2 ZPO nicht, wenn der Streitwert der Hauptsache den in § 511 ZPO genannten Betrag von 600 EUR nicht übersteigt, es sei denn, das Gericht hat ausschließlich die persönlichen oder wirtschaftlichen Voraussetzungen für die Prozesskostenhilfe verneint.

Frist für die sofortige Beschwerde

§ 127 Abs. 2 Satz 3 ZPO sieht abweichend von § 569 Abs. 1 Satz 1 ZPO vor, dass die Einlegungsfrist (sog. „Notfrist") für die sofortige Beschwerde nicht zwei Wochen, sondern einen Monat beträgt. Die damit vollzogene Angleichung an die Rechtsmittelfristen im Hauptsacheverfahren rechtfertigt sich aus dem Gedanken, dass die Ablehnung der Prozess-/Verfahrenskostenhilfe für den bedürftigen Antragsteller annähernd vergleichbare Auswirkungen hat wie ein beschwerendes Urteil für die Partei. Um den Bedürftigen nicht schlechter zu stellen als die vermögende Partei, soll beiden dieselbe Überlegungsfrist eingeräumt werden. Die Notfrist beginnt, soweit nichts anderes bestimmt ist, mit der Zustellung der Entscheidung, spätestens mit dem Ablauf von fünf Monaten nach der Verkündung des Beschlusses (§ 569 Abs. 1 Satz 2 ZPO).

Gegen die Bewilligung findet nach § 127 Abs. 3 ZPO die sofortige Beschwerde der Staatskasse statt, wenn weder Monatsraten noch aus dem Vermögen zu zahlende Beträge festgesetzt worden sind. Die Beschwerde kann nur darauf gestützt werden, dass die Partei nach ihren persönlichen und wirtschaftlichen Verhältnissen Zahlungen zu leisten hat. Die Notfrist des § 569 Abs. 1 Satz 1 ZPO beträgt einen Monat und beginnt mit der Bekanntgabe des Beschlusses. Nach Ablauf von drei Monaten seit der Verkündung der Entscheidung ist die Beschwerde unstatthaft (Ausschlussfrist). Wird die Entscheidung nicht verkündet, so tritt an die Stelle der Verkündung der Zeitpunkt, in dem die unterschriebene Entscheidung der Geschäftsstelle übermittelt wird. Die Entscheidung wird der Staatskasse nicht von Amts wegen mitgeteilt. Die Notfrist beginnt damit in dem Zeitpunkt, in dem der Bezirksrevisor als Vertreter der Staatskasse entsprechend der bisherigen Praxis aufgrund stichprobenartiger Anforderung ausgewählter Prozessakten von dem Beschluss Kenntnis erhält.

Die Kosten des Beschwerdeverfahrens werden nach § 127 Abs. 4 ZPO nicht erstattet.

Bei der Antragstellung sollte man sich nicht allzu viele Gedanken darüber machen, wie Einkommen, Vermögen und abzugsfähige Beträge berechnet werden. Wichtiger ist es, die vorgesehenen Formulare vollständig und sorgfältig auszufüllen und alle erforderlichen Belege vorzulegen. Häufig werden nur Belege für das Einkommen eingereicht. Dies führt dann zu Nachfragen und unnötigen Verzögerungen. Werden Ausgaben trotz Aufforderung durch das Gericht nicht belegt, bleiben sie zum Nachteil des Antragstellers natürlich außer Ansatz. Werden bestimmte Fragen des Gerichts nicht oder nur ungenügend beantwortet oder werden die Angaben auf gerichtliches Verlangen hin nicht glaubhaft gemacht, dann wird der Antrag abgelehnt (vgl. § 118 Abs. 2 Satz 4 ZPO).

Deshalb sollten die Belege bereits bei Antragstellung vollständig beigefügt bzw. bei Aufforderung unverzüglich nachgereicht werden. Zudem sollte man ohne Rücksicht auf die zwar differenzierte, aber leider unübersichtliche und z. T. widersprüchliche Rechtsprechung alle Belastungen (Versicherungsbeiträge, Werbungskosten etc.) geltend machen.

Inhalt

1. Wohn- und Betreuungsverträge (Heimverträge)

1.1 Zivilrechtliche Grundlagen

Geltungsbereich des Heimgesetzes

Die zivilrechtlichen Grundlagen des Heimvertrages ergaben sich bisher zum einen aus dem BGB und zum anderen aus den §§ 5 bis 9 und 14 des Heimgesetzes (HeimG). Mit der Föderalismusreform wurde nur die Zuständigkeit für die ordnungsrechtlichen Vorschriften des Heimrechts (öffentliche Fürsorge nach Art. 74 Abs. 1 Nr. 7 GG) auf die Länder übertragen. Das Heimgesetz ist aber in den Ländern weiter anzuwenden, die noch kein eigenes Heimgesetz erlassen haben.

Hier eine Übersicht, ob und welches „Länder-Heimgesetz" in den einzelnen Bundesländern geschaffen wurde:

Bundesland	Länder-Heimgesetz
Baden-Württemberg	Landesheimgesetz
Bayern	Gesetz zur Regelung der Pflege-, Betreuungs- und Wohnqualität im Alter und bei Behinderung (Pflege- und Wohnqualitätsgesetz – PfleWoqG)
Berlin	Gesetz zur Teilhabe und zum Schutz von Menschen in gemeinschaftlich betreuten Wohnformen Berlin (Wohnteilhabegesetz)
Brandenburg	Gesetz über das Wohnen mit Pflege und Betreuung des Landes Brandenburg (Brandenburgisches Pflege- und Betreuungswohngesetz – BbgPBWoG)
Bremen	Bremisches Wohn- und Betreuungsgesetz (BremWoBeG)
Hamburg	Hamburgisches Gesetz zur Förderung der Wohn- und Betreuungsqualität älterer, behinderter und auf Betreuung angewiesener Menschen (Hamburgisches Wohn- und Betreuungsqualitätsgesetz – HmbWBG)
Hessen	–

Bundesland	Länder-Heimgesetz
Mecklenburg-Vorpommern	Gesetz zur Förderung der Qualität in Einrichtungen für Pflegebedürftige und Menschen mit Behinderung sowie zur Stärkung ihrer Selbstbestimmung und Teilhabe (Einrichtungenqualitätsgesetz – EQG M-V)
Niedersachsen	Landesheimgesetz
Nordrhein-Westfalen	Gesetz über das Wohnen mit Assistenz und Pflege in Einrichtungen (Wohn- und Teilhabegesetz)
Rheinland-Pfalz	Landesgesetz über Wohnformen und Teilhabe (LWTG)
Saarland	Gesetz zur Sicherung der Wohn-, Betreuungs- und Pflegequalität für ältere Menschen sowie Pflegebedürftige und behinderte Volljährige (Landesheimgesetz Saarland – LHeimGS)
Sachsen	–
Sachsen-Anhalt	–
Schleswig-Holstein	Gesetz zur Stärkung von Selbstbestimmung und Schutz von Menschen mit Pflegebedarf oder Behinderung (Selbstbestimmungsstärkungsgesetz – SbStG)
Thüringen	–

1.2 Das Wohn- und Betreuungsvertragsgesetz (WBVG)

Der Bundestag hat am 29. 5. 2009 das Gesetz zur Neuregelung der zivilrechtlichen Vorschriften des Heimgesetzes nach der Föderalismusreform verabschiedet (zu den Einzelheiten vgl. Bundesgesetzblatt I 2009, S. 2319). In Art. 1 dieses Gesetzes findet sich als Kernstück das Gesetz zur Regelung von Verträgen über Wohnraum mit Pflege- oder Betreuungsleistungen (Wohn- und Betreuungsvertragsgesetz – WBVG). Das Gesetz ist am 1. 10. 2009 in Kraft getreten. Die §§ 5 bis 9 und 14 Abs. 2 Nr. 4, Absatz 4, 7 und 8 des Heimgesetzes sind zum 30. 9. 2009 außer Kraft getreten, § 17 Abs. 1 WBVG.

Verhältnis des WBVG zu den Heimgesetzen der Länder

Das WBVG hat die vertragsrechtlichen Vorschriften des Heimgesetzes weiter entwickelt. Da es sich insoweit um Vorschriften des bürgerlichen Rechts (Art. 74 Abs. 1 Nr. 1 GG) handelt, werden dadurch abweichende landesrechtliche Regelungen verdrängt. Solange die (neuen!) Heimgesetze der Länder nicht angepasst sind, muss bei jeder Norm geprüft werden, ob es sich um identische Regelungsbereiche handelt, so dass die Ländergesetze insoweit verdrängt werden (Art. 72 Abs. 1 GG). Beispielhaft sei erwähnt die Regelung der Kürzung des Entgelts bei einer Abwesenheit des Bewohners über drei Tage in § 7 Abs. 5 WBVG, Art. 5 Abs. 1 Satz 2 PfleWoqG (Bayern) und § 5 Abs. 7 LHeimG (Baden-Württemberg). Diese Kompetenzprobleme werden zumindest in der Übergangszeit Rechtsunsicherheit auslösen und gerichtliche Entscheidungen provozieren.

Übergangsvorschriften für Altverträge

Das WBVG gilt zum einen für alle nach dem 30. 9. 2009 abgeschlossenen Verträge. Entsprechend der Überleitungsvorschrift in § 17 WBVG gilt das neue Recht für alle früher abgeschlossenen Heimverträge i. S. d. § 5 Abs. 1 Satz 1 des Heimgesetzes ab dem 1. 5. 2010. Vor der erforderlichen Anpassung der Altverträge muss der Bewohner gemäß § 17 Abs. 1 Satz 3, § 3 WBVG „in Textform und in leicht verständlicher Sprache“ informiert werden.

Anwendungsbereich

§ 1 Abs. 1 Satz 1 WBVG definiert den Vertrag als Vereinbarung der „Überlassung von Wohnraum und zur Erbringung von Pflege- oder Betreuungsleistungen …, die der Bewältigung eines durch Alter, Pflegebedürftigkeit oder Behinderung bedingten Hilfebedarfs dienen“. Zum Anwendungsbereich enthält das WBVG in den §§ 1, 2 weitere Erläuterungen, Einschränkungen und Ausnahmen.

Verbraucher, Unternehmer

Im Sinne eines modernen Verbraucherschutzrechts werden die Begriffe Verbraucher (§ 13 BGB) und Unternehmer (§ 14 BGB) als Bezeichnung der Vertragsparteien verwendet. Damit finden sich die gewohnten Begriffe wie Träger, Heimträger und Bewohner nur noch in den Landesgesetzen.

Ziele des WBVG

Das WBVG ist somit auch terminologisch als „Verbraucherschutzgesetz" ausgewiesen. Es soll den speziellen Anliegen beim Abschluss der klassischen „Heimverträge" gerecht werden. Dabei geht es um die Bedürfnisse von Menschen im Alter, bei Pflegebedarf und bei Behinderung. Entsprechend einem neuen Qualitätsverständnis in der Pflege soll die „Selbstständigkeit und Selbstverantwortung" der Verbraucher durch „Hilfe zur Selbsthilfe" stärker als bisher unterstützt werden.

Dazu dienen zahlreiche Transparenz-, Aufklärungs- und Schutzvorschriften, die naturgemäß sehr viel Auslegungsbedarf, Unklarheit und Unsicherheit in sich bergen. Eine tiefergehende Darstellung ist daher derzeit noch nicht möglich, so dass die neuen Vorschriften nur in Grundzügen dargelegt werden.

1.3 Rechte und Pflichten beim Wohn- und Betreuungsvertrag (Heimvertrag)

Aufgabenkreis überprüfen

Zunächst muss der Betreuer im Hinblick auf den Vertrag seinen Aufgabenkreis überprüfen. Zum Abschluss eines Vertrages und zur Wahrnehmung der daraus resultierenden Rechte und Pflichten berechtigen Aufgabenkreise wie „Abschluss und Kontrolle eines Heimvertrages", „Vermögensverwaltung", „Vermögenssorge und Aufenthaltsbestimmung" oder „Heimangelegenheiten". Auch der Aufgabenkreis „Wohnungsangelegenheiten" dürfte genügen, da es nach § 1 WBVG auch um die „Überlassung von Wohnraum" geht.

Dauer, Kündigung und Befristung

Gemäß § 4 WBVG (bisher § 8 Abs. 1 HeimG) wird ein Heimvertrag grundsätzlich auf unbestimmte Zeit und schriftlich abgeschlossen. Eine Befristung kann nur vereinbart werden, wenn sie den Interessen des Verbrauchers nicht widerspricht. Im Einzelfall kann also eine befristete Aufnahme vereinbart werden, wenn es sich z. B. um eine Kurzzeitpflege handelt. Der Heimbewohner kann den Heimvertrag spätestens am dritten Werktag eines Kalendermonats zum Ablauf desselben (schriftlich) kündigen, § 11 WBVG (bisher § 8 Abs. 2 Satz 1 HeimG).

Keine Genehmigungspflicht

Zwar verpflichtet ein Heimvertrag den Betreuten zu wiederkehrenden Leistungen, § 7 Abs. 2 WBVG (§ 1 Abs. 1 HeimG), eine betreuungsgerichtliche Genehmigung zum Abschluss des Heimvertrags gemäß § 1907 Abs. 3 BGB scheidet aber durch die Regelungen des WBVG aus, da die Vertragsdauer auf unbestimmte Zeit läuft und jederzeit vor Ablauf von vier Jahren beendet werden kann.

Die entgegenstehende Ansicht von *Harm* (Rpfleger 2012, 54), welche die Anwendung des § 1907 Abs. 3 BGB mit der Begründung bejaht, dass ein handlungs- und entscheidungsunfähiger Betreuter der Vertragsdauer auf unbestimmte Zeit unterworfen und dem Wohl und Wehe des Betreuers ausgeliefert wäre, ist durchaus beachtenswert. Dennoch ist ihr nicht zu folgen, da das Vertragsverhältnis nicht ausdrücklich über vier Jahre hinaus andauern soll und vom (geschäftsfähigen) Betreuten selbst bzw. bei dessen Handlungsunfähigkeit durch den Betreuer mit kurzer Frist aufgelöst werden kann. Damit ist der Schutz des Betreuten vor langer Bindung gegeben.

Schließt der geschäftsfähige, nicht mit einem Einwilligungsvorbehalt versehene Betreute selbst einen Heimvertrag, ist eine Mitwirkung des Betreuers nicht erforderlich. War aber der Betreute geschäftsunfähig oder wurde ein Einwilligungsvorbehalt angeordnet, so hängt die Wirksamkeit des Vertrages von der Genehmigung des Vorsorgebevollmächtigten oder Betreuers ab (§ 4 Abs. 2 Satz 1 und 2 WBVG, § 108 Abs. 2 BGB). Der Vertrag ist schwebend unwirksam, wobei die Wirksamkeit nur von der Entscheidung des Betreuers abhängt. Dem Unternehmer steht nur ein Auflösungsrecht aus wichtigem Grund zu (vgl. dazu § 4 Abs. 2 WBVG). In Abweichung zu § 105 BGB gilt der Vertrag allerdings als wirksam für bereits „bewirkte Leistungen".

Schutzvorschriften

Zum Schutz des Verbrauchers enthält das WBVG u. a. noch folgende Regelungen:

- Anspruch auf vorvertragliche Informationen in leicht verständlicher Sprache über Leistungen, Entgelte und das Ergebnis von Qualitätsprüfungen (§ 3 WBVG)
- Entgelt muss angemessen sein (§ 7 Abs. 2 Satz 1 WBVG)
- Entgelterhöhung nur unter bestimmten Voraussetzungen und mit Begründung (§ 9 WBVG)
- Bei Änderungen des Pflege- oder Betreuungsbedarfs muss der Unternehmer eine entsprechende Anpassung anbieten (§ 8 WBVG)
- Besondere Kündigungsgründe für den Verbraucher (§ 11 WBVG)
- Kündigung für den Unternehmer nur aus wichtigem Grund möglich (§ 12 WBVG)
- Von den Vorschriften des WBVG zum Nachteil des Verbrauchers abweichende Vereinbarungen sind unwirksam (§ 16 WBVG)
- Erbringt der Unternehmer die vertraglichen Leistungen ganz oder teilweise nicht oder weisen sie nicht unerhebliche Mängel auf, kann der Verbraucher unbeschadet weitergehender zivilrechtlicher Ansprüche bis zu sechs Monate rückwirkend eine angemessene Kürzung des vereinbarten Entgelts verlangen (§ 10 WBVG)

1.4 Beendigung eines Wohn- und Betreuungsvertrags (Heimvertrag)

1.4.1 Tod des Heimbewohners

Der Heimvertrag endet durch den Tod des Heimbewohners, § 4 Abs. 3 Satz 1 WBVG.

Keine Investitionskosten nach dem Tod des Heimbewohners

Eine Fortgeltung des Vertrags kann für die Überlassung des Wohnraums gegen Fortzahlung der darauf entfallenden Entgeltbestandteile vereinbart werden, soweit ein Zeitraum von zwei Wochen nach dem Sterbetag des Verbrauchers nicht überschritten wird. In diesen Fällen ermäßigt sich das geschuldete Entgelt um den Wert der ersparten Aufwendungen des Unternehmers, § 4 Abs. 3 Satz 3 und 4 WBVG. Soweit im Wohn- und Betreuungsvertrag eine Klausel enthalten ist, nach der nach dem Versterben des Heimbewohners noch die Entgeltbestandteile für Investitionskosten zu zahlen sind, ist diese gemäß § 307 Abs. 1, Abs. 2 Nr. 1 BGB i. V. m. § 16 WBVG unwirksam. Es können nur Entgeltansprüche gefordert werden, welche für die Überlassung des Wohnraums geschuldet sind, nicht jedoch solche für Investitionen gemäß § 3 Abs. 3 Satz 1 Nr. 3 WBVG.

1.4.2 Kündigung oder Auflösungsvertrag

Kündigung und Auflösungsvertrag

Der Wohn- und Betreuungsvertrag kann durch Kündigung seitens des Heimbewohners (Betreuten) gemäß § 11 WBVG oder des Heimbetreibers nach § 12 WBVG beendet werden. Jederzeit kann das Vertragsverhältnis durch einen Auflösungsvertrag beendet werden.

Betreuungsgerichtliche Genehmigung

Fraglich könnte sein, ob die Kündigung oder einvernehmliche Auflösung eines Heimvertrags unter § 1907 Abs. 1 BGB fällt. Bei einem Heimvertrag besteht neben anderen Leistungen auch die Verpflichtung des Heimträgers, dem Betreuten ein Wohnrecht einzuräumen. Da nach § 7 WBVG ein (bestimmter) Wohnraum zu überlassen ist, findet § 1907 Abs. 1 BGB Anwendung (siehe u. a. auch *MünchKomm/Schwab*

6. Aufl. § 1907 Rdnr. 8). Der Ansicht von *Harm* (Rpfleger 2012, 53), dass § 1907 Abs. 1 BGB nicht angewendet werden kann, weil der Heimvertrag kein „Mietvertrag" im engeren Sinne ist, kann nicht gefolgt werden.

Würde man die Anwendung des § 1907 Abs. 1 BGB verneinen, so greift subsidiär der Genehmigungstatbestand nach §§ 1908i Abs. 1, 1812 Abs. 1 Satz 1 BGB. Beendet der Betreuer im Namen des Betreuten das Heimvertragsverhältnis, verfügt er damit über Forderungen des Betreuten, welche dieser aus dem Vertragsverhältnis hat (hier ist die entgegenstehende Ansicht von *Harm*, Rpfleger 2012, 55 unzutreffend). Der befreite Betreuer (§ 1908i Abs. 2 Satz 2 BGB) unterliegt diesem Genehmigungstatbestand allerdings nicht, §§ 1908i Abs. 1, 1852 Abs. 2 BGB.

1.4.3 Rückgabe des Wohnraums

Nicht explizit geregelt ist die Rückgabe des Wohnraums nach Vertragsbeendigung. Insoweit ist auf die mietrechtlichen Bestimmungen, hier § 546 BGB zurückzugreifen. Danach ist der Wohnraum geräumt an den Leistungserbringer zurückzugeben. Notfalls ist auf Räumung zu klagen.

Selbsträumung ist verbotene Eigenmacht

Eine Befugnis zur eigenmächtigen Inbesitznahme der Räumlichkeiten nebst Inventar sieht das Gesetz nicht vor. Eine Räumung ohne gerichtlichen Titel oder Erlaubnis des Gewahrsamsinhabers stellt verbotene Eigenmacht i. S. v. § 858 BGB dar.

Selbsträumungsklausel ist unwirksam

Sofern der Vertrag eine Klausel enthält, die fordert, dass der Bewohner bzw. seine Erben bis zum Ende des Vertragsverhältnisses die eingebrachten Sachen zu entfernen sind, anderenfalls der Heimbetreiber die Sachen auf Kosten des Bewohners oder dessen Erben entfernen oder anderweitig einlagern kann, ist diese Klausel (Befugnis zur Selbsträumung durch den Leistungserbringer) nach §§ 307 Abs. 1, Abs. 2 Nr. 1 BGB unwirksam, *LG Berlin* vom 13. 11. 2012, Az. 15 O 181/12; *LG Mainz* vom 31. 5. 2013, Az. 4 O 113/12; *KG Berlin* vom 17. 5. 2013, Az. 23 U 276/12.

1.5 Barbetrag zur persönlichen Verfügung (Taschengeld)

1.5.1 Barbeträge werden angesammelt

Angesammelter Barbetrag zählt als Vermögen

Es kommt häufig vor, dass Barbetragsleistungen (vgl. § 27b Abs. 2 Satz 1 SGB XII) nicht verbraucht werden, und so durch Ansammlung der Schonbetrag nach der VO zu § 90 Abs. 2 Nr. 9 SGB XII überschritten wird. Dabei ist zu beachten, dass mit Beginn des Kalendermonats, der auf den Monat der Zahlung folgt, der angesparte Barbetrag zum Vermögen des Betreuten zählt.

Mitteilungspflicht an Leistungsträger

Nach § 60 SGB I muss der Leistungsberechtigte (oder gegebenenfalls sein Betreuer) die Änderung dieser Verhältnisse dem Leistungsträger mitteilen. Dies würde letztlich bedeuten, dass der übersteigende Betrag für den (laufenden) Lebensunterhalt einzusetzen ist, und zukünftig die Leistung verringert wird, § 27b Abs. 2 Satz 4 SGB XII. Denkbar könnte eine Vereinbarung mit dem Leistungsträger sein, dass eine Ansparung für eine demnächst erforderliche und zweckentsprechende größere Anschaffung verwendet werden darf.

Rückzahlungsverpflichtung

Kann kein Verbrauch für den Lebensunterhalt erfolgen und keine Vereinbarung getroffen werden, bezieht der Betreute zu Unrecht die Leistungen und ist nach § 104 SGB XII zur Rückzahlung verpflichtet; diese Pflicht trifft auch den Betreuer.

1.5.2 Barbetrag wird zur Schuldentilgung verwendet

Der Barbetrag dient grundsätzlich nicht der Vermögensansammlung oder Schuldentilgung. Im Übrigen ist die Zahlung als Teil der Sozialhilfe nicht pfändbar, § 17 Abs. 1 Satz 2 SGB XII.

Wird der Barbetrag angespart, bildet er Vermögen und unterliegt der Pfändung durch Gläubiger.

Zur Möglichkeit der Ansparung siehe Abschnitt 1.5.1. Ob mit dem Leistungsträger eine Vereinbarung dahin gehend getroffen werden kann, die angesparten Beträge zur Schuldentilgung zu verwenden, ist äußerst zweifelhaft.

1.5.3 Barbetragsverwaltung in vollstationärer Einrichtung

Unterschiedliche Regelungen der Geldverwaltung

Inwieweit die Verwaltung des Barbetrags der Heimbewohner zu den Regelleistungen der Heime im Rahmen der sozialen Betreuung gehört, ist in den Rahmenverträgen zu § 75 SGB XI in den einzelnen Bundesländern unterschiedlich ausgestaltet. So gilt z. B. in Nordrhein-Westfalen, dass die Verwaltung zu den Regelleistungen gehört, sofern diese nicht von Bewohnern/innen, von Angehörigen oder gesetzlichen Betreuern sichergestellt werden kann, während in Mecklenburg-Vorpommern die Geldverwaltung als grundsätzliche Angelegenheit der Bewohner, Angehörigen oder Betreuer gesehen wird, diese aber vom Heim nach § 662 BGB entgeltlich als zusätzlicher Bestandteil der sozialen Betreuung erfolgen kann, wenn dies vom Bewohner, Angehörigen oder Betreuer gewünscht wird, ohne dass dies notwendig ist.

Zur Frage, unter welchen Voraussetzungen ein Heimträger verpflichtet ist, die seinem geistig behinderten Bewohner bewilligten Barbeträge zur persönlichen Verfügung zu verwalten, wenn dieser neben dem Lebensunterhalt in Einrichtungen Eingliederungshilfe für behinderte Menschen in Form der Leistungen zur Teilhabe am Leben in der Gemeinschaft oder Hilfe zur Pflege erhält, hat der *BGH* am 2. 12. 2010 entschieden (BtPrax 2011, 78). In der Entscheidung führt der *BGH* u.a. aus, dass nach den Bestimmungen des Rahmenvertrags (hier Sachsen-Anhalt) die Verwaltung der Barbeträge eine mögliche Leistung der Eingliederungshilfe ist, auch wenn sie nicht in dem exemplarischen Leistungskatalog des § 54 SGB XII aufgenommen ist. Der nach § 35 Abs. 2 Satz 1 SGB XII zu gewährende Barbetrag dient der Befriedigung persönlicher Bedürfnisse, insbesondere der Erhaltung der Beziehungen zur Umwelt, der Teilnahme am kulturellen und gesellschaftlichen Leben und der Befriedigung allgemeiner Informationsbedürfnisse. Seine Verwaltung ist für Personen, die wegen ihrer geistigen Behinderung hiervon nicht selbstverantwortlich Gebrauch machen können, eine Maßnahme, die im Sinn des § 53 Abs. 3 SGB XII die Folgen der Behinderung mildern sowie die Teilnahme am Leben in der Gemeinschaft ermöglichen oder erleichtern kann.

Betreuer muss nicht verwalten, sondern organisieren

Weiter hat der BGH (s. o.) entschieden, dass die für den Aufgabenbereich der Vermögenssorge eingerichtete Betreuung den Betreuer nicht zu tatsächlichen Hilfeleistungen für den Betroffenen verpflichtet, sondern nur zu deren Organisation. Sie erübrigt daher in Ansehung der Verwaltung der Barbeträge entsprechende Leistungen der Sozialhilfe nicht.

Heimträger übernehmen häufig (vertraglich) die Verwaltung des Barbetrags.

Beispiel aus einem Heimvertrag:

Die Einrichtung übernimmt im Einzelfall die Verwaltung des Barbetrages, soweit sie nicht durch den Bewohner selbst, den Betreuer oder sonstige Dritte geleistet werden kann.

Hierzu gibt es eine (etwas schwer verständlich abgefasste) *Entscheidung des Sächsischen Oberverwaltungsgerichts vom 13. 12. 2005, Az. 4 B 886/04.*

1. Zunächst stellt das Gericht fest, dass die Verwaltung des Barbetrages durch ein Pflegeheim für einen Heimbewohner, der wegen seiner Krankheit oder Behinderung seinen Barbetrag nicht selber verwalten kann, eine der sozialen Betreuung i. S. v. § 28 Abs. 1 Nr. 8 SGB XI zuzuordnende Unterstützungsleistung ist.

Heim darf keine Kosten erheben

2. Die Erhebung von gesonderten Kosten für die Verwaltung von Taschengeld für Pflegebedürftige durch Pflegeheime ist unzulässig. Ein Pflegeheim ist durch die Regelungen des SGB XII und der sozialen Pflegeversicherung auch verpflichtet, die Heimbewohner sozial zu betreuen. Diese Leistung ist deshalb bereits Bestandteil der allgemeinen und vergüteten Pflegeleistungen. Im Rahmen dieser sozialen Betreuungsleistung muss das Pflegeheim diejenigen Leistungen erbringen, die typischerweise ansonsten von der Familie oder nahe stehenden Personen geleistet würden, wenn der Pflegebedürftige außerhalb eines Heimes bei ihnen wohnen würde.

Heimbewohner muss nicht aus Barbetrag leisten

3. Erhebt das Pflegeheim Kosten, hat der Pflegeheimbewohner diese nicht durch Einsatz seines Barbetrags zu bestreiten. Das Pflegeheim ist wegen § 84 Abs. 4 SGB XI, wonach mit den Pflegesätzen alle für die Versorgung des Pflegebedürftigen erforderlichen Pflegeleistungen abgegolten sind, nicht berechtigt, einen – aus seiner Sicht – nicht gedeckten Aufwand „privat“ in Rechnung zu stellen. Eine zusätzliche Vergütung des Pflegeheims kann auch nicht im Wege einer Vereinbarung mit dem Pflegebedürftigen über eine Zusatzleistung i. S. v. § 88 SGB XI erfolgen.

Sozialhilfeträger muss zunächst Kosten tragen

4. Sollte das Pflegeheim beim Heimbewohner Kosten bereits eingefordert haben, kann dieser vom (Sozialhilfe-)Leistungsträger Ersatz im Rahmen der Hilfe zur Pflege (§ 61 SGB XII) beanspruchen. Dagegen spricht nicht, dass der Leistungsträger durch die Kostenübernahme letztlich eine Leistung des Pflegeheims vergütet, obgleich diese nach § 84 Abs. 4 SGB XI durch den Pflegesatz bereits abgegolten ist und das Pflegeheim nicht berechtigt war, einen aus seiner Sicht durch den Pflegesatz nicht gedeckten Aufwand dem Pflegebedürftigen in Rechnung zu stellen. Streitigkeiten über diese Kosten müssen zwischen dem Sozialhilfeträger und dem Heimträger und nicht auf dem Rücken des Heimbewohners ausgetragen werden.

Keine Verpflichtung, den Barbetrag zu verwalten

5. Der Betreuer ist nicht zur Verwaltung des Barbetrags verpflichtet, weil die Betreuung selbst gegenüber anderen Hilfen nachrangig ist (§ 1896 Abs. 2 BGB). Diese Subsidiarität der Betreuung bezieht sich auch auf behördliche Hilfen in Sozialhilfeangelegenheiten, wie etwa bei der Verwaltung des Barbetrages.

1.5.4 Rechnungslegung über Taschengeldkonto

Überlässt der Betreuer dem im Pflegeheim lebenden Betreuten monatlich ein Taschengeld zur freien Verfügung und verwaltet das Heim die auf dem Taschengeldkonto einbezahlten Beträge, ist der Betreuer nicht zu einer Rechnungslegung für dieses Konto verpflichtet. Zwar erstreckt sich die Rechnungslegung auf das gesamte zu verwaltende Vermögen, auch auf dasjenige, das kraft Gesetzes einer Drittverwaltung unterliegt, jedoch liegt hier keine solche Drittverwaltung kraft Gesetzes vor. Vielmehr überlässt der Betreuer dem Betreuten den jeweiligen Betrag zur freien Verfügung, auch wenn es speziell auf ein dafür errichtetes Konto eingezahlt wird. Damit unterliegen diese Gelder nicht der jährlichen Abrechnung, vielmehr hat der Betreuer nur nachzuweisen, wo sie entnommen worden sind. Dabei spielt es keine Rolle, ob es sich um ein Bankkonto oder um ein internes Konto des Pflegeheims handelt. Es reicht völlig aus, wenn der Betreuer in seiner jährlichen Abrechnung die monatlichen Taschengeldzahlungen aufführt; einen Kontoauszug über das Konto hat er nicht vorzulegen. Die Rechtslage wäre anders zu beurteilen, wenn Anhaltspunkte für missbräuchliche Verwendungen gegeben wären. *LG Mönchengladbach*, Beschluss vom 17. 2. 2010, Az. 5 T 529/09; siehe auch *LG Leipzig*, Beschluss vom 26. 9. 2002, Az. 16 T 3093/02.

1.6 Verbot von Zuwendungen

Geringwertige Geschenke

Gemäß § 14 Abs. 5 HeimG sowie den weitgehend gleichlautenden Ländervorschriften (Art. 8 Abs. 1 PfleWoqG in Bayern und § 14 Abs. 1 LHeimG in Baden-Württemberg), ist es der Leitung, den Beschäftigten oder sonstigen Mitarbeiterinnen oder Mitarbeitern des Heims untersagt, sich von oder zugunsten von Bewohnerinnen und Bewohnern neben der vom Träger erbrachten Vergütung Geld- oder geldwerte Leistungen für die Erfüllung der Pflichten aus dem Heimvertrag versprechen oder gewähren zu lassen. Dies gilt nicht, soweit es sich um geringwertige Aufmerksamkeiten handelt.

Die Vorschrift verfolgt im Wesentlichen drei Zwecke:

- Erstens soll verhindert werden, dass die Hilf- oder Arglosigkeit alter und pflegebedürftiger Menschen in finanzieller Hinsicht ausgenutzt wird. Sie sollen vor der nochmaligen oder überhöhten Abgeltung von Pflegeleistungen bewahrt werden.
- Zweitens soll der Heimfriede geschützt werden. Es soll verhindert werden, dass durch die Gewährung von finanziellen Zusatzleistungen oder Zusatzversprechen eine unterschiedliche (privilegierende oder benachteiligende) Behandlung der Bewohner eines Altenheimes eintritt.
- Drittens dient die Vorschrift auch dazu, die Testierfreiheit der Heimbewohner zu sichern. Die Vorschrift soll alte Menschen davor bewahren, dass ihr Recht auf freie Verfügung von Todes wegen durch offenen oder versteckten Druck faktisch gefährdet wird.

Dieses Verbot gilt nicht nur für das Versprechen oder Gewähren von Seiten des Bewohners, sondern auch von dritter Seite, z. B. von den Angehörigen des Bewohners, wie der Wortlaut „zugunsten von Bewohnerinnen und Bewohnern“ klar zu erkennen gibt. In diesem Fall ist jedenfalls der zuvor genannte zweite Schutzzweck des Gesetzes berührt; denn es liegt auf der Hand, dass die Gewährung oder Verweigerung von finanziellen Vorteilen durch Dritte, die dem Heimbewohner nahe stehen, die Art seiner Behandlung durch den Heimträger bzw. dessen Personal beeinflussen können, was im Einzelfall den Heimfrieden im vorgenannten Sinne gefährden kann.

Erbeinsetzung ohne Wissen des Begünstigten

Zwar ist die Vorschrift nicht anwendbar, wenn ein Heimträger ohne sein Wissen von einem Heimbewohner zum Erben eingesetzt wird und die ihm zugefallene Erbschaft nicht ausschlägt (*BayObLG* FamRZ 1991, 1354). In einem solchen Fall ist der Schutzzweck der Vorschrift nicht berührt, da der Träger in seinem Verhalten gegenüber dem Bewohner nicht beeinflusst wird. Anders liegt dies jedoch, wenn ein Angehöriger eines Heimbewohners den Träger zum Erben bzw. Vermächtnisnehmer einsetzt und der Heimbewohner weiterhin in der Einrichtung dieses Trägers lebt und deren Dienste in Anspruch nimmt.

Definition der Leistungen

Eine Geld- oder geldwerte Leistung ist jede Zuwendung an Geld oder sonstigen Sachen, Rechten oder Diensten, deren Wert in Geld ausgedrückt werden kann, also auch die Hingabe von Immobilien.

Siehe hierzu auch *OLG München* (BtPrax 2006, 186).

1.7 Heimentgelt

1.7.1 Leistungen des Unternehmers (Trägers) und Entgelte

Im Wohn- und Betreuungsvertrag sind die Rechte und Pflichten des Unternehmers und der Verbraucher, insbesondere die Leistungen des Unternehmers und das von der Bewohnerin oder dem Bewohner insgesamt zu entrichtende Entgelt zu regeln.

Der Vertrag muss die Leistungen des Unternehmers nach „Art, Inhalt und Umfang einzeln beschreiben". Es müssen die für „diese Leistungen zu zahlenden Entgelte, getrennt nach Überlassung des Wohnraums, Pflege- oder Betreuungsleistungen, gegebenenfalls Verpflegung sowie weiteren Leistungen angegeben werden, § 6 Abs. 3 Nr. 1 und 2 WBVG (bisher § 5 Abs. 3 HeimG).

Der Unternehmer hat den Verbraucher vor Vertragsabschluss in Textform und in leicht verständlicher Sprache über sein allgemeines Leistungsangebot und über den wesentlichen Inhalt seiner für den Verbraucher in Betracht kommenden Leistungen zu informieren, § 3 WBVG. Dazu zählen z. B.:

- Ausstattung und Lage des Gebäudes
- Einrichtungen, zu denen der Verbraucher Zugang hat
- Ergebnisse der Qualitätsprüfungen
- Leistungen nach Art, Inhalt und Umfang
- Darstellung des Wohnraums, der Pflege- oder Betreuungsleistungen
- Das den Pflege- oder Betreuungsleistungen zugrunde liegende Leistungskonzept
- Voraussetzungen für mögliche Leistungs- und Entgeltveränderungen

Die Informationen nach § 3 müssen als Vertragsgrundlage benannt und mögliche Abweichungen von den vorvertraglichen Informationen gesondert kenntlich gemacht werden (§ 6 Abs. 3 Nr. 3 WBVG).

In Verträgen mit Personen, die Leistungen nach der sozialen Pflegeversicherung in Anspruch nehmen, müssen Art, Inhalt und Umfang der Leistungen sowie die jeweiligen Entgelte den Regelungen der Pflegeversicherung entsprechen sowie die gesondert berechenbaren Investitionskosten ausgewiesen werden. In Verträgen mit Personen, denen Hilfe in Einrichtungen nach dem SGB XII gewährt wird, müssen Art, Inhalt und Umfang der Leistungen sowie die jeweiligen Entgelte den aufgrund des 10. Kapitels des SGB XII getroffenen Vereinbarungen entsprechen.

Das Entgelt sowie die Entgeltbestandteile müssen im Verhältnis zu den Leistungen angemessen sein (§ 7 Abs. 2 WBVG). Sie sind für alle Bewohnerinnen und Bewohner einer Einrichtung nach einheitlichen Grundsätzen zu bemessen. Eine Differenzierung ist zulässig, soweit eine öffentliche Förderung von betriebsnotwendigen Investitionsaufwendungen nur für einen Teil eines Heims erfolgt ist. Dagegen ist eine Differenzierung nach Kostenträgern grundsätzlich unzulässig nach § 7 Abs. 3 Satz 1 WBVG.

Zusatzbetrag ist unzulässig

Zum Beispiel ist die Wäschekennzeichnung in Pflegeheimen als Teil der Regelleistung „Wäscheversorgung" mit den Pflegesätzen abgegolten und nicht als Zusatzleistung gesondert zu vergüten, *VGH Kassel* vom 8. 8. 2013, 10 A 902/13. Die Erhebung eines Zusatzbetrags für die Wäschekennzeichnung verstößt gegen § 84 Abs. 4 SGB XI.

Beitrittserklärungen Dritter

Erklärungen Dritter im Zusammenhang mit dem Abschluss eines Heimvertrags zur Kurzzeit- oder Verhinderungspflege, wonach sich der Erklärende gegenüber dem Heimbetreiber verpflichtet, neben dem zu Pflegenden (Pflegegast) für Verpflichtungen aus dem Heimvertrag aufzukommen (Beitrittserklärung), sind unwirksam, da sie gegen §§ 14 und 16 WBVG i. V. m. § 307 Abs. 1, Abs. 2 Nr. 1 BGB verstoßen, *LG Mainz* vom 31. 5. 2013, 4 O 113/12.

1.7.2 *Erstattung ersparter Aufwendungen*

Soweit der Verbraucher länger als drei Tage abwesend ist, muss sich der Unternehmer den Wert der dadurch ersparten Aufwendungen kraft Gesetzes (§ 7 Abs. 5 WBVG) auf seinen Entgeltanspruch anrechnen lassen. Im Vertrag kann eine Pauschalierung des Anrechnungsbetrags vereinbart werden. In Verträgen mit Verbrauchern, die Leistungen nach der sozialen Pflegeversicherung in Anspruch nehmen, ergibt sich die Höhe des Anrechnungsbetrags aus den in § 87a Abs. 1 Satz 7 SGB XI genannten Vereinbarungen.

1.7.3 *Kürzung des Heimentgelts*

Erbringt der Unternehmer die vertraglichen Leistungen ganz oder teilweise nicht oder weisen sie nicht unerhebliche Mängel auf, kann die Bewohnerin oder der Bewohner (Verbraucher) unbeschadet weitergehender zivilrechtlicher Ansprüche grundsätzlich bis zu sechs Monate rückwirkend eine angemessene Kürzung des vereinbarten Heimentgelts verlangen, § 10 WBVG (bisher § 5 Abs. 11 HeimG).

1.7.4 *Anpassungspflicht, § 8 WBVG*

Ändert sich der Pflege- oder Betreuungsbedarf des Verbrauchers, muss der Unternehmer eine entsprechende Anpassung der Leistungen anbieten. Der Verbraucher kann das Angebot ganz oder auch teilweise annehmen. Die Leistungspflicht des Unternehmers und das vom Verbraucher zu zahlende angemessene Entgelt erhöhen oder verringern sich in dem Umfang, in dem der Verbraucher das Angebot angenommen hat. Besonderheiten gelten auch hier für Verbraucher, die Leistungen nach der sozialen Pflegeversicherung in Anspruch nehmen oder bei Gewährung von Hilfe in Einrichtungen nach SGB XII. Eine Pflicht zur Anpassung durch den Unternehmer kann nur durch gesonderte Vereinbarung mit dem Verbraucher ausgeschlossen werden, wobei ein berechtigtes Interesse in der Vereinbarung begründet wird.

1.7.5 *Erhöhung des Entgelts, § 9 WBVG*

Der Unternehmer kann gemäß § 9 WBVG eine Erhöhung des Entgelts verlangen, wenn sich die bisherige Berechnungsgrundlage verändert und sowohl die Erhöhung als auch das erhöhte Entgelt angemessen sind. Entgelterhöhungen aufgrund von Investitionsaufwendungen des Heims sind nur zulässig, soweit sie nach der Art des Betriebs notwendig sind und nicht durch öffentliche Förderung gedeckt werden.

Das erhöhte Entgelt wird frühestens vier Wochen, nachdem der Unternehmer dem Verbraucher die Erhöhung schriftlich mit ausreichender Begründung mitgeteilt hat, geschuldet.

Anforderungen an die Mitteilung gem. § 9 Abs. 2 WBVG:

- Aus der Mitteilung muss der Zeitpunkt hervorgehen, zu dem der Unternehmer die Erhöhung des Entgelts verlangt.
- In der Begründung muss er unter Angabe des Umlagemaßstabs die Positionen benennen, für die sich durch die veränderte Berechnungsgrundlage Kostensteigerungen ergeben.
- Er muss die bisherigen Entgeltbestandteile den vorgesehenen neuen Entgeltbestandteilen gegenüberstellen.
- Der Verbraucher muss rechtzeitig Gelegenheit erhalten, die Angaben des Unternehmers durch Einsichtnahme in die Kalkulationsunterlagen zu überprüfen.

Entgelterhöhungen wegen veränderter Kosten in einem Seniorenheim, bei dem es sich um eine gemäß § 72 ff. SGB XI zugelassene Pflegeeinrichtung handelt, bedürfen der Zustimmung der (teil-)selbstzahlenden Bewohner. Ein einseitiger Preisvorbehalt in einem Wohn- und Betreuungsvertrag ist nach § 16 WBVG unwirksam. Lediglich Beziehern von Sozialleistungen nach SGB XI und SGB XII gegenüber bedarf es nur der Mitteilung der Erhöhung, da die Entgelterhöhung und ihre Angemessenheit bereits aufgrund Vereinbarung mit dem Träger der Pflegeversicherung oder Sozialhilfe festgestellt ist, *LG Berlin* vom 13. 11. 2012, Az. 15 O 181/12; *LG Mainz* vom 31. 5. 2013, Az. 4 O 113/12; *KG Berlin* vom 17. 5. 2013, Az. 23 U 276/12.

Einseitiger Preisvorbehalt im Vertrag ist unwirksam

1.7.6 Abtretung des Heimentgelts an Dritte

Eine Klausel im Wohn- und Betreuungsvertrag, nach der die Abtretung der Entgeltansprüche des Heimbetreibers an eine Abrechnungsstelle oder ein Inkassounternehmen zulässig ist, verstößt gegen § 134 BGB i. V. m. § 203 Abs. 1 Nr. 1 StGB und ist nichtig. Zu den Personen, die Heilberufe im Sinne von § 203 Abs. 1 Nr. 1 StGB ausüben, zählen auch Alten- und Krankenpfleger. Da eine Einwilligung in die Erhebung personenbezogener Daten durch Allgemeine Geschäftsbedingungen grundsätzlich nicht möglich ist, kann auch die Unterschrift des Heimbewohners daran nichts ändern, *LG Mainz* vom 31. 5. 2013, Az. 4 O 113/12; *KG Berlin* vom 17. 5. 2013, Az. 23 U 276/12.

Klausel über Abtretung des Heimentgelts ist unwirksam

1.7.7 Fortzahlung des Heimentgelts über den Sterbetag hinaus

In Heimverträgen mit Leistungsempfängern der sozialen Pflegeversicherung ist eine Klausel, die eine Fortgeltung des Heimvertrages und eine Pflicht zur Fortzahlung von Bestandteilen des Heimentgeltes über den Sterbetag des Bewohners hinaus vorsieht, unzulässig und unwirksam, *BVerwG* (BtPrax 2011, 30).

Damit werden beispielsweise Heimverträge mit sog. Selbstzahlern nicht erfasst. Zum anderen regelt § 87a Abs. 1 Satz 2 SGB XI nicht die Fortgeltung des Heimvertrags schlechthin, sondern nur das Fortbestehen der heimvertraglichen Zahlungspflicht des Bewohners.

1.7.8 Einsicht in Pflegedokumentationen

Liegt eine Einwilligung des Heimbewohners oder seines gesetzlichen Betreuers vor, kann dem Krankenversicherer aus übergegangenem Recht gemäß § 116 Abs. 1 SGB X in Verbindung mit §§ 401 Abs. 1 analog, 412 BGB ein Anspruch auf Herausgabe von Kopien der Pflegedokumentation gegen Kostenerstattung zustehen (*BGH* BtPrax 2010, 174; FamRZ 2010, 696).

Problematisch dürfte in diesem Zusammenhang sein, in welchem Umfang die Entbindung der Ärzte von der Schweigepflicht erfolgen kann. Auch muss bei der Einwilligung des Betreuers unbedingt der Aufgabenkreis beachtet werden.

1.8 Obhutspflicht des Heims

Das *OLG Düsseldorf* hat sich in seinem Urteil vom 14. 10. 2008 (Az. 24 U 45/07) mit der Obhutspflicht eines Pflegeheims befasst und kommt zu folgendem Ergebnis:

1. Pflegeheimen obliegt eine Obhutspflicht aus dem Heimvertrag, Heimbewohner in ihrer körperlichen Unversehrtheit zu schützen. Eine schuldhafte Verletzung dieser Pflichten kann geeignet sein, einen Schadensersatzanspruch zu begründen.

Pflegeheim ist zur Obhut verpflichtet

Vernünftiger Aufwand begrenzt die Pflichten

2. Die Pflichten des Heimes sind begrenzt auf Maßnahmen, die mit einem vernünftigen finanziellen und personellen Aufwand realisierbar sind. Maßstab sind das Erforderliche sowie das für die Heimbewohner und das Pflegepersonal Zumutbare.

Würde der Bewohner ist zu beachten

3. In besonderer Weise ist die menschliche Würde der Bewohner zu beachten, wozu das Interesse und Bedürfnis nach einem möglichst selbstbestimmten und selbstverantwortlichen Leben gehört.

Gefahrensituation steigert die Obhutspflicht

4. In einer Gefahrensituation ist die Obhutspflicht gesteigert mit der Folge, dass dem Pflichtigen im Schadensfall der Entlastungsbeweis obliegt.

Der Heimbewohner war starker Raucher und nach Pflegestufe II pflegebedürftig. Da er zwar noch durchaus selbstständig und relativ sicher zu rauchen vermochte, jedoch nicht mehr in der Lage war, für umfassende Sicherheit während des Rauchens zu sorgen, wurde ihm der Tabakkonsum im eigenen Zimmer untersagt. Das Rauchen war ihm nur noch in der ausgewiesenen Raucherecke gestattet, seine Tabakwaren wurden vom Pflegedienst verwahrt. Während eines kurzen Moments des unbeaufsichtigten Zigarettengenusses in der Raucherecke hatte sich das Hemd des Versicherten entzündet. Er erlitt schwerste Brandverletzungen und verstarb an deren Spätfolgen.

Aufsichtspflicht bei rauchenden Bewohnern

Das OLG Düsseldorf entschied hierzu, der Heimbetreiber habe nicht für diesen Unfall zu haften. Er sei seiner Obhuts- und Aufsichtspflichten in ausreichendem Maße nachgekommen. Nach Feststellung des Gerichts hätte der Unfall nur dann verhindert werden können, wenn der Heimbewohner entweder ununterbrochen beaufsichtigt worden wäre oder wenn ihm der Tabakkonsum vollständig verboten worden wäre. Weder die eine noch die andere Maßnahme wäre jedoch verhältnismäßig gewesen. Nicht jeder abstrakten Gefahr könne vorgebeugt werden. Es sind solche Sicherheitsvorkehrungen zu treffen, die ein umsichtiger und gewissenhafter Angehöriger der jeweiligen Berufsgruppe für ausreichend halten darf, um andere Personen vor Schaden zu bewahren und die ihm den Umständen nach zumutbar sind.

Vorbeugende Maßnahmen sind wichtig

Das Heim kann mit Brandmeldern in Zimmern und Brandschutzkonzepten viel dazu beitragen, dass die Brandfolgen begrenzt bleiben. Gleichwohl, das hat das OLG Düsseldorf in seinem Urteil dargelegt, obliegen dem Heim Obhutspflichten in der Begleitung und Betreuung seiner Bewohner. Wie es das OLG betont, stellt sich die Übergehung von Brandgefahren in der individuellen Betreuungs- und Hilfeplanung als eine Schlechtleistung in fachlicher Hinsicht dar und kann zu Schadensersatzansprüchen führen. Allerdings kommt im vorliegenden Fall das OLG Düsseldorf zu dem Ergebnis, dass dann, wenn der Bewohner ein „Unglück“ erlitten hat, dem Schädiger kein „Unrecht“ vorgehalten werden kann.

Selbstbestimmte Lebensführung muss erhalten bleiben

Selbstverständlich geht es darum, einen Weg zu finden, der Risiken minimiert, aber auch eine individuelle und selbstbestimmte Lebensführung ermöglicht. Rauchen in den Zimmern generell zu verbieten, beißt sich mit dem Recht auf eine unbeeinträchtigte Lebensführung, ohne ständige Kontrolle. Das betont auch das OLG Düsseldorf, doch darf man gleichwohl mit Brandgefahren nicht leichtfertig umgehen. Im vorliegenden Fall hatte sich jedoch das Pflegepersonal viele Gedanken gemacht, um die Bewohner zu einem risikobewussten Umgang mit Zigaretten zu motivieren und das Rauchen zu reduzieren.

1.9 Begleitung von Heimbewohnern zu notwendigen Arztbesuchen

Begleitung zum Arzt durch Heimbetreiber

Ist ein Arztbesuch zwingend außerhalb der Einrichtung notwendig und eine notwendige Begleitung durch Dritte nicht möglich, hat der Heimbetreiber die Begleitung für den Bewohner sicherzustellen. Dies gehört als Hilfe bei der Mobilität zu den allgemeinen Pflegeleistungen, *VG Stuttgart vom 13. 1. 2011* (Az. 4 K 3702/1).

In dieser Entscheidung wird unter Bezugnahme auf den Rahmenvertrag festgestellt, dass zu den allgemeinen Pflegeleistungen je nach Einzelfall auch Hilfen bei der Mobilität gehören. Die Mobilität umfasst u. a. auch das Verlassen und Wiederaufsuchen der Pflegeeinrichtung. Nach dem Rahmenvertrag sind dabei solche Verrichtungen außerhalb des Pflegeheims zu unterstützen, die für die Aufrechterhaltung der Lebensführung notwendig sind und das persönliche Erscheinen des Pflegebedürftigen erfordern (z. B. Organisieren und Planen des Zahnarztbesuchs).

Sicherzustellen ist als Hilfe bei Mobilität jedenfalls für den Fall, dass ein Arztbesuch zwingend außerhalb der Einrichtung der Klägerin notwendig ist und eine notwendige Begleitung durch Dritte nicht möglich ist, auch die Begleitung durch den Heimbetreiber für die Bewohner, deren Zustand die Begleitung erfordert.

Die Organisation eines von der Anordnung umfassten Arztbesuches umfasst begrifflich nicht lediglich die bloße Terminabsprache des ärztlichen Termins bzw. die Terminkoordination mit im Einzelfall zur Verfügung stehenden Angehörigen bzw. z. B. ehrenamtlichen Kräften. Organisation bedeutet vielmehr vor dem Hintergrund des jeweiligen spezifischen Pflegebedarfs des Heimbewohners, der gerade Maßstab für den Umfang der Pflegeleistung ist, dann auch, dass die Begleitung – falls kein Dritter zur Verfügung steht – durch den Heimbetreiber selbst sichergestellt wird, indem dieser Beschäftigte des Heims einsetzt oder sonstige Personen damit beauftragt.

Anders sieht dies das *VG Freiburg vom 5. 12. 2001* (Az. 2 K 1723/99), welches den Sozialhilfeträger für die Begleitung zum Arztbesuch zuständig befand.

1.10 Anforderung an die Wohnqualität

Schutz der Intimsphäre schwerst Dementer

Schwerst demente Bewohner von Betreuungseinrichtungen sind ohne Einschränkung in ihrer Würde und vor Verletzungen ihrer Intimsphäre zu schützen und ihre diesbezüglichen Interessen gegenüber denen anderer Heimbewohner dürfen in keiner Weise zurückstehen. Aufgrund ihrer Hilflosigkeit bedürfen Schwerstdemente besonderen Schutz, da sie sich gegen Verletzungen ihrer Intimsphäre nicht mehr zur Wehr setzen können. Eine Beeinträchtigung ihrer Menschenwürde, die bei ihnen quasi Ausdruck des übriggebliebenen Restes oder Kerns ihrer ehemaligen Persönlichkeit ist, wiegt schwerer als bei anderen Bewohnern, die außer dem Wunsch nach Respektierung ihrer Würde noch andere Interessen und Wünsche aktiv artikulieren können. Eine Unterbringung, bei der die Würde und Intimsphäre weniger geschützt ist als bei anderen Bewohnern, kommt für Schwerstdemente damit nicht in Betracht. Die Unterbringung von schwerst dementen Bewohnern in Vierbettzimmern erfüllt nicht die Anforderungen an die Wohnqualität in Betreuungseinrichtungen (*VG Köln*, BtPrax 2012, 216).

2. Gerichtliche Entscheidungen zum Heimvertrag

BGH (NJW 2004, 1104)

Die nachfolgend angeführten Entscheidungen basieren auf dem Heimgesetz. Soweit das WBVG inhaltlich keine abweichenden Regelungen enthält und hinsichtlich der von der Rechtsprechung entwickelten allgemeinen Grundsätze sind sie auch in Zukunft noch beachtlich.

In Zukunft können die Unternehmer von Verbraucherschutzverbänden oder anderen anspruchsberechtigten Stellen bei einer Zuwiderhandlung gegen Vorschriften des WBVG, die dem Schutz der Verbraucher dienen, auf Unterlassung in Anspruch genommen werden (§ 2 Abs. 2 Nr. 10 des Unterlassungsklagengesetzes). Auch dies wird dazu beitragen, dass die Ziele des WBVG nachhaltiger erreicht werden.

Nichtinanspruchnahme von Verpflegung (Sondennahrung)

Zum Anspruch des Heimträgers auf Entgelt für Verpflegung, wenn der Heimbewohner die angebotene Kostform nicht entgegennimmt, weil er auf Sondennahrung angewiesen ist, die von der gesetzlichen Krankenversicherung finanziert wird.

Der Betreute befand sich aufgrund Vertrags in einem Pflegeheim. Er nahm dort als Versicherter der sozialen Pflegeversicherung Leistungen der vollstationären Pflege nach § 43 des SGB XI in Anspruch.

Vom Beginn seines Aufenthalts nahm der Betreute die normale Verpflegung, von gelegentlichen Teegetränken abgesehen, nicht in Anspruch; er war vielmehr in der Folge eines erlittenen Unfalls und der damit einhergehenden Behinderung auf Sondennahrung angewiesen, die von der Krankenkasse bezahlt wurde. Die Verabreichung dieser

Nahrung bei liegender Sonde erbrachte als Leistung der medizinischen Behandlungspflege das Pflegepersonal und war durch das Entgelt für die allgemeinen Pflegeleistungen abgegolten. Der Erbe des Betreuten macht wegen ersparter Verpflegung gegen den Betreiber des Pflegeheims einen Bereicherungsanspruch von 3,50 EUR pro Tag nebst Zinsen geltend. Der BGH hat den Anspruch bestätigt.

OLG München (BtPrax 2005, 199)

Personalsituation des Heims

Bei der Prüfung der Verhältnismäßigkeit einer Unterbringung wegen Selbstgefährdung (hier: Weglaufen eines dementen Heimbewohners) hat das Gericht die Personalsituation der Einrichtung grundsätzlich hinzunehmen. Das Gericht kann der Einrichtung weder die permanente Besetzung der Pforte zur Auflage machen noch die – im wohlverstandenen Interesse des Betroffenen liegende – Genehmigung versagen, weil es hieran fehle. Dasselbe gilt grundsätzlich auch für Auflagen zu baulichen Gegebenheiten.

Mildere Form der Unterbringung

Der Betreuer – und im Rahmen der Überprüfung der Unterbringung auch das Gericht – haben aber zu prüfen, ob eine für den Betroffenen mildere Form der Freiheitsentziehung in einer anderen Einrichtung in Betracht kommt, z. B. ein Heim, das dem Betroffenen mehr Freiraum zur – auch ziellosen – Fortbewegung bieten würde. Hierbei sind im Rahmen einer Gesamtabwägung sämtliche Umstände des Einzelfalls zu berücksichtigen. Ein erheblicher Gesichtspunkt ist, wie sich die Unterbringung konkret für den Betroffenen auswirkt, in welchem Ausmaß sie von ihm als Einschränkung der ihm verbliebenen Lebensqualität empfunden wird (vgl. dazu Kapitel A 12).

OLG München (FamRZ 2010, 493)

Unzulässigkeit eines Verbots der Heimverlegung

Ein betreuungsgerichtliches Verbot an Betreuer, Betroffene ohne gerichtliche Zustimmung in ein anderes Heim zu verlegen, ist regelmäßig unzulässig. Die bei tatsächlicher Gefährdung des Betreutenwohls im Fall eines Aufenthaltswechsels gegebenenfalls gebotene (teilweise) Entlassung des bisherigen Betreuers und die Bestellung eines neuen Betreuers kann nicht dadurch umgangen werden, dass dem Betreuer die eigenverantwortliche Ausübung des Aufenthaltsbestimmungsrechts untersagt und seine diesbezüglichen Maßnahmen der Entscheidung des Gerichts unterstellt werden.

Das Gericht führt in der Begründung weiterhin aus, dass zwar auch bezüglich der Aufenthaltsbestimmungen einzelne Gebote und Verbote möglich sind, etwa den Aufenthalt in einem für ungeeignet erachteten Heim zu beenden oder auch das Verbot, den Aufenthalt in einem des Betroffenen für eine bestimmte eng begrenzte Zeit etwa bis zur Entscheidung über die Bestellung eines neuen Betreuers mit dem Aufgabenkreis Aufenthaltsbestimmung zu verändern. Diese Maßnahmen dürfen jedoch dem Betreuer das ihm als Aufgabe übertragene Aufenthaltsbestimmungsrecht nicht vollständig entziehen.

Dem steht auch die Entscheidung des *BGH* (NJW 1996, 1825) nicht entgegen. Dort hat der Bundesgerichtshof in einer nicht tragenden Nebenbemerkung die Möglichkeit bejaht, einem Betreuer, dessen Aufgabenkreis die gesamte Vermögenssorge und die Zuführung zur stationären medizinischen Behandlung sowie die Sicherstellung der häuslichen Versorgung umfasste, die Weisung zu erteilen, eine Heimpflege des Betreuten durch eine häusliche Pflege zu ersetzen. Dies stellt eine konkrete Einzelweisung dar und beseitigt ein eventuelles Aufenthaltsbestimmungsrecht des Betreuers nicht generell. Insbesondere stellt es nicht alle künftigen Aufenthaltsentscheidungen des Betreuers unter den Vorbehalt der gerichtlichen Zustimmung. Falls man der Auffassung ist, dass ein Aufenthaltswechsel dem Betroffenen schweren Schaden zufügt, kann das Betreuungsgericht einen Aufenthaltswechsel durch den Betreuer nur verhindern, indem es ihn zumindest für den Bereich der Aufenthaltsbestimmung gemäß § 1908b Abs. 1 Satz 1 BGB entlässt, sofern die Voraussetzungen dafür vorliegen. Dann ist zwingend für diesen Bereich, wenn der Betreuungsbedarf fortbesteht, gemäß § 1908c BGB ein neuer Betreuer zu bestellen. Die (teilweise) Entlassung des bisherigen Betreuers und die Bestellung eines neuen Betreuers kann nicht dadurch umgangen werden, dass dem Betreuer die eigenverantwortliche Ausübung des Aufenthaltsbestimmungsrechts untersagt und seine diesbezüglichen Maßnahmen der Entscheidung des Gerichts unterstellt werden.

BGH (FamRZ 2005, 2058)

Zusatzleistungen und schriftliche Vereinbarung

In Heimverträgen mit Leistungsempfängern der Pflegeversicherung bedarf die Gewährung und Berechnung von Zusatzleistungen (hier: Einzelzimmer in Pflegeheim) der vorherigen schriftlichen Vereinbarung. Fehlt es hieran, hat der Heimträger wegen der Nutzung einer solchen Zusatzleistung auch keinen Bereicherungsanspruch.

OLG Celle vom 23. 11. 2000, Az. 13 U 73/00

Unwirksame AGB-Klauseln

AGB-Klauseln in einem sogenannten Betreuungsvertrag eines Heims für behinderte Personen, wonach das volle Betreuungsentgelt bei Abwesenheit bis 3 Tagen geschuldet wird (insoweit bestätigt durch *BGH* BtPrax 2001, 249 ff.), das persönliche Eigentum nach Vertragsbeendigung längstens 3 Monate aufbewahrt wird, der Heimträger im Falle der Unerreichbarkeit von Angehörigen 24 Stunden nach dem Tod eines Heimbewohners zur Beisetzungsanordnung berechtigt ist und die generelle Einwilligung in die Speicherung persönlicher Daten und die Weitergabe ärztlicher Befunde erklärt wird, sind ebenso wie eine qualifizierte Schriftformklausel wegen Verstoßes gegen § 9 AGBG (nunmehr § 307 BGB) unwirksam.

BGH (BtPrax 2008, 32)

Im Fall einer Leistungsanpassung nach § 6 Abs. 1 HeimG ist die Bestimmung des § 7 Abs. 3 HeimG nicht anwendbar.

Zeitpunkt der Vergütungspflicht bei erhöhtem Betreuungsbedarf

Erbringt der Heimträger im Hinblick auf den erhöhten Betreuungsbedarf des Bewohners nach § 6 Abs. 1 HeimG weitergehende Pflegeleistungen, als sie bislang vertraglich vereinbart waren, setzt die Vergütungspflicht ab dem Zeitpunkt der bewirkten Leistungsanpassung voraus, dass der Heimträger die Änderung des Vertrags spätestens gleichzeitig mit der Leistungsanpassung anbietet oder zum Ausdruck bringt, dass er von seinem im Heimvertrag vorgesehenen Recht Gebrauch machen wird, das Entgelt – bei Versicherten der sozialen Pflegeversicherung für den Fall der Bewilligung einer höheren Pflegestufe durch die Pflegekasse – einseitig zu erhöhen. Dabei muss das Angebot zur Vertragsänderung oder das einseitige Erhöhungsverlangen den Anforderungen des § 6 Abs. 2 HeimG entsprechen.

Träger muss Änderungen der Leistung und Vergütung darstellen

§ 6 Abs. 2 HeimG sieht – sowohl für das einseitige Erhöhungsverlangen als auch für das Angebot zu einer Vertragsänderung – vor, dass der Träger die Änderungen der Art, des Inhalts und des Umfangs der Leistungen sowie gegebenenfalls der Vergütung darzustellen hat. Damit mutet das Gesetz dem Heimträger nichts Unerfüllbares zu, sondern trägt nur dem Umstand Rechnung, dass sich Träger und Bewohner in vertraglichen Beziehungen befinden und es daher ihre Sache ist, die notwendigen Änderungen des Vertragsinhalts rechtzeitig zu besprechen und alsdann vorzunehmen. Da sich der Bewohner im Allgemeinen in einer Lage befindet, in der er des Schutzes bedarf, ist es nur konsequent, dass der Gesetzgeber in § 6 Abs. 2 Satz 2 HeimG die entsprechende Anwendung der Bestimmungen in § 5 Abs. 3 Satz 3 und 4 HeimG angeordnet hat, um auch in diesem Stadium die Vertragsbeziehung möglichst transparent zu gestalten.

3. Unterschiedliche Wohnformen für ältere Menschen

3.1 Informationsmöglichkeiten

Um den individuellen Bedürfnissen älterer Menschen gerecht zu werden, haben sich im Laufe der Zeit unterschiedliche Wohnformen herausgebildet. Viele neu entwickelte Modelle haben das Ziel, möglichst lange ein selbständiges Wohnen zu ermöglichen und basieren auf Eigeninitiativen, sozialen Netzen und gegenseitiger Hilfe. Wer sich als Betreuer über die Wohnmöglichkeiten für einen konkret Betroffenen informieren will bzw. muss, sieht sich allerdings einer verwirrenden Begriffsvielfalt gegenüber. Seniorenwohnen, Servicewohnen, betreutes Wohnen, barrierefreies und integriertes Wohnen, Mehr-Generationenhaus, Senioren-WG, Quartierskonzepte, Wohnen mit Service, ambulante Hausgemeinschaften oder generationenübergreifende Wohnformen sind nur eine beispielhafte Aufzählung. Seriöse Angebote von profitorientierten Lockangeboten zu unterscheiden ist dabei genauso schwierig wie die passende individuelle Wohnform zu finden.

Informationen gibt es bei den Betreuungsbehörden und örtlichen Beratungsstellen. So können etwa in Bayern hilfebedürftige Menschen und ihre Betreuer bei den Fachstellen für Pflege- und Behinderteneinrichtungen – Qualitätsentwicklung und Aufsicht (FQA) rasch und unbürokratisch kompetente Ansprechpartner finden und ihre Sorgen vortragen. Kontaktadressen findet man z. B. in Bayern unter der Internetadresse www.stmas.bayern.de, Rubrik „Pflege“. Der Einstieg zu weiteren Informationsmöglichkeiten findet sich etwa bei der Koordinationsstelle Wohnen zu Hause (www.wohnen-zu-hause.de/) und der Fachstelle für ambulant betreute Wohngemeinschaften in Bayern (www.ambulant-betreute-wohngemeinschaften.de).

3.2 Rechtliche Relevanz der Wohnformen

Schwierig ist auch die rechtliche Einordnung und Abgrenzung. Folgende Fragestellungen sind möglich:

- Handelt es sich um ein „Heim“ i. S. v. § 5 des Vormünder- und Betreuervergütungsgesetzes?
- Liegt eine „stationäre Einrichtung“ gem. Art. 2 Abs. 1 PfleWoqG vor? Handelt es sich um „Betreutes Wohnen“ gem. Art. 2 Abs. 2 PfleWoqG, um „ambulante Wohngemeinschaften“ gem. Art. 2 Abs. 3 PfleWoqG oder um „ambulant betreute Wohngruppen“ gem. Art. 2 Abs. 4 PfleWoqG (vgl. ähnliche Formulierungen in den neuen Heimgesetzen der Länder)?
- Handelt es sich um einen „Vertrag ... zur Überlassung von Wohnraum und zur Erbringung von Pflege- oder Betreuungsleistungen ..., die der Bewältigung eines durch Alter, Pflegebedürftigkeit oder Behinderung bedingten Hilfebedarfs dienen“, so dass das Wohn- und Betreuungsvertragsgesetz (WBVG) zur Anwendung kommen kann?
- Ist von einer „Anstalt, einem Heim oder einer sonstigen Einrichtung“ entsprechend § 1906 Abs. 4 BGB und § 1897 Abs. 3 BGB auszugehen?
- Kommt § 55 Abs. 2 Nr. 6 SGB IX zur Anwendung, so dass Hilfen zu selbstbestimmtem Leben in betreuten Wohnmöglichkeiten beansprucht werden können?

Diese Fragen müssen anhand der konkreten Vertragsleistungen entschieden werden. Die verwendeten Begriffe sind dabei nur ein Indiz, da es auf die konkreten Leistungen ankommt.

3.3 Beispiele unterschiedlicher Wohnformen aus der Praxis

Seniorenwohnungen

Seniorenwohnungen stehen älteren Menschen zur Verfügung, die eine seniorengerecht ausgestattete und barrierefrei geplante Wohnung suchen. Hauswirtschaftliche Hilfen und pflegerische Betreuung werden von den Trägern (Vermietern) nicht angeboten.

Betreutes Wohnen

Betreutes Wohnen/Service-Wohnen ist eine Alternative zum Seniorenheim. Die Selbstständigkeit der Bewohner bleibt weitgehend erhalten und benötigte Hilfen können bedarfsgerecht angefordert werden.

Im Idealfall bietet Betreutes Wohnen:

- den Komfort einer eigenen, für die Bedürfnisse älterer Menschen geplanten und ausgestatteten Wohnung
- ein Paket von Grundleistungen wie Beratung, Vermittlung von Hilfen und Diensten, Freizeitangeboten und Hausmeisterdiensten, für die monatlich eine sogenannte Betreuungspauschale entrichtet werden muss
- zusätzliche Wahlleistungen wie Mahlzeiten-Dienste, Hausnotruf, Wohnungsreinigung, Wäschedienst, Fahrdienst und ambulante Pflege, die bei Bedarf in Anspruch genommen und bezahlt werden können

Die verschiedenen Formen des Betreuten Wohnens unterscheiden sich durchaus. Es lohnt sich über das individuell passende Angebot nachzudenken und auch für die Zukunft Folgendes im Auge zu behalten:

Betreutes Wohnen mit technischer Betreuung durch den Hausmeister:

Weitere Betreuungsleistungen und Pflegedienste werden nicht angeboten und müssen von den Bewohnern selber organisiert werden. Bei erhöhter Pflegebedürftigkeit ist in der Regel ein Heimumzug nötig.

Betreutes Wohnen mit Ansprechpartner, aber ohne eigene soziale Dienste:

Die Beratung beinhaltet das Spektrum sozialer Fragen, z. B. Einkaufsdienste, pflegerische Hilfe. Alle Hilfen werden jedoch extern erbracht. Bei schwerer Pflegebedürftigkeit ist ein Umzug ins Pflegeheim nicht zu vermeiden.

Betreutes Wohnen mit Ansprechpartner und eigenem Pflegedienst im Haus:

Wenn die Rund-um-die-Uhr-Versorgung im Haus durch einen hausinternen Pflegedienst gewährleistet werden kann, bleibt dem Bewohner sehr lange ein Umzug ins Pflegeheim erspart.

Betreutes Wohnen mit gesonderter Pflegeabteilung:

Der Verbleib in diesen Einrichtungen ist auch bei Schwerstpflegebedürftigkeit garantiert. Es muss bei höherem Pflegebedarf nur ein Umzug von der betreuten Wohnung in die Pflegeabteilung in Kauf genommen werden.

Betreutes Wohnen in einer an ein Pflegeheim angekoppelten Wohnanlage:

In der Regel können alle Leistungen, die auch den Pflegeheimbewohnern angeboten werden, in Anspruch genommen werden. Auch hier ist die Pflege jedoch nur begrenzt möglich; bei dauerhaft schwerer Pflege ist ein Umzug ins Pflegeheim notwendig.

Betreutes Wohnen im Rahmen einer Senioren- bzw. Altenwohnung:

In einigen Altenheimen existieren „heimverbundene" Altenwohnungen. Die Bewohner führen hier einen eigenständigen Haushalt. Art und Umfang zusätzlicher Leistungen sind von Heim zu Heim unterschiedlich. Pflegeleistungen durch den Träger können häufig nur kurzfristig übernommen werden. Ist Dauerpflege notwendig, können ambulante Pflegedienste ins Haus geholt werden.

Gemeinschaftliche Wohnprojekte für selbstständig lebende ältere Menschen

Bei dieser Wohnform leben entweder nur ältere oder ältere und junge Menschen gemeinsam in einer Wohnung oder in einem Haus. Jeder lebt selbstständig im eigenen Wohnbereich; daneben gibt es Räume, die gemeinschaftlich genutzt werden. Häufig werden diese Wohnprojekte von privaten Personen gegründet und geführt. Die Bewohner organisieren das Gemeinschaftsleben selbst oder sind zumindest an der Organisation beteiligt. Solche Wohnprojekte können spezielle selbstorganisierte Wohn- oder Hausgemeinschaften umfassen.

Ambulant betreute Wohngemeinschaften für Pflegebedürftige

Hier lebt eine kleine Gruppe pflege- bzw. hilfebedürftiger älterer Menschen in einer Wohnung oder in einem Haus zusammen. Jeder Bewohner hat einen eigenen Wohn-/ Schlafbereich. Das Alltagsleben findet weitgehend in einem oder mehreren Gemeinschaftsräumen und einer dazugehörigen Küche statt. Die Betreuung wird stundenweise oder rund um die Uhr durch Betreuungspersonal dergestalt sichergestellt, dass die Haushaltsführung und die Organisation des Gruppenlebens je nach Bedarf unterstützt oder übernommen werden. Weitere individuelle Hilfe- und Pflegeleistungen werden durch ambulante Dienste erbracht. Diese wohngruppenorientierte Betreuungsform wird in der Regel im Rahmen der ambulanten Versorgung praktiziert und dürfte dem Heimrecht nicht unterliegen. Für diese Wohnform werden auch Bezeichnungen wie Pflegewohngruppen, Pflegewohnungen oder begleitete Wohngruppen verwendet.

Stationär betreute Hausgemeinschaften für Pflegebedürftige

Dabei handelt es sich um eine wohngruppenorientierte Betreuungsform. Sie wird mehrheitlich im Rahmen der stationären Versorgung praktiziert. In diesem Fall unterliegt sie dem Heimrecht. Häufig werden in einer Einrichtung mehrere solcher kleiner Hausgemeinschaften betrieben. Jede dieser Hausgemeinschaften ist aber eine weitgehend autonom wirtschaftende Einheit. Wie bei den betreuten Wohngemeinschaften steht der Wohnalltag in einem Gemeinschaftsraum mit Küche im Mittelpunkt, unterstützt von einer hauswirtschaftlichen Präsenzkraft. Pflegekräfte werden nach Bedarf zusätzlich eingesetzt.

Alten- und Pflegeheime

Ältere Menschen, die ihren Haushalt nicht mehr führen können und für die häusliche Pflege nicht ausreicht, können hier umfassend versorgt und betreut werden.

Die Pflegekasse übernimmt für die pflegebedingten Aufwendungen sowie für die Leistungen der medizinischen Behandlungspflege und der sozialen Betreuung im Pflegeheim je nach Pflegestufe monatlich:

Pflegestufe	bis 31. 12. 2011	ab 1. 1. 2012
Stufe I	1.023 EUR	1.023 EUR
Stufe II	1.279 EUR	1.279 EUR
Stufe III	1.510 EUR	1.550 EUR
Stufe Härtefall	1.825 EUR	1.918 EUR

Die Versorgung erfolgt je nach Einrichtung in Wohnplätzen (ein oder mehrere Räume zum Wohnen und Schlafen mit Sanitärraum), Wohnschlafräumen (ohne eigenen Sanitärraum) oder in Räumen einer Pflegeabteilung.

Die Haushaltsführung und Essensversorgung werden vom Heim übernommen.

Beschützende Pflege

Im Bereich der „Beschützenden Pflege" finden verwirrte Menschen Schutz und Betreuung. Geeignet sind diese Pflegeabteilungen in Pflegeheimen ausschließlich für Menschen, die unter selbstgefährdender Desorientierung leiden.

Achtung:

Für die Unterbringung in dem beschützenden Pflegebereich ist eine betreuungsgerichtliche Genehmigung erforderlich.

Inhalt

1. Allgemeine Grundlagen zu Unterbringung und freiheitsbeschränkenden Maßnahmen

1.1 Entwicklung der gesetzlichen Grundlagen

a. Die Begründung des Betreuungsgesetzes *(BT-Drucks. 11/4528 S. 79 ff.)* enthält unter Zielsetzung bzw. Lösungen zu den Unterbringungen nur den Satz, dass die Personensorge durch Regelungen über „… Unterbringung und unterbringungsähnliche Maßnahmen gestärkt werden soll“, sowie den Hinweis auf die Schaffung eines einheitlichen Verfahrens für zivilrechtliche und öffentlich-rechtliche Unterbringungen.

b. Mit dem G. v. 25. 6. 1998 (BGBl. I S. 1580) wurde u. a. durch den neu eingefügten § 1906 Abs. 5 BGB die Unterbringung durch einen Bevollmächtigten geregelt.

c. Das Gesetz zur Regelung der betreuungsrechtlichen Einwilligung in eine ärztliche Zwangsmaßnahme will den verfassungsrechtlichen Vorgaben gerecht werden, unter denen eine ärztliche Zwangsmaßnahme wieder möglich sein soll. Die dazu erforderliche Genehmigung soll nur unter „strengen materiellen und verfahrensrechtlichen Anforderungen“ erteilt werden unter Achtung der „Selbstbestimmung der Betreuten“ *(BT-Drucks. 17/12086)*.

1.2 Die Unterbringung in der Praxis

§ 1906 Abs. 2 BGB begründet eine Genehmigungspflicht für jede Unterbringung, die mit Freiheitsentziehung verbunden ist. Wann eine „Freiheitsentziehung" vorliegt, kann durchaus streitig sein. Augenscheinlich ist das der Fall, wenn jemand in einem beschränkten Raum festgehalten wird, sein Aufenthalt ständig überwacht und die Kontaktaufnahme mit Personen außerhalb dieses Raumes durch Sicherungsmaßnahmen verhindert oder erschwert wird. Dieser klassische Fall der Unterbringung liegt vor bei einer

- geschlossenen Einrichtung (z. B. Heim oder Anstalt),
- geschlossenen Abteilung (z. B. eines Heims oder einer Anstalt).

Praktische Beispiele

In der Praxis können das sein die geschlossenen Abteilungen oder Stationen

- einer Fachklinik für Psychiatrie,
- eines Alten- oder Pflegeheims,
- eines Wohnheims bzw. Einrichtung für geistig behinderte oder psychisch kranke Menschen,
- einer Werkstatt für geistig behinderte Menschen.

Bagatellisierung der Rechtseingriffe ist gefährlich

Die häufig etwas bagatellisierenden und euphemistischen Bezeichnungen wie „behütende" oder „beschützende" Station dürfen nicht darüber hinwegtäuschen, dass es Lebensbereiche sind, in denen Menschen gefesselt bzw. ein- oder weggesperrt werden. Trotz der massiv eingeschränkten Grundrechte neigen auch die Betreuungsgerichte dazu, den Anwendungsbereich der Genehmigungspflicht restriktiv auszulegen. Dahinter steckt auch die leider begründete Angst, bei einem konsequenteren Vorgehen eine Lawine loszutreten, die von den Richtern nicht mehr bewältigt werden kann. Auf der anderen Seite darf keine Grauzone entstehen, in der unkontrolliert oder sogar willkürlich das Freiheitsrecht und die Menschenwürde missachtet werden können.

1.3 Begriffliche Begrenzungen der Freiheitsentziehung

1.3.1 Betroffener willigt in die Maßnahme ein

Einwilligung des Betroffenen

Entziehen kann man Freiheit nur gegen den Willen eines Menschen, sodass bei einer Einwilligung keine Freiheitsentziehung vorliegen kann. Entsprechend dem Rechtsgrundsatz „volenti non fit iniuria" kann bei Vorliegen einer wirksamen Einwilligung keine rechtlich relevante Beeinträchtigung vorliegen.

Einwilligungsfähigkeit

Die erste Frage muss somit lauten: Kann der Betroffene wirksam einwilligen?

Die Entscheidung, ob Erklärungen eines von der üblichen Norm des gesunden Erwachsenen abweichenden Menschen, rechtsverbindlich sind, ist juristisches Alltagsgeschäft. Die Einwilligungsfähigkeit ist strukturell in ähnlicher Weise und doch mit beachtlichen Unterschieden im Detail zu definieren wie Geschäfts-, Testier-, Delikts- oder Schuldfähigkeit.

Es geht generell um die Fähigkeit des Menschen, eigenverantwortlich über seine höchstpersönlichen Rechtsgüter entscheiden zu können, also um die Gestattung der Vornahme tatsächlicher Handlungen, die in den Rechtskreis des Gestattenden eingreifen. Nach der Rechtsprechung ist ein Mensch einwilligungsfähig, solange er in der Lage ist, Art, Bedeutung, Tragweite und Folgen einer Maßnahme zu verstehen und fähig ist, seinen Willen frei zu bestimmen.

Die Prüfung muss sich daher zunächst auf die Erkenntnisfähigkeit beziehen und falls diese bejaht werden kann, auf die Fähigkeit, seinen Willen noch selbst zu bilden.

Bei den freiheitsentziehenden Maßnahmen geht es zum Beispiel darum, ob

- die drohenden Sturzgefahren,
- die gesundheitlichen Folgen eines Sturzes,
- das Ausmaß der vorhandenen Orientierungslosigkeit,
- die Verkehrstüchtigkeit,
- generell die eigene Leistungsfähigkeit

noch richtig erfasst werden und mit

- den Folgen der Einschränkung der Bewegungsfreiheit,
- den Möglichkeiten alternativer Schutzmaßnahmen,
- dem Verlust an Lebensqualität,
- der eingeschränkten Teilnahme am gesellschaftlichen Leben

abgewogen werden können. Bei alten Menschen ist dabei der Übergang oft fließend und zum Teil stündlich schwankend. Zu akzeptieren sind bei Einwilligungsfähigkeit auch unsinnige Entscheidungen, die den Betroffenen massiv gefährden.

Einwilligung ist stets formlos widerruflich

Dabei ist immer zu berücksichtigen: Die Einwilligung ist stets widerruflich und zwar formfrei auch durch schlüssiges Handeln. Ein schlichtes Nein oder eine Abwehrhaltung beenden die Einwilligung und die Rechtmäßigkeit der freiheitsbeschränkenden Maßnahme. Für diesen Widerruf kommt es nur auf den natürlichen Willen an und nicht mehr auf die Einwilligungsfähigkeit.

Relevanz der Freiwilligkeitserklärung bei Freiheitsentziehungen

Wird ein Betroffener auf eigenen Wunsch geschlossen untergebracht oder stimmt er einer unterbringungsähnlichen Maßnahme (z. B. Bettgitter) zu, ist zu erwägen, ob er eine Freiwilligkeitserklärung abgeben kann. Ist der Betroffene tatsächlich in der Lage, Art, Bedeutung und Tragweite der Erklärung zu erfassen und kann er seinen Willen danach ausrichten, wäre er einwilligungsfähig. Der Betreuer sollte aber grundsätzlich mit dem behandelnden Arzt das Vorliegen der natürlichen Einsichts- und Steuerungsfähigkeit des Betreuten besprechen und dem Betreuungsgericht das Ergebnis dieser Unterredung sowie die „freiwillige" geschlossene Unterbringung nachrichtlich anzeigen.

Folgende Probleme sind mit dem Arzt zu klären:

a. Da der Betroffene die Freiwilligkeitserklärung jederzeit widerrufen kann, sollten mit dem behandelnden Arzt klare Absprachen getroffen werden, was bei einem Widerruf zu tun ist. Insbesondere, ob bei einem Widerruf unverzüglich eine betreuungsgerichtliche Genehmigung zur Unterbringung vom Betreuer eingeholt werden kann oder der Betreute entlassen werden soll. Dabei klingt es immer etwas unredlich, wenn dem Betroffenen gesagt wird, dass er selbst entscheiden kann, aber im Ernstfall seine Entscheidung für die Freiheit nicht respektiert wird.

b. Ferner ist zu beachten, dass sich bei festgestellter Einwilligungsfähigkeit auch Zweifel an der Notwendigkeit einer Betreuung zumindest für diesen Aufgabenkreis aufdrängen. Wer selbst entscheiden kann, braucht auch keinen gesetzlichen Vertreter. Diese Konsequenz sollte den Ärzten, die aus nachvollziehbaren und verständlichen Gründen lieber auf Compliance und Freiwilligkeit setzen, deutlich vor Augen geführt werden.

Solange die Einwilligungsfähigkeit positiv festgestellt werden kann, fehlt es an einer weiteren Voraussetzung für die Genehmigung der freiheitsentziehenden Maßnahme. Die Rechtsprechung setzt voraus, dass die Freiheit der Willensbildung krankheitsbedingt eingeschränkt sein muss. Kann der Betroffene aber alle Vor- und Nachteile selbst erkennen und abwägen, fehlt diese Voraussetzung.

s. a. Checkliste zur Freiwilligkeitserklärung

Zu einer wirksamen Einwilligungserklärung kann es auch während der Unterbringung kommen, die dann zu einer Beendigung der Unterbringung führt (vgl. dazu Abschnitt 2.1.9).

1.3.2 Unfähigkeit zur Fortbewegung oder zur Vornahme gewillkürter Handlungen

Betroffener ist zur willensgesteuerten (gewillkürten) Bewegung nicht mehr in der Lage

Eine Freiheitsentziehung kann nicht nur aufgrund einer vom Selbstbestimmungsrecht getragenen Einwilligung entfallen, sondern auch, wenn der Betroffene jede Möglichkeit zum selbstbestimmten Agieren verloren hat, weil er zu einer willensgesteuerten (gewillkürten) Aufenthaltsveränderung oder Bewegung nicht mehr in der Lage ist, *BGH* FamRZ 2012, 1372. Die früher verwendete Formulierung, eine freiheitsentziehende Maßnahme liege nicht vor, wenn der Betroffene „geh- und stehunfähig" sei, ist dagegen wenig aussagekräftig, um nicht zu sagen falsch. Konsequenterweise müssen auch diejenigen schutzwürdig sein, die sich nur im Bett – ohne Gurt – frei bewegen oder ihr Bett bzw. den Rollstuhl verlassen und auf allen Vieren davonkriechen können und wollen.

Es wird daher zu prüfen sein, ob jemand noch gewillkürte Bewegungen durchführen kann, die wiederum durch die geplanten Maßnahmen unterbunden werden sollen. Dabei muss auf den natürlichen Willen abgestellt werden, sodass jede Abwehr- oder Fluchthandlung erfasst wird.

Eine freiheitsentziehende Maßnahme liegt etwa nicht vor, wenn der Gurt am Stuhl nur dazu dient, ein schwerkraftbedingtes Abrutschen zu verhindern oder wenn der Bewohner völlig bewegungsunfähig ist.

Praxisbeispiel:

Der Betroffene liegt bewegungsunfähig im Bett. Auf die Frage, warum man ein Bettgitter anbringen wolle, wird mitgeteilt, dass der Betroffene gelegentlich heftige Hustenanfälle habe und sich dabei auch drehe. Hier kann von gewillkürten Bewegungen nicht mehr die Rede sein.

Jeder noch so schwache Versuch aufzustehen, der durch einen Gurt verhindert wird, ist dagegen eine Freiheitsentziehung. Für den Betreuer oder Richter kann es dabei sehr aufschlussreich sein, den Betroffenen aufzufordern, die Hand oder einen Fuß zu bewegen. Befolgt er die Aufforderung, so ist dies ein dringendes Indiz für die Notwendigkeit einer betreuungsgerichtlichen Genehmigung.

Viele Heime haben zu dieser Frage bereits Formblätter entwickelt, die in der Regel einen kurzen Sachverhalt, eine ärztliche Bescheinigung sowie eine Einverständniserklärung des Betreuers enthalten. Leider ist das Ganze häufig wenig professionell gemacht und verleitet auch zum Missbrauch. Formulierungen wie etwa „... eine Genehmigung ist nicht erforderlich, weil der Bewohner keinen Freiheitswillen entfalten kann", werden der Fragestellung nicht gerecht. Völlig abwegig ist es, wenn Ärzte Unfähigkeit zu gewillkürter Bewegung attestieren, trotzdem einen Bauchgurt als adäquates Mittel ansehen und dies auch noch im Formblatt zum schnellen Ankreuzen angeboten wird.

1.4 Abgrenzung Unterbringung, unterbringungsähnliche Maßnahmen; Freiheitsentziehung, Freiheitsbeschränkung

Der Gesetzgeber des BtG ging davon aus, dass eine Unterbringung, die mit Freiheitsentziehung verbunden ist, der schwerste Eingriff in das Freiheitsrecht des Betroffenen sei. Er hat deshalb die formellen Voraussetzungen sehr hoch angesiedelt. Bei einer Unterbringung muss jeweils ein Sachverständigengutachten eingeholt werden, während bei unterbringungsähnlichen Maßnahmen, wie etwa einem Bauchgurt, ein ärztliches Zeugnis genügt. Deshalb ist es notwendig, eindeutige Abgrenzungsmerkmale zu bestimmen. Dazu bedarf es einer klaren Definition der Begriffe „Unterbringung" mit „Freiheitsentziehung".

1.4.1 Definition des Begriffs Freiheitsentziehung

Definition Freiheitsentziehung

Wenig aussagekräftig ist die gesetzliche Definition für den Bereich der sog. Freiheitsentziehungssachen: „Freiheitsentziehung liegt vor, wenn einer Person gegen ihren Willen oder im Zustand der Willenlosigkeit insbesondere in einer abgeschlossenen Einrichtung, wie einem Gewahrsamsraum oder abgeschlossenen Teil eines Krankenhauses die Freiheit entzogen wird" (§ 415 FamFG). Diese Definition ist insoweit nicht zielführend, als sie sich entsprechend dem öffentlich-rechtlichen Sicherungsbedürfnis nur an bestimmten vorgegebenen Anstalten orientiert, die bei der humaneren zivilrechtlichen Unterbringung anders organisiert sein können. Im Zivilrecht geht es schließlich um das Wohl des Betreuten.

Im Lichte des Art. 104 GG besehen, darf es keinen Unterschied machen, ob jemand in einem „abgeschlossenen" Gebäude oder einem Gebäudeteil festgehalten wird, in dem generell alle oder nur bestimmte Bewohner eingeschlossen sind. Auch die Intensität der Beschränkung (Mauer, Stacheldraht, abgeschlossene Türen, Zahlencode oder nur „sanftes körperliches Zurückhalten") kann nicht ausschlaggebend sein, da die geringere Intensität häufig nur der relativ geringen Widerstandskraft der Senioren angepasst ist.

Der EuGHMR (Europäischer Gerichtshof für Menschenrechte) hat in der berühmten „Vera Stein-Entscheidung" die Freiheitsentziehung sehr weit definiert und zwar als Unterbringung einer Person an einem räumlich begrenzten Ort für eine nicht unerhebliche Dauer. Ähnlich der BGH, der aber betont, dass § 1906 Abs. 1 BGB von einem engen Unterbringungsbegriff ausgehe. Entscheidend „sei die nicht nur kurzfristige Beschränkung der persönlichen Bewegungsfreiheit auf einen bestimmten Lebensraum". Ferner wird verlangt, dass „der Betroffene gegen seinen Willen oder in einem Zustand der Willenlosigkeit in einem räumlich begrenzten Bereich eines geschlossenen Krankenhauses, einer anderen geschlossenen Einrichtung oder dem abgeschlossenen Teil einer solchen Einrichtung festgehalten, sein Aufenthalt ständig überwacht und die Kontaktaufnahme mit anderen Personen außerhalb des Bereichs eingeschränkt werde (so zuletzt *BGH* in BtPrax 2008, 115).

Diese Aussage des BGH steht nicht im Widerspruch zu den obigen Ausführungen, wenn die Frage, wann eine Unterbringung „geschlossen" ist, subjektiv verstanden und darauf abgestellt wird, ob die Fortbewegungsmöglichkeit des Betroffenen „eingeschränkt oder behindert wird" (vgl. dazu *LG Lübeck* FamRZ 2013, 577).

1.4.2 Verfassungsrechtlich orientierte Definition

Verfassungsrechtliche Auslegung

Im Hinblick auf die überragende Bedeutung des Grundrechts, wonach die Freiheit des Menschen unverletzlich ist, kann der Begriff „geschlossen" nur so definiert werden, dass es auch genügt, wenn der Raum nur für einen Teil der Bewohner abgeschlossen ist. Es wäre unverständlich, wenn man mit technischen Einrichtungen einigen Heimbewohnern das freie Verlassen verwehrt und ihnen weniger Rechtsschutz einräumt, weil sie dieses Schicksal nicht mit allen Bewohnern teilen.

Das BVerfG hat deshalb ausgeführt, dass eine Freiheitsentziehung i. S. v. Art. 104 Abs. 2 GG erst dann vorliege, „wenn die tatsächlich und rechtlich gegebene körperliche Bewegungsfreiheit nach allen Seiten aufgehoben wird" (*BVerfG* NStZ 2011, 529). Demnach handelt es sich um eine Freiheitsentziehung, wenn jemand – egal wie – an einem bestimmten Ort festgehalten wird.

Einer weiteren Einschränkung durch Einziehen einer zeitlichen Schranke erteilt das BVerfG (a. a. O.) eine Absage mit der Feststellung, dass bei einer Gesamtdauer von drei Stunden von einer relevanten Freiheitsentziehung ausgegangen werden muss.

Eine bloße Freiheitsbeschränkung (Art. 104 Abs. 1 GG) liegt demgegenüber vor, wenn etwa nur verhindert wird, dass ein bestimmter Ort betreten wird.

1.4.3 Unterbringung und unterbringungsähnliche Maßnahme

Bei der Abgrenzung dieser beiden Formen der Freiheitsentziehung entscheidet der Zweck der Maßnahme. Soll jemand am Verlassen eines Orts gehindert werden, handelt es sich um eine freiheitsentziehende Unterbringung, soll jedoch die körperliche Bewegungsfreiheit nur eingeschränkt werden, um etwa Stürze zu verhindern, so liegen unterbringungsähnliche Maßnahmen vor. Objektiv überschneiden sich natürlich beide Maßnahmen, weil etwa bei angelegtem Bauchgurt der Betroffene in der intensivsten Form nicht nur am Verlassen des Heims, sondern sogar am Verlassen des Betts gehindert wird.

1.4.4 Beispiel: „Ortungsanlagen"

Ortungsanlagen

Deutlich werden die Abgrenzungsschwierigkeiten bei den verschiedenen Ortungsanlagen mit Alarmfunktion (versteckte Chips im Schuh, elektronische Armbänder, Lichtschranken, Radiofrequenz-Identifikation RFID-Technik etc.).

Die Rechtsprechung tendiert bei diesen elektronischen Hilfsmitteln dazu, generell eine Genehmigungspflicht zu verneinen. Zur Begründung wird angeführt, dass es sich um keine freiheitsentziehende Maßnahme handele, weil die körperliche Bewegungs- und Entschließungsfreiheit nicht beeinträchtigt werde (vgl. dazu *Kreicker*, RFID-Technik in der Dementenversorgung, NJW 2009, 890). Dem ist in der Tat so; aber dies ist nur die halbe Wahrheit. Die Probleme beginnen ja erst, wenn der „Chipträger" den Alarm auslöst. Dies mag im Einzelfall nicht sehr häufig vorkommen, aber auch in den geschlossenen Abteilungen kommt es eher selten vor, dass jemand an der Tür rüttelt. Die Einschränkung der Freiheit besteht also darin, dass der Betroffene nach dem Alarm am Verlassen des Heims – nach allen Seiten hin – gehindert wird. Dieser Vorgang muss im Hinblick auf die Genehmigungspflicht geprüft werden. Die Ortungsanlage wird ja nicht installiert, um sich freundlich von dem Bewohner zu verabschieden und tatenlos zuzusehen, wie der verwirrte Betroffene das Heim verlässt und tapfer versucht, die vielbefahrene Straße zu überqueren. Es gibt nun Gerichte, die diesen Sachverhalt nur als unterbringungsähnliche Maßnahme definieren und dem Personal erlauben, den ausschwärmenden Betroffenen „sanft zurückzuhalten". Dies mag im Hinblick auf die Intensität des Eingriffs als verhältnismäßige staatliche Reaktion empfunden werden, entspricht aber wohl nicht dem Gesetz und dem Zweck der Maßnahme (vgl. Abschnitt 1.4.3).

Beim – sanften – Zurückhalten auf dem Gelände des Heims handelt es sich deshalb um eine sehr humane Form der Unterbringung, aber um eine Unterbringung mit Freiheitsentziehung. Nur zur Klarstellung: Die Ortungssysteme ermöglichen eine sehr humane Form der Unterbringung, weil sie schwerere Eingriffe vermeiden und der Bewegungsraum optimal ausgedehnt werden kann.

Die auch vertretene Meinung, dass der Betroffene durch die Ortungsanlage stigmatisiert werde und deshalb ein Verstoß gegen die Menschenwürde vorliege, der eine Genehmigung unmöglich mache, erweist sich als abwegig und letztlich inhuman. Dies hätte nämlich häufig zur Folge, dass der Betroffene räumlich „weggesperrt" werden müsste und dadurch ein elementares Stück Freiheit und Menschenwürde verlieren würde.

1.4.5 Zahlencode, schwergehende Türen u. Ä.

Zahlencode

Auch hier gilt der Grundsatz, dass jedes Unterbinden des bewussten Verlassens eines räumlich beschränkten Bereichs eine freiheitsentziehende Unterbringung darstellt. Der Ansatz des *LG Ulm* (BtPrax 2010, 245), wonach von § 1906 Abs. 4 BGB nur die individuellen, auf die Bedürfnisse des Betroffenen abgestimmten Einzelmaßnahmen, also unterbringungsähnliche oder freiheitsentziehende Maßnahmen, erfasst werden, während Maßnahmen, welche die Freiheit aller Bewohner eines Heims oder einer Station gleichermaßen treffen und somit anstaltsbezogen sind, eine mit einer Freiheitsentziehung verbundene Unterbringung i. S. v. § 1906 Abs. 1 BGB darstellen, weist in die falsche Richtung. Das Freiheitsrecht muss immer als ein individuelles Recht verstanden werden, sodass es unerheblich ist, ob das Mittel der Freiheitsentziehung anstaltsbezogen oder individuell ausgestaltet wurde. Dem überzeugenden und klaren Definitionsansatz des BVerfG – Einschränkung der Bewegungsfreiheit nach allen Seiten – gebührt daher der Vorrang.

1.5 Übersicht über die Rechtsgrundlagen für Freiheitsentziehungen

Art. 14 VN-BRK

Sehr weitgehende Bestimmungen enthält Art. 14 VN-BRK. Demnach sollen Behinderte gleichberechtigt „mit anderen das Recht auf persönliche Freiheit und Sicherheit genießen" und es darf ihnen „die Freiheit nicht rechtswidrig oder willkürlich entzogen" werden. Weder Art. 14 noch Art. 12 VN-BRK verbieten grundsätzlich Maßnahmen, die gegen den natürlichen Willen gerichtet sind, auch wenn sie „an eine krankheitsbedingt eingeschränkte Selbstbestimmungsfähigkeit anknüpfen" (vgl. *BVerfG* BtPrax 2011, 112). Zur Bedeutung der VN-BRK siehe Kapitel A 1, Abschnitt 2.3.

Art. 104 GG

Nach Art. 104 GG kann die Freiheit der Person nur auf Grund eines förmlichen Gesetzes beschränkt werden. Festgehaltene Personen dürfen weder seelisch noch körperlich misshandelt werden. Über die Zulässigkeit und Fortdauer einer Freiheitsentziehung hat nur der Richter zu entscheiden. Das Nähere ist gesetzlich zu regeln. Deshalb muss jede rechtmäßige freiheitsentziehende Maßnahme auf einer gesetzlichen Grundlage beruhen. Einige Bestimmungen erschließen sich aus folgender Übersicht:

Übersicht der Rechtsgrundlagen

Rechtsgrundlagen für Freiheitsentziehungen		
Zivilrechtliche Unterbringung	Öffentlich-rechtliche Unterbringung	Strafrechtliche Unterbringung
1. Minderjährige gem. §§ 1631b, 1800, 1915 BGB 2. Erwachsene gem. § 1906 BGB	1. Landesrecht Gesetze über die Unterbringung psychisch Kranker und deren Betreuung Art. 17 Polizeiaufgabengesetz (PAG – Bayern) 2. Bundesrecht z. B. Gesetz zur Verhütung und Bekämpfung von Infektionskrankheiten beim Menschen (Infektionsschutzgesetz – IfSG) Abschiebungshaft, Inhaftnahme (Aufenthaltsgesetz; Asylverfahrensgesetz)	z. B. Unterbringung in einem psychiatrischen Krankenhaus gem. § 63 StGB oder Unterbringung in einer Entziehungsanstalt gem. § 64 StGB

Im Folgenden werden nur die zivilrechtliche Unterbringung Erwachsener nach § 1906 BGB sowie die öffentlich-rechtliche Unterbringung nach den Unterbringungsgesetzen behandelt.

2. Zivilrechtliche Unterbringung

Betreuer oder Bevollmächtigter bringt unter

Die Entscheidung, ob eine zivilrechtliche Unterbringung nach § 1906 BGB erfolgt, liegt zunächst allein beim Betreuer oder Bevollmächtigten. Weder ein Mediziner mit der berühmten „Einweisung durch einen Arzt", noch das Pflegepersonal im Heim können sich darüber hinwegsetzen.

Daneben muss das Betreuungsgericht diese Freiheitsentziehung genehmigen; ohne diese gerichtliche Gestattung ist sie rechtswidrig. Nur, wenn mit einem Aufschub Gefahr für den Betroffenen verbunden wäre, genügt die unverzügliche nachträgliche Genehmigung.

2.1 Voraussetzungen

Die Voraussetzungen der zivilrechtlichen Unterbringung ergeben sich aus § 1906 Abs. 1 und 5 BGB:

Eine Unterbringung des Betroffenen durch den Betreuer bzw. Bevollmächtigten, die mit Freiheitsentziehung verbunden ist, ist nur zulässig, solange sie

- zu seinem Wohl erforderlich ist, weil
  - aufgrund einer psychischen Krankheit oder geistigen oder seelischen Behinderung des Betroffenen
  - die Gefahr besteht, dass er sich selbst tötet oder erheblichen gesundheitlichen Schaden zufügt oder
  - zur Abwendung eines drohenden erheblichen gesundheitlichen Schadens eine Untersuchung des Gesundheitszustands, eine Heilbehandlung oder ein ärztlicher Eingriff notwendig ist, ohne die Unterbringung des Betreuten nicht durchgeführt werden kann und der Betreute auf Grund einer psychischen Krankheit oder geistigen oder seelischen Behinderung die Notwendigkeit der Unterbringung nicht erkennen oder nicht nach dieser Einsicht handeln kann.
- Der Betroffene kann aufgrund der Krankheit seinen Willen nicht frei bestimmen. Dies ergibt sich nicht aus dem Gesetz, aber aus einer verfassungskonformen Auslegung. Die Verfassung verbietet dem Staat seine zur freien Willensbestimmung fähigen Bürger zu erziehen, zu bessern oder zu hindern, sich selbst gesundheitlich zu schädigen (*OLG München*, BtPrax 2007, 218 m. w. N.).

2.1.1 Wohl des Betroffenen, Erforderlichkeit

Wohl des Betroffenen

Das Verhindern des orientierungslosen Umherirrens in gefahrengeneigter Umgebung, das Gewährleisten einer wichtigen ärztlichen Behandlung oder die Vermeidung gefährlicher Stürze sind Paradebeispiele für eine zivilrechtliche Unterbringung. Der BGH zählt dazu auch die Vermeidung der Gefahr einer „völligen Verwahrlosung" oder eine Gefährdung durch „körperliche Verelendung und Unterversorgung" (*BGH* FamRZ 2010, 365).

Zum Wohl oder Schutz anderer dürfen dagegen keine freiheitsentziehenden Maßnahmen erfolgen. Allein die Verunsicherung oder die Gefährdung anderer Heimbewohner genügt nicht. Auf keinen Fall darf sie dazu dienen, den Betroffenen pflegeleicht zu machen, die Heimordnung zu sichern oder den Personalbedarf zu reduzieren. Dies zu erkennen und zu verhindern, ist Aufgabe der Betreuungsgerichte, Betreuer, Betreuungsbehörden, Verfahrenspfleger und der Heimaufsicht.

Erforderlichkeit

Die Unterbringung kann stets nur die ultima ratio darstellen. Es sind daher alle gangbaren und sinnvollen Alternativen zu prüfen. Mildere Maßnahmen, wie eine betreute, aber offene Wohneinrichtung, können die Erforderlichkeit in Frage stellen (*BGH* BtPrax 2012, 63).

2.1.2 Selbstschädigungsgefahr

Selbstschädigung

Es muss die konkrete und ernstliche Gefahr bestehen, dass der Betreute sich selbst tötet oder erheblichen gesundheitlichen Schaden zufügt. Drohende Vermögensschädigung genügt nicht. Selbstgefährdung setzt kein zielgerichtetes Tun des Betroffenen voraus; es genügt etwa die Gefahr, die durch planloses Herumirren auf verkehrsreichen Straßen entsteht oder durch eine völlige Verwahrlosung, wenn deshalb eine körperliche „Verelendung" und Unterversorgung droht (vgl. *BGH* BtPrax 2010, 78; FamRZ 2010, 365). Die Selbstgefährdung kann auch im Unterlassen bestimmter Handlungen bestehen, z. B. Verweigerung der Nahrungsaufnahme oder der Sorge für die Hygiene in der Wohnung (Vermüllungsgefahr).

Keine akute Gefahr erforderlich

Die konkrete und ernstliche Gefahr muss aber nicht akut sein oder unmittelbar bevorstehen. So auch der *BGH* (a. a. O.), der sich damit einer Tendenz in der Rechtsprechung anschließt, die Anforderungen an die Dringlichkeit und qualitative Intensität der Gefahr zu relativieren. Deshalb ist es nur konsequent, den Grad der Gefahr in Relation zum möglichen Schaden ohne Vornahme der freiheitsentziehenden Maßnahme zu bemessen. Es müssen allerdings immer objektivierbare und konkrete Anhaltspunkte für den Eintritt eines erheblichen Gesundheitsschadens vorliegen.

Bei einer Gefährdung anderer Personen (Fremdgefährdung) stehen nur öffentlich-rechtliche Unterbringungsmaßnahmen zur Verfügung. Ausnahmsweise können aber Dritt- und Selbstgefährdung so eng miteinander verknüpft sein, dass man weiterhin auf die zivilrechtliche Unterbringung abstellen kann. Dies wurde von der Rechtsprechung anerkannt, wenn der Betroffene fortwährend Schlägereien heraufbeschwört, dabei vielfach den Kürzeren zieht und Verletzungen erleidet (*OLG Karlsruhe* BtPrax 2009, 38).

Allerdings darf der Wortlaut des § 1906 Abs. 1 Nr. 1 BGB nicht zu weit ausgelegt werden. Der Betroffene muss mit der Provokation der tätlichen Auseinandersetzung gewissermaßen „sich selbst erheblichen gesundheitlichen Schaden" zufügen. Dies ist nur der Fall, wenn sich die Aggressionen regelmäßig gegen Personen richten, die sich massiv wehren können und wollen und dem Betroffenen gravierende Verletzungen zufügen. Der Ablauf wäre dann für einen Beobachter so zu bewerten, dass sich der Betroffene die Verletzungen selbst zufügt.

Gefährdung Dritter

Eine „Selbstschädigungsgefahr" kann also grundsätzlich auch dann bejaht werden, wenn der Betroffene zusätzlich Dritte gefährdet. Folgende Fälle sind zu unterscheiden:

- Die ausschließliche Gefährdung „Dritter" genügt in keinem Fall. Dieser Fall wäre gegeben, wenn z. B. der körperlich überlegene Betroffene Mitbewohner, die sich nicht wehren können, schlägt, ärgert und drangsaliert. Hier müssen andere Lösungsmöglichkeiten gesucht werden (z. B. Wechsel des Heims, der Station, therapeutische Maßnahmen, intensive Betreuung und Beobachtung).
- Führt die Unterbringung auch dazu, dass Dritte vor den Angriffen des Betroffenen geschützt werden, weil der Betroffene „selbst- und fremdaggressiv" ist, dann handelt es sich bei den Drittinteressen nur um eine Folge der Unterbringung und nicht um ein Ziel, das mit freiheitsentziehenden Maßnahmen erreicht werden soll.
- Führen rein fremdaggressive Handlungen des Betroffenen zu Reaktionen der angegriffenen Mitbewohner oder Pflegekräfte, die mit erheblichen gesundheitlichen Schäden verbunden sind, kann eine zivilrechtliche Unterbringung in Betracht kommen. Maßgeblich ist, dass ein enger und zeitlicher Zusammenhang besteht zwischen dem krankheitsbeding-

ten Verhalten des Betroffenen und der dadurch verursachten bzw. provozierten Reaktion. Das Gesamtbild des Verhaltens und der Reaktion muss sich so darstellen, dass der Betroffene mittelbar über die provozierte Reaktion „sich selbst erheblichen Schaden zufügt" (vgl. dazu *OLG Karlsruhe* FamRZ 2009, 640).

Eigengefährdung bei drohender Weglaufgefahr

Steht fest, dass z. B. eine an Demenz leidende, aber noch verhältnismäßig mobile Bewohnerin sich bei einem unbeaufsichtigten Verlassen des Heimes erheblich an Leben oder Gesundheit gefährden würde und belegen wiederholt dokumentierte Vorfälle in der nahen Vergangenheit ihren Antrieb, die Abteilung bei sich bietender Gelegenheit zu verlassen, kann dies grundsätzlich die geschlossene Unterbringung durch den Betreuer rechtfertigen. Nicht erforderlich ist der Nachweis, dass die Betroffene aus der Einrichtung bereits weggelaufen ist oder gegebenenfalls weglaufen würde (*OLG München* BtPrax 2006, 105).

Zur Vermeidung einer lebensbedrohenden Selbstgefährdung kann die geschlossene Unterbringung auch dann genehmigt werden, wenn eine gezielte Therapiemöglichkeit nicht besteht (*BayObLG* FamRZ 2004, 1135).

Verhältnismäßigkeit

Bei der gerichtlichen Entscheidung über die Genehmigung der Unterbringung wegen Selbstgefährdung (z. B. Weglaufen eines dementen Heimbewohners) muss der Grundsatz der Verhältnismäßigkeit geprüft werden. Allerdings soll dabei nach der Rechtsprechung die Personalsituation der Einrichtung grundsätzlich hinzunehmen sein (*OLG München* BtPrax 2005, 199).

Das Gericht könne demnach weder die permanente Besetzung der Pforte zur Auflage machen noch die Genehmigung versagen, weil es hieran fehle. Dasselbe gelte grundsätzlich auch für bauliche Gegebenheiten. Der Betreuer – und im Rahmen der Überprüfung der Unterbringung auch das Gericht – haben aber zu prüfen, ob eine für den Betroffenen mildere Form der Freiheitsentziehung in einer anderen Einrichtung in Betracht kommt, z. B. ein Heim, das dem Betroffenen mehr Freiraum zur – auch ziellosen – Fortbewegung bieten würde. Hierbei sind im Rahmen einer Gesamtabwägung sämtliche Umstände des Einzelfalls zu berücksichtigen. Ein erheblicher Gesichtspunkt ist, wie sich die Unterbringung konkret für den Betroffenen auswirkt, in welchem Ausmaß sie von ihm als Einschränkung der ihm verbliebenen Lebensqualität empfunden wird.

Gewinnmaximierung kontra Freiheitsrecht?

Es ist zweifelhaft, ob diese Rechtsprechung, die im Ergebnis der Gewinnmaximierung der Heime dient, der überragenden Bedeutung der Freiheitsgarantie und der Menschenwürde gerecht wird. Die Freiheit der Person ist ein so hohes Rechtsgut, dass sie nur aus besonders gewichtigem Grund angetastet werden darf. Die Einschränkung dieser Freiheit ist nach der ständigen Rechtsprechung des Bundesverfassungsgerichts daher stets der strengen Prüfung am Grundsatz der Verhältnismäßigkeit zu unterziehen. Dann aber muss es auch möglich sein, vermeidbaren Unterbringungen die Genehmigung zu versagen und vernünftige Alternativen einzufordern.

Ein nicht zu lösender Widerspruch besteht wohl auch zur „Vera Stein-Entscheidung" des Europäischen Gerichtshofs für Menschenrechte. Der Staat kann sich nach dieser Entscheidung nicht gänzlich seiner Verantwortung entledigen, indem er seine Verpflichtungen in diesem Bereich auf private Stellen oder Private überträgt, denn ihm obliegt die Pflicht, private psychiatrische Kliniken zu überwachen und zu kontrollieren. Diese Pflicht zur staatlichen Kontrolle kann sich selbstverständlich nicht auf psychiatrische Kliniken beschränken.

Praxis TIPP

Gerade für einen ehrenamtlichen Betreuer ist es schwierig, sinnvolle Alternativen oder weniger einschneidende freiheitsentziehende Maßnahmen gegenüber dem Heim durchzusetzen. Dem Pflegepersonal muss auch eine höhere fachliche Kompetenz bei der Beantwortung dieser Fragen eingeräumt werden. Trotzdem sollte sich niemand scheuen, humanere Alternativen nachzufragen. Hat der Betreuer den Eindruck, dass vernünftige Vorschläge nicht aufgegriffen werden oder die Zahl der Pflegepersonen auf den Stationen zur Reduzierung der Personalkosten unverantwortlich beschränkt wird, dann sollte er die zuständige Heimaufsicht, die Betreuungsbehörde oder das Betreuungsgericht informieren.

2.1.3 Krankheit oder Behinderung

Abwehr eines erheblichen gesundheitlichen Schadens

Die Gefahr der Selbstschädigung muss auf Grund einer psychischen Krankheit oder geistigen oder seelischen Behinderung gegeben sein. Mit diesem Erfordernis schließt das Gesetz Maßnahmen gegen Personen aus, die lediglich aus Freude an den Genüssen des Lebens oder aus Leichtsinn sich gesundheitlich schädigen (starkes Rauchen, übermäßiges Essen). Der Betroffene muss auf Grund seiner Krankheit außerstande sein, seinen Willen frei zu bestimmen. Daher rechtfertigt auch der in freier Selbstbestimmung unternommene Versuch der Selbsttötung keine Unterbringung.

Abhängigkeitssyndrom

Schwierig ist die Grenzziehung in den Fällen eines Abhängigkeitssyndroms, verursacht durch Alkohol, Medikamente und andere Suchtstoffe (vgl. dazu unten Abschnitt 2.1.6).

2.1.4 Untersuchung, Heilbehandlung, ärztlicher Eingriff

Notwendigkeit der (ärztlichen) Maßnahmen

Gesundheitliche Gefahr ohne Freiheitsentziehung nicht abwendbar

Die Notwendigkeit bezieht sich auf Gesundheitsschäden, die dem Betreuten ohne die medizinische Maßnahme drohen. Der Gesetzgeber hat mit dem Gesetz zur Regelung der betreuungsrechtlichen Einwilligung in eine ärztliche Zwangsmaßnahme klargestellt, dass es um die Abwendung eines drohenden *erheblichen* gesundheitlichen Schadens gehen muss.

Die Notwendigkeit setzt auch voraus, dass sich die gesundheitliche Gefahr nicht auf weniger einschneidende Weise abwenden lässt. Sie entfällt, wenn die vorgesehene Behandlung keinen hinreichenden Erfolg verspricht (z. B. Alkoholentziehungskuren gegen den Willen des Betroffenen, anders bei der „Entgiftungsphase"). Der drohende Gesundheitsschaden muss also so schwer wiegen, dass der mit der beabsichtigten Maßnahme verbundene Freiheitseingriff gerechtfertigt erscheint. Ob die Krankheit oder Behinderung, die behandelt werden soll, den Anlass zur Betreuerbestellung gegeben hat oder nicht, spielt dagegen keine Rolle.

Beispiele aus der Rechtsprechung:

Nach dem *Schleswig-Holsteinischen OLG* (BtPrax 2003, 223) reicht es für die Rechtfertigung der geschlossenen Unterbringung eines psychisch kranken Betreuten nicht aus, dass dieser die Einnahme der zur Behandlung erforderlichen Medikamente ablehnt und dadurch einen gesundheitlichen Rückfall heraufbeschwört, sofern ein solcher Rückfall nicht die Gefahr der Chronifizierung mit der Notwendigkeit dauerhafter stationärer Behandlung herbeiführt. Erforderlich ist vielmehr, dass konkrete krankheitsbedingte Ereignisse feststehen, aus denen sich mit der erforderlichen Wahrscheinlichkeit auf Selbstmord oder eine erhebliche Gesundheitsgefährdung des Betroffenen oder Schädigung anderer schließen lässt. Hat die paranoide Schizophrenie des Betroffenen bereits einen chronischen Verlauf genommen, kann eine Unterbringung gerechtfertigt sein, wenn die Gefahr besteht, dass sich die Krankheit durch weitere psychotische Ausbrüche erheblich verschlimmert.

Die zwangsweise Unterbringung eines psychisch Kranken nach § 1906 Abs. 1 Nr. 2 BGB ist unzulässig, wenn eine Veränderung oder Stabilisierung der Psychose auch unter stationären Bedingungen nicht erreicht werden kann. Dabei ist es eine Frage des Einzelfalls, ob fehlende Krankheitseinsicht des Betreuten jegliche Erfolgsaussicht der beabsichtigten Heilbehandlung entfallen lässt, *KG Berlin* (FamRZ 2005, 1777).

Voraussetzungen müssen durchgehend vorliegen

Eine Unterbringung kann nicht genehmigt werden bzw. bleiben, wenn die angestrebte Heilbehandlung, aus welchen Gründen auch immer, nicht oder nicht mehr durchgeführt wird. Deshalb darf eine bereits erteilte Genehmigung nicht länger aufrechterhalten werden, wenn der Betreute bereits untergebracht ist, sich aber sodann herausstellt, dass die in der Unterbringungseinrichtung tätigen Ärzte, in Abweichung von dem der Genehmigung zugrunde liegenden ärztlichen Gutachten, eine Heilbehandlung für medizinisch nicht oder nicht mehr geboten erachten und eine solche Behandlung deshalb nicht durchführen, *BGH* FamRZ 2010, 202.

Die Rechtsprechung zur Frage der Erfolgsaussicht und zum Gewicht des drohenden Gesundheitsschadens ist für die Praxis schwer umzusetzen. Im Zeitpunkt der Entscheidung des Betreuers muss naturgemäß eine unsichere Prognoseentscheidung getroffen werden. Darüber hinaus sind gerade psychische Krankheiten in der Regel weder vorhersehbar noch planbar wie etwa eine Blinddarmoperation oder ein Oberschenkelhalsbruch. Unterschätzt wird von der Rechtsprechung wohl auch die hohe Belastung des psychisch Kranken in einer akuten Krankheitsphase (Getriebenheit, ständige Unruhe, Angst, Vereinsamung und Verzweiflung). Das viel beschworene „Recht zur Krankheit" kann so schnell zum Alptraum werden. Deshalb muss der Betreuer die Anregungen der behandelnden Ärzte und anderer kritisch hinterfragen. Wenn er aber die Unterbringung für verhältnismäßig, erforderlich und zulässig hält, darf er sich nicht davon abhalten lassen, zum Wohl des Betroffenen die Unterbringung genehmigen zu lassen. Der Betreuer sollte aber zur Begründung den zugrunde liegenden Sachverhalt dem Gericht möglichst umfassend vortragen.

2.1.5 Zwangsbehandlung

Eine Unterbringung zur Heilbehandlung, die nur im Wege der Zwangsbehandlung durchgeführt werden kann, stellt einen besonders schwerwiegenden Eingriff in die Rechte des Betreuten dar. Erst mit dem „Gesetz zur Regelung der betreuungsrechtlichen Einwilligung in eine ärztliche Maßnahme" wurde für den Bereich der zivilrechtlichen Unterbringung die kontroverse Diskussion beendet und die notwendige Rechtssicherheit für alle Beteiligten wiederhergestellt. Die seit 26. 2. 2013 geltende Gesetzeslage ist nur verständlich, wenn die Entwicklung der Rechtsprechung kurz erläutert wird.

2.1.5.1 Rechtsprechung bis zum Beschluss des BGH vom 20. 6. 2012 (BtPrax 2012, 156)

Mit Einführung des Betreuungsrechts war es lange Zeit unbestritten, dass § 1906 Abs. 1 Nr. 2 BGB Zwangsbehandlungen zulässt. Nach einem Vorlagebeschluss gem. § 28 Abs. 2 FGG (a. F.) hat der *BGH* (BtPrax 2006, 145) ausdrücklich bestätigt, dass der Betreuer grundsätzlich befugt sein kann, in ärztliche Maßnahmen auch gegen den natürlichen Willen eines im Rechtssinne einwilligungsunfähigen Betreuten einzuwilligen. Im Rahmen einer genehmigten Unterbringung nach § 1906 Abs. 1 Nr. 2 BGB umfasse diese Befugnis ausnahmsweise auch das Recht, erforderlichenfalls einen der ärztlichen Maßnahme entgegenstehenden Willen des Betreuten zu überwinden. Im Hinblick auf den bereits damals als besonders schwerwiegend erkannten Eingriff in die Grundrechte des Betroffenen sollte dies nur zulässig sein, wenn die Zwangsmedikation erforderlich und angemessen ist.

2.1.5.2 BGH: Generelle Unzulässigkeit der zivilrechtlichen Zwangsmedikation nach § 1906 Abs. 1 Nr. 2 BGB (a. F.)

Der *BGH* hat mit Beschluss vom 20. 6. 2012 (BtPrax 2012, 156) diese Rechtsprechung aufgegeben. Er begründet seine radikale Kehrtwende mit der Entscheidung des BVerfG zur Zulässigkeit der Zwangsbehandlung im Maßregelvollzug (vgl. unten), wobei sich eine Vergleichbarkeit der zivilrechtlichen Unterbringung mit den konturlosen und z. T. antiquierten Normen zum Vollzug einer strafrechtlichen Maßregel zumindest nicht aufgedrängt hat. Die undifferenzierte Übernahme der Grundsätze des BVerfGs führte zu der fatalen Folge, dass nach der Kehrtwende des BGH psychisch kranke Menschen massive gesundheitliche Einschränkungen, wie etwa Angstzustände, Depressionen, Wahnvorstellungen, Suizidalität, Verzweiflung, Tobsuchtsanfälle ertragen mussten, obwohl man ihnen durch angemessene Medikamente ein weitgehend beschwerdefreies Leben hätte verschaffen können. Aus der Begründung der Entscheidung folgt, dass der BGH dies bewusst in Kauf genommen hat.

Andererseits hätte sich dem Gesetzgeber die einmalige Chance geboten, alle bisher aufgetretenen Unzulänglichkeiten und Zweifelsfragen der „Zwangsbehandlung" einer vernünftigen Regelung zuzuführen. Dabei wäre v. a. zu denken gewesen an die

- Zulässigkeit der ambulanten Zwangsbehandlung
- Zulässigkeit auch bei freiwilligem Aufenthalt im psychiatrischen Krankenhaus
- Zulässigkeit der Zwangsbehandlung somatischer Beschwerden
- Zwangsbehandlung im häuslichen Bereich
- Neugestaltung des Verfahrens nach Maßgabe des BVerfG

Diese Chance wurde nur teilweise genutzt.

2.1.5.3 Gesetz zur Regelung der betreuungsrechtlichen Einwilligung in eine ärztliche Zwangsmaßnahme v. 18. 2. 2013 (BGBl. I S. 266), in Kraft getreten am 26. 2. 2013

Gesetzeslage seit 26. 2. 2013

Den vom BGH geschaffenen untragbaren Zustand hat der Gesetzgeber nunmehr beendet. Zum einem wird der bisherige Rechtszustand (vgl. oben Abschnitt 2.1.5.1), der durch die Rspr. des BGH eine rechtsstaatliche Ausformung erfahren hatte, in Gesetzesform abgebildet. Zum anderen wird die Rspr. des BVerfG zur Zwangsbehandlung im Maßregelvollzug mit eingearbeitet.

2.1.5.4 Die gesetzlichen Voraussetzungen der Zwangsmedikation

1. Die materiellrechtlichen Voraussetzungen der ärztlichen Zwangsmaßnahme

a. Ärztliche Maßnahme nach § 1906 Abs. 1 Nr. 2 BGB

Ärztliche Maßnahme nach § 1906 Abs. 1 Nr. 2 BGB

Es genügt nicht mehr, dass „eine Untersuchung des Gesundheitszustands, eine Heilbehandlung oder ein ärztlicher Eingriff", notwendig ist. Zusätzlich muss das ärztliche Handeln notwendig sein „zur Abwendung eines drohenden erheblichen gesundheitlichen Schadens."

Nur in der Unterbringung möglich!

Die ärztliche Maßnahme muss ferner „ohne die Unterbringung des Betreuten nicht durchgeführt werden" können. Wie schon bisher von der Rspr. (*BGH* BtPrax 2008, 115) postuliert, genügt es somit nicht, wenn der Betreute gegen seinen Willen lediglich in ein Krankenhaus zur ambulanten Behandlung oder in eine offene Einrichtung gebracht werden soll. Dort ist eine ärztliche Zwangsmaßnahme unzulässig.

b. Es muss sich um eine Zwangsmaßnahme handeln

Natürlicher Wille

§ 1906 Abs. 3 Satz 1 enthält eine Legaldefinition der ärztlichen Zwangsmaßnahme. Sie liegt vor, wenn die ärztliche Maßnahme dem „natürlichen Willen" des Betreuten widerspricht. Dazu führt das BVerfG (a. a. O.) Folgendes aus: „Die Eingriffsqualität entfällt auch nicht bereits dann, wenn der Betroffene der abgelehnten Behandlung keinen physischen Widerstand entgegensetzt. Das bloße Aufgeben einer bestimmten Form des Protests kann nicht ohne Weiteres als Zustimmung gedeutet werden." Nur, wenn die Erklärung „von der frei, auf der Grundlage der gebotenen ärztlichen Aufklärung, erteilten Einwilligung des Untergebrachten gedeckt ist" und kein unzulässiger Druck ausgeübt wurde, kann auch von einer rechtlich wirksamen Einwilligung ausgegangen werden. Nachteile können nur angekündigt werden, wenn sie sich „als notwendige Konsequenzen aus dem Zustand ergeben, in dem der Betroffene unbehandelt voraussichtlich verbleiben oder in den er aufgrund seiner Weigerung voraussichtlich geraten wird."

Materielle Voraussetzungen

c. Gem. § 1906 Abs. 3 Nrn. 1 bis 5 BGB muss festgestellt werden können, dass

- der Betreute auf Grund einer psychischen Krankheit oder einer geistigen oder seelischen Behinderung die Notwendigkeit der ärztlichen Maßnahme nicht erkennen oder nicht nach dieser Einsicht handeln kann,
- zuvor versucht wurde, den Betreuten von der Notwendigkeit der ärztlichen Maßnahme zu überzeugen,
- die ärztliche Zwangsmaßnahme im Rahmen der Unterbringung nach § 1906 Absatz 1 BGB zum Wohl des Betreuten erforderlich ist, um einen drohenden erheblichen gesundheitlichen Schaden abzuwenden,
- der erhebliche gesundheitliche Schaden durch keine andere dem Betreuten zumutbare Maßnahme abgewendet werden kann und
- der zu erwartende Nutzen der ärztlichen Zwangsmaßnahme die zu erwartenden Beeinträchtigungen deutlich überwiegt.

Die Voraussetzung „zur Abwendung eines drohenden erheblichen gesundheitlichen Schadens" hat der Gesetzgeber bereits bei § 1906 Abs. 1 Nr. 2 BGB eingebaut und zusätzlich in Absatz 3 Nr. 3 wiederholt, um diese Ausformung des Verhältnismäßigkeitsgrundsatzes besonders hervorzuheben.

Die „Aufklärungs- und Überzeugungspflicht" gem. § 1906 Abs. 3 Nr. 2 BGB war auch eine nachhaltige Forderung des Bundesverfassungsgerichts. Der Betreute darf über die geplante Maßnahme nicht im Unklaren gelassen werden. Ziel kann dabei nicht eine rechtfertigende Einwilligung sein, da die Einwilligungsunfähigkeit Voraussetzung einer Zwangsbehandlung ist. Es kann demnach nur darum gehen, Verständnis für die ärztliche Maßnahme zu bilden. Ändert sich dadurch die Einstellung des Betreuten so weit, dass der natürliche Wille nicht mehr im Widerspruch zur ärztlichen Maßnahme steht, dann liegt kein Fall des § 1906 Abs. 3 BGB mehr vor, so dass die rechtfertigende Einwilligung des Betreuers genügt. Unzulässiger Druck, Drohungen, in Aussicht stellen von (krankheitsunabhängigen) Nachteilen, Versprechungen oder gar Täuschung dürfen die Bildung des natürlichen Willens nicht beeinflussen.

2. Verfahrensrechtliche Vorschriften

Zur Sicherheit müssen auch sehr strenge *verfahrensrechtliche Vorschriften* beachtet werden:

a. Einwilligung durch Vorsorgebevollmächtigten

Einwilligung durch Bevollmächtigten

Erfolgt die Einwilligung in ärztliche Zwangsmaßnahmen durch einen *Bevollmächtigten* setzt dies voraus, dass die Vollmacht schriftlich erteilt ist und ärztliche Zwangsmaßnahmen ausdrücklich umfasst, § 1906 Abs. 5 BGB.

b. Verfahrenspfleger, § 312 Satz 3 FamFG

Verfahrenspfleger

Aufgrund der Schwere des Rechtseingriffs schreibt das Gesetz die Bestellung eines Verfahrenspflegers verbindlich vor, wenn es um die Einwilligung in eine ärztliche Zwangsmaßnahme geht. § 312 Satz 3 FamFG bezieht sich aber nur auf die zivilrechtlich begründete Zwangsbehandlung. Soweit Landesgesetze über die Unterbringung psychisch Kranker eine „ärztliche Zwangsmaßnahme" ermöglichen, gilt § 312 Satz 3 FamFG nicht. Die Notwendigkeit der Bestellung eines Verfahrenspflegers muss in diesen Fällen nach § 317 FamFG geprüft werden.

c. Sachverständigengutachten, §§ 312 Abs. 1 Satz 2, 321 Abs. 1 FamFG

Gutachten

Vor einer ärztlichen Zwangsmaßnahme muss ein Gutachten über die Notwendigkeit der Maßnahme eingeholt werden. Der Sachverständige hat den Betroffenen vor der Erstattung des Gutachtens persönlich zu untersuchen oder zu befragen. Das Gutachten soll sich auch auf die voraussichtliche Dauer erstrecken.

d. Besondere Anforderungen an Gutachter

Qualifikation des Gutachters

Wie bei der Unterbringung soll der Sachverständige Arzt für Psychiatrie sein; er muss Arzt mit Erfahrung auf dem Gebiet der Psychiatrie sein; § 321 Abs. 1 Satz 4 FamFG.

Zusätzlich soll er nicht identisch sein mit dem *zwangsbehandelnden Arzt*. Bei der Genehmigung einer Einwilligung in eine ärztliche Zwangsmaßnahme oder deren Anordnung mit einer Gesamtdauer von mehr als zwölf Wochen soll das Gericht keinen Sachverständigen bestellen, der den Betroffenen *bisher behandelt oder begutachtet* hat oder in der *Einrichtung* tätig ist, in der der Betroffene untergebracht ist, § 329 Abs. 3 FamFG.

e. Beschlussformel, § 323 FamFG

Beschlussformel

aa. Ärztliche Zwangsmaßnahme und ihr Ende

Gem. §§ 312 Satz 3, 323 Abs. 1 Nr. 1 und 2 FamFG muss eine nähere Bezeichnung der „ärztlichen Zwangsmaßnahme" und ihr Ende (vgl. unten f.) angegeben werden. Die beabsichtigte Behandlung muss so konkret beschrieben sein, dass eine gerichtliche Überprüfung auch im Hinblick auf ihre Beendigung möglich wird (vgl. BVerfG a. a. O.). Dem Bedürfnis nach einer fachgerechten ärztlichen Reaktionsmöglichkeit innerhalb einer gewissen Bandbreite kann daher nur in engen Grenzen Rechnung getragen werden. Medikament, Wirkstoff, Verabreichungsmenge und -form müssen deshalb zumindest innerhalb einer Bandbreite konkret bestimmt sein. Abweichungen müssen neu genehmigt werden.

bb. Angaben zur Durchführung und Dokumentation, § 323 Abs. 2 Satz 2 FamFG

Durchführung und Dokumentation

Die Beschlussformel muss bei der Genehmigung einer Einwilligung in eine ärztliche Zwangsmaßnahme oder bei deren Anordnung auch *Angaben zur Durchführung und Dokumentation* dieser Maßnahme in der *Verantwortung eines Arztes* enthalten.

Auslegungskriterien

Durchführung und Dokumentation

Der Gesetzeswortlaut ist wie so häufig zurückhaltend formuliert und wird der Auslegung durch die Rspr. bedürfen. Die Gesetzesbegründung *(BT-Drucks. 17/12086, S. 11)* enthält für die Auslegung Hinweise. Demnach „sollen die Durchführung und Dokumentation der Maßnahme in der Verantwortung eines Arztes gewährleistet werden. Dazu wird in der Regel fachärztliche Erfahrung notwendig sein, um insbesondere Veränderungen des Krankheitsbildes und etwa auftretender Nebenwirkungen festzustellen und dokumentieren zu können."

Darüber hinaus wird man bei der Auslegung auf die Vorgaben des *Bundesverfassungsgerichts* (BtPrax 2011, 112) abstellen müssen, das sich hierzu bei den Unterbringungen nach § 63 StGB geäußert hat. Diese verfassungsrechtlichen Vorgaben dürften im Wesentlichen auch für die ärztlichen Zwangsmaßnahmen während der zivilrechtlichen Unterbringung gelten.

„Dokumentation"

Das BVerfG versteht die Dokumentationspflicht als „Vorwirkung der grundrechtlichen Garantie gerichtlichen Rechtsschutzes." Es leitet daraus die Notwendigkeit her, dass die „gegen den Willen des Untergebrachten ergriffenen Behandlungsmaßnahmen, einschließlich ihres Zwangscharakters, der Durchsetzungsweise, der maßgeblichen Gründe und der Wirkungsüberwachung, zu dokumentieren" sind. Auch diese Verpflichtung muss im Beschluss hinreichend konkret dargestellt werden.

„Verantwortung eines Arztes"

Das Gesetz kann hier entsprechend den Ausführungen des Bundesverfassungsgerichts (a. a. O.) nur so ausgelegt werden, dass die Anordnung und Überwachung einer medikamentösen Zwangsbehandlung durch einen Arzt „zur Wahrung der Verhältnismäßigkeit unabdingbar ist." Dies muss deshalb auch in der Beschlussformel zum Ausdruck kommen.

f. Dauer der Anordnung, § 329 Abs. 1 Satz 2 FamFG

Gem. § 329 Abs. 1 Satz 2 FamFG darf die Genehmigung einer Einwilligung in eine ärztliche Zwangsmaßnahme oder deren Anordnung die Dauer von sechs Wochen nicht überschreiten, wenn sie nicht vorher verlängert wird.

Dauer der einstweiligen Anordnung

Bei einer einstweiligen Anordnung darf die Dauer von zwei Wochen nicht überschritten werden. Bei mehrfacher Verlängerung darf die Gesamtdauer sechs Wochen nicht überschreiten, § 333 Abs. 2 FamFG.

Da § 312 Satz 1 Nr. 3 FamFG ärztliche Zwangsmaßnahmen als „Unterbringungssachen" definiert, gelten für sie auch alle Verfahrensvorschriften, die das FamFG für die Unterbringungsverfahren vorsieht.

2.1.6 Unterbringung/Betreuung bei Alkohol-, Rauschgift-, Medikamentenabhängigkeit (Suchtkrankheit)

Betreuungen für Suchtkranke zählen zu den schwierigen Fällen, die häufig nur durch erfahrene Berufsbetreuer erfolgreich geführt werden können. Die Probleme beginnen bereits bei der Feststellung der Betreuungsbedürftigkeit, der Organisation der sog. Entgiftung, ambulanter oder stationärer Behandlungen bzw. Therapien. Auch freiheitsentziehende Maßnahmen zur Behandlung oder zur Verhinderung einer Selbstgefährdung oder zur Ermöglichung einer Heilbehandlung gehören zum notwendigen

Repertoire des Betreuers. Unzuverlässigkeit, Lethargie, Rückfälle, fehlende Krankheitseinsicht und z. T. aggressives Verhalten erschweren den Umgang mit den Betroffenen.

a. Psychische Krankheit gem. §§ 1896 Abs. 1 Satz 1, 1906 Abs. 1 Nrn. 1 und 2 BGB bei Suchtkrankheiten

Psychische Krankheit (ICD-10, F10 bis F19)

Sowohl bei der Frage, ob eine Betreuung angeordnet werden kann, wie auch bei der Prüfung der Voraussetzungen einer Unterbringung muss zunächst geprüft werden, ob der Zustand des Betroffenen die Voraussetzungen einer psychischen Krankheit erfüllt. Psychische und Verhaltensstörungen durch psychotrope, d. h. die Psyche beeinflussende Substanzen, können grundsätzlich als psychische Krankheiten definiert werden (vgl. ICD-10, F10 bis F19). Als relevante Störung kommt neben den temporär auftretenden Zuständen wie die akute Intoxikation oder ein Entzugssyndrom vor allem das Abhängigkeitssyndrom in Betracht. Nach ICD-10, F10.2.2 definiert sich dieses als:

Abhängigkeitssyndrom

> „Eine Gruppe von Verhaltens-, kognitiven und körperlichen Phänomenen, die sich nach wiederholtem Substanzgebrauch entwickeln. Typischerweise besteht ein starker Wunsch, die Substanz einzunehmen, Schwierigkeiten, den Konsum zu kontrollieren und anhaltender Substanzgebrauch trotz schädlicher Folgen. Dem Substanzgebrauch wird Vorrang vor anderen Aktivitäten und Verpflichtungen gegeben. Es entwickelt sich eine Toleranzerhöhung und manchmal ein körperliches Entzugssyndrom.Das Abhängigkeitssyndrom kann sich auf einen einzelnen Stoff beziehen (z. B. Tabak, Alkohol oder Diazepam), auf eine Substanzgruppe (z. B. opiatähnliche Substanzen) oder auch auf ein weites Spektrum pharmakologisch unterschiedlicher Substanzen."

Diese Definition gilt grundsätzlich auch bei einer Abhängigkeit von anderen Stoffen (Opioide, Cannabinoide, Sedativa, Hypnotika, Kokain, Stimulanzien, Halluzinogene, Tabak, flüchtige Lösungsmittel gem. F11 bis F18). Eine Suchterkrankung sollte daher als Abhängigkeitssyndrom definiert und so dem Sachverständigen zur Feststellung vorgelegt werden, damit sinnvoll eine psychische Krankheit diagnostiziert oder ausgeschlossen werden kann.

Mit diesem aus der Definition des Abhängigkeitssyndroms gewonnenen Maßstab verbieten sich bereits Maßnahmen gegen Personen, die lediglich aus Freude an den Genüssen des Lebens oder aus Leichtsinn sich gesundheitlich schädigen (gewöhnlicher Genuss von alkoholischen Getränken, starkes Rauchen, übermäßiges Essen etc.).

Trunksucht, Alkoholismus u. a.

Andere Umschreibungen der Suchtkrankheiten insbesondere aus der Alltagssprache, wie etwa „Trunksucht", „Alkoholkrankheit" oder „Alkoholismus" sind medizinisch und juristisch unergiebig und sollten daher nicht verwendet werden. Insoweit ist die Aussage, dass „Alkoholismus für sich gesehen keine psychische Krankheit" sei, bereits vom Ansatz her wenig zielführend.

Geistiges Gebrechen ist ein falscher Maßstab!

Die von Gerichten gelegentlich formulierte Forderung, es müsse ein ursächlicher „Zusammenhang zwischen Alkoholismus und einem geistigen Gebrechen" bestehen oder es müsse aufgrund eines Alkoholmissbrauchs ein Zustand eingetreten sein, der das Ausmaß eines „geistigen Gebrechens" erreicht, knüpft an Begriffe, die amorph und ohne Aussagekraft sind (so *BGH* BtPrax 2011, 259, wortgleich zu finden bei *OLG Hamm* BtPrax 2001, 40, *BayObLG* FamRZ 1999, 238).

Die Verwendung des Begriffs „geistiges Gebrechen" beinhaltet bei genauerem Hinsehen einen Zirkelschluss, weil diesen altertümlichen Begriff der Gesetzgeber durch die Formulierung psychische Krankheit oder geistige oder seelische Behinderung ersetzt hat, um das Recht der Vormundschaft und Gebrechlichkeitspflegschaft auch terminologisch zu beseitigen (vgl. §§ 1910, 1748 Abs. 3 BGB a. F. geändert durch das BtG v. 12. 9. 1990, BGBl. I S. 2002). Die überholten Begriffe Trunksucht, Alkoholismus und geistiges Gebrechen verhindern außerdem die notwendige Verzahnung zwischen der psychiatrischen und juristischen Terminologie.

Korsakow-Syndrom, Wernicke-Syndrom, amnestisches Syndrom

Neben der unmittelbaren alkoholbedingten Wirkung können massive Gedächtnisstörungen auftreten, die als sog. „amnestisches Syndrom" bezeichnet werden bzw. als Korsakowpsychose, Korsakow-Syndrom oder Wernicke-Syndrom (vgl. F10.2.6.). Ferner sind als Folgeerscheinung psychotische Störungen zu beobachten. Vergleiche dazu die Definition bei ICD-10 Restzustand und verzögert auftretende psychotische Störung (Alkoholdemenz, chronisches hirnorganisches Syndrom, residuale affektive Störung) unter F10.2.7.

Die genaue Diagnose ist jeweils schwierig und bleibt natürlich den Ärzten überlassen. Vgl. dazu *Wetterling, Veltrup, Neubauer, Neubauer,* Betreuung von Süchtigen (Abhängigkeitskranken), BtPrax 1995, 86–90.

Freiheit der Willensbildung

b. Krankheitsbedingte Unfähigkeit, einen freien Willen zu bilden

Die Bejahung einer suchtbedingten Krankheit kann nur der erste Prüfungsschritt sein, da es sich zwar um eine gängige Formulierung handelt, die aber sehr weit gefasst und ohne große Aussagekraft ist. Sowohl die Unterbringung wie auch die Betreuung gegen den Willen des Betroffenen setzen deshalb zusätzlich noch voraus, dass der Betroffene aufgrund einer Krankheit seinen Willen nicht frei bilden kann. Diese Voraussetzung erschließt sich unmittelbar aus dem Gesetz nur bei der ärztlichen Zwangsmaßnahme in § 1906 Abs. 3 Nr. 1 BGB und der Unterbringung gem. § 1906 Abs. 1 Nr. 2 BGB. Generell ergibt sich dieses Erfordernis aber aus einer verfassungskonformen Auslegung, denn der Staat hat von Verfassungs wegen nicht das generelle Recht, seine erwachsenen und zur freien Willensbestimmung fähigen Bürger zu erziehen, zu bessern oder zu hindern, sich selbst gesundheitlich zu schädigen (BVerfGE NJW 1967, 1795; *OLG München* BtPrax 2007, 218). Das *OLG Rostock* (BtPrax 2010, 134) hat hierzu ausgeführt, dass es nicht Aufgabe des Staates ist, seine Bürger zu hindern, sich gesundheitlich – etwa durch exzessiven Alkoholgenuss – zu schädigen. Diese vom Staat zu akzeptierende Entscheidung des Betroffenen zur Selbstaufgabe setzt aber dessen freie Willensbildung voraus.

Auch beim Abhängigkeitssyndrom gilt ferner der Satz, dass jeder Mensch in gewissen Grenzen auch ein Recht auf seine Krankheit hat. Ferner bleibt dem psychisch Kranken in weniger gewichtigen Fällen die „Freiheit zur Krankheit" (BVerfGE 58, 208, 224 ff., NJW 1998, 1774, *BayObLG* BtPrax 2004, 193–194). In diesen Grenzen darf der Kranke gerade bei behandlungsbedürftigen psychischen Erkrankungen selbst entscheiden, ob er das Durchleben seiner Krankheit einer aus seiner Sicht unzumutbaren Behandlung in einer psychiatrischen Klinik vorziehen will (*BGH* BtPrax 2006, 145–149).

„Freiheit zur Krankheit"

Anhand der zur freien Willensbildung entwickelten Grundsätze können Betreuungen und Unterbringungen sinnvoll auf einen Personenkreis beschränkt werden, der tatsächlich nicht mehr in der Lage ist, seine Angelegenheiten selbst zu erledigen. Zu einer freien Willensbildung ist v. a. nicht fähig, wer außerstande ist, seine Entscheidungen von vernünftigen Erwägungen abhängig zu machen. Dies ist z. B. dann der Fall, wenn dem Betroffenen die Fähigkeit abhandengekommen ist, seinen Alkoholkonsum selbstbestimmt zu kontrollieren und er deshalb trotz einer sich abzeichnenden massiven oder sogar lebensbedrohlichen gesundheitlichen Gefährdung weiter trinkt. Ein Indiz für mangelnde Steuerungsfähigkeit ist auch das Leugnen der Alkoholabhängigkeit oder der bereits durchgemachten Rückfälle (*OLG Stuttgart* FamRZ 2004, 834; *Bay-ObLG* NJWE-FER 2001, 150–151).

Praxis TIPP

Der Betreuer sollte versuchen, möglichst viele aussagekräftige und belastbare Fakten zu sammeln, um einen Unterbringungsantrag ausreichend begründen zu können. Wichtig sind folgende Fragen:

- Besteht Krankheitseinsicht oder bagatellisiert der Betroffene sein Problem?
- Wie häufig nimmt er Alkohol zu sich?
- Trinkt er regelmäßig jeden Tag oder nur zu bestimmten Anlässen (Wochenende, Feiern etc.)?
- Beginnt der Alkoholkonsum zu ungewöhnlichen Zeiten wie etwa morgens?
- Welche Getränke nimmt er zu sich (Wein, Bier, Schnaps)?
- Gab es bereits erfolglose Abstinenzversuche?
- Gab es bereits ambulante oder stationäre Therapieversuche?
- Hat der Alkoholkonsum bereits zu sozialen, familiären oder beruflichen Problemen geführt?
- Ist bereits ein erheblicher Verlust der körperlichen oder geistigen Leistungsfähigkeit eingetreten?
- Gab es bereits Krankheitsaufenthalte wegen Alkoholintoxikation?
- Hat der Alkoholkonsum bereits zu körperlichen Schäden geführt?
- Werden zusätzlich noch andere Drogen oder Medikamente unkontrolliert eingenommen?

c. Die Unterbringungsgründe gem. § 1906 Abs. 1 Nrn. 1 und 2 BGB

Selbstschädigungsgefahr

aa. Selbstschädigungsgefahr gem. § 1906 Abs. 1 Nr. 1 BGB bei Suchtkrankheit

Eine nach den oben dargestellten Grundsätzen festgestellte psychische Krankheit muss ursächlich sein für die konkrete und ernstliche Gefahr, dass der Betreute sich selbst tötet oder erheblichen gesundheitlichen Schaden zufügt. Hinreichender Unterbringungsgrund kann es aber nicht sein, durch eine Freiheitsentziehung die Alkoholabstinenz des Betroffenen zu erzwingen, um ihn allgemein vor einem weiteren Verfall seiner Persönlichkeit zu bewahren. Droht dagegen konkret die Gefahr eines Rückfalles mit lebensbedrohlichen Zuständen, kann die Unterbringung genehmigt werden (*BayObLG* BtPrax 2004, 193). Einen Schwerpunkt bilden dabei vor allem Suchtkranke, die bereits seit Jahren an ihrer Abhängigkeit leiden, durch den übermäßigen Alkoholkonsum auch erhebliche somatische Schäden (Leber) verursacht haben und generell körperlich geschwächt, gesundheitlich angeschlagen und anfällig sind. Muss der Sachverständige dann feststellen, dass bei einem fortgesetzten unkontrollierten Alkoholkonsum bzw. einem Rückfall akute, das Leben gefährdende Zustände drohen, ist die Unterbringung geboten. Wird die Genehmigung auf die Selbstschädigungsgefahr gestützt, bleibt eine Therapiefähigkeit des Suchtkranken unberücksichtigt (*BGH* NJW 2011, 3518). In diesen Fällen können sich lange Unterbringungszeiten ergeben, da in der Regel die Gefährdung unverändert bestehen bleibt, wenn der Betroffene therapie- und behandlungsresistent ist.

Heilbehandlung

bb. Unterbringung zur Heilbehandlung, evtl. mit „ärztlichen Zwangsmaßnahmen" (§ 1906 Abs. 1 Nr. 2 und Abs. 3 BGB)

Die Unterbringung muss zunächst zur Abwendung eines drohenden *erheblichen gesundheitlichen Schadens* erforderlich sein.

Notwendig sind deshalb nicht nur konkrete Feststellungen zur notwendigen Heilbehandlung und deren Erfolgsaussichten. Darzulegen sind ferner ein Therapiekonzept, sowie der Inhalt der Behandlung und geplanten Therapien. Schließlich müssen dann noch der zu erwartende Behandlungserfolg und der therapeutische Nutzen abgewogen werden mit den Gesundheitsschäden, die beim Unterlassen der Behandlung eintreten würden (vgl. *OLG Hamm* FGPrax 2009, 135–137).

Eine Zwangsbehandlung ist nur unter den Voraussetzungen des § 1906 Abs. 3 BGB möglich (vgl. dazu die Ausführungen unter Abschnitt 2.1.5).

Intoxikation, Entzugssyndrom

Unproblematisch sind dabei die Fälle eines akuten, pathologischen Rausches (Intoxikation). Eine Umschreibung findet sich bei den ICD-10 Definitionen F10–F19 unter der vierten Stelle .0:

> „Ein Zustandsbild nach Aufnahme einer psychotropen Substanz mit Störungen von Bewusstseinslage, kognitiven Fähigkeiten, Wahrnehmung, Affekt und Verhalten oder anderer psychophysiologischer Funktionen und Reaktionen. Die Störungen stehen in einem direkten Zusammenhang mit den akuten pharmakologischen Wirkungen der Substanz und nehmen bis zur vollständigen Wiederherstellung mit der Zeit ab, ausgenommen in den Fällen, bei denen Gewebeschäden oder andere Komplikationen aufgetreten sind. Komplikationen können ein Trauma, Aspiration von Erbrochenem, Delir, Koma, Krampfanfälle und andere medizinische Folgen sein. Die Art dieser Komplikationen hängt von den pharmakologischen Eigenschaften der Substanz und der Aufnahmeart ab."

Ähnlich gravierende Zustände können einhergehen mit dem Entzugssyndrom evtl. mit Delir (.3; .4) und alkoholbedingten psychotischen Störungen (.5, .7).

Liegt ein derartiger Zustand vor, der regelmäßig mit einer offenkundigen Aufhebung der freien Willensbildung verbunden ist, kann zur erforderlichen, häufig sogar akut notwendigen Heilbehandlung eine Unterbringung genehmigt werden. Diese akuten Zustände klingen aber sehr schnell ab, sodass auch die Voraussetzungen der Unterbringung entfallen. In einigen Fällen können aber auch noch während der Entgiftungsphase die Voraussetzungen vorliegen.

Eine im Anschluss daran erforderliche Behandlung im Rahmen einer stationären Therapie wird aber häufig nur auf freiwilliger Basis möglich sein. Darüber hinaus sind die Betroffenen dann in der Regel schon wieder zur freien Willensbildung fähig. Im Extremfall kann auch ein Zustand erreicht sein, der jede Therapie unmöglich macht. Therapiefähigkeit ist aber im Rahmen des § 1906 Abs. 1 Nr. 2 BGB unabdingbare Voraussetzung, sodass in diesen Fällen nur § 1906 Abs. 1 Nr. 1 BGB in Betracht kommt. Spätestens nach der „Entgiftung" wird daher eine Unterbringung zur Heilbehandlung nur sehr schwer zu begründen sein.

2.1.7 Erforderliche Aufgabenkreise

Erforderliche Aufgabenkreise des Betreuers

Bringt ein Betreuer den Betroffenen unter, benötigt er zunächst einen entsprechenden Aufgabenkreis. Dieser kann lauten

bei § 1906 Abs. 1 Nr. 1 BGB (Selbstgefährdung):

- Aufenthaltsbestimmung
- Unterbringung des Betroffenen
- Personensorge
- alle Angelegenheiten

bei § 1906 Abs. 1 Nr. 2 BGB (Untersuchung, ärztliche Behandlung und Eingriffe):

- zunächst die oben genannten Aufgabenkreise
- zusätzlich Gesundheitsfürsorge

Aufenthaltsbestimmung und Gesundheitsfürsorge genügen

Ein Betreuer mit den Aufgabenkreisen „Aufenthaltsbestimmung und Gesundheitsfürsorge" kann ein Verfahren auf Genehmigung der Unterbringung betreiben; eine Erweiterung seines Aufgabenkreises auf „freiheitsentziehende Maßnahmen" ist nicht erforderlich.

Für eine „ärztliche Zwangsmaßnahme" genügt der Aufgabenkreis „Wahrnehmung der Rechte bei der psychiatrischen Heilbehandlung" ohne gleichzeitige Übertragung des Aufenthaltsbestimmungsrechts nicht, da die Zwangsbehandlung allein im Rahmen einer geschlossenen Unterbringung der Betroffenen nach §§ 1906 Abs. 1 Nr. 2 und Abs. 3 BGB möglich ist. Allein die Gesundheitssorge ohne das Aufenthaltsbestimmungsrecht genügt ebenfalls nicht (*KG Berlin* BtPrax 2010, 92).

Ausdrückliche Vollmacht erforderlich!

Handelt ein Bevollmächtigter, muss die Vollmacht schriftlich erteilt sein und die angestrebte Unterbringungsmaßnahme ausdrücklich umfassen (§ 1906 Abs. 5 BGB). Zum Schutz vor unüberlegtem Handeln soll der Vollmachtgeber durch das „ausdrückliche" Erwähnen der Maßnahme gewarnt werden. Eine Auslegung unklarer, mehrdeutiger oder unbestimmter Begriffe in der Vollmacht ist daher unzulässig (a. A. ohne Begründung *BGH* FamRZ 2012, 969 m. Anm. Böhm).

Dies gilt umso mehr als das in § 1906 Abs. 5 BGB normierte Schriftlichkeits- und Ausdrücklichkeitsgebot seit dem 26. 2. 2013 auch dann zu beachten ist, wenn die Vollmacht ärztliche Zwangsmaßnahmen umfassen soll.

2.1.8 Betreuungsgerichtliche Genehmigung

Genehmigung der Unterbringung bzw. unterbringungsähnlicher Maßnahmen

Die Unterbringung durch einen Betreuer oder Bevollmächtigten ist nur mit Genehmigung des Betreuungsgerichts (Richters) zulässig, § 1906 Abs. 2 Satz 1 BGB.

Dies bedeutet jedoch nicht, dass das Gericht unterbringt, es genehmigt nur die Handlung des Betreuers bzw. Bevollmächtigten; dieser bleibt „Herr des Verfahrens".

Bei einer Unterbringung oder freiheitsentziehenden Maßnahme (z. B. Bettgitter) ist stets zu beachten:

- der Betreuer ordnet die Maßnahme an,
- der Richter genehmigt die Maßnahme,
- die Einrichtung führt die Maßnahme aus.

Allein der Betreuer trägt für die Anordnung und Beendigung die Verantwortung; der Richter gestattet ihm nur die Freiheitsentziehung ohne sie anzuordnen.

Hat das Betreuungsgericht die freiheitsentziehende Maßnahme genehmigt, bleibt es immer noch dem Betreuer bzw. Bevollmächtigten überlassen, die Maßnahme zu vollziehen oder von ihr abzusehen.

Inhalt des Genehmigungsbeschlusses

In der Genehmigung müssen der Betroffene, die nähere Bezeichnung der Unterbringungsmaßnahme und der Zeitpunkt, zu dem die Unterbringung endet, enthalten sein, § 323 FamFG. Sie darf einen Zeitraum von 1 Jahr (bei offensichtlich langer Unterbringungsbedürftigkeit 2 Jahre) nicht überschreiten, § 329 Abs. 1 FamFG. Wird entgegen der regelmäßigen Höchstfrist von einem Jahr eine Unterbringung von zwei Jahren genehmigt, so ist näher zu begründen, weshalb eine geringere Unterbringungsfrist nicht ausreicht, *Schleswig-Holsteinisches Oberlandesgericht* (FGPrax 2006, 138). So auch *OLG München* (BtPrax 2005, 113), das feststellt: Wird über die regelmäßige Höchstfrist der geschlossenen Unterbringung von einem Jahr hinaus eine Unterbringung von zwei Jahren genehmigt, ist diese Abweichung vom Regelfall im Hinblick auf den hohen Rang des Rechts auf Freiheit der Person ausreichend zu begründen.

Höchstfrist

Genehmigung einer ärztlichen Zwangsmaßnahme

Besonderheiten gelten für die Genehmigung, wenn sie eine ärztliche Zwangsmaßnahme umfassen soll (vergleiche dazu die Ausführungen unter Abschnitt 2.1.5 „Zwangsbehandlung"). Es wird Aufgabe der Rechtsprechung sein, den genauen Umfang und die Art der Konkretisierung der ärztlichen Zwangsmaßnahme in der Beschlussformel festzulegen.

Behandlungsmaßnahme im Rahmen von § 1906 Abs. 1 Nr. 2 BGB muss genau bezeichnet sein

Der BGH hat bereits zur früheren Rechtslage entsprechende Ausführungen gemacht, die als Anhaltspunkt dienen können. So hat er (BtPrax 2006, 145) darauf hingewiesen, dass in der Genehmigung einer Unterbringung nach § 1906 Abs. 1 Nr. 2 BGB die von dem Betreuten zu duldende Behandlung so präzise wie möglich anzugeben ist, weil sich nur aus diesen Angaben der Unterbringungszweck sowie Inhalt, Gegenstand und Ausmaß der von dem Betreuten zu duldenden Behandlung hinreichend konkret und bestimmbar ergeben; dazu gehören bei einer Behandlung durch Einnahme von Medikamenten in der Regel auch die möglichst genaue Angabe des Arzneimittels oder des Wirkstoffes und deren (Höchst-)Dosierung sowie Verabreichungshäufigkeit; insoweit kann es sich empfehlen, vorsorglich auch alternative Medikationen für den Fall vorzusehen, dass das in erster Linie vorgesehene Medikament nicht die erhoffte Wirkung hat oder vom Betreuten nicht vertragen wird.

Der Betreuer wird darauf achten müssen, dass bei dem „Antrag" auf Genehmigung einer Zwangsmaßnahme diese Ausführungen bereits enthalten sind. Man sollte daher beim behandelnden Arzt darauf dringen, dass er in seinem ärztlichen Attest dazu Stellung nimmt.

Der Betreuer ist für die Einholung der notwendigen betreuungsgerichtlichen Genehmigung allein verantwortlich, vorausgesetzt, er verfügt über den erforderlichen Aufgabenkreis. In der Praxis ist eine Antragstellung üblich. In seiner Begründung zum Antrag auf Genehmigung sollte er nicht nur die tatsächlichen Voraussetzungen der freiheitsentziehenden Maßnahme darlegen und ein ärztliches Zeugnis beifügen, sondern auch darstellen, ob bei einer Zuführung zur Unterbringung Schwierigkeiten zu erwarten sind. Gegebenenfalls kann der Betreuer, aber auch der Vorsorgebevollmächtigte anregen, dass die Betreuungsstelle beim Vollzug behilflich sein und dieser – unter Zuziehung polizeilicher Vollzugsorgane – die Anwendung unmittelbaren Zwangs (Gewaltanwendung) sowie die Öffnung und das Betreten der Wohnung gestattet werden soll (§ 326 FamFG).

„Gefahr in Verzug"

Ist mit dem Aufschub der Unterbringung Gefahr für den Betroffenen verbunden, kann ihn der Betreuer bzw. Bevollmächtigte zunächst auch ohne gerichtliche Genehmigung unterbringen; diese ist allerdings unverzüglich nachzuholen, § 1906 Abs. 2 Satz 2 BGB.

Für eine ärztliche Zwangsmaßnahme sieht das Gesetz in § 1906 Abs. 3a BGB keine derartige Befugnis vor. In extrem dringenden Fällen wird man zur Abwendung einer „gegenwärtigen, nicht anders abwendbaren Gefahr" für das Leben oder bei einer ebenso dringenden Gefahr einer erheblichen gesundheitlichen Schädigung (vgl. § 34 StGB) auch vor einer Genehmigung handeln dürfen.

Ärztlicher Eingriff

Die betreuungsgerichtliche Genehmigung zur Unterbringung in einer geschlossenen Abteilung eines psychiatrischen Krankenhauses schließt die Genehmigung der Einwilligung des Betreuers in eine Untersuchung des Gesundheitszustandes, eine Heilbehandlung oder einen ärztlichen Eingriff nach § 1904 BGB grundsätzlich nicht ein. Auch die „ärztliche Zwangsmaßnahme" muss vom Betreuungsgericht genehmigt werden, § 1906 Abs. 3a Satz 1 BGB. Eine Beschlussformulierung für ärztliche Zwangsmaßnahmen gibt es noch nicht. Der nachfolgende Beschluss umfasst daher nur die Unterbringung gem. § 1906 Abs. 1 Nr. 2 BGB.

Beispiel für den Beschluss über die Genehmigung einer vorläufigen Unterbringung

Amtsgericht
Aburg
– Betreuungsgericht –
Amtsweg 20, 00000 Aburg
Telefon: 000000; Fax: 00000

Geschäftsnummer: XVII 1111/11
UL23/11

Aburg, 29. 9. 2011

Im Unterbringungsverfahren für

Helga Muster, geboren am 23. 5. 1921,
Musterweg 1, 00000 Aburg – Betroffene –

Peter Muster, Auweg 3, 00000 Aburg – Betreuer –

Rechtsanwalt Herbert Mustermann,
Kranichweg 1, 00000 Aburg – Verfahrenspfleger –

ergeht folgender

Beschluss

1. Die vorläufige Unterbringung der Betroffenen in der geschlossenen Abteilung eines psychiatrischen Krankenhauses wird bis längstens 9. 11. 2011 genehmigt.
2. Wirkt die zuständige Behörde bei der Zuführung zur Unterbringung mit, darf sie – soweit nötig mit Hilfe der polizeilichen Vollzugsorgane – Gewalt anwenden und erforderlichenfalls auch gegen den Willen der Betroffenen deren Wohnung betreten.
3. Soweit die Freiheitsentziehung nicht mehr erforderlich ist, hat der Betreuer sie zu beenden. Ansonsten wird die Genehmigung mit Fristablauf wirkungslos.
4. Die sofortige Wirksamkeit wird angeordnet.

Gründe

Die Betroffene leidet an einer der in § 1896 Abs. 1 Satz 1 BGB aufgeführten Krankheit nämlich einer senilen Demenz vom Alzheimer Typ.

Dies folgt aus dem Ergebnis der gerichtlichen Ermittlungen, insbesondere aus dem aktuellen ärztlichen Zeugnis und dem Bericht der Betreuungsbehörde.

Die Betroffene hat zurzeit keine ausreichende Krankheitseinsicht, ist zu einer freien Willensbildung zumindest hinsichtlich der Entscheidungen im Zusammenhang mit der Erkrankung nicht in der Lage und vermag auch die Notwendigkeit ihrer Unterbringung nicht zu erkennen. Es besteht deshalb die Gefahr, dass sie sich erheblichen gesundheitlichen Schaden zufügt.

Die Betroffene bedarf zudem ärztlicher Behandlung, die derzeit ohne geschlossene Unterbringung nicht geschehen kann.

Erforderlich, geplant und ohne Unterbringung nicht durchführbar sind die Bestimmung einer angemessenen Dosierung der Medikamente XXX bzw. ähnlich wirkender Arzneimittel und die Durchführung einer Computertomographie.

Die Betroffene muss geschlossen untergebracht werden, weil sie weglaufgefährdet ist und aufgrund mangelnder Orientierung bzw. Verkehrssicherheit erheblich gefährdet wäre. Zum Wohl der Betroffenen ist es notwendig, sie ständig zu beaufsichtigen und ärztlich zu betreuen.

Eine endgültige Entscheidung zur Unterbringung war noch nicht möglich wegen der noch nicht abgeschlossenen Untersuchung und Begutachtung der Betroffenen.

Aufgrund des fortgeschrittenen Krankheitsbildes würde ein Zuwarten mit hoher Wahrscheinlichkeit die Heilungs- und Behandlungschancen beträchtlich vermindern und/oder zu erheblichen Gesundheitsschäden führen. Es ist daher eine Entscheidung im Weg der einstweiligen Anordnung nach § 1906 BGB, §§ 331, 332 FamFG erforderlich.

Die Entscheidung über die Gewaltanwendung beruht auf §§ 326, 51 Abs. 2 FamFG.

Die Entscheidung über die sofortige Wirksamkeit beruht auf §§ 324 Abs. 2, 51 Abs. 2 FamFG.

Die Genehmigung der vorläufigen Unterbringung erlischt mit Ablauf der vorgenannten Frist, es sei denn, dass das Gericht über die Fortdauer nach Anhörung der Betroffenen und eines Sachverständigen erneut entschieden hat (§ 333 Sätze 2 und 3 FamFG).

Rechtsmittelbelehrung

Gegen diese Entscheidung kann Beschwerde eingelegt werden.

Einlegung der Beschwerde:

Sie ist beim Amtsgericht Aburg in Aburg einzulegen. Die Einlegung erfolgt durch Einreichen einer Beschwerdeschrift oder zur Niederschrift der Geschäftsstelle. Eine untergebrachte Person kann die Beschwerde auch bei dem Amtsgericht einlegen, in dessen Bezirk sie untergebracht ist.

Notwendiger Inhalt und Form der Beschwerde:

Die Beschwerde muss die Bezeichnung des angefochtenen Beschlusses sowie die Erklärung enthalten, dass Beschwerde gegen diesen Beschluss eingelegt wird. Sie ist von dem Beschwerdeführer oder seinem Bevollmächtigten zu unterzeichnen.

Frist für die Einlegung der Beschwerde:

Die Beschwerde ist binnen einer Frist von zwei Wochen einzulegen. Die Frist beginnt jeweils mit der schriftlichen Bekanntgabe des Beschlusses an die Beteiligten. Kann die schriftliche Bekanntgabe an einen Beteiligten nicht bewirkt werden, beginnt die Frist spätestens mit Ablauf von fünf Monaten nach Erlass des Beschlusses.

Weitere Hinweise:

Die Beschwerde soll begründet werden. Wird die Beschwerde zu Protokoll der Geschäftsstelle eines anderen Amtsgerichts erklärt, wird die Niederschrift unverzüglich an das zuständige Amtsgericht weitergeleitet. Die Beschwerde muss aber innerhalb der Monatsfrist bei dem Amtsgericht eingehen, dessen Entscheidung angefochten wird.

Dr. Kerscher
Richterin am Amtsgericht

Der Beschluss ist seit dem ...... wirksam (§ 324 Abs. 2 Satz 3 FamFG).

2.1.9 Beendigung der Unterbringung

Betreuer beendet die Unterbringung

Nach § 1906 Abs. 3 Satz 1 BGB beendet der Betreuer bzw. Bevollmächtigte die Unterbringung, wenn die Voraussetzungen weggefallen sind oder er sie nicht mehr für erforderlich hält. Hier ist zu beachten, dass eine gerichtliche Aufhebung der Genehmigung nicht erforderlich ist. Der Betreuer bzw. Bevollmächtigte teilt die Beendigung lediglich dem Gericht mit, § 1906 Abs. 3 Satz 2 BGB.

Gericht kann Anordnungen treffen

Das Gericht kann dem Betreuer gebieten, die Unterbringung aufrechtzuerhalten, wenn es der Meinung ist, dass die Voraussetzungen noch vorliegen, §§ 1908i Abs. 1, 1837 Abs. 2 Satz 1 BGB; es könnte ihn auch aus dem Amt entlassen, wenn durch die Beendigung eine Gefahr für den Betreuten entstehen würde und dadurch die Eignung des Betreuers, die Angelegenheiten des Betreuten zu besorgen, nicht mehr gewährleistet ist, § 1908b Abs. 1 Satz 1 BGB.

Gericht kann Genehmigung aufheben

Das Betreuungsgericht hat von sich aus die Unterbringungsgenehmigung aufzuheben, wenn ihre Voraussetzungen weggefallen sind, § 330 FamFG. In diesem Fall muss der Betreuer bzw. Bevollmächtigte sofort die Unterbringung beenden, da er für diese Maßnahme keine ausreichende Rechtsbefugnis mehr hat; dies gilt auch dann, wenn er anderer Ansicht ist.

Eine Entlassung durch die Einrichtung ohne Rücksprache mit dem Betreuer bzw. Bevollmächtigten ist grundsätzlich nicht zulässig.

Einsichtsfähiger Untergebrachter kann Maßnahme beenden

Liegt beim Untergebrachten Einsichtsfähigkeit vor, ist er also in der Lage, selbst über Beendigung oder Fortdauer der Unterbringung zu entscheiden, kommt es (nur) auf seinen Willen an. Verlangt er in diesem Zustand seine Entlassung, muss die Einrichtung dem folgen; eine unverzügliche Mitteilung an den Betreuer bzw. Bevollmächtigten ist zweckmäßig.

Freiwilligkeitserklärung während des Vollzugs der Unterbringung

Zeigt sich der Betroffene während der Unterbringung kooperativ, um die restriktiven Folgen einer geschlossenen Unterbringung zu vermeiden, kann bei einem behutsamen Vorgehen des behandelnden Arztes und des Betreuers bzw. Bevollmächtigten, eine Freiwilligkeitserklärung des Betroffenen erreicht und damit ein größerer therapeutischer Handlungsspielraum ermöglicht werden. Der nunmehr freiwillige Aufenthalt ist dem Betreuungsgericht mitzuteilen, damit die betreuungsgerichtliche Genehmigung aufgehoben werden kann.

Nicht jede Erklärung des Untergebrachten führt zur Aufhebung

Die Genehmigung der geschlossenen Unterbringung ist aufzuheben, wenn der Betroffene sich ernstlich und verlässlich bereit erklärt, freiwillig in der Einrichtung zu verbleiben und sich der erforderlichen Therapie zu unterziehen. Diese Anforderungen erfüllt nicht die Erklärung, in erster Linie nach Hause zurückkehren zu wollen und nur „unter Umständen" für einen von vornherein begrenzten Zeitraum freiwillig in der Einrichtung zu bleiben, *OLG München* (FamRZ 2005, 1590).

Verbrauch der Genehmigung

Jede Entlassung führt zum „Verbrauch" der gerichtlichen Genehmigung; vor einer erneuten Unterbringung muss eine neue eingeholt werden. Flucht oder eigenmächtiges Verlassen des Untergebrachten lässt die Genehmigung weiter bestehen. Eine Unterbringungsgenehmigung verliert aber ihre Gültigkeit, wenn der Betroffene eine nicht unerhebliche Zeit, hier mehr als zwei Monate, nicht (mehr) untergebracht ist, *BayObLG* (FamRZ 2004, 1323).

Probeweise Entlassung

Eine probeweise Entlassung oder eine Beurlaubung ist bei der zivilrechtlichen Unterbringung gesetzlich nicht geregelt, sie werden aber in Anlehnung an die öffentlich-rechtlichen Vorschriften grundsätzlich für zulässig erachtet. Ob diese Unterbrechungen die gerichtliche Genehmigung „verbrauchen", kann nicht generell beantwortet werden. Zumindest nach einer Verweildauer von sechs Wochen auf einer offenen Station hat das OLG Hamm sie für verbraucht angesehen. Das *KG* (FamRZ 2006, 1481) hat entschieden, dass die probeweise Verlegung des Untergebrachten aus der geschlossenen auf eine offene Station dann nicht zur Wirkungslosigkeit der betreuungsgerichtlichen Genehmigung führt, wenn die ihr zugrunde liegenden Voraussetzungen weiter bestehen und die Verlegung in engem zeitlichen Zusammenhang mit dem Ende des genehmigten Unterbringungszeitraums steht. Das kann bei einer probeweisen Verlegung zehn Tage vor Entlassung des Untergebrachten der Fall sein.

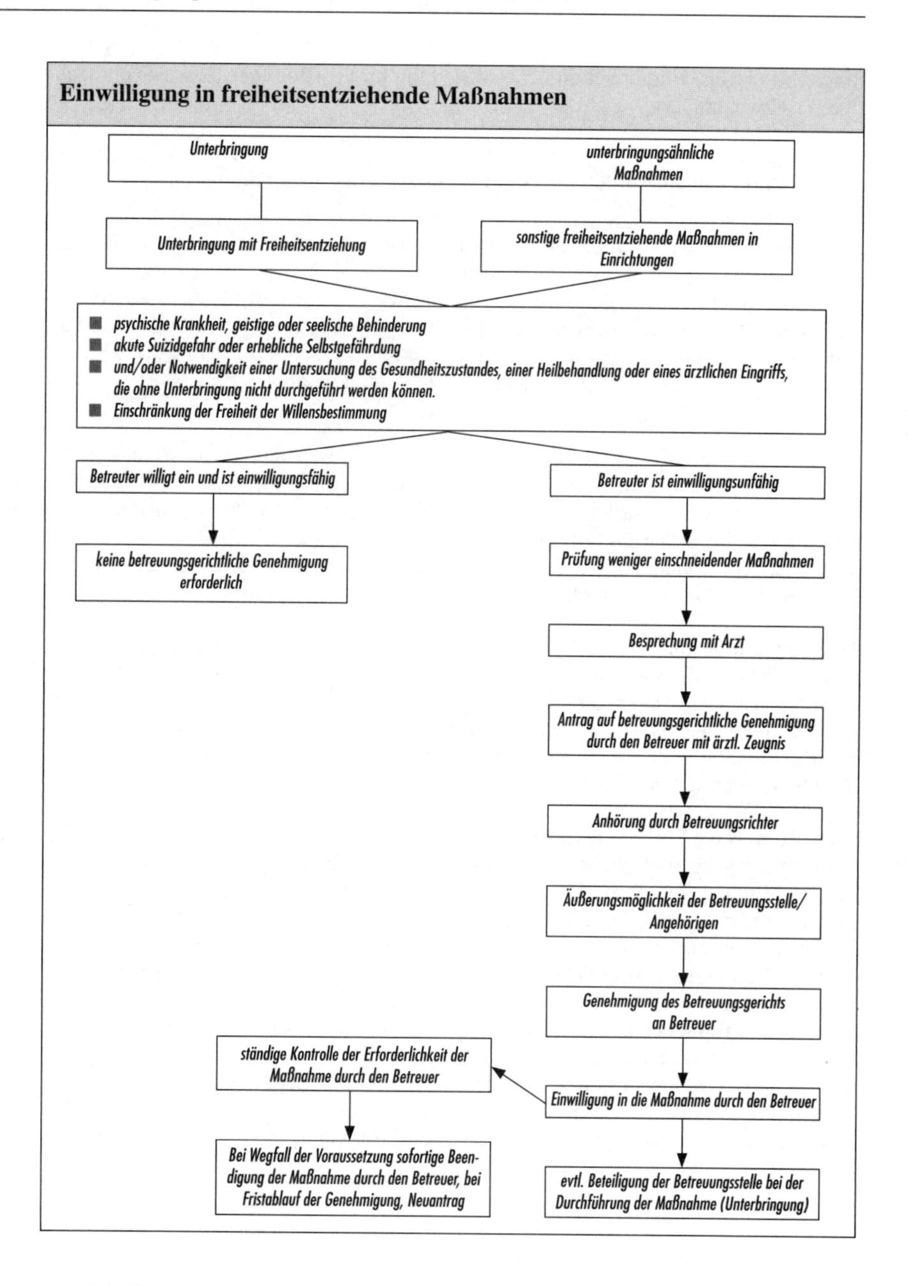

2.1.10 Widerruf der Einwilligung in ärztliche Zwangsmaßnahmen

Ähnliches gilt für die Einwilligung in eine ärztliche Zwangsmaßnahme. Die Wirksamkeit der Einwilligung bleibt bestehen bis zum „Widerruf“ der Einwilligung, die gegenüber dem behandelnden Arzt erklärt werden muss. Der Widerruf hat keine Rückwirkung, so dass bereits durchgeführte ärztliche Zwangsmaßnahmen wirksam bleiben. Der Betreuer bzw. Bevollmächtigte muss die Einwilligung in die ärztliche Zwangsmaßnahme widerrufen, wenn ihre Voraussetzungen – § 1906 Abs. 3 BGB – wegfallen. Er hat den Widerruf dem Betreuungsgericht anzuzeigen, § 1906 Abs. 3a Satz 2 BGB.

2.2 Verfahren

2.2.1 Reichweite der Verfahrensvorschriften, kein Verzicht durch Vollmacht

Genehmigungspflicht auch bei Vollmacht

Soweit im Folgenden vom Betreuer gesprochen wird, gilt dies auch für den Bevollmächtigten (§ 1896 Abs. 2 Satz 2 BGB). Da es sich bei einer ärztlichen Zwangsmaßnahme gem. § 312 Satz 1 Nr. 1 FamFG um eine Unterbringungssache handelt, gelten für sie grundsätzlich dieselben Verfahrensvorschriften, sofern nicht Sondervorschriften greifen. Der Gesetzgeber hat auch zum Schutz des Vollmachtgebers die Genehmigungspflicht für freiheitsentziehende Maßnahmen angeordnet. Ein Verzicht auf die Genehmigung ist daher nicht möglich, da ansonsten der Betroffene der Willkür des Bevollmächtigten ausgeliefert wäre, *BGH* FamRZ 2012, 1372.

2.2.2 Zuständigkeiten

Ist der Betreuer der Ansicht, dass die Voraussetzungen des § 1906 BGB vorliegen, beantragt er die Genehmigung beim Betreuungsgericht.

Für die Genehmigung ist grundsätzlich das Betreuungsgericht bei dem Amtsgericht zuständig, bei dem bereits die Betreuung mit den entsprechenden Aufgabenkreisen oder ein Betreuungsverfahren anhängig ist. Ansonsten ist das Gericht zuständig, in dessen Bezirk der Betroffene seinen gewöhnlichen Aufenthalt hat; fehlt es auch daran, ist das Gericht zuständig, in dessen Bezirk das Bedürfnis für die Unterbringungsmaßnahme hervortritt. Dieses Gericht ist auch für Eilmaßnahmen berufen, § 313 Abs. 1 und 2 FamFG.

Die Anordnung bzw. die Ablehnung einer Unterbringung, unterbringungsähnlichen Maßnahme oder ärztlichen Zwangsmaßnahme ist dem Betreuungsrichter zur Entscheidung vorbehalten.

2.2.3 Anhörung des Betroffenen, Bestellung eines Verfahrenspflegers, §§ 319, 317, 312 Satz 3 FamFG

Anhörung des Betroffenen

Persönliche Anhörung

Das Betreuungsgerichgericht hört den Betroffenen persönlich an (§ 319 Abs. 1 Satz 1 FamFG) und zwar regelmäßig in seiner üblichen Umgebung (Wohnung). Ist eine sinnvolle Verständigung mit ihm nicht möglich, unterbleibt die persönliche Anhörung. Es wird dann im Regelfall ein Verfahrenspfleger bestellt, § 317 Abs. 1 Satz 2 FamFG, soweit der Betroffene nicht durch einen Rechtsanwalt oder geeigneten Verfahrensbevollmächtigten vertreten wird. Dem Verfahrenspfleger muss die Anwesenheit bei der Anhörung ermöglicht werden. In jedem Fall muss sich aber das Gericht einen „persönlichen Eindruck von dem Betroffenen verschaffen.“ Dieser persönliche Eindruck soll das Gericht in die Lage versetzen, das eingeholte Gutachten zu würdigen. Das Gutachten muss daher bereits vor der Anhörung vorliegen (*BGH* BtPrax 2012, 116).

Persönlicher Eindruck

Zwangsweise Vorführung

Verweigert der Betreute die persönliche Anhörung durch das Gericht (z. B. lässt er den Richter nicht in die Wohnung), kann dieser eine zwangsweise Vorführung durch die Betreuungsstelle anordnen, § 319 Abs. 5 FamFG.

Verfahrenspfleger

Bestellung eines Verfahrenspflegers

Gemäß § 317 Abs. 1 Satz 1 FamFG hat das Gericht in Unterbringungsverfahren dem Betroffenen einen Verfahrenspfleger zu bestellen, wenn dies zur Wahrnehmung der Interessen des Betroffenen erforderlich ist. Dies hat so frühzeitig zu erfolgen, dass der Verfahrenspfleger noch Einfluss auf die Entscheidung nehmen kann (*BGH* BtPrax 2011, 125).

Soweit zur Wahrnehmung der Interessen erforderlich

Die Bestellung eines Verfahrenspflegers in einer Unterbringungssache soll die Wahrung der Interessen des Betroffenen in dem Verfahren gewährleisten. Der Betroffene soll bei den besonders schwerwiegenden Eingriffen in das Grundrecht der Freiheit der Person nicht allein stehen, sondern fachkundig beraten und vertreten werden. Der Verfahrenspfleger ist daher vom Gericht im selben Umfang wie der Betroffene an den Verfahrenshandlungen zu beteiligen. Dies gebietet auch, den Verfahrenspfleger in Unterbringungssachen regelmäßig bereits vor der abschließenden Anhörung des Betroffenen zu bestellen. Das Betreuungsgericht muss durch die rechtzeitige Bestellung eines Verfahrenspflegers und dessen Benachrichtigung vom Anhörungstermin sicherstellen, dass dieser an der Anhörung des Betroffenen teilnehmen kann. Außerdem steht dem Verfahrenspfleger ein eigenes Anhörungsrecht zu (§§ 320 Satz 1, 315 Abs. 2 FamFG).

Bei ärztlichen Zwangsmaßnahmen immer!

Bei der Genehmigung einer Einwilligung in eine ärztliche Zwangsmaßnahme ist die Bestellung eines Verfahrenspflegers dagegen stets erforderlich, § 312 Satz 3 FamFG. Die Bestellung durch das Betreuungsgericht darf daher nicht unterbleiben.

2.2.4 Weitere Anhörungen

Nach § 320 Satz 2 FamFG soll die Betreuungsbehörde angehört werden. Ferner müssen nach Satz 1 die sonstigen Beteiligten (§ 315 FamFG) angehört werden. Das sind zunächst uneingeschränkt der Betreuer, Bevollmächtigte und der Verfahrenspfleger.

Anhörung Sonstiger

Das Gericht gibt noch anderen Personen Gelegenheit zur Äußerung, so nach §§ 320 Satz 1, 315 Abs. 4 FamFG, dem Ehegatten oder Lebenspartner, soweit nicht dauernd getrennt lebend, Eltern und Kindern, bei denen der Betroffene lebt oder bei Einleitung des Verfahrens gelebt hat, einer vom Betroffenen benannten Person seines Vertrauens und dem Leiter der Einrichtung, in der der Betroffene lebt. Die Beteiligung dieser Personen steht aber im Ermessen des Gerichts und erfolgt nur, wenn dies dem Interesse des Betroffenen entspricht.

2.2.5 Sachverständigengutachten

Sachverständigengutachten ist Pflicht

Das Gericht fordert ein Sachverständigengutachten an, § 321 FamFG. Der Gutachter hat den Betroffenen persönlich zu untersuchen oder zu befragen. Er soll in der Regel Arzt für Psychiatrie, in jedem Fall muss er Arzt mit Erfahrung auf dem Gebiet der Psychiatrie sein.

Vorführung zum Sachverständigen

Verweigert der Betreute die Mitwirkung bei der Erstellung des Gutachtens, kann das Gericht eine zwangsweise Vorführung zum Sachverständigen durch die Betreuungsstelle anordnen, §§ 322, 283 und 284 FamFG.

Verlängerung einer Unterbringung über vier Jahre hinaus

Will das Betreuungsgericht die Unterbringung eines Betreuten über eine Dauer von vier Jahren hinaus verlängern, darf es diese Maßnahme nur dann (entgegen § 329 Abs. 2 Satz 2 FamFG) auf das Gutachten eines bereits früher im Unterbringungsverfahren tätigen Sachverständigen stützen, wenn hierfür besondere Gründe vorliegen, *BayObLG* (BtPrax 2005, 68).

Zu den besonderen Anforderungen bei der Einwilligung in eine ärztliche Zwangsmaßnahme vgl. die Ausführungen oben unter Abschnitt 2.1.5.4 bei der Überschrift *„d. Besondere Anforderungen an Gutachter“* und § 312 Abs. 1 Satz 5 FamFG.

2.2.6 Genehmigungsbeschluss

Bekanntmachung des Genehmigungsbeschlusses

Soweit das Gericht (Richter) die freiheitsentziehende Unterbringung für erforderlich hält, wird ein Genehmigungsbeschluss erlassen, § 323 FamFG. Dieser wird den Beteiligten, also dem Betreuten, dessen Verfahrenspfleger (falls bestellt), dem Betreuer bzw. Bevollmächtigten und den Personen, die im Verfahren zu beteiligen waren, bekannt gegeben (§ 41 Abs. 1 Satz 1 FamFG). Ferner erfolgt nach § 325

Abs. 2 FamFG die Bekanntgabe an den Leiter der Einrichtung, in der die Unterbringung erfolgen soll und an die Betreuungsbehörde. Zugestellt werden muss der Unterbringungsbeschluss nur demjenigen, dessen erklärtem Willen der Beschluss nicht entspricht (§ 41 Abs. 1 Satz 2 FamFG).

Begründung erforderlich

Der Beschluss ist zu begründen, § 38 Abs. 3 Satz 1 FamFG. Zur Feststellung, für den Betreuten bestehe aufgrund seiner Krankheit die Gefahr, dass er sich selbst tötet oder erheblichen gesundheitlichen Schaden zufügt, genügt nicht die Behauptung einer ohne die Unterbringung bzw. Heilbehandlung bestehenden Eigen- bzw. Selbstgefährdung. Gutachten und gerichtliche Entscheidungen müssen konkrete Tatsachen benennen, aus denen sich Art und Umfang sowie die Wahrscheinlichkeit der gesundheitlichen Selbstschädigung ergeben. Auch im Falle eines wiederholt untergebrachten Betroffenen darf sich die Begründung nicht auf formelhafte Wendungen beschränken, sondern muss die Tatbestandsvoraussetzungen im jeweiligen Einzelfall durch die Angabe von Tatsachen konkret nachvollziehbar machen; *OLG München* (BtPrax 2006, 36).

Wirksamkeit des Genehmigungsbeschlusses

Die Genehmigungsentscheidung wird grundsätzlich erst mit Rechtskraft wirksam (§ 324 Abs. 1 FamFG), das heißt mit Ablauf der Beschwerdefrist (§ 63 Abs. 1 FamFG). Beschwerde einlegen können neben dem Betreuten oder seinem Verfahrenspfleger die in § 335 FamFG genannten Personen und Stellen (z. B. der Ehegatte oder Lebenspartner, soweit nicht dauernd getrennt lebend, Eltern oder Kinder, bei denen der Betroffene lebt oder bei Einleitung des Verfahrens gelebt hat, Pflegeeltern, eine vom Betroffenen benannte Person seines Vertrauens, der Leiter der Einrichtung, in der der Betroffene lebt, und die Betreuungsbehörde).

Ferner können der Betreuer oder Vorsorgebevollmächtigte, wenn die Entscheidung ihren Aufgabenkreis betrifft, auch im Namen des Betreuten Beschwerde einlegen (§ 335 Abs. 3 FamFG).

Die Genehmigungsentscheidung wird allerdings bereits mit der Bekanntgabe an den Betroffenen, seinen Verfahrenspfleger, den Betreuer oder Bevollmächtigten wirksam, wenn das Gericht die sofortige Wirksamkeit anordnet; dabei reicht es bereits aus, wenn die Entscheidung einem Dritten zum Zwecke des Vollzugs mitgeteilt oder der Gerichtsgeschäftsstelle zur Bekanntgabe übergeben wird, § 324 Abs. 2 FamFG).

Zu den besonderen Anforderungen bei der Einwilligung in eine ärztliche Zwangsmaßnahme vgl. die Ausführungen oben unter Abschnitt 2.1.5.4 bei der Überschrift *„e. Beschlussformel, § 323 FamFG"*.

2.2.7 Durchführung der Unterbringung

Betreuer führt Unterbringung durch

Hat der Betreuer eine wirksame Genehmigungsentscheidung erhalten, kann er die freiheitsentziehende Unterbringung durchführen, allerdings darf er keine Gewalt anwenden. Sollte diese erforderlich sein, wendet er sich an die Betreuungsstelle, die ihn dabei zu unterstützen hat, § 326 Abs. 1 FamFG. Gewalt darf diese aber auch nur anwenden, wenn ein richterlicher „Gewaltanwendungsbeschluss" vorliegt, § 326 Abs. 2 FamFG; diesen sollte der Betreuer bereits mit seinem Antrag auf Genehmigung der Unterbringung anfordern, zumindest wenn zu erwarten ist, dass der Betreute nicht freiwillig in die Unterbringungseinrichtung mitgeht. Liegt dieser Gewaltanwendungsbeschluss vor, kann die Betreuungsstelle die Unterstützung der Polizei in Anspruch nehmen, § 326 Abs. 2 Satz 2 FamFG.

Betreuungsbehörde unterstützt

Betreuungsbehörde zieht Polizei zu

Ist zu erwarten, dass der Betreute die Wohnungstür nicht öffnet, sollte mit dem Antrag auf Genehmigung der Unterbringung eine Entscheidung des Gerichts über die Zulässigkeit des Betretens der Wohnung angeregt werden (§ 326 Abs. 3 Satz 1 FamFG).

2.2.8 *Vorläufige Unterbringung*

Eilige Unterbringung

Ist eine freiheitsentziehende Unterbringung „schnellstmöglich" durchzuführen, gibt es die Möglichkeit einer einstweiligen Anordnung durch das Gericht, § 331 FamFG, die sog. vorläufige Unterbringung.

Dringende Gründe

Gemäß § 331 Satz 1 Nr. 1 FamFG müssen dringende Gründe für die Annahme bestehen, dass eine endgültige zivilrechtliche Unterbringungsmaßnahme getroffen wird. Es ist somit erforderlich, die Voraussetzungen einer Unterbringung nach § 1906 BGB zu prüfen und sie als wahrscheinlich zu bejahen.

Gefahr für Betroffenen bei Aufschub

Ferner verlangt § 331 Satz 1 Nr. 1 FamFG ein „dringendes Bedürfnis für ein sofortiges Tätigwerden". Dies ist zu bejahen, wenn mit einem Aufschub der Maßnahme für den Betroffenen eine Gefahr für wichtige Rechtsgüter verbunden wäre. Eine erschöpfende Aufklärung ist nicht geboten; Glaubhaftmachung reicht in der Regel aus.

Ärztliches Zeugnis

Ärztliches Zeugnis genügt zunächst

Erforderlich ist die Vorlage eines ärztlichen Zeugnisses, § 331 Satz 1 Nr. 2 FamFG. Das Zeugnis muss den Zustand des Betroffenen beschreiben und die Notwendigkeit der freiheitsentziehenden oder freiheitsbeschränkenden Maßnahme begründen.

Für die Genehmigung einer freiheitsentziehenden Unterbringung und die Genehmigung einer Einwilligung in eine ärztliche Zwangsmaßnahme muss der Arzt, der das ärztliche Zeugnis erstellt, Erfahrung auf dem Gebiet der Psychiatrie haben und soll Arzt für Psychiatrie sein. Diese Qualifikation muss daher nicht vorliegen bei einer unterbringungsähnlichen Maßnahme gem. § 1906 Abs. 4 BGB, § 331 Satz 1 Nr. 2 zweiter Halbsatz.

Persönliche Untersuchung

Dem Zeugnis muss, auch wenn es das Gesetz nicht ausdrücklich fordert, eine persönliche Untersuchung des Betroffenen vorausgehen. Eine Erstellung nach Aktenlage ist bei der Schwere des Eingriffs nicht ausreichend. Insoweit kann man § 321 Abs. 1 Satz 2 FamFG entsprechend heranziehen, auch wenn eine gesetzliche Verweisung fehlt.

Ärztliches Zeugnis muss zeitnah sein

Vor- und Nachteile der Behandlung sind aufzuzeigen

Ein mehr als drei Monate zurückliegendes ärztliches Zeugnis zum Zwecke der Begründung einer befristeten geschlossenen Unterbringung zur Heilbehandlung im Wege einer einstweiligen Anordnung, das außerdem weder die mit der befürworteten Behandlung für den Betreuten zu erwartenden Vorteile noch die ohne die Behandlung entstehenden Nachteile aufzeigt, reicht für eine richterliche Unterbringungsgenehmigung nicht aus, *OLG Köln* (FamRZ 2006, 1875).

Anhörungen

Betroffener ist persönlich zu hören

Der Betroffene ist vor Anordnung der Maßnahme persönlich anzuhören § 331 Satz 1 Nr. 4 FamFG. Nach § 34 Abs. 2 FamFG kann die persönliche Anhörung des Betroffenen unterbleiben, wenn hiervon erhebliche Nachteile für die Gesundheit des Betroffenen zu besorgen sind oder der Betroffene offensichtlich nicht in der Lage ist, seinen Willen kundzutun.

Die Anhörung kann auch im Wege der Rechtshilfe durchgeführt werden, § 331 Satz 2 FamFG.

Fraglich ist, ob § 319 Abs. 3 FamFG anzuwenden ist, so dass ein Unterbleiben der Anhörung nach § 34 Abs. 2 FamFG nur auf der Grundlage eines ärztlichen Gutachtens erfolgen darf. Dies schreibt § 51 Abs. 2 Satz 1 FamFG vor, allerdings nur soweit sich nicht aus den Besonderheiten des einstweiligen Rechtsschutzes etwas anderes ergibt. Eine derartige Besonderheit könnte darin gesehen werden, dass im Verfahren der vorläufigen Unterbringungsmaßnahmen ein ärztliches Zeugnis anstelle eines Gutachtens genügt, § 331 Nr. 2 FamFG. Daher erscheint es ausreichend, wenn sich die Voraussetzungen des § 34 Abs. 2 FamFG aus einem ärztlichen Zeugnis ergeben. Ansonsten müsste das häufig zeitraubende Gutachten abgewartet werden. Abzuwarten bis das Gutachten vorliegt oder die Voraussetzung gesteigerter Dringlichkeit i. S. v. § 332 FamFG, also Gefahr im Verzug, könnte für einen gesundheitlich angeschlagenen Betroffenen ein unverantwortbares Risiko darstellen.

Verfahrenspflegerbestellung kann erforderlich sein

Soweit dies zur Wahrnehmung der Interessen des Betroffenen erforderlich ist, muss vor Erlass der Anordnung ein Verfahrenspfleger bestellt werden, §§ 331 Nr. 3, 317 FamFG. Dies wird in der Regel dann erforderlich sein, wenn eine Anhörung des Betroffenen unterbleibt, § 317 Abs. 1 Satz 1 FamFG. Eine persönliche Anhörung des Verfahrenspflegers ist nicht erforderlich; sie kann auch schriftlich oder telefonisch erfolgen.

Nach *OLG München* vom 27. 6. 2006, Az. 33 Wx 89/06 muss auch bei der Anordnung einer vorläufigen Unterbringung – außer bei Gefahr im Verzug – dem Betroffenen bereits vor Erlass des Unterbringungsbeschlusses ein Verfahrenspfleger bestellt werden, wenn das vorliegende Gutachten bzw. ärztliche Zeugnis nicht an ihn ausgehändigt werden soll und zudem nach ärztlichen Feststellungen zu erwarten ist, dass eine sachbezogene Anhörung nicht möglich sein wird.

Anhörung weiterer Personen und Stellen

Eine Anhörung weiterer Personen (vgl. Abschnitt 2.2.4.) ist gem. §§ 320, 315 Abs. 4, 51 Abs. 2 Satz 1 FamFG nur erforderlich, wenn deren Beteiligung dem Interesse des Betroffenen entspricht. Im Hinblick auf die Dringlichkeit wird ein derartiges Interesse in der Regel zu verneinen sein. Die Betreuungsbehörde soll angehört werden gem. § 320 Satz 2 FamFG.

Gesteigerte Dringlichkeit (Gefahr im Verzug)

Entscheidung ohne Anhörung

Ist Gefahr im Verzug anzunehmen (sog. „Eilfall"), können gem. § 332 FamFG zunächst bestimmte Verfahrenshandlungen unterbleiben.

Von der persönlichen Anhörung des Betroffenen kann vor Erlass der Anordnung abgesehen werden; allerdings ist sie unverzüglich nachzuholen.

Keine zwingende Bestellung eines Verfahrenspflegers

Auch von der Bestellung und Anhörung eines Verfahrenspflegers kann vor Erlass der Anordnung abgesehen werden; allerdings sind diese Verfahrenshandlungen ebenfalls unverzüglich nachzuholen.

Begriff der „unverzüglichen" Nachholung

Im Gesetz ist der Begriff der „Unverzüglichkeit" für das Nachholen der Verfahrenshandlungen nicht definiert. Die Nachholung muss wohl nach der herrschenden Rechtsprechung im Grundsatz spätestens mit Ablauf des nächsten Tages erfolgen (*KG* FGPrax 2008, 40, *BayObLG* Beschl. v. 31. 7. 2002 – 3 Z BR 145/02).

Befristung der vorläufigen Unterbringungsmaßnahme

Befristung

Die zeitliche Höchstfrist für eine vorläufige Unterbringungsmaßnahme beträgt nach § 333 FamFG sechs Wochen. Die Frist beginnt mit Wirksamkeit der Entscheidung zu laufen.

Ausnahmsweise Verlängerung

Reicht dieser Zeitraum nicht aus, um über eine endgültige Unterbringungsmaßnahme zu befinden, kann die Frist bis zu einer Gesamtdauer von drei Monaten verlängert werden. Vor dieser Entscheidung muss ein Sachverständiger angehört werden. Da diese Verlängerung wieder im Wege einer einstweiligen Anordnung erfolgt, müssen die Verfahrenshandlungen beachtet werden. Insbesondere ist der Betroffene erneut persönlich anzuhören (§ 333 Satz 2 und 3 FamFG).

Noch enger sind die zeitlichen Grenzen bei einer ärztlichen Zwangsmaßnahme gem. § 333 Abs. 2 FamFG. Die einstweilige Anordnung darf bei der Genehmigung einer Einwilligung in eine ärztliche Zwangsmaßnahme oder deren Anordnung die Dauer von zwei Wochen nicht überschreiten. Bei mehrfacher Verlängerung darf die Gesamtdauer sechs Wochen nicht überschreiten.

Wirksamkeit der einstweiligen Anordnung

Für die Bekanntmachung und die Wirksamkeit gelten die gleichen Vorschriften wie für das Hauptverfahren (vgl. Abschnitt 2.2.6). Die Beschwerdefrist beträgt zwei Wochen, eine Rechtsbeschwerde findet nicht statt (§§ 63 Abs. 2 Nr. 1, 70 Abs. 4 FamFG).

Durchführung der Unterbringung

Betreuer, Betreuungsbehörde und evtl. Polizei führen durch

Die Unterbringung selbst erfolgt auch in diesen Fällen nach § 326 FamFG unter Zuhilfenahme der Betreuungsstelle, wobei diese wiederum die Polizei zuziehen kann.

2.2.9 *Einstweilige Anordnung nach § 1846 BGB, § 334 FamFG*

Einstweilige Maßnahme durch das Betreuungsgericht

Nach §§ 1908i Abs. 1 Satz 1, 1846 BGB kann das Betreuungsgericht selbst einstweilige Anordnungen treffen („erforderliche Maßregeln"), wenn ein Betreuer noch nicht bestellt oder an der Erfüllung seiner Pflichten verhindert ist; dies gilt auch, wenn zwar ein Betreuer schon vorhanden ist, ihm aber für die aktuelle Tätigkeit der entsprechende Aufgabenkreis fehlt.

Dringender Fall

Die zu erledigende Maßnahme muss so dringlich sein, dass ein bestellter vorläufiger (weiterer) Betreuer mit dem erforderlichen Aufgabenkreis nicht mehr rechtzeitig die aktuell anstehende Vertretungshandlung erbringen kann.

Bei der Einwilligung in eine ärztliche Zwangsmaßnahme ist dagegen § 1846 BGB „nur anwendbar, wenn der Betreuer an der Erfüllung seiner Pflichten verhindert ist", § 1906 Abs. 3 Satz 2 BGB. Ist noch kein Betreuer bestellt, muss dies durch eilige Bestellung eines vorläufigen Betreuers ausgeglichen werden. In der Gesetzesbegründung (*BT-Drucks. 17/11513 S. 7*) wird für Akutfälle auf die Psychisch-Kranken-(PsychKG) bzw. Unterbringungsgesetze der Länder verwiesen, die jedoch derzeit keine entsprechende Möglichkeiten bieten.

Verhinderung des Betreuers

Betreuer ist verhindert

Verhinderung bedeutet, dass der Betreuer tatsächlich nicht eingreifen kann, so z. B. bei Urlaubsabwesenheit oder Krankheit. Will der Betreuer nicht tätig werden, scheidet ein gerichtliches Eingreifen aus.

Weigerung des Betreuers

Nach *OLG Düsseldorf* (FamRZ 1995, 637) steht einer tatsächlichen oder rechtlichen Verhinderung des Betreuers seine Weigerung, in bestimmtem Sinne tätig zu werden, nicht gleich. Das Betreuungsgericht darf die Befugnis zur Nothilfe für Betreuer und Betreuten nach § 1846 BGB nicht dazu benutzen, Angelegenheiten, in denen der Betreuer eine gegenteilige Auffassung vertritt, gegen den Willen des Betreuers selbst anderweitig zu regeln.

Bei der Beurteilung der Frage, ob ein Fall der Verhinderung vorliegt, ist dem Betreuungsgericht kein Ermessen eingeräumt; es handelt sich vielmehr um eine Rechtsfrage.

Ein rechtfertigender Grund für eine Durchbrechung des Grundsatzes, dass dem Betreuungsgericht nicht die Vertretung des Betreuten, sondern nur die Aufsicht über die Tätigkeit des Betreuers obliegt, kann nur ausnahmsweise dann bestehen, wenn der Betreuer bei im Interesse des Betreuten dringend erforderlichen Maßnahmen entweder tatsächlich nicht erreichbar oder aus rechtlichen Gründen, etwa wegen einer Interessenkollision an einer Tätigkeit gehindert ist und wenn zugleich die Gefahr besteht, dass der Betroffene durch die fehlende Vertretung rechtliche Nachteile erleidet.

Die Erwägung, der Betreuer sei an der Erfüllung seiner Pflichten deshalb verhindert gewesen, weil er „nicht gewillt war, tätig zu werden", beruht auf einer Verkennung der gesetzlichen Funktionsverteilung zwischen Betreuer und Gericht sowie des Rechtsbegriffs der Verhinderung. Durch § 1846 BGB soll dem Betreuungsgericht kein korrigierender Eingriff in die Tätigkeit des Betreuers ermöglicht und gestattet werden. Es handelt sich vielmehr um eine Art gesetzlicher Nothilfe für Betreuer und Betreuten. Das Betreuungsgericht darf diese Befugnis zur Nothilfe nach § 1846 BGB nicht dazu benutzen, bestimmte Angelegenheiten, in denen der Betreuer eine gegenteilige Auffassung vertritt, gegen den Willen des Betreuers in seinem Sinne selbst zu regeln. Weder ein Interessengegensatz noch pflichtwidrige Versäumnisse eines an sich einsatzfähigen Betreuers führen zu einer Verhinderung i. S. v. § 1846 BGB.

Bestellter und nicht verhinderter Betreuer

Die Anwendung des § 1846 BGB darf nicht dazu führen, die gebotene Beteiligung des Betreuers am Verfahren zu umgehen. Die Frage, ob ein Fall der Verhinderung des Betreuers vorlag, ist eine Rechtsfrage, die in vollem Umfang der Überprüfung durch das Rechtsbeschwerdegericht unterliegt.

Betreuer ist noch nicht bestellt

Handlungsmöglichkeiten des Betreuungsgerichts

Wird eine Maßnahme im Interesse des Betroffenen erforderlich, die nicht durch einen Bevollmächtigten durchgeführt werden kann, und ist auch noch kein Betreuer mit ausreichendem Aufgabenkreis bestellt, so kann das Betreuungsgericht eine einstweilige Anordnung nach §§ 1908i Abs. 1, 1846 BGB treffen, wenn ein Aufschub ausscheidet. Bei ärztlichen Zwangsmaßnahmen greift § 1896 BGB dagegen nur, wenn der Betreuer verhindert ist, § 1906 Abs. 2 Satz 2 BGB.

Soweit diese einstweiligen Anordnungen sich im Bereich von Unterbringungsmaßnahmen gemäß § 1906 Abs. 1 BGB oder freiheitsbeschränkende Anordnungen nach § 1906 Abs. 4 BGB abspielen, ist § 334 FamFG zu beachten, der die §§ 331 und 332 FamFG entsprechend anwendbar macht.

Es müssen dringende Gründe dafür vorliegen, dass künftig ein Betreuer bestellt wird, der eine Unterbringung für erforderlich hält. Außerdem muss ein ärztliches Zeugnis über die Notwendigkeit der Maßnahme vorliegen und es muss Gefahr im Verzug sein. Die persönliche Anhörung des Betroffenen, die Bestellung und Anhörung eines Verfahrenspflegers sowie die Anhörungen weiterer Personen oder Stellen können zunächst unterbleiben, da Gefahr im Verzug ist. Die Anhörungen des Betroffenen und des Verfahrenspflegers, falls ein solcher zu bestellen ist, müssen unverzüglich nachgeholt werden.

Die persönliche Anhörung des Betroffenen gehört, auch wenn eine vorläufige Unterbringungsmaßnahme angeordnet wird, zu den durch Art. 104 Abs. 1 GG zum Verfassungsgebot erhobenen Grundsätzen. Der Richter darf vor der Anordnung einer vorläufigen Unterbringungsmaßnahme von der persönlichen Anhörung des Betroffenen nur absehen, wenn konkrete Tatsachen vorliegen, welche die erforderliche Gefahr im Verzug begründen.

Zwang zur gleichzeitigen Bestellung eines (vorläufigen) Betreuers

Durch den BGH wurde die Frage entschieden, ob gleichzeitig mit der Anordnung nach § 1846 BGB ein (vorläufiger) Betreuer zu bestellen ist. Dies wurde zwar verneint, jedoch muss, zumindest bei einer einstweiligen zivilrechtlichen Unterbringungsanordnung, unverzüglich ein Verfahren auf Bestellung eines Betreuers eingeleitet werden. Unterlässt das Gericht solche Maßnahmen, ist die Anordnung der Unterbringung unzulässig (*BGH* BtPrax 2002, 162).

Nach *OLG München* (OLGR 2006, 784) hat das Gericht bei einer Anordnung nach § 1846 BGB sicherzustellen, dass dem Betroffenen innerhalb weniger Tage ein zumindest vorläufiger Betreuer zur Seite steht.

Zeitliche Begrenzung der angeordneten Maßnahmen

Einstweilige Maßregel des Gerichts ist zeitlich begrenzt

Zu klären wäre noch, für welchen Zeitraum die (andauernden) einstweiligen Maßregeln nach §§ 1908i Abs. 1, 1846 BGB angeordnet werden können. Zwar verweist § 334 FamFG auf § 333 FamFG (sechs Wochen), allerdings wird in der Literatur und Rechtsprechung regelmäßig ein kürzerer Zeitraum für angemessen gehalten. Da nach BGH mit der Anordnung zumindest ein Verfahren nach § 300 FamFG auf Bestellung eines vorläufigen Betreuers eingeleitet werden muss, sollte nach Ablauf von zwei Wochen (*LG Hamburg* BtPrax 1992, 111) dieser bestellt und in der Lage sein, über die Maßnahme zu bestimmen.

2.3 Freiheitsbeschränkende Maßnahmen

Für freiheitsentziehende und freiheitsbeschränkende Maßnahmen gilt gem. § 1906 Abs. 4 BGB grundsätzlich das zur Unterbringung Dargelegte „entsprechend“. In der Praxis haben sich jedoch beachtliche Ausnahmen und Besonderheiten ergeben.

2.3.1 Aufzählung der Maßnahmen

Begriff

Es handelt sich um Maßnahmen, die eine Freiheitsentziehung oder Freiheitsbeschränkung durch mechanische Vorrichtungen, Medikamente oder auf andere Weise herbeiführen. Eine abschließende Aufzählung gibt es nicht, da der technische Fortschritt und die individuellen Gestaltungsmöglichkeiten ein sehr breites Anwendungsgebiet eröffnen. Als freiheitsbeschränkende Handlungen i. S. v. § 1906 Abs. 4 BGB sind aber folgende Maßnahmen zu verstehen:

- Festbinden mit einem Leib- oder Bauchgurt im Bett oder auf dem Stuhl,
- Fixierung der Extremitäten durch Hand- oder Fußfesseln,
- Bettgitter, die das Verlassen des Bettes verhindern,
- Tisch/Brett am Stuhl, die das Aufstehen unmöglich machen,
- Sitzhose am Stuhl, die das Aufstehen oder Herausrutschen verhindert,
- Wegnahme einer zur Fortbewegung notwendigen Beinprothese, eines Gehstocks, Rollators oder Rollstuhls,
- Anlegen nicht abziehbarer Handschuhe (Schutz vor Herausziehen einer Infusionsnadel).
- Der Betroffene wird gezielt durch Schlafmittel oder andere Medikamente gehindert aufzustehen und sich fortzubewegen.
- Anbringen sog. Schutzdecken,
- Anlegen eines besonderen „Schlafsacks“, der auch fixiert werden kann.

Einige Stimmen in der Literatur und Rechtsprechung wenden die Vorschriften für unterbringungsähnliche Maßnahmen auch an, wenn

- das Verlassen der Einrichtung nur bei Betätigung ungewöhnlich komplizierter Schließmechanismen möglich ist,
- die Eingangstür zeitweilig – insbesondere nachts – verschlossen wird, ohne dass der Betreute einen Schlüssel erhält oder ein Portier das jederzeitige Verlassen der Einrichtung ermöglicht,
- der Pförtner oder anderes Personal den Betreuten zurückhält, wenn er die Einrichtung verlassen will.

Abgrenzung zur Unterbringung

Legt man die, auch vom BGH verwendete Definition zugrunde, dann muss man bei allen Maßnahmen von einer Unterbringung ausgehen, wenn sie die persönliche Bewegungsfreiheit des Betroffenen nicht nur kurzfristig auf einen bestimmten räumlichen Lebensbereich begrenzen" (vgl. Abschnitt 1.3). Anhand dieser Definition lässt sich auch die Frage leicht entscheiden, ob niedrigschwellige Rückhaltemaßnahmen wie Trickschlösser, schwergehende Türen und Zahlenkombinationen eine freiheitsentziehende Unterbringung darstellen. Selbstverständlich ja, wenn der Betroffene aufgrund dieser Maßnahmen auf bestimmte Örtlichkeiten beschränkt wird. Dies gilt dann auch für den fürsorglichen Pförtner, Überwachung und Zurückhaltung nach Kontrolle über Videoanlagen, Lichtschranken etc.

Der Gesetzgeber sollte die wenig aussagekräftige Unterscheidung zwischen Unterbringung und unterbringungsähnlichen Maßnahmen aufgeben und das Ausmaß der Prüfung der Intensität des Eingriffs anpassen. Die mit einem teuren Gutachten genehmigte Unterbringung in einer großzügig angelegten „beschützenden Abteilung" mit Innenhof, Nachtcafe einem sog. Snoezelenraum dürfte für einen Bewohner, der mit Bauchgurt und Fixierung der Extremitäten jede Nacht an sein Bett gefesselt wird, einen geradezu paradiesischen Zustand darstellen. Letztere Maßnahme kann aber immer noch mit einem dünnen ärztlichen Zeugnis begründet werden.

Ein Betreuer sollte sich auf diesen juristischen Streit nicht einlassen. Er kann und muss ohne Rücksicht auf die Ansicht des für den Betroffenen zuständigen Gerichts die seiner Ansicht nach notwendige Maßnahme beantragen. Bei den vorläufigen Maßnahmen spielt die Unterscheidung zudem keine Rolle, da sowohl bei der Unterbringung wie auch bei den unterbringungsähnlichen Maßnahmen ein ärztliches Zeugnis genügt.

2.3.2 Voraussetzungen für den Einsatz der Maßnahmen

- Der Betroffene muss sich in einer Anstalt, einem Heim oder einer sonstigen Einrichtung befinden.
- Nach dem Wortlaut des Gesetzes ist die Vorschrift nur anzuwenden, wenn keine Unterbringung als solche vorliegt. Hiervon ist die Rechtsprechung vollständig abgegangen und bejaht die Genehmigungspflicht für die zusätzliche Beschränkung der Freiheit auch dann an, wenn sich der Betroffene in freiheitsentziehender Unterbringung befindet.
- Die Maßnahmen werden über einen längeren Zeitraum oder regelmäßig angewandt.

  Die Frage, wann ein *„längerer Zeitraum"* vorliegt, wird sehr unterschiedlich beurteilt. Mit den Grundrechten unvereinbar und letztlich willkürlich ist es, der Klinik einen Zeitraum von mindestens drei Tagen (!) einzuräumen, in dem nach paternalistischer Art Pflegekräfte des Krankenhauses einen Menschen an das Bett fesseln dürfen und das auch noch ohne ärztliche Weisung (so aber *OLG Bamberg* BtPrax 2012, 175 LS). Es werden auch andere Grenzen vertreten wie etwa 24 Stunden oder bis zum Ablauf des nächsten Tages analog § 128 StPO (vgl. dazu *Jacobs* BtPrax 2013, 16). Eine sachliche Begründung gibt es aber für keine bestimmte Dauer, so dass jede zeitliche Begrenzung letztlich willkürlich erscheint. Richtig ist es wohl darauf abzustellen, ob eine zumindest vorläufige richterliche Entscheidung beantragt werden kann und wie lange die Maßnahme zur Abwehr einer gegenwärtigen Gefahr für Leib oder

Leben erforderlich ist. Mit Ablauf des Tages, der dem Beginn der freiheitsbeschränkenden Maßnahme folgt, dürfte aber immer die absolute Höchstgrenze erreicht sein.

- Es besteht aufgrund einer psychischen Krankheit oder geistigen bzw. seelischen Behinderung die Gefahr, dass sich der Betroffene selbst tötet bzw. erheblichen gesundheitlichen Schaden zufügt, oder es sind eine Untersuchung des Gesundheitszustandes, eine Heilbehandlung oder ein ärztlicher Eingriff notwendig, die ohne die Maßnahme nicht durchgeführt werden können.
- Der Betroffene kann aufgrund einer psychischen Krankheit oder geistigen oder seelischen Behinderung die Notwendigkeit der Maßnahme nicht erkennen oder nicht nach dieser Einsicht handeln.

2.3.3 Betreuungsgerichtliche Genehmigung

Die Maßnahmen des Betreuers bzw. Bevollmächtigten bedürfen einer betreuungsgerichtlichen Genehmigung, § 1906 Abs. 4 i. V. m. Abs. 2 BGB. Das Verfahren läuft wie bei einer Unterbringung ab, allerdings genügt ein fachärztliches Zeugnis an Stelle eines Sachverständigengutachtens, §§ 321 Abs. 2, 312 Nr. 2 FamFG.

Ärztliches Zeugnis genügt in der Regel. Gutachten bringt mehr Sicherheit bei schweren Eingriffen

Das Gericht muss und darf sich nicht immer und unbesehen mit einem ärztlichen Zeugnis zufrieden geben. Gerade bei schwerwiegenden Maßnahmen, die nachhaltig die Grundrechte des Betroffenen beeinträchtigen (Bauchgurt im Bett, Fixieren der Extremitäten etc.) kann die Amtsermittlungspflicht gem. § 26 FamFG dazu führen, dass der Richter ein Sachverständigengutachten einholen muss.

Auch andere Formen der Sachverhaltsermittlung können geboten sein. Häufig ist es für den Richter unabdingbar, die Pflegedokumentation (vgl. § 13 Abs. 1 Nr. 9 HeimG bzw. Art. 7 des bayerischen Pflege- und Wohnqualitätsgesetzes) einzusehen, um zu überprüfen, ob früher bereits Stürze vorgefallen sind und wie sich diese abgespielt haben. Nur so kann festgestellt werden, ob ein Sturz den Schluss zulässt, dass zur Sturzprophylaxe nachts ein Bauchgurt angelegt werden muss. Ist der Betroffene am hellichten Tag im Gemeinschaftsraum ausgerutscht, dann kann dies keinen Bauchgurt während der Bettruhe begründen.

2.3.4 Beispiels- und Problemfälle

Überreden ohne Zwang

Überreden ohne Zwang

Keine Freiheitsentziehung liegt vor, solange der Betreute ausschließlich durch bloße Überredung dazu gebracht werden soll, in der Einrichtung zu bleiben (z. B. wenn ein Pförtner den Betreuten davon überzeugt, dass es besser wäre, nicht ohne Begleitung auszugehen). Der Fortbewegung dürfen aber keine Hindernisse in den Weg gelegt werden. Wird die Überzeugungsarbeit mit Hilfe der Androhung von Nachteilen verstärkt, wird psychischer Druck ausgeübt oder wird dem Betroffenen keine Entscheidungsfreiheit eingeräumt, so ist die Schwelle zur Freiheitsentziehung überschritten. Das Ganze ist schon deshalb problematisch, weil man beim „Überreden“ von einem einsichtigen, einwilligungsfähigen Bewohner ausgeht, der noch selbst über seine Fortbewegung entscheiden kann. Einwilligungsfähigkeit dürfte aber bei den meisten Bewohnern nicht mehr vorliegen, vor allem wenn sie besonders überwacht werden (Ortungsanlagen etc.).

Einsatz von Medikamenten

Genehmigungspflichtig sind nur solche Maßnahmen, durch welche die Freiheit „entzogen werden soll", die also zumindest auch darauf abzielen, den Betreuten an der Fortbewegung zu hindern. Dies trifft nicht zu, wenn ein anderer, z. B. therapeutischer Zweck, verfolgt wird und die Freiheitsentziehung eine nur in Kauf genommene Folge darstellt.

Medikamenteneinsatz

Vor allem bei Medikamenten ist dieser Gesichtspunkt wichtig. Schlafmittel, die gegeben werden, um Schlaflosigkeit zu beheben oder um wenigstens in der Nacht die Schmerzen des Betroffenen erträglich zu machen, fallen nicht unter § 1906 Abs. 4 BGB, auch nicht der therapeutisch begründete Einsatz von Beruhigungsmitteln bei akuten Anfällen. Hingegen greift § 1906 Abs. 4 BGB ein, wenn Sedativa verabreicht werden, um die Pflege zu erleichtern, die Hausruhe zu fördern oder die Bewohner einer Einrichtung allgemein ruhig zu stellen. Die Differenzierung wird oft schwierig sein, zumal therapeutische Zwecke auch vorgetäuscht werden können. Besonders auffällig wird dies, wenn für den Fall nächtlicher Unruhe eine sog. Bedarfsmedikamentation vom Arzt verschrieben und vom Pflegepersonal verabreicht wird. Hier liegt der Verdacht nahe, dass bei nächtlicher Unruhe, bei einer sog. Tag-Nacht-Umkehr oder altersbedingter Schlaflosigkeit eine pflegerische Versorgung nicht möglich ist und der Personalmangel mit dem Medikamenteneinsatz ausgeglichen wird. Jeder Arzt wird zudem bestätigen, dass mit steigendem Alter das Schlafbedürfnis rapide abnimmt, sodass man mit den Arzneimitteln häufig nur eine natürliche Alterserscheinung „bekämpft".

Bedarfsmedikamente

Für den medizinischen Laien ist es schwierig festzustellen, ob ein bestimmtes Medikament für den Betreuten indiziert ist und welche Ziele Arzt oder Pflegepersonal mit der Verabreichung verfolgen. Der Betreuer sollte aber regelmäßig die Medikamente, die verabreicht werden, eruieren und zumindest die Gebrauchsinformationen (Beipackzettel) durchlesen und bei Bedenken mit dem Arzt Rücksprache nehmen. Im Zweifel ist eine Maßnahme, die objektiv freiheitsentziehend ist, genehmigungspflichtig.

Medikamentierung im Alter:

PRISCUS-Liste
BEERS-Kriterien

Fehlmedikation im Alter vermeiden!

Bis heute wird auch von den Ärzten und Pflegekräften unterschätzt oder gar nicht erkannt, dass mit zunehmendem Alter Medikamente anders wirken. Zur Vermeidung einer gefährlichen Fehlmedikation aufgrund der im Alter neu strukturierten Reaktion auf Psychopharmaka und andere Medikamente sollte die Auswahl der Arzneimittel von einem gerontopsychiatrischen Arzt vorgenommen oder kontrolliert werden. Seit 2010 gibt es die sog. PRISCUS-Liste mit einer systematischen Zusammenstellung „potentiell inadäquater Medikation (PIM) für ältere Patienten". Diese für Deutschland vom Forschungsverband „priscus" erstellte Liste findet man im Internet unter „priscus.net". Die sog. „Beers-Kriterien" beruhen auf einer US-amerikanischen Studie und beinhalten ebenfalls eine derartige PIM-Liste mit Arzneimitteln, deren Verabreichung bei Menschen über 65 Jahren problematisch sein kann. Es sollte zusätzlich eine sorgfältige Dokumentation aller einschlägigen Medikationen, ihrer Zwecke und ihrer Anlässe verlangt, eingesehen und überprüft werden.

Absperren der Zimmertür (Time-out, nächtlicher Einschluss)

a. Zusätzlich zur genehmigten Unterbringung

Absperren der Zimmertür

Im Grunde genommen handelt es sich um eine Ausgestaltung der Unterbringung ähnlich dem nächtlichen Zelleneinschluss in einer Justizvollzugsanstalt. Die Zimmertür ist genauso eine mechanische Vorrichtung wie die Ausgangstür der geschlossenen Station. Andererseits darf man es nicht der willkürlichen Entscheidung des

Heims überlassen, die Freiheit gravierend weiter und vor allem intensiver einzuschränken. Deshalb sollte im Unterbringungsbeschluss die Möglichkeit des zeitlich begrenzten Absperrens der Zimmertür zusätzlich aufgeführt werden. Das Gericht muss aber dann auch die Notwendigkeit dieser Maßnahme anhand der Voraussetzungen für eine Unterbringung prüfen.

Das Betreuungsgericht muss schließlich wissen, was es genehmigt. Ansonsten könnte man dem Richter eine paradiesisch angelegte „beschützende Abteilung" vorführen und dann die Leute im Zimmer einsperren. Wird ein sog Time-out im Rahmen einer geschlossenen Unterbringung regelmäßig nötig (vgl. b. aa.), muss zusätzlich eine betreuungsgerichtliche Genehmigung vorliegen (§ 1906 Abs. 4 und 2 BGB).

b. Ohne genehmigte Unterbringung

Der sog. „Time-out"

aa. Der sog. „Time-out"

Beim sog. Time-out soll in erster Linie die Bewegungsfreiheit und das unkontrollierte Ausagieren auto- oder fremdagressiver Verhaltensweisen eingeschränkt werden. Sobald sich der Betroffene beruhigt hat, kann und soll er sich wieder frei bewegen. Die Einschränkung der Bewegungsfreiheit wird also nicht körpernah (Zwangsjacke, Fixierung, Bauchgurt etc.) ausgeübt, sondern aus Gründen der Verhältnismäßigkeit in einem sicheren Raum. Außerdem wird durch eine derartige Maßnahme nicht die Lebensführung des Betroffenen erfasst (vgl. zuvor Abschnitt 1.3). Es handelt sich demnach um eine unterbringungsähnliche Maßnahme, die allerdings mangels Nachhaltigkeit nur dann genehmigungspflichtig ist, wenn zu erwarten ist, dass dieses „Time-out" sich regelmäßig wiederholen wird (vgl. dazu *OLG Karlsruhe* FamRZ 2009, 640).

bb. Regelmäßiges Abschließen
(z. B. Nachtzeit, abgeschlossene Werkstatt für Behinderte)

Dagegen handelt es sich beim regelmäßigen Einschluss im Zimmer zur Nachtzeit oder während der Arbeitszeiten in den Werkstatträumen aufgrund der beachtlichen Zeit um eine Beschränkung auf eine bestimmte Örtlichkeit und somit um eine genehmigungspflichtige Unterbringung.

„Aussperren" ist i. d. R. kein Einsperren

c. „Aussperren" innerhalb der geschlossenen Abteilung

Zur Vermeidung von Diebstählen, unkontrolliertem Betreten der Zimmer durch Mitbewohner oder einfach zur besseren Überwachbarkeit wird in manchen Heimen der Bewohner zu bestimmten Zeiten aus seinem Zimmer ausgesperrt. Auf jeden Fall ist hier die Zustimmung des Betreuers erforderlich. Dabei handelt es sich aber nur um eine Ausgestaltung der genehmigten geschlossenen Unterbringung. Eine gravierende Einschränkung der Bewegungsfreiheit ist darin wohl nicht zu sehen, sodass man keine spezielle Genehmigung benötigt. Das Gleiche gilt für das Absperren der Gemeinschaftsräume, eines Innenhofes oder anderer Räumlichkeiten.

Trotz der Einbuße an Lebensqualität, die man vermeiden sollte, ist das Aussperren wohl kein Einsperren.

Fixieren auf dem Toilettenstuhl

Dazu ein Beispiel aus der Rechtsprechung (*AG Nidda* BtPrax 2007, 140): Eine 72-jährige Betroffene wehrt sich nicht gegen Bauchgurt bzw. Schranke auf dem Toilettenstuhl.

Fixieren auf dem Toilettenstuhl

Nach Ansicht des Gerichts bestehe keine Genehmigungspflicht, da die Fixierung nur kurze Zeit erfolge und kein Widerstand geleistet werde. Allerdings sei eine Zustimmung des Betreuers erforderlich. Es handle sich nur um eine „Beaufsichtigungsmaßnahme". Vom Ergebnis her mag man dem zustimmen. Die Begründung ist aber nicht haltbar. Einen Widerstand zu verlangen, erscheint abwegig, weil ansonsten derjenige, der sich einschüchtern lässt, auch noch den Rechtsschutz verliert. Der Begriff „Beaufsichtigungsmaßnahme" steht ebenfalls nicht im Gegensatz zu einer Freiheitsentziehung. Die Kürze der Zeit ist gleichfalls kein Kriterium, weil es das Gesetz genügen lässt, wenn die Beschränkung regelmäßig erfolgt. Man wird sich aber fragen müssen, ob man bei diesem Sachverhalt nicht davon ausgehen muss, dass die Betroffene keine gewillkürten Bewegungen mehr ausführen kann und deshalb die Zustimmung des Betreuers genügt.

2.3.5 Mindeststandards in Bezug auf eine Fixierung

Der Europäische Ausschuss zur Verhütung von Folter und unmenschlicher oder erniedrigender Behandlung (CPT) hat am 28. 7. 2006 Grundsätze und Mindeststandards für die zwangsweise angeordnete Fixierung von Patienten bzw. untergebrachten Personen in psychiatrischen Krankenhäusern und vergleichbaren Einrichtungen erstellt.

Fixierung als letztes Mittel

- In Bezug auf die angemessene Nutzung sollte die Fixierung nur als letztes Mittel eingesetzt werden, um das Schadensrisiko für den Einzelnen oder andere abzuwenden, und nur wenn alle anderen vernünftigen Alternativen diese Risiken nicht zufriedenstellend eindämmen können; sie sollte nie als Bestrafung oder zum Ausgleich von Personalmangel im Fachkräftebereich eingesetzt werden.
- Jede Fixierung sollte entweder ausdrücklich von einem Arzt angeordnet oder einem Arzt unmittelbar gemeldet werden.

Personal muss im Umgang mit der Ausrüstung geschult sein

- Die eingesetzte Ausrüstung sollte mit dem Ziel entwickelt worden sein, schädliche Auswirkungen, Beschwerden und Schmerzen während der Beschränkung der Freiheit zu begrenzen. Das Personal muss im Umgang mit der Ausrüstung geschult werden.

Fixierung so kurz wie möglich

- Die Dauer der Fixierung sollte so kurz wie möglich sein (üblicherweise Minuten oder ein paar Stunden). Bei einer ausnahmsweise erfolgten Verlängerung der Beschränkung der Bewegungsfreiheit sollte eine weitere Überprüfung durch einen Arzt gewährleistet sein. Tagelang dauernde Beschränkungen der Bewegungsfreiheit können keinesfalls gerechtfertigt werden und stellen Misshandlungen dar.
- Die Fixierung sollte normalerweise außerhalb des Blickfeldes von Personen, die nicht zum Personal gehören, erfolgen, es sei denn, es ergeben sich klare Vorteile für die betreffende Person.

Registrierung der Maßnahmen

- Jede Fixierung einer Person muss in einem speziellen Register festgehalten werden, das zu diesem Zweck erstellt wird. Im Eintrag sollten enthalten sein, Zeitangaben zu Beginn und Ende der Maßnahme, die Umstände des Falles, die Gründe für den Rückgriff auf die Maßnahme, der Name des Arztes, der die Maßnahme anordnete oder bewilligte und eine Darstellung eventueller Verletzung, die die Person oder das Personal erlitt.

Aufklärung der fixierten Person

- Fixierte Personen sollten vollständig über die Gründe der Maßnahme informiert werden.

Schriftliche Leitlinien

- Die Leitung jeder Einrichtung, in der die Fixierung angewendet werden könnte, sollte allen Pflegekräften formelle schriftliche Leitlinien zur Verfügung stellen, die die obigen Kriterien berücksichtigen. Als Grundlage kann der Leitfaden des bayerischen Landespflegeausschusses „Verantwortungsvoller Umgang mit freiheitsentziehenden Maßnahmen in der Pflege" dienen. Dieser Leitfaden enthält auch sehr wertvolle Hinweise für die Betreuer und das soziale Umfeld des Betroffenen. Er kann bezogen werden über das Bayerische Staatsministerium für Arbeit und Sozialordnung, Familie und Frauen (Download unter http://www.stmas.bayern.de/pflege/dokumentation/leitfaden.php)

In Bezug auf die Überwachung von fixierten Personen sollten in Anbetracht der potentiellen Risiken, die mit dem Rückgriff auf diese Maßnahme verbunden sind, folgende zusätzliche Sicherheitsmaßnahmen getroffen werden:

Während der Fixierung ist persönliche Überwachung erforderlich

- Im medizinischen Kontext (Zusammenhang mit einer medizinischen Behandlung) sollten der Geisteszustand und der körperliche Zustand einer fixierten Person jederzeit ununterbrochen und unmittelbar durch einen bestimmten, zum medizinischen Personal gehörenden Mitarbeiter überwacht werden, der der betroffenen Person unmittelbaren menschlichen Kontakt ermöglichen kann, ihre Ängste mindern kann, mit ihr sprechen und schnell auf sie eingehen kann, auch auf ihre persönlichen Bedürfnisse in Bezug auf die Nahrungsaufnahme, die Hygiene sowie das Urinieren und die Darmentleerung. Diese individuelle Überwachung durch das Personal sollte innerhalb des betreffenden Raums selbst stattfinden (Sitzwache) oder, wenn der Patient dies wünscht, in unmittelbarer Nähe der Tür (in Hörweite und so, dass sofort persönlicher Kontakt hergestellt werden kann). Der überwachende Mitarbeiter sollte verpflichtet sein, einen schriftlichen Verlaufsbericht zu führen. Des Weiteren sollte die betroffene Person die Möglichkeit haben, während und auf jeden Fall baldmöglichst nach der Beschränkung in ihrer Bewegungsfreiheit über ihre Erfahrung zu sprechen. Diese Besprechung sollte immer vom medizinischen Personal oder von einem anderen, angemessen geschulten Mitarbeiter durchgeführt werden.

Videoüberwachung reicht nicht aus

- Im nicht-medizinischen Kontext (Zusammenhang mit der Pflege) sollten fixierte Personen grundsätzlich von entsprechenden Sicherheitsmaßnahmen profitieren, wobei eine Überwachung, die lediglich über Video und/oder Mikrofone erfolgt, nicht ausreicht. Auch hier sollte die betroffene Person ununterbrochen und unmittelbar überwacht werden, entweder durch einen bestimmten, zum medizinischen Personal gehörenden Mitarbeiter, oder durch einen anderen, entsprechend geschulten Mitarbeiter, der nicht an den Ereignissen beteiligt war, die zur Anwendung der Fixierung führten.

Man kann davon ausgehen, dass diese Standards zurzeit in der Altenpflege nicht eingehalten werden (können?). Die Umsetzung einiger Kernforderungen (Sitzwache, Fixierung nur für Minuten oder ein paar Stunden) wird mit dem Hinweis auf einen erheblichen Personalaufwand abgelehnt. Andere Punkte, wie etwa die Berücksichtigung vernünftiger Alternativen, Schulung des Personals, Verwendung moderner und sicherer Fixierungsmittel, schriftliche Leitlinien und das Erstellen einer vernünftigen Dokumentation können und müssen aber bereits jetzt beachtet werden.

2.3.6 *Zwang zur Reduzierung von Zwangsmaßnahmen (Alternativen)*

Gesetzliche Grundlagen zur Regulierung und Reduzierung

Freiheitsrechte genießen einen hohen verfassungsrechtlichen Schutz

Das Bestreben, freiheitsbeschränkende Maßnahmen zu verhindern oder durch mildere Maßnahmen humaner zu gestalten, hat einen hohen verfassungsrechtlichen Rang. Dem Satz „die Freiheit der Person ist unverletzlich" (Art. 2 Abs. 2 Satz 2 GG) folgt die Verfahrensgarantie, wonach in diese Freiheit nur aufgrund eines förmlichen Gesetzes eingegriffen werden darf. Das besondere Gewicht der Freiheitsgarantie des Art. 2 Abs. 2 GG hat das BVerfG mehrfach hervorgehoben, vor allem auch mit der Forderung, dass die Freiheit des Einzelnen nur in einem mit wesentlichen formellen Garantien ausgestatteten Verfahren entzogen werden darf. Die Freiheit der Person ist ferner ein so hohes Rechtsgut, dass sie nur aus besonders gewichtigem Grund angetastet werden darf. Wie bereits in der Entscheidung des BVerfG zur Zwangsmedikation (BtPrax 2011, 253) muss man auch bei den freiheitsentziehenden und beschränkenden Maßnahmen von einem Verstoß gegen das Selbstbestimmungsrecht ausgehen.

Auch bei den freiheitsbeschränkenden Maßnahmen i. S. v. § 1906 Abs. 4 BGB muss die VN-BRK berücksichtigt werden. Es ist daher sicherzustellen, dass „Menschen mit Behinderungen gleichberechtigt mit anderen die Freiheit nicht rechtswidrig oder willkürlich entzogen wird, dass jede Freiheitsentziehung im Einklang mit dem Gesetz erfolgt und dass das Vorliegen einer Behinderung in keinem Fall eine Freiheitsentziehung rechtfertigt" (Art. 14 VN-BRK). Ebenso wird der Staat gem. Art. 16 Abs. 3 VN-BRK verpflichtet, zur „Verhinderung jeder Form von Ausbeutung, Gewalt und Missbrauch" zu gewährleisten, dass „alle Einrichtungen und Programme, die für Menschen mit Behinderungen bestimmt sind, wirksam von unabhängigen Behörden überwacht werden". An diesem Maßstab muss sich die Heimaufsicht orientieren. Ähnliche Kontrollinstanzen müssen aber auch für andere „Unterbringungen" eingerichtet werden, wie etwa die geschlossenen gerontopsychiatrischen Abteilungen in den psychiatrischen Krankenhäusern.

In zahlreichen einfachgesetzlichen Regelungen werden die verfassungsrechtlichen Vorgaben, aber auch die der VN-BRK konkretisiert und damit letztendlich auch zum Maßstab für die rechtlichen Beziehungen und zwar nicht nur durch die betreuungsrechtlichen Regelungen im BGB und FamFG, sondern z. B. auch zwischen Heim, Pflegekassen und Bewohnern durch die §§ 11, 12 SGB XI bzw. §§ 2, 11 Heimgesetz (bzw. Art. 1 und 3 PfleWoqG).

Eingriffe müssen verhältnismäßig sein

Die Einschränkung dieser Freiheit ist daher stets der strengen Prüfung am Grundsatz der Verhältnismäßigkeit zu unterziehen. Daraus rechtfertigt sich auch die intensive Suche nach Alternativen. Was im Strafvollzug zugunsten verurteilter Straftäter längst anerkanntes Allgemeingut ist, muss im Bereich der zivilrechtlichen Unterbringung in das Bewusstsein der Verantwortlichen gerückt werden. Sicherheitsdenken, Routine, Lethargie und das falsche Bewusstsein, dass man nichts ändern kann, dürfen neue Wege nicht versperren.

Todesfälle und Unfälle bei angewandter freiheitsentziehender Maßnahme

Todes- und Unglücksfälle

Neben den gesetzlichen Vorgaben gebieten die mit freiheitsbeschränkenden Maßnahmen verbundenen gesundheitlichen Gefahren, bis hin zu zahlreichen Todesfällen, eine intensive Prüfung der Erforderlich- und Verhältnismäßigkeit. Unfälle bei Fixierungen, aber auch Bettgittern werden v. a. verursacht durch die unsachgemäße Anwendung von Fesselungs- und Rückhalteinstrumenten. Für den Zeitraum 1997 bis 2010 hat eine Untersuchung der Rechtsmedizin für den Bereich Südbayern 22 Todesfälle festgestellt, bei denen der Todeseintritt allein auf die jeweilige Fixierung zurückzuführen war (Dt. Ärzteblatt 2012, 27). Die Rechtsmedizin in Hamburg hat 17 derartige Fälle begutachtet. Das Bundesinstitut für Arzneimittel und Medizinprodukte (BfArM) berichtet schließlich von 16 tödlichen Unfällen, verursacht durch Einklemmungen bei Kranken- und Pflegebetten (vgl. www.bfarm.de, Rubrik Medizinprodukte, wissenschaftliche Aufarbeitung). Darüber hinaus gibt es wohl eine nicht unerhebliche Dunkelziffer und eine Vielzahl von nicht tödlich verlaufenden Unfällen. Der Wunsch nach mehr Sicherheit durch Fixierungen verkehrt sich damit häufig in sein Gegenteil.

Strafrechtliche Folgen

Strafrechtliche Folgen bei freiheitsentziehenden Maßnahmen

Es stellt sich natürlich die Frage nach den strafrechtlichen Konsequenzen. Diese Folgen werden von den Akteuren (Pflegepersonal, Heimleitung) häufig unterschätzt. Kommt es zu Unfällen im Zusammenhang mit unterbringungsähnlichen Maßnahmen, können neben den menschlichen auch die strafrechtlichen Folgen sehr gravierend sein. In Betracht kommen fahrlässige Körperverletzung gem. § 229 StGB, strafbar mit Freiheitsstrafe bis zu drei Jahren, fahrlässige Tötung gem. § 222 StGB, Freiheitsberaubung gem. § 239 StGB oder Aussetzung gem. § 221 StGB mit einer Höchststrafe von fünf Jahren. Da es sich um Höchststrafen handelt, mag es einem wohlgesonnenen Staatsanwalt oder Strafrichter noch möglich sein, eine milde Geldstrafe zu verhängen oder gar einer Einstellung zuzustimmen. Es gibt allerdings einige Qualifikationen, die zu einem bedrohlicheren Strafrahmen führen. Kommt es etwa während einer nicht genehmigten Freiheitsentziehung oder Aussetzung („in hilflose Lage versetzt“) zum Tod des hilflosen Heimbewohners bzw. des der Freiheit Beraubten, sehen die §§ 239 Abs. 4 und 221 Abs. 3 StGB eine Mindestfreiheitsstrafe von drei Jahren vor, die nicht mehr zur Bewährung ausgesetzt werden kann. Nur in minder schweren Fällen, die angesichts des oft qualvollen Todes kaum zu begründen sein werden, kann man diesen Strafrahmen unterschreiten und zu einer Mindeststrafe von immerhin noch einem Jahr gelangen.

Man sollte nur bei Missständen, unverantwortlicher Sorglosigkeit und offensichtlichem Unwillen der Heimverwaltung mit drohendem Unterton auch diese strafrechtlichen Folgen offen ansprechen, damit den Verantwortlichen die möglichen Konsequenzen klar werden. Häufig hat man den Eindruck, dass fehlende Genehmigungen nicht dramatisiert werden, weil in der Regel niemand ein Interesse an der Strafverfolgung hat und daher in der Tat nichts passiert. Immerhin werden sage und schreibe 6,5 % aller freiheitsentziehenden Maßnahmen in den Heimen ohne richterliche Genehmigung durchgeführt.

Auf der anderen Seite wird im Hinblick auf spezielle Projekte (Stichwort: „Freimut“, „ReduFix-Projekt“) behauptet, man könne zahlreiche freiheitsentziehende Maßnahmen bei dementiell Erkrankten mit der richtigen Einstellung vermeiden. Dieses Potential muss erkannt und ausgeschöpft werden.

Man muss allerdings zunächst realistisch die Vor- und Nachteile abwägen. Dazu soll folgende Übersicht Anhaltspunkte und Denkanstöße geben:

Vor- und Nachteile abwägen

Nachteile	Vorteile
Gesundheitsschäden: Muskelabbau Minderung der Ausdauer Gelenkversteifung Kontrakturen Dekubitus Thrombose Embolie Pneumonie Gleichgewichtsstörungen Immobilität fördert Bettlägerigkeit Unfälle mit tödlichem Ausgang oder schweren Körperverletzungen	Selbst- und Fremdgefährdungen werden vermieden: Stürze Weglaufen und hilfloses Herumirren Aufsuchen fremder Zimmer Aggressionen gegenüber Pflegepersonal und Mitbewohnern
Strafrechtliche Folgen bei Unfällen mit oder ohne fehlender Genehmigung Vermeidung der zivilrechtlichen Haftungsgefahr bei Unfällen	Strafrechtliche Folgen z. B. wegen fahrlässiger Körperverletzung, weil Sicherungsmaßnahmen pflichtwidrig unterlassen wurden Vermeidung der zivilrechtlichen Haftungsgefahr bei Unfällen
Steigerung der Angst, Erregung und Unruhe Aggressivität oder Depressionen erhöhen sich und machen intensivere freiheitsentziehende Maßnahmen und höheren Medikamenteneinsatz erforderlich (Teufelskreis)	Sturzfolgeschäden (ca. 100.000 Oberschenkelhalsbrüche jährlich bei älteren Menschen): • schmerzhafte Einschränkungen • erhöhter Pflegebedarf • soziale und seelische Nachteile (Angst vor weiteren Stürzen, Rückzug, Unsicherheit und Isolation)
Arbeits- und Kostensteigerung • Dokumentation • Antrag auf Genehmigung • Aus- und Fortbildung d. Personals • Anschaffungspreis • Höherer Kontrollaufwand • Heimleitung muss Einhaltung der Standards überprüfen	Kostenminderung • Personal- und Kosteneinsparung (i. d. R. nur zu erzielen, wenn die korrekte Überwachung und Kontrolle fixierter Bewohner unterlassen wird) • Professionelle Sturzprophylaxe kostet Geld und personelle Ressourcen
Schnelle Evakuierung bei Gefahr (Brand) nicht möglich	
Schuldgefühle beim Personal Grund: Freiheitsentzug ist menschenunwürdige Körperkontrolle, Demütigung, Unterdrückung	

Eine sinnvolle Kontrolle und eigenverantwortliche Entscheidung ist aber dem Betreuer nur möglich, wenn er die verschiedenen Alternativen kennt. Es gibt eine Fülle von Maßnahmen, deren Sinnhaftigkeit im konkreten Einzelfall geprüft werden muss. Dazu eine unsystematische Übersicht, die keinen Anspruch auf Vollständigkeit für sich beanspruchen kann:

Alternativen

Maßnahmen zur Vermeidung oder Reduzierung von Fixierung, Fesselung und anderer Zwangsmaßnahmen				
Räumliche Gestaltung	**Dokumentation**	**Personal**	**Hilfsmittel**	**Aktivitäten b. Betroffenen**
Farbe, Lichtverhältnisse, Markierungen, Hinweisschilder, Wegweiser	Biographiearbeit, Angehörige und Betreuer einbinden und beraten	Personaleinsatz optimieren	Hüftprotektoren, Sturzhelme, Rollatoren Gehfrei	Zuwendung, Aufmerksamkeit, Steigerung des Selbstwertgefühls
Automatische Beleuchtung, Bewegungsmelder, sicherer Weg zur Toilette in der Nacht	Sturzdokumentation und regelmäßige Analyse zur Vermeidung neuer Unfälle	Personalmotivation und Weiterbildung	Sensormatten	Nachtcafé, Abendbetreuung, (evtl. stationsübergreifend bei großen Heimen), späteres Zubettgehen, Genussmittel am Abend
„Snoezelraum" Wohlfühlbereich, Kuschelecke mit Sphärenmusik	Krankheitsverlauf (z. B. epileptische Anfälle, Kreislaufprobleme)	Wadlbeißer als Ombudsmann für Betroffene, interdisziplinäres Team bilden, regelmäßige Prüfungen, Arbeitsgruppe „Entfesselung"	Alarmsystem bei Verlassen des geschützten, sicheren Bereichs, Funkglocken, Notrufanlagen, Sturzalarmierung Funkfinger	Spaziergängergruppe, Fitnessraum, Musik
Garten mit Gestaltungsmöglichkeit, Anbau, gefahrloser Ausgang	Ernährungskontrolle (insbes. ausreichende Flüssigkeitszufuhr)	Externen Sachverstand nutzen: z. B. Psychiater, Ergotherapeuten	Videoüberwachung	Kochen, Backen, Hauswirtschaft, Gartenarbeit
Handläufe, Sitzgelegenheiten auf dem Gang (Ermüdung)	Dauer und Art der u. ä. Maßnahme. Reaktionen des Betroffenen	Regelmäßige Fallbesprechungen	Antirutschsocken, stabiles orthopädisches Schuhwerk	körperliches Training: Gymnastik, Kraft-, Balance-, Gleichgewichtstraining
Stolperfallen beseitigen	Medikamentenkontrolle (Vermeidung von Medikamenten mit Nebenwirkung Unruhe)	Supervision	Sehkraftkontrolle beim Augenarzt, Brillen anpassen	
Sitz- und Ruhegelegenheiten auf den Gängen		Expertenstandard „Sturzprophylaxe in der Pflege" implementieren	Dreigeteilte Bettgitter an den Pflegebetten	
Rutschsichere Bodenbeläge			Absenkbare Pflegebetten (Niederflurbetten)	
			Erhöhung des Bettgitters (dafür kein Bauchgurt)	
			Pflege-, Bettnest (Matratze am Boden, seitliche Stütze durch Polster)	
			„Schlafsack" anstatt Bauchgurt	

Sturzprophylaxe ohne Fixierung sollte immer mit einer Medikamentenkontrolle beginnen, da zahlreiche Arzneimittel im Alter andere Wirkungen verursachen, wozu auch ein höheres Sturzrisiko gehören kann (vgl. dazu die sog. PRISCUS-Liste, s. o. 2.3.4).

„Bettnest" vermeidet Bauchgurt

Auch in der Rechtsprechung finden sich bereits einige Ansätze, die eine strikte Beachtung des Verhältnismäßigkeitsgrundsatzes anmahnen. So betont etwa das *OLG München* (FamRZ 2006, 441), dass nach den Umständen des konkreten Einzelfalls freiheitsentziehende Maßnahmen, die zur Vermeidung von Sturzgefahren

für den Betroffenen während der Nacht vorgesehen sind (z. B. Bettgitter, Bauchgurt), unverhältnismäßig und damit nicht genehmigungsfähig sein können, wenn der Betroffene auch in einem sog. Bettnest (Matratze am Boden, umgeben von zusätzlichen Polstern) schlafen kann.

Es gibt aber keinen Königsweg, kein alles revolutionierendes Projekt, sondern nur einen Umdenkungsprozess. Die lapidare Begründung „Sturzgefahr", „motorische Unruhe" oder „zum Selbstschutz" sollte man aber nicht mehr ungeprüft akzeptieren. Wichtig ist in diesem Zusammenhang, dass der Betreuer nachhakt, die Pflegedokumentation, die häufig sehr interessant ist, durchsieht und Alternativen diskutiert oder anmahnt.

2.3.7 *Maßnahmen außerhalb der Einrichtung*

Keine Genehmigungspflicht im häuslichen Bereich

Freiheitsentziehende Maßnahmen im häuslichen Bereich fallen nicht unter die Genehmigungspflicht des § 1906 Abs. 4 BGB. Dort müssen wir weiterhin eine rechtliche Grauzone akzeptieren, weil es mangels Genehmigungsverfahrens keine sicher festgestellte, rechtliche Befugnis gibt. Eigentlich ist diese Wertung des Gesetzgebers, der nur bei einem Aufenthalt in einer Anstalt, Heim oder sonstigen Einrichtung ein förmliches Genehmigungsverfahren anbietet, unverständlich. Die Gefahrenlage ist gerade im Heim geringer. Viel Personal, Besucher, Heimaufsicht schaffen schon eine hohe Transparenz, die im häuslichen Bereich immer fehlt. Der Pflicht des Staates, effektive Kontrollen zu schaffen, wird hier in eklatanter Weise nicht nachgekommen.

Ausnahme: Heimsituation

Einen Ausnahmefall hat das LG München allerdings dann bejaht, wenn der häusliche Bereich durch ambulante Dienste, bei fehlender privater Pflege, so umgestaltet wird, dass faktisch eine Heimsituation gegeben ist. Allen weiteren Versuchen, den häuslichen Bereich unter den Begriff „sonstige Einrichtung" zu subsumieren, hat das *BayObLG* (BtPrax 2003, 37), zu Recht einen Riegel vorgeschoben.

Rechtsgrundlage

Die Aussage, dass zu Hause alles erlaubt sei, ist aber trotzdem falsch. Auch hier muss eine Rechtsgrundlage vorliegen, wobei regelmäßig auf den rechtfertigenden Notstand gem. § 34 StGB zurückgegriffen wird. Es bedarf nur nicht der richterlichen Genehmigung.

Beispiel für den Beschluss über die Genehmigung einer freiheitsbeschränkenden Maßnahme

Amtsgericht
Aburg
– Betreuungsgericht –
Amtsweg 20, 00000 Aburg
Telefon: 000000; Fax: 00000

Geschäftsnummer: XVII 1111/11 Aburg, 29. 9. 2011
UL23/11

Im Verfahren über freiheitsentziehende Maßnahmen für

Helga Muster, geboren am 23. 5. 1921,
Musterweg 1, 00000 Aburg – Betroffene –

Peter Muster, Auweg 3, 00000 Aburg – Betreuer –

Rechtsanwalt Herbert Mustermann,
Kranichweg 1, 00000 Aburg – Verfahrenspfleger –

ergeht folgender

Beschluss

1. Die zeitweise oder regelmäßige Freizeitsentziehung der Betroffenen durch

   Anbringen eines Bettgitters
   wird bis zum 28. 9. 2012 genehmigt,

   wobei sich der Durchführende vor und während der Maßnahme jeweils von der Unbedenklichkeit überzeugen muss, sich die Beschränkung immer nur auf das unbedingt erforderliche Maß erstrecken darf, eine schriftliche Aufzeichnung über Art und Dauer zu erstellen ist und das Personal für die Betroffene stets erreichbar sein muss.
2. Die sofortige Wirksamkeit wird angeordnet.

Gründe

Es ist erforderlich, zum Wohl der Betroffenen die genannte freiheitsentziehende Maßnahme gemäß § 1906 Abs. 1 Nr. 1, Abs. 4 BGB zu genehmigen.

Die Betroffene leidet an einer der in § 1896 Abs. 1 Satz 1 BGB aufgeführten Krankheiten, nämlich einer senilen Demenz vom Alzheimer Typ.

Die Betroffene hat zurzeit keine ausreichende Krankheitseinsicht, ist zu einer freien Willensbildung zumindest hinsichtlich der Entscheidungen im Zusammenhang mit der Erkrankung nicht in der Lage und vermag auch die Notwendigkeit der freiheitsentziehenden Maßnahmen nicht zu erkennen.

Es besteht deshalb die Gefahr, dass sie sich erheblichen gesundheitlichen Schaden zufügt.

Die Betroffene benötigt zurzeit die oben im Einzelnen aufgeführten mechanischen Beschränkungen, um Verletzungen durch Sturz, aggressive Verhaltensweisen oder unkontrollierte Bewegungen zu verhindern.

Die Betroffene kann aufgrund des geschilderten Zustandes die Notwendigkeit der Maßnahme nicht erkennen bzw. nicht einsichtgemäß handeln.

Dies folgt aus dem Ergebnis der gerichtlichen Ermittlungen, insbesondere aus dem aktuellen ärztlichen Zeugnis, der Stellungnahme des Verfahrenspflegers und dem unmittelbaren Eindruck des Gerichts, den sich dieses anlässlich der Anhörung der Betroffenen verschafft hat.

Bei der Festsetzung der Frist für die Entscheidung über eine Aufhebung oder Verlängerung der freiheitsentziehenden Maßnahmen hat das Gericht die Ausführungen des Sachverständigen berücksichtigt.

Die Entscheidung über die sofortige Wirksamkeit beruht auf § 324 FamFG.

Rechtsmittelbelehrung

Gegen diese Entscheidung kann Beschwerde oder Sprungrechtsbeschwerde eingelegt werden.

Belehrungen zum Rechtsmittel der Beschwerde

Einlegung der Beschwerde:

Sie ist beim Amtsgericht Aburg in Aburg einzulegen. Die Einlegung erfolgt durch Einreichen einer Beschwerdeschrift oder zur Niederschrift der Geschäftsstelle. Eine untergebrachte Person kann die Beschwerde auch bei dem Amtsgericht einlegen, in dessen Bezirk sie untergebracht ist.

Notwendiger Inhalt und Form der Beschwerde:

Die Beschwerde muss die Bezeichnung des angefochtenen Beschlusses sowie die Erklärung enthalten, dass Beschwerde gegen diesen Beschluss eingelegt wird. Sie ist von dem Beschwerdeführer oder seinem Bevollmächtigten zu unterzeichnen.

Frist für die Einlegung der Beschwerde:

Die Beschwerde ist binnen einer Frist von einem Monat einzulegen. Die Frist beginnt jeweils mit der schriftlichen Bekanntgabe des Beschlusses an die Beteiligten. Kann die schriftliche Bekanntgabe an einen Beteiligten nicht bewirkt werden, beginnt die Frist spätestens mit Ablauf von fünf Monaten nach Erlass des Beschlusses.

Weitere Hinweise:

Die Beschwerde soll begründet werden. Wird die Beschwerde zu Protokoll der Geschäftsstelle eines anderen Amtsgerichts erklärt, wird die Niederschrift unverzüglich an das zuständige Amtsgericht weitergeleitet. Die Beschwerde muss aber innerhalb der Monatsfrist bei dem Amtsgericht eingehen, dessen Entscheidung angefochten wird.

Dr. Kerscher
Richterin am Amtsgericht

Der Beschluss ist seit dem … wirksam (§ 324 Abs. 2 Satz 3 FamFG).

Eine Rechtsbehelfsbelehrung über die Sprungrechtsbeschwerde ist gem. § 39 Satz 2 FamFG (i. d. F. des Gesetzes zur Einführung einer Rechtsbehelfsbelehrung im Zivilprozess und zur Änderung anderer Vorschriften) seit 1. 1. 2013 nicht mehr erforderlich.

Checkliste zu freiheitsentziehenden Maßnahmen

- Wirksamkeit und Umfang der Vorsorgevollmacht bzw. der Aufgabenkreise prüfen
- Welche konkreten freiheitsbeschränkenden Maßnahmen sind derzeit erforderlich?
- Wie lange werden die Maßnahmen voraussichtlich erforderlich sein?
- Angaben bzw. Forderungen des Pflegepersonals oder der Heimleitung
- Selbstbeobachtete Verhaltensauffälligkeiten (Schwindelanfälle, Kreislaufschwäche, Sturzgefahr bei nächtlichem Aufstehen, Bewegungsdrang trotz Unfähigkeit, kontrolliert zu gehen oder aufzustehen)
- Wann, wo und warum ist der Betroffene bisher gestürzt oder weggelaufen (Dokumentation einsehen)?
- Ist der Betroffene zu einer freien Willensbildung nicht mehr in der Lage?
- Ist der Betroffene einverstanden, kann er die Art, Bedeutung und Tragweite der Maßnahme selbst noch erkennen?
- Gibt es sinnvolle Alternativen zu den freiheitsentziehenden Maßnahmen?
- Gespräch mit dem behandelnden Arzt, der auch ein ärztliches Zeugnis ausstellen sollte.

2.4 Rechtsmittel

Unterbringungsmaßnahmen (auch vorläufige) sind mit der Beschwerde anfechtbar. Die eingelegte Beschwerde bewirkt, dass der Unterbringungsbeschluss noch nicht wirksam wird (§§ 324 Abs. 1, 45 FamFG), da sie den Eintritt der Rechtskraft hemmt (§ 45 FamFG); dies gilt dann nicht, wenn die sofortige Wirksamkeit über § 324 Abs. 2 FamFG angeordnet wurde.

Beschwerdeberechtigung

Zum Kreis der beschwerdeberechtigten Personen vgl. Kapitel A 6, Abschnitt 2.4.3.

Legt der Verfahrenspfleger gegen die Genehmigung der geschlossenen Unterbringung des Betroffenen Beschwerde ein, kann er nur das ihm in dieser Funktion, nicht aber das dem Betroffenen persönlich zustehende Beschwerderecht ausüben. Der Betreuer und der Vorsorgebevollmächtigte kann dagegen gem. § 335 Abs. 3 FamFG auch im Namen des Betroffenen Beschwerde einlegen, wenn sein Aufgabenkreis betroffen ist.

Ablehnung der Unterbringung

Dem Betroffenen steht gegen die Entscheidung des Betreuungsgerichts, mit dem ein Antrag des Betreuers auf Genehmigung der geschlossenen Unterbringung abgelehnt worden ist, kein Beschwerderecht zu, *BayObLG* (BtPrax 2005, 70).

3. Öffentlich-rechtliche Unterbringung

Länderunterbringungsgesetze

Die öffentlich-rechtliche Unterbringung erfolgt in Bayern nach dem „Gesetz über die Unterbringung psychisch Kranker und deren Betreuung“ (UnterbrG) in der Fassung vom 5. 4. 1992 (GVBl. S. 61). Diese Unterbringung wird durch das Betreuungsgericht auf Antrag der zuständigen Kreisverwaltungsbehörde angeordnet.

Die anderen Bundesländer verfügen jeweils über ähnliche Unterbringungs- oder Freiheitsentziehungsgesetze, die inhaltlich dem Recht Bayerns in etwa entsprechen. Im Folgenden werden die Ausführungen am Beispiel des bayerischen UnterbrG erläutert.

Beseitigung einer Gefährdung der öffentlichen Sicherheit und Ordnung

Ziel der Unterbringungsgesetze ist es, eine erhebliche Gefährdung der öffentlichen Sicherheit oder Ordnung zu beseitigen und den Betroffenen wegen seiner psychischen Erkrankung oder Störung zu behandeln, um ihm ein eigenverantwortliches Leben in der Gemeinschaft zu ermöglichen (Art. 1 und 2 UnterbrG).

Psychische Krankheit oder Geistesschwäche

Öffentlich-rechtlich kann – auch gegen oder ohne seinen Willen – untergebracht werden, wer psychisch krank oder infolge Geistesschwäche oder Sucht psychisch gestört ist und in erheblichem Maße die öffentliche Sicherheit oder Ordnung gefährdet. Die Unterbringung nach vorstehenden Voraussetzungen ist auch zulässig, wenn jemand sein Leben oder seine Gesundheit gefährdet. Die Unterbringung nach dem Unterbringungsgesetz darf ferner nur angeordnet werden, wenn die Gefährdung nicht durch weniger einschneidende Mittel behoben werden kann. Vorhandene vorsorgende, begleitende und nachsorgende Hilfen sind deshalb auszuschöpfen.

Zivilrechtliche Unterbringung vorrangig

Nach herrschender Meinung ist die zivilrechtliche Unterbringung gegenüber der öffentlich-rechtlichen Unterbringung vorrangig, da diese als der mildere Eingriff in die Lebenssphäre der Betroffenen zu betrachten ist.

Abgrenzung

Für den Betreuer ist die Abgrenzung zwischen den beiden Unterbringungsarten ein Stück weit rechtstheoretisch. Zum einen ist, wie ausgeführt, die Unterbringung nach dem Zivilrecht vorrangig, zum anderen ist häufig bei Sachverhalten, die Drittinteressen berühren bzw. bei einer Gefährdung der öffentlichen Sicherheit oder Ordnung für das nicht hinnehmbare Verhalten eines Betreuten eine behandlungsbedürftige psychische Erkrankung ursächlich.

Da sowohl für die zivilrechtliche als auch für die öffentlich-rechtliche Unterbringung die gleichen Verfahrensvorschriften gelten und für beide Unterbringungsarten das Betreuungsgericht zuständig ist, müsste ggf. der Betreuungsrichter im Rahmen seiner Amtsermittlungspflicht korrigierend eingreifen.

Kreisverwaltungsbehörde beantragt das Verfahren

Die öffentlich-rechtliche Unterbringung wird auf Antrag der Kreisverwaltungsbehörde angeordnet und ist dieser zuzurechnen. Dagegen ist für die Einleitung einer zivilrechtlichen Unterbringung und für die Abwicklung der Unterbringung in einer geschlossenen Einrichtung ausschließlich der Betreuer zuständig.

Vorgehensweise in akuten Krisensituationen

Die öffentlich-rechtliche Unterbringung wird grundsätzlich von der Kreisverwaltungsbehörde angeordnet; in einem unaufschiebbaren Fall („Eilfall") kann die Polizei allerdings ohne Anordnung der Kreisverwaltungsbehörde den Betroffenen in einem psychiatrischen Krankenhaus unterbringen. Gefährdet ein Betreuter sein Leben oder in einem erheblichen Maß seine Gesundheit und ist der Betreuungsrichter nicht erreichbar, sollte sich der Betreuer unmittelbar an die Polizei wenden.

3.1 Voraussetzungen

Die Voraussetzungen der öffentlich-rechtlichen Unterbringung ergeben sich aus Art. 1 UnterbrG; Unterbringungszweck, Hilfen und ein Fürsorgegrundsatz werden in Art. 2 bis 4 UnterbrG definiert:

Art. 1 Voraussetzungen der Unterbringung

(1) [1]Wer psychisch krank oder infolge Geistesschwäche oder Sucht psychisch gestört ist und dadurch in erheblichem Maß die öffentliche Sicherheit oder Ordnung gefährdet, kann gegen oder ohne seinen Willen in einem psychiatrischen Krankenhaus oder sonst in geeigneter Weise untergebracht werden. [2]Unter den Voraussetzungen des Satzes 1 ist die Unterbringung insbesondere auch dann zulässig, wenn jemand sein Leben oder in erheblichem Maß seine Gesundheit gefährdet. [3]Die Unterbringung darf nur angeordnet werden, wenn die Gefährdung nicht durch weniger einschneidende Mittel, insbesondere durch Hilfen nach Art. 3, abgewendet werden kann.

(2) [1]Die Unterbringung kann nur vollzogen werden, wenn keine Maßnahmen nach §§ 81, 126a der Strafprozessordnung (StPO) oder nach §§ 63, 64 und 67a des Strafgesetzbuchs (StGB) getroffen sind. [2]Ist jemand auf Grund des Unterbringungsgesetzes untergebracht und werden Maßnahmen auf Grund der in Satz 1 genannten Bestimmungen getroffen, so ist die Unterbringungsanordnung nach diesem Gesetz außer Vollzug zu setzen; sie kann aufgehoben werden, wenn nach den Umständen nicht zu erwarten ist, dass die Unterbringungsanordnung später wieder vollzogen werden muss.

Art. 2 Unterbringungszweck

Zweck der Unterbringung ist, die Gefährdung der öffentlichen Sicherheit oder Ordnung zu beseitigen; zugleich ist der Untergebrachte nach Maßgabe dieses Gesetzes wegen seiner psychischen Erkrankung oder Störung zu behandeln, um ihm ein eigenverantwortliches Leben in der Gemeinschaft zu ermöglichen.

Art. 3 Hilfen

(1) Um eine Unterbringung nach diesem Gesetz zu vermeiden oder so weit wie möglich zu verkürzen oder dem Betroffenen nach Beendigung der Unterbringung eine erforderliche Hilfestellung mit dem Ziel seiner gesundheitlichen Wiederherstellung und sozialer Eingliederung zu gewähren, sind die vorhandenen vorsorgenden, begleitenden und nachsorgenden Hilfen auszuschöpfen.

(2) Zur Erreichung des in Absatz 1 aufgezeigten Zwecks haben die Gesundheitsämter mit den Ärzten, den psychiatrischen Krankenhäusern, den Trägern der Sozial- und Jugendhilfe, den Verbänden der freien Wohlfahrtspflege und allen anderen öffentlichen, freigemeinnützigen und privaten Organisationen, Einrichtungen und Stellen, die vorsorgende, begleitende und nachsorgende Hilfen gewähren, eng zusammenzuarbeiten.

(3) Die Hilfen ergeben sich insbesondere aus den Bestimmungen des Sozialgesetzbuchs.

Art. 4 Fürsorgegrundsatz

[1]Bei allen Maßnahmen auf Grund dieses Gesetzes ist auf den Zustand des Betroffenen besonders Rücksicht zu nehmen und sein Persönlichkeitsrecht zu wahren. [2]Maßnahmen haben zu unterbleiben, wenn zu befürchten ist, dass sie den Zustand des Betroffenen nachteilig beeinflussen, es sei denn, dass sie unumgänglich sind.

3.1.1 Gefährdung

Fremdgefährdung

Konkrete und ernstliche Gefahr

Es muss die konkrete und ernstliche Gefahr bestehen, dass der Betroffene in erheblichem Maß die öffentliche Sicherheit oder Ordnung gefährdet. Gemäß dem Grundsatz der Verhältnismäßigkeit muss auch die Schutzwürdigkeit der vom psychisch Kranken gefährdeten Rechtsgüter der Schwere des Eingriffs in die persönliche Freiheit entsprechen (*BayObLG* NJW 2002, 146). Die Freiheit der Person ist ein so hohes Rechtsgut, dass sie nur aus besonders gewichtigem Grund angetastet werden darf, d. h. wenn überwiegende Belange des Gemeinwohls dies zwingend gebieten (*BGH* FamRZ 2012, 442).

Vermüllung

Eine öffentliche-rechtliche Unterbringung kann z. B. gerechtfertigt sein, wenn der Betroffene durch das Ansammeln von Abfall eine Vermüllung des von ihm bewohnten Grundstücks herbeiführt und daraus erhebliche Gefahren insbesondere für Bewohner und Nachbarn drohen (*BayObLG* FamRZ 2001, 365).

Die Unberechenbarkeit des Verhaltens eines psychisch Kranken reicht allein für eine öffentlich-rechtliche Unterbringung nicht aus. Hinzukommen müssen weitere Umstände, die den Eintritt der Gefahr mit sehr hoher Wahrscheinlichkeit und in allernächster Zeit erwarten lassen (*LG München I* BtPrax 1998, 152; Schleswig-Holsteinisches *OLG* RuP 2006, 145).

Belästigungen, Beleidigungen, Beschimpfungen oder leichte körperliche Beeinträchtigungen Dritter genügen nicht (*BGH* a. a. O.). Die Rechtsordnung kann zwar die staatliche Eingriffsschwelle bei derartigen Verhaltensweisen von psychisch Kranken hoch ansetzen, aber nicht die Duldungspflicht Dritter, die gegenwärtige rechtswidrige Angriffe auch mit Gewalt abwehren dürfen. Setzt sich der Betroffene derartigen u. U. gefährlichen Abwehrhandlungen aus, kann dies auch eine Eigengefährdung begründen.

Stalking

Der BGH (a. a. O.) will bei krankheitsbedingtem Stalking eine Unterbringung nur ausnahmsweise zulassen, wenn die Gesundheit der attackierten Person erheblich gefährdet wird. Die Anforderungen an die Feststellung einer derartigen Gefahr dürfen aber nicht so hoch angesiedelt werden, dass die massiven Verletzungen bereits eingetreten sein müssen. Eine Gefahr liegt schließlich bereits vor, wenn der massive Schadenseintritt drohend bevorsteht und diese Prognose etwa durch ein Sachverständigengutachten auch belegt werden kann.

Die Gefährdungssituation muss durch den psychischen Defektzustand des Betroffenen verursacht worden sein. Die Vorschriften dienen der Unterbringung von kranken Personen, nicht hingegen der allgemeinen Vermeidung von Gefahrenlagen. Bei einer ernsthaften, einer konkreten Person geltenden Todesdrohung des Betroffenen darf regelmäßig nicht abgewartet werden, bis sich die Gefahr für das betroffene Rechtsgut verdichtet hat und dann unter Umständen nicht mehr kontrollierbar ist.

Eigengefährdung

Selbstgefährdung

Wenn jemand sein Leben oder in erheblichem Maß seine Gesundheit gefährdet, kann eine öffentlich-rechtliche Unterbringung angeordnet werden (Art. 1 Abs. 1 Satz 2 UnterbrG).

Die Selbstgefährdung setzt kein zielgerichtetes Tun des Betreuten voraus, es genügt etwa die Gefahr, die durch planloses Herumirren auf verkehrsreichen Straßen entsteht. Die Selbstgefährdung kann auch im Unterlassen bestimmter Handlungen bestehen, z. B. der Unterlassung von Nahrungsaufnahme oder der Sorge für die Hygiene in der Wohnung (Vermüllungsgefahr).

Im Fall der Selbstgefährdung ist die öffentlich-rechtliche Unterbringung gegenüber der zivilrechtlichen subsidiär (BVerfG); das bedeutet vor allem, dass ein Betreuer mit dem Aufgabenkreis Aufenthaltsbestimmung nicht einfach übergangen werden darf; die öffentlich-rechtliche Unterbringung ist gleichwohl zulässig, wenn der Betreuer nicht rechtzeitig tätig werden kann oder will.

Erfolgt eine öffentlich-rechtliche Unterbringung bei Selbstgefährdung, wird sie regelmäßig in eine zivilrechtliche umgewandelt, sobald ein (vorläufiger) Betreuer bestellt wurde.

3.1.2 Krankheit oder Behinderung

Krankheit, Behinderung oder Geistesschwäche

Die öffentlich-rechtliche Unterbringung setzt beim Betroffenen voraus, dass er psychisch krank, oder durch Geistesschwäche bzw. Sucht psychisch gestört ist. Sie setzt weiter voraus, dass die Persönlichkeitsstörung des Betroffenen für die von ihm ausgehende Gefahr für die öffentliche Sicherheit oder Ordnung kausal ist. Hierfür ist erforderlich, dass die psychische Krankheit bzw. psychische Störung die Einsichts-, Urteils- oder Steuerungsfähigkeit des Betroffenen so erheblich beeinträchtigt, dass er seinen Willen in Bezug auf ein die öffentliche Sicherheit oder Ordnung gefährdendes Verhalten nicht mehr frei bestimmen kann (*BayObLG*, FamRZ 2002, 765).

Solange ein Betroffener zu einer freien Willensbestimmung noch in der Lage ist, kann er trotz Vorliegens einer psychischen Anomalie (Sexualstraftäter) und der Gefahr krimineller Handlungen nicht nach Art. 1 Abs. 1 Satz 1 UnterbrG untergebracht werden (*BayObLG*, FamRZ 2002, 277).

Erhebliche Gefährdung der Rechtsgüter

Der Begriff der psychischen Krankheit erfordert einen die Freiheitsentziehung rechtfertigenden Schweregrad der Persönlichkeitsstörung. Ebenso muss die vom psychisch Kranken ausgehende Gefährdung von Rechtsgütern der Schwere des Eingriffs in die persönliche Freiheit entsprechen. Wenn der Betroffene zwar eine Persönlichkeitsstörung vom dissozialen Typus aufweist, einen Mangel an Empathie und Einfühlungsvermögen sowie eine deutliche und andauernde Verantwortungslosigkeit und Missachtung sozialer Normen, Regeln und Verpflichtungen zeigt und seine Frustrationstoleranz sehr gering, die Schwelle für aggressives und auch gewalttätiges Verhalten niedrig und das Erleben von Schuldbewusstsein erheblich gestört ist, stellt diese Persönlichkeitsstörung weder eine psychische Krankheit noch eine auf einer Sucht beruhende psychische Störung dar, sondern ist als persönlichkeitsimmanente Charakterstruktur zu betrachten. Das vom Betroffenen ausgehende Gefährdungspotential ist zwar als hoch einzuschätzen, aber es müssen noch konkrete Anhaltspunkte für eine erhebliche Gefährdung der öffentlichen Sicherheit und Ordnung bestehen (*BayObLG*, NJW 2000, 881).

3.2 Zweck und Maßnahmen

Gefährdung beseitigen und Erkrankung behandeln

Der Zweck der öffentlich-rechtlichen Unterbringung ergibt sich aus Art. 2 UnterbrG. Es soll die Gefährdung der öffentlichen Sicherheit oder Ordnung beseitigt werden; zugleich ist der Untergebrachte wegen seiner psychischen Erkrankung oder Störung zu behandeln, um ihm ein eigenverantwortliches Leben in der Gemeinschaft zu ermöglichen.

Art. 12 Unterbringung und Betreuung

(1) [1]Die nach diesem Gesetz Untergebrachten haben Anspruch, als Kranke behandelt zu werden. [2]Sie werden so untergebracht, behandelt und betreut, dass der Unterbringungszweck bei geringstem Eingriff in die persönliche Freiheit erreicht wird.

(2) Kinder und Jugendliche sind grundsätzlich entsprechend dem Ausmaß ihrer Störung und ihrem Entwicklungsstand gesondert unterzubringen und zu betreuen.

(3) [1]Den Untergebrachten soll unter Beachtung medizinischer, sozialtherapeutischer und sicherheitsrechtlicher Erkenntnisse und Möglichkeiten Gelegenheit zu sinnvoller Beschäftigung und Arbeit gegeben werden. [2]Für geleistete Arbeit ist ein angemessenes Entgelt zu gewähren. [3]Daneben sind mögliche weitere Hilfen nach Art. 3 zu gewähren oder zu veranlassen.

Art. 13 Heilbehandlung

(1) [1]Wer auf Grund dieses Gesetzes in einer Einrichtung nach Art. 1 Abs. 1 untergebracht ist, hat Anspruch auf notwendige Heilbehandlung. [2]Die Heilbehandlung umfasst auch Maßnahmen, die erforderlich sind, um dem Kranken nach seiner Entlassung ein eigenverantwortliches Leben in der Gemeinschaft zu ermöglichen.

(2) [1]Der in der Einrichtung nach Art. 1 Abs. 1 Untergebrachte hat unaufschiebbare Behandlungsmaßnahmen, die nach den Regeln der ärztlichen Kunst geboten sind, zu dulden, soweit sie sich auf die psychische Erkrankung oder Störung des Untergebrachten beziehen oder zur Aufrechterhaltung der Sicherheit oder Ordnung in der Einrichtung notwendig sind. [2]In diesem Rahmen kann unmittelbarer Zwang angewandt werden.

(3) Ärztliche Eingriffe und Behandlungsverfahren nach Absatz 2, die mit einer erheblichen Gefahr für Leben oder Gesundheit verbunden sind oder die Persönlichkeit in ihrem Kernbereich verändern können, dürfen nur mit rechtswirksamer Einwilligung des Untergebrachten

oder, falls er die Bedeutung und Tragweite des Eingriffs und der Einwilligung nicht beurteilen kann, desjenigen, dem die Sorge für die Person obliegt, vorgenommen werden.

Während der Unterbringung sind bestimmte Rechte des Betroffenen zu beachten.

Beschränkung der Rechte

Der Untergebrachte hat nach Art. 14 UnterbrG das Recht, seine persönliche Kleidung zu tragen und persönliche Gegenstände in seinem Zimmer zu haben, soweit hierdurch keine gesundheitlichen Nachteile für ihn zu befürchten sind oder die Sicherheit oder Ordnung der Einrichtung nicht erheblich gestört wird.

Der Untergebrachte darf im Rahmen der allgemeinen Besuchsregelung Besuche empfangen. Die Besuchszeit beträgt mindestens eine Stunde in der Woche. Der Leiter der Einrichtung kann unter bestimmten Voraussetzungen Besuche untersagen, Art. 15 UnterbrG.

Der Untergebrachte hat das Recht, unbeschränkt Schreiben abzusenden und zu empfangen. Inwieweit eine Überwachung des Schriftverkehrs erfolgen kann und darf, ergibt sich aus Art. 16 UnterbrG. Die Verwertung von Kenntnissen aus der Überwachung der Besuche und des Schriftwechsels wird in Art. 17 UnterbrG dargelegt.

Der Untergebrachte hat das Recht, Telefongespräche zu führen oder Telegramme aufzugeben sowie Päckchen, Pakete und bildliche Darstellungen abzusenden und zu empfangen. Für Telefongespräche gelten die Vorschriften über den Besuch, für Telegramme, Päckchen, Pakete und bildliche Darstellungen die Vorschriften über den Schriftwechsel entsprechend, Art. 18 UnterbrG.

Beurlaubung und Ausgang

Regelungen über die Beurlaubung und den Ausgang in Begleitung sowie die Beschäftigung außerhalb der Einrichtung ergeben sich aus Art. 22 und 23 UnterbrG. Da im Vordergrund die öffentliche Sicherheit und Ordnung besteht, regelt Art. 19 die Anwendung von Gewalt (unmittelbarer Zwang).

Art. 19 Unmittelbarer Zwang

(1) [1]Bedienstete der Einrichtung dürfen gegen Untergebrachte unmittelbaren Zwang anwenden, wenn dies zur Durchführung des Art. 12 Abs. 1 und 2, des Art. 13 oder von Maßnahmen zur Aufrechterhaltung der Sicherheit oder Ordnung in der Einrichtung erforderlich ist. [2]Bei Behandlungsmaßnahmen darf unmittelbarer Zwang nur angewendet werden, wenn der Betroffene zu deren Duldung verpflichtet ist.

(2) Gegen andere Personen darf unmittelbarer Zwang angewendet werden, wenn sie es unternehmen, Untergebrachte zu befreien oder in den Bereich der Einrichtung widerrechtlich einzudringen.

(3) [1]Unter mehreren möglichen und geeigneten Maßnahmen des unmittelbaren Zwangs sind diejenigen zu wählen, die den einzelnen und die Allgemeinheit voraussichtlich am wenigsten beeinträchtigen. [2]Unmittelbarer Zwang unterbleibt, wenn ein durch ihn zu erwartender Schaden erkennbar außer Verhältnis zu dem angestrebten Erfolg steht.

(4) [1]Unmittelbarer Zwang ist vorher anzudrohen. [2]Die Androhung darf nur dann unterbleiben, wenn die Umstände sie nicht zulassen.

3.3 Verfahren

3.3.1 Einleitung und Anordnung

Betreuungsgericht ordnet Unterbringung an

Die Anordnung der Unterbringung erfolgt durch das Betreuungsgericht. Dieses ist gemäß § 312 Nr. 3 FamFG an die Verfahrensvorschriften der § 313 ff. FamFG gebunden.

Kreisverwaltungsbehörde beantragt Verfahren

Die zuständige Kreisverwaltungsbehörde beantragt das Verfahren, Art. 5 UnterbrG. Örtlich zuständig ist die Kreisverwaltungsbehörde, in deren Bezirk das Bedürfnis der Unterbringung hervortritt, Art. 6 UnterbrG.

Das vorbereitende Verfahren ergibt sich aus Art. 7 UnterbrG.

Art. 7 Vorbereitendes Verfahren

Ermittlungen durch Kreisverwaltungsbehörde

(1) [1]Die Kreisverwaltungsbehörde führt die Ermittlungen von Amts wegen durch. [2]Ergeben sich gewichtige Anhaltspunkte für das Vorliegen der Voraussetzungen des Art. 1 Abs. 1, so hat sie ein schriftliches Gutachten eines Arztes am Gesundheitsamt darüber einzuholen, ob die Unterbringung aus medizinischer Sicht geboten ist oder ob und durch welche Hilfen nach Art. 3 die Unterbringung vermieden werden kann. [3]Das nötigenfalls unter Beiziehung eines Arztes für Psychiatrie zu erstellende Gutachten muss auf den gegenwärtigen Gesundheitszustand des Betroffenen abstellen und auf einer höchstens 14 Tage zurückliegenden persönlichen Untersuchung des Betroffenen beruhen. [4]Zu diesem Zweck kann die Kreisverwaltungsbehörde den Betroffenen zu dem Arzt vorladen und, soweit erforderlich, durch die Polizei vorführen lassen; wird durch die Vorführung dem Betroffenen die Freiheit entzogen, hat die Kreisverwaltungsbehörde unverzüglich eine richterliche Entscheidung herbeizuführen; § 313 Abs. 3 Satz 1, § 167 Abs. 1 Satz 1 und §§ 335, 336, 167 Abs. 1 Satz 1 in Verbindung mit §§ 58 ff. des Gesetzes über das Verfahren in Familiensachen und in den Angelegenheiten der freiwilligen Gerichtsbarkeit (FamFG) gelten entsprechend. [5]Aus dem Gutachten muss auch hervorgehen, ob der Betroffene offensichtlich nicht in der Lage ist, seinen Willen kundzutun und ob von seiner persönlichen Anhörung erhebliche Nachteile für seine Gesundheit oder eine Gefährdung Dritter zu besorgen sind. [6]Das für den gewöhnlichen Aufenthalt des Betroffenen zuständige Gesundheitsamt soll gehört werden.

Duldung einer Untersuchung

(2) [1]Der Betroffene ist verpflichtet, die Untersuchung nach Absatz 1 zu dulden. [2]Der Arzt kann, soweit es erforderlich ist und keine Nachteile für die Gesundheit des Betroffenen zu befürchten sind, auch ohne dessen Einwilligung Blutproben entnehmen und andere einfache diagnostische Eingriffe vornehmen.

Antragstellung

(3) [1]Kommt die Kreisverwaltungsbehörde zu dem Ergebnis, dass die Voraussetzungen des Art. 1 Abs. 1 vorliegen, beantragt sie bei dem nach § 313 Abs. 3 Satz 1, § 167 Abs. 1 Satz 1 FamFG zuständigen Gericht, die Unterbringung anzuordnen. [2]Dem Antrag, der zu begründen ist, sind die Ermittlungsergebnisse nach Absatz 1 beizufügen.

(4) Liegen nach Auffassung der Kreisverwaltungsbehörde die Voraussetzungen des Art. 1 Abs. 1 nicht vor, so teilt sie das dem Betroffenen mit, wenn eine Begutachtung nach Absatz 1 erfolgt ist, oder der Betroffene im Rahmen des Verfahrens schriftlich von der Einleitung Mitteilung erhalten hat.

(5) [1]Gegen eine Maßnahme zur Regelung einzelner Angelegenheiten im Rahmen der Vorbereitung der Unterbringung kann der Betroffene auch schon vor der gerichtlichen Anordnung der Unterbringung Antrag auf gerichtliche Entscheidung stellen. [2]Über den Antrag entscheidet das nach § 313 Abs. 3 Satz 1, § 167 Abs. 1 Satz 1 FamFG zuständige Gericht. [3]§§ 327, 167 Abs. 1 Satz 1 FamFG ist entsprechend anzuwenden. [4]Der Verwaltungsrechtsweg ist ausgeschlossen.

Antrag auf gerichtliche Entscheidung im Vorbereitungsverfahren

3.3.2 Ausführung der Unterbringung

Die Ausführung der vom Gericht angeordneten Unterbringung obliegt der Kreisverwaltungsbehörde; die Kreisverwaltungsbehörde kann sich zur Erfüllung ihrer Aufgaben der Mitwirkung der Polizei bedienen, Art. 8 UnterbrG.

Kreisverwaltungsbehörde bringt unter; Polizei leistet Hilfestellung

3.3.3 Vorläufige Unterbringung

Das Betreuungsgericht kann nach § 331 FamFG eine vorläufige öffentlich-rechtliche Unterbringungsmaßnahme anordnen. Gemäß Art. 9 Abs. 1 UnterbrG gibt es hierzu dem Gesundheitsamt, in dessen Bezirk der Betroffene seinen gewöhnlichen Aufenthalt hat, Gelegenheit zur Äußerung, sofern nicht Gefahr im Verzug ist; in diesem Fall ist dem Gesundheitsamt alsbald nach Anordnung der vorläufigen Unterbringungsmaßnahme Gelegenheit zur Äußerung zu geben.

Vorläufige Unterbringung durch Betreuungsgericht ist möglich

Nach Ablauf der vom Gericht bestimmten Dauer der vorläufigen Unterbringung ist der Betroffene gem. Art. 9 Abs. 2 UnterbrG vom Leiter der Einrichtung zu entlassen, sofern das Gericht nicht inzwischen die vorläufige Unterbringung durch eine weitere einstweilige Anordnung verlängert (§ 333 Abs. 1 Satz 2 FamFG) oder eine endgültige Unterbringung angeordnet hat.

Ist die weitere Unterbringung des Betroffenen, dessen vorläufige Unterbringung angeordnet wurde, nach Auffassung des Leiters der Einrichtung aus medizinischen Gründen nicht erforderlich, so kann er den Betroffenen entlassen. Hiervon sind das Gericht, die Kreisverwaltungsbehörde sowie bei Minderjährigen und Personen, für die ein Betreuer bestellt ist, derjenige, dem die Sorge für die Person obliegt, unverzüglich zu benachrichtigen, Art. 9 Abs. 3 UnterbrG.

3.3.4 Sofortige vorläufige Unterbringung

Sind dringende Gründe für die Annahme vorhanden, dass die Voraussetzungen für eine Unterbringung nach Art. 1 Abs. 1 UnterbrG vorliegen und kann auch eine gerichtliche Entscheidung nicht mehr rechtzeitig ergehen, um einen für die öffentliche Sicherheit oder Ordnung drohenden Schaden zu verhindern, so kann die Kreisverwaltungsbehörde die sofortige vorläufige Unterbringung gem. Art. 10 UnterbrG anordnen und nach Maßgabe des Art. 8 UnterbrG vollziehen.

Kreisverwaltungsbehörde

Die Kreisverwaltungsbehörde hat das zuständige Gericht unverzüglich, spätestens bis 12 Uhr des auf das Ergreifen folgenden Tages, von der Einlieferung zu verständigen.

Gericht ist unverzüglich zu verständigen

Der Leiter der Einrichtung hat die sofortige Untersuchung des Betroffenen zu veranlassen. Ergibt diese, dass die Voraussetzungen des Art. 1 Abs. 1 UnterbrG nicht vorliegen, so darf der Betroffene nicht gegen seinen Willen festgehalten werden; von der Entlassung sind das zuständige Gericht und die nach Art. 6 UnterbrG zuständige Kreisverwaltungsbehörde unverzüglich zu verständigen.

Bestehen aufgrund der Untersuchung begründete Anhaltspunkte für das Vorliegen der Voraussetzungen nach Art. 1 Abs. 1 UnterbrG, so teilt das der Leiter der Einrichtung dem zuständigen Gericht und der nach Art. 6 UnterbrG zuständigen Kreisverwaltungsbehörde spätestens bis 12 Uhr des Tages mit, der dem Beginn des zwangsweisen Aufenthalts des Betroffenen folgt. Der Betroffene ist unverzüglich, spätestens am Tag nach dem Ergreifen oder dem Beginn des Festhaltens, dem Richter vorzustellen.

Ergeht bis zum Ablauf des auf das Ergreifen oder den Beginn des Festhaltens des Betroffenen folgenden Tages keine Entscheidung des Gerichts, so ist der Betroffene zu entlassen. Hiervon sind das Gericht und die Kreisverwaltungsbehörde sowie bei Minderjährigen und Personen, für die ein Betreuer bestellt ist, derjenige, dem die Sorge für die Person obliegt, unverzüglich zu benachrichtigen.

3.3.5 Unaufschiebbare sofortige vorläufige Unterbringung

Polizei

In unaufschiebbaren Fällen kann die Polizei nach Art. 10 Abs. 2 UnterbrG den Betroffenen ohne Anordnung der Kreisverwaltungsbehörde in eine Einrichtung im Sinn des Art. 1 Abs. 1 UnterbrG einliefern. Die Polizei hat das zuständige Gericht und die nach Art. 6 UnterbrG zuständige Kreisverwaltungsbehörde unverzüglich, spätestens bis 12 Uhr des auf das Ergreifen folgenden Tages, von der Einlieferung zu verständigen. Dies gilt auch in den Fällen, in denen sich ein Betroffener entgegen der Entscheidung des Gerichts der Obhut der Einrichtung entzieht.

Die Aufgaben des Leiters der Einrichtung sind die gleichen, die sich bei der sofortigen vorläufigen Unterbringung ergeben.

3.3.6 Aufnahmepflichtige Krankenhäuser (Art. 11 UnterbrG)

Aufnahmepflichtige Krankenhäuser

Krankenhäuser, in denen psychisch Kranke oder psychisch Gestörte behandelt werden oder behandelt werden können, sind verpflichtet, denjenigen aufzunehmen, der vorläufig oder endgültig untergebracht werden muss, soweit sie über die nötigen Sicherungseinrichtungen verfügen.

Krankenhäuser, die nicht die nötigen Sicherungseinrichtungen besitzen oder in denen der psychisch Kranke oder psychisch Gestörte nicht behandelt werden kann, sind zur vorübergehenden Aufnahme verpflichtet, wenn aus zwingenden Gründen eine Unterbringung in den o. g. Krankenhäusern nicht rechtzeitig möglich ist.

Die Pflicht besteht nicht, wenn der Unterzubringende auch an einer anderen, ihn erheblich gefährdenden Krankheit leidet, die der alsbaldigen Behandlung bedarf, in der Einrichtung aber nicht behandelt werden kann, oder wenn durch eine andere Krankheit Dritte durch den Betroffenen gefährdet werden. Die Pflicht besteht ferner nicht, wenn bei Fehlen der nötigen Sicherungseinrichtungen eine Selbstgefährdung besteht oder Dritte durch den Betroffenen gefährdet werden und die Gefährdung auch nicht durch geeignete, zumutbare Maßnahmen beseitigt werden kann.

3.3.7 Beendigung der Unterbringung

Entlassung des Untergebrachten

Der Leiter der Einrichtung und die Kreisverwaltungsbehörde haben unverzüglich das Gericht zu verständigen, wenn nach ihrer Überzeugung die Voraussetzungen für eine Unterbringung nicht mehr vorliegen, Art. 24 Abs. 1 UnterbrG.

Vor Eintritt des nach §§ 329, 323 Nr. 2 FamFG bestimmten Zeitpunkts stellt der Leiter der Einrichtung durch Rückfrage bei Gericht fest, ob eine Entscheidung über die Fortdauer der Unterbringung ergangen ist. Ist das nicht der Fall, so ist der Betroffene vom Leiter der Einrichtung mit Eintritt des vom Gericht bestimmten Zeitpunkts zu entlassen, Art. 24 Abs. 3 UnterbrG.

Das Betreuungsgericht kann nach § 328 FamFG die Vollziehung der Unterbringung aussetzen; diese kann mit Auflagen verbunden werden. Die Aussetzung soll sechs Monate nicht überschreiten; sie kann bis zu einem Jahr verlängert werden. Die Überwachung der Einhaltung angeordneter Auflagen obliegt gemäß Art. 24 Abs. 2 UnterbrG der Kreisverwaltungsbehörde. Sie kann sich der Mitwirkung des Gesundheitsamts bedienen.

Aussetzung der Vollziehung

3.4 Betreuung während einer öffentlich- oder strafrechtlichen Unterbringung

Interessenlage

Sowohl die öffentlich-rechtliche als auch die strafrechtliche Unterbringung nach den §§ 63, 64 StGB (vgl. unten Abschnitt 3.6) zeichnen sich dadurch aus, dass der Staat die Verantwortung für die Freiheitsentziehung in einem – psychiatrischen – Krankenhaus oder etwa einer Pflegeeinrichtung übernimmt. Er verfolgt damit gesetzlich vorgegebene Ziele, die sich nicht nur am Wohl des Betroffenen, sondern auch am öffentlichen Interesse orientieren. Dazu gehört vor allem die Beseitigung der Gefährlichkeit des Betroffenen, damit er möglichst schnell entlassen werden kann.

Regelungen des Vollzugs im Landesrecht

Der Vollzug der Unterbringung nach den §§ 63, 64 StGB ist in den Ländergesetzen z. T in eigenen sog. Maßregelvollzugsgesetzen (vgl. z. B. das Niedersächsische Maßregelvollzugsgesetz – Nds.MVollzG) oder durch die Anordnung der Anwendung bestimmter Regelungen des jeweiligen Unterbringungsgesetzes (vgl. Art. 28 BayUnterbrG) geregelt.

Interessenskonflikte zwischen Betreuer und Einrichtung?

Da der Betreuer entsprechend seinem Aufgabenkreis und nach Maßgabe des § 1901 Abs. 2 BGB (Wohl, Wille, Wunsch) für den Betreuten handelt, kann es zu Unklarheiten über die Aufgaben und Kompetenzen der Ärzte, Betreuer, Betroffenen und Gerichte kommen. Dazu folgende Grundsätze:

3.4.1 Die Aufgaben des Betreuers bleiben grundsätzlich unberührt

Anordnung und Durchführung der „staatlichen“ Unterbringung haben grundsätzlich keinen Einfluss auf die Rechte, Pflichten und Aufgaben des Betreuers. Der Betreuer muss und kann deshalb im Rahmen der Aufgabenkreise für den Betreuten tätig werden. Er wird etwa im Bereich der Vermögensverwaltung den Betreuten weiter rechtlich vertreten. Im Interesse des Betreuten sollte sich der Betreuer aber mit den behandelnden Ärzten, der Klinikleitung und dem dort tätigen Sozialdienst absprechen, um unnötige Konflikte zu vermeiden. Einen problematischen Schwerpunkt wird in dieser Zeit die Gesundheitsfürsorge bilden, wobei es während der Unterbringung einige Besonderheiten zu beachten gilt, die anhand der bayerischen Regelungen im UnterbrG dargestellt und kommentiert werden.

3.4.2 Besonderheiten bei der Gesundheitsfürsorge

Gesundheitsfürsorge

Art. 13 Abs. 1 UnterbrG begründet einen Anspruch des Untergebrachten auf notwendige Heilbehandlung. Soweit der untergebrachte Betreute selbst krankheitsbedingt nicht über die Behandlung entscheiden kann, muss der Betreuer als gesetzlicher Vertreter dies tun. In diesem Fall sind die behandelnden Ärzte auf die Einwilligung des Betreuers und seine Entscheidungen angewiesen. Dies gilt für die Behandlung rein somatischer Beschwerden genauso wie für die Behandlung einer psychischen Krankheit. Bei Letzterer kann es aber Entscheidungskonflikte mit der Klinik geben, wenn es um unaufschiebbare Behandlungsmaßnahmen oder um Zwangsbehandlungen zur Erreichung des Vollzugsziels geht (s. u.).

3.4.3 Zwangsbehandlung bei „unaufschiebbaren Behandlungsmaßnahmen" nach dem UnterbrG

Unaufschiebbare Behandlungsmaßnahmen

Bei „unaufschiebbaren Behandlungsmaßnahmen, die nach den Regeln der ärztlichen Kunst geboten sind" oder notwendig werden zur „Aufrechterhaltung der Sicherheit oder Ordnung", ergibt sich eine staatliche Befugnis aus Art. 13 Abs. 2 Satz 1 UnterbrG. Diese Maßnahmen hat der Untergebrachte zu dulden und sie können auch mit „unmittelbarem Zwang" durchgesetzt werden gem. Art. 13 Abs. 2 Satz 2 i. V. m. Art. 19 Abs. 1 Satz 2 UnterbrG. Insoweit kann auch ein entgegenstehender Wille des Betreuers unbeachtlich bleiben. Dies gilt allerdings nicht, wenn die Behandlungen mit einer erheblichen Gefahr für Leben oder Gesundheit verbunden sind oder die Persönlichkeit in ihrem Kernbereich verändern. Dann muss der einwilligungsfähige Betreute oder der Betreuer einwilligen, Art. 3 Abs. 3 UnterbrG. Eine Veränderung der Persönlichkeit in ihrem Kernbereich wird aber bei der Verabreichung von Psychopharmaka regelmäßig zu bejahen sein (vgl. *BVerfG* BtPrax 2011, 112, 114).

Was sind nun unaufschiebbare Behandlungsmaßnahmen? Fällt darunter eine Elektrokrampfbehandlung, die regelmäßige Verabreichung von Neuroleptika oder das Verabreichen eines Depot-Präparats? Das *KG* (NStZ-RR 2008, 92) hat für eine in etwa gleichlautende Vorschrift ausgeführt: „Unaufschiebbar waren die streitgegenständlichen Maßnahmen (Anm. Verf.: Verabreichen eines Depot-Präparats alle zwei Wochen und zwar eines Neuroleptikums) nicht; sondern sie dienten der Therapie der Anlasserkrankung, ohne dass zuvor eine akute Gefahrenlage entstanden war." Der Begriff akute Gefahrenlage scheint der richtige Ansatz zu sein, da die „Unaufschiebbarkeit" eine dringliche Situation voraussetzt, die mit einer gesundheitlichen Gefährdung verbunden ist. Zielführend ist in diesem Zusammenhang auch folgende Regelung in NRW und zwar § 18 Abs. 4 des Gesetzes über Hilfen und Schutzmaßnahmen bei psychischen Krankheiten (PsychKG):

„Nur in den Fällen von Lebensgefahr, von erheblicher Gefahr für die eigene und für die Gesundheit anderer Personen ist die Behandlung ohne oder gegen den Willen Betroffener oder deren gesetzlicher Vertretung oder der rechtsgeschäftlich Bevollmächtigten zulässig."

3.4.4 Zwangsbehandlung während der Unterbringung auf Wunsch des Betreuers

Das Unterbringungsgesetz bietet somit keine Möglichkeit der Zwangsbehandlung und Medikamentierung im Rahmen einer normalen, also verschiebbaren ärztlichen Behandlung. Die regelmäßige Injektion eines Depot-Neuroleptikums im Abstand von zwei Wochen ist nicht unaufschiebbar und kann daher mit unmittelbarem Zwang nach dem UnterbrG nicht zwangsweise durchgesetzt werden.

Aufgrund der verfassungsrechtlichen Probleme der Zwangsbehandlung im Rahmen der Unterbringung nach dem UnterbrG oder bei strafrechtlicher Unterbringung zur Erreichung des Vollzugsziels (vgl. unten Abschnitt 3.4.5) wird sich vermehrt die Frage der zivilrechtlich geregelten „ärztlichen Zwangsmaßnahmen" stellen.

Liegen die Voraussetzungen für die Genehmigung einer „ärztlichen Zwangsmaßnahme" gem. § 1906 Abs. 3 und 3a BGB vor, muss diese auch während der – staatlich angeordneten – Unterbringung möglich sein. Es wäre völlig unverständlich, wenn eine dringend erforderliche ärztliche Maßnahme unterbleiben müsste, nur weil sich der Betroffene psychisch kranke Mensch in staatlichem Gewahrsam befindet. Das BGB gilt somit auch unter diesen Rahmenbedingungen. Der Betreute kann und darf nicht recht- und schutzlos gestellt werden, weil er sich in einem besonderen Gewaltverhältnis befindet und gerade deshalb besonders auf die staatliche Fürsorge angewiesen ist. Zudem können ärztliche Zwangsmaßnahmen i. S. v. § 1906 Abs. 3 Satz 1 BGB nicht im Widerspruch stehen zu den Vorschriften einer staatlich angeordneten Unterbringung. Deren Vollzugsziel, Vermeidung einer Störung der öffentlichen Sicherheit bzw. die Verhinderung von Straftaten wird sich sogar häufig nur durch ärztliche Zwangsmaßnahmen erreichen lassen, die ja dem Wohl des Betroffenen dienen und zur Abwehr eines erheblichen gesundheitlichen Schadens notwendig sein müssen.

Der Betreuer oder Bevollmächtigte sollte sich daher nicht scheuen, auch für den – staatlich – Untergebrachten Anträge nach § 1906 Abs. 3 und 3a BGB beim Betreuungsgericht zu stellen.

3.4.5 Verfassungsrechtliche Vorgaben für die Zulässigkeit der Zwangsbehandlung zur Erreichung des Vollzugsziels

BVerfG: Zwangsbehandlung nach Ländergesetzen zur Erreichung des Vollzugsziels derzeit mangels gesetzlicher Grundlage verfassungswidrig

Zahlreiche Landesgesetze ermöglichen die Anordnung einer Zwangsbehandlung durch die Klinikleitung während einer strafrechtlichen Unterbringung und zwar auch ohne die Einwilligung eines Betreuers. Das BVerfG hat aber 2011 zwei Landesgesetze in diesem Punkt für verfassungswidrig erklärt und zwar § 6 Abs. 1 Satz 2 des Maßregelvollzugsgesetzes für *Rheinland-Pfalz* (BtPrax 2011, 112) und § 8 Abs. 2 Satz 2 des *baden-württembergischen* Gesetzes über die Unterbringung psychisch Kranker (NJW 2011, 3571).

Zuletzt hat das *BVerfG* diese Rechtsprechung mit Beschluss vom 20. 2. 2013 (2 BvR 228/12) bekräftigt. Betroffen war § 22 Abs. 1 Satz 1 des *sächsischen* Gesetzes über die Hilfen und die Unterbringung bei psychischen Krankheiten (SächsPsychKG). Diese Norm wurde ebenfalls für verfassungswidrig erklärt und ist daher als gesetzliche Grundlage nicht geeignet. Die Besonderheit dieser Regelung bestand darin, dass auf die Einwilligung des Betreuers abgestellt wurde. Auch die Einwilligung eines Betreuers nimmt aber – so das BVerfG – der Maßnahme nicht den Eingriffscharakter. Sie lässt den Eingriff unberührt, der darin liegt, dass die Maßnahme gegen den natürlichen Willen des Betroffenen erfolgt. Eine rein zivilrechtliche Lösung mit nunmehr ausreichender gesetzlicher Grundlage in § 1906 BGB (s. oben Abschnitt 3.4.4) würde dadurch aber nicht tangiert.

Die vom BVerfG entwickelten Grundsätze müssen aber auch für die öffentlich-rechtliche Unterbringung und die Gesetze in anderen Bundesländern gelten, so dass eine Vielzahl von Regelungen nicht mehr angewendet werden dürften. Im Gegensatz zum Bundesgesetzgeber, der die wesentlichen Grundsätze in § 1906 Abs. 3 und 3a BGB („ärztliche Zwangsmaßnahmen“) sowie den entsprechenden Verfahrensvorschriften im FamFG geregelt hat, verschließen die Ländergesetzgeber die Augen vor dieser schwerwiegenden verfassungsrechtlichen Problematik.

Das BVerfG hat jeweils detailliert Stellung bezogen zur Problematik der Zwangsbehandlung, sodass davon ausgegangen werden muss, dass sich alle Bundes- und Landesgesetze daran orientieren müssen, um vor der Verfassung bestehen zu können.

Grundsätze des BVerfG zur „Zwangsmedikamentierung“:

Grundsätze zur Zwangsmedikamentierung nach BVerfG

- Die medizinische Behandlung gegen den natürlichen Willen (Zwangsbehandlung) greift in schwerwiegender Weise in die Grundrechte (körperliche Unversehrtheit, Selbstbestimmungsrecht) ein.
- Zwangsmedikamentierung mit dem Ziel, das Vollzugsziel zu erreichen, kann zulässig sein.
- Es müssen aber strenge Anforderungen erfüllt werden.

- Verweigert der einwilligungsfähige Betroffene die Behandlung, scheidet die Zwangsmaßnahme aus. Andererseits genügt die Einwilligung des einwilligungsfähigen Betroffenen. Es darf aber kein unzulässiger Druck (Versprechen von Vorteilen) ausgeübt werden.
- Die Eingriffsqualität entfällt nicht allein deshalb, weil der Betroffene sich physisch nicht wehrt.
- Auch bei Zulässigkeit der Zwangsbehandlung gibt es keine Vernunfthoheit staatlicher Organe über den Grundrechtsträger. Deshalb ist die Einrichtung verpflichtet, die Betroffenen/Betreuer zu informieren, Vertrauen zu wecken, Ängste abzubauen und eine Zustimmung anzustreben.
- Deutliche Verbesserung der Heilungs- und Erfolgsaussichten muss erzielbar sein.
- Der Nutzen der Behandlung muss die Nachteile deutlich überwiegen.

Zum zukünftigen Verfahren:

- Rechtzeitige und umfassende Information und Aufklärung des Betroffenen müssen sichergestellt sein.
- Bestimmte und konkrete Maßnahmen und deren Dauer sind darzulegen.
- Anordnung und Überwachung durch einen Arzt müssen gewährleistet sein.
- Effektiver Rechtsschutz:
  - Keine ärztliche Entscheidungsprärogative, d. h. jede ärztliche Begründung kann und muss überprüft werden.
  - Bestellung eines Verfahrenspflegers.
- Umfassende Dokumentationspflicht, um eine effektive Überprüfung und Kontinuität der Behandlung (z. B. bei Arztwechsel) sicherzustellen.

Neuroleptika und Zwang

Besonders kritisch sieht das BVerfG die zwangsweise Verabreichung von Neuroleptika, weil sie in besonderem Maße den „Kern der Persönlichkeit" betreffen (s. o.).

3.5 Rechtsmittel, Rechtsbehelfe

Da § 312 Nr. 3 FamFG die freiheitsentziehende Unterbringung nach dem UnterbrG als Unterbringungssachen definiert, bestehen z. B. gegen die Anordnung der Unterbringung die gleichen Rechtsmittel wie bei einer zivilrechtlichen Unterbringung. Es kann daher auf die Ausführungen unter Abschnitt 2.4 Bezug genommen werden.

Besonderheit: Antrag auf gerichtliche Entscheidung

Zusätzlich kann der Betroffene gegen eine Maßnahme zur Regelung einzelner Angelegenheiten im Vollzug eine Entscheidung des Gerichts beantragen. Es kann dabei auch die Verpflichtung zum Erlass einer abgelehnten oder unterlassenen Maßnahme begehrt werden (§ 327 FamFG). Dies gilt auch schon vor der gerichtlichen Anordnung gem. Art. 10 Abs. 7 UnterbrG. Dieser Rechtsbehelf, der im Übrigen den zivilrechtlich untergebrachten Betreuten nicht zusteht, ist nur zulässig, wenn die Verletzung eines Rechts geltend gemacht wird. Die Entscheidung des Gerichts ist unanfechtbar. Der Antrag auf gerichtliche Entscheidung kann sich gegen vielfältige Sachverhalte in der Unterbringung richten (Sicherungsmaßnahmen, Behandlungsmaßnahmen, Einkauf, Telefonkontakte, Besuchsregelungen, Postverkehr). Als

Betreuer sollte man zunächst auf Abhilfe bei der Leitung des psychiatrischen Krankenhauses dringen, wenn das Anliegen berechtigt erscheint. Erweist sich dies als nicht erfolgreich und erscheint es auch dem Betreuer wichtig, dass die Interessen des Betreuten durchgesetzt werden, dann sollte man auch nicht davor zurückschrecken, gemeinsam mit dem Betreuten einen Antrag auf gerichtliche Entscheidung zu stellen.

3.6 Anwendung des UnterbrG bei strafrechtlicher Unterbringung (Art. 28 UnterbrG)

Einige der genannten Vorschriften des UnterbrG gelten in Bayern auch, wenn aufgrund strafgerichtlicher Entscheidung die Unterbringung in einem psychiatrischen Krankenhaus oder in einer Entziehungsanstalt (§§ 63, 64 StGB) angeordnet wurde. Aufgrund der ständig gestiegenen Zahlen und der Tatsache, dass diese Unterbringungen sehr viel länger dauern als die öffentlich-rechtliche Unterbringung, sind dies die meisten Anwendungsfälle für das UnterbrG. Man darf sich auch durch die Statistiken nicht täuschen lassen, die eine recht hohe Zahl öffentlich-rechtlicher Unterbringungen ausweisen. In Wahrheit handelt es sich dabei häufig um unaufschiebbare sofortige vorläufige Unterbringungen v. a. durch die Polizei. Spätestens im psychiatrischen Krankenhaus wird dann in nahezu allen Fällen „nur“ eine zivilrechtliche vorläufige Unterbringung angestrebt, wobei nicht mehr der Krankenhausträger, sondern die zuständige Krankenversicherung als Kostenträger zur Verfügung steht. Auch bei einer strafrechtlichen Unterbringung kann der Betroffene gegen eine Maßnahme zur Regelung einzelner Angelegenheiten im Vollzug eine Entscheidung des Gerichts beantragen. Es gilt aber nicht § 327 FamFG, sondern über § 138 Abs. 3 StVollzG die §§ 129 bis 121 StVollzG.

Inhalt

1. Migration, Massentourismus und Globalisierung verpflichten zu staatlicher Fürsorge auch bei Auslandsbezug

Problemlage

Grenzüberschreitende Mobilität ist ein Charakteristikum unserer Zeit. Die Zahl der Betreuungsfälle mit Auslandsbezug wächst daher ständig. Dabei entstehen vielfältige und schwierige rechtliche Fragen. Welches Gericht ist international zuständig, welches Recht kommt zur Anwendung, wer bestimmt bei Eilmaßnahmen, werden die Entscheidungen deutscher Gerichte im Ausland bzw. umgekehrt anerkannt? Kann der Betreuer im Rahmen seines Aufgabenkreises auch im Ausland handeln? Gelten Vorsorgemaßnahmen und Patientenverfügungen auch im Ausland?

Erschöpfende und klare Antworten sind derzeit nicht möglich, da es mit den verschiedenen Staaten unterschiedliche vertragliche Vereinbarungen gibt und umfassende Regelungen, wie z. B. das Haager Erwachsenenschutzabkommen (s. u.) im Verhältnis zu noch sehr wenigen Ländern gelten.

2. Betreuer mit ausländischer Staatsangehörigkeit

Der ausländische Betreuer

Zum Betreuer bestellt das Betreuungsgericht gem. § 1897 Abs. 1 BGB eine natürliche Person, die geeignet ist, die Angelegenheiten des Betreuten rechtlich zu besorgen. Die Staatsangehörigkeit spielt dabei keine Rolle. Im Einzelfall kann es sogar sehr sinnvoll sein, für eine ausländische Person einen Betreuer zu bestellen, der die gleiche Staatsangehörigkeit hat und die Mentalität des Betreuten besser verstehen kann. Ebenso spielt die Staatsangehörigkeit keine Rolle beim Vereins- oder Behördenbetreuer. Auch hier entscheidet nur die persönliche Kompetenz.

3. Betreuter mit ausländischer Staatsangehörigkeit

3.1 Anwendbares Recht

Maßgeblich ist das Heimatrecht

Die Entstehung, die Änderung und das Ende der Betreuung unterliegen grundsätzlich dem Recht des Staates, dem der Betreute angehört (Art. 24 Abs. 1 Satz 1 EGBGB). Demnach gilt für Ausländer das jeweilige Heimatrecht. Gemeint sind dabei alle Regelungen eines Staates, die sich mit der rechtlichen Fürsorge für Erwachsene befassen. Die Frage, ob jemand als Minderjähriger oder Erwachsener zu behandeln ist, bestimmt sich ebenfalls nach dem Heimatrecht.

Die Anwendung des ausländischen Rechts kann zur Folge haben, dass die in Deutschland abgeschaffte Vormundschaft und Entmündigung über das ausländische Recht (z. B. bei französischen Staatsangehörigen) Anwendung finden kann.

Recht des anordnenden Staates

Das Recht des anordnenden Staates gilt aber nach Art. 24 Abs. 3 EGBGB für den Inhalt der Betreuung (Durchführung) und für vorläufige Maßregeln (z. B. Bestellung eines vorläufigen Betreuers).

Doppelte Staatsangehörigkeit, Staatenlose

Bei doppelter Staatsangehörigkeit gilt das Recht des Staates, mit dem die Person am engsten verbunden ist und bei einem Deutschen mit zusätzlicher Staatsangehörigkeit das deutsche Recht. Staatenlose wiederum unterliegen dem Recht des Staates ihres gewöhnlichen Aufenthalts (Art. 5 EGBGB).

Gewöhnlicher Aufenthalt in Deutschland ermöglicht deutsches Betreuungsrecht

Das häufig nur schwer eruier- und anwendbare, ausländische Heimatrecht kann aber bei Ausländern, die ihren gewöhnlichen Aufenthalt im Inland haben, vermieden werden. Für diesen Personenkreis bestimmt Art. 24 Abs. 1 Satz 2 EGBGB, dass ein Betreuer nach deutschem Recht bestellt werden kann. Davon machen die deutschen Gerichte auch nahezu umfassend Gebrauch. Für die so angeordneten Betreuungen gilt dann das deutsche Recht. Dies ändert sich nur, wenn der gewöhnliche Aufenthalt in das Ausland verlegt wird. Dann kann das Verfahren an den Heimatstaat abgegeben werden oder an ein nunmehr zuständiges Gericht in einem dritten Staat (vgl. § 104 Abs. 2 FamFG i. V. m. § 99 Abs. 3 FamFG). Mit der Abgabe endet das Betreuungsverfahren in Deutschland. Kann das Verfahren nicht abgegeben werden, muss die Betreuung gem. § 1908d Abs. 1 Satz 1 BGB aufgehoben werden.

3.2 Unterbringungen

Unterbringungen

Zivilrechtliche Unterbringungen gem. § 1906 BGB unterliegen dem deutschen Recht, wenn es sich um eine vorläufige Maßregel handelt oder ein deutsches Gericht die Betreuung angeordnet hat (Art. 24 Abs. 3 EGBGB).

3.3 Internationale Zuständigkeit der deutschen Gerichte

Für diese Frage enthält § 104 Abs. 1 FamFG eine klare Regelung. Die deutschen Gerichte sind zuständig, wenn der Betroffene Deutscher ist oder seinen gewöhnlichen Aufenthalt im Inland hat. Fehlt es an einem gewöhnlichen Aufenthalt (Durchreise oder kurzfristiger Besuch), dann sind die deutschen Gerichte zuständig, soweit der Betroffene „der Fürsorge durch ein deutsches Gericht bedarf“ (§ 104 Abs. 1 Satz 2 FamFG).

3.4 Behandlung der im Ausland für einen Deutschen angeordneten Betreuungen

Anerkennung der im Ausland angeordneten Betreuungen

Zum einen ergibt sich innerhalb der Grenzen der §§ 108, 109 FamFG die Möglichkeit der Anerkennung. Ausgeschlossen ist dies u. a., wenn das ausländische Gericht nach deutschem Recht unzuständig war, oder wenn die Anerkennung der Entscheidung zu einem Ergebnis führen würde, das mit wesentlichen Grundsätzen des deutschen Rechts offensichtlich unvereinbar wäre, insbesondere wenn die Anerkennung mit den Grundrechten unvereinbar wäre. Ein abstraktes „Anerkennungsverfahren" gibt es nicht. Die Frage der Anerkennung stellt sich daher nur als Vorfrage und kann von dem deutschen Gericht inzidenter entschieden werden. Neben §§ 108, 109 FamFG kommen auch noch völkerrechtliche Vereinbarungen über die gegenseitige Anerkennung betreuungsrechtlicher Entscheidungen in Betracht.

Benachrichtigung des Heimatstaates

Liegt es im Interesse des betroffenen deutschen Staatsangehörigen, kann die Anordnung der Betreuung in Deutschland unterbleiben (§ 104 Abs. 2 FamFG i. V. m. § 99 Abs. 2 FamFG), wenn eine betreuungsähnliche Maßnahme im Ausland angeordnet wurde.

3.5 Mitteilungen an den Heimatstaat

Benachrichtigung und Belehrung bei Unterbringungen

Bei einem ausländischen Betreuten ist Art. 37 des Wiener Übereinkommens über konsularische Beziehungen vom 24. 4. 1963 zu beachten, sofern Deutschland zum Heimatstaat diplomatische Beziehungen unterhält. Einleitung des Betreuungsverfahrens, Anordnung der Betreuung und eine Unterbringung müssen daher der konsularischen Vertretung mitgeteilt werden. Einige Staaten haben aufgrund völkerrechtlicher Verträge das Recht, einen Betreuer vorzuschlagen (z. B. Russland, Georgien, Ukraine, Weißrussland, Türkei, Schweden).

Gemäß Art. 36 gilt bei Unterbringungen Folgendes: Den Konsularbeamten steht es frei, mit Angehörigen des Entsendestaats zu verkehren und sie aufzusuchen. Angehörigen des Entsendestaats steht es in gleicher Weise frei, mit den Konsularbeamten ihres Staates zu verkehren und sie aufzusuchen. Die zuständigen Behörden des Empfangsstaats haben die konsularische Vertretung des Entsendestaats auf Verlangen des Betroffenen unverzüglich zu unterrichten, wenn in deren Konsularbezirk ein Angehöriger dieses Staates festgenommen, in Straf- oder Untersuchungshaft genommen oder ihm anderweitig die Freiheit entzogen ist. Jede von dem Betroffenen an die konsularische Vertretung gerichtete Mitteilung haben die genannten Behörden ebenfalls unverzüglich weiterzuleiten. Diese Behörden haben den Betroffenen unverzüglich über seine Rechte aufgrund dieser Bestimmung zu unterrichten; Konsularbeamte sind berechtigt, einen Angehörigen des Entsendestaats aufzusuchen, der sich in Straf- oder Untersuchungshaft befindet oder dem anderweitig die Freiheit entzogen ist, mit ihm zu sprechen und zu korrespondieren, sowie für seine Vertretung in rechtlicher Hinsicht zu sorgen. Sie sind ferner berechtigt, einen Angehörigen des Entsendestaats aufzusuchen, der sich in ihrem Konsularbezirk aufgrund eines Urteils in Strafhaft befindet oder dem aufgrund einer gerichtlichen Entscheidung anderweitig die Freiheit entzogen ist. Jedoch dürfen Konsularbeamte nicht für einen Staatsangehörigen tätig werden, der in Straf- oder Untersuchungshaft genommen oder dem anderweitig die Freiheit entzogen ist, wenn er ausdrücklich Einspruch dagegen erhebt.

3.6 Tätigkeit des Betreuers im Ausland

Vertretung des Betreuten im Ausland

Für die im Ausland vorzunehmenden Rechtsgeschäfte gelten grundsätzlich die ausländischen Vorschriften. Genehmigungsbedürftigkeit und das dabei zu beachtende Procedere richten sich aber nach dem deutschen Betreuungsrecht. Ebenso findet das deutsche Recht Anwendung für die Frage, ob für den Betreuten aufgrund der mit der Betreuung verbundenen gesetzlichen Vertretung wirksam rechtsgeschäftliche Erklärungen abgegeben werden können. Allerdings kann es im Einzelfall durchaus erforderlich sein, dass im Ausland besondere Nachweise verlangt werden.

4. Haager Übereinkommen über den internationalen Schutz von Erwachsenen

Das „ESÜ"

Der gegenwärtige Rechtszustand ist unbefriedigend. Nahezu jeder Staat hat sein eigenständiges Betreuungsrecht. Selbst in Europa finden sich alle Formen der Fürsorge für Erwachsene, von der althergebrachten Entmündigung und Vormundschaft bis hin zu modernen Formen mit flexiblen staatlichen Reaktionsmöglichkeiten. Ebenso unübersichtlich sind die internationalen Zuständigkeiten geregelt. Dies soll mit dem Haager Übereinkommen über den internationalen Schutz von Erwachsenen (ESÜ) ein Ende finden. Zuständigkeit, materielles Recht, Anerkennung und Vollstreckung sowie die internationale Zusammenarbeit werden in diesem Abkommen neu und übersichtlich geregelt.

Vorsorgevollmacht im internationalen Recht

Auch das Institut der Vorsorgevollmacht findet sich im ESÜ (Art. 15 ff. ESÜ). Bisher gibt es dafür keine ausdrücklichen Kollisionsnormen, so dass die Frage der Wirksamkeit im Ausland nach den allgemeinen Kollisionsnormen zu behandeln wäre. Schnelle und sichere Rechtsauskünfte dürften dabei auch ausgewiesenen Experten nicht möglich sein. Die Regelung im ESÜ könnte deshalb der Vorsorgevollmacht auch im internationalen Bereich Anerkennung verschaffen.

Inkrafttreten des ESÜ

Der Bundestag hat das Gesetz zur Umsetzung des Abkommens und das Zustimmungsgesetz am 17. 3. 2007 verabschiedet (BGBl. 2007 II Nr. 8 Seite 323 ff.). Zum 1. 1. 2009 ist es in Kraft getreten.

Vertragsstaaten

Beigetreten sind bisher Estland, Finnland, Frankreich, Großbritannien (Landesteil Schottland) und die Schweiz (Stand 1. 10. 2011, vgl. www.hcch.net). Unterzeichnet haben Griechenland, Irland, Italien, Luxemburg, Niederlande, Polen, Tschechische Republik und Zypern. Mittelfristig wird das ESÜ erheblich an Bedeutung gewinnen, da es nach Art. 3 Nr. 2 EGBGB Vorrang vor dem Kollisionsrecht, insbesondere Art. 24 EGBGB, hat. Das ESÜ gilt zunächst unabhängig davon, ob ein Ausländer aus einem Vertragsstaat beteiligt ist. Einige Vorschriften beziehen sich aber explizit darauf, dass ein Vertragsstaat involviert ist (vgl. Art. 8 ESÜ).

Ausführungsgesetz

Das Erwachsenenschutzübereinkommens-Ausführungsgesetz (ErwSÜAG) vom 17. 3. 2007 (BGBl. I S. 314) bestimmt das Bundesamt für Justiz als „Zentrale Behörde" i. S. v. Art. 28 ESÜ. Gemäß § 6 ErwSÜAG wird das Betreuungsgericht, in dessen Bezirk ein OLG seinen Sitz hat, zuständig für Maßnahmen nach den Artikeln 23, 25, 33 ESÜ. Dazu gehören die Feststellung der Anerkennung oder Nichtanerkennung einer in einem anderen Vertragsstaat getroffenen Maßnahme, die Vollstreckbarerklärung einer in einem anderen Vertragsstaat getroffenen Maßnahme nach Art. 23 ESÜ und das Konsultationsverfahren nach Art. 33 ESÜ.

Da es weder praktische Erfahrungen noch gerichtliche Entscheidungen gibt, soll nur eine kurze Übersicht vorgestellt werden.

Übersicht

Art. 1 ESÜ Anwendungsbereich

- Anwendbar auf Erwachsene (Personen, die das 18. Lebensjahr vollendet haben Art. 2 Abs. 1 ESÜ). Die Staatsangehörigkeit, wie etwa die Zugehörigkeit zu einem Vertragsstaat, spielt dabei keine Rolle.
- Es muss ein internationaler Sachverhalt (z. B. ausländische Staatsangehörigkeit) vorliegen.
- Anwendbar auf Erwachsene, die aufgrund einer Beeinträchtigung oder der Unzulänglichkeit ihrer persönlichen Fähigkeiten nicht in der Lage sind, ihre Interessen zu schützen.

Art. 5 ESÜ Zuständigkeit

- Dort, wo der Erwachsene seinen gewöhnlichen Aufenthalt hat.
- Wechselt der gewöhnliche Aufenthalt, sind die Gerichte im neuen Staat zuständig.
- Unter gewöhnlichem Aufenthalt versteht man den Ort, wo sich der tatsächliche Mittelpunkt der Lebensführung befindet.

Art. 13 ESÜ Anzuwendendes Recht

Grundsätzlich wenden die nach Art. 5 ESÜ zuständigen Gerichte auch ihr eigenes Recht an.

Art. 15 ESÜ Anzuwendendes Recht bei Vorsorgevollmacht

Grundsätzlich kommt das Recht des Staates zur Anwendung, in dem der Erwachsene im Zeitpunkt der Vereinbarung oder des Rechtsgeschäfts seinen gewöhnlichen Aufenthalt hatte. Es kann aber auch schriftlich das Recht eines anderen Staates vereinbart werden. Wählbar ist das Recht des Staates, dem der Erwachsene angehört, wo er früher seinen gewöhnlichen Aufenthalt hatte oder wo sich Vermögen des Erwachsenen befindet.

Die Schwierigkeiten bei einer Betreuung mit Auslandsbezug (internationale Sachverhalte) werden in der Regel die meisten Betreuer bzw. Vorsorgebevollmächtigte überfordern. Auch die Gerichte werden sich mit der Lösung der damit zusammenhängenden Probleme erst eingehend befassen müssen. Es empfiehlt sich daher, auf jeden Fall rechtzeitig die Beratungsmöglichkeiten beim Betreuungsgericht in Anspruch zu nehmen.

Sozialrecht

B 1 Grundzüge des Sozialrechts

B 2 Hilfe zum Lebensunterhalt

B 3 Hilfen in qualifizierten Notlagen

B 4 Weitere soziale Hilfen

Inhalt

1. Die soziale Sicherung in Deutschland

Die soziale Sicherung in Deutschland hat eine lange Tradition. Von einer umfassend organisierten Sicherung kann man aber erst gegen Ende des 19. Jahrhunderts sprechen, als die sogenannte Kaiserliche Botschaft in dieser Hinsicht ein neues Zeitalter einläutete.

Ein weiteres „neues Zeitalter“ ist angebrochen, als das SGB geschaffen wurde, und zwar beginnend mit dem Allgemeinen Teil (SGB I), der zum 1. 1. 1976 in Kraft getreten ist.

Grundsätze des Sozialrechts

Das SGB I wird allgemein als Grundgesetz des Sozialrechts bezeichnet. Es enthält wichtige Grundsätze, die für alle Sozialgesetzbücher maßgebend sind und alle Sozialleistungsbereiche berühren.

Ein wesentlicher Teil des Sozialrechts ist von der Sozialversicherung geprägt. Diese enthält Ansprüche und Pflichten der fünf Grundpfeiler der Sozialversicherung. Diese sind die

- Gesetzliche Krankenversicherung,
- Soziale Pflegeversicherung,
- Gesetzliche Rentenversicherung,
- Arbeitslosenversicherung und
- Gesetzliche Unfallversicherung.

Diese Grundbereiche stellen im Wesentlichen die soziale Grundversorgung der Bürger dar. Allerdings werden sie insbesondere durch die Sozialhilfe, aber auch durch andere Bereiche ergänzt.

Das SGB umfasst inzwischen zwölf Bücher. Viele sehen es jetzt als vollständig an, allerdings sind nicht alle Sozialbereiche hier erfasst.

Ganz grob kann die soziale Sicherung eingeteilt werden in

- Sozialversicherung,
- Sozialhilfe und
- Versorgung.

Während Sozialversicherung und Sozialhilfe im SGB umfassend geregelt sind, ist dies mit der Versorgung anders. Zur Versorgung zählen:

- das Recht der Kriegsopfer, zurzeit geregelt im Bundesversorgungsgesetz (BVG)
- das Recht der Opferentschädigung, zurzeit geregelt im Opferentschädigungsgesetz (OEG) und im BVG
- das Infektionsschutzgesetz (IfSG).

Das SGB wird erst dann vollständig sein, wenn diese und noch andere Bereiche aufgenommen sind. Hierzu zählen auch die Vorschriften über die sogenannte berufsständische Sozialversicherung. Während das Recht der Bergleute bereits im SGB VI verankert ist, ist das für die Sozialversicherung selbstständiger Landwirte noch nicht geschehen. Auch die Künstlersozialversicherung wird außerhalb des SGB geregelt.

Sozialleistungen außerhalb des SGB

Aus § 68 SGB I ergibt sich, welche Sozialleistungsbereiche noch außerhalb des SGB geregelt sind. Hier wird nämlich bestimmt, dass bis zu ihrer Einordnung in das SGB die nachfolgenden Gesetze mit den zu ihrer Ergänzung und Änderung erlassenen Gesetze als dessen besondere Teile gelten:

- das Bundesausbildungsförderungsgesetz (BAföG)
- die Reichsversicherungsordnung (RVO)
- das Gesetz über die Alterssicherung der Landwirte (ALG)
- das Zweite Gesetz über die Krankenversicherung der Landwirte (KVLG 1989)

- das Bundesversorgungsgesetz, auch soweit andere Gesetze, insbesondere
  - § 80 des Soldatenversorgungsgesetzes (SVG)
  - § 59 Abs. 1 des Bundesgrenzschutzgesetzes*
  - § 47 des Zivildienstgesetzes (ZDG)*
  - § 60 des Infektionsschutzgesetzes (IfSG)
  - §§ 4 und 5 des Häftlingshilfegesetzes (HHG)
  - § 1 des OEG
  - §§ 21 und 22 des Strafrechtlichen Rehabilitationsgesetzes
  - §§ 3 und 4 des Verwaltungsrechtlichen Rehabilitationsgesetzes,

  die entsprechende Anwendung der Leistungsvorschriften des BVG vorsehen
- das Gesetz über das Verwaltungsverfahren der Kriegsopferversorgung
- das Bundeskindergeldgesetz (BKGG)
- das Wohngeldgesetz (WoGG)
- das Adoptionsvermittlungsgesetz
- das Unterhaltsvorschussgesetz
- der Erste Abschnitt des Bundeselterngeld- und Elternzeitgesetzes (BEEG)
- das Altersteilzeitgesetz
- der Fünfte Abschnitt des Schwangerschaftskonfliktgesetzes.

Die bisher verabschiedeten zwölf Bücher des SGB umfassen folgende Bereiche:

- SGB I – Allgemeiner Teil
- SGB II – Grundsicherung für Arbeitsuchende
- SGB III – Arbeitsförderung
- SGB IV – Gemeinsame Vorschriften für die Sozialversicherung
- SGB V – Gesetzliche Krankenversicherung
- SGB VI – Gesetzliche Rentenversicherung
- SGB VII – Gesetzliche Unfallversicherung
- SGB VIII – Kinder- und Jugendhilfe
- SGB IX – Rehabilitation und Teilhabe behinderter Menschen
- SGB X – Sozialverwaltungsverfahren und Sozialdatenschutz
- SGB XI – Soziale Pflegeversicherung
- SGB XII – Sozialhilfe

* Wehrpflicht und Zivildienst sind seit 1. 7. 2011 ausgesetzt.

2. Aufgaben des Sozialgesetzbuches und soziale Rechte (§§ 1, 2 SGB I)

§ 1 SGB I regelt die Aufgaben des SGB im Ganzen. Danach soll das Recht des SGB zur Verwirklichung sozialer Gerechtigkeit und sozialer Sicherheit Sozialleistungen einschließlich sozialer und erzieherischer Hilfe gestalten.

Das SGB soll dazu beitragen

Aufgaben des SGB

- ein menschenwürdiges Dasein zu sichern,
- gleiche Voraussetzungen für die freie Entfaltung der Persönlichkeit, insbesondere auch für junge Menschen, zu schaffen,
- die Familie zu schützen und zu fördern,
- den Erwerb des Lebensunterhalts durch eine frei gewählte Tätigkeit zu ermöglichen und
- besondere Belastungen des Lebens, auch durch Hilfe zur Selbsthilfe, abzuwenden oder auszugleichen.

Hilfe zur Selbsthilfe wird insbesondere im SGB II, im SGB IX und – vor allem – im SGB XII angeboten.

Diese Grundsätze müssten eigentlich in allen Büchern des SGB Berücksichtigung finden. Damit wäre auch eine allgemein gleiche Ausrichtung des Sozialrechts gesichert. So müsste das Prinzip, ein menschenwürdiges Dasein zu sichern, beispielsweise in der Kranken-, Pflege- und Rentenversicherung gleichermaßen manifestiert sein.

Nach § 1 Abs. 2 SGB I soll das Recht des SGB auch dazu beitragen, dass die zur Erfüllung der genannten Aufgaben erforderlichen sozialen Dienste und Einrichtungen rechtzeitig und ausreichend zur Verfügung stehen. Dies ist Angelegenheit der einzelnen Sozialgesetzbücher und wird auch dort jeweils geregelt.

In § 2 SGB I werden die sozialen Rechte beschrieben. Diese dienen den oben genannten Aufgaben. Allerdings können aus den im SGB I geregelten sozialen Rechten Ansprüche nur insoweit geltend gemacht oder hergeleitet werden, als deren Voraussetzungen und Inhalt durch die Vorschriften der besonderen Teile des SGB im Einzelnen bestimmt sind.

Hier wird der Anschein erweckt, dass die Vorschrift des § 2 Abs. 1 SGB I lediglich deklaratorische Bedeutung hat. Dass dies nicht so ist, ergibt sich bereits aus dem Absatz 2 des § 2 SGB I. Danach sind die (nachfolgenden) sozialen Rechte bei der Auslegung der Vorschriften des SGB und bei der Ausübung von Ermessen zu beachten. Dabei ist sicherzustellen, dass die sozialen Rechte möglichst weitgehend verwirklicht werden.

3. Ermessen und Rechtsanspruch (§ 39 SGB I)

Wie unter 2. erwähnt, bezieht sich § 2 Abs. 2 SGB I ausdrücklich auf das Ermessen. Hier besteht kein Rechtsanspruch auf die Leistungen. Das Gesetz sagt also nicht: „Es ist zu gewähren“, sondern: „Es kann gewährt werden.“

Ermessensleistungen

§ 39 SGB I beschäftigt sich mit Ermessensleistungen. Sind danach die Leistungsträger ermächtigt, bei der Entscheidung über Sozialleistungen nach ihrem Ermessen zu handeln, haben sie

- ihr Ermessen entsprechend dem Zweck der Ermächtigung auszuüben und
- die gesetzlichen Grenzen des Ermessens einzuhalten.

Wichtig:

Auf pflichtgemäße Ausübung des Ermessens besteht ein einklagbarer Anspruch.

Im Übrigen gelten auch für Ermessensleistungen die Vorschriften über Sozialleistungen, soweit sich aus dem SGB nichts Abweichendes ergibt.

Rechtsanspruch

Mit dem Rechtsanspruch auf Sozialleistungen beschäftigt sich § 38 SGB I. Danach besteht auf Sozialleistungen ein Anspruch, soweit nicht nach den besonderen Teilen des SGB die Leistungsträger ermächtigt sind, bei der Entscheidung über die Leistung nach ihrem Ermessen zu handeln.

Das Vorliegen eines Rechtsanspruches bedeutet aber nicht, dass die Leistungen ohne weitere Prüfung durch die Sozialleistungsträger gewährt werden. Vielmehr fordern die einzelnen gesetzlichen Vorschriften zahlreiche Voraussetzungen für die jeweiligen Leistungen.

So wird einem Krankenversicherten Krankengeld nur unter bestimmten Bedingungen gewährt. Er muss zum einen natürlich einen Leistungsanspruch dem Grunde nach besitzen, was in erster Linie eine Versicherung des Betreffenden bei einem Krankenversicherungsträger erfordert.

Außerdem muss Arbeitsunfähigkeit vorliegen. Dabei ist zu beachten, dass es sich bei der Beurteilung der Frage, ob Arbeitsunfähigkeit vorliegt, um eine komplexe Angelegenheit handelt. Zu diesem Thema existieren zahlreiche Gerichtsentscheidungen, insbesondere Urteile des Bundessozialgerichts (BSG). Die Krankenkasse hat die Pflicht, die Arbeitsunfähigkeit in bestimmten Fällen durch den Medizinischen Dienst der Krankenversicherung überprüfen zu lassen.

Besteht dem Grunde nach ein Anspruch auf Krankengeld, muss aber geprüft werden, ob es nicht etwa wegen der Gewährung von Arbeitsentgelt ruht.

4. Leistungsarten (§ 11 SGB I)

Nach § 11 SGB I sind Gegenstand der sozialen Rechte die im SGB vorgesehenen

- Dienstleistungen,
- Sachleistungen,
- Geldleistungen,

die das SGB zusammenfassend als Sozialleistungen bezeichnet. Die persönliche und erzieherische Hilfe gehört zu den Dienstleistungen.

Regelleistungen

Im Übrigen teilt man die Sozialleistungen in Regel- und Mehrleistungen ein.

Bei den Regelleistungen handelt es sich um solche, die durch das Gesetz selbst erschöpfend vorgeschrieben sind (Pflichtleistungen). Es besteht hier weder die Möglichkeit des Ermessens noch die, durch die Satzung des Sozialversicherungsträgers Einzelheiten zu regeln.

Für den Bereich der gesetzlichen Krankenversicherung ist § 194 Abs. 1 SGB V zu beachten, wonach die Satzung u. a. über Art und Umfang der Leistungen zu bestimmen hat. Soweit das Gesetz aber Regelleistungen vorsieht, kann die Satzung in ihren Bestimmungen hiervon nicht abweichen. Sie darf nämlich keine Vorschriften enthalten, die den Aufgaben der gesetzlichen Krankenversicherung widersprechen (§ 194 Abs. 2 SGB V). Sinngemäß gilt dies auch für die anderen Sozialversicherungsträger. Im Übrigen darf die Satzung nur Leistungen vorsehen, soweit diese gesetzlich zugelassen sind.

5. Aufklärung – Auskunft – Beratung (§§ 13 bis 15 SGB I)

Als allgemeine Leistungen bezeichnet man die allgemein für alle Versicherungsträger (soweit nicht eingeschränkt) vorgesehenen Leistungen

- Aufklärung,
- Auskunft und
- Beratung.

Sie werden den Dienstleistungen zugerechnet. Man wird die hier vorgesehenen Leistungen aber auch als Ausfluss des Versicherungsverhältnisses überhaupt ansehen müssen.

5.1 Aufklärung

§ 13 SGB I bestimmt, dass die Leistungsträger, ihre Verbände und die sonstigen im SGB genannten öffentlich-rechtlichen Vereinigungen (wie etwa die Kassenärztlichen Vereinigungen; vgl. dazu § 77 SGB V) verpflichtet sind, im Rahmen ihrer Zuständigkeit die Bevölkerung über die Rechte und Pflichten nach dem SGB aufzuklären. So haben beispielsweise die Pflegekassen die Versicherten und ihre Angehörigen in den mit der Pflegebedürftigkeit zusammenhängenden Fragen, insbesondere über die Leistungen der Pflegekassen sowie über die Leistungen und Hilfen anderer Träger, zu unterrichten und zu beraten.

Unterrichtung der Bevölkerung

Unter der Aufklärung ist die generelle, allgemeine Unterrichtung der Bevölkerung über soziale Rechte und Pflichten zu verstehen. Sie richtet sich nicht an den Einzelnen. Dieser kann aus § 13 SGB I keinen direkten Anspruch ableiten. Wenn auch der Einzelne keinen Anspruch auf die Aufklärung hat, so ist doch die Verpflichtung des Versicherungsträgers, allgemein gesehen, gegeben.

Die Aufklärung kann auf verschiedene Weise geschehen. Zu denken ist hier an: Spezielle Zeitschriften, Merkblätter, Hinweise in Tageszeitungen und allgemeinen Zeitschriften, Hinweise im Radio und Fernsehen, die Durchführung von Vortragsveranstaltungen, Gesundheitswochen und dergleichen.

Gerade bei den gesetzlichen Krankenkassen ist zu beobachten, dass sich in den letzten Jahren die Aufklärung stark mit der Werbung vermischt hat.

§ 305 SGB V

In Zusammenhang mit den Krankenkassen ist hier auch § 305 SGB V zu sehen. Danach unterrichten die Krankenkassen die Versicherten auf deren Antrag über die in einem Zeitraum von mindestens 18 Monaten in Anspruch genommenen Leistungen und deren Kosten.

Die Unterrichtung über die in Anspruch genommenen ärztlichen Leistungen erfolgt getrennt von der Unterrichtung über die ärztlich verordneten und veranlassten Leistungen. Die für die Unterrichtung erforderlichen Daten dürfen ausschließlich für diesen Zweck verarbeitet und genutzt werden. Eine Gesamtaufstellung der von den Versicherten in Anspruch genommenen Leistungen darf von den Krankenkassen nicht erstellt werden. Eine Mitteilung an die Leistungserbringer über die Unterrichtung des Versicherten ist nicht zulässig. Die Krankenkassen können in ihrer Satzung das Nähere über das Verfahren der Unterrichtung regeln.

In diesem Zusammenhang ist auch zu erwähnen, dass nach § 305 Abs. 2 SGB V die an der vertragsärztlichen Versorgung teilnehmenden Ärzte, ärztlich geleiteten Einrichtungen und medizinischen Versorgungszentren die Versicherten auf Verlangen schriftlich in verständlicher Form über die zu Lasten der Krankenkassen erbrachten Leistungen und deren vorläufige Kosten zu unterrichten haben.

Patientenquittung

Das Gesetz spricht hier von der Patientenquittung. Die Unterrichtung hat direkt im Anschluss an die Behandlung oder mindestens quartalsweise spätestens vier Wochen nach Ablauf des Quartals, in dem die Leistungen in Anspruch genommen worden sind, zu erfolgen. Die Patientenquittung gibt es im Übrigen auch für die vertragszahnärztliche Versorgung. Der Versicherte erstattet für eine quartalsweise schriftliche Unterrichtung eine Aufwandspauschale in Höhe von 1 EUR zuzüglich Versandkosten. Näheres regelt die Kassenärztliche Bundesvereinigung.

Die Krankenhäuser sind verpflichtet, die Versicherten auf Verlangen schriftlich in verständlicher Form innerhalb von vier Wochen nach Abschluss der Krankenhausbehandlung über die erbrachten Leistungen und die dafür von den Krankenkassen zu zahlenden Entgelte zu informieren. Zur Patientenquittung ist aufgrund gesetzlicher Ermächtigung zwischen dem Spitzenverband Bund der Krankenkassen und der Deutschen Krankenhausgesellschaft ein Vertrag abgeschlossen worden. Dort wird ausführlich der Inhalt der Patientenquittung bestimmt und es wird geregelt, dass für alle Nachfragen zur Patientenquittung das Krankenhaus sowie die jeweilige Krankenkasse des Versicherten zuständig sind.

Nach § 305 Abs. 3 SGB V informieren die Krankenkassen ihre Versicherten auf Verlangen umfassend über die in der gesetzlichen Krankenversicherung zugelassenen Leistungserbringer einschließlich medizinische Versorgungszentren und Leistungserbringer in der integrierten Versorgung sowie über die verordnungsfähigen Leistungen und Bezugsquellen. Vor der Entscheidung der Versicherten über die Teilnahme an besonderen Versorgungsformen in Wahltarifen haben die Krankenkassen sie umfassend über dann zu erbringende Leistungen und die beteiligten Leistungserbringer zu informieren.

5.2 Auskunft

Auskünfte über alle sozialen Angelegenheiten

Nach § 15 SGB I haben die nach Landesrecht zuständigen Stellen und die Träger der gesetzlichen Krankenversicherung sowie der sozialen Pflegeversicherung über alle sozialen Angelegenheiten nach dem SGB Auskünfte zu erteilen.

Auskunft im Sinne des § 15 SGB I ist die individuelle, gezielte Beantwortung von solchen Fragen, die in erster Linie darauf ausgerichtet sind, den für die Leistung zuständigen Leistungserbringer zu erfahren. Sie hat also eine Wegweiserfunktion. Allerdings betrifft sie auch andere Sach- und Rechtsfragen des SGB.

Es handelt sich hier um Sach- und Rechtsfragen, die für die Auskunftsuchenden von Bedeutung sein können und zu deren Beantwortung die Auskunftsstelle imstande ist.

Die Auskunftsstellen sind verpflichtet, untereinander und mit den anderen Leistungsträgern mit dem Ziel zusammenzuarbeiten, eine möglichst umfassende Auskunftserteilung durch eine Stelle sicherzustellen.

Nach Absatz 4 des § 15 SGB I können die Träger der gesetzlichen Rentenversicherung über Möglichkeiten zum Aufbau einer staatlich geförderten zusätzlichen Altersvorsorge Auskünfte erteilen, soweit sie dazu imstande sind.

Nach Ansicht des *BSG* in seiner Entscheidung vom *25. 10. 1978, Az: 1 RA 1/78* handelt es sich bei der Auskunft um eine Verwaltungsäußerung ohne unmittelbare Rechtswirkung, in der die Verwaltung den Antragsteller über Sach- und Rechtsfragen aufklärt. War die Auskunft falsch, so entsteht nicht die Verpflichtung des Leistungsträgers, sich künftig entsprechend der Falschinformation und damit gesetzwidrig zu verhalten.

Das ändert aber nichts an dem Schadensersatzanspruch des Versicherten. Die Möglichkeit eines solchen Ersatzanspruches wird auch im Urteil des *BSG vom 28. 11. 1979, Az: 3 RK 64/77* hervorgehoben.

Es ging in dem dieser Entscheidung zugrunde liegenden Fall darum, dass die Krankenkasse evtl. den Versicherten nicht auf die Möglichkeit aufmerksam gemacht hatte, die nach dem Gesetz als Kassenleistung in Betracht kommende Psychotherapie im Rahmen ärztlicher Behandlung in Anspruch zu nehmen.

Sozialversicherungsträger müssen richtige und sachdienliche Auskünfte erteilen

Im Urteil vom *18. 12. 1981, Az: 3 RK 34/79* stellte das BSG fest, dass die Sozialversicherungsträger die Pflicht haben, nicht nur richtige, sondern auch klare und sachdienliche Auskünfte zu erteilen, damit der Versicherte entsprechend disponieren kann. Verletzt ein Leistungsträger diese sich aus einem konkreten – z. B. durch einen Sozialleistungsantrag begründeten – Sozialrechtsverhältnis ergebende Verpflichtung, so hat er den Versicherten versicherungsrechtlich so zu stellen, wie dieser bei pflichtmäßigem Verwaltungshandeln gestanden hätte (vgl. dazu unter 6.).

Die Pflicht des Leistungsträgers zur Beratung und Belehrung des Versicherten ist allerdings nicht verletzt, wenn kein konkreter Anlass besteht, den Versicherten auf Gestaltungsmöglichkeiten hinzuweisen, die klar zutage liegen und deren Wahrnehmung offensichtlich so zweckmäßig ist, dass jeder verständige Versicherte sie mutmaßlich nutzen wird *(Urteil des BSG vom 19. 10. 1983, Az: 3 RK 29/82)*. Ein konkreter Anlass könnte allenfalls dann bestehen, wenn er dem Versicherungsträger bekannt ist.

Seit 1. 1. 2009 bestimmt § 7a SGB XI über die Pflegeberatung. Personen, die Leistungen nach dem SGB XI (d. h. aus der Pflegeversicherung) erhalten, haben Anspruch auf individuelle Beratung und Hilfestellung durch einen Pflegeberater. Der Anspruch besteht bei der Auswahl und Inanspruchnahme von bundes- oder landesrechtlich vorgesehenen Sozialleistungen sowie sonstigen Hilfsangeboten, die auf die Unterstützung von Menschen mit Pflege-, Versorgungs- und Betreuungsbedarf ausgerichtet sind.

Nach § 7b SGB XI hat die Pflegekasse dem Antragsteller unmittelbar nach Eingang eines erstmaligen Antrags auf Leistungen nach dem SGB XI entweder einen konkreten Beratungstermin anzubieten oder einen Beratungsgutschein auszustellen. In diesem Beratungsgutschein sind Beratungsstellen benannt, bei denen der Antragsteller zulasten der Pflegekasse innerhalb von zwei Wochen nach Antragstellung den Gutschein einlösen kann.

5.3 Beratung

§ 14 SGB I beschäftigt sich mit der Beratung. Danach hat jeder Anspruch auf Beratung über seine Rechte und Pflichten nach dem SGB. Zuständig für die Beratung sind die Leistungsträger, denen gegenüber die Rechte geltend zu machen oder die Pflichten zu erfüllen sind.

Beratung

Unter Beratung ist das individuelle Gespräch mit dem Einzelnen zur gezielten und umfassenden Unterrichtung über die ihm nach dem SGB zustehenden Rechte und Pflichten zu verstehen. Im Einzelfalle kann sich die Beratung mit der Auskunft überschneiden. Insbesondere kommt dies dann in Frage, wenn sich im Laufe des Beratungsgesprächs ergibt, dass ein anderer Leistungsträger dem Ratsuchenden zur Leistung verpflichtet ist.

Dann ist nämlich eine unmittelbare Hinleitung des Ratsuchenden zu dem tatsächlich zuständigen Sozialleistungsträger zur weiteren Beratung erforderlich. Insoweit kommt dem bislang beratenden Träger eine Auskunftspflicht zu.

Abschließend zum Thema „Auskunft“ ist das Urteil des *BSG* vom *13. 11. 2012 (Az: B 1 KR 13/12 R)* zu erwähnen. Danach hat ein Versicherter Anspruch gegen seine gesetzliche Krankenkasse, Auskunft darüber zu erhalten, welche Sozialdaten des Versicherten sie herausgegeben hat und an wen die Herausgabe erfolgt.

6. Sozialrechtlicher Herstellungsanspruch

Das *BSG* hat am *30. 10. 1985, Az: 5b RJ 86/84*, festgestellt, dass aus dem zwischen Versicherten und Versicherungsträger bestehenden Sozialrechtsverhältnis den Versicherungsträger als Nebenpflicht eine Betreuungspflicht gegenüber dem Versicherten trifft.

Verständnisvolle Förderung

Der Versicherungsträger hat den Versicherten mit dem Ziel, dessen soziale Rechte möglichst weitgehend zu verwirklichen, verständnisvoll zu fördern. Dieser Verpflichtung des Versicherungsträgers entspricht im Falle der Verletzung der Betreuungspflicht der Anspruch des Versicherten, sozialversicherungsrechtlich so gestellt zu werden, wie er bei ordnungsgemäßer Betreuung stehen würde. Die Rechtsprechung geht hier vom sozialrechtlichen Herstellungsanspruch aus.

Allerdings kann ein sozialrechtlicher Herstellungsanspruch nicht Grundlage für ein Begehren auf Herstellung eines Zustandes sein, der im Gesetz nicht vorgesehen ist.

Während die Pflicht zur Aufklärung in der Regel nicht gerichtlich verfolgt werden kann, ist dies bei der Beratung und bei der Auskunft anders. Der Versicherungsträger macht sich schadensersatzpflichtig (Amtspflichtverletzung – vgl. § 839 BGB i. V. mit Art. 34 GG – Vorsatz oder Fahrlässigkeit des betreffenden Bediensteten ist erforderlich), wenn eine falsche Auskunft oder Beratung erfolgt und dadurch ein Schaden entsteht. Diese Haftung des zuständigen Versicherungsträgers besteht gewissermaßen neben dem sozialrechtlichen Herstellungsanspruch.

7. Antrag auf Sozialleistungen (§ 16 SGB I, § 19 SGB IV)

Die Gewährung von Leistungen, also das Tätigwerden des Versicherungsträgers, ist davon abhängig, dass dieser vom Vorhandensein von Tatbeständen erfährt, die zu einer Leistungsgewährung führen können.

Hier ist § 19 Sozialgesetzbuch – Viertes Buch (SGB IV) zu beachten. Danach sind Leistungen in der gesetzlichen

- Krankenversicherung,
- Rentenversicherung,
- nach dem Recht der Arbeitsförderung (Arbeitslosenversicherung) sowie
- in der sozialen Pflegeversicherung

aufgrund eines Antrages zu gewähren.

Dagegen werden Leistungen in der gesetzlichen Unfallversicherung von Amts wegen erbracht, soweit sich aus den Vorschriften für die gesetzliche Unfallversicherung nichts Abweichendes ergibt.

Antrag

Unter Antrag ist nach der Definition im Schrifttum jede Erklärung zu verstehen, durch die jemand Sozialleistungen ganz allgemein oder eine bestimmte Sozialleistung begehrt.

Für die mit dem Antrag angesprochene Stelle muss bei verständiger Würdigung erkennbar sein, dass und aus welchem Sozialleistungsbereich der Antragsteller Leistungen begehrt.

Ein Leistungsantrag ist auch dann erforderlich, wenn die Anspruchsvoraussetzungen ununterbrochen vorliegen, aber eine erneute Leistungsgewährung nach einer leistungsfreien Zeit eintreten soll.

Im Bereich des SGB ist nicht vorgeschrieben, in welcher Weise bzw. in welcher Form der Antrag zu stellen ist. Es ist deshalb davon auszugehen, dass der Antrag mündlich (also anlässlich einer Vorsprache – auch bei einer Neben- oder Verwaltungsstelle des Versicherungsträgers) sowie fernmündlich und schriftlich gestellt werden kann. Bei schriftlicher Antragstellung können oftmals Schwierigkeiten auftreten, weil sich viele Antragsteller hier nur unzureichend ausdrücken können. In solchen Fällen muss vonseiten des Versicherungsträgers gewissenhaft – evtl. auch durch Rücksprache beim Versicherten – geprüft werden, welche Leistung denn nun begehrt wird.

Formulare und Vordrucke

Hilfreich können hier natürlich Formulare (Vordrucke) sein. Sie sind allerdings lediglich dann hilfreich, wenn sie

- sachlogisch und
- leicht verständlich

aufgebaut sind.

§ 60 Abs. 2 SGB I schreibt im Rahmen der Mitwirkungspflicht vor (vgl. dazu die Ausführungen unter Abschnitt 12), dass dann, wenn Vordrucke vorgesehen sind, diese auch benutzt werden sollen.

Hier ist auch § 17 SGB I zu beachten (vgl. die Ausführungen unter Abschnitt 8).

Nach § 16 Abs. 1 SGB I sind Anträge auf Sozialleistungen beim zuständigen Leistungsträger zu stellen. Sie werden aber auch von allen anderen Leistungsträgern, von den Gemeinden und bei Personen, die sich im Ausland aufhalten, auch von den amtlichen Vertretungen Deutschlands im Ausland entgegengenommen.

Anträge, die bei

- einem unzuständigen Leistungsträger,
- einer für die Sozialleistung nicht zuständigen Gemeinde oder
- einer amtlichen Vertretung Deutschlands im Ausland

gestellt werden, sind unverzüglich an den zuständigen Leistungsträger weiterzuleiten.

„Unverzüglich" bedeutet ohne schuldhaftes Zögern.

Die Leistungsträger sind nach § 16 Abs. 3 SGB I verpflichtet, darauf hinzuwirken, dass unverzüglich klare und sachdienliche Anträge gestellt und unvollständige Angaben ergänzt werden.

Der Leistungsträger kann hier von sich aus viel tun, vor allem wenn er – wie oben bereits erwähnt – sachgerechte Vordrucke bereithält. Heute finden sich aber für viele Leistungsträger im Internet zahlreiche Hinweise zum Ausfüllen der jeweiligen Vordrucke. Meist finden sich dort auch die Vordrucke, die herunterzuladen und auszufüllen sind.

Oben wurde bereits erwähnt, dass es viele Menschen gibt, die sich beim Ausfüllen von Vordrucken recht schwer tun. Dazu gehören natürlich in besonderem Maße ausländische Personen. Teilweise werden deshalb – insbesondere im EU-Bereich – mehrsprachige Vordrucke verwendet.

Amtssprache ist Deutsch

In diesem Zusammenhang bestimmt § 19 Abs. 1 SGB X, dass die Amtssprache Deutsch ist. Das gilt nicht im Anwendungsbereich der EU-Vorschriften sowie bei Geltung zwischenstaatlicher Sozialversicherungsabkommen.

8. Ausführung der Sozialleistungen (§ 17 SGB I)

Einzelheiten über die Ausführung der Leistungen beinhaltet § 17 SGB I. Dort wird (in Abs. 1) bestimmt, dass die Leistungsträger verpflichtet sind, darauf hinzuwirken, dass

- jeder Berechtigte die ihm zustehenden Sozialleistungen in zeitgemäßer Weise umfassend und schnell erhält,
- die zur Ausführung von Sozialleistungen erforderlichen sozialen Dienste und Einrichtungen rechtzeitig und ausreichend zur Verfügung stehen,
- der Zugang zu den Sozialleistungen möglichst einfach gestaltet wird, insbesondere durch Verwendung allgemein verständlicher Antragsvordrucke (vgl. dazu die diesbezüglichen Ausführungen unter Abschnitt 7) und
- ihre Verwaltungs- und Dienstgebäude frei von Zugangsbarrieren sind und Sozialleistungen in barrierefreien Räumen und Anlagen ausgeführt werden.

Gebärdensprache kann verwendet werden

Nach § 17 Abs. 2 SGB I haben hörbehinderte Menschen das Recht, bei der Ausführung von Sozialleistungen, insbesondere auch bei ärztlichen Untersuchungen und Behandlungen, Gebärdensprache zu verwenden. Die Kosten werden von dem für die Sozialleistung zuständigen Leistungsträger getragen.

In der Zusammenarbeit mit gemeinnützigen und freien Einrichtungen und Organisationen wirken die Leistungsträger darauf hin, dass sich ihre Tätigkeit und die der genannten Einrichtungen und Organisationen zum Wohl der Leistungsempfänger wirksam ergänzen.

Dabei haben sie deren Selbstständigkeit in Zielsetzung und Durchführung ihrer Aufgaben zu achten.

Die Nachprüfung zweckentsprechender Verwendung bei der Inanspruchnahme öffentlicher Mittel bleibt unberührt.

Die Verpflichtung der Leistungsträger zur Zusammenarbeit sieht im Übrigen auch § 86 SGB X vor.

9. Handlungsfähigkeit (§ 36 SGB I)

Ist ein Versicherter nicht geschäftsfähig, so hat für ihn der gesetzliche Vertreter einen Antrag zu stellen bzw. eine Vollmacht zu erteilen. Das gilt auch bei beschränkter Geschäftsfähigkeit im Sinne des BGB.

§ 36 SGB I

Hier ist allerdings § 36 SGB I zu beachten. Wer danach das 15. Lebensjahr vollendet hat, kann Anträge auf Sozialleistungen stellen und verfolgen sowie Sozialleistungen entgegennehmen. Der Leistungsträger soll den gesetzlichen Vertreter über die Antragstellung und die erbrachten Sozialleistungen unterrichten. Diese Unterrichtung ist nach allgemeiner Ansicht schriftlich vorzunehmen. Allgemein wird auch angenommen, dass die Sollvorschrift die Verwaltung für den Regelfall bindet, jedoch auch Ausnahmen zulässt.

Die in § 36 Abs. 1 SGB I vorgeschriebene Handlungsfähigkeit kann vom gesetzlichen Vertreter gemäß § 36 Abs. 2 SGB I durch schriftliche Erklärung gegenüber dem Leistungsträger eingeschränkt werden.

Eine mündliche Erklärung hat nach dem klaren Text des § 36 Abs. 2 SGB I keine Bedeutung. Gesetzlicher Vertreter kann ein Elternteil, kann aber auch ein Vormund sein. Es ist gleichgültig, welcher gesetzliche Vertreter (wenn also beide Elternteile am Leben sind) die entsprechende Einschränkung vornimmt.

Der letzte Satz des § 36 Abs. 2 SGB I schränkt die Handlungsfähigkeit des Minderjährigen, der das 15. Lebensjahr vollendet hat, noch etwas ein, auch ohne dass die obige Erklärung vom gesetzlichen Vertreter (einem gesetzlichen Vertreter) abgegeben wurde. Es wird hier nämlich bestimmt, dass die Rücknahme von Anträgen, der Verzicht auf Sozialleistungen und die Entgegennahme von Darlehen der Zustimmung des gesetzlichen Vertreters bedürfen.

Schwebende Unwirksamkeit

Solange diese Zustimmung nicht erteilt ist, muss die entsprechende Handlung des Minderjährigen als schwebend unwirksam angesehen werden. Die Zustimmung kann sowohl vor der jeweiligen Handlung als auch nach derselben gegeben werden.

Die Zustimmung kann schriftlich, aber auch mündlich (selbst fernmündlich) erfolgen. Im Falle der mündlichen Erklärung empfiehlt sich aber eine schriftliche Festlegung durch den Versicherungsträger (Protokoll, Aktennotiz), und zwar mit Unterschrift des Betreffenden.

Die Rücknahme von Anträgen setzt voraus, dass rechtswirksame Anträge gestellt worden sind (vgl. dazu unter 7.).

10. Die einzelnen sozialen Rechte (§§ 3 bis 10 SGB I)

Unter 2. sind die sozialen Rechte angesprochen worden, die in § 2 SGB I behandelt werden. Allerdings verweist § 2 SGB I auf die §§ 3 bis 10 SGB I. Dort werden die einzelnen sozialen Rechte behandelt.

Bildungs- und Arbeitsförderung

In § 3 SGB I geht es zunächst um die Bildungs- und Arbeitsförderung. Wer an einer Ausbildung teilnimmt, die seiner

- Neigung,
- Eignung und
- Leistung

entspricht, hat ein Recht auf individuelle Förderung seiner Ausbildung, wenn ihm die hierfür erforderlichen Mittel nicht anderweitig zur Verfügung stehen.

Um die Arbeitsförderung geht es in § 3 Abs. 2 SGB I. Wer danach am Arbeitsleben teilnimmt oder teilnehmen will, hat ein Recht auf

- Beratung bei der Wahl des Bildungswegs und des Berufs,
- individuelle Förderung seiner beruflichen Weiterbildung,
- Hilfe zur Erlangung und Erhaltung eines angemessenen Arbeitsplatzes und
- wirtschaftliche Sicherung bei Arbeitslosigkeit und bei Zahlungsunfähigkeit des Arbeitgebers.

Zugang zur Sozialversicherung

§ 4 SGB I beschäftigt sich mit der Sozialversicherung. Jeder hat danach im Rahmen des SGB ein Recht auf Zugang zur Sozialversicherung. Wer in der Sozialversicherung versichert ist, hat im Rahmen der gesetzlichen Kranken-, Pflege-, Unfall- und Rentenversicherung einschließlich der Alterssicherung der Landwirte ein Recht auf

- die notwendigen Maßnahmen zum Schutz, zur Erhaltung, zur Besserung und zur Wiederherstellung der Gesundheit und der Leistungsfähigkeit und auf
- wirtschaftliche Sicherung bei Krankheit, Mutterschaft, Minderung der Erwerbsfähigkeit und Alter.

Ein Recht auf wirtschaftliche Sicherung haben auch die Hinterbliebenen eines Versicherten.

Im weiteren Sinne zählt auch die oben behandelte Arbeitsförderung zur Sozialversicherung. Die Ansprüche und Pflichten in den einzelnen Sozialleistungsbereichen ergeben sich aus SGB III (Arbeitsförderung), SGB V–VII (Kranken- und Rentenversicherung, Unfallversicherung) und SGB XI (Soziale Pflegeversicherung).

Soziale Entschädigung bei Gesundheitsschäden

In § 5 SGB I geht es um die Soziale Entschädigung bei Gesundheitsschäden. Wer einen Gesundheitsschaden erleidet, für dessen Folgen die staatliche Gemeinschaft in Abgeltung eines besonderen Opfers oder aus anderen Gründen nach versorgungsrechtlichen Grundsätzen einsteht, hat ein Recht auf

- die notwendigen Maßnahmen zur Erhaltung, zur Besserung und zur Wiederherstellung der Gesundheit und der Leistungsfähigkeit und auf
- angemessene wirtschaftliche Versorgung.

Auch die Hinterbliebenen eines Beschädigten haben ein Recht auf eine angemessene wirtschaftliche Versorgung. Maßgebende Rechtsgrundlagen sind hier das Bundesversorgungsgesetz (BVG), aber auch das Opferentschädigungsgesetz (OEG), ferner z. B. auch das Häftlingshilfegesetz (HHG usw.).

Mit der Minderung des Familienaufwands beschäftigt sich § 6 SGB I. Wer danach Kindern Unterhalt zu leisten hat oder leistet, hat ein Recht auf Minderung der dadurch entstehenden wirtschaftlichen Belastungen. Das in diesem Zusammenhang zu erwähnende Bundeskindergeldgesetz (BKGG) ist besonderer Teil des SGB I (§ 68 SGB I).

Das gilt auch für das Wohngeldgesetz. Hier bestimmt § 7 SGB I, dass derjenige, der für eine angemessene Wohnung Aufwendungen erbringen muss, die ihm nicht zugemutet werden können, ein Recht auf Zuschuss zu Miete oder zu vergleichbaren Aufwendungen hat.

Öffentliche Jugendhilfe

Nach § 8 SGB I haben junge Menschen und Personensorgeberechtigte das Recht, Leistungen der öffentlichen Jugendhilfe in Anspruch zu nehmen. Diese Leistungen sollen die Entwicklung junger Menschen fördern und die Erziehung in der Familie unterstützen und ergänzen. Einzelheiten finden sich im Achten Buch des Sozialgesetzbuches (SGB VIII).

Sozialhilfe

§ 9 SGB I hat die Sozialhilfe zum Gegenstand. Wer danach nicht in der Lage ist, aus eigenen Kräften seinen Lebensunterhalt zu bestreiten oder in besonderen Lebenslagen sich selbst zu helfen, hat ein Recht auf Hilfe. Voraussetzung ist, dass er auch von anderer Seite keine ausreichende Hilfe erhält.

Er hat ein Recht auf persönliche und wirtschaftliche Hilfe, die seinem besonderen Bedarf entspricht, ihn zur Selbsthilfe befähigt und die Teilnahme am Leben in der Gemeinschaft ermöglicht. Außerdem muss die Führung eines menschenwürdigen Lebens gesichert sein. Dabei müssen Leistungsberechtigte nach ihren Kräften mitwirken.

Die Sozialhilfe wird im Sozialgesetzbuch – Zwölftes Buch (SGB XII) behandelt. Zu erwähnen ist aber auch das Sozialgesetzbuch – Zweites Buch (SGB II), das sich mit der Grundsicherung für Arbeitsuchende beschäftigt.

In § 10 SGB I geht es um die Teilhabe behinderter Menschen. Angesprochen sind hier Menschen, die körperlich oder seelisch behindert sind oder denen eine solche Behinderung droht. Sie haben unabhängig von der Ursache der Behinderung zur Förderung ihrer Selbstbestimmung und zur gleichberechtigten Teilhabe ein Recht auf Hilfe. Zu beachten ist hier das Sozialgesetzbuch – Neuntes Buch (SGB IX), in dem es um die Rehabilitation und Teilhabe behinderter Menschen geht.

11. Leistungsgewährung an Dritte (§§ 48–59 SGB I)

11.1 Grundsätze

Grundsätzlich ist der Versicherte bzw. Leistungsberechtigte Träger des Anspruchs. Es gibt aber auch Fälle, in denen die Leistungen an andere Personen oder Institutionen zu erbringen sind. Diese Fälle werden in den §§ 48–59 SGB I geregelt.

Die Vorschriften befinden sich alle in dem Titel „Grundsätze des Leistungsrechts".

11.2 Unterhaltspflicht (§ 48 SGB I)

Verletzung der Unterhaltspflicht

§ 48 SGB I behandelt die Auszahlung der laufenden Geldleistungen bei Verletzung der Unterhaltspflicht des Versicherten. Hiernach (§ 48 Abs. 1 SGB I) können laufende Geldleistungen, die der Sicherung des Lebensunterhaltes zu dienen bestimmt sind, in angemessener Höhe an

- den Ehegatten oder
- die Kinder des Leistungsberechtigten

ausgezahlt werden. Voraussetzung ist, dass er ihnen gegenüber seiner gesetzlichen Unterhaltspflicht nicht nachkommt.

Auszahlung laufender Geldleistungen

Die Auszahlung der laufenden Geldleistungen kann auch an die Person oder Stelle erfolgen, die dem Ehegatten oder den Kindern Unterhalt gewährt.

Kindergeld, Kinderzuschläge und vergleichbare Rentenbestandteile (Geldleistungen für Kinder) können an Kinder, die bei der Festsetzung der Geldleistungen berücksichtigt werden, ausgezahlt werden. Das kann bis zur Höhe des Betrages erfolgen, der sich bei entsprechender Anwendung des § 54 Abs. 5 Satz 2 SGB I ergibt.

Für das Kindergeld gilt dies auch dann, wenn der Kindergeldberechtigte mangels Leistungsfähigkeit nicht unterhaltspflichtig ist oder nur Unterhalt in Höhe eines Betrages zu leisten braucht, der geringer ist als das für die Auszahlung in Betracht kommende Kindergeld.

Mit Urteil vom *17. 9. 1981 (Az: 4 RJ 105/80)* stellte das *BSG* fest, dass § 48 Abs. 1 SGB I für alle laufenden Geldleistungen gilt, die der Sicherung des Lebensunterhaltes zu dienen bestimmt sind. Das gilt auch dann, wenn sie ohne Rücksicht auf den Familienstand des Berechtigten gewährt werden. Das BSG führte in seiner Entscheidung vom 17. 9. 1981 weiter aus, dass dann, wenn ein Unterhaltstitel in Form eines rechtskräftigen Urteils vorliegt, damit die gesetzliche Unterhaltspflicht i. S. des § 48 SGB I bestimmt und gleichzeitig begrenzt ist. Für weitergehende Auszahlungsansprüche bleibt sodann nach dieser Vorschrift kein Raum mehr.

Vorstehendes gilt entsprechend, wenn für Kinder, denen gegenüber der Leistungsberechtigte nicht kraft Gesetzes unterhaltspflichtig ist, Geldleistungen erbracht werden und der Leistungsberechtigte dieser Geldleistungen Kinder nicht unterhält. Hier (§ 48 Abs. 2 SGB I) ist allerdings erforderlich, dass die jeweilige Leistung wegen des betreffenden Kindes gewährt wird (vgl. dazu das *Urteil des BSG* vom *8. 7. 2009, Az.: B11 AL 30/08R).*

Nach allgemeiner Auffassung ist es nicht in das Ermessen (vgl. dazu die Ausführungen unter 3.) des Sozialleistungsträgers gestellt, in welcher Höhe die Auszahlung an andere im Rahmen des § 48 SGB I erfolgt.

Lediglich als Obergrenze der Auszahlung ist der geschuldete Unterhaltsanspruch anzusehen. In diesem Rahmen sind dann die Verhältnisse des Einzelfalles zu berücksichtigen.

Nach der Entscheidung des *BSG* vom *20. 6. 1984 (Az: 7 RAr 18/83)* richtet sich die für eine Auszahlung (Abzweigung) nach § 48 Abs. 1 SGB I vorzunehmende

Beurteilung, ob der Leistungsberechtigte gegenüber seinem Ehegatten oder seinen Kindern unterhaltsverpflichtet ist, nach den Vorschriften des bürgerlichen Rechts.

Fehlt es an einer bereits anderweitig erfolgten und bindenden Festlegung (Unterhaltstitel), hat der Leistungsträger selbst festzustellen, ob eine Unterhaltspflichtverletzung des Leistungsberechtigten vorliegt.

Ermittlung des unterhaltsrechtlichen Sachverhalts

Für die Ermittlung des unterhaltsrechtlichen Selbstbehalts des Leistungsberechtigten darf der Leistungsträger grundsätzlich von pauschalen Werten ausgehen, wenn diese den Grundsätzen des materiellen Unterhaltsrechts entsprechen.

Für die Pfändungsfreibeträge nach der Tabelle zu § 850c Zivilprozessordnung (vgl. dazu die Ausführungen unter 11.6) trifft dies nicht zu.

Die Werte der sogenannten Düsseldorfer Tabelle sind hingegen ein geeigneter Maßstab. Zu erwähnen ist auch die Berliner Tabelle als Vortabelle zur Düsseldorfer Tabelle.

Wie bereits erwähnt, sind hinsichtlich des Vorliegens von Unterhaltsberechtigung die bürgerlich-rechtlichen Vorschriften maßgebend *(Urteil des BSG vom 26. 5. 1959, Az: 3 RK 52/57)*. Nach dem erwähnten Urteil ist im Verhältnis von Ehegatten, die beide Einkommen haben, derjenige als unterhaltspflichtig anzusehen, der das höhere Einkommen bezieht und deshalb im Allgemeinen mehr zum „angemessenen Unterhalt der Familie“ beizutragen hat.

Ein Ehegatte, der keinen Beitrag zum Familienunterhalt leisten kann, ist nicht unterhaltspflichtig *(Urteil des BSG vom 18. 8. 1982, Az. 3 RK 38/81)*. In dem Urteil wird auch ausgeführt, dass der Anspruch auf eine – später rückwirkend gewährte – Rente vorher noch nicht die Leistungsfähigkeit des Ehegatten zur Gewährung von Unterhalt in dem Sinn begründet, dass seine Ehefrau unterhaltsberechtigt gewesen wäre.

Am 18. 8. 1982 führte das BSG auch aus, dass die unter Berücksichtigung der besonderen Verhältnisse in der Familie des Hilfesuchenden und der Einkommens- und Vermögensverhältnisse der an Ehegatten zu gewährende Sozialhilfe (§§ 16, 19 SGB XII) keine Unterhaltsberechtigung des einen gegen den anderen Ehegatten begründen kann.

Keine Unterhaltsberechtigung bei Sozialhilfe

Die Teilnehmer an der Besprechung der Spitzenverbände der Krankenkassen vom 13. 12. 1984 hoben ebenfalls u. a. hervor, dass dann keine Unterhaltsberechtigung vorliegt, wenn beide Ehegatten nur von der Sozialhilfe leben. Bezieht dagegen der versicherte Ehegatte neben den Sozialhilfeleistungen noch andere – wenn auch nur geringfügige – Einkünfte, so ist eine Unterhaltsfähigkeit i. S. des BGB anzunehmen.

Liegt im Übrigen – so heißt es in der Entscheidung vom 18. 8. 1982 weiter – bei keinem der beiden Ehegatten eine Fähigkeit zur Unterhaltsleistung vor (hat also keiner mehr zu leisten als der andere), ist keiner der Ehegatten unterhaltsberechtigt.

Allerdings sind aufseiten der Frau nicht nur die Barleistungen, sondern auch deren Haushaltsführung und ihre sonstigen Verrichtungen angemessen zu berücksichtigen. Nach der Rechtsprechung (vgl. dazu die Entscheidung des *BSG vom 16. 11. 1962, Az. 11 RA 154/71*) ist die Arbeit der Frau im Haushalt mit ihrem tatsächlichen wirtschaftlichen Wert als Unterhaltsleistung zu berücksichtigen. Dabei bieten für die Bewertung diejenigen Kosten einen Anhaltspunkt, die für eine vergleichbare Ersatzkraft aufzuwenden wären. Bei dem Wertvergleich sind neben Gehalt oder Lohn auch Sach- und andere Bezüge für eine Ersatzkraft, nicht aber der auf das Entgelt entfallende Arbeitgeberanteil an Beiträge zur Sozialversicherung anzusetzen.

Kann ein (ausländischer) Ehegatte wegen des Fehlens einer Arbeitserlaubnis sich nicht selbst unterhalten, so ist der andere Ehegatte unterhaltspflichtig.

Der Leistungsträger muss im Rahmen des § 48 SGB I nur auf Antrag sowie dann tätig werden, wenn ihm Tatsachen bekannt werden, die ihm ein eigenes Tätigwerden aufdrängen *(Urteil des BSG vom 12. 5. 1982, Az. 7 RA 20/81)*. Die Entscheidung über die Auszahlung selbst (nicht über die Höhe) ist nach der Ansicht des BSG im Urteil vom 12. 5. 1982 in das Ermessen des Leistungsträgers gestellt.

In Zusammenhang mit einer „Abzweigung“ nach § 48 SGB I ist es nicht ermessensfehlerhaft sachwidrig, wenn ein Leistungsträger sich dazu entschließt, dem Leistungsberechtigten während der angemessenen Dauer eines Verfahrens über dessen gesetzlich vorgeschriebene Anhörung die bisher bewilligte Leistung noch in vollem Umfang zu belassen (vgl. *Urteil des BSG vom 29. 10. 1987, Az. 11b RAr 61/86*). Hier wird auch zum Ausdruck gebracht, dass der Leistungsträger nach pflichtgemäßem Ermessen zu entscheiden hat, ob er die beantragte Abzweigung tatsächlich vornehmen will.

Dem Leistungsträger steht grundsätzlich die Wahl zwischen mehreren rechtlich möglichen Verhaltensweisen zu, d. h. auch das Recht, von der an sich möglichen Abzweigung ganz abzusehen. Erforderlich ist lediglich, dass der Leistungsträger sich für sein Verhalten auf sachgerechte Gründe berufen kann und beruft.

Eine Auszahlung laufender Geldleistungen an andere sieht auch § 49 SGB I vor. In Absatz 1 dieser Vorschrift wird der Fall angesprochen, dass ein Leistungsberechtigter aufgrund richterlicher Anordnung länger als einen Kalendermonat in einer Anstalt oder Einrichtung untergebracht ist.

Vollständiger Kalendermonat

Der Kalendermonat muss vollständig sein. In einem solchen Fall sind laufende Geldleistungen, die der Sicherheit des Lebensunterhalts zu dienen bestimmt sind, wie z. B. Krankengeld, Arbeitslosengeld, Rente, an die Unterhaltsberechtigten auszuzahlen.

Dies gilt aber nur, soweit der Leistungsberechtigte kraft Gesetzes unterhaltspflichtig ist und er oder die Unterhaltsberechtigten es beantragen.

Beantragen die Unterhaltsberechtigten die Auszahlung, so ist ein evtl. entgegenstehender Wille des Leistungsberechtigten bedeutungslos.

§ 49 Abs. 1 SGB I sieht vor, dass die laufenden Geldleistungen an die Unterhaltsberechtigten auszuzahlen sind. Dies bedeutet, dass ein Ermessen darüber, ob eine Auszahlung an die Unterhaltsberechtigten zu erfolgen hat, nicht besteht.

Der Versicherungsträger muss hier aber nicht von sich aus tätig werden, da Voraussetzung für die Auszahlung der Antrag des Leistungs- oder des bzw. der Unterhaltsberechtigten ist.

Im Fall des § 49 Abs. 1 SGB I ist nicht durch den Leistungsträger festzustellen, in welcher Höhe eine Auszahlung an den Unterhaltsberechtigten erfolgt. Vielmehr ist die gesamte laufende Geldleistung zu zahlen.

§ 49 Abs. 3 SGB I lässt die Vorschrift des § 48 Abs. 1 Satz 4 SGB I unberührt. Das bedeutet, dass auch im Falle des § 49 SGB I die Auszahlung der (hier: gesamten) Geldleistung an die Person oder Stelle erfolgen kann, die dem Ehegatten oder den Kindern Unterhalt gewährt.

§ 49 Abs. 2 SGB I entspricht der Vorschrift des § 48 Abs. 2 SGB I. Dies bedeutet, dass § 49 Abs. 1 SGB I dann entsprechend gilt, wenn für Kinder, denen gegenüber der Leistungsberechtigte nicht kraft Gesetzes unterhaltspflichtig ist, Geldleistungen erbracht werden.

11.3 Überleitung der Leistungen bei Unterbringung des Berechtigten (§§ 49, 50 SGB I)

§ 49 Abs. 1 SGB I

Liegen die Voraussetzungen des § 49 Abs. 1 SGB I vor (Unterbringung des Leistungsberechtigten aufgrund richterlicher Anordnung für eine Zeit, die länger als einen Kalendermonat ist, in eine Anstalt oder Einrichtung), so ist es u. U. auch möglich, dass die laufenden Geldleistungen an die Stelle zu zahlen sind, der die Kosten der Unterbringung zur Last fallen. Dies schreibt § 50 Abs. 1 SGB I vor.

Die Ansprüche auf laufende Geldleistungen, die der Sicherung des Lebensunterhaltes zu dienen bestimmt sind, können durch schriftliche Anzeige des zuständigen Leistungsträgers auf ihn übergeleitet werden. Allerdings bewirkt eine solche Anzeige nach ausdrücklicher Vorschrift des § 50 Abs. 2 SGB I den Anspruchsübergang nur insoweit, als die Leistung nicht an Unterhaltsberechtigte oder die in § 49 Abs. 2 SGB I genannten Kinder zu zahlen ist. Es handelt sich hier um Kinder, denen gegenüber der Leistungsberechtigte nicht kraft Gesetzes unterhaltspflichtig ist und an die der Leistungsberechtigte Geldleistungen zahlt.

Voraussetzung für den Anspruchsübergang ist ferner, dass der Leistungsberechtigte die Kosten der Unterbringung zu erstatten hat und die Leistung auf den für die Erstattung maßgebenden Zeitraum entfällt.

§ 50 Abs. 3 SGB I beschäftigt sich mit Fällen, in denen ein Kind aufgrund richterlicher Anordnung länger als einen Kalendermonat in einer Anstalt oder Einrichtung untergebracht ist.

11.4 Aufrechnung und Verrechnung (§§ 51, 52 SGB I)

§ 51 SGB I beschäftigt sich mit der Aufrechnung. Darunter ist die Tilgung einer Forderung mit einer anderen zu verstehen.

Aufrechnung durch Leistungsträger

Nach § 51 Abs. 1 SGB I kann der zuständige Leistungsträger mit Ansprüchen gegen den Berechtigten aufrechnen. Voraussetzung ist natürlich, dass er – der zuständige Leistungsträger – einen vollwirksamen und fälligen Anspruch (Gegenanspruch) gegen den Leistungsberechtigten hat.

Da im SGB I keine nähere Definition zur Aufrechnung gegeben ist, sind die hier im Privatrecht maßgeblichen §§ 387–396 BGB entsprechend anzuwenden.

Nach § 387 BGB kann jeder Teil seine Forderung gegen die Forderung des anderen Teiles aufrechnen, wenn zwei Personen (auch juristische Personen sind hier gemeint) einander Leistungen schulden, die ihrem Gegenstande nach gleichartig sind. Voraussetzung für die Aufrechnung ist, dass

- der Aufrechnende die ihm gebührende Leistung fordern und
- die ihm obliegende Leistung bewirken kann.

Die Bedingung, dass die Leistungen ihrem Gegenstande nach gleichartig sein müssen, bedeutet, dass es sich auch bei dem Anspruch des Leistungsträgers um eine Geldleistung handeln muss.

Es ist im Übrigen sowohl bezüglich des Anspruchs des Leistungsberechtigten als auch hinsichtlich des Anspruchs des Leistungsträgers nicht erforderlich, dass *laufende* Geldleistungen geschuldet werden.

§ 51 Abs. 1 SGB I ist vielmehr sowohl bei

- laufenden als auch
- bei einmaligen

Geldleistungen anwendbar.

Voraussetzung für die Aufrechnung nach § 51 SGB I ist, dass die Ansprüche auf Geldleistungen nach § 54 Abs. 2 und 3 SGB I pfändbar sind (vgl. dazu die Ausführungen unter Abschnitt 11.6).

Es ist nicht erforderlich, dass die zu Unrecht erbrachte Leistung und die zum Zeitpunkt der Aufrechnung bestehende Leistung der Art nach miteinander identisch sind. So hat es das *BSG am 27. 2. 1984 (Az. 3 RK 17/83)* für zulässig angesehen, dass eine Krankenkasse zu Unrecht erbrachtes Mutterschaftsgeld mit einem bestehenden Krankengeldanspruch aufrechnete.

Verrechnung In diesem Zusammenhang ist auch § 52 SGB I zu beachten. Danach kann der für eine Geldleistung zuständige Leistungsträger mit Ermächtigung eines anderen Leistungsträgers dessen Ansprüche gegen den Berechtigten mit der ihm obliegenden Geldleistung verrechnen. Voraussetzung ist lediglich, dass nach § 51 SGB I die Aufrechnung zulässig ist.

Die erwähnte Ermächtigung braucht nach Auffassung in der Rechtsprechung und in der Praxis nicht ausdrücklich ausgesprochen zu werden. Vielmehr ist diese Ermächtigung bereits in dem Verrechnungsersuchen selbst zu sehen.

11.5 Übertragung und Verpfändung (§ 53 SGB I)

Verpfändung In § 53 Abs. 1 SGB I wird ausdrücklich hervorgehoben, dass Ansprüche auf Dienst- und Sachleistungen weder übertragen noch verpfändet werden können. Dagegen ist es möglich, dass Ansprüche auf Geldleistungen übertragen und verpfändet werden (§ 53 Abs. 2, 3 SGB I). Das gilt aber nur, wenn der Betreffende durch die Abtretung nicht sozialhilfebedürftig wird *(Urteil des BSG vom 23. 5. 1995, Az. 13 RJ 43/93).*

§ 53 Abs. 2 SGB I schreibt vor, dass Ansprüche auf Geldleistungen (gleichgültig, ob es sich um laufende oder einmalige Geldleistungen handelt) zur Erfüllung oder zur Sicherung von Ansprüchen auf Rückzahlung von Darlehen und auf Erstattung von Anwendungen übertragen und verpfändet werden können.

Das Gleiche gilt, wenn der zuständige Leistungsträger feststellt, dass die Übertragung oder Verpfändung im wohlverstandenen Interesse des Berechtigten liegt.

Nach der Entscheidung des *BSG vom 14. 8. 1984, Az. 10 RKg 7/83* ist das wohlverstandene Interesse des Berechtigten zu bejahen, wenn durch die Abtretung notwendige Lebensbedürfnisse der Familie gesichert werden. Zu diesen notwendigen Lebensbedürfnissen zählt beispielsweise auch die Erhaltung der Familienwohnung.

Nach Auffassung des *BSG im Urteil vom 7. 9. 1988, Az. 10 RKg 18/87* kann die Abtretung einer Sozialleistung im wohlverstandenen Interesse des Anspruchsberechtigten liegen, wenn der Abtretungsempfänger es übernommen hat, durch Zahlung der Energiekosten die Benutzung der Familienwohnung zu sichern.

Es liegt aber in solchen Fällen nicht im wohlverstandenen Interesse des Berechtigten, wenn dieser seine gesamten Einnahmen in unbegrenzter Höhe abtritt und sich damit hilfebedürftig macht.

§ 53 Abs. 3 SGB I beschäftigt sich (im Gegensatz zur Vorschrift des § 53 Abs. 2 SGB I) nur mit Ansprüchen auf laufende Geldleistungen, die überdies der Sicherung des Lebensunterhaltes dienen müssen (Krankengeld, Arbeitslosengeld, Rente).

Diese Leistungen können in anderen (als den in § 53 Abs. 2 SGB I genannten) Fällen übertragen und verpfändet werden, soweit sie den für Arbeitseinkommen geltenden unpfändbaren Betrag übersteigen (vgl. dazu die Ausführungen unter Abschnitt 11.6).

11.6 Pfändung (§ 54 SGB I)

Grundlagen

§ 54 SGB I beschäftigt sich mit der Pfändung. In Absatz 1 wird, genau wie in § 53 Abs. 1 SGB I (vgl. dazu unter Abschnitt 11.5), vorgeschrieben, dass Ansprüche auf Dienst- und Sachleistungen nicht erfasst werden. Sie können also nicht gepfändet werden.

Die Absätze 2 und 3 des § 54 SGB I unterscheiden zwischen

- einmaligen und
- laufenden

Geldleistungen.

So können gemäß § 54 Abs. 2 SGB I Ansprüche auf einmalige Geldleistungen nur gepfändet werden, soweit nach den Umständen des Falles, insbesondere nach den

- Einkommens- und Vermögensverhältnissen des Leistungsberechtigten,
- der Art des beizutreibenden Anspruchs sowie
- der Höhe und der Zweckbestimmung der Geldleistung,

die Pfändung der Billigkeit entspricht.

§ 54 Abs. 4 SGB I beschäftigt sich mit Ansprüchen auf laufende Geldleistungen. Hier wird bestimmt, dass eine Pfändung wie Arbeitseinkommen möglich ist.

Unpfändbar sind Ansprüche auf

- Elterngeld und vergleichbare Leistungen der Länder
- Mutterschaftsgeld nach § 13 des Mutterschutzgesetzes (MuSchG), soweit es nicht aus einer Teilzeitbeschäftigung herrührt, bis zur Höhe des Elterngeldes
- Wohngeld unter bestimmten Voraussetzungen
- Geldleistungen, die dazu bestimmt sind, den durch einen Körper- und Gesundheitsschaden bedingten Mehraufwand auszugleichen.

§ 54 Abs. 3 SGB I

Rechtsgrundlage ist hier § 54 Abs. 3 SGB I.

In Zusammenhang mit § 54 SGB I – aber auch im Rahmen des § 53 Abs. 3 SGB I (vgl. dazu unter Abschnitt 11.5) – ist, wie bereits erwähnt wurde, der für Arbeitseinkommen geltende unpfändbare Betrag von erheblicher Bedeutung. Maßgebend ist hier § 850c ZPO. Die unpfändbaren Beträge wurden zuletzt durch die Bekanntmachung vom 26. 3. 2013 (BGBl. I S. 710) mit Wirkung seit 1. 7. 2013 neu festgelegt.

Pfändungsgrenzen Arbeitseinkommen

Danach ist Arbeitseinkommen unpfändbar, wenn es, je nach dem Zeitraum, für den es gezahlt wurde, nicht mehr beträgt als

- 1.045,04 EUR monatlich oder
- 240,50 EUR wöchentlich oder
- 48,10 EUR täglich.

Eine Erhöhung dieser Beträge tritt dann ein, wenn der Schuldner (Leistungsberechtigte) aufgrund einer gesetzlichen Verpflichtung Unterhalt gewährt an

- seinen Ehegatten,
- einen früheren Ehegatten,
- einen Verwandten oder
- die Mutter eines nichtehelichen Kindes.

In diesen Fällen erhöht sich der Betrag, bis zu dessen Höhe Arbeitseinkommen unpfändbar ist, auf bis zu

- 2.314,82 EUR monatlich,
- 532,73 EUR wöchentlich oder
- 106,55 EUR täglich.

Die Erhöhung tritt für die erste Person, der Unterhalt gewährt wird, um

- 393,30 EUR monatlich,
- 90,51 EUR wöchentlich oder
- 18,10 EUR täglich

ein. Für die zweite bis fünfte Person beträgt die Erhöhung

- 219,12 EUR monatlich,
- 50,43 EUR wöchentlich oder
- 10,09 EUR täglich.

Vgl. dazu auch § 850c Abs. 2 ZPO.

Hat eine Person, welcher der Schuldner aufgrund gesetzlicher Verpflichtung Unterhalt gewährt, eigene Einkünfte, so kann das Vollstreckungsgericht bestimmen, dass diese Person bei der Berechnung des unpfändbaren Teils des Arbeitseinkommens (der laufenden Geldleistung) ganz oder teilweise unberücksichtigt bleibt.

Antrag des Gläubigers

Hier ist ein Antrag des Gläubigers erforderlich. Die Entscheidung des Gerichts hat nach billigem Ermessen zu erfolgen.

§ 850c ZPO enthält weitere Einzelheiten (insbesondere hinsichtlich der Rundungsbestimmungen).

Nach § 850d ZPO gelten die in § 850c ZPO vorgesehenen Beschränkungen bei Pfändung von Unterhaltsansprüchen nicht.

Vielmehr ist dem Schuldner lediglich so viel zu belassen, als er für seinen notwendigen Unterhalt und zur Erfüllung seiner laufenden gesetzlichen Unterhaltspflichten gegenüber den dem Gläubiger vorgehenden Berechtigten oder zur gleichmäßigen Befriedigung der dem Gläubiger gleichstehenden Berechtigten bedarf.

Entgegen der sonst maßgebenden Regelung, wonach die zuerst vorgenommene Pfändung späteren Pfändungen vorgeht, bestimmt § 850d Abs. 2 ZPO eine bestimmte Reihenfolge. Dabei haben mehrere gleich nahe Berechtigte (z. B. mehrere Kinder) gleichen Rang.

11.7 Sonderrechtsnachfolge (§§ 56, 57 SGB I)

§ 56 SGB I beschäftigt sich mit Ansprüchen, die beim Tod des Berechtigten bereits fällig sind, von ihm aber nicht mehr erhoben werden können, weil er inzwischen verstorben ist.

§ 56 SGB I sieht hier eine Sonderrechtsnachfolge vor. Danach stehen fällige Ansprüche auf laufende Geldleistungen beim Tod des Berechtigten nacheinander bestimmten Personen zu.

Voraussetzungen

Voraussetzung ist, dass diese Personen mit dem Berechtigten zur Zeit seines Todes in einem gemeinsamen Haushalt gelebt haben oder von ihm wesentlich unterhalten worden sind.

Mehrere Personen einer Gruppe (z. B. den Kindern) stehen die Ansprüche zu gleichen Teilen zu.

Es wird nicht vorgeschrieben, wie lange der Sonderrechtsnachfolger mit dem Berechtigten in einem gemeinsamen Haushalt gelebt haben muss. Vielmehr ist davon auszugehen, dass das Leben in einem gemeinsamen Haushalt mit der häuslichen Gemeinschaft gleichzustellen ist. Der Begriff des wesentlichen Unterhalts fordert die Unterhaltsgewährung nicht in gleicher Höhe wie der des überwiegenden Unterhalts, der beispielsweise für bestimmte Personen als Voraussetzung für den Anspruch aus der Familienversicherung der gesetzlichen Krankenversicherung in § 10 Abs. 4 SGB V gefordert wird.

Mögliche Personengruppen

Die Personen, die als Sonderrechtsnachfolger infrage kommen, sind in dieser Reihenfolge:

- der Ehegatte
- die Kinder
- die Eltern
- der Haushaltsführer.

Als Kinder gelten auch

- Stiefkinder und Enkel, die in den Haushalt des Berechtigten aufgenommen sind,
- Pflegekinder (Personen, die mit dem Berechtigten durch ein auf längere Dauer angelegtes Pflegeverhältnis mit häuslicher Gemeinschaft wie Kinder mit Eltern verbunden sind),
- Geschwister des Berechtigten, die in seinen Haushalt aufgenommen worden sind.

Zu den Geschwistern im vorstehenden Sinne zählen auch Halbgeschwister.

Als „Eltern" werden zunächst die leiblichen Eltern angesprochen. Nach ausdrücklicher Vorschrift des § 56 Abs. 3 SGB I gelten als Eltern auch:

- sonstige Verwandte der geraden aufsteigenden Linie (Großeltern, Urgroßeltern)
- Stiefeltern
- Pflegeeltern (Personen, die den Berechtigten als Pflegekind aufgenommen haben).

Haushaltsführer

Haushaltsführer ist nach § 56 Abs. 4 SGB I derjenige

- Verwandte oder
- Verschwägerte,

der anstelle des verstorbenen oder geschiedenen oder an der Führung des Haushaltes aus gesundheitlichen Gründen dauernd gehinderten Ehegatten oder (gleichgeschlechtlichen) Lebenspartners den Haushalt des Berechtigten geführt hat. Dies muss mindestens ein Jahr lang vor dem Tod des Berechtigten erfolgt sein. Im Übrigen muss der Haushaltsführer vom Verstorbenen überwiegend unterhalten worden sein (vgl. dazu auch unter Abschnitt 11.6).

Gemäß § 57 SGB I kann der nach § 56 SGB I Berechtigte auf die Sonderrechtsnachfolge innerhalb von 6 Wochen nach ihrer Kenntnis durch schriftliche Erklärung gegenüber dem Leistungsträger verzichten. Verzichtet er innerhalb dieser Frist, gelten die Ansprüche als auf ihn nicht übergegangen. Sie stehen den Personen zu, die ohne den Verzichtenden nach § 56 SGB I berechtigt wären.

Soweit Ansprüche auf den Sonderrechtsnachfolger übergegangen sind, haftet er für die nach dem SGB bestehenden Verbindlichkeiten des Verstorbenen gegenüber dem für die Ansprüche zuständigen Leistungsträger. Insoweit entfällt eine Haftung der Erben (vgl. dazu die Ausführungen unter Abschnitt 11.8). Eine Aufrechnung und Verrechnung (vgl. dazu unter Abschnitt 11.4) nach §§ 51 und 52 SGB I ist ohne die dort genannten Beschränkungen der Höhe nach zulässig.

11.8 Vererbung (§§ 58, 59 SGB I)

Nach § 59 SGB I erlöschen Ansprüche auf Dienst- und Sachleistungen mit dem Tod des Berechtigten. Ansprüche auf Geldleistungen (wie z. B. Rente) erlöschen aber nur, wenn sie im Zeitpunkt des Todes des Berechtigten weder festgestellt sind noch ein Verwaltungsverfahren über sie anhängig ist.

Nach Urteil des *BSG vom 11. 8. 1966 (Az. 3 RK 88/63)* geht der auf eine Geldleistung gerichtete Erstattungsanspruch des Versicherten nach seinem Tod auf die Erben über, wenn eine Krankenkasse zu Unrecht die Gewährung von Krankenhausbehandlung abgelehnt hat. Diese Entscheidung steht übrigens nicht im Widerspruch zu dem im Krankenversicherungsrecht geltenden Sachleistungsprinzip. Deutlich wird das im Urteil des *BSG* vom *10. 10. 1978 (Az. 3 RK 11/78)*. Dort wird ausgeführt, dass sich nach dem Tod des Versicherten der als Sachleistungsanspruch bestehende Anspruch auf Krankenhausbehandlung in einen Anspruch auf Erstattung der Krankenhausbehandlungskosten (Geldleistung) wandelt, der auf die Erben übergeht.

§ 58 SGB I

Bezüglich der Vererbung ist § 58 SGB I zu beachten. Soweit danach fällige Ansprüche auf Geldleistungen nicht einem Sonderrechtsnachfolger (vgl. dazu unter Abschnitt 11.7) zustehen, werden sie nach den Vorschriften des BGB vererbt. Der Fiskus als gesetzlicher Erbe kann die Ansprüche nicht geltend machen. § 58 SGB I spricht deshalb nur solche Geldleistungen an, die keine laufenden Geldleistungen sind. Letztere können nur dann Gegenstand einer Erbschaft sein, wenn eine Sonderrechtsnachfolge im Einzelfall wegen des Fehlens der Voraussetzungen des § 56 SGB I nicht infrage kommt.

Nachlassverbindlichkeiten

Für Nachlassverbindlichkeiten (zu denen auch Forderungen der Sozialleistungsträger zählen) haftet der Erbe (vgl. § 1967 BGB).

Bezüglich des Erbrechts im Einzelnen kann auf die bereits erwähnten §§ 1922 ff. BGB verwiesen werden. Die Erbberechtigung wird durch einen Erbschein nachgewiesen, den in der Regel das Nachlassgericht ausstellt. Eine Leistungsgewährung an Erben wird der Versicherungsträger von der Vorlage eines Erbscheins abhängig machen.

12. Mitwirkung (§§ 60 bis 67 SGB I)

12.1 Grundsätze

Im Rahmen des Sozialrechts hat der Einzelne nicht nur Rechte, sondern auch Pflichten. Es wird hier von der Mitwirkung des Leistungsberechtigten gesprochen. Zu dieser Mitwirkung ist er verpflichtet. Befolgt er diese Pflicht nicht, hat er bestimmte sozialrechtliche Nachteile zu befürchten.

Rechtsgrundlage

Rechtsgrundlage für die Mitwirkungspflichten sind die §§ 60 bis 67 SGB I. Die Mitwirkungspflichten können in folgende Gruppen unterschieden werden:

- Angabe von Tatsachen
- Persönliches Erscheinen

- Untersuchungen
- Heilbehandlung bzw.
- Leistungen zur Teilhabe am Arbeitsleben

12.2 Angabe von Tatsachen (§ 60 SGB I)

Wer Sozialleistungen beantragt oder erhält, hat

- alle Tatsachen anzugeben, die für die Leistung erheblich sind, und auf Verlangen des zuständigen Leistungsträgers der Erteilung der erforderlichen Auskünfte durch Dritte zuzustimmen,
- Änderungen in den Verhältnissen, die für die Leistung erheblich sind oder über die im Zusammenhang mit der Leistung Erklärungen abgegeben worden sind, unverzüglich (d. h. ohne schuldhaftes Zögern) mitzuteilen,
- Beweismittel zu bezeichnen und auf Verlangen des zuständigen Leistungsträgers Beweisurkunden vorzulegen oder ihrer Vorlage zuzustimmen.

Vorstehendes gilt auch für denjenigen, der Leistungen zu erstatten hat.

Soweit für die vorstehend genannten Angaben Vordrucke vorgesehen sind, sollen diese benutzt werden (§ 60 Abs. 2 SGB I) – vgl. dazu auch die Ausführungen unter Abschnitt 7.

Nur entscheidungserhebliche Tatsachen

Nach Auffassung des *Verwaltungsgerichtshofes (VGH) Baden-Württemberg in seinem Urteil vom 12. 3. 1997 (Az. 7 S 1084/95)* bezieht sich die Mitwirkungspflicht des Antragstellers nur auf entscheidungserhebliche Tatsachen und Beweismittel. Daran fehlt es, wenn der Leistungsträger aufgrund der sonstigen Umstände in der Sache entscheiden kann.

Die Mitwirkungspflichten bestehen nach der *Entscheidung des BSG vom 10. 11. 1977 (Az. 3 RK 44/75)* auch in Zusammenhang mit Auskünften, die im Rahmen des § 116 SGB X zu machen sind. Es geht hier um den Übergang zivilrechtlicher Schadensersatzansprüche des Leistungsberechtigten auf den Sozialversicherungsträger bzw. den Träger der Sozialhilfe. Der Forderungs- oder Rechtsübergang erfolgt in dem Umfang, in dem der Leistungsträger aufgrund des Schadensereignisses Leistungen erbringt.

Verletzung der Mitwirkungspflicht

In der Praxis geht es hier meist darum, dass ein Leistungsberechtigter sich weigert, einen Unfallfragebogen auszufüllen bzw. die dortigen Fragen zum Unfallhergang, zu den Unfallbeteiligten usw. zu machen.

Wird die Mitwirkungspflicht hier verletzt, ist vom Mitwirkungspflichtigen der Vermögensnachteil zu ersetzen, der der Krankenkasse durch die Verletzung der Pflichten entstand. Dabei muss der Leistungsträger so gestellt werden, als ob er vom Schädiger in vollem Umfange Ersatz erlangt hätte.

In Zusammenhang mit der Leistungsgewährung an einen Versicherten sind auch andere Personen bzw. Stellen dem Sozialversicherungsträger gegenüber zur Auskunftserteilung verpflichtet. Hier ist zunächst die Auskunftspflicht des Arbeitgebers aus § 98 SGB X und der Angehörigen, Unterhaltspflichtigen oder sonstigen Personen aus § 99 SGB X zu erwähnen. In § 100 SGB X ist die Auskunftspflicht des Arztes oder Angehörigen eines anderen Heilberufs gegenüber dem Leistungsträger vorgesehen.

12.3 Persönliches Erscheinen (§ 61 SGB I)

Über das persönliche Erscheinen bestimmt § 61 SGB I. Wer danach Sozialleistungen beantragt oder erhält, soll auf Verlangen des zuständigen Leistungsträgers zur mündlichen Erörterung des Antrags oder zur Vornahme anderer für die Entscheidung über die Leistung notwendigen Maßnahmen persönlich erscheinen.

Nach der *Entscheidung des BSG vom 20. 3. 1980 (Az. 7 RAr 21/97)* setzt die Mitwirkungspflicht nach § 61 SGB I voraus, dass der Sozialleistungsträger sowohl nach seinem Willen als auch nach dem geäußerten Inhalt des Verlangens zum persönlichen Erscheinen eine Mitwirkung begehrt. Er muss schriftlich auf die möglichen Folgen einer unterlassenen Mitwirkung hinweisen.

12.4 Untersuchungen und Heilbehandlung (§§ 62, 63 SGB I)

Wer Sozialleistungen beantragt oder erhält, soll sich nach § 62 SGB I auf Verlangen des zuständigen Leistungsträgers ärztlichen und psychologischen Untersuchungsmaßnahmen unterziehen. Das gilt, soweit diese für die Entscheidung über die Leistung erforderlich sind.

In diesem Zusammenhang sei für die Gesetzliche Krankenversicherung die Vorschrift des § 275 SGB V erwähnt. Dort werden Untersuchungen (Begutachtung und Beratung) durch den Medizinischen Dienst der Krankenversicherung (MDK) vorgeschrieben.

MDK

Der MDK ist eine Arbeitsgemeinschaft der gesetzlichen Kranken- und Pflegeversicherung eines Bundeslandes (§ 278 Abs. 1 SGB V). Die Arbeitsgemeinschaft hat die Rechtsform einer rechtsfähigen Körperschaft des öffentlichen Rechts. Mitglieder der Arbeitsgemeinschaft sind gem. § 278 Abs. 2 SGB V die Landesverbände der Orts-, Betriebs- und Innungskrankenkassen, die landwirtschaftlichen Krankenkassen und die Ersatzkassen. Bestehen in einem Land mehrere Landesverbände einer Kassenart, kann durch Beschluss der Mitglieder der Arbeitsgemeinschaft in einem Land ein weiterer MDK errichtet werden (§ 278 Abs. 3 SGB V). Für mehrere Länder kann durch Beschluss der Mitglieder der betroffenen Arbeitsgemeinschaften ein gemeinsamer MDK errichtet werden. Die Beschlüsse bedürfen der Zustimmung der für die Sozialversicherung zuständigen obersten Verwaltungsbehörden der betroffenen Länder.

Gutachtliche Stellungnahme

Nach § 275 Abs. 1 SGB V sind die Krankenkassen verpflichtet, in bestimmten Fällen eine gutachtliche Stellungnahme des MDK einzuholen.

Das gilt bei Erbringung von Leistungen, insbesondere zur Prüfung von Voraussetzungen, Art und Umfang der Leistungen. Das gilt aber auch bei Arbeitsunfähigkeit, insbesondere bei Zweifeln am Bestehen von Arbeitsunfähigkeit.

Solche Untersuchungen werden von § 62 SGB I erfasst.

§ 63 SGB I

Nach § 63 SGB I soll sich derjenige, der wegen Krankheit oder Behinderung Sozialleistungen beantragt oder erhält, auf Verlangen des zuständigen Leistungsträgers einer Heilbehandlung unterziehen. Voraussetzung hierfür ist, dass eine Besserung seines Gesundheitszustandes oder die Verhinderung einer Verschlechterung desselben dadurch zu erwarten ist.

Nach der *Entscheidung des BSG vom 20. 3. 1981 (Az. 8/8a RU 46/80)* muss die Besserung des Gesundheitszustandes i. S. d. § 63 SGB I nicht ausschließlich nach objektiven Maßstäben gemessen werden. Muss zwischen dem erstrebten Heil-

erfolg und einem damit verbundenen irreparablen Körperschaden abgewogen werden, darf der Leistungsträger nicht unbeachtet lassen, wie der Versicherte selbst den Heilerfolg und den Körperschaden bewertet. Ist die Vorstellung des Versicherten über seine körperliche Unversehrtheit in sich verständlich und erscheint es nach objektiven Gesichtspunkten nicht zweifelsfrei, dass der Heilerfolg den Körperschaden bei Weitem überwiegt, darf der Leistungsträger die Leistung nicht nach § 66 Abs. 2 SGB I wegen unterlassener Mitwirkung entziehen (vgl. dazu die Ausführungen in Abschnitt 12.8).

12.5 Leistungen zur Teilhabe am Arbeitsleben (§ 64 SGB I)

Wer nach § 64 SGB I wegen Minderung der Erwerbsfähigkeit, anerkannten Schädigungsfolgen oder wegen Arbeitslosigkeit Sozialleistungen beantragt oder erhält, soll auf Verlangen des zuständigen Leistungsträgers an Leistungen zur Teilhabe am Arbeitsleben teilnehmen. Voraussetzung ist, dass bei angemessener Berücksichtigung seiner beruflichen Neigung und Leistungsfähigkeit zu erwarten ist, dass sie seine Erwerbs- oder Vermittlungsfähigkeit auf Dauer fördern oder erhalten werden.

Urteil zu Rehabilitationsleistungen

Allgemein zu Rehabilitationsleistungen ist das *Urteil des BSG vom 22. 9. 1981 (Az. 1 RJ 112/80)* ergangen. Danach gehört die subjektive Bereitschaft Versicherter, an einer Rehabilitationsmaßnahme mitzuwirken, ebenso wie die objektive Fähigkeit hierzu zu den tatbestandlichen Voraussetzungen der Bewilligung der Maßnahme. Stellt sich nach Bewilligung der Rehabilitationsmaßnahme heraus, dass bei dem Versicherten die Bereitschaft zur Mitwirkung entfallen ist, so kann der Rehabilitationsträger den Bewilligungsbescheid widerrufen. Das gilt auch dann, wenn dem Versicherten diese Bereitschaft schon bei Erlass des Bewilligungsbescheides gefehlt haben sollte, sie jedoch erst später erkennbar zutage tritt.

12.6 Grenzen der Mitwirkung (§ 65 SGB I)

Die Grenzen der Mitwirkung werden in § 65 SGB I behandelt. Nach Absatz 1 bestehen die Mitwirkungspflichten nach §§ 60 bis 64 SGB I nicht, soweit

- ihre Erfüllung nicht in einem angemessenen Verhältnis zu der in Anspruch genommenen Sozialleistung steht oder
- ihre Erfüllung dem Betroffenen aus einem wichtigen Grund nicht zugemutet werden kann oder
- der Leistungsträger sich durch einen geringeren Aufwand als der Antragsteller oder Leistungsberechtigte die erforderlichen Kenntnisse selbst beschaffen kann.

Wichtiger Grund

Was im Zusammenhang mit dem zweiten Aufzählungspunkt als „Wichtiger Grund“ anzusehen ist, kann nach allgemeiner Auffassung nur individuell unter sorgfältiger Interessenabwägung beurteilt werden. Dabei sind auch zu berücksichtigen:

- der persönliche Bereich
- Umstände seelischer, familiärer und sonstiger Art

In der Person des Leistungsberechtigten liegende wichtige Gründe können z. B. sein: seine Gehunfähigkeit, Erkrankung oder Bettlägerigkeit, Notwendigkeit überhöhter körperlicher Anstrengung, besonders schwierige Familienverhältnisse, die die Anwesenheit des Berechtigten erforderlich machen.

§ 65 Abs. 2 SGB I

Mit der Möglichkeit, Behandlungen und Untersuchungen abzulehnen, beschäftigt sich § 65 Abs. 2 SGB I. Das ist bezüglich von Behandlungen und Untersuchungen möglich,

- bei denen im Einzelfall ein Schaden für Leben oder Gesundheit nicht mit hoher Wahrscheinlichkeit ausgeschlossen werden kann,
- die mit erheblichen Schmerzen verbunden sind oder
- die einen erheblichen Eingriff in die körperliche Unversehrtheit bedeuten.

Das *BSG* hat in seinem *Urteil vom 19. 5. 1983 (Az. 2 RU 17/82)* festgestellt, dass bei der Abwägung zwischen dem durch eine Operation erstrebten Heilerfolg und dem mit dem operativen Eingriff mit Sicherheit verbundenen irreparablen Körperschaden auch die im persönlichen Bereich des Betroffenen vorhandenen objektivierten Vorstellungen zu berücksichtigen sind.

Eine Maßnahme der Heilbehandlung dient nicht zur Besserung des Gesundheitszustandes, wenn beispielsweise gerade die durch die Heilbehandlung ganz oder teilweise beseitigte Funktion eines Fingers für den Leistungsempfänger von – subjektiver – besonderer Bedeutung ist.

Verhältnismäßigkeit

Das BSG verweist in seiner Entscheidung vom 19. 5. 1983 in diesem Zusammenhang auch auf den in § 65 Abs. 1 Nr. 1 SGB I angesprochenen Grundsatz der Verhältnismäßigkeit. Mit diesem Grundsatz wäre es z. B. nicht zu vereinbaren, wenn der Leistungsträger vom Leistungsempfänger eine Operation verlangt, die – gemessen an der Versicherungsleistung – einen großen Eingriff bedeutet.

Nach § 65 Abs. 3 SGB I können Angaben, die

- den Antragsteller,
- den Leistungsberechtigten oder
- ihnen nahestehende Personen (§ 383 Abs. 1 Nr. 1 bis 3 ZPO)

der Gefahr strafgerichtlicher Verfolgung oder eines Verfahrens nach dem Gesetz über Ordnungswidrigkeiten (OWiG) aussetzen, verweigert werden.

Zeugnisverweigerungsrecht

§ 383 ZPO beschäftigt sich mit der Zeugnisverweigerung aus persönlichen Gründen. Die in § 65 Abs. 3 SGB I genannten Nummern 1 bis 3 des § 383 Abs. 1 enthalten die nachfolgenden Personen:

- den Verlobten
- den Ehegatten oder (gleichgeschlechtlichen) Lebenspartner, auch wenn die Ehe oder die Lebenspartnerschaft nicht mehr besteht
- denjenigen, der mit dem Mitwirkungspflichtigen in gerader Linie verwandt oder verschwägert, in der Seitenlinie bis zum dritten Grad verwandt oder bis zum zweiten Grad verschwägert ist oder war.

12.7 Ersatz von Aufwendungen (§ 65a SGB I)

Wer einem Verlangen des zuständigen Leistungsträgers zum

- persönlichen Erscheinen oder
- zur Vornahme einer Untersuchung

nachkommt, kann auf Antrag

- Ersatz seiner notwendigen Auslagen und
- seines Verdienstausfalles

in angemessenem Umfang erhalten (§ 65a Abs. 1 SGB I).

Bei einem Verlangen des zuständigen Leistungsträgers nach § 61 SGB V (persönliches Erscheinen) sollen Aufwendungen nur in Härtefällen ersetzt werden.

Vorstehendes gilt auch, wenn der zuständige Leistungsträger ein persönliches Erscheinen oder eine Untersuchung nachträglich als notwendig anerkennt (§ 65a Abs. 2 SGB I).

§ 65a Abs. 1 SGB I spricht beispielsweise Untersuchungen durch den MDK an.

12.8 Fehlende Mitwirkung (§§ 66, 67 SGB I)

Folgen fehlender Mitwirkung

Mit den Folgen fehlerhafter Mitwirkung beschäftigt sich § 66 SGB I. Absatz 1 hat die Fälle zum Gegenstand, in denen gegen die Mitwirkungspflichten nach den §§ 60 bis 62, 65 SGB I (also gegen die Verpflichtung, Tatsachen anzugeben sowie persönlich zu erscheinen – und dies alles innerhalb der durch § 65 SGB I bestimmten Grenzen) verstoßen wird.

Wenn diesen Pflichten nicht nachgekommen und hierdurch die Aufklärung des Sachverhaltes erheblich erschwert wird, kann der Leistungsträger ohne weitere Ermittlungen die Leistung bis zur Nachholung der Mitwirkung ganz oder teilweise versagen oder entziehen. Das gilt aber nur, soweit die Voraussetzungen der Leistungen nicht nachgewiesen sind.

Das gilt entsprechend, wenn der Antragsteller oder Leistungsberechtigte in anderer Weise absichtlich (vorsätzlich: Vorsatz ist das Wissen um den schädigenden Erfolg einer Handlung oder Unterlassens) die Aufklärung des Sachverhalts erheblich erschwert.

Das *BSG* hat im *Urteil vom 10. 7. 1986 (Az. 11a RLw 3/85)* ausdrücklich darauf hingewiesen, dass eine mangelnde Mitwirkung dann nicht zur Leistungsversagung führt, wenn hierdurch die Aufklärung des Sachverhalts nicht erheblich erschwert wird. Kommt derjenige, der eine Sozialleistung wegen Arbeitsunfähigkeit, wegen Gefährdung oder Minderung der Erwerbsfähigkeit, wegen anerkannten Schädigungsfolgen oder wegen Arbeitslosigkeit beantragt oder erhält, seinen Mitwirkungspflichten nach den §§ 62 bis 65 SGB I nicht nach, so liegt ein Verstoß gegen diese Mitwirkungspflichten im Sinne des § 66 Abs. 2 SGB I zwar vor. Allerdings ist Voraussetzung für die Annahme eines Verstoßes, das unter Würdigung aller Umstände mit Wahrscheinlichkeit anzunehmen ist, dass wegen dieses Verstoßes die Arbeits-, Erwerbs- oder Vermittlungsfähigkeit beeinträchtigt oder nicht verbessert wird.

§ 66 Abs. 2 SGB I spricht auch die Fälle an, in denen eine Aufforderung zur Untersuchung beim MDK (vgl. dazu die Ausführungen unter Abschnitt 12.4) nicht befolgt wird.

Sanktionen

Bei einem Verstoß im Rahmen des § 66 Abs. 2 SGB I kann der Leistungsträger die Leistung bis zur Nachholung der Mitwirkung ganz oder teilweise versagen oder entziehen.

Bei der Versagung oder dem Entzug von Sozialleistungen ist unbedingt § 66 Abs. 3 SGB I zu beachten. Danach dürfen Sozialleistungen wegen fehlender Mitwirkung nur versagt oder entzogen werden, nachdem der Leistungsberechtigte auf diese Folge schriftlich hingewiesen worden ist. Außerdem muss er seiner Mitwirkungspflicht innerhalb einer ihm gesetzten angemessenen Frist nicht nachgekommen sein.

Es genügt hier nicht, wenn der Sozialleistungsträger lediglich unter Wiedergabe des Gesetzestextes darauf hingewiesen hat, dass die Leistungen ganz oder teilweise versagt werden können, wenn die Versicherten ihrer Mitwirkungspflicht nicht nachkommen. Ein solcher Hinweis erfüllt nach Auffassung des *BSG* im *Urteil vom 25. 10. 1988 (Az. 7 RAr 70/87)* die Anforderungen des § 66 Abs. 3 SGB I nicht. Er bezeichnet nämlich nicht unmissverständlich und konkret die Entscheidung, die im Einzelfall beabsichtigt ist.

Ein rückwirkender Leistungsentzug wegen Verletzung der Mitwirkungspflichten ist nicht möglich (*Urteil des BSG vom 28. 2. 1990, Az. 10 RKg 17/89*).

Nachholung der Mitwirkung

Wird die Mitwirkung durch den Mitwirkungspflichtigen nachgeholt und liegen die Leistungsvoraussetzungen vor, kann der Leistungsträger nach § 67 SGB I Sozialleistungen, die er nach § 66 SGB I versagt oder entzogen hat, nachträglich ganz oder teilweise erbringen. Er hat hier sein pflichtgemäßes Ermessen zu beachten (vgl. dazu die Ausführungen unter Abschnitt 3).

In diesem Zusammenhang ist ausdrücklich darauf hinzuweisen, dass die Vorschrift des § 52 SGB V (Leistungsbeschränkung bei Selbstverschulden) nichts mit der Versagung bzw. dem Entzug einer Leistung wegen Verletzung der Mitwirkungspflichten zu tun hat.

13. Verjährung (§ 45 SGB I)

Sowohl im Zivil- als auch im öffentlichen Recht gilt der Grundsatz, dass das Recht, von jemandem ein Tun oder ein Unterlassen zu verlangen (also ein Anspruch), der Verjährung unterliegt. Die Verjährungsvorschriften des BGB befinden sich in den §§ 194 bis 218 dieses Gesetzbuches. Im Sozialrecht gilt eine einheitliche Regelung (für alle Sozialleistungsbereiche), die § 45 SGB I vorsieht.

Vier Jahre nach Entstehung des Anspruchs

Nach § 45 Abs. 1 SGB I verjähren Ansprüche auf Sozialleistungen in vier Jahren nach Ablauf des Kalenderjahres, in dem sie entstanden sind. Die Leistungsansprüche entstehen nach § 40 Abs. 1 SGB I, sobald ihre im Gesetz oder aufgrund eines Gesetzes bestimmten Voraussetzungen vorliegen.

Bei Ermessensleistungen (vgl. dazu die Ausführungen unter Abschnitt 3) ist der Zeitpunkt maßgebend, in dem die Entscheidung über die Leistung bekannt gegeben wird. Das gilt nur dann nicht, wenn in der Entscheidung ein anderer Zeitpunkt bestimmt ist (§ 40 Abs. 2 SGB I).

Hemmung

Nach § 45 Abs. 2 SGB I gelten für die Hemmung, die Unterbrechung und die Wirkung der Verjährung die Vorschriften des BGB sinngemäß. Die wesentlichsten, hier maßgebenden Vorschriften sollen nachfolgend kurz behandelt werden:

Der Zeitraum, während dem die Verjährung gehemmt ist, wird in die Verjährungsfrist nicht eingerechnet (§ 209 BGB). Gehemmt ist die Verjährung z. B. so lange, als die Leistung gestundet oder der Verpflichtete (Leistungsträger) aus einem anderen Grunde vorübergehend zur Verweigerung der Leistung berechtigt ist (§ 205 BGB). Ferner ist die Verjährung nach § 206 BGB gehemmt, solange der Gläubiger innerhalb der letzten 6 Monate der Verjährungsfrist durch höhere Gewalt an der Rechtsverfolgung verhindert ist.

Nach § 45 Abs. 3 SGB I wird die Verjährung allerdings auch durch schriftlichen Antrag auf die Sozialleistungen oder durch Erhebung eines Widerspruchs gehemmt. Die Hemmung dauert bis zur Bekanntgabe der Entscheidung über den Antrag oder den Widerspruch.

Auch auf die Vergütungsansprüche eines Krankenhauses gegen eine Krankenkasse ist die vierjährige Verjährungsfrist des § 45 Abs. 1 SGB I anzuwenden *(Urteil des BSG vom 12. 5. 2005, Az. B 3 KR 32/04 R)*.

Die Wirkung der Verjährung behandelt § 214 Abs. 1 BGB. Hiernach ist nach der Vollendung der Verjährung der Verpflichtete (Leistungsträger) berechtigt, die Leistung zu verweigern. Voraussetzung für das Eintreten der Verjährung ist die entsprechende Einrede. In diesem Zusammenhang bestimmt § 214 Abs. 2 BGB, dass das zur Befriedigung eines verjährten Anspruchs Geleistete nicht zurückgefordert werden kann, auch wenn die Leistung in Unkenntnis der Verjährung bewirkt worden ist.

Rechtskräftig festgestellte Ansprüche

Ein rechtskräftig festgestellter Anspruch verjährt nach § 197 Abs. 1 Nr. 3 BGB in 30 Jahren, auch wenn er an sich einer kürzeren Verjährung unterliegt. Angesprochen sind hier insbesondere Ansprüche, die im Rahmen eines Sozialgerichtsverfahrens rechtskräftig festgestellt sind.

Aus der Verweisung in § 45 Abs. 2 SGB I auf die Vorschriften des BGB über die Verjährung ist zu schließen, dass der Versicherungsträger jederzeit berechtigt ist, die Einrede zu erheben. U. U. kann dieses Erheben aber rechtsmissbräuchlich sein. Es wird – insbesondere unter Berücksichtigung des besonderen Betreuungsverhältnisses, in dem der Versicherungsträger zum Versicherten steht – ältere Rechtsprechung, die vor Inkrafttreten des § 45 SGB I erging, weiterhin anzuwenden sein.

So hat das *BSG am 13. 2. 1969 (Az. 12 RJ 268/66)* entschieden, dass neben der Prüfung, ob die Ausübung der Verjährungseinrede mit Treu und Glauben (vgl. zum Begriff § 242 BGB) vereinbar ist, der Versicherungsträger noch eine weitere Prüfung anzustellen hat. Er hat nämlich zu prüfen, ob es der Zweckmäßigkeit und Billigkeit entspricht, in dem gegebenen Einzelfall von der Verjährungseinrede Gebrauch zu machen.

Er hat also auch hier sein pflichtmäßiges Ermessen auszuüben (vgl. dazu die Ausführungen unter Abschnitt 3). Dieses pflichtmäßige Ermessen unterliegt der gerichtlichen Nachprüfung.

Hat der Leistungsträger jedoch durch sein Verhalten die verspätete Geltendmachung des Anspruchs verursacht, so kann er unter dem Gesichtspunkt des Folgenbeseitigungsanspruches oder des Grundsatzes von Treu und Glauben gezwungen sein, von der Erhebung der Verjährungseinrede abzusehen *(Urteil des BSG vom 26. 1. 1973, Az. 5 RJ 161/71)*.

14. Sozialgeheimnis (§ 35 SGB I)

§ 35 SGB I

§ 35 SGB I bestimmt ausdrücklich, dass jeder Anspruch darauf hat, dass die ihn betreffenden Sozialdaten von den Leistungsträgern nicht unbefugt

- erhoben,
- verarbeitet oder
- genutzt

werden. Das Gesetz spricht hier vom Sozialgeheimnis.

Was Sozialdaten sind, bestimmt § 67 Abs. 1 SGB X. Danach sind Sozialdaten Einzelangaben über

- persönliche oder
- sachliche Verhältnisse

einer bestimmten oder bestimmbaren natürlichen Person.

Voraussetzung ist, dass diese Daten von einer in § 35 SGB I genannten Stelle im Hinblick auf ihre Aufgaben nach dem SGB erhoben, verarbeitet oder genutzt werden.

Wichtig:

Keine Weitergabe an Unbefugte

Die Wahrung des Sozialgeheimnisses umfasst die Verpflichtung, auch innerhalb des Leistungsträgers sicherzustellen, dass die Sozialdaten nur Befugten

- zugänglich sind oder
- nur an diese weitergegeben werden.

Der Anspruch richtet sich u. a. auch gegen die Verbände der Leistungsträger, ihre Arbeitsgemeinschaften usw.

Die Beschäftigten haben auch nach Beendigung ihrer Tätigkeit bei den Leistungsträgern usw. das Sozialgeheimnis zu wahren.

Eine Erhebung, Verarbeitung und Nutzung von Sozialdaten ist nur unter den Voraussetzungen des Zweiten Kapitels des SGB X zulässig.

Soweit eine Übermittlung von Daten nicht zulässig ist, besteht keine Auskunftspflicht, keine Zeugnispflicht und keine Pflicht zur Vorlegung oder Auslieferung von Schriftstücken. Das Gleiche gilt auch für nicht automatisierte Dateien und automatisiert erhobene, verarbeitete oder genutzte Sozialdaten.

Betriebs- und Geschäftsgeheimnisse stehen Sozialdaten gleich.

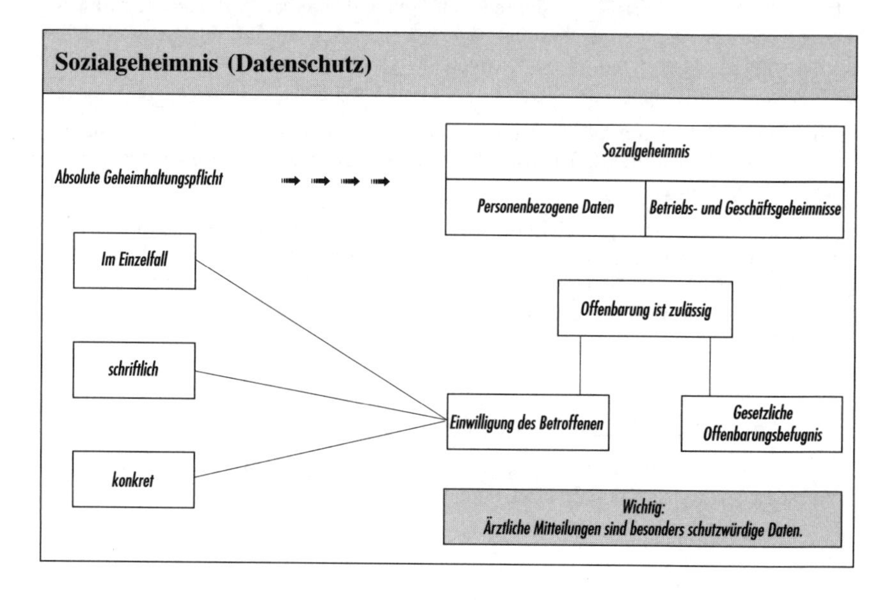

15. Verzinsung (§ 44 SGB I)

Nach § 44 SGB I sind Ansprüche auf Geldleistungen nach Ablauf eines Kalendermonats nach dem Eintritt der Fälligkeit bis zum Ablauf des Kalendermonats vor der Zahlung mit vier Prozent zu verzinsen.

Beginn

Die Verzinsung beginnt frühestens nach Ablauf von 6 Kalendermonaten nach Eingang des vollständigen Leistungsantrags beim zuständigen Leistungsträger. Beim Fehlen eines Antrags beginnt die Verzinsung nach Ablauf eines Kalendermonats nach der Bekanntgabe der Entscheidung über die Leistung. Verzinst werden aufgrund der Vorschrift des § 44 Abs. 3 SGB I volle Euro-Beträge. Dabei ist der Kalendermonat mit 30 Tagen zugrunde zu legen.

Die Zinsen sind von der Körperschaft zu tragen, welche die Kosten für die jeweiligen Sozialleistungen aufzubringen hat.

Der Verzinsung unterliegen alle Ansprüche auf Geldleistungen im Sinne des SGB. Zinseszinsen sind nicht zu erstatten. Geldleistungen im Sinne des SGB sind alle Sozialleistungen, die ihrer Form nach in Geld erbracht werden. Dies gilt nach Auffassung des Bundesarbeitsministeriums in einem Schreiben vom 11. 10. 1977 auch

- für Vorschüsse und
- für vorläufige Leistungen.

Für Ermessensleistungen gilt § 44 SGB I ebenfalls (vgl. zu Ermessensleistungen die Ausführungen unter Abschnitt 3).

16. Vorschüsse und vorläufige Leistungen (§§ 42, 43 SGB I)

Ermessen

Die Gewährung von Vorschüssen sieht § 42 SGB I vor. Besteht danach ein Anspruch auf Geldleistungen dem Grunde nach und ist zur Feststellung seiner Höhe voraussichtlich längere Zeit erforderlich, kann der zuständige Leistungsträger Vorschüsse zahlen. Die Höhe dieser Vorschüsse bestimmt er nach Ermessen. Während es sich hier noch um eine Ermessensleistung (vgl. dazu die Ausführungen unter Abschnitt 3) handelt, muss der Leistungsträger Vorschüsse zahlen, wenn der Berechtigte es beantragt. Die Vorschusszahlung beginnt in einem solchen Fall spätestens nach Ablauf eines Kalendermonats nach Eingang des Antrages.

Vorschüsse sind anzurechnen

Vorschüsse sind auf die zustehende Leistung anzurechnen. Es ist hier keine Höchstgrenze vorgesehen. Dies bedeutet, dass keine Einschränkung bezüglich des Abzuges eines Vorschusses besteht.

Soweit die Vorschüsse die zustehende Leistung übersteigen, sind sie vom Empfänger zu erstatten. Mit diesem Erstattungsanspruch beschäftigt sich § 42 Abs. 3 SGB I. Danach ist der Anspruch gegen angemessene Verzinsung und in der Regel gegen Sicherheitsleistung zu stunden, wenn die sofortige Einziehung mit erheblichen Härten für den Leistungsempfänger verbunden wäre und der Anspruch durch die Stundung nicht gefährdet wird. Des Weiteren wird hier vorgeschrieben, dass der Erstattungsanspruch niederzuschlagen ist, wenn feststeht, dass

- die Einziehung keinen Erfolg haben wird oder
- wenn die Kosten der Einziehung außer Verhältnis zur Höhe des Anspruchs stehen.

Ferner ist der Erstattungsanspruch zu erlassen, wenn die Einziehung nach Lage des einzelnen Falles für den Leistungsempfänger eine besondere Härte bedeuten würde.

§ 43 SGB I

Mit der Gewährung vorläufiger Leistungen beschäftigt sich § 43 SGB I. Besteht danach ein Anspruch auf Sozialleistungen und ist zwischen mehreren Leistungsträgern streitig, wer zur Leistung verpflichtet ist, kann der unter ihnen zuerst angegangene Leistungsträger vorläufig Leistungen erbringen. Den Umfang dieser Leistungen bestimmt er nach pflichtgemäßem Ermessen.

Er muss aber solche Leistungen erbringen, wenn der Berechtigte es beantragt. Die vorläufigen Leistungen beginnen spätestens nach Ablauf eines Kalendermonats nach Eingang des Antrags.

Die vorläufigen Leistungen sind auf die zustehende Leistung anzurechnen. Soweit sie diese übersteigen, sind sie vom Empfänger zu erstatten. Ein Erstattungsanspruch gegen den Empfänger steht nur dem zur Leistung verpflichteten Leistungsträger zu.

17. Elektronische Kommunikation (§ 36a SGB I)

§ 36a SGB I beschäftigt sich mit der elektronischen Kommunikation. Gemäß Abs. 1 ist die Übermittlung elektronischer Dokumente zulässig, soweit der Empfänger hierfür einen Zugang eröffnet.

Elektronische Form

Eine durch Rechtsvorschrift angegebene Schriftform kann, soweit nicht durch Rechtsvorschrift etwas anderes bestimmt ist, durch die elektronische Form ersetzt werden (§ 36a Abs. 2 SGB I).

In diesem Fall ist das elektronische Dokument mit einer qualifizierten elektronischen Signatur nach dem Signaturgesetz zu versehen. Die Signierung mit einem Pseudonym, das die Identifizierung der Person des Signaturschlüsselinhabers nicht ermöglicht, ist nicht zulässig.

§ 36a Abs. 3 SGB I beschäftigt sich mit dem Fall, dass ein elektronisches Dokument, das der Behörde übermittelt wird, zur Bearbeitung nicht geeignet ist. Die Behörde teilt hier dem Absender dies unter Angabe der für sie geltenden technischen Rahmenbedingungen unverzüglich mit. Unverzüglich bedeutet ohne schuldhaftes Zögern.

Macht dagegen ein Empfänger geltend, er könne das von der Behörde übermittelte elektronische Dokument nicht bearbeiten, übermittelt sie es ihm erneut in einem geeigneten elektronischen Format als Schriftstück.

Die Sozialversicherungsträger verwenden nach § 36a Abs. 4 SGB I Zertifizierungsdienste nach dem Signaturgesetz, die eine gemeinsame und bundeseinheitliche Kommunikation und die Übermittlung der Daten sicherstellen. Sie müssen auch die Überprüfbarkeit der qualifizierten elektronischen Signatur sicherstellen.

Wirtschaftlichkeit und Sparsamkeit

Die Sozialleistungsträger haben dabei die Grundsätze der Wirtschaftlichkeit und Sparsamkeit zu beachten.

Inhalt

1. Grundsätze

Bedürftigkeit

Die Bundesrepublik Deutschland kennt zwei große Sozialsysteme, in denen die Leistungsansprüche Bedürftigkeit voraussetzen.

Zum einen handelt es sich um die Grundsicherung für Arbeitsuchende, die im SGB II geregelt ist, zum anderen um die Sozialhilfe nach dem SGB XII.

Grundsicherung

Aufgabe und Ziel der Grundsicherung für Arbeitsuchende ist in § 1 SGB II dargestellt. Danach soll die Grundsicherung für Arbeitsuchende Leistungsberechtigten ermöglichen, ein Leben zu führen, das der Würde des Menschen entspricht. Außerdem soll die Grundsicherung für Arbeitsuchende die Eigenverantwortung von erwerbsfähigen Leistungsberechtigten und Personen, die mit ihnen in einer Bedarfsgemeinschaft leben, stärken. Ferner soll sie dazu beitragen, dass sie ihren Lebensunterhalt unabhängig von der Grundsicherung aus eigenen Mitteln und Kräften bestreiten können. Sie soll erwerbsfähige Leistungsberechtigte bei der Aufnahme oder Beibehaltung einer Erwerbstätigkeit unterstützen und den Lebensunterhalt sichern, soweit sie ihn nicht auf andere Weise bestreiten können.

Leistungsarten

Die Leistungen der Grundsicherung sind insbesondere darauf auszurichten, dass

- durch eine Erwerbstätigkeit Hilfebedürftigkeit vermieden oder beseitigt, die Dauer der Hilfebedürftigkeit verkürzt oder der Umfang der Hilfebedürftigkeit verringert wird,
- die Erwerbsfähigkeit des Leistungsberechtigten erhalten, verbessert oder wiederhergestellt wird,
- geschlechtsspezifischen Nachteilen von erwerbsfähigen Leistungsberechtigten entgegengewirkt wird,

- die familienspezifischen Lebensverhältnisse von erwerbsfähigen Leistungsberechtigten, die Kinder erziehen oder pflegebedürftige Angehörige betreuen, berücksichtigt werden,
- behindertenspezifische Nachteile überwunden werden.

Die Grundsicherung für Arbeitsuchende umfasst Leistungen

Eingliederung in Arbeit

- zur Beendigung oder Verringerung der Hilfebedürftigkeit insbesondere durch Eingliederung in Arbeit und
- zur Sicherung des Lebensunterhalts.

Sicherung des Lebensunterhalts

Die Leistungen zur Sicherung des Lebensunterhalts nehmen einen breiten Rahmen im SGB II ein. Maßgebend sind die §§ 19 bis 35 SGB II. Die Hauptleistung ist dabei zweifellos das Arbeitslosengeld II. Nach § 19 SGB II erhalten erwerbsfähige Leistungsberechtigte Arbeitslosengeld II.

Sozialgeld

Nicht erwerbsfähige Angehörige, die mit erwerbsfähigen Leistungsberechtigten in Bedarfsgemeinschaft leben, erhalten Sozialgeld. Dies gilt aber nur, soweit sie keinen Anspruch auf Leistungen der Grundsicherung im Alter und bei Erwerbsminderung haben.

Umfang der Leistungen

Die Leistungen umfassen den Regelbedarf, Mehrbedarfe und den Bedarf für Unterkunft und Heizung.

Bildung und Teilhabe

Unter den Voraussetzungen des § 28 SGB II haben Leistungsberechtigte Anspruch auf Leistungen für Bildung und Teilhabe. Voraussetzung ist, dass sie keinen Anspruch auf Leistungen nach dem Vierten Kapitel des SGB XII haben. Soweit für Kinder Leistungen zur Deckung von Bedarfen für Bildung und Teilhabe nach § 6b BKGG gewährt werden, haben sie keinen Anspruch auf entsprechende Leistungen zur Deckung von Bedarfen nach § 28 SGB II. Sie entsprechen diesen Leistungen (§ 6b Abs. 2 Satz 1 BKGG).

Grundsicherung im Alter und bei Erwerbsminderung

Die Grundsicherung im Alter und bei Erwerbsminderung ist in den §§ 41 bis 46 SGB XII geregelt. Diese Grundsicherung ist also Bestandteil der Sozialhilfeleistungen. Nach § 1 SGB XII ist es Aufgabe der Sozialhilfe, den Leistungsberechtigten die Führung eines Lebens zu ermöglichen, das der Würde des Menschen entspricht. Die Leistung soll sie so weit wie möglich befähigen, unabhängig von ihr zu leben. Darauf haben auch die Leistungsberechtigten nach ihren Kräften hinzuarbeiten. Zur Erreichung dieser Ziele haben die Leistungsberechtigten und die Träger der Sozialhilfe im Rahmen ihrer Rechte und Pflichten zusammenzuwirken.

Nach § 8 SGB XII umfasst die Sozialhilfe:

Leistungsarten Sozialhilfe

- Hilfe zum Lebensunterhalt (§§ 27 bis 40 SGB XII)
- Grundsicherung im Alter und bei Erwerbsminderung (§§ 41 bis 46a SGB XII)
- Hilfen zur Gesundheit (§§ 47 bis 52 SGB XII)
- Eingliederungshilfe für behinderte Menschen (§§ 53 bis 60 SGB XII),
- Hilfe zur Pflege (§§ 61 bis 66 SGB XII)
- Hilfe zur Überwindung besonderer sozialer Schwierigkeiten (§§ 67 bis 69 SGB XII)
- Hilfe in anderen Lebenslagen (§§ 70 bis 74 SGB XII).

Zur Sozialhilfe zählen auch die jeweils gebotene

- Beratung und
- Unterstützung.

Rechtsgrundlage

Wie bereits erwähnt ist die Hilfe zum Lebensunterhalt in den §§ 27 bis 40 SGB XII geregelt.

Überblick

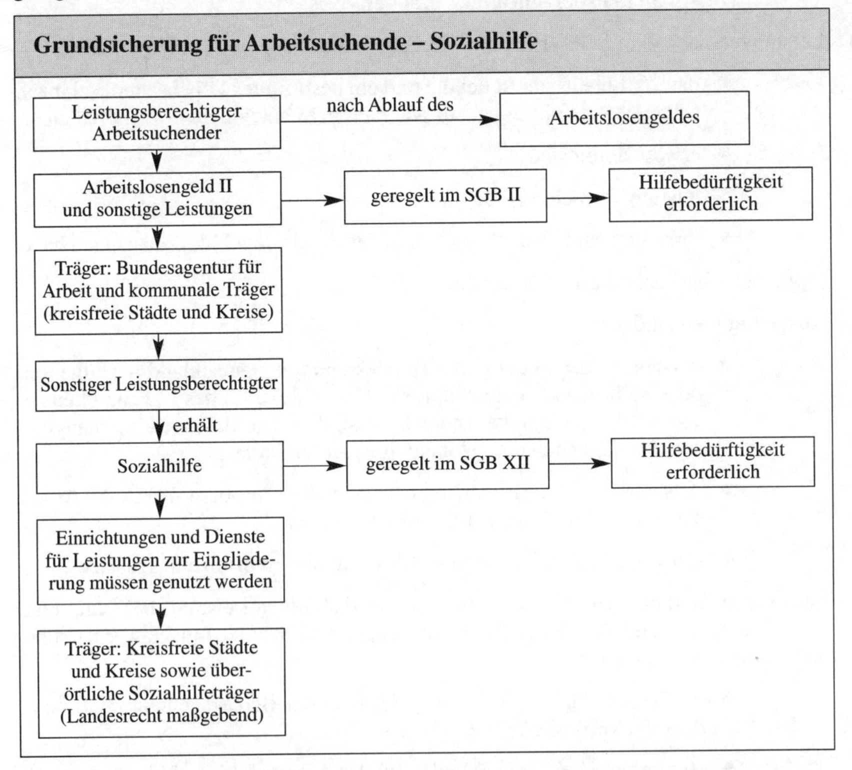

Abgrenzung

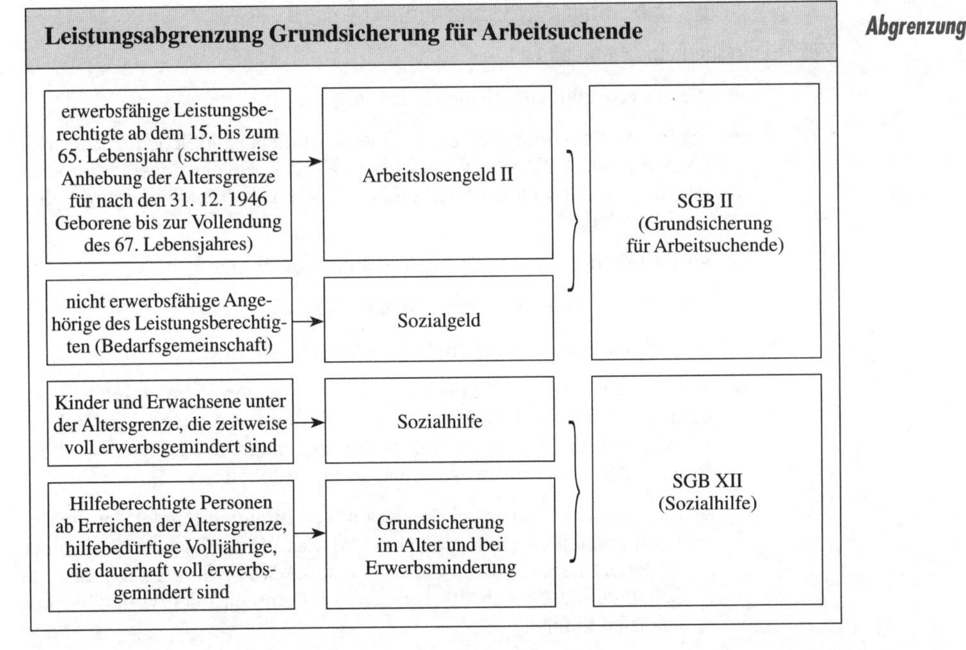

2. Leistungsumfang nach dem SGB II

2.1 Anspruchsberechtigter Personenkreis

Personenkreis Leistungen nach dem SGB II erhalten Personen, die

- das 15. Lebensjahr vollendet und ein bestimmtes Lebensalter (vgl. nachfolgende Ausführungen zur Altersgrenze) noch nicht erreicht haben,
- erwerbsfähig sind,
- leistungsberechtigt sind und
- ihren gewöhnlichen Aufenthalt in der Bundesrepublik Deutschland haben

(erwerbsfähige Leistungsberechtigte).

Ausgenommen sind

- Ausländer, die weder in der Bundesrepublik Deutschland Arbeitnehmer oder Selbstständige noch aufgrund des § 2 Abs. 3 des Freizügigkeitsgesetzes/EU freizügigkeitsberechtigt sind, sowie deren Familienangehörige für die ersten drei Monate ihres Aufenthaltes,
- Ausländer, deren Aufenthaltsrecht sich allein aus dem Zweck der Arbeitsuche ergibt und ihre Familienangehörigen,
- Leistungsberechtigte nach § 1 des Asylbewerberleistungsgesetzes.

Bedarfsgemeinschaft Leistungen erhalten auch Personen, die mit erwerbsfähigen Leistungsberechtigten in einer Bedarfsgemeinschaft leben. Dienstleistungen und Sachleistungen werden ihnen nur erbracht, wenn dadurch

- die Hilfebedürftigkeit der Angehörigen der Bedarfsgemeinschaft beendet oder verringert,
- Hemmnisse bei der Eingliederung der erwerbsfähigen Leistungsberechtigten beseitigt oder vermindert werden.

Zur Bedarfsgemeinschaft zählen

- die erwerbsfähigen Leistungsberechtigten,
- die im Haushalt lebenden Eltern oder der im Haushalt lebende Elternteil eines unverheirateten erwerbsfähigen Kindes, welches das 25. Lebensjahr noch nicht vollendet hat, und der im Haushalt lebende Partner dieses Elternteiles,
- als Partner der erwerbsfähigen Leistungsberechtigten
  - der nicht dauernd getrennt lebende Ehegatte,
  - der nicht dauernd getrennt lebende Lebenspartner,
- eine Person, die mit dem erwerbsfähigen Leistungsberechtigten in einem gemeinsamen Haushalt so zusammenlebt, dass nach verständiger Würdigung der wechselseitige Wille anzunehmen ist, Verantwortung füreinander zu tragen und füreinander einzustehen,
  - die dem Haushalt angehörenden unverheirateten Kinder der vorstehend genannten Personen, wenn sie das 25. Lebensjahr noch nicht vollendet haben, soweit sie die Leistungen zur Sicherung ihres Lebensunterhalts nicht aus eigenem Einkommen oder Vermögen beschaffen können.

Wechselseitiger Wille

Dabei wird ein wechselseitiger Wille, Verantwortung füreinander zu tragen und füreinander einzustehen, vermutet, wenn Partner

- länger als ein Jahr zusammenleben,
- mit einem gemeinsamen Kind zusammenleben,
- Kinder oder Angehörige im Haushalt versorgen oder
- befugt sind, über Einkommen oder Vermögen des anderen zu verfügen.

Lebensalter

Es wurde darauf hingewiesen, dass Leistungen nach dem SGB II bis zur Vollendung des 65. Lebensjahres gewährt werden. Nach § 7a SGB II gilt dies allerdings nur für Personen, die vor dem 1. 1. 1947 geboren sind. Für Personen, die nach dem 31. 12. 1946 geboren sind, wird die Altersgrenze angehoben:

für den Geburtsjahrgang	erfolgt eine Anhebung um Monate	auf Vollendung eines Lebensalters von
1947	1	65 Jahren und 1 Monat
1948	2	65 Jahren und 2 Monaten
1949	3	65 Jahren und 3 Monaten
1950	4	65 Jahren und 4 Monaten
1951	5	65 Jahren und 5 Monaten
1952	6	65 Jahren und 6 Monaten
1953	7	65 Jahren und 7 Monaten
1954	8	65 Jahren und 8 Monaten
1955	9	65 Jahren und 9 Monaten
1956	10	65 Jahren und 10 Monaten
1957	11	65 Jahren und 11 Monaten
1958	12	66 Jahren
1959	14	66 Jahren und 2 Monaten
1960	16	66 Jahren und 4 Monaten
1961	18	66 Jahren und 6 Monaten
1962	20	66 Jahren und 8 Monaten
1963	22	66 Jahren und 10 Monaten
ab 1964	24	67 Jahren

Erwerbsfähigkeit

Erwerbsfähig ist, wer nicht wegen Krankheit oder Behinderung auf absehbare Zeit außerstande ist, unter den üblichen Bedingungen des allgemeinen Arbeitsmarktes mindestens drei Stunden täglich erwerbstätig zu sein. Im vorstehenden Sinne können Ausländer nur erwerbstätig sein, wenn ihnen die Aufnahme einer Beschäftigung erlaubt ist oder erlaubt werden könnte.

Hilfebedürftigkeit

Mit dem Begriff der Hilfebedürftigkeit beschäftigt sich § 9 SGB II. Danach ist hilfebedürftig, wer seinen Lebensunterhalt

- nicht oder
- nicht ausreichend

aus dem zu berücksichtigenden Einkommen und/oder Vermögen sichern kann. Außerdem muss er die erforderliche Hilfe nicht von anderen, insbesondere von Angehörigen oder von Trägern anderer Sozialleistungen erhalten.

Subsidiarität

Bedarfsgemeinschaft

Bei Personen, die in einer Bedarfsgemeinschaft leben, sind auch das Einkommen und Vermögen des Partners zu berücksichtigen. Bei unverheirateten Kindern, die mit ihren Eltern oder einem Elternteil in einer Bedarfsgemeinschaft leben, sind auch das Einkommen und Vermögen der Eltern oder des Elternteils und dessen in Bedarfsgemeinschaft lebenden Partners zu berücksichtigen. Ist in einer Bedarfsgemeinschaft nicht der gesamte Bedarf aus eigenen Kräften und Mitteln gedeckt, gilt jede Person der Bedarfsgemeinschaft im Verhältnis des eigenen Bedarfs zum Gesamtbedarf als hilfebedürftig.

Das gilt nicht für ein Kind, das schwanger ist, oder sein Kind bis zur Vollendung des sechsten Lebensjahres betreut.

Hilfebedürftig ist auch derjenige, dem der sofortige Verbrauch oder die sofortige Verwendung von zu berücksichtigendem Vermögen nicht möglich ist oder für den dies eine besondere Härte bedeuten würde.

Haushaltsgemeinschaft

Leben Leistungsberechtigte in Haushaltsgemeinschaft mit

- Verwandten oder
- Verschwägerten,

so wird vermutet, dass sie von ihnen Leistungen erhalten, soweit dies nach deren Einkommen und Vermögen erwartet werden kann.

Bildung und Teilhabe

Seit 1. 1. 2011 bleiben die Bedarfe nach § 28 SGB II außer Betracht (§ 9 Abs. 2 SGB II). Es geht hier um Bedarfe für Bildung und Teilhabe am sozialen und kulturellen Leben in der Gemeinschaft bei Kindern, Jugendlichen und jungen Erwachsenen.

Vorhandensein von Einkommen und Vermögen

Berücksichtigung von Einkommen und Vermögen

Sowohl Arbeitslosengeld II als auch Sozialgeld werden nur gezahlt, wenn Hilfebedürftigkeit gegeben ist. Bei der Berechnung wird deshalb das Einkommen aller Mitglieder der Bedarfsgemeinschaft – des Leistungsberechtigten selbst, des Partners und der zur Bedarfsgemeinschaft gehörenden Kinder – herangezogen.

2.2 Leistungen der Grundsicherung für Arbeitsuchende

2.2.1 Leistungsumfang

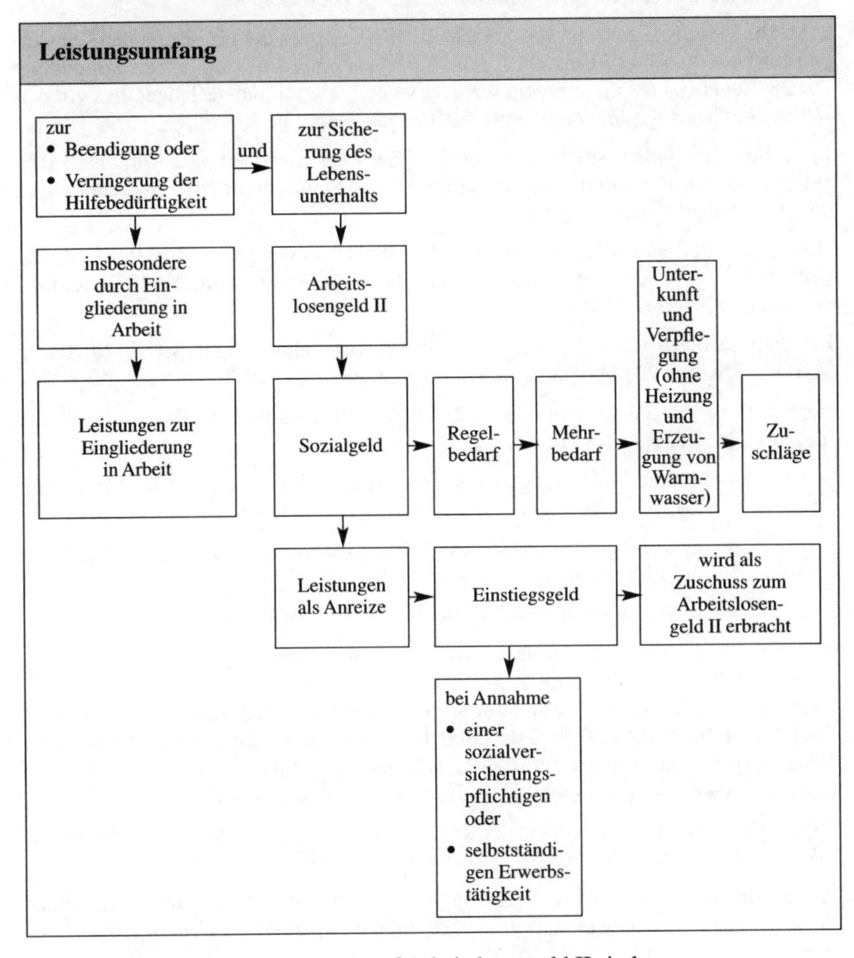

Voraussetzungen

Voraussetzungen für den Anspruch auf Arbeitslosengeld II sind:

- Erwerbslosigkeit
- Leistungsberechtigung
- Erwerbsfähigkeit

Regelbedarfe

Die Regelbedarfe (Arbeitslosengeld II bzw. Sozialgeld) zur Sicherung des Lebensunterhalts (§ 20 SGB II) umfasst insbesondere Ernährung, Kleidung, Körperpflege, Hausrat, Haushaltsenergie ohne die auf die Heizung entfallenden Anteile, Bedarfe des täglichen Lebens sowie in vertretbarem Umfang auch Beziehungen zur Umwelt und eine Teilnahme am kulturellen Leben.

Höhe

Der monatliche Regelbedarf seit 1. 1. 2014 beträgt im gesamten Bundesgebiet für Berechtigte, die alleinstehend oder alleinerziehend sind oder deren Partner minderjährig ist, 391 EUR (bis 31. 12. 2013: 382 EUR). Der Regelbedarf für sonstige erwerbsfähige Angehörige der Bedarfsgemeinschaft beträgt 296 EUR (bis 31. 12. 2013: 289 EUR) im Monat, bei Überschreitung des 18. Lebensjahres 313 EUR (bis 31. 12. 2013: 306 EUR).

Jugendliche Der gleiche Betrag (313 EUR seit 1. 1. 2014; 306 EUR bis 31. 12. 2013) gilt auch für Personen, die das 25. Lebensjahr noch nicht vollendet haben (Jugendliche) und ohne Zustimmung des zuständigen kommunalen Trägers umziehen.

Vorherige Zusicherung § 22 Abs. 5 SGB II sieht für diese Sachverhalte vor, dass dem Betreffenden Leistungen für Unterkunft und Heizung für die Zeit nach einem Umzug bis zur Vollendung des 25. Lebensjahres nur erbracht werden, wenn der kommunale Träger dies vor Abschluss des Vertrages über die Unterkunft zugesichert hat.

Pflichtleistung In bestimmten Fällen ist der kommunale Träger zur Zusicherung verpflichtet. Beispielsweise gilt dies, wenn der Bezug der (neuen) Unterkunft zur Eingliederung in den Arbeitsmarkt erforderlich ist.

Regelbedarfe für 2 Partner Haben zwei Partner der Bedarfsgemeinschaft das 18. Lebensjahr vollendet, ist als Regelbedarf für jede dieser Personen ein Betrag in Höhe von monatlich 328 EUR anzuerkennen (§ 20 Abs. 4 SGB II).

Anpassung Die Regelbedarfe werden jeweils zum 1. 1. eines Jahres angepasst (§ 20 Abs. 5 SGB II). Seit 1. 1. 2014 gilt die Bekanntmachung vom 16. 10. 2013 (BGBl. I S. 3857).

Sozialgeld Bezüglich des Sozialgeldes enthält § 23 SGB II Besonderheiten. Danach beträgt in diesen Fällen der Regelbedarf

- bis zur Vollendung des sechsten Lebensjahres 229 EUR (bis 31. 12. 2013: 224 EUR),
- bis zur Vollendung des 14. Lebensjahres 261 EUR (bis 31. 12. 2013: 255 EUR) und
- im 15. Lebensjahr 296 EUR (bis 31. 12. 2013: 289 EUR).

Neuregelungen Seit 1. 1. 2011 sind an die Stelle der Regelleistung (auch: Regelsatz) Regelbedarfe getreten. Überhaupt sind zum 1. 1. 2011 die Leistungen durch das Gesetz zur Ermittlung von Regelbedarfen und zur Änderung des Zweiten und Zwölften Buches Sozialgesetzbuch vom 24. 3. 2011 (BGBl. I S. 453) neu geregelt worden. Dies geschah aufgrund des *Urteils des Bundesverfassungsgerichts vom 9. 2. 2010* (BGBl. I S. 193).

Berechnung Dieses Urteil hat die Berechnung der Regelleistungen beanstandet und die Bundesregierung aufgefordert, für eine Neuberechnung zu sorgen.

Zusätzliche Leistungen Außerdem wurde es für notwendig angesehen, in besonderen Bedarfsfällen zusätzliche Leistungen zu gewähren (vgl. dazu die noch folgenden Ausführungen).

Mehr Transparenz Artikel 1 des angesprochenen Gesetzes enthält das Regelbedarfs-Ermittlungsgesetz (RBEG). Das Bundesverfassungsgericht hatte beanstandet, dass die Berechnung (Ermittlung) der Leistungssätze nicht transparent genug sei.

Mehrbedarf Bestimmte Personengruppen erhalten über den Regelbedarf hinaus höhere Leistungen:

Mehrbedarfe	
Werdende Mütter	17 Prozent des maßgebenden Regelbedarfs
Alleinerziehende	36 Prozent bzw. 12 Prozent des maßgebenden Regelbedarfs je Kind (maximal 60 Prozent)
Behinderte Menschen mit Leistungen nach § 33 SGB IX	35 Prozent des maßgebenden Regelbedarfs
Bei kostenaufwändiger Ernährung aus medizinischen Gründen	in angemessener Höhe

Besondere Mehrbedarfe gelten in Zusammenhang mit dem Bezug von Sozialgeld für behinderte Menschen sowie für nicht erwerbsfähige Personen, die voll erwerbsgemindert im Sinne der gesetzlichen Rentenversicherung sind (§ 23 Nrn. 2–4 SGB II).

Besondere Mehrbedarfe

§ 24 SGB II regelt die abweichende Erbringung von Leistungen. Kann danach im Einzelfall ein vom Regelbedarf zur Sicherung des Lebensunterhalts umfasster und nach den Umständen unabweisbarer Bedarf nicht gedeckt werden, wird ein entsprechendes Darlehen gewährt. Bei Sachleistungen wird das Darlehen in Höhe des für die Agentur für Arbeit entstandenen Anschaffungswertes gewährt. Weitergehende Leistungen sind ausgeschlossen.

Darlehen

§ 24 Abs. 2 SGB II beschäftigt sich mit den Fällen, in denen Leistungsberechtigte, insbesondere bei Drogen- oder Alkoholabhängigkeit sowie im Falle unwirtschaftlichen Verhaltens, sich als ungeeignet erweisen, mit den Leistungen für den Regelbedarf ihren Bedarf zu decken. Hier kann das Arbeitslosengeld II bis zur Höhe des Regelbedarfs für den Lebensunterhalt in voller Höhe oder anteilig in Form von Sachleistungen erbracht werden.

Sachleistungen

Nicht vom Regelbedarf nach § 20 SGB II umfasst sind gemäß § 24 Abs. 3 SGB II Bedarfe für

Sonderbedarfe

- Erstausstattungen für die Wohnung einschl. Haushaltsgeräten,
- Erstausstattungen für Bekleidung und Erstausstattungen bei Schwangerschaft und Geburt sowie
- Anschaffung und Reparaturen von orthopädischen Schuhen, Reparaturen von therapeutischen Geräten und Ausrüstungen sowie die Miete von therapeutischen Geräten.

Leistungen für diese Bedarfe werden gesondert erbracht. Das gilt auch, wenn Leistungsberechtigte keine Leistungen zur Sicherung des Lebensunterhalts einschließlich der angemessenen Kosten für Unterkunft und Heizung benötigen. Voraussetzung ist aber, dass sie den oben angesprochenen Bedarf aus eigenen Kräften und Mitteln nicht voll decken können. In diesem Fall kann das Einkommen berücksichtigt werden, das Leistungsberechtigte innerhalb eines Zeitraumes von bis zu 6 Monaten nach Ablauf des Monats erwerben, in dem über die Leistung entschieden wird.

Einkommen

Die Leistungen für Bedarfe an Erstausstattungen können als Sachleistung oder Geldleistung, auch in Form von Pauschalbeträgen erbracht werden.

Pauschalen

§ 25 SGB II beschäftigt sich mit Leistungen medizinischer Rehabilitation der Rentenversicherung und mit dem Anspruch auf Verletztengeld aus der Unfallversicherung.

Rehabilitation

In beiden Fällen erbringen die Träger der Leistungen nach dem SGB II die bisherigen Leistungen als Vorschuss auf die Leistungen der zuständigen Sozialversicherungsträger weiter.

Vorschuss

§ 26 SGB II sieht die Möglichkeit vor, Zuschüsse zu den Beiträgen für privat Krankenversicherte und für freiwillig in der gesetzlichen Krankenversicherung Versicherte zu gewähren.

Keine Pflichtversicherung

§ 27 SGB II sieht die Gewährung von Leistungen für Auszubildende unter bestimmten Voraussetzungen vor.

Auszubildende

Dagegen geht es in den §§ 28 bis 29 SGB II um die Erbringung von Leistungen für Bildung und Teilhabe am sozialen und kulturellen Leben in der Gemeinschaft bei Kindern, Jugendlichen und jungen Erwachsenen. Solche Bedarfe werden neben dem

Bildung und Teilhabe

Regelbedarf besonders berücksichtigt. Dabei werden Bedarfe für Bildung nur bei Personen berücksichtigt, die das 25. Lebensjahr noch nicht vollendet haben. Außerdem müssen sie eine allgemein- oder berufsbildende Schule besuchen und dürfen keine Ausbildungsvergütung erhalten (Schüler).

Schüler

Bei Schülern werden die tatsächlichen Aufwendungen anerkannt für

- Schulausflüge und
- mehrtägige Klassenfahrten im Rahmen der schulrechtlichen Bestimmungen.

Für Kinder, die eine Kindertageseinrichtung besuchen, gilt Vorstehendes entsprechend.

Für die Ausstattung mit persönlichem Schulbedarf werden bei Schülern 70 EUR zum 1. 8. und 30 EUR zum 1. 2. eines jeden Jahres berücksichtigt.

Lernförderung

Im Übrigen wird eine schulische Angebote ergänzende angemessene Lernförderung berücksichtigt. Voraussetzung ist, dass diese geeignet und zusätzlich erforderlich ist, um die nach den schulrechtlichen Bestimmungen festgelegten wesentlichen Lernziele zu erreichen.

Mittagsverpflegung

Bei Schülern, die an einer in schulischer Verantwortung angebotenen gemeinschaftlichen Mittagsverpflegung teilnehmen, werden die entstehenden Mehraufwendungen berücksichtigt. Für die Ermittlung des monatlichen Bedarfs ist die Anzahl der Schultage in dem Bundesland zugrunde zu legen, in dem der Schulbesuch stattfindet. Für Kinder in einer Kindertagesstätte gilt Vorstehendes entsprechend.

Teilhabe am sozialen und kulturellen Leben

Bei Leistungsberechtigten bis zur Vollendung des 18. Lebensjahres wird ein Bedarf zur Teilhabe am sozialen und kulturellen Leben in der Gemeinschaft in Höhe von insgesamt 10 EUR monatlich berücksichtigt für

- Mitgliedsbeiträge in den Bereichen Sport, Spiel, Kultur, Geselligkeit,
- Unterricht in künstlerischen Fächern (z. B. Musikunterricht) und vergleichbare angeleitete Aktivitäten der kulturellen Bildung,
- die Teilnahme an Freizeiten.

Erbringung der Leistungen

Die Leistungen im Zusammenhang mit den Bedarfen für Bildung und Teilhabe werden – mit Ausnahme der Aufwendungen für mehrtägige Klassenfahrten – durch personalisierte Gutscheine oder durch Kostenübernahmeerklärungen erbracht (§ 29 SGB II).

Leistungen zur Eingliederung in Arbeit

Eingliederung

Für Erwerbsfähige stehen Eingliederungsleistungen nach Maßgabe des SGB III zur Verfügung. Diese werden in § 16 SGB II abschließend aufgezählt.

Es steht im Ermessen des Leistungserbringers, ob er eine dieser Leistungen gewährt. Das gilt auch dann, wenn es sich nach dem SGB III um eine Pflichtleistung handelt.

Darüber hinaus können weitere, die Arbeitssuche flankierende Leistungen erbracht werden. Es handelt sich hier um Leistungen, für deren Erbringung grundsätzlich die kommunalen Träger zuständig sind.

2.2.2 *Zumutbarkeit*

Zumutbarkeit

In Zusammenhang mit der Anspruchsberechtigung nach dem SGB II kommt der in § 10 SGB II geforderten Zumutbarkeit eine besondere Bedeutung zu. Nach § 10 Abs. 1 SGB II ist dem erwerbsfähigen Leistungsberechtigten jede Arbeit zumutbar. Davon gibt es allerdings erhebliche Ausnahmen.

Ausnahmen

Eine dieser Ausnahmen besteht, soweit der Betreffende zu der bestimmten Arbeit körperlich, geistig oder seelisch nicht in der Lage ist. Unzumutbarkeit besteht auch, wenn ihm durch die Aufnahme einer bestimmten Arbeit die künftige Ausübung der bisher ausgeübten Arbeit erschwert würde.

Nicht zumutbar ist die Aufnahme einer Arbeit außerdem, wenn dadurch die Erziehung eines Kindes (auch eines Kindes des Partners) gefährdet würde. Die zuständigen kommunalen Träger sollen darauf hinwirken, dass Erziehenden vorrangig ein Platz zur Tagesbetreuung des Kindes angeboten wird.

Pflege

Darüber hinaus liegt Unzumutbarkeit vor, wenn die Ausübung der Arbeit mit der Pflege eines Angehörigen nicht vereinbar wäre und die Pflege nicht auf andere Weise sichergestellt werden kann. Außerdem liegt Unzumutbarkeit vor, wenn der Ausübung der Arbeit ein sonstiger wichtiger Grund entgegensteht.

Sachverhalte

Kein Bestandsschutz

Besonders bedeutungsvoll sind fünf in § 10 Abs. 2 SGB II aufgezählte Sachverhalte, bei deren Vorhandensein eine Arbeit nicht von vornherein unzumutbar ist. Vor allem kann sich der Betreffende hier nicht auf Bestandsschutz berufen. So kann er die Ablehnung einer bestimmten Arbeit nicht damit begründen, dass sie nicht einer früheren beruflichen Tätigkeit entspricht, für die er ausgebildet wurde oder die er ausgeübt hat. Das Gleiche gilt, wenn die Arbeit im Hinblick auf die Ausbildung des erwerbsfähigen Leistungsberechtigten als geringerwertig anzusehen ist.

Kein Recht zur Ablehnung

Im Übrigen kann die Ablehnung einer Arbeit nicht damit begründet werden, dass der Beschäftigungsort vom Wohnort weiter entfernt ist als ein früherer Beschäftigungs- oder Ausbildungsort. Es wird somit ein großes Maß an Flexibilität gefordert. Die Forderungen des Gesetzes gehen sogar noch weiter. So kann eine Arbeit nicht deshalb abgelehnt werden, weil die Arbeitsbedingungen ungünstiger sind als bei den bisherigen Beschäftigungen des erwerbsfähigen Leistungsberechtigten.

Eine Arbeit ist auch dann zumutbar, wenn sie mit der Beendigung einer Erwerbstätigkeit verbunden ist. Das gilt nur dann nicht, wenn begründete Anhaltspunkte dafür vorliegen, dass durch die bisherige Tätigkeit künftig die Leistungsberechtigung beendet werden kann.

Eingliederung in Arbeit

Die Regelungen des § 10 SGB II gelten für die Teilnahme an Maßnahmen zur Eingliederung in Arbeit entsprechend.

Moderatere Forderungen im SGB III

Für den Anspruch auf „normales" Arbeitslosengeld stellt das SGB III in § 140 wesentlich moderatere Forderungen auf. So werden dort tägliche Pendelzeiten festgelegt, deren Überschreiten die Arbeit unzumutbar macht. Auch wird bestimmt, um wie viel niedriger ein Arbeitsentgelt aus der angebotenen Beschäftigung im Vergleich zum Entgelt aus bisheriger Beschäftigung sein darf.

Fazit: Die Forderungen für das Arbeitslosengeld II sind wesentlich schärfer als für das Arbeitslosengeld I.

2.2.3 Ein-Euro-Job

Ein-Euro-Jobs Diese „Zusätzlichen Arbeitsgelegenheiten mit Mehraufwandsentschädigung (MAE)“ sind keine Erfindung der Hartz-Reform, sondern Fortentwicklung eines seit Jahren eingeführten Instruments in der Sozialhilfe.

In den Medien hat sich die Bezeichnung als „Ein-Euro-Job“ aufgrund der Gestaltung der Förderung des Beschäftigten durchgesetzt. Diese Formulierung führt aber von den wahren Verhältnissen des Leistungsaustauschs weg, weil sie lediglich die Zusatzleistung bewertet und außer Betracht lässt, dass der Arbeitsuchende neben der Mehraufwandsentschädigung Regelbedarf und Unterkunftsleistungen weiter erhält.

Gemeinnützigkeit Arbeitsgelegenheiten werden in der Regel von gemeinnützigen Körperschaften aus dem Bereich der Gebietskörperschaften und der Mitglieder der Verbände der Wohlfahrtspflege geschaffen. Aber auch Privatunternehmen können Projekte auflegen, die in ihrem Hause koordiniert werden, wenn sie der Allgemeinheit dienen.

Voraussetzungen und Rechtsfolgen der Zuweisung von erwerbsfähigen Leistungsberechtigten in Arbeitsgelegenheiten sind in § 16d SGB II abschließend zusammengeführt.

Arbeitsgelegenheiten dienen der Erhaltung oder Wiedererlangung der Beschäftigungsfähigkeit. Sie sind jedoch nachrangig einzusetzen, das bedeutet, dass Leistungen zur Eingliederung in Arbeit, mit denen die Aufnahme einer Erwerbstätigkeit auf dem allgemeinen Arbeitsmarkt unmittelbar unterstützt werden kann, Vorrang haben gegenüber der Zuweisung in Arbeitsgelegenheiten (§ 16d Abs. 5 SGB II).

Voraussetzungen Zudem müssen Arbeitsgelegenheiten bestimmte – in § 16d SGB II gesetzlich niedergelegte – Voraussetzungen erfüllen:

- Zusätzlichkeit (§ 16d Abs. 2 SGB II): Arbeiten sind zusätzlich, wenn sie ohne die Förderung nicht, nicht in diesem Umfang oder erst zu einem späteren Zeitpunkt durchgeführt würden.
- Öffentliches Interesse (§ 16d Abs. 3 SGB II): Arbeiten liegen im öffentlichen Interesse, wenn das Arbeitsergebnis der Allgemeinheit dient. Die Arbeitsgelegenheiten dürfen nicht auf Gewinnerzielung gerichtet sein oder nur den Interessen eines begrenzten Personenkreises dienen.
- Wettbewerbsneutralität (§ 16d Abs. 4 SGB II): Arbeiten sind wettbewerbsneutral, wenn durch sie eine Beeinträchtigung der Wirtschaft infolge der Förderung nicht zu befürchten ist und Erwerbstätigkeit auf dem allgemeinen Arbeitsmarkt weder verdrängt noch in ihrer Entscheidung verhindert wird.

Überprüfung Zur Überprüfung dieser Voraussetzungen müssen die Arbeitsgelegenheiten hinreichend bestimmt sein: Der Träger der Arbeitsgelegenheit muss dazu eine Maßnahmebeschreibung liefern, in der Art, Umfang, Struktur, Inhalte, Ort, Betreuung, Qualifizierung und Zahl der Teilnehmer konkretisiert werden.

Begrenzung Einem erwerbsfähigen Leistungsberechtigten darf eine Arbeitsgelegenheit innerhalb eines Zeitraums von fünf Jahren nicht länger als insgesamt 24 Monate zugewiesen werden.

§ 16d Abs. 7 SGB II stellt klar, dass es sich bei der Arbeitsgelegenheit nicht um ein Arbeitsverhältnis mit den sich daraus ergebenden Rechten und Pflichten handelt. Kündigungsschutz, Entgeltfortzahlung im Krankheitsfall oder auch Tarifverträge sind nicht anwendbar. Zu beachten sind aber arbeitsschutzrechtliche Vorschriften sowie das Bundesurlaubsgesetz. Auch die Regeln über die Zumutbarkeit in § 10 SGB II sind einzuhalten.

Zudem besteht eine Pflichtversicherung in der gesetzlichen Krankenversicherung (§ 5 Abs. 1 Nr. 2a SGB V). Der Maßnahmeträger muss zudem für die Unfallversicherung sorgen. Seit 1. 1. 2011 unterliegen Leistungsbezieher nach dem SGB II nicht mehr der Versicherungspflicht in der gesetzlichen Rentenversicherung. Leistungsbezugszeiten werden nur noch als Anrechnungszeiten (§ 58 SGB VI) berücksichtigt.

Weigerung

Weigert sich ein Leistungsempfänger, eine Arbeitsgelegenheit aufzunehmen, muss er mit Leistungsbeschränkungen rechnen.

3. Grundsicherung im Alter und bei voller Erwerbsminderung

Grundsicherung

Das vierte Kapitel des SGB XII enthält die Vorschriften über die Grundsicherung im Alter und bei Erwerbsminderung.

Zur Sicherung des Lebensunterhaltes im Alter und bei dauerhafter Erwerbsminderung können bestimmte Personen auf Antrag Leistungen der angesprochenen Art erhalten. Die folgenden Bedingungen müssen erfüllt sein:

Bedingungen

- Die Person hat ihren gewöhnlichen Aufenthalt im Inland.
- Die Person hat die Altersgrenze erreicht (vgl. zur Altersgrenze die noch folgenden Ausführungen).
- Die Person hat das 18. Lebensjahr vollendet, ist unabhängig von der jeweiligen Arbeitsmarktlage voll erwerbsgemindert i. S. d. gesetzlichen Rentenversicherung. Es ist ferner unwahrscheinlich, dass die volle Erwerbsminderung behoben werden kann.

Übersicht

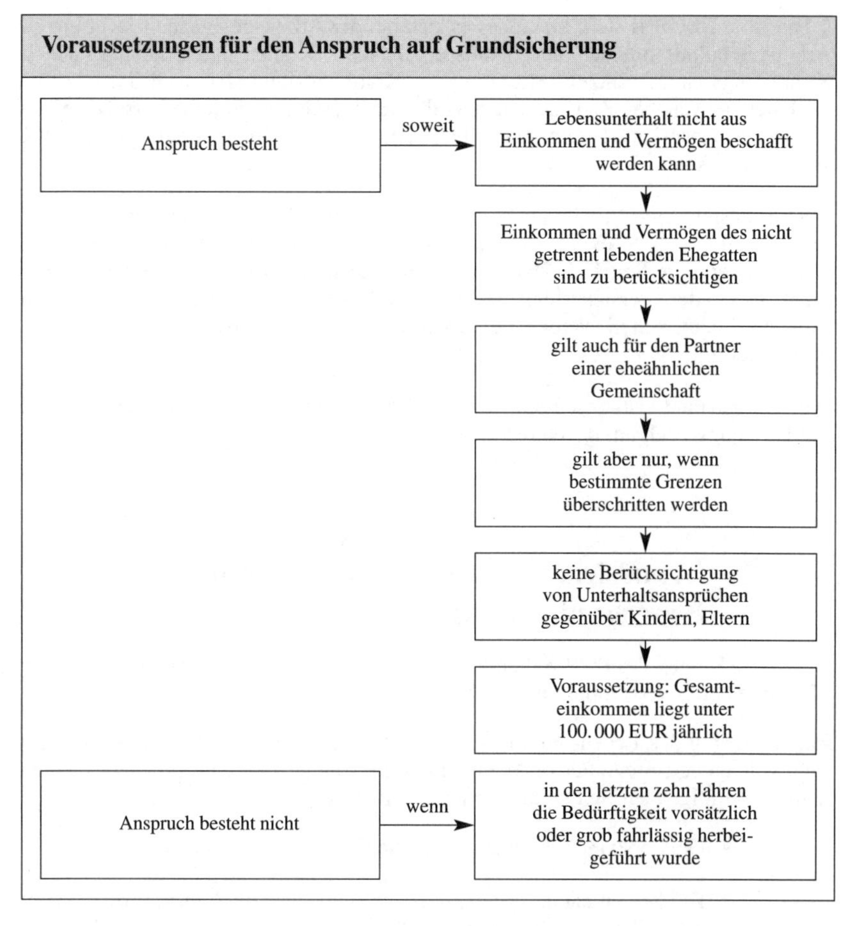

Alter Oben wurde das Erreichen der „Altersgrenze" angesprochen. Personen, die vor dem 1. 1. 1947 geboren sind, erreichen die Altersgrenze mit Vollendung des 65. Lebensjahres. Für Personen, die nach dem 31. 12. 1946 geboren sind, wird die Altersgrenze angehoben. Auf die diesbezügliche Übersicht in Abschnitt 2.1 wird verwiesen.

Nachrangigkeit Der Anspruch besteht allerdings lediglich, soweit die Berechtigten ihren Lebensunterhalt nicht aus ihrem Einkommen und Vermögen bestreiten können.

Vorsatz – grobe Fahrlässigkeit Keinen Anspruch auf Leistungen zur Grundsicherung haben Personen, die in den letzten 10 Jahren ihre Bedürftigkeit vorsätzlich oder grob fahrlässig herbeigeführt haben.

Leistungsumfang Die Leistungen der Grundsicherung im Alter und bei Erwerbsminderung umfassen:

- den für den Leistungsberechtigten maßgebenden Regelbedarf,
- die angemessenen tatsächlichen Aufwendungen für Unterkunft und Heizung,
- die Mehrbedarfe sowie die einmaligen Bedarfe,
- die Übernahme von Kranken- und Pflegeversicherungsbeiträgen,
- Hilfe zum Lebensunterhalt in Sonderfällen nach § 34 Abs. 7 SGB XII.

Reichen die Leistungen nach Vorstehendem nicht aus, um den Bedarf des Leistungsberechtigten zu decken, können weitere Leistungen als ergänzende Darlehen erbracht werden.

Bewilligung

Die Leistung wird in der Regel für zwölf Kalendermonate bewilligt. Bei der Erstbewilligung oder bei einer Änderung der Leistung beginnt der Bewilligungszeitraum am Ersten des Monats, in dem der Antrag gestellt wurde oder die Voraussetzungen für die Änderung eingetreten sind und mitgeteilt wurden. Führt eine Änderung nicht zu einer Begünstigung des Berechtigten (sondern etwa zu einer Leistungsminderung), beginnt der neue Bewilligungszeitraum am Ersten des Folgemonats.

Mitwirkung durch Rentenversicherungsträger

In Zusammenhang mit der Feststellung der dauerhaften vollen Erwerbsminderung sieht § 45 SGB XII eine Mitwirkung des zuständigen Rentenversicherungsträgers vor.

Der zuständige Sozialhilfeträger ersucht den zuständigen Rentenversicherungsträger, bestimmte medizinische Voraussetzungen zu prüfen. Dies hat dann zu erfolgen, wenn es aufgrund der Angaben und Nachweise des Leistungsberechtigten als wahrscheinlich erscheint, dass diese erfüllt sind. Außerdem ist Bedingung, dass das zu berücksichtigende Einkommen und Vermögen nicht ausreicht, um den Lebensunterhalt vollständig zu decken.

Wahrscheinlichkeit

Wichtig:

Der Sozialhilfeträger ist an die Entscheidung des Rentenversicherungsträgers gebunden. Denn würde man es dem Sozialhilfeträger überlassen, über das Vorliegen einer dauerhaft vollen Erwerbsminderung eigenständig zu entscheiden oder es ihm zumindest überlassen, ob er sich an die hierüber getroffene Entscheidung des Rentenversicherungsträgers hält, würde dies für die betroffenen potenziellen Antragsberechtigten sowohl zu einer erheblichen Rechtsunsicherheit als auch zu einer nicht einheitlichen Rechtsanwendung führen. Deshalb liegt das alleinige Feststellungsrecht über das Vorliegen einer medizinisch bedingt dauerhaft vollen Erwerbsminderung – wie bei der Frage der Gewährung einer entsprechenden Rente auch – ausschließlich bei den zuständigen Rentenversicherungsträgern.

Andererseits eröffnet der Wortlaut des § 45 Satz 3 SGB XII zumindest die Möglichkeit, dass der Sozialhilfeträger sich nicht immer an den Rentenversicherungsträger wenden muss, sondern die Prüfung auch selbst vornehmen kann. Eine zwingende Anrufung der Rentenversicherungsträger mit der Folge, dass deren Entscheidung automatisch anzuerkennen ist, lässt sich dem Wortlaut („Ersuchen") nicht entnehmen. Eine dem § 62 SGB XII vergleichbare Regelung (Bindungswirkung der Entscheidung der Pflegekassen) wurde gerade nicht aufgenommen.

Die einmal festgestellte medizinisch bedingte dauerhafte volle Erwerbsminderung ist jedoch im Hinblick auf den in § 44 Abs. 1 Satz 1 SGB XII vorgesehenen Bewilligungszeitraum von einem Jahr nicht jährlich zu überprüfen, da die Feststellung ja gerade daran knüpft, dass die Erwerbsminderung auf Dauer nicht mehr behoben werden kann.

Keine Aufforderung

Der Rentenversicherungsträger ist von der Prüfung befreit, wenn einer der folgenden Fälle vorliegt:

- Der Rentenversicherungsträger hat bereits die Voraussetzungen für das Vorliegen einer vollen Erwerbsminderung im Rahmen eines Antrages auf eine entsprechende Rente festgestellt.
- Der Fachausschuss einer Werkstatt für behinderte Menschen hat eine Stellungnahme über die Aufnahme in eine Werkstatt oder Einrichtung abgegeben und der Leistungsberechtigte gilt kraft Gesetzes als voll erwerbsgemindert. ***Behinderte Menschen***
- Ein Rentenversicherungsträger hat bereits eine gutachterliche Stellungnahme abgegeben.

Vereinbarungen

Die kommunalen Spitzenverbände und die Deutsche Rentenversicherung Bund können Vereinbarungen über das Verfahren schließen.

Beratung – Information

Eine den vorstehenden Regelungen des SGB XII entsprechende Vorschrift sieht § 109a SGB VI für die gesetzliche Rentenversicherung vor. Die Rentenversicherungsträger haben danach die Personen, für welche die Leistung „Grundsicherung" in Frage kommt, zu beraten und zu informieren. Soweit die genannten Personen berechtigt sind, ist über die Leistungsvoraussetzungen nach dem SGB XII zu beraten.

Wichtig:

Die Beratung und Information erfolgt nur auf Anfrage.

Antrag

Liegt eine Rente unter dem 27-fachen des aktuellen Rentenwertes, ist der Information zusätzlich ein Antragsformular beizufügen. Dieses Formular dient dem Antrag auf Grundsicherung im Alter und bei Erwerbsminderung, richtet sich somit gegen den Sozialhilfeträger.

Aktueller Rentenwert

Der aktuelle Rentenwert ist nach § 68 SGB VI der Betrag, der einer monatlichen Rente wegen Alters der allgemeinen Rentenversicherung entspricht. Voraussetzung ist, dass für ein Kalenderjahr Beiträge aufgrund des Durchschnittsentgelts gezahlt wurden:

- in den alten Bundesländern 28,14 EUR,
- in den neuen Ländern 25,74 EUR.

Er ändert sich im Zusammenhang mit Rentenanpassungen, i. d. R. zum 1. 7. eines Jahres. Die letzte Änderung erfolgte zum 1. 7. 2013 durch die Rentenwertbestimmungsverordnung 2013 (RWBestV 2013) vom 12. 6. 2013 (BGBl. I S. 1574).

Hinweis

Weiterleitung

Bei Übersendung des Antrages auf Grundsicherung hat der Rentenversicherungsträger darauf hinzuweisen, dass der Antrag auch bei ihm gestellt werden kann. Er hat den gestellten Antrag an den Sozialhilfeträger weiterzuleiten. Dabei hat er dem eingegangenen Antrag eine Mitteilung über die Höhe der monatlichen Rente und über das Vorliegen der Leistungsberechtigten beizufügen.

Keine Verpflichtung

Eine Verpflichtung des Rentenversicherungsträgers nach Vorstehendem ist nicht vorhanden, wenn eine Inanspruchnahme von Leistungen der Grundsicherung wegen der Höhe der gezahlten Rente sowie der im Rentenverfahren zu ermittelnden weiteren Einkommen nicht in Betracht kommt.

Einkommen und Vergütung

§ 43 SGB XII behandelt die Besonderheiten bei Vermögenseinsatz und Unterhaltsansprüchen. Zunächst wird hier bestimmt, dass Einkommen und Vermögen des

- nicht getrennt lebenden Ehegatten oder
- Lebenspartners oder
- des Partners einer eheähnlichen Gemeinschaft

zu berücksichtigen sind. Dies gilt allerdings nur, soweit Einkommen und Vermögen den notwendigen Unterhalt des vorstehend Angesprochenen übersteigen.

Wichtig:

Unterhalt

Unterhaltsansprüche der Leistungsberechtigten gegenüber ihren Kindern und Eltern bleiben unberücksichtigt, sofern deren jährliches Gesamteinkommen unter einem Betrag von 100.000 EUR liegt.

Vermutung

Dabei wird vermutet, dass das Einkommen der Unterhaltspflichtigen diese Grenze nicht überschreitet.

Aber: Zur Widerlegung der Vermutung kann der zuständige Sozialhilfeträger von den Leistungsberechtigten Angaben verlangen, die Rückschlüsse auf die Einkommensverhältnisse der Unterhaltspflichtigen zulassen.

Überschreiten

Liegen im Einzelfall hinreichende Anhaltspunkte für ein Überschreiten der genannten Einkommensgrenze vor, sind die Kinder und Eltern der Leistungsberechtigten gegenüber dem Träger der Sozialhilfe verpflichtet, über ihre Einkommensverhältnisse Auskunft zu geben. Dies gilt aber nur, soweit es die Prüfung des Anspruches auf Grundsicherung erfordert.

Dabei gehört zur Auskunftsverpflichtung auch die Verpflichtung, auf Verlangen des Sozialhilfeträgers Beweisurkunden vorzulegen oder ihrer Vorlage zuzustimmen.

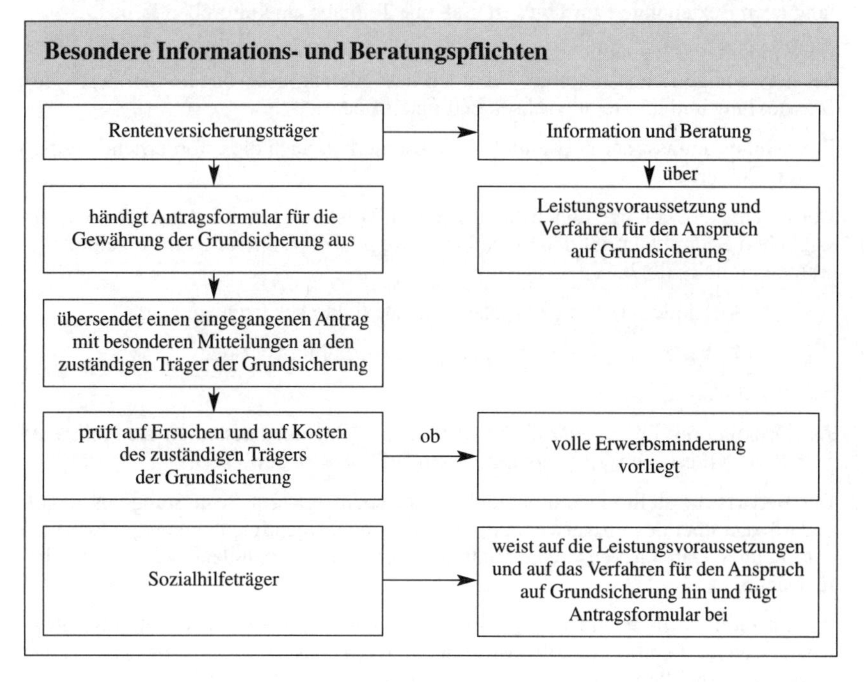

4. Hilfe zum Lebensunterhalt aus der Sozialhilfe (SGB XII)

4.1 Grundsätze

Was als notwendiger Lebensunterhalt anzusehen ist, wird in § 27a SGB XII geregelt. Danach umfasst der notwendige Lebensunterhalt insbesondere:

- Ernährung
- Unterkunft
- Kleidung
- Körperpflege
- Hausrat
- Haushaltsenergie
- Heizung
- Persönliche Bedürfnisse des täglichen Lebens

Bedürfnisse Zu den persönlichen Bedürfnissen des täglichen Lebens zählen in vertretbarem Umfang auch Beziehungen zur Umwelt und eine Teilhabe am kulturellen Leben.

Bei Kindern und Jugendlichen gilt dies in besonderem Maße. Außerdem umfasst hier der notwendige Lebensunterhalt auch den besonderen, insbesondere den durch ihre Entwicklung und ihr Heranwachsen bedingten Bedarf.

Schüler Für Schüler umfasst der notwendige Lebensunterhalt auch die erforderlichen Hilfen für den Schulbesuch.

Monatlicher Regelbedarf Der gesamte notwendige Lebensunterhalt nach Vorstehendem mit Ausnahme von zusätzlichen Bedarfen ergibt den monatlichen Regelbedarf. Dieser ist in Regelbedarfsstufen unterteilt, die bei

- Kindern und Jugendlichen altersbedingte Unterschiede und
- bei erwachsenen Personen deren Anzahl im Haushalt

berücksichtigen.

Regelbedarfsstufen Zur Deckung der Regelbedarfe, die sich aus den Regelbedarfsstufen der Anlage zu § 28 SGB XII ergeben, sind monatliche Bedarfssätze zu gewähren.

Bedarfssatz Der Bedarfssatz stellt einen monatlichen Pauschalbetrag zur Bestreitung des Regelbedarfs dar, über dessen Verwendung die Leistungsberechtigten eigenverantwortlich entscheiden. Dabei haben sie das Eintreten unregelmäßig anfallender Bedarfe zu berücksichtigen.

Individueller Bedarf Im Einzelfall wird der individuelle Bedarf abweichend vom Bedarfssatz festgelegt, wenn ein Bedarf ganz oder teilweise anderweitig gedeckt ist oder unabweisbar seiner Höhe nach erheblich von einem durchschnittlichen Bedarf abweicht.

Anteilige Bemessung Besteht die Leistungsberechtigung für weniger als einen Monat, ist der Regelsatz anteilig zu zahlen. Sind Leistungsberechtigte in einer anderen Familie, insbesondere in einer Pflegefamilie, oder bei anderen Personen als bei ihren Eltern oder einem Elternteil untergebracht, so wird in der Regel der individuelle Bedarf abweichend von den Regelbedarfssätzen in Höhe der tatsächlichen Kosten der Unterbringung bemessen, sofern die Kosten einen angemessenen Umfang nicht übersteigen.

Einrichtungen Mit dem notwendigen Lebensunterhalt in Einrichtungen beschäftigt sich § 27b SGB XII. Dieser umfasst den darin erbrachten sowie in stationären Einrichtungen zu-

sätzlich den weiteren notwendigen Lebensunterhalt. Der weitere notwendige Lebensunterhalt in Einrichtungen umfasst insbesondere Kleidung und einen angemessenen Barbetrag zur persönlichen Verfügung. Leistungsberechtigte, die das 18. Lebensjahr vollendet haben, erhalten einen Barbetrag in Höhe von mindestens 27 % der Regelbedarfsstufe 1 nach der Anlage zu § 28 SGB XII.

Barbetrag

Für Leistungsberechtigte, die das 18. Lebensjahr noch nicht vollendet haben, setzen die zuständigen Landesbehörden oder die von ihnen bestimmten Stellen für die in ihrem Bereich bestehenden Einrichtungen die Höhe des Barbetrages fest. Dieser wird gemindert, soweit dessen bestimmungsgemäße Verwendung oder für die Leistungsberechtigung nicht möglich ist.

Sonderauswertungen

Die Ermittlung der Regelbedarfe behandelt § 28 SGB XII. Mit der Ermittlung der bereits angesprochenen Regelbedarfsstufen beauftragt das Bundesministerium für Arbeit und Soziales das Statistische Bundesamt mit Sonderauswertungen. Die Fortschreibung der Regelbedarfsstufen bestimmt § 28a SGB XII.

Neufestsetzung

Werden die Regelbedarfsstufen neu ermittelt, gelten diese als neu festgesetzte Regelbedarfe (Neufestsetzung), solange die Länder keine abweichende Neufestsetzung vornehmen.

Anlage zu § 28 SGB XII

Über die Geltung der Regelbedarfsstufen und über die aktuellen Regelbedarfsstufen in Euro bestimmt die Anlage zu § 28 SGB XII:

gültig ab	Regelbedarfsstufe 1	Regelbedarfsstufe 2	Regelbedarfsstufe 3	Regelbedarfsstufe 4	Regelbedarfsstufe 5	Regelbedarfsstufe 6
1. Januar 2011	364 EUR	328 EUR	291 EUR	287 EUR	251 EUR	215 EUR
1. Januar 2012	374 EUR	337 EUR	299 EUR	287 EUR	251 EUR	219 EUR
1. Januar 2013	382 EUR	345 EUR	306 EUR	289 EUR	255 EUR	224 EUR

Regelbedarfsstufe 1:

alleinstehende oder alleinerziehende Leistungsberechtigte,

Regelbedarfsstufe 2:

Ehegatten und Lebenspartner sowie andere erwachsene Leistungsberechtigte, die in einem gemeinsamen Haushalt leben und gemeinsam wirtschaften,

Regelbedarfsstufe 3:

erwachsene Leistungsberechtigte, die keinen eigenen Haushalt führen, weil sie im Haushalt anderer Personen leben,

Regelbedarfsstufe 4:

Jugendliche vom Beginn des 15. bis zur Vollendung des 18. Lebensjahres,

Regelbedarfsstufe 5:

Kinder vom Beginn des siebten bis zur Vollendung des 14. Lebensjahres,

Regelbedarfsstufe 6:

Kinder bis zur Vollendung des sechsten Lebensjahres.

4.2 Beitragsübernahme durch den Sozialhilfeträger

Die Übernahme von Beiträgen für die Kranken- und Pflegeversicherung wird in § 32 SGB XII beschrieben.

Zunächst werden die Fälle vorgesehen, in denen die Beiträge zu übernehmen sind. Es handelt sich hier um:

Personenkreis

- Weiterversicherte i. S. d. § 9 Abs. 1 Nr. 1 SGB V
- Weiterversicherte i. S. d. § 6 Abs. 1 Nr. 1 des Zweiten Gesetzes über die Krankenversicherung der Landwirte (KVLG 1989)
- Rentenantragsteller, die nach § 189 SGB V als Mitglied einer Krankenkasse gelten
- Mitglieder eines privaten Versicherungsunternehmens.

Die Berechtigten müssen allerdings die Voraussetzungen für den Anspruch auf Hilfe zum Lebensunterhalt erfüllen.

Voraussetzungen

In sonstigen Fällen können Beiträge für eine freiwillige Krankenversicherung übernommen werden, soweit sie angemessen sind. Zur Aufrechterhaltung einer freiwilligen Krankenversicherung werden Beiträge übernommen, wenn Hilfe zum Lebensunterhalt voraussichtlich nur für kurze Dauer zu leisten ist. Soweit nach Vorstehendem Krankenversicherungsbeiträge übernommen werden, werden auch die damit zusammenhängenden Beiträge zur Pflegeversicherung übernommen.

Berechnung

Die Beiträge zur gesetzlichen Krankenversicherung, die von den Sozialhilfeträgern zu übernehmen sind, errechnen sich

- aus dem bundeseinheitlichen Beitragssatz,
- der Beitragszeit sowie
- der Beitragsbemessungsgrundlage.

Der für alle Krankenkassen geltende allgemeine Beitragssatz beläuft sich seit 1. 1. 2011 auf 15,5 % und der ermäßigte Beitragssatz auf 14,9 %. Hiervon sind jeweils 0,9 % vom Versicherten allein zu tragen. Vom Rest (14,6 % bzw. 14,0 %) tragen bei Arbeitnehmern diese und ihre Arbeitgeber jeweils die Hälfte.

Zusatzbeitrag

Aber: Der Zusatzbeitrag von 0,9 % ist ebenfalls vom Sozialhilfeträger zu entrichten.

Die Beitragssätze sind Prozentsätze derjenigen Einnahmen des Versicherten, die zur Beitragsberechnung herangezogen werden.

Entgeltfortzahlung

Dabei gilt der allgemeine Beitragssatz für Mitglieder, die bei Arbeitsunfähigkeit für mindestens sechs Wochen Anspruch auf Fortzahlung ihres Arbeitsentgelts haben.

Besteht kein Anspruch auf Krankengeld oder beschränkt die Krankenkasse aufgrund gesetzlicher Vorschriften den Leistungsumfang, so gilt der ermäßigte Beitragssatz.

Die Ermäßigung des Beitragssatzes orientiert sich am allgemeinen Beitragssatz.

Orientierung am allgemeinen Beitragssatz bedeutet, dass beim ermäßigten Beitragssatz durch die Minderbelastung an Leistungen kein Anspruch auf Krankengeld ausgeglichen wird.

Auskünfte

Die Krankenkassen sind verpflichtet, Auskünfte über die Beitragssätze zu geben. In der Praxis geben die Krankenkassen hier besondere Merkblätter oder Broschüren heraus, aus denen sich die maßgebenden Beitragssätze ergeben.

Wichtig:

Keine Differenzierung

Die gesetzlichen Krankenkassen sind nicht berechtigt, die Höhe der Beiträge nach dem Familienstand oder der Zahl der Angehörigen, für die ein Anspruch aus der Familienversicherung besteht, festzusetzen.

Bei der Beitragszeit geht es um die Zeit, in der der Leistungsberechtigte Mitglied der gesetzlichen Krankenkasse ist. Bei früheren Arbeitnehmern wird diese Zeit unmittelbar nach dem Ende des Beschäftigungsverhältnisses beginnen.

Ende der Versicherung

Die freiwillige Versicherung in der gesetzlichen Krankenversicherung kann auf verschiedene Weise enden:

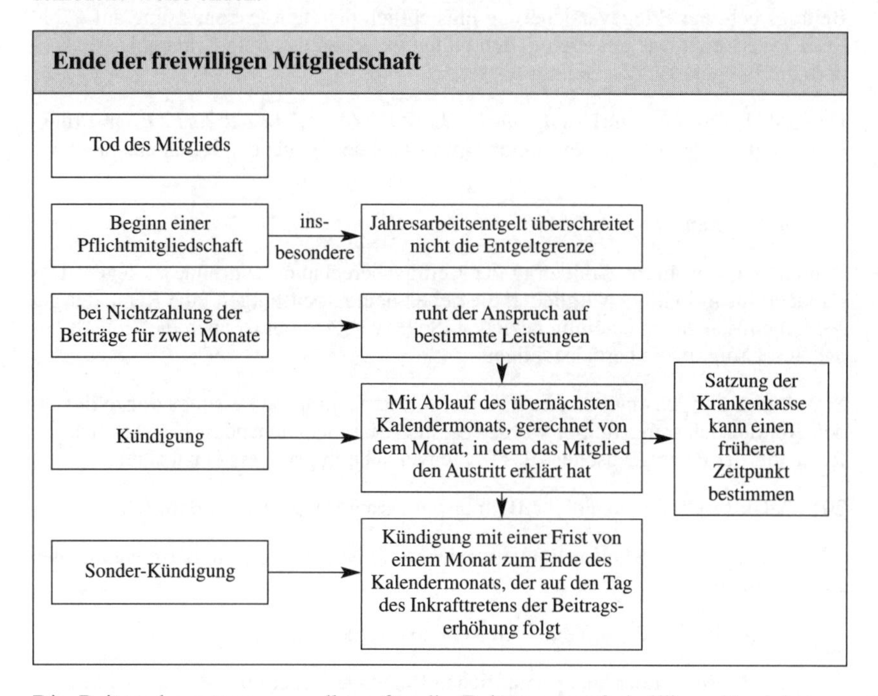

Beitragsbemessungsgrundlage

Die Beitragsbemessungsgrundlage für die Beiträge zur freiwilligen Versicherung wird in § 240 SGB V geregelt. Dort wird als Grundsatz festgelegt, dass für freiwillige Mitglieder die Beitragsbemessung durch den Spitzenverband Bund der Krankenkassen bestimmt wird. Dabei ist sicherzustellen, dass die Beitragsbelastung die gesamte wirtschaftliche Leistungsfähigkeit des freiwilligen Mitglieds berücksichtigt.

Dabei muss der Spitzenverband Bund der Krankenkassen mindestens die Einnahmen des freiwilligen Mitglieds berücksichtigen, die bei einem vergleichbaren versicherungspflichtigen Beschäftigten der Beitragsbemessung zugrunde zu legen sind.

Auslandsaufenthalt Für die freiwilligen Mitglieder und ihre mitversicherten Familienangehörigen, deren Anspruch auf Leistungen während eines Auslandsaufenthaltes ruht, ist der Beitragssatz auf 10 % der Bezugsgröße zu ermäßigen (§ 240 Abs. 4a SGB V). 2014 sind dies 276,50 EUR im Monat. Der Auslandsaufenthalt muss allerdings durch die Berufstätigkeit des Mitglieds, seines Ehegatten oder seines Lebenspartners oder eines seiner Elternteile bedingt sein.

Bisher nicht Versicherte § 240 SGB V gilt auch für Personen, die seit 1. 4. 2007 versicherungspflichtig sind, weil sie sonst keinen Versicherungsschutz haben (Versicherte aufgrund des § 5 Abs. 1 Nr. 13 SGB V). Rechtsgrundlage ist hier § 227 SGB V.

Aufgrund der oben erwähnten Ermächtigung sind die Beitragsverfahrensgrundsätze Selbstzahler geschaffen worden. Sie datieren vom 27. 10. 2008, sind aber zwischenzeitlich mehrfach geändert worden. Nach § 1 der Grundsätze regeln sie das Nähere zur Beitragsbemessung für freiwillige Mitglieder der gesetzlichen Krankenversicherung nach Maßgabe des § 240 SGB V und für andere Mitglieder, für die § 240 SGB V entsprechend anwendbar erklärt wird. Für Schwangere, deren Mitgliedschaft nach § 192 Abs. 2 SGB V erhalten bleibt, gelten die Grundsätze zur Beitragsbemessung ebenfalls.

Die Grundsätze gelten zudem für die Beiträge zur Pflegeversicherung, soweit das Beitragsrecht der Pflegeversicherung hinsichtlich der Beitragsbemessung auf § 240 SGB V verweist. Das gilt auch in den Fällen, in denen nicht die Krankenkasse, sondern die Pflegekasse den Beitrag festsetzt.

Das *BSG* hat mit seinem *Urteil vom 19. 12. 2012 (Az.: B 12 KR 20/11 R)* ausdrücklich bestätigt, dass die Gemeinsamen Grundsätze dem geltenden Recht entsprechen.

4.2.1 Renten

Renten Renten sind mit ihrem Zahlbetrag der Beitragsberechnung zugrunde zu legen. Das gilt auch für freiwillige Mitglieder, die neben dem Arbeitsentgelt eine Rente der gesetzlichen Rentenversicherung beziehen. Selbstverständlich ist auch das Entgelt aus der Beschäftigung zu berücksichtigen.

Beitragszuschuss Soweit dies übrigens insgesamt zu einer über der Beitragsbemessungsgrenze liegenden Beitragsbelastung führen würde, ist statt des entsprechenden Beitrags aus der Rente nur der Beitragszuschuss des Rentenversicherungsträgers einzuzahlen.

2014 beläuft sich die monatliche Beitragsbemessungsgrenze auf 4.050 EUR.

Als Renten der gesetzlichen Rentenversicherung gelten (ohne die darin enthaltenen Kinderzuschüsse):

- Renten der allgemeinen Rentenversicherung,
- Renten der knappschaftlichen Rentenversicherung.

Nachzahlung Bei der Beitragsbemessung sind auch Nachzahlungen einer Rente aus der gesetzlichen Rentenversicherung zu berücksichtigen, soweit sie auf einen Zeitraum entfallen, in dem der Rentner Anspruch auf Leistungen der gesetzlichen Krankenversicherung hatte. Die Beiträge aus der Nachzahlung gelten als Beiträge für die Monate, für die die Rente nachgezahlt wird.

Lebensversicherungsrenten (private Rentenbezüge) sind – wie Renten aus der gesetzlichen Rentenversicherung – nicht nur mit dem Ertragsanteil, sondern mit dem Zahl-

betrag zur Beitragsberechnung für freiwillig Versicherte heranzuziehen. Das gilt übrigens auch für Einnahmen aus der betrieblichen Altersversorgung.

Unfallrente

Eine Unfallrente aus der privaten Unfallversicherung ist mit ihrem Zahlbetrag heranzuziehen. Hingegen zählt bei einer Verletztenrente der gesetzlichen Unfallversicherung nur der den Einkommensverlust ausgleichende Anteil zu den beitragspflichtigen Einnahmen freiwillig Versicherter.

Pensionskasse

Mit ihrem Zahlbetrag sind auch Altersrenten aus einer Pensionskasse zu berücksichtigen.

Zusatzrenten

Private Zusatzrenten müssen ebenfalls bei der Beitragsberechnung berücksichtigt werden. Zwar bleiben Unterhaltsleistungen bei der Beitragsberechnung außer Betracht. Das gilt allerdings nicht, wenn sie für dauernd getrennt lebende oder geschiedene Ehegatten erbracht werden.

4.2.2 Ausnahmen von der Beitragspflicht

Keine Einnahmen

Nicht zu den Brutto-Einnahmen werden solche Bezüge aus öffentlichen Mitteln gezählt, die wegen eines krankheitsbedingten, behinderungsbedingten oder aus anderen Gründen unabweisbaren Mehrbedarfs gewährt werden. Hierzu zählen insbesondere:

- Blindenhilfe
- Pflegegelder
- Pflegezulagen
- Zulagen für Mehraufwendungen wegen Kleider- und Wäscheverschleiß
- Leistungen nach dem Gesetz über die Errichtung einer Stiftung „Hilfswerk für behinderte Kinder“
- Wohngeld
- Kindergeld
- Beschädigtengrundrente aus der Kriegsopferversorgung; Abschreibungen (z. B. von Eigentumswohnungen oder Häusern) sind nicht der Beitragsberechnung zu unterwerfen.

4.2.3 Leistungen aus der Sozialhilfe

Keine Einnahmen

Hilfen nach dem SGB XII, in besonderen Lebenslagen (vgl. dazu unter Kapitel B 3) stellen an und für sich keine Einnahmen zum Lebensunterhalt dar. Die Rechtsprechung hat allerdings festgestellt, dass die als Hilfe in besonderen Lebenslagen vom Sozialhilfeträger zu übernehmenden Mehraufwendungen bei der Beitragsbemessung für freiwillig Versicherte zu berücksichtigen sind. Dabei muss hingenommen werden, dass es wegen der nach der Wohnlage unterschiedlichen Kosten der Unterkunft zu unterschiedlichen Beträgen kommen kann.

Außerdem ist davon auszugehen, dass Hilfen zum Lebensunterhalt der Beitragsbemessung zu unterwerfen sind.

Dies bedeutet, dass insbesondere die nachfolgenden Sozialleistungen in Betracht zu ziehen sind:

- der aufgrund des Familienstandes gewährte Sozialhilfebedarfssatz,
- Einmalleistungen (z. B. Beihilfen für Kleidung und Hausrat),
- die Mietkosten,
- die vom Sozialhilfeträger übernommenen Krankenversicherungsbeiträge.

Heiminsasse Bei Heimbewohnern sind neben sonstigen Einnahmen folgende Einnahmen bzw. vermögenswerte Vorteile zu berücksichtigen:

- der Pflegesatz in der Pflegesatz-Gruppe 1 des jeweiligen Heimes,
- der Barbetrag zur persönlichen Verfügung (Taschengeld),
- die vom Sozialhilfeträger übernommenen Krankenversicherungsbeiträge.

In § 7 Abs. 10 der Beitragsverfahrensgrundsätze wird die Beitragsbemessung von Empfängern von Leistungen nach dem SGB XII geregelt, die stationär untergebracht sind. Danach gilt als beitragspflichtige Einnahmen für den Kalendertag 1/30 des 3,6fachen des Regelbedarfssatzes. Hier hat allerdings das *BSG* in seinem *Urteil vom 19. 12. 2012 (Az: B12 KR 20/11R)* entschieden, dass bei den Einrichtungskosten die Investitionskosten nicht mitgerechnet werden dürfen. Insoweit ist § 7 Abs. 1 der Grundsätze mit den durch § 240 SGB V vorgegebenen Grenzen inhaltlich nicht vereinbar.

Feststellungen Werden vom Versicherten gegenüber der Krankenkasse keine oder nur unzureichende Angaben über die Höhe der Einnahmen von Sozialhilfeempfängern gemacht, sind die entsprechenden Feststellungen über die gewährten Leistungen nach dem SGB XII im Rahmen der Amtshilfe beim zuständigen Leistungsträger zu treffen.

Kinder Die Sozialhilfeleistungen für die Kinder einer freiwillig Versicherten dürfen bei der Beitragsbemessung zur gesetzlichen Kankenversicherung nicht berücksichtigt werden.

Bei der Berücksichtigung der beitragspflichtigen Einnahmen wird im Übrigen nach den Beitragsverfahrensgrundsätzen für jedes im Haushalt lebende Kind des Mitglieds oder des Partners ein Freibetrag in Höhe von einem Fünftel der monatlichen Bezugsgröße (2014 also 553 EUR) für den Kalendermonat abgesetzt. Voraussetzung ist, dass für das Kind ein Anspruch aus der Familienversicherung besteht.

Beitragsschuldner Übernimmt ein Sozialhilfeträger die Beitragszahlung für einen freiwillig versicherten Sozialhilfeempfänger, bleibt dieser gleichwohl Beitragsschuldner der Krankenkasse. Wurden Beiträge zu Unrecht gezahlt, ist ebenfalls allein der Versicherte erstattungsberechtigt und nicht der Sozialhilfeträger.

4.2.4 Elterngeld

Elterngeld Bei freiwilligen Mitgliedern, die Elterngeld beziehen, ist dieses zwar beitragsfrei, im Übrigen auf die Beitragsbemessung aber ohne Einfluss.

Dies bedeutet, dass zu zahlende Mindestbeiträge trotz des Elterngeldes weiterhin zu zahlen sind.

4.2.5 *Sonstige Einnahmen*

Erzielt der Hilfeberechtigte Einnahmen aus der Vermietung einer Wohnung, sind diese Einnahmen bei der Beitragsberechnung freiwillig Versicherter zu berücksichtigen. Solche Einnahmen sind nach Auffassung des BSG aber nur nach Abzug von Schuldzinsen heranzuziehen. ***Vermietung***

Veräußerungsgewinne aus dem Verkauf oder Teilverkauf eines land- oder forstwirtschaftlichen Betriebes gehören steuerrechtlich zu den Einkünften aus Land- und Forstwirtschaft. Deshalb sind sie im Hinblick auf die Beitragsberechnung für freiwillig Versicherte den Einkünften aus selbstständiger Arbeit zuzuordnen. ***Gewinne***

Zu den zu berücksichtigenden Einkünften zählen auch die Einkünfte aus Kapitalvermögen (z. B. Zinsen, Gewinnanteile, Dividenden). Sie sind üblicherweise dem letzten Einkommensteuerbescheid zu entnehmen und um die darin ausgewiesenen Werbungskosten zu vermindern. Das gilt allerdings nicht für den Werbungskostenpauschbetrag. ***Kapitalvermögen***

Der Sparerfreibetrag wirkt sich nach Ansicht der gesetzlichen Krankenkassen ebenfalls nicht einkommensmindernd aus. Da Kapitalerträge bis zur Höhe des Sparerfreibetrages nicht zu deklarieren sind, müssen sie gesondert ermittelt werden. Ebenso ist der Werbungskostenpauschbetrag herauszurechnen. ***Sparerfreibetrag***

4.2.6 *Höherstufung*

Wird ein freiwillig Versicherter wegen der Höhe seiner Einnahmen höhergestuft, stellt der Höherstufungsbescheid der Krankenkasse einen Verwaltungsakt dar. Dieser macht die vorherige Anhörung des Versicherten (Leistungsberechtigten) erforderlich. ***Verwaltungsakt*** ***Anhörung***

Unterbleibt die Anhörung, kann sie im Widerspruchsverfahren noch nachgeholt werden. Die Anhörung ist immer dann erforderlich, wenn – für ihn nachteilig – in die Rechte eines Versicherten eingegriffen wird.

Ein einmal ergangener Beitragsbescheid muss im Übrigen zurückgenommen werden, wenn die Krankenkasse vor Erlass ihrer sich aus dem Gesetz ergebenden Amtsermittlungspflicht nicht nachgekommen ist, indem sie den Versicherten nicht nach seinen Einnahmen zum Lebensunterhalt und den dazu vorliegenden neuesten Unterlagen gefragt hat. Dem Versicherten kann nach Ansicht der Rechtsprechung nicht vorgeworfen werden, dass er geschwiegen habe, wenn er überhaupt nicht gefragt wurde. ***Rücknahme***

4.2.7 *Mindestbeitragsbemessungsgrundlage*

Als beitragspflichtige Einnahmen gilt für den Kalendertag mindestens der neunzigste Teil der monatlichen Bezugsgröße. 2014 sind hier 30,72 EUR zu berücksichtigen. Dies entspricht einem Monatsbetrag von 921,60 EUR. ***Mindestbeiträge***

Nach der in der Rechtsprechung vertretenen Auffassung gibt es keinen Grundsatz, wonach die Beiträge freiwillig versicherter Familienmitglieder zusammen einen bestimmten Höchstbetrag nicht übersteigen dürfen. Den Krankenkassen ist es nicht gestattet, in Einzelfällen von einer niedrigeren Beitragsbemessungsgrundlage auszugehen. Soziale Härten sind nach Ansicht der Rechtsprechung in solchen Fällen nicht von der Krankenversicherung auszugleichen. ***Familienmitglieder***

Rentner Nach ausdrücklicher gesetzlicher Regelung gilt die Mindestbemessungsgrundlage nicht für freiwillige Mitglieder, die die Voraussetzungen für den Anspruch auf eine Rente aus der gesetzlichen Rentenversicherung erfüllen und diese Rente beantragt haben.

Weitere Voraussetzung ist allerdings, dass die betreffenden Personen seit der erstmaligen Aufnahme einer Erwerbstätigkeit bis zur Stellung des Rentenantrages mindestens neun Zehntel der zweiten Hälfte dieses Zeitraumes Mitglieder oder familienversichert waren. Die notwendige Vorversicherungszeit entspricht der, die für die Versicherungspflicht von Rentnern gefordert wird.

Selbstständige § 240 Abs. 4 SGB V enthält in Zusammenhang mit der Mindestgrenze besondere Grenzbeträge für freiwillig Versicherte, die selbstständig sind (vgl. dazu auch § 7 Abs. 3 der Beitragsverfahrensgrundsätze).

4.2.8 Einkommen des Ehegatten

Ehegatten Ist der Versicherte ohne eigenes Einkommen, hat aber sein Ehegatte Einkommen, ist es nach der Rechtsprechung des BSG gerechtfertigt, vom Erwerbseinkommen des Ehegatten auszugehen. Als Bemessungsgrundlage darf allerdings nach Auffassung des BSG nicht die Hälfte dieses Bruttoeinkommens zugrunde gelegt werden, wenn das Familieneinkommen noch mit dem Aufwand für gemeinsame, unterhaltsberechtigte Kinder belastet ist.

Der dem versicherten Ehegatten zuzurechnende Anteil an dem Einkommen des Ehegatten, der Einkommen hat, ist umso geringer, je mehr unterhaltsberechtigte Kinder vorhanden sind.

Leistungsfähigkeit Für die Festlegung der wirtschaftlichen Leistungsfähigkeit des freiwillig versicherten Ehegatten, die unter Berücksichtigung von Familienlasten aus dem Erwerbseinkommen des Alleinverdieners folgt, darf die Krankenkasse zwar nach typisierenden und pauschalierenden Maßstäben vorgehen. Sie hat hierbei aber verfassungsrechtliche Grundsätze ebenso zu beachten, wie die auch für freiwillig Versicherte geltenden allgemeinen Prinzipien der gesetzlichen Krankenversicherung.

Im Übrigen hat das BSG festgestellt, dass dem Gesetz nicht zu entnehmen ist, dass eine Anrechnung von Ehegatten-Einkommen bei den Mitgliedern ohne bzw. mit geringen eigenen Einnahmen stets und uneingeschränkt geboten ist. Zur Begründung wurde ausgeführt, dass die Berücksichtigung der gesamten wirtschaftlichen Leistungsfähigkeit durch andere, insbesondere systematische oder Gleichbehandlungserwägungen zurückgedrängt werden kann.

Über die Beitragsbemessung bei Mitgliedern, deren Ehegatte oder Lebenspartner nach dem Lebenspartnergesetz (LPartG) nicht einer gesetzlichen Krankenkasse angehört, bestimmt § 2 Abs. 4 der Beitragsverfahrensgrundsätze Selbstzahler. Hier setzen sich die beitragspflichtigen Einnahmen aus den eigenen Einnahmen und den Einnahmen des Ehegatten oder Lebenspartners zusammen. Von den Einnahmen des Ehegatten oder Lebenspartners ist für jedes gemeinsame unterhaltsberechtigte Kind, für das keine Familienversicherung wegen der Höhe des Einkommens des Ehegatten des Mitglieds besteht (§ 10 Abs. 3 SGB V), ein Betrag in Höhe von einem Drittel der monatlichen Bezugsgröße abzusetzen. 2014 handelt es sich hier um einen Betrag von 921,67 EUR im Monat.

Für die Beitragsbemessung werden nacheinander die eigenen Einnahmen des Mitglieds und die Einnahmen des Ehegatten oder Lebenspartners bis zur Hälfte der sich nach Vorstehendem ergebenden Summe der Einnahmen, höchstens bis zu einem Betrag in Höhe der halben Beitragsbemessungsgrenze, berücksichtigt. 2014 beläuft sich die halbe monatliche Beitragsbemessungsgrenze auf 2.025 EUR.

Die vorstehenden Ausführungen gelten beispielsweise nicht, wenn die Ehegatten oder Lebenspartner dauernd getrennt leben. Das Gleiche gilt, wenn die Einnahmen des Mitglieds die halbe Beitragsbemessungsgrenze oder die Einnahmen des Ehegatten oder Lebenspartners übersteigen.

4.2.9 Pflegeversicherung

Pflichtversicherung

Wer freiwillig krankenversichert ist, ist in der Pflegeversicherung pflichtversichert. Die vorstehend geschilderten Grundsätze zur Beitragsberechnung gelten entsprechend.

Zu beachten ist, dass die Sozialhilfeträger verpflichtet sind, in Fällen, in denen sie die Krankenversicherungsbeiträge übernehmen, auch die Pflegeversicherungsbeiträge zu erfragen (§ 32 Abs. 3 SGB XII).

4.2.10 Rentenantragsteller

§ 32 SGB XII bestimmt auch, dass Beiträge für Rentenantragsteller, die nach § 189 SGB V als Mitglieder einer Krankenkasse gelten, vom Sozialhilfeträger zu übernehmen sind. Auch hier müssen die Berechtigten natürlich die Voraussetzungen für den Anspruch auf Hilfe zum Lebensunterhalt erfüllen (§ 32 Abs. 1 Satz 1 SGB XII).

Nach der genannten Vorschrift des § 189 SGB V gelten Personen als Mitglieder der gesetzlichen Krankenversicherung, die eine Rente der gesetzlichen Rentenversicherung beantragt haben. Sie haben die Voraussetzungen für die Versicherungspflicht als Rentner erfüllt, jedoch nicht die Voraussetzungen für den Rentenbezug. Der Antrag auf Rente wird also abgelehnt oder zurückgenommen.

Nachrangigkeit

Als Rentenantragsteller besteht dann keine Mitgliedschaft, wenn nach anderen Vorschriften eine solche gegeben ist (z. B. als Arbeitnehmer).

Ende der Mitgliedschaft

Die Mitgliedschaft beginnt mit dem Tag der Stellung des Rentenantrages. Sie endet mit dem Tod oder mit dem Tag, an dem der Antrag zurückgenommen oder die Ablehnung des Antrags unanfechtbar wird.

Das Gesetz (§ 239 SGB V) schreibt hier ausdrücklich vor, dass bei Rentenantragstellern die Beitragsbemessung für die Zeit der Rentenantragstellung bis zum Rentenbeginn durch den Spitzenverband Bund der Krankenkassen geregelt wird. Maßgebend sind die Beitragsverfahrensgrundsätze Selbstzahler.

Von Rentenantragstellern sind die Beiträge allerdings dann allein zu tragen, wenn seitens des Sozialhilfeträgers keine Verpflichtung zur Übernahme besteht.

Pflegeversicherung

Was vorstehend über die Krankenversicherung der Rentenantragsteller ausgeführt wurde, gilt auch für den Bereich der Pflegeversicherung.

5. Die Sonderbedarfe

Bedarfsgruppen Der Begriff „Sonderbedarfe“ fasst mehrere Bedarfsgruppen zusammen:

Sonderbedarfe

Mehrbedarfe	**Einmalige Bedarfe**	**Sozialversicherungsbeiträge**	**Hilfe zum Lebensunterhalt in Sonderfällen**
17 % der maßgebenden Regelbedarfsstufe: – 65. Lebensjahr vollendet* oder voll erwerbsgemindert und einen entsprechenden Bescheid der zuständigen Behörde oder Schwerbehindertenausweis mit Merkzeichen „G”	Erstausstattung für die Wohnung einschl. Haushaltsgeräten	Freiwillig Versicherte und Rentenantragsteller sowie Versicherte nach § 5 Abs. 1 Nr. 13 SGB V (bisher nicht Versicherte) in der gesetzlichen Krankenversicherung	Übernahme von Schulden (Kannleistung)
– werdende Mütter nach der 12. Schwangerschaftswoche, im Einzelfall abweichender Bedarf	Erstausstattung für Bekleidung und bei Schwangerschaft und Geburt	Beiträge zur Kranken- und Pflegeversicherung werden übernommen (gilt auch für die Zusatzbeiträge in der gesetzlichen Krankenversicherung)	bei drohender Wohnungslosigkeit: Schulden sollen übernommen werden
– Pflege und Erziehung minderjähriger Kinder	Anschaffung und Reparaturen, etwa von orthopädischen Schuhen	Voraussetzung: Anspruch auf Leistungen zum Lebensunterhalt	Geldleistungen können als – Beihilfe oder – Darlehen erbracht werden
36 % der Regelbedarfsstufe 1: für 1 Kind unter 7 Jahren oder für 2–3 Kinder unter 16 Jahren – weitere Besonderheiten bestehen	Leistungen werden auch erbracht, wenn die anfragende Person keine Regelbedarfsleistungen benötigt, den Bedarf jedoch aus eigenen Kräften und Mitteln nicht vollständig decken kann	bei privater Krankenversicherung: Aufwendungen werden übernommen, soweit sie angemessen sind	
35 % der maßgebenden Regelbedarfsstufe: Behinderte Menschen, die das 15. Lebensjahr vollendet haben, im Einzelfall abweichender Bedarf	Leistungen an Erstausstattungen können als Pauschalbeträge erstattet werden	um angemessene Alterssicherung oder angemessenes Sterbegeld zu erreichen	
Mehrbedarf in angemessener Höhe: Kranke, Genesende, behinderte oder von Krankheit oder Behinderung bedrohte Menschen, die einer kostenaufwändigen Ernährung bedürfen			
Mehrbedarf bei dezentraler Warmwassererzeugung			

* bei Geburten ab 1. 1. 1947 schrittweise Anhebung der Altersgrenze

5.1 Mehrbedarfe

Mehrbedarfe

Die Mehrbedarfe für den Bereich der Sozialhilfe werden in § 30 SGB XII geregelt. Die Summe des insgesamt anzuerkennenden Mehrbedarfs darf die Höhe des maßgebenden Regelbedarfes nicht übersteigen.

In § 30 Abs. 1 SGB XII geht es insbesondere um diejenigen Personen, die die Grenze für die Regelaltersrente erreicht haben. Hier ist allerdings durch den Gesetzgeber eine Anhebung erfolgt. Beachten Sie dazu bitte die Ausführungen unter Abschnitt 2.1.

Volle Erwerbsminderung

Einen Mehrbedarf erhält auch derjenige, der die Altersgrenze zwar noch nicht erreicht, aber voll erwerbsgemindert nach dem SGB VI ist. Das Rentenrecht unterscheidet bezüglich der Erwerbsminderung die Rente wegen

- voller Erwerbsminderung und
- teilweiser Erwerbsminderung.

Der Vollständigkeit halber werden nachfolgend die Voraussetzungen für beide Rentenarten wiedergegeben:

Anspruchsvoraussetzungen für Renten wegen verminderter Erwerbsfähigkeit		
Rentenart	Rente wegen teilweiser Erwerbsminderung	Rente wegen voller Erwerbsminderung
Leistungseinschränkung	teilweise Erwerbsminderung	volle Erwerbsminderung
Wartezeit	fünf Jahre	fünf oder 20 Jahre
Sonstige versicherungsrechtliche Voraussetzungen	drei Jahre Pflichtbeitragszeiten in den letzten fünf Jahren vor Eintritt der teilweisen Erwerbsminderung oder Wartezeit am 1. Januar 1984 von 60 Kalendermonaten erfüllt und lückenlos freiwillige bzw. Pflichtbeiträge bis zum Ende des Kalenderjahres vor der Berufsunfähigkeit geleistet	drei Jahre Pflichtbeitragszeiten in den letzten fünf Jahren vor Eintritt der vollen Erwerbsminderung oder Wartezeit am 1. Januar 1984 von 60 Kalendermonaten erfüllt und lückenlos freiwillige bzw. Pflichtbeiträge bis zum Ende des Kalenderjahres vor der Erwerbsunfähigkeit geleistet

Voll erwerbsgemindert sind Versicherte, die wegen Krankheit oder Behinderung auf nicht absehbare Zeit außerstande sind, unter den üblichen Bedingungen des allgemeinen Arbeitsmarktes mindestens drei Stunden täglich erwerbstätig zu sein.

Voll erwerbsgemindert sind auch:

- Personen, die als behinderte Menschen versichert sind und wegen Art oder Schwere der Behinderung nicht auf dem allgemeinen Arbeitsmarkt tätig sein können,
- Versicherte, die bereits vor Erfüllung der allgemeinen Wartezeit (60 Monate) voll erwerbsgemindert waren, in der Zeit einer nicht erfolgreichen Eingliederung in den allgemeinen Arbeitsmarkt.

Wichtig:

Erwerbsgemindert ist nicht, wer unter den üblichen Bedingungen des allgemeinen Arbeitsmarktes mindestens sechs Stunden täglich erwerbstätig sein kann. Dabei bleibt die jeweilige Arbeitsmarktlage unberücksichtigt.

Die in dem obigen Schaubild erwähnte Pflichtbeitragszeit von drei Jahren für eine versicherte Beschäftigung oder Tätigkeit ist in bestimmten Fällen nicht erforderlich. Das ist der Fall, wenn die Erwerbsminderung aufgrund eines Tatbestandes eingetreten ist, durch den die allgemeine Wartezeit vorzeitig erfüllt wird, z. B. wegen eines Arbeitsunfalles oder einer Berufskrankheit.

Wichtig:

Befristung Renten wegen verminderter Erwerbsfähigkeit werden auf Zeit geleistet und dürfen nur auf das Ende eines Kalendermonats befristet werden.

Die Befristung erfolgt für längstens drei Jahre nach dem Rentenbeginn. Sie kann wiederholt werden.

Arbeitsmarktlage Renten, auf die ein Anspruch unabhängig von der jeweiligen Arbeitsmarktlage besteht, werden unbefristet gewährt. Voraussetzung ist allerdings, dass unwahrscheinlich ist, dass die Minderung der Erwerbsfähigkeit behoben werden kann. Hiervon ist nach einer Gesamtdauer der Befristung von neun Jahren auszugehen.

Voraussetzungen Voraussetzung für einen Mehrbedarf ist allerdings nach § 30 Abs. 1 SGB XII, dass zusätzlich

- zum Erreichen der Altersgrenze oder
- dem Vorliegen einer vollen Erwerbsminderung

die Feststellung des Merkzeichens „G“ nachgewiesen wird. Dies muss durch einen Bescheid der nach § 69 Abs. 4 SGB IX zuständigen Behörde oder einen Ausweis nach § 69 Abs. 5 SGB IX geschehen. Beachten Sie hierzu bitte die Ausführungen in Kapitel B 4, Abschnitt 4.

Liegen die obigen Voraussetzungen vor, wird ein Mehrbedarf von 17 % der maßgebenden Regelbedarfsstufe anerkannt, soweit nicht im Einzelfall ein abweichender Bedarf besteht.

Werdende Mütter Ebenfalls ein Mehrbedarf von 17 % wird für werdende Mütter nach der 12. Schwangerschaftswoche anerkannt, soweit nicht im Einzelfall ein abweichender Bedarf besteht.

Kinder § 30 Abs. 3 SGB XII beschäftigt sich mit einem Mehrbedarf für Personen, die mit einem oder mehreren minderjährigen Kindern zusammenleben. Sie müssen allein für die Pflege und Erziehung dieser Kinder sorgen. Soweit kein abweichender Bedarf im Einzelfall besteht, ist hier ein Mehrbedarf anzuerkennen:

- in Höhe von 36 % der Regelbedarfsstufe 1 für ein Kind unter sieben Jahren oder für zwei oder drei Kinder unter sechzehn Jahren, oder
- in Höhe von 12 % der Regelbedarfsstufe 1 für jedes Kind, wenn die Voraussetzungen nach dem vorherigen Unterpunkt nicht vorliegen, höchstens jedoch in Höhe von 60 % der Regelbedarfsstufe 1.

Behinderte Menschen Für behinderte Menschen, die das 15. Lebensjahr vollendet haben und Eingliederungshilfe nach § 54 Abs. 1 Satz 1 Nr. 1 bis 3 SGB XII geleistet wird, ist ein Mehrbedarf von 35 % anerkannt, soweit nicht im Einzelfall ein abweichender Bedarf besteht.

Vorstehendes kann auch nach Beendigung der Eingliederungshilfe während eines angemessenen Überganges, insbesondere einer Einarbeitungszeit, angewendet werden. Die Regelungen über den Mehrbedarf bei Vorliegen von voller Erwerbsminderung (vgl. die obigen Ausführungen) sind daneben nicht anzuwenden.

Für

- Kranke,
- Genesende,
- behinderte Menschen oder
- von einer Krankheit oder Behinderung bedrohte Menschen, die einer kostenaufwändigen Ernährung bedürfen,

wird ein Mehrbedarf in angemessener Höhe anerkannt.

Wichtig:

Die Summe der insgesamt anzuerkennenden Mehrbedarfe darf die Höhe der maßgebenden Regelbedarfsstufe nicht übersteigen (§ 30 Abs. 6 SGB XII).

Bezüglich der Mehrbedarfe im SGB II vgl. die Ausführungen unter Abschnitt 2.2.1.

5.2 Einmalige Bedarfe

Einmalige Bedarfe

Die einmaligen Bedarfe regelt § 31 SGB XII. Dies sind Leistungen für

- Erstausstattungen für die Wohnung einschließlich Haushaltsgeräten und
- Erstausstattungen für die Bekleidung und bei Schwangerschaft und Geburt.

Leistungen nach Vorstehendem werden auch erbracht, wenn die Leistungsberechtigten keine Regelbedarfsleistungen benötigen, den Bedarf jedoch aus eigenen Kräften und Mitteln nicht voll decken können. In diesem Falle kann das Einkommen berücksichtigt werden, das sie innerhalb eines Zeitraumes von bis zu sechs Monaten nach Ablauf des Monats erwerben, in dem über die Leistung entschieden worden ist.

Pauschalbeträge

Die Leistungen der einmaligen Bedarfe können als Pauschalbeträge erbracht werden. Bei der Bemessung der Pauschalbeträge sind geeignete Angaben über die erforderlichen Aufwendungen und nachvollziehbare Erfahrungswerte zu berücksichtigen.

5.3 Übernahme von Beiträgen

Beitragsübernahme

Der dritte große Bereich der Sonderbedarfe ist die Übernahme von Beiträgen. Er betrifft ausschließlich die Beiträge zur Kranken- und Pflegeversicherung, die in § 32 SGB XII geregelt sind. Nach § 33 SGB XII können auch Beiträge für die Altersvorsorge übernommen werden. Um die Voraussetzungen eines Anspruchs auf eine angemessene Alterssicherung oder auf ein angemessenes Sterbegeld zu erfüllen, können nämlich nach dieser Vorschrift die erforderlichen Kosten übernommen werden.

Die Übernahme von Kosten/Beiträgen, die erforderlich sind, um die Voraussetzungen eines Anspruchs auf eine angemessene Alterssicherung oder auf ein angemessenes Sterbegeld zu erfüllen, liegt im Ermessen des jeweiligen Sozialhilfeträgers (§ 33 SGB XII).

Beiträge zur Rentenversicherung

Die Übernahme von Beiträgen zur gesetzlichen Rentenversicherung wird in der Regel dann zweckmäßig sein, wenn zur Erfüllung der Wartezeit (vgl. § 50 SGB VI) nur noch wenige Beiträge fehlen und zu erwarten ist, dass der Hilfeempfänger die noch erforderlichen Pflichtbeiträge aufgrund seines Alters, seiner verminderten Arbeitsfä-

higkeit oder aus sonstigen Gründen nur noch im Wege der freiwilligen Weiterversicherung (vgl. § 7 SGB VI) entrichten kann.

Beiträge zur Sterbegeldversicherung

Mit Auslaufen der Sterbegeldleistungen durch die gesetzliche Krankenversicherung gewinnt die Übernahme der Kosten für eine freiwillige Sterbegeldversicherung gerade für Neuversicherte wieder an Bedeutung.

Die Zahlung von Beiträgen zu einer Sterbegeldkasse kommt vor allem in Betracht, wenn

- die Versicherung schon längere Zeit besteht oder
- voraussichtlich nur auf diese Weise die Deckung der erforderlichen Bestattungskosten sichergestellt wird, d. h. Beiträge und Sterbegeld müssen angemessen sein.

Sterbegeld

Ansprüche aus einer Sterbegeldversicherung gehören grundsätzlich zum Vermögen des Hilfesuchenden, das er zu den Kosten der Sozialhilfe einzusetzen hat. Eine Inanspruchnahme ist möglich, wenn der Anspruch aus der Sterbegeldversicherung bei Kündigung zusammen mit dem sonstigen verwertbaren Vermögen die jeweilige Vermögensfreigrenze übersteigt. Unter den Begriff „verwertbares Vermögen" fällt damit der zum Zeitpunkt der Geltendmachung in Ansatz zu bringende Rückkaufswert der Sterbegeldversicherung bzw. des vorsorglichen Bestattungsauftrages.

Der Betreuer wird bei Sterbegeldversicherungen verstärkt darauf zu achten haben, dass es sich nicht um Verträge zugunsten Dritter handelt, damit im Bedarfsfall die Versicherungssumme einschließlich etwaiger Gewinnanteile auch tatsächlich zur Deckung der Bestattungskosten und der mit dem Begräbnis zusammenhängenden sonstigen Kosten verwendet werden kann. Auch dürfen bei Sterbegeldversicherungen, deren Beiträge aus Sozialhilfemitteln gezahlt werden sollen, unter Berücksichtigung der allgemeinen Kostenentwicklung keine Überschussbeträge einkalkuliert werden, die später Dritten zugute kommen sollen.

Bedarfe für Bildung und Teilhabe

Bildung und Teilhabe

§§ 34 und 34a SGB XII behandeln die Bedarfe für Bildung und Teilhabe für Schüler, die eine allgemein- oder berufsbildende Schule besuchen. Das gilt auch für Bedarfe von Kindern und Jugendlichen für Teilhabe am sozialen und kulturellen Leben in der Gemeinschaft. Diese Bedarfe werden neben den maßgebenden Regelbedarfsstufen gesondert berücksichtigt. Leistungen hierfür werden gesondert erbracht.

Schüler

Bei Schülern werden Bedarfe in Höhe der tatsächlichen Aufwendungen anerkannt für

- Schulausflüge und
- mehrtägige Klassenfahrten im Rahmen der schulrechtlichen Bestimmungen.

Für Kinder, die eine Kindertageseinrichtung besuchen, gilt Vorstehendes entsprechend.

Bedarfe für die Ausstattung mit persönlichem Schulbedarf werden bei Schülern für den Monat, in dem der erste Schultag liegt, in Höhe von 70 EUR und für den Monat, in dem das zweite Schulhalbjahr beginnt, in Höhe von 30 EUR anerkannt.

§ 34 Abs. 4 SGB XII sieht vor, dass bei Schülern eine angemessene Lernförderung berücksichtigt wird, die schulische Angebote ergänzt. Voraussetzung ist, dass die

Lernförderung geeignet und zusätzlich erforderlich ist, um die nach den schulrechtlichen Bestimmungen festgelegten wesentlichen Lernziele zu erreichen.

Wie im Bereich der Grundsicherung für Arbeitsuchende (vgl. dazu unter Abschnitt 2.2.1) werden für Schüler, die an einer in schulischer Verantwortung angebotenen gemeinschaftlichen Mittagsverpflegung teilnehmen, ein Bedarf in Höhe der entstehenden Mehraufwendungen anerkannt. Entsprechendes gilt für Kinder, die eine Kindertageseinrichtung besuchen.

Teilhabe am sozialen und kulturellen Leben

Für Leistungsberechtigte bis zur Vollendung des 18. Lebensjahres wird ein Bedarf zur Teilhabe am sozialen und kulturellen Leben in der Gemeinschaft in Höhe von insgesamt 10 EUR monatlich berücksichtigt. Dies geschieht für

- Mitgliedsbeiträge in den Bereichen Sport, Spiel, Kultur und Geselligkeit,
- Unterricht in künstlerischen Fächern (z. B. Musikunterricht) und vergleichbare angeleitete Aktivitäten der kulturellen Bildung und
- die Teilnahme an Freizeiten.

Antrag

Leistungen zur Deckung der Bedarfe für Bildung und Teilhabe werden auf Antrag erbracht (§ 34a SGB XII). Leistungen werden auch dann gewährt, wenn der betreffenden Person keine Regelbedarfe zu gewähren sind. Voraussetzung ist, dass sie die Bedarfe nicht aus eigenen Kräften und Mitteln vollständig decken kann.

Leistungsarten

Die Bedarfsdeckung wird erbracht durch:

- personalisierte Gutscheine oder
- Kostenübernahmeerklärungen

Gültigkeitsdauer

Die Gültigkeitsdauer von Gutscheinen ist angemessen zu befristen. Mit Ausgabe des Gutscheins oder mit Erklärung der Kostenübernahme gelten die Leistungen gegenüber dem Leistungsberechtigten als erbracht.

Leistungen für Bildung und Teilhabe
Bedarfe für Bildung und Teilhabe von Schülern, die eine allgemein- oder berufsbildende Schule besuchen
Höhe der tatsächlichen Aufwendungen
für ↓
Schulausflüge
mehrtägige Klassenfahrten im Rahmen der schulrechtlichen Bestimmungen
Mitgliedsbeiträge, z. B. in den Bereichen – Sport – Spiel – Kultur – Geselligkeit
Unterricht in künstlerischen Fächern
Teilnahme an Freizeiten
Leistungen werden durch personalisierte Gutscheine oder durch Kostenübernahmeerklärungen erbracht

Verlust Im Fall des Verlustes soll der Gutschein erneut in dem Umfang ausgestellt werden, in dem er nicht bereits in Anspruch genommen wurde.

Details Gutscheine für Schulausflüge werden für das laufende Schulhalbjahr ausgegeben. Für die Ermittlung der Höhe des Mehrbedarfs bei Teilnahme an der Mittagsverpflegung wird die Anzahl der Schultage in dem Land berücksichtigt, in dem der Schulbesuch jeweils stattfindet.

Nachweis Der Bedarf für die Ausstattung mit persönlichem Schulbedarf wird durch Geldleistungen gedeckt. Der zuständige Sozialhilfeträger kann bei diesen Leistungen im begründeten Einzelfall den Nachweis einer zweckentsprechenden Verwendung der Leistung verlangen.

Unterkunft und Heizung

Unterkunft Leistungen für die Unterkunft werden in Höhe der tatsächlichen Aufwendungen erbracht. Auf Antrag der leistungsberechtigten Person erfolgt die Zahlung an den Vermieter oder einen anderen Empfangsberechtigten. Die Zahlung soll an den Vermieter oder anderen Empfangsberechtigten erfolgen, wenn die zweckentsprechende Verwendung durch die leistungsberechtigte Person nicht sichergestellt ist. Insbesondere ist dies beispielsweise der Fall, wenn Mietrückstände bestehen, die zu einer außerordentlichen Kündigung des Mietverhältnisses berechtigen. Das Gleiche gilt, wenn Energiekostenrückstände bestehen, die zu einer Unterbrechung der Energieversorgung berechtigen.

Wichtig:

Werden die Leistungen für die Unterkunft und Heizung an den Vermieter oder andere Empfangsberechtigte gezahlt, hat der Sozialhilfeträger die leistungsberechtigte Person darüber schriftlich zu unterrichten.

Heizung Die Leistungen für die Heizung werden in tatsächlicher Höhe erbracht, soweit sie angemessen sind (§ 35 Abs. 4 SGB XII). Sie können durch eine monatliche Pauschale abgegolten werden. Bei der Bemessung der Pauschale sind die persönlichen und familiären Verhältnisse, die Größe und Beschaffenheit der Wohnung, die vorhandenen Heizmöglichkeiten und die örtlichen Gegebenheiten zu berücksichtigen.

Sonstige Hilfen § 36 SGB XII beschäftigt sich mit den sonstigen Hilfen zur Sicherung der Unterkunft. So können Schulden nur übernommen werden, wenn dies zur Sicherung der Unterkunft oder zur Behebung einer vergleichbaren Notlage gerechtfertigt ist. Sie sollen übernommen werden, wenn dies gerechtfertigt und notwendig ist und sonst Wohnungslosigkeit einzutreten droht. Dabei können Geldleistungen als Beihilfe oder als Darlehen erbracht werden.

Räumungsklage In § 36 Abs. 2 SGB XII geht es um Verpflichtungen des Gerichts, bei dem eine Räumungsklage eingeht.

Ergänzende Darlehen und Darlehen bei vorübergehender Notlage

Ergänzende Darlehen § 37 SGB XII beschäftigt sich mit ergänzenden Darlehen. Kann danach im Einzelfall ein von den Regelbedarfen umfassender und nach den Umständen unabweisbar gebotener Bedarf in keiner anderen Weise gedeckt werden, sollen auf Antrag hierfür notwendige Leistungen als Darlehen erbracht werden.

Rückzahlung des Darlehens

Bei Empfängern von Hilfe zum Lebensunterhalt kann die Rückzahlung des Darlehens in monatlichen Teilbeträgen in Höhe von bis zu 5 % der Regelbedarfsstufe 1 einbehalten werden. Die Rückzahlung von Darlehen wegen der Übernahme von Zuzahlungen erfolgt in gleichen Teilbeträgen über das ganze Kalenderjahr.

Sind bestimmte Leistungen voraussichtlich nur für kurze Dauer zu erbringen, können Geldleistungen als Darlehen gewährt werden.

Darlehen an Mitglieder von Haushaltsgemeinschaften können an einzelne Mitglieder oder an mehrere Mitglieder gemeinsam vergeben werden.

Nur teilweise Rückforderung

Die Vorschrift des § 105 Abs. 2 SGB XII ist entsprechend anzuwenden. Hiernach unterliegen von den Kosten der Unterkunft mit Ausnahme der Kosten für Heizungs- und Warmwasserversorgung 56 % nicht der Rückforderung. Von diesem Grundsatz gibt es jedoch Ausnahmen.

6. Besondere Personengruppen

6.1 Auszubildende

Auszubildende werden hinsichtlich ihres Anspruches auf Hilfe zum Lebensunterhalt sowohl nach dem SGB II als auch nach dem SGB XII gleichbehandelt: Ein Anspruch ist für sie danach grundsätzlich ausgeschlossen.

Auszubildende, deren Ausbildung im Rahmen des BAföG oder von §§ 51, 57 und 58 SGB III dem Grunde nach förderungsfähig ist, haben nach § 7 Abs. 5 Satz 1 SGB II, § 22 Abs. 1 Satz 1 SGB XII keinen Anspruch auf Arbeitslosengeld II, Sozialgeld und Leistungen für Bildung und Teilhabe.

Ausbildungsförderung

Ausbildungsförderung (einschließlich eventueller Praktika) wird nach § 2 BAföG grundsätzlich geleistet für den Besuch von Berufsfachschulklassen und Fachschulklassen, deren Besuch eine abgeschlossene Berufsausbildung nicht voraussetzt, sofern sie in einem zumindest zweijährigen Bildungsgang einen berufsqualifizierenden Abschluss vermitteln, Fach- und Fachoberschulklassen, deren Besuch eine abgeschlossene Berufsausbildung voraussetzt, Abendhauptschulen, Berufsaufbauschulen, Abendrealschulen, Abendgymnasien und Kollegs, Höheren Fachschulen und Akademien sowie Hochschulen. Ausbildungsförderung wird nur geleistet, sofern der Ausbildungsabschnitt mindestens ein Schul- oder Studienhalbjahr dauert und die Ausbildung die Arbeitskraft des Auszubildenden im Allgemeinen voll in Anspruch nimmt.

Ausbildungsförderung wird nicht geleistet, wenn der Auszubildende Unterhaltsgeld nach dem SGB III oder Leistungen nach den Regelungen der Länder über die Förderung des wissenschaftlichen und künstlerischen Nachwuchses oder von den Begabtenförderungswerken erhält, als Beschäftigter im öffentlichen Dienst Anwärterbezüge oder ähnliche Leistungen aus öffentlichen Mitteln bekommt oder als Gefangener Anspruch auf Ausbildungsbeihilfe nach den §§ 44, 176 Abs. 4 Strafvollzugsgesetz (StVollzG) hat.

Eine berufliche Ausbildung ist nach § 57 SGB III förderungsfähig, wenn sie in einem nach dem Berufsbildungsgesetz, der Handwerksordnung oder dem Seemannsgesetz staatlich anerkannten Ausbildungsberuf betrieblich oder außerbetrieblich durchgeführt wird und der dafür vorgeschriebene Berufsausbildungsvertrag abgeschlossen worden ist. Förderfähig ist dabei grundsätzlich nur die erstmalige Ausbildung.

Ausnahmen

§ 7 Abs. 5 SGB II, § 22 Abs. 1 SGB XII finden keine Anwendung auf Auszubildende,

- die aufgrund von § 2 Abs. 1a BAföG keinen Anspruch auf Ausbildungsförderung oder aufgrund von § 60 SGB III keinen Anspruch auf Berufsausbildungsbeihilfe haben.

  § 2 Abs. 1a BAföG: Für den Besuch von weiterführenden allgemein bildenden Schulen und Berufsfachschulen, einschließlich der Klassen aller Formen der beruflichen Grundbildung, ab Klasse 10 sowie von Fach- und Fachoberschulklassen, deren Besuch eine abgeschlossene Berufsausbildung nicht voraussetzt, wird Ausbildungsförderung nur geleistet, wenn der Auszubildende nicht bei seinen Eltern wohnt und entweder von der Wohnung der Eltern aus eine entsprechende zumutbare Ausbildungsstätte nicht erreichbar ist, oder er einen eigenen Haushalt führt und verheiratet ist oder war, oder er einen eigenen Haushalt führt und mit mindestens einem Kind zusammenlebt.

  § 60 Abs. 1 SGB III: Der Auszubildende wird bei einer beruflichen Ausbildung nur gefördert, wenn er außerhalb des Haushaltes der Eltern oder eines Elternteils wohnt und die Ausbildungsstätte von der Wohnung der Eltern oder eines Elternteils aus nicht in angemessener Zeit erreichen kann. Die zweite Voraussetzung gilt jedoch nicht, wenn der Auszubildende das 18. Lebensjahr vollendet hat, verheiratet oder in einer Lebenspartnerschaft verbunden ist oder war, mit mindestens einem Kind zusammenlebt oder aus schwerwiegenden sozialen Gründen nicht auf die Wohnung der Eltern oder eines Elternteils verwiesen werden kann.

- deren Bedarf sich nach § 12 Abs. 1 Nr. 1 BAföG oder nach § 62 Abs. 1 Satz 1 SGB III bemisst.

  Als monatlicher Bedarf gelten für Schüler von Berufsfachschulen und Fachschulklassen, deren Besuch eine abgeschlossene Berufsausbildung nicht voraussetzt, 216 EUR (§ 12 Abs. 1 Nr. 1 BAföG). Bei Unterbringung im Haushalt der Eltern oder eines Elternteils wird bei einer berufsvorbereitenden Bildungsmaßnahme der jeweils geltende Bedarf nach § 12 Abs. 1 Nr. 1 BAföG zugrunde gelegt.

- die eine Abendhauptschule, eine Abendrealschule oder ein Abendgymnasium besuchen, sofern nach § 10 Abs. 3 BAföG kein Anspruch auf Ausbildungsförderung besteht.

Förderfähigkeit dem Grunde nach

Sowohl SGB II als auch SGB XII knüpfen den Ausschluss der Hilfe zum Lebensunterhalt an die „Förderfähigkeit dem Grunde nach“. Somit kommt es nicht darauf an, ob jemand tatsächlich eine solche Förderung erhält, sondern nur darauf, ob die Ausbildung als solche gefördert werden kann. Das bedeutet dem Grunde nach, dass Leistungen nicht nur dann ausgeschlossen sind, wenn tatsächlich die entsprechenden BAföG-Leistungen gezahlt worden sind. Der Ausschluss besteht vielmehr bereits dann, wenn eine Förderung von der Art der Ausbildung her möglich wäre.

Persönliche Gründe

Persönliche Gründe, die zur Ablehnung oder zur Einstellung dieser vorrangigen Leistung führen, ändern daran nichts. Als persönliche Gründe in diesem Sinne kommen bspw. in Betracht:

- Überschreitung der Förderungsdauer
- zu hohes Einkommen der Eltern
- Zweitstudium

Nach der allgemein vertretenen Auffassung soll die Hilfe zum Lebensunterhalt nach dem SGB II oder dem SGB XII keine „Ausbildungsförderung auf zweiter Ebene“ darstellen.

Die Ausbildung soll lediglich mit den dafür vorgesehenen Mitteln ermöglicht werden. Dem würde es widersprechen, aufgrund eines anderen Gesetzes gleichwohl die Ausbildung zu finanzieren.

Keine Begünstigung

Mit dieser Regelung wird auch verhindert, dass Studenten nicht zurückzuzahlende Leistungen nach SGB II oder SGB XII erhalten und damit denen gegenüber begünstigt wären, die darlehensweise gewährte BAföG-Leistungen zurückzahlen müssen. Etwas derartiges ist von vornherein nicht Aufgabe des SGB II bzw. des SGB XII.

Bei einer weiteren Ausbildung kommt Förderungsfähigkeit dem Grunde nach auch dann in Betracht, wenn der Auszubildende die Voraussetzungen des § 7 Abs. 2 BAföG nicht erfüllt.

Wichtig:

Kinder von Auszubildenden

Kinder von Auszubildenden haben einen eigenständigen Anspruch auf Leistungen zum Lebensunterhalt. Dabei sind die BAföG-Leistungen der Eltern allerdings nicht als Einkommen anzurechnen, da diese zweckbestimmt für die Ausbildung sind.

Der Anspruchsausschluss aufgrund § 7 Abs. 5 Satz 1 SGB II bzw. § 22 Abs. 1 Satz 1 SGB XII betrifft jedoch lediglich einen „ausbildungsgeprägten" Bedarf. Das bedeutet, dass es sich um einen Bedarf für die Lebensführung handelt, der in aller Regel einem Auszubildenden während der Ausbildung entsteht und der nicht durch besondere Umstände bedingt ist, die mit der Ausbildung nichts zu tun haben.

Bedarf

Der Bedarf für den Lebensunterhalt, der durch Leistungen nach dem SGB II und dem SGB XII gedeckt werden soll, entsteht einem Auszubildenden während der Ausbildung. Soweit allerdings bei einem Auszubildenden aufgrund der konkreten Lebenssituation besondere, nicht ausbildungsgeprägte Bedarfe gegeben sind, hat die Leistung nach dem SGB II bzw. dem SGB XII bei Bedürftigkeit zusätzlich einzutreten.

Mehrbedarfszuschlag

So ist die Gewährung eines Mehrbedarfszuschlages (bspw. wegen Schwangerschaft, für Alleinerziehende oder wegen kostenaufwändiger Ernährung) oder einmalige Leistungen durch die vorstehend behandelte Regelung nicht ausgeschlossen.

Wichtig:

Soweit es zumutbar ist, hat der Einsatz der eigenen Arbeitskraft den Vorrang. Vor allem bei Personen, die noch keine abgeschlossene Berufsausbildung haben, wird der Verzicht auf eine Ausbildung aber in der Regel nicht zumutbar sein.

Umschulung – Fortbildung

Bei einer von der Agentur für Arbeit geförderten Umschulung oder Fortbildung stellt die Teilnahme in der Regel einen sinnvollen Einsatz der Arbeitskraft dar. Deshalb sollen diese Personen nicht auf den Abbruch der Maßnahme und den Einsatz ihrer Arbeitskraft verwiesen werden. Dies gilt aber nicht für den Personenkreis, der bereits über eine abgeschlossene Berufsausbildung verfügt. In solchen Fällen wird die Entscheidung regelmäßig von den bestehenden Vermittlungschancen mit oder ohne Fortbildung/Umschulung auf dem Arbeitsmarkt abhängig gemacht.

Härtefälle

Wenn alle nach dem BAföG oder anderen vorrangigen Gesetzen möglichen Härtefallregelungen ausgeschöpft sind, kann in besonderen Härtefällen nach § 22 Abs. 1 Satz 2 SGB XII Hilfe zum Lebensunterhalt als

- Beihilfe oder
- Darlehen

gewährt werden.

In diesem Sinne liegt ein besonderer Härtefall dann vor, wenn die Folgen des Anspruchsausschlusses nach § 7 Abs. 5 SGB II bzw. § 22 Abs. 1 SGB XII über das Maß hinausgehen, das regelmäßig mit der Versagung von Hilfe zum Lebensunterhalt für eine Ausbildung verbunden ist. Das ist auch mit Rücksicht auf den Gesetzeszweck zu sehen, die Sozialhilfe bzw. Grundsicherung nach dem SGB II von den finanziellen Lasten einer Ausbildungsförderung freizuhalten.

Eine „allgemeine Härte", also z. B. Abbruch der Ausbildung wegen fehlender finanzieller Lebensgrundlage, reicht daher nicht aus, um Leistungen zu erhalten.

Vielmehr müssen

- außergewöhnliche,
- schwerwiegende,
- untypische und
- möglichst nicht selbst verschuldete Umstände

vorliegen, die einen zügigen Ausbildungsbedarf verhindern oder die sonstige Notlage hervorgerufen haben.

Besonderer Härtefall

Bspw. liegt ein besonderer Härtefall vor, wenn ein mittelloser Studierender sich in der akuten Phase des Abschlussexamens befindet und ihm deshalb ein Abbruch der Leistung nicht zugemutet werden kann.

Eine Annahme eines besonderen Härtefalles kann auch in Betracht kommen, wenn die Ausbildung für die Hilfebedürftigkeit nicht ursächlich ist. Dies ist dann der Fall, wenn einem Auszubildenden auch bei Abbruch seiner Ausbildung Hilfe zum Lebensunterhalt zu gewähren wäre, weil er aus gesundheitlichen Gründen nicht in der Lage ist, einer Erwerbstätigkeit nachzugehen.

Allerdings:

Die obergerichtliche Rechtsprechung ist zur Annahme einer besonderen Härte relativ uneinheitlich.

Bei Annahme eines besonderen Härtefalles verbleibt beim Sozialhilfeträger in aller Regel kein Ermessensspielraum dahingehend, ob er Hilfe zum Lebensunterhalt leistet. Es steht aber im pflichtgemäßen Ermessen des Sozialhilfeträgers, ob Hilfe zum Lebensunterhalt in einem solchen Fall als Darlehen oder als Zuschuss zu gewähren ist.

Natürlich ist hier von Bedeutung, ob Leistungen nur für einen voraussichtlich kurzen Zeitraum zu gewähren sind und mit einer alsbaldigen Überwindung der Sozialhilfebedürftigkeit zu rechnen ist. Unter Umständen ist deshalb eine Umwandlung der darlehensweise gewährten Leistungen in einen Zuschuss vorzunehmen.

Auszubildende sind auch vom Bezug des Wohngeldes grundsätzlich ausgeschlossen. Allerdings ist ein Wohngeldbezug möglich, wenn BAföG-Leistungen oder Berufsausbildungsbeihilfe tatsächlich nicht gezahlt wird. Das Gleiche gilt, wenn die Auszubildenden mit anderen Personen, die nicht in Ausbildung stehen (z. B. Kinder) in einem gemeinsamen Haushalt leben.

6.2 Sozialhilfe für Ausländer

Aufenthalt im Inland

§ 23 SGB XII beschäftigt sich mit der Sozialhilfe für Ausländer. Danach ist Ausländern, die sich im Inland tatsächlich aufhalten,

- Hilfe zum Lebensunterhalt,
- Hilfe bei Krankheit,
- Hilfe bei Schwangerschaft und Mutterschaft sowie
- Hilfe zur Pflege

nach dem SGB XII zu leisten.

Bei den Leistungen mit Ausnahme der Hilfe zum Lebensunterhalt handelt es sich um Leistungsansprüche in besonderen Lebenslagen, die nicht Gegenstand von Kapitel B 2, vielmehr von Kapitel B 3 sind.

Grundsicherung

Die Vorschriften über die Grundsicherung im Alter und bei Erwerbsminderung bleiben unberührt (vgl. dazu die Ausführungen unter Abschnitt 3).

Im Übrigen kann Sozialhilfe geleistet werden, soweit dies im Einzelfall gerechtfertigt ist.

Ausnahmen

Die obigen Einschränkungen auf bestimmte Leistungsarten gelten für Ausländer nicht, die im Besitz

- einer Niederlassungserlaubnis oder
- eines befristeten Aufenthaltstitels sind und
- sich voraussichtlich dauerhaft im Bundesgebiet aufhalten.

Rechtsvorschriften, nach denen außer den oben genannten Leistungen auch sonstige Sozialhilfe zu leisten ist oder geleistet werden soll, bleiben unberührt.

Ausländer, die eingereist sind, um Sozialhilfe zu erlangen oder deren Aufenthaltsrecht sich allein aus dem Zweck der Arbeitssuche ergibt, sowie ihre Familienangehörigen haben keinen Anspruch auf Sozialhilfe.

Behandlung

Sind sie zum Zweck einer Behandlung oder Linderung einer Krankheit eingereist, soll Hilfe bei Krankheit insoweit nur zur Behebung eines akut lebensbedrohlichen Zustandes oder für eine unaufschiebbare und unabweisbar gebotene Behandlung einer schweren oder ansteckenden Erkrankung geleistet werden.

Ausländer, denen Sozialhilfe geleistet wird, sind auf für sie zutreffende Rückführungs- und Weiterwanderungsprogramme, in geeigneten Fällen auf die Inanspruchnahme solcher Programme hinzuweisen.

6.3 Sozialhilfe für Deutsche im Ausland

Gewöhnlicher Aufenthalt

§ 24 Abs. 1 SGB XII enthält den Grundsatz, dass Deutsche, die ihren gewöhnlichen Aufenthalt im Ausland haben, keine Leistungen erhalten. Hiervon kann aber im Einzelfall abgewichen werden. Das ist jedoch nur möglich, soweit dies wegen einer außergewöhnlichen Notlage unabweisbar ist. Gleichzeitig muss nachgewiesen werden, dass eine Rückkehr in das Inland aus folgenden Gründen nicht möglich ist:

- Pflege und Erziehung eines Kindes, das aus rechtlichen Gründen im Ausland bleiben muss,
- längerfristige stationäre Betreuung in einer Einrichtung oder
- Schwere der Pflegebedürftigkeit oder
- hoheitliche Gewalt.

Leistungen werden im Übrigen nicht erbracht, soweit sie von dem hierzu verpflichteten Aufenthaltsland oder von anderen erbracht wird oder zu erwarten sind.

Wichtig:

Art und Maß der Leistungserbringung sowie der Einsatz des Einkommens und des Vermögens richten sich nach den besonderen Verhältnissen im Aufenthaltsland.

Antrag

Die Leistungen sind zu beantragen. Für die Gewährung der Leistungen ist der überörtliche Träger der Sozialhilfe zuständig, in dessen Bereich die antragstellende Person geboren ist. Liegt der Geburtsort im Ausland oder ist er nicht zu ermitteln, wird der örtlich zuständige Träger der Sozialhilfe von einer Schiedsstelle bestimmt.

Verwandte, Verschwägerte

Leben Ehegatten oder gleichgeschlechtliche Lebenspartner, Verwandte und Verschwägerte bei Einsetzen der Sozialhilfe zusammen, richtet sich die örtliche Zuständigkeit nach der ältesten Person von ihnen, die im Inland geboren ist. Ist keine dieser Personen im Inland geboren, kommt es auf den Geburtsort des Antragstellers, gegebenenfalls wird – wie bereits geschildert – der zuständige Sozialhilfeträger durch eine Schiedsstelle bestimmt.

Die Zuständigkeit bleibt bestehen, solange eine der Personen der Sozialhilfe bedarf.

Zusammenarbeit Die Sozialhilfeträger arbeiten mit den deutschen Dienststellen im Ausland zusammen.

7. Verpflichtungen anderer

Mit dem Verhältnis zwischen Sozialhilfe und den Verpflichtungen anderer beschäftigen sich die §§ 93 bis 95 SGB XII. Im Bereich der Grundsicherung für Arbeitsuchende gilt hier § 33 SGB II.

Hat eine leistungsberechtigte Person Anspruch gegen einen anderen, der kein Sozialleistungsträger ist, kann der Sozialhilfeträger durch schriftliche Anzeige an den anderen bewirken, dass dieser Anspruch bis zur Höhe seiner Aufwendungen auf ihn übergeht.

Übergang Der Übergang des Anspruchs darf nur insoweit bewirkt werden, als bei rechtzeitiger Leistung des anderen entweder die Leistung nicht erbracht worden oder ein Kostenbeitrag zu leisten wäre.

Der Übergang ist im Übrigen nicht dadurch ausgeschlossen, dass der Anspruch nicht übertragen, verpfändet oder gepfändet werden kann.

Anzeige Die schriftliche Anzeige bewirkt den Übergang des Anspruchs für die Zeit, für die dem Leistungsberechtigten die Leistung ohne Unterbrechung erbracht wird. Als Unterbrechung gilt ein Zeitraum von mehr als zwei Monaten. Widerspruch und Anfechtungsklage gegen den Verwaltungsakt, der den Übergang des Anspruchs bewirkt, haben keine aufschiebende Wirkung.

Wichtig:

Nach ausdrücklicher Vorschrift in § 93 Abs. 4 SGB XII gehen sowohl die Regelung nach § 115 als auch die Bestimmung des § 116 SGB X dem vorstehend geschilderten Anspruchsübergang vor.

Forderungsübergang § 115 SGB X sieht Ansprüche gegen den Arbeitgeber des Hilfesuchenden vor. Soweit nämlich der Arbeitgeber den Anspruch des Arbeitnehmers auf Arbeitsentgelt nicht erfüllt und deshalb ein Leistungsträger Sozialleistungen erbracht hat, geht der Anspruch des Arbeitnehmers gegen den Arbeitgeber auf den Leistungsträger bis zur Höhe der erbrachten Sozialleistungen über.

Keine Entgeltfortzahlung Es geht hier darum, dass der Arbeitgeber trotz gesetzlicher Verpflichtung während einer Arbeitsunfähigkeit wegen Krankheit oder wegen Rehabilitationsmaßnahmen das Arbeitsentgelt nicht oder nicht in notwendiger Höhe fortzahlt.

In der Praxis geht es hier oftmals um Fälle, in denen der Arbeitgeber die Entgeltfortzahlung wegen Selbstverschulden des Arbeitnehmers verweigert. Ist der Betreffende krankenversichert, muss die Krankenkasse mit Krankengeld in Vorleistung treten, hat aber dann einen Anspruch nach § 115 SGB X gegen den jeweiligen Arbeitgeber. Diese Vorschrift gilt für alle Sozialleistungsträger.

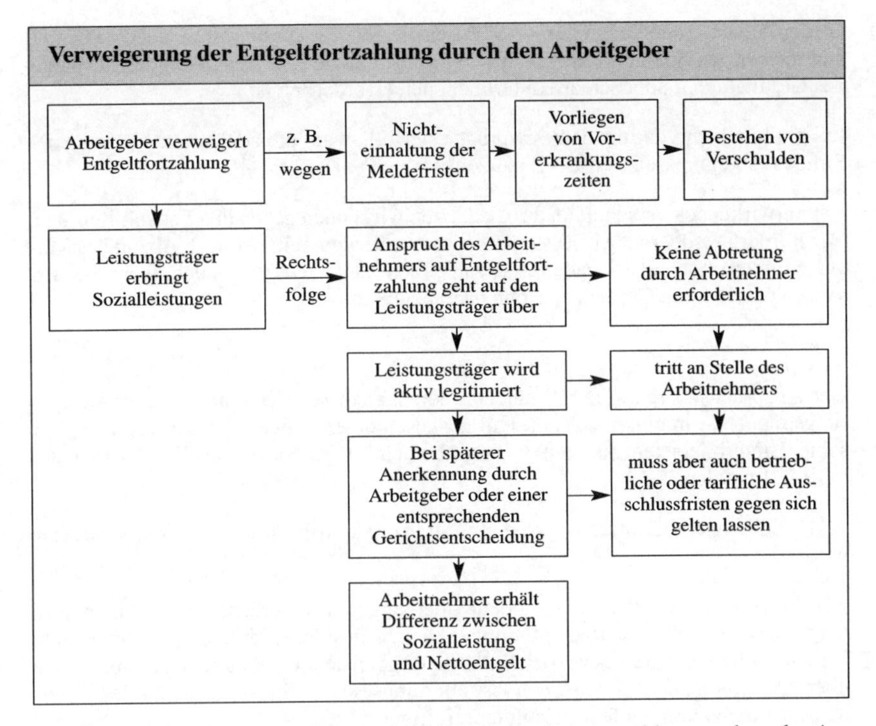

Kein Ausschluss

Der Übergang nach § 115 SGB X wird nicht dadurch ausgeschlossen, dass der Anspruch nicht übertragen, verpfändet oder gepfändet werden kann.

Sachbezüge

An Stelle des Anspruchs des Arbeitnehmers auf Sachbezüge tritt der Anspruch auf Geld. Die Höhe bestimmt sich nach der hier maßgebenden Sozialversicherungsentgeltverordnung (SvEV).

Schadensersatz

§ 116 SGB X beschäftigt sich mit Ansprüchen gegen Schadensersatzpflichtige. Nach ausdrücklicher Regelung des § 116 Abs. 1 SGB X geht ein auf anderen gesetzlichen Vorschriften beruhender Anspruch auf Ersatz eines Schadens auf den Sozialversicherungsträger oder Träger der Sozialhilfe über. Dies geschieht, soweit der jeweilige Träger aufgrund des Schadensereignisses Sozialleistungen zu erbringen hat, die der Behebung eines Schadens der gleichen Art dienen und sich auf denselben Zeitraum wie der vom Schädiger zu leistende Schadensersatz beziehen.

Forderungsübergang

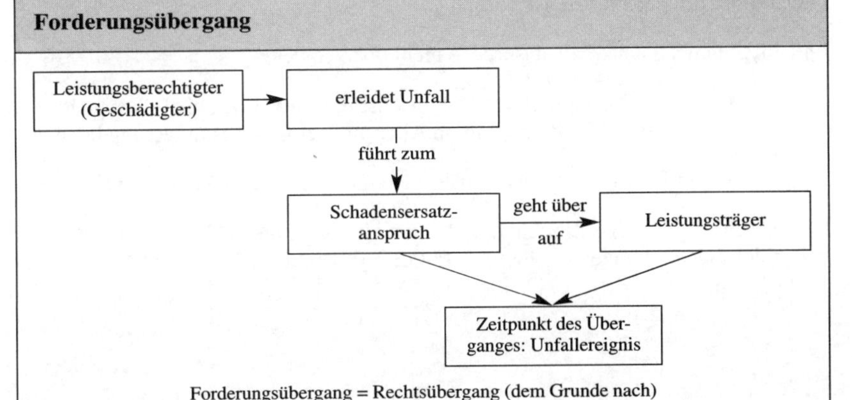

Begrenzung Ist der Anspruch auf Ersatz eines Schadens durch Gesetz der Höhe nach begrenzt, geht er auf den Sozialhilfeträger über, soweit er nicht zum Ausgleich des Schadens des Geschädigten oder seiner Hinterbliebenen erforderlich ist.

Es geht hier bspw. darum, dass Ansprüche sich allein auf die Gefährdungshaftung des Straßenverkehrsgesetzes (StVG) stützen.

Mitverschulden Ein mitwirkendes Verschulden des Verletzten wirkt auch gegen den Sozialhilfeträger. Der Forderungsübergang erfasst hier den prozentualen Teil, der nach Abzug des Mitverschuldens noch als Schadensersatzanspruch bleibt. Dies gilt auch, wenn der Ersatzanspruch durch Gesetz der Höhe nach begrenzt ist.

Aber:

Der Anspruchsübergang (z. B. auf eine Krankenkasse oder einen Rentenversicherungsträger) ist in einem solchen Fall ausgeschlossen, soweit der Geschädigte oder seine Hinterbliebenen dadurch leistungsberechtigt im Sinne der Vorschriften des SGB XII werden.

§ 116 SGB X enthält noch weitere einschränkende Vorschriften, auf die verwiesen wird.

Unterhaltspflichtige § 94 SGB XII beschäftigt sich mit dem Übergang von Ansprüchen gegen einen nach bürgerlichem Recht Unterhaltspflichtigen. Auch ein solcher Unterhaltsanspruch geht bis zur Höhe der durch den Sozialhilfeträger geleisteten Aufwendungen auf diesen über. Der Übergang des Anspruchs ist allerdings ausgeschlossen, soweit der Unterhaltsanspruch durch laufende Zahlung erfüllt wird.

Ausschluss des Übergangs Der Übergang des Anspruchs ist im Übrigen auch dann ausgeschlossen, wenn eine unterhaltspflichtige Person ebenfalls zum Personenkreis der Leistungsberechtigten nach dem SGB XII zählt. Der Ausschluss gilt auch, wenn die unterhaltspflichtige Person mit der leistungsberechtigten Person vom zweiten Grad an verwandt ist. Der Übergang des Anspruchs eines Berechtigten auf Leistungen der Grundsicherung im Alter und bei Erwerbsminderung ist ebenfalls ausgeschlossen.

Das Gleiche gilt für Unterhaltsansprüche gegen Verwandte ersten Grades einer Person, die schwanger ist oder ihr leibliches Kind bis zur Vollendung seines sechsten Lebensjahres betreut.

Beschränkung § 94 Abs. 2 SGB XII schränkt den Anspruch ein, wenn der Leistungsberechtigte behindert oder pflegebedürftig ist.

Im Übrigen gehen Unterhaltsansprüche nicht über, soweit

- die unterhaltspflichtige Person Anspruch auf Hilfe zum Lebensunterhalt oder auf Grundsicherung im Alter und bei Erwerbsminderung hat oder
- der Übergang des Anspruchs eine unbillige Härte bedeuten würde.

Im Bereich des SGB II entspricht der oben bereits erwähnte § 33 SGB II im Wesentlichen den Bestimmungen der §§ 93, 94 SGB XII. Hierauf wird deshalb verwiesen.

Inhalt

Vorbemerkung

Selbst wenn mit der Einordnung des Sozialhilferechts in das SGB als SGB XII die bislang vorherrschende Aufteilung der Leistungen in Hilfe zum Lebensunterhalt und Hilfe in besonderen Lebenslagen aufgegeben worden ist, hat dies lediglich zur Folge, dass die grundlegenden Leistungsvoraussetzungen und die besonderen Regelungen für bestimmte Personengruppen überschaubar in einem vorangestellten Kapitel zusammengefasst werden und die schwierige Vermischung von Maßnahmekosten und Kosten für den Lebensunterhalt bei Heimunterbringung entfallen konnte. Inhaltlich hat sich dadurch im Wesentlichen nichts verändert. Das SGB XII unterscheidet in jeweils „gleichberechtigten" Kapiteln – nach wie vor – zwischen

- der allgemeinen Notlage, was bedeutet, dass dem Leistungsberechtigten nicht die notwendigen Mittel zur Bestreitung seines Lebensunterhalts zur Verfügung stehen, weswegen er – je nach Personenkreis – auf Leistungen der Hilfe zum Lebensunterhalt nach dem Dritten Kapitel SGB XII oder Leistungen der Grundsicherung im Alter und bei Erwerbsminderung nach dem Vierten Kapitel SGB XII angewiesen ist, und
- den im Fünften bis Neunten Kapitel des SGB XII genau bezeichneten besonderen Notlagen, die jeweils von besonderen persönlichen Voraussetzungen – z. B. Krankheit, Behinderung, Pflegebedürftigkeit, Alter – abhängig sind.

Inhalt/Allgemeines

Es handelt sich bei den Fällen, in denen Hilfen nach dem Fünften bis Neunten Kapitel des SGB XII in Betracht kommen, um qualifizierte Notlagen, die über die Sicherung des normalen Lebensunterhalts hinausgehen. Das SGB XII will erreichen, dass in diesen Fällen die Leistung besonders frühzeitig und effektiv einsetzt, um eine Ausweitung der Notlage und einen sozialen Abstieg eines Hilfesuchenden zu vermeiden. Das Individualisierungsprinzip wird insbesondere durch die verschiedenen Maßnahmen dieser Hilfen weitgehend berücksichtigt.

Die im Fünften bis Neunten Kapitel des SGB XII insgesamt genannten 13 Bedarfslagen decken rechtlich den im Laufe des Lebens notwendigen Unterstützungsbedarf von öffentlicher Seite auf der „Sozialhilfeschiene" ab. Eine Leistung ist – wie allgemein im Sozialhilferecht – natürlich auch hier nur eröffnet, sofern keine vorrangigen Leistungen zur Verfügung stehen. Auch greifen bei Selbstverschulden die Regeln des Kostenersatzes durch.

Verhältnis der Leistungen zueinander

Hilfe zum Lebensunterhalt nach dem Dritten Kapitel SGB XII, Grundsicherung nach dem Vierten Kapitel des SGB XII und nach dem SGB II und die Hilfen in qualifizierten Notlagen schließen sich grundsätzlich nicht gegenseitig aus. Besteht gleichzeitig ein verschiedenartiger Bedarf, sind die jeweiligen Hilfen nebeneinander zu gewähren. Die Anspruchsvoraussetzungen sind dabei unabhängig voneinander zu prüfen.

1. Vorbeugende Gesundheitshilfe (§ 47 SGB XII)

Inhalt

Diese Hilfe wird Personen gewährt, bei denen nach ärztlichem Urteil eine Erkrankung oder ein sonstiger Gesundheitsschaden einzutreten droht. Ferner kommen Vorsorgeuntersuchungen zur Früherkennung von Krankheiten in Betracht. Soweit Versicherte der gesetzlichen Krankenversicherung nach den dort geltenden Vorschriften Anspruch auf Leistungen zur Förderung der Gesundheit sowie zur Verhütung und Früherkennung von Krankheiten haben, sind diese Kosten bei nicht krankenversicherten Personen im Rahmen der Sozialhilfe zu übernehmen. Bei anderen Vorsorgeuntersuchungen hängt es von Zweckmäßigkeitserwägungen des Sozialhilfeträgers ab, ob sie gewährt werden. In der gesetzlichen Krankenversicherung werden diese Leistungen als medizinische Vorsorgemaßnahmen bezeichnet (§§ 23, 24 SGB V).

Umfang

Gegenstand der vorbeugenden Gesundheitshilfe sind vor allem die im Einzelfall erforderlichen Erholungskuren besonders für Kinder, Jugendliche und alte Menschen sowie für Mütter in geeigneten Müttergenesungsheimen. Neben diesen Erholungsmaßnahmen kommen auch Stärkungsmittel (nicht Arzneimittel!) und Badekuren (zur Vorbeugung, nicht Krankheitsbehandlung!) in Betracht. Ferner umfasst diese Hilfemaßnahme Vorsorgeuntersuchungen zur Früherkennung von Krankheiten. Die Leistungen der vorbeugenden Hilfe entsprechen den Leistungen der gesetzlichen Krankenversicherung, d. h. Nichtversicherte erhalten von den Sozialhilfeträgern dieselben Leistungen wie Versicherte in der gesetzlichen Krankenversicherung. Sofern bei gesetzlich versicherten Hilfeempfängern der anzuerkennende Bedarf nicht in vollem Umfang von der Krankenversicherung getragen wird, richtet sich die Deckung des Restbedarfs ausschließlich nach den sozialhilferechtlichen Grundsätzen (vgl. auch Abschnitt 6.).

Nicht unter die „vorbeugende Hilfe" fallen:

- reine Erholungsmaßnahmen ohne ärztliche Betreuung,
- Erholungsmaßnahmen nach einer Erkrankung (Genesungskuren); diese gehören zur Krankenhilfe (siehe Abschnitt 2.),
- Maßnahmen, die eine drohende Behinderung verhüten sollen; hierfür kommt Eingliederungshilfe für Behinderte (siehe Abschnitt 7.) in Frage,
- Maßnahmen, die altersbedingte Schwierigkeiten ausgleichen sollen; diese gehören zur Altenhilfe (siehe Abschnitt 11.).

Abgrenzung

Diese Hilfemaßnahme hat vorbeugenden Charakter und kommt in Frage, wenn eine Erkrankung oder ein sonstiger Gesundheitsschaden mit hoher Wahrscheinlichkeit zu erwarten ist. Es ist aber nicht erforderlich, dass die Erkrankung unmittelbar bevorsteht. Der Begriff des sonstigen Gesundheitsschadens ist umfassend; hierzu gehört beispielsweise auch ein vorzeitiges Nachlassen der Kräfte. Ist eine Erkrankung bereits eingetreten, kommt die Gewährung von Krankenhilfe (siehe Abschnitt 2.) in Betracht.

Voraussetzungen

Voraussetzung für die Gewährung der Leistung ist ein ärztliches Gutachten, das bescheinigt, dass die Maßnahme erforderlich ist. Der Sozialhilfeträger wird daher in der Regel die Staatliche Gesundheitsverwaltung bzw. einen Vertrauensarzt einschalten. Oft reicht aber auch ein ärztliches Attest des behandelnden Hausarztes aus. Wenn es im Einzelfall um die Abdeckung der nicht durch Zuschüsse der Krankenversicherung gedeckten Kosten geht, ist die vertrauensärztliche Begutachtung durch die Krankenkasse grundsätzlich auch für die Entscheidung des Sozialhilfeträgers maßgebend. In schwierigen Fällen wird dennoch die Begutachtung durch Fachärzte notwendig sein.

Vorrangige Ansprüche

Der vorbeugenden Gesundheitshilfe sind vorrangig:

- ambulante Vorsorgeleistungen, ambulante Vorsorgekuren und stationäre Vorsorgemaßnahmen der gesetzlichen Krankenversicherung (§§ 20 bis 23 SGB V)

  Diese Maßnahmen reichen von der Aufklärung über Gesundheitsgefährdungen und Verhütung von Krankheiten (z. B. durch Schutzimpfungen) sowie Beratung über ihre Vermeidung bzw. Verhütung, der Gruppen- und Individualprophylaxe zur Verhütung von Zahnerkrankungen (z. B. Ernährungsberatung, Mundhygiene für Versicherte bis zum zwölften Lebensjahr, halbjährliche zahnärztliche Untersuchungen für Versicherte von sechs bis einschließlich 18 Jahren), individual-prophylaktische Leistungen für Versicherte über 18 Jahre bis hin zu notwendigen ambulanten Vorsorgeleistungen (ärztliche Behandlung, Arznei-, Verband-, Heil- und Hilfsmittel), ambulanten Vorsorgekuren (Anwendung ortsgebundener Mittel, z. B. Heilwässer sowie Zuschuss zu den übrigen Kosten der Kur) und stationären Vorsorgemaßnahmen (Behandlung, Unterkunft und Verpflegung in einer vertraglichen Vorsorgeeinrichtung).

  Ambulante Vorsorgekuren in anerkannten Kurorten (§ 23 Abs. 2 SGB V) kommen erst in Betracht, wenn die ambulanten Vorsorgeleistungen aus medizinischen Gründen nicht ausreichen bzw. nicht geeignet sind, um die im Rahmen der Krankheitsverhütung angestrebten Ziele zu erreichen. Eine Wiederholung der Kur ist grundsätzlich nach drei Jahren möglich. Die Begrenzung der Übernahme der medizinischen Maßnahmen in der Regel für drei Wochen ist entfallen. Der mögliche Zuschuss für ambulante Vorsorgekuren darf 13 EUR (bei versicherten chronisch kranken Kleinkindern 21 EUR) täglich nicht überschreiten.

  Die stationären Vorsorgemaßnahmen als letzte Stufe (wenn Leistungen nach § 23 Abs. 1 oder 2 SGB V nicht ausreichen) werden in Vorsorgeeinrichtungen erbracht, mit denen ein Versorgungsvertrag (§ 111 SGB V) besteht. Sie sollen für die Dauer von drei Wochen voll übernommen werden; eine Wiederholung ist hier grundsätzlich erst nach vier Jahren möglich. Jedoch besteht für volljährige Versicherte eine Zuzahlungspflicht in Höhe von 10 EUR täglich (§ 40 Abs. 6 SGB V).

- Vorsorgekuren für Mütter und Väter in Einrichtungen des Müttergenesungswerks oder in gleichartigen Einrichtungen (§ 24 SGB V)

  Diese Vorsorgekuren werden unter den gleichen Voraussetzungen wie die stationären Vorsorgemaßnahmen gewährt. Mit der Einrichtung muss ein Versorgungsvertrag nach § 111a SGB V bestehen.

  Die Zuzahlung beträgt hier täglich 10 EUR (§ 24 Abs. 3 Satz 1 SGB V).

- Leistungen zur Früherkennung von Krankheiten (§ 25 SGB V)

  Versicherte, die das 35. Lebensjahr vollendet haben, können grundsätzlich jedes zweite Jahr eine Untersuchung zur Früherkennung von Krankheiten, insbesondere von Herz-, Kreislauf-, Nierenerkrankungen und Zuckerkrankheit in Anspruch nehmen (§ 25 Abs. 1 SGB V).

  Frauen vom Beginn des 20. Lebensjahres an und Männer vom Beginn des 45. Lebensjahres an haben einmal jährlich Anspruch auf eine Untersuchung zur Früherkennung von Krebserkrankungen (§ 25 Abs. 2 SGB V).

Voraussetzung für die Untersuchungen ist, dass es sich um Krankheiten handelt, die wirksam behandelt werden können, das Vor- oder Frühstadium dieser Krankheiten durch diagnostische Maßnahmen erfassbar ist, die Krankheitszeichen medizinisch-technisch genügend eindeutig zu erfassen sind und genügend Ärzte und Einrichtungen vorhanden sind, um die aufgefundenen Verdachtsfälle eingehend zu diagnostizieren und zu behandeln (§ 25 Abs. 3 SGB V).

Die Untersuchungen sollen, soweit berufsrechtlich zulässig, zusammen angeboten werden. Der Gemeinsame Bundesausschuss bestimmt in den Richtlinien nach § 92 SGB V das Nähere über Art und Umfang der Untersuchungen sowie die Erfüllung der Voraussetzungen nach § 25 Abs. 3 SGB V. Er kann für geeignete Gruppen von Versicherten eine von § 25 Abs. 1 und 2 SGB V abweichende Altersgrenze und Häufigkeit der Untersuchungen bestimmen (§ 25 Abs. 4 SGB V).

- Kinderuntersuchung (§ 26 SGB V)

  Versicherte Kinder haben bis zur Vollendung des sechsten Lebensjahres Anspruch auf Untersuchungen sowie nach Vollendung des zehnten Lebensjahres auf eine Untersuchung zur Früherkennung von Krankheiten, die ihre körperliche oder geistige Entwicklung in nicht geringfügigem Maße gefährden. Zu den Früherkennungsuntersuchungen auf Zahn-, Mund- und Kieferkrankheiten gehören insbesondere die Inspektion der Mundhöhle, die Einschätzung oder Bestimmung des Kariesrisikos, der Ernährungs- und Mundhygieneberatung sowie Maßnahmen zur Schmelzhärtung der Zähne und zur Keimzahlsenkung. Die Leistungen nach § 26 Abs. 1 Satz 2 SGB V werden bis zur Vollendung des sechsten Lebensjahres erbracht und können von Ärzten oder Zahnärzten erbracht werden. § 25 Abs. 3 SGB V und die Möglichkeit der Bestimmung abweichender Altersgrenzen nach § 25 Abs. 4 Satz 2 SGB V gilt hier entsprechend.
- Leistungen nach § 276a Lastenausgleichsgesetz (LAG) für Empfänger von Unterhaltshilfe
- Leistungen für Kinder und Jugendliche nach dem Kinder- und Jugendhilfegesetz (§ 11 Abs. 3 Nr. 5, § 40 SGB VIII)

2. Hilfe bei Krankheit (§ 48 SGB XII)

2.1 Leistungsinhalte

Inhalt

Um eine Krankheit zu erkennen, zu heilen, ihre Verschlimmerung zu verhüten oder Krankheitsbeschwerden zu lindern, werden Leistungen zur Krankenbehandlung entsprechend dem Dritten Kapitel Fünften Abschnitt Ersten Titel des SGB V (§§ 27 bis 43b SGB V) erbracht (§ 48 Satz 1 SGB XII).

Unter Krankheit versteht man jeden regelwidrigen Zustand des Körpers oder des Geistes. Dieser Begriff ist identisch mit dem Krankheitsbegriff der gesetzlichen Krankenversicherung.

Kranke Personen haben dementsprechend einen Rechtsanspruch auf diese Leistung gegen den Sozialhilfeträger. Für die Gewährung der Krankenhilfe kennt das SGB XII immanent nur eine Voraussetzung: das Vorliegen einer Krankheit. Unter Krankheit ist dabei jeder regelwidrige Zustand des Körpers oder des Geistes zu verstehen, der einer Behandlung bedarf oder zugänglich ist; das heißt, die vorgesehenen Maßnahmen müssen eine Genesung (Heilung) oder eine Besserung versprechen oder zur Linderung der Krankheitsfolgen geeignet sein. Es reicht auch aus, wenn die Behandlung notwendig ist, um eine weitere Verschlimmerung der Krankheit zu verhüten.

Abgrenzung zu anderen Leistungen

Liegt eine Erkrankung jedoch noch nicht vor, droht sie somit lediglich einzutreten, werden Leistungen der vorbeugenden Gesundheitshilfe (vgl. Abschnitt 1.) erbracht.

Umfang

Wie die Leistungen der gesetzlichen Krankenversicherung umfasst die Hilfe bei Krankheit ärztliche Behandlung einschließlich Psychotherapie als ärztliche und psychotherapeutische Behandlung, zahnärztliche Behandlung, Versorgung mit Zahnersatz einschließlich Zahnkronen und Suprakonstruktionen, Versorgung mit Arznei-, Verband-, Heil- und Hilfsmitteln, häusliche Krankenpflege und Haushaltshilfe, Krankenhausbehandlung, Leistungen zur medizinischen Rehabilitation und ergänzende Leistungen, die zur Genesung, zur Besserung oder zur Linderung der Krankheitsfolgen erforderlich sind. Bei der Krankenbehandlung ist den besonderen Bedürfnissen psychisch Kranker Rechnung zu tragen, insbesondere bei der Versorgung mit Heilmitteln und bei der medizinischen Rehabilitation. Zur Krankenbehandlung zählen auch Leistungen zur Herstellung der Zeugungs- oder Empfängnisfähigkeit, wenn diese Fähigkeit nicht vorhanden war oder durch Krankheit oder wegen einer durch Krankheit erforderlichen Sterilisation verloren gegangen war. Im Wesentlichen sind damit alle notwendigen Behandlungsmaßnahmen zu leisten, die nach dem jeweiligen Stand der medizinischen Wissenschaft anerkannt sind.

Im Rahmen der Hilfe bei Krankheit sind damit die meisten nicht versicherten Leistungsberechtigten den Versicherten in der gesetzlichen Krankenversicherung mit allen Vor- und Nachteilen gleichgestellt (vgl. Abschnitte 2.2 und 6.). Dass es im Einzelfall für den nicht versicherten Personenkreis oder im Rahmen des § 52 Abs. 1 Satz 2 SGB XII zu weitergehenden Leistungen durch den Sozialhilfeträger kommen kann, ist zwar nicht gänzlich auszuschließen, im Rahmen der hier dargestellten Grundzüge jedoch zu vernachlässigen.

Vorrangige Ansprüche

Der Krankenhilfe nach § 48 Satz 1 SGB XII gehen aufgrund des Prinzips der Nachrangigkeit in § 2 SGB XII vor

- die Leistungen der Krankenversicherung bei versicherten Leistungsberechtigten,
- Gesundheitsfürsorgeleistungen für Strafgefangene während der Haftzeit (§§ 56 bis 66 des Strafvollzugsgesetzes – StVollzG),
- Leistungen nach § 276 Abs. 1 des Lastenausgleichsgesetzes (LAG) für Empfänger von Unterhaltshilfe,
- Krankenhilfe nach § 40 SGB VIII bei Hilfe zur Erziehung (§§ 33 bis 35 sowie § 35a Abs. 2 Nr. 3 oder 4 SGB VIII) für Kinder und Jugendliche oder Hilfe für junge Volljährige (§ 41 SGB VIII) einschließlich der Gewährung des Unterhalts nach § 39 SGB VIII. Auskünfte hierüber erteilen die Jugendämter,
- die Regelungen zur Krankenbehandlung nach § 264 SGB V den Leistungen der Hilfe bei Krankheit (§ 48 Satz 2 SGB XII; vgl. Abschnitt 2.2).

2.2 Übernahme der Krankenbehandlung für nicht Versicherungspflichtige (§ 264 SGB V)

Auftragsleistung

§ 264 Abs. 2 SGB V sieht eine Auftragsleistung für die Krankenkassen vor. Danach wird die Krankenbehandlung von Empfängern von Leistungen nach dem Dritten bis Neunten Kapitel des SGB XII und von Empfängern laufender Leistungen nach § 2 AsylbLG, die nicht versichert sind, von der Krankenkasse übernommen (§ 264 Abs. 2 Satz 1 SGB V).

Wichtig:

Dies gilt nicht für Empfänger, die voraussichtlich nicht mindestens einen Monat ununterbrochen Hilfe zum Lebensunterhalt beziehen, für Personen, die ausschließlich Leistungen nach § 11 Abs. 5 Satz 3 SGB XII (Unterstützungsangebote im Rahmen

von Dienstleistungen, zumutbaren Tätigkeiten) und § 33 SGB XII (Beiträge für die angemessene Vorsorge) beziehen sowie für die in § 24 SGB XII genannten Personen (Sozialhilfe für Deutsche im Ausland). Bei diesem Personenkreis verbleibt es bei der Leistung der Hilfe bei Krankheit unmittelbar durch den Sozialhilfeträger nach § 48 SGB XII.

§ 264 SGB V und privat Versicherte

Die Regelung kann auch Leistungsberechtigte betreffen, die bislang eine private Krankenversicherung abgeschlossen haben. § 264 Abs. 2 Satz 1 SGB V spricht insoweit nur von Personen, die „nicht versichert" sind. Vom Wortlaut her sind auch privat Versicherte „versichert", so dass die Ausdehnung der Neuregelung nicht angebracht ist. Jedoch sind die Versicherungsprämien für privat Versicherte, insbesondere im Alter, derart hoch, dass es Sinn machen kann, diesen Personenkreis in die günstigere gesetzliche Krankenversicherung einzubeziehen. Bei einem länger andauernden Sozialhilfebezug wird der Sozialhilfeträger prüfen, ob weiterhin die Beiträge für eine freiwillige private Krankenversicherung übernommen werden (§ 32 Abs. 2 SGB XII) oder ob es nicht kostengünstiger ist, diesem Personenkreis Hilfe bei Krankheit nach dem SGB XII zu gewähren und den Betroffenen bei einer gesetzlichen Krankenversicherung nach § 264 SGB V anzumelden.

Wichtig:

Die in § 264 Abs. 2 Satz 1 SGB V genannten Berechtigten haben unverzüglich eine Krankenkasse im Bereich des für die Hilfe zuständigen Trägers der Sozialhilfe zu wählen, die ihre Krankenbehandlung übernimmt. Leben mehrere Empfänger in häuslicher Gemeinschaft, wird das Wahlrecht vom Haushaltsvorstand für sich und die Familienangehörigen ausgeübt, die bei Versicherungspflicht des Haushaltsvorstands nach § 10 SGB V versichert wären. Wird das Wahlrecht nicht ausgeübt, gelten § 28i SGB IV und § 175 Abs. 3 Satz 2 SGB V entsprechend (§ 264 Abs. 3 SGB V): Wird die Mitgliedsbescheinigung nicht spätestens zwei Wochen nach Eintritt der Versicherungspflicht vorgelegt, hat die zur Meldung verpflichtete Stelle den Versicherungspflichtigen ab Eintritt der Versicherungspflicht bei der Krankenkasse anzumelden, bei der zuletzt eine Versicherung bestand; bestand vor Eintritt der Versicherungspflicht keine Versicherung, hat die zur Meldung verpflichtete Stelle den Versicherungspflichtigen ab Eintritt der Versicherungspflicht bei einer nach § 173 SGB V wählbaren Krankenkasse anzumelden und den Versicherungspflichtigen unverzüglich über die gewählte Krankenkasse zu unterrichten. Für Beschäftigte, die bei keiner Krankenkasse versichert sind, werden Beiträge zur Rentenversicherung und zur Arbeitsförderung an die Einzugsstelle gezahlt, die der Arbeitnehmer oder – wenn dies nicht geschehen ist – der Arbeitgeber in entsprechender Anwendung des § 175 Abs. 3 Satz 2 SGB V gewählt hat.

Auswahl der Krankenkasse

Auch wenn für die Leistungen der Krankenkassen die Träger der Sozialhilfe finanziell aufkommen müssen, sollte man sich für eine Kasse entscheiden, die z. B. eine Bonusregelung anbietet, von der auch Leistungsberechtigte profitieren können. Der Leistungskatalog der gesetzlichen Krankenversicherung wird laufend durch den Gemeinsamen Bundesausschuss konkretisiert. Die dort festgelegten erforderlichen medizinischen und pflegerischen Leistungen bieten alle gesetzlichen Krankenkassen an. Darüber hinaus können sich Leistungsumfang und -qualität leicht unterscheiden. Jede Krankenkasse muss selbst bewerten, mit welchen finanziellen Anreizen sie ihre Versicherten zu gesundheits- und kostenbewussten Verhalten motiviert. Die Bandbreite reicht dabei von Ermäßigungen bei Zuzahlungen bis hin zu niedrigeren Beiträgen oder Modellen mit Beitragsrückerstattung. So bieten manche

Kassen zum Beispiel „Sonderleistungen“ bei der häuslichen Krankenpflege oder bei der Haushaltshilfe. Je nach persönlichen gesundheitlichen Bedürfnissen können sich daraus Vorteile ergeben. Die Krankenkasse kann Bonusprogramme für gesundheits- und kostenbewusstes Verhalten anbieten. Dazu gehört die regelmäßige Teilnahme an Vorsorge- und Früherkennungsuntersuchungen oder an qualitätsgesicherten Präventionsprogrammen. Auch wer sich in ein Hausarztsystem, in ein zugelassenes strukturiertes Behandlungsprogramm für chronisch Kranke (Disease-Management-Programm) oder in eine Integrierte Versorgung einschreibt, kann mit finanziellen Boni rechnen. Die Bonussysteme kann jede Krankenkasse individuell gestalten. Eine Nachfrage bei der in Aussicht genommenen Krankenkasse kann sich auch hier in eingeschränktem Rahmen erfolgreich auswirken. Bei dem sog. Kostenerstattungsprinzip (das heißt, der Versicherte finanziert die Ausgaben wie in der privaten Krankenversicherung vor und erhält die Leistung im Nachhinein erstattet) oder bei Selbstbehalten ist in diesem Zusammenhang jedoch Vorsicht geboten.

Für die in § 264 Abs. 2 Satz 1 SGB V genannten Empfänger gelten § 11 Abs. 1 sowie die §§ 61 und 62 SGB V entsprechend. Sie erhalten eine Krankenversichertenkarte nach § 291 SGB V. Als Versichertenstatus nach § 291 Abs. 2 Nr. 7 SGB V gilt für Empfänger bis zur Vollendung des 65. Lebensjahres die Statusbezeichnung „Mitglied“, für Empfänger nach Vollendung des 65. Lebensjahres die Statusbezeichnung „Rentner“. Empfänger, die das 65. Lebensjahr noch nicht vollendet haben, in häuslicher Gemeinschaft leben und nicht Haushaltsvorstand sind, erhalten die Statusbezeichnung „Familienversicherte“ (§ 264 Abs. 4 SGB V). Die Leistungen für Sozialhilfebezieher ohne Versicherungsschutz, aber mit Chipkarte, entsprechen denen der gesetzlichen Krankenversicherung.

Wenn Empfänger nicht mehr bedürftig im Sinne des SGB XII sind, meldet der Träger der Sozialhilfe diese bei der jeweiligen Krankenkasse ab. Bei der Abmeldung hat der Träger der Sozialhilfe die Krankenversichertenkarte vom Empfänger einzuziehen und an die Krankenkasse zu übermitteln. Aufwendungen, die der Krankenkasse nach Abmeldung durch eine missbräuchliche Verwendung der Karte entstehen, hat der Träger der Sozialhilfe zu erstatten. Dies gilt nicht in den Fällen, in denen die Krankenkasse auf Grund gesetzlicher Vorschriften oder vertraglicher Vereinbarungen verpflichtet ist, ihre Leistungspflicht vor der Inanspruchnahme der Leistung zu prüfen (§ 264 Abs. 5 SGB V).

Die Aufwendungen, die den Krankenkassen durch die Übernahme der Krankenbehandlung entstehen, werden ihnen von den für die Hilfe zuständigen Trägern der Sozialhilfe vierteljährlich erstattet. Als angemessene Verwaltungskosten einschließlich Personalaufwand für den Personenkreis nach § 264 Abs. 2 SGB V werden bis zu 5 v. H. der abgerechneten Leistungsaufwendungen festgelegt. Wenn Anhaltspunkte für eine unwirtschaftliche Leistungserbringung oder -gewährung vorliegen, kann der zuständige Träger der Sozialhilfe von der jeweiligen Krankenkasse verlangen, die Angemessenheit der Aufwendungen zu prüfen und nachzuweisen (§ 264 Abs. 7 SGB V).

2.3 Leistungsgrenzen der gesetzlichen Krankenversicherung

2.3.1 Sachleistungen

Nachfolgend sollen die häufigsten Regelungen beschrieben werden, die von den gesetzlichen Krankenkassen nicht übernommen werden. Diese gelten unabhängig von den Zuzahlungsregelungen (vgl. Abschnitt 6.), das heißt, sie werden nicht bei der Belastungsgrenze berücksichtigt und belasten deshalb das zur Verfügung stehende Einkommen und/oder Vermögen eines Versicherten oder insbesondere einer leistungsberechtigten Person nach dem SGB II und SGB XII.

Arznei- und Verbandmittel

Versicherte haben Anspruch auf Versorgung mit apothekenpflichtigen Arzneimitteln, soweit die Arzneimittel nicht nach § 34 SGB V oder durch Richtlinien nach § 92 Abs. 1 Satz 2 Nr. 6 SGB V ausgeschlossen sind, und auf Versorgung mit Verbandmitteln, Harn- und Blutteststreifen (vgl. § 31 Abs. 1 Satz 1 SGB V). Aminosäuremischungen, Eiweißhydrolysate, Elementardiäten und Sondennahrung können nach Maßgabe der Richtlinien nach § 92 Abs. 1 Satz 2 Nr. 6 SGB V in medizinisch notwendigen Fällen ausnahmsweise in die Versorgung mit Arzneimitteln einbezogen werden (vgl. § 31 Abs. 1 Satz 2 SGB V). Ein Fertigarzneimittel, dessen Packungsgröße die größte Packungsgröße (sog. N 3) übersteigt, ist nicht Gegenstand der Versorgung und darf nicht zu Lasten der gesetzlichen Krankenversicherung abgegeben werden (§ 31 Abs. 4 Satz 2 SGB V).

Wichtig:

Der Vertragsarzt kann Arzneimittel, die auf Grund der Richtlinien nach § 92 Abs. 1 Satz 2 Nr. 6 SGB V von der Versorgung ausgeschlossen sind, ausnahmsweise in medizinisch begründeten Einzelfällen mit Begründung verordnen (vgl. § 31 Abs. 1 Satz 4 SGB V; z. B. bei schwerwiegenden Erkrankungen: Schwerwiegend ist eine Krankheit, wenn sie lebensbedrohlich ist oder die Lebensqualität auf Dauer nachhaltig beeinträchtigt).

Wichtig:

Nicht verschreibungspflichtige Arzneimittel sind nach § 34 Abs. 1 SGB V von der Versorgung ausgeschlossen. Auch die Kosten der ärztlichen Verordnung (= Rezept) werden hier nicht übernommen. Dies gilt nicht für

- versicherte Kinder bis zum vollendeten zwölften Lebensjahr,
- versicherte Jugendliche bis zum vollendeten 18. Lebensjahr mit Entwicklungsstörungen.

Für Versicherte, die das 18. Lebensjahr vollendet haben, sind von der Versorgung folgende verschreibungspflichtige Arzneimittel bei Verordnung in den genannten Anwendungsgebieten ausgeschlossen:

- Arzneimittel zur Anwendung bei Erkältungskrankheiten und grippalen Infekten einschließlich der bei diesen Krankheiten anzuwendenden Schnupfenmittel, Schmerzmittel, hustendämpfenden und hustenlösenden Mittel,
- Mund- und Rachentherapeutika, ausgenommen bei Pilzinfektionen,
- Abführmittel (Ausnahme: Behandlung einer erheblichen Grunderkrankung, z. B. Querschnittlähmung, Multiple Sklerose, Krebserkrankung des Darmtraktes),
- Arzneimittel gegen Reisekrankheit,
- Arzneimittel, bei deren Anwendung eine Erhöhung der Lebensqualität im Vordergrund steht. Ausgeschlossen sind insbesondere Arzneimittel, die überwiegend zur Behandlung der erektilen Dysfunktion (z. B. Viagra®), der Anreizung sowie Steigerung der sexuellen Potenz, zur Raucherentwöhnung, zur Abmagerung oder zur Zügelung des Appetits, zur Regulierung des Körpergewichts oder zur Verbesserung des Haarwuchses dienen (sog. Lifestyle-Produkte).

Daneben konnten nach dem früheren § 34 Abs. 2 und 3 SGB V durch Rechtsverordnung weitere Arzneimittel ausgeschlossen werden, die üblicherweise bei geringfügigen Gesundheitsstörungen verordnet werden bzw. in ihrer Anwendungsweise oder ihrem therapeutischen Nutzen unwirtschaftlich sind. Die hier erfolgten Ausschlüsse gelten – obwohl § 34 Abs. 2 SGB V zwischenzeitlich aufgehoben wurde – weiter. Sie gelten als Verordnungsausschlüsse des Gemeinsamen Bundesausschusses (§ 34 Abs. 3 SGB V).

Wichtig:

Für ein Arznei- oder Verbandmittel, für das ein Festbetrag nach § 35 SGB V festgesetzt ist, trägt die Krankenkasse die Kosten bis zur Höhe dieses Betrages (vgl. § 31 Abs. 2 SGB V). Wird ein Medikament aus einer Festbetragsgruppe verordnet, dessen Preis den Festbetrag übersteigt, hat der Versicherte (zusätzlich zur Zuzahlung nach § 61 SGB V) die Differenz zwischen Arzneimittelpreis und Festbetrag in der Apotheke selbst zu bezahlen. Dies gilt auch für Versicherte unter 18 Jahren. In solchen Fällen hat der behandelnde Arzt ein eingehendes Gespräch mit dem Patienten zu führen und ihn auf seine Zuzahlungspflicht hinzuweisen (vgl. § 73 Abs. 5 Satz 3 SGB V).

Heilmittel Versicherte haben Anspruch auf Versorgung mit Heilmitteln (z. B. Massagen, Bäder und Krankengymnastik), soweit sie nicht nach § 34 SGB V ausgeschlossen sind (§ 32 Abs. 1 SGB V).

Hilfsmittel Versicherte haben Anspruch auf Versorgung mit Hörhilfen, Körperersatzstücken, orthopädischen und anderen Hilfsmitteln, die im Einzelfall erforderlich sind, um den Erfolg der Krankenbehandlung zu sichern, einer drohenden Behinderung vorzubeugen oder eine Behinderung auszugleichen, soweit die Hilfsmittel nicht als allgemeine Gebrauchsgegenstände des täglichen Lebens anzusehen (z. B. Eigenanteile für orthopädische Schuhe etc.) oder nach § 34 Abs. 4 SGB V ausgeschlossen sind (§ 33 Abs. 1 Satz 1 SGB V; vgl. auch Hilfsmittelverzeichnis nach § 128 SGB V). Der Anspruch umfasst auch die notwendige Änderung, Instandsetzung und Ersatzbeschaffung von Hilfsmitteln sowie die Ausbildung in ihrem Gebrauch.

Wichtig:

Versicherte haben bis zur Vollendung des 18. Lebensjahres Anspruch auf Versorgung mit Sehhilfen. Für Versicherte, die das 18. Lebensjahr vollendet haben, besteht der Anspruch auf Sehhilfen, wenn sie auf Grund ihrer Sehschwäche oder Blindheit, entsprechend der von der Weltgesundheitsorganisation empfohlenen Klassifikation des Schweregrades der Sehbeeinträchtigung, auf beiden Augen eine schwere Sehbeeinträchtigung mindestens der Stufe 1 aufweisen; Anspruch auf therapeutische Sehhilfen besteht, wenn diese der Behandlung von Augenverletzungen oder Augenerkrankungen dienen. Der Anspruch auf Versorgung mit Sehhilfen umfasst nicht die Kosten des Brillengestells (vgl. § 33 Abs. 1 Satz 4 bis 7 SGB V). Ein erneuter Anspruch auf Versorgung mit Sehhilfen besteht für Versicherte, die das 14. Lebensjahr vollendet haben, grundsätzlich nur bei einer Änderung der Sehfähigkeit um mindestens 0,5 Dioptrien (vgl. § 33 Abs. 4 SGB V). Anspruch auf Versorgung mit Kontaktlinsen besteht für anspruchsberechtigte Versicherte nur in medizinisch zwingend erforderlichen Ausnahmefällen. Wählen Versicherte statt einer erforderlichen Brille Kontaktlinsen und liegen diese Voraussetzungen nicht vor, zahlt die Krankenkasse als Zuschuss zu den Kosten von Kontaktlinsen höchstens den Betrag, den sie für eine erforderliche Brille aufzuwenden hätte. Die Kosten für Pflegemittel werden nicht übernommen (vgl. § 33 Abs. 3 SGB V).

Ist für ein erforderliches Hilfsmittel ein Festbetrag nach § 36 SGB V festgesetzt oder nach § 127 Abs. 2 Satz 1 SGB V vertraglich vereinbart, gelten hinsichtlich des etwaigen Differenzbetrages die Ausführungen zu Arzneimitteln entsprechend.

Die Krankenkasse kann den Versicherten die erforderlichen Hilfsmittel auch leihweise überlassen. Sie kann die Bewilligung von Hilfsmitteln davon abhängig machen, dass die Versicherten sich das Hilfsmittel anpassen oder sich in seinem Gebrauch ausbilden lassen (§ 33 Abs. 5 SGB V).

2.3.2 *Krankenhausbehandlung*

Die Krankenhausbehandlung wird vollstationär, teilstationär, vor- und nachstationär (§ 115a SGB V) sowie ambulant (§ 115b SGB V) erbracht. Versicherte haben Anspruch auf vollstationäre Behandlung in einem zugelassenen Krankenhaus (§ 108 SGB V), wenn die Aufnahme nach Prüfung durch das Krankenhaus erforderlich ist, weil das Behandlungsziel nicht durch teilstationäre, vor- und nachstationäre oder ambulante Behandlung einschließlich häuslicher Krankenpflege erreicht werden kann. Die Krankenhausbehandlung umfasst im Rahmen des Versorgungsauftrags des Krankenhauses alle Leistungen, die im Einzelfall nach Art und Schwere der Krankheit für die medizinische Versorgung der Versicherten im Krankenhaus notwendig sind, insbesondere ärztliche Behandlung (§ 28 Abs. 1 SGB V), Krankenpflege, Versorgung mit Arznei-, Heil- und Hilfsmitteln, Unterkunft und Verpflegung; die akutstationäre Behandlung umfasst auch die im Einzelfall erforderlichen und zum frühestmöglichen Zeitpunkt einsetzenden Leistungen zur Frührehabilitation (§ 39 Abs. 1 SGB V).

Wichtig:

Wählen Versicherte ohne zwingenden Grund ein anderes als ein in der ärztlichen Einweisung genanntes Krankenhaus, können ihnen die Mehrkosten ganz oder teilweise auferlegt werden (§ 39 Abs. 2 SGB V).

2.3.3 *Fahrkosten*

Fahrkosten

Die Krankenkasse übernimmt grundsätzlich nach § 60 Abs. 2 SGB V nur die Fahrkosten

- bei Leistungen, die stationär erbracht werden; dies gilt bei einer Verlegung in ein anderes Krankenhaus nur, wenn die Verlegung aus zwingenden medizinischen Gründen erforderlich ist, oder bei einer mit Einwilligung der Krankenkasse erfolgten Verlegung in ein wohnortnahes Krankenhaus,
- bei Rettungsfahrten zum Krankenhaus auch dann, wenn eine stationäre Behandlung nicht erforderlich ist,
- bei anderen Fahrten von Versicherten, die während der Fahrt einer fachlichen Betreuung oder der besonderen Einrichtungen eines Krankenkraftwagens bedürfen oder bei denen dies auf Grund ihres Zustandes zu erwarten ist (Krankentransport),
- bei Fahrten von Versicherten zu einer ambulanten Krankenbehandlung sowie zu einer Behandlung nach § 115a oder § 115b SGB V, wenn dadurch eine an sich gebotene vollstationäre oder teilstationäre Krankenhausbehandlung (§ 39 SGB V) vermieden oder verkürzt wird oder diese nicht ausführbar ist, wie bei einer stationären Krankenhausbehandlung.

Als Fahrkosten werden nach § 60 Abs. 3 SGB V anerkannt

- bei Benutzung eines öffentlichen Verkehrsmittels der Fahrpreis unter Ausschöpfen von Fahrpreisermäßigungen,
- bei Benutzung eines Taxis oder Mietwagens, wenn ein öffentliches Verkehrsmittel nicht benutzt werden kann, der nach § 133 SGB V für Krankentransporte berechnungsfähige Betrag,

- bei Benutzung eines Krankenkraftwagens oder Rettungsfahrzeugs, wenn ein öffentliches Verkehrsmittel, ein Taxi oder ein Mietwagen nicht benutzt werden kann, der nach § 133 SGB V berechnungsfähige Betrag,
- bei Benutzung eines privaten Kraftfahrzeugs für jeden gefahrenen Kilometer der jeweils auf Grund des Bundesreisekostengesetzes festgesetzte Höchstbetrag für Wegstreckenentschädigung, höchstens jedoch die Kosten, die bei Inanspruchnahme des nach den vorhergehenden Aufzählungszeichen erforderlichen Transportmittels entstanden wären.

Wichtig:

Wird ein aufwändigeres oder teureres Transportmittel benutzt als verordnet, werden diese Kosten nicht von der Krankenkasse übernommen.

2.3.4 Zahnbehandlung und Zahnersatz

Zahnärztliche Behandlung

Die zahnärztliche Behandlung umfasst gemäß § 28 Abs. 2 SGB V die Tätigkeit des Zahnarztes, die zur Verhütung, Früherkennung und Behandlung von Zahn-, Mund- und Kieferkrankheiten nach den Regeln der zahnärztlichen Kunst ausreichend und zweckmäßig ist; sie umfasst auch konservierend-chirurgische Leistungen und Röntgenleistungen, die im Zusammenhang mit Zahnersatz einschließlich Zahnkronen und Suprakonstruktionen erbracht werden.

Wichtig:

Wählen Versicherte bei Zahnfüllungen eine darüber hinausgehende Versorgung, haben sie die Mehrkosten selbst zu tragen. Hier wird von den Kassen die vergleichbare preisgünstigste plastische Füllung als Sachleistung abgerechnet. In diesen Fällen ist vor Beginn der Behandlung eine schriftliche Vereinbarung zwischen dem Zahnarzt und dem Versicherten zu treffen (vgl. § 28 Abs. 1 Satz 4 SGB V). Die Mehrkostenregelung gilt jedoch nicht für Fälle, in denen intakte plastische Füllungen ausgetauscht werden.

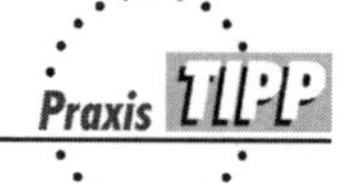

Vereinbarungen nach § 28 Abs. 2 Satz 4 SGB V

Die Vereinbarung ergibt sich z. B. auch aus der Erklärung des Versicherten bzw. dem Teil 2 des Heil- und Kostenplans, mit dem er eine Aufstellung über die Kosten erhält und die er jeweils durch seine Unterschrift bestätigt: „Ich wünsche eine Versorgung entsprechend des Heil- und Kostenplans nebst dieser Anlage." Wenn der Versicherte mit seinem behandelnden Zahnarzt eine derartige Vereinbarung nach § 28 Abs. 2 Satz 4 SGB V getroffen hat, so ist er diesem gegenüber eine Verbindlichkeit eingegangen, die er selbst zu tragen hat. Mehrkosten für eine über das Maß des Notwendigen hinausgehende aufwändigere Zahnfüllung braucht auch der Sozialhilfeträger nicht zu übernehmen. Ist hingegen eine solche Mehrkostenvereinbarung nicht getroffen worden, so hat der behandelnde Zahnarzt gegenüber dem Versicherten schon keinen Anspruch auf Erstattung der Kosten für die aufwändigeren Zahnfüllungen, so dass der Sozialhilfeträger nicht zur Übernahme dieser Kosten verpflichtet sein kann (vgl. *VGH Baden-Württemberg vom 21. 6. 1999*, FEVS 51, 307 m. w. N.).

Ausgeschlossen von der zahnärztlichen Behandlung ist die kieferorthopädische Behandlung von Versicherten, die zu Beginn der Behandlung das 18. Lebensjahr vollendet haben. Dies gilt nicht für Versicherte mit schweren Kieferanomalien, die ein Ausmaß haben, das kombinierte kieferchirurgische und kieferorthopädische Behandlungsmaßnahmen erfordert. Ebenso gehören funktionsanalytische und funktionsthe-

rapeutische Maßnahmen nicht zur zahnärztlichen Behandlung; sie dürfen von den Krankenkassen auch nicht bezuschusst werden. Das Gleiche gilt für implantologische Leistungen, es sei denn, es liegen seltene Ausnahmeindikationen für besonders schwere Fälle vor, in denen die Krankenkasse diese Leistung einschließlich der Suprakonstruktion als Sachleistung im Rahmen einer medizinischen Gesamtbehandlung erbringt.

Umfang

Versicherte haben Anspruch auf befundbezogene Festzuschüsse bei einer medizinisch notwendigen Versorgung mit Zahnersatz einschließlich Zahnkronen und Suprakonstruktionen (zahnärztliche und zahntechnische Leistungen) in den Fällen, in denen eine zahnprothetische Versorgung notwendig ist und die geplante Versorgung einer Methode entspricht, die gemäß § 135 Abs. 1 SGB V anerkannt ist (§ 55 Abs. 1 Satz 1 SGB V). Als Zahnersatz gelten damit Kronen, Brücken, Prothesen, kombinierte Versorgungsformen und implantatgetragene Kronen, Brücken oder Prothesen. Nicht dazu gehören Zahnfüllungen, Gold- oder Keramik-Inlays, Wurzelkanalfüllungen oder Röntgenleistungen.

Wichtig:

Bei großen Brücken ist die Regelversorgung auf den Ersatz von bis zu vier fehlenden Zähnen je Kiefer und bis zu drei fehlenden Zähnen je Seitenzahngebiet begrenzt. Bei Kombinationsversorgungen ist die Regelversorgung auf zwei Verbindungselemente je Kiefer, bei Versicherten mit einem Restzahnbestand von höchstens drei Zähnen je Kiefer auf drei Verbindungselemente je Kiefer begrenzt. Regelversorgungen umfassen im Oberkiefer Verblendungen bis einschließlich Zahn fünf, im Unterkiefer bis einschließlich Zahn vier (vgl. § 56 Abs. 2 SGB V).

Die Festzuschüsse umfassen 50 v. H. der nach § 57 Abs. 1 Satz 6 und Abs. 2 Satz 6 und 7 SGB V festgesetzten Beträge für die jeweilige Regelversorgung gemäß § 56 Abs. 2 SGB V (§ 55 Abs. 1 Satz 2 SGB V; konservierend-chirurgische und Röntgenleistungen sind darin nicht enthalten).

- Für eigene Bemühungen zur Gesunderhaltung der Zähne erhöhen sich die Festzuschüsse nach § 55 Abs. 1 Satz 2 SGB V um 20 v. H.

  Diese Erhöhung entfällt, wenn der Gebisszustand des Versicherten regelmäßige Zahnpflege nicht erkennen lässt und der Versicherte während der letzten fünf Jahre vor Beginn der Behandlung die Untersuchungen nach § 22 Abs. 1 SGB V nicht in jedem Kalenderhalbjahr in Anspruch genommen hat und sich nach Vollendung des 18. Lebensjahres nicht wenigstens einmal in jedem Kalenderjahr zahnärztlich hat untersuchen lassen.

- Die Festzuschüsse nach § 55 Abs. 1 Satz 2 SGB V erhöhen sich um weitere 10 v. H., wenn der Versicherte seine Zähne regelmäßig gepflegt und in den letzten zehn Kalenderjahren vor Beginn der Behandlung, frühestens seit dem 1. 1. 1989, die vorgenannten Untersuchungen ohne Unterbrechung in Anspruch genommen hat. Für Versicherte, die nach dem 31. 12. 1978 geboren sind, gilt der Nachweis für eigene Bemühungen zur Gesunderhaltung der Zähne für die Jahre 1997 und 1998 als erbracht.

Wichtig:

Das Bonusheft hat auch nach neuem Recht zum Nachweis der Eigenbemühungen immer noch dieselbe Bedeutung – auch wenn mitunter von manchen Zahnärzten verneint. Es empfiehlt sich daher, es weiterhin zu führen und aufzubewahren.

Liegt ein Härtefall nach § 55 Abs. 2 SGB V vor, leistet die Krankenkasse maximal den doppelten Festzuschuss.

Besondere Härtefallregelung – weitere Kostenübernahme (sog. Überforderungsklausel):

Die Krankenkasse hat bei der Versorgung mit Zahnersatz den von den Versicherten zu tragenden Kostenanteil zu übernehmen, soweit der Anteil das Dreifache der Differenz zwischen den monatlichen Bruttoeinnahmen zum Lebensunterhalt und der zur Gewährung eines zweifachen Festzuschusses maßgebenden Einnahmegrenze übersteigt (§ 55 Abs. 3 SGB V). Höchstens wird ein Betrag in Höhe der zweifachen Festzuschüsse, begrenzt auf die tatsächlichen Kosten, gewährt.

Beispiel zur Ermittlung der Belastungsgrenze (Zahnersatz für das Mitglied, verheiratet, 2 Kinder)	
Berechnungsfähige Zahnersatzkosten	2.000,00 EUR
Anteil der Krankenkasse (50 %)	1.000,00 EUR
Versichertenanteil (50 %)	1.000,00 EUR
Berechnung des Eigenanteils: Monatliche Einnahmen zum Lebensunterhalt: Brutto (Ehemann: 1.750,00 EUR; Ehefrau: 400,00 EUR)	2.150,00 EUR
Abzüglich Einnahmegrenze § 55 Abs. 2 Satz 2 Nr. 1 Satz 5 SGB V im Jahr 2014	2.350,25 EUR
Unterschiedsbetrag	200,25 EUR
Zumutbarer Eigenanteil des Versicherten (Unterschiedsbetrag x 3)	600,75 EUR
Berechnung der von der Krankenkasse zu tragenden Kosten aufgrund der besonderen Härtefallregelung: Vom Versicherten zunächst zu tragender Anteil an den Kosten für den Zahnersatz, siehe oben	1.000,00 EUR
Abzüglich zumutbarer Eigenanteil des Versicherten (Unterschiedsbetrag x 3)	600,75 EUR
Von der Krankenkasse zu übernehmender Restbetrag im Rahmen der Härtefallregelung nach § 55 Abs. 3 SGB V	399,25 EUR
Endgültiger Versichertenanteil	600,75 EUR
Endgültiger Kassenanteil	1.399,25 EUR

Heil- und Kostenplan

Der Vertragszahnarzt hat vor Beginn der Behandlung einen kostenfreien Heil- und Kostenplan (vgl. § 85 Abs. 2 SGB V) zu erstellen, der den Befund, die Regelversorgung und die tatsächlich geplante Versorgung auch in den Fällen des § 55 Abs. 4 und 5 SGB V nach Art, Umfang und Kosten beinhaltet. Im Heil- und Kostenplan sind Angaben zum Herstellungsort des Zahnersatzes zu machen. Der Heil- und Kostenplan ist von der Krankenkasse vor Beginn der Behandlung insgesamt zu prüfen. Die Krankenkasse kann den Befund, die Versorgungsnotwendigkeit und die geplante Versorgung begutachten lassen. Bei bestehender Versorgungsnotwendigkeit bewilligt die Krankenkasse die Festzuschüsse gemäß § 55 Abs. 1 oder 2 SGB V entsprechend dem im Heil- und Kostenplan ausgewiesenen Befund (vgl. § 87 Abs. 1a SGB V).

Abrechnung/Zahlung

Nach Abschluss der Behandlung rechnet der Vertragszahnarzt die von der Krankenkasse bewilligten Festzuschüsse mit der Kassenzahnärztlichen Vereinigung ab, soweit die tatsächlich durchgeführte Versorgung der Regelversorgung entspricht (vgl. § 87 Abs. 1a SGB V). Die Festzuschüsse werden gezahlt, wenn der Zahnersatz in der bewilligten Form innerhalb von sechs Monaten eingegliedert wird. Der Versicherte muss nur noch ggf. den Versichertenanteil selbst direkt an den Zahnarzt leisten (für die Abrechnung gilt hier der Einheitliche Bewertungsmaßstab für zahnärztliche Leistungen – BEMA).

Wählen Versicherte einen über die Regelversorgung gemäß § 56 Abs. 2 SGB V hinausgehenden gleichartigen Zahnersatz, haben sie die Mehrkosten gegenüber den in § 56 Abs. 2 Satz 10 SGB V aufgelisteten Leistungen selbst zu tragen (§ 55 Abs. 4 SGB V). Gleichartig ist Zahnersatz, wenn er die Regelversorgung umfasst, jedoch zusätzliche Leistungen aufweist (z. B. Verblendungen im hinteren Seitenzahngebiet, zusätzliche Verbindungselemente an kombiniertem Zahnersatz, Gold- statt Palladiumlegierungen/NEM-Legierungen).

Praxis TIPP

Aufbewahrung und Finanzierung der Rechnungen

Dass die Begrenzung auf Festzuschüsse zu Lasten der qualitativen Versorgung geht, kann nicht ohne weiteres unterstellt werden. Generell empfiehlt es sich aber, die Rechnungen im Hinblick auf mögliche Gewährleistungsansprüche (Behandlungsmängel/Beschwerden bei Füllungen und Zahnersatz) für mindestens zwei Jahre aufzubewahren.

Ein anderes Problem stellt sich bei Leistungsberechtigten und Personen mit vergleichsweise niedrigem Einkommen, die ggf. gleich- oder andersartige Versorgung gewählt haben. Bei Rechnungserhalt sind diese voraussichtlich nicht oder nur begrenzt in der Lage, den Rechnungsbetrag in einer Summe (ggf. auch durch Kontoüberziehung) zu begleichen. Es sollten daher die Möglichkeiten einer Ratenzahlung mit dem Zahnarzt oder die Vereinbarung eines Zahlungszieles (bis die Krankenkasse den Festzuschuss dem Konto gutgeschrieben hat) ausgelotet werden. Ob der Sozialhilfeträger seinerseits in entsprechender Anwendung des § 73 SGB XII (vgl. Abschnitt 13.) zusätzliche Leistungen in Form der darlehensweisen Übernahme erbringt, mag bezweifelt werden. Im Hinblick auf § 18 Abs. 1 SGB XII muss er hierüber jedoch durch Vorlage des Heil- und Kostenplanes rechtzeitig informiert werden (vgl. *VGH Baden-Württemberg vom 21. 6. 1999*, FEVS 51, 307).

2.3.5 Kieferorthopädische Behandlung

Kieferorthopädische Behandlung

Versicherte (bis zur Vollendung des 18. Lebensjahres) haben Anspruch auf kieferorthopädische Versorgung in medizinisch begründeten Indikationsgruppen, bei denen eine Kiefer- oder Zahnfehlstellung vorliegt, die das Kauen, Beißen, Sprechen oder Atmen erheblich beeinträchtigt oder zu beeinträchtigen droht (§ 29 Abs. 1 SGB V).

Wichtig:

Versicherte leisten zu der kieferorthopädischen Behandlung einen Anteil in Höhe von 20 v. H. der Kosten an den Vertragszahnarzt. Dies gilt nicht für im Zusammenhang mit kieferorthopädischer Behandlung erbrachte konservierend-chirurgische und Röntgenleistungen. Befinden sich mindestens zwei versicherte Kinder, die bei Beginn der Behandlung das 18. Lebensjahr noch nicht vollendet haben und mit ihren Erziehungsberechtigten in einem gemeinsamen Haushalt leben, in kieferorthopädischer Behandlung, beträgt der Anteil für das zweite und jedes weitere Kind 10 v. H. (vgl. § 29 Abs. 2 SGB V). Wenn die Behandlung in dem durch den Behandlungsplan bestimmten medizinisch erforderlichen Umfang abgeschlossen worden ist, zahlt die Kasse den von den Versicherten geleisteten Anteil nach Absatz 2 Satz 1 und 3 an die Versicherten zurück (§ 29 Abs. 3 Satz 2 SGB V).

2.4 Patientenrechte

Zum Abschluss dieses Abschnitts soll noch kurz auf die Rechte als Patient eingegangen werden. Die Stärkung dieser Rechte und Einflussmöglichkeiten war ein zentrales Anliegen der Gesundheitsreform, aber auch des Patientenrechtegesetzes vom 20. 2. 2013 (BGBl. I S. 277). Dabei ist grundsätzlich zu unterscheiden zwischen den Interessenvertretungen innerhalb des Gesundheitswesens durch Patientenorganisationen und der individuellen Mitbestimmung als Patienten in Fragen der eigenen medizinischen

Behandlung. So werden beispielsweise die – bereits oben beschriebene – Gesundheitskarte und die Patientenquittung auf individueller Ebene größere Transparenz und mehr Mitbestimmung bei der Behandlung bieten.

Auf Wunsch ist vom Arzt, Zahnarzt oder Krankenhaus eine Patientenquittung mit Kosten- und Leistungsinformationen in verständlicher Form erhältlich. Hierbei bestehen zwei Möglichkeiten: Vom behandelnden Arzt wird entweder direkt nach dem Arztbesuch eine sogenannte Tagesquittung ausgestellt oder am Ende des Abrechnungsquartals – gegen eine Gebühr von einem EUR – eine Quartalsquittung. Sofern die Patientenquittung per Post zugeschickt werden soll, ist dies gegen Übernahme der Versandkosten möglich. Die Patientenquittung enthält eine Aufstellung aller Leistungen und Kosten in übersichtlicher Form. Damit kann besser nachvollzogen werden, welche Leistungen zu welchen Kosten der Arzt erbracht hat.

Zu den weiteren Patientenrechten im Rahmen des Behandlungsvertrages (z. B. Aufklärungsgespräche, Selbstbestimmung, Rechte, Pflichten und Schadensersatz) wird auf die Broschüre „Patientenrechte in Deutschland" (Bestellnummer A 407) des Bundesministeriums für Gesundheit hingewiesen, die auch über das Internet heruntergeladen werden kann (http://www.bmg.bund.de).

3. Hilfe zur Familienplanung (§ 49 SGB XII)

Inhalt/Umfang

Diese Leistung, auf die ein Rechtsanspruch besteht, umfasst die Kosten

- der notwendigen ärztlichen Beratung einschließlich der erforderlichen Untersuchung und Verordnung,
- der ärztlich verordneten empfängnisregelnden Mittel.

Neben der „Pille" sind sämtliche ärztlich verordneten empfängnisregelnden Mittel (z. B. Intrauterin-Pessare, Schleifen, Spiralen) erfasst.

Die Hilfe nach § 49 SGB XII wird ohne Rücksicht auf den Familienstand gewährt. Die Übernahme von evtl. Zuzahlungsbeträgen durch den Sozialhilfeträger richtet sich nach sozialhilferechtlichen Grundsätzen (vgl. Abschnitt 6.).

Kostenübernahme – ärztliche Verordnung notwendig

Für eine Kostenübernahme durch den Sozialhilfeträger ist es aber bei allen empfängnisregelnden Mitteln notwendig, dass sie ärztlich verordnet sind. Abweichend von § 18 Abs. 1 SGB XII können die Kosten vom Sozialhilfeträger auch nachträglich gegen Vorlage der quittierten ärztlichen Verordnung (= Rezept) erstattet werden.

Vorrangige Ansprüche

Dieser Hilfemaßnahme gehen vor:

- Die Leistungen der gesetzlichen Krankenversicherung (§ 24a SGB V). Im Rahmen der gesetzlichen Krankenversicherung werden die ärztliche Beratung, die erforderliche Untersuchung und die Verordnung und gegebenenfalls Verabreichung („Drei-Monats-Spritze") im Rahmen der Versicherungsverträge bis zu 100 % übernommen. Versicherte bis zum vollendeten 20. Lebensjahr haben Anspruch auf Versorgung mit empfängnisverhütenden Mitteln, soweit sie ärztlich verordnet werden. Die Regelungen über die Zuzahlung bei Arznei- und Verbandmitteln (§ 31 SGB V; „Rezeptgebühr") gelten entsprechend.

  Von der Zuzahlung befreit sind Versicherte
  - unter 18 Jahren,
  - nach Erreichen der Belastungsgrenze (§ 62 SGB V).
- Leistungen nach § 40 SGB VIII für Kinder und Jugendliche bzw. junge Volljährige.

4. Hilfe bei Schwangerschaft und Mutterschaft (§ 50 SGB XII)

Inhalt

Auch auf diese Hilfemaßnahme besteht für werdende Mütter und Wöchnerinnen ein Rechtsanspruch. Der Hilfesuchenden sind die Leistungen zu gewähren, die im Zusammenhang mit Schwangerschaft, Entbindung und die Zeit nach der Entbindung notwendig sind.

Umfang

Die Hilfe umfasst

- ärztliche Betreuung und Hilfe sowie Hebammenhilfe,
- Versorgung mit Arznei-, Verband- und Heilmitteln,
- Pflege in einer stationären Einrichtung sowie häusliche Pflegeleistungen nach den Bestimmungen zur Hilfe zur Pflege (§ 65 Abs. 1 SGB XII).

Die Leistungen entsprechen den Leistungen, die nach den Vorschriften der gesetzlichen Krankenversicherung gewährt werden (§ 52 Abs. 1 SGB XII). Dadurch wird sichergestellt, dass schwangere Leistungsberechtigte nicht schlechter gestellt werden als weibliche Versicherte der gesetzlichen Krankenversicherung. Im Rahmen dieser Hilfe besteht grundsätzlich das Recht auf freie Arztwahl, entsprechend den Bestimmungen der gesetzlichen Krankenversicherung.

Sonstige Ansprüche

Daneben besteht bei der laufenden Hilfe zum Lebensunterhalt ein Anspruch auf den Mehrbedarfszuschlag für Schwangere nach § 30 Abs. 2 SGB XII und bei alleinerziehenden Müttern ab der Geburt nach § 30 Abs. 3 SGB XII. Ferner kommt auch noch ein Anspruch auf eine einmalige Leistung der Hilfe zum Lebensunterhalt zur angemessenen Ausstattung der werdenden Mütter und ihrer Säuglinge (z. B. Umstandskleidung, Säuglingsbekleidung, Kinderbett, Kinderwagen) in Betracht. Den werdenden Müttern sollte spätestens acht Wochen vor der Geburt ein ausreichender Betrag für die Erstausstattung des Kindes und für die wichtigsten Pflegeartikel ausgezahlt werden.

4.1 Vorrangige Ansprüche

Vorrangige Ansprüche

4.1.1 Leistungen der gesetzlichen Krankenversicherung (§§ 24c bis 24i SGB V)

- Ärztliche Betreuung und Hebammenhilfe (§ 24d SGBV)

  Ärztliche Betreuung und Hilfe sowie Hebammenhilfe sind während der Schwangerschaft, bei und nach der Entbindung zu gewähren. Die ärztliche Betreuung umfasst auch die Beratung der Schwangeren zur Bedeutung der Mundgesundheit für Mutter und Kind einschließlich des Zusammenhangs zwischen Ernährung und Krankheitsrisiko sowie die Einschätzung oder Bestimmung des Übertragungsrisikos von Karies. Hierzu gehören insbesondere die ärztliche Untersuchung zur Feststellung der Schwangerschaft und Vorsorgeuntersuchungen; außerdem Laborleistungen, ärztliche Beratung und Behandlung von Schwangerschaftsbeschwerden sowie die im Zusammenhang mit Schwangerschaftsbeschwerden und der Entbindung stehenden Arznei-, Verband- und Heilmittel. Die Zuzahlungsbeträge zu Arznei-, Verband- und Heil- und Hilfsmitteln (§ 31 Abs. 3, § 32 Abs. 2, § 33 Abs. 2 SGB V; siehe Abschnitt 6.) gelten hier nicht.
- Stationärer Aufenthalt in einem Krankenhaus oder einer anderen stationären Einrichtung).

  Bei der Entbindung in einem Krankenhaus oder einer anderen Einrichtung besteht für Versicherte in der gesetzlichen Krankenversicherung ein Anspruch auf Unterkunft, Pflege und Verpflegung für sich und das Neugeborene.

Behandlungsmehrkosten – Ablehnungsrisiko

Wählt die Versicherte selbst oder der Betreuer ohne zwingenden Grund ein anderes Krankenhaus als das in der ärztlichen Einweisung genannte, können die Mehrkosten von der Krankenkasse ganz oder teilweise abgelehnt werden (§ 24f Satz 5 SGB V).

- Häusliche Pflege (§ 24g SGB V)

  Versicherte in der gesetzlichen Krankenversicherung haben einen Anspruch auf häusliche Pflege, soweit diese wegen der Schwangerschaft oder Entbindung erforderlich ist. Sie umfasst die im Einzelfall erforderliche Grund- und Behandlungspflege, wird aber nur gewährt, soweit eine im Haushalt lebende Person die Versicherte nicht im erforderlichen Umfang pflegen und versorgen kann (§ 37 Abs. 3 SGB V).

  Kann die Krankenkasse keine Pflegekraft stellen oder wurde aus besonderen Gründen davon abgesehen, sind der Versicherten die Kosten für eine selbstbeschaffte Kraft in angemessener Höhe zu erstatten (§ 37 Abs. 4 SGB V). Die Kostenerstattung „in angemessener Höhe" richtet sich in der Regel nach der Kostenerstattung für eine Haushaltshilfe (siehe unten).

- Haushaltshilfe (§ 24h SGB V)

  Ist einer Versicherten wegen der Schwangerschaft oder Entbindung die Weiterführung des Haushalts nicht möglich und kann keine andere im Haushalt lebende Person diese Aufgabe übernehmen, wird von der Krankenkasse eine Haushaltshilfe gestellt. Sofern die Krankenkasse keine Haushaltshilfe zur Verfügung hat, sind der Versicherten die Kosten für eine selbstbeschaffte Haushaltshilfe in angemessener Höhe zu erstatten. Bis zu welcher Höhe derzeit die Kosten ersetzt werden, kann bei der zuständigen Krankenkasse erfragt werden. Für Verwandte und Verschwägerte bis zum zweiten Grad (z. B. Großeltern, Geschwister) gilt dies nicht; die Krankenkasse kann jedoch die erforderlichen Fahrtkosten und den Verdienstausfall ersetzen, wenn die Erstattung in einem angemessenen Verhältnis zu den sonst für eine Ersatzkraft entstehenden Kosten steht (§ 38 Abs. 4 SGB V).

- Mutterschaftsgeld (§ 24i SGB V)

  Für krankenversicherte Arbeitnehmerinnen und Gleichgestellte (z. B. bei Heimarbeit oder zulässiger Auflösung des Arbeitsverhältnisses nach § 6 Abs. 1, § 9 Abs. 3 MuSchG) wird der Nettolohn für sechs Wochen vor und acht Wochen (bzw. für zwölf Wochen bei Mehrlings- und Frühgeburten) nach der Entbindung gezahlt. Bei Frühgeburten, sonstigen vorzeitigen Entbindungen und Geburten nach dem mutmaßlichen Tag der Entbindung verlängert sich die Zahlungsdauer um den Zeitraum, der nach § 3 Abs. 2 MuSchG nicht in Anspruch genommen werden konnte. Es werden höchstens 13 EUR kalendertäglich steuer- und beitragsfrei gezahlt. Den über 13 EUR hinausgehenden Betrag bis zum Nettolohn stockt der Arbeitgeber bzw. in bestimmten Fällen die gesetzliche Krankenkasse auf.

  Nunmehr werden alle Tage, die bisher durch eine vorzeitige Entbindung verloren gegangen sind, an die achtwöchige Schutzfrist angehängt. Ferner wurde der Urlaubsanspruch eindeutig geregelt. Mutterschutzfristen und andere Beschäftigungsverbote gelten als Arbeitszeiten und dürfen deshalb nicht auf den Jahresurlaub angerechnet werden.

  Anmerkung:

  - Für Frauen, die Leistungen von der Agentur für Arbeit (Arbeitslosengeld, Unterhaltsgeld) beziehen, wird Mutterschaftsgeld in Höhe dieser Leistungen gezahlt.
  - Für privat- oder nichtversicherte Arbeitnehmerinnen beträgt das vom Bundesversicherungsamt zu zahlende Mutterschaftsgeld insgesamt höchstens 210 EUR. Beiträge an die private Krankenversicherung sind weiterzuzahlen (Vorteil der gesetzlichen Krankenversicherung: Die Mitgliedschaft besteht beitragsfrei weiter).

4.1.2 Leistungen nach dem Mutterschutzgesetz (§§ 13 bis 15 MuSchG)

Diese Leistungen entsprechen den vorstehenden Leistungen der gesetzlichen Krankenkassen.

4.1.3 Leistungen nach dem Unterhaltssicherungsgesetz (§ 7 Abs. 1 und 2 Nr. 1 USG)

Nähere Familienangehörige (Ehefrau, Kinder, Stiefkinder) eines Wehrpflichtigen erhalten im Rahmen der sog. „Sonderleistungen" Leistungen für werdende Mütter und Wöchnerinnen entsprechend den Vorschriften der gesetzlichen Krankenversicherung. Voraussetzung ist, dass keine private Krankenversicherung besteht. Zuständig sind die Unterhaltssicherungsstellen bei den Landratsämtern.

4.1.4 Leistungen nach dem Bundesversorgungsgesetz (§ 10 Abs. 6 BVG)

Versorgungsberechtigte nach dem BVG erhalten entsprechende Leistungen. Auskünfte hierüber erteilen die Versorgungsämter.

4.1.5 Leistungen nach dem SGB VIII (§ 40)

Die Jugendhilfe sieht gemäß § 50 SGB XII entsprechende Leistungen vor bei der Hilfe zur Erziehung in Vollzeitpflege (§ 33 SGB VIII), Heimerziehung (§ 34 SGB VIII), intensiver sozialpädagogischer Einzelbetreuung (§ 35 SGB VIII) oder bei der Eingliederungshilfe für seelisch behinderte Kinder und Jugendliche durch geeignete Pflegepersonen oder in Vollzeiteinrichtungen (§ 35a Abs. 1 Nrn. 3, 4 SGB VIII). Junge Volljährige erhalten die entsprechenden Leistungen nach § 41 Abs. 2 i. V. m. § 40 SGB VIII. Zuständig sind die Jugendämter.

4.1.6 Unterhalt von Mutter und Vater aus Anlass der Geburt nach § 1615l BGB

Nach dieser Vorschrift hat der Kindsvater der Mutter für die Dauer von sechs Wochen vor und acht Wochen nach der Geburt des Kindes Unterhalt zu gewähren.

Arbeitet die Mutter nicht, weil sie infolge der Schwangerschaft oder einer durch die Schwangerschaft oder die Entbindung verursachten Krankheit dazu außerstande ist, ist der Kindsvater verpflichtet, ihr über diese Zeit hinaus Unterhalt zu gewähren. Dies gilt auch, soweit von der Mutter wegen der Pflege oder Erziehung des Kindes eine Erwerbstätigkeit nicht erwartet werden kann. Die Unterhaltspflicht beginnt frühestens vier Monate vor der Entbindung. Sie endet in der Regel drei Jahre nach der Geburt des Kindes, sofern kein Härtefall vorliegt.

Er ist zudem verpflichtet, der Mutter die Kosten zu ersetzen, die ihr infolge der Schwangerschaft oder der Entbindung auch außerhalb dieses Zeitraumes entstehen.

Bei den Ansprüchen nach § 1615l BGB ist zu beachten, dass sie in vier Jahren, beginnend mit dem Schluss des auf die Entbindung folgenden Jahres, verjähren.

Schwangerenberatung

Ferner sei beispielsweise noch auf das Bayerische Schwangerenberatungsgesetz hingewiesen, wonach persönliche Hilfe durch die anerkannten Beratungsstellen bzw. die Staatl. Gesundheitsabteilungen der Landratsämter sichergestellt wird. Die Beratung ist kostenfrei.

4.2 Zusätzliche Hilfen

4.2.1 Bundesstiftung „Mutter und Kind – Schutz des ungeborenen Lebens"

Frauen, die sich im Zusammenhang mit ihrer Schwangerschaft in einer Notlage befinden, können Mittel aus dieser Stiftung erhalten. Voraussetzung ist aber, dass Hilfe durch andere Sozialleistungen (z. B. Sozialhilfe, Wohngeld, Leistungen nach dem Unterhaltsvorschussgesetz) nicht möglich ist oder nicht ausreicht.

Leistungen der Bundesstiftung können gewährt werden für Aufwendungen, die im Zusammenhang mit der Schwangerschaft, Geburt und der Pflege und Erziehung eines Kleinkindes stehen, insbesondere für

- Umstandskleidung,
- Erstausstattung des Kindes,
- Weiterführung des Haushalts,
- Wohnungssuche und die Einrichtung einer Wohnung,
- Betreuung des Kleinkindes.

4.2.2 Leistungen der Bayer. Landesstiftung „Hilfe für Mutter und Kind“ an Schwangere in Not

Reichen die öffentlichen und privaten Hilfen, die die Fortsetzung der Schwangerschaft und die Lage von Mutter und Kind erleichtern, im Einzelfall nicht aus, so kommen Leistungen der Landesstiftung in Betracht. Die Leistungen werden im Rahmen eines (auflösend bedingten) Schenkungsvertrages zuschussweise für dieselben Bedarfe, die bei der Bundesstiftung beschrieben sind, gewährt. Im Regelfall können – je nach vorhandenen Haushaltsmitteln – bis zu 1.000 EUR bzw. 1.800 EUR (bei Anträgen vor Ablauf der zwölften Schwangerschaftswoche) bewilligt werden. Leistungen werden jedoch im Falle eines Anspruchs nach dem SGB XII oder dem SGB VIII nicht gewährt. Zuständig für die Leistung sind neben der Landesstiftung die staatlich anerkannten Beratungsstellen für Schwangerschaftsfragen sowie die Beratungsstellen bei den städtischen und staatlichen Gesundheitsämtern.

4.2.3 Leistungen der Bayer. Landesstiftung „Hilfe für Mutter und Kind“ an Familien in Not

Die Leistungen der Landesstiftung werden unter denselben Voraussetzungen gewährt wie die der Bundesstiftung. Sie können entweder als zinsloses Darlehen oder zweckgebundene Beihilfen gewährt werden. Der Umfang der Leistung richtet sich nach dem notwendigen Bedarf und den besonderen Umständen des Einzelfalles. In der Regel können bis zu 3.500 EUR bewilligt werden; in besonderen Ausnahmefällen bis zu 10.500 EUR; in Fällen der Wohnraumbeschaffung bis zu 15.500 EUR. Zuständig für die Leistung ist die Landesstiftung „Hilfe für Mutter und Kind“, Kreuz 25, 95445 Bayreuth.

Die Antragsvordrucke können dort angefordert werden. Die Weiterleitung der Anträge übernehmen in der Regel die Gemeindeverwaltungen, Landratsämter, Staatl. Gesundheitsabteilungen und die staatlich anerkannten Beratungsstellen für Schwangerschaftsfragen; diese Stellen helfen auch beim Ausfüllen der Vordrucke.

Auch diese Leistungen werden zusätzlich zur Hilfe zum Lebensunterhalt oder der Hilfe in qualifizierten Notlagen gewährt, d. h., sie dürfen nicht auf Sozialhilfeleistungen angerechnet werden.

5. Hilfe bei Sterilisation (§ 51 SGB XII)

Inhalt/Umfang

Bei einer durch Krankheit erforderlichen Sterilisation besteht ein Rechtsanspruch auf diese Hilfemaßnahme, wenn der Eingriff von einem Arzt vorgenommen wird. Die Hilfemaßnahme entspricht der Leistung der gesetzlichen Krankenversicherung (§ 24b SGB V). Sie umfasst ärztliche Untersuchung und Begutachtung zur Feststellung der Voraussetzungen für eine durch Krankheit erforderliche Sterilisation, ärztliche Behandlung, Versorgung mit Arznei-, Verbands- und Heilmitteln sowie Krankenhauspflege.

Dieser Hilfemaßnahme gehen vor:

Vorrangige Ansprüche

- Die Leistungen der gesetzlichen Krankenkasse (§ 24b SGB V) für Versicherte in der gesetzlichen Krankenversicherung.

  Wenn der Eingriff Arbeitsunfähigkeit nach sich zieht, hat die Versicherte Anspruch auf Krankengeld (§ 24b Abs. 2 Satz 2 bzw. § 44 Abs. 1 SGB V).
- Leistungen nach § 40 SGB VIII für Kinder und Jugendliche bzw. junge Volljährige.

Wichtig:

Bezüglich einer Sterilisation von Betreuten wird auf die besonderen Vorschriften des § 1905 BGB und die Verfahrensgarantien hingewiesen.

Schwangerschaftsabbruch

Die Leistungen für einen Schwangerschaftsabbruch sind nunmehr ausschließlich im „Schwangerschaftskonfliktgesetz", Gesetz über das Verfahren in Familiensachen und in den Angelegenheiten der freiwilligen Gerichtsbarkeit und in den dazu ergangenen landesrechtlichen Gesetzen geregelt. Zuständig für die Leistungen sind – auch bei Nichtmitgliedern – ausschließlich die gesetzlichen Krankenkassen am Wohnort oder gewöhnlichen Aufenthalt.

6. Leistungserbringung, Vergütung (§ 52 SGB XII)

Leistungsumfang

Die Hilfen nach den §§ 47 bis 51 SGB XII (vgl. Abschnitte 1. bis 5.) entsprechen den Leistungen der gesetzlichen Krankenversicherung. Soweit Krankenkassen in ihrer Satzung Umfang und Inhalt der Leistungen bestimmen können, entscheidet der Träger der Sozialhilfe über Umfang und Inhalt der Hilfen nach pflichtgemäßem Ermessen (§ 52 Abs. 1 SGB XII).

Arztwahl

Leistungsberechtigte haben die freie Wahl unter den Ärzten und Zahnärzten sowie den Krankenhäusern entsprechend den Bestimmungen der gesetzlichen Krankenversicherung. Hilfen werden nur in dem durch Anwendung des § 65a SGB V (Bonus für gesundheitsbewusstes Verhalten) erzielbaren geringsten Umfang geleistet (§ 52 Abs. 2 SGB XII).

Vergütung

Bei Erbringung von Leistungen nach den §§ 47 bis 51 SGB XII sind die für die gesetzlichen Krankenkassen nach dem Vierten Kapitel SGB V geltenden Regelungen mit Ausnahme der §§ 82 bis 87a SGB V (Verträge auf Bundes- oder Landesebene) anzuwenden. Ärzte, Psychotherapeuten im Sinne des § 28 Abs. 3 Satz 1 SGB V und Zahnärzte haben für ihre Leistungen Anspruch auf die Vergütung, welche die Ortskrankenkasse, in deren Bereich der Arzt, Psychotherapeut oder der Zahnarzt niedergelassen ist, für ihre Mitglieder zahlt. Die sich aus den §§ 294, 295, 300 bis 302 SGB V für die Leistungserbringer ergebenden Verpflichtungen gelten auch für die Abrechnung von Leistungen nach diesem Kapitel mit dem Träger der Sozialhilfe. Die Vereinbarungen nach § 303 Abs. 1 sowie § 304 SGB V gelten für den Träger der Sozialhilfe entsprechend (§ 52 Abs. 3 SGB XII).

Hospize

Leistungsberechtigten, die nicht in der gesetzlichen Krankenversicherung versichert sind, wird unter den Voraussetzungen von § 39a Satz 1 SGB V zu stationärer und teilstationärer Versorgung in Hospizen der von den gesetzlichen Krankenkassen entsprechend § 39a Satz 3 SGB V zu zahlende Zuschuss geleistet (§ 52 Abs. 4 SGB XII). Er darf kalendertäglich 6 v. H. der monatlichen Bezugsgröße nach § 18 Abs. 1 SGB IV nicht unterschreiten und unter Anrechnung der Leistungen anderer Sozialleistungsträger die tatsächlichen kalendertäglichen Kosten zu stationärer oder teilstationärer Versorgung in Hospizen, in denen palliativ-medizinische Behandlung erbracht wird, nicht überschreiten.

Für Leistungen zur medizinischen Rehabilitation nach § 54 Abs. 1 Satz 1 SGB XII (vgl. Abschnitt 7.) gilt § 59 Abs. 2 und 3 SGB XII entsprechend (§ 52 Abs. 5 SGB XII).

6.1 Zuzahlungen

Versicherte der gesetzlichen Krankenversicherung haben in zahlreichen Fällen Zuzahlungen zu erbringen:

Zuzahlungsregelungen auf einen Blick

Kassenleistung	Zuzahlungen	Ausnahmen
Arznei- und Verbandmittel	10 % des Preises, jedoch mindestens 5 EUR und maximal 10 EUR pro Arzneimittel. In jedem Fall sind nicht mehr als die Kosten des Mittels zu zahlen	– 18. Lebensjahr noch nicht vollendet
Häusliche Krankenpflege	10 % der Kosten des Mittels zuzüglich 10 EUR je Verordnung	– 18. Lebensjahr noch nicht vollendet
Heilmittel	10 % der Kosten des Mittels zuzüglich 10 EUR je Verordnung	– 18. Lebensjahr noch nicht vollendet
Hilfsmittel	10 % für jedes Hilfsmittel (z. B. Hörgerät), jedoch mindestens 5 EUR und maximal 10 EUR. In jedem Fall sind nicht mehr als die Kosten des Mittels zu zahlen.	– Hilfsmittel, die zum Verbrauch bestimmt sind (z. B. Windeln bei Inkontinenz): Zuzahlung von 10 % je Verbrauchseinheit, aber maximal 10 EUR pro Monat – 18. Lebensjahr noch nicht vollendet
Haushaltshilfe	10 % der kalendertäglichen Kosten, jedoch höchstens 10 EUR und mindestens 5 EUR	– 18. Lebensjahr noch nicht vollendet
Soziotherapie	10 % der kalendertäglichen Kosten, jedoch höchstens 10 EUR und mindestens 5 EUR	– 18. Lebensjahr noch nicht vollendet
Stationäre Vorsorge und Rehabilitation	10 EUR pro Tag	– bei Anschlussheilbehandlungen: Begrenzung auf 28 Tage im Kalenderjahr – 18. Lebensjahr noch nicht vollendet
Mütter- bzw. Väterkuren	10 EUR pro Tag	– 18. Lebensjahr noch nicht vollendet
Krankenhausbehandlung	10 EUR pro Tag	– begrenzt auf 28 Tage im Kalenderjahr – 18. Lebensjahr noch nicht vollendet
Fahrkosten bei ambulanten Fahrten werden nur in besonderen Ausnahmefällen übernommen, vorherige Genehmigung der Krankenkasse erforderlich	10 % des Fahrpreises, mindestens 5 EUR und höchstens 10 EUR; zu zahlen sind nicht mehr als die Kosten des Fahrpreises	keine (auch nicht für Kinder und Jugendliche)

Belege sammeln!
Da Befreiungstatbestände, die automatisch eintreten, nicht mehr vorgesehen sind, ist es erforderlich, dass alle Zuzahlungen quittiert und die Belege gesammelt und aufbewahrt werden. Verschiedene Krankenkassen bieten zum Nachweis auch Quittungshefte für Zuzahlungen an, die das Sammeln von Belegen überflüssig machen. Informationen sind bei den Geschäftsstellen zu erhalten.

6.2 Belastungsgrenzen der gesetzlichen Krankenversicherung

Grundsatz

Um die Belastung der gesetzlich Versicherten und sonstigen Mitglieder der gesetzlichen Krankenkassen zu begrenzen, bestehen Höchstsätze, bis zu denen sie sich pro Jahr an den Leistungen selbst beteiligen müssen. Diese Belastungsgrenze ist in § 62 SGB V geregelt. Versicherte haben während jedes Kalenderjahres nur Zuzahlungen bis zur Belastungsgrenze zu leisten; wird die Belastungsgrenze bereits innerhalb eines Kalenderjahres erreicht, hat die Krankenkasse eine Bescheinigung darüber zu erteilen, dass für den Rest des Kalenderjahres keine Zuzahlungen mehr zu leisten sind (vgl. § 62 Abs. 1 Satz 1 SGB V).

Höhe der Belastungsgrenze

Die Belastungsgrenze beträgt 2 v. H. der jährlichen Bruttoeinnahmen zum Lebensunterhalt; für chronisch Kranke, die wegen derselben schwerwiegenden Krankheit in Dauerbehandlung sind, beträgt sie 1 v. H. der jährlichen Bruttoeinnahmen zum Lebensunterhalt (§ 62 Abs. 1 Satz 2 SGB V).

Chronisch Kranke

Als schwerwiegend chronisch krank gilt nach § 62 Abs. 1 Satz 4 i. V. m. § 92 SGB V, wer mindestens ein Jahr lang einen Arztbesuch pro Quartal wegen derselben Krankheit nachweisen kann und zusätzlich eines der folgenden drei Kriterien erfüllt:

- Es liegt eine Pflegebedürftigkeit der Pflegestufe 2 oder 3 vor.
- Es liegt ein Grad der Behinderung oder eine Erwerbsminderung von mindestens 60 v. H. vor (vgl. § 30 BVG bzw. § 56 Abs. 2 SGB VII).
- Es ist eine kontinuierliche medizinische Versorgung (ärztliche oder psychotherapeutische Behandlung, Arzneimitteltherapie oder die Versorgung mit Heil- und Hilfsmitteln) notwendig, ohne die nach ärztlicher Einschätzung eine lebensbedrohliche Verschlimmerung der Erkrankung, eine Verminderung der Lebenserwartung oder eine dauerhafte Beeinträchtigung der Lebensqualität durch die von der Krankheit verursachte Gesundheitsstörung zu erwarten ist. Darüber wird eine ärztliche Bescheinigung ausgestellt.

Wichtig:

Die Belastungsgrenze von 1 v. H. gilt für den gesamten Familienhaushalt. Das trifft auch dann zu, wenn der chronisch kranke Ehepartner privat oder bei einer anderen gesetzlichen Krankenkasse versichert sein sollte. Die weitere Dauer der Dauerbehandlung ist der Krankenkasse jeweils spätestens nach Ablauf eines Kalenderjahres nachzuweisen und vom Medizinischen Dienst der Krankenversicherung, soweit erforderlich, zu prüfen (§ 62 Abs. 1 Satz 3 SGB V).

Ermittlung des Einkommens

Bei der Ermittlung der Belastungsgrenzen werden nach § 62 Abs. 2 SGB V die Bruttoeinnahmen zum Lebensunterhalt (also neben Arbeitseinkommen z. B. auch Mieteinnahmen, Abfindungen und Betriebsrenten) der mit dem Versicherten im gemeinsamen Haushalt lebenden Angehörigen des Versicherten und des Lebenspartners zusammengerechnet. Hierbei sind die jährlichen Bruttoeinnahmen für den ersten in dem gemeinsamen Haushalt lebenden Angehörigen des Versicherten um 15 v. H. und für jeden weiteren in dem gemeinsamen Haushalt lebenden Angehörigen des Versicherten und des Lebenspartners um 10 v. H. der jährlichen Bezugsgröße nach § 18 SGB IV zu vermindern (§ 62 Abs. 2 Satz 1 SGB V). Für jedes Kind des Versicherten und des Lebenspartners sind die jährlichen Bruttoeinnahmen um den sich nach § 32 Abs. 6 Satz 1 und 2 EStG ergebenden Betrag zu vermindern; die nach § 62 Abs. 2 Satz 1 SGB V bei der Ermittlung der Belastungsgrenze vorgesehene Berücksichtigung entfällt (§ 62 Abs. 2 Satz 3 SGB V).

Die Bezugsgröße nach § 18 SGB IV beträgt für das Jahr 2014 jährlich 33.180 EUR, die Beträge nach § 32 Abs. 6 EStG bei gemeinsamen Kindern zusammen 7.008 EUR.

Die jährliche Belastungsgrenze errechnet sich bei Alleinstehenden folgendermaßen: Jahreseinkommen (brutto): 39.600 EUR, daraus 2 % = 792 EUR jährliche Belastungsgrenze.

Sind Haushaltsangehörige vorhanden: Familienjahreseinkommen (brutto) vermindert um 4.977 EUR (für den Ehegatten/Lebenspartner) und jeweils 3.318 EUR (für jeden weiteren Haushaltsangehörigen), daraus 2 %.

Bei Vorhandensein von Kindern gilt jeweils der obige Wert.

Bei chronisch Kranken vermindern sich die aus der Tabelle ersichtlichen Zuzahlungsbeträge um die Hälfte.

Wichtig:

Zu den Einnahmen zum Lebensunterhalt gehören nicht Grundrenten, die Beschädigte nach dem BVG oder nach anderen Gesetzen in entsprechender Anwendung des BVG erhalten, sowie Renten oder Beihilfen, die nach dem BEG für Schäden an Körper und Gesundheit gezahlt werden, bis zur Höhe der vergleichbaren Grundrente nach dem BVG (§ 62 Abs. 2 Satz 4 SGB V).

Abweichend hiervon ist

Maßgebendes Einkommen bei Leistungsempfängern nach SGB XII

- bei Versicherten, die Hilfe zum Lebensunterhalt oder Grundsicherung im Alter und bei Erwerbsminderung nach dem SGB XII oder
- bei Versicherten, die ergänzende Hilfe zum Lebensunterhalt nach dem BVG oder nach einem Gesetz, das dieses für anwendbar erklärt, erhalten,
- bei Versicherten, bei denen die Kosten der Unterbringung in einem Heim oder einer ähnlichen Einrichtung von einem Träger der Sozialhilfe oder der Kriegsopferfürsorge getragen werden, sowie
- für den in § 264 Abs. 2 SGB V genannten Personenkreis (vgl. unter Abschnitt 2.2)

als Bruttoeinnahmen zum Lebensunterhalt für die gesamte Bedarfsgemeinschaft nur der Regelsatz des Haushaltsvorstands nach der Verordnung zur Durchführung des § 28 SGB XII (RegelsatzVO) maßgeblich (§ 62 Abs. 2 Satz 5 SGB V). Dabei werden alle Personen erfasst, die in der Bedarfsgemeinschaft leben, das heißt, es spielt für die Höchstgrenze keine Rolle, ob noch weitere hilfsbedürftige Familienangehörige im Haushalt leben; die oben angegebenen Freibeträge können daher nicht zusätzlich geltend gemacht werden.

Wichtig:

Sozialhilfebezieher, die in einem Heim untergebracht sind, müssen nach § 35 Abs. 3 SGB XII Zuzahlungen nicht direkt entrichten. Vielmehr leistet der Träger der Sozialhilfe ein Darlehen in Höhe des maximalen Zuzahlungsbetrages für ein Jahr und zahlt dieses an die Krankenkasse. Das Darlehen wird in Raten von der monatlichen Sozialhilfe einbehalten (§ 37 Abs. 2 Satz 2 SGB XII).

Maßgebendes Einkommen bei Leistungsberechtigten nach SGB II

Bei Versicherten, die Leistungen zur Sicherung des Lebensunterhalts nach dem SGB II erhalten, ist abweichend von § 62 Abs. 2 Sätze 1 bis 3 SGB V als Bruttoeinnahmen zum Lebensunterhalt für die gesamte Bedarfsgemeinschaft nur die Regelleistung nach § 20 Abs. 2 SGB II maßgeblich (§ 62 Abs. 2 Satz 6 SGB V).

Wichtig:

Befreiungsantrag

Da die Krankenkasse nicht automatisch benachrichtigt, sobald die Belastungsgrenze erreicht ist, muss jeder selbst seine Zuzahlungen im Auge behalten (vgl. Abschnitt 6.1). Sobald die Belastungsgrenze innerhalb eines Kalenderjahres erreicht ist, muss bei der Krankenkasse eine Befreiung beantragt werden.

Befreiungsausweis

Die Krankenkasse stellt dem Versicherten eine Bescheinigung über die Befreiung aus. Der Befreiungsausweis enthält den Namen der ausstellenden Krankenkasse, Vorname und Name des Versicherten, Geburtsdatum und/oder KV-Nummer, Datum der Ausstellung und die Gültigkeitsdauer, jedoch keine Angaben über das Einkommen des Versicherten oder anderer zu berücksichtigender Personen (vgl. § 62 Abs. 3 SGB V). Erst mit dem Befreiungsausweis entfallen für den Rest des Kalenderjahres die Zuzahlungen.

Zahnersatz

Bei der Versorgung mit Zahnersatz (vgl. Abschnitt 2.3.2) gelten andere Härtevorschriften. Diese sind in § 55 Abs. 2 und 3 SGB V geregelt und stellen eine Mischform aus vollständiger Befreiung und der Überforderungsklausel nach altem Recht dar.

Regelfall doppelter Festzuschuss (100 v. H.)

Versicherte haben nach § 55 Abs. 2 SGB V bei der Versorgung mit Zahnersatz zusätzlich zu den Festzuschüssen Anspruch auf einen Betrag in jeweils gleicher Höhe, angepasst an die Höhe der für die Regelversorgungsleistungen tatsächlich anfallenden Kosten, höchstens jedoch in Höhe der tatsächlich entstandenen Kosten, wenn sie ansonsten unzumutbar belastet würden; wählen Versicherte, die unzumutbar belastet würden, nach § 55 Abs. 4 oder 5 SGB V einen über die Regelversorgung hinausgehenden gleich- oder andersartigen Zahnersatz, leisten die Krankenkassen nur den doppelten Festzuschuss.

7. Eingliederungshilfe für behinderte Menschen (§§ 53 bis 60 SGB XII)

Aufgabe

Aufgabe der Eingliederungshilfe ist es, eine drohende Behinderung zu verhüten oder eine vorhandene Behinderung oder deren Folgen zu beseitigen oder zu mildern und den behinderten Menschen in die Gesellschaft einzugliedern. Hierzu gehört vor allem, dem behinderten Menschen die Teilnahme am Leben in der Gemeinschaft zu ermöglichen oder zu erleichtern, ihm die Ausübung eines angemessenen Berufs oder einer sonstigen angemessenen Tätigkeit zu ermöglichen oder ihn so weit wie möglich von Pflege unabhängig zu machen (§ 53 Abs. 3 SGB XII).

7.1 Personenkreis der Hilfeberechtigten

Behindertenbegriff

Ausgangspunkt für den Personenkreis der Hilfeberechtigten ist der in § 2 Abs. 1 Satz 1 SGB IX enthaltene Behindertenbegriff. Danach sind Menschen behindert, wenn ihre körperliche Funktion, geistige Fähigkeit oder seelische Gesundheit mit hoher Wahrscheinlichkeit länger als sechs Monate von dem für das Lebensalter typischen Zustand abweichen und daher ihre Teilhabe am Leben in der Gesellschaft beeinträchtigt ist.

Personenkreis Nach § 53 Abs. 1 SGB XII haben Personen einen Rechtsanspruch auf Eingliederungshilfe, die durch eine Behinderung im Sinne von § 2 Abs. 1 Satz 1 SGB IX wesentlich in ihrer Fähigkeit, an der Gesellschaft teilzuhaben, eingeschränkt oder von einer solchen wesentlichen Behinderung bedroht sind, wenn und solange nach der Besonderheit des Einzelfalles, vor allem nach Art oder Schwere der Behinderung, Aussicht besteht, dass die Aufgabe der Eingliederungshilfe erfüllt werden kann.

Für einen Rechtsanspruch auf Eingliederungshilfe für behinderte Menschen ist es erforderlich, dass aufgrund der Behinderung (oder beim Zusammentreffen mehrerer Behinderungen der Mehrfachbehinderung) „wesentlich“ die Fähigkeit zur Teilhabe an der Gesellschaft eingeschränkt ist. Dieser Begriff stellt darauf ab, in welchem Umfang eine Beeinträchtigung vorliegt. Damit wird dem Individualisierungsgrundsatz, der die Sozialhilfegewährung prägt, Rechnung getragen. Zur Beurteilung, ob die Fähigkeit zur Teilhabe im Einzelfall als „wesentlich“ beeinträchtigt anzusehen ist, sind Faktoren, wie z. B. das Alter des Hilfebedürftigen, seine bisherige berufliche Tätigkeit, seine Fähigkeiten und seine Familienverhältnisse zu berücksichtigen. Es kommt hier insbesondere auf gutachterliche Stellungnahmen von Fachleuten (Ärzten, Psychologen, Sozialpädagogen etc.) und auch auf die Betreuer an, die vom Sachbearbeiter der Sozialhilfe bei der Entscheidungsfindung zu Rate gezogen werden. Die Zuordnung eines Hilfesuchenden zum Personenkreis des § 53 SGB XII stellt dennoch eine reine Verwaltungsentscheidung dar.

Die in § 53 Abs. 1 und 2 SGB XII i. V. m. § 2 Abs. 1 SGB IX genannten Tatbestandsmerkmale zur körperlichen Funktion, geistigen Fähigkeit und seelischen Gesundheit werden durch die Verordnung nach § 60 SGB XII (EingliederungshilfeVO) weiter ausgeformt:

Für den Personenkreis der körperlich wesentlich behinderten Menschen bestimmt § 1 der VO nach § 60 SGB XII: Durch körperliche Gebrechen wesentlich in ihrer Teilhabefähigkeit eingeschränkt i. S. d. § 53 Abs. 1 Satz 1 SGB XII sind

- Personen, deren Bewegungsfähigkeit durch eine Beeinträchtigung des Stütz- oder Bewegungssystems in erheblichem Umfang eingeschränkt ist (z. B. Querschnittslähmung, Multiple Sklerose, Beinamputation),
- Personen mit erheblichen Spaltbildungen des Gesichts oder des Rumpfes oder mit abstoßend wirkenden Entstellungen vor allem des Gesichts (z. B. Kiefer- und Gaumenspalten),
- Personen, deren körperliches Leistungsvermögen infolge Erkrankung, Schädigung oder Fehlfunktion eines inneren Organs oder der Haut in erheblichem Umfange eingeschränkt ist (z. B. Stoffwechselkrankheiten, Diabetes mellitus, Asthma),
- Blinden oder solchen sehbehinderten Personen, bei denen die Gläserkorrektion ohne besondere optische Hilfsmittel bestimmte Sehschärfen nicht erreicht,
- Personen, die gehörlos sind oder denen eine sprachliche Verständigung über das Gehör nur mit Hörhilfen möglich ist,
- Personen, die nicht sprechen können, Seelentauben und Hörstummen, Personen mit erheblichen Stimmstörungen sowie Personen, die stark stammeln, stark stottern oder deren Sprache stark unartikuliert ist.

Zur Konkretisierung des Personenkreises der geistig wesentlich behinderten Menschen führt § 2 der VO nach § 60 SGB XII Folgendes aus: Geistig wesentlich behindert sind

Personen, die infolge einer Schwäche ihrer geistigen Kräfte in erheblichem Umfang in ihrer Fähigkeit zur Teilhabe am Leben in der Gesellschaft eingeschränkt sind.

Hierzu zählen z. B. vor allem Personen mit Geburtsschädigungen bzw. mit hirnorganischen Abbauprozessen bei einem Intelligenzquotienten unter 50.

§ 3 der VO nach § 60 SGB XII definiert den Personenkreis der seelisch wesentlich behinderten Menschen: Hierzu gehören Personen, die infolge seelischer Störungen in ihrer Fähigkeit zur Teilhabe am Leben in der Gesellschaft wesentlich eingeschränkt sind.

Seelische Störungen, die eine Einschränkung in diesem Sinne zur Folge haben können, sind

- körperlich nicht begründbare Psychosen,
- seelische Störungen als Folge von Krankheiten oder Verletzungen des Gehirns, von Anfallsleiden oder von anderen Krankheiten oder körperlichen Beeinträchtigungen,
- Suchtkrankheiten,
- Neurosen und Persönlichkeitsstörungen.

  Unter diesen Personenkreis fallen z. B. Personen mit Schizophrenie, manisch-depressiven Erkrankungen, Alkohol- und Drogensucht, Psychopathien.

Abgrenzung

Personen mit anderen körperlichen, geistigen oder seelischen Behinderungen kann Hilfe gewährt werden (§ 53 Abs. 1 Satz 2 SGB XII).

Nach § 53 Abs. 2 SGB XII stehen den Behinderten die Personen gleich, die von einer Behinderung bedroht sind. Darunter fallen Personen, bei denen der Eintritt der Behinderung nach allgemeiner ärztlicher oder sonstiger fachlicher Erkenntnis mit hoher Wahrscheinlichkeit zu erwarten ist. Ist die Behinderung heilbar, werden die erforderlichen Maßnahmen nach den Vorschriften der vorbeugenden Hilfe bzw. der Hilfe bei Krankheit (§§ 47, 48 SGB XII; vgl. Abschnitte 1. und 2.) gewährt.

Maßnahmen, die einem behinderten Menschen gewährt werden, gehören nur dann zur Eingliederungshilfe, wenn sie dazu dienen, die in § 53 Abs. 3 SGB XII genannten Ziele zu erreichen. Eingliederungshilfe wird gewährt, wenn und solange nach der Besonderheit des Einzelfalles, vor allem nach Art und Schwere der Behinderung, Aussicht besteht, dass die Aufgabe der Eingliederungshilfe erfüllt werden kann (§ 53 Abs. 1 Satz 1 SGB XII). Besteht z. B. bei einem hochgradig behinderten Menschen keine Möglichkeit (mehr), seine Teilhabefähigkeit spürbar zu fördern, ist die erforderliche Maßnahme (unter Umständen Wartung und Pflege) in der Regel nicht mehr der Eingliederungshilfe, sondern der Hilfe zur Pflege (vgl. Abschnitt 8.) zuzuordnen.

7.2 Leistungen der Eingliederungshilfe

Leistungen

Einzelne Leistungen der Hilfe sind in § 54 SGB XII i. V. m. den Vorschriften des SGB IX und den §§ 6 bis 24 der VO nach § 60 SGB XII geregelt. Danach sind Leistungen der Eingliederungshilfe vor allem

- Leistungen zur medizinischen Rehabilitation nach § 26 SGB IX
- Versorgung mit Körperersatzstücken sowie mit orthopädischen oder anderen Hilfsmitteln (§ 26 Abs. 2 Nr. 6 SGB IX, § 54 Abs. 1 Satz 1 SGB XII, §§ 8 bis 10 VO nach § 60 SGB XII)

- Leistungen zur Teilhabe am Arbeitsleben nach § 33 SGB IX sowie sonstige Hilfen zur Erlangung eines geeigneten Platzes im Arbeitsleben (§ 54 Abs. 1 Satz 1 SGB XII, § 17 VO nach § 60 SGB XII)
- Hilfe zu einer angemessenen Schulbildung, vor allem im Rahmen der allgemeinen Schulpflicht und durch Hilfe zum Besuch weiterführender Schulen einschließlich der Vorbereitung darauf. Die Bestimmungen über die Ermöglichung der Schulbildung im Rahmen der allgemeinen Schulpflicht werden hiervon nicht berührt. (§ 54 Abs. 1 Satz 1 Nr. 1 SGB XII, § 12 VO nach § 60 SGB XII)
- Hilfe zur schulischen Ausbildung für einen angemessenen Beruf einschließlich des Besuchs einer Hochschule (§ 54 Abs. 1 Satz 1 Nr. 2 SGB XII, § 13 VO nach § 60 SGB XII)
- Hilfe zur Ausbildung für eine sonstige angemessene Tätigkeit (§ 54 Abs. 1 Satz 1 Nr. 3 SGB XII, § 13a VO nach § 60 SGB XII)
- Leistungen in anerkannten Werkstätten für behinderte Menschen nach § 41 SGB IX oder in vergleichbaren sonstigen Beschäftigungsstätten nach § 56 SGB XII (§ 54 Abs. 1 Satz 1 Nr. 4 SGB XII, § 17 VO nach § 60 SGB XII)
- Leistungen zur Teilhabe am Leben in der Gemeinschaft nach § 55 SGB IX
- Nachgehende Hilfe zur Sicherung der Wirksamkeit der ärztlichen und ärztlich verordneten Maßnahmen und zur Sicherung der Teilhabe der behinderten Menschen am Arbeitsleben (§ 54 Abs. 1 Satz 1 Nr. 5 SGB XII, § 17 VO nach § 60 SGB XII)
- Sonstige Maßnahmen der Eingliederungshilfe für Behinderte
- Allgemeine Ausbildung (§ 16 VO nach § 60 SGB XII)
- Hilfe zur Anleitung von Betreuungspersonen (§ 20 VO nach § 60 SGB XII)
- Hilfe zur Verständigung mit der Umwelt (§ 57 SGB IX)
- Kosten der Begleitpersonen (§ 22 VO nach § 60 SGB XII)
- Beihilfen für Besuchsreisen (§ 54 Abs. 2 SGB XII)

7.3 Erweiterte Hilfe (§ 92 SGB XII)

Erweiterte Hilfe

Ist wegen der Behinderung die Gewährung der Hilfe in einer stationären Einrichtung, einer Tageseinrichtung für Behinderte oder ärztliche oder ärztlich verordnete Maßnahmen erforderlich, muss die Hilfe hierfür auch dann in vollem Umfang gewährt werden, wenn dem Leistungsberechtigten, seinem nicht getrennt lebenden Ehegatten/ Lebenspartner und – wenn der Hilfesuchende minderjährig und unverheiratet ist – auch seinen Eltern oder einem Elternteil die Aufbringung der Mittel zu einem Teil zuzumuten ist (vgl. § 19 Abs. 3 SGB XII). In Höhe dieses Teils haben sie zu den Kosten der Hilfe beizutragen. Zweck der erweiterten Hilfe ist, die in einer Einrichtung zu erbringende Maßnahme zu sichern. Die „Vorleistungspflicht" des Sozialhilfeträgers nach § 92 Abs. 1 SGB XII entfällt jedoch, wenn den in § 19 Abs. 3 SGB XII genann-

ten Personen die Aufbringung der aufzuwendenden Kosten in vollem Umfang zuzumuten ist oder es sich um sog. „Selbstzahler" handelt. In diesen Fällen greift dann allenfalls die Ermessensleistung des § 19 Abs. 5 SGB XII ein.

Diese Pflicht zur Leistung eines Eigenanteils (= Kostenbeitrag) wird durch § 92 Abs. 2 SGB XII grundsätzlich auf die sog. „häuslichen Ersparnisse" beschränkt. Voraussetzung hierfür ist, dass Hilfe zu einer der folgenden Maßnahmen gewährt wird:

- bei heilpädagogischen Maßnahmen für Kinder, die noch nicht eingeschult sind
- bei der Hilfe zu einer angemessenen Schulbildung einschließlich der Vorbereitung hierzu
- bei der Hilfe, die dem behinderten noch nicht eingeschulten Menschen die für ihn erreichbare Teilnahme am Leben in der Gemeinschaft ermöglichen soll
- bei der Hilfe zur schulischen Ausbildung für einen angemessenen Beruf oder zur Ausbildung für eine sonstige angemessene Tätigkeit, wenn die hierzu erforderlichen Leistungen in besonderen Einrichtungen für behinderte Menschen erbracht werden
- bei Leistungen zur medizinischen Rehabilitation (§ 26 SGB IX)
- bei Leistungen zur Teilhabe am Arbeitsleben (§ 33 SGB IX)
- bei Leistungen in anerkannten Werkstätten für behinderte Menschen nach § 41 SGB IX und in vergleichbaren sonstigen Beschäftigungsstätten (§ 56 SGB XII)
- bei Hilfen zum Erwerb praktischer Kenntnisse und Fähigkeiten, die erforderlich und geeignet sind, behinderten Menschen die für sie erreichbare Teilhabe am Arbeitsleben zu ermöglichen, soweit diese Hilfen in besonderen teilstationären Einrichtungen für behinderte Menschen erbracht werden

§ 92 Abs. 2 Satz 1 SGB XII zählt damit die Hilfemaßnahmen auf, bei denen nur zu den Kosten des Lebensunterhalts und nicht auch zu den Maßnahmekosten der Eingliederungshilfe ein Beitrag zu leisten ist. Dabei ist es unerheblich, ob die Hilfe in ambulanter, teilstationärer oder vollstationärer Form gewährt wird.

Hilfe zum Lebensunterhalt

Erhält der behinderte Mensch neben der (ambulanten oder teilstationären) Eingliederungshilfe nach § 92 Abs. 2 SGB XII Hilfe zum Lebensunterhalt, findet für diese die übliche Bedürftigkeitsprüfung statt (vgl. hierzu Kapitel B 4). Die Vergünstigungen des § 92 Abs. 2 Sätze 2 bis 5 SGB XII finden hier keine Anwendung. Ist das behinderte Kind noch minderjährig und unverheiratet, dann zählen die Eltern hinsichtlich der Hilfe zum Lebensunterhalt wie der Hilfeempfänger selbst zur Bedarfsgemeinschaft nach § 19 Abs. 1 SGB XII. Ist der behinderte Mensch bereits volljährig, gilt § 36 SGB XII (vgl. Kapitel B 2 „Hilfe zum Lebensunterhalt"). Dies gilt ebenfalls für die in § 54 Abs. 1 Satz 1 SGB XII i. V. m. § 55 Abs. 2 Nr. 6 SGB IX genannte selbstständige Hilfe in betreuten Wohnmöglichkeiten. Die Leistungen in betreuten Wohnmöglichkeiten zählen zu denen der Teilhabe am Leben in der Gemeinschaft und damit zur Eingliederungshilfe für behinderte Menschen. Der Hilfeempfänger muss sein Einkommen und Vermögen zur Bestreitung seines Bedarfs (auch für die Hilfe zum

Lebensunterhalt) wie bisher einsetzen. Bei minderjährigen und unverheirateten Kindern haben/hat die Eltern/der Elternteil aus ihrem/seinem Einkommen und Vermögen nach § 19 Abs. 3 SGB XII einen Kostenbeitrag zu leisten. Bei volljährigen behinderten Menschen ist bezüglich des Unterhalts der Eltern aber § 94 Abs. 2 SGB XII zu beachten. Der Bedarf zum Lebensunterhalt für (dauerhaft) voll erwerbsgeminderte Personen wird durch die Grundsicherung im Alter und bei Erwerbsminderung gedeckt.

Zum besseren Überblick sind in der folgenden Tabelle nochmals die wesentlichen Schritte der Bedürftigkeitsprüfung wiedergegeben (vgl. hierzu auch Abschnitte 15.3 und 15.4.

Bedürftigkeitsprüfung bei Werkstätten und Förderstätten	
Werkstätte	
Teilstationär	• Bezüglich der Werkstattkosten findet keine Bedürftigkeitsprüfung statt; kein Unterhalt (§ 92 Abs. 2 Nr. 7 SGB XII) • Für den in der Werkstätte gewährten Lebensunterhalt (Mittagessen) gilt die Einkommensgrenze in Höhe des doppelten Eckregelsatzes (§ 92 Abs. 2 Satz 4 SGB XII) • Für Hilfe zum Lebensunterhalt gilt der Freibetrag für Erwerbstätige (§ 82 Abs. 3 Satz 2 SGB XII)
Vollstationär	• Bezüglich der Werkstattkosten findet keine Bedürftigkeitsprüfung statt; kein Unterhalt (§ 92 Abs. 2 Nr. 7 SGB XII) • Bezüglich der Wohnheimkosten (inklusive der darin enthaltenen Hilfe zum Lebensunterhalt) gelten besondere Einkommensfreibeträge (§ 88 Abs. 2 neben § 85 SGB XII); das Arbeitsförderungsgeld nach § 43 SGB IX ist frei zu lassen (§ 82 Abs. 2 Nr. 5 SGB XII) • Die Eltern werden zum Unterhalt herangezogen, aber mit besonderen Schongrenzen und der Möglichkeit der pauschalen Abgeltung in Höhe von 26 EUR sowie für den Lebensunterhalt 20 EUR monatlich (§ 94 Abs. 2 SGB XII)
Förderstätte	
Teilstationär	• Bezüglich der Kosten der Förderstätte findet keine Bedürftigkeitsprüfung statt; kein Unterhalt (§ 92 Abs. 2 Nr. 8 SGB XII) • Für den in der Werkstätte gewährten Lebensunterhalt (Mittagessen) gilt die Einkommensgrenze in Höhe des doppelten Eckregelsatzes (§ 92 Abs. 2 Satz 4 SGB XII) • Für Hilfe zum Lebensunterhalt gilt der allgemeine Freibetrag für Erwerbstätige (§ 82 Abs. 3 Satz 1 SGB XII)
Vollstationär	• Bezüglich der Kosten der Förderstätte findet keine Bedürftigkeitsprüfung statt; kein Unterhalt (§ 92 Abs. 2 Nr. 7 SGB XII) • Die Eltern werden zum Unterhalt herangezogen, aber mit besonderen Schongrenzen und der Möglichkeit der pauschalen Abgeltung in Höhe von 26 EUR sowie für den Lebensunterhalt 20 EUR monatlich (§ 94 Abs. 2 SGB XII)

Werkstatt und Tagesstätte sind in aller Regel teilstationäre Einrichtungen, deren Nutzer somit die Regelungen des § 92 Abs. 2 Satz 1 Nrn. 7 und 8 SGB XII in vollem Umfang in Anspruch nehmen kann. Wohnt der Betroffene in einem (angeschlossenen) Wohnheim, so nützt er die Werkstatt/Tagesstätte zwar subjektiv als vollstationär, dies ändert aber nicht den jeweils objektiven Einrichtungscharakter als teilstationär im Sinne des Gesetzes (wobei es keinen Unterschied macht, ob der Träger der Werkstatt/Tagesstätte einerseits, des Wohnheims andererseits identisch ist). Es werden überdies stets getrennte Entgeltsätze für Werkstatt/Tagesstätte einerseits und Wohnheim andererseits vereinbart; infolgedessen kann differenziert werden.

Verpflichtungen Dritter, § 92 Abs. 3 SGB XII

Hat ein anderer als ein nach bürgerlichem Recht Unterhaltspflichtiger nach sonstigen Vorschriften Leistungen für denselben Zweck zu gewähren, dem die in § 92 Abs. 2 SGB XII genannten Maßnahmen dienen, wird seine Verpflichtung dadurch nicht berührt. Solche Verpflichtungen anderer Personen oder Stellen können auf öffentlichrechtlicher oder zivilrechtlicher Basis beruhen (z. B. Beihilfeleistungen nach Beamtenrecht, Leistungen nach dem BAföG oder Schadensersatzleistungen, vertragliche Unterhaltsleistungen). Diese Drittleistung muss aber den gleichen Zweck verfolgen wie die auf § 92 Abs. 2 SGB XII beruhende konkrete Maßnahme; keine Zweckidentität besteht beispielsweise zwischen Kindergeld und den Leistungen für den Lebensunterhalt in einer Einrichtung (vgl. § 83 SGB XII). Kommt die andere Person oder Stelle ihrer Verpflichtung nicht nach, besteht für den Sozialhilfeträger die Möglichkeit, den Anspruch nach § 93 Abs. 1 Satz 1 SGB XII auf sich überzuleiten.

Volljährigkeit: Eigenes Einkommen maßgeblich!

Ab Vollendung des 18. Lebensjahres des Behinderten ist nur noch sein eigenes Einkommen und gegebenenfalls das seines nicht getrennt lebenden Ehegatten Berechnungsgrundlage für die häuslichen Ersparnisse. Die Eltern des Behinderten können nur noch über die Vorschriften der Heranziehung von Unterhaltspflichtigen in Anspruch genommen werden. Die Aufbringung der Mittel bei Leistungen in anerkannten Werkstätten für behinderte Menschen und in vergleichbaren sonstigen Beschäftigungsstätten sowie bei Hilfen zum Erwerb praktischer Kenntnisse und Fähigkeiten zur Ermöglichung der Teilhabe am Arbeitsleben ist aus dem Einkommen nicht zumutbar, wenn das Einkommen des behinderten Menschen insgesamt einen Betrag in Höhe des zweifachen Eckregelsatzes nicht übersteigt.

Der Kostenbeitrag wird mittels Leistungsbescheid geltend gemacht.

7.4 Gesamtplan (§ 58 SGB XII)

Gesamtplan

Zum Verfahren bei der Eingliederungshilfe bestimmt § 58 SGB XII, dass der Sozialhilfeträger so früh wie möglich einen Gesamtplan zur Durchführung der einzelnen Maßnahmen aufstellen muss.

Bei der Aufstellung des Gesamtplans und der Durchführung der Maßnahmen wirkt der Sozialhilfeträger mit dem Behinderten und den sonstigen Beteiligten, vor allem dem behandelnden Arzt, der Staatl. Gesundheitsverwaltung, dem Landesarzt, dem Jugendamt und den Dienststellen der Bundesagentur für Arbeit zusammen. Bei der Prüfung von Art und Umfang der in Betracht kommenden Maßnahmen der Eingliederungshilfe sollen, soweit nach den Besonderheiten des Einzelfalles geboten, ein Arzt, ein Pädagoge, jeweils der entsprechenden Fachrichtung, ein Psychologe oder eine sonst sachverständige Person gehört werden (§ 24 VO nach § 60 SGB XII).

7.5 Bestimmungen zur Sicherung der Eingliederung behinderter Menschen (§§ 60 bis 62 SGB IX, § 59 SGB XII)

Sonderbestimmungen

Hierbei handelt es sich um Vorschriften, die nicht Leistungen im Einzelfall vorsehen, sondern um allgemeine Maßnahmen und Pflichten für die rechtzeitige und wirksame

Hilfegewährung. Sie gelten nicht für Personen, die Leistungen nach anderen Sozialgesetzen (z. B. aus der Unfallversicherung, nach dem BVG, BEG, HHG) erhalten.

Mit diesen Vorschriften soll erreicht werden, dass

- Gesundheitsverwaltungen der Landratsämter, Sozialhilfeträger und sonstige Sozialleistungsträger möglichst frühzeitig Kenntnis von der Behinderung erhalten,
- der Behinderte möglichst frühzeitig über mögliche Eingliederungsmaßnahmen beraten wird,
- der Behinderte sich frühzeitig in Behandlung begibt bzw. von anderen Hilfemaßnahmen Gebrauch macht.

Pflichten Personensorgeberechtigter

Im Einzelnen sieht das SGB IX hierzu Folgendes vor:

Eltern, Vormünder, Pfleger und Betreuer, die bei den ihrer Personensorge anvertrauten Menschen Behinderungen (§ 2 Abs. 1 SGB IX) wahrnehmen oder durch die in § 61 SGB IX genannten Personen hierauf hingewiesen werden, sollen im Rahmen ihres Erziehungs- oder Betreuungsauftrags die behinderten Menschen einer gemeinsamen Servicestelle (vgl. § 23 SGB IX) oder einer sonstigen Beratungsstelle für Rehabilitation oder einem Arzt zur Beratung über die geeigneten Leistungen zur Teilhabe vorstellen.

Sicherung der Beratung behinderter Menschen

Die Beratung der Ärzte, denen eine Person nach § 60 SGB IX vorgestellt wird, erstreckt sich auf die geeigneten Leistungen zur Teilhabe. Dabei weisen sie auf die Möglichkeit der Beratung durch eine gemeinsame Servicestelle oder eine sonstige Beratungsstelle für Rehabilitation hin. Bei Menschen, bei denen der Eintritt der Behinderung nach allgemeiner ärztlicher Erkenntnis zu erwarten ist, wird entsprechend verfahren. Werdende Eltern werden auf den Beratungsanspruch bei den Schwangerschaftsberatungsstellen hingewiesen (§ 61 Abs. 1 SGB IX).

Hebammen, Entbindungspfleger, Medizinalpersonen außer Ärzten, Lehrer, Sozialarbeiter, Jugendleiter und Erzieher, die bei Ausübung ihres Berufs Behinderungen (§ 2 Abs. 1 SGB IX) wahrnehmen, weisen die Personensorgeberechtigten auf die Behinderung und auf die Beratungsangebote nach § 60 SGB IX hin (§ 60 Abs. 2 SGB IX).

Nehmen Medizinalpersonen außer Ärzten und Sozialarbeiter bei Ausübung ihres Berufs Behinderungen (§ 2 Abs. 1 SGB IX) bei volljährigen Menschen wahr, empfehlen sie diesen Menschen oder den für sie bestellten Betreuern, eine Beratungsstelle für Rehabilitation oder einen Arzt zur Beratung über die geeigneten Leistungen zur Teilhabe aufzusuchen (§ 60 Abs. 3 SGB IX). Hierbei werden sie unter Umständen von den Landesärzten nach § 62 SGB IX unterstützt.

Landesärzte, § 62 SGB IX

In den Ländern können Landesärzte bestellt werden, die über besondere Erfahrungen in der Hilfe für behinderte und von Behinderung bedrohte Menschen verfügen (§ 62 Abs. 1 SGB IX).

Aufgaben des Gesundheitsamtes, § 59 SGB IX

Bestimmte Aufgaben nehmen auch das Gesundheitsamt oder die durch Landesrecht bestimmte Stelle wahr.

7.6 Vorrangige Leistungen

Die oben beschriebenen Rehabilitationsmaßnahmen werden auch von anderen Sozialleistungsträgern gewährt. Insoweit tritt dann die Sozialhilfe entsprechend dem Nachrangprinzip zurück.

Über die verschiedenen Sozialleistungsträger und Fallkonstellationen gibt die nachfolgende Übersicht Aufschluss:

Aufgaben und Zuständigkeiten der Rehabilitationsträger

Art der Behinderung (Personenkreis)	1	2	3	4	5	6	7
Arten der Hilfe	Alle Leiden (außer Spalten 5 und 6) und zwar:						
	wenn kranken-, pflege- und rentenversichert	wenn kranken- und pflegeversichert, aber nicht rentenversichert	wenn renten-, aber nicht krankenversichert	wenn nicht kranken- und nicht rentenversichert (auch nicht als Familienangehöriger)	Arbeitsunfall einschl. Unfall beim Besuch von Kindergarten, Schule, Hochschule; Berufskrankheit	Kriegs-/Wehrdienstbeschädigung, Impfschäden o. a.	Alle Leiden (Spalten 1–6), wenn Zuständigkeit ungeklärt
I. Auskunft	Auskunftsstellen für Rehabilitation sind alle nachfolgend genannten Träger bzw. gemeinsame Servicestellen						
II. Beratung durch den Leistungsträger	Rentenversicherungsträger/Krankenkasse; in Berufsfragen auch Agentur für Arbeit, wenn keine 180 Monate Versicherungszeit	Krankenkasse; in Berufsfragen: Agentur für Arbeit	Rentenversicherungsträger; in Berufsfragen: Agentur für Arbeit, wenn keine 180 Monate Versicherungszeit oder Bezug von Erwerbsminderungsrente	Sozialhilfeträger, in Berufsfragen: Agentur für Arbeit	Unfallversicherungsträger	Amt für Versorgung und Familienförderung; in Berufsfragen: Fürsorgestelle für Kriegsopfer/ Integrationsamt (Hauptfürsorgestelle)	vorleistungspflichtiger Träger: entsprechend Spalte 7 Ziffern III. bis VII.
III. Medizinische Leistungen, insbes. ärztliche und ggf. zahnärztliche Behandlungen, Hilfsmittel, Belastungserprobung, Arbeitstherapie, auch in Einrichtungen	Rentenversicherungsträger/Krankenkasse	Krankenkasse	Rentenversicherungsträger, sonst – soweit nicht Dritte vorrangig verpflichtet: Sozialhilfeträger	Sozialhilfeträger, Jugendhilfeträger (im Falle des § 35a SGB VIII) soweit nicht Dritte vorrangig verpflichtet	bei berufsgenossenschaftlichem Heilverfahren: Unfallversicherungsträger; sonst Krankenkasse	Amt für Versorgung und Familienförderung/Krankenkasse	vorleistungspflichtiger Träger: Rentenversicherungsträger ambulant: Pflegekasse; für Personenkreis nach Spalte 4: Sozialhilfeträger
IV. Förderung des Besuches von: a) Sonderkindergarten b) Schule (Vor- bis weiterführende Schule) c) FOS, FH, Hochschule	Rentenversicherungsträger evtl. Agentur für Arbeit (nur in besonderen Fällen)	a) Sozial-, Jugendhilfeträger b) Schulträger, ergänzend Sozialhilfeträger, Amt für Ausbildungsförderung c) Amt für Ausbildungsförderung evtl. Agentur für Arbeit	Rentenversicherungsträger, Agentur für Arbeit nur in besonderen Fällen	a) Sozial-, Jugendhilfeträger b) Schulträger, ergänzend Sozialhilfeträger, Amt für Ausbildungsförderung c) Amt für Ausbildungsförderung evtl. Agentur für Arbeit	Unfallversicherungsträger	Integrationsamt (Hauptfürsorgestelle)/ Fürsorgestelle für Kriegsopfer	vorleistungspflichtiger Träger: Sozialhilfeträger evtl. Agentur für Arbeit
V. Leistungen zur Teilhabe am Arbeitsleben	Rentenversicherungsträger/Agentur für Arbeit wie oben II.1	Agentur für Arbeit	Rentenversicherungsträger/Agentur für Arbeit wie oben II.3	Agentur für Arbeit	Unfallversicherungsträger	Integrationsamt (Hauptfürsorgestelle)	vorleistungspflichtiger Träger: Agentur für Arbeit
VI. Ergänzende Leistungen, insbes. Übergangsgeld, Krankengeld und Leistungen zur Sicherung des Rehabilitationszieles	Rentenversicherungsträger/Krankenkasse/ Agentur für Arbeit wie oben II.1	Krankenkasse; zu Maßnahmen zur Teilhabe am Arbeitsleben: Agentur für Arbeit	Rentenversicherungsträger/Agentur für Arbeit wie oben II.3	Sozial-/Jugendhilfeträger, soweit nicht Dritte vorrangig verpflichtet; zu berufsfördernden Leistungen: Agentur für Arbeit	Unfallversicherungsträger; bei kassenärztlicher Behandlung: im Zusammenwirken mit der Krankenkasse	Amt für Versorgung und Familienförderung/Fürsorgestelle für Kriegsopfer/ Integrationsamt (Hauptfürsorgestelle)	vorleistungspflichtiger Träger: Träger der Grundleistung entsprechend Spalte 7 Ziffern III. bis V.
VII. Nachgehende Hilfe im Arbeitsleben	Integrationsamt (Hauptfürsorgestelle) in Zusammenarbeit mit der Agentur für Arbeit und dem Träger der Renten- oder Unfallversicherung						vorleistungspflichtiger Träger: Integrationsamt (Hauptfürsorgestelle)

Vorrangige Ansprüche

Der Sozialhilfe vorrangig sind insbesondere:

- Krankenkassenleistungen nach §§ 33, 34, 36 SGB V
- Soziotherapie (§ 37a SGB V)
- Krankenkassenleistungen nach §§ 40 bis 43 SGB V
- Leistungen der Jugendhilfe nach §§ 27 Abs. 3, 35a, 41 SGB VIII
- Leistungen der Pflegeversicherung in vollstationären Einrichtungen der Behindertenhilfe (§ 43a SGB XI)

7.7 Rehabilitation und Teilhabe behinderter Menschen (SGB IX)

Gerade im Zusammenhang mit den Vorschriften der Eingliederungshilfe für behinderte Menschen kommt der durch das SGB IX eingeführten Neustrukturierung des Rehabilitationsrechts größere Bedeutung zu. Da sich die Leistungserbringung nunmehr teilweise an den Vorschriften des SGB IX orientiert, ist die Aufgabe sowie das Ziel der Eingliederungshilfe für behinderte Menschen nach dem SGB XII in Zusammenhang mit dem SGB IX zu sehen.

Zuständigkeitsklärung

Streitigkeiten über die Zuständigkeitsfrage einschließlich der vorläufigen Leistungserbringung bei ungeklärter Zuständigkeit oder bei Eilbedürftigkeit sollen nicht mehr zu Lasten der behinderten Menschen bzw. der Schnelligkeit und Qualität der Leistungserbringung gehen. Grundsätzlich bleibt die Zuständigkeit der einzelnen Zweige der sozialen Sicherheit für Rehabilitationsleistungen unberührt. Jedoch soll das Verwaltungsverfahren durch eine rasche Zuständigkeitsklärung deutlich verkürzt werden. Dementsprechend sieht § 14 SGB IX Folgendes vor: Werden Leistungen zur Teilhabe beantragt, stellt der Rehabilitationsträger innerhalb von zwei Wochen nach Eingang des Antrages bei ihm fest, ob er nach dem für ihn geltenden Leistungsgesetz für die Leistung zuständig ist; bei den Krankenkassen umfasst die Prüfung auch die Leistungspflicht nach § 40 Abs. 4 SGB V. Stellt er bei der Prüfung fest, dass er für die Leistung nicht zuständig ist, leitet er den Antrag unverzüglich dem nach seiner Auffassung zuständigen Rehabilitationsträger zu. Muss für eine solche Feststellung die Ursache der Behinderung geklärt werden und ist diese Klärung in der Zwei-Wochen-Frist nicht möglich, wird der Antrag unverzüglich dem Rehabilitationsträger zugeleitet, der die Leistung ohne Rücksicht auf die Ursache erbringt. Wird der Antrag nicht weitergeleitet, stellt der Rehabilitationsträger den Rehabilitationsbedarf unverzüglich fest. Muss für diese Feststellung ein Gutachten nicht eingeholt werden, entscheidet der Rehabilitationsträger innerhalb von drei Wochen nach Antragseingang. Ist für die Feststellung des Rehabilitationsbedarfs ein Gutachten erforderlich, wird die Entscheidung innerhalb von zwei Wochen nach Vorliegen des Gutachtens getroffen.

7.8 Persönliches Budget

§ 57 SGB XII

Leistungsberechtigte (vgl. § 53 SGB XII) können nach § 57 SGB XII auf Antrag Leistungen der Eingliederungshilfe auch als Teil eines trägerübergreifenden Persönlichen Budgets erhalten. § 17 Abs. 2 bis 4 SGB IX in Verbindung mit der Budgetverordnung und § 159 SGB IX sind insoweit anzuwenden.

§ 17 SGB IX, BudgetV

Im Einzelnen sieht § 17 SGB IX und die BudgetV Folgendes vor:

Auf Antrag müssen Leistungen zur Teilhabe auch durch ein Persönliches Budget ausgeführt werden, um den Leistungsberechtigten in eigener Verantwortung ein möglichst selbstbestimmtes Leben zu ermöglichen. Bei der Ausführung des Persönlichen Budgets sind nach Maßgabe des individuell festgestellten Bedarfs die Rehabilitationsträger, die Pflegekassen und die Integrationsämter beteiligt. Das Persönliche Budget wird von den beteiligten Leistungsträgern trägerübergreifend als Komplexleistung erbracht. Budgetfähig sind auch die neben den Leistungen nach § 17 Abs. 1 Satz 1 SGB IX erforderlichen

Leistungen der Krankenkassen und der Pflegekassen, Leistungen der Träger der Unfallversicherung bei Pflegebedürftigkeit sowie Hilfe zur Pflege der Sozialhilfe, die sich auf alltägliche und regelmäßig wiederkehrende Bedarfe beziehen und als Geldleistungen oder durch Gutscheine erbracht werden können (§ 17 Abs. 2 SGB IX, § 2 BudgetV).

Wichtig:

An die Entscheidung ist der Antragsteller für die Dauer von sechs Monaten gebunden (§ 17 Abs. 2 Satz 5 SGB IX).

Persönliche Budgets werden in der Regel als Geldleistung ausgeführt, bei laufenden Leistungen monatlich. In begründeten Fällen sind Gutscheine auszugeben. Persönliche Budgets werden auf der Grundlage der nach § 10 Abs. 1 SGB IX getroffenen Feststellungen so bemessen, dass der individuell festgestellte Bedarf gedeckt wird und die erforderliche Beratung und Unterstützung erfolgen kann. Dabei soll die Höhe des Persönlichen Budgets die Kosten aller bisher individuell festgestellten, ohne das Persönliche Budget zu erbringenden Leistungen nicht überschreiten (§ 17 Abs. 3 SGB IX).

Enthält das Persönliche Budget Leistungen mehrerer Leistungsträger, erlässt der nach § 14 SGB IX zuständige Leistungsträger im Auftrag und im Namen der anderen beteiligten Leistungsträger den Verwaltungsakt und führt das weitere Verfahren durch. Ein anderer der beteiligten Leistungsträger kann mit den Aufgaben nach § 17 Abs. 4 Satz 1 SGB IX beauftragt werden, wenn die beteiligten Leistungsträger dies in Abstimmung mit den Leistungsberechtigten vereinbaren; in diesem Fall gilt § 93 SGB X entsprechend. Die für den handelnden Leistungsträger zuständige Widerspruchsstelle erlässt auch den Widerspruchsbescheid (§ 17 Abs. 4 SGB IX).

8. Hilfe zur Pflege (§§ 61 bis 66 SGB XII)

8.1 Gegenstand und Umfang der Leistungen

Der Begriff der „Pflegebedürftigkeit" und die „Pflegestufen" des SGB XI wurden vollinhaltlich in das SGB XII übertragen. Die §§ 61 bis 66 SGB XII greifen daher nur mehr flankierend und zwar für den Bedarf, der nicht von den Leistungen des SGB XI erfasst ist bzw. diesen übersteigt, sowie für den Personenkreis, der nicht unter das SGB XI fällt.

Dies gilt vor allem für folgende Fallgestaltungen:

Inhalt/Umfang

- Die Pflegebedürftigkeit ist voraussichtlich kürzer als sechs Monate (§ 61 Abs. 1 Satz 2 SGB XII),
- Die Pflegebedürftigkeit liegt unterhalb der Pflegestufe I des § 15 SGB XI (§ 61 Abs. 1 Satz 2 SGB XII),

  Dies kann z. B. den Bedarf an Beziehungen zur Umwelt, an Beaufsichtigung, Anleitung und Beschäftigung, der sich nicht direkt aus Verrichtungen nach § 14 SGB XI ergibt, umfassen. Dies dürfte vor allem für Menschen mit cerebralen Schädigungen, psychischen Erkrankungen und geistigen Behinderungen zutreffen.
- Es fallen andere als die in § 61 Abs. 5 SGB XII bzw. § 14 SGB XI genannten Verrichtungen an,

  Die Sozialhilfeträger werden mit dieser Ausweitung des sozialhilferechtlichen Pflegebegriffes verpflichtet, den Leistungskomplex bereitzustellen, der vom SGB XI in Folge der Einschränkung des Pflegebegriffes auf körperbezogene Verrichtungshilfen nicht abgedeckt wird (z. B. Orientierung zu und außer Hause, Strukturierung des Tagesablaufs, Beziehungen zur Umwelt, Aktivierung und Erhaltung der Fertigkeiten). Darüber hinaus sind auch alle „anderen Verrichtungen" zu berücksichtigen, die zwar körperbezogen, aber im Katalog der Verrichtungen nach § 61 Abs. 5 SGB XII bzw. § 14 Abs. 4 SGB XI nicht genannt sind (z. B. in gewissen Zeitabständen regelmäßig durchzuführende Verrichtungen: Haar-, Nagelpflege, Medikation). Die Feststellung des Hilfebedarfs bei den „anderen Verrichtungen" kann dementsprechend abweichend von den Feststellungen durch den Medizinischen Dienst der Krankenversicherung (MDK) oder eines anderen beauftragten Gutachters im Rahmen von §§ 15, 18 SGB XI zu einer höheren Einstufung führen [vgl. § 62 SGB XII: „(…), soweit sie auf Tatsachen beruht, die bei beiden Entscheidungen zu berücksichtigen sind."].

- Die Pflegebedürftigkeit besteht wegen anderer als der in § 61 Abs. 3 Nrn. 1 bis 3 SGB XII bzw. § 14 Abs. 2 SGB XI genannten Krankheiten oder Behinderungen (§ 61 Abs. 3 Nr. 4 SGB XII),
- Die Höchstbeträge sowie Zuzahlungsbeträge nach dem SGB XI gelten bei einer Hilfegewährung nach der Hilfe zur Pflege im SGB XII nicht,
- Personen, die von der Versicherungspflicht des SGB XI ausnahmsweise nicht erfasst und daher von den Leistungen der Pflegeversicherung ausgeschlossen sind.

Hilfe zur Pflege soll entsprechend dem Vorrang der offenen Hilfe (§ 13 SGB XII) möglichst in der häuslichen Umgebung gewährt werden.

Das folgende Schaubild gibt Aufschluss über die Leistungen bei Pflegebedürftigkeit:

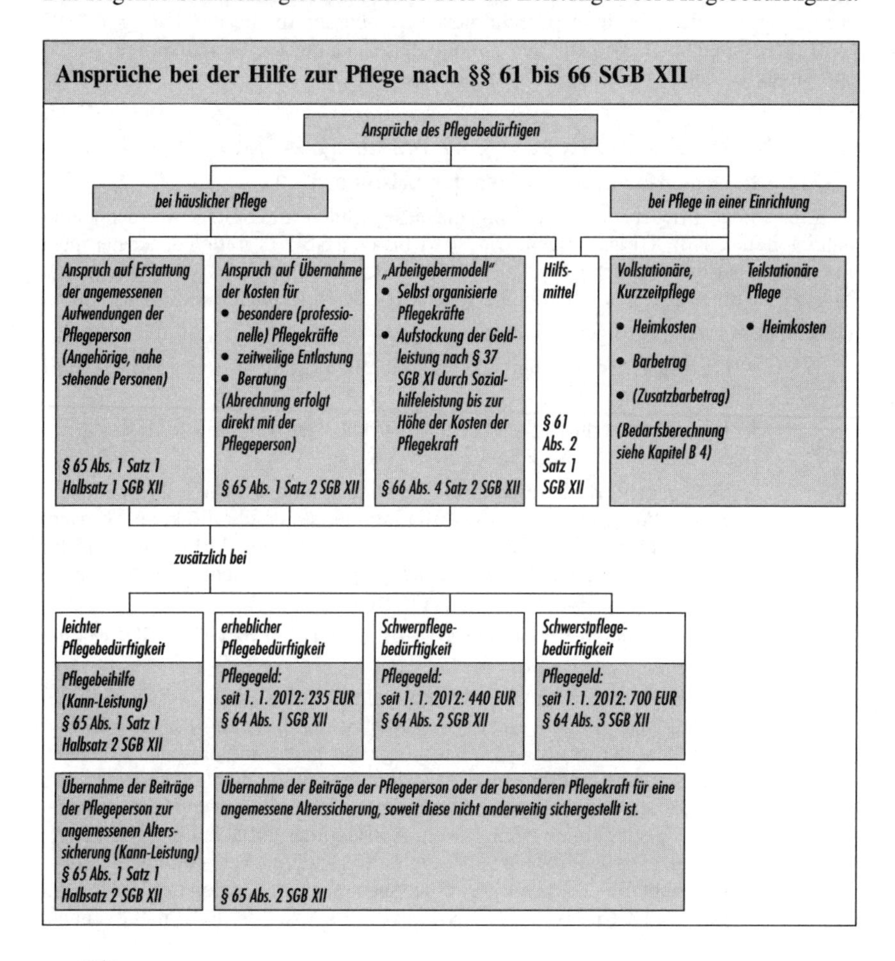

8.1.1 Häusliche Pflege

Die Gewährung von häuslicher Pflege setzt voraus, dass unter Berücksichtigung des Leidenszustandes des Hilfesuchenden häusliche Pflege ausreicht und eine geeignete Pflegekraft zur Verfügung steht, so dass eine ausreichende Betreuung des Hilfesuchenden sichergestellt ist.

- Pflege durch nahe stehende Personen

  Der Sozialhilfeträger soll darauf hinwirken, dass Pflege einschließlich hauswirtschaftlicher Versorgung durch Personen, die dem Pflegebedürftigen nahe stehen (z. B. Ehegatten, Kinder, Eltern, Geschwister, Freunde) oder im Wege der Nachbarschaftshilfe übernommen werden (§ 63 SGB XII). Hierfür sind dem Pflegebedürftigen die angemessenen Aufwendungen zu erstatten (§ 65 Abs. 1 Satz 1 Halbsatz 1 SGB XII).

  Aufwendungen der Pflegeperson sind z. B. Fahrtkosten, zusätzliche Kosten für Bekleidung, zusätzlicher Aufwand für Ernährung wegen häuslicher Abwesenheit, Kosten für die Betreuung der Kinder durch Dritte. Ferner kommen in Betracht: Übernahme von Teilbeträgen für eine neu abgeschlossene freiwillige Kranken- und Unfallversicherung sowie gegebenenfalls Aufwendungen zur Aufrechterhaltung einer bestehenden Kranken- oder Unfallversicherung; nicht jedoch grundsätzlich der Verdienstausfall der Pflegeperson.

  § 65 Abs. 1 Satz 1 Halbsatz 1 SGB XII spricht von Erstattung der notwendigen Aufwendungen; das heißt, sie werden vom Sozialhilfeträger grundsätzlich nur übernommen, soweit sie tatsächlich entstanden sind und nachgewiesen werden.

  Auch ist zu beachten, dass – wie bei allen anderen Leistungen der Hilfe zur Pflege – nur ein Anspruch des Hilfebedürftigen besteht (die Pflegeperson hat gegenüber dem Sozialhilfeträger keinen Anspruch auf „direkte“ Bezahlung).

- Beratung, zeitweilige Entlastung und Pflege durch besondere (professionelle) Pflegekräfte

  Diese Pflegekräfte unterscheiden sich von Pflegepersonen dadurch, dass sie die Pflege berufsmäßig ausüben. Sie sind meist von den Verbänden der freien Wohlfahrtspflege angestellt. Mit diesen Verbänden rechnet der Sozialhilfeträger direkt ab (§ 65 Abs. 1 Satz 2 SGB XII). Was angemessene Kosten, die durch die Heranziehung einer besonderen Pflegekraft entstehen, sind, ergibt sich im Einzelfall aus Vereinbarungen zwischen den Sozialhilfeträgern und den Verbänden der freien Wohlfahrtspflege. In diesen Stundensätzen sind auch grundsätzlich schon Anteile für Beiträge zur Kranken- und Alterssicherung der Pflegekraft enthalten.

- „Arbeitgebermodell“

  Bei der Pflege durch besondere Pflegekräfte ist es möglich, dass der Pflegebedürftige durch Beauftragung einer Pflegekraft Arbeitgeberfunktion ausübt (§ 66 Abs. 4 Satz 2 SGB XII). In diesem Fall erfolgt eine Aufstockung der Geldleistung nach § 37 SGB XI aus Sozialhilfemitteln bis zur Höhe der angemessenen Kosten der Pflegekraft.

Kostenübernahme klären
Der Betreuer sollte sich in diesem Fall vor Abschluss eines entsprechenden Arbeitsvertrages mit dem zuständigen Sozialhilfeträger zur Klärung der Übernahme der „angemessenen Kosten" in Verbindung setzen.

- Beiträge zur Alterssicherung

  Darüber hinaus muss vom Sozialhilfeträger die evtl. Übernahme der Beiträge zur angemessenen Alterssicherung geprüft werden. Eine Übernahme dieser Beiträge kommt aber nur in Betracht, wenn

  – die Alterssicherung der Pflegeperson nicht durch andere Ansprüche (Rente des Ehemannes, Witwen-/Witwerrente) sichergestellt ist oder

  – die Alterssicherung durch eine eigene Versorgung gewährleistet ist (z. B. eigene Rente, Altersruhegeld, Einkünfte aus Vermietung und Verpachtung, Vermögen).

  Eine angemessene Alterssicherung ist bereits dann gegeben, wenn eine Versicherungsleistung erwartet werden kann, die einen Anspruch auf Hilfe zum Lebensunterhalt ausschließt. Dabei ist von den Verhältnissen im Zeitpunkt der Entscheidung auszugehen. Durch diese Einschränkungen hat die Vorschrift des § 65 Abs. 1 Satz 1 Halbsatz 2 bzw. Abs. 2 SGB XII geringere Bedeutung.

- Pflegebeihilfe/Pflegegeld

  Um bei häuslicher Pflege einen gewissen finanziellen Anreiz zu schaffen, hat der Pflegebedürftige neben der Übernahme der angemessenen Beträge etc. einen Anspruch auf Pflegebeihilfe bzw. Pflegegeld.

  Zweck der Pflegebeihilfe/des Pflegegeldes ist es, den Hilfesuchenden in die Lage zu versetzen, den Verdienstausfall der Pflegeperson durch Zuwendungen abzugelten/sich erkenntlich zu zeigen und die Pflegebereitschaft aufrechtzuerhalten. Die Höhe der Pflegebeihilfe/des Pflegegeldes bestimmt sich nach der Pflegestufe, in die der Hilfesuchende eingruppiert ist. Die Entscheidung der Pflegekasse – die vom Sozialhilfeträger im Rahmen der Amtshilfe regelmäßig eingeschaltet wird – über das Ausmaß der Pflegebedürftigkeit nach dem SGB XI ist maßgeblich für die Pflegestufe, nach der die Pflegebeihilfe/das Pflegegeld nach dem SGB XII gewährt wird (§ 62 SGB XII).

  Das Pflegegeld wird bis zum Ende des Kalendermonats geleistet, in dem der Pflegebedürftige verstorben ist (§ 64 Abs. 5 Satz 4 SGB XII).

8.1.2 Pflege in einer Einrichtung

Ist die häusliche Pflege nicht sichergestellt oder reicht sie in Anbetracht des Gesundheitszustandes des Hilfesuchenden nicht aus, wird neben der Hilfe zur Pflege in einer Einrichtung nach § 61 SGB XII auch der Barbetrag nach den Bestimmungen der Hilfe zum Lebensunterhalt (vgl. Kapitel B 2) gewährt. Für Behinderte in einer Behinderteneinrichtung kommt Eingliederungshilfe nach § 53 ff. SGB XII in Betracht.

Die Heimkosten bemessen sich nach einem Tages- oder Monatsentgelt, das zwischen dem Sozialhilfeträger und den Heimträgern vereinbart wird (sog. „Entgeltvereinbarung").

Sonstige Leistungen

Neben der Sicherstellung der Pflege im eigentlichen Sinn sind die Erleichterung der Beschwerden des Pflegebedürftigen und Vermittlung einer angemessenen Bildung und Anregung weitere Ziele der Hilfe zur Pflege.

Beispiele hierfür sind die Übernahme der Kosten für Hilfsmittel (§ 61 Abs. 2 Satz 1 SGB XII; Krankenstühle, Spezialmatratzen, Badewannenlifter, Luftkissen) oder die Erschließung der Teilnahme am kulturellen Leben (z. B. durch Abonnierung einer Tageszeitung, Bücher, Rundfunk- und Fernsehgeräte). Zur Teilnahme am kulturellen Leben kann auch der sogenannte „Behindertenfahrdienst" zählen.

Liegt die Ursache des Bedarfs in der Pflegebedürftigkeit eines Haushaltsangehörigen, ist die hauswirtschaftliche Versorgung integraler Bestandteil der Vorschriften über die Hilfe zur Pflege (vgl. hierzu auch Kapitel B 2). Entsprechend der in den Richtlinien der Pflegekassen nach § 17 SGB XI festgelegten und in § 15 Abs. 3 SGB XI verlangten Relationen zwischen eigentlichem Pflegeaufwand und hauswirtschaftlicher Versorgung (vgl. auch § 62 SGB XII) muss der Anteil für hauswirtschaftliche Versorgung geringer sein als der für die eigentliche Pflege (bei Pflegestufen 0 und I maximal gleicher Zeitaufwand, bei Pflegestufe II maximal 1/3 und bei Pflegestufe III maximal 1/5 des gesamten Zeitaufwandes). Wird daher Hilfestellung bei der gesamten (auch planerischen) Haushaltstätigkeit benötigt, kommt ggf. daneben die Hilfe zur Weiterführung des Haushalts nach § 70 SGB XII in Betracht (vgl. Abschnitt 10). Kann in Grenzfällen die Hilfemaßnahme sowohl als Haushaltshilfe nach § 27 Abs. 3 SGB XII als auch nach § 70 SGB XII gewährt werden, geht die Hilfe zur Weiterführung des Haushalts wegen der günstigeren Einkommens- und Vermögensgrenzen vor.

Die Übernahme der Bereitstellungskosten bzw. monatlichen Grundgebühren für einen Telefonanschluss kann ebenfalls in Betracht kommen, wenn der Hilfesuchende

- dauernd pflegebedürftig ist,
- nach ärztlichem Attest jederzeit mit der Möglichkeit plötzlich auftretender Schmerzzustände (z. B. Anfälle, Koliken) oder lebensbedrohlichen Krankheitsentwicklungen rechnen muss,
- er die Wohnung nicht mehr allein verlassen und
- Hilfe auch nicht auf andere Weise herbeirufen kann.

(Siehe auch Kapitel B 4 „Weitere soziale Hilfen").

Qualitätssicherung bei der Erbringung von häuslicher Hilfe zur Pflege nach dem SGB XII

Der Anspruch auf Pflegegeld setzt voraus, dass der Pflegebedürftige mit dem Pflegegeld dessen Umfang entsprechend die erforderliche Pflege in geeigneter Weise selbst sicherstellt (§ 64 Abs. 5 Satz 1 SGB XII). Diese Regelung entspricht § 37 Abs. 1 Satz 2 SGB XI. In beiden Fällen muss es der pflegebedürftigen Person möglich sein, seine Pflege mittels des Pflegegeldes zu organisieren. Nur wenn der Pflegebedürftige keine Angaben über die entsprechende Verwendung des Pflegegeldes machen will oder offensichtlich zu einer zweckentsprechenden Verwendung nicht in der Lage ist, kann eine Ablehnung dieser Leistung in Betracht kommen. Da die Gewährung von Pflegegeld nicht vom Nachweis der mit der Pflege verbundenen Ausgaben abhängig ist, kommt eine Ablehnung nur in vereinzelten Fällen zum Tragen.

Nach § 71 bzw. § 77 SGB XI dürfen Pflegekassen ambulante und stationäre Pflege nur durch zugelassene Pflegeeinrichtungen gewähren bzw. können sie einen Vertrag mit einzelnen geeigneten „Fremd"-Pflegekräften schließen. Bei Mängeln kann der Versorgungsvertrag gekündigt bzw. die Leistungen gekürzt werden (§ 74 Abs. 2, § 115 Abs. 2, 3 SGB XI). Um Mängel in der Pflege oder die Überforderung von Pflegepersonen mit der Pflege frühzeitig erkennen zu können, sieht das SGB XI bei der Pflege im häuslichen Bereich schon immer eine Qualitätssicherung durch den Abruf von Beratungseinsätzen vor (vgl. § 37 Abs. 3 SGB XI).

Dagegen besteht für Sozialhilfeträger lediglich die Möglichkeit und die Verpflichtung, über Vereinbarungen nach § 75 ff. SGB XII mit Einrichtungen und Diensten Qualitätssicherung zu betreiben. Für eine Qualitätssicherung bei der Hilfe zur Pflege im häuslichen Bereich, um eventuell auftretende Mängel abwenden zu können, besteht im SGB XII keine dem § 37 Abs. 3 SGB XI vergleichbare Regelung. Hilfsweise wird mitunter die Analogie bemüht. Aus dem Fehlen einer vergleichbaren Regelung wird gefolgert, dass damit eine gesetzliche Lücke für den Personenkreis nach dem SGB XII bestünde. Dieser Auffassung kann aber nicht gefolgt werden. Bei der (vermeintlichen) „Ungleichbehandlung" der Pflegebedürftigen nach dem SGB XI und SGB XII kann man zwar auf eine Regelungslücke schließen. Unterstellt man das Vorhandensein einer Regelungslücke, wäre aber weitere Voraussetzung der Analogie die Planwidrigkeit der Regelungslücke, das heißt, es muss eine Regelungsbedürftigkeit bestehen. Eine Regelungslücke darf nicht durch Analogie geschlossen werden, wenn sich feststellen lässt, dass sie dem Gesetzgeber bewusst war oder gar, dass sie bewusst geschaffen worden ist. Letzteres ist der Fall, wenn sich aus den vorhandenen Vorschriften ergibt, dass diese das betreffende Rechtsgebiet abschließend regeln sollen. Lässt sich umgekehrt annehmen, dass dem Gesetzgeber die Lücke nicht bewusst war, liegt im Zweifel Planwidrigkeit vor. Die Angleichung der §§ 61 ff. SGB XII an die Vorschriften des SGB XI lässt durchaus den Schluss zu, dass der Gesetzgeber den Bereich der Qualitätssicherung für die häusliche Pflege nicht in das SGB XII übertragen wollte. Daher kommt es für die Bildung einer Analogie nicht mehr auf deren dritte Voraussetzung an, dass sich der Normzweck der entsprechend anzuwendenden Vorschrift auf den ungeregelten Fall übertragen lässt. Dem entspricht auch die Entwicklung des BSHG bzw. SGB XII, nach der eine Qualitätssicherung bei der Leistungsgewährung nie Gegenstand war, sondern vielmehr lediglich die Sicherstellung des Bedarfs.

Eine Verpflichtung des Sozialhilfeträgers, Qualitätssicherung zu betreiben, besteht daher mangels einer entsprechenden Rechtsgrundlage und des beschriebenen Analogieverbots nicht. Hierbei ist auch zu berücksichtigen, dass § 37 Abs. 3 SGB XI nicht die Pflegekassen als Erbringer der Leistungen hierzu verpflichtet, sondern den Pflegebedürftigen selbst. Auch ist der Pflegebedürftige nur verpflichtet, die entsprechende Zahl der Beratungen abzurufen. Sanktionen sind nur in diesem Fall von Seiten der Pflegekasse möglich (vgl. § 37 Abs. 6 SGB XI). In allen anderen Fällen (so bei Weigerung, das Einverständnis zur Weitergabe der Erkenntnisse zu erteilen sowie auch bei nicht ordnungsgemäß erbrachter Pflege) bestehen keine rechtlichen Konsequenzen und damit auch keine Möglichkeit für die Pflegekasse korrigierend einzugreifen. Solange ein Pflegebedürftiger einsichts- und steuerungsfähig (geschäftsfähig) ist, bleibt es ihm überlassen, wie er sein Leben regeln will (vgl. § 2 Abs. 1 Satz 1 SGB XI, § 104 BGB). Solange er nicht von sich aus entsprechende Schritte (z. B. bei nicht ordnungsgemäß erbrachter Pflege) unternimmt, tritt das Informationsbedürfnis/Handeln eines Sozialhilfeträgers zum Wohle des Betroffenen hinter dessen Persönlichkeitsrecht zurück. In diesem Zusammenhang ist ferner zu berücksichtigen, dass es im Bereich der häuslichen bzw. privat erbrachten

Pflege kein Anforderungsprofil für eine „geeignete“ Pflegeperson gibt. Dies wäre auch nicht durchführbar. Die öffentliche Leistung beschränkt sich daher nur auf Angebote auf freiwilliger Basis (vgl. § 45 SGB XI). Ergeben sich für den Sozialhilfeträger zufallsweise entsprechende Erkenntnisse, kann er diese im Rahmen der Anregung einer Betreuung an das Vormundschaftsgericht unter Beachtung des Sozialdatenschutzes z. B. zur Bestellung eines Betreuers mit dem möglichen Aufgabenkreis „Aufenthaltsbestimmung“ weitergeben. Andernfalls könnte er nur über seine Beratungspflicht bei den pflegenden Angehörigen steuernd einzugreifen versuchen. Der Sozialhilfeträger muss sich daher primär der zweckentsprechenden Verwendung der gewährten Sozialhilfeleistung versichern. Eine Überprüfung der Qualität von erbrachter Pflege durch einen Sachbearbeiter bzw. den ASD ist daher von Amts wegen nicht möglich und – sollte der Pflegebedürftige hierzu freiwillig einwilligen – schon unter dem Aspekt haftungsrechtlicher Fragen grundsätzlich nicht geboten. Auch kann der Sozialhilfeträger sich hierzu im Regelfall nicht einer berufsmäßigen Pflegeperson oder einer zugelassenen Pflegeeinrichtung bedienen. Entsprechende Maßnahmen nach § 62 SGB I sind zwar denkbar, wenn sie von einem Arzt durchgeführt werden, aber nach dem Wortlaut dieser Vorschrift nur gedeckt, wenn es sich um die Überprüfung einer Leidensverschlimmerung bzw. -verbesserung, handelt, d. h. nur die Überprüfung der Leistungsverpflichtung als solcher.

8.2 Vorrangige Leistungen

Leistungen der Krankenkassen

Vorrangige Ansprüche

Die Leistungen der Krankenkassen sehen für pflegebedürftige Menschen nur begrenzte Leistungen vor. Dies sind im Einzelnen:

- § 33 SGB V

  Hiernach besteht eine Leistungspflicht der gesetzlichen Krankenkassen für Hilfsmittel, soweit dadurch krankheits- oder behinderungsbedingt bestehende oder drohende Funktionsausfälle ersetzt werden können (vgl. auch Abschnitt „7.6 Vorrangige Leistungen“).

- § 37 SGB V

  Die häusliche Krankenpflege wird immer nur gewährt

  - anstelle einer erforderlichen Krankenhausbehandlung

    (wenn diese geboten, aber nicht ausführbar ist oder durch häusliche Krankenpflege vermieden oder verkürzt werden kann)

  - zur Sicherung der ärztlichen Behandlung.

  Sie kann im Einzelfall die notwendige

  - Grundpflege,
  - Behandlungspflege und
  - hauswirtschaftliche Versorgung

  umfassen.

  Diese Leistung wird aber bei Pflegebedürftigen nur erbracht, wenn es sich neben dem Pflegefall um einen Behandlungsfall (= medizinisch notwendige Behandlung, um die Verschlimmerung einer sonstigen Krankheit zu verhindern, deren Beschwerden zu lindern oder das Leben zu verlängern) handelt. Dient die Maßnahme jedoch lediglich zur Begegnung des hilflosen Zustandes – ohne Heilung –, scheidet § 37 SGB V aus. Es gelten dann vorrangig die Bestimmungen der Pflegeversicherung.

- § 37b SGB V

  Krankenversicherte mit einer nicht heilbaren, fortschreitenden und weit fortgeschrittenen Erkrankung haben Anspruch auf spezialisierte ambulante Palliativversorgung. Voraussetzung ist, dass die Betreffenden eine begrenzte Lebenserwartung haben und eine besonders aufwändige Versorgung benötigen.

  Die Leistung ist von einem Vertragsarzt oder Krankenhausarzt zu verordnen.

  Die spezialisierte ambulante Palliativversorgung umfasst ärztliche und pflegerische Leistungen einschließlich ihrer Koordination insbesondere zur Schmerztherapie und Symptomkontrolle. Sie zielt darauf ab, die Betreuung der Versicherten in der vertrauten häuslichen Umgebung zu ermöglichen. Dabei sind die besonderen Belange von Kindern zu berücksichtigen.

  Versicherte in stationären Pflegeeinrichtungen i. S. d. SGB XI haben in entsprechender Anwendung der vorstehenden Ausführungen einen Anspruch auf spezialisierte Palliativversorgung. Näheres regeln Verträge (§ 132d Abs. 1 SGB V).

- § 39a SGB V

  Versicherte, die keiner Krankenhausbehandlung bedürfen, haben im Rahmen von Versorgungsverträgen Anspruch auf einen Zuschuss zu stationärer oder teilstationärer Versorgung in Hospizen, in denen palliativmedizinische Behandlung erbracht wird, wenn eine ambulante Versorgung im Haushalt oder der Familie des Versicherten nicht erbracht werden kann. Der satzungsmäßige Zuschuss darf kalendertäglich 7 v. H. der monatlichen Bezugsgröße nach § 18 Abs. 1 SGB IV (2013: 188,65 EUR, entspricht einem Monatsbetrag von 5.659,50 EUR) nicht unterschreiten und ist begrenzt auf die nach Anrechnung der Leistungen anderer Sozialleistungsträger verbleibenden Kosten. Ferner hat die Krankenkasse ambulante Hospizdienste zu fördern, die für Versicherte, die keiner Krankenhausbehandlung und keiner stationären oder teilstationären Versorgung in einem Hospiz bedürfen, qualifizierte ehrenamtliche Sterbebegleitung in deren Haushalt oder Familie erbringen. Der ambulante Hospizdienst erbringt palliativ-pflegerische Beratung durch entsprechend ausgebildete Fachkräfte und stellt die Gewinnung, Schulung, Koordination und Unterstützung der ehrenamtlich tätigen Personen, die für die Sterbebegleitung zur Verfügung stehen, sicher.

Blindengeld/Bedarfsminderung

Die Gewährung von Blindengeld schließt die Hilfe zur Pflege nach §§ 61 bis 66 SGB XII dann nicht aus, wenn die Pflegebedürftigkeit nicht allein auf der Blindheit beruht. Es mindert aber insoweit den Bedarf (vgl. auch Abschnitt 12).

Pflegezulagen

nach § 35 BVG, § 44 SGB VII, § 269 Abs. 2 i. V. m. § 267 Abs. 1 LAG und der Erhöhungsbetrag der Unterhaltshilfe nach § 267 Abs. 2 Nr. 2c LAG (Freibetrag).

Zivilrechtliche Ansprüche

Eine gesetzliche (z. B. §§ 1610, 1610a BGB) oder vertragliche (z. B. aus Übergabe-/ Leibgedingsverträgen, Art. 18 BayAGBGB) Verpflichtung zur Wart und Pflege schließt die Gewährung von Pflegegeld nicht aus, weil das Pflegegeld auch der Aufrechterhaltung der Pflegebereitschaft dient. Der Wert der vertraglich übernommenen Pflegeverpflichtung ist aber auf das Pflegegeld anzurechnen (§ 88 Satz 1 Nr. 1 SGB XII; vgl. Abschnitt 15.4). Bei der Bemessung des Wertes kann grundsätzlich von der Hälfte des Pflegegeldes wegen Schwerpflegebedürftigkeit ausgegangen werden, wobei der Schweregrad der Pflegebedürftigkeit und der Wert des übergebenen Gutes angemessen zu berücksichtigen sind. Pflegebeihilfen (bei leichter Pflegebedürftigkeit) werden daher in der Regel bei solchen vertraglich gesicherten Ansprüchen nicht gewährt.

8.3 Kürzung des Pflegegeldes und Kürzungsreihenfolge

Leistungskürzung

§ 66 SGB XII enthält insgesamt fünf Kürzungsregelungen. Im Einzelnen sind dies:

- Blindenhilfe nach § 72 SGB XII oder gleichartige Leistungen

  Erhält der Pflegebedürftige neben dem Pflegegeld gleichzeitig Blindenhilfe oder Blindengeld, sind diese Leistungen auf das Pflegegeld mit 70 Prozent anzurechnen (§ 66 Abs. 1 Satz 2 SGB XII).

- Pflegegelder der Pflegeversicherung

  Diese werden im gewährten Umfang angerechnet (§ 66 Abs. 1 Satz 2 SGB XII). Entsprechende Beihilfen nach den beamtenrechtlichen Grundsätzen und vergleichbaren Regelungen werden im Rahmen der Überleitung nach § 93 SGB XII in Anspruch genommen.

- Kürzungen bei teilstationärer Betreuung oder einer vergleichbaren Maßnahme

  In diesem Fall ist eine „angemessene Kürzung“ des Pflegegeldes möglich. Wird der Pflegebedürftige in einer Tagesstätte von schulvorbereitenden Einrichtungen und Sonderschulen für geistig und körperlich Behinderte, in einer Werkstatt für Behinderte, in einer Tagesstätteneinrichtung für alte Menschen teilstationär betreut, kann das Pflegegeld unter Berücksichtigung der Fünf-Tage-Woche und von Krankheits-, Ferien- und Urlaubszeiten (auch während der Ferien) angemessen – in der Regel monatlich um 20 Prozent – gekürzt werden, wenn die teilstationäre Betreuung durch die Sozialhilfe finanziert wird (§ 66 Abs. 3 SGB XII). Bei der Kürzung sind jedoch jeweils die Besonderheiten des Einzelfalles zu beachten.

  Die Kürzung wegen teilstationärer Unterbringung liegt im Ermessen des Sozialhilfeträgers und umfasst – als pauschale Kürzung – nur die oben genannten Zeiten, die alle vorhersehbar sind. Hat ein Pflegebedürftiger unvorhersehbare längere Zeitabschnitte (wie z. B. fünfwöchiger Krankenstand) zu Hause verbracht, ist eine pauschale Kürzung nicht mehr gerechtfertigt. In diesem Fall wäre sie vom Sozialhilfeträger aufzuheben und der gekürzte Betrag nachzuzahlen.

  Entsprechend dem Individualisierungsgrundsatz in der Sozialhilfe sind bei der Kürzungsregelung wegen teilstationärer Betreuung sämtliche Umstände des Einzelfalls zu berücksichtigen. Hierbei wird es neben der Dauer der teilstationären Betreuung auch auf die Feststellung ankommen, ob und inwieweit die Pflegeperson durch die teilstationäre Betreuung von ihrer pflegerischen Tätigkeit tatsächlich entlastet wird.

Über die bisherige Regelung hinaus wird diese Möglichkeit ausgedehnt auf vergleichbare (teilstationäre) Betreuungen des Pflegebedürftigen, die nach anderen Vorschriften finanziert werden (z. B. Beihilfe). Maßgeblich war, dass sowohl bei der vom Träger der Sozialhilfe als auch der von einem anderen Träger finanzierten teilstationären Betreuung die Pflegeperson in gleicher Weise für die Dauer der teilstationären Betreuung von ihrer pflegerischen Tätigkeit entlastet wird.

- Besondere Pflegepersonen

  Werden durch den Sozialhilfeträger dem Pflegebedürftigen die angemessenen Aufwendungen für eine besondere Pflegeperson erstattet, kann das Pflegegeld nach § 64 SGB XII um $^2/_3$ gekürzt werden (§ 66 Abs. 2 SGB XII).

- Andere gleichartige Leistungen

  Ein Anspruch auf andere Leistungen nach § 65 Abs. 1 SGB XII (z. B. auf Tragung der Beiträge für eine angemessene Alterssicherung der Pflegeperson) entfällt, wenn der Pflegebedürftige gleichartige Leistungen nach anderen Rechtsvorschriften erhält (§ 66 Abs. 4 Satz 1 SGB XII).

Die Kürzungsreihenfolge beim Pflegegeld wird z. B. von den Sozialhilfeträgern in Bayern folgendermaßen gehandhabt: Nach der Feststellung des Bedarfs und des sich daraus ergebenden Pflegegeldes wird zunächst die Kürzung wegen teilstationärer Unterbringung vorgenommen. Erst dann werden die oben beschriebenen Leistungen entsprechend angerechnet.

Eine weitere Kürzungsmöglichkeit sieht § 64 Abs. 5 Satz 2, 3 SGB XII vor. Besteht der Anspruch nicht für den vollen Kalendermonat, ist der Geldbetrag entsprechend zu kürzen. Bei der Kürzung ist der Kalendermonat mit 30 Tagen anzusetzen.

9. Hilfe zur Überwindung besonderer sozialer Schwierigkeiten (§§ 67 bis 69 SGB XII)

Zweck der Hilfemaßnahmen ist, Personen, bei denen besondere soziale Schwierigkeiten der Teilnahme am Leben in der Gemeinschaft entgegenstehen, Hilfen zu gewähren, die zur Beseitigung und Minderung dieser sozialen Probleme notwendig sind. Daraus ergibt sich, dass die Hilfemaßnahme die gesellschaftliche Integration von Personen, die am Rande der Gesellschaft leben, zum Ziel hat.

Zu dem Personenkreis des § 67 Satz 1 SGB XII gehören Hilfesuchende, deren besondere Lebensverhältnisse derart mit sozialen Schwierigkeiten verbunden sind, dass die Überwindung der besonderen Lebensverhältnisse auch die Überwindung der sozialen Schwierigkeiten erfordert, und die diese Schwierigkeiten aus eigenen Kräften und Mitteln nicht überwinden können. Besondere Lebensverhältnisse können ihre Ursache in nachteiligen äußeren Umständen oder in der Person des Hilfesuchenden haben (§ 1 VO zu §§ 67, 68 SGB XII). Nachgehende Hilfe (§ 15 Abs. 2 SGB XII) ist Personen zu gewähren, soweit bei ihnen der drohende Wiedereintritt besonderer sozialer Schwierigkeiten abgewendet werden kann.

Besondere Lebensverhältnisse können vor allem bestehen bei

- fehlender oder nicht ausreichender Wohnung

  Hierunter fallen Personen, die in Obdachlosen- oder sonstigen Behelfsunterkünften oder in vergleichbaren Unterkünften leben. Ebenfalls kann bei Großfamilien (acht Personen und mehr) erwartet werden, dass die Suche nach einer neuen Unterkunft mit großen Schwierigkeiten verbunden ist, so dass es gerechtfertigt erscheint, diese zum Personenkreis des § 67 SGB XII zu zählen (vgl. *Hess. VGH vom 23. 3. 1990*, FEVS 41, 138).

- ungesicherter wirtschaftlicher Lebensgrundlage

  Darunter fallen Personen, die ohne gesicherte wirtschaftliche Lebensgrundlage umherziehen oder die sich zur Vorbereitung auf eine Teilnahme am Leben in der Gemeinschaft oder zur dauernden persönlichen Betreuung in einer Einrichtung für Nichtsesshafte aufhalten.

- gewaltgeprägten Lebensumständen

  Darunter fallen beispielsweise Minderjährige und junge Volljährige mit erheblichen Verhaltensstörungen, denen nach dem SGB VIII Hilfe zur Erziehung oder Hilfe für junge Volljährige nicht oder nicht mehr gewährt werden kann.

- Entlassung aus einer geschlossenen Einrichtung

  Dies betrifft vorwiegend Personen, die aus einer richterlich angeordneten Freiheitsentziehung in ungesicherte Lebensverhältnisse entlassen werden oder entlassen worden sind.

- vergleichbaren nachteiligen Umständen

  Dies betrifft beispielsweise Personen, die im Sippen- oder Familienverband oder in sonstigen Gruppen nach besonderen, vor allem ethnisch bedingten, gemeinsamen Wertvorstellungen leben und mit einer beweglichen Unterkunft zumindest zeitweise umherziehen. Der Personenkreis umfasst aber auch Personen, die als frühere Landfahrer oder als deren Angehörige auf Wohnplätzen oder in für sie bestimmten Siedlungen wohnen.

Soziale Schwierigkeiten liegen vor, wenn ein Leben in der Gemeinschaft durch ausgrenzendes Verhalten des Hilfesuchenden oder eines Dritten wesentlich eingeschränkt ist, insbesondere im Zusammenhang mit der Erhaltung oder Beschaffung einer Wohnung, mit der Erlangung oder Sicherung eines Arbeitsplatzes, mit familiären oder anderen sozialen Beziehungen oder mit Straffälligkeit.

Als weitere Voraussetzung kommt hinzu, dass der Hilfesuchende aus diesem Personenkreis seine sozialen Schwierigkeiten nicht aus eigenen Kräften und Mitteln überwinden bzw. eine Verschlimmerung seiner Lage nicht verhüten kann. Gründe hierfür sind insbesondere

- das Fehlen der erforderlichen Verstandeskräfte zum Erkennen der ungünstigen Lage,
- das Fehlen der erforderlichen Willenskräfte, sich aus der ungünstigen Lage zu befreien,
- das Fehlen der entsprechenden Durchhaltekraft, eingeleitete Maßnahmen zum Erfolg zu führen.

Umfang

Die Hilfe umfasst alle Maßnahmen, die notwendig sind, um die Schwierigkeiten abzuwenden, zu beseitigen, zu mildern oder ihre Verschlimmerung zu verhüten (§ 68 Abs. 1 SGB XII; § 2 VO zu § 68 SGB XII). Dazu zählen im Einzelnen:

Beratung, persönliche Betreuung (§ 3 VO zu § 67 SGB XII)

Zur Beratung gehört es vor allem, den Hilfeempfänger über die zur Überwindung seiner sozialen Schwierigkeiten in Betracht kommenden Maßnahmen zu unterrichten.

Die persönliche Betreuung umfasst insbesondere Maßnahmen, die darauf gerichtet sind,

- die Ursachen der Schwierigkeiten des Hilfeempfängers festzustellen, sie ihm bewusst zu machen und auf die Inanspruchnahme der für ihn in Betracht kommenden Sozialleistungen hinzuwirken sowie
- die Bereitschaft und Fähigkeit des Hilfeempfängers zu entwickeln und zu festigen, bei der Überwindung seiner Schwierigkeiten nach seinen Kräften mitzuwirken und so weit wie möglich unabhängig von der Hilfe am Leben in der Gemeinschaft teilzunehmen.
- Im Einzelfall erstreckt sich die persönliche Betreuung auch darauf, in der Umgebung des Hilfeempfängers Verständnis für seine Schwierigkeiten zu wecken oder Vorurteilen entgegenzuwirken und Einflüssen zu begegnen, die seine Bereitschaft oder Fähigkeit zum Leben in der Gemeinschaft beeinträchtigen.

Die Beratung und persönliche Betreuung umfasst sowohl die Einzelberatung als auch die Gruppenbetreuung, wenn diese Art besonders geeignet ist, den Erfolg der Maßnahmen herbeizuführen.

Die Beratung und persönliche Betreuung stellt „Dienstleistung" im Sinn des § 10 SGB XII dar und wird ohne Rücksicht auf Einkommen und Vermögen des Hilfesuchenden gewährt.

Beschaffung und Erhaltung einer Wohnung (§ 4 VO zu § 67 SGB XII)

Hierzu gehören neben der erforderlichen Beratung und persönlichen Unterstützung auch die Übernahme der Kosten für den Umzug in eine ausreichende Wohnung. Die Leistungen zur Erhaltung und Beschaffung einer Wohnung richten sich nach den Bestimmungen der Hilfe zum Lebensunterhalt, insbesondere nach § 34 SGB XII. Maßnahmen der Obdachlosenbehörde lassen diesen Anspruch unberührt.

Bei Strafgefangenen kann ein wesentlicher Aspekt der Hilfe zur Überwindung besonderer sozialer Schwierigkeiten die Übernahme der Kosten zur Erhaltung der Wohnung während der Dauer der Strafhaft sein. Das kommt allerdings nur dann in Frage, wenn es wirtschaftlich sinnvoll und vertretbar ist, die Wohnung während eines Gefängnisaufenthaltes beizubehalten. Diese Hilfe scheidet damit aus, wenn zu erwarten ist, dass der Sozialhilfeträger voraussichtlich mit erheblich geringerem Mittelaufwand für die Unterkunftskosten nach Entlassung des Hilfesuchenden aus der Strafhaft aufkommen kann, falls dieser sich dann als mittellos erweist.

Ausbildung, Erlangung und Sicherung eines Arbeitsplatzes (§ 5 VO zu § 67 SGB XII)

Darunter fallen alle Maßnahmen, die darauf gerichtet sind,

- die Bereitschaft des Hilfeempfängers zu entwickeln und zu festigen, einer geregelten Arbeit nachzugehen und den Lebensbedarf für sich und seine Angehörigen aus regelmäßigem Erwerbseinkommen zu bestreiten,
- einen geeigneten Arbeits- oder Ausbildungsplatz zu erlangen und zu sichern,
- dem drohenden Verlust eines Arbeits- oder Ausbildungsplatzes entgegenzuwirken. Hierbei sollen die schulische und berufliche Bildung des

Hilfeempfängers, seine besonderen Fähigkeiten und Neigungen sowie Besonderheiten, die ihm als Angehöriger einer bestimmten Personengruppe eigen sind, berücksichtigt werden,

- es dem Hilfeempfänger zu erleichtern, den Ausbildungsabschluss allgemein bildender Schulen nachzuholen,
- den Hilfeempfänger zu einer Ausbildung für einen angemessenen Beruf oder für eine sonstige angemessene Tätigkeit anzuregen oder seine Teilnahme daran zu sichern.

Hilfe zum Aufbau und zur Aufrechterhaltung sozialer Beziehungen und zur Gestaltung des Alltags (§ 6 VO zu § 67 SGB XII)

Hierunter fallen Maßnahmen der persönlichen Hilfe,

- welche die Begegnung und den Umgang des Hilfeempfängers mit anderen Personen anregen oder ermöglichen,
- die eine aktive Gestaltung, Strukturierung und Bewältigung des Alltags fördern,
- welche eine wirtschaftliche und gesundheitsbewusste Lebensweise fördern oder ermöglichen,
- die dem Hilfesuchenden den Besuch von Einrichtungen oder Veranstaltungen der Gemeinschaft ermöglichen, die der Geselligkeit, der Unterhaltung oder kulturellen Zwecken dienen,
- die den Hilfeempfänger zur geselligen, sportlichen oder kulturellen Betätigung anregen.

Wie bereits oben ausgeführt, wird auch in diesem Fall ein Einkommens- oder Vermögenseinsatz vom Hilfeempfänger nicht verlangt.

Die Schwierigkeit bei der Durchführung dieser Hilfemaßnahme besteht darin, mit dem Hilfebedürftigen in Kontakt zu treten. Um die Kontaktaufnahme zu verbessern bzw. zu erleichtern, bestimmt § 68 Abs. 3 SGB XII, dass die Sozialhilfeträger mit den Vereinigungen, die sich die gleichen Aufgaben zum Ziel gesetzt haben, und mit den sonstigen beteiligten Stellen zusammenarbeiten und darauf hinwirken sollen, dass sich die Sozialhilfe und die Tätigkeit dieser Vereinigungen und Stellen wirksam ergänzen. In geeigneten Fällen ist ein Gesamtplan (vgl. Abschnitt „7. Eingliederungshilfe für behinderte Menschen [§§ 53 bis 60 SGB XII]") zur Durchführung der erforderlichen Maßnahmen aufzustellen.

Der Einkommens- und Vermögenseinsatz (siehe Abschnitt 15) wird bei der Hilfe nach § 67 ff. SGB XII insoweit eingeschränkt, als Einkommen und Vermögen nicht zu berücksichtigen sind. Auch von der Inanspruchnahme Unterhaltspflichtiger nach bürgerlichem Recht ist abzusehen, soweit deren Heranziehung den Erfolg der Hilfe gefährden würde (§ 68 Abs. 2 SGB XII). Der Sozialhilfeträger hat insoweit eine Prognoseentscheidung zu treffen. Die Heranziehung des Hilfeempfängers selbst ist aber möglich, um seine Eigenverantwortlichkeit zu fördern.

Abgrenzung

Zur Abgrenzung der Hilfe nach § 67 ff. SGB XII von anderen Hilfemaßnahmen im Rahmen der Hilfe in qualifizierten Notlagen ist zu beachten, dass bei Drogen-, Alkohol- und Medikamentensüchtigen grundsätzlich Eingliederungshilfe für Behinderte nach § 53 ff. SGB XII vorrangig in Betracht kommt. Die Hilfe nach § 67 ff. SGB XII, insbesondere die Dienstleistung, wird allenfalls zusätzlich hierzu gewährt.

Vorrangige Ansprüche

Der Hilfe nach § 67 ff. SGB XII gehen vor:

- alle anderen einschlägigen Hilfen nach dem SGB XII,
- Nachbetreuung für junge Volljährige (§ 41 SGB VIII).

  Diese umfasst die notwendige Hilfe für die Persönlichkeitsentwicklung und zu einer eigenverantwortlichen Lebensführung sowie die notwendige Beratung und Unterstützung. Die Hilfe wird grundsätzlich nur bis zur Vollendung des 21. Lebensjahres gewährt, kann aber in begründeten Einzelfällen für einen begrenzten Zeitraum darüber hinaus fortgesetzt werden, längstens bis zur Vollendung des 27. Lebensjahres (§ 7 Abs. 1 Nr. 3 SGB VIII).

10. Hilfe zur Weiterführung des Haushalts (§ 70 SGB XII)

Inhalt/Umfang

Diese Hilfemaßnahme wird vor allem dann geleistet, wenn Krankheit, Schwangerschaft, Krankenhausaufenthalt, Erholungsaufenthalt oder Kuren die Führung des Haushalts beeinträchtigen. Ihre Bedeutung liegt insbesondere darin, den Zusammenhalt einer Familie auch in Notsituationen zu erhalten und zu festigen (vgl. § 16 SGB XII). Die Hilfemaßnahme ist als „Soll-Leistung" ausgestaltet.

Voraussetzungen für die Gewährung dieser Hilfe sind:

- Das Vorhandensein eines eigenen Haushalts

  Der Haushalt muss bereits bestehen; die Hilfe dient nicht der Gründung eines Hausstandes. Hilfeempfänger ist der jeweilige Haushaltsvorstand.

- Kein anderes Familienmitglied kann den Haushalt alleine weiterführen.

  Hierzu gehört vor allem, dass die den Haushalt bisher führende Person

  - zu einer Planung und Lenkung nicht mehr in der Lage ist oder
  - die Mehrzahl der hauswirtschaftlichen Verrichtungen nicht mehr selbst ausführen kann sowie
  - wenn sie anderweitig untergebracht ist, der Haushalt aber zugunsten von Haushaltsangehörigen weiterzuführen ist.

  In den meisten Fällen wird die Hilfe dadurch notwendig, dass die den Haushalt führende Person vorübergehend an der Haushaltsführung gehindert ist und der Ehepartner wegen Erwerbstätigkeit die Haushaltsführung nicht übernehmen kann.

- Die Weiterführung des Haushalts muss notwendig und sinnvoll sein.

  Die Hilfe zur Weiterführung des Haushalts wird in der Regel nur vorübergehend gewährt, das heißt, wenn im Zeitpunkt der Entscheidung absehbar ist, dass wieder ein Haushaltsangehöriger die Haushaltsführung übernehmen kann. Eine zeitlich unbegrenzte Gewährung der Hilfemaßnahme ist in folgenden Fällen möglich:

  - bei Müttern, die infolge Krankheit oder Behinderung zur Führung ihres Haushalts nicht mehr in der Lage sind, durch ihre Anwesenheit im Haushalt aber zum Zusammenhalt der Familie beitragen, obgleich ihre Präsenz zusätzliche haushälterische Arbeit mit sich bringt;
  - bei älteren (auch allein stehenden) Menschen, wenn ihnen durch die Hilfe ein Verbleib in der gewohnten Umgebung ermöglicht wird und eine Altenheimunterbringung vermieden werden kann.

Die Hilfe zur Weiterführung des Haushalts umfasst vor allem Dienstleistungen in Form der Betreuung von Haushaltsangehörigen (z. B. Zubereitung der Mahlzeiten, Körperpflege, Beaufsichtigung bei Schularbeiten, Einkauf, Reinigung der Wohnung). Außerdem kommt die Gewährung von Geldleistungen in Betracht (z. B. Ersatz der Lohnkosten für eine Haushaltshilfe, Aufwendungsersatz). Ferner besteht nach § 70 Abs. 4 SGB XII die Möglichkeit, die Hilfe durch Übernahme der angemessenen Kosten für eine vorübergehende anderweitige Unterbringung von Haushaltsangehörigen zu erbringen, wenn dies neben oder statt der Weiterführung des Haushalts geboten ist.

Abgrenzung

Die Hilfe zur Weiterführung des Haushalts ist abzugrenzen von der Hilfe zum Lebensunterhalt nach § 27 Abs. 3 SGB XII, wonach der Hilfesuchende nur einzelne Tätigkeiten nicht mehr wahrnehmen kann, sowie von der Hilfe zur Pflege nach §§ 61 bis 66 SGB XII, bei der die Hilfe infolge der Hilflosigkeit des Hilfesuchenden notwendig wird, der Hauptzweck der Hilfe also in der Pflege des Hilfesuchenden besteht. Die Hilfe zur Weiterführung des Haushalts wird häufig neben den Hilfen nach dem 5. und 7. Kapitel des SGB XII in Betracht kommen.

Vorrangige Ansprüche

Dieser Hilfemaßnahme sind vorrangig:

- Leistungen der Krankenkassen (§§ 37, 38 SGB V)

  (siehe hierzu auch Abschnitte 7.6 und 8.2)

  Für die Gewährung von Haushaltshilfe nach § 38 SGB V durch die gesetzlichen Krankenkassen gelten im Wesentlichen dieselben Voraussetzungen wie für eine Leistung nach dem SGB XII.

- Leistungen der Rehabilitationsträger (§ 54 SGB IX)

  Danach wird im Rahmen der ergänzenden Leistungen eine Haushaltshilfe erbracht, wenn der Behinderte wegen der Teilnahme an einer Reha-Maßnahme oder einer Leistung zur Teilhabe am Arbeitsleben außerhalb des eigenen Haushalts untergebracht ist und ihm aus diesem Grund die Weiterführung des Haushalts nicht möglich ist. Voraussetzung ist ferner, dass eine andere im Haushalt lebende Person den Haushalt nicht weiterführen kann und im Haushalt ein Kind lebt, das das zwölfte Lebensjahr noch nicht vollendet hat oder das behindert und auf Hilfe angewiesen ist. Die Betreuungskosten können monatlich bis zu einem Betrag von (ursprünglich) 130 EUR übernommen werden (§ 54 Abs. 3 SGB IX). Dieser Betrag erhöhte und erhöht sich entsprechend der Veränderung der Bezugsgröße.

- Leistungen der Jugendämter (§ 20 SGB VIII)

  Von den Jugendämtern werden zur Betreuung und Versorgung von Kindern in Notsituationen Leistungen erbracht, wenn ein Elternteil, der die überwiegende Betreuung des Kindes übernommen hat, aus gesundheitlichen oder anderen zwingenden Gründen ausfällt. Die Leistung besteht in der Unterstützung des anderen Elternteils bei der Betreuung und Versorgung des im Haushalt lebenden Kindes, wenn

  - dieser wegen berufsbedingter Abwesenheit außerstande ist, diese Aufgabe wahrzunehmen,
  - die Hilfe erforderlich ist, um das Kindeswohl zu gewährleisten,
  - Angebote von Tageseinrichtungen/Tagespflege nicht ausreichen.

  Fallen ein Alleinerziehender oder beide Elternteile aus, soll die Leistung – solange es dem Kindeswohl förderlich ist – zu Hause erbracht werden, sofern nicht Tageseinrichtungen/Tagespflege zur Verfügung steht.

11. Altenhilfe (§ 71 SGB XII)

Inhalt Altenhilfe soll dazu beitragen, Schwierigkeiten, die durch das Alter entstehen, zu verhüten, zu überwinden oder zu mildern und alten Menschen die Möglichkeit zu erhalten, am Leben in der Gemeinschaft teilzunehmen (§ 71 Abs. 1 Satz 2 SGB XII).

Die Altenhilfe soll – außer den übrigen Hilfemaßnahmen des SGB XII – alten Menschen gewährt werden (§ 71 Abs. 1 Satz 1 SGB XII).

Die Hilfe steht damit im eingeschränkten Ermessen des Sozialhilfeträgers. Weitere Voraussetzungen für die Gewährung von Altenhilfe kennt das SGB XII nicht.

Wer zu den „alten Menschen" zählt, ist im SGB XII nicht eindeutig abgegrenzt. Üblicherweise wird als Voraussetzung die Vollendung des 65. Lebensjahres (bei Frauen des 60. Lebensjahres) zugrunde gelegt. Es können aber auch jüngere Personen unter diesen Begriff fallen, wenn altersbedingte Beschwerden oder Anpassungsschwierigkeiten vorliegen.

Umfang Wie oben bereits ausgeführt, umfasst die Altenhilfe alle Maßnahmen, die geeignet sind, altersbedingte Schwierigkeiten zu verhüten, zu überwinden oder zu mildern und alten Menschen die Teilnahme am Leben in der Gemeinschaft zu ermöglichen. Hierzu gehören nach § 71 Abs. 2, 3 SGB XII vor allem:

- Leistungen zu einer Betätigung und zum gesellschaftlichen Engagement, wenn sie vom alten Menschen gewünscht werden

  Diese Maßnahme kann in reiner Freizeitgestaltung bestehen, aber auch an die früheren Berufe der Hilfesuchenden anknüpfen. Sie besteht vor allem darin, dass der Sozialhilfeträger Räume, Geräte und Materialien zur Verfügung stellt („Seniorenwerkstatt").

- Leistungen bei der Beschaffung und zur Erhaltung einer Wohnung, die den Bedürfnissen des alten Menschen entspricht

  In Betracht kommen hier – evtl. durch den Sozialhilfeträger bezuschusste oder geförderte – besondere Altenwohnungen (z. B. ebenerdige Wohnungen; notwendige Hilfe ist in der Nähe erreichbar; Lage in guter Infra- und Versorgungsstruktur, es bestehen Kontaktmöglichkeiten, insbesondere zur Freizeitgestaltung). Darüber hinaus umfasst die Leistung auch die Vermittlung von Wohnungen im Einzelfall (einschließlich evtl. Makler-, Umzugs- und Einrichtungskosten).

  Zur Erhaltung von Wohnraum werden Leistungen zweckmäßig sein, die dem Hilfesuchenden eine seinen Bedürfnissen entsprechende Umgestaltung der bisherigen Wohnung ermöglichen und damit den Verbleib in der bisherigen – gewohnten – Umgebung sichern.

- Beratung und Unterstützung in allen Fragen der Aufnahme in eine Einrichtung, die der Betreuung alter Menschen dient, insbesondere bei der Beschaffung eines geeigneten Heimplatzes

  Bei diesem Punkt gewinnt die Sozialplanung durch den Sozialhilfeträger an Bedeutung, z. B. durch Einrichtung einer Stelle zur Erfassung der benötigten und Vermittlung von vorhandenen Heimplätzen.

- Beratung und Unterstützung in allen Fragen der Inanspruchnahme altersgerechter Dienste

  z. B. durch Einrichtung einer von Fachkräften durchgeführten Altersberatung; Seniorenbüro mit regelmäßigen Sprechstunden.

- Leistungen zum Besuch von Veranstaltungen oder Einrichtungen, die der Geselligkeit, der Unterhaltung, der Bildung oder den kulturellen Bedürfnissen alter Menschen dienen

  z. B. durch Veranstaltung von „bunten Nachmittagen", Liederabenden, Ausflugsfahrten durch den Sozialhilfeträger/Senioreneinrichtungen, Einrichtung von Altentagesstätten, Einsatz von Seniorenbussen.

- Leistungen, die alten Menschen die Verbindung mit nahe stehenden Personen ermöglicht

  Hierunter fällt vor allem die Übernahme der Reisekosten, damit der Hilfesuchende Verwandte oder Verschwägerte, aber auch sonstige Bekannte besuchen kann. Möglich ist auch die Einrichtung eines Telefonanschlusses (Übernahme der Anschlusskosten und der laufenden Gebühren), da ein Telefon alten Menschen, die nicht in einem Altenheim oder einer Altenwohnung untergebracht sind, die Möglichkeit bietet, den Kontakt zu ihrer Umwelt aufrechtzuerhalten und die Einsamkeit zu überwinden (siehe hierzu auch Leitziffer B 4 „Weitere soziale Hilfen").

- Leistungen zur Vorbereitung auf das Alter

  Darunter fallen alle o. g. Maßnahmen, wenn sie dazu dienen, der psychischen Belastung, die der Eintritt in den Ruhestand mit sich bringt, entgegenzuwirken bzw. vorzubeugen.

Die Aufzählung in § 71 Abs. 2 und 3 SGB XII ist aber nicht abschließend; denkbar sind ferner die

- Einrichtung von ambulanten Hilfsdiensten (z. B. Essen auf Rädern) in Zusammenarbeit mit den Trägern der Freien Wohlfahrtspflege
- Teilnahme am Mittagstisch in nahe gelegenen Einrichtungen.

Einsatz Einkommen/ Vermögen

Der Einkommens- und Vermögenseinsatz (siehe Abschnitt 15.) wird bei der Altenhilfe insoweit eingeschränkt, als Beratung und Betreuung ohne Rücksicht auf vorhandenes Einkommen und Vermögen gewährt wird.

Abgrenzung

Die Altenhilfe ist abzugrenzen von der Hilfe zum Lebensunterhalt in einem Altenheim (§ 35 SGB XII) und von der Hilfe zur Pflege (§§ 61 bis 66 SGB XII). Im Rahmen der Altenhilfe wird die Hilfe nur gewährt, wenn die Aufnahme in ein Altenheim notwendig wird, um altersbedingte Schwierigkeiten (z. B. psychische Belastung durch Einsamkeit, Nachlassen der körperlichen und geistigen Kräfte) zu überwinden.

12. Blindenhilfe (§ 72 SGB XII)

Inhalt/Höhe

Blinde haben einen Rechtsanspruch auf die Gewährung von Blindenhilfe zum Ausgleich der durch die Blindheit bedingten Mehraufwendungen (§ 72 Abs. 1 Satz 1 SGB XII). Dasselbe gilt gemäß § 72 Abs. 5 SGB XII für Personen, deren beidäugige Gesamtsehschärfe nicht mehr als ein Fünfzigstel beträgt oder bei denen dem Schweregrad dieser Sehschärfe gleichzuachtende, nicht nur vorübergehende Störungen des Sehvermögens vorliegen. Hierunter fallen beispielsweise Personen mit Herabsetzung der Sehkraft mit erheblicher Einschränkung des Gesichtsfeldes (Sehnervenschwund, Netzhautablösung, Halbseitenblindheit etc.), Augenzittern mit

Scheinbewegungen der Augenlinse (sog. Nystagmus), Nachtblindheit als Folge von krankhaften Veränderungen im Augeninneren oder hohem Alter.

Die Blindenhilfe betrug nach § 67 Abs. 2 SGB XII ab 1. 7. 2009 für blinde Menschen nach Vollendung des 18. Lebensjahres 608,96 EUR monatlich, für blinde Menschen, die das 18. Lebensjahr noch nicht vollendet haben, belief sie sich auf 305 EUR monatlich. Sie verändert sich seitdem jeweils zu dem Zeitpunkt und in dem Umfang, wie sich der aktuelle Rentenwert in der gesetzlichen Rentenversicherung verändert.

Kürzung

Lebt der blinde Mensch in einer stationären Einrichtung und werden die Kosten des Aufenthalts ganz oder teilweise aus Mitteln öffentlich-rechtlicher Leistungsträger getragen, so verringern sich diese Beträge um die aus diesen Mitteln getragenen Kosten, höchstens jedoch um 50 v. H. der Beträge nach § 72 Abs. 2 SGB XII. Die Kürzung tritt ein vom ersten Tage des zweiten Monats an, der auf den Eintritt in die Einrichtung folgt, für jeden vollen Kalendermonat des Aufenthalts in der Einrichtung (§ 72 Abs. 3 Sätze 1, 2 SGB XII).

Wichtig:

Für jeden vollen Tag vorübergehender Abwesenheit von der Einrichtung wird die Blindenhilfe in Höhe von je einem Dreißigstel des Betrages nach § 72 Abs. 2 SGB XII gewährt, wenn die vorübergehende Abwesenheit länger als sechs volle zusammenhängende Tage dauert; der Betrag nach § 72 Abs. 3 Satz 1 SGB XII wird im gleichen Verhältnis gekürzt (vgl. § 72 Abs. 3 Satz 3 SGB XII).

Ausschluss

Der Rechtsanspruch auf Blindenhilfe entfällt, wenn ein Blinder sich weigert, eine ihm zumutbare Tätigkeit zu leisten oder an einer erforderlichen Vorbereitung hierfür teilzunehmen. Die Blindenhilfe kann in diesen Fällen in entsprechender Anwendung des § 39 SGB XII gekürzt werden (vgl. § 72 Abs. 1 Satz 4 SGB XII).

Vorrangige Ansprüche

Zudem wird sie nach § 72 SGB XII nur gewährt, soweit dem Betroffenen keine gleichartigen Leistungen nach anderen Rechtsvorschriften zustehen (vgl. § 72 Abs. 1 Satz 1 SGB XII).

Dies können sein:

- Pflegezulage nach dem Bundesversorgungsgesetz,
- Pflegegeld im Rahmen der gesetzlichen Unfallversicherung (§ 44 SGB VII),
- Leistungen nach den Blindengeldgesetzen der Länder (Bayern, Baden-Württemberg, Hamburg, Hessen, Mecklenburg-Vorpommern, Niedersachsen, Nordrhein-Westfalen, Saarland, Sachsen, Sachsen-Anhalt, Schleswig-Holstein, Thüringen).

Diese Leistungen werden in etwa in gleicher Höhe wie das Blindenpflegegeld nach § 72 SGB XII gewährt. Allerdings lässt sich vereinzelt auch die Tendenz zu Einsparungen erkennen: So wird die Leistung nach dem bayerischen Blindengeldgesetz nur mehr in Höhe von 85 v. H. der Leistung nach § 72 Abs. 2 SGB XII gewährt (vgl. die obigen Ausführungen). Sollte die Tendenz der Länder anhalten, wird die Blindenhilfe zukünftig wieder an größerer Bedeutung gewinnen.

Leistungskonkurrenz

Auf die Blindenhilfe sind Leistungen bei häuslicher Pflege nach dem SGB XI, auch soweit es sich um Sachleistungen handelt, mit 70 v. H. des Pflegegeldes der Pflegestufe I und bei Pflegebedürftigen der Pflegestufen II und III mit 50 v. H. des Pflegegeldes der Pflegestufe II, höchstens jedoch mit 50 v. H. des Betrages nach § 72 Abs. 2 SGB XII, anzurechnen. Dies gilt sinngemäß für Leistungen nach dem SGB XI aus einer privaten Pflegeversicherung und nach beamtenrechtlichen Vorschriften (§ 72 Abs. 1 Sätze 2, 3 SGB XII; vgl. Abschnitt 8.4).

Neben der Blindenhilfe wird Hilfe zur Pflege wegen Blindheit (§§ 61 und 63 SGB XII; vgl. Abschnitt 8) außerhalb von stationären Einrichtungen sowie ein Barbetrag (§ 35 Abs. 2 SGB XII; vgl. Kapitel B 2 „Hilfe zum Lebensunterhalt“) nicht gewährt. Neben § 72 Abs. 1 SGB XII ist § 30 Abs. 1 Nr. 2 SGB XII (Mehrbedarf für Personen unter 65 Jahren und voller Erwerbsminderung) nur anzuwenden, wenn der blinde Mensch nicht allein wegen Blindheit voll erwerbsgemindert ist. Beides gilt entsprechend für blinde Menschen, die nicht Blindenhilfe, sondern gleichartige Leistungen nach anderen Rechtsvorschriften erhalten (§ 72 Abs. 4 SGB XII).

Wichtig:

Einkommenseinsatz

Bei blinden Menschen nach § 72 SGB XII ist ein Einsatz des Einkommens über der Einkommensgrenze in Höhe von mindestens 60 v. H. nicht zuzumuten (§ 87 Abs. 1 Satz 3 SGB XII; vgl. Abschnitt 15.3).

13. Hilfe in sonstigen Lebenslagen (§ 73 SGB XII)

Leistungen können auch in sonstigen Lebenslagen erbracht werden, wenn sie den Einsatz öffentlicher Mittel rechtfertigen. § 73 SGB XII stellt damit eine weitere Hilfemöglichkeit bei qualifizierten Notlagen dar. „Sonstige Notlage“ bedeutet, dass es für die in Rede stehende Lebenslage keine spezialgesetzliche Regelung für eine Leistung außerhalb oder innerhalb des SGB XII (im Dritten bis Fünften Kapitel) gibt. Sinn dieser Vorschrift ist es, auch in „ungewöhnlichen“ Einzelfällen (z. B. Leistungen für misshandelte Frauen in Frauenhäusern, ggf. auch Lebenssituationen, die grundsätzlich über die Hilfe zum Lebensunterhalt von Bedeutung sind) oder bislang noch nicht bekannten Notlagen die erforderliche Leistung erbringen zu können. Ferner eröffnet sie den Sozialhilfeträgern die Möglichkeit, angemessen auf sozialpolitische Veränderungen zu reagieren.

Die generelle Auffangnorm des § 73 SGB XII ist jedoch nicht beliebig ausweitbar. So werden Schulden als Bedarf in der Sozialhilfe grundsätzlich nicht übernommen, da die Sozialhilfe nicht den Ausfallbürgen für die Gläubiger darstellt. Dieser Grundsatz gilt auch im Rahmen des § 73 SGB XII. Eine besondere Fallkonstellation seitens des Hilfesuchenden, die eine Leistung nach § 73 SGB XII erforderlich machen würde, ist seit der Möglichkeit der Verbraucherinsolvenz ohnehin kaum denkbar.

Mit der Rechtfertigung des Einsatzes öffentlicher Mittel als Sonderfall des Verhältnismäßigkeitsgrundsatzes werden fiskalische Interessen zur Anspruchsvoraussetzung gemacht. Hierbei kommt zum einen den Selbsthilfemöglichkeiten eines Leistungsberechtigten Bedeutung zu (so ist z. B. bei geringen Mitteln eine Leistung eher möglich), zum anderen fließen allgemeine, gesellschaftliche Bewertungen mit ein. Letztlich kann auch eine Vergleichsberechnung angestellt werden zwischen den für diese Leistung entstehenden und den ansonsten voraussichtlich anfallenden Kosten. Liegen die Voraussetzungen für die Hilfe nach § 73 SGB XII vor, kann der Sozialhilfeträger die Leistung erbringen. Die Leistung liegt daher in seinem pflichtgemäßen Ermessen (vgl. Leitziffer B 2 Abschnitt „3. Rechtsanspruch auf Leistungen“).

Auch die Leistungsform liegt im Ermessen des Sozialhilfeträgers; darüber hinaus sieht § 73 Satz 2 SGB XII vor, dass Geldleistungen als Beihilfe oder als Darlehen erbracht werden können.

14. Bestattungskosten (§ 74 SGB XII)

Der Sozialhilfeträger hat die erforderlichen Kosten einer Bestattung zu übernehmen, soweit den hierzu Verpflichteten nicht zugemutet werden kann, diese Kosten zu tragen.

Es handelt sich dabei um einen sozialhilferechtlichen Anspruch eigener Art. Anspruchsberechtigt ist derjenige, der rechtlich verpflichtet ist, die Kosten der Bestattung zu tragen (vgl. *BVerwG, U. v. 5. 6. 1997*, BVerwGE 105, 51 = FEVS 48, 1). Die Pflicht, die Bestattungskosten zu tragen, und die Pflicht für die Bestattung zu sorgen (sog. Totenfürsorge), sind nicht identisch. Im ersten Fall handelt es sich um eine zivilrechtliche Pflicht; der zweite Fall betrifft eine öffentlich-rechtliche Verpflichtung nach den jeweiligen Bestattungsgesetzen der Länder. Dementsprechend ergibt sich für die „Verpflichteten“ im Sinne des § 74 SGB XII folgende Rangfolge:

Zur endgültigen Tragung der Bestattungskosten sind nacheinander verpflichtet

Vorrangig Verpflichtete

- der vertraglich Verpflichtete (z. B. aus Leibgeding, Art. 15 BayAGBGB),
- der Erbe (§ 1968 BGB; ggf. Vermächtnisnehmer nach § 2147 BGB),

  Bei den Bestattungskosten handelt es sich um eine Nachlassverbindlichkeit (§ 1967 Abs. 2 BGB). Die Pflicht zur Tragung der Kosten besteht zivilrechtlich ohne Rücksicht auf die Höhe des Nachlasses, weswegen es dem Erben grundsätzlich zugemutet werden kann, den Nachlass hierfür einzusetzen. Wird dagegen der Fiskus gesetzlicher Erbe, haftet er nur mit dem Nachlass (§ 2011 BGB, § 780 Abs. 2 ZPO).
- beim Tode der Mutter eines Kindes, dessen Eltern nicht verheiratet sind, infolge der Schwangerschaft oder der Entbindung der Vater (§ 1615m BGB),

  sowie
- der Unterhaltspflichtige (§ 1615 Abs. 2, § 1360a Abs. 3, § 1361 Abs. 4 Satz 4 BGB).

  Hierzu gehören die Verwandten in gerader Linie sowie der (auch getrennt lebende) Ehegatte. Die Unterhaltspflicht nach § 1615 Abs. 2 BGB zur Übernahme der Bestattungskosten besteht auch dann, wenn der Fiskus Erbe und kein Nachlassvermögen vorhanden ist. Die Verpflichtung zur Tragung der Bestattungskosten kann unter den Voraussetzungen des § 1611 Abs. 1 BGB beschränkt sein oder wegfallen.

Eingetragene Lebenspartnerschaften

Nach § 10 LPartG ist ein eingetragener (gleichgeschlechtlicher) Lebenspartner gesetzlich erbberechtigt. Die Verpflichtung zum Unterhalt ergibt sich aus § 5 LPartG, die Verpflichtung zum Unterhalt bei Getrenntleben aus § 12 LPartG. Damit ist eine Gleichstellung erfolgt, die eingetragene Lebenspartner zu Verpflichteten in o. g. Sinne macht.

Nachrangig Verpflichtete

Verpflichtete im Sinne des § 74 SGB XII können auch Angehörige sein, die zur Besorgung der Bestattung nach den Bestattungsgesetzen berufen sind, soweit sie nicht bereits unter den Kreis der vorrangig Verpflichteten fallen (Rangfolge: Ehegatte, Kinder und Adoptivkinder, Eltern, Großeltern, Enkelkinder, Geschwister, Kinder der Geschwister des Verstorbenen, Verschwägerte ersten Grades). Verpflichtet im Sinne des § 74 SGB XII kann ferner derjenige sein, den der Verstorbene zu Lebzeiten mit der Wahrnehmung der Totenfürsorge für den Fall beauftragt hat, dass Angehörige nicht vorhanden oder nicht rechtzeitig erreicht werden können. Es kann sich dabei auch um einen Dritten (z. B. Nachbar, Bekannter, Lebensgefährte, Heim- und Krankenhausträger) handeln. Die Verpflichtung im Sinne des § 74 SGB XII tritt jedoch nur ein, wenn dieser Personenkreis den Bestattungsauftrag erteilt hat, hieraus nach § 631 ff. BGB dem Bestattungsunternehmer das vereinbarte Entgelt schuldet und seinerseits von keinem der (zivilrechtlich) vorrangig Verpflichteten Ersatz oder Freistellung verlangen kann (vgl. *BVerwG, U. v. 22. 2. 2001, FEVS 52, 441; VGH Baden-Württemberg, U. v. 27. 3. 1992*, FEVS 42, 380; *OVG Schleswig, U. v. 18. 3. 1999*, FEVS 51, 231; a. A. *OVG Münster, U. v. 30. 10. 1997*, FEVS 48, 446).

Beauftragung zur Totenfürsorge

Sofern es sich bei der Person, die die Totenfürsorge wahrnimmt, um einen Dritten handelt, empfiehlt es sich, die Beauftragung hierzu schriftlich festzuhalten. Dasselbe gilt auch für Einrichtungen oder einen Lebensgefährten (vgl. *OVG Schleswig*, a. a. O.) und auch für den Betreuer (vgl. Leitziffer A 1 Abschnitt „8. Tod des Betreuten, Vorsorge und Pflichten des Betreuers"). Liegt nämlich keine Beauftragung vor bzw. lässt sie sich nicht schlüssig nachweisen, liegt ein freiwilliges Handeln ohne rechtliche Verpflichtung vor, mit der Folge, dass § 74 SGB XII nicht zur Anwendung kommt. Das heisst, es entwickelt sich kein Anspruch gegen den Sozialhilfeträger auf Übernahme der Bestattungskosten (vgl. auch *OVG Lüneburg, B. v. 8. 5. 1998,* FEVS 49, 293).

Sicherheitsbehörde

Nach den meisten landesrechtlichen Bestimmungen ist eine Leiche grundsätzlich in einem Zeitraum von 48 bis 96 Stunden nach der Feststellung des Todes zu bestatten. Ist innerhalb dieses Zeitraums eine Bestattung gefährdet, weil die Angehörigen dafür nicht sorgen, keine Angehörigen erreichbar oder vorhanden sind und weil auch kein Dritter vom Verstorbenen beauftragt worden ist, haben die nach Landesrecht bestimmten örtlichen Sicherheitsbehörden (i. d. R. die Gemeinden) oder die Polizei für die Bestattung zu sorgen. Hieraus entwickelt sich ein öffentlich-rechtlicher Ausgleichsanspruch gegen den Verpflichteten (vgl. §§ 677, 683 BGB analog). Strittig ist die Frage, ob die Gemeinde, die im Wege der Ersatzvornahme die Bestattung besorgt (vgl. z. B. Art. 14 Abs. 2 BayBestG), selbst Verpflichteter im Sinne des § 74 SGB XII ist. Dies wird überwiegend verneint, mit der Folge, dass sich für die Gemeinde kein Anspruch gegen den Sozialhilfeträger auf Übernahme der Bestattungskosten entwickelt. Ohnehin ist davon auszugehen, dass einer Gemeinde der Aufwand hierfür zugemutet werden kann. Ist ein Verpflichteter nicht vorhanden, sollen die Bestattungskosten jedoch vom Sozialhilfeträger übernommen werden, sofern der Verstorbene bis zu seinem Tod laufende Sozialhilfeleistungen erhalten hat.

Inhalt/Umfang

Der Begriff „erforderliche Kosten" bezieht sich sowohl auf deren Art als auch auf ihre Höhe. Damit weicht das SGB XII vom Kostenbegriff des § 1968 i. V. m. § 1610 Abs. 1 BGB ab, wonach die Höhe der Bestattungskosten nach der Lebensstellung des Erblassers zu bemessen sind. Als Kosten der Bestattung ist der Aufwand für eine würdige, den örtlichen Verhältnissen entsprechende, einfache Bestattung einschließlich aller öffentlich-rechtlichen Gebühren zu übernehmen (z. B. Leichenschau, Leichenbeförderung, Sarg, Waschen und Kleiden sowie Einsargen der Leiche, Leichenhaus- und Grabgebühren, Sargauflage, die Kosten für ein einfaches Grabmal und für die Erstbepflanzung; vgl. *VGH Baden-Württemberg, U. v. 27. 3. 1992*, FEVS 42, 380; *OVG Lüneburg, U. v. 10. 3. 1999*, FEVS 51, 382). Bei der Frage, was den örtlichen Verhältnissen entspricht, ist die jeweilige Friedhofssatzung zwingend zu beachten, da sich der Verpflichtete den satzungsmäßigen Anforderungen nicht entziehen kann. Was die Friedhofssatzung als Mindestmaß würdiger Ausstattung ausreichen lässt, kann grundsätzlich auch als erforderlich und angemessen nach § 74 SGB XII bezeichnet werden (vgl. *VGH Baden-Württemberg, U. v. 19. 12. 1990,* DÖV 1991, 699 = FEVS 41, 279; *BayVGH, B. v. 12. 11. 1997,* FSt 1998, Rz. 249). Ebenfalls werden die so genannten „Stolgebühren" übernommen. Todesanzeigen und Danksagungen können ebenfalls erforderlich sein (a. A. *VG Hannover*, ZfF 1983, 207).

Hat sich der Verstorbene selbst, seine Angehörigen oder der Betreuer für eine Feuerbestattung ausgesprochen (zur notwendigen Form vgl. z. B. § 17 BayBestV), ist die-

ser Wunsch nach § 9 Abs. 2 SGB XII bei der Hilfe nach § 74 SGB XII beachtlich. Neben den o. g. Kosten einer Erdbestattung sind die Kosten einer Urnenbeisetzung (einschließlich Überführung zum und vom Krematorium) erforderlich.

Die Höhe der erforderlichen Kosten bemisst sich nach Vergleichswerten von verschiedenen Bestattungsunternehmen am Ort oder Erfahrungswerten des Sozialhilfeträgers. Bei verschiedenen Verwaltungen gibt es auch kommunale Bestattungseinrichtungen (Ämter für Bestattungswesen), die vom Sozialhilfeträger zum Umfang und zur Höhe der erforderlichen Kosten gutachtlich beteiligt werden können. In diesem Zusammenhang sei darauf hingewiesen, dass der Sozialhilfeträger nicht berechtigt ist, die erforderlichen Kosten bei Erdbestattungen generell auf die Höhe der im Regelfall niedrigeren Kosten für Feuerbestattungen zu kürzen (vgl. *Klingshirn*, Bestattungsrecht, Erläuterung VI, m. w. N.).

Die Kosten für die laufende Grabpflege gehören wesensgemäß zur laufenden Hilfe zum Lebensunterhalt und sind bei Leistungsberechtigten mit dem Regelsatz abgegolten (vgl. Auflistung in Leitziffer B 2 „Hilfe zum Lebensunterhalt"). Bei Nichthilfeempfängern sind diese daher im Rahmen der normalen Lebenshaltungskosten zu bestreiten. Da die erforderlichen Kosten der Bestattung nach § 74 SGB XII nur die Kosten betreffen, die im unmittelbaren Zusammenhang mit der Bestattung selbst stehen, fallen Aufwendungen von Angehörigen aus Anlass eines Todesfalles (z. B. Trauerbekleidung, Leichenschmaus, Reisekosten) nicht darunter. Sofern die Angehörigen selbst hilfebedürftig sind, kann ggf. hierfür eine Leistung nach § 37 SGB XII in Betracht kommen.

Eine grundsätzliche Verpflichtung der Sozialhilfeträger, auch Überführungskosten zu übernehmen, besteht nicht; hier entscheidet der Sozialhilfeträger im Ermessen. Zur Übernahme der durch den Abtransport oder die Bergung von Leichen bei Unglücksfällen entstehenden besonderen Kosten ist der Sozialhilfeträger nicht verpflichtet.

Vorrangige Ansprüche

Sterbegeld aus der gesetzlichen Unfallversicherung in Höhe eines Siebtels der zum Todeszeitpunkt geltenden Bezugsgröße (vgl. § 64 SGB VII) ist dem § 74 SGB XII vorrangig. Zu den vorrangigen Ansprüchen gehören auch Leistungen aus Sterbegeldversicherungen. Eventuelle Schadenersatzansprüche gegen Dritte, die den Tod rechtswidrig und schuldhaft herbeigeführt haben, sind ebenfalls vorrangig geltend zu machen (vgl. § 844 BGB; *OVG Münster, U. v. 30. 10. 1997,* NJW 1998, 2154).

Zumutbarkeit

Ein Anspruch nach § 74 SGB XII besteht nur, wenn dem Verpflichteten die Tragung der Bestattungskosten nicht zugemutet werden kann. Kriterien für die Auslegung der Zumutbarkeit sind die allgemeinen Grundsätze des Sozialhilferechts, insbesondere der Grundsatz des Nachrangs in der Sozialhilfe. Regelmäßig wird davon ausgegangen, dass es einem Verpflichteten zuzumuten ist, alle Mittel einzusetzen, die ihm durch den Eintritt des Todesfalles zugeflossen sind. Dazu gehört bei einem Erben in erster Linie der Nachlass, soweit dem Einsatz keine Härte entgegensteht (vgl. § 102 Abs. 3 Nr. 3 SGB XII), aber auch ein Ausgleichsanspruch gegenüber einem Miterben nach § 426 BGB (vgl. *OVG Münster, U. v. 30. 10. 1997*, NJW 1998, 248 = FEVS 48, 446). Die gesetzlichen Regelungen über das Schonvermögen in Bezug auf Vermögensgegenstände oder -rechte in der Person des Erblassers kommen dem nach § 74 SGB XII Anspruchsberechtigten nicht zu Gute (vgl. *BVerwG, U. v. 4. 2. 1999,* FEVS 51, 5). Zu den zugeflossenen Mitteln können ferner Bezugsrechte aus Lebensversicherungsverträgen des Verstorbenen gehören, also Verträgen zu Gunsten Dritter (vgl. § 328 ff. BGB), deren Leistungsbeträge damit dem Nachlass entzogen sind (vgl. §§ 330, 331 BGB). Diese Beträge stellen Einkommen im Monat des Zuflusses dar.

Sind die (erforderlichen) Bestattungskosten nicht durch die o. g. vorrangigen Ansprüche sowie (bei Erben) den Nachlass gedeckt, bemisst sich die Leistungsfähigkeit der Verpflichteten aus eigenem Einkommen. Bei der Bemessung des Eigenanteils ist die soziale Nähe, die zwischen dem Verstorbenen und dem Verpflichteten bestand, zu berücksichtigen. Je näher das (Verwandtschafts-)Verhältnis war, desto höher ist der Einkommenseinsatz, der zugemutet werden kann. Dasselbe gilt hinsichtlich des Einsatzes des Vermögens.

Bekanntwerden/ Antrag

Trotz des engen Wortlauts des § 18 Abs. 1 SGB XII ist es aus der Natur der Sache heraus geboten, dem Verpflichteten im Sinne des § 74 SGB XII eine längere Frist für die Geltendmachung eines etwaigen Anspruchs einzuräumen (vgl. *BVerwG, U. v. 5. 6. 1997*, BVerwGE 105, 51 = FEVS 48, 1). Im Allgemeinen wird für das rechtzeitige Bekanntwerden ein Zeitraum von bis zu zwei Monaten nach dem Tod als ausreichend erachtet. Es kann aber beispielsweise bei Streitigkeiten der Erben eine durchaus längere Frist eingeräumt werden.

Praxis TIPP

Ende der Betreuung – Bestattungsverträge

Die Betreuung endet mit dem Tod des Betreuten. Es ist in Literatur und Rechtsprechung umstritten, inwieweit der Betreuer zur Durchführung der Bestattung berechtigt ist. Im Hinblick auf bestehende oder nicht bestehende Vergütungsansprüche und Auslagenersatz sollte sich der Betreuer daher vom Vormundschaftsgericht beraten lassen. Ein Anspruch gegen den Sozialhilfeträger im Rahmen des § 74 SGB XII besteht nicht. Auch kann der Abschluss von Bestattungsverträgen nicht generell empfohlen werden, da diese im Regelfall sogenannte „Verträge zugunsten Dritter“ darstellen, die von den Sozialhilfeträgern grundsätzlich bei der Prüfung von vorrangig einzusetzendem Vermögen berücksichtigt werden. Wurden vorhandene Bestattungsverträge bereits längere Zeit vor der Beantragung von Sozialhilfe abgeschlossen, wird der Sozialhilfeträger prüfen, ob dadurch das Vermögen in der Absicht vermindert werden sollte, die Voraussetzungen für die Gewährung von Sozialhilfe herbeizuführen. Dann wird der Sozialhilfeträger eine beantragte Hilfe zumindest teilweise ablehnen. Dies kann vor allem dann der Fall sein, wenn der Bestattungsvertrag nahezu zeitgleich mit der Antragstellung beim Sozialamt erfolgte. Auch falls ein Bestattungsvertrag bereits längere Zeit vor der Inanspruchnahme von Sozialhilfe abgeschlossen worden sein sollte, kann der Sozialhilfeträger im Rahmen seiner Vermögensprüfung etwaige Rückerstattungsansprüche daraus auf sich überleiten. Dies kommt insbesondere in Betracht, wenn für das Rechtsgeschäft Sittenwidrigkeit angenommen werden muss oder eine Rückforderung, z. B. wegen Verarmung des Schenkers (§ 528 BGB), in Frage kommt. Insbesondere kann dies zutreffen, wenn z. B.

- eine große Wertdiskrepanz zwischen den vereinbarten Leistungen besteht,
- die Höhe der im Bestattungsvertrag vereinbarten Ausgaben für Beerdigung, Grabstein und Grabpflege in keinem Verhältnis zum gesamten Vermögen steht: Wurde über das Vermögen insgesamt oder nur über einen kleinen Bruchteil davon verfügt?
- im Bestattungsvertrag von vornherein erhebliche Überschüsse eingeplant wurden, die nicht zur Deckung der Bestattungs- oder Grabpflegekosten, sondern zum Verbleib beim Bestattungsunternehmen bzw. Dritten bestimmt sind.

Dasselbe gilt, wenn Bestattungsvorsorgeverträge treuhänderisch verwaltet werden. Diese sehen auf Grund einer damit verbundenen Abtretung eine direkte Auszahlung des Betrages durch die Treuhand ausschließlich an das Bestattungsunternehmen vor, das eine ihm nach dem Bestattungsvertrag oder nach § 649 Satz 2 BGB zustehende Vergütung für den Zeit- und Kostenaufwand, der beim Abschluss und bei der Betreuung von Vorsorgeverträgen anfällt (in der Größenordnung von 1 v. H. p. a. der jeweiligen Kapitalsummen) vorrangig befriedigt. Daneben erspart sich das Bestattungsunternehmen Mehrwert- und Kapitalsteuer. Die Kontrolle der Treuhandeinrichtung wird häufig durch einen gleichzeitig mit dem Vertrag gestellten Aufnahmeantrag in einen eingetragenen Verein sichergestellt. Die Mitgliedsbeiträge werden von der Treuhandeinrichtung beglichen, die ihrerseits lediglich die erzielten *Netto*beträge dem jeweiligen Konto gutschreibt. Wird kein Freistellungsauftrag hinsichtlich dieser Zinseinkünfte erteilt, kann nur über eine Steuererklärung (Anlage KAP) die Kapitalertragssteuer rückerstattet werden.

Liegen weder Versagungsgründe für die (teilweise) Sozialhilfeleistung noch für die Geltendmachung von Rückerstattungsansprüchen aus einem bereits seit längerem bestehenden Bestattungsvertrag vor, kann der Sozialhilfeträger im Einzelfall im Rahmen der Härteregelung des § 90 Abs. 3 SGB XII ganz oder teilweise vom Einsatz des gebundenen Vermögens absehen. Wurden im Rahmen des Bestattungsvorsorgevertrages Sterbegeldversicherungen abgetreten, wird teilweise der Betrag von 3.579 EUR berücksichtigt, der nach § 850b Abs. 1 Nr. 4 ZPO unpfändbar wäre. Mehrere Versicherungssummen werden zusammengerechnet (vgl. Kapitel B 1, Abschnitt „11.6 Pfändung“).

Wird ein Bestattungsvorsorgevertrag gleichzeitig mit der Beantragung von Sozialhilfe oder nach deren Bewilligung unter Verwendung bisher nicht mitgeteilter Mittel geschlossen, löst dies in der Regel eine Rückforderung der vom Sozialamt erbrachten Leistungen aus.

15. Anspruchsberechtigter Personenkreis (§ 19 Abs. 3 SGB XII)

Neben dem Bekanntwerden (§ 18 SGB XII) der Notlage kennt die Hilfe zum Lebensunterhalt nur eine weitere Anspruchsvoraussetzung, nämlich die Hilfebedürftigkeit (§ 19 Abs. 1 SGB XII). Dagegen müssen bei den Hilfen in qualifizierten Notlagen noch zwei weitere Voraussetzungen erfüllt sein:

Sachliche Voraussetzungen

- die sachlichen (persönlichen) Voraussetzungen,

  die sich aus den (in den Abschnitten 1 bis 5 und 7 bis 14) beschriebenen gesetzlichen Vorschriften ergeben

  und

Wirtschaftliche Voraussetzungen

- die wirtschaftlichen Voraussetzungen:

  „Hilfen nach dem 5. bis 9. Kapitel SGB XII werden erbracht, soweit dem Leistungsberechtigten, seinem nicht getrennt lebenden Ehegatten/Lebenspartner und, wenn er minderjährig und unverheiratet ist, auch seinen Eltern die Aufbringung der Mittel aus dem Einkommen und Vermögen nach den Bestimmungen der §§ 82 bis 91 SGB XII nicht zuzumuten ist. Das Einkommen und Vermögen der Eltern oder des Elternteils, bei dem eine Hilfesuchende lebt, sind nicht zu berücksichtigen, wenn die Hilfesuchende schwanger ist oder ihr leibliches Kind bis zur Vollendung seines sechsten Lebensjahres betreut.“ (vgl. § 19 Abs. 3, 4 SGB XII).

Zumutbarkeit

Gegenüber der Hilfe zum Lebensunterhalt hat der Hilfesuchende bei den Hilfen in qualifizierten Notlagen einen großzügigeren finanziellen Spielraum. Hier müssen Mittel nur in „zumutbarem Umfang" eingesetzt werden. Den Begriff der Zumutbarkeit konkretisiert das SGB XII durch die Einkommensgrenze (§§ 85, 86 SGB XII) und die Anerkennung besonderer Belastungen (§ 87 SGB XII).

Wichtig:

Zugemutet wird dem Leistungsberechtigten die Aufbringung der Mittel grundsätzlich nur, wenn das Einkommen die maßgebende Einkommensgrenze übersteigt, und nur in dem Umfang, in dem die Eigenleistung angemessen ist.

Diese Regelung hat den Zweck, dem Leistungsberechtigten die notwendigen Mittel zur Bestreitung seines Lebensunterhalts zu belassen und ihn im Hinblick auf seine zu behebende qualifizierte Notlage „besser zu stellen".

Ausnahmsweise gehört zum „anspruchsberechtigten Personenkreis" auch der Einrichtungsträger, der die Leistung erbracht bzw. derjenige, der die Pflege geleistet hat (§ 19 Abs. 6 SGB XII). Der Anspruch geht beim Tod des Leistungsberechtigten im Wege der Sonderrechtsnachfolge auf diese über.

15.1 Zu berücksichtigendes Einkommen

Das bei den Hilfen in qualifizierten Notlagen zu berücksichtigende Einkommen ergibt sich ebenfalls aus der dargestellten Berechnung. Evtl. bezogene (und vom minderjährigen Kind nicht zur Bedarfsdeckung benötigte) Kindergelder werden ebenfalls als Einkommen des Berechtigten angesetzt.

Ähnlich wie bei der Hilfe zum Lebensunterhalt sehen auch diese Hilfen eine Bedarfsgemeinschaft vor, d. h., bei der Berechnung ist das Einkommen des Hilfesuchenden, seines nicht getrennt lebenden Ehegatten/Lebenspartners und gegebenenfalls seiner Eltern zu berücksichtigen. Das Einkommen anderer Personen (z. B. Kinder, Geschwister, Großeltern) ist auch dann nicht zu berücksichtigen, wenn sie im selben Haushalt wie der Hilfesuchende wohnen und für sie ein Familienzuschlag angesetzt ist.

15.2 Einkommensgrenze

Einkommensgrenze

Bei der Hilfe in qualifizierten Notlagen ist nach § 85 Abs. 1 SGB XII dem Hilfesuchenden und seinem nicht getrennt lebenden Ehegatten/Lebenspartner die Aufbringung der Mittel nicht zuzumuten, wenn während der Dauer des Bedarfs ihr monatliches Einkommen zusammen eine Einkommensgrenze nicht übersteigt, die sich ergibt aus

- einem Grundbetrag,
- den angemessenen Kosten der Unterkunft und
- einem Familienzuschlag.

Grundbetrag

Der Grundbetrag dient der o. g. „Besserstellung“ des Hilfesuchenden, da er höher ist als der Regelbedarf (= Regelsatz, Mehrbedarfszuschläge, Sonderbedarf) bei der Hilfe zum Lebensunterhalt. Mit der Einführung des SGB XII wurden die Regelungen zu den Einkommensgrenzen vereinfacht. Anstelle der bisherigen drei betragsmäßig unterschiedlichen Grundbeträge ist nunmehr ein einheitlicher Grundbetrag getreten. Dieser wird mit dem Zweifachen des jeweiligen Eckregelsatzes angesetzt.

Damit ist der Grundbetrag dynamisiert und kann sich – entsprechend der Erhöhung der Regelsätze – zum 1. Juli eines jeden Jahres um den Prozentsatz, um den sich der aktuelle Rentenwert in der gesetzlichen Rentenversicherung verändert, anpassen (vgl. § 4 RegelsatzVO). Dasselbe gilt bei einer Fortschreibung der Höhe der Regelsätze nach § 28 Abs. 3 SGB XII.

Der im Einzelfall maßgebende Eckregelsatz bestimmt sich gemäß § 85 Abs. 3 SGB XII nach dem Ort, an dem der Leistungsberechtigte die Leistung erhält. Bei der Leistung in einer Einrichtung sowie bei Unterbringung in einer anderen Familie oder bei den in § 107 SGB XII genannten anderen Personen bestimmt er sich nach dem gewöhnlichen Aufenthalt des Leistungsberechtigten oder, wenn im Falle bei einer minderjährigen nachfragenden Person auch das Einkommen ihrer Eltern oder eines Elternteils maßgebend ist, nach deren gewöhnlichem Aufenthalt. Ist ein gewöhnlicher Aufenthalt im Inland nicht vorhanden oder nicht zu ermitteln, bestimmt sich der Eckregelsatz nach dem Ort, an dem der Leistungsberechtigte die Leistung erhält.

Wichtig:

Die Länder und, soweit landesrechtliche Vorschriften nicht entgegenstehen, auch die Träger der Sozialhilfe können nach § 86 SGB XII für bestimmte Arten der Hilfe nach dem Fünften bis Neunten Kapitel des SGB XII der Einkommensgrenze einen höheren Grundbetrag zugrunde legen.

Neuregelung der Einkommensgrenze

Die Neufassung begründete der Gesetzgeber damit, um im Hinblick auf die Ziele der Regelung einen angemessenen Ausgleich zu schaffen und eine Schlechterstellung des ambulanten gegenüber dem stationären Bereich zu vermeiden. Er verkennt dabei, dass nicht ausschließlich Hilfen des teilstationären/stationären Bereichs von den früheren besonderen Einkommensgrenzen begünstigt waren. Auch ambulante Leistungen, wie zum Beispiel die Beschaffung von Körperersatzstücken oder größeren Hilfsmitteln sowie die Blindenhilfe, sind unter die besondere Einkommensgrenze gefallen. Die Änderung hat damit sowohl eine Schlechterstellung des ambulanten als auch des stationären Bereichs bewirkt. Mit der Anknüpfung an den Eckregelsatz fiel das SGB XII in diesem Punkt in die Zeit vor dem 30. 6. 1985 zurück (allerdings bestand damals gleichwohl eine besondere Einkommensgrenze in Höhe des dreifachen bzw. sechsfachen Regelsatzes). Betragsmäßig ist – wenn man heute einen Regelbedarf von beispielsweise 391 EUR zugrundelegt – von 1.173 EUR auszugehen. Auf die Möglichkeit in § 86 SGB XII kann im Übrigen angesichts der leeren Kassen ebenfalls nicht viel Hoffnung gesetzt werden.

Kosten der Unterkunft

Die Kosten der Unterkunft sind in der tatsächlichen Höhe anzusetzen. Hier gelten die gleichen Maßstäbe wie bei der Hilfe zum Lebensunterhalt. Das Wohngeld ist bei der Berechnung von Hilfen außerhalb von Einrichtungen vom Unterkunftsbedarf abzusetzen (vgl. Kapitel B 4, Abschnitt „5. Wohngeld").

Wesentlicher Unterschied bei der Berechnung der Unterkunftskosten im Vergleich zur Hilfe zum Lebensunterhalt ist, dass die Kosten für Zentralheizung bei der Hilfe in qualifizierten Notlagen nicht zum Bedarf gehören.

Familienzuschlag

Ein Familienzuschlag wird gewährt

- für den nicht getrennt lebenden Ehegatten/Lebenspartner der nachfragenden Person,
- bei minderjährigen unverheirateten Hilfesuchenden einem Elternteil sowie dem Hilfesuchenden selbst,
- jeder Person, die vom Hilfesuchenden, seinem nicht getrennt lebenden Ehegatten/Lebenspartner bzw. seinen (zusammenlebenden) Eltern überwiegend unterhalten wird, oder der sie nach der Entscheidung über die Sozialhilfeleistung unterhaltspflichtig werden.

  Überwiegend unterhalten ist eine Person dann, wenn der Hilfesuchende oder sein nicht getrennt lebender Ehegatte/Lebenspartner mehr als 50 v. H. des Unterhalts aufbringt. Der Unterhalt wird bei Zusammenlebenden in der Regel als Sachleistung gewährt. Hat ein Unterhaltsberechtigter keine Einkünfte, geht der Sozialhilfeträger davon aus, dass der Hilfesuchende oder sein Ehegatte/Lebenspartner den vollen Unterhalt leistet. Erst wenn der Unterhaltene eigene Einkünfte hat, wird der Sozialhilfeträger durch eine Gegenüberstellung des gesamten Lebensbedarfs (einschließlich eines Sonderbedarfs, z. B. wegen Krankheit, Ausbildung) mit den wertmäßigen Unterhaltsleistungen prüfen, ob der Unterhaltspflichtige den Unterhaltenen überhaupt überwiegend unterhalten kann, d. h., ob ein Familienzuschlag anzusetzen ist. Aus Gründen der Vereinfachung wird häufig davon ausgegangen, dass der Hilfesuchende oder sein nicht getrennt lebender Ehegatte/Lebenspartner den überwiegenden Unterhalt auch dann gewährt, wenn der Unterhaltene zwar über Einkommen verfügt, dieses aber im Monat den Betrag des Familienzuschlags nicht übersteigt. Die Zuerkennung bzw. das Entfallen des Familienzuschlags richtet sich nach den Grundsätzen der Erhöhung bzw. Verringerung der Sozialhilfe (vgl. bei Leitziffer B 2 „Hilfe zum Lebensunterhalt" – Besonderheiten bei Berechnungen).

Der Familienzuschlag beträgt 70 v. H. des Eckregelsatzes; dieser Betrag ist auf volle EUR aufzurunden. Der für den Familienzuschlag maßgebliche Regelsatz bestimmt sich dabei nach dem Ort, an dem der Hilfeempfänger die Hilfe erhält, bzw. bei der Hilfegewährung in einer Einrichtung nach dem gewöhnlichen Aufenthalt des Hilfeempfängers vor der Aufnahme in die Einrichtung.

15.3 Bemessung des Eigenanteils (§ 87 SGB XII)

Eigenanteil

Soweit das zu berücksichtigende Einkommen die maßgebende Einkommensgrenze übersteigt, ist die Aufbringung der Mittel in angemessenem Umfang zuzumuten. Bei der Prüfung, welcher Umfang angemessen ist, sind vor allem

- die Art des Bedarfs,

  Unterschiedlicher Bedarf kann eine verschieden hohe Belastung mit sich bringen, die die Lebensverhältnisse des Hilfesuchenden und seiner Angehörigen beeinträchtigen kann, z. B bei einem auf Dauer Schwerpflegebedürftigen oder jemandem, der Zahnersatz benötigt. Dementsprechend ist im ersten Beispielsfall ein niedrigerer Eigenanteil angemessen als im zweiten.

- die Dauer,

  Dem o. g. entsprechend ist bei einmaligem oder kurzfristigem Bedarf ein höherer Eigenanteil angemessen als z. B. bei einem Dauerpflegefall.

- die Höhe der erforderlichen Aufwendungen,

- die besonderen Belastungen

  Besondere Belastungen führen zu einer Verminderung des Eigenanteils. Als solche zählen bzw. können vom Sozialhilfeträger anerkannt werden:

  - Zahlungsverpflichtungen/Abzahlungsverpflichtungen, die vor dem Eintritt des Bedarfs eingegangen wurden und sozialhilferechtlich anerkennenswert sind bzw. die unabweisbar wurden (z. B. Mietverpflichtungen eines unter Betreuung stehenden, in stationäre Pflege aufgenommenen Hilfebedürftigen wegen des vormundschaftlichen Genehmigungsverfahrens zur Wohnungsauflösung; vgl. *BVerwG, B. v. 30. 12. 1997*, FEVS 48, 241),
  - Angemessene Aufwendungen für Familienfeiern, Besuchsfahrten zu nahen Angehörigen in Einrichtungen,
  - Notwendige Aufwendungen für Krankheit, Behinderung, altersbedingte Belastungen,
  - Angemessene Aufwendungen für die Ausbildung von unterhaltsberechtigten Angehörigen, für die kein Familienzuschlag angesetzt wurde,
  - Erforderliche Aufwendungen im Zusammenhang mit der Unterkunft.

des Hilfesuchenden und seiner unterhaltsberechtigten Angehörigen zu berücksichtigen (§ 87 Abs. 1 SGB XII).

Bei der Berechnung ist grundsätzlich vom monatlichen Einkommen (Grundsatz der Gleichzeitigkeit von Bedarf und Einkommen) auszugehen. Aus dem die Einkommensgrenze übersteigenden Einkommen wird – nach Abzug der besonderen Belastungen – unter Zugrundelegung eines Prozentsatzes der Eigenanteil für jeden Monat berechnet.

Wichtig:

Bei schwerstpflegebedürftigen Menschen nach § 64 Abs. 3 SGB XII und blinden Menschen nach § 72 SGB XII ist ein Einsatz des Einkommens über der Einkommensgrenze in Höhe von mindestens 60 v. H. nicht zuzumuten (vgl. § 87 Abs. 1 Satz 3 SGB XII).

Eine Ausnahme von diesem Grundsatz ist § 87 Abs. 2 SGB XII. Danach kann der Sozialhilfeträger auch die Aufbringung der Mittel aus dem Einkommen verlangen, das der Hilfesuchende innerhalb eines angemessenen Zeitraums (in der Regel drei Monate) nach Wegfall des Bedarfs erwirbt, wenn

- der Hilfesuchende durch den Eintritt eines Bedarfsfalles sein Einkommen ganz oder teilweise verliert und
- sein Bedarf nur von kurzer Dauer (in der Regel ein Monat) ist.

Der Einsatz des in diesem Zeitraum erworbenen Einkommens darf jedoch nur in dem Umfang verlangt werden, als es die Einkommensgrenze übersteigt und dem Hilfesuchenden – ohne den Einkommensverlust – die Aufbringung der Mittel zuzumuten gewesen wäre. Der Sozialhilfeträger muss daher eine Vergleichsberechnung anstellen.

Beispiel:

Ein Selbstständiger hat keine Krankenversicherung abgeschlossen und bedarf der stationären Krankenhausbehandlung. Während des dreiwöchigen Krankenhausaufenthaltes erzielt er kein Einkommen. Nach Entlassung aus dem Krankenhaus ist er wieder voll erwerbstätig.

In diesem Fall kommt § 87 Abs. 2 SGB XII zur Anwendung, da Krankenhausaufenthalt und Einkommensverlust kausal zusammenhängen.

Eine weitere Ausnahme enthält § 87 Abs. 3 SGB XII. Danach kann der Sozialhilfeträger die Aufbringung der Mittel auch aus dem Einkommen verlangen, das der Hilfesuchende bzw. seine Ehefrau/Lebenspartner oder seine Eltern (§ 19 Abs. 3 SGB XII; vgl. Abschnitt 15.1) innerhalb eines Zeitraums von bis zu drei Monaten nach Ablauf des Monats, in dem über die Hilfe entschieden wurde, erwerben, wenn es sich

- um einmalige Leistungen
- zur Beschaffung von Bedarfsgegenständen,

  z. B. Krankenfahrzeuge, orthopädische und andere Hilfsmittel, Zahnersatz,
- deren Gebrauchsdauer mindestens ein Jahr beträgt,

handelt. Das bedeutet, der Eigenanteil wird für insgesamt vier Monate verlangt.

15.4 Einsatz des Einkommens unter der Einkommensgrenze (§ 88 SGB XII)

Nach § 88 Abs. 1 SGB XII kann der Sozialhilfeträger den Einsatz des Einkommens unter der Einkommensgrenze in folgenden Fällen verlangen:

- Soweit von einem anderen Leistungen für einen besonderen Zweck gewährt werden, für den auch Sozialhilfe zu gewähren wäre.

  Unerheblich ist hierbei, ob es sich um öffentlich-rechtliche oder zivilrechtliche Leistungen handelt.

  Beispiele:

  Zuschüsse von Krankenkassen; Unterhaltsbeiträge zur Deckung des gleichen (sozialhilferechtlichen) Bedarfs; Waisenrenten und Waisengelder; Beihilfen nach den Beihilfevorschriften, BAföG

- Wenn zur Deckung des Bedarfs nur geringfügige Mittel erforderlich sind.

  Wann es sich um „geringfügige Mittel" handelt, ist nach der Art des Bedarfs (in der Regel einmalig) und den wirtschaftlichen Verhältnissen des Hilfesuchenden im Einzelfall zu beurteilen. Zweck der Vorschrift ist die Vermeidung von Bagatellfällen für den Sozialhilfeträger.

- Soweit bei der stationären oder teilstationären Hilfe in einer Einrichtung Aufwendungen für den häuslichen Lebensunterhalt erspart werden (häusliche Ersparnisse).

  Zweck der Vorschrift ist, dem Hilfeempfänger oder seinen Angehörigen keine wirtschaftlichen Vorteile zu verschaffen, wenn dieser z. B. in einer Einrichtung voll verpflegt wird – er sich diese Aufwendungen zu Hause damit erspart.

  Die Höhe der anzusetzenden „häuslichen Ersparnisse" richtet sich nach der Höhe des den Bedarf der Hilfe zum Lebensunterhalt übersteigenden Einkommens (nach Abzug des Eigenanteils gemäß § 87 SGB XII). Übersteigt das Einkommen den Bedarf um nicht mehr als 25 v. H., werden in der Regel keine häuslichen Ersparnisse angesetzt, ansonsten von 50 v. H bis 150 v. H. der jeweiligen Regelbedarfsstufe. Es existieren aber auch andere Berechnungsmodelle; nähere Auskünfte erteilen die Sozialhilfeträger (vgl. Abschnitt 7.3 dieses Kapitels).

Teilstationäre Hilfe – häusliche Ersparnisse

Bei teilstationärer Unterbringung von volljährigen Hilfeempfängern in einer Werkstatt für Behinderte werden für die Verpflegung in der WfB grundsätzlich keine „häuslichen Ersparnisse" mehr gefordert. Möglich sind häusliche Ersparnisse, wenn das Einkommen des behinderten Menschen insgesamt einen Betrag in Höhe des zweifachen Regelsatzes übersteigt. Der Betreuer sollte in Fällen, in denen häusliche Ersparnisse gefordert werden, prüfen, ob diese zu Recht verlangt werden.

- Wenn Personen voraussichtlich längere Zeit (in der Regel sechs Monate) der Pflege in einer Einrichtung bedürfen, solange sie nicht einen anderen überwiegend unterhalten.

  Pflege ist hier nicht gleichzusetzen mit Hilfe zur Pflege. Vielmehr ist die Betreuung in einer Einrichtung gemeint (z. B. bei der Eingliederungshilfe für Behinderte, Altenhilfe). Ein körperliches oder geistiges Gebrechen braucht aber nicht vorzuliegen.

  Die größte Bedeutung gewinnt diese Vorschrift bei sog. „Dauerpflegefällen" in Einrichtungen, denen die Auflösung ihres Haushalts zugemutet werden kann. Diesen entstehen hierfür keine unterkunftsbedingten Kosten (z. B. Miete, Heizung, Licht) mehr, weswegen der Einkommenseinsatz in weitgehendem Umfang zuzumuten ist. Dem Hilfeempfänger müssen aber Mittel in Höhe des Barbetrags und für den sonstigen Bedarf (z. B. Bekleidung) verbleiben.

§ 88 Abs. 2 Satz 1 SGB XII sieht eine weitere Verbesserung für behinderte Menschen vor. Er nimmt einen Teil des Werkstatteinkommens des Behinderten nach folgender Berechnungsformel vom Einsatz aus: 1/8 Regelbedarfsstufe + 25 % [des Einkommens, das 1/8 der Regelbedarfsstufe übersteigt]. In Bayern wurde dieser Freibetrag in den sog. WfB-Tabellen von den Sozialhilfeträgern ohnehin immer schon berücksichtigt.

Erhält ein Hilfeempfänger ein Arbeitsförderungsgeld nach § 43 SGB IX, wird von ihm die Aufbringung der Mittel in Höhe des Arbeitsförderungsgeldes nicht verlangt. Die Aufbringung der Mittel wird auch nicht verlangt für Erhöhungsbeträge des Arbeitsentgelts im Arbeitsbereich einer anerkannten Werkstatt für behinderte Menschen nach § 41 Abs. 3 SGB IX, die auf die Zahlung des Arbeitsförderungsgeldes angerechnet werden.

15.5 Einkommenseinsatz bei mehrfachem Bedarf (§ 89 SGB XII)

Mehrfacher Bedarf

Dasselbe Einkommen kann immer nur einmal verwendet werden. Daher bestimmt § 89 Abs. 1 SGB XII, dass der Teil des Einkommens, der bereits zur Deckung eines anderen Bedarfs eingesetzt werden muss (= Eigenanteil), bei der Berechnung für einen weiteren, gleichzeitig bestehenden Bedarf außer Betracht bleibt.

Einen weiteren Fall sieht § 89 Abs. 2 SGB XII vor. Sind für die Bedarfsfälle gleiche Einkommensgrenzen maßgebend, jedoch für die Gewährung der Hilfe verschiedene Sozialhilfeträger zuständig, so hat die Entscheidung über die Hilfe für den zuerst eingetretenen Bedarf den Vorrang; treten die Bedarfsfälle gleichzeitig ein, so ist das über der Einkommensgrenze liegende Einkommen zu gleichen Teilen bei den Bedarfsfällen zu berücksichtigen.

Aus den Abschnitten 15.1 bis 15.5 ergibt sich folgendes Berechnungsschema:

Schema zur Ermittlung des Eigenanteils bei den Hilfen in qualifizierten Notlagen

		EUR	EUR	EUR
1.	Monatlicher Bedarf			
2.	Zusammenstellung des Einkommens: [1]			
2.1	Mtl. bereinigtes Einkommen des Hilfesuchenden			
2.2	Mtl. bereinigtes Einkommen seines nicht getrennt lebenden Ehegatten/ Lebenspartners			
2.3	Mtl. bereinigtes Einkommen des Vaters des minderjährigen unverheirateten Hilfesuchenden ggf. einschließlich Kindergeld			
2.4	Mtl. bereinigtes Einkommen der Mutter des minderjährigen unverheirateten Hilfesuchenden ggf. einschließlich Kindergeld			
2.5	**Gesamteinkommen:**			
2.6	./. bereits eingesetztes Einkommen (§ 89 Abs. 1 SGB XII) [2]			
2.7	Maßgebliches Einkommen:			
3.	**Einkommensgrenze:**			
3.1	Grundbetrag [3]			
3.2	Kosten der Unterkunft [4]			
3.3	Familienzuschläge [5]			
3.4	**Einkommensgrenze:**			
4.	**Einkommen über der Einkommensgrenze:**			
5.	**Besondere Belastungen:** [6]			
5.1	____________________			
5.2	____________________			
5.3	____________________			
5.4	**Summe der besonderen Belastungen:**			
6.	**Über der Einkommensgrenze liegendes Einkommen nach Abzug der besonderen Belastungen:**			
7.	**Berechnung des Eigenanteils:**			
7.1	_____v. H. aus dem Betrag unter Nr. 6 (§ 87 Abs. 1 SGB XII) [7]			
7.2	zuzüglich _____ x Betrag nach Nr. 7.1 gemäß § 87 Abs. 2 SGB XII [8]			
7.3	zuzüglich _____ x Betrag nach Nr. 7.1 gemäß § 87 Abs. 3 SGB XII [9]			
7.4	zuzüglich zweckbestimmter Leistungen, § 88 Abs. 1 Nr. 1 SGB XII [10]			
7.5	zuzüglich häuslicher Ersparnisse, § 88 Abs. 1 Nr. 3 SGB XII [11]			
7.6	zuzüglich des Betrages nach § 88 Abs. 1 Nr. 3 SGB XII bei „Dauerpflegefällen" in Einrichtungen [12]			
7.7	**./. Eigenanteil (Summe aus Nrn. 7.1–7.6)**			
8.	**./. Einzusetzendes Vermögen:** [13]			
9.	**Zu gewährende Hilfe:**			

Erläuterungen:

[1] Das bereinigte Einkommen ergibt sich aus der Berechnung nach Leitziffer B 3 „1.4.3 Sozialhilferechtlich zu berücksichtigendes Einkommen"

[2] vgl. Abschnitt 15.5 „Einkommenseinsatz bei mehrfachem Bedarf"

[3] vgl. Abschnitt 15.2

[4] vgl. Abschnitt 15.2
Die Kosten der Unterkunft sind nur anteilsmäßig für die Personen anzusetzen, die in die Einkommensberechnung (über den Grundbetrag oder einen Familienzuschlag) einbezogen sind. Zur Berechnung der anteilsmäßigen Unterkunftskosten vgl. Leitziffer B 4 Kosten der Unterkunft

[5] vgl. Abschnitt 15.2

[6] vgl. Abschnitt 15.3 „Bemessung des Eigenanteils (§ 87 SGB XII)"

[7] Wenn ein Familienzuschlag angesetzt ist, in der Regel 50 v. H. – 70 v. H.; wenn kein Familienzuschlag angesetzt ist, in der Regel 70 v. H. – 100 v. H.

[8] vgl. Abschnitt 15.3
Wenn der Hilfesuchende durch den Eintritt eines Bedarfsfalles sein Einkommen ganz oder teilweise verliert und sein Bedarf nur von kurzer Dauer ist

[9] Bei einmaligem Bedarf zur Beschaffung von Bedarfsgegenständen mit einer Gebrauchsdauer von mindestens einem Jahr; vgl. Abschnitt 15.3

[10, 11, 12] vgl. Abschnitt 15.4

[13] siehe Leitziffer B 3 „2. Vermögen"

15.6 Berechnungsbeispiel

Am 19. 1. wendet sich Frau Isolde Groß an das Sozialamt der Stadt München und erklärt Folgendes:

„Ich bin Deutsche und 1989 nach Neuseeland ausgewandert. Nach meiner Scheidung verließ ich mit meiner Tochter (Alter: sechs Jahre) Neuseeland für immer und traf am 29. 12. in München am FJS-Airport ein. Mein Freund Herbert Klein nahm mich in seine Wohnung auf. Wir leben in Wohn- und Wirtschaftsgemeinschaft und stehen füreinander ein. Möglicherweise werden wir in Kürze heiraten. Herr Klein bestreitet aus seinem Nettoeinkommen von monatlich 1.549,20 EUR, wovon er noch monatlich 20 EUR Fahrtkosten und geringe Arbeitsmittel zahlt, den Lebensunterhalt für mich und meine Tochter. Er trägt die gesamte Miete von monatlich 325 EUR, einschließlich 50 EUR Heizkostenpauschale und 25 EUR sonstige Nebenkosten. Kindergeld habe ich noch nicht beantragt. Ich selbst habe zwar einen Unterhaltsanspruch von monatlich 100 EUR gegen meinen geschiedenen Ehemann, der jedoch nicht leistet. Laut ärztlichem Gutachten benötige ich dringend orthopädische Schuhe für insgesamt 400 EUR. Ich bin nicht krankenversichert und kann diesen Betrag nicht aufbringen. Auch mein Freund meint, es sei wohl genug, wenn er für unseren Lebensunterhalt sorge. Wir haben auch keinerlei Vermögenswerte, unsere Wohnung ist nur bescheiden eingerichtet."

Lösung:

Nach dem ärztlichen Gutachten ist Frau Groß in ihrer Bewegungsfreiheit dauernd erheblich behindert. Bei ihr liegt ein körperliches Gebrechen vor, das ihre Fähigkeit zur Teilhabe an der Gesellschaft wesentlich beeinträchtigt (§ 1 Satz 1 Nr. 1 VO zu § 60 SGB XII). Sie gehört daher zum Personenkreis der nicht nur vorübergehend körperlich wesentlich behinderten Menschen i. S. d. § 53 Abs. 1 Satz 1 SGB XII. Da diese Behinderung ausgeglichen werden kann, ist die Hilfe im Rahmen der Eingliederungshilfe zu gewähren. Zu den Maßnahmen der Eingliederungshilfe gehört u. a. auch die Versorgung mit Körperersatzstücken sowie mit orthopädischen oder anderen Hilfsmitteln (§ 54 Abs. 1 Satz 1 SGB XII, § 9 Abs. 1 VO zu § 60 SGB XII). Diese kann gemäß § 9 Abs. 3 VO zu § 60 SGB XII gewährt werden, da die orthopädischen Schuhe nach dem ärztlichen Gutachten erforderlich sind. Für Frau Groß kommt daher Eingliederungshilfe dem Grunde nach in Betracht.

Die Eingliederungshilfe ist eine Hilfe in besonderen Lebenslagen (§ 28 Abs. 1 Nr. 2 Buchst. c SGB I, § 8 Nr. 4 SGB XII). Hilfe in besonderen Lebenslagen wird nach § 19 Abs. 3 SGB XII gewährt, soweit dem Hilfesuchenden sowie seinem Lebensgefährten (§ 20 SGB XII) die Aufbringung der Mittel aus dem Einkommen und Vermögen nicht zuzumuten ist.

1. Zusammenstellung des Einkommens:	
Einkommen von Frau Groß und Herrn Klein (§ 19 Abs. 3, §§ 20, 82 Abs. 1 SGB XII, § 1 VO zu § 82 SGB XII)	1.549,20 EUR
abzüglich	
– Fahrtkosten (§ 82 Abs. 2 Nr. 4 SGB XII, § 3 Abs. 4 Nr. 2 VO zu § 82 SGB XII)	20,00 EUR
– Arbeitsmittelpauschale (§ 3 Abs. 4 Nr. 1, Abs. 5 VO zu § 82 SGB XII)	5,20 EUR
zu berücksichtigendes Einkommen:	
1.524,00 EUR	
2. Ermittlung der Einkommensgrenze:	
a) Grundbetrag (§ 85 Abs. 1 Nr. 1 SGB XII)	690,00 EUR
b) Kosten der Unterkunft (§ 85 Abs. 1 Nr. 2 SGB XII); die Kosten für Zentralheizung bleiben außer Betracht, die Nebenkosten sind aber anzusetzen: 325 EUR ./. 50 EUR Heizkosten	275,00 EUR

c) Familienzuschläge (§ 85 Abs. 1 Nr. 3 SGB XII) für Frau Groß und ihre Tochter: 2 x 70 v. H. RSHV aufgerundet (274 EUR)	548,00 EUR	
Einkommensgrenze:		1.513,00 EUR
Das Einkommen übersteigt die Einkommensgrenze um		36,20 EUR
3. Berechnung des zumutbaren Eigenanteils:		
a) 60 v. H. des die Einkommensgrenze übersteigenden anrechenbaren Einkommens gemäß § 87 Abs. 1 SGB XII	21,72 EUR	
b) zuzüglich eines Betrages nach § 87 Abs. 3 SGB XII: 3 x 45 EUR	135,00 EUR	
Eigenanteil:		156,72 EUR
4. Berechnung der zu gewährenden Hilfe:		
Kosten der orthopädischen Schuhe		400,00 EUR
./. Wirtschaftlicher Wert als Konfektionskleidung		50,00 EUR
./. Eigenanteil		156,72 EUR
Zu gewährende Hilfe:		193,28 EUR

Einzusetzendes Vermögen im Sinne von § 90 SGB XII ist nach den Angaben im Sachverhalt nicht vorhanden; die Eingliederungshilfe beträgt daher 193,28 EUR.

Inhalt

1. Elterngeld und Elternzeit

1.1 Grundsätze

Rechtsgrundlagen

Bis zum 31. 12. 2006 regelte das Bundeserziehungsgeldgesetz (BErzGG) den Anspruch auf Erziehungsgeld und Elternzeit. Hier wurde Eltern ein Anspruch auf eine Geldleistung und auf Freistellung von der Arbeit zugebilligt. Mit Wirkung seit 1. 1. 2007 regelt das Bundeselterngeld- und Elternzeitgesetz (BEEG) die Elternzeit sowie das Elterngeld, welches wesentlich anders berechnet wird als das frühere Erziehungsgeld. Das BEEG ist zuletzt durch das Gesetz zur Neuausrichtung der Pflegeversicherung (Pflege-Neuausrichtungs-Gesetz – PNG) vom 23. 10. 2012 (BGBl. I S. 2246) geändert worden. Wesentliche Änderungen sind zuletzt durch das Gesetz zur Vereinfachung des Elterngeldbezuges vom 10. 9. 2012 (BGBl. I S. 1878, ber. 2013 S. 69) eingetreten.

1.2 Anspruch auf Elterngeld

Wohnsitz/ Aufenthaltsort

Wer Anspruch auf Elterngeld hat, ergibt sich aus § 1 BEEG. Zunächst wird hier gefordert, dass der Betreffende seinen Wohnsitz oder seinen gewöhnlichen Aufenthalt in Deutschland hat.

Ehegatte Lebenspartner

Anspruch auf Elterngeld besteht nach den einzelnen Vorschriften des § 1 Abs. 2 BEEG auch für die mit der betreffenden Person in einem Haushalt lebenden Ehegatten oder (gleichgeschlechtlichen) Lebenspartner.

Voraussetzung für den Anspruch auf Elterngeld ist nach § 1 Abs. 1 Nr. 2 BEEG, dass der Anspruchsberechtigte mit seinem Kind in einem Haushalt lebt.

Anspruch auf Elterngeld besteht – abweichend hiervon – auch für denjenigen, der mit einem Kind in einem Haushalt lebt, das er mit dem Ziel der Annahme als Kind aufgenommen hat.

Für Kinder in diesem Sinne sowie für angenommene Kinder überhaupt sind die Vorschriften des BEEG mit der Maßgabe anzuwenden, dass statt des Zeitpunktes der Geburt der Zeitpunkt der Aufnahme des Kindes bei der berechtigten Person maßgeblich ist.

Anspruch auf Elterngeld besteht auch für denjenigen, der

- ein Kind des Ehegatten oder
- des (gleichgeschlechtlichen) Lebenspartners

in seinen Haushalt aufgenommen hat.

Das Gleiche gilt für denjenigen, der mit einem Kind in einem Haushalt lebt und die von ihm erklärte Anerkennung der Vaterschaft noch nicht wirksam oder über die von ihm beantragte Vaterschaftsfeststellung noch nicht entschieden ist.

Erziehung/Betreuung

Um Anspruch auf Elterngeld zu haben, muss der Betreffende das Kind selbst betreuen und erziehen (§ 1 Abs. 1 Nr. 3 BEEG).

Ist es den Eltern wegen einer schweren Krankheit oder Behinderung nicht möglich, ihr Kind zu betreuen bzw. sind diese verstorben, haben

- Verwandte bis zum dritten Grad und
- ihre Ehegatten oder
- (gleichgeschlechtlichen) Lebenspartner

Anspruch auf Elterngeld (§ 1 Abs. 4 BEEG), soweit die sonstigen Voraussetzungen erfüllt sind.

Der Anspruch auf Elterngeld bleibt nach § 1 Abs. 5 BEEG unberührt, wenn die Betreuung und Erziehung des Kindes aus einem wichtigen Grund nicht sofort aufgenommen werden kann oder sie unterbrochen werden muss.

Keine volle Erwerbstätigkeit

Nach § 1 Abs. 1 Nr. 4 BEEG ist auch Voraussetzung für den Anspruch auf Elterngeld, dass der Berechtigte keine oder keine volle Erwerbstätigkeit ausübt. Eine Person ist nicht voll erwerbstätig, wenn ihre Arbeitszeit 30 Wochenstunden im Monatsdurchschnitt nicht übersteigt oder sie eine Beschäftigung zur Berufsbildung ausübt (§ 1 Abs. 6 BEEG). Das Gleiche gilt, wenn sie eine geeignete Tagespflegeperson im Sinne des § 23 SGB VIII ist und nicht mehr als fünf Kinder in Tagespflege betreut.

§ 23 SGB VIII beschäftigt sich mit der Förderung von Kindertagespflege. Danach umfasst diese Förderung die Vermittlung des Kindes zu einer geeigneten Tagespflegeperson, deren fachliche Beratung, Begleitung und weitere Qualifizierung sowie die Gewährung einer laufenden Geldleistung.

Teilzeitkräfte

Aufgrund der Vorschrift des § 1 Abs. 6 BEEG sind viele Personen, die Elterngeld beziehen, als Teilzeitkräfte tätig. Hier werden zum Teil befristete Beschäftigungsverhältnisse, aber auch viele sogenannte Mini-Jobs (Entgelt bis 450 EUR monatlich) ausgeübt. Hier wird auf die Ausführungen in Abschnitt 2.6 verwiesen.

1.3 Höhe des Elterngeldes

Höhe

Die Höhe des Elterngeldes wird in § 2 BEEG geregelt.

Das Elterngeld orientiert sich an dem Einkommen aus Erwerbstätigkeit, das in den letzten zwölf Kalendermonaten vor dem Monat der Geburt des Kindes durchschnittlich im Monat erzielt wurde.

Das Elterngeld wird in Höhe von 67 % dieses Einkommens gezahlt, allerdings bis zu einem Höchstbetrag von 1.800 EUR im Monat. Gewährt wird es für volle Monate, in denen die berechtigte Person kein Einkommen aus Erwerbstätigkeit erzielt.

Einkommen

Als Einkommen aus Erwerbstätigkeit ist die Summe der positiven Einkünfte aus Land- und Forstwirtschaft, Gewerbebetrieb, selbstständiger Arbeit und nichtselbstständiger Arbeit nach § 2 Abs. 1 Satz 1 Nr. 1 und 2 EStG zu berücksichtigen.

In den Fällen, in denen das durchschnittlich erzielte monatliche Einkommen aus Erwerbstätigkeit vor der Geburt geringer als 1.000 EUR war, erhöht sich der Prozentsatz von 67. Die Erhöhung erfolgt um 0,1 Prozentpunkte für je 2 EUR, um die das maßgebliche Einkommen den Betrag von 1.000 EUR unterschreitet. Die Erhöhung erfolgt auf bis zu 100 %.

Beispiel:

Eine Arbeitnehmerin, die einen Antrag auf Elterngeld gestellt hat, verfügt über ein durchschnittliches Entgelt von 740 EUR. Dies bedeutet, dass sie 260 EUR weniger als 1.000 EUR erzielt. Hier sind als 130 Einheiten je 2 EUR zu berücksichtigen. Dies ergibt 13 Prozentpunkte. Der Satz von 67 % erhöht sich damit um 13 auf 80 %.

Die Frau hat also einen Elterngeldanspruch in Höhe von 80 % des durchschnittlichen Einkommens von 740 EUR, mithin von 592 EUR monatlich.

Für Monate nach der Geburt des Kindes, in denen die berechtigte Person ein Einkommen aus Erwerbstätigkeit erzielt, das durchschnittlich geringer ist als das berücksichtigte durchschnittlich erzielte Einkommen aus Erwerbstätigkeit vor der Geburt, wird Elterngeld in Höhe des maßgeblichen Prozentsatzes des Unterschiedsbetrages dieser durchschnittlich erzielten monatlichen Einkommen aus Erwerbstätigkeit gezahlt. Als vor der Geburt des Kindes durchschnittlich erzieltes moantliches Einkommen aus Erwerbstätigkeit ist dabei höchstens der Betrag von 2.700 EUR anzusetzen.

Allerdings gibt es eine weitere Begrenzung seit 1. 1. 2011. Der Satz von 67 % wird nämlich bei einem monatlichen Einkommen von mehr als 1.200 EUR abgesenkt. Die Absenkung erfolgt um 0,1 Prozentpunkte für je 2 EUR, um die das maßgebliche Einkommen den Betrag von 1.200 EUR überschreitet. Die Absenkung wird auf bis zu 65 % vorgenommen.

Beispiel:

Eine Arbeitnehmerin erzielt ein Nettoentgelt von 1.260 EUR. Dies bedeutet, dass sich der Prozentsatz eigentlich um 3 Prozentpunkte vermindern müsste (30 Kürzungseinheiten x 0,1). Eine Kürzung unter 65 % ist aber nicht möglich. Deshalb hat die Frau einen Anspruch auf 65 % ihres Entgeltes.

Das Elterngeld wird seit 1. 1. 2011 von Leistungen nach dem Sozialgesetzbuch Zweites Buch – SGB II – (Arbeitslosengeld II, Sozialgeld) sowie von Leistungen der Sozialhilfe in Abzug gebracht. Allerdings bleibt ein Elterngeld in Höhe des durchschnittlich erzielten Einkommens aus Erwerbstätigkeit vor der Geburt bis zu 300 EUR im Monat als Einkommen unberücksichtigt.

Mehrere Kinder

Das Elterngeld wird bei Vorhandensein mehrerer Kinder erhöht. Angesprochen sind hier durch § 2a BEEG Personen, die mit zwei Kindern, die das dritte Lebensjahr noch nicht vollendet haben oder mit drei oder mehr Kindern, die das sechste Lebensjahr noch nicht vollendet haben, in einem Haushalt leben. In einem solchen Fall wird das nach den bisherigen Ausführungen zustehende Elterngeld um 10 %, mindestens aber um 75 EUR, erhöht (Geschwisterbonus).

Zu berücksichtigen sind alle Kinder, für die die berechtigte Person die Voraussetzungen des § 1 Abs. 1 und 3 BEEG erfüllt und sich das Elterngeld nicht wegen Vorhandenseins von Mehrlingsgeburten (Mehrlingszuschlag) erhöht.

Angenommene Kinder

Für angenommene Kinder und Kinder, die mit dem Ziel der Annahme als Kind aufgenommen wurden, gilt als Alter des Kindes der Zeitraum seit der Aufnahme des Kindes bei der berechtigten Person. Bei behinderten Kindern beläuft sich die Altersgrenze aber jeweils auf 14 Jahre. Der Anspruch auf den Erhöhungsbetrag endet mit dem Ablauf des Monats, in dem eine der vorstehend genannten Anspruchsvoraussetzungen entfallen ist.

Mindestbetrag

§ 2 Abs. 4 BEEG beschäftigt sich mit dem Mindestbetrag des Elterngeldes. Es wird mindestens in Höhe von 300 EUR gezahlt. Das gilt übrigens auch, wenn in dem maßgeblichen Zeitraum vor der Geburt des Kindes kein Einkommen aus Erwerbstätigkeit erzielt worden ist. Es gilt ferner, wenn die berechtigte Person vor der Geburt des Kindes kein Einkommen aus Erwerbstätigkeit hat.

Begriff des Einkommens

Einkommen

§ 2c BEEG beschäftigt sich mit dem Begriff des Einkommens aus nichtselbstständiger Arbeit. Dabei sind die auf das Einkommen entfallenden

- Steuern und
- Beiträge zur Sozialversicherung

abzuziehen.

Als auf die Einnahmen entfallende Steuern gelten

- die abgeführte Einkommensteuer einschließlich
- Solidaritätszuschlag und
- Kirchensteuer.

Im Falle einer Steuervorauszahlung ist der auf die Einnahmen entfallende monatliche Anteil zu berücksichtigen.

Beiträge

Nach § 2f BEEG sind als Abzüge für Sozialabgaben Beiträge für die gesetzliche Sozialversicherung oder für eine vergleichbare Einrichtung sowie für die Arbeitsförderung (Arbeitslosenversicherung) zu berücksichtigen. Die Abzüge für Sozialabgaben werden einheitlich für Einkommen aus nichtselbstständiger und selbstständiger Erwerbstätigkeit anhand folgender Beitragssatzpauschalen ermittelt:

- 9 % für die Kranken- und Pflegeversicherung, wenn Versicherungspflicht in der gesetzlichen Krankenversicherung besteht,
- 10 % für die Rentenversicherung, falls die berechtigte Person in der gesetzlichen Rentenversicherung oder einer vergleichbaren Einrichtung versicherungspflichtig gewesen ist, und
- 2 % für die Arbeitsförderung, falls die berechtigte Person nach dem SGB III versicherungspflichtig gewesen ist.

Pauschalierung

Bemessungsgrundlage

Bemessungsgrundlage für die Ermittlung der Abzüge für Sozialabgaben ist die monatlich durchschnittlich zu berücksichtigende Summe der Einnahmen nach § 2c BEEG (Einkommen aus nichtselbstständiger Erwerbstätigkeit) und der Gewinneinkünfte nach § 2d BEEG (Einkommen aus selbstständiger Erwerbstätigkeit). Einnahmen aus geringfügigen Beschäftigungsverhältnissen und aus Beschäftigungsverhältnissen, in denen der Arbeitgeber allein beitragspflichtig ist, werden nicht berücksichtigt. Für Einnahmen aus Beschäftigungsverhältnissen in der Gleitzone gelten besondere Regelungen.

Gleitzone

1.4 Anrechnung von anderen Leistungen auf das Elterngeld

Mutterschaftsgeld

Nach § 3 Abs. 1 BEEG ist Mutterschaftsgeld aus der gesetzlichen Krankenversicherung (§§ 24c bis 24i SGB V), das für die Zeit ab dem Tag der Geburt zusteht, auf das Elterngeld anzurechnen. Das gilt nicht für das Mutterschaftsgeld nach § 13 Abs. 2 des Mutterschutzgesetzes (MuSchG), welches nicht versicherten Frauen gewährt wird.

Die Anrechnung ist auch für Mutterschaftsgeld vorgesehen, welches der Mutter im Bezugszeitraum des Elterngeldes für die Zeit vor dem Tag der Geburt eines weiteren Kindes zusteht.

Zuschuss zum Mutterschaftsgeld

Auch der Zuschuss zum Mutterschaftsgeld nach § 14 MuSchG ist anzurechnen.

Nach § 14 MuSchG erhalten Frauen während der Schutzfristen vor und nach der Entbindung sowie für den Entbindungstag den Unterschiedsbetrag zwischen 13 EUR (Höchstbetrag des Mutterschaftsgeldes für nicht versicherte Frauen) und dem kalendertäglichen durchschnittlichen Nettoarbeitsentgelt.

Das durchschnittliche kalendertägliche Arbeitsentgelt ist aus den letzten drei abgerechneten Kalendermonaten, bei wöchentlicher Abrechnung aus den letzten 13 abgerechneten Wochen vor Beginn der Schutzfrist vor der Entbindung zu berechnen.

Zulässige Auflösungen

Frauen, deren Arbeitsverhältnis während der Schwangerschaft oder während der Schutzfrist nach der Entbindung zulässig aufgelöst worden ist, erhalten bis zum Ende dieser Schutzfrist den Zuschuss zulasten des Bundes von der Stelle, die das Mutterschaftsgeld zahlt (Krankenkasse oder Bundesversicherungsamt).

Wichtig:

Der Anspruch auf den Zuschuss zum Mutterschaftsgeld entfällt für die Zeit, in der Frauen die Elternzeit nach dem BEEG in Anspruch nehmen. Das Gleiche gilt, wenn sie die Elternzeit in Anspruch genommen hätten, wenn ihr Arbeitsverhältnis nicht während ihrer Schwangerschaft oder während der Schutzfrist nach der Entbindung vom Arbeitgeber zulässig aufgelöst worden wäre. Das gilt nicht, soweit sie eine zulässige Teilzeitarbeit leisten (vgl. dazu unter Abschnitt 1.2).

Dienstbezüge, Anwärterbezüge und Zuschüsse, die nach beamten- oder soldatenrechtlichen Vorschriften für die Zeit der Beschäftigungsverbote zustehen, werden ebenfalls auf das Elterngeld angerechnet.

Soweit die vorstehend angesprochenen Leistungen nur für einen Teil eines Lebensmonats des Kindes zustehen, verdrängen sie das Elterngeld auch nur in dem entsprechenden Umfang. Wird also beispielsweise Elterngeld für einen Monat mit

30 Tagen beansprucht und werden in diesem Zeitraum Mutterschaftsleistungen für sieben Tage bezogen, wird der Monatsbetrag des Elterngeldes um sieben Dreißigstel gekürzt.

Verhältnis Elterngeld – Entgeltersatzleistungen

§ 3 Abs. 1 BEEG betrifft u. a. das Verhältnis von Elterngeld und Entgeltersatzleistungen, die nicht im Zusammenhang mit der Geburt eines Kindes stehen. Wenn eine berechtigte Person vor der Geburt des Kindes Erwerbseinkommen bezogen hat und nach der Geburt des Kindes davon unabhängige Leistungen erhält, die dem Ausgleich des wegfallenden Einkommens dienen, ist grundsätzlich davon auszugehen, dass bereits eine Hilfe zur Sicherung der Lebensgrundlage vorliegt, die deshalb auch anzurechnen ist.

Bezieht etwa die berechtigte Person Arbeitslosengeld, weil sie bereit ist, die Erwerbstätigkeit in vollem Umfang wieder aufzunehmen, sobald ihr eine Beschäftigung vermittelt wird, ist grundsätzlich daneben nicht auch Elterngeld in voller Höhe wegen desselben ausfallenden Erwerbseinkommens zu zahlen.

Dasselbe gilt für den Fall des Bezugs von Krankengeld während eines fortbestehenden Beschäftigungsverhältnisses oder etwa beim Bezug einer Rente. Um aber auch diesen Eltern, die ja ebenfalls die Betreuung ihres Kindes übernehmen, die spezifische Unterstützung nach der Geburt ihres Kindes zu gewähren, wie sie das Elterngeld bezweckt, wird die andere Leistung nur auf den 300 EUR übersteigenden Teil des Elterngeldes angerechnet. Insoweit ist auch zu beachten, dass das Elterngeld beim Bezug von anderen Sozialleistungen, insbesondere von der nachrangigen Leistung Arbeitslosengeld II, nach § 10 BEEG bis zum Betrag von 300 EUR ebenfalls angerechnet wird (beachten Sie zu § 10 BEEG die Ausführungen unter 1.10). Entsprechend wird auch bei Mehrlingsgeburten der anrechnungsfreie Betrag der anderen Leistung mit der Zahl der geborenen Kinder vervielfacht, weil der nach § 2 Abs. 6 BEEG für Mehrlingsgeburten vorgesehene Erhöhungsbetrag des Elterngeldes nach § 10 BEEG anrechnungsfrei bleibt.

Unterschiedsbetrag

Soweit der Betrag der anderen Leistung geringer als das Elterngeld ist, wird Elterngeld in Höhe des Unterschiedsbetrages gezahlt. Wie beim Mutterschaftsgeld werden auch in diesen Fällen nur Leistungen, die für denselben Zeitraum zustehen, angerechnet. Hat zum Beispiel eine berechtigte Person in dem für die Ermittlung des Einkommens vor der Geburt maßgeblichen Zeitraum in den ersten sechs Monaten Erwerbseinkommen und in den letzten sechs Monaten vor der Geburt des Kindes bereits eine Rente bezogen, wird allein das in diesem Zeitraum erzielte Erwerbseinkommen zur Einkommensermittlung herangezogen. Auf das so errechnete Elterngeld wird nach § 3 Abs. 2 BEEG nur die Hälfte der Rente angerechnet, weil diese nur insoweit das Erwerbseinkommen ersetzt.

Ausländische Leistungen

§ 3 Abs. 3 BEEG stellt sicher, dass es in Fällen ausländischer Leistungen nicht zu Doppelzahlungen kommt. Werden im Ausland dem Elterngeld vergleichbare Leistungen bezogen, werden sie ebenso wie die Leistungen nach § 3 Abs. 1 BEEG (Mutterschaftsgeld, Zuschuss zum Mutterschaftsgeld sowie nach beamten- oder soldatenrechtlicher Vorschrift gewährte Bezüge und Zuschüsse) auf das Elterngeld angerechnet.

Unterschiedsbezüge

Unterschiedsbezüge zur Feststellung, ob ein Anspruch auf eine höhere Leistung nach dem BEEG besteht, sind zu errechnen und gegebenenfalls zu zahlen. Dies gilt allerdings, soweit keine vorrangigen Kollisionsnormen anzuwenden sind. Zu nennen sind hier insbesondere die im Sozialrecht der EU maßgebenden Verordnungen (EG) Nr. 883/2004 und (EG) Nr. 987/2009.

Der Anspruch auf Elterngeld ruht nach § 3 Abs. 3 Satz 2 BEEG auch, wenn ein konstitutiver Antrag auf die ausländische Leistung nicht gestellt wurde. Damit wird – nach Ansicht des Gesetzgebers – sichergestellt, dass Berechtigte zunächst die vergleichbare ausländische Leistung in Anspruch nehmen.

1.5 Dauer der Gewährung von Elterngeld

Bezugszeitraum

§ 4 BEEG regelt den Bezugszeitraum. Danach kann Elterngeld in der Zeit der Geburt bis zur Vollendung des 14. Lebensmonats des Kindes bezogen werden.

Nach der Gesetzesbegründung knüpft damit das Elterngeld an den besonderen Betreuungsbedarf des neugeborenen Kindes an.

Das Elterngeld kann mindestens für zwei Monate bezogen werden.

Für angenommene Kinder und für Kinder, die mit dem Ziel der Annahme an Kindes statt in den Haushalt aufgenommen wurden, kann Elterngeld ab Aufnahme bei der berechtigten Person für die Dauer von bis zu 14 Monaten bezogen werden. Dies ist längstens bis zur Vollendung des achten Lebensjahres des Kindes möglich.

Monatliche Zahlung

Elterngeld wird in Monatsbeträgen für Lebensmonate des Kindes gezahlt. Allerdings wird der Leistungsumfang für beide Eltern grundsätzlich auf zusammen zwölf Monatsbeträge begrenzt.

14 Monate

Anspruch auf zwei weitere Monatsbeträge als Partnermonate besteht nur dann, wenn für zwei Monate eine vor der Geburt des Kindes ausgeübte Erwerbstätigkeit unterbrochen oder eingeschränkt wird und sich ein Anspruch auf Ersatz des dadurch weggefallenen Erwerbseinkommens ergibt.

Es kommt dabei nicht darauf an, welcher Elternteil wann und in welchem Umfang innerhalb des möglichen Leistungszeitraumes von 14 Monaten diese Bedingung erfüllt. Vielmehr kommt es nur darauf an, dass sie erfüllt wird. Ist z. B. nur ein Elternteil vor der Geburt erwerbstätig gewesen, kann nur dann insgesamt für 14 Monate Elterngeld bezogen werden, wenn dieser Elternteil mindestens zwei Monate lang seine Erwerbstätigkeit einschränkt. Es liegt aber bei ihm, wann innerhalb der ersten 14 Lebensmonate des Kindes und in welchem Umfang er dies tut, wenn die verbleibende wöchentliche Arbeitszeit 30 Stunden nicht überschreitet.

Die Eltern können die jeweiligen Monatsbeträge abwechselnd oder gleichzeitig beziehen.

Diese Vorschrift stellt klar, dass die Eltern die zwölf oder 14 Monatsbeträge, auf die sie Anspruch haben, nach Aufteilung untereinander nicht nur nacheinander, sondern auch gleichzeitig nehmen können. Zeiten gleichzeitiger Inanspruchnahme von Elterngeld führen dabei zu einem doppelten Verbrauch von Monatsbeträgen und zu einer entsprechenden Verkürzung des Bezugszeitraums. Die Regelungen zum Anspruch auf Elternzeit bleiben dabei unberührt.

Ein Elternteil kann höchstens für zwölf Monate Elterngeld beziehen. Lebensmonate des Kindes, in denen anzurechnende Leistungen (wie etwa Mutterschaftsgeld) zustehen, gelten als Monate, für die die berechtigte Person Elterngeld bezieht. Die betreffenden Monate gelten also als von der für die betreffende Leistung anspruchsberechtigten Personen verbraucht.

Aufteilung

Da ein Elternteil nur für längstens zwölf Monate Elterngeld beziehen kann, sind von den 14 Monaten Gesamtanspruch zwei dem anderen Elternteil vorbehalten. Allgemein wird hier von Partnermonaten gesprochen. Damit wird erreicht, dass jede anspruchsberechtigte Person nur für einen auf zwölf Monate begrenzten Zeitraum Elterngeld erhält. Insoweit ergibt sich nach Ansicht des Gesetzgebers eine Anreizwirkung, sich bis zu diesem Zeitpunkt um die Aufnahme einer Erwerbstätigkeit für eine eigenständige Sicherung der Lebensgrundlage zu bemühen. Zugleich erleichtert diese Regelung eine partnerschaftliche Teilung von Erwerbs- und Familienarbeit.

Wichtig:

Ausnahme

§ 4 Abs. 3 Satz 3 BEEG sieht hier eine Ausnahmeregelung vor. Ausnahmsweise kann Elterngeld von einer vor der Geburt des Kindes erwerbstätigen Person, die ihre

Erwerbstätigkeit während des Bezugs des Elterngeldes eingeschränkt hat, für die gesamten 14 Monate bezogen werden.

Unmöglichkeit

Dies gilt zunächst, wenn die Betreuung durch den anderen Elternteil unmöglich ist, der andere Elternteil die Betreuung also tatsächlich gar nicht überwiegend übernehmen kann. Dies kann etwa wegen schwerer Krankheit, Schwerbehinderung oder Tod, aber auch zum Beispiel im Falle der Verbüßung einer Freiheitsstrafe durch den anderen Elternteil möglich sein.

Eine Unmöglichkeit im Sinne dieser Vorschrift liegt nicht schon dann vor, wenn ein Elternteil ausnahmsweise keinen Anspruch auf Elternzeit hat. Das Gleiche gilt, wenn er mit der Inanspruchnahme von Elternzeit seinen Arbeitsplatz gefährdet oder eine berufliche Auszeit sonst aus wirtschaftlichen Gründen nicht in Betracht gezogen wird.

Auch bei einer mit einem Betreuungswechsel verbundenen Gefährdung des Kindeswohls kann der betreuende Elternteil die gesamten 14 Monate in Anspruch nehmen.

Das Gleiche gilt im Übrigen, wenn dem betreffenden Elternteil die elterliche Sorge oder zumindest das Aufenthaltsbestimmungsrecht allein zusteht oder er eine einstweilige Anordnung erwirkt hat, mit der ihm die elterliche Sorge oder zumindest das Aufenthaltsbestimmungsrecht für das Kind vorläufig übertragen worden ist. Mit der Anknüpfung an das Aufenthaltsbestimmungsrecht wird dem Umstand Rechnung getragen, dass § 167 BGB auch eine teilweise Übertragung der elterlichen Sorge ermöglicht.

Elterliche Sorge

Auch wenn einem Elternteil vom Familiengericht nicht die elterliche Sorge insgesamt, sondern nur das Aufenthaltsbestimmungsrecht übertragen wurde, bestimmt er über die das Kind betreuende Person. Das Familiengericht hat den Aufenthalt bei ihm als die dem Kindeswohl am besten entsprechende Lösung erachtet (§ 1671 Abs. 2 Nr. 2 BGB) und er braucht einen Wechsel des Kindes in die Wohnung des anderen Elternteils nicht zu akzeptieren.

Durch die Anknüpfung an eine einstweilige Anordnung durch das Familiengericht und damit an eine vorläufige Prüfung der Voraussetzungen zur Übertragung der elterlichen Sorge insgesamt oder zumindest des Aufenthaltsbestimmungsrechts werden Missbrauchsmöglichkeiten eingeschränkt.

Alleinerziehende

Zusätzlich wird aber vorgeschrieben, dass Alleinerziehende 14 Monatsbeträge nur erhalten können, wenn sie vor der Geburt erwerbstätig waren, diese Erwerbstätigkeit während des Bezugs des Elterngeldes unterbrechen oder einschränken und sich deshalb ein Anspruch auf Elterngeld ergibt.

Durch das Anknüpfen an getrennte Wohnungen und nicht nur an getrennte Haushalte, die auch in einer Wohnung geführt werden können, wird klargestellt, dass die räumliche Trennung der Elternhaushalte maßgeblich ist.

Der Inanspruchnahme auch der Partnermonate steht nicht entgegen, wenn z. B. eine Mutter mit einem neuen Lebensgefährten, der nicht Vater des Kindes ist, in einer Wohnung lebt.

Sorgerecht

Auch der Hinweis auf das alleinige Sorgerecht genügt nicht. Wenn die Berechtigten gemeinsam mit dem Kind in einer Wohnung leben, muss sich auch der sorgeberechtigte Elternteil daran festhalten lassen. Es besteht in diesen Fällen nicht das besondere Unterstützungsbedürfnis für den Elternteil, der mit dem Kind auf sich allein gestellt ist. Für die Fälle, in denen die unverheirateten Eltern wollen, dass eine Person die gesamten 14 Monate in Anspruch nimmt, ergäbe sich außerdem eine unter dem Gesichtspunkt des Schutzes der Ehe nach Art. 6 Abs. 1 GG problematische Bevorzugung von unverheirateten Elternpaaren.

Nach § 4 Abs. 4 BEEG endet der Anspruch mit Ablauf des Monats, in dem eine Anspruchsvoraussetzung entfallen ist. Dadurch werden Rückforderungen von Leistungen durch die Verwaltung vermieden, wenn im Laufe des Monats eine Anspruchsvoraussetzung wegfällt.

In § 4 Abs. 5 BEEG wird u. a. zum Ausdruck gebracht, dass dann, wenn ein Elternteil das alleinige Sorgerecht hat, eine andere berechtigte Person nur mit seiner Zustimmung Elterngeld beziehen kann.

1.6 Zusammentreffen von Ansprüchen auf Elterngeld

Mehrere Ansprüche

Für den Fall, dass in Zusammenhang mit der Geburt eines Kindes mehrere Ansprüche auf Elterngeld bestehen, enthält § 5 BEEG Regelungen. Zunächst wird bestimmt, dass dann, wenn beide Elternteile die Anspruchsvoraussetzungen erfüllen, sie bestimmen, wer von ihnen welche Monatsbeträge in Anspruch nimmt.

Die im Antrag getroffene Entscheidung ist verbindlich. Eine einmalige Änderung ist bis zum Ende des Bezugszeitraums in Fällen besonderer Härte möglich. Dies gilt insbesondere bei Eintritt einer schweren Krankheit, Schwerbehinderung oder Tod eines Elternteils. Das gilt auch beim Tod eines Kindes oder erheblich gefährdeter wirtschaftlicher Existenz der Eltern nach Antragstellung.

Keine einvernehmliche Regelung

In § 5 Abs. 2 BEEG geht es darum, dass für das Elterngeld keine einvernehmliche Bestimmung getroffen wird. Hier wird geregelt, wie das Elterngeld auf beide Elternteile aufzuteilen ist, wenn sie zusammen mehr als die ihnen zustehenden zwölf oder 14 Monatsbeträge beanspruchen.

Bestimmt wird, dass dann, wenn mehr als die zustehenden zwölf oder 14 Monate insgesamt verlangt wird, der Anspruch des Elternteils, der nicht über die Hälfte der Monatsbeträge hinausgeht, ungekürzt befriedigt wird. Der Anspruch des anderen Elternteils wird auf die verbleibenden Monatsbeträge gekürzt. Beanspruchen beide Elternteile Elterngeld für mehr als die Hälfte der Monate, steht ihnen jeweils die Hälfte der Monatsbeträge zu.

Die vorstehenden Ausführungen gelten nach § 5 Abs. 3 BEEG nicht nur für Elternteile, sondern auch für andere Berechtigte auf Elterngeld.

Darüber hinaus wird sichergestellt, dass ein Elternteil, der das alleinige Sorgerecht hat, für die Inanspruchnahme von zwölf Monaten Elterngeld nicht auf die Zustimmung eines anderen Berechtigten angewiesen ist, während die andere berechtigte Person nur mit seiner Zustimmung Elterngeld beziehen kann.

1.7 Antrag

Schriftlicher Antrag

Nach § 7 Abs. 1 BEEG ist das Elterngeld schriftlich zu beantragen. Rückwirkend wird es nur für die letzten drei Monate vor Beginn des Monats geleistet, in dem der Antrag auf Elterngeld eingegangen ist. Damit soll eine Auszahlung im zeitlichen Zusammenhang mit dem Grund der Leistung, insbesondere dem Ersatz des wegfallenden Einkommens, gewährleistet werden.

In dem Antrag muss angegeben werden, für welche Monate Elterngeld beantragt wird (§ 7 Abs. 2 BEEG). Das reicht aus, wenn andere Personen, als ein Elternteil, das Elterngeld beziehen oder eine allein sorgeberechtigte Person den Antrag stellt.

Keine Nachteile

In allen anderen Fällen muss sichergestellt werden, dass durch die Bewilligung von Elterngeld für eine berechtigte Person nicht Nachteile zulasten einer anderen berechtigten Person entstehen. Dies gilt insbesondere dann, wenn im Antrag mehr als die Hälfte der insgesamt zustehenden Monatsbeträge begehrt werden.

Außerdem wird klargestellt, dass die andere Person ihrerseits durch einen Antrag oder eine Anzeige bei der zuständigen Behörde ihren Anspruch auf Elterngeld anmelden muss. Dies ist erforderlich, damit die Behörde diese Informationen bei ihrer Entscheidung über den vorliegenden Antrag berücksichtigen kann. Insbesondere wird hier die Begrenzung des Elterngeldes auf insgesamt 14 Monatsbeträge und die Frage der Verteilung auf die Anspruchsberechtigten (vgl. dazu in Abschnitt 1.6) angesprochen.

Macht der andere Elternteil nicht von der Möglichkeit eines Antrags oder einer Anzeige Gebrauch, erhält der antragstellende Elternteil die Monatsbeträge ausgezahlt. Bei einem späteren Antrag kann die andere berechtigte Person nur für die verbleibenden Monate Elterngeld erhalten.

1.8 Auszahlung

Zahlung im Laufe des Monats

Nach § 6 BEEG wird das Elterngeld im Laufe des Monats gezahlt, für den es bestimmt ist.

Verlängerung

Allerdings haben die Berechtigten die Möglichkeit, den Auszahlungszeitraum zu verlängern. Die einer Person zustehenden Monatsbeträge werden nämlich auf Antrag in jeweils zwei halben Monatsbeträgen ausgezahlt, so dass sich der Auszahlungszeitraum verdoppelt. Monate, für die wegen der Anrechnung anderer Leistungen (vgl. dazu in Abschnitt 1.4) kein Elterngeld gezahlt wird, können nicht zu einer Verlängerung des Auszahlungszeitraums führen.

1.9 Auskunfts- und Nachweispflichten

Auskünfte

§ 8 Abs. 1 BEEG regelt die Auskunftspflicht der Berechtigten über das Einkommen im Bezugszeitraum. Beim Elterngeld ist die Leistungshöhe von dem Einkommen während des Bezugszeitraums abhängig. Diese kann bei Leistungsbeginn nur prognostiziert werden. Im Nachhinein kann sich diese Prognose als unzutreffend erweisen. Dies tritt unter Umständen deshalb ein, weil Berechtigte abweichend von ihrem ursprünglichen Plan früher oder in größerem Umfang erwerbstätig werden.

Deshalb wird vorgeschrieben, dass nach Ablauf des Bezugszeitraums das für diese Zeit tatsächliche Einkommen aus Erwerbstätigkeit nachzuweisen ist. Im Antrag werden also nur Angaben zum voraussichtlichen Einkommen aus Erwerbstätigkeit gemacht.

Wenn Berechtigte während des Leistungsbezugs kein Erwerbseinkommen erzielt haben, kommen sie in der Regel mit einer entsprechenden Erklärung ihrer Auskunftspflicht nach.

Wird im Antrag angegeben, dass im Bezugszeitraum voraussichtlich kein Einkommen aus Erwerbstätigkeit erzielt wird, wird das Elterngeld unter dem Vorbehalt des Widerrufs gezahlt. Dies geschieht für den Fall, dass entgegen den Angaben im Antrag Einkommen aus Erwerbstätigkeit erzielt wird. Über den Anspruch ist dann nach den geänderten Verhältnissen neu zu entscheiden.

In § 8 Abs. 3 BEEG geht es um Fälle, in denen das für die Berechnung des Elterngeldes maßgebliche Einkommen nicht zuverlässig ermittelt werden kann. Hier ist eine vorläufige Zahlung unter Berücksichtigung des glaubhaft gemachten Einkommens vorgesehen. Das Gleiche gilt, wenn die berechtigte Person nach den Angaben im Antrag im Bezugszeitraum voraussichtlich Einkommen aus Erwerbstätigkeit hat.

Angaben durch Arbeitgeber

§ 9 BEEG verpflichtet nämlich den Arbeitgeber, den bei ihm beschäftigten Elterngeldberechtigten Bescheinigungen über das Arbeitsentgelt und die Arbeitszeit auszustellen, soweit dies für die Durchführung des BEEG erforderlich ist. Dies ist insbesondere dann der Fall, wenn die vorliegenden Einkommensnachweise nicht ausreichen oder den Berechtigten in Ausnahmefällen nicht mehr vorliegen.

Vorstehendes gilt auch für frühere Arbeitgeber.

Einkommensnachweise werden

- für die Zeit vor der Geburt und
- für den Fall der (Teilzeit-)Beschäftigung während des Elterngeldbezuges

benötigt.

Einkommens-nachweise

Eine Bescheinigung über die Arbeitszeit ist für den Fall der Erwerbstätigkeit während des Elterngeldbezuges deshalb erforderlich, weil geprüft werden muss, ob durchschnittlich 30 Arbeitsstunden in der Woche nicht überschritten werden. Die gleiche Pflicht besteht für ehemalige Arbeitgeber.

Heimarbeit

Für die in Heimarbeit Beschäftigten und ihnen Gleichgestellten wird geregelt, dass für sie an die Stelle des Arbeitgebers der Auftraggeber oder Zwischenmeister tritt. Das ist erforderlich, weil diese Personen nicht in einem Arbeits-, sondern einem Beschäftigungsverhältnis eigener Art stehen.

Bei selbstständiger oder freiberuflicher Erwerbstätigkeit ist hinsichtlich der Arbeitszeit statt einer Bescheinigung eine eigene Erklärung des Berechtigten erforderlich.

1.10 Verhältnis zu anderen Sozialleistungen – Unterhaltspflichten

Keine Berücksichtigung

§ 10 Abs. 1 BEEG schreibt ausdrücklich vor, dass Elterngeld und vergleichbare Leistungen der Länder bis zu einer Höhe von 300 EUR im Monat bei der Berechnung anderer einkommensabhängiger Leistungen unberücksichtigt bleiben.

Das als Ausgleich für finanzielle Einschränkungen in den ersten zwölf oder 14 Lebensmonaten des Kindes und als Anerkennung für die Betreuungsleistung gezahlte Elterngeld von mindestens 300 EUR soll den Berechtigten im Ergebnis auch dann zusätzlich verbleiben, wenn sie andere einkommensabhängige Sozialleistungen beziehen.

Wichtig:

Das gilt auch bei Bezug von

- Leistungen der Sozialhilfe und
- der Grundsicherung für Arbeitsuchende.

Soweit Elterngeld deshalb nicht bezogen wird, weil in dem betreffenden Zeitraum Mutterschaftsgeld bzw. der Zuschuss zum Mutterschaftsgeld auf das Elterngeld anzurechnen waren (vgl. dazu die Ausführungen in Abschnitt 1.4), erstreckt sich die Schutzwirkung auch auf diese Leistungen. Entsprechendes gilt für andere freiwillig oder nur nach Ermessen zu zahlende Sozialleistungen.

Bis zum Betrag von 300 EUR darf Elterngeld auch nicht im Rahmen einer Ermessensentscheidung zur Ablehnung einer Ermessensleistung herangezogen werden.

Verlängerungsoption

In Fällen, in denen Berechtigte von der Verlängerungsoption nach § 6 Satz 2 BEEG (Zahlung des Elterngeldes in zwei halben Monatsbeträgen – vgl. dazu die Ausführungen in Abschnitt 1.8) Gebrauch machen, ist nur das Elterngeld bis zur Hälfte des Anrechnungsfreibegtrages, der nach Abzug der anderen nicht zu berücksichtigenden Einkommen für das Elterngeld verbleibt, geschützt.

Die nach Vorstehendem nicht zu berücksichtigenden oder nicht heranzuziehenden Beträge vervielfachen sich bei Mehrlingsgeburten mit der Zahl der geborenen Kinder. Seit 18. 9. 2012 schreibt der neue § 10 Abs. 6 BEEG vor, dass Vorstehendes entsprechend gilt, soweit für eine Sozialleistung ein Kostenbeitrag erhoben werden kann, der einkommensabhängig ist.

Unterhaltspflichten

Mit Unterhaltspflichten beschäftigt sich § 11 BEEG. Die Vorschrift regelt, dass auch im Rahmen des Unterhaltsrechts das Elterngeld bis zum Betrag von 300 bzw. 150 EUR grundsätzlich nicht als Einkommen zu berücksichtigen ist. Auch diese Beträge werden bei Mehrlingsgeburten mit der Zahl der Geburten vervielfacht.

Elterngeld ist jedoch als Einkommen zu berücksichtigen, soweit über eine Herabsetzung des Unterhalts aus Billigkeitsgründen nach § 1361 Abs. 3, § 1579 oder § 1611 Abs. 1 BGB zu entscheiden ist, oder über den Unterhaltsanspruch eines minderjährigen Kindes.

1.11 Zuständigkeiten – Aufbringung der Mittel

Zuständige Stellen

Nach § 12 Abs. 1 BEEG bestimmen die Landesregierungen oder die von ihnen beauftragten Stellen die für die Ausführung des BEEG zuständigen Behörden. Diesen Behörden obliegt auch die Beratung zur Elternzeit.

1.12 Rechtsweg – Bußgeldvorschriften

Rechtsweg

Über öffentlich-rechtliche Streitigkeiten in Angelegenheiten des Elterngeldes entscheiden die Gerichte der Sozialgerichtsbarkeit. Widerspruch und Anfechtungsklage haben keine aufschiebende Wirkung (§ 13 BEEG).

Bußgelder

§ 14 BEEG enthält Bußgeldvorschriften. Danach handelt ordnungswidrig, wer vorsätzlich oder fahrlässig gegen bestimmte Vorschriften verstößt. Dabei geht es um Auskunfts- und Vorlegungspflichten von Arbeitgebern und Arbeitnehmern. Eine Ordnungswidrigkeit kann mit einer Geldbuße bis zu 2.000 EUR geahndet werden.

2. Elternzeit

Grundsätze

Wie in Abschnitt 1.1 bereits erwähnt, haben sich im Vergleich zu den Vorschriften des BErzGG die Bestimmungen über die Elternzeit im BEEG nicht wesentlich geändert. Die Vorschriften über die Elternzeit sichern den Eltern eines Kindes die Möglichkeit zu, sich zu dessen Erziehung und Betreuung zu kümmern und solange beruflich auszusetzen.

Sie erhalten aber auch die Möglichkeit, während der Elternzeit (Teilzeit-)Beschäftigungen auszuüben.

Rechtsgrundlagen für die Elternzeit sind die §§ 15 bis 21 BEEG.

3. Entschädigung für Gewaltopfer

3.1 Grundsätze

Rechtsgrundlage

Rechtsgrundlage für die Opferentschädigung in Deutschland ist das Gesetz über die Entschädigung für Opfer von Gewalttaten (Opferentschädigungsgesetz – OEG –). Einen Anspruch nach diesem Gesetz hat, wer infolge eines

- vorsätzlichen,
- rechtswidrigen,
- tätlichen

Angriffs gegen seine oder eine andere Person oder durch dessen rechtmäßige Abwehr eine gesundheitliche Schädigung erlitten hat.

BVG

Liegt ein solcher Fall vor, wird dem Betroffenen (Opfer) auf Antrag Versorgung in entsprechender Anwendung der Vorschriften des Bundesversorgungsgesetzes (BVG) gewährt.

Hinterbliebene

Ansprüche stehen auch den Hinterbliebenen eines Opfers zu.

Zuständigkeit

Zur Gewährung der Versorgung sind die Bundesländer verpflichtet (§ 4 OEG). Maßgebend ist das Land, in dem die Schädigung eingetreten ist. Sind hierüber Feststellungen nicht möglich, so ist das Land Kostenträger, in dem der Geschädigte zur Tatzeit seinen Wohnsitz oder gewöhnlichen Aufenthalt hatte.

3.2 Tätliche Auseinandersetzungen

Gleichstellung

Nach ausdrücklicher Vorschrift in § 1 Abs. 2 OEG stehen einem tätlichen Angriff gleich:

- die vorsätzliche Beibringung von Gift,
- die wenigstens fahrlässige Herbeiführung einer Gefahr für Leib und Leben eines anderen durch ein mit gemeingefährlichen Mitteln begangenes Verbrechen.

Rechtsprechung

Die Rechtsprechung hat sich bereits sehr ausführlich mit Ansprüchen nach dem OEG beschäftigt. So ist sogar bei einem Inzest ein Anspruch des durch den Inzest geschädigten Kindes anerkannt worden.

Allerdings sind Schädigungen durch Mobbing nicht als solche im Sinne des OEG anerkannt worden.

Einer gesundheitlichen Schädigung steht im Übrigen die Beschädigung eines am Körper getragenen Hilfsmittels wie Brille, Kontaktlinsen oder Zahnersatz gleich.

Allerdings: Das OEG ist nicht auf Schäden aus einem tätlichen Angriff anzuwenden, die von dem Angreifer durch den Gebrauch eines Kraftfahrzeuges oder eines Anhängers verursacht worden sind.

3.3 Ansprüche für Ausländer

Ausländer

Nach § 1 Abs. 4 OEG haben Ausländer einen Anspruch auf Versorgung nach dem OEG,

- wenn sie Staatsangehörige eines Mitgliedstaates der Europäischen Gemeinschaften sind oder
- soweit Rechtsvorschriften der Europäischen Gemeinschaften, die eine Gleichbehandlung mit Deutschen erforderlich machen, auf sie anwendbar sind oder
- wenn die Gegenseitigkeit gewährleistet ist.

Das Bundesministerium für Arbeit und Soziales gibt durch Rundschreiben an die Versorgungsverwaltung bekannt, für welche Länder die Gegenseitigkeit gewährleistet ist.

3.4 Versagung des Anspruchs

Ausschluss des Anspruchs

Nach § 2 OEG sind Leistungen nach dem OEG unter bestimmten Voraussetzungen zu versagen. Zunächst wird hier vorgeschrieben, dass Leistungen zu versagen sind, wenn der Geschädigte die Schädigung verursacht hat. Das Gleiche gilt, wenn es aus sonstigen, insbesondere in dem eigenen Verhalten des Anspruchstellers liegenden Gründen unbillig wäre, Entschädigung zu gewähren.

3.5 Zuständigkeit und Verfahren

Örtliche Zuständigkeit

In § 6 OEG wird vorgeschrieben, dass die Versorgung nach dem OEG den für die Durchführung des BVG zuständigen Behörden obliegt. Dies bedeutet in aller Regel die Zuständigkeit der Versorgungsämter.

Die Landesregierung bestimmt jeweils durch Rechtsverordnung die örtliche Zuständigkeit der Behörden.

In verfahrensmäßiger Hinsicht ist das Gesetz über das Verwaltungsverfahren der Kriegsopferversorgung anwendbar. Außerdem sind die Bestimmungen des Sozialgerichtsgesetzes (SGG) über das Vorverfahren (Widerspruchsverfahren) anzuwenden.

Rechtsweg Den Rechtsweg bestimmt § 7 OEG. Danach sind die Gerichte der Sozialgerichtsbarkeit bei entsprechenden Verfahren zuständig. Soweit allerdings die Versorgung in der Gewährung von Leistungen besteht, die den Leistungen der Kriegsopferfürsorge nach den §§ 25 bis 27h des BVG entsprechen, ist der Verwaltungsrechtsweg gegeben.

4. Ansprüche für schwerbehinderte Menschen nach dem SGB IX

4.1 Grundsätze

4.1.1 Internationales Recht

Die Vereinten Nationen haben am 13. 12. 2006 ein Übereinkommen über die Rechte von Menschen mit Behinderungen geschlossen. Dieses Übereinkommen wurde am 30. 3. 2007 durch die Bundesrepublik Deutschland unterzeichnet und am 1. 12. 2008 im Bundesgesetzblatt II ab S. 1419 veröffentlicht. Das Übereinkommen gilt nach dem hierzu ergangenen Gesetz vom 21. 12. 2008 in Deutschland seit 1. 1. 2009.

Nach seiner Präambel wurde das Übereinkommen unter Bezug auf die in der Charta der Vereinten Nationen verkündeten Grundsätze getroffen, nach der die Würde und Werte aller Menschen auch behinderte Menschen umfasst. Gleichzeitig erfolgte die Annahme des Übereinkommens in der Erkenntnis, dass das Verständnis von Behinderungen sich ständig weiterentwickelt. Außerdem wird die Auffassung vertreten, dass Behinderungen aus den Wechselwirkungen zwischen Menschen mit Beeinträchtigungen und einstellungs- und umweltbedingten Barrieren entstehen. Diese Beeinträchtigungen und Barrieren hindern behinderte Menschen an der vollen, wirksamen und gleichberechtigten Teilnahme an der Gesellschaft.

In Art. 1 des Übereinkommens wird der Zweck des Übereinkommens erläutert. Dieser besteht darin, den vollen und gleichberechtigten Genuss aller Menschenrechte und Grundfreiheiten durch alle Menschen mit Behinderungen zu fördern, zu schützen und zu gewährleisten. Außerdem ist die Achtung der ihnen innewohnenden Würde zu fördern.

In Art. 5 des Übereinkommens anerkennen die Vertragsstaaten, dass alle Menschen vor dem Gesetz gleich sind. Sie sind vom Gesetz gleich zu behandeln und haben ohne Diskriminierung Anspruch auf gleichen Schutz und gleiche Vorteile durch das Gesetz. Die Vertragsstaaten verbieten Diskriminierung, wobei die Gründe, die hierzu führen, gleichgültig sind.

In Art. 6 des Übereinkommens geht es um Frauen mit Behinderungen. Danach erkennen die Vertragsstaaten an, dass Frauen und Mädchen mit Behinderungen mehrfacher Diskriminierung ausgesetzt sind. Die Unterzeichnerstaaten verpflichten sich, alle geeigneten Maßnahmen zur Sicherung der vollen Entfaltung der Förderung und der Stärkung der Autonomie der Frauen zu treffen. Dadurch wird garantiert, dass sie die in dem Übereinkommen genannten Menschenrechte und Grundfreiheiten ausüben und genießen können. Auch die Gleichberechtigung von behinderten Kindern mit anderen Kindern wird garantiert.

Das Übereinkommen der Vereinten Nationen über Menschen mit Behinderungen ist für Deutschland geltendes Recht. Durchgesetzt wird dieses Recht beispielsweise zum einen durch das Gleichbehandlungsgesetz, zum anderen aber auch durch das unter Abschnitt 4.1.2 behandelte SGB IX. Die Grundsätze des Übereinkommens berühren aber nicht nur diese beiden Gesetze, sondern auch noch viele weitere Vorschriften.

4.1.2 Stellung schwerbehinderter Menschen im SGB

Rechtsgrundlage

Das Sozialgesetzbuch – Neuntes Buch (SGB IX) trägt den Titel „Rehabilitation und Teilhabe behinderter Menschen". Es enthält in seinem Teil 2 „Besondere Regelungen zur Teilhabe schwerbehinderter Menschen (Schwerbehindertenrecht)". Der Teil 2 des SGB IX ist an die Stelle des früheren Schwerbehindertengesetzes getreten.

Nach wie vor anwendbar ist die Schwerbehinderten-Ausgleichsabgabeverordnung (SchwbAV).

Behinderung

Der Begriff der Behinderung ist im ersten Teil des SGB IX (§ 2) geregelt. Danach gelten Menschen als Behinderte, wenn

- ihre körperlichen Funktionen,
- geistigen Fähigkeiten oder
- ihre seelische Gesundheit

mit hoher Wahrscheinlichkeit länger als sechs Monate von dem für das Lebensalter typischen Zustand abweichen. Außerdem muss ihre Teilhabe am Leben in der Gesellschaft beeinträchtigt sein.

Sie sind von Behinderung bedroht, wenn die Beeinträchtigung zu erwarten ist.

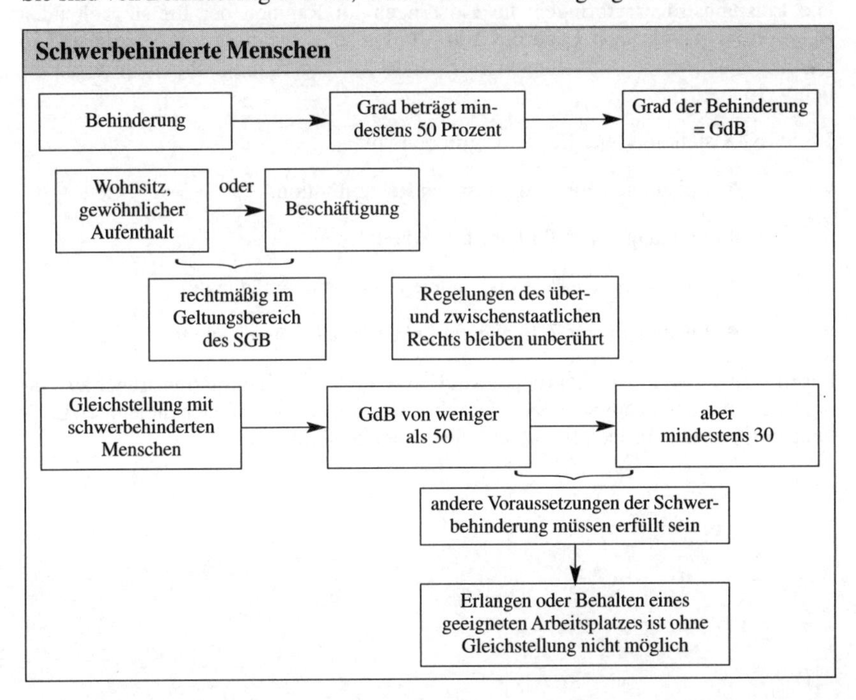

Der im SGB IX verwendete Begriff des schwerbehinderten Menschen entspricht dem des Schwerbehinderten, der im früher maßgebenden Schwerbehindertengesetz (SchwbG) – vgl. die obigen Ausführungen – verwendet wurde. Deshalb sind die Feststellungsbescheide der zuständigen Behörden aus der Zeit vor der Geltung des SGB IX (das ist die Zeit vor dem 1. 7. 2001) weiterhin gültig.

Schwerbehindertenausweis, Wohnsitz

Die Schwerbehinderung (GdB von wenigstens 50) reicht allein nicht aus, um einen Schwerbehindertenausweis zu erhalten. Vielmehr muss – wie im obigen Schaubild bereits erwähnt – der schwerbehinderte Mensch

- seinen Wohnsitz,
- seinen gewöhnlichen Aufenthalt oder
- seine Beschäftigung auf einem Arbeitsplatz

rechtmäßig im Inland haben.

Seinen Wohnsitz hat jemand dort, wo er seine Wohnung unter solchen Umständen innehat, die darauf schließen lassen, dass er die Wohnung beibehalten und benutzen wird.

Dagegen hat den gewöhnlichen Aufenthalt jemand dort, wo er sich unter solchen Umständen aufhält, die erkennen lassen, dass er an diesem Ort oder in diesem Gebiet nicht nur vorübergehend verweilt.

Teilhabe

Besteht eine Behinderung, sieht das SGB IX zahlreiche Leistungen vor. Dabei wird von Leistungen zur Teilhabe gesprochen (§ 4 SGB IX).

Wichtig:

Die Leistungsträger erbringen die Leistungen im Rahmen der für sie geltenden Rechtsvorschriften nach Lage des Einzelfalles so vollständig, umfassend und in gleicher Qualität, dass Leistungen eines anderen Trägers möglichst nicht erforderlich werden.

§ 5 SGB IX sieht hier vier Leistungsgruppen vor:

- Leistungen zur medizinischen Rehabilitation
- Leistungen zur Teilhabe am Arbeitsleben
- unterhaltssichernde und andere ergänzende Leistungen
- Leistungen zur Teilhabe am Leben in der Gemeinschaft.

Für die einzelnen Leistungsgruppen sind verschiedene Rehabilitationsträger zuständig. Diese werden in § 6 SGB IX aufgeführt. Dort werden ihnen auch diejenigen Leistungsgruppen zugeordnet, für welche sie zuständig sind:

Leistungsgruppen

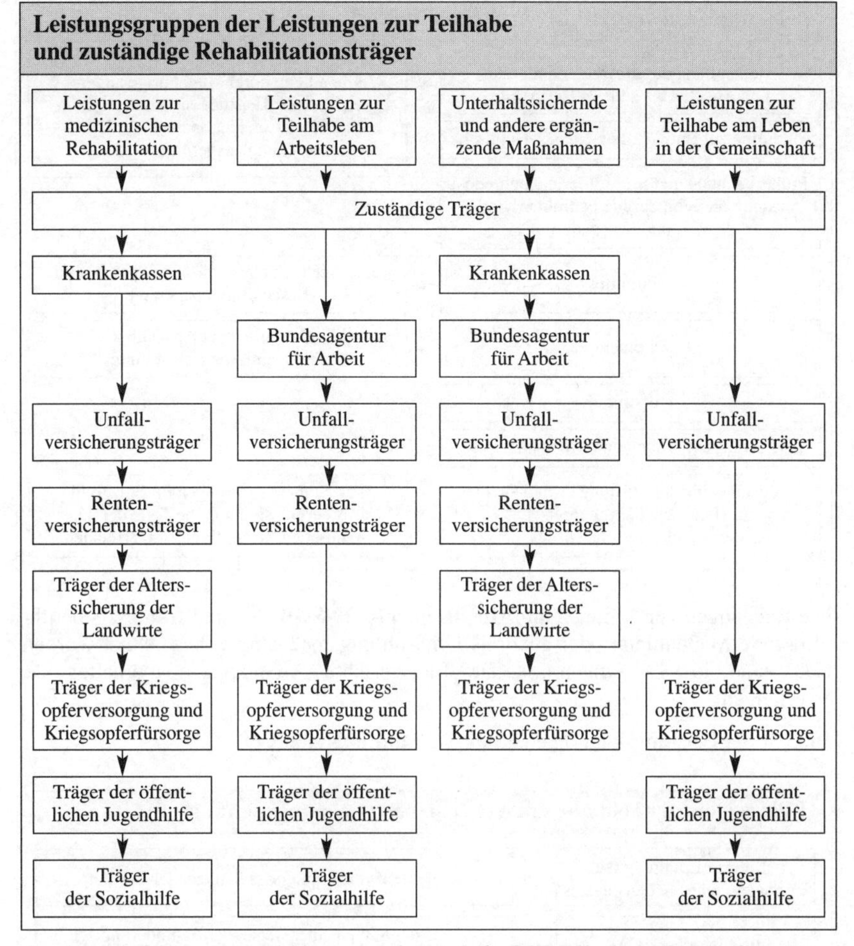

Bundesagentur für Arbeit

Gewissermaßen ergänzend hierzu bestimmt § 6a SGB IX, dass die Bundesagentur für Arbeit auch Rehabilitationsträger für die Leistungen zur Teilhabe am Arbeitsleben für behinderte erwerbsfähige Leistungsberechtigte im Sinne des SGB II ist. Voraussetzung ist allerdings, dass nicht ein anderer Rehabilitationsträger zuständig ist.

Die Zuständigkeit der Arbeitsgemeinschaft oder des zugelassenen kommunalen Trägers für die Leistungen zur beruflichen Teilhabe behinderter Menschen nach § 16 Abs. 1 SGB II bleibt unberührt.

Die Arbeitsgemeinschaft oder der zuständige kommunale Träger entscheiden unter Berücksichtigung des Eingliederungsvorschlages innerhalb von drei Wochen über die Leistungen zur beruflichen Teilhabe.

Medizinische Rehabilitationsmaßnahmen

Von besonderer Bedeutung sind in diesem Zusammenhang Leistungen zur medizinischen Rehabilitation. Dies deshalb, weil sie darauf ausgerichtet sind, Behinderungen zu vermeiden oder zu mindern bzw. zu beseitigen.

Ebenso sollen durch die Leistungen zur medizinischen Rehabilitation Einschränkungen der Erwerbsfähigkeit und Pflegebedürftigkeit überwunden, gemindert und eine Verschlimmerung verhindert werden. Außerdem sollen die Leistungen aber auch dazu dienen, laufende Sozialleistungen, wie Renten, zu vermeiden oder zu mindern.

Um diese Ziele zu erreichen, sieht § 26 SGB IX zahlreiche Leistungen vor:

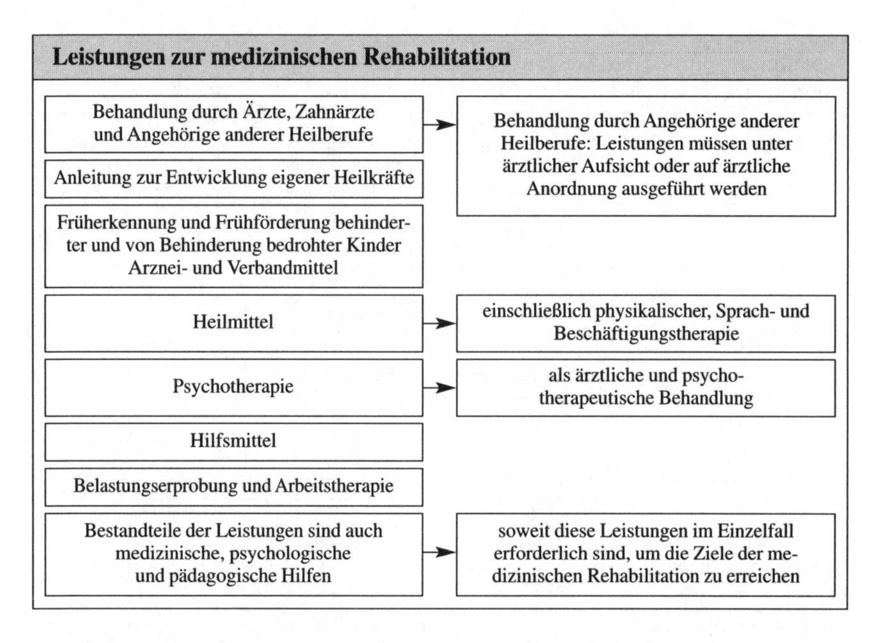

Leistungen zur medizinischen Rehabilitation	
Behandlung durch Ärzte, Zahnärzte und Angehörige anderer Heilberufe	→ Behandlung durch Angehörige anderer Heilberufe: Leistungen müssen unter ärztlicher Aufsicht oder auf ärztliche Anordnung ausgeführt werden
Anleitung zur Entwicklung eigener Heilkräfte	
Früherkennung und Frühförderung behinderter und von Behinderung bedrohter Kinder Arznei- und Verbandmittel	
Heilmittel	→ einschließlich physikalischer, Sprach- und Beschäftigungstherapie
Psychotherapie	→ als ärztliche und psychotherapeutische Behandlung
Hilfsmittel	
Belastungserprobung und Arbeitstherapie	
Bestandteile der Leistungen sind auch medizinische, psychologische und pädagogische Hilfen	→ soweit diese Leistungen im Einzelfall erforderlich sind, um die Ziele der medizinischen Rehabilitation zu erreichen

Die Leistungen zur Teilhabe am Arbeitsleben (§ 33 SGB IX) sind früher als berufsfördernde Maßnahmen oder auch als Umschulungsmaßnahmen bezeichnet worden. Heute sind diese Leistungen u. a. darauf ausgerichtet, Arbeitsplätze zu erhalten oder zu erlangen.

Hier ist der Leistungskatalog ebenfalls sehr umfangreich:

Leistungskatalog (Teilhabe am Arbeitsleben)

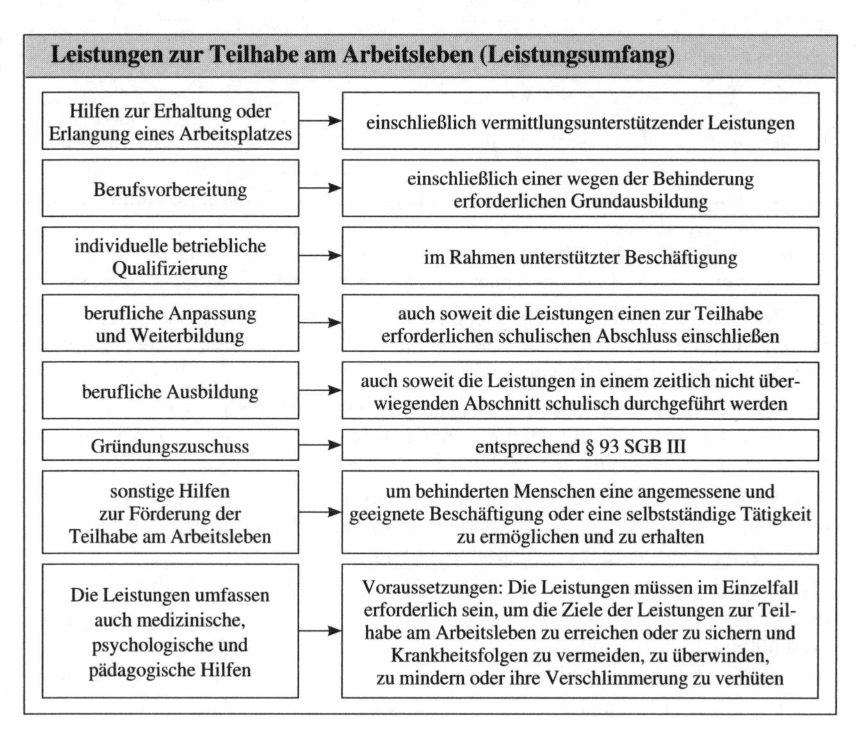

Leistungen zur Teilhabe am Arbeitsleben (Leistungsumfang)	
Hilfen zur Erhaltung oder Erlangung eines Arbeitsplatzes	→ einschließlich vermittlungsunterstützender Leistungen
Berufsvorbereitung	→ einschließlich einer wegen der Behinderung erforderlichen Grundausbildung
individuelle betriebliche Qualifizierung	→ im Rahmen unterstützter Beschäftigung
berufliche Anpassung und Weiterbildung	→ auch soweit die Leistungen einen zur Teilhabe erforderlichen schulischen Abschluss einschließen
berufliche Ausbildung	→ auch soweit die Leistungen in einem zeitlich nicht überwiegenden Abschnitt schulisch durchgeführt werden
Gründungszuschuss	→ entsprechend § 93 SGB III
sonstige Hilfen zur Förderung der Teilhabe am Arbeitsleben	→ um behinderten Menschen eine angemessene und geeignete Beschäftigung oder eine selbstständige Tätigkeit zu ermöglichen und zu erhalten
Die Leistungen umfassen auch medizinische, psychologische und pädagogische Hilfen	→ Voraussetzungen: Die Leistungen müssen im Einzelfall erforderlich sein, um die Ziele der Leistungen zur Teilhabe am Arbeitsleben zu erreichen oder zu sichern und Krankheitsfolgen zu vermeiden, zu überwinden, zu mindern oder ihre Verschlimmerung zu verhüten

Die Leistungen zur Teilhabe bedürfen der Zustimmung des Leistungsberechtigten. **Zustimmung**

Im Übrigen haben die Leistungsberechtigten die Möglichkeit, durch Wünsche und der Ausübung von Wahlrechten die Leistungsgewährung wesentlich zu beeinflussen: **Wünsche – Wahlrecht**

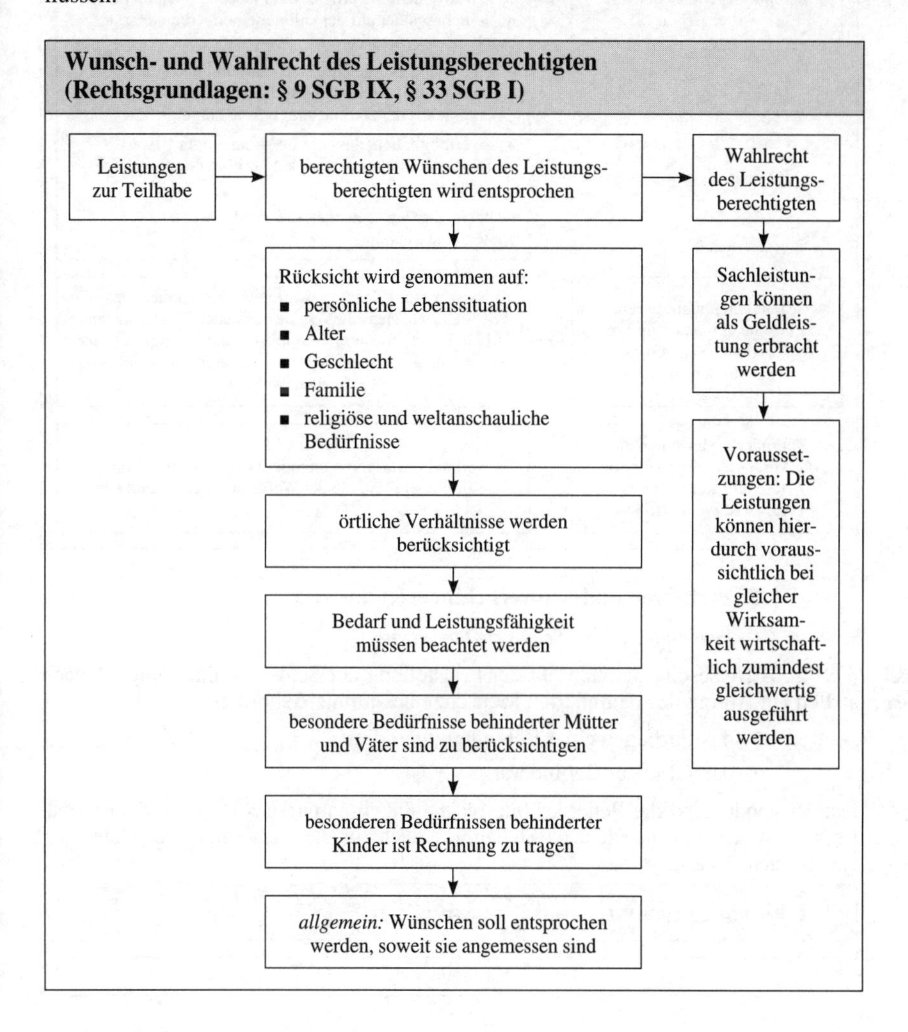

Das SGB IX enthält in diesem Zusammenhang auch Bestimmungen über Werkstätten für behinderte Menschen (vgl. § 136 SGB IX). Über Einzelheiten informiert das nachfolgende Schaubild: **Werkstätte für behinderte Menschen**

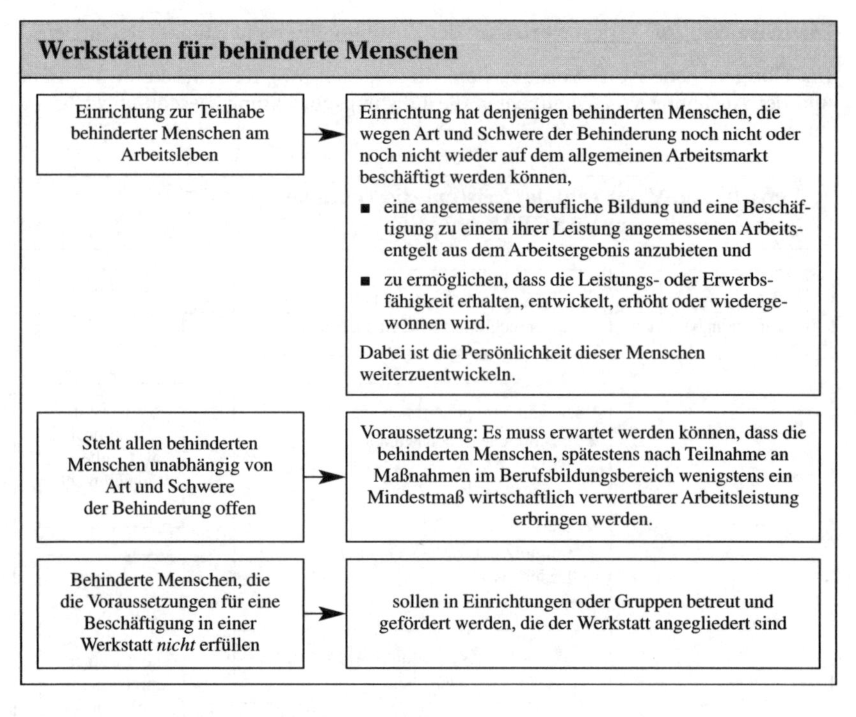

Werkstätten für behinderte Menschen

Einrichtung zur Teilhabe behinderter Menschen am Arbeitsleben	Einrichtung hat denjenigen behinderten Menschen, die wegen Art und Schwere der Behinderung noch nicht oder noch nicht wieder auf dem allgemeinen Arbeitsmarkt beschäftigt werden können, ■ eine angemessene berufliche Bildung und eine Beschäftigung zu einem ihrer Leistung angemessenen Arbeitsentgelt aus dem Arbeitsergebnis anzubieten und ■ zu ermöglichen, dass die Leistungs- oder Erwerbsfähigkeit erhalten, entwickelt, erhöht oder wiedergewonnen wird. Dabei ist die Persönlichkeit dieser Menschen weiterzuentwickeln.
Steht allen behinderten Menschen unabhängig von Art und Schwere der Behinderung offen	Voraussetzung: Es muss erwartet werden können, dass die behinderten Menschen, spätestens nach Teilnahme an Maßnahmen im Berufsbildungsbereich wenigstens ein Mindestmaß wirtschaftlich verwertbarer Arbeitsleistung erbringen werden.
Behinderte Menschen, die die Voraussetzungen für eine Beschäftigung in einer Werkstatt *nicht* erfüllen	sollen in Einrichtungen oder Gruppen betreut und gefördert werden, die der Werkstatt angegliedert sind

4.2 Verfahren und Schwerbehindertenausweis

4.2.1 Feststellung der Schwerbehinderung

Feststellung der Schwerbehinderung

§ 69 SGB IX beschäftigt sich mit der Feststellung der Schwerbehinderung. Danach stellen auf Antrag des behinderten Menschen bestimmte Behörden

- das Vorliegen einer Behinderung und
- den Grad der Behinderung

Versorgungsämter

fest. Zuständig sind die Behörden, die für die Durchführung des BVG zuständig sind. Es handelt sich um die gleichen Stellen, die auch für die Versorgung der Opfer von Gewalttaten zuständig sind.

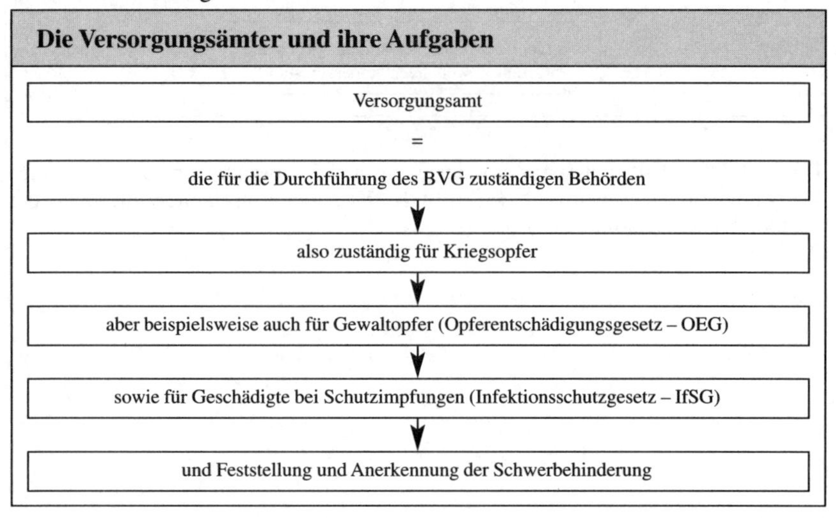

Die Durchführung des Schwerbehindertenrechts ist eine der Hauptaufgaben der Versorgungsämter. Sie prüfen die Anträge

- auf Anerkennung der Schwerbehinderteneigenschaft und
- auf Nachteilsausgleiche.

Durch Erlass eines Feststellungsbescheids bestimmen sie den Grad der Behinderung (GdB) und die sogenannten gesundheitlichen Merkzeichen (MZ).

Eine Feststellung über die Behinderteneigenschaft ist im Übrigen nur zu treffen, wenn ein Grad der Behinderung von wenigstens 20 vorliegt.

Die Zuständigkeit in Zusammenhang mit schwerbehinderten Menschen kann durch Landesrecht auch anders geregelt werden.

Keine Feststellungen

Feststellungen sind dann nicht zu treffen, wenn eine Feststellung über das Vorliegen einer Behinderung und den Grad einer auf ihr beruhenden Erwerbsminderung schon auf andere Weise festgestellt worden ist.

Angesprochen sind hier

- Rentenbescheide,
- entsprechende Verwaltungs- oder Gerichtsentscheidungen oder
- eine vorläufige Bescheinigung der für diese Entscheidungen zuständigen Dienststellen.

Eine Feststellung hat aber zu erfolgen, wenn der behinderte Mensch ein Interesse an anderweitiger Feststellung glaubhaft macht.

Fachbegriffe

In Zusammenhang mit den Feststellungen einer Behinderung bzw. Schwerbehinderung gibt es verschiedene Fachbegriffe:

- Arbeitsunfähigkeit, Dienstunfähigkeit:

Arbeitsunfähig ist ein Kranker, der seine Erwerbstätigkeit wegen seiner Erkrankung nicht oder nur auf Kosten der Restgesundheit verrichten kann. Die bezeichnete Krankheitsfolge gewährt einem gesetzlich Versicherten das Recht auf Heilbehandlung und gegebenenfalls auf Krankengeld.

Dienstunfähig sind dagegen Beamte, Soldaten oder Zivildienstpflichtige, wenn sie wegen Krankheit nicht in der Lage sind, ihren Dienst zu versehen.

- Leistungsminderung:

Wenn jemand wegen Erkrankung bzw. Gesundheitsschäden seine allgemeine körperliche Leistungsfähigkeit einbüßt, kann er seine berufliche Tätigkeit folgerichtig wegen Leistungsminderung nicht oder nur teilweise verrichten.

- Minderung der Erwerbsfähigkeit (MdE):

Der Begriff „MdE“ drückt das Ausmaß von Schädigungsfolgen als Dauerzustand in der gesetzlichen Unfallversicherung, in der Kriegsopferversorgung, im sonstigen Entschädigungsrecht und im Übrigen auch bei der Versorgungsrente (z. B. für Opfer von Gewalttaten) aus.

Wichtig:

Als Schädigungsfolge wird im sozialen Entschädigungsrecht jede Gesundheitsstörung bezeichnet, die mit einer nach dem entsprechenden Gesetz zu berücksichtigenden Schädigung in ursächlichem Zusammenhang steht.

Zu den Schädigungsfolgen gehören auch funktionell bedeutungslose Gesundheitsstörungen, die für sich allein keine MdE bedingen.

- Schwerbehinderung, Schwerbeschädigung:

Nach den Vorschriften des SGB IX gilt derjenige als körperlich, geistig oder seelisch behindert, der infolge der Behinderung in seiner Leistungsfähigkeit in allen Lebensbereichen durch Funktionsbeeinträchtigungen auf Dauer um wenigstens 50 % gemindert ist. Durch die Behinderung ist der Betreffende, unabhängig vom Alter oder der Teilnahme am Arbeitsleben, schutzbedürftig. Wie in Abschnitt 4.1 bereits erwähnt, muss die Funktionsstörung mindestens sechs Monate andauern. Sie muss auch einen GdB von wenigstens 10 bedingen. Regelwidrig ist dabei der Zustand, der von dem für das Lebensalter typischen Zustand abweicht.

Der Grad der Behinderung bezieht sich auf alle Gesundheitsstörungen, unabhängig von deren Ursache.

- Grad der Behinderung (GdB):

Das Ausmaß der Behinderung wird mit dem Grad der Behinderung (GdB) bemessen. Er ist eine Wertung für körperliche, seelische, geistige und soziale Auswirkungen von bleibendem Schaden nach Gesundheitsstörungen.

- Teilweise Erwerbsminderung – volle Erwerbsminderung:

Hier handelt es sich um Begriffe aus der gesetzlichen Rentenversicherung, die aber auch in Zusammenhang mit dem Schwerbehindertenrecht häufig erwähnt werden.

Renten wegen verminderter Erwerbsfähigkeit

Anspruchsvoraussetzungen für Renten wegen verminderter Erwerbsfähigkeit

Rentenart	Rente wegen teilweiser Erwerbsminderung	Rente wegen voller Erwerbsminderung	Rente für Bergleute
Leistungseinschränkung	teilweise Erwerbsminderung	volle Erwerbsminderung	verminderte bergmännische Berufsfähigkeit
Wartezeit	fünf Jahre	fünf oder 20 Jahre	fünf Jahre vor Eintritt der verminderten Berufsunfähigkeit
	Versicherter ist wegen Krankheit oder Behinderung auf nicht absehbare Zeit außer Stande, unter den üblichen Bedingungen des allgemeinen Arbeitsmarktes mindestens 6 Stunden täglich erwerbstätig zu sein	Versicherter ist wegen Krankheit oder Behinderung auf nicht absehbare Zeit außer Stande, unter den üblichen Bedingungen des allgemeinen Arbeitsmarktes mindestens 3 Stunden täglich erwerbstätig zu sein	vermindert berufsfähig sind Versicherte, die wegen Krankheit oder Behinderung nicht im Stande sind, die von ihnen ausgeübte knappschaftliche Beschäftigung und eine andere wirtschaftlich im Wesentlichen gleichwertige knappschaftliche Beschäftigung auszuüben

Die Renten wegen teilweiser Erwerbsminderung werden lediglich als Teilrente erbracht. Dies kommt durch den sogenannten Rentenartfaktor zum Ausdruck. Dieser beträgt beispielsweise bei einer Altersrente 1,0, beläuft sich aber bei einer Rente wegen teilweiser Erwerbsminderung lediglich auf 0,5. Bei einer Rente wegen voller Erwerbsminderung beträgt der Rentenartfaktor wie bei den Altersrenten 1,0.

Zu erwähnen sind hier auch die Begriffe „Berufsunfähigkeit (BU)" und „Erwerbsunfähigkeit (EU)". Sie beziehen sich auf das Recht vor dem 1. 1. 2001, als die gesetzliche Rentenversicherung die Berufsunfähigkeits- und die Erwerbsunfähigkeitsrente kannte. In Übergangsfällen existieren solche Renten noch. Im Übrigen sind sie durch die Erwerbsminderungsrenten abgelöst worden.

Wichtig:

Aus dem GdB/MdE-Grad ist nicht auf das Ausmaß der Leistungsfähigkeit im Erwerbsleben zu schließen. GdB und MdE sind grundsätzlich unabhängig vom ausgeübten oder angestrebten Beruf zu beurteilen. Das gilt dann nicht, wenn bei Begutachtungen im sozialen Entschädigungsrecht ein besonderes berufliches Betroffensein berücksichtigt werden muss.

4.2.2 Mehrere Beeinträchtigungen (§ 69 Abs. 3 SGB IX)

Mehrere Beeinträchtigungen

Liegen mehrere Beeinträchtigungen der Teilhabe am Leben in der Gesellschaft vor, so wird der Grad der Behinderung nach den Auswirkungen der Beeinträchtigungen in ihrer Gesamtheit unter Berücksichtigung ihrer wechselseitigen Beziehungen festgestellt.

Sind neben dem Vorliegen der Behinderung weitere gesundheitliche Merkmale Voraussetzung für die Inanspruchnahme von Nachteilsausgleichen, so treffen die zuständigen Behörden die erforderlichen Feststellungen im Verfahren.

4.2.3 Antrag auf Anerkennung der Schwerbehinderteneigenschaft

Anträge

Wie oben bereits erwähnt, wird das Vorliegen einer Behinderung (Schwerbehinderung) auf Antrag des Betroffenen ausgestellt. Eine Feststellung von Amts wegen ist allerdings nicht vorgesehen.

Hier ist aber § 17 SGB I zu beachten. Danach sind die Leistungsträger – also auch die Träger der Versorgungsverwaltung – verpflichtet, darauf hinzuwirken, dass

- jeder Berechtigte die ihm zustehenden Sozialleistungen in zeitgemäßer Weise, umfassend und zügig erhält,
- die zur Ausführung von Sozialleistungen erforderlichen sozialen Dienste und Einrichtungen rechtzeitig und ausreichend zur Verfügung stehen,
- der Zugang zu den Sozialleistungen möglichst einfach gestaltet wird, insbesondere durch Verwendung allgemein verständlicher Antragsvordrucke

und

- ihre Verwaltungs- und Dienstgebäude frei von Zugangs- und Kommunikationsbarrieren sind und Sozialleistungen in barrierefreien Räumen und Anlagen ausgeführt werden.

Hörbehinderung

Hörbehinderte Menschen haben das Recht, bei der Ausführung von Sozialleistungen, insbesondere auch bei ärztlichen Untersuchungen und Behandlungen, Gebärdensprache zu verwenden. Die für die Sozialleistungen zuständigen Leistungsträger sind verpflichtet, die durch die Verwendung der Gebärdensprache und anderer Kommunikationshilfen entstehenden Kosten zu tragen.

Im Übrigen sind die Leistungsträger nach § 13 SGB I auch verpflichtet, im Rahmen ihrer Zuständigkeit die Bevölkerung über ihre Rechte und Pflichten nach dem SGB aufzuklären. Die Versorgungsämter tun dies mit Broschüren, Faltblättern usw. Auch die Rehabilitationsträger informieren über ihre Leistungen.

Beratung

Bedeutungsvoll ist hier auch § 14 SGB I. Nach dieser Vorschrift hat jeder Anspruch auf Beratung hinsichtlich seiner Rechte und Pflichten nach dem SGB. Dabei sind für die Beratung die Leistungsträger zuständig, denen gegenüber die Rechte geltend zu machen sind.

Auskunft

Durch § 15 SGB I werden die Träger der gesetzlichen Krankenversicherung (Krankenkassen) und die sozialen Pflegekassen verpflichtet, über alle sozialen Angelegenheiten nach dem SGB Auskunft zu erteilen. Die Auskunftspflicht erstreckt sich auf die Benennung der für die Sozialleistungen zuständigen Träger sowie die Sach- und Rechtsfragen, die für die Auskunftsuchenden von Bedeutung sein können und zu deren Beantwortung die Behörde im Stande ist.

Einzelheiten zur Antragstellung

Wichtig ist in diesem Zusammenhang auch § 16 SGB I. Dieser beschäftigt sich direkt mit der Antragstellung durch den Leistungsberechtigten. Anträge sind hiernach beim zuständigen Leistungsträger zu stellen.

Sie werden auch von allen

- anderen Leistungsträgern,
- allen Gemeinden und
- bei Personen, die sich im Ausland aufhalten, auch von den amtlichen Vertretungen der Bundesrepublik Deutschland im Ausland

entgegengenommen.

Anträge, die bei einem unzuständigen Leistungsträger, bei einer für die Sozialleistung nicht zuständigen Gemeinde oder bei einer amtlichen Vertretung der Bundesrepublik im Ausland gestellt werden, sind unverzüglich an den zuständigen Leistungsträger weiterzuleiten.

Nach § 16 Abs. 3 SGB I sind die Leistungsträger, d. h. also auch die Versorgungsbehörden, verpflichtet, darauf hinzuwirken, dass unverzüglich klare und sachdienliche Anträge gestellt und unvollständige Angaben ergänzt werden (vgl. zu den Vorschriften des SGB I die Ausführungen unter Leitziffer B 1).

Hier sind aus dem SGB IX zunächst die gemeinsamen Servicestellen zu nennen. Die Aufgaben dieser Stellen sind in § 22 SGB IX geregelt. Danach bieten gemeinsame örtliche Servicestellen der Rehabilitationsträger behinderten und von Behinderung bedrohten Menschen, ihren Vertrauenspersonen und Personensorgeberechtigten Beratung und Unterstützung an.

Verpflichtungen

In diesem Zusammenhang ist § 60 SGB IX zu beachten. Diese Vorschrift enthält bestimmte Verpflichtungen für

- Eltern,
- Vormünder,
- Pfleger und
- Betreuer.

Beratung und Unterstützung

Nehmen diese Personen bei den ihnen anvertrauten Menschen Behinderungen wahr, sollen sie im Rahmen ihres Erziehungs- und Betreuungsauftrages die behinderten Menschen einer gemeinsamen Servicestelle oder einer sonstigen Beratungsstelle für Rehabilitation oder einem Arzt zur Beratung über die geeigneten Leistungen zur Teilhabe vorstellen.

Die Beratung und Unterstützung umfasst beispielsweise die Informationen über Leistungsvoraussetzungen, Leistungen der Rehabilitationsträger, besondere Hilfen im Arbeitsleben sowie über die Verwaltungsabläufe.

Integrationsämter

Unter Beteiligung der Integrationsämter umfasst die Beratung auch die Klärung eines Hilfebedarfs nach Teil 2 des SGB IX, also des Hilfebedarfs für schwerbehinderte Menschen.

Die Integrationsämter werden in § 101 ff. SGB IX behandelt. Es handelt sich hier um in den Bundesländern errichtete Ämter für die Sicherung der Integration schwerbehinderter Menschen im Arbeitsleben.

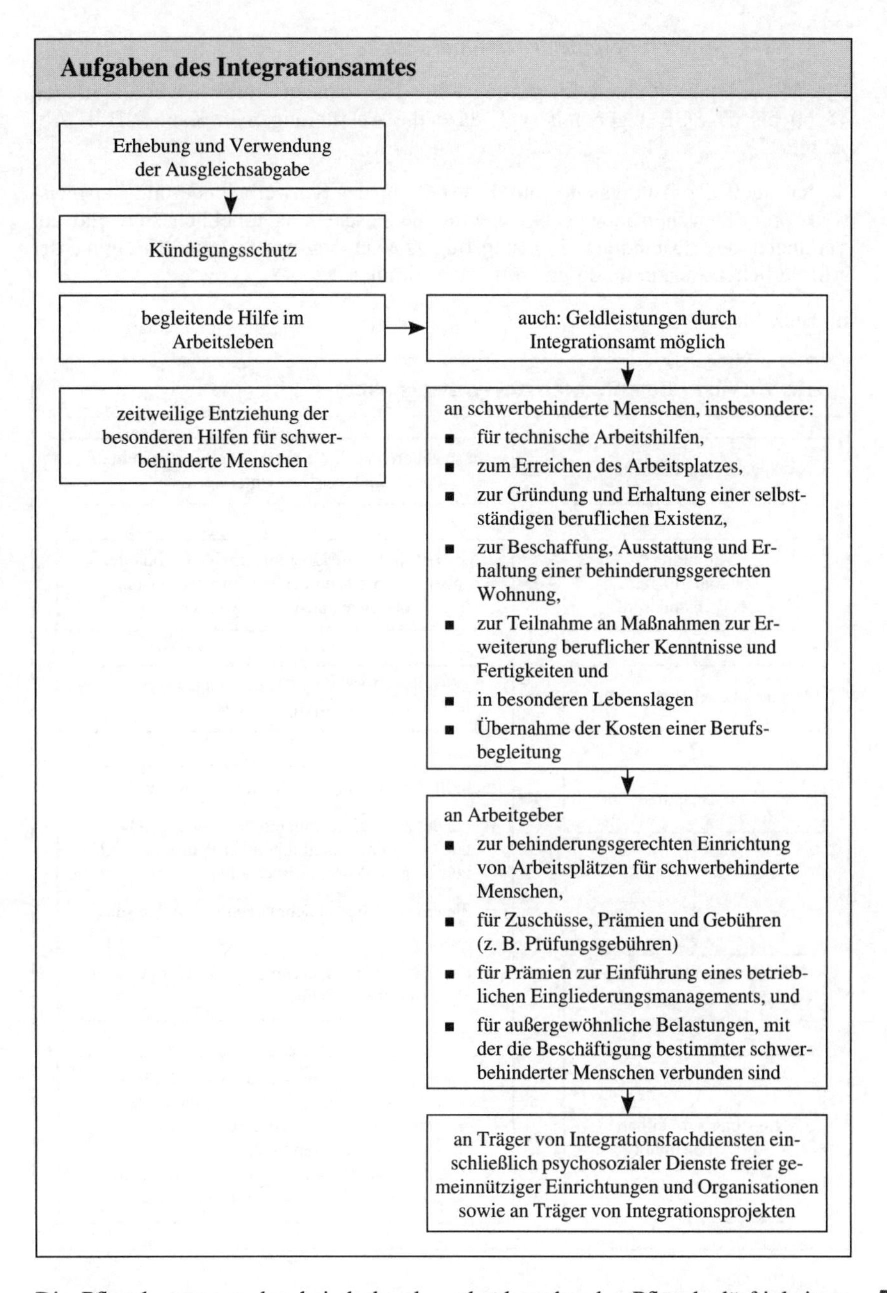

Pflegekassen

Die Pflegekassen werden bei drohender oder bestehender Pflegebedürftigkeit an der Beratung und Unterstützung durch die gemeinsamen Servicestellen beteiligt.

Verbände

Verbände der behinderten Menschen einschließlich der Verbände der Freien Wohlfahrtspflege, der Selbsthilfegruppen und der Interessenvertretungen behinderter Frauen werden mit Einverständnis des behinderten Menschen an der Beratung beteiligt.

4.2.4 Mitwirkungspflichten des Antragstellers

Mitwirkung Die Mitwirkungspflichten für Antragsteller im sozialen Bereich werden in den §§ 60 bis 67 SGB I geregelt (vgl. dazu die Ausführungen in Kapitel B 1, Abschnitt 12).

So hat auch der Antragsteller auf Feststellung der Schwerbehinderung beispielsweise alle Tatsachen anzugeben, die für die Feststellung erheblich sind und auf Verlangen des zuständigen Leistungsträgers (Versorgungsamt) der Erteilung der erforderlichen Auskünfte durch Dritte zuzustimmen.

Im Einzelnen:

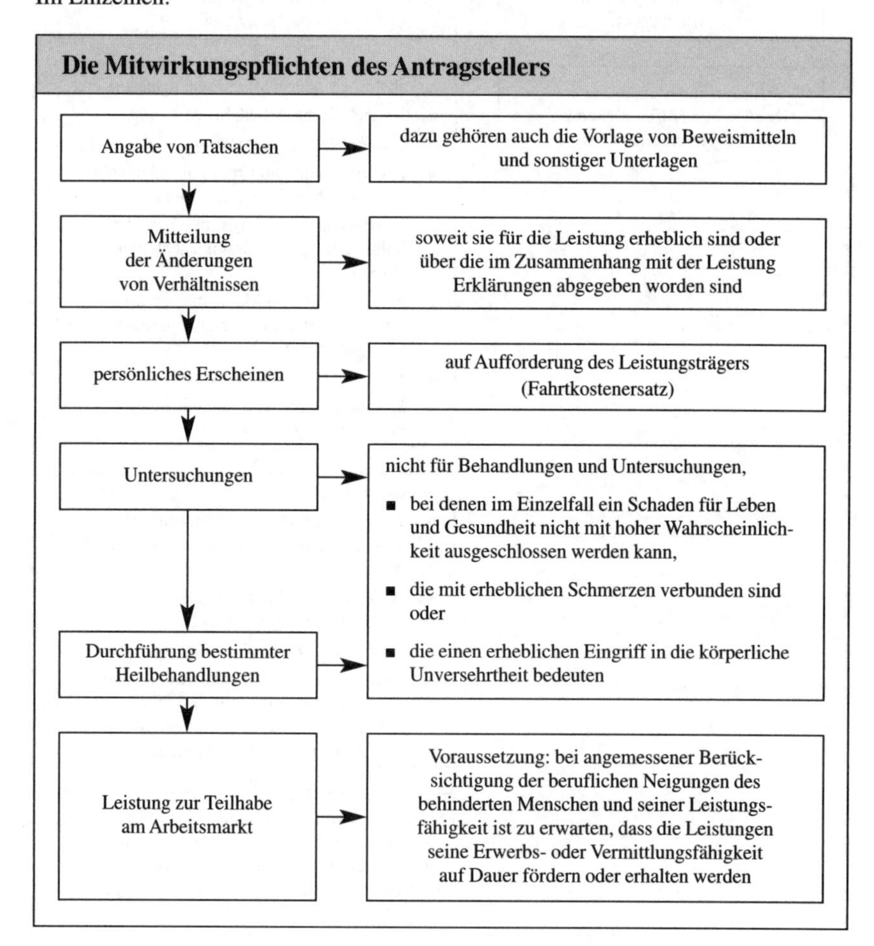

Vordrucke Nach § 60 Abs. 2 SGB I sollen Vordrucke genutzt werden, soweit diese vorgesehen sind. Hier ist insbesondere der Antragsvordruck für die Feststellung der Schwerbehinderteneigenschaft zu beachten, der von den Versorgungsämtern verwendet wird.

Wichtig:

Die Versorgungsämter fordern in ihren Hinweisen dazu auf, auf dem Antragsvordruck alle behandelnden Ärzte sowie Krankenhäuser mit genauem Aufenthalts-

datum sowie Kuranstalten anzugeben. Außerdem werden die Antragsteller bzw. ihre Betreuer aufgefordert, ärztliche Berichte, die ihnen vorliegen (gegebenenfalls in Kopie) beizufügen.

Durch die Benutzung eines solchen Angebots wird eventuell das Verfahren ganz erheblich verkürzt. Auch müssen dann durch den Antragsteller keine besonderen ärztlichen Atteste vorgelegt werden, die unter Umständen ganz erhebliche Kosten verursachen können.

Persönliches Erscheinen

Wie aus dem obigen Schaubild hervorgeht, muss derjenige, der Sozialleistungen beantragt oder erhält, auf Verlangen des zuständigen Leistungsträgers zur mündlichen Erörterung des Antrages persönlich erscheinen. Das persönliche Erscheinen kann auch für die Entscheidung anderer für die Feststellung der Schwerbehinderteneigenschaften notwendigen Maßnahmen und zur Erbringung sonstiger Leistungen erforderlich sein.

Wichtig:

In einem solchen Fall hat der Antragsteller unter Umständen Anspruch auf Ersatz seiner Auslagen (Fahrtkosten). Auch der Verdienstausfall wird in angemessenem Umfang erstattet. Allerdings erfolgt die Erstattung nur in einem Härtefall. Dies bedeutet, dass der Antragsteller beispielsweise im Einzelfall beweisen muss, dass er – gegebenenfalls wegen seiner Behinderung – nicht öffentliche Verkehrsmittel, sondern ein Taxi benutzen musste.

Untersuchungen

§ 62 SGB I (vgl. dazu unter Leitziffer B 1, Abschnitt 12) sieht vor, dass derjenige, der Sozialleistungen beantragt oder erhält, sich – wenn notwendig – auf Verlangen des zuständigen Leistungsträgers ärztlichen und psychologischen Untersuchungsmaßnahmen unterziehen muss.

Auch in einem solchen Fall hat der Antragsteller Anspruch auf Erstattung seiner Aufwendungen. Das Vorliegen eines Härtefalles muss hier nicht nachgewiesen werden.

Grenzen der Mitwirkung

In Zusammenhang mit den Mitwirkungspflichten ist die Vorschrift des § 65 SGB I von besonderer Bedeutung. Hier geht es um die Grenzen der Mitwirkung.

Die Mitwirkungspflichten bestehen nämlich nicht, soweit

- ihre Erfüllung nicht in einem angemessenen Verhältnis zu der in Anspruch genommenen Sozialleistung steht oder
- ihre Erfüllung dem Betroffenen aus einem wichtigen Grund nicht zugemutet werden kann oder
- der Leistungsträger sich durch einen geringeren Aufwand als der Antragsteller oder Leistungsberechtigte die erforderlichen Kenntnisse selbst beschaffen kann.

„Wichtiger Grund“

Ein „wichtiger Grund“ kann in diesem Sinne der Gesundheitszustand des Betroffenen sein. Dieser Zustand kann ihn davon abhalten, einer Einladung zu einer ärztlichen Untersuchung (anberaumt durch das Versorgungsamt) zu folgen.

Sind z. B. Untersuchungen aufgrund eines Antrages auf Rente wegen Erwerbsminderung (vgl. dazu die obigen Ausführungen) durchgeführt worden, sollte durch den Antragsteller hierauf unbedingt hingewiesen werden. Das Versorgungsamt kann sodann diese Untersuchungsergebnisse einholen und dadurch auf Einleitung einer besonderen Untersuchung unter Umständen verzichten.

Berechtigte Ablehnung

Der Antragsteller kann bestimmte Behandlungen und Untersuchungen ablehnen. Dabei geht es um Behandlungen und Untersuchungen,

- bei denen im Einzelfall ein Schaden für Leben oder Gesundheit nicht mit hoher Wahrscheinlichkeit ausgeschlossen werden kann, oder
- die mit erheblichen Schmerzen verbunden sind oder
- die einen erheblichen Eingriff in die körperliche Unversehrtheit bedeuten.

Übrigens: Angaben, die dem Antragsteller oder ihm nahestehende Personen der Gefahr zuziehen würden, wegen einer Straftat oder einer Ordnungswidrigkeit verfolgt zu werden, können verweigert werden.

Fehlende Mitwirkung

Mit den Folgen fehlender Mitwirkung beschäftigt sich § 66 SGB I. Es geht hier darum, dass jemand seiner Mitwirkungspflicht nicht nachkommt und dass durch den Verstoß gegen die Mitwirkungspflicht die Aufklärung des Sachverhalts erheblich erschwert wird. In einem solchen Falle kann der Leistungsträger ohne weitere Ermittlungen die Leistung bis zur Nachholung der Mitwirkung ganz oder teilweise versagen oder entziehen. Dazu ist aber erforderlich, dass die Voraussetzungen der Leistung nicht nachgewiesen sind.

Vorstehendes gilt entsprechend, wenn der Antragsteller oder Leistungsberechtigte in anderer Weise absichtlich die Aufklärung des Sachverhalts erheblich erschwert.

In Zusammenhang mit dem Antrag auf Feststellung der Schwerbehinderung wird eine fehlende Mitwirkung dazu führen, dass das Verfahren wesentlich länger dauert oder gar vom Versorgungsamt eingestellt wird, ohne dass es zur Ausstellung eines Schwerbehindertenausweises kommt.

Nachholung

§ 67 SGB I bestimmt im Übrigen, dass dann, wenn die Mitwirkung nachgeholt wird und die Leistungsvoraussetzungen vorliegen, der Leistungsträger Sozialleistungen, die er versagt oder entzogen hat, nachträglich ganz oder teilweise erbringen kann.

4.2.5 Bedeutung des Schwerbehindertenausweises

Ausweis

Nach § 69 Abs. 5 SGB IX stellt auf Antrag des behinderten Menschen die zuständige Behörde (Versorgungsamt) aufgrund einer Feststellung der Behinderung einen Ausweis über die Eigenschaft als schwerbehinderter Mensch aus.

Der Ausweis beinhaltet also

- die Feststellung, dass der Betreffende schwerbehindert ist,
- den Grad der Behinderung sowie
- weitere gesundheitliche Merkmale im Rahmen des § 69 Abs. 4 SGB IX (vgl. dazu die obigen Ausführungen).

Der Ausweis dient dem Nachweis für die Inanspruchnahme von Leistungen und sonstigen Hilfen, die schwerbehinderten Menschen nach Teil 2 des SGB IX oder nach anderen Vorschriften zustehen.

Gültigkeit

Die Gültigkeitsdauer des Ausweises soll befristet werden. Er wird eingezogen, sobald der gesetzliche Schutz schwerbehinderter Menschen erloschen ist. Der Ausweis wird berichtigt, sobald eine Neufeststellung unanfechtbar geworden ist.

Für eine Verlängerung der Gültigkeitsdauer des Schwerbehindertenausweises muss der schwerbehinderte Mensch im Allgemeinen keinen Neufeststellungsantrag stellen. In der Praxis erhält er rechtzeitig vor Ablauf ein Schreiben des Versorgungsamtes, mit dem er die Gültigkeit des Ausweises verlängern lassen kann.

Wurde die Gültigkeit bereits zwei Mal verlängert, muss vom Versorgungsamt selbst ein neuer Ausweis ausgestellt werden. Der schwerbehinderte Mensch muss den bisherigen Ausweis und ein neues Passbild einsenden oder vorlegen.

Die Gültigkeit endet immer zum Ende des eingestempelten Monats. Wurde also beispielsweise 12/2014 eingestempelt, endet die Gültigkeit am 31. 12. 2014.

Eine Änderung des Ausweises kommt z. B. dann in Betracht, wenn andere Merkmale einzutragen oder Merkzeichen entfernt werden müssen, weil sie nicht mehr zutreffen. Außerdem ist natürlich dann eine Änderung vorzunehmen, wenn sich der GdB ändert. Die Änderungen werden vom Versorgungsamt eingetragen.

Der Ausweis wird eingezogen, wenn die Schwerbehinderteneigenschaft nicht mehr vorliegt, der GdB also unter 50 sinkt. Dem Entzug muss ein Bescheid des Versorgungsamtes darüber vorangehen.

Ist der Ausweis verloren gegangen, muss dies vom Berechtigten dem Versorgungsamt gemeldet werden. Der Meldung muss ein Passbild beigefügt werden. Außerdem muss die Meldung eine kurze Erklärung über den Verlust des bisherigen Ausweises enthalten.

Bei Diebstahl oder Raub ist eine Kopie der Bescheinigung über abhanden gekommene Ausweispapiere beizufügen.

Spricht der Berechtigte allerdings direkt beim Versorgungsamt vor, muss lediglich ein Passbild mitgebracht werden. Bei Diebstahl oder Raub ist aber auch hier die polizeiliche Bescheinigung vorzulegen.

4.3 Nachteilsausgleiche

Nachteilsausgleiche

4.3.1 Allgemeines

Das SGB IX enthält zahlreiche Rechte des schwerbehinderten Menschen, die allgemein als Nachteilsausgleiche bezeichnet werden. Hier sollen Nachteile ausgeglichen werden, die durch die anerkannte Schwerbehinderung entstehen.

Gesundheitsbehörden

Die weiteren gesundheitlichen Merkmale als Voraussetzung für die Inanspruchnahme von Nachteilsausgleichen sind als sogenannte Merkzeichen im Schwerbehindertenausweis enthalten. Ihre Bedeutung ist der nachfolgenden Übersicht zu entnehmen.

Merkzeichen

Merkzeichen (MZ)

- G – Der behinderte Mensch ist in seiner Bewegungsfähigkeit im Straßenverkehr erheblich beeinträchtigt bzw. erheblich gehbehindert.
- aG – Der behinderte Mensch ist außergewöhnlich gehbehindert und kann sich nur mit fremder Hilfe oder großer Anstrengung bewegen.
- Gl – Der behinderte Mensch ist gehörlos. Dabei handelt es sich um behinderte Menschen, bei denen beiderseitige Taubheit vorliegt. Auch Hörbehinderte erhalten dieses Merkzeichen, wenn eine Schwerhörigkeit beiderseits vorliegt, die an Taubheit grenzt und daneben schwere Sprachstörungen vorliegen.
- B – Ständige Begleitung des behinderten Menschen bei Benutzung öffentlicher Verkehrsmittel ist notwendig.
- H – Der behinderte Mensch ist hilflos. Er bedarf infolge seiner Behinderung dauernd fremder Hilfe.
- RF – Der behinderte Mensch erfüllt die gesundheitlichen Voraussetzungen für die Befreiung von der Rundfunkgebührenpflicht und für Nachteilsausgleiche bei den Telefongebühren.
- Bl – Der behinderte Mensch ist blind. Ihm fehlt entweder das Augenlicht vollständig oder die Sehkraft beträgt nicht mehr als 1/50.

Merkblatt Die Versorgungsämter händigen dem Antragsteller ein orangefarbenes „Merkblatt bzw. Erläuterungen zum Bescheid“ aus. Darin werden u. a. die Merkzeichen ausführlich erörtert.

Gehbehinderung

4.3.2 Merkzeichen „G“ – Gehbehinderung

Dieser Nachteilsausgleich setzt eine „erhebliche Beeinträchtigung in der Bewegungsfähigkeit im Straßenverkehr“ voraus.

Sie kann verursacht werden durch:

- Einschränkung des Gehvermögens (z. B. Gelenkdeformität, arterielle Verschlusskrankheit)
- Erkrankung innerer Organe (z. B. Herz- oder Atmungsinsuffizienz)
- Anfälle (z. B. Epilepsie, Schockzustände)
- Störung der Orientierungsfähigkeit (z. B. bei alleiniger Sehbehinderung ab GdB 70, bei gleichzeitiger Störung der Ausgleichsfunktionen wie hochgradige Schwerhörigkeit beiderseits oder geistige Behinderung ab GdB 50)

Auf diese Weise behinderte Menschen sind durch ihre Behinderung nicht in der Lage, Wegstrecken im Ortsverkehr ohne Gefahr für sich oder andere zurückzulegen. Es muss sich dabei um Wegstrecken handeln, die üblicherweise altersunabhängig und ohne Rücksicht auf die örtlichen Verhältnisse noch zu Fuß zurückgelegt werden können.

Dabei gilt nach der Rechtsprechung als ortsübliche Wegstrecke in diesem Sinne eine Strecke von etwa zwei Kilometer, die in etwa einer halben Stunde zurückgelegt wird.

Die Einschränkung des Gehvermögens kann von den unteren Gliedmaßen und der Wirbelsäule ausgehen und muss als Einzel-GdB-Grad 50 – bei bestimmten Ausnahmen mindestens 40 – betragen.

Das Merkzeichen „G“ berechtigt wahlweise zur unentgeltlichen Beförderung im öffentlichen Personennahverkehr oder zur Kraftfahrzeugsteuerermäßigung von 50 %.

Gegen das Finanzamt besteht ein Anspruch auf Anerkennung erhöhter Aufwendungen für die Fahrt mit dem Pkw zur Arbeitsstelle.

Außergewöhnliche Gehbehinderung

4.3.3 Merkzeichen „aG“ – Außergewöhnliche Gehbehinderung

Eine außergewöhnliche Gehbehinderung liegt vor, wenn sich ein schwerbehinderter Mensch durch die Schwere seiner Behinderung fortwährend „nur mit fremder Hilfe oder nur mit großer Anstrengung außerhalb seines Kraftfahrzeuges bewegen kann“.

Bei diesen schwerbehinderten Menschen ist die Fortbewegung im Alltag auf das Schwerste eingeschränkt.

Dazu zählen folgende schwerbehinderte Menschen:

- Querschnittsgelähmte
- Doppeloberschenkelamputierte
- Hüftgelenkexartikulierte, die kein Kunstbein tragen können
- einseitig Oberschenkelamputierte, die ebenfalls außerstande sind, ein Kunstbein zu tragen oder nur eine Beckenprothese tragen können und zugleich unterschenkel- oder armamputiert sind

Hier werden noch andere schwerbehinderte Personen angesprochen, die nach versorgungsärztlicher Feststellung dem vorstehend aufgeführten Personenkreis gleichzustellen sind.

Eine solche Gleichstellung ist allerdings nur dann möglich, wenn das Gehvermögen auf das Schwerste eingeschränkt ist. Wird ein Rollstuhl benutzt, kommt es darauf an, ob der Betroffene auf ihn ständig angewiesen ist.

Als Erkrankungen der inneren Organe, die eine Gleichstellung rechtfertigen, sind z. B. Herzschäden und Krankheiten der Atmungsorgane anzusehen. Voraussetzung ist, dass die Einschränkung der Herzleistung oder der Lungenfunktion für sich allein einen GdB von 80 bedingt.

Aufgrund des Merkzeichens „aG“ können Parkerleichterungen im Straßenverkehr sowie eine Kraftfahrzeugsteuerbefreiung in Anspruch genommen werden.

Parkplätze für Rollstuhlfahrer sind meistens besonders gekennzeichnet. Sie können von schwerbehinderten Menschen benutzt werden, denen von der zuständigen Gemeindebehörde ein besonderer Parkausweis erteilt wurde. Der Ausweis ist mit dem Rollstuhlfahrer-Symbol versehen.

Außerdem sind weitere Steuererleichterungen vorgesehen.

4.3.4 Merkzeichen „Gl“ – Der Ausweisinhaber ist gehörlos

Gehörlosigkeit

Zu diesem Personenkreis gehören Menschen, die auf beiden Ohren taub sind. Als gehörlos gelten auch solche Hörbehinderte, bei denen eine an Taubheit grenzende Schwerhörigkeit beiderseits besteht, wenn zusätzlich eine schwere Sprachstörung vorliegt. Um eine schwere Sprachstörung handelt es sich bei schwer verständlicher Lautsprache, geringem Wortschatz, der entweder angeboren oder durch Krankheit im Kindesalter verursacht wurde.

Eine Behinderung im Straßenverkehr wird bei Taubheit oder einer an Taubheit grenzenden Schwerhörigkeit im Kindesalter anerkannt. Bei Erwachsenen wird die Beeinträchtigung der Bewegungsfähigkeit von Gehörlosen nur in Kombination mit der Einschränkung der Ausgleichsfunktionen (Sehbehinderung, geistige Behinderung) gebilligt.

Das Merkzeichen „Gl“ berechtigt wahlweise zur

- unentgeltlichen Beförderung im Personennahverkehr oder
- zur Kraftfahrzeugsteuerermäßigung. Das Gleiche gilt für die Hundesteuer.

4.3.5 Merkzeichen „B“ – Notwendigkeit ständiger Begleitung

Begleitung erforderlich

Auf ständige Begleitung bei Benützung von öffentlichen Verkehrsmitteln sind schwerbehinderte Menschen angewiesen, bei denen „eine erhebliche oder außergewöhnliche Gehbehinderung“ festgestellt worden ist.

Wichtig:

Die ständige Begleitung muss folgenden Zweck erfüllen:

- Vorbeugen von Gefahren für sich oder für andere bei der Benützung öffentlicher Verkehrsmittel bei demjenigen, der auf fremde Hilfe angewiesen ist,
- Gewährleistung von Hilfestellung zum Ausgleich von Orientierungsstörungen.

Eine Begleitperson ist im öffentlichen Personenverkehr z. B. für Querschnittsgelähmte, Ohnhänder, Blinde, erheblich Sehbehinderte, hochgradig Hörbehinderte, geistig behinderte Menschen und für diejenigen unentbehrlich, die an einer Anfallskrankheit leiden oder in ähnlicher Weise behindert sind.

Das Merkzeichen „B" berechtigt schwerbehinderte Menschen, im öffentlichen Personenverkehr ohne Kilometerbegrenzung eine Begleitperson kostenlos mitzunehmen. Das gilt in den Fällen, in denen der schwerbehinderte Mensch

- Anspruch auf unentgeltliche Beförderung hat, aber auch dann,
- wenn er selbst für seine Fahrt voll bezahlen muss. Außerdem besteht ein Anspruch auf unentgeltliche Beförderung für Begleitpersonen auf innerdeutschen Flügen. Zuständig für diese Vergünstigung sind: Lufthansa, Regionalfluggesellschaften, Reisebüros. Als erforderliche Unterlage genügt der Schwerbehindertenausweis.

Hilflosigkeit

4.3.6 Merkzeichen „H" – Hilflosigkeit

Hilflos ist ein schwerbehinderter Mensch, wenn er infolge seiner Behinderung nicht nur vorübergehend im Ablauf eines jeden Tages fremder Hilfe dauernd bedarf.

„Nicht nur vorübergehend" bedeutet einen über sechs Monate hinausgehenden Zeitraum. Die Hilfe muss für eine Reihe von häufig und regelmäßig wiederkehrenden Verrichtungen zur Sicherung seiner persönlichen Existenz (wie Baden, Kämmen, An- und Auskleiden, Verrichten der Notdurft) erforderlich sein.

Zu beachten ist dabei auch die Notwendigkeit körperlicher Bewegung, geistiger Anregung und Kommunikation.

Verrichtungen, die mit der Pflege des schwerbehinderten Menschen nicht in Zusammenhang stehen, sondern sich auf die hauswirtschaftliche Versorgung beziehen, fallen nicht unter den Nachteilsausgleich für Hilflose.

Die Voraussetzungen für das Merkzeichen „H" sind auch dann gegeben, wenn die Hilfe in Form einer Überwachung oder einer Anleitung zu diesen Verrichtungen erforderlich ist. Das Gleiche gilt, wenn die Hilfe zwar nicht dauernd geleistet werden muss, jedoch eine ständige Bereitschaft zur Hilfe notwendig ist.

Hier geht es beispielsweise um psychisch Erkrankte oder geistig behinderte Menschen wegen Antriebsschwäche. Die Notwendigkeit der ständigen Bereitschaft ist auch dann anzunehmen, wenn unerwartet und häufig lebensgefährliche Zustände auftreten, wie z. B. Herzanfälle.

Hilflosigkeit kann bei bestimmten schwerbehinderten Menschen ohne nähere Prüfung alleine anhand der Diagnosen vorliegen.

Das trifft z. B. zu bei

- Blindheit und hochgradiger Sehbehinderung,
- Querschnittslähmung,
- Gehbehinderung, die auf Dauer, auch innerhalb des Wohnraumes, die Benutzung eines Rollstuhls erfordert,
- Hirnschäden, Anfallsleiden

  usw.

Der Schwerbehindertenausweis mit dem Merkzeichen „H" ermöglicht:

- Befreiung von der Kraftfahrzeugsteuer,
- Ermäßigung der Einkommens- bzw. Lohnsteuer,
- Befreiung von der Hundesteuer (Gemeinderecht maßgebend),
- unentgeltliche Beförderung im öffentlichen Personenverkehr,

- höhere Einkommensfreibeträge für Wohngeld (vgl. dazu die Ausführungen in Abschnitt 5) und gestaffelte höhere Freibeträge für Wohnungsbauförderung.

4.3.7 Merkzeichen „RF" – Befreiung von der Rundfunkgebührenpflicht

Rundfunkgebührenpflicht

Entsprechend dem Recht in den einzelnen Bundesländern können Schwerbehinderte mit bestimmten Gesundheitsschäden von der Rundfunkgebührenpflicht befreit werden.

Der Antrag auf Rundfunkgebührenbefreiung ist an die zuständige Ortsbehörde (Gemeindeamt usw.) zu richten. In der Regel beginnt die Gebührenbefreiung mit dem Antragsmonat.

4.3.8 Merkzeichen „Bl" – Der Ausweisinhaber ist blind

Blindheit

Blind ist ein Mensch, der das Augenlicht vollständig verloren hat. Als blind ist auch ein Mensch anzusehen, dessen Sehschärfe auf dem besseren Auge nicht mehr als 1/50 beträgt oder bei dem eine dem Schweregrad dieser Sehschärfe gleichzuachtende, nicht nur vorübergehende Störung des Sehvermögens vorliegt.

Einer Blindheit ist beispielsweise der vollständige Ausfall der Sehrinde gleichzustellen.

Schwerbehinderte Menschen mit dem Merkzeichen „Bl" haben zahlreiche Vergünstigungen. Dazu gehört z. B. eine Einkommens- bzw. Lohnsteuerermäßigung, der Erlass der Hundesteuer, Befreiung von der Kfz-Steuer, Parkerleichterungen usw. Außerdem ist die Gewährung von Blindengeld möglich. Maßgebend ist hier das Landesrecht.

Parkplätze für Rollstuhlfahrer sind meistens besonders gekennzeichnet. Sie können von schwerbehinderten Menschen benutzt werden, denen von der zuständigen Gemeindebehörde ein besonderer Parkausweis erteilt wurde. Der Ausweis ist mit dem Rollstuhlfahrer-Symbol versehen.

4.3.9 Kündigungsschutz

Kündigungsschutz

Der Kündigungsschutz für schwerbehinderte Menschen wird in den §§ 85 bis 92 SGB IX geregelt. Das entsprechende Kapitel des SGB IX trägt die Überschrift „Kündigungsschutz". Oftmals wird hier auch vom Bestandsschutz oder vom Beendigungsschutz gesprochen.

§ 85 SGB IX bestimmt als Grundsatz, dass die Kündigung des Arbeitsverhältnisses eines schwerbehinderten Menschen durch den Arbeitgeber der vorherigen Zustimmung des Integrationsamtes bedarf. Allgemein wird hier von einem besonderen Kündigungsschutz gesprochen.

Die allgemeinen Vorschriften über Kündigung und Kündigungsschutz sind in § 620 ff. BGB enthalten. Außerdem ist das Kündigungsschutzgesetz (KSchG) zu beachten. Besondere Kündigungsschutzbestimmungen finden sich insbesondere

- im Mutterschutzgesetz (MuSchG) sowie
- im Bundeselterngeld- und Elternzeitgesetz (BEEG).

Wichtig:

Der Kündigungsschutz des SGB IX gilt sowohl für schwerbehinderte Menschen als auch für ihnen gleichgestellte Arbeitnehmer.

Im Übrigen ist er für alle schwerbehinderten und ihnen gleichgestellten Arbeitnehmer anzuwenden, also insbesondere für:

- Vollzeitkräfte
- Teilzeitkräfte
- geringfügig entlohnte Beschäftigte
- kurzzeitig Beschäftigte
- Heimarbeiter
- Leiharbeitnehmer
- leitende Mitarbeiter, wie Abteilungsleiter, Geschäftsführer usw.
- Auszubildende

Wie sich aus der Aufstellung ergibt, gilt der Sonderkündigungsschutz des SGB IX auch für Heimarbeiter, obwohl diese keine Arbeitnehmer sind. Auf sonstige arbeitnehmerähnliche Personen, z. B. Mitglieder von Vertretungsorganen, ist der besondere Kündigungsschutz nicht anzuwenden.

Allerdings ist er dann anzuwenden, wenn zwischen juristischer Person und Vertretungsorgan ein Arbeitsverhältnis vereinbart worden ist. Bei einem Geschäftsführerdienstvertrag handelt es sich allerdings nicht um einen Arbeitsvertrag.

Gleichstellung

Bei Zugang der Kündigung muss die Schwerbehinderteneigenschaft bzw. die Gleichstellung vorliegen. Nach allgemeiner Auffassung reicht es aber aus, wenn zum Zeitpunkt des Zugangs der Kündigung die Eigenschaft der Schwerbehinderung nachgewiesen worden ist.

Es wird aber auch davon ausgegangen, dass der Arbeitnehmer seinen Arbeitgeber spätestens einen Monat nach Kündigungszugang über seine Schwerbehinderung oder Gleichstellung unterrichtet, oder dass ein entsprechender Antrag gestellt worden ist.

Mitteilung

Die Mitteilung muss gegenüber dem Arbeitgeber erfolgen. Es reicht allerdings auch aus, wenn Mitarbeiter des Arbeitgebers, die zur selbstständigen Entlassung von Arbeitnehmern berechtigt sind, informiert werden.

Für die Mitteilung des Arbeitnehmers ist die Einhaltung einer besonderen Form nicht notwendig.

Der Kündigungsschutz des SGB IX ist unabdingbar. Es ist auch nicht möglich, dass der schwerbehinderte Mensch auf ihn verzichtet. Das Arbeitsverhältnis kann aber auch aus „sonstigen Gründen" enden, ohne dass das Sonderkündigungsrecht zur Anwendung gelangt (Beispiel: befristeter Arbeitsvertrag).

Eigenkündigung

Kündigt der schwerbehinderte Mensch selbst (Eigenkündigung), gibt es natürlich keinen Kündigungsschutz. Das gilt auch in dem Fall, dass ein Aufhebungsvertrag zwischen Arbeitnehmer und Arbeitgeber abgeschlossen wird.

Wichtig:

Der schwerbehinderte Mensch riskiert in einem solchen Fall, dass ihm vorübergehend die besonderen Hilfen für schwerbehinderte Menschen entzogen werden.

Zustimmung

Das Integrationsamt muss auch dann nicht zustimmen, wenn der Arbeitsvertrag wegen

- Irrtums,
- arglistiger Täuschung oder
- widerrechtlicher Drohung

angefochten wird.

In diesem Zusammenhang ist auch von Bedeutung, ob der schwerbehinderte Arbeitnehmer verpflichtet ist, seinen Arbeitgeber bei der Einstellung über die Schwerbehinderteneigenschaft zu unterrichten. Die Frage ist allerdings umstritten.

Unbestritten dagegen ist, dass der Arbeitnehmer nur auf zulässige Fragen antworten muss. Ob eine Frage zulässig ist, richtet sich danach, ob der Arbeitgeber an ihrer Beantwortung ein berechtigtes, billigenswertes und schutzwürdiges Interesse im Hinblick auf das Arbeitsverhältnis hat.

Ist die Behinderung so stark, dass die angestrebte Tätigkeit offensichtlich nicht ausgeführt werden kann, hat der Arbeitgeber ein solches berechtigtes Interesse. Auch dann, wenn der Arbeitnehmer nur einen Teil der betreffenden Arbeit erledigen könnte, wird ein berechtigtes Interesse im Allgemeinen unterstellt.

Gewerkschaftlich organisierte Arbeitnehmer sollten in solchen Fällen von der entscheidenden Besprechung mit dem (zukünftigen) Arbeitgeber mit ihrer Gewerkschaft sprechen. Besteht keine Gewerkschaftszugehörigkeit, können solche Fragen auch mit Behindertenorganisationen besprochen werden.

Fehlt es an einem berechtigten Interesse des Arbeitgebers, muss der schwerbehinderte Mensch auf die Frage nach der Schwerbehinderteneigenschaft nicht wahrheitsgemäß antworten.

Einstellung

Das gilt nicht nur bei der Einstellung, sondern beispielsweise auch während der ersten sechs Monate des Beschäftigungsverhältnisses, in denen eine Kündigung ohne Zustimmung des Integrationsamtes durch den Arbeitgeber erfolgen kann.

Wichtig:

Die Kündigungsfrist beträgt mindestens vier Wochen. Dabei ist es gleichgültig, ob die Kündigung in den ersten sechs Monaten des Arbeitsverhältnisses oder danach – hier mit Zustimmung des Integrationsamtes – ergeht.

Ausdrücklich vorgeschrieben ist, dass der Arbeitgeber die Zustimmung zur Kündigung bei dem für den Sitz seines Betriebes oder seiner Dienststelle zuständigen Integrationsamt beantragen muss. Der Antrag muss schriftlich erfolgen.

Das Integrationsamt ist verpflichtet, eine Stellungnahme der zuständigen Agentur für Arbeit, des Betriebsrates oder Personalrates (öffentlicher Dienst) und der Schwerbehindertenvertretung einzuholen. Außerdem muss das Integrationsamt den schwerbehinderten Menschen anhören.

Die Entscheidung des Amtes wird sowohl dem Arbeitgeber als auch dem schwerbehinderten Menschen zugestellt. Die Agentur für Arbeit erhält eine Abschrift der Entscheidung.

Erteilt das Integrationsamt die Zustimmung zur Kündigung, kann nach § 88 Abs. 3 SGB IX der Arbeitgeber die Kündigung nur innerhalb eines Monats nach Zustellung erklären.

Wichtig:

Widerspruch – Anfechtungsklage

Widerspruch oder Anfechtungsklage gegen die Zustimmung des Integrationsamtes zur Kündigung haben keine aufschiebende Wirkung.

Das Integrationsamt entscheidet nach seinem pflichtgemäßen Ermessen, ob die Kündigung zugelassen wird. Allerdings schränkt § 89 SGB IX das Ermessen in bestimmten Fällen ein.

So erteilt das Amt die Zustimmung bei Kündigungen in Betrieben oder Dienststellen, die nicht nur vorübergehend eingestellt oder aufgelöst werden. Voraussetzung ist, dass zwischen dem Tage der Kündigung und dem Tage, bis zu dem Gehalt oder Lohn gezahlt wird, mindestens drei Monate liegen.

Unter der gleichen Voraussetzung soll es die Zustimmung auch bei Kündigungen in Betrieben und Dienststellen erteilen, die nicht nur vorübergehend wesentlich eingeschränkt werden. Im Gegensatz zum zuerst geschilderten Sachverhalt wird der Betrieb hier nicht eingestellt, sondern seine Tätigkeit nur eingeschränkt.

Voraussetzung für die Erteilung der Zustimmung im Fall der wesentlichen Einschränkung ist aber, dass die Gesamtzahl der weiterhin beschäftigten schwerbehinderten Menschen zur Erfüllung der Beschäftigungspflicht ausreicht. (Vgl. dazu die Ausführungen in Abschnitt 4.3.10.)

Wichtig:

Klage zum Arbeitsgericht

Neben diesen Rechtsmitteln im Rahmen des besonderen Kündigungsschutzes nach dem SGB IX hat der schwerbehinderte Mensch wie jeder nichtbehinderte Arbeitnehmer die Möglichkeit, nach den oben beschriebenen Regeln des allgemeinen Kündigungsschutzes vor dem Arbeitsgericht zu klagen. Dies gilt für die Fälle, in denen der Arbeitgeber

- ohne vorherige Zustimmung des Integrationsamtes oder
- mit vorheriger Zustimmung des Integrationsamtes

gekündigt hat. Im letzteren Fall sollte die Klage vor dem Arbeitsgericht parallel (Drei-Wochen-Frist beachten!) mit der Erhebung des Widerspruches und mit der Begründung eingelegt werden, dass die Kündigung im Sinne des KSchG sozial ungerechtfertigt ist. Als Folge des zwischen Verwaltungsgericht und Arbeitsgericht aufgespaltenen Rechtsweges kann das Arbeitsgericht die Kündigungsschutzklage nach § 148 ZPO bis zum Abschluss der verwaltungsgerichtlichen Verfahrens aussetzen, sofern es auf die Wirksamkeit der Zustimmung des Integrationsamtes ankommt; das Arbeitsgericht entscheidet erst dann, wenn eine rechtskräftige Entscheidung über die Wirksamkeit der Zustimmung vorliegt. Sieht das Arbeitsgericht von einer Aussetzung ab, besteht ein Anspruch auf Wiederaufnahme des arbeitsgerichtlichen Verfahrens gemäß § 580 Nr. 6 ZPO, wenn der Arbeitnehmer im verwaltungsgerichtlichen Verfahren Erfolg haben sollte.

Weiterbeschäftigung

Die Erteilung der Zustimmung nach den vorstgehenden Grundsätzen entfällt allerdings dann, wenn eine Weiterbeschäftigung auf einem anderen Arbeitsplatz desselben Betriebes oder derselben Dienststelle möglich ist. Das gilt auch dann, wenn eine Beschäftigung auf einem freien Arbeitsplatz in einem anderen Betrieb oder einer anderen Dienststelle desselben Arbeitgebers möglich ist.

Die Beschäftigung auf einem solchen Arbeitsplatz kann aber nur mit Einverständnis des schwerbehinderten Menschen erfolgen. Außerdem muss dies für den Arbeitgeber zumutbar sein.

Das Integrationsamt soll im Übrigen die Zustimmung zur Kündigung erteilen, wenn dem schwerbehinderten Menschen ein anderer angemessener und zumutbarer Arbeitsplatz gesichert ist.

Insolvenz

Ist das Insolvenzverfahren über das Vermögen des Arbeitgebers eröffnet, soll das Integrationsamt die Zustimmung erteilen, wenn bestimmte Voraussetzungen erfüllt sind.

Diese Voraussetzungen sind:

- Der schwerbehinderte Mensch muss in einem Interessenausgleich nach der Insolvenzordnung namentlich als einer der zu entlassenden Arbeitnehmer bezeichnet werden,
- die Schwerbehindertenvertretung muss beim Zustandekommen des Interessenausgleichs beteiligt worden sein,
- der Anteil der nach dem Interessenausgleich zu entlassenden schwerbehinderten Menschen an der Zahl der beschäftigten schwerbehinderten Menschen darf nicht größer sein als der Anteil der zu entlassenden übrigen Arbeitnehmer an der Zahl der beschäftigten übrigen Arbeitnehmer und
- die Gesamtzahl der schwerbehinderten Menschen, die nach dem Interessenausgleich bei dem Arbeitgeber verbleiben sollen, muss zur Erfüllung seiner Beschäftigungspflicht ausreichen.

Ausnahmen

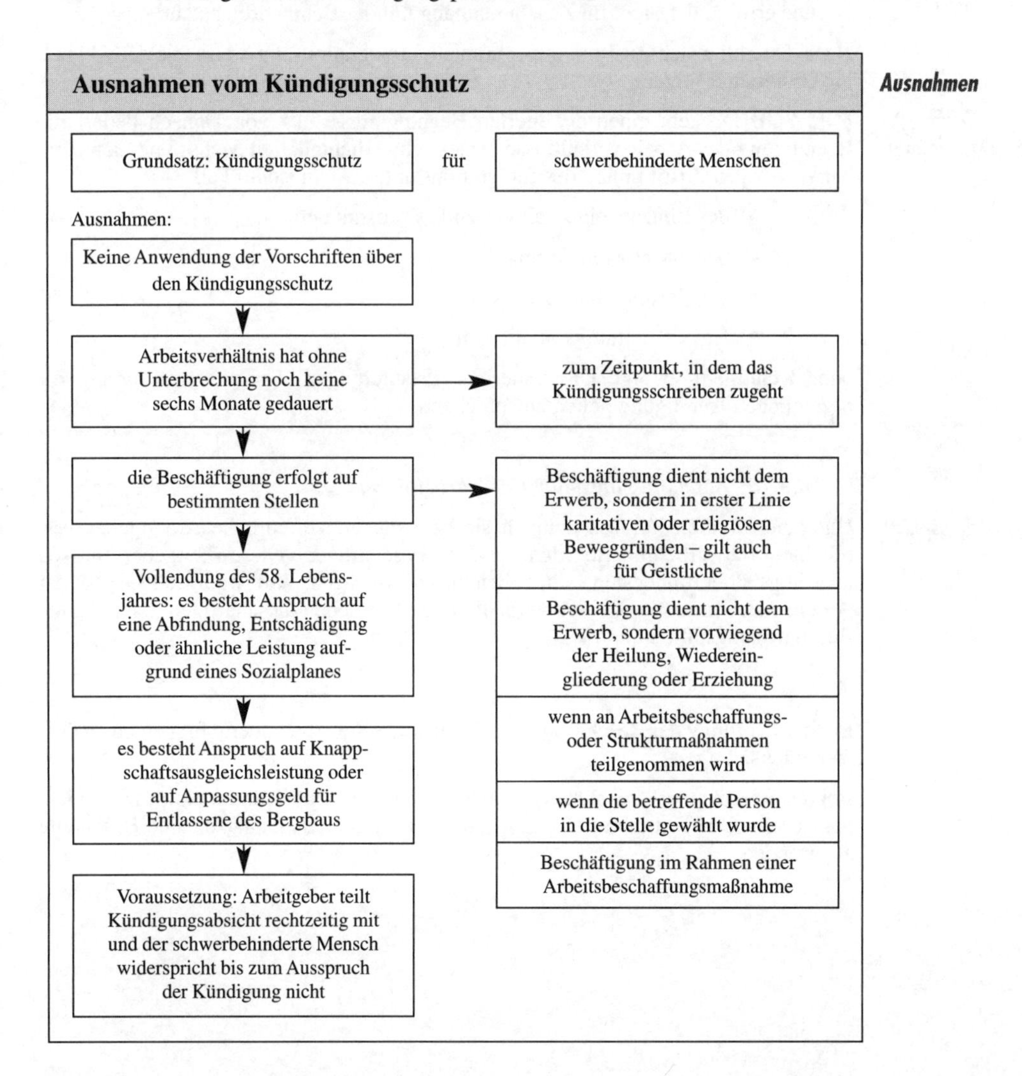

Die Regelungen zum Schutz vor einer ordentlichen Kündigung gelten auch bei einer außerordentlichen Kündigung, soweit sich nicht aus den nachfolgenden Ausführungen etwas anderes ergibt. Maßgebend sind hier die Vorschriften des § 91 SGB IX.

In einem solchen Fall kann die Zustimmung zur Kündigung nur innerhalb von zwei Wochen beantragt werden. Dabei ist der Eingang des Antrages beim Integrationsamt maßgebend. Die Frist beginnt mit dem Zeitpunkt, in dem der Arbeitgeber von den für die Kündigung maßgebenden Tatsachen Kenntnis erlangt.

Entscheidung

Das Integrationsamt trifft die Entscheidung innerhalb von zwei Wochen, gerechnet vom Tage des Antragseingangs an.

Wichtig:

Wird innerhalb dieser Frist eine Entscheidung nicht getroffen, gilt die Zustimmung als erteilt.

Das Integrationsamt soll die Zustimmung erteilen, wenn die Kündigung aus einem Grunde erfolgt, der nicht im Zusammenhang mit der Behinderung steht.

Nach Erteilung der Zustimmung durch das Integrationsamt muss die Kündigung unverzüglich erfolgen.

Erweiterter Beendigungsschutz

§ 92 SGB IX sieht einen erweiterten Beendigungsschutz vor. Danach bedarf die Beendigung des Arbeitsverhältnisses eines schwerbehinderten Menschen auch dann der vorherigen Zustimmung des Integrationsamtes, wenn sie im Fall

- des Eintritts einer teilweisen Erwerbsminderung,
- der Erwerbsminderung auf Zeit,
- der Berufsunfähigkeit oder
- Erwerbsunfähigkeit auf Zeit

ohne Kündigung erfolgt. Die bisherigen Erläuterungen über die Zustimmung zur ordentlichen Kündigung gelten entsprechend.

4.3.10 Beschäftigungspflicht des Arbeitgebers

Beschäftigungspflicht

Unter bestimmten Voraussetzungen sind private und öffentliche Arbeitgeber verpflichtet, schwerbehinderte Menschen zu beschäftigen. Die Arbeitgeber müssen allerdings über mindestens 20 Arbeitsplätze verfügen. Auf wenigstens 5 % der Arbeitsplätze müssen sie schwerbehinderte Menschen beschäftigen (sogenannte Beschäftigungspflichtquote).

Wichtig:

Bei der Erfüllung der Beschäftigungspflicht sind schwerbehinderte Frauen besonders zu berücksichtigen.

Bei der Berechnung sind sich ergebende Bruchteile von 0,5 und mehr aufzurunden, bei Arbeitgebern mit jahresdurchschnittlich bis zu 50 Arbeitsplätzen sind Bruchteile abzurunden.

5. Wohngeld

5.1 Grundsätze

Rechtsgrundlage

Rechtsgrundlage für das Wohngeld ist das Wohngeldgesetz (WoGG) in der Fassung der Bekanntmachung vom 24. 9. 2008. Zwischenzeitlich wurde es mehrfach geändert.

Zweck

Wohngeld wird zur wirtschaftlichen Sicherung angemessenen und familiengerechten Wohnens zu den Aufwendungen für den Wohnraum geleistet.

Leistungsarten

Das Wohngeld wird entweder als

- Mietzuschuss oder
- Lastenzuschuss

gewährt.

Mietzuschuss

Der Mietzuschuss wird beispielsweise erbracht für

- Mieter von Wohnraum,
- Untermieter von Wohnraum,
- Inhaber einer Genossenschafts- oder einer Stiftungswohnung,
- Inhaber eines mietähnlichen Dauerwohnrechts,
- Bewohner von Heimen im Sinne des Heimgesetzes sowie
- (Mit-)Eigentümer, die Wohnraum im eigenen Mehrfamilienhaus bewohnen.

Lastenzuschuss

Ein Lastenzuschuss wird z. B. gezahlt für

- Eigentümer eines Eigenheims,
- Eigentümer einer Kleinsiedlung,
- Eigentümer einer landwirtschaftlichen Nebenerwerbsstelle oder einer Eigentumswohnung sowie
- Inhaber eines eigentumsähnlichen Dauerwohnrechts (bei Miteigentümern für den von ihnen genutzten Wohnraum).

5.2 Vom Anspruch ausgeschlossene Personengruppen

Ausschluss vom Leistungsanspruch

§ 7 Abs. 1 WoGG schließt bestimmte Personengruppen vom Anspruch auf Wohngeld aus. Es handelt sich hier um Empfänger von

- Leistungen des Arbeitslosengeldes II und des Sozialgeldes nach dem SGB II (das gilt auch in den Fällen des § 25 SGB II: Leistungen bei medizinischer Rehabilitation und bei Anspruch auf Verletztengeld der gesetzlichen Unfallversicherung),
- Zuschüsse nach § 22 Abs. 3 SGB II (Zuschüsse zu Berufsausbildungsbeihilfe oder Ausbildungsgeld),
- Übergangsgeld in Höhe des Arbeitslosengeldes II nach § 21 Abs. 4 Satz 1 SGB VI,
- Leistungen des Arbeitslosengeldes II und des Sozialgeldes nach § 21 Abs. 4 Satz 1 SGB VI (wenn zuvor Leistungen aus Anlass von Arbeitsunfähigkeit oder sonstige medizinische Leistungen bezogen und zuvor Pflichtbeiträge bezahlt wurden),
- Leistungen des Verletztengeldes in Höhe des Betrages des Arbeitslosengeldes II nach § 47 Abs. 2 SGB VII (Bezieher von Arbeitslosengeld vor dem Versicherungsfall der gesetzlichen Unfallversicherung),

- Zuschüssen nach § 27 Abs. 3 SGB II (Auszubildende, die bestimmte Leistungen nach dem SGB III oder dem BAföG beziehen),
- Leistungen der Grundsicherung im Alter und bei Erwerbsminderung nach dem SGB XII (Sozialhilfe),
- Leistungen der Hilfe zum Lebensunterhalt nach dem SGB XII,
- Leistungen der ergänzenden Hilfe zum Lebensunterhalt oder anderen Hilfen in einer Anstalt, einem Heim oder einer gleichartigen Einrichtung, die den Lebensunterhalt umfassen, nach dem BVG oder nach einem Gesetz, das dieses für anwendbar erklärt (z. B. das OEG),
- Leistungen in besonderen Fällen und Grundleistungen nach dem Asylbewerberleistungsgesetz,
- Leistungen nach dem SGB VIII (Kinder- und Jugendhilfe) in Haushalten, zu denen ausschließlich Empfänger dieser Leistungen gehören,

bei deren Berechnung Kosten der Unterkunft berücksichtigt worden sind.

Mischhaushalt Die Antragsberechtigung der nach Vorstehendem vom Wohngeld ausgeschlossenen Familienmitglieder in Mischhaushalten bleibt unberührt.

Das aufgrund des Antrages eines nach Vorstehendem vom Wohngeld ausgeschlossenen Antragstellers bewilligte Wohngeld wird bei Sozialleistungen nicht als Einkommen des ausgeschlossenen Antragstellers berücksichtigt.

Verzicht Verzichtet das nach Vorstehendem vom Wohngeld ausgeschlossene Familienmitglied auf eine Leistung nach der obigen Aufstellung in Zusammenhang mit der Beantragung vom Wohngeld, ist § 46 Abs. 2 SGB I nicht anzuwenden. Es geht hier darum, dass ein Verzicht auf Sozialleistungen unwirksam ist, soweit durch ihn andere Personen oder Leistungsträger belastet oder Rechtsvorschriften umgangen werden.

5.3 Höhe des Wohngeldanspruchs

Formel § 19 Abs. 1 WoGG sieht zur Ermittlung des ungerundeten monatlichen Miet- oder Lastenzuschusses für bis zu zwölf zum Haushalt gehörende Kinder eine besondere Formel vor:

$$1{,}08 \cdot M - (a + b \times M + c \times Y) \times Y \text{ EUR}$$

Dabei ist „M“ die gerundete zu berücksichtigende monatliche Miete oder Belastung in EUR.

„Y“ ist das gerundete monatliche Einkommen in EUR. „a“, „b“ und „c“ sind nach Haushaltsgröße unterschiedene Werte und ergeben sich aus der dem WoGG beigefügten Anlage 1.

Die zur Berechnung des Miet- oder Lastenzuschusses erforderlichen Rechenschritte und Rundungen sind in der Reihenfolge auszuführen, die sich aus der dem WoGG beigefügten Anlage 2 ergeben.

Anlagen zum WoGG Für bis zu zwölf zum Haushalt rechnende Familienmitglieder ergibt sich der berechnete monatliche Miet- oder Lastenzuschuss aus den dem WoGG beigefügten Anlagen 1 bis 2.

Für über zwölf zum Haushalt rechnende Familienangehörige erhöht sich der für zwölf Familienmitglieder berechnete monatliche Miet- oder Lastenzuschuss um jeweils 43 EUR für das 13. und jedes weitere zum Haushalt zu rechnende Familienmitglied (§ 19 Abs. 3 WoGG). Höchstens tritt eine Erhöhung bis zur Höhe der berücksichtigungsfähigen Miete oder Belastung ein.

Hier ist auch § 9 WoGG zu beachten.

Dort wird bestimmt, dass Miete im Sinne des WoGG das vereinbarte Entgelt für die Gebrauchsüberlassung von Wohnraum aufgrund von Mietverträgen oder ähnlichen Nutzungsverhältnissen einschließlich Umlagen, Zuschlägen und Vergünstigungen ist.

Keine Berücksichtigung

Außer Betracht bleiben:

- Kosten des Betriebs zentraler Heizungs- und Warmwasserversorgungsanlagen sowie zentraler Brennstoffversorgungsanlagen,
- Kosten der eigenständig gewerblichen Lieferung von Wärme und Warmwasser, soweit sie den im ersten Gliederungspunkt bezeichneten Kosten entsprechen,
- Untermietzuschläge,
- Zuschläge für die Benutzung von Wohnraum zu anderen als Wohnzwecken,
- Vergütungen für die Überlassung von Möbeln, Kühlschränken und Waschmaschinen mit Ausnahme von Vergütungen für die Überlassung von Einbaumöbeln, soweit sie üblich sind.

In diesem Zusammenhang sind die Vorschriften der Wohngeldverordnung (WoGV) zu beachten, die sich mit der Ermittlung der Miete beschäftigen. So wird in § 2 WoGV zunächst bestimmt, dass zur Miete auch Beträge gehören, die im Zusammenhang mit dem Miet- oder mietähnlichen Nutzungsverhältnis aufgrund eines Vertrages mit dem Vermieter oder einem Dritten an einen Dritten zu zahlen sind.

Zur Miete gehören im Übrigen nicht Vergütungen für Leistungen, die nicht die eigentliche Wohnraumnutzung betreffen. Namentlich sind dies Vergütungen für die Überlassung einer Garage, eines Stellplatzes oder eines Hausgartens.

Mietvorauszahlung

Ist die Miete ganz oder teilweise im Voraus bezahlt worden (Mietvorauszahlung), sind die im Voraus bezahlten Beträge so zu behandeln, als ob sie jeweils in dem Zeitraum bezahlt worden wären, für den sie bestimmt sind (§ 3 WoGV).

Hat der Mieter dem Vermieter ein Mieterdarlehen gegeben und wird die Forderung des Mieters aus dem Mieterdarlehen ganz oder teilweise mit der Miete verrechnet, so gehören zur Miete auch die Beträge, um die sich die Miete hierdurch tatsächlich vermindert.

Erbringt der Mieter Sach- und Dienstleistungen für den Vermieter und wird deshalb die Miete ermäßigt, so ist die ermäßigte Miete zugrunde zu legen (§ 4 WoGV).

Erbringt der Mieter Sach- oder Dienstleistungen für den Vermieter und erhält er dafür von diesem eine bestimmte Vergütung, so ist diese Vergütung ohne Einfluss auf die Miete.

Betriebskosten

§ 5 WoGV regelt nicht feststehende Betriebskosten. Stehen nämlich bei der Entscheidung über den Antrag auf Mietzuschuss die Umlagen für Betriebskosten ganz oder teilweise nicht fest, so sind Erfahrungswerte als Pauschbeträge anzusetzen.

Oben wurden die in § 5 Abs. 2 WoGG ausgeschlossenen Beträge aufgeführt. Nach § 6 Abs. 2 WoGV können hier Pauschbeträge angesetzt werden, wenn die Kosten nicht oder nur mit unverhältnismäßig großen Schwierigkeiten ermittelbar sind. Diese Pauschbeträge sind von der Miete abzusetzen.

Von der sich danach ergebenden Miete sind weiter abzusetzen:

- Vergütungen für die Überlassung von Möbeln, ausgenommen übliche Einbaumöbel,
- bei Teilmöblierung 10 % der auf den teilmöbliert gemieteten Wohnraum entfallenden Miete,
- bei Vollmöblierung 20 % der auf den vollmöbliert gemieteten Wohnraum entfallenden Miete,
- bei Zuschlägen für die Benutzung von Wohnraum zu anderen als Wohnzwecken, insbesondere zu gewerblichen oder beruflichen Zwecken, 30 % der auf diesen Raum entfallenden Miete.

Mietwert Nach § 7 WoGV soll als Mietwert des Wohnraums der Betrag zugrunde gelegt werden, der der Miete für vergleichbaren Wohnraum entspricht. Dabei sind Unterschiede des Wohnwertes, insbesondere der Größe, Lage und Ausstattung des Wohnraums, durch angemessene Zu- oder Abschläge zu berücksichtigen.

Schätzung Der Mietwert ist zu schätzen, wenn ein der Miete für vergleichbaren Wohnraum entsprechender Betrag nicht zugrunde gelegt werden kann. § 12 WoGG sieht bestimmte Höchstbeträge vor.

Die Miete oder Belastung wird insoweit nicht berücksichtigt, als sie monatlich die in einer Tabelle aufgeführten Höchstbeträge übersteigt.

Mietenstufen Die Tabelle sieht u. a. Mietstufen vor. Die Zugehörigkeit einer Gemeinde zu einer Mietenstufe richtet sich nach dem Mietenniveau vom Wohnraum der Hauptmieter und der vergleichbar mietähnlichen Nutzungsberechtigten, die Wohngeld beziehen.

Mietenniveau Als Mietenniveau ist die durchschnittliche prozentuale Abweichung der Quadratmetermieten von Wohnraum in Gemeinden vom Durchschnitt der Quadratmetermieten vergleichbaren Wohnraums im Bundesgebiet anzusehen. Kann das Mietenniveau nicht auf diese Weise festgestellt werden, so sind der Feststellung die letzten verfügbaren Ergebnisse der jährlichen Wohngeldstatistik zugrunde zu legen.

Das Mietenniveau wird festgestellt für Gemeinden mit

- 10.000 und mehr Einwohnern gesondert,
- weniger als 10.000 Einwohnern und gemeindefreie Gebiete nach Kreisen zusammengefasst.

Den Mietenstufen in der Höchstbetragstabelle sind folgende Mietniveaus zugeordnet:

Mietenstufe	Mietenniveau
I	niedriger als minus 15 vom Hundert
II	minus 15 vom Hundert bis niedriger als minus 5 vom Hundert
III	minus 5 vom Hundert bis niedriger als 5 vom Hundert
IV	5 vom Hundert bis niedriger als 15 vom Hundert
V	15 vom Hundert bis niedriger als 25 vom Hundert
VI	25 vom Hundert und höher

Nachfolgend wird ihrer Bedeutung wegen die Tabelle mit den monatlichen Höchstbeträgen wiedergegeben:

Anzahl der zu berücksichtigenden Haushaltsmitglieder	Mietenstufe	Höchstbetrag in EUR
1	I	292
	II	308
	III	330
	IV	358
	V	385
	VI	407
2	I	352
	II	380
	III	402
	IV	435
	V	468
	VI	501
3	I	424
	II	451
	III	479
	IV	517
	V	556
	VI	594
4	I	490
	II	523
	III	556
	IV	600
	V	649
	VI	693
5	I	561
	II	600
	III	638
	IV	688
	V	737
	VI	787
Mehrbetrag für jedes weitere zu berücksichtigende Haushaltsmitglied	I	66
	II	72
	III	77
	IV	83
	V	88
	VI	99

5.4 Antrag auf Wohngeld

Antrag

Der Anspruch auf Wohngeld setzt nach § 22 Abs. 1 WoGG einen Antrag voraus.

Erfüllen mehrere Personen für denselben Wohnraum die Voraussetzungen für das Wohngeld und sind sie zugleich Haushaltsmitglieder, ist nur eine dieser Personen wohngeldberechtigt (§ 3 Abs. 3 WoGG). In diesem Fall bestimmen diese Personen die wohngeldberechtigte Person. Hier wird vermutet, dass die antragstellende Person von den anderen Haushaltsmitgliedern als wohngeldberechtigte Person bestimmt ist (§ 22 Abs. 2 WoGG).

Zieht die wohngeldberechtigte Person aus oder stirbt sie, kann der Antrag auch von einem anderen Haushaltsmitglied gestellt werden, das die Voraussetzungen erfüllt (§ 22 Abs. 3 WoGG).

Haushaltsmitglieder

Den Begriff der Haushaltsmitglieder im Sinne des WoGG bestimmt § 5 dieses Gesetzes.

Haushaltsmitglied ist die wohngeldberechtigte Person, wenn der Wohnraum, für den sie Wohngeld beantragt, der Mittelpunkt ihrer Lebensbeziehungen ist.

Haushaltsmitglied ist auch, wer

- als Ehegatte eines Haushaltsmitgliedes von diesem nicht dauernd getrennt lebt,
- als (gleichgeschlechtlicher) Lebenspartner eines Haushaltsmitglieds von diesem nicht dauernd getrennt lebt,
- mit einem Haushaltsmitglied so zusammenlebt, dass nach verständiger Würdigung der wechselseitige Wille anzunehmen ist, Verantwortung füreinander zu tragen und füreinander einzustehen,
- mit einem Haushaltsmitglied in gerader Linie oder zweiten oder dritten Grades in der Seitenlinie verwandt oder verschwägert ist,
- ohne Rücksicht auf das Alter Pflegekind eines Haushaltsmitgliedes ist,
- Pflegemutter oder Pflegevater eines Haushaltsmitgliedes ist.

Haushaltsmitglieder rechnen zum Haushalt im Sinne des WoGG, wenn sie eine Wohn- und Wirtschaftsgemeinschaft führen. Letzteres liegt vor, wenn die Familienangehörigen Wohnraum gemeinsam bewohnen und sich ganz oder teilweise gemeinsam mit dem täglichen Lebensbedarf versorgen.

Voraussetzung ist, dass der Wohnraum, für den Wohngeld beantragt wird, der jeweilige Mittelpunkt der Lebensbeziehungen ist.

Wichtig:

Familienmitglieder rechnen auch dann zum Haushalt, wenn sie vorübergehend abwesend sind. Vorübergehend abwesend sind Familienmitglieder, wenn der Familienhaushalt auch während der Abwesenheit Mittelpunkt ihrer Lebensbeziehungen bleibt.

Beispielsweise wird eine vorübergehende Abwesenheit von Familienmitgliedern vermutet, solange sie noch für ihre Lebenshaltung überwiegend von anderen zum Haushalt rechnenden Familienmitgliedern unterstützt werden.

Hat sich die Zahl der zum Haushalt rechnenden Familienmitglieder durch Tod verringert, so ist dies für die Dauer von 12 Monaten nach dem Sterbemonat ohne Einfluss auf die bisher maßgebende Haushaltsgröße. Vorstehendes gilt dann nicht mehr, wenn innerhalb dieses Zeitraumes

- die Wohnung aufgegeben wird oder
- die Zahl der zum Haushalt rechnenden Familienmitglieder sich wieder auf den Stand vor dem Todesfall erhöht oder
- der auf den Verstorbenen entfallende Anteil der Kosten der Unterkunft in einer Leistung nach § 7 Abs. 1 WoGG (z. B. Arbeitslosengeld II) mindestens teilweise berücksichtigt wird.

5.5 Wohngeld-Lastenberechnung

Lastenberechnung

Die §§ 8 bis 15 WoGV regeln Einzelheiten über die Wohngeld-Lastenberechnung. Zunächst wird in § 8 WoGV bestimmt, dass bei der Aufstellung der Wohngeld-Lastenberechnung von der im Bewilligungszeitraum zu erwartenden Belastung auszugehen ist. Ist allerdings die Belastung für das dem Bewilligungszeitraum vorangegangene Kalenderjahr feststellbar und ist eine Änderung im Bewilligungszeitraum nicht zu erwarten, so ist von dieser Belastung auszugehen.

Als Belastung ist diejenige Belastung zu berücksichtigen, die auf den selbstgenutzten Wohnraum entfällt. Dabei ist selbstgenutzter Wohnraum der Wohnraum, der vom Antragsberechtigten und den zu seinem Haushalt rechnenden Familienmitgliedern zu Wohnzwecken benutzt wird.

Eigentumswohnung

Bei einer Eigentumswohnung ist als Belastung die Belastung für den im Sondereigentum stehenden Wohnraum und den damit verbundenen Miteigentumsanteil an dem gemeinschaftlichen Eigentum zu berücksichtigen. Bei einer Wohnung in der Rechtsform des eigentumsähnlichen Dauerwohnrechts ist die Belastung für den Wohnraum und den Teil des Grundstücks maßgebend, auf den sich das Dauerwohnrecht erstreckt.

Bei einem landwirtschaftlichen Betrieb ist die Belastung für den Wohnraum zu berücksichtigen.

Wohngeld-Lastenberechnung

In der Wohngeld-Lastenberechnung müssen die Fremdmittel und Belastungen ausgewiesen werden. Fremdmittel im Sinne der WoGV sind:

- Darlehen,
- gestundete Restkaufgelder,
- gestundete öffentliche Lasten des Grundstücks,

ohne Rücksicht darauf, ob sie dinglich gesichert sind oder nicht.

In der Wohngeld-Lastenberechnung sind Fremdmittel mit dem Nennbetrag auszuweisen, wenn sie der Finanzierung bestimmter Zwecke gedient haben. Dazu gehören insbesondere Zwecke des Wohnungsbaus. Angesprochen sind aber auch der Kaufpreis und die Erwerbskosten für den Gegenstand der Wohngeld-Lastenberechnung.

Zu den mit dem Nennbetrag auszuweisenden Fremdmitteln gehören auch Darlehen zur Deckung der laufenden Aufwendungen sowie Annuitätsdarlehen aus Mitteln öffentlicher Haushalte.

Die §§ 12 und 13 WoGV beschäftigen sich mit den Belastungen aus dem

- Kapitaldienst und
- aus der Bewirtschaftung.

Tilgungen

Als Tilgungen aus dem Kapitaldienst müssen ausgewiesen werden:

- die Zinsen und laufenden Nebenleistungen, insbesondere Verwaltungskosten der ausgewiesenen Fremdmittel,
- die Tilgungen der ausgewiesenen Fremdmittel,
- die laufenden Bürgschaftskosten der ausgewiesenen Fremdmittel,
- die Erbbauzinsen, Renten und sonstigen wiederkehrenden Leistungen zur Finanzierung.

Als Tilgungen sind auch die

- Prämien für Personenversicherungen zur Rückzahlung von Festgeldhypotheken und
- Bausparbeiträge, wenn der angesparte Betrag für die Rückzahlung von Fremdmitteln zweckgebunden ist,

in Höhe von 2 % dieser Fremdmittel auszuweisen.

Belastung aus der Bewirtschaftung Als Belastung aus der Bewirtschaftung sind Instandhaltungskosten, Betriebskosten und Verwaltungskosten auszuweisen.

Als Instandhaltungs- und Betriebskosten sind im Jahr 20 EUR je Quadratmeter Wohnfläche und je Quadratmeter Nutzfläche der Geschäftsräume sowie die für den Gegenstand der Wohngeld-Lastenberechnung entrichtete Grundsteuer anzusetzen.

Verwaltungskosten Als Verwaltungskosten sind die für den Gegenstand der Wohngeld-Lastenberechnung an einen Dritten für die Verwaltung geleisteten Beträge anzusetzen.

Nutzungsentgelt Über Nutzungsentgelte und Wärmelieferungskosten bestimmt § 14 WoGV. Leistet nämlich der Antragsberechtigte anstelle des Kapitaldienstes, der Instandhaltungskosten, der Betriebskosten und der Verwaltungskosten ein Nutzungsentgelt an einen Dritten, so ist das Nutzungsentgelt in der Wohngeld-Lastenberechnung in Höhe der nach den §§ 12 und 13 WoGV ansetzbaren Beträge (vgl. die obigen Ausführungen) zu berücksichtigen.

Keine Berücksichtigung Mit außer Betracht bleibenden Belastungen beschäftigt sich § 15 WoGV. Hier wird beispielsweise bestimmt, dass für eine Garage, die Gegenstand der Wohngeld-Lastenberechnung ist, ein Betrag von 245 EUR im Jahr von der Belastung abgesetzt werden soll. Wenn für die Überlassung einer Garage an einen anderen ein geringeres Entgelt ortsüblich ist, kann ein Betrag von weniger als 245 EUR, aber mindestens von 184 EUR im Jahr abgesetzt werden. Ist die Garage einem anderen gegen ein höheres Entgelt als 245 EUR überlassen worden, so ist das Entgelt in voller Höhe abzusetzen.

5.6 Einkommensermittlung

Einkommen Wie in Abschnitt 5.3 ausgeführt wurde, spielt die Höhe des Einkommens eine wesentliche Rolle bei der Berechnung des Wohngeldes. Mit der Einkommensermittlung beschäftigen sich §§ 13 bis 18 WoGG.

So bestimmt § 13 WoGG, dass Gesamteinkommen im Sinne des WoGG die Summe der Jahreseinkommen der zum Haushalt rechnenden Familienmitglieder ist. Hiervon werden Frei- und Abzugsbeträge abgezogen (vgl. dazu die noch folgenden Ausführungen).

Monat Als monatliches Gesamteinkommen ist der zwölfte Teil des Gesamteinkommens zu berücksichtigen.

Jahr Jahreseinkommen im Sinne des WoGG ist die Summe der positiven Einkünfte im Sinne des EStG jedes zum Haushalt rechnenden Familienmitgliedes. Ein Ausgleich mit negativen Einkünften aus anderen Einkunftsarten oder mit negativen Einkünften des zusammenveranlagten Ehegatten ist nicht zulässig.

Zum Jahreseinkommen gehören aber auch verschiedene steuerfreie Beträge. Dazu gehören z. B.: das Mutterschaftsgeld der gesetzlichen Krankenversicherung, Krankentagegelder, Zuschläge für Sonntags-, Feiertags- oder Nachtarbeit, pauschal besteuertes Arbeitsentgelt, der Sparer-Freibetrag usw.

Bei der Ermittlung des Jahreseinkommens ist das Einkommen zugrunde zu legen, das zum Zeitpunkt der Antragstellung im Bewilligungszeitraum zu erwarten ist. Hierzu kann auch von dem Einkommen ausgegangen werden, das vor der Antragstellung erzielt worden ist.

Abzug

Bei der Ermittlung des Jahreseinkommens werden jeweils 10 % für die Leistung von

- Steuern vom Einkommen,
- Pflichtbeiträge zur gesetzlichen Kranken- und Pflegeversicherung,
- Pflichtbeiträge zur gesetzlichen Rentenversicherung

abgezogen.

Beiträge

Werden keine Pflichtbeiträge geleistet, so werden laufende Beiträge zu öffentlichen oder privaten Versicherungen oder ähnlichen Einrichtungen in der tatsächlich geleisteten Höhe, höchstens bis zu jeweils 10 % des ermittelten Betrages, abgezogen, wenn die Beiträge der Zweckbestimmung der Pflichtbeiträge entsprechen.

Dies gilt auch, wenn die Beiträge zu Gunsten eines zum Haushalt rechnenden Familienmitgliedes geleistet werden.

Freibeträge

Bei der Ermittlung des Gesamteinkommens werden nach § 17 WoGG verschiedene Freibeträge abzogen. Unter anderem werden hierbei schwerbehinderte Menschen berücksichtigt (vgl. dazu die Ausführungen in Abschnitt 4).

So werden 1.500 EUR abgezogen für jeden schwerbehinderten Menschen mit einem Grad der Behinderung

- von 100 oder
- von wenigstens 80, wenn der schwerbehinderte Mensch häuslich pflegebedürftig im Sinne des SGB XI ist.

1.200 EUR werden für jeden schwerbehinderten Menschen berücksichtigt, der einen Grad der Behinderung von unter 80 hat, wenn der schwerbehinderte Mensch häuslich pflegebedürftig im Sinne des SGB XI ist.

750 EUR werden für Opfer der nationalsozialistischen Verfolgungen und ihnen Gleichgestellten im Sinne des Bundesentschädigungsgesetzes abgezogen.

600 EUR werden für jedes Kind unter zwölf Jahren berücksichtigt, für das Kindergeld gewährt wird. Voraussetzung ist, dass der Antragsberechtigte allein mit Kindern zusammenwohnt und wegen Erwerbstätigkeit oder Ausbildung nicht nur kurzfristig vom Haushalt abwesend ist.

Ebenfalls bis zu 600 EUR werden abgezogen, soweit ein zum Haushalt rechnendes Kind eigenes Einkommen hat und das 16., aber noch nicht das 25. Lebensjahr vollendet hat.

Unterhaltspflichten

Bei der Ermittlung des Gesamteinkommens sind bestimmte zu erwartende Aufwendungen zur Erfüllung gesetzlicher Unterhaltsverpflichtungen abzuziehen. So sind bis zu 3.000 EUR jährlich für ein zu berücksichtigendes Haushaltsmitglied anzusetzen, das wegen Berufsausbildung auswärts wohnt. Bis zu 6.000 EUR jährlich sind für einen früheren oder dauernd getrennt lebenden Ehe- oder Lebenspartner anzusetzen, der kein Haushaltsmitglied ist.

5.7 Bewilligung, Erhöhung, Wegfall des Wohngeldes

Antrag Der Antrag auf Wohngeld ist von dem Antragsberechtigten an die nach Landesrecht zuständige oder von der Landesregierung in sonstiger Weise bestimmte Stelle zu richten (vgl. § 22 Abs. 1 WoGG).

Wiederholungsantrag Wird der Wiederholungsantrag früher als zwei Monate vor Ablauf des laufenden Bewilligungszeitraums gestellt, so gilt der Erste des zweiten Monats vor Ablauf des Bewilligungszeitraums als Zeitpunkt der Antragstellung (vgl. zum Antrag die Ausführungen in Abschnitt 5.4).

Auskünfte Wenn und soweit die Durchführung des WoGG es erfordert, sind

- die Haushaltsmitglieder,
- sonstige Personen, die mit dem Antragsberechtigten Wohnraum gemeinsam bewohnen und
- bei einer Prüfung zur Feststellung eines Unterhaltsanspruchs auch der nicht zum Haushalt rechnende Ehegatte, der frühere Ehegatte, die Kinder und die Eltern der Familienmitglieder

verpflichtet, der zuständigen Stelle Auskünfte zu geben. Auskünfte sind über ihre Einnahmen und für andere für das Wohngeld maßgebenden Umstände zu geben.

Arbeitgeber Wenn und soweit die Durchführung des WoGG es erfordert, sind die Arbeitgeber des Antragsberechtigten und der vorstehend aufgeführten Personen verpflichtet, der für das Wohngeld zuständigen Stelle Auskünfte zu geben. Auskunft ist über Art und Dauer des Arbeitsverhältnisses sowie über Arbeitsstätte und Arbeitsverdienst zu geben.

Empfänger der Miete Der Empfänger der Miete ist verpflichtet, der zuständigen Stelle über Höhe und Zusammensetzung der Miete, über Bezugsfertigkeit des Wohnraums sowie über andere ihm bekannte, das Miet- oder Nutzungsverhältnis betreffende Umstände Auskunft zu geben. Dies gilt, wenn und soweit die Durchführung des WoGG es erfordert.

Auf die nach Vorstehendem Auskunftspflichtigen sind § 60 und § 65 Abs. 1 und 3 SGB I entsprechend anzuwenden (vgl. dazu die Ausführungen unter Kapitel B 1, Abschnitt 12).

Entscheidung Die zuständige Stelle entscheidet über den Antrag auf Wohngeld. Die Entscheidung muss dem Antragsteller schriftlich mitgeteilt werden.

Zeitraum In der Regel wird das Wohngeld für zwölf Monate bewilligt (Bewilligungszeitraum). Ist zu erwarten, dass die für die Leistung des Wohngelds maßgeblichen Verhältnisse sich vor Ablauf von zwölf Monaten erheblich verändern, so ist der Bewilligungszeitraum entsprechend zu verkürzen.

Der Bewilligungszeitraum beginnt am Ersten des Monats, in dem der Antrag gestellt worden ist. Treten die Voraussetzungen für die Bewilligung des Wohngeldes erst in einem späteren Monat ein, so beginnt der Bewilligungszeitraum am Ersten dieses Monats.

Rückwirkende Bewilligung Wird das Wohngeld nach § 25 Abs. 2 WoGG rückwirkend bewilligt, so beginnt der Bewilligungszeitraum am Ersten des Monats, von dem an eine erhöhte Miete oder Belastung berücksichtigt werden darf (vgl. zur rückwirkenden Bewilligung die noch folgenden Ausführungen).

Wohngeldempfänger Nach § 26 WoGG wird das Wohngeld an den Antragsberechtigten gezahlt (Wohngeldempfänger). Der Mietzuschuss kann mit schriftlicher Einwilligung des Antragsberechtigten an ein zum Haushalt rechnendes Familienmitglied oder an den

Empfänger der Miete gezahlt werden. Ist dies unter Berücksichtigung der Besonderheit des Einzelfalles geboten, kann der Mietzuschuss auch ohne Einwilligung an ein zum Haushalt rechnendes Familienmitglied oder an den Empfänger der Miete gezahlt werden.

Information über Empfänger

Der Antragsberechtigte ist davon zu unterrichten, wenn der Mietzuschuss an ein zum Haushalt rechnendes Familienmitglied oder den Empfänger der Miete gezahlt wird.

Zahlungsrhythmus

In der Regel wird das Wohngeld im Voraus bezahlt. Es ist monatlich zu zahlen.

Konto

Das Wohngeld wird in der Regel auf das von dem Empfänger angegebene inländische Konto bei einem Geldinstitut gezahlt. Wenn das Wohngeld an den Wohnsitz des Empfängers übermittelt wird, sind die dadurch veranlassten Kosten abzuziehen. Vorstehendes gilt nicht, wenn der Empfänger nachweist, dass ihm die Einrichtung eines Kontos bei einem Geldinstitut ohne eigenes Verschulden nicht möglich ist.

Änderung

§ 27 WoGG regelt die Änderung des Wohngeldes. Hat sich hiernach im laufenden Bewilligungszeitraum

- die Zahl der zum Haushalt rechnenden Familienmitglieder erhöht oder
- die zu berücksichtigende Miete oder Belastung um mehr als 15 % erhöht oder
- das Gesamteinkommen um mehr als 15 % verringert,

so wird das Wohngeld auf Antrag neu bewilligt. Voraussetzung ist allerdings, dass dies zu einer Erhöhung des Wohngeldes führt. Von einer Verringerung des Gesamteinkommens um mehr als 15 % ist auch dann auszugehen, wenn die Einnahmeverringerung aufgrund der Verringerung der Zahl der zum Haushalt rechnenden Familienmitglieder eintritt.

Zahl der Familienmitglieder

Erhöhen sich die Einnahmen aufgrund der Erhöhung der Zahl der zum Haushalt rechnenden Familienmitglieder, ist ebenfalls eine Neuberechnung vorzunehmen.

Über Änderungen der Miete bzw. Belastung oder Änderungen der Einnahmen hat der Wohngeldempfänger der zuständigen Stelle unverzüglich Mitteilung zu machen.

Die zum Haushalt rechnenden Familienangehörigen sind verpflichtet, dem Wohngeldempfänger Änderungen ihrer Einnahmen mitzuteilen.

Wegfall

Mit dem Wegfall des Wohngeldanspruchs beschäftigt sich § 28 WoGG.

So entfällt der Anspruch auf Wohngeld, wenn der Wohnraum, für den Wohngeld bewilligt worden ist, vor Ablauf des Bewilligungszeitraumes von keinem zum Haushalt rechnenden Familienmitglied mehr benutzt wird. Hier entfällt der Anspruch vom folgenden Zahlungsabschnitt an.

Information über Änderungen

Der Antragsberechtigte hat Änderungen im vorstehenden Sinn der zuständigen Stelle unverzüglich mitzuteilen.

Der Wohngeldanspruch entfällt auch, wenn das Wohngeld nicht zur Bezahlung der Miete oder zur Aufbringung der Belastung verwendet wird.

Ist ein alleinstehender Antragsberechtigter nach der Antragstellung verstorben, so entfällt der Wohngeldanspruch von dem auf den Sterbemonat folgenden Zahlungsabschnitt an.

Rechnen zum Haushalt des verstorbenen Antragstellers mehrere Familienmitglieder, so entfällt der Anspruch auf Wohngeld erst mit Ablauf des Bewilligungszeitraumes.

6. Kindergeld

6.1 Grundsätze

Rechtsgrundlage

Der Anspruch auf Kindergeld kann aufgrund zweier unterschiedlicher Gesetze bestehen. Zum einen ist zu beachten, dass für unbeschränkt einkommensteuerpflichtige Personen mit berücksichtigungsfähigen Kindern ein Anspruch nach dem EStG besteht. Hier werden die Mehrzahl der Kindergeldfälle abgewickelt.

Für sonstige Personen gilt das Bundeskindergeldgesetz (BKGG).

Vorrang

Hat der eine Elternteil Anspruch auf Kindergeld nach dem EStG und der andere nach dem BKGG, geht in der Regel der Anspruch nach dem EStG vor.

In beiden Gesetzen werden alle Kinder bis zur Vollendung des 18. Lebensjahres berücksichtigt. Unter bestimmten Voraussetzungen werden auch

- Stiefkinder,
- Pflegekinder (auch: Geschwister als Pflegekinder),
- Enkel,
- Vollwaisen

dazugerechnet.

Vollwaisen

Die zuletzt erwähnten Vollwaisen können für sich selbst Kindergeld beantragen. Allerdings ist hier Voraussetzung, dass keiner anderen Person für sie Kindergeld zusteht. Außerdem ist Voraussetzung, dass der Betreffende in Deutschland seinen Wohnsitz oder seinen gewöhnlichen Aufenthalt hat.

Älteres Kind

Ein Kind, welches das 18. Lebensjahr vollendet hat, wird berücksichtigt, wenn es

- noch nicht das 21. Lebensjahr vollendet hat, nicht in einem Beschäftigungsverhältnis und bei einer Agentur für Arbeit im Inland als Arbeitsuchender gemeldet ist oder
- noch nicht das 25. Lebensjahr vollendet (vgl. dazu die noch folgenden Voraussetzungen) oder
- wegen körperlicher, geistiger oder seelischer Behinderung außer Stande ist, sich selbst zu unterhalten – die Behinderung muss allerdings vor Vollendung des 25. Lebensjahres eingetreten sein.

Für Kinder, die das 21., nicht aber das 25. Lebensjahr vollendet haben, ist weiter Voraussetzung, dass sie

- für einen Beruf ausgebildet werden oder
- sich in einer Übergangszeit von höchstens vier Monaten befinden, die zwischen zwei Ausbildungsabschnitten oder zwischen einem Ausbildungsabschnitt und der Ableistung des freiwilligen Wehrdienstes, einer freiwilligen Tätigkeit als Entwicklungshelfer oder als Dienstleistender im Ausland oder der Ableistung eines sonstigen freiwilligen Dienstes liegt, oder
- eine Berufsausbildung mangels Ausbildungsplatzes nicht beginnen oder fortsetzen können oder
- ein freiwilliges soziales oder ein freiwilliges ökologisches Jahr, einen Bundesfreiwilligendienst, einen sonstigen Freiwilligen Dienst oder einen anderen Dienst im Ausland im Sinne des Zivildienstgesetzes leisten.

Die Altersgrenzen (21. Lebensjahr oder 25. Lebensjahr) werden verlängert, wenn eine solche Dienstleistung (insbesondere freiwilliger Wehrdienst) vorliegt.

6.2 Beginn und Ende des Anspruchs auf Kindergeld

Beginn – Ende

Das Kindergeld wird vom Beginn des Monats an gewährt, in dem die Anspruchsvoraussetzungen erfüllt sind. Es wird bis zum Ende des Monats gezahlt, in dem die Anspruchsvoraussetzungen wegfallen.

6.3 Höhe des Kindergeldes

Höhe

Das Kindergeld beträgt für erste und zweite Kinder jeweils 184 EUR im Monat. Für das dritte Kind werden 190 EUR und für das vierte und jedes weitere Kind werden jeweils 215 EUR monatlich gewährt.

Erhält das Kind Kindergeld für sich selbst, so beträgt das Kindergeld 190 EUR im Monat.

6.4 Einkommensbesteuerung

Steuer

Bei der Einkommensbesteuerung muss vom Einkommen der Eltern ein Betrag in Höhe des Existenzminimums für jedes steuerlich zu berücksichtigende Kind steuerfrei bleiben. Hierzu gehört nicht nur der sächliche Bedarf (wie etwa Ernährung, Unterkunft, Bekleidung), sondern auch der Betreuungsbedarf. Außerdem muss der Erziehungsbedarf des Kindes berücksichtigt werden.

Durch die Vorschriften des EStG werden nur unbeschränkt einkommensteuerpflichtige Personen angesprochen.

Im laufenden Kalenderjahr erfolgt die Steuerfreistellung ausschließlich über das als monatliche Steuervergütung gezahlte Kindergeld.

Besteht allerdings für das Kind kein Anspruch auf Kindergeld, kann ein Freibetrag auf der Lohnsteuerkarte eingetragen werden.

Die Vorschriften über das Kindergeld des EStG sind in den §§ 62 bis 78 dieses Gesetzes enthalten.

Kindergeld des EStG

Das Kindergeld des EStG wird gemäß § 66 in gleicher Höhe wie das Kindergeld nach dem BKGG gezahlt.

§ 32 Abs. 6 EStG sieht

- Kinderfreibeträge in Höhe von 2.184 EUR sowie
- Freibeträge in Höhe von jeweils 1.320 EUR für den Betreuungs- und Erziehungs- oder Ausbildungsbedarf des Kindes

vor (Jahresbeträge).

6.5 Nachrangigkeit des Kindergeldanspruches

Keine Zahlung

Nach § 4 BKGG bzw. § 65 EStG wird Kindergeld nicht für ein Kind gezahlt, für das bestimmte Leistungen zu zahlen sind oder bei entsprechender Antragstellung zu zahlen wären.

Dabei geht es um

- Kinderzulagen aus der gesetzlichen Unfallversicherung oder Kinderzuschüsse aus den gesetzlichen Rentenversicherungen,
- Leistungen für Kinder, die im Ausland gewährt werden und dem Kindergeld oder den im ersten Gliederungspunkt aufgeführten Leistungen vergleichbar sind,
- Leistungen für Kinder, die von einer zwischen- oder überstaatlichen Einrichtung gewährt werden und dem Kindergeld vergleichbar sind.

6.6 Antrag und zuständige Stelle

Schriftlicher Antrag

Das Kindergeld sowohl nach dem BKGG als auch nach dem EStG ist bei der zuständigen Familienkasse schriftlich zu beantragen. Der Antrag kann nicht nur von dem Berechtigten, sondern auch von demjenigen gestellt werden, der ein berechtigtes Interesse an der Leistung des Kindergeldes hat.

Das Kindergeld wird monatlich bezahlt.

Hinsichtlich der Zuständigkeit ist zunächst § 7 Abs. 1 BKGG zu beachten. Danach führt die Bundesagentur für Arbeit das BKGG nach fachlichen Weisungen des Bundesministeriums für Familie, Senioren, Frauen und Jugend durch.

Nach § 7 Abs. 2 BKGG führt die Bundesagentur bei der Durchführung des BKGG (und des EStG) die Bezeichnung „Familienkasse".

In § 13 Abs. 1 BKGG wird ausdrücklich hervorgehoben, dass für die Entgegennahme des Antrags und die Entscheidungen über den Anspruch die Familienkasse zuständig ist, in deren Bezirk der Berechtigte seinen Wohnsitz hat.

Entscheidung

Die Entscheidungen über den Anspruch trifft die Leitung der Familienkasse.

Bescheid

§ 70 EStG sieht vor, dass das Kindergeld von den Familienkassen durch Bescheid festgesetzt und ausgezahlt wird. Von der Erteilung eines schriftlichen Bescheides kann hier abgesehen werden, wenn

- dem Antrag entsprochen wird oder
- der Berechtigte anzeigt, dass die Voraussetzungen für die Berücksichtigung eines Kindes nicht mehr erfüllt sind, oder
- ein Kind das 18. Lebensjahr vollendet, ohne dass der Berechtigte die Voraussetzungen für eine weitere Berücksichtigung des Kindes nachgewiesen hat.

Änderungen

Treten in den Verhältnissen, die für den Anspruch auf Kindergeld erheblich sind, Änderungen ein, ist die Festsetzung des Kindergeldes mit Wirkung vom Zeitpunkt der Änderung der Verhältnisse an aufzuheben oder zu ändern.

6.7 Mitwirkungspflichten

Mitwirkung

§ 10 Abs. 1 BKGG bestimmt ausdrücklich, dass § 60 Abs. 1 SGB I auch für die bei dem Antragsteller oder Berechtigten berücksichtigten Kinder anzuwenden ist. Das Gleiche gilt für den nicht dauernd getrennt lebenden Ehegatten des Antragstellers oder Berechtigten und für die sonstigen Personen, bei denen die Kinder berücksichtigt werden.

Arbeitgeberbescheinigung

Soweit es zur Durchführung des Anspruchs auf Kindergeld erforderlich ist, hat der jeweilige Arbeitgeber auf Verlangen der zuständigen Stelle eine Bescheinigung zu erteilen.

Dabei müssen in dieser Bescheinigung

- das Arbeitsentgelt,
- die einbehaltenen Steuern und Sozialabgaben sowie
- der auf der Lohnsteuerkarte eingetragene Freibetrag

enthalten sein. Die Familienkassen können hier eine angemessene Frist zur Erfüllung der Pflicht setzen.

Bezüglich § 60 Abs. 1 SGB I wird auf die Ausführungen unter Kapitel B 1, Abschnitt 12.2 verwiesen.

Sozialleistung

Soweit Kindergeld nach dem BKGG in Anspruch genommen wird, handelt es sich um eine Sozialleistung im Sinne des SGB (vgl. § 25 Abs. 1 SGB I). Dies bedeutet, dass die Vorschriften des SGB I über die Mitwirkungspflichten in vollem Umfang anzuwenden sind (vgl. dazu unter Kapitel B 1, Abschnitt 12).

Für das Kindergeld nach dem EStG sieht § 68 dieses Gesetzes besondere Mitwirkungspflichten vor. Wer danach Kindergeld (nach dem EStG) beantragt oder erhält, hat Änderungen in den Verhältnissen, die für die Leistung erheblich sind, unverzüglich der zuständigen Familienkasse mitzuteilen. Das gilt auch bezüglich der Verhältnisse, über die im Zusammenhang mit der Leistung Erklärungen abgegeben worden sind.

Ein Kind, welches das 18. Lebensjahr vollendet hat, ist auf Verlangen der Familienkasse verpflichtet, an der Aufklärung des für die Kindergeldzahlung maßgebenden Sachverhalts mitzuwirken.

Auch hier wird der jeweilige Arbeitgeber verpflichtet, der Familienkasse auf Verlangen eine Bescheinigung auszustellen. Aus dieser Bescheinigung müssen sich das Arbeitsentgelt, einbehaltene Steuern und Sozialabgaben sowie der auf der Lohnsteuerkarte eingetragene Freibetrag ergeben.

6.8 Besonderheiten in Zusammenhang mit der Zahlung des Kindergeldes an Angehörige des öffentlichen Dienstes

Öffentlicher Dienst

§ 72 EStG bestimmt, dass für bestimmte Personengruppen, für die ein Anspruch auf Kindergeld nach dem EStG zusteht, dieses von den Körperschaften, Anstalten und Stiftungen des öffentlichen Rechts festgesetzt und ausgezahlt wird. Insoweit stellen die genannten juristischen Personen die Familienkasse dar.

Es handelt sich hier um Personen, die

- in einem öffentlich-rechtlichen Dienst-, Amts- oder Ausbildungsverhältnis stehen, mit Ausnahme der Ehrenbeamten, oder
- Versorgungsbezüge nach beamten- oder soldatenrechtlichen Vorschriften oder Grundsätzen erhalten oder
- Arbeitnehmer des Bundes, eines Landes, einer Gemeinde, eines Gemeindeverbandes oder einer sonstigen Körperschaft, einer Anstalt oder einer Stiftung des öffentlichen Rechts sind, einschließlich der zu ihrer Berufsausbildung Beschäftigten.

Der Deutschen Post AG, der Deutschen Postbank AG und der Deutschen Telekom AG obliegt für ihre jeweiligen Beamten und Versorgungsempfänger die Durchführung des EStG, soweit es um den Anspruch auf Kindergeld geht.

Die obigen Regelungen gelten nicht für Personen, die ihre Bezüge oder ihr Arbeitsentgelt

- von einem Dienstherrn oder Arbeitgeber im Bereich der Religionsgesellschaften des öffentlichen Rechts oder
- von einem Spitzenverband der Freien Wohlfahrtspflege, einem diesem unmittelbar oder mittelbar angeschlossenen Mitgliedsverband oder einer, einem solchen Verband angeschlossenen Einrichtung oder Anstalt

erhalten.

6.9 Zahlung des Kindergeldes in Sonderfällen

Besonderheiten

Das für ein Kind festgesetzte Kindergeld nach dem EStG kann an das Kind ausgezahlt werden, wenn der Kindergeldberechtigte ihm gegenüber seiner gesetzlichen Unterhaltspflicht nicht nachkommt.

An Kinder, die bei der Festsetzung des Kindergeldes berücksichtigt werden, kann das Kindergeld in gesetzlicher Höhe ausgezahlt werden.

Vorstehendes gilt auch, wenn der Kindergeldberechtigte mangels Leistungsfähigkeit nicht unterhaltspflichtig ist oder nur Unterhalt in Höhe eines Betrages zu leisten braucht, der geringer ist, als das für die Auszahlung in Betracht kommende Kindergeld.

Die Auszahlung kann im Übrigen an die Person oder Stelle erfolgen, die dem Kind Unterhalt gewährt.

7. Kinderzuschlag

7.1 Grundsätze

Grund der Einführung

In Zusammenhang mit der Einführung des Arbeitslosengeldes II ist der Kinderzuschlag eingeführt worden. Hier sollen einkommensschwache Familien zielgenau unterstützt werden, die allein wegen ihrer Kinder von Sozialhilfeleistungen abhängig sind.

Rechtsgrundlage ist § 6a BKGG. Danach erhalten Personen für in ihrem Haushalt lebende unverheiratete Kinder, die noch nicht das 25. Lebensjahr vollendet haben, unter bestimmten Voraussetzungen einen Kinderzuschlag.

Voraussetzungen

Voraussetzung ist zunächst, dass für die angesprochenen Kinder entweder nach dem BKGG oder nach dem Einkommensteuergesetz Anspruch auf Kindergeld oder auf andere Leistungen im Sinne des § 4 BKGG besteht. Bei den anderen Leistungen handelt es sich um die in Abschnitt 6.6 angesprochenen Leistungen.

Durch den Kinderzuschlag muss Hilfebedürftigkeit nach § 9 SGB II vermieden werden.

§ 9 SGB II bestimmt, dass hilfebedürftig ist, wer seinen Lebensunterhalt, seine Eingliederung in Arbeit und den Lebensunterhalt der mit ihm in einer Bedarfsgemeinschaft lebenden Personen nicht oder nicht ausreichend aus eigenen Mitteln oder Kräften sichern kann. Vor allem geschieht dies nicht

- durch Aufnahme einer zumutbaren Arbeit
- aus dem zu berücksichtigenden Einkommen oder Vermögen.

Außerdem muss der Betreffende die erforderliche Hilfe nicht von anderen, insbesondere von Angehörigen oder von Trägern anderer Sozialleistungen erhalten.

Mindestbetrag – Höchstbetrag

Im Übrigen bestimmt § 6a Abs. 1 Nr. 2 BKGG über einen Mindest- und Höchstbetrag des Einkommens. Ohne Kinderzuschlag muss zunächst ein Einkommen in Höhe des Bedarfs der gesamten Familie erwirtschaftet werden. Kindergeld (vgl. dazu in Abschnitt 6) und Kinderzuschlag müssen einen Betrag erreichen, der zusammen mit dem auf Kinder entfallenden Wohngeldanteil den durchschnittlichen Bedarf an Arbeitslosengeld II und an Sozialgeld von Kindern abdeckt.

Der Kinderzuschlag stellt eine dem Arbeitslosengeld II vorgelagerte einkommensabhängige Leistung dar.

7.2 Höhe des Kinderzuschlages

Höhe

Der Kinderzuschlag beträgt nach § 6a Abs. 2 BKGG für jedes zu berücksichtigende Kind jeweils bis zu 140 EUR monatlich. „Bis zu" bedeutet, dass 140 EUR den Höchstbetrag darstellt.

Die Summe der Kinderzuschläge bildet den Gesamtkinderzuschlag. Der Gesamtkinderzuschlag wird längstens für insgesamt 36 Monate gezahlt. Er soll jeweils für sechs Monate bewilligt werden.

Wichtig:

Der Kinderzuschlag wird nicht für Zeiten vor der Antragstellung erbracht.

Der Kinderzuschlag mindert sich um das nach den §§ 11 und 12 SGB II mit Ausnahme des Wohngeldes zu berücksichtigende Einkommen und Vermögen des Kindes. Hierbei bleibt das Kindergeld außer Betracht.

Wichtig:

Für Zeiträume, in denen zumutbare Anstrengungen unterlassen wurden, Einkommen des Kindes zu erzielen, besteht kein Anspruch auf den Kinderzuschlag.

Einnahmen

Nach dem oben erwähnten § 11 SGB II sind als Einkommen grundsätzlich alle Einnahmen in Geld oder Geldeswert zu berücksichtigen. Dies können sein

- Einkünfte aus nichtselbstständiger oder selbstständiger Arbeit,
- Einnahmen aus Vermietung und Verpachtung,
- Kapital- und Zinseinkünfte,
- Unterhaltsleistungen, Leistungen nach dem Unterhaltsvorschussgesetz sowie
- Entgeltersatzleistungen (z. B. Krankengeld, Arbeitslosengeld).

Kein Einkommen

Nicht zum Einkommen zählen

- Leistungen nach dem SGB II (Grundsicherung für Arbeitsuchende)
- Grundrente nach dem Bundesversorgungsgesetz,
- Rente oder Beihilfe nach dem Bundesentschädigungsgesetz,
- Elterngeld, Mutterschaftsgeld und vergleichbare Leistungen sowie
- Arbeitsförderungsgeld nach § 43 SGB IX, Blindengeld nach den Landesblindengesetzen, Pflegegeld nach § 23 SGB VIII, Einnahmen aus einer nebenberuflichen Tätigkeit nach § 3 Nr. 26 EStG (z. B. Betreuer, Übungsleiter) und andere zweckbestimmte Einnahmen sowie Zuwendungen der freien Wohlfahrtspflege.

Wichtig:

Das Kindergeld (vgl. dazu in Abschnitt 6) für Minderjährige ist als Einkommen des Kindes zu berücksichtigen. Kindergeld für Volljährige ist grundsätzlich dem Kindergeldberechtigten zuzuordnen. Falls ein Anspruch auf Unterhaltsvorschuss (Kinder bis zum zwölften Lebensjahr) besteht, so ist dieser dem Einkommen des Kindes zuzurechnen.

Vom Einkommen abzusetzen sind

- Steuern,
- Pflichtbeiträge der Sozialversicherung bzw. bei Nichtversicherungspflichtigen Beiträge in angemessener Höhe,
- gesetzlich vorgeschriebene Versicherungen (z. B. Kfz-Haftpflichtversicherung) oder sonstige angemessene Versicherungen (z. B. Unfallversicherung, Hausratversicherung),
- Beiträge zur „Riester-Rente“ in Höhe der Mindestbeiträge,
- Werbungskosten (z. B. Berufskleidung, Fahrtkosten),
- Erwerbstätigenfreibetrag.

Pauschale Ist der Hilfebedürftige erwerbstätig, tritt an die Stelle der Beiträge für Versicherungen, „Riester-Rente“ und Werbungskosten ein Pauschalbetrag von insgesamt 100 EUR monatlich (§ 11 Abs. 2 SGB II). Anstelle dieses Pauschalbetrages können die tatsächlich entstandenen Aufwendungen abgesetzt werden, wenn das monatliche Einkommen mehr als 400 EUR beträgt und der Hilfebedürftige nachweist, dass die Summe der Beiträge für Versicherungen usw. den Betrag von 100 EUR übersteigt.

Rechtsverordnung Die in diesem Zusammenhang ergangene Arbeitslosengeld II/Sozialgeld-Verordnung sieht zahlreiche weitere Einnahmen vor, die nicht als Einkommen berücksichtigt werden. Dabei spricht die Verordnung ausdrücklich davon, dass es sich um Einnahmen handelt, die nicht im SGB II aufgezählt sind. Angesprochen werden hier beispielsweise einmalige Einnahmen, wobei die Nichtberücksichtigung auf 50 EUR im Jahr begrenzt ist.

Als Pauschalbeträge können nach § 6 der Verordnung abgesetzt werden

- für private Versicherungen monatlich 30 EUR,
- für Werbungskosten ein Sechzigstel der steuerrechtlichen Werbungskostenpauschale (= monatlich 15,33 EUR),
- für Wegstrecken zur Ausübung der Erwerbstätigkeit 0,10 EUR für jeden Entfernungskilometer der kürzesten Straßenverbindung.

Diese Pauschalbeträge gelten aber nur, soweit der erwerbsfähige Hilfebedürftige nicht höhere notwendige Ausgaben nachweist.

Wichtig ist auch, dass nach § 2 der Verordnung bei der Berechnung des Einkommens von den Bruttoeinnahmen auszugehen ist. § 2 Abs. 3 der Verordnung geht bezüglich der Berücksichtigung einmaliger Einnahmen vom Zuflussprinzip aus. Allerdings gibt es hier Ausnahmen.

Besonderheiten gelten bei der Berechnung des Einkommens aus selbstständiger Arbeit, Gewerbebetrieb und Land- und Forstwirtschaft.

Zu berücksichtigendes Vermögen

Vermögen

Als Vermögen sind alle verwertbaren Vermögensgegenstände zu berücksichtigen, also beispielsweise Bargeld, Sparguthaben, Wertpapiere, Grundstücke, Häuser, Eigentumswohnungen oder Lebensversicherungen (§ 12 Abs. 1 SGB II). Dieses Vermögen muss verbraucht werden, bevor eine Leistungsgewährung infrage kommt.

Bei der Überprüfung des Vermögens wird das Vermögen der gesamten Bedarfsgemeinschaft berücksichtigt.

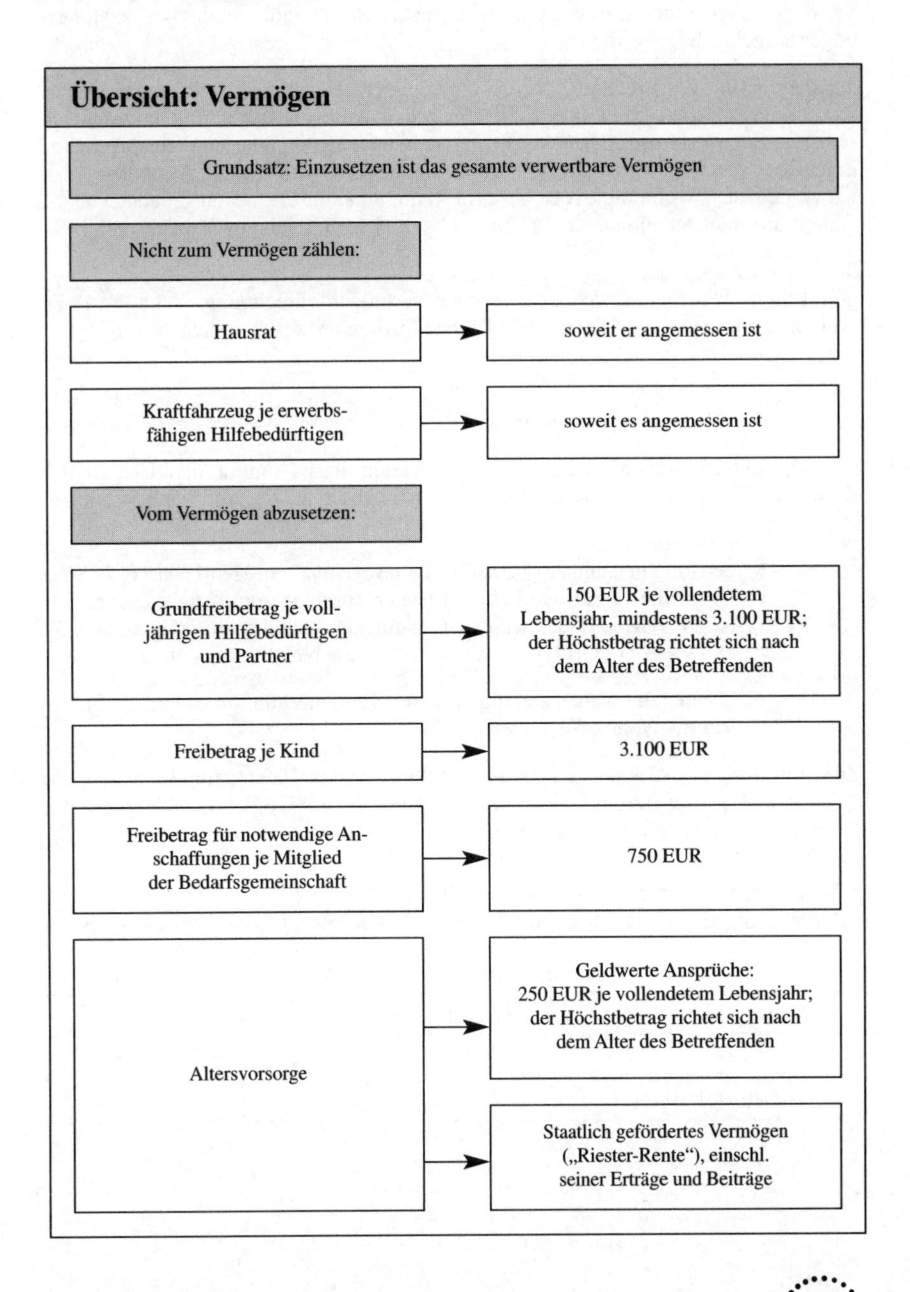

Verwertbar ist Vermögen, wenn es für den Eigentümer nutzbar ist, also für die Bestreitung des Lebensunterhalts für sich und seine Angehörigen durch Verbrauch, Verkauf, Vermietung oder Beleihung verwendet werden kann.

Eine Vermögensverwertung bleibt nur dann außer Betracht, wenn diese offensichtlich unwirtschaftlich ist. Verluste von Gewinn- oder Renditeaussichten oder schlechte Rückkaufswerte werden nicht berücksichtigt. Nur wenn die Verwertung mehr als 10 % unter dem Substanzwert bleiben würde, soll die Verwertung als offensichtlich unwirtschaftlich gelten. Allerdings müssen bei der Entscheidung, ob eine Vermögensverwertung infrage kommt, besondere Härten individuell vom Leistungsträger berücksichtigt werden.

Nicht zum Vermögen rechnet z. B. der angemessene Hausrat oder ein angemessenes Kraftfahrzeug (Wert ca. 5.000 EUR) für jeden Anspruchsberechtigten. Auch ein selbst genutztes Hausgrundstück von angemessener Größe oder eine entsprechende Eigentumswohnung wird nicht zum verwertbaren Vermögen gezählt. Als angemessen wird eine Haus-/Wohnungsgröße bis ca. 130 qm und eine Grundstücksfläche von ca. 500 qm im städtischen und ca. 800 qm im ländlichen Bereich angesehen.

Sofern Vermögen zur Beschaffung oder zum Erhalt eines angemessenen Hausgrundstücks angespart wurde, erfolgt keine Vermögensanrechnung, wenn dieses zu Wohnzwecken von behinderten und pflegebedürftigen Menschen dienen soll.

Mindesteinkommensgrenze

Mindesteinkommen

Die Mindesteinkommensgrenze, die erreicht sein muss, um in den Genuss des Kinderzuschlags zu kommen (vgl. dazu auch unter Abschnitt 7.1), setzt sich zusammen aus

- den Regelleistungen (§ 20 SGB II) und eventuellem Mehrbedarf (§ 21 SGB II) für die Eltern; wird ein befristeter Zuschlag zum Arbeitslosengeld II (§ 24 SGB II) oder werden Leistungen aufgrund einmaligen Bedarfs (§ 23 Abs. 3 SGB II) gezahlt, werden diese nicht berücksichtigt,
- den angemessenen anteiligen Kosten für Unterkunft und Heizung für die Eltern (Wohnkostenanteil).

Zur Ermittlung des Wohnkostenanteils der Eltern wird der Existenzminimumsbericht 2008 der Bundesregierung verwendet (*BT-Drucks. 16/3265*). Danach gilt beim Wohnanteil je Kind ein Prozentsatz von:

Berechnung des gewichteten durchschnittlichen Regelsatzes eines Kindes				
14 Kinder	bis unter 14 Jahren	x 60 %	=	840 %
4 Kinder	von 14 bis unter 18 Jahren	x 80 %	=	320 %
18 Kinder zusammen			=	1.160 %
Durchschnittssatz je Kind			=	64,44 %

Wichtig:

Die Höchsteinkommensgrenze, bei deren Überschreiten kein Anspruch auf den Kinderzuschlag besteht, setzt sich zusammen aus:

- der Mindesteinkommensgrenze
- dem Kinderzuschlag, der um das Einkommen und Vermögen des jeweiligen Kindes bereinigt ist. Bei mehreren Kindern werden die jeweiligen Zuschläge zu einem bereinigten Gesamtkinderzuschlag zusammengezählt.

Vergleichsberechnung

Wird die Höchsteinkommensgrenze nicht überschritten, findet noch eine Vergleichsberechnung statt. Hier wird das Elterneinkommen (einschl. Vermögen) der Mindesteinkommensgrenze gegenübergestellt. Es findet also eine Minderung um Einkommen beziehungsweise Vermögen der Eltern statt.

Minderung des Kinderzuschlages

Überschreiten Einkommen oder Vermögen diese Grenze, wird der Kinderzuschlag gemäß § 6a Abs. 3 BKGG gemindert.

8. Altersteilzeit

Rechtsgrundlagen

Von der Möglichkeit, „in Altersteilzeit zu gehen", machen heute sehr viele Arbeitnehmer Gebrauch. Dabei gibt es zahlreiche tarifliche Regelungen über Altersteilzeitarbeit. Zu nennen sind hier beispielsweise die Bestimmungen im öffentlichen Dienst. Gesetzliche Regelungen finden sich im Altersteilzeitgesetz (AltTZG).

Gleitender Übergang

Das AltTZG bezweckt, durch Altersteilzeitarbeit älteren Arbeitnehmern einen gleitenden Übergang vom Erwerbsleben in die Altersrente zu ermöglichen.

Förderung der Altersteilzeitarbeit

Zum einen enthält das AltTZG Grundsätze für eine solche Altersteilzeitarbeit, zum anderen aber auch Vorschriften, die als Anreiz für Arbeitgeber gelten sollen, Altersteilzeitarbeit in ihrem Betrieb einzuführen. § 1 Abs. 2 AltTZG bestimmt deshalb, dass die Bundesagentur für Arbeit durch Leistungen die Teilzeitarbeit älterer Arbeitnehmer fördert. Dabei werden solche Arbeitnehmer angesprochen, die ihre Arbeitszeit ab Vollendung des 55. Lebensjahres vermindern und damit die Einstellung eines sonst arbeitslosen Arbeitnehmers ermöglichen. Das AltTZG gilt auch im Bereich des öffentlichen Dienstes.

Leistungen an Arbeitgeber

Wie bereits erwähnt, ist das AltTZG in erster Linie auf die Leistungsgewährung an die Arbeitgeber abgestellt. Die im AltTZG näher geforderten Voraussetzungen in der Person der Arbeitnehmer dienen dazu, die Ansprüche des Arbeitgebers zu ermöglichen. Dies bedeutet, dass das AltTZG grundsätzlich Arbeitgeber und Arbeitnehmer nicht zwingt, Altersteilzeit nur nach den Vorschriften des AltTZG zu vereinbaren und abzuwickeln. Arbeitgeber und Arbeitnehmer sind vielmehr bezüglich Vereinbarungen über die Arbeitszeit vollkommen frei. Allerdings kann der Arbeitgeber nur dann Leistungen der Arbeitsverwaltung beanspruchen, wenn die Voraussetzungen des AltTZG – und zwar auch in Bezug auf den Arbeitnehmer – erfüllt sind.

Eine Förderung der Arbeitgeber findet nur für Arbeitnehmer statt, die ihre Arbeitszeit spätestens ab 31. 12. 2009 vermindern. Das AltTZG gilt aber im Übrigen auch über den 31. 12. 2009 hinaus.

9. Unterhaltsvorschussgesetz

9.1 Grundsätze

BGB

Das BGB regelt die Unterhaltsansprüche zwischen natürlichen Personen, insbesondere zwischen Eltern und Kindern. In der Wirklichkeit gibt es immer wieder Fälle, in denen diesen Vorschriften nicht nachgekommen wird, d. h. in denen Unterhaltsleistungen ausbleiben. Aus diesem Grunde ist das Unterhaltsvorschussgesetz (UVschG) geschaffen worden.

Nach § 68 Nr. 14 SGB I ist das UVschG bis zu seiner Einordnung in das SGB ein besonderer Teil des SGB.

9.2 Zuständige Stelle und Aufbringung der Mittel

Zuständigkeit

Zuständig für die Leistungsgewährung sind die Bundesländer. Es wird nach Landesrecht bestimmt, wer die Auszahlung der Leistungen vorzunehmen hat. So bestimmt § 9 Abs. 1 UVschG, dass der Antrag an die durch Landesrecht bestimmte Stelle, in deren Bezirk der Berechtigte seinen Wohnsitz hat (zuständige Stelle) gerichtet werden muss.

Ansprüche des Berechtigten

Soweit ein Übergang von Ansprüchen des Berechtigten stattfindet (vgl. dazu die Ausführungen in Abschnitt 9.8), führen diese die Länder zu einem Drittel an den Bund ab.

9.3 Berechtigte

§ 1 Abs. 1 UVschG bestimmt, wer Anspruch auf Unterhaltsvorschuss oder -ausfallleistung nach dem UVschG (Unterhaltsleistung) hat. Es handelt sich hier um Kinder, die

- das zwölfte Lebensjahr noch nicht vollendet haben,
- im Inland bei einem ihrer Elternteile leben – dieser Elternteil muss ledig, verwitwet oder geschieden sein oder von seinem Ehegatten dauernd getrennt leben

  und

- nicht oder nicht regelmäßig
- Unterhalt von dem anderen Elternteil oder, wenn dieser oder ein Stiefelternteil gestorben ist, Waisenbezüge mindestens in der in § 2 Abs. 1 und 2 UVschG bezeichneten Höhe (vgl. dazu in Abschnitt 9.5) erhalten.

Dauernd getrennt lebend

Als dauernd getrennt lebend im obigen Sinne gilt ein Elternteil, bei dem das Kind lebt, dann, wenn im Verhältnis zum Ehegatten oder Lebenspartner ein Getrenntleben im Sinne des § 1567 BGB vorliegt.

Nach der genannten Vorschrift leben Ehegatten getrennt, wenn zwischen ihnen

- keine häusliche Gemeinschaft besteht und
- ein Ehegatte sie erkennbar nicht herstellen will, weil er die eheliche Lebensgemeinschaft ablehnt.

Die häusliche Gemeinschaft besteht auch dann nicht mehr, wenn die Ehegatten innerhalb der ehelichen Wohnung getrennt leben.

Als dauerndes Getrenntleben wird es aber auch angesehen, wenn der Ehegatte oder der (gleichgeschlechtliche) Lebenspartner der Person, bei der das Kind lebt, wegen Krankheit oder Behinderung oder aufgrund gerichtlicher Anordnung für voraussichtlich wenigstens sechs Monate in einer Anstalt untergebracht ist.

9.4 Ausschluss des Anspruchs

Zusammenleben

Lebt das Kind bei einem Elternteil und lebt dieser mit dem anderen Elternteil zusammen, besteht kein Anspruch auf Unterhaltsleistung nach dem UVschG. Das gilt auch dann, wenn der Elternteil, bei dem das Kind ist, sich weigert, die Auskünfte, die zur Durchführung des UVschG erforderlich sind, zu erteilen.

Vaterschaftsfeststellung

Das gilt auch, wenn er sich weigert, bei der Feststellung der Vaterschaft oder des Aufenthalts des anderen Elternteils mitzuwirken.

Kein Anspruch

Für Monate, in denen der andere Elternteil seine Unterhaltspflicht gegenüber dem Berechtigten durch Vorausleistung erfüllt hat, besteht kein Anspruch auf Unterhaltsleistung nach dem UVschG.

Haben die Voraussetzungen für die Zahlung der Unterhaltsleistung in dem Kalendermonat, für den sie gezahlt worden ist, nicht oder nicht durchgehend vorgelegen, so hat der Elternteil, bei dem der Berechtigte lebt, oder der gesetzliche Vertreter des Berechtigten den geleisteten Betrag zu ersetzen. Das hat insoweit zu geschehen, als er

Schuldhaftes Handeln

- die Zahlung der Unterhaltsleistung dadurch herbeigeführt hat, dass er vorsätzlich oder fahrlässig falsche oder unvollständige Angaben gemacht oder eine Anzeige nach § 6 UVschG (vgl. dazu die Ausführungen in Abschnitt 9.6) unterlassen hat,

  oder

- gewusst oder infolge Fahrlässigkeit nicht gewusst hat, dass die Voraussetzungen für die Zahlung der Unterhaltsleistung nicht erfüllt waren.

Vorsatz ist dabei das Wissen um den schädigenden Erfolg einer Handlung oder eines Unterlassens. Dagegen handelt es sich bei Fahrlässigkeit um das Außerachtlassen der im Rechtsverkehr erforderlichen Sorgfalt.

Haben die Voraussetzungen für die Leistungsgewährung deshalb nicht vorgelegen, weil der Berechtigte Einkommen nach Stellung des Antrages auf Unterhaltsleistungen erzielt hat, ist der Anspruch rückwirkend ausgeschlossen. Dieses Einkommen muss bei Bewilligung der Unterhaltsleistung nicht berücksichtigt worden sein.

9.5 Umfang der Unterhaltsleistung

Die Unterhaltsleistung wird monatlich in Höhe des sich nach § 1612a Abs. 1 Satz 3 Nr. 1 oder 2 BGB ergebenden monatlichen Mindestunterhalts gezahlt (§ 2 Abs. 1 UVschG). Danach richtet sich der Mindestunterhalt nach dem doppelten Freibetrag für das sächliche Existenzminimum eines Kindes (Kinderfreibetrag) nach § 32 Abs. 6 Satz 1 EStG. Es handelt sich hier um einen Betrag von 2.184 EUR. Entsprechend dem Alter des Kindes beträgt der Mindestunterhalt einen bestimmten Prozentsatz eines Zwölftels des doppelten Kinderfreibetrages. Der doppelte Kinderfreibetrag beläuft sich auf 4.368 EUR, ein Zwölftel hiervon auf 364 EUR.

Der Mindestunterhalt des § 1612a Abs. 1 BGB beträgt daher monatlich

- für die Zeit bis zur Vollendung des sechsten Lebensjahres (erste Altersstufe) 87 %, also 316,68 EUR,
- für die Zeit vom siebten bis zur Vollendung des zwölften Lebensjahres (zweite Altersstufe) 100 %, also 364 EUR und
- für die Zeit vom 13. Lebensjahr an (dritte Altersstufe) 117 %, also 425,88 EUR.

Der Prozentsatz ist auf eine Dezimalstelle zu begrenzen. Jede weitere sich ergebende Dezimalstelle wird nicht berücksichtigt. Der sich bei der Berechnung des Unterhalts ergebende Betrag ist auf volle EUR aufzurunden.

§ 2 Abs. 1 UVschG sieht allerdings vor, dass mindestens

- monatlich 279 EUR für ein Kind, das das sechste Lebensjahr noch nicht vollendet hat und
- 322 EUR für ein Kind, das das zwölfte Lebensjahr noch nicht vollendet hat,

als Unterhalt zu zahlen sind. Ausdrücklich wird bestimmt, dass die vorstehende Rundungsregelung entsprechend gilt. Liegen die Anspruchsvoraussetzungen nur für den Teil eines Monats vor, wird die Unterhaltsleistung anteilig gezahlt.

Minderung der Unterhaltsleistung

Die Unterhaltsleistung mindert sich, wenn Anspruch auf volles Kindergeld entweder nach dem BKGG oder dem EStG besteht (vgl. zum Kindergeld in Abschnitt 6). Die Minderung tritt um die Höhe des für ein erstes Kind zu zahlendes Kindergeld ein. Dasselbe gilt, wenn ein Dritter mit Ausnahme des anderen Elternteils diesen Anspruch hat (§ 2 Abs. 2 UVschG).

Auf die sich ergebende Unterhaltsleistung werden folgende in demselben Monat erzielten Einkünfte des Berechtigten angerechnet:

- Unterhaltszahlungen des Elternteils, bei dem der Berechtigte nicht lebt,
- Waisenbezüge einschließlich entsprechender Schadensersatzleistungen, die wegen des Todes des Elternteiles, bei dem der Berechtigte nicht wohnt, gezahlt werden.

Rückwirkende Zahlung

Die Unterhaltsleistung wird rückwirkend längstens für den letzten Monat vor dem Monat gezahlt, in dem der Antrag hierauf bei der zuständigen Stelle eingegangen ist.

Wichtig:

Die vorstehende Frist ist auch dann gewahrt, wenn der Antrag bei einer der in § 16 Abs. 2 Satz 1 SGB I bezeichneten Stellen eingegangen ist.

Unzuständige Stelle

Nach § 16 Abs. 2 Satz 1 SGB I (vgl. dazu auch unter Kapitel B 1, Abschnitt 7) sind Anträge, die bei einem unzuständigen Leistungsträger, bei einer für die Sozialleistung nicht zuständigen Gemeinde oder bei einer amtlichen Vertretung der Bundesrepublik Deutschland im Ausland gestellt werden, unverzüglich an den zuständigen Leistungsträger weiterzuleiten.

Eine rückwirkende Zahlung kommt nicht infrage, soweit es an zumutbaren Bemühungen des Berechtigten gefehlt hat, den unterhaltspflichtigen Elternteil zu Unterhaltszahlungen zu veranlassen.

§ 3 UVschG beschäftigt sich mit der Dauer der Unterhaltsleistung. Danach wird die Unterhaltsleistung längstens für insgesamt 72 Monate gezahlt.

9.6 Auskunfts- und Anzeigepflichten

Auskünfte

§ 6 UVschG beschäftigt sich mit Auskunfts- und Anzeigepflichten. So ist der Elternteil, bei dem der Berechtigte nicht lebt, verpflichtet, der zuständigen Stelle auf Verlangen die Auskünfte zu erteilen, die zur Durchführung des UVschG erforderlich sind.

Arbeitgeber

Der Arbeitgeber des vorstehend erwähnten Elternteils ist verpflichtet, der zuständigen Stelle (vgl. dazu die Ausführungen unter Abschnitt 9.2) auf Verlangen bestimmte Auskünfte zu geben.

Es geht dabei um Auskünfte

- über die Art und Dauer der Beschäftigung,
- die Arbeitsstätte und
- den Arbeitsverdienst

des Elternteils, bei dem der Berechtigte nicht lebt.

Dies ist allerdings nur erforderlich, soweit es die Durchführung des UVschG erfordert.

Versicherungsunternehmen

Versicherungsunternehmen sind auf Verlangen der zuständigen Stellen zu Auskünften über den Wohnort und über die Höhe von Einkünften des nicht mit dem Berechtigten zusammenlebenden Elternteils zu geben. Auch dies hat nur zu geschehen, als es die Durchführung des UVschG erfordert.

Änderungen

Der Elternteil, bei dem der Berechtigte lebt, und der gesetzliche Vertreter des Berechtigten sind verpflichtet, der zuständigen Stelle die Änderungen in den Verhältnissen, die für die Leistung erheblich sind, unverzüglich mitzuteilen. Das gilt auch für die Änderungen in den Verhältnissen, in denen der zuständigen Stelle gegenüber Erklärungen abgegeben worden sind.

Sozialleistungsträger

§ 6 Abs. 5 UVschG spricht die nach § 69 SGB X zur Auskunft befugten Sozialleistungsträger sowie andere Stellen an. § 69 SGB X spricht in erster Linie die Sozialleistungsträger an. Angesprochen werden aber beispielsweise auch Bezügestellen des öffentlichen Dienstes, die z. B. Kindergeld auszahlen.

Auskünfte

Die in § 6 Abs. 5 UVschG genannten Stellen sind verpflichtet, der für die Gewährung der Unterhaltsleistung zuständigen Stelle auf Verlangen Auskünfte über den Wohnort und die Höhe der Einkünfte des Elternteils zu erteilen, bei dem der Berechtigte nicht wohnt. Dies gilt allerdings nur, soweit es für die Durchführung des UVschG erforderlich ist.

9.7 Einzelheiten zum Verfahren

Bescheid

Nach § 9 Abs. 2 UVschG ist die Entscheidung der zuständigen Stelle über den Antrag auf Leistungsgewährung dem Antragsteller schriftlich mitzuteilen. In dem Bescheid sind die nach § 2 Abs. 2 und 3 UVschG angerechneten Beträge (vgl. dazu unter Abschnitt 9.5) anzugeben.

Die Unterhaltsleistung ist monatlich im Voraus zu zahlen. Auszuzahlende Beträge sind auf volle Euro aufzurunden. Beträge unter 5 EUR werden nicht geleistet.

9.8 Übergang von Ansprüchen des Berechtigten

Anspruchsübergang

§ 7 Abs. 1 UVschG sieht einen Übergang von Ansprüchen des Berechtigten auf das leistende Land vor. Die Ansprüche müssen für eine Zeit bestehen, für die Leistungen gewährt wird.

Ein solcher Anspruch geht in Höhe der Unterhaltsleistung nach dem UVschG zusammen mit dem unterhaltsrechtlichen Auskunftsanspruch auf das Land über.

Erstattungsansprüche

Die vorstehenden Ausführungen gelten nicht, soweit ein Erstattungsanspruch nach den §§ 102 bis 105 SGB X besteht.

Hier geht es um folgende Ansprüche:

- § 102 SGB X: Anspruch des vorläufig leistenden Leistungsträgers,
- § 103 SGB X: Anspruch des Leistungsträgers, dessen Leistungsverpflichtung nachträglich entfallen ist,
- § 104 SGB X: Anspruch des nachrangig verpflichteten Leistungsträgers sowie
- § 105 SGB X: Anspruch des unzuständigen Leistungsträgers.

Soweit ein solcher Erstattungsanspruch gegeben ist, besteht ein Erstattungsanspruch nach § 7 Abs. 1 nicht.

Vergangenheit

Nach § 7 Abs. 2 UVschG kann für die Vergangenheit der nicht mit dem Berechtigten lebende Elternteil nur von dem Zeitpunkt an in Anspruch genommen werden, in dem

- die Voraussetzungen des § 1613 BGB vorgelegen haben

  oder

- der nicht mit dem Berechtigten lebende Elternteil von dem Antrag auf Unterhaltsleistung Kenntnis erhalten hat und er darüber belehrt worden ist, dass er für den geleisteten Unterhalt nach diesem Gesetz in Anspruch genommen werden kann.

Vertretung

Das Land kann den auf ihn übergegangenen Unterhaltsanspruch im Einvernehmen mit dem Unterhaltsleistungsempfänger auf diesen zur gerichtlichen Geltendmachung rückübertragen und sich den geltend gemachten Unterhaltsanspruch abtreten lassen. Kosten, mit denen der Unterhaltsleistungsempfänger dadurch selbst belastet wird, sind zu übernehmen.

9.9 Ordnungswidrigkeiten

Bußgeld

§ 10 UVschG beschäftigt sich mit Bußgeldvorschriften. Ordnungswidrig handelt danach, wer vorsätzlich und fahrlässig die in § 6 UVschG (vgl. dazu die Ausführungen in Abschnitt 9.6) vorgeschriebenen Auskünfte nicht, nicht richtig, nicht vollständig oder nicht fristgemäß erteilt. Ordnungswidrig handelt auch, wer eine Änderung der in § 6 Abs. 4 UVschG bezeichneten Verhältnisse nicht richtig, nicht vollständig oder nicht unverzüglich mitteilt.

Die Ordnungswidrigkeit kann mit einer Geldbuße geahndet werden. Verwaltungsbehörde im Sinne des OWiG ist die durch Landesrecht bestimmte Stelle.

10. Gleichstellung behinderter Menschen

Ziel des Gesetzes

Eines der wesentlichsten Gesetze für behinderte Menschen ist sicherlich das Behindertengleichstellungsgesetz (BGG). Nach seinem § 1 ist es Ziel des Gesetzes, die Benachteiligung behinderter Menschen zu beseitigen und zu verhindern. Außerdem ist es Ziel, die gleichberechtigte Teilhabe behinderter Menschen am Leben in der Gesellschaft zu gewährleisten und ihnen eine selbstbestimmte Lebensführung zu ermöglichen. Dabei wird besonderen Bedürfnissen Rechnung getragen.

Den Begriff der Behinderung in diesem Sinne enthält § 3 BGG. Danach sind Menschen behindert, wenn ihre

Begriff der Behinderung

- körperliche Funktion,
- geistige Fähigkeit oder
- seelische Gesundheit

mit hoher Wahrscheinlichkeit länger als sechs Monate von dem für das Lebensalter typischen Zustand abweicht und daher ihre Teilhabe am Leben in der Gesellschaft beeinträchtigt ist.

Diese Definition der Behinderung entspricht der in § 2 Abs. 1 SGB IX (vgl. dazu die Ausführungen unter Abschnitt 4.1).

Behinderte Frauen

§ 2 BGG beschäftigt sich mit Behinderung von Frauen. Zur Durchsetzung der Gleichberechtigung von Frauen und Männern sind danach die besonderen Belange behinderter Frauen zu berücksichtigen und bestehende Benachteiligungen zu beseitigen. Dabei sind besondere Maßnahmen zur Förderung der tatsächlichen Durchsetzung der Gleichberechtigung von behinderten Frauen und zur Beseitigung bestehender Benachteiligungen zulässig.

Barrierefreiheit

In § 4 BGG geht es um Barrierefreiheit. Danach sind bauliche und sonstige Anlagen barrierefrei, wenn sie für behinderte Menschen in der allgemein üblichen Weise, ohne besondere Erschwernis und grundsätzlich ohne fremde Hilfe zugänglich und nutzbar sind.

Das gilt im Übrigen auch für

- Verkehrsmittel,
- technische Gebrauchsgegenstände,
- Systeme der Informationsverarbeitung,
- akustische und visuelle Informationsquellen und Kommunikationseinrichtungen sowie
- anders gestaltete Lebensbereiche.

Zielvereinbarungen

§ 5 BGG bestimmt, dass zur Herstellung der Barrierefreiheit Zielvereinbarungen zwischen Verbänden, die nach § 13 Abs. 3 BGG anerkannt sind, und Unternehmen oder Unternehmensverbänden der verschiedenen Wirtschaftsbranchen getroffen werden. Die Vereinbarungen sollen für den jeweiligen sachlichen und räumlichen Organisations- oder Tätigkeitsbereich dieser Organisationen getroffen werden.

Verhandlungen können verlangt werden

Die anerkannten Verbände können die Aufnahme von Verhandlungen über Zielvereinbarungen verlangen.

In dem erwähnten § 13 Abs. 3 BGG geht es darum, dass Verbände die Anerkennung erhalten, die Voraussetzung für ein eigenständiges Klagerecht ist (vgl. dazu die Ausführungen unter Abschnitt 10.5).

Inhalt

§ 5 Abs. 2 BGG schreibt vor, was in Zielvereinbarungen zur Herstellung von Barrierefreiheit insbesondere enthalten sein muss:

- die Bestimmung der Vereinbarungspartner und sonstige Regelungen zum Geltungsbereich und zur Geltungsdauer,
- die Festlegung von Mindestbedingungen darüber, wie gestaltete Lebensbereiche künftig zu verändern sind, um dem Anspruch behinderter Menschen auf Zugang und Nutzung zu genügen,
- den Zeitpunkt oder einen Zeitplan zur Erfüllung der festgelegten Mindestbedingungen.

Vertragsstrafe

Außerdem können Vertragsstrafen für den Fall der Nichterfüllung oder des Verzugs vorgesehen werden.

Register In diesem Zusammenhang ist zu erwähnen, dass nach § 5 Abs. 5 BGG das Bundesministerium für Arbeit und Soziale Sicherung ein Zielvereinbarungsregister führt. In dieses Register ist

- der Abschluss,
- die Änderung und
- die Aufhebung

von Zielvereinbarungen einzutragen.

Mitteilungspflicht Der die Zielvereinbarung abschließende Verband behinderter Menschen ist verpflichtet, innerhalb eines Monats nach Abschluss einer Zielvereinbarung dem erwähnten Ministerium diese als beglaubigte Abschrift und in informationstechnisch erfassbarer Form zu übersenden. Außerdem ist eine Änderung oder Aufhebung der Vereinbarung innerhalb eines Monats mitzuteilen.

Verlangt ein Verband die Aufnahme von Verhandlungen über den Abschluss einer Zielvereinbarung, hat er dies gegenüber dem Zielvereinbarungsregister anzuzeigen. Dabei sind die Verhandlungsparteien und der Verhandlungsgegenstand anzuzeigen.

Wichtig:

Internet Das Bundesministerium für Arbeit und Soziale Sicherung gibt diese Anzeige auf seiner Internetseite bekannt. Innerhalb von vier Wochen nach der Bekanntgabe haben andere Verbände im obigen Sinne das Recht, den Verhandlungen durch Erklärung gegenüber den bisherigen Verhandlungsparteien beizutreten.

Aufnahme der Verhandlungen Nachdem die beteiligten Verbände behinderter Menschen eine gemeinsame Verhandlungskommission gebildet haben oder feststeht, dass nur ein Verband verhandelt, sind die Verhandlungen aufzunehmen. Dies hat innerhalb von vier Wochen zu geschehen.

Neubauten § 8 BGG enthält die Pflicht, Neubauten von vorneherein barrierefrei zu gestalten. Dabei geht es um zivile Neubauten sowie um große zivile Um- und Erweiterungsbauten des Bundes einschließlich der bundesunmittelbaren Körperschaften, Anstalten und Stiftungen des öffentlichen Rechts.

Sonstige bauliche oder andere Anlagen, öffentliche Wege, Plätze und Straßen sind nach Maßgabe der einschlägigen Rechtsvorschriften des Bundes barrierefrei zu gestalten. Das gilt auch für öffentlich zugängliche Verkehrsanlagen und Beförderungsmittel im öffentlichen Personenverkehr.

Weitergehende landesrechtliche Vorschriften bleiben unberührt.

Die obigen Verpflichtungen treffen natürlich in besonderem Maße die Sozialleistungsträger.

11. Absicherung des Risikos der Pflegebedürftigkeit

11.1 Grundsätze

Pflegeversicherung SGB XI Die Einführung der Pflegeversicherung war notwendig, da Pflegebedürftigkeit ein unabhängig vom Lebensalter bestehendes allgemeines Lebensrisiko ist. Nicht nur durch eine angeborene Behinderung, sondern auch durch Unfall oder Krankheit kann jederzeit ein Pflegefall eintreten. Mit der Pflegeversicherung wurde die Versorgung Betroffener umfassend verbessert und auf eine neue Grundlage gestellt. Wer sein Leben lang gearbeitet und eine durchschnittliche Rente erworben hat, sollte nicht länger

mit den wirtschaftlichen Folgen allein gelassen und wegen der pflegebedingten Kosten auf das Sozialamt angewiesen sein.

- Trägerschaft

  Zur Absicherung des Pflegerisikos wurde eine soziale Pflegeversicherung als eigenständige Säule der sozialen Sicherheit unter dem Dach der gesetzlichen Krankenkassen errichtet. Dadurch wurde der Aufbau einer neuen Verwaltung vermieden. Gleichzeitig können die Erfahrungen der Krankenkassen in der Prävention, Akutbehandlung, Rehabilitation und häuslichen Pflege genutzt werden.

- Mitgliedschaft

  Der versicherte Personenkreis der sozialen Pflegeversicherung umfasst die Versicherten in der gesetzlichen Krankenversicherung (vgl. § 5 SGB V). Wer gegen Krankheit bei einem privaten Krankenversicherungsunternehmen versichert ist, erhält bei diesem Unternehmen Versicherungsschutz gegen Pflegebedürftigkeit.

  Die Mitgliedschaft beginnt mit dem Tag, an dem die Versicherungspflicht entsteht. Sie endet regelmäßig mit Ablauf der Versicherungspflicht oder dem Tod des Mitglieds (§ 49 SGB XI). Die Mitgliedschaft freiwillig Versicherter endet ferner mit Ablauf des übernächsten Kalendermonats, der auf den Kündigungsmonat folgt. Darüber hinaus endet deren Mitgliedschaft mit Ablauf des nächsten Zahltages, wenn für zwei Monate die fälligen Beiträge trotz Rechtsfolgehinweis nicht entrichtet wurden.

  Die Vorschriften über beitragspflichtige Einnahmen, Beitragsberechnung, -freiheit und -zahlung entsprechen weitgehend den Regelungen der gesetzlichen Krankenversicherung (vgl. Leitziffer B 2). Freiwillig in der Pflegeversicherung versicherte Personen haben Anspruch auf einen Beitragszuschuss durch den Arbeitgeber nach § 61 SGB XI.

Hohe Akzeptanz

Nach allgemeiner Ansicht hat die zum 1. 1. 1995 eingeführte Pflegeversicherung bei Versicherten und Pflegebedürftigen ein hohes Maß an Akzeptanz erreicht. Ihre Leistungen tragen dazu bei, dass viele Pflegebedürftige entsprechend ihrem persönlichen Wunsch zu Hause versorgt werden. Außerdem helfen sie den Pflegebedürftigen und ihren Familien, die finanziellen Aufwendungen, die mit der Pflegebedürftigkeit zusammenhängen, zu tragen.

Weiterentwicklung

Die Bundesregierung sah und sieht trotzdem einen Weiterentwicklungsbedarf in der Pflegeversicherung. Aus diesem Grunde wurde das Gesetz zur strukturellen Weiterentwicklung der Pflegeversicherung (Pflege-Weiterentwicklungsgesetz) geschaffen, das im Wesentlichen am 1. 7. 2008 in Kraft getreten ist. Es sah beispielsweise die – meist stufenweise – Anhebung der meisten in Geld gewährten Leistungen vor.

Leistungsverbesserung

Später wurden auch insbesondere die Leistungen für Demenzkranke erweitert. Dies geschieht auch durch das Pflege-Neuausrichtungsgesetz (PNG).

Mit Einführung von Pflegestützpunkten durch das Pflege-Weiterentwicklungsgesetz sollte den Pflegebedürftigen und den sie pflegenden Angehörigen erleichtert werden, Auskünfte und Beratung zu erhalten, um so leichter die zustehenden Leistungen in Anspruch nehmen zu können.

Die Pflegekasse muss dem Antragsteller unmittelbar nach Eingang eines erstmaligen Leistungsantrags entweder einen Beratungstermin anbieten oder einen Beratungsgutschein ausstellen. In dem Gutschein sind Beratungsstellen benannt, bei denen der Antragsteller zu Lasten der Pflegekasse innerhalb von zwei Wochen nach Antragseingang den Gutschein einlösen kann.

Die für Pflegestützpunkte (vgl. Abschnitt 11.22) vorgesehene Förderung wurde allerdings nicht so in Anspruch genommen, wie erwartet worden war. Nach der Gesetzesbegründung zum PNG wurden bis zum 30. 6. 2011 30 Millionen Euro nicht abgerufen. In dieser Höhe erfolgt nun eine Förderung in ambulante betreute Wohngruppen (vgl. dazu unter 11.23). Mit dem PNG erfolgten zahlreiche Änderungen in der Pflegeversicherung, bislang allerdings ohne Neudefinition des Pflegebedürftigkeitsbegriffes. Übergangsregelungen sollen auf diesen Begriff hinführen (vgl. Abschnitt 11.24).

Antrag – Wartezeit

§ 33 SGB XI bestimmt, dass die Leistungen der Pflegeversicherung auf Antrag gewährt werden. Außerdem wird vorgeschrieben, dass eine Wartezeit zurückzulegen ist. Deshalb wird bestimmt, dass in der Zeit ab 1. 7. 2008 ein Leistungsanspruch nur besteht, wenn der Versicherte in den letzten zehn Jahren vor der Antragstellung mindestens zwei Jahre als Mitglied versichert oder familienversichert war. Für Versicherte Kinder gilt die Vorversicherungszeit als erfüllt, wenn ein Elternteil sie erfüllt. Im Übrigen können

Familienversicherung Frist

- die Zuordnung zu einer Pflegestufe,
- die Anerkennung als Härtefall sowie
- die Bewilligung von Leistungen

befristet werden und enden mit Ablauf der Frist.

Die Befristung erfolgt, wenn und soweit eine Verringerung des Hilfebedarfs nach der Einschätzung des Medizinischen Dienstes der Krankenversicherung (MDK) zu erwarten ist. Die Befristung kann wiederholt werden. Um eine nahtlose Leistungsgewährung sicherzustellen, hat die Pflegekasse vor Ablauf der Befristung rechtzeitig zu prüfen. Sie hat dem Pflegebedürftigen sowie der ihn betreuenden Pflegeeinrichtung mitzuteilen, ob Pflegeleistungen weiterhin bewilligt werden und welcher Pflegestufe der Pflegebedürftige zuzuordnen ist (vgl. zu den Pflegestufen die Ausführungen unter Abschnitt 11.7).

11.2 Pflegezeit

Pflege durch Angehörige

In der Begründung zum Pflege-Weiterentwicklungsgesetz führt die Bundesregierung aus, dass mit der Reform der Pflegeversicherung die ambulante Pflege, insbesondere auch die häusliche Pflege durch Angehörige, gestärkt werden soll. Damit entspräche der Gesetzgeber dem Wunsch vieler pflegebedürftiger Menschen, durch vertraute Angehörige in gewohnter Umgebung gepflegt zu werden. Um dieses Ziel leichter zu erreichen, wurden die Rahmenbedingungen für die Vereinbarkeit von Beruf und familiärer Pflege verbessert. Hierzu dient das Pflegezeitgesetz. Dieses wurde – so die Gesetzesbegründung – im Interesse pflegebedürftiger Angehöriger unter besonderer Berücksichtigung der verschiedenen Pflegesituationen und des unterschiedlichen Pflegebedarfs entwickelt.

Inhalt und Ziel

Das Pflegezeitgesetz (PflegeZG) enthält 8 Paragrafen. Ziel des Gesetzes ist es, Beschäftigten die Möglichkeit zu eröffnen, pflegebedürftige nahe Angehörige in häuslicher Umgebung zu pflegen und damit die Vereinbarkeit von Beruf und familiärer Pflege zu verbessern.

Geltungsbereich

Das PflegeZG gilt also nur für Arbeitnehmer, wobei es gleichgültig ist, ob es sich hierbei um Beschäftigte des öffentlichen oder des privaten Dienstes handelt. Es gilt also beispielsweise nicht für Rentner, die keinen Beruf ausüben. Es gilt auch nicht für arbeitslose Menschen, hat aber Auswirkungen auf die Arbeitslosenversicherung.

Beschäftigte

Beschäftigte im Sinne des PflegeZG sind:

- Arbeitnehmerinnen und Arbeitnehmer,
- die zu ihrer Berufsbildung Beschäftigten (Auszubildende),
- Personen, die wegen ihrer wirtschaftlichen Unselbstständigkeit als arbeitnehmerähnliche Personen anzusehen sind; zu diesen gehören auch die in Heimarbeit Beschäftigten und die ihnen Gleichgestellten.

Keine Abweichung

Von den Vorschriften des PflegeZG kann nicht zuungunsten der Beschäftigten abgewichen werden (§ 3 PflegeZG). Dies gilt für Tarifverträge, Betriebsvereinbarungen, aber auch für einzelvertragliche Vereinbarungen.

Familienpflegezeit

Das Gesetz zur Vereinbarkeit von Pflege und Beruf vom 6. 12. 2011 ist im Bundesgesetzblatt vom 13. 12. 2011 veröffentlicht worden. Es ist am 1. 1. 2012 in Kraft getreten. § 1 regelt, dass durch die Einführung der Familienpflegezeit die Möglichkeiten zur Vereinbarkeit von Beruf und familiärer Pflege verbessert werden.

Verringerung der Arbeitszeit

Bei der Familienpflegezeit handelt es sich um die Verringerung der Arbeitszeit von Beschäftigten, die einen pflegebedürftigen nahen Angehörigen in häuslicher Umgebung pflegen.

11.3 Meldepflicht

Anmeldung

Die Anmeldung zur Pflegeversicherung ist für gesetzlich Krankenversicherte in § 50 SGB XI, für Privatversicherte in § 51 SGB XI geregelt. Ein Verstoß gegen diese Meldepflichten stellt eine Ordnungswidrigkeit dar, die mit einer Geldbuße bis zu 2.500 EUR geahndet werden kann (§ 121 SGB XI). Zuständig ist jeweils die Pflegekasse der Krankenkasse, bei der die Krankenversicherung besteht. Bei Familienversicherten ist dies die Pflegekasse des Mitglieds (§ 48 Abs. 1 SGB XI); für Personen, die weder gesetzlich noch privat krankenversichert sind, grundsätzlich die Pflegekasse, deren Krankenversicherung mit der Leistungserbringung im Krankheitsfalle beauftragt ist. Bei Übernahme der Betreuung sollte sich der Betreuer rückversichern, ob die Meldung ordnungsgemäß erfolgt ist.

Versicherungspflicht

Die Versicherungspflicht folgt der für die gesetzliche Krankenversicherung (§ 20 Abs. 1 SGB XI). Auch freiwillige Mitglieder der gesetzlichen Krankenversicherung (vgl. § 9 SGB V) sind versicherungspflichtig in der Pflegeversicherung (§ 20 Abs. 3 SGB XI).

Versicherungsfreiheit

Wer versicherungsfrei nach §§ 20, 21 SGB XI wird oder wessen Familienversicherungsanspruch (§ 25 SGB XI) endet, kann sich unter den Voraussetzungen des § 26 SGB XI auf Antrag in der gesetzlichen Pflegeversicherung weiterversichern lassen. Für die Ehegatten/Lebenspartner und Kinder der Versicherten besteht eine kostenfreie Familienversicherung analog der gesetzlichen Krankenversicherung (vgl. § 10 SGB V, § 25 SGB XI).

Familienversicherung Beamte

Verliert eine Beamtin, deren Ehegatte gesetzlich krankenversichert ist, mit Antritt der Elternzeit ihren Beihilfeanspruch, hat sie Anspruch auf kostenfreie Familienversicherung mit ihrem Ehegatten. Dies ist der Pflegeversicherung möglichst umgehend mitzuteilen.

11.4 Beitrittsrecht

Beitrittsrecht

§ 26a Abs. 3 SGB XI regelt das Beitrittsrecht für künftige Nichtversicherte, das als Dauerrecht ausgestaltet ist. Dieses Beitrittsrecht ist enger ausgestaltet. Es betrifft nur noch Personen, die nachweislich nicht von dem Beitrittsrecht nach § 26a Abs. 1 und 2 SGB XI Gebrauch machen konnten. Daher wird das Beitrittsrecht auf Personen beschränkt, die erst seit dem 1. 7. 2002 als Zuwanderer oder Auslandsrückkehrer ihren Wohnsitz im Inland aufnehmen und das 65. Lebensjahr noch nicht vollendet haben, sowie auf Personen, die als Empfänger von Hilfe zum Lebensunterhalt von einem früheren Beitrittsrecht ausgeschlossen waren, jedoch sich nach Ausscheiden aus dem Sozialhilfebezug selbst versichern möchten und in der Lage sind, einen Beitrag zu zahlen (§ 26a Abs. 1 Satz 2 SGB XI). Der Beitritt ist gegenüber der nach § 48 Abs. 2 SGB XI gewählten Pflegekasse oder dem gewählten privaten Versicherungsunternehmen schriftlich innerhalb von drei Monaten nach Wohnsitznahme im Inland oder nach Wegfall der Ausschlussgründe nach § 26a Abs. 1 Satz 2 SGB XI mit Wirkung vom 1. des Monats zu erklären, der auf die Beitrittserklärung folgt. Auf den privaten Versicherungsvertrag findet § 110 Abs. 3 SGB XI Anwendung. Das Beitrittsrecht nach § 26a Abs. 3 Satz 1 SGB XI ist nicht gegeben in Fällen, in denen ohne zwingenden Grund von den in § 26a Abs. 1 und 2 SGB XI geregelten Beitrittsrechten kein Gebrauch gemacht worden ist oder in denen die in § 26a Abs. 2 Satz 2 SGB XI aufgeführten Ausschlussgründe vorliegen.

11.5 Privat krankenversichert: Kündigungsmöglichkeiten

Privatversicherung

Ferner besteht nach § 27 SGB XI eine Kündigungsmöglichkeit des Vertrags bei einem privaten Krankenversicherungsunternehmen, wenn die gesetzliche Versicherungspflicht eintritt. Das Kündigungsrecht gilt auch für Familienangehörige, wenn für sie die Voraussetzungen einer Familienversicherung nach § 25 SGB XI eintreten. Für die Dauer der Familienversicherung fallen dann keine Beiträge an (§ 56 SGB XI).

11.6 Pflegebedürftigkeit

Begriff

Der Begriff „Pflegebedürftigkeit“ ist ausschlaggebend für die Ansprüche aus der Pflegeversicherung. Es kommt ihm deshalb besondere Bedeutung zu.

Das SGB XI beschäftigt sich in § 14 mit dem Begriff der Pflegebedürftigkeit. Danach sind Personen pflegebedürftig, die wegen einer

- körperlichen,
- geistigen oder
- seelischen

Krankheit oder Behinderung für gewisse Verrichtungen im Ablauf des täglichen Lebens der Hilfe bedürfen.

Der zurzeit verwendete Pflegebedürftigkeitsbegriff ist umstritten. In der Begründung zum Gesetzentwurf des PNG führt die Bundesregierung aus, dass neu definiert werden müsse, wer als pflegebedürftig anzusehen sei. Außerdem müsse geklärt werden, welchen Hilfebedarf insbesondere Demenzkranke haben. Damit verbunden sei ein Orientierungswechsel, was unter Pflege zu verstehen ist, wie die Pflege in die Gesellschaft eingebunden ist. Außerdem müsse geklärt werden, wie vor allem der besondere, in der Regel betreuerisch und weniger grundpflegerisch ausgerichtete Bedarf von Demenzkranken zu berücksichtigen ist. Mit dem PNG wird dieser Orientierungswechsel eingeleitet. Die Umsetzung wird einen längeren Zeitraum in Anspruch nehmen.

Solange die vorstehenden Fragen nicht beantwortet sind, gibt es Übergangsregelungen für Menschen mit erheblich eingeschränkter Alltagskompetenz, wie zum Beispiel Demenzkranke (beachten Sie dazu bitte die Ausführungen unter 11.20).

Hilfebedürftigkeit

Hilfebedürftigkeit

Die Hilfe muss für die gewöhnlichen und regelmäßig wiederkehrenden Verrichtungen im Ablauf des täglichen Lebens in erheblichem oder höherem Maße erforderlich sein. Das Gesetz spricht davon, dass die Hilfe auf Dauer erforderlich sein muss und zwar voraussichtlich für mindestens sechs Monate.

Es muss sich dabei mindestens um eine Hilfebedürftigkeit der Pflegestufe I handeln. Beachten Sie zu den Pflegestufen bitte noch die folgenden Ausführungen unter Abschnitt 11.7.

Geringfügigkeit

Geringfügige oder nur kurzzeitig erforderliche Hilfeleistungen unter der vorstehend geschilderten Schwelle sind nicht von der Solidargemeinschaft der Pflegeversicherten zu finanzieren.

Für diesen Hilfebedarf kann und soll der Einzelne – entsprechend dem Grundsatz der Subsidiarität solidarischer Hilfe gegenüber der Eigenverantwortung – selbst einstehen.

Auf Dauer

Nur Zeiträume, in denen eine Pflege von mindestens sechs Monaten erforderlich ist, erfüllen die Voraussetzung „auf Dauer".

Wichtig:

Bereits vor Ablauf von sechs Monaten kann eine Entscheidung über das Vorliegen von Pflegebedürftigkeit getroffen werden, wenn vorhersehbar ist, dass der Zustand der Hilfebedürftigkeit mindestens sechs Monate andauern wird. Vor Ablauf von sechs Monaten ist auch dann die Anerkennung von Pflegebedürftigkeit möglich, wenn vorhersehbar ist, dass das Ausmaß der Hilfebedürftigkeit zwar vermindert werden kann, diese in erheblichem Maße (das entspricht der Pflegestufe I) oder höherem Maße (das entspricht der Pflegestufe II), aber mindestens sechs Monate andauern wird.

Hilfebedarf

Pflegebedürftigkeit „auf Dauer" ist im Übrigen auch dann gegeben, wenn der Hilfebedarf nur deshalb nicht sechs Monate erreichen wird, weil die verbleibende Lebensspanne voraussichtlich weniger als sechs Monate beträgt.

Wird in Zusammenhang mit einer Untersuchung durch den MDK bzw. den beauftragten Gutachter festgestellt, dass es sich um eine in Kürze mögliche oder sichere Überwindung der Pflegebedürftigkeit handelt, ist bei der Bestimmung des 6-Monats-Zeitraums vom Eintritt der Hilfebedürftigkeit und nicht vom Zeitpunkt der Untersuchung auszugehen.

Untersuchung

Den Zeitpunkt des Eintritts der Hilfebedürftigkeit stellt die Pflegekasse fest.

Beispiel:

Der Antrag auf Leistungen der Pflegeversicherung wird am 20. 06. gestellt. Die Untersuchung durch den MDK bzw. den beauftragten Gutachter findet am 28. 07. statt. Den Beginn der Pflegebedürftigkeit legt die Pflegekasse auf den 20. 06. Mit diesem Tag beginnt die 6-Monats-Frist zu laufen. Ab hier gerechnet muss also der 6-Monats-Zeitraum beginnen.

Was bedeutet Hilfebedürftigkeit?

Hilfebedarf Der Bedarf an Hilfe muss darauf beruhen, dass die Fähigkeit, bestimmte Verrichtungen im Ablauf des täglichen Lebens auszuüben, eingeschränkt oder nicht vorhanden ist.

Umfang der Hilfe Die Hilfe besteht

- in der Unterstützung,
- in der teilweisen oder vollständigen Übernahme der Verrichtungen im Ablauf des täglichen Lebens oder
- in Beaufsichtigung oder Anleitung mit dem Ziel der eigenständigen Übernahme dieser Verrichtungen.

Gegenstand der Unterstützung ist die Hilfe,

- die der Pflegebedürftige braucht, um seine Fähigkeiten bei den Verrichtungen des täglichen Lebens zu erhalten oder diese Fähigkeiten (wieder) zu erlangen, damit er ein möglichst eigenständiges Leben führen kann,
- die der Pflegebedürftige bei den Verrichtungen benötigt, die er nur noch teilweise selbst erledigen kann.

Unterstützung Die Hilfe soll auch zur richtigen Nutzung der dem Pflegebedürftigen überlassenen (Pflege-)Hilfsmittel anleiten. Zur Unterstützung gehören bei kranken und behinderten Kindern sowie bei psychisch Kranken solche Tätigkeiten der Pflegeperson, durch die notwendige Maßnahmen so gestützt werden, dass bereits erreichte Eigenständigkeit gesichert wird oder lebenserhaltende Funktionen aufrechterhalten werden (therapieunterstützende Maßnahmen).

Die oben erwähnte Beaufsichtigung oder Anleitung kommt insbesondere bei psychisch Kranken sowie geistig und seelisch Behinderten in Betracht.

Krankheiten – Behinderungen Krankheiten oder Behinderungen im Sinne des Gesetzes sind:

- Verluste, Lähmungen oder andere Funktionsstörungen am Stütz- und Bewegungsapparat,
- Funktionsstörungen der inneren Organe oder der Sinnesorgane,
- Störungen des Zentralnervensystems, wie Antriebs-, Gedächtnis- oder Orientierungsstörungen sowie endogene Psychosen, Neurosen oder geistige Behinderungen.

Notwendige Verrichtungen Es muss sich um „Verrichtungen im Ablauf des täglichen Lebens" handeln.

Als derartige Verrichtungen gelten solche, die nowendig sind, um der individuellen Lebenssituation Rechnung zu tragen und deren Bestand zu sichern. Andere Bedarfsbereiche – zum Beispiel Maßnahmen zur Förderung der Kommunikation – und nicht regelmäßig erforderliche Verrichtungen der Körperpflege – zum Beispiel Monatshygiene – finden keine Berücksichtigung. Unbeachtlich ist dagegen, wo der Hilfebedarf für die Verrichtungen gedeckt wird.

Aufzählungen Die gewöhnlichen und regelmäßig wiederkehrenden Verrichtungen werden auf vier Sachverhalte verteilt, nämlich die Bereiche der

- Körperpflege,
- Ernährung,
- Mobilität,
- hauswirtschaftlichen Versorgung.

Im Bereich der Körperpflege sind diese Verrichtungen: ***Körperpflege***

- Waschen,
- Duschen,
- Baden,
- Zahnpflege,
- Kämmen,
- Rasieren,
- Darm- oder Blasenentleerung.

Im Bereich der Ernährung sind Verrichtungen im pflegeversicherungsrechtlichen Sinne: ***Ernährung***

- Mundgerechtes Zubereiten der Nahrung,
- die Aufnahme der Nahrung.

Im Bereich der Mobilität geht es um das ***Mobilität***

- Aufstehen und Zu-Bett-Gehen,
- An- und Auskleiden,
- Gehen,
- Stehen,
- Treppensteigen,
- Verlassen und Wiederaufsuchen der Wohnung.

Verrichtungen im Bereich der hauswirtschaftlichen Versorgung sind: ***Hauswirtschaft***

- Einkaufen,
- Kochen,
- Reinigen der Wohnung,
- Spülen,
- Wechseln und Waschen der Wäsche und Kleidung,
- Beheizen.

Haarewaschen sowie das Schneiden von Finger- und Fußnägeln sind regelmäßig keine täglich anfallenden Verrichtungen.

Die Zahnpflege umfasst auch die Mundpflege. Zum Rasieren wird auch die damit zusammenhängende Haut- und Gesichtspflege gerechnet.

Zur mundgerechten Zubereitung und zur Aufnahme der Nahrung zählen alle Tätigkeiten, die zur unmittelbaren Vorbereitung dienen und die die Aufnahme von fester oder flüssiger Nahrung ermöglichen, wie zum Beispiel:

- portionsgerechte Vorgabe,
- Umgang mit Besteck.

Unter Gehen ist das Bewegen im Zusammenhang mit den Verrichtungen im Bereich

- Körperpflege,
- Ernährung und
- hauswirtschaftliche Versorgung

zu verstehen.

Auch Stehen und Treppensteigen kommen nur im Zusammenhang mit diesen Verrichtungen in Betracht.

Beim Verlassen und Wiederaufsuchen der Wohnung sind nur solche Verrichtungen außerhalb der Wohnung bei der Begutachtung zu berücksichtigen, die für die Aufrechterhaltung der Lebensführung zu Hause unumgänglich sind und das persönliche Erscheinen des Pflegebedürftigen erfordern.

Keine Berücksichtigung

Weiterer Hilfebedarf, zum Beispiel bei Spaziergängen oder Besuch von kulturellen Veranstaltungen, bleibt unberücksichtigt.

Das Einkaufen umfasst zum Beispiel auch:

- Überblick, welche Lebensmittel wo eingekauft werden müssen,
- Kenntnis des Wertes von Geldmünzen und Banknoten,
- Kenntnis der Genießbarkeit beziehungsweise Haltbarkeit von Lebensmitteln.

Zum Kochen gehört auch das Vor- und Zubereiten der Bestandteile der Mahlzeiten.

Das Reinigen der Wohnung beschränkt sich auf den allgemein üblichen Lebensbereich.

Der Begriff „Waschen der Wäsche und Kleidung" umfasst die gesamte Pflege der Wäsche und Kleidung (z. B. auch Bügeln, Ausbessern).

Das Beheizen umfasst auch die Beschaffung und Entsorgung des Heizmaterials.

3 Pflegestufen

11.7 Die Pflegestufen

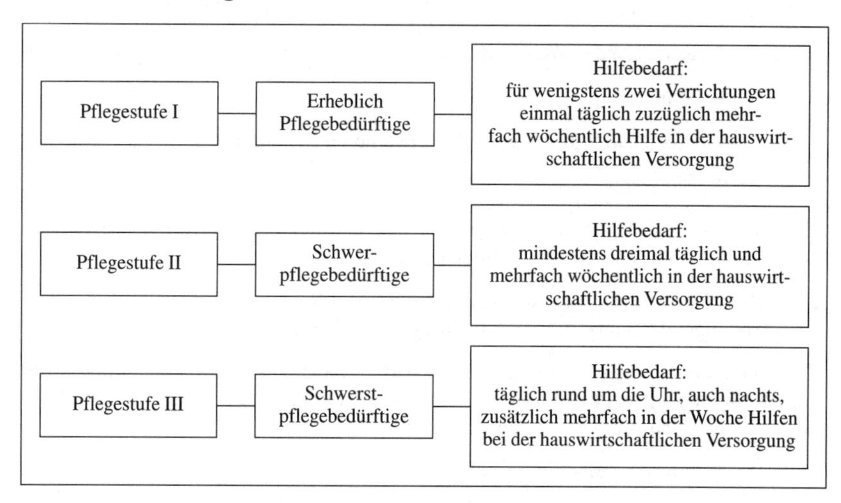

Für die Gewährung von Leistungen nach dem SGB XI sind pflegebedürftige Personen einer der drei Pflegestufen zuzuordnen.

Pflegestufe I

Pflegestufe I

Pflegebedürftige der Pflegestufe I (erheblich Pflegebedürftige) sind Personen, die bei

- der Körperpflege,
- der Ernährung oder
- der Mobilität

für wenigstens zwei Verrichtungen aus einem oder mehreren Bereichen mindestens einmal täglich der Hilfe bedürfen und zusätzlich mehrfach in der Woche Hilfen bei der hauswirtschaftlichen Versorgung benötigen.

Wichtig:

Der wöchentliche Zeitaufwand, den ein Familienangehöriger, Nachbar oder eine andere, nicht als Pflegekraft ausgebildete Pflegeperson für alle für die Versorgung des Pflegebedürftigen nach Art und Schwere seiner Pflegebedürftigkeit erforderlichen Leistungen der Grundpflege und hauswirtschaftlichen Versorgung benötigt, muss wöchentlich im Tagesdurchschnitt mindestens eineinhalb Stunden betragen.

Hierbei müssen auf die Grundpflege mehr als 45 Minuten entfallen.

Hilfebedarf bei nur einer Verrichtung

Besteht Hilfebedarf im Bereich der Grundpflege nur bei einer Verrichtung (z. B. Hilfe bei der Nahrungsaufnahme), ist nach einem Urteil des BSG ein Anspruch auf Leistungen der Pflegeversicherung nicht gegeben.

Achtung:

Das Spritzen von Insulin rechtfertigt allein nicht die Anerkennung der Pflegestufe I.

Der Zeitaufwand für eine Heimdialyse ist bei der Feststellung der Pflegebedürftigkeit für die Pflegestufe I nicht zu berücksichtigen. Das gilt aber nur, soweit nicht gleichzeitig Hilfe für eine sogenannte Grundverrichtung erforderlich ist.

Für die Zuordnung zu einer Pflegestufe sind auch Aufenthalte in einer Arztpraxis zu berücksichtigen. Allerdings ist hier im Regelfall ein Zeitwert von 30 bis 45 Minuten anzusetzen.

Das BSG hat in Zusammenhang mit einem an insulinpflichtigem Diabetes mellitus leidenden Mann festgestellt, dass eine Diätzubereitung in den Bereich der hauswirtschaftlichen Versorgung fällt und deshalb bei der Grundpflege nicht zu berücksichtigen ist.

Wichtig:

Krankheitsspezifische Pflegemaßnahmen werden bei der Feststellung des Pflegeaufwandes nur berücksichtigt, wenn sie entweder Bestandteil der Hilfe sind oder im unmittelbaren zeitlichen und sachlichen Zusammenhang mit dieser Hilfe erforderlich werden.

Bei Ermittlung des Pflegebedarfs ist eine Fußpilzerkrankung nicht zu berücksichtigen. Das gilt auch für eine Klopfmassage bei einem Erwachsenen sowie für die Begleitung zur Bushaltestelle auf dem Weg zur Behindertenwerkstatt.

Hilfebedarf bei der Pflegestufe I

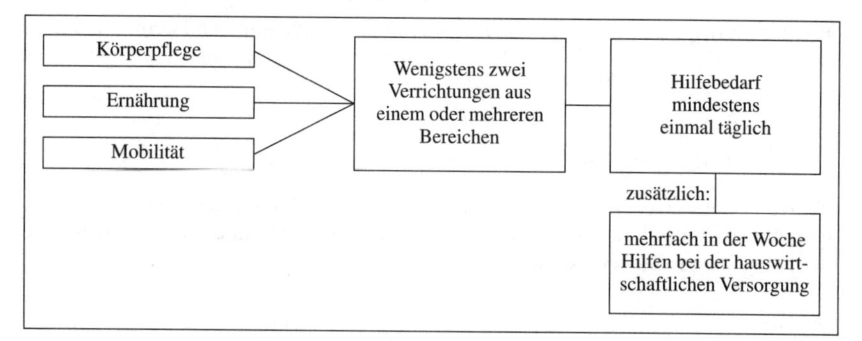

Pflegestufe II

Pflegestufe II

Pflegebedürftige der Pflegestufe II (Schwerpflegebedürftige) sind Personen, die bei

- der Körperpflege,
- der Ernährung oder
- der Mobilität

mindestens dreimal täglich zu verschiedenen Tageszeiten der Hilfe bedürfen und zusätzlich mehrfach in der Woche Hilfen bei der hauswirtschaftlichen Versorgung benötigen.

Die Ausführungen zur Pflegestufe I gelten entsprechend.

Hilfebedarf bei der Pflegestufe II

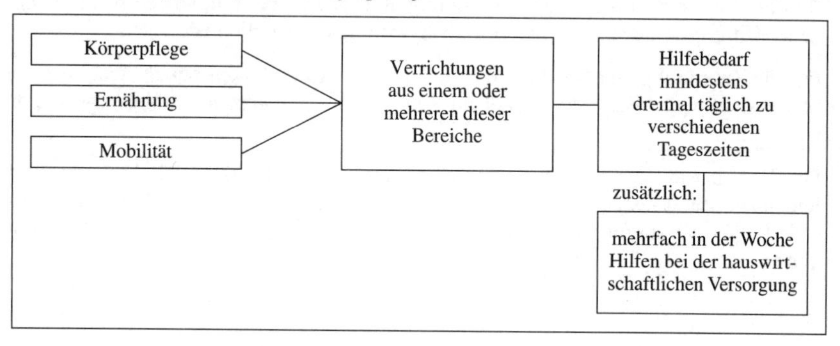

Pflegestufe III

Pflegestufe III

Pflegebedürftige der Pflegestufe III (Schwerstpflegebedürftige) sind Personen, die bei

- der Körperpflege,
- der Ernährung oder
- der Mobilität

täglich rund um die Uhr, auch nachts, der Hilfe bedürfen und zusätzlich mehrfach in der Woche Hilfen bei der hauswirtschaftlichen Versorgung benötigen.

Wichtig:

Der wöchentliche Zeitaufwand muss bei der Pflegestufe III im Tagesdurchschnitt mindestens fünf Stunden betragen. Hierbei müssen auf die Grundpflege mindestens vier Stunden entfallen.

Nach Auffassung des BSG setzt die Einstufung in die Pflegestufe III einen regelmäßigen nächtlichen Hilfebedarf voraus. Ein solcher ist nur zu bejahen, wenn die Pflegeperson nahezu jede Nacht zur Hilfe bei einer der geforderten Verrichtungen herangezogen werden muss. Die ständige Bereitschaft dazu reicht nicht aus.

Hilfebedarf bei der Pflegestufe III

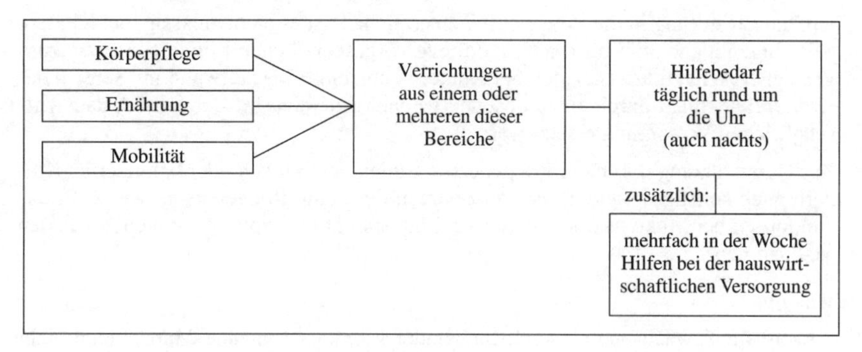

Gemeinsamkeiten

Was alle Pflegestufen betrifft

Die Anerkennung der Schwerstpflegebedürftigkeit im Bereich der Sozialhilfe oder eines Grades der Behinderung von 100 hat für die Einstufung in die Pflegeversicherung keine Bindungswirkung.

Ein allgemeiner Aufsichtsbedarf eines geistig Behinderten ist bei der Einstufung in der Pflegeversicherung nicht zu berücksichtigen.

Die Zeit zwischen den einzelnen Verrichtungen zählt nicht als Hilfeleistung in Zusammenhang mit der Feststellung der Pflegestufe.

Wichtig:

Für die Gewährung von Pflege in vollstationären Einrichtungen der Behindertenhilfe reicht die Feststellung, dass die Voraussetzungen der Pflegestufe I erfüllt sind. Seit 1. 1. 2013 gibt es übergangsweise Pflegegeldleistungen ohne Pflegestufe (0; weitere Ausführungen unter Abschnitt 11.24).

11.8 Sonderfall: Kinder

Hilfebedarf bei Kindern

Zur Feststellung des Hilfebedarfs sind pflegebedürftige Kinder mit einem gesunden Kind gleichen Alters zu vergleichen. Maßgebend für die Beurteilung des Hilfebedarfs bei einem Säugling oder Kleinkind ist nicht der natürliche, altersbedingte Pflegeaufwand, sondern nur der darüber hinausgehende Hilfebedarf.

Bei kranken oder behinderten Kindern ist der zusätzliche Hilfebedarf zu berücksichtigen, der sich z. B. als Folge

- einer angeborenen Erkrankung,
- einer intensivmedizinischen Behandlung oder
- einer Operation

im Bereich

- der Körperpflege,
- der Ernährung oder
- der Mobilität

ergibt und z. B. in häufigeren Mahlzeiten oder zusätzlicher Körperpflege beziehungsweise Lagerungsmaßnahmen bestehen kann.

Im ersten Lebensjahr liegt Pflegebedürftigkeit nur ausnahmsweise vor. Die Feststellung bedarf einer besonderen Begründung.

Achtung:

Um die Einstufung in die Pflegestufe I zu erreichen, ist es nicht zulässig, bei Kindern bzw. Jugendlichen die für die Grundpflege vorgeschriebenen Mindestvoraussetzungen außer Acht zu lassen. Auch bei Kindern kann ein Pflegeaufwand im Bereich der Grundpflege nicht durch einen besonders hohen Aufwand im Bereich der hauswirtschaftlichen Versorgung ersetzt werden.

Zur Unterstützung durch die Pflegeperson zählen bei kranken oder behinderten Kindern auch sonstige pflegerische Maßnahmen durch die Pflegeperson, wie z. B. das Abklopfen bei Mukoviszidose-Kindern. Man spricht hier von pflegeunterstützenden Maßnahmen.

Wichtig:

Kein Hilfebedarf

Sowohl für Erwachsene als auch für Kinder gilt, dass folgende Maßnahmen nicht zum berücksichtigungsfähigen Hilfebedarf gehören:

- Maßnahmen zur Durchführung der beruflichen und sozialen (gesellschaftlichen) Eingliederung,
- Maßnahmen der medizinischen Rehabilitation,
- Maßnahmen zur Förderung der Kommunikation.

11.9 Feststellung der Pflegebedürftigkeit

Feststellung

Die Leistungen bei Pflegebedürftigkeit sind bei der Pflegekasse zu beantragen.

Ärztliche Bescheinigung

In Zusammenhang mit dem Leistungsantrag ist die Vorlage einer ärztlichen Bescheinigung über die Pflegebedürftigkeit oder die Notwendigkeit bestimmter Leistungen nicht erforderlich. Häufig wird aus den Unterlagen der Krankenkasse ersichtlich sein, dass eine Pflegebedürftigkeit oder die Notwendigkeit zur Erbringung bestimmter diesbezüglicher Leistungen besteht.

In vielen Fällen wird die Pflegekasse auf Initiative der Krankenkasse tätig. Ausreichend ist auch die mit Einwilligung des Versicherten erfolgte Unterrichtung der Pflegekasse durch Dritte, z. B. Familienangehörige oder Nachbarn.

Die Pflegekasse trifft die Entscheidung über den Antrag. Dabei berücksichtigt sie das Gutachten des MDK oder eines beauftragten Gutachters.

Die Pflegekassen haben nämlich aufgrund ausdrücklicher gesetzlicher Regelung durch den MDK oder den beauftragten Gutachter prüfen zu lassen, ob

- die Voraussetzungen der Pflegebedürftigkeit erfüllt sind und
- welche Stufe der Pflegebedürftigkeit vorliegt.

Begutachtung durch den MDK oder den beauftragten Gutachter

Der Medizinische Dienst der Krankenversicherung oder ein anderer unabhängiger Gutachter muss prüfen, ob die Voraussetzungen der Pflegebedürftigkeit erfüllt sind und welche Stufe der Pflegebedürftigkeit vorliegt.

Unabhängige Gutachter

Soweit unabhängige Gutachter mit der Prüfung beauftragt werden, sind dem Antragsteller seit 1. 6. 2013 von der Pflegekasse in der Regel drei Gutachter zur Auswahl zu benennen. Auf die Qualifikation und Unabhängigkeit des Gutachters ist der Versicherte hinzuweisen. Hat sich der Antragsteller für einen der benannten Gutachter entschieden, wird diesem Wunsch Rechnung getragen. Der Antragsteller hat der Pflegekasse seine Entscheidung innerhalb einer Woche ab Kenntnis der Namen der Gutachter mitzuteilen. Geschieht dies nicht, bestimmt die Pflegekasse einen Gutachter aus der übersandten Liste. Die Gutachter sind bei der Wahrnehmung ihrer Aufgaben nur ihrem Gewissen unterworfen.

In Zusammenhang mit unabhängigen Gutachtern hat der GKV-Spitzenverband am 6. 5. 2013 Richtlinien zur Zusammenarbeit der Pflegekassen mit diesen Gutachtern erlassen.

Antrag

Antrag auf Leistungen der Pflegeversicherung

für ______ **geb.**
KV-Nr.
Telefon:

❒ Sachleistungen ❒ Geldleistungen ❒ Kombinationsleistungen

Geldinstitut

Bankleitzahl/Kontonummer

Kontoinhaber

Die Pflege wird durchgeführt von

Name und Anschrift des Pflegedienstes

Name und Anschrift der Pflegeperson

Hilfebedarf besteht im Bereich der

❒ Ernährung ❒ Körperpflege ❒ Bewegung

❒ Sonstiges

Ich erhalte bereits Pflegeleistungen von

❒ der Unfallversicherung

❒ dem Sozialamt

❒ sonstigen Stellen

Ich habe Anspruch auf Beihilfe nach beamtenrechtlichen Vorschriften

❒ nein ❒ ja, durch

Der behandelnde Arzt ist

Name des Hausarztes/Facharztes

Anschrift des Arztes

Ich bin damit einverstanden, dass

a) der MDK bzw. der beauftragte Gutachter meinen behandelnden Arzt in die Begutachtung einbezieht – ärztliche Auskünfte und Unterlagen über die für die Begutachtung der Pflegebedürftigkeit wichtigen Vorerkrankungen sowie Art, Umfang und Dauer der Hilfebedürftigkeit einholt. ❒ **ja** ❒ **nein**

b) die Pflegekasse bei Bedarf das Pflegegutachten an meinen behandelnden Arzt schickt. ❒ **ja** ❒ **nein**

c) die Pflegekasse auf die bei der Krankenkasse gespeicherten Daten zugreifen kann, wenn es für die Bearbeitung meines Pflegeantrags notwendig ist. ❒ **ja** ❒ **nein**

Datum **Unterschrift des Versicherten**

Zu unserer gesetzlichen Aufgabenerfüllung ist Ihr Mitwirken notwendig. Ihre dazu erforderlichen Daten erheben wir aufgrund der §§ 7, 18, 28, 36-44 sowie 94, 97d SGB XI in Verbindung mit § 60 SGB I. Fehlt Ihre Mitwirkung, kann dies zu Nachteilen bei der Leistungsgewährung führen.

11.10 Mitwirkungspflichten des Pflegebedürftigen

Mitwirkung

Die Mitwirkungspflichten des Sozialgesetzbuches gelten auch in der Pflegeversicherung. Wer nämlich Sozialleistungen beantragt oder erhält, soll sich auf Verlangen des zuständigen Leistungsträgers insbesondere ärztlichen Untersuchungsmaßnahmen unterziehen, soweit diese für die Entscheidung über die Leistung erforderlich sind.

Achtung:

Versagung/ Entziehung

Kommt der Pflegebedürftige seinen Mitwirkungspflichten nicht nach und wird hierdurch die Aufklärung des Sachverhalts erheblich erschwert, kann der Leistungsträger (hier: Pflegekasse) ohne weitere Ermittlungen die Leistung bis zur Nachholung der Mitwirkung ganz oder teilweise versagen oder entziehen, soweit die Voraussetzungen der Leistung nicht nachgewiesen sind. Dies gilt entsprechend, wenn der Antragsteller oder Leistungsberechtigte in anderer Weise absichtlich die Aufklärung des Sachverhalts erheblich erschwert.

Kommt derjenige, der eine Sozialleistung z. B. wegen Pflegebedürftigkeit bezieht, seinen Mitwirkungspflichten nicht nach und ist unter Würdigung aller Umstände mit Wahrscheinlichkeit anzunehmen, dass deshalb die Fähigkeit zur selbstständigen Lebensführung beeinträchtigt oder nicht verbessert wird, kann der Leistungsträger (also die Pflegekasse) die Leistung bis zur Nachholung der Mitwirkung ganz oder teilweise versagen oder entziehen.

Wichtig:

Hinweis

Sozialleistungen dürfen wegen fehlender Mitwirkung nur versagt oder entzogen werden, nachdem der Leistungsberechtigte auf diese Folge schriftlich hingewiesen worden ist und seiner Mitwirkungspflicht nicht innerhalb einer ihm gesetzten angemessenen Frist nachgekommen ist.

Nachträgliche Leistungsvoraussetzung

Wird die Mitwirkung nachgeholt und liegen die Leistungsvoraussetzungen vor, kann der Leistungsträger Sozialleistungen, die er versagt oder entzogen hat, nachträglich ganz oder teilweise erbringen.

Nach den von den früheren Spitzenverbänden der Pflegekassen aufgestellten Pflegebedürftigkeits-Richtlinien hat die Pflegekasse den Antragsteller auf Leistungen der Pflegeversicherung über die Mitwirkungspflichten sowie die Folgen fehlender Mitwirkung aufzuklären.

Einwilligung

Gleichzeitig fordert sie den Antragsteller auf, dem MDK bzw. dem sonst beauftragten Gutachter eine Einwilligung zur Einholung von Auskünften bei seinen behandelnden Ärzten, den ihn betreuenden Pflegepersonen und den Pflegeeinrichtungen zu erteilen.

Eine solche Einwilligung gehört auch zu den oben besprochenen Mitwirkungspflichten.

Einzelne Pflichten

Wer Sozialleistungen beantragt oder erhält, hat nämlich

- alle Tatsachen anzugeben, die für die Leistung erheblich sind, und auf Verlangen des zuständigen Leistungsträgers der Erteilung der erforderlichen Auskünfte durch Dritte zuzustimmen,
- Änderungen in den Verhältnissen, die für die Leistung erheblich sind oder über die im Zusammenhang mit der Leistung Erklärungen abgegeben worden sind, unverzüglich mitzuteilen,
- Beweismittel zu bezeichnen und auf Verlangen des zuständigen Leistungsträgers Beweisurkunden vorzulegen oder ihrer Vorlage zuzustimmen.

Soweit für die vorstehend genannten Angaben Vordrucke vorgesehen sind, sollen diese benutzt werden.

Richtlinien

Aus den Richtlinien der Spitzenverbände der Pflegekassen zur Begutachtung von Pflegebedürftigkeit (Begutachtungs-Richtlinien) ergibt sich, dass dann, wenn eine Untersuchung verweigert wird, der MDK oder der sonst beauftragte Gutachter die Unterlagen mit einem entsprechenden Vermerk an die Pflegekasse zurückreicht. Die Verweigerung kann durch den Antragsteller, seinen Bevollmächtigten oder seinen Betreuer erfolgen.

Die Pflegekasse entscheidet dann, welche Maßnahmen zu treffen sind.

11.11 Aufgaben des Gutachters

MDK

Unter Abschnitt 11.9 wurde bereits erwähnt, dass der MDK oder ein sonst beauftragter Gutachter zu prüfen hat, ob die Voraussetzungen der Pflegebedürftigkeit erfüllt sind und welche Stufe der Pflegebedürftigkeit vorliegt.

Weiterleitung

Beschleunigung

In der Praxis leitet die Pflegekasse die Anträge zur Feststellung von Pflegebedürftigkeit unverzüglich an den MDK bzw. den sonst beauftragten Gutachter weiter. Dem Antragsteller ist spätestens fünf Wochen nach Eingang des Antrags bei der zuständigen Pflegekasse die Entscheidung der Pflegekasse schriftlich mitzuteilen. Befindet sich der Antragsteller in einer stationären Rehabilitationseinrichtung ist die Begutachtung dort unverzüglich, spätestens innerhalb einer Woche nach dem Eingang des Antrags bei der zuständigen Pflegekasse durchzuführen. Die Frist kann durch regionale Vereinbarungen verkürzt werden.

Voraussetzung ist allerdings das Vorliegen von Hinweisen, wonach zur Sicherstellung der ambulanten oder stationären Weiterversorgung und Betreuung eine Begutachtung in der Einrichtung erforderlich ist. Die Voraussetzung für die Anwendung der verkürzten Begutachtungsfrist ist auch dann erfüllt, wenn die Inanspruchnahme von Pflegezeit oder von Familienpflegezeit nach dem Pflegezeitgesetz gegenüber dem Arbeitgeber der pflegenden Person angekündigt wurde.

Beachten Sie zur Pflegezeit bitte die Ausführungen unter Abschnitt 11.2.

Verkürzte Frist

Die verkürzte Begutachtungsfrist gibt es auch dann, wenn der Antragsteller sich in einem Hospiz befindet oder ambulant palliativ versorgt wird.

Fristwahrung

Ausnahmen

Privatversicherung

Erteilt die Pflegekasse den schriftlichen Bescheid über den Antrag nicht innerhalb von fünf Wochen nach Eingang des Antrags oder wird eine verkürzte Begutachtungsfrist nicht eingehalten, hat die Pflegekasse dem Antragsteller unverzüglich 70 Euro für jede begonnene Woche der Fristüberschreitung zu zahlen. Das gilt nicht, wenn die Pflegekasse die Verzögerung nicht zu vertreten hat oder wenn sich der Antragsteller in stationärer Pflege befindet. Im letzteren Fall muss er bereits als mindestens erheblich pflegebedürftig (mindestens Pflegestufe I) anerkannt sein. Entsprechendes gilt im Übrigen auch für die privaten Versicherungsunternehmen, die die private Pflege-Pflichtversicherung durchführen.

Aufgaben des MDK

Der MDK oder der sonst beauftragte Gutachter hat der Pflegekasse das Ergebnis seiner Prüfung zur Feststellung der Pflegebedürftigkeit unverzüglich zu übermitteln. In seiner Stellungnahme hat der MDK bzw. der sonst beauftragte Gutachter auch das Ergebnis der Prüfung, ob und gegebenenfalls welche Maßnahmen der Prävention und der medizinischen Rehabilitation geeignet, notwendig und zumutbar sind, mitzuteilen. Er hat Art und Umfang von Pflegeleistungen sowie einen individuellen Pflegeplan zu empfehlen.

Anspruch auf Pflegegeld Beantragt der Pflegebedürftige Pflegegeld (beachten Sie dazu die Ausführungen unter Abschnitt 11.14), hat sich die Stellungnahme auch darauf zu erstrecken, ob die häusliche Pflege in geeigneter Weise sichergestellt ist.

Rehabilitation Im Rahmen seiner Prüfungen hat der MDK oder der sonst beauftragte Gutachter auch Feststellungen darüber zu treffen, ob und in welchem Umfang Maßnahmen zur Beseitigung, Minderung oder Verhütung einer Verschlimmerung der Pflegebedürftigkeit einschließlich der medizinischen Rehabilitation geeignet, notwendig und zumutbar sind.

Wichtig:

Kuren Insoweit haben Versicherte einen Anspruch gegen den zuständigen Träger auf Leistungen zur ambulanten medizinischen Rehabilitation mit Ausnahme von Kuren.

Hausärzte Der MDK soll oder die beauftragten Gutachter sollen, soweit der Versicherte einwilligt, die behandelnden Ärzte des Versicherten, insbesondere die Hausärzte, in die Begutachtung einbeziehen. Er soll ärztliche Auskünfte und Unterlagen über die für die Begutachtung der Pflegebedürftigkeit wichtigen Vorerkrankungen, sowie Art, Umfang und Dauer der Hilfebedürftigkeit einholen.

Leistungserbringer Die Pflege- und Krankenkassen sowie die Leistungserbringer (also beispielsweise die Ärzte oder Lieferanten von Hilfsmitteln) sind verpflichtet, dem MDK oder dem beauftragten Gutachter die für die Begutachtung erforderlichen Unterlagen vorzulegen und Auskünfte zu erteilen.

Wiederholung Die Erst- und Wiederholungsbegutachtung hat der MDK oder der beauftragte Gutachter in der Regel im Wohnbereich des Antragstellers vorzunehmen. Dies gilt für Anträge auf häusliche und vollstationäre Pflege gleichermaßen.

Wohnbereich Erteilt der Versicherte zur Untersuchung in seinem Wohnbereich nicht sein Einverständnis, kann die Pflegekasse die beantragten Leistungen verweigern.

Wichtig:

Die Untersuchung im Wohnbereich des Pflegebedürftigen kann ausnahmsweise unterbleiben, wenn aufgrund einer eindeutigen Aktenlage das Ergebnis der medizinischen Untersuchung bereits feststeht.

Die Untersuchung ist in angemessenen Zeitabständen zu wiederholen (Wiederholungsbegutachtung).

Berichte Der Besuch wird rechtzeitig angekündigt oder vereinbart. Mit dieser Ankündigung wird der Antragsteller gleichzeitig gebeten, eventuell vorhandene Berichte von betreuenden Diensten, Pflegetagebücher, ärztliche Unterlagen, derzeitige Medikamente sowie Gutachten und Bescheide anderer Sozialleistungsträger – soweit sie für die Begutachtung erforderlich sind – bereitzulegen. Die Pflegeperson sollte beim Hausbesuch zugegen sein.

Wird der Besuch eines Mitarbeiters des MDK oder eines sonst beauftragten Gutachters angekündigt, scheuen Sie sich nicht, um eine Verlegung des Termins zu bitten, wenn Sie als Betreuer beispielsweise zu dem betreffenden Zeitpunkt nicht anwesend sein können.

Pflegefachkraft In stationären Einrichtungen (z. B. Pflegeheim) sollte die Pflegefachkraft, die am besten mit der Pflegesituation des Antragstellers vertraut ist, beim Besuch zugegen sein, um die im Zusammenhang mit der Begutachtung erforderlichen Auskünfte zu erteilen.

Praxis TIPP

Manche Pflegebedürftige, besonders ältere Menschen, sind oftmals der Auffassung, sie müssten dem untersuchenden Arzt beweisen, wie gut sie mit ihrer Lage fertig werden. Sie stellen das, was sie noch tun können, in den Vordergrund und lassen das, was die Pflegeperson für sie tut, manchmal ganz oder teilweise außer Betracht. Grundlage dieses Handelns ist die Auffassung, das es zur Erlangung des Pflegegeldes darauf ankommt, selbst so viel wie möglich zu tun. Das Gegenteil ist allerdings der Fall. Durch die Untersuchung soll nämlich in erster Linie festgestellt werden, welchen Umfang die Hilfeleistungen des Pflegenden haben. Selbstverständlich darf der Pflegebedürftige keine falschen Angaben machen, aber er sollte wissen, welche Priorität die Untersuchung des Arztes hat.

Bei der Begutachtung hat der Arzt des MDK bzw. der unabhängige Gutachter die Richtlinien des GKV-Spitzenverbandes zur Begutachtung von Pflegebedürftigkeit nach dem SGB XI zu beachten (Begutachtungs-Richtlinien). Diese Richtlinien sind an die durch das PNG eingetretenen Änderungen angepasst worden und wurden mit Datum vom 16. 4. 2013 neu herausgegeben.

11.12 Das Pflegegutachten

Der Gutachter bedient sich zur Erstellung seines Gutachtens eines amtlichen Formulares. Um dieses ausfüllen zu können, richtet er natürlich auch Fragen an den Pflegebedürftigen und an seinen Pfleger. Beide sind verpflichtet, diese Fragen wahrheitsgemäß zu beantworten.

Vordruck

Die Begutachtung kann von einem Arzt, aber auch von einer Pflegefachkraft oder von beiden durchgeführt werden. Dabei werden nicht immer Mitarbeiter des MDK oder des beauftragten Gutachters eingesetzt. Die betreffenden Personen werden aber im Auftrag des MDK oder des beauftragten Gutachters tätig.

Wichtig:

Ergibt sich bei der Begutachtung durch eine Pflegefachkraft eine nicht abschließend abklärbare, rein ärztliche Fragestellung (z. B. therapeutische Defizite), ist ein zusätzlicher Besuch eines Arztes erforderlich. Dies gilt analog, wenn sich in der aktuellen Begutachtungssituation durch einen Arzt eine nicht abschließend abklärbare, rein pflegerische Fragestellung ergibt (zum Beispiel nicht sichergestellte Pflege).

Begutachtung

Stellt sich bei der Ankündigung des Besuchs heraus, dass eine Krankenhausbehandlung oder stationäre Rehabilitationsmaßnahme kurzfristig terminiert ist, so sollte eine Begutachtung im Einvernehmen mit dem Antragsteller und der Pflegekasse bis zum Abschluss dieser Maßnahme zurückgestellt werden.

Achtung:

Wird beim Besuch eine defizitäre, also nicht ausreichende Pflege- und Versorgungssituation des Antragstellers festgestellt, ist die Situation – soweit möglich – sowohl mit ihm als auch mit der Pflegeperson, gegebenenfalls auch dem Betreuer, der leitenden Pflegefachkraft und dem Heimleiter der vollstationären Pflegeeinrichtung bzw. Einrichtung der Behindertenhilfe – unter der Voraussetzung, dass der Pflegebedürftige in einer solchen Einrichtung untergebracht ist – eingehend zu erörtern. Die Situation ist exakt zu dokumentieren.

Vorschläge

Der Pflegekasse sind konkrete Vorschläge zur Verbesserung der Pflege und Versorgung des Antragstellers zu unterbreiten. Bei nicht sichergestellter Pflege ist der Gutachter gehalten, der Pflegekasse die Einleitung von Sofortmaßnahmen zu empfehlen.

Rehabilitation

In seiner Stellungnahme hat der MDK oder der sonst beauftragte Gutachter auch anzugeben, ob und gegebenenfalls welche Maßnahmen der Prävention und der medizinischen Rehabilitation geeignet, notwendig und zumutbar sind. Art und Umfang von Pflegeleistungen sowie ein individueller Pflegeplan sind zu empfehlen. Die Feststellungen zur

medizinischen Rehabilitation sind durch den MDK oder die von der Pflegekasse beauftragten Gutachter in einer gesonderten Rehabilitationsempfehlung zu dokumentieren.

Dokumentation

Spätestens mit der Mitteilung der Entscheidung über die Pflegebedürftigkeit leitet die Pflegekasse dem Antragsteller die gesonderte Rehabilitationsempfehlung zu. Die Pflegekasse nimmt umfassend und begründet Stellung, inwieweit auf der Grundlage der Empfehlung die Durchführung einer Maßnahme zur medizinischen Rehabilitation angezeigt ist. Die Pflegekasse hat den Antragsteller hierüber zu informieren. Ob Maßnahmen durchgeführt werden, hängt von seiner Einwilligung ab.

Reaktion

Um das Begutachtungsverfahren zu stärken erlässt der Spitzenverband Bund Richtlinien, die für alle Medizinischen Dienste verbindlich sind.

Auswertung

Die an der Begutachtung beteiligten Ärzte und Pflegefachkräfte werten gemeinsam die beim Besuch erhobenen Befunde und die sonstigen Informationen aus.

Weitere Aufklärung

Sollte ausnahmsweise im Rahmen dieser Auswertung eine abschließende Beurteilung nicht möglich sein, muss der Sachverhalt weiter aufgeklärt werden. Dazu ist zu entscheiden, ob ein zusätzlicher Besuch oder das Hinzuziehen von weiteren sachdienlichen Informationen erforderlich ist. Auch dieser Besuch muss schriftlich oder mündlich angekündigt oder vereinbart werden – unter Hinweis darauf, dass es sinnvoll sein kann, die an der Versorgung Beteiligten hinzuzuziehen.

Auch bei der Auswertung des Besuchs, insbesondere bei der Beurteilung von Behinderten oder psychisch Kranken und deren Hilfebedarf, können andere Fachkräfte, zum Beispiel aus dem Bereich der Behindertenhilfe oder der Psychiatrie hinzugezogen werden.

Ergebnis der Untersuchung

Beim Gutachtenabschluss, also bei der Ermittlung des Ergebnisses der Untersuchung, müssen Arzt und Pflegefachkraft des MDK bzw. des sonst beauftragten Gutachters eng zusammenarbeiten. Dabei ist es Aufgabe des Arztes, alle für die Beurteilung erforderlichen medizinischen Feststellungen zu treffen, insbesondere

- den ursächlichen Zusammenhang des individuellen Hilfebedarfs mit Krankheit oder Behinderung zu prüfen sowie
- geeignete therapeutische beziehungsweise rehabilitative Maßnahmen aufzuzeigen.

Aufgabe der Pflegefachkraft ist es, alle für die Beurteilung der Pflege erforderlichen Feststellungen zu treffen. Insbesondere

- ermittelt sie den individuellen Hilfebedarf auf der Grundlage der Verrichtungen des täglichen Lebens (beachten Sie hierzu die obigen Ausführungen),
- beurteilt sie die individuelle Pflegesituation und entwirft den individuellen Pflegeplan.

Das Ergebnis seiner Prüfung teilt der Gutachter der Pflegekasse mittels des Formulargutachtens mit.

Aus den vorstehenden Ausführungen ist sicher deutlich geworden, wie wichtig das Gutachten zur Feststellung der Pflegebedürftigkeit ist. Es wird im Übrigen auch verwendet, wenn es um die Höherstufung eines Pflegebedürftigen geht, also beispielsweise darum, festzustellen, ob künftig statt der Pflegestufe II die Pflegestufe III maßgebend ist.

Höherstufung

Die Pflegekassen verwenden in der Regel die gleichen Antragsformulare, wenn es um eine Höherstufung geht.

Das aktuelle Formulargutachten zur Feststellung der Pflegebedürftigkeit befindet sich in den unter 11.11 bereits erwähnten Begutachtungsrichtlinien des GKV-Spitzenverbandes vom 16. 4. 2013.

Einheitlicher Vordruck

11.13 Pflegesachleistung

Pflegebedürftige haben bei häuslicher Pflege Anspruch auf

Umfang

- Grundpflege und
- hauswirtschaftliche Versorgung

als Sachleistung.

Achtung:

Leistungen der häuslichen Pflege sind auch zulässig, wenn Pflegebedürftige nicht in ihrem eigenen Haushalt gepflegt werden.

Sie sind nicht zulässig, wenn Pflegebedürftige in einer stationären Pflegeeinrichtung oder in einer Einrichtung gepflegt werden, in der die medizinische Vorsorge oder Rehabilitation, die berufliche oder soziale Eingliederung, die schulische Ausbildung oder die Erziehung Kranker oder Behinderter im Vordergrund des Zweckes dieser Einrichtung steht.

Ort der Pflege

Krankenhäuser sind keine Pflegeeinrichtungen in diesem Sinne.

Die obige Ausnahmeregelung (Pflege außerhalb des eigenen Haushaltes) darf bei der einzelnen Pflegekasse für nicht mehr als 3 % der bei ihr versicherten Pflegebedürftigen der Pflegestufe III, die häuslich gepflegt werden, Anwendung finden.

Ausnahme

Bei den Leistungen der Grundpflege und hauswirtschaftlichen Versorgung handelt es sich im Einzelnen um Hilfeleistungen der „wiederkehrenden Verrichtungen des täglichen Lebens“.

Wiederkehrende Verrichtungen

Die Pflege soll als aktivierende Pflege erbracht werden. Dies bedeutet, dass die Pflege auch die Aktivierung des Pflegebedürftigen zum Ziel haben soll, um vorhandene Fähigkeiten zu erhalten und, soweit dies möglich ist, verlorene Fähigkeiten zurückzugewinnen.

Aktivierung

Die Pflege fördert und sichert vorhandene und wieder erlernbare Fähigkeiten des pflegebedürftigen Menschen, unterstützt seine Selbstständigkeit und Selbsthilfetätigkeit und leitet den Pflegebedürftigen an, bei der Ausführung aller Pflegeleistungen mitzuhelfen.

Aktivierende Maßnahmen sollen alle körpernahen Verrichtungen einbeziehen, aber auch die hauswirtschaftliche Versorgung, die Organisation des Tagesablaufs und die Gestaltung der Wohnung oder des Pflegeheimes. Die Angehörigen sollen sich an der aktivierenden Pflege beteiligen.

Häusliche Pflegehilfe wird durch geeignete Pflegekräfte erbracht, die entweder von der Pflegekasse oder bei ambulanten Pflegeeinrichtungen, mit denen die Pflegekasse einen Versorgungsvertrag abgeschlossen hat, angestellt sind.

Auch durch Einzelpersonen, mit denen die Pflegekasse einen Vertrag abgeschlossen hat, kann häusliche Pflegehilfe als Sachleistung erbracht werden.

Einzelpersonen

Mehrere Pflegebedürftige können Pflege- und Betreuungsleistungen sowie hauswirtschaftliche Versorgung gemeinsam als Sachleistung in Anspruch nehmen. Der Anspruch auf Betreuungsleistungen als Sachleistung setzt allerdings voraus, das die Grundpflege und die hauswirtschaftliche Versorgung im Einzelfall sichergestellt sind.

Sachleistung

Betreuungsleistungen als Sachleistungen dürfen allerdings nicht zulasten der Pflegekassen in Anspruch genommen werden, wenn diese Leistungen im Rahmen der Eingliederungshilfe für behinderte Menschen nach dem Sozialgesetzbuch – Zwölftes

Buch (SGB XII) finanziert werden. Das Gleiche gilt, wenn die Finanzierung durch den zuständigen Träger der Eingliederungshilfe nach dem Sozialgesetzbuch – Achtes Buch (SGB VIII) oder nach dem BVG finanziert werden.

„Pool“

Gemeinsame Inanspruchnahme

Die Regelungen über die gemeinsame Inanspruchnahme durch mehrere Personen ermöglicht des „Poolen“ von Leistungsansprüchen. Die Leistungen können von mehreren Leistungsberechtigten gemeinsam abgerufen werden. Wenn mehrere Pflegebedürftige in einer Wohngemeinschaft, einem Gebäude oder in der Umgebung, etwa in einer Straße, „gepoolte“ Leistungen in Anspruch nehmen, können nach Ansicht des Gesetzgebers Wirtschaftlichkeitsreserven erschlossen werden.

Die hierdurch insbesondere entstehenden Zeit- und Kosteneinsparungen sind ausschließlich im Interesse der Pflegebedürftigen zu nutzen.

Die frei werdende Zeit soll von dem ambulanten Pflegedienst auch für Betreuung der am „Pool“ beteiligten Pflegebedürftigen genutzt werden.

Beschränkte Alltagskompetenz

Unter Betreuungsleistungen sind solche Leistungen zu verstehen, wie sie für Personen mit eingeschränkter Alltagskompetenz (beachten Sie dazu die Ausführungen unter Abschnitt 11.20) als „besondere Angebote der allgemeinen Anleitung und Betreuung“ von ambulanten Pflegediensten oder wie sie von Pflegeheimen als „soziale Betreuung“ erbracht werden. Hierzu können in den Pflegeverträgen des jeweiligen ambulanten Pflegedienstes mit den am „Pool“ beteiligten Pflegebedürftigen konkrete Aussagen getroffen werden.

Die Regelung stellt eine Ausnahme von der früher rein verrichtungsbezogenen Beschränkung der Sachleistungen bei häuslicher Pflege auf Hilfeleistungen bei der Grundpflege und der hauswirtschaftlichen Versorgung dar. Dies deshalb, weil auch die Inanspruchnahme von Betreuungsleistungen zu Lasten der Pflegekassen ermöglicht wird. Unabhängig davon besteht gegebenenfalls daneben der Anspruch auf zusätzliche Betreuungsleistungen für Menschen mit eingeschränkter Alltagskompetenz.

Kostenerstattung

Dieser besteht – wie bisher schon – im Rahmen einer Kostenerstattung.

Der einzelne Pflegebedürftige entscheidet selbst, ob er sich an einem „Pool“ beteiligt. Die Initiative zur Bildung eines „Pools“ kann von Dritten, insbesondere von dem Pflegestützpunkt, ausgehen.

Das Pflege-Weiterentwicklungsgesetz hat die Höhe der Beträge, die den Pflegebedürftigen als häusliche Pflegehilfe gewährt werden, stufenweise angehoben. Der Anspruch auf häusliche Pflegehilfe umfasst seit 1. 1. 2012 je Kalendermonat

- für Pflegebedürftige der Pflegestufe I

  Pflegeeinsätze bis zu einem Gesamtwert von 450 EUR

- für Pflegebedürftige der Pflegestufe II

  Pflegeeinsätze bis zu einem Gesamtwert von 1.100 EUR

- für Pflegebedürftige der Pflegestufe III

  Pflegeeinsätze bis zu einem Gesamtwert von 1.550 EUR

- in Härtefällen (besonders gelagerte Einzelfälle der Pflegestufe III) weitere Pflegeeinsätze bis zu einem Gesamtwert von 1.918 EUR (darf auf nicht mehr als auf 3 % der versicherten Pflegebedürftigen Anwendung finden)

Soweit ein höherer Pflegebedarf besteht, der vom Pflegebedürftigen nicht finanziert werden kann, sind die Aufwendungen hierfür vom Sozialhilfeträger unter den Voraussetzungen des Sozialgesetzbuches – Zwölftes Buch (SGB XII) ergänzend zu übernehmen. Ferner bleibt bei pflegebedürftigen Behinderten Anspruch auf die für sie sehr wesentlichen Eingliederungshilfen des Sozialhilfe- oder Jugendhilfeträgers ungeschmälert erhalten.

Sozialhilfe

Im Übrigen müssen die Pflegebedürftigen ihre Versorgung durch familiäre, nachbarschaftliche oder sonstige ehrenamtliche Pflege und Betreuung ergänzen.

Ergänzung der Versorgung

Wichtig:

Fahrkosten, die bei den Einsätzen der Pflegekräfte notwendig werden, sind nicht gesondert zu erstatten, sie sind Bestandteil des Vertragspreises.

Fahrkosten

Die Pflegesachleistung kann neben der häuslichen Pflege bei Verhinderung der Pflegeperson und neben einer teilstationären Pflege in Anspruch genommen werden.

Besteht der Anspruch auf die häusliche Pflegehilfe nicht für einen vollen Kalendermonat, wird der Monatsbetrag entsprechend gekürzt.

Wichtig:

Die Pflegekassen können in besonders gelagerten Einzelfällen zur Vermeidung von Härten Pflegebedürftigen der Pflegestufe III weitere Pflegeeinsätze bis zu einem Gesamtwert von (zurzeit) 1.918 EUR monatlich gewähren.

Kürzung

Voraussetzung ist, dass ein außergewöhnlich hoher Pflegeaufwand vorliegt, der das übliche Maß der Pflegestufe III weit übersteigt. Als Beispiel führt das Gesetz an, dass im Endstadium von Krebserkrankungen regelmäßig mehrfach auch in der Nacht Hilfe geleistet werden muss.

Die Pflegekassen haben sicherzustellen, dass die vorstehende Ausnahmeregelung insgesamt auf nicht mehr als drei Prozent der Pflegebedürftigen der Pflegestufe III Anwendung findet.

Begrenzung

Härtefall-Richtlinien

Zur einheitlichen Anwendung haben die Spitzenverbände der Pflegekassen Härtefall-Richtlinien beschlossen. Hiernach trifft die Entscheidung, ob ein Härtefall vorliegt, die Pflegekasse auf der Grundlage des Gutachtens des MDK oder des sonst beauftragten Gutachters.

Härtefälle

Weiter heißt es in den Richtlinien, dass der Pflegeaufwand durch die Art, die Dauer und den Rhythmus der erforderlichen Pflegemaßnahmen bestimmt wird. Dieser kann sich aufgrund der individuellen Situation des Pflegebedürftigen als außergewöhnlich hoch darstellen, wenn die täglich durchzuführenden Pflegemaßnahmen das übliche Maß der Grundversorgung qualitativ und quantitativ weit übersteigen.

Außergewöhnlich hoher Pflegeaufwand

Die täglichen Pflegemaßnahmen übersteigen das übliche Maß, wenn

Mehr als das übliche Maß

- die Grundpflege für den Pflegebedürftigen auch des Nachts nur von mehreren Pflegekräften gemeinsam (zeitgleich) erbracht werden kann oder
- Hilfe bei der Körperpflege, der Ernährung oder der Mobilität mindestens an sieben Stunden täglich, davon wenigstens an zwei Stunden in der Nacht, erforderlich ist.

Zusätzlich muss ständige Hilfe bei der hauswirtschaftlichen Versorgung erforderlich sein.

Beispiele Ein solch außergewöhnlich hoher beziehungsweise intensiver Pflegeaufwand kann insbesondere bei folgenden Krankheitsbildern vorliegen:

- Krebserkrankungen im Endstadium
- AIDS-Erkrankungen im Endstadium
- Hohe Querschnittslähmung und Tetraplegie
- Enzephalomyelitis disseminata im Endstadium
- Apallisches Syndrom
- Schwere Ausprägung der Demenz
- Schwere Fehlbildungssyndrome und Fehlbildungen im Säuglings- und Kleinkindalter
- Schwerste neurologische Defektsyndrome nach Schädelhirnverletzungen
- Endstadium der Mukoviszidose

11.14 Pflegegeld für selbst beschaffte Pflegehilfen

Alternative Anstelle der oben behandelten häuslichen Pflegehilfe können Pflegebedürftige ein Pflegegeld beantragen.

Wichtig:

Eigene Sicherstellung Voraussetzung für den Anspruch auf Pflegegeld ist, dass der Pflegebedürftige mit dem Pflegegeld dessen Umfang entsprechend die erforderliche Grundpflege und hauswirtschaftliche Versorgung durch eine Pflegeperson in geeigneter Weise selbst sicherstellt.

Ausland Nach einer Entscheidung des Europäischen Gerichtshofes (EuGH) haben Personen, die in Deutschland der Pflegeversicherung angeschlossen sind, auch dann Anspruch auf Zahlung von Pflegegeld, wenn sie in einem anderen Mitgliedstaat der Europäischen Gemeinschaft wohnen.

Höhe Die Höhe des Pflegegeldes ist abhängig vom Grad der Pflegebedürftigkeit und beträgt seit 1. 1. 2012 je Kalendermonat:

- Pflegestufe I: 235 EUR
- Pflegestufe II: 440 EUR
- Pflegestufe III: 700 EUR

Anteilige Kürzung

Besteht der Anspruch auf das Pflegegeld bei Beginn nicht für einen vollen Kalendermonat (z. B. bei Eintritt von Pflegebedürftigkeit im Laufe des Kalendermonats), wird das Pflegegeld anteilig gekürzt.

Bei Durchführung einer vollstationären Krankenhausbehandlung oder einer Rehabilitationsmaßnahme erfolgt für die ersten vier Wochen keine Kürzung der Leistung. Die 4-Wochen-Frist beginnt mit dem Aufnahmetag. Bei einer Kürzung setzt die Leistung mit dem Entlassungstag wieder ein.

Beispiel:

Pflegegeld in der Pflegestufe II

Vollstationäre Krankenhausbehandlung vom	1. 3. bis 7. 3.
Stationäre medizinische Rehabilitationsmaßnahme vom	7. 3. bis 4. 4.

Ergebnis:

Krankenhaus

Der Tatbestand der vollstationären Krankenhausbehandlung ist nicht für sich allein, sondern nur im Zusammenhang mit der stationären medizinischen Rehabilitationsmaßnahme zu sehen.

Eine Kürzung des Pflegegeldes erfolgt daher ab dem 29. Tag der einheitlich zu wertenden Unterbrechungstatbestände (also im Beispiel der 29. 3.).

Ab dem 4. 4. – letzter Tag der stationären medizinischen Rehabilitationsmaßnahme – ist die Pflegegeldzahlung wieder aufzunehmen.

Beispiel:

Pflegegeld in der Pflegestufe II

Vollstationäre Krankenhausbehandlung vom	17. 7. bis 27. 8. (42 Tage)
Anschlussheilbehandlung vom	9. 9. bis 4. 10. (26 Tage)

Ergebnis:

Der Tatbestand der vollstationären Krankenhausbehandlung ist für sich alleine zu sehen, da die Anschlussheilbehandlung sich nicht direkt anschließt.

Kürzung

Eine Kürzung des Pflegegeldes erfolgt ab dem 14. 8. (29. Tag). Ab dem 27. 8. – letzter Tag der vollstationären Krankenhausbehandlung – ist die Pflegegeldzahlung wieder aufzunehmen. Für die Zeit der Anschlussheilbehandlung ist keine Kürzung des Pflegegeldes vorzunehmen.

Beispiel:

Fortsetzung

Die Anschlussheilbehandlung wird bis zum 19. 10. (länger als 28 Tage) durchgeführt.

Eine Kürzung des Pflegegeldes erfolgt ab dem 7. 10. Ab dem 18. 10. – letzter Tag der Anschlussheilbehandlung – ist die Pflegegeldzahlung wieder aufzunehmen.

In Fällen der Kurzzeitpflege (vgl. unter Abschnitt 11.19.2) wird das Pflegegeld für die gesamte Dauer dieser Leistung gekürzt, das heißt, nicht gezahlt.

Eine Kürzung unterbleibt jedoch für den Aufnahme- und Entlassungstag.

In Fällen der Ersatzpflege (häusliche Pflege bei Verhinderung der Pflegeperson – vgl. dazu unter Abschnitt 11.17) kommt eine Kürzung des Pflegegeldes nur im Rahmen der gesetzlich vorgesehenen Höchstdauer von 28 Tagen in Frage. Allerdings bleibt auch hier dem Pflegebedürftigen das Pflegegeld für den ersten und letzten Tag der Ersatzpflege erhalten.

Wichtig:

Wird die Ersatzpflege von 28 Tagen nicht im Zusammenhang in Anspruch genommen, sondern auf das Kalenderjahr verteilt, ist nur insgesamt für den ersten und letzten Tag der Ersatzpflege das Pflegegeld zu zahlen.

Teilmonate Die frühen zuständigen Spitzenverbände der Pflegekassen waren der Auffassung, dass bei Zahlung des Pflegegeldes für Teilmonate der 31. eines Monats zu berücksichtigen ist.

Entsprechend ist zu verfahren, wenn der Anspruch auf Pflegegeld während des Monats unterbrochen wird oder ruht.

Beispiel:

Pflegegeld vom 1. 7. – 15. 7. =	15 Tage
Geldleistung vom 25. 7. – 31. 7. =	7 Tage
Pflegegeld insgesamt für	22 Tage

Die häusliche Pflege und damit der Anspruch auf Pflegegeld wird nicht dadurch ausgeschlossen, dass der Pflegebedürftige in einem Altenheim oder in einer Altenwohnung lebt.

Hierbei ist es unerheblich, ob der Pflegebedürftige die Haushaltsführung eigenverantwortlich regeln kann oder nicht.

Internat Der Anspruch auf das Pflegegeld wird durch eine internatsmäßige Unterbringung von pflegebedürftigen Schülern von Montag bis Freitag nicht beeinflusst. Für diese Zeit kann unterstellt werden, dass der Schwerpunkt der häuslichen Pflege erhalten bleibt.

Demgegenüber ist bei einer dauerhaften Internatsunterbringung der Lebensmittelpunkt innerhalb des Internats anzunehmen.

Ferien Dies gilt auch, wenn der pflegebedürftige Schüler während der Ferienzeiten im häuslichen Bereich gepflegt wird. Eine Zahlung des Pflegegeldes kommt hier nicht in Betracht. In den Fällen, in denen der Pflegebedürftige bei einer internatsmäßigen Unterbringung nicht regelmäßig jedes Wochenende in den Haushalt der Familie zurückkehrt, ist ein anteiliges Pflegegeld für die Zeiträume zu zahlen, in denen sich der Pflegebedürftige im Haushalt der Familie aufhält.

Die Hälfte des bisher bezogenen Pflegegeldes wird während einer Kurzzeitpflege (vgl. dazu unter 11.19.2) und einer Verhinderungspflege (vgl. dazu unter 11.17) jeweils für bis zu vier Wochen je Kalenderjahr in Höhe der Hälfte der vor Beginn der Kurzzeit- oder Verhinderungspflege geleisteten Höhe fortgewährt.

Wichtig:

Pflegeperson Das Pflegegeld wird in der Regel dazu verwandt, den Einsatz der Pflegeperson zu „entlohnen". Dies bedeutet, dass der Pflegebedürftige das Pflegegeld meist ganz oder teilweise an den Pfleger weitergibt.

Achtung:

Das Pflegegeld der Pflegekasse steht dem Pflegebedürftigen, nicht dem Pfleger zu. Die Pflegekasse zahlt das Pflegegeld an den Pflegebedürftigen.

Es ist allein Sache des Pflegebedürftigen zu bestimmen, was mit dem Pflegegeld zu geschehen hat. In der Regel liegt eine Absprache zwischen Pflegebedürftigem und Pflegeperson darüber vor.

Achtung:

Stellt der MDK fest, dass die erforderliche Grundpflege und hauswirtschaftliche Versorgung durch das Pflegegeld nicht sichergestellt wird, kann das Pflegegeld nicht gezahlt werden. Gegebenenfalls obliegt der Pflegekasse die Verpflichtung, darauf hinzuwirken, dass der Pflegebedürftige eine wirksame und wirtschaftliche Pflegeleistung erhält.

Die Leistung „Pflegegeld" wird im Übrigen monatlich im Voraus bezahlt.

Wichtig:

Nachuntersuchung

Für den Leistungsbeginn mit Höherstufung, die aufgrund einer von Amts wegen veranlassten Nachuntersuchung festgestellt wird, ist zu beachten, dass die Höherstufung mit Wirkung vom Zeitpunkt der Änderung der Verhältnisse an erfolgt.

Das Pflegegeld ist bis zum Ende des Kalendermonats zu zahlen, in dem der Pflegebedürftige gestorben ist.

11.15 Professioneller Pflegeeinsatz

Pflegeeinsatz

Pflegebedürftige, die Pflegegeld beziehen, sind verpflichtet,

- bei Pflegestufe I und II mindestens einmal halbjährlich,
- bei Pflegestufe III mindestens einmal vierteljährlich

einen Pflegeeinsatz durch eine Pflegeeinrichtung abzurufen. Es muss sich dabei um eine Pflegeeinrichtung handeln, mit der die Pflegekasse einen Versorgungsvertrag abgeschlossen hat.

Dies kann auch durch eine von den Landesverbänden der Pflegekassen anerkannte Beratungsstelle mit nachgewiesener pflegefachlicher Kompetenz geschehen. Sofern dies durch eine der vorstehend genannten Stellen nicht gewährleistet werden kann, kann auch eine von der Pflegekasse beauftragte, jedoch von ihr nicht beschäftigte Pflegefachkraft herangezogen werden.

Wichtig:

Qualität

Die Pflegeeinsätze dienen der Sicherung der Qualität der häuslichen Pflege und der regelmäßigen Hilfestellung und Beratung der häuslich Pflegenden.

Vergütung

Die Vergütung des Pflegeeinsatzes ist von der zuständigen Pflegekasse, bei privat Pflegeversicherten von dem zuständigen Versicherungsunternehmen zu tragen.

Die Vergütung beträgt

- in den Pflegestufen I und II 21 EUR und
- in der Pflegestufe II 31 EUR.

Personen, bei denen ein erheblicher Bedarf an allgemeiner Beaufsichtigung und Betreuung festgestellt ist (beachten Sie dazu bitte die Ausführungen unter Abschnitt 11.20) und die noch nicht die Voraussetzungen der Pflegestufe I erfüllen, können halbjährlich einmal einen Beratungsbesuch in Anspruch nehmen.

Die Vergütung entspricht der für die Pflegestufen I und II. In diesen Fällen kann die Beratung auch durch von den Landesverbänden der Pflegekassen anerkannte Beratungsstellen wahrgenommen werden, allerdings ohne dass für die Anerkennung eine pflegefachliche Kompetenz nachgewiesen werden muss.

Mitteilung

Die Pflegedienste und die anerkannten Beratungsstellen haben mit Einverständnis des Pflegebedürftigen der zuständigen Pflegekasse die bei dem Pflegeeinsatz gewonnenen Erkenntnisse zur Qualität der Pflegesituation und zur Notwendigkeit einer Verbesserung mitzuteilen. Der Spitzenverband Bund der Pflegekassen und die privaten Versicherungsunternehmen stellen ihnen für diese Mitteilung ein einheitliches Formular zur Verfügung.

Beratungsstellen

Die bereits erwähnten neutralen und unabhängigen Beratungsstellen sind von den Landesverbänden der Pflegekassen anzuerkennen. Hier ist ein Hinweis über die erforderlichen pflegefachliche Kompetenz der Beratungsstelle und ein Konzept zur Qualitätsicherung des Beratungsangebotes erforderlich. Die oben geschilderte Ausnahme (Personen mit erheblichem Bedarf an allgemeiner Beaufsichtigung und Betreuung) ist zu beachten.

Der Pflegeberater (§ 7a SGB XI) kann die vorgeschriebenen Beratungseinsätze ebenfalls durchführen und bescheinigen.

Wichtig:

Qualifikation

Der beauftragte Pflegedienst bzw. die anerkannte Beratungsstelle haben dafür Sorge zu tragen, dass für einen Beratungsbesuch im häuslichen Bereich besonders qualifizierte Pflegekräfte eingesetzt werden.

Beratungskompetenz

Diese müssen nämlich spezifisches Wissen zu dem Krankheits- und Behinderungsbild sowie des sich daraus ergebenen Hilfebedarfs des Pflegebedürftigen mitbringen und über besondere Beratungskompetenz verfügen.

Außerdem soll bei der Planung für die Beratungsbesuche weitgehendst sichergestellt werden, dass der Beratungsbesuch bei einem Pflegebedürftigen möglichst auf Dauer von derselben Pflegekraft durchgeführt wird.

In Zusammenhang mit diesen Pflegeeinsätzen wird allgemein vom „professionellen Pflegeeinsatz“ gesprochen.

11.16 Kombinationsleistung

Anteiliges Pflegegeld

Nimmt der Pflegebedürftige die ihm zustehende Pflegesachleistung (beachten Sie dazu bitte die obigen Ausführungen) nicht in Anspruch, erhält er daneben ein anteiliges Pflegegeld.

Das Pflegegeld wird um den Prozentsatz vermindert, in dem der Pflegebedürftige Sachleistungen in Anspruch genommen hat.

Wichtig:

Bindungsfrist

An die Entscheidung, in welchem Verhältnis er Geld- und Sachleistung in Anspruch nehmen will, ist der Pflegebedürftige für die Dauer von sechs Monaten gebunden.

Die 6-Monats-Frist ist allerdings dann nicht zu beachten, wenn

- der Pflegebedürftige nur noch die Pflegesachleistung oder nur noch das Pflegegeld in Anspruch nehmen will,
- Pflegegeld und Pflegesachleistung neben der teilstationären Pflege bezogen werden.

Anteiliges Pflegegeld wird während einer Kurzzeitpflege (vgl. dazu unter 11.20.2) und einer Verhinderungspflege (vgl. dazu 11.17) jeweils für bis zu vier Wochen je Kalenderjahr in Höhe der Hälfte der vor Beginn der Kurzzeit- oder Verhinderungspflege geleisteten Höhe fortgewährt.

11.17 Häusliche Pflege bei Verhinderung der Pflegeperson

Häusliche Pflege

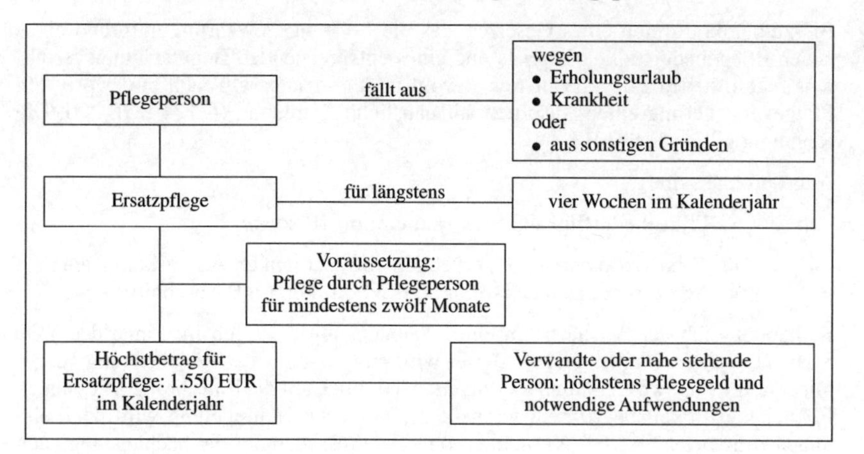

Nachweis der Aufwendungen

Es geht hier nicht um Pauschalbeträge. Das bedeutet, dass die entstandenen Aufwendungen nachzuweisen sind.

Bei Pflegebedürftigen in vollstationären Pflegeeinrichtungen kommt für die Zeit der Pflege im häuslichen Bereich (z. B. an Wochenenden) die Gewährung der Pflegesachleistung und/oder die Zahlung des Pflegegeldes für die tatsächlichen Pflegetage in der Familie in Frage.

Wichtig:

Ersatzpflege

Bei einer Ersatzpflege durch Pflegepersonen, die mit dem Pflegebedürftigen bis zum zweiten Grad verwandt oder verschwägert sind oder mit ihm in häuslicher Gemeinschaft leben, wird vermutet, dass die Ersatzpflege nicht erwerbsmäßig ausgeübt wird. In diesen Fällen dürfen die Aufwendungen der Pflegekassen – wie im obigen Schaubild auch erwähnt – den Betrag des Pflegegeldes der festgestellten Pflegestufe nicht überschreiten (Ausnahme: notwendige Aufwendungen, wie z. B. Fahrgeld).

Der Anspruch auf eine Ersatzpflegekraft entsteht mit jedem Kalenderjahr neu.

Pflegeort

Dies bedeutet, dass ein am 31. 12. eines Jahres bestehender oder an diesem Tag – wegen Ablaufs der 4-Wochen-Frist – endender oder vor dem 31. 12. eines Jahres abgelaufener Leistungsanspruch ab 1. 1. des Folgejahres für vier Wochen weitergeht oder wieder auflebt.

Die Verhinderungspflege kann auch in

- einem Wohnheim für Behinderte,
- einem Internat oder beispielsweise
- einer Krankenwohnung

durchgeführt werden.

Bei der Kostenübernahme für diese oder vergleichbare Einrichtungen achten die Pflegekassen jedoch darauf, dass nur die pflegebedingten Aufwendungen berücksichtigt werden können. So können insbesondere Investitionskosten, Kosten für Unterkunft und Verpflegung nicht übernommen werden.

11.18 Häusliche Betreuung

Häusliche Betreuung

Bis zum Inkrafttreten eines Gesetzes, das die Leistungsgewährung aufgrund eines neuen Pflegebedürftigkeitsbegriffs und eines entsprechenden Begutachtungsverfahrens regelt, haben Pflegebedürftige sowohl in der sozialen als auch in der privaten Pflegeversicherung einen Anspruch auf häusliche Betreuung (§ 124 SGB XI). Die Regelung gilt ab 1. 1. 2013.

Angesprochen sind

- Pflegebedürftige der Pflegestufen I bis III sowie
- Versicherte, die wegen erheblich eingeschränkter Alltagskompetenz die Voraussetzungen des § 45a SGB XI erfüllen (vgl. Abschnitt 11.21).

Es handelt sich der Art nach um einen Sachleistungsanspruch im Sinne des § 36 SGB XI (vgl. dazu unter 11.13). Dieser wird zunächst aus der Regelleistung ausgegliedert, um ungewollte Präjudizierungen im Hinblick auf die Einführung eines neuen Pflegebedürftigkeitsbegriffs zu vermeiden. Durch die Neuregelung wird der Leistungsbetrag des § 36 SGB XI nicht erhöht. Der Anspruch auf die Sachleistung nach § 36 SGB XI hat in dem Übergangszeitraum damit rechtlich zwei Grundlagen (§§ 36 und 124 SGB XI), die durch den Anspruch in § 123 SGB XI der Höhe nach ergänzt werden.

Pflegerische Betreuungsmaßnahmen

Leistungen der häuslichen Betreuung werden neben Grundpflege und hauswirtschaftlicher Versorgung als pflegerische Betreuungsmaßnahmen erbracht (§ 124 Abs. 2 SGB XI). Sie umfassen Unterstützung und sonstige Hilfen im häuslichen Umfeld des Pflegebedürftigen oder seiner Familie. Sie schließen mit ein:

- Unterstützung von Aktivitäten im häuslichen Umfeld, die dem Zweck der Kommunikation und der Aufrechterhaltung sozialer Kontakte dienen.
- Unterstützung bei der Gestaltung des häuslichen Alltags, insbesondere Hilfen zur Entwicklung und Aufrechterhaltung einer Tagesstruktur, zur Durchführung bedürfnisgerechter Beschäftigungen und zur Einhaltung eines bedürfnisgerechten Tag-/Nacht-Rhythmus.

§ 125 SGB XI sieht in diesem Zusammenhang ab 1. 1. 2013 Modellvorhaben zur Erprobung von Leistungen der häuslichen Betreuung durch Betreuungsdienste vor. In den Jahren 2013 und 2014 kann der Spitzenverband Bund der Pflegekassen aus Mitteln des Ausgleichsfonds der Pflegeversicherung mit bis zu 5 Millionen EUR Modellvorhaben zur Erprobung von Leistungen nach § 124 SGB XI durch Betreuungsdienste vereinbaren. Der Spitzenverband Bund hat eine begrenzte Zahl von teilnehmenden Betreuungsdiensten auszuwählen.

In der Gesetzesbegründung wird darauf hingewiesen, dass an Stelle der Pflegefachkraft qualifizierte, fachlich geeignete und zuverlässige Kräfte anerkannt werden können. Es muss sich dabei um Personen mit zweijähriger Berufserfahrung im erlernten Beruf, vorzugsweise aus dem Gesundheits- und Sozialbereich, handeln, die als verantwortliche Kräfte anerkannt werden können.

Dies können zum Beispiel auch Altentherapeuten, Heilerzieher, Heilerziehungspfleger, Heilpädagogen, Sozialarbeiter, Sozialpädagogen sowie Sozialtherapeuten sein. Es kommen somit unterschiedliche Ausgangsqualifikationen für die verantwortliche Kraft in Betracht. Dieser Ansatz ermöglicht, die Versorgung Pflegebedürftiger auf eine breitere fachliche und damit auch breitere personelle Basis zu stellen.

Voraussetzung ist ferner, dass eine Weiterbildungsmaßnahme für leitende Funktionen erfolgreich absolviert wurde.

Die am Modellvorhaben beteiligten Dienste sollten durch entsprechende zusätzliche Bezeichnungen, beispielsweise durch Namenszusätze wie „Betreuungsdienst", kenntlich gemacht werden. Das ist erforderlich, um eine besssere Orientierung und die erforderliche Transparenz für Pflegebedürftige auf dem Markt zu erreichen.

11.19 Pflegehilfsmittel und wohnumfeldverbessernde Maßnahmen

Pflegehilfsmittel

Die Pflegekasse gewährt Hilfsmittel nur, soweit diese nicht wegen Krankheit oder Behinderung von

- der Krankenversicherung oder
- einem anderen zuständigen Leistungsträger

zu leisten sind.

Schaubild Pflegehilfsmittel

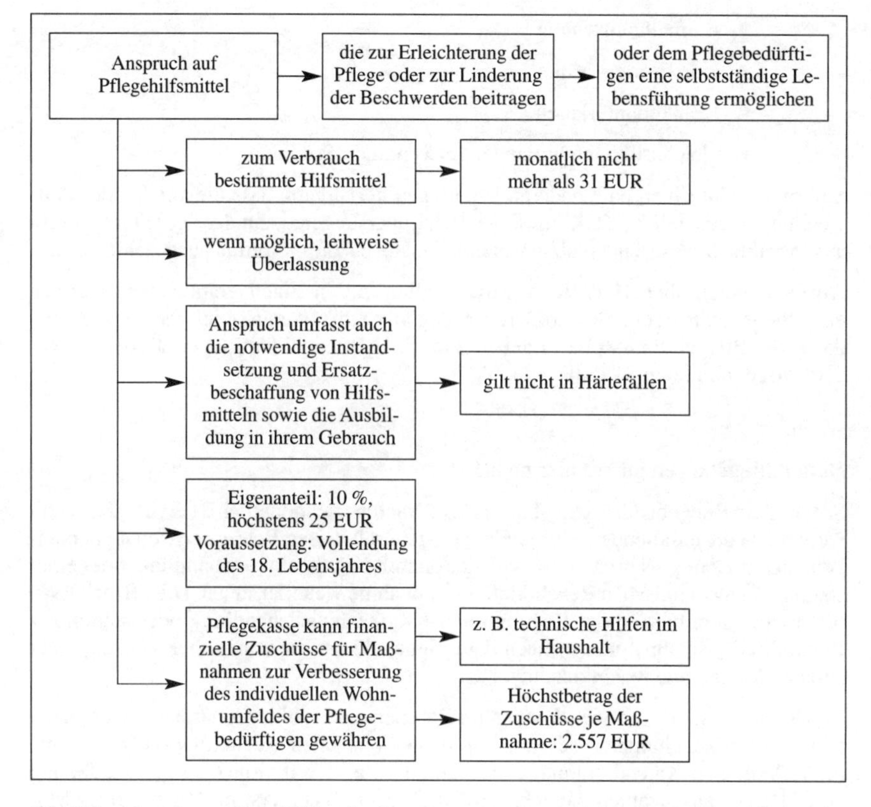

Andere Stellen

Die Pflegekasse gewährt Hilfsmittel nur, soweit diese nicht wegen Krankheit oder Behinderung von

- der Krankenversicherung oder
- einem anderen zuständigen Leistungsträger

zu leisten sind.

Die Pflegekasse überprüft die Notwendigkeit der Versorgung mit den beantragten Pflegehilfsmitteln unter Beteiligung einer Pflegefachkraft oder des Medizinischen Dienstes.

Verbrauch Wie aus dem Schaubild hervorgeht, dürfen die Aufwendungen der Pflegekasse für zum Verbrauch bestimmte Hilfsmittel monatlich den Betrag von 31 EUR nicht übersteigen. Zum Verbrauch bestimmte Pflegehilfsmittel sind Produkte, die wegen

- der Beschaffenheit ihres Materials oder
- aus hygienischen Gründen

nur einmal benutzt werden können und

- in der Regel für den Wiedereinsatz nicht geeignet sind.

Dabei ist die Dauer der Benutzung des einzelnen Artikels unerheblich.

Zum Verbrauch bestimmte, am Pflegebedürftigen anzuwendende Pflegehilfsmittel sind zum Beispiel:

- Desinfektionsmittel
- Einmalhandschuhe
- Körperpflegeartikel
- Krankenunterlagen
- gleichartige, nicht wieder verwendbare Produkte.

Auszahlung Sofern aus Gutachten oder anderen Unterlagen hervorgeht, dass die anfallenden Aufwendungen generell 31 EUR im Monat nicht übersteigen, kann durch die Pflegekasse aus Vereinfachungsgründen ohne weiteren Nachweis dieser Betrag ausgezahlt werden.

Aufwendungen über 31 EUR im Monat fallen in den Eigenverantwortungsbereich des Pflegebedürftigen. Bei größeren Mengen ist die voraussichtliche Verbrauchsdauer der Pflegehilfsmittel anzugeben. Für diese Pflegehilfsmittel erhält der Pflegebedürftige monatlich 31 EUR.

Wichtig:

Härtefallregelungen gibt es hier nicht.

Sofern dem Pflegebedürftigen ohne weitere Nachweise monatlich 31 EUR ausgezahlt werden, da die anfallenden Aufwendungen generell diesen Betrag im Monat übersteigen, ist der Betrag während einer vollstationären Krankenhausbehandlung oder einer stationären medizinischen Rehabilitationsmaßnahme weiterzuzahlen. Die Pflegekassen orientieren sich hier an der Regelung bei Krankenhausbehandlung oder stationärer Rehabilitationsmaßnahme, wonach das Pflegegeld für die ersten vier Wochen einer solchen Maßnahme weiterzuzahlen ist.

Endet der Zeitraum von vier Wochen im Rahmen einer vollstationären Krankenhausbehandlung beziehungsweise stationären medizinischen Rehabilitationsmaßnahme im Verlauf eines Kalendermonats, so ist anteilig für diesen Monat der Pauschalbetrag von 31 EUR auszuzahlen. Gleiches gilt auch dann, wenn erst im Verlauf eines Monats der Leistungsanspruch festgestellt wird.

Beispiel:

Pflegebedürftigkeit wird erst mit Wirkung ab dem 15. eines Monats festgestellt.

Wichtig:

Teilmonat Weist der Pflegebedürftige für einen Teilmonat Aufwendungen für zum Verbrauch bestimmte Hilfsmittel in Höhe von mindestens 31 EUR nach, ist eine anteilige Kürzung des Betrages nicht vorzunehmen.

Einsparmöglichkeiten

Pflegekassen, Leistungserbringer und Pflegebedürftige sind verpflichtet, alle in Frage kommenden Einsparmöglichkeiten zu nutzen.

Beispiele:

- Direktbezug vom Hersteller
- Aushandeln von Rabatten

Technische Hilfsmittel

Bei Pflegehilfsmitteln, die nicht zum Verbrauch bestimmt sind, handelt es sich in der Regel um technische Hilfsmittel. Dazu zählen Pflegehilfsmittel zur

- Erleichterung der Pflege,
- Körperpflege/Hygiene,
- selbstständigen Lebensführung/Mobilität sowie
- Linderung von Beschwerden.

Die Pflegekassen sollen technische Hilfsmittel in allen geeigneten Fällen vorrangig leihweise überlassen. Sie können die Bewilligung davon abhängig machen, dass die Pflegebedürftigen sich das Pflegehilfsmittel anpassen oder sich selbst oder die Pflegeperson in seinem Gebrauch ausbilden lassen.

Der Anspruch umfasst auch die notwendige

- Änderung,
- Instandsetzung,
- Ersatzbeschaffung von Hilfsmitteln sowie
- Ausbildung in ihrem Gebrauch.

Zuzahlungen

Versicherte, die das 18. Lebensjahr vollendet haben, müssen zu den Kosten der Hilfsmittel eine Zuzahlung erbringen. Das gilt allerdings nicht für zum Verbrauch bestimmte Hilfsmittel (vgl. dazu die obigen Ausführungen).

Die Zuzahlung beträgt 10 %, höchstens jedoch 25 EUR je Hilfsmittel. Die Zuzahlung ist an die abgebende Stelle zu entrichten.

Befreiung

Zu Vermeidung von Härten kann die Pflegekasse den Versicherten in entsprechender Anwendung bestimmter Vorschriften der gesetzlichen Krankenversicherung von der Zuzahlung befreien.

Der Hinweis auf die Krankenversicherung bedeutet, dass Zuzahlungen nur bis zur sogenannten Belastungsgrenze zu entrichten sind. Wird die Belastungsgrenze bereits innerhalb eines Kalenderjahres erreicht, hat die Krankenkasse eine Bescheinigung darüber zu erteilen, dass für den Rest des Kalenderjahres keine Zuzahlungen mehr zu leisten sind.

Hier bestimmt § 40 Abs. 3 SGB XI ausdrücklich, dass die Zuzahlungen der gesetzlichen Krankenversicherung und die der Pflegeversicherung zusammenzurechnen sind. Wurde die Belastungsgrenze der Krankenversicherung dort nämlich bereits erreicht, dann ist der Betreffende in der Pflegeversicherung von der Zuzahlung befreit. Das gilt auch dann, wenn die Belastungsgrenze unter Berücksichtigung der Zuzahlungen zur Pflegeversicherung überschritten wird.

Vgl. bezüglich der Zuzahlungen in der Krankenversicherung die Ausführungen unter Kapitel B 3, Abschnitt 6.1 und der Belastungsgrenzen die Ausführungen unter Kapitel B 3, Abschnitt 6.2.

Ausnahmen von der Leistungspflicht

Täglicher Lebensbedarf

Mittel, die zum täglichen Lebensbedarf gehören, sind keine Pflegehilfsmittel. Dazu zählen Alltagshilfen, wie z. B.

- Küchenhilfen,
- Elektromesser,
- Dosenmesser,

und so weiter.

Der Leistungsausschluss gilt auch dann, wenn sie die Pflege des Pflegebedürftigen erleichtern. Dazu zählen Mittel, die allgemein Verwendung finden und üblicherweise von mehreren Personen benutzt werden beziehungsweise üblicherweise in einem Haushalt vorhanden sind.

Achtung:

Einzelfälle

Stellt der MDK fest, dass die erforderliche Grundpflege und hauswirtschaftliche Versorgung durch das Pflegegeld nicht sichergestellt wird, kann das Pflegegeld nicht gezahlt werden. Gegebenenfalls obliegt der Pflegekasse die Verpflichtung, darauf hinzuwirken, dass der Pflegebedürftige eine wirksame und wirtschaftliche Pflegeleistung erhält.

Die Leistung „Pflegegeld“ wird im Übrigen monatlich im Voraus bezahlt.

Die Umrüstung eines Rollladens und einer Markise auf Elektroantrieb ist weder ein Hilfsmittel der Pflegeversicherung noch eine zuschussfähige Umbaumaßnahme. Sie dient nämlich nicht der Erleichterung der Pflege und auch nicht zur Aufrechterhaltung einer möglichst selbstständigen Lebensführung.

Alten- und Pflegeheime

Auch die Bewohner von Alten- und Pflegeheimen haben einen individuellen Anspruch auf die Versorgung mit Hilfsmitteln. Dieser bleibt grundsätzlich unberührt von gegebenenfalls privaten Vereinbarungen des Bewohners mit der jeweiligen Einrichtung.

Wichtig:

Voraussetzung für die Kostenübernahme eines Hilfsmittels für einen Versicherten in einem Alten- oder Pflegeheim ist, dass das Hilfsmittel konkret für einen einzelnen Versicherten bestimmt ist. Das Hilfsmittel muss dem Versicherten eine „aktive Teilnahme am gesellschaftlichen Leben“ ermöglichen und ihn durch eine Erhöhung der Selbstständigkeit mindestens teilweise vom Pflegepersonal unabhängig machen.

Aus diesem Grunde können z. B. Selbstfahrerrollstühle und Elektrorollstühle in die Leistungspflicht fallen.

Pflegeheim zuständig

Dagegen lösen Pflegebetten, Lifter, Bettgalgen, Toiletten- und Badehilfen oder zur Prophylaxe eingesetzte Anti-Dekubitusmatratzen (Wechseldruck-, Wasser- oder Würfelmatratzen) grundsätzlich keinen Leistungsanspruch gegen die Pflegekasse, sondern nur einen solchen gegen die Pflegeeinrichtung aus.

In der Regel ist ein Druckgeschwür (Dekubitus) als Pflegedefizit aufgrund mangelnder Pflege anzusehen. Hilfsmittel gegen Dekubitus erleichtern in stationären Einrichtungen die Pflege und reduzieren den individuellen Pflegeaufwand, sodass das Pflegepersonal für andere Aufgaben zur Verfügung steht.

Wichtig:

Die Pflegeeinrichtung hat sicherzustellen, dass keine Pflegedefizite aufgrund mangelnder Pflege auftreten. Insofern gehören die Hilfsmittel gegen Dekubitus zur notwendigen Ausstattung eines Pflegeheims, insbesondere Liegehilfen zur Vorbeugung, Würfelmatratzen und Wechseldruckmatratzen. Sie sind damit nicht verordnungsfähig zu Lasten der gesetzlichen Krankenversicherung.

Bettschutzeinlagen dienen dem Schutz der Bettwäsche und von Einrichtungsgegenständen. Eine Verordnung zu Lasten der gesetzlichen Versicherung kommt daher nicht in Betracht. Das gilt auch für saugende Bettschutzeinlagen. In diesen Fällen ist alleine die Pflegeeinrichtung für die Sicherstellung einer ordnungsgemäßen Pflege zuständig.

11.20 Leistungen bei stationärer Pflege

Leistungsarten

Stationäre Pflege

Die Leistungsarten der stationären Pflege differenzieren sich wie folgt:

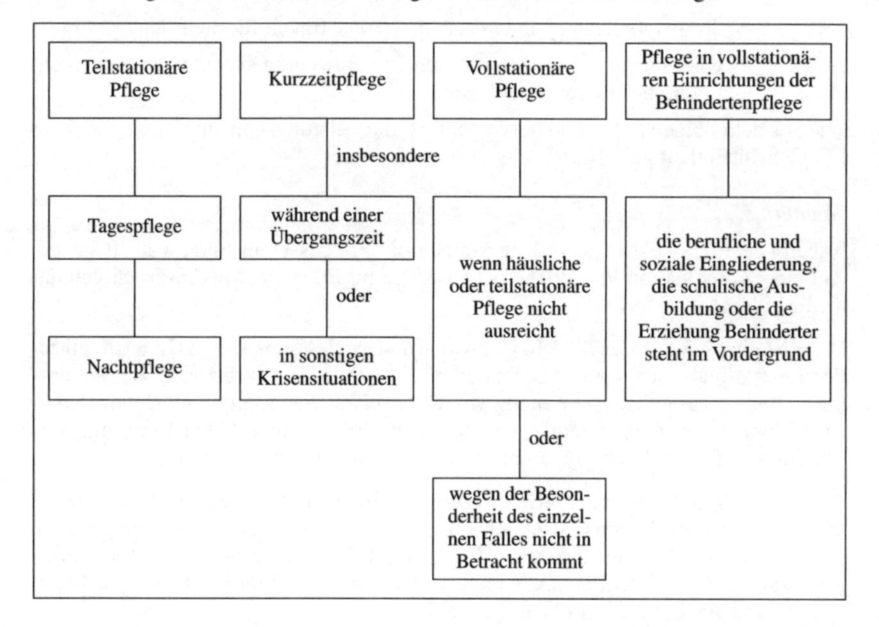

11.20.1 Teilstationäre Pflege

Teilstationäre Pflege

Höhe

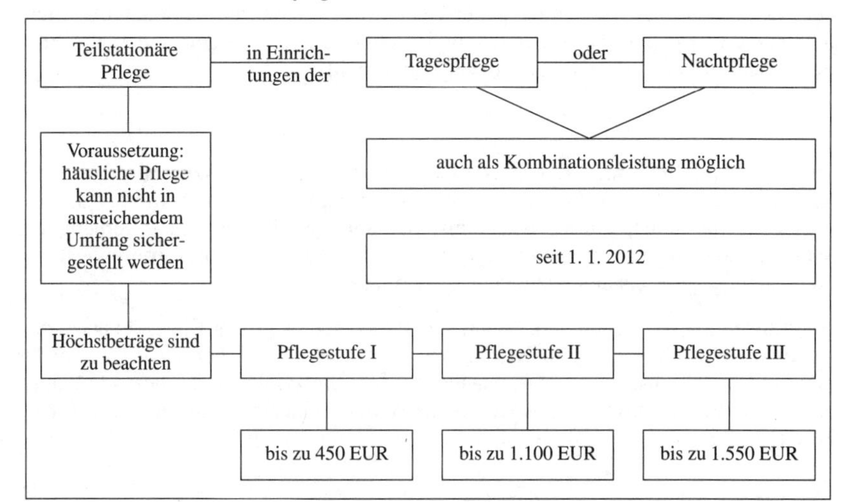

Anspruchsvoraussetzungen

Pflegebedürftige haben Anspruch auf teilstationäre Pflege in Einrichtungen der Tages- oder Nachtpflege, insbesondere in Fällen

- einer kurzfristigen Verschlimmerung der Pflegebedürftigkeit,
- der Ermöglichung einer (Teil-)Erwerbstätigkeit für die Pflegeperson,
- einer nur für einige Stunden am Tag notwendigen ständigen Beaufsichtigung des Pflegebedürftigen.

Wie aus dem obigen Schaubild hervorgeht, ist die Leistungshöhe nach dem Grad der Pflegebedürftigkeit gestaffelt.

Wichtig:

Neben der Tages- und Nachtpflege können die Pflegesachleistung, das Pflegegeld und eine Kombination von Pflegesachleistung und Pflegegeld in Anspruch genommen werden.

Das PNG hat § 87b SGB XI dahingehend geändert, dass seit 1. 1. 2013 auch teilstationäre (vormals nur vollstationäre) Pflegeeinrichtungen zusätzliche Betreuungskräfte für die zusätzliche Betreuung von Pflegebedürftigen mit erheblichem Bedarf an allgemeiner Beaufsichtigung und Betreuung beschäftigen können und die Aufwendungen hierfür durch Vergütungszuschläge refinanziert bekommen.

Auf dieser Grundlage hat der GKV-Spitzenverband die Richtlinien nach § 87b Abs. 3 SGB XI zur Qualifikation und zu den Aufgaben von zusätzlichen Betreuungskräften in Pflegeheimen (Betreuungskräfte-RI) vom 19. 8. 2008 überarbeitet. Die Richtlinien befinden sich jetzt in der Fassung vom 8. 5. 2013. Sie sind durch das BMG genehmigt worden und am 4. 6. 2013 in Kraft getreten.

11.20.2 Kurzzeitpflege

Kurzzeitpflege

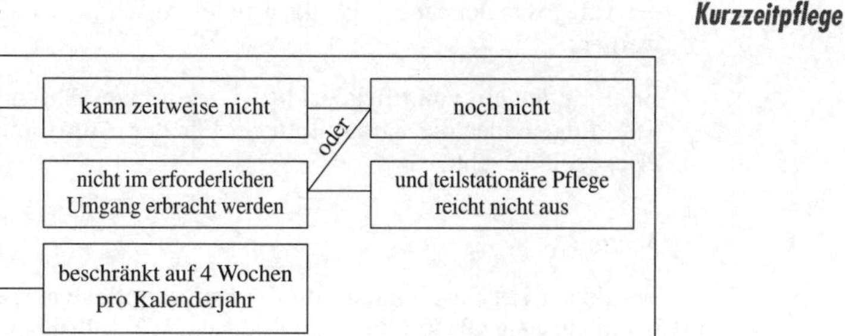

Kurzzeitpflege wird insbesondere gewährt:

Voraussetzungen

- für eine Übergangszeit im Anschluss an eine stationäre Behandlung des Pflegebedürftigen oder
- in sonstigen Krisensituationen, in denen vorübergehend häusliche oder teilstationäre Pflege nicht möglich oder nicht ausreichend ist

Im ersteren Falle muss ein vertretbarer Zeitraum – wie etwa eine Anschlussheilbehandlung – zwischen Entlassung aus der stationären Behandlung und der Aufnahme in die Kurzzeitpflegeeinrichtung liegen.

Im zweiten Falle besteht ein Anspruch auf Kurzzeitpflege auch dann, wenn bei der Aufnahme in die Kurzzeitpflegeeinrichtung feststeht, dass im Anschluss an die Kurzzeitpflege eine vollstationäre Pflege in einer Pflegeeinrichtung erfolgen soll.

Wichtig:

Vier Wochen

Der Anspruch auf Kurzzeitpflege ist auf vier Wochen pro Kalenderjahr beschränkt. Er ist nicht davon abhängig, dass der Pflegebedürftige eine bestimmte Zeit gepflegt werden muss.

Auf die Dauer dieses Leistungsanspruchs wird die Zeit der Gewährung häuslicher Pflege bei Verhinderung der Pflegeperson nicht angerechnet.

Ein am 31. 12. eines Jahres bestehender oder an diesem Tage – wegen Ablaufs der 4-Wochen-Frist – endender oder vor dem 31. 12. eines Jahres abgelaufener Leistungsanspruch besteht ab 1. 1. des Folgejahres für vier Wochen weiter beziehungsweise lebt wieder auf.

Wichtig:

Unterbrechung

Wird eine Sachleistung durch Kurzzeitpflege unterbrochen, können im Monat der Aufnahme und der Entlassung jeweils Sachleistungen bis zur jeweiligen Wertgrenze der Pflegesachleistung (vgl. dazu unter Abschnitt 11.13) in Anspruch genommen werden.

Bei Empfängern von Pflegegeld (vgl. dazu unter Abschnitt 11.14) tritt an die Stelle des Pflegegeldes die Kurzzeitpflege. Für den Aufnahme- und Entlassungstag wird Pflegegeld gezahlt.

Achtung:

Wurde der Leistungsumfang für die Kurzzeitpflege ausgeschöpft, kommt eine darüber hinausgehende Zahlung von Pflegegeld für selbst beschaffte Pflegehilfen nicht in Betracht.

Wird der jeweilige Leistungsrahmen vor Ablauf der vierwöchigen Höchstbezugsdauer ausgeschöpft, stehen den Pflegebedürftigen ab diesem Zeitpunkt für die weitere Pflege in einer Kurzzeitpflegeeinrichtung die Leistungen der Verhinderungspflege (vgl. dazu unter Abschnitt 11.17) bis zu dem jeweiligen Betrag – ohne Behandlungspflege und soziale Betreuung – zur Verfügung.

Die Hälfte des bisher bezogenen Pflegegeldes wird während einer Kurzzeitpflege jeweils für bis zu vier Wochen je Kalenderjahr in Höhe der Hälfte der vor Beginn der Kurzzeitpflege geleisteten Höhe fortgewährt.

Vollstationäre Pflege

11.20.3 Vollstationäre Pflege

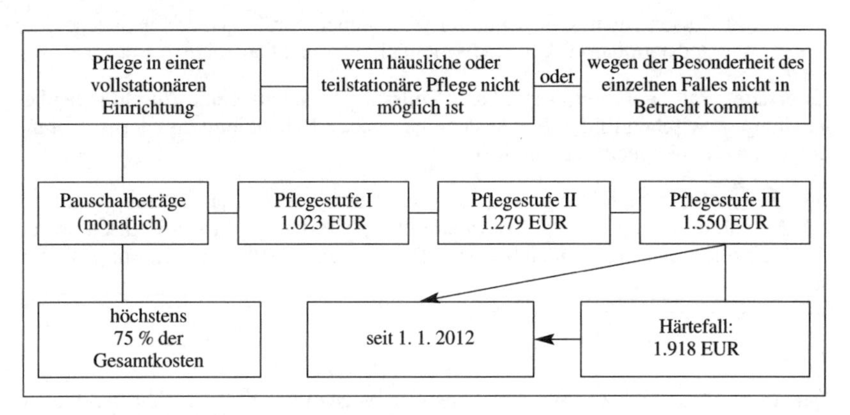

Die Pflegekasse übernimmt die pflegebedingten Aufwendungen, die Aufwendungen der medizinischen Behandlungspflege und der sozialen Aufwendungen. Die Übernahme erfolgt pauschal, wie im obigen Schaubild dargestellt.

Antragsformular Die Pflegekassen verwenden für den Antrag auf Leistungen der vollstationären Pflege besondere Antragsformulare. Das Muster eines solchen Vordruckes wird nachfolgend wiedergegeben (das Formular wird auch bei Anträgen auf Höherstufung verwendet):

Antrag auf Leistungen der vollstationären Pflege

für **geb.**
KV-Nr.
Telefon:

Häusliche oder teilstationäre Pflege ist nicht möglich, deshalb werde ich ab
in einem vollstationären Pflegeheim betreut.

Die Betreuung wird durchgeführt von
Name und Anschrift des Pflegeheimes

Der behandelnde Arzt ist
Name und Anschrift
des Hausarztes/Facharztes

Ich bin damit einverstanden, dass

a) der Medizinische Dienst der Krankenversicherung (MDK) bzw. der sonst beauftragte Gutachter meinen behandelnden Arzt in die Begutachtung einbezieht – ärztliche Auskünfte und Unterlagen über die für die Begutachtung der Pflegebedürftigkeit wichtigen Vorerkrankungen sowie Art, Umfang und Dauer der Hilfebedürftigkeit einholt. ❒ **ja** ❒ **nein**

b) die Pflegekasse bei Bedarf das Pflegegutachten an meinen behandelnden Arzt schickt. ❒ **ja** ❒ **nein**

c) die Pflegekasse auf die bei der Krankenkasse gespeicherten Daten zugreifen kann, wenn es für die Bearbeitung meines Pflegeantrags notwendig ist. ❒ **ja** ❒ **nein**

d) der MDK bzw. der sonst beauftragte Gutachter bei Bedarf im Rahmen der Prüfung der Qualität in einer vollstationären Einrichtung eine Begutachtung vornimmt. ❒ **ja** ❒ **nein**

Datum **Unterschrift des Versicherten**

Zu unserer gesetzlichen Aufgabenerfüllung ist Ihr Mitwirken notwendig. Ihre dazu erforderlichen Daten erheben wir aufgrund der §§ 7, 18, 28, 36-44, 80ff. sowie 94, 97d SGB XI in Verbindung mit § 60ff. SGB I. Ihre Mitwirkung beinhaltet auch die Bereitschaft zur Durchführung einer Begutachtung durch den MDK, die gem. § 80 SGB XI erforderlich sein kann. Fehlt Ihre Mitwirkung, kann dies zu Nachteilen bei der Leistungsgewährung führen.

Bei einem Wechsel zwischen häuslicher und vollstationärer Pflege im Laufe des Monats besteht für die Zeit der häuslichen Pflege Anspruch auf volle Sachleistung.

Wichtig:

Die Leistungen der häuslichen Pflege werden bis zu den festgelegten Höchstgrenzen – der einzelnen Pflegestufe – ausgeschöpft.

Bei Zahlung von Pflegegeld ist anteiliges Pflegegeld für die tatsächlichen Tage der häuslichen Pflege (einschließlich Aufnahme- und Entlassungstag) zu zahlen.

Hat ein Betreuer zu prüfen, welches Pflegeheim für einen Betreuten in Betracht kommt, sollte er vor der Entscheidung in allen Pflegeheimen nachfragen, die örtlich in Frage kommen. Vor allem ist festzustellen:

Prüfung der Pflegeheime

- Höhe der Pflegesätze insgesamt,
- Höhe der nicht von der Pflegekasse zu übernehmenden Kosten,
- Räumlichkeiten des Pflegeheimes,
- Zugänge (Treppen usw.),

- Möglichkeiten, rechtzeitig einen Arzt hinzuzuziehen,
- Zeitpunkt, ab wann eine Aufnahme erfolgen kann,
- Möglichkeiten des Pflegebedürftigen, seinen Neigungen und Hobbys nachzugehen und Besuch zu empfangen,
- Einzelheiten der praktischen Pflege in dem Pflegeheim und des Umgangs des Personals mit den Pflegebedürftigen (eventuell durch Befragung anderer Heimbewohner),
- Möglichkeiten der Pflegebedürftigen, Spaziergänge oder -fahrten (mit dem Rollstuhl) in Garten- oder Parkanlagen zu unternehmen,
- Möglichkeiten des Pflegebedürftigen, das Heim für kurze Zeit, zum Beispiel für Kinobesuche, zu verlassen,
- gereichte Verpflegung,
- sonstige Möglichkeiten der Freizeitgestaltung.

Die Pflegekasse zahlt den dem pflegebedürftigen Heimbewohner zustehenden Leistungsbetrag mit befreiender Wirkung unmittelbar an das Pflegeheim. Maßgebend für die Höhe des zu zahlenden Leistungsbetrages ist der Leistungsbescheid der Pflegekasse.

Die von den Pflegekassen zu zahlenden Leistungsbeträge werden zum 15. des laufenden Monats fällig.

Heimentgelt

Bei Einzug, Auszug oder Tod des Pflegebedürftigen besteht im laufenden Monat grundsätzlich ein Anspruch auf die Leistungsbeträge bei vollstationärer Pflege. Maximal besteht jedoch ein Anspruch auf 75 % des Heimentgelts für den Teilmonat. Sofern Pflegeeinrichtungen aufgrund vertraglicher Regelungen über den Tod hinaus ein sogenanntes „Platzgeld" in voller oder verminderter Höhe in Rechnung stellen, kann die vollstationäre Pflegeeinrichtung über den Todestag hinaus keinen Vergütungsanspruch geltend machen.

Das tägliche Heimentgelt wird mit den tatsächlichen Tagen des Anspruchszeitraumes multipliziert und auf 75 % begrenzt. Sofern ein tägliches Heimentgelt nicht bekannt ist, ist das monatliche Heimentgelt durch 30 zu dividieren und mit den tatsächlichen Tagen des Anspruchszeitraumes zu multiplizieren und auf 75 % zu begrenzen. Liegt dieses Heimentgelt unter dem Pauschbetrag der jeweiligen Pflegestufe, ist eine Begrenzung auf das anteilige Heimentgelt vorzunehmen. Im umgekehrten Fall ist der Pauschbetrag zu zahlen.

Verträge

Die zurzeit geltenden Heimverträge enthalten zum Teil erheblich voneinander abweichende Regelungen, insbesondere hinsichtlich des Berechnungsverfahrens bei Abwesenheit des Pflegebedürftigen. Die Abwesenheit kann unter anderem durch vollstationäre Krankenhausbehandlung oder vorübergehende Rückkehr in den häuslichen Bereich bedingt sein.

Abwesenheitszeiten

In gleicher Weise gilt dies auch, wenn sich Pflegebedürftige z. B. an den Wochenenden in den häuslichen Bereich begeben. Für diese Abwesenheitszeiten stellen die Pflegeheime überwiegend ein gegenüber dem Heimentgelt vermindertes „Platzgeld" (vgl. oben) in Rechnung. Der Zeitraum, für den das Platzgeld berechnet wird, ist üblicherweise begrenzt (auf drei Wochen).

Diese vertraglichen Regelungen finden bei der Ermittlung des Heimentgelts Berücksichtigung.

Vollstationäre Einrichtungen der Behindertenhilfe

Für Pflegebedürftige in einer vollstationären Einrichtung der Behindertenhilfe, in der die berufliche und soziale Eingliederung, die schulische Ausbildung oder die Erziehung Behinderter im Vordergrund des Einrichtungszweckes steht, übernimmt die Pflegekasse einen Teil der Kosten. Übernommen wird ein Teil der pflegebedingten Aufwendungen, der Aufwendungen für die soziale Betreuung sowie der Aufwendungen für Leistungen der medizinischen Behandlungspflege.

Achtung:

Die Pflegekasse übernimmt 10 % des vereinbarten Heimentgelts. Die Aufwendungen der Pflegekasse dürfen im Einzelfall je Kalendermonat 256 EUR nicht überschreiten.

Erfolgt die Betreuung durch Kooperation einzelner Träger (z. B. Wohnheim und Werkstatt für Behinderte), so ist von einem Gesamtheimentgelt auszugehen.

Zum Teil sind auch in Einrichtungen der Behindertenhilfe tagesgleiche Pflegesätze vereinbart. Auf dieser Basis werden die monatlichen Zahlbeträge anhand der tatsächlichen Kalendertage des jeweiligen Monats ermittelt. Für die Berechnung der 10 %-Regelung würde dies bedeuten, dass eine entsprechende Berechnung für jeden Monat zu erfolgen hat. Aus verwaltungsökonomischen Gründen wird meist ein vereinfachtes Verfahren auf regionaler Ebene vereinbart. Dadurch wird eine kontinuierliche Zahlung in jeweils gleicher Höhe sichergestellt.

Dabei wird nicht von der tatsächlichen Zahl der Kalendertage im Monat ausgegangen, sondern die jahresdurchschnittliche Zahl der Kalendertage je Monat (365 : 12 30,42) zugrunde gelegt.

Durchschnittswert

Mit diesem Durchschnittswert ist das tägliche Heimentgelt zu multiplizieren, um die für die Berechnung der 10 % maßgebliche Größe – bei vollen Kalendermonaten – zu erhalten.

Anspruchsvoraussetzung für die Zahlung des Pauschalbetrages ist die Feststellung des MDK, dass die Bedingungen der Pflegestufe I erfüllt sind. Eine genaue Festlegung der einzelnen Pflegestufe ist daher nicht erforderlich.

11.21 Leistungen für Pflegebedürftige mit erheblichem allgemeinen Betreuungsbedarf

Besondere Leistungen

Besondere Leistungen erhalten Personen, die sich in häuslicher Pflege befinden und bei denen neben dem Hilfebedarf im Bereich der Grundpflege und der hauswirtschaftlichen Versorgung ein erheblicher Bedarf an allgemeiner Beaufsichtigung und Betreuung gegeben ist.

Betroffen sind

- Pflegebedürftige der Pflegestufen I, II und III sowie
- Personen, die einen Hilfebedarf im Bereich der Grundpflege und hauswirtschaftlichen Versorgung haben, der nicht das Ausmaß der Pflegestufe I erreicht,
- Personen mit demenzbedingten Fähigkeitsstörungen, geistigen Behinderungen oder psychischen Erkrankungen, bei denen der MDK im Rahmen der Begutachtung als Folge der Krankheit oder Behinderung Auswirkungen auf die Aktivitäten des täglichen Lebens feststellt, die dauerhaft zu einer erheblichen Einschränkung der Alltagskompetenz geführt haben.

Aktivitäten des täglichen Lebens

Feststellung

Die Einschränkung der Alltagskompetenz wird durch den MDK oder den sonst beauftragten Gutachter festgestellt.

Fähigkeitsstörungen

Für die Bewertung, ob die Einschränkung der Alltagskompetenz auf Dauer erheblich ist, sind nach § 45a Abs. 2 SGB XI folgende Schädigungen und Fähigkeitsstörungen maßgebend:

- unkontrolliertes Verlassen des Wohnbereiches (Weglauftendenz),
- Verkennen oder Verursachen gefährdender Situationen,
- unsachgemäßer Umgang mit gefährlichen Gegenständen oder potenziell gefährdenden Substanzen,
- tätlich oder verbal aggressives Verhalten in Verkennung der Situation,
- im situativen Kontext inadäquates Verhalten,
- Unfähigkeit, die eigenen körperlichen und seelischen Gefühle oder Bedürfnisse wahrzunehmen,
- Unfähigkeit zu einer erforderlichen Kooperation bei therapeutischen oder schützenden Maßnahmen als Folge einer therapieresistenten Depression oder Angststörung,
- Störungen der höheren Hirnfunktionen (Beeinträchtigungen des Gedächtnisses, herabgesetztes Urteilsvermögen), die zu Problemen bei der Bewältigung von sozialen Alltagsleistungen geführt haben,
- Störung des Tag-/Nacht-Rhythmus,
- Unfähigkeit, eigenständig den Tagesablauf zu planen und zu strukturieren,
- Verkennen von Alltagssituationen und inadäquates Reagieren in Alltagssituationen,
- ausgeprägtes labiles oder unkontrolliert emotionales Verhalten,
- zeitlich überwiegend Niedergeschlagenheit, Verzagtheit, Hilflosigkeit oder Hoffnungslosigkeit aufgrund einer therapieresistenten Depression.

Die Alltagskompetenz ist erheblich eingeschränkt, wenn der Gutachter des Medizinischen Dienstes bei dem Pflegebedürftigen wenigstens in zwei Bereichen, davon mindestens einmal aus einem der Bereiche des ersten bis neunten Aufzählungszeichens, dauerhafte und regelmäßige Schädigungen oder Fähigkeitsstörungen feststellt.

Gutachten

Das Nähere zur einheitlichen Begutachtung und Feststellung des erheblichen und dauerhaften Bedarfs an allgemeiner Beaufsichtigung und Betreuung ergibt sich aus den Richtlinien nach § 17 SGB XI. Bei künftigen Erst- und Wiederholungsbegutachtungen von zu Hause betreuten Pflegebedürftigen wird der Gutachter immer auch Feststellungen darüber treffen, ob ein erheblicher Bedarf an allgemeiner Beaufsichtigung und Betreuung besteht. Bei bereits anerkannten Pflegebedürftigen, bei deren Begutachtung der Bedarf an allgemeiner Beaufsichtigung und Betreuung noch nicht mitgeprüft werden konnte (Altfälle), veranlasst die zuständige Pflegekasse die Begutachtung, wenn der Pflegebedürftige die zusätzliche Leistung beantragt, sofern sich das Vorliegen der Voraussetzungen für diesen Leistungsanspruch nicht ausnahmsweise schon eindeutig aus der Aktenlage ergibt.

Zusätzliche Leistungen

Versicherte, die die vorstehenden Voraussetzungen erfüllen, können je nach Umfang des erheblichen allgemeinen Betreuungsbedarfs zusätzliche Betreuungsleistungen in Anspruch nehmen. Die Kosten hierfür werden ersetzt, höchstens jedoch

- 100 EUR monatlich (Grundbetrag) oder
- 200 EUR monatlich (erhöhter Betrag).

Die Höhe des jeweiligen Anspruchs wird von der Pflegekasse auf Empfehlung des MDK im Einzelfall festgelegt und dem Versicherten mitgeteilt.

Der Spitzenverband Pflegeversicherung hat, unter Beteiligung weiterer Organisationen Richtlinien zu erlassen. Diese Richtlinien haben einheitliche Maßstäbe zur Bewertung des Hilfebedarfs festzulegen.

Die oben aufgeführte Leistung kann innerhalb des jeweiligen Kalenderjahres in Anspruch genommen werden. Wird die Leistung in einem Kalenderjahr nicht ausgeschöpft, kann der nicht verbrauchte Betrag in das folgende Kalenderhalbjahr übernommen werden.

§ 45c SGB XI regelt die Weiterentwicklung der Versorgungsstrukturen. Danach fördert der Spitzenverband Bund der Pflegekassen den Auf- und Ausbau von niedrigschwelligen Betreuungsangeboten. Hieran beteiligen sich auch die privaten Versicherungsunternehmen. Mittel können im Übrigen insbesondere zur Weiterentwicklung der Versorgungsstrukturen und Versorgungskonzepte für demenziell Erkrankte verwendet werden. Dabei geht es auch um den Ausbau von Gruppen ehrenamtlich Tätiger sowie sonstige zum bürgerschaftlichen Engagement bereiter Personen. Mittel können auch zur Förderung und zum Auf- und Ausbau von Selbsthilfegruppen, -organisationen und -kontaktstellen eingesetzt werden. Diese müssen sich die Unterstützung von Pflegebedürftigen, von Personen mit erheblichem allgemeinen Betreuungsbedarf sowie deren Angehörigen zum Ziel gesetzt haben. Einzelheiten regelt der seit 1. 7. 2008 geltende § 45d SGB XI.

Nichtanrechnung der zusätzlichen Leistungen

Nichtanrechnung

Mit der in § 45b SGB XI vorgesehenen zusätzlichen Betreuungsleistung sollen pflegende Angehörige, die durch die häusliche Pflege eines Pflegebedürftigen mit erheblichem allgemeinem Betreuungsbedarf in besonderer Weise psychisch und physisch belastet werden, zusätzliche Möglichkeiten der dringend notwendigen Entlastung erhalten. Um dieses Ziel zu erreichen, muss sichergestellt werden, dass die zusätzliche Betreuungsleistung den Pflegebedürftigen und ihren pflegenden Angehörigen möglichst ungeschmälert erhalten bleibt. Zu diesem Zweck sieht § 13 Abs. 3a SGB XI vor, dass bei gleichzeitiger Inanspruchnahme von fürsorgerischen Leistungen der Pflege anderer Sozialleistungsträger der zusätzliche Betreuungsbetrag der Pflegeversicherung nicht angerechnet werden darf.

Damit wird zugleich verhindert, dass sich Pflegebedürftige zum Erhalt der neuen Betreuungsleistung der Pflegeversicherung einer weiteren Begutachtung unterziehen müssen, ohne daraus auch tatsächlich eine zusätzliche Entlastungsmöglichkeit für ihre pflegenden Angehörigen zu gewinnen. Bei den Leistungen nach § 45b SGB XI handelt es sich auch nicht um gleichartige Leistungen im Rahmen der Hilfe zur Pflege nach dem SGB XII, insofern kann auch keine Leistungskonkurrenz zwischen der Leistung nach § 45b SGB XI und den Leistungen nach dem SGB XII bestehen.

11.22 Pflegestützpunkte

Neuregelung

Die Einführung von Pflegestützpunkten durch das Pflege-Weiterentwicklungsgesetz ab 1. 7. 2008 war zeitweise sehr umstritten. Rechtsgrundlage ist § 92c SGB XI. Danach ist es Aufgabe der Pflegekassen und Krankenkassen, zur wohnortnahen Beratung, Versorgung und Betreuung der Versicherten Pflegestützpunkte einzurichten. Allerdings muss dies die zuständige oberste Landesbehörde bestimmen.

Vertragsfestsetzung Kommen die dafür erforderlichen Verträge nicht innerhalb von drei Monaten nach Bestimmung durch die oberste Landesbehörde zustande, haben die Landesverbände der Pflegekassen innerhalb eines weiteren Monats den Inhalt der Verträge festzulegen.

Aufgaben Die Aufgaben der Pflegestützpunkte werden in § 92c Abs. 2 SGB XI vorgesehen. Sie haben umfassende sowie unabhängige Auskunft und Beratung zu den Rechten und Pflichten nach den SGB und zur Auswahl und Inanspruchnahme der bundes- oder landesrechtlich vorgesehenen Sozialleistungen und sonstigen Hilfsangeboten zu machen. Ferner ist die Vernetzung aufeinander abgestimmter pflegerischer und sozialer Versorgungs- und Betreuungsangebote vorzunehmen.

In der Tätigkeit der Pflegestützpunkte sind die Unternehmen der privaten Kranken- und Pflegeversicherung sowie die im Land zugelassenen und tätigen Pflegeeinrichtungen einzubeziehen.

Förderung Der Aufbau der Pflegestützpunkte ist finanziell zu fördern. Hier wird das Bundesversicherungsamt (BVA) tätig.

Die bereitgestellten Förderungsbeträge für Pflegestützpunkte sind allerdings nicht in dem Umfang abgerufen worden, wie es ursprünglich erwartet wurde. So wurden bis zum 30. 6. 2011 30 Millionen Euro nicht abgerufen. In dieser Höhe erfolgt nun eine Förderung in ambulant betreute Wohngruppen (vgl. Abschnitt 11.23).

11.23 Ambulant betreute Wohngruppen

Das Pflege-Neuausrichtungs-Gesetz (PNG) hat die Ansprüche für Personen mit erheblichem allgemeinen Pflegebedarf wesentlich erweitert. So sieht § 45e SGB XI die Anschubfinanzierung zur Gründung von ambulant betreuten Wohngruppen vor. Dieser Anspruch besteht für Personen, die Ansprüche nach § 38a SGB XI haben (zusätzliche Leistungen für Pflegebedürftige in ambulanten betreuten Wohngruppen). Nach der Begründung zum Gesetzentwurf der Bundesregierung wird für die Durchführung des § 45e SGB XI hier ein Gesamtbudget von 30 Millionen Euro bereitgestellt. Dies entspricht – so die Gesetzesbegründung – der Höhe der Fördermittel, die für den Aufbau von Pflegestützpunkten (vgl. dazu unter 11.22) bis zum 30. 6. 2011 nicht abgerufen wurden.

Der Gesetzgeber betrachtet die Neugründung ambulanter Wohngemeinschaften von Pflegebedürftigen als sinnvolle Zwischenform zwischen der Pflege in der häuslichen Umgebung und der vollstationären Pflege. Um die Neugründungen von Wohngemeinschaften in den nächsten Jahren durch zusätzliche Förderanreize anzuregen, wird, wie erwähnt, ein Budget von 30 Millionen Euro bereitgestellt. Unterstellt man je Wohngemeinschaft durchschnittlich vier Pflegebedürftige, so könnten mit den Mitteln etwa 12 000 Anspruchsberechtigte oder 3000 neu entstehende Wohngemeinschaften in den ersten Jahren nach der Neuregelung gefördert werden.

Die Förderung wird bis längstens 31. 12. 2015 durchgeführt. Im Übrigen endet sie, wenn mit der Förderung eine Gesamthöhe von 30 Millionen Euro erreicht worden ist (§ 45e Abs. 2 SGB XI).

Zur wissenschaftlich gestützten Weiterentwicklung und Förderung neuer Wohnformen werden zusätzlich 10 Millionen Euro zur Verfügung gestellt (§ 45f SGB XI).

11.24 Übergangsregelungen

Übergangsregelungen Die §§ 123 bis 125 SGB XI, die durch das PNG mit Wirkung seit 1. 1. 2013 eingeführt worden sind, enthalten als Übergangsregelung verbesserte Pflegeleistungen für Personen mit erheblich eingeschränkter Alltagskompetenz. Nach der Gesetzes-

begründung haben Menschen mit demenzbedingten Fähigkeitsstörungen, geistigen Behinderungen und psychischen Erkrankungen einen besonderen Hilfe- und Betreuungsbedarf, der vor allem über den Hilfebedarf im Bereich der Grundpflege, also der Körperpflege, der Ernährung und der Mobilität hinausgeht. Bei diesem Personenkreis spielen die körperlichen Defizite häufig nicht die zentrale Rolle. Ihr dennoch bestehender Hilfe- und Betreuungsbedarf kann gemäß den bisherigen Regelungen oftmals nicht ausreichend bei der Begutachtung erfasst werden. Aus diesem Grund soll der Begriff der Pflegebedürftigkeit neu definiert werden. Das Bundesgesundheitsministerium wird die weiteren Schritte für die Einführung eines neuen Pflegebedürftigkeitsbegriffs von einem Expertenbeirat fachlich fundert vorbereiten lassen.

Bis zum Inkrafttreten eines Gesetzes, das die Leistungsgewährung aufgrund eines neuen Pflegebedürftigkeitsbegriffs und eines entsprechenden Begutachtungsverfahrens regelt, sollen Menschen mit erheblich eingeschränkter Alltagskompetenz jedoch bereits höhere Leistungen erhalten. Außerdem sollen sie neben Grundpflege und hauswirtschaftlicher Versorgung auch Betreuungsleistungen (§ 124 SGB XI) in Anspruch nehmen können.

§ 123 Abs. 2 SGB XI sieht Leistungen für Versicherte ohne Pflegestufe vor.

So werden

- Pflegegeld für selbst beschaffte Pflegehilfen (siehe unter 11.14) in Höhe von monatlich 120 EUR gewährt,
- Pflegesachleistungen (§ 36 SGB XI, siehe 11.12) in Höhe bis zu 225 EUR erbracht oder
- Kombinationsleistungen aus beiden Leistungsarten (§ 38 SGB XI, siehe unter 11.6) gewährt.

Die betroffenen Personen haben auch Ansprüche nach §§ 39, 40 SGB XI (Häusliche Pflege bei Verhinderung der Pflegeperson, (vgl. unter 11.17) und Pflegehilfsmittel sowie wohnumfeldverbessernde Maßnahmen (vgl. unter 11.19).

Für Personen mit den Pflegestufen I und II erhöhen sich verschiedene Leistungen, wenn es sich um Pflegebedürftige mit erheblich eingeschränkter Alltagskompetenz handelt.

Pflegestufe I:

- Das Pflegegeld für selbst beschaffte Pflegehilfen erhöht sich um 7 EUR auf 305 EUR.
- Die Pflegesachleistungen erhöhen sich um 215 EUR auf bis zu 665 EUR.

Pflegestufe II:

- Pflegegeld für selbst beschaffte Pflegehilfen: Erhöhung um 85 EUR auf 525 EUR.
- Pflegesachleistung: Erhöhung um 150 EUR auf bis zu 1250 EUR.

11.25 Persönliches Budget

Wie im Rahmen der Leistungen zur Eingliederung behinderter Menschen, sieht auch das SGB XII und das SGB XI die Möglichkeit vor, an dem trägerübergreifenden Persönlichen Budget teilzunehmen (vgl. Abschnitt 7.8).

SGB XII Die Hilfe zur Pflege kann nach § 61 Abs. 2 Satz 3 SGB XII auf Antrag auch als Teil eines trägerübergreifenden Persönlichen Budgets erbracht werden. § 17 Abs. 2 bis 4 SGB IX in Verbindung mit der Budgetverordnung und § 159 SGB IX sind insoweit anzuwenden.

SGB XI Pflegebedürftige können nach § 35a SGB XI auf Antrag die Leistungen nach den §§ 36, 37 Abs. 1, §§ 38, 40 Abs. 2 und § 41 SGB XI auch als Teil eines trägerübergreifenden Budgets nach § 17 Abs. 2 bis 4 SGB IX in Verbindung mit der Budgetverordnung und § 159 SGB IX erhalten. Bei der Kombinationsleistung nach § 38 SGB XI ist nur das anteilige und im Voraus bestimmte Pflegegeld als Geldleistung budgetfähig. Die Sachleistungen nach den §§ 36, 38 und 41 SGB XI dürfen nur in Form von Gutscheinen zur Verfügung gestellt werden, die zur Inanspruchnahme von zugelassenen Pflegeeinrichtungen nach dem SGB XI berechtigen. Der beauftragte Leistungsträger nach § 17 Abs. 4 SGB IX hat sicherzustellen, dass eine den Vorschriften des SGB XI entsprechende Leistungsbewilligung und Verwendung der Leistungen durch den Pflegebedürftigen gewährleistet ist. Andere als die in § 35a Satz 1 SGB XI genannten Leistungsansprüche bleiben ebenso wie die sonstigen Vorschriften des SGB XI unberührt.

Praxishilfen/Formblätter

C

Inhalt

1. Vorbemerkung

In diesem Abschnitt des Handbuchs erhalten Sie praktische Handreichungen, die Ihnen Ihr Betreueramt erleichtern sollen. Für die wichtigsten und häufigsten Aufgaben sind Formschreiben beigefügt, die größtenteils auch als Kopiervorlagen genutzt werden können.

Jeder Betreute und jeder Betreuer ist eine Persönlichkeit mit eigenen Lebenserfahrungen und einem individuellen Arbeitsstil. Und genau dies ist der erste Ansatzpunkt für den Betreuer. Aus diesem Ansatz heraus können und müssen Sie Ihr Handeln selbst bestimmen und gestalten. Die Arbeitshilfen wollen deshalb den Betreuer nicht „bevormunden", sie sollen vielmehr unterstützen, informieren und Anregungen vermitteln. Die Formblätter können aber auch, den eigenen Bedürfnissen entsprechend, ergänzt und angepasst werden.

Nicht alles muss und kann schriftlich erledigt werden, vor allem dann, wenn kein alltäglicher Fall vorliegt. Vieles kann vor Ort im Gespräch, z. B. mit dem Sachbearbeiter beim Versicherungsamt, schneller geklärt und aufgenommen werden. Auskünfte und Beratung erhalten Sie zudem bei den Betreuungsbehörden, Betreuungsvereinen und den Betreuungsgerichten.

Auch das Leben ist vielschichtig und bietet immer wieder nicht vorhersehbare, überraschende Entwicklungen, so dass es anmaßend wäre, eine vollständige, alle Aufgaben abdeckende Sammlung von Arbeitshilfen anbieten zu wollen. Dennoch hoffen wir, dass gerade dieser Teil des Handbuchs ihre ehrenamtliche Tätigkeit als Betreuer unterstützt und dazu beiträgt, Ihnen bei Ihrer Tätigkeit Sicherheit zu geben.

Unter C 3 wurden einige Formblätter und Musterschreiben aus der Praxis der Betreuungsgerichte in Bayern abgedruckt. Sie können daraus ersehen, was die Betreuungsgerichte von Ihnen erwarten und welche Hilfsmittel zur Vereinfachung angeboten werden. Hilfreich sind auch die Merkblätter, die Sie vom Betreuungsgericht erhalten.

2. Aufgabenkreise

Wenn Sie im Laufe Ihrer Betreuertätigkeit feststellen, dass die Ihnen vom Betreuungsgericht übertragenen Aufgabenkreise nicht ausreichen, um zum Wohle des Betreuten effektiv tätig zu werden, teilen sie dies bitte dem Betreuungsgericht mit. Schreiben Sie, unter Angabe von Gründen, welchen Aufgabenkreis Sie noch brauchen. Das Gleiche gilt, wenn ein Einwilligungsvorbehalt notwendig wird. Verwenden Sie hierzu das Muster

Schreiben wegen Erweiterung des Aufgabenkreises/ Einwilligungsvorbehalts, Formblatt A 4

Sollten Sie nicht sicher sein, was der jeweilige Aufgabenkreis beinhaltet bzw. wie weit er unter Umständen ausgelegt werden kann, so können Sie sich bei der für Sie zuständigen Betreuungsstelle, den Betreuungsvereinen und beim Amtsgericht beraten lassen. Natürlich gehört es auch zu Ihren Pflichten, dem Betreuungsgericht mitzuteilen, wenn die Betreuung aufgehoben werden kann, ein Aufgabenkreis oder ein Einwilligungsvorbehalt nicht mehr benötigt wird bzw. wenn er sich erledigt hat. Verwenden Sie hierzu das Muster

Schreiben wegen Aufhebung der Betreuung, Einschränkung des Aufgabenkreises/Einwilligungsvorbehalts, Formblatt A 5

Wurden Sie z. B. mit den Aufgabenkreisen „Gesundheitsfürsorge" und „Vermögensverwaltung" betraut, und ist für den Betreuten nach einem Krankenhausaufenthalt eine „ambulante Pflege" oder „hauswirtschaftliche Versorgung" nötig, so gehört es sicher mit zu Ihren Aufgaben, diese Angelegenheiten zu regeln und entsprechende Verträge abzuschließen, ohne dass in Ihrem Betreuerausweis die „ambulante Pflege" extra aufgeführt ist.

3. Erläuterungen zu den einzelnen Praxishilfen

3.1 Allgemeine Formblätter

Persönliche Daten, Formblatt A 1

Zu Beginn einer Betreuung ist es hilfreich, die wichtigsten persönlichen Daten des Betreuten zu sammeln und festzuhalten. Hierzu können sie das Formblatt benutzen. Es soll Ihnen einen schnellen Überblick verschaffen und bei Anfragen einen sicheren Zugriff auf die wichtigsten Informationen gewährleisten.

Checkliste für Aufgaben zu Beginn der Betreuung, Formblatt A 2

Aller Anfang ist schwer. Der Einstieg in die Betreuung ist häufig mit Problemen verbunden, die sich oft schon nach kurzer Zeit als lösbar erweisen. Hier heißt es den Überblick bewahren und Ordnung schaffen. Die Checkliste soll Ihnen dabei als Merkposten und Arbeitshilfe dienen. Gerade bei diesem Formblatt sind individuelle Ergänzungen von besonderer Bedeutung.

Mitteilung der Betreuung, Formblatt A 3

Der Betreute hat häufig ein großes soziales Umfeld, wobei einige Personen, Behörden und Institutionen ein legitimes Interesse haben, über die Anordnung der Betreuung informiert zu werden. Häufig sind auch Sie als Betreuer darauf angewiesen, dass bestimmte Vertragspartner oder wichtige Bezugspersonen von Ihrer Tätigkeit Kenntnis haben. Sie müssen aber vor jedem Anschreiben gewissenhaft prüfen, ob die Weitergabe der Information zum Wohl des Betreuten erforderlich ist.

Antrag auf Aufwendungsersatz, Formblatt A 6

Als ehrenamtlicher Betreuer haben Sie in der Regel keinen Anspruch auf Vergütung Ihrer Tätigkeit. Andererseits werden Ihnen notwendige Aufwendungen wie Telefongebühren, Fahrtkosten etc. selbstverständlich ersetzt. Zum Ausgleich können sie eine pauschale Aufwandsentschädigung geltend machen. Damit sind aber alle Aufwendungen im Abrechnungszeitraum abgegolten. Zur Geltendmachung dieser Ansprüche können Sie dieses Formblatt benutzen.

Berücksichtigen Sie dabei bitte auch die Ausführungen im Merkblatt für Auslagenersatz und Vergütung, das Sie vom Betreuungsgericht erhalten.

Da Sie nicht mit jeder Entscheidung einer Behörde oder eines Gerichts einverstanden sein werden/können, wird ein Muster für die Einlegung eines Rechtsbehelfs vorgeschlagen.

Rechtsbehelf, Formblatt A 7

Soweit es um eine Entscheidung des Betreuungsgerichts geht, möchten wir Sie bitten, im Handbuch (Kapitel A 6) zu beachten.

3.2 Gesundheitsfürsorge

Zur ärztlichen Behandlung im weitesten Sinn gehört jede Maßnahme zur Sicherung der Diagnose, sowohl durch einen Arzt, einen Heilpraktiker wie auch durch anderes ärztliches Hilfspersonal. Ebenso gehört dazu jede Art von ärztlicher oder ärztlich verordneter Behandlung (wie Krankengymnastik, Sehschule oder Diät) sowie jeder medizinische Eingriff.

Medizinische Maßnahmen, insbesondere dann, wenn sie die körperliche Integrität berühren (Medikamente, Spritzen, chirurgische Maßnahmen u. a), können nur mit Zustimmung des Patienten oder seines gesetzlichen Vertreters oder Bevollmächtigten vorgenommen werden. Selbst einwilligen kann Ihr Betreuter, wenn er – nach ärztlicher Aufklärung und Beratung – die Art, Bedeutung und Tragweite der jeweiligen Maßnahme voll erfassen und dadurch seinen Willen bzw. seine Zustimmung oder Ablehnung zu bestimmen vermag. Daraus ersehen Sie schon, dass dies für jeden Betreuten und für jede ärztliche Maßnahme einzeln beurteilt und entschieden werden muss.

Wenn Ihr Betreuter in einem Heim oder einer anderen Wohnform untergebracht ist, klären Sie auch dort ab, über welche Art von Erkrankungen Sie auf jeden Fall unterrichtet werden wollen. Es ist sicher nicht notwendig, daß Sie über jeden Schnupfen informiert werden, auch nicht über jeden Routinebesuch beim Arzt. Zum Wohle des Patienten sollte jedoch Klarheit darüber geschaffen werden, wer für was zuständig ist. In Behinderteneinrichtungen und Altenpflegeheimen sind deren Mitarbeiter meist bei den Arztbesuchen anwesend.

Machen Sie deutlich, dass Sie dies für sinnvoll halten. Sagen und fordern Sie aber auch deutlich, dass Sie von den Mitarbeitern ausreichend informiert werden wollen und ob Sie erwarten, dass der behandelnde Arzt über die Betreuung und die Person des Betreuers in Kenntnis gesetzt wird. Machen Sie deutlich, dass Sie die Einwilligung in bedeutsame ärztliche Maßnahmen nicht an Mitarbeiter delegieren, sondern, dass Sie die Art der Behandlung mit dem Arzt abklären, soweit der Betreute es selbst nicht kann.

Geben Sie keine pauschalen Einwilligungserklärungen ab, auch nicht im Rahmen von Heimverträgen. Das Argument, dass Sie nicht jederzeit erreichbar sind, gilt nicht. Jeder Arzt kann einen Patienten auf Grund einer mutmaßlichen Einwilligung oder eines rechtfertigenden Notstandes behandeln, wenn die Maßnahme unaufschiebbar ist.

Umgekehrt ist es wichtig, dass Sie die Mitarbeiter in den Heimen über Behandlungsmaßnahmen informieren, die Sie mit dem Arzt vereinbart haben, und welche Vorsichtsmaßnahmen getroffen werden müssen, um evtl. Erkrankungen vorzubeugen.

Ärztliches Zeugnis, Formblatt G 4

Das Betreuungsgericht benötigt häufig ärztliche Zeugnisse, um bestimmte Entscheidungen treffen zu können. Dies gilt insbesondere für Eilmaßnahmen und die

Genehmigung unterbringungsähnlicher Maßnahmen. Ein ärztliches Zeugnis genügt im übrigen auch zur Verlängerung der Betreuung, sofern sich die Betreuungsbedürftigkeit offensichtlich nicht verändert hat. Gerade in letzterem Fall kann u. U. durch die Vorlage eines ärztlichen Zeugnisses die Anordnung eines umfangreichen und kostspieligen Gutachtens vermieden werden. Viele Ärzte unterschätzen aber die Anforderungen an ein für das Gericht verwertbares ärztliches Zeugnis, so dass lästige und zeitraubende Nachfragen und Ermittlungen durch das Gericht erforderlich werden. Das Formblatt „Ärztliches Zeugnis" soll nun den Ärzten die Arbeit erleichtern und die wesentlichen Bestandteile eines ärztlichen Zeugnisses ausweisen.

Schreiben an den behandelnden Arzt, Formblatt G 1

Im Verhältnis Arzt/Patient ist trotz zunehmender Technisierung das gegenseitige Vertrauen von großer Bedeutung. Je nach Einzelfall sollten deshalb die Probleme und Erwartungen nicht nur schriftlich ausgetauscht, sondern vor allem auch im persönlichen Gespräch erörtert werden.

3.3 Unterbringung/unterbringungsähnliche Maßnahmen

Kann eine medizinische Behandlung des Betreuten nur in einer geschlossenen Abteilung eines psychiatrischen Krankenhauses erfolgen, weil der Betreute sich der Behandlung widersetzt, ist dies nur mit betreuungsgerichtlicher Genehmigung möglich. Hierzu benötigen Sie auf jeden Fall die Aufgabenkreise „Aufenthaltsbestimmung" und „Gesundheitsfürsorge" bzw. „Zuführung zur ärztlichen Behandlung". Ebenso sind für die Zustimmung des Betreuers zu einer unterbringungsähnlichen Maßnahme (z. B. Fixierung ans Bett) die obigen Aufgabenkreise erforderlich. Besteht eine ausreichende Vollmacht, kann der Bevollmächtigte die entsprechende Einwilligung erteilen.

**Schreiben wegen Genehmigung
der geschlossenen Unterbringung, Formblatt G 3**

Die Verwendung dieses Schreibens kommt vor allem in Betracht, wenn der Betroffene noch nicht untergebracht ist. Bei Verlängerung einer bereits bestehenden Unterbringung erhalten Sie in der Regel eine Anfrage des Gerichts, der auch ein formblattmäßiges Antwortschreiben beigefügt ist. Wenn Sie glauben, dass eine Unterbringung erforderlich ist, sollten Sie vor dem Ausfüllen unbedingt die Checkliste für Unterbringungen durchlesen.

**Schreiben wegen Genehmigung
unterbringungsähnlicher Maßnahmen, Formblatt G 2**

Grundsätzlich gilt auch hier das zur Unterbringung Ausgeführte. Besonders wichtig ist bei den unterbringungsähnlichen Maßnahmen die Vorlage eines ärztlichen Zeugnisses, wobei das Formblatt „Ärztliches Zeugnis" (G 4) gute Dienste leisten kann. Ferner sollten Sie vorab mit dem Pflegepersonal abklären, welche Einschränkungen erforderlich sind und wie häufig diese Freiheitsentziehungen durchgeführt werden müssen. Auch hier kann Ihnen die Checkliste für unterbringungsähnliche Maßnahmen Hilfestellung bieten.

3.4 Vermögensverwaltung

Von besonderer Bedeutung ist es, dass Sie sich einen Überblick über die Vermögensverhältnisse verschaffen (vgl. „Übersicht Ausgaben/Einnahmen/Vergünstigungen", Formblatt V 11). Im Gespräch mit dem Betreuten, anhand der dem Betreuungsgericht bekannten Umstände oder nach Durchsicht der Unterlagen des

Betreuten werden Sie in der Regel die Bankverbindungen, die Versicherungsverhältnisse und die Vermögens- bzw. Schuldensituation ermitteln. Darauf aufbauend können dann mit den folgenden Formblättern die Einzelheiten in Erfahrung gebracht werden.

Schreiben an Gläubiger, Formblatt V 1

Schreiben an Gläubiger wegen laufender Verbindlichkeiten, Formblatt V 3

Schreiben an Banken, Formblatt V 4

Schreiben an Banken wegen Saldenbestätigung, Formblatt V 5

Schreiben an Versicherungen, Formblatt V 6

Schreiben an Lebensversicherung, Formblatt V 7

Schreiben an Krankenkasse wegen Rentenversicherungsverlauf, Formblatt V 8

Fragen Sie bei den Banken nach, ob weitere Konten, Depots oder Schließfächer bestehen; fragen Sie nach, welche Art von Untervollmachten bestehen, und prüfen Sie, ob der Widerruf der Vollmachten notwendig ist. Ebenso ist es wichtig zu erfragen, ob Daueraufträge eingerichtet und welche Einziehungsaufträge dem Geldinstitut bekannt sind. Es ist ratsam, nachzufragen, ob kurz vor oder nach der Betreuerbestellung Konten etc. aufgelöst wurden. Dies kommt immer wieder bei bestehenden Kontovollmachten vor. Auch hier gilt, dass gerade in schwierigen Angelegenheiten ein persönliches Gespräch mit dem Sachbearbeiter der Bank oft mehr bringt als ein unpersönliches Auskunftsschreiben.

Bei vielen Betreuten kommen Ansprüche auf Leistungen aus der Pflegeversicherung in Betracht. Ein entsprechendes Antragsschreiben enthält das

Schreiben an Krankenkasse wegen Pflegeversicherung, Formblatt V 9

Welche Einkünfte, laufende Ausgaben, Vergünstigungs- bzw. Befreiungsmöglichkeiten in Betracht kommen, ergibt sich aus der Übersicht

Ausgaben/Einnahmen/Vergünstigungen, Formblatt V 11

Ergeben sich eine Vielzahl von Schulden und Gläubigern, empfiehlt es sich, zur Vorbereitung einer systematischen Schuldenregulierung, eine geordnete Übersicht zu erstellen. Hierbei hilft Ihnen die Übersicht

Aufstellung der Verbindlichkeiten, Formblatt V 10

Möglicherweise sind aber die von dem Betreuten abgeschlossenen Verträge unwirksam, weil das Betreuungsgericht vor Abschluss des Vertrages einen Einwilligungsvorbehalt angeordnet hat oder weil sich der Betreute „in einem die freie Willensbestimmung ausschließenden Zustande krankhafter Störung der Geistestätigkeit befindet" und daher gem. § 104 Nr. 2 BGB geschäftsunfähig ist. Zu dieser Frage finden Sie häufig Ausführungen in den Sachverständigengutachten, die das Betreuungsgericht eingeholt hat. Die Gutachten können Sie vom Gericht jederzeit anfordern. Liegen diese Voraussetzungen vor, dann sollten Sie sich mit dem Formschreiben

Schreiben an Gläubiger bei Einwilligungsvorbehalt/ Geschäftsunfähigkeit, Formblatt V 2

mit den Gläubigern in Verbindung setzen.

Fragen im Zusammenhang mit einer erforderlichen Wohnungsauflösung behandeln folgende Formblätter:

Checkliste für Wohnungsauflösung, Formblatt W 1

Antrag auf Genehmigung der Kündigung/Wohnungsauflösung (1), Formblatt W 2

Antrag auf Wohnungsauflösung wegen Kündigung der bisherigen Wohnung wegen Wohnungswechsel, Formblatt W 3

Schreiben an Vermieter wegen bevorstehender Kündigung, Formblatt W 4

Schreiben an Sozialhilfeträger bei Heimkosten und noch nicht aufgelöster Wohnung, Formblatt W 5

Inhalt

Allgemeine Formblätter

Gesundheitsfürsorge

Wohnungsauflösung

Vermögensverwaltung

Persönliche Daten

Name: ______________________ Vornare: ______________________

Geburtsname: ______________________ geboren am: ______________________

Geb. Ort: ______________________ Familienstand: ______________________

Konfession: ______________________ Staatsangehörigkeit: ______________________

Beschluss des Amtsgerichts ______________________ vom ____________ Az.: ________ XVII ________

derzeitiger Aufenthalt: ______________________

______________________ Telefon: ______________________

Aufgabenkreise:
- ❑ Aufenthaltsbestimmung
- ❑ Gesundheitsfürsorge
- ❑ Vermögensverwaltung
- ❑ Entgegennahme, Öffnen und Anhalten der Post
- ❑ ______________________
- ❑ ______________________

Einwilligungsvorbehalt für den Aufgabenkreis und mit folgendem Umfang:

____

Vermieter/Heimleiter: ______________________ Tel: ______________________

Kostenträger: ______________________ Az.: ______________________

Hausverwaltung: ______________________ Tel.: ______________________

Personalausweis ausgestellt von: ______________________ gültig bis: ______________________

Reisepass ausgestellt von: ______________________ gültig bis: ______________________

Betreuungsverfügung: ❑ ja ❑ nein

Sterbevorsorge bei: ______________________ Gz.: ______________________

Wohngeld: ❑ ja ❑ nein bewilligt bis: ____________ verlängert am: ____________

Krankenversicherung: ______________________ Vers. Nr.: ____________ Tel.: ____________

Befreiung von Zuzahlung: ❑ ja ❑ nein gültig bis: ____________ verlängert am: ____________

Beihilfestelle: ______________________ Az.: ______________________

Pflegekasse: ____________________ Vers. Nr.: ________ Tel.: _____________

Schwerbehindertenausweis: ❏ ja ❏ nein Grad d. Behinderung: _______ Merkzeichen: __________

gültig bis: _____________ verlängert am: ________

gültig bis: _____________ verlängert am: ________

Rundfunkgebührenbefreiung: ❏ ja ❏ nein gültig bis: _____________ verlängert am: ________

gültig bis: _____________ verlängert am: ________

Telefonermäßigung: ❏ ja ❏ nein gültig bis: _____________ verlängert am: ________

gültig bis: _____________ verlängert am: ________

Renten-/Sozialversicherungsnummer: ____

Sonstige Ausweise/Ermäßigungen: ____

____

Angehörige/Freunde:

Name/Adresse	Telefon	Vermerke

Ärzte:

Name/Adresse	Telefon	Hausarzt bzw. Facharzt für

Ambulante Dienste:

Anschrift	zuständig für	Telefon	Vermerke

Krankenhausaufenthalte:

Aufnahme am	Name u. Anschrift der Einrichtung evtl. Stationsarzt	Station, Telefon	entlassen am

Unterbringungen:

Beginn	Genehmigung d. Betreuungsgerichts vom	Name u. Anschrift der Einrichtung	Genehmigungsfrist endet am	entlassen am

Unterbringungsähnliche Maßnahmen:

Art der unterbringungsähnlichen Maßnahme	Genehmigung d. Betreuungsgerichts vom	Name u. Anschrift der Einrichtung	Fristablauf für Genehmigung am	beendet am

Arbeitgeber:

seit	Anschrift	Telefon	Vermerke

Monatliche Einkünfte:

Bezeichnung	zahlende Stelle	Höhe

Laufende Ausgaben:

Bezeichnung	zu zahlen an	Konto Nr.	Höhe

Konten/Sparkonten/Wertpapiere:

Institut	Konto Nr.	Vermerke

Versicherungen:

Art	Gesellschaft	Vers. Nr.	Vermerke

Sonstiges:

Checkliste für Aufgaben zu Beginn der Betreuung

Betreuung für			
Aufgabe:	Bearbeitungsvermerk	Wiedervorlage	erledigt am
❑ Betreuung anzeigen (Behörden etc.)			
❑ Bankenanfrage			
❑ Rentenantrag			
❑ Vermögensakte anlegen			
❑ Sozialhilfeantrag stellen			
❑ Gebührenbefreiung bei GEZ beantragen			
❑ Arbeitslosengeld bzw. Arbeitslosengeld II beantragen			
❑ Gebührenbefreiung bei Telekom beantragen			
❑ Wohngeldantrag stellen			
❑ Ummeldung Einwohnermeldeamt			
❑ Postnachsendeantrag			
❑ Persönliche Daten erfassen			
❑ Steuerangelegenheiten überprüfen			
❑ Sach- und Haftpflichtversicherung überprüfen			
❑ Evtl. laufende Gerichtsverfahren (z. B. Räumungsklage) erfassen und überprüfen			
❑			
❑			

Wiedervorlagen

Betreuung für			
Aufgabe:	letzte Bearbeitung	Frist zur Wiedervorlage	erledigt am

Formblatt A 3, Mitteilung der Betreuung

Abs.:

____
Name, Vorname

____
Straße

____
PLZ, Ort

____
Datum

Betreuung für: ______________________________ , geb. am __________

wohnhaft ____

Ihr Gz.: ______________

Sehr geehrte Damen und Herren,

ich wurde vom Amtsgericht ______________________ zum/zur Betreuer/in bestellt

für Herrn/Frau ____

Um meiner Betreuertätigkeit nachkommen zu können, bitte ich Sie:

- ❑ mich in allen Angelegenheiten, die für die Führung der Betreuung relevant sind, umfassend zu informieren.
- ❑ künftig alle Schreiben direkt an mich zu senden.
- ❑ ______________________________

Eine Kopie meines Betreuerausweises lege ich bei.

Mit freundlichen Grüßen

____
Unterschrift Betreuer/in

Amtsgericht ____________________

____

____

Abs.:

____
Name, Vorname

____
Straße

____
PLZ, Ort

____
Datum

Betreuung für: ____________________

Aktenzeichen: ____________________ XVII __________

Sehr geehrte Damen und Herren,

bei der Betreuungsführung musste ich feststellen, dass die angeordneten Aufgabenkreise für eine ordnungsgemäße Betreuung nicht ausreichen. Ich rege deshalb an,

❑ zusätzlich den Aufgabenkreis ____________________ anzuordnen.

❑ für den Aufgabenkreis ❑ Vermögensverwaltung ❑ ____________________ einen Einwilligungsvorbehalt anzuordnen.

❑ Begründung:

____

____

____

____

____

❑ Fortsetzung siehe Rückseite

❑ Zur weiteren Begründung beziehe ich mich auf das beiliegende/bereits vorliegende nervenärztliche Zeugnis/Gutachten des/der Herrn/Frau Dr. ____________________ vom __________

❑ Der/Die Betreute ist mit dieser Vorgehensweise ❑ einverstanden ❑ nicht einverstanden.

❑ Der/Die Betreute hat sich dazu nicht geäußert.

Mit freundlichen Grüßen

____
Unterschrift Betreuer/in

Formblatt A 5, Aufhebung der Betreuung usw.

Amtsgericht ____________________

____

____

Abs.:

____
Name, Vorname

____
Straße

____
PLZ, Ort

____
Datum

Betreuung für: ____________________

Aktenzeichen: ____________ XVII ________

Sehr geehrte Damen und Herren,

die Voraussetzungen, die bei Anordnung der Betreuung zu Grunde gelegt wurden, haben sich geändert. Ich rege deshalb an,

❑ die Betreuung aufzuheben.

❑ den Aufgabenkreis ____________________ aufzuheben.

❑ den für den Aufgabenkreis ❑ Vermögensverwaltung ❑ ____________________ angeordneten Einwilligungsvorbehalt aufzuheben.

❑ Begründung:

____

____

____

____

____

❑ Fortsetzung siehe Rückseite

❑ Zur weiteren Begründung beziehe ich mich auf das beiliegende/bereits vorliegende nervenärztliche Zeugnis/Gutachten des/der Herrn/Frau Dr. ____________________ vom ____________

❑ Der/Die Betreute ist mit dieser Vorgehensweise ❑ einverstanden ❑ nicht einverstanden.

❑ Der/Die Betreute hat sich dazu nicht geäußert.

Mit freundlichen Grüßen

____
Unterschrift Betreuer/in

Amtsgericht ____________________

____

____

Abs.:

____
Name, Vorname

____
Straße

____
PLZ, Ort

____
Datum

Betreuung für: ____________________, geb. am __________

wohnhaft ____________________

Ihr Gz.: ____________________

Sehr geehrte Damen und Herren,

ich wurde vom Amtsgericht ____________________ zum/zur Betreuer/in bestellt

für Herrn/Frau ____________________

❑ Als gesetzliche/r Vertreter/in des/der Betreuten

❑ Als Betreuer in eigenem Namen
lege ich gegen Ihre Entscheidung vom ____________________ Rechtsmittel ein.

❑ Begründung:

____

____

____

____

____

❑ Fortsetzung siehe Rückseite

❑ Eine nähere Begründung werde ich zeitnah nachreichen, da ich beabsichtige mich noch beraten zu lassen.

Mit freundlichen Grüßen

____
Unterschrift Betreuer/in

BETREUUNGEN

Vorname/Name d. Betreuer/in

Straße/Nr. Telefon

PLZ Ort

Amtsgericht
– Betreuungsgericht –

Name und Vorname d. Betreuten

geb. am: ____________

Geschäftsnummer:
XVII

Antrag auf Festsetzung einer Aufwandsentschädigung

Sehr geehrte Damen und Herren,

❏ ich beantrage die Festsetzung einer pauschalen Aufwandsentschädigung in Höhe von ________ EUR (derzeit 399 EUR pro Betreuungsjahr)

- ❏ für das Betreuungsjahr vom ____________ bis ____________.
- ❏ anteilig für den Zeitraum vom ____________ bis ____________.
- ❏ bereits entnommener Aufwendungsersatz in Höhe von _______ EUR ist auf die pauschale Aufwandsentschädigung anzurechnen.

❏ ich beantrage die Genehmigung zur Entnahme eines Betrags von _______ EUR vom Konto des Betreuten Nr. ____________ bei der Sparkasse/Bank ____________________.

- ❏ es handelt sich um den festgesetzten Betrag.
- ❏ es handelt sich hierbei um die nachgewiesenen Auslagen, welche ich zum Zwecke der Führung der Betreuung gemacht habe.
  - ❏ siehe Beiblatt ❏ siehe Jahresabrechnung

❏ Da der/die Betreute mittellos ist, beantrage ich die Festsetzung

- ❏ meiner Aufwandsentschädigung (§ 1835a BGB)
- ❏ meiner entstandenen Auslagen (§ 1835 BGB)

gegen die Staatskasse.

Um Überweisung auf mein Konto Nr. ____________________ BLZ ________________

bei ____ wird gebeten.

Mit freundlichen Grüßen

Datum

Unterschrift Betreuer/in

BETREUUNGEN

____
Vorname/Name d. Betreuer/in

____
Straße/Nr. Telefon-Nr.

____
PLZ Ort

____
Datum

Amtsgericht
– Betreuungsgericht –

____

Name und Vorname d. Betreuten

____

geb. am: ______________________

Geschäftsnummer:
XVII

Antrag auf Bewilligung einer Vergütung gemäß § 1836 Abs. 2 BGB

Sehr geehrte Damen und Herren,

ich beantrage die Festsetzung einer Vergütung in Höhe von ______________ EUR für den Zeitraum vom _______________ bis ______________ gemäß nachstehender Berechnung gegen das Vermögen des/der Betreuten.

❑ In dem o. g. Zeitraum habe ich insgesamt ____ Stunden für die Führung der Betreuung aufgewendet.

❑ In dem o. g. Zeitraum sind besondere Schwierigkeiten aufgetreten, welche sich aus folgenden Gründen ergeben haben

____

____

❑ siehe Beiblatt

Das Vermögen des Betreuten beträgt derzeit _________ EUR.

❑ Ich beantrage die Genehmigung zur Entnahme des festgesetzten Vergütungsbetrags vom Konto des Betreuten Nr. ______________ bei der Sparkasse/Bank ______________________________.

Ich versichere die Richtigkeit der gemachten Angaben.

__________________________ ______________________________
Datum Unterschrift Betreuer/in

BETREUUNGEN

____
Vorname, Name

____
Str., Haus-Nr., PLZ, Ort

____
Tel.Nr./Telefax-Nr.

Amtsgericht

Schlussbericht des Betreuers

Az: ________ Betreuung für ______________________, geb. am ________
Vorname, Name, Geburtsdatum des Betreuten

1. Der Betreute hatte bei Beendigung der Betreuung folgendes Vermögen:
   - ❑ Grundbesitz: ______________________
     Gemarkung ____________ Bl. ________ Wert: ________ EUR
   - ❑ Girokonto Nr. ________ bei ____________ ________ EUR
   - ❑ Sparkonto Nr. ________ bei ____________ ________ EUR
   - ❑ Konto Nr. ________ bei ____________ ________ EUR
   - ❑ Konto Nr. ________ bei ____________ ________ EUR
   - ❑ ______________________ ________ EUR

   Summe: ________ EUR

   Bitte fügen Sie Kopien der Nachweise bei!
   – Für eine größere Aufstellung oder für Schulden verwenden Sie bitte ein gesondertes Blatt. –

2. Folgende Tätigkeiten habe ich als gesetzlicher Vertreter vorgenommen:
   - ❑ Kündigung oder Aufhebung eines Mietverhältnisses über Wohnraum
   - ❑ Sonstige genehmigungspflichtige Rechtsgeschäfte (z. B. Darlehensaufnahme, Kapitalanlagen)
     ____
   - ❑ ______________________
     ____

3. ❑ Betreuerausweis ❑ Schlussabrechnung ❑ ____________ füge ich bei.

Für weitere Mitteilungen verwenden Sie bitte ein Beiblatt.

Ich versichere die Richtigkeit und Vollständigkeit meiner Angaben.

______________________ ______________________
Ort, Datum Unterschrift

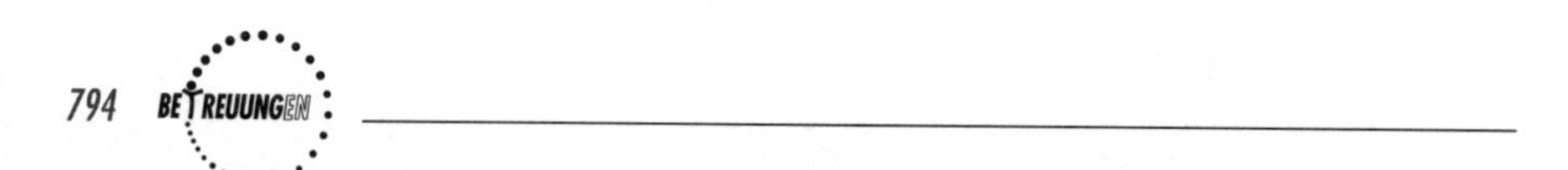

BETREUUNGEN

____
Vorname, Name

____
Str., Haus-Nr., PLZ, Ort

____
Tel.Nr./Telefax-Nr.

Rückantwort

Az: __________ Betreuung für ______________________________, geb. am __________
Vorname, Name, Geburtsdatum des Betreuten

Hier: Verzicht auf Schlussabrechnung und -bericht; Entlastungserklärung

- ❑ Auf Erstellung und Vorlage der Schlussabrechnung und des Schlussberichts durch den Betreuer, sowie Prüfung durch das Betreuungsgericht wird verzichtet.
- ❑ Dem Betreuer wird für die Führung der Betreuung Entlastung erteilt.
- ❑ Zum Vergütungsantrag des Betreuers
  - ❑ möchte ich keine Stellung nehmen.
  - ❑ erkläre ich Folgendes:
    - ❑ Mit der Festsetzung der beantragten Vergütung bin ich einverstanden.
    - ❑ ______________________________

___________________________ ___________________________
Ort, Datum Unterschrift

Hinweis: Es unterschreibt der ehemalige Betreute nach Aufhebung der Betreuung; im Falle des Todes des Betreuten müssen alle Erben unterschreiben (soweit nicht ein Erbe in Vollmacht für die anderen handeln kann).

C 2 Formblatt G 1, Schreiben an den behandelnden Arzt

Abs.:

____
Name, Vorname

____
Straße

____
PLZ, Ort

____
Datum

Betreuung für: ____ , geb. am __________

wohnhaft ____

Sehr geehrte Damen und Herren,

ich wurde vom Amtsgericht ______________________________ zum/zur Betreuer/in für

Ihren Patienten Herrn/Frau ______________________________________ bestellt.

Mein Aufgabenkreis umfasst die Gesundheitsfürsorge, so dass ich als gesetzliche/r Vertreter/in für die ärztliche Behandlung Verantwortung trage. Informieren Sie mich bitte über jede wesentliche Erkrankung und erholen Sie meine Einwilligung ein, wenn Behandlungsmaßnahmen durchgeführt werden, sobald mein/e Betreute/r Art, Bedeutung und Tragweite nicht ausreichend erfassen kann. Gleichzeitig bitte ich um Mitteilung, welche Medikamente verordnet werden.

Eine Kopie meines Betreuerausweises lege ich bei.

Mit freundlichen Grüßen

____
Unterschrift Betreuer/in

Abs.:

____
Name, Vorname

____
Straße

____
PLZ, Ort

Amtsgericht ______________

____

____

____
Datum

Betreuung für: ______________________ Aktenzeichen: _____ XVII ______________

Sehr geehrte Damen und Herren,

als Betreuer/in rege ich an, gemäß § 1906 Abs. 4 BGB, folgende unterbringungsähnliche Maßnahme zu genehmigen:

❑ Bettgitter ❑ Bauchgurt im Bett ❑ Gurt am Stuhl ❑ Tisch/Brett am Stuhl (Therapiestuhl)

❑ Fixierung der Extremitäten ❑ ______________________

Die Maßnahme ist erforderlich

❑ täglich in der Zeit von ______ Uhr bis ______ Uhr ❑ ständig ❑ nur bei besonderen Unruhezuständen

Begründung (ist die Maßnahme verhältnismäßig, gibt es humanere Alternativen?):

____

____

____

❑ Fortsetzung siehe Rückseite

❑ Eine ärztliche Stellungnahme, aus der sich die Notwendigkeit der Maßnahme aus medizinischer Sicht und die vorliegende psychische Erkrankung ergibt,

❑ liegt bei ❑ wird bis spätestens ______________ nachgereicht.

Mit freundlichen Grüßen

____
Unterschrift Betreuer/in

Amtsgericht ____________

____

____

Abs.:

____
Name, Vorname

____
Straße

____
PLZ, Ort

____
Datum

Betreuung für: ____________ Aktenzeichen: _____ XVII ____________

Sehr geehrte Damen und Herren,

als Betreuer/in rege ich an, gemäß § 1906 Abs. 2 BGB, die Unterbringung für

Herrn/Frau ____________

❑ in der geschlossenen Abteilung eines psychiatrischen Krankenhauses

❑ in einer beschützenden Abteilung des Alten-/Pflegeheimes

❑ ____________
(Name und Adresse des Alten-/Pflegeheimes bitte genau angeben)

betreuungsgerichtlich zu genehmigen.

❑ Begründung:

____

____

____

____

____

____

____

❑ Eine ärztliche Stellungnahme, zur Notwendigkeit der Unterbringung aus medizinischer Sicht und zur vorliegenden psychischen Erkrankung

❑ liegt bei ❑ wird bis spätestens ____________________ nachgereicht.

❑ Zur weiteren Begründung beziehe ich mich auch auf das beiliegende/bereits vorliegende ärztliche Zeugnis/

Gutachten des/der Herrn/Frau Dr. ______________________________ vom __________________.

❑ Bei der Zuführung zur Unterbringung muss die zuständige Betreuungsstelle möglicherweise Zwang anwenden. Der Zutritt zur Wohnung wird von der/vom Betreuten u. U. verweigert. Ich bitte dies bei der Entscheidung zu berücksichtigen.

❑ Ich werde bei der zuständigen Behörde um Unterstützung bei der Durchführung der Unterbringung nachsuchen. Zur Vorbereitung bitte ich Sie den Beschluss vorab – per Fax – an die Betreuungsstelle zu übermitteln.

Mit freundlichen Grüßen

____

Unterschrift Betreuer/in

Checkliste bei Wohnungsauflösung bzw. Wohnungsaufgabe

Zu erledigende Tätigkeit	Wiedervorlage	erledigt am
Kündigung nach erfolgter betreuungsgerichtlicher Genehmigung		
Rücksprache mit Hausverwaltung bzw. Vermieter wegen Übergabe der Wohnung		
Kostenfrage vor der Übernahme vertraglicher Pflichten klären		
Durchführung der nach dem Vertrag geschuldeten Schönheitsreparaturen		
Wohnungsübergabetermin mit Abgabe sämtlicher Schlüssel und Feststellung des Zustandes der Wohnung (Beschädigungen, Stand Öltank, Strom-, Wasser-, Gaszähler festhalten etc.)		
Abrechnung der Kaution besprechen		
Versorgungsunternehmen (Gas, Wasser, Strom) kündigen		
Rundfunk und Fernsehen ab- bzw. ummelden		
Kabelfernsehen kündigen		
Telefon ab- bzw. ummelden		
Ab- bzw. Ummeldung bei der Meldebehörde		
Einzugsermächtigungen/Daueraufträge für regelmäßige Zahlungen (Miete etc.) widerrufen		
Postnachsendeantrag stellen		
Abonnements auflösen oder neue Adresse mitteilen		
Wohnortwechsel dem Betreuungsgericht und anderen Stellen (Banken, Versicherungen etc.) mitteilen		

Zu erledigende Tätigkeit	Wiedervorlage	erledigt am
Sach- und Haftpflicht-versicherungen im Hinblick auf weitere Notwendigkeit überprüfen		
Sonstiges:		

Formblatt W 2, Antrag auf Genehmigung der Kündigung/Wohnungsauflösung

Amtsgericht ________________

____

____

Abs.:

____
Name, Vorname

____
Straße

____
PLZ, Ort

____
Datum

Betreuung für: ________________ Aktenzeichen: _____ XVII ________________

Sehr geehrte Damen und Herren,

Herr/Frau ________________ wird am ________________

in das Alten-/Pflegeheim ________________

umziehen. Die Pflege und Versorgung in der eigenen Wohnung war aus folgenden Gründen nicht mehr möglich:

____

____

____

____

Ich beantrage deshalb die Kündigung bzw. die Auflösung des Mietverhältnisses über die Wohnung des/der Betreuten in

____
(bisherige Wohnadresse des/der Betreuten genau angeben)

betreuungsgerichtlich zu genehmigen.

____

Der/Die Betreute

❑ stimmt zu ❑ stimmt nicht zu ❑ kann sich nicht mehr äußern

❑ Die Notwendigkeit ersehen Sie auch aus dem beigefügten ärztlichen Zeugnis.

❑ ______________________________

____

____

____

Mit freundlichen Grüßen

____
Unterschrift Betreuer/in

Formblatt W 3, Antrag auf Genehmigung der Kündigung

Amtsgericht ________________

____

____

Abs.:

____
Name, Vorname

____
Straße

____
PLZ, Ort

____
Datum

Betreuung für: ______________________________ Aktenzeichen: _____ XVII ______________

Sehr geehrte Damen und Herren,

Herr/Frau ____ muss die gemietete Wohnung in

____ aufgeben.
(genaue Adresse angeben)

❑ Die Größe der Wohnung und die Höhe des Mietzinses überschreiten langfristig die finanziellen Möglichkeiten des/der Betreuten.

❑ Ein Wohnungswechsel ist angezeigt, weil

____

____

____

____

❑ Eine für die/den Betreute/n angemessene Wohnung in

____ wurde bereits gefunden.
(genaue Adresse und Größe angeben)

Ich beantrage deshalb die Kündigung bzw. die Auflösung des Mietverhältnisses über die bisherige Wohnung des/der Betreuten betreuungsgerichtlich zu genehmigen.

❑ Den in Aussicht genommenen Mietvertrag für die neue Wohnung lege ich zur Kenntnis und gegebenenfalls zur Genehmigung vor.

Der/Die Betreute ❑ stimmt zu ❑ stimmt nicht zu ❑ erklärt Folgendes:

____

____

____

Mit freundlichen Grüßen

____

Unterschrift Betreuer/in

Formblatt W 4, Schreiben an Vermieter wegen bevorstehender Kündigung

Abs.:

____

Name, Vorname

____

Straße

____

PLZ, Ort

____

Datum

Betreuung für: ____

Sehr geehrte Damen und Herren,

ich wurde vom Amtsgericht ________________________________ zum/zur Betreuer/in bestellt

für Herrn/Frau ____

Der/die Betreute wird die bei Ihnen gemietete Wohnung in ____________________________

____ aufgeben müssen.

(genaue Adresse der bisherigen Wohnung angeben)

Es wurde bereits mit Schreiben vom ______________ beim zuständigen Betreuungsgericht die erforderliche Genehmigung für die geplante Kündigung des Mietverhältnisses beantragt. Solange die Genehmigung nicht erteilt ist, kann ich die Kündigung jedoch nicht erklären. Andererseits möchte ich Sie bereits jetzt auf diesen Umstand hinweisen, damit Sie sich darauf einstellen und entsprechend planen können. Sobald eine Entscheidung des Gerichts vorliegt, werde ich mich erneut an Sie wenden.

Sollten Sie mit der vertragsmäßigen Aufhebung des Mietverhältnisses einverstanden sein, bitte ich um Mitteilung.

Mit freundlichen Grüßen

____

Unterschrift Betreuer/in

Abs.:

____
Name, Vorname

____
Straße

____
PLZ, Ort

____
Datum

Betreuung für: ____

Ihr Gz.: ____________________

Sehr geehrte Damen und Herren,

ich wurde vom Amtsgericht ______________________________ zum/zur Betreuer/in bestellt

für Herrn/Frau ____ .

Das Mietverhältnis über die bisherige Wohnung meines/r Betreuten in ______________ konnte bis heute nicht aufgelöst werden, da die Genehmigung des Betreuungsgerichts noch aussteht. Ich bitte um Übernahme der Aufwendungen für Miete und Nebenkosten im Rahmen der Nebenhilfe. Das Mietverhältnis wird gekündigt, sobald mir die Genehmigung erteilt wird.

- ❑ Das Einkommen und Vermögen des Betreuten reicht voraussichtlich nicht zur Deckung seines Bedarfs aus. Vermögensaufstellung und Einkommensnachweis füge ich bei.
- ❑ Der/Die Betreute bezieht bereits Leistungen nach dem SGB XII.

Eine Kopie meines Betreuerausweises lege ich bei.

Mit freundlichen Grüßen

____
Unterschrift Betreuer/in

Formblatt V 1, Schreiben an Gläubiger

Abs.:

____
Name, Vorname

____
Straße

____
PLZ, Ort

____
Datum

Betreuung für: ____

wohnhaft ____

Ihr Gz.: ____________________

Sehr geehrte Damen und Herren,

ich wurde vom Amtsgericht ____________________________ zum/zur Betreuer/in bestellt

für Herrn/Frau ____ .

Mein Aufgabenkreis umfasst die Vermögenssorge. Zur Abklärung der Vermögensverhältnisse bitte ich um Aufstellung der Art und Höhe der von Ihnen geltendgemachten Forderungen zum Stichtag ________________.

Bitte schicken Sie mir Ihre Aufstellung und, wenn es sich um titulierte Forderungen handelt, eine Fotokopie des Titels sowie eine Ablichtung des zugrundeliegenden Vertrages.

Ich bin derzeit bemüht, mir einen finanziellen Überblick zu verschaffen, und bitte Sie deshalb um Geduld.

Eine Kopie meines Betreuerausweises lege ich bei.

Mit freundlichen Grüßen

____
Unterschrift Betreuer/in

Abs.:

____
Name, Vorname

____
Straße

____
PLZ, Ort

____
Datum

Betreuung für: ____

wohnhaft ____

Ihr Gz.: ______________________

Sehr geehrte Damen und Herren,

ich wurde vom Amtsgericht ______________________________ zum/zur Betreuer/in bestellt

für Herrn/Frau ____ .

Mein Aufgabenkreis umfasst die Vermögenssorge. Sie machen vertragliche Ansprüche gegen den/die Betreute/n geltend. Dazu teile ich Ihnen Folgendes mit:

- ❑ Das Betreuungsgericht hat einen Einwilligungsvorbehalt angeordnet, so dass Willenserklärungen des/der Betreuten unwirksam sind. Eine Einwilligung habe ich nicht erklärt, und ich kann im wohlverstandenen Interesse des Betreuten auch nachträglich keine Genehmigung erteilen.

- ❑ Der/Die Betreute ist nach dem mir vorliegenden Gutachten geschäftsunfähig.

Es ist somit kein wirksamer Vertrag zustandegekommen. Eine Kopie meines Betreuerausweises lege ich zu Ihrer Information bei.

Mit freundlichen Grüßen

____
Unterschrift Betreuer/in

Formblatt V 3, Schreiben an Gläubiger wegen laufender Verbindlichkeiten

Abs.:

____
Name, Vorname

____
Straße

____
PLZ, Ort

____
Datum

Betreuung für: ____

wohnhaft ____

Ihr Gz.: ____________________

Sehr geehrte Damen und Herren,

ich wurde vom Amtsgericht ______________________ zum/zur Betreuer/in bestellt

für Herrn/Frau ____ .

Mein Aufgabenkreis umfasst die Vermögenssorge. In Erledigung meiner Betreuertätigkeit bitte ich Sie

- ❑ künftig alle, das Vertragsverhältnis betreffende Schreiben direkt an mich zu senden.
- ❑ um Übermittlung der Formblätter zur Einzugsermächtigung.
- ❑ um Mitteilung, ob und in welcher Höhe Rückstände bestehen.

Mit freundlichen Grüßen

____
Unterschrift Betreuer/in

Abs.:

____
Name, Vorname

____
Straße

____
PLZ, Ort

____
Datum

Betreuung für: ____ , geb. am __________

wohnhaft ____

Ihr Gz.: ____________________

Sehr geehrte Damen und Herren,

ich wurde vom Amtsgericht ______________________________ zum/zur Betreuer/in bestellt

für Herrn/Frau ____ .

Mein Aufgabenkreis umfasst die Vermögenssorge. Zur Abklärung der Vermögensverhältnisse bitte ich um Auskunft, ob mein/e Betreute/r in Geschäftsverbindung mit Ihnen steht. Wenn ja, benötige ich folgende Informationen:

- Welche Girokonten, Sparbücher, Depots oder Schließfächer werden bei Ihnen geführt?
- Wurden Konten, Depots oder Schließfächer vor oder nach der Einrichtung der Betreuung aufgelöst?
- Welche Abbuchungen und Daueraufträge sind Ihnen bekannt?
- Für sämtliche Konten, Sparbücher und Depots von meiner/m Betreuten bitte ich um eine Saldenstandbestätigung zum Stichtag ______________ zur Vorlage beim Betreuungsgericht.
- Bestanden bzw. bestehen Kontovollmachten bzw. Verfügungen zugunsten Dritter?

Ferner bitte ich, mir die Kontoauszüge monatlich zu übersenden.

Eine beglaubigte Kopie meines Betreuerausweises lege ich bei.

Mit freundlichen Grüßen

____
Unterschrift Betreuer/in

Formblatt V 5, Schreiben an Banken wegen Saldenbestätigung

Abs.:

____
Name, Vorname

____
Straße

____
PLZ, Ort

____
Datum

Betreuung für: ____

wohnhaft ____

Ihr Gz.: ____________________

Sehr geehrte Damen und Herren,

ich wurde vom Amtsgericht ________________________ zum/zur Betreuer/in bestellt

für Herrn/Frau ____ .

Mein Aufgabenkreis umfasst die Vermögenssorge. Zur Vorlage beim Betreuungsgericht benötigte ich eine Saldenbestätigung zum Stichtag ____________________ für folgende Konten und Depots:

Kontonummer/n ____

Depot ____

Sonstige Anlageformen ____

Vielen Dank für die baldige Erledigung.

Eine beglaubigte Kopie meines Betreuerausweises lege ich bei.

Mit freundlichen Grüßen

____
Unterschrift Betreuer/in

Abs.:

____
Name, Vorname

____
Straße

____
PLZ, Ort

____
Datum

Betreuung für: ______________________________ , geb. am ____________

wohnhaft ____

Ihr Gz.: ______________

Sehr geehrte Damen und Herren,

ich wurde vom Amtsgericht ______________________ zum/zur Betreuer/in bestellt

für Herrn/Frau ______________________________________ .

Mein Aufgabenkreis umfasst die Vermögenssorge. Aus meinen Unterlagen geht hervor, dass bei Ihrer Gesellschaft für die/den Betreute/n unter der Nummer ____________ eine Versicherung abgeschlossen wurde. Zur Abklärung der Vermögensverhältnisse bitte ich Sie um folgende Auskünfte:

- ❑ Besteht diese Versicherung noch?
- ❑ Um welche Versicherungsart handelt es sich?
- ❑ Wie hoch sind die Beiträge und bis wann sind sie bezahlt?
- ❑ Wie wurden die Beiträge bisher bezahlt (Bankverbindung, Zahlungsart)?
- ❑ Übersenden Sie mir bitte eine Kopie des Versicherungsscheines und der Versicherungsbedingungen.
- ❑ Bestehen noch weitere Verträge bei Ihrer Gesellschaft?

Ich bitte Sie, künftig alle das Vertragsverhältnis betreffende Schreiben direkt an mich zu richten.

Eine beglaubigte Kopie meines Betreuerausweises lege ich bei.

Mit freundlichen Grüßen

____
Unterschrift Betreuer/in

Formblatt V 7, Schreiben an Lebensversicherung

Abs.:

____
Name, Vorname

____
Straße

____
PLZ, Ort

____
Datum

Betreuung für: ____ , geb. am ____________

wohnhaft ____

Ihr Gz.: _______________________

Sehr geehrte Damen und Herren,

ich wurde vom Amtsgericht ______________________________________ zum/zur Betreuer/in bestellt

für Herrn/Frau ____ .

Mein Aufgabenkreis umfasst die Vermögenssorge. Aus meinen Unterlagen geht hervor, dass bei Ihrer Gesellschaft für die/den Betreute/n unter der Nummer ______________________ eine Lebensversicherung abgeschlossen wurde. Zur Abklärung der Vermögensverhältnisse bitte ich Sie um folgende Auskünfte:

- ❑ Besteht diese Versicherung noch?
- ❑ Wie hoch ist die Versicherungssumme, wer ist bezugsberechtigt?
- ❑ Wie hoch sind die Beiträge und bis wann sind sie bezahlt?
- ❑ Wie wurden die Beiträge bisher bezahlt (Bankverbindung, Zahlungsart)?
- ❑ Übersenden Sie mir bitte eine Kopie des Versicherungsscheines und der Versicherungsbedingungen.
- ❑ Wie hoch ist der Rückkaufswert zum Stichtag ____________________ und unter welchen Voraussetzungen ist ein Rückkauf möglich?
- ❑ Bestehen noch weitere Verträge bei Ihrer Gesellschaft?

Außerdem möchte ich Sie ersuchen, alle das Vertragsverhältnis betreffende Schreiben direkt an mich zu richten. Eine beglaubigte Kopie meines Betreuerausweises lege ich bei.

Mit freundlichen Grüßen

____
Unterschrift Betreuer/in

Abs.:

____
Name, Vorname

____
Straße

____
PLZ, Ort

____
Datum

Betreuung für: ____ , geb. am __________

wohnhaft ____

Ihr Gz.: ____________________

Sehr geehrte Damen und Herren,

ich wurde vom Amtsgericht ________________________________ zum/zur Betreuer/in bestellt

für Herrn/Frau ____ .

Mein Aufgabenkreis umfasst die Vermögenssorge. Zur Vorbereitung eines Rentenantrags und Abklärung des Versicherungsverlaufes bitte ich Sie um Erteilung einer Mitgliedschaftsbescheinigung, aus der die Beitragsgruppe, eventuelle Sachbezugszeiten sowie Anrechnungszeiten ersichtlich sind. Folgende Beschäftigungszeiten im Einzugsbereich Ihrer Krankenkasse sind mir bekannt:

von	bis
von	bis
von	bis
von	bis

Eine beglaubigte Kopie meines Betreuerausweises lege ich bei.

Mit freundlichen Grüßen

____
Unterschrift Betreuer/in

Formblatt V 9, Schreiben an Krankenkasse wegen Pflegeversicherung

Abs.:

____
Name, Vorname

____
Straße

____
PLZ, Ort

____
Datum

Betreuung für: ______________________________ , geb. am __________

wohnhaft ______________________________________

Sehr geehrte Damen und Herren,

ich wurde vom Amtsgericht ______________________ zum/zur Betreuer/in bestellt

für Herrn/Frau ______________________________ .

Mein Aufgabenkreis umfasst die Vermögenssorge. Der/die Betreute hat

- ❏ aus der Sicht des behandelnden Arztes
- ❏ aus meiner Sicht

Anspruch auf Leistungen aus der Pflegeversicherung, die ich hiermit formlos beantrage. Außerdem bitte ich Sie um Übersendung der Formulare, die zur weiteren Bearbeitung erforderlich sind.

Eine Kopie meines Betreuerausweises lege ich bei.

Mit freundlichen Grüßen

____
Unterschrift Betreuer/in

Aufstellung der Verbindlichkeiten

lfd Nr.	Gläubiger	Hauptsache	Vorgericht-liche Mahn-auslagen	Zin-sen	Verfah-rens-kosten	Gesamt-betrag	Monats-rate	Titel? ja/ nein	endgültig erledigt am

Formblatt V 11, Übersicht Ausgaben/Einnahmen/Vergünstigungen

Betreuung für: ____

Aktenzeichen: ______ XVII ________________________________

Prüfliste möglicher Ansprüche

Regelmäßige Einkünfte:

Bezeichnung	Höhe	Antrag erforderlich?
• Altersrente	❑	❑ ....
• Arbeitsentgelt	❑	❑ ....
• Arbeitslosengeld I	❑	❑ ....
• Arbeitslosengeld II	❑	❑ ....
• Berufsunfähigkeitsrente	❑	❑ ....
• Rente wegen teilweiser Erwerbsminderung	❑	❑ ....
• Elterngeld	❑	❑ ....
• Einkünfte aus Kapitalvermögen	❑	❑ ....
• Kindergeld bzw. Kinderzuschlag	❑	❑ ....
• Krankengeld	❑	❑ ....
• Kriegsschadenrente	❑	❑ ....
• Pension	❑	❑ ....
• Pflegegeld	❑	❑ ....
• Sozialhilfe	❑	❑ ....
• Unterhaltsanspruch	❑	❑ ....
• Vermietung und Verpachtung	❑	❑ ....
• Versorgungsrente	❑	❑ ....
• Waisenrente	❑	❑ ....
• Witwenrente	❑	❑ ....
• Wohngeld	❑	❑ ....

- Zinserträge .... ❏ .... ❏ ....
- Zivilblindengeld .... ❏ .... ❏ ....
- Zusatzrente .... ❏ .... ❏ ....
- Sonstige regelmäßige Einnahmen .... ❏ .... ❏ ....

Summe ____________________

Laufende Ausgaben:

Bezeichnung | Höhe

- Bausparvertrag .... ❏ ....
- Hausratversicherung .... ❏ ....
- Heizung .... ❏ ....
- Lebensversicherung .... ❏ ....
- Miete .... ❏ ....
- Mietnebenkosten .... ❏ ....
- Privathaftpflichtversicherung .... ❏ ....
- Rundfunkgebühren .... ❏ ....
- Strom .... ❏ ....
- Telefon .... ❏ ....
- Unterhalt .... ❏ ....
- Sonstige laufende Ausgaben .... ❏ ....

Summe ____________________

Vergünstigungen/Befreiungsmöglichkeiten:

Bezeichnung | bewilligt | beantragt

- Telefongebührenermäßigung .... ❏ .... ❏ ....
- Rundfunkgebührenermäßigung .... ❏ .... ❏ ....
- Befreiung von der Zuzahlung zu Medikamenten .... ❏ .... ❏ ....
- Befreiung von Kontoführungsgebühren .... ❏ .... ❏ ....
- Freifahrtsberechtigung durch Schwerbehindertenausweis .... ❏ .... ❏ ....
- Sonstiges .... ❏ .... ❏ ....

Inhalt

Betreuung für: ____________________

Betreuer/in: ____________________

Amtsgericht ____________________

Geschäftsnummer: ________ XVII ____________

BETREUUNGEN

Nachweis einer Sperrvereinbarung

[ ] Sperrvereinbarung über Konten gem. § 1809 BGB

Es wird bestätigt, dass für die nachgenannten Konten (Sparkonten, Festgeldkonten, Sparbriefe, etc., **ausgenommen:** Girokonten) vereinbart wurde, dass Verfügungen des Betreuers über Einlagen nur mit Genehmigung des Betreuungsgerichts erfolgen dürfen.

Konto-Nr. **Anlageart:**

____

____

____

____

[ ] Ein Sperrvermerk wurde auch im Sparbuch bzw. in der Sparurkunde – soweit ausgestellt – eingetragen.

[ ] Sperrvereinbarung über Wertpapiere gem. §§ 1814, 1816 BGB

Es wird bestätigt, dass für nachgenanntes Wertpapierdepot vereinbart wurde, dass die Herausnahme von Wertpapieren (Aktien, Pfandbriefen, Kommunalobligationen etc.) aus der Verwahrung und die Verfügung über Schuldbuchforderungen (Bundesanleihen, Bundesobligationen, Bundesschatzbriefe etc.) durch den Betreuer nur mit Genehmigung des Betreuungsgerichts erfolgen darf.

Hinweis: § 1819 BGB ist nur eine Folgevorschrift zu § 1814 BGB.

Konto-Nr. **Anlageart:**

____

____

____________________ ____________________

Ort, Datum Bezeichnung des Bankinstituts/Unterschriften

BETREUUNGEN

Vorname/Name d. Betreuers/in

Straße/Nr. Telefon

PLZ Ort

Amtsgericht
– Betreuungsgericht –

Name und Vorname d. Betreuten

geb. am: ______

Geschäftsnummer:
____ **XVII** ______

Antrag auf Genehmigung

Sehr geehrte Damen und Herren,

[ ] ich beantrage die Genehmigung

[ ] zur **Abhebung** eines Betrages in Höhe von ______ EUR

[ ] zur **Überweisung** eines Betrages in Höhe von ______ EUR

[ ] zur **Entgegennahme** eines Betrages in Höhe von ______ EUR

[ ] zur **Anlage** eines Betrages in Höhe von ______ EUR

[ ] monatlich, ab dem ______

[ ] v. Konto Nr. ______ b. d. ______

[ ] auf d. Konto Nr. ______ b. d. ______

[ ] an ______

[ ] ______

[ ] zum **Erwerb** von ______
zum Nennbetrag von ______ EUR, WP-Kenn-Nummer ______
sowie die Hinterlegung der Papiere bzw. Buchung der Schuldbuchforderung
im Depot Nr. ______ b. d. ______

[ ] zur **Herausgabe** von ______
zum Nennbetrag von ______ EUR, WP-Kenn-Nummer ______ aus
dem Depot Nr. ______ b. d. ______
sowie die Verwertung und Entgegennahme des Erlöses

[ ] auf dem Konto Nr. ______ b. d. ______

[ ] zur **Verfügung** über ______________________________

zum Nennbetrag von ______________ EUR, WP-Kenn-Nummer ______________

gebucht auf Depot Nr. ______________ b. d. ______________________

sowie die Entgegennahme des Erlöses

[ ] auf dem Konto Nr. ______________ b. d. ______________________

[ ] ich beantrage die Erteilung einer allgemeinen Ermächtigung nach § 1825 BGB

für Konto Nr. ______________ bei der ______________________

[ ] ____

____

____

____

____

____

Begründung:

____

____

____

____

____

____

____

Unterschrift